plurall

Parabéns!
Agora você faz parte do **Plurall**, a plataforma digital do seu livro didático!
Acesse e conheça todos os recursos e funcionalidades disponíveis para as suas aulas digitais.

Baixe o aplicativo do **Plurall** para Android e IOS ou acesse **www.plurall.net** e cadastre-se utilizando o seu código de acesso exclusivo:

AAAKSSER8

Este é o seu código de acesso Plurall. Cadastre-se e ative-o para ter acesso aos conteúdos relacionados a esta obra.

@plurallnet

@plurallnetoficial

SOMOS EDUCAÇÃO

PROJETO MÚLTIPLO

Matemática

Ensino Médio

Luiz Roberto Dante

Livre-docente em Educação Matemática pela Unesp – Rio Claro, SP.

Doutor em Psicologia da Educação: Ensino da Matemática, pela PUC – São Paulo.

Mestre em Matemática pela USP.

Pesquisador em ensino e aprendizagem da Matemática pela Unesp – Rio Claro, SP.

Ex-professor da rede estadual do Ensino Fundamental e Médio – São Paulo.

Autor de vários livros, entre os quais: *Formulação e resolução de problemas de Matemática – Teoria e prática; Didática da Matemática na pré-escola; Projeto Ápis – Matemática* (1º ao 5º ano); *Projeto Teláris Matemática* (6º ao 9º ano); *Projeto Voaz Matemática* (Ensino Médio – volume único); *Matemática – Contextos & Aplicações* (Ensino Médio – volume único).

editora ática

editora ática

Diretoria editorial: Lidiane Vivaldini Olo
Editoria de Ciências Exatas: Cármen Matricardi
Editoras: Monique Matos de Oliveira,
Cibeli de Oliveira Chibante Bueno, Letícia Mancini Martins (estag.)
Colaboradora editorial: Pamela Hellebrekers Seravalli
Supervisor de arte e produção: Sérgio Yutaka
Supervisor de arte e criação: Didier Moraes
Coordenadora de arte e criação: Andréa Dellamagna
Editor de arte: André Gomes Vitale
Diagramação: Celma Roquini, Ester Inakake e Claudemir Camargo
Design gráfico: UC Produção Editorial, Andréa Dellamagna (miolo e capa)
Gerente de revisão: Hélia de Jesus Gonsaga
Equipe de revisão: Rosângela Muricy (coord.), Ana Paula Chabaribery Malfa, Claudia Virgilio, Gloria Cunha, Luís Maurício Boa Nova; Flávia Venézio dos Santos e Gabriela Macedo de Andrade (estags.)
Supervisor de iconografia: Sílvio Kligin
Pesquisadora iconográfica: Cláudia Bertolazzi
Tratamento de imagem: Cesar Wolf e Fernanda Crevin
Foto da capa: Photoff/Shutterstock/Glow Images
Grafismos: Shutterstock/Glow Images
(utilizados na capa e aberturas de capítulos e seções)
Cartografia: Allmaps
Ilustrações: Dam d'Souza, Formato Comunicação

Av. das Nações Unidas, 7221, 3º andar, setor C –
Pinheiros – São Paulo – SP
CEP 05425-902
Tel.: 4003-3061
www.atica.com.br/editora@atica.com.br

Dados Internacionais de Catalogação na Publicação (CIP)
(Câmara Brasileira do Livro, SP, Brasil)

Dante, Luiz Roberto
Projeto Múltiplo: Matemática : ensino médio /
Luiz Roberto Dante. -- São Paulo : Ática, 2014.

Obra em 3 v.

1. Projeto Múltiplo: Matemática (Ensino médio) I. Título.

14-02256 CDD-510.7

Índice para catálogo sistemático:
1. Projeto Múltiplo: Matemática : Ensino médio 510.7

2021
ISBN 978 85 08 16749-4 (AL)
ISBN 978 85 08 16750-0 (PR)
Código da obra CL 737769
CAE 501141 (AL)
CAE 501142 (PR)
1ª edição
7ª impressão

ABDR — EDITORA AFILIADA

Impressão e acabamento
Log&Print Gráfica e Logística S.A.

Uma publicação Abril EDUCAÇÃO

Apresentação

Vivemos em um mundo de constantes transformações e inovações, por isso estamos sempre buscando informações para nos manter atualizados.

Pensando nessa constante adaptação, criamos um projeto inovador, que vai viabilizar a criação de condições para que você, aluno, possa compreender as ideias básicas da Matemática desse nível de ensino e ser capaz de atribuir significado ao seu aprendizado e torná-lo aplicável na resolução de problemas do mundo real, além de auxiliá-lo em sua preparação para os processos seletivos de ingresso nos cursos de Educação Superior.

A partir dos princípios gerais da educação – aprender a conhecer, a fazer, a conviver e a ser –, você será levado à experimentação matemática e à percepção da complexidade de acontecimentos significativos do seu cotidiano.

Todos os conceitos básicos próprios do Ensino Médio foram explorados de maneira intuitiva e compreensível nesta obra. As receitas prontas e o formalismo excessivo foram evitados, porém mantivemos o rigor coerente com o nível para o qual ela é proposta.

Espero que você aproveite este momento para ampliar seus conhecimentos e que este projeto contribua para sua formação e seu desenvolvimento social.

Luiz Roberto Dante

Neste livro você vai encontrar

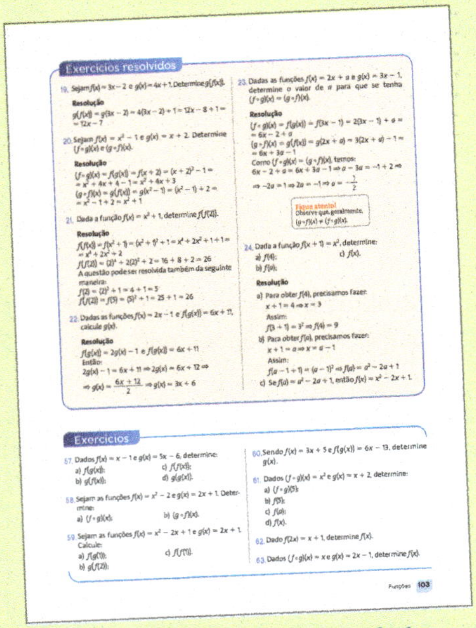

Exercícios resolvidos

Exemplos que ajudam a resolver os exercícios propostos.

Exercícios

Um grande número de exercícios para você treinar e consolidar seus conhecimentos.

Capítulo

A teoria é apresentada com textos dinâmicos e imagens de impacto.

Leitura(s)

Textos que visam ampliar e enriquecer o conteúdo estudado no capítulo.

Matemática e tecnologia

Atividades em que o recurso do computador é utilizado para auxiliar na manipulação e visualização de gráficos e tabelas.

Outros contextos

População brasileira deve atingir ápice em 2030

Outros contextos

Textos que evidenciam a relação da Matemática com diversas áreas do conhecimento.

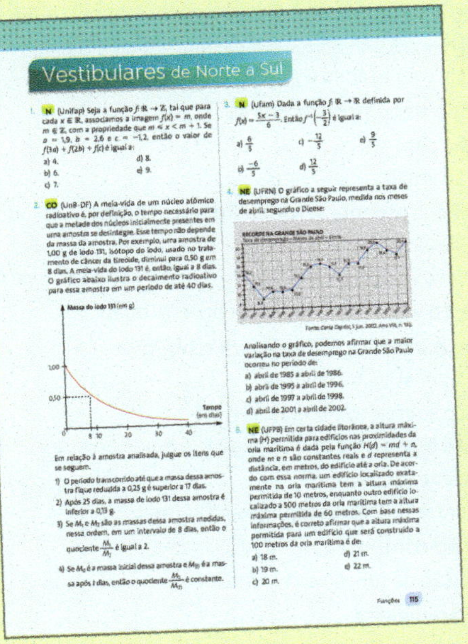

Vestibulares de Norte a Sul

Este ícone indica os Objetos Educacionais Digitais relacionados aos conteúdos do livro. Disponíveis em: <www.projetomultiplo.com.br>.

Vestibulares de Norte a Sul

Exercícios de vestibulares de todas as regiões do Brasil com diferentes abordagens dos assuntos.

Enem

Preparamos duas seções especiais que vão aprimorar suas habilidades e competências: ***Pensando no Enem*** *e* ***Caiu no Enem****.* *Com elas você vai ficar mais do que pronto para encarar esse e outros desafios!*

Pensando no Enem

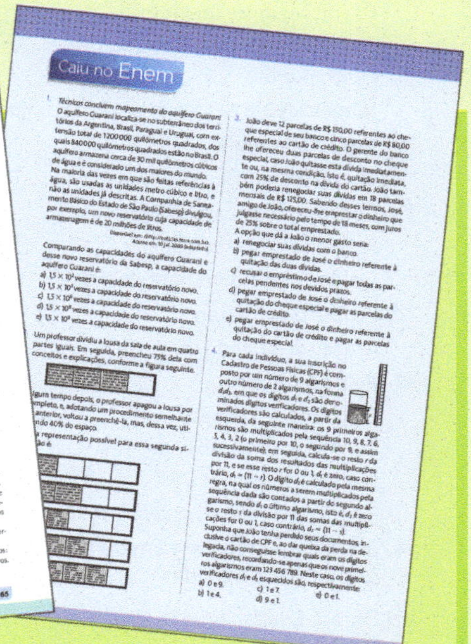

Caiu no Enem

Sumário geral

Parte 1

CAPÍTULO 1
Conjuntos numéricos e noções de conjuntos

CAPÍTULO 2
Funções

CAPÍTULO 3
Função afim e função modular

CAPÍTULO 4

Função quadrática

Parte 2

CAPÍTULO 5

Função exponencial

CAPÍTULO 6
Logaritmo e função logarítmica

CAPÍTULO 7
Sequências

CAPÍTULO 8
Geometria plana e Trigonometria

Parte 1

Andre Penner/Arquivo da editora

CAPÍTULO

1 Conjuntos numéricos e noções de conjuntos

Geanina Bechea/Shutterstock/Glow Images

O caramujo *Nautilus* marinho apresenta a razão áurea em seu corpo segmentado em forma de espiral.

1 Introdução

Os dois principais objetos de que se ocupa a Matemática são os números e as figuras geométricas.

Quando comparamos uma grandeza e uma unidade, obtemos um número. Se a grandeza é discreta, a comparação é uma **contagem** e o resultado, um número natural. Por exemplo, quando contamos o número de selos de uma coleção, nesse caso a unidade é 1 selo.

Se a grandeza é contínua, a comparação é uma **medição** e o resultado é um número real. Por exemplo, quando medimos a distância em quilômetros entre duas cidades, aqui a unidade é 1 km.

» Os números estão presentes de modo marcante no nosso dia a dia. Junte-se a um colega, analisem e resolvam as seguintes situações envolvendo números que vocês já estudaram no Ensino Fundamental.

a)

Ilustrações: Dam d'Souza/Arquivo da editora

Quantas semanas completas temos de 27/7 a 15/10 do mesmo ano, incluídos esses dois dias?

c)

Em uma receita para 12 rosquinhas são necessários 2 copos de leite.

Se dona Laura pretende fazer 36 rosquinhas, que quantidade de leite vai usar?

b)

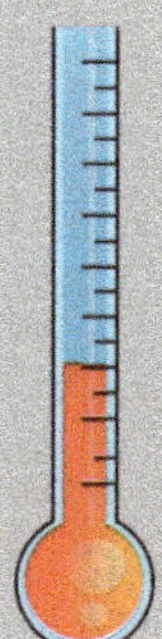

Em uma cidade de Santa Catarina, a temperatura às 2h era −3 °C.

Das 2h às 5h houve uma variação de −2 °C.

Das 5h às 8h a variação foi de +4 °C.

Das 8h às 11h a variação foi de +3 °C.

Qual foi a temperatura registrada às 11h?

d)

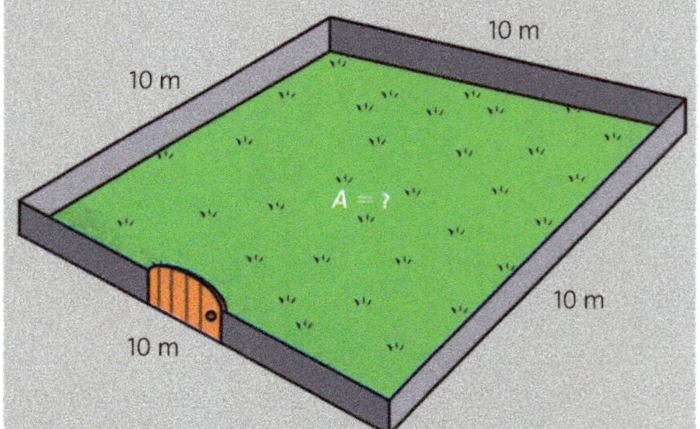

Qual é a área, em m^2, desse terreno de forma quadrada?

Em cada uma dessas situações usamos os números para contar ou medir. Neste capítulo, vamos recordar e aprofundar o que você já sabe sobre os importantes conjuntos numéricos: o dos números naturais ($\mathbb{N}$), o dos números inteiros ($\mathbb{Z}$), o dos números racionais ($\mathbb{Q}$) e o dos números reais ($\mathbb{R}$). Você também conhecerá o conjunto dos números complexos e aprenderá a linguagem dos conjuntos.

Para refletir
Onde mais você usa números? Troque ideias com seu colega.

2 A noção de conjunto

Biografia de Georg Cantor

A noção de conjunto é bastante simples e fundamental na Matemática, pois a partir dela podem ser expressos todos os conceitos matemáticos.

Um **conjunto** é uma coleção qualquer de objetos.

Exemplos:

a) conjunto das unidades federativas da região Centro-Oeste do Brasil: $C = \{$Mato Grosso, Mato Grosso do Sul, Goiás e Distrito Federal$\}$

b) conjunto dos números primos: $B = \{2, 3, 5, 7, 11, 13, ...\}$

c) conjunto dos quadriláteros: $Q = \{$quadriláteros$\}$

Um conjunto é formado por **elementos**. Um objeto a qualquer pode ser elemento de um determinado conjunto A.

Quando for, dizemos que "a pertence a A" e escrevemos "$a \in A$".

Caso contrário, dizemos que "a não pertence a A" e escrevemos "$a \notin A$".

Considerando os exemplos acima, temos:

a) Mato Grosso $\in C$ e Paraná $\notin C$; b) $2 \in B$ e $9 \notin B$; c) retângulo $\in Q$ e triângulo $\notin Q$.

Representações de um conjunto

Veja a seguir três formas de representar um conjunto.

1ª) **Citação ou enumeração de seus elementos**

Como foi apresentado no tópico anterior, um conjunto pode ser representado por uma letra maiúscula e ter seus elementos envolvidos por chaves e separados por vírgula (ou ponto e vírgula).

Por exemplo, o conjunto $A = \{a, e, i, o, u\}$ possui cinco elementos e o conjunto $D = \{1; 2; 3; 3; 4; 5; 5; 6; 6; 5\}$ possui seis elementos. Note que a repetição dos elementos no conjunto D é desnecessária, por isso devemos escrever cada elemento apenas uma vez: $D = \{1; 2; 3; 4; 5; 6\}$.

2ª) **Propriedade ou condição**

Por exemplo, consideremos a propriedade p:

p: x é um número natural ímpar.

Essa propriedade pode ser expressa pelo conjunto $I = \{1, 3, 5, 7, 9, 11, ...\}$. Assim, é indiferente dizer que x possui a propriedade p ou que x pertence a I ($x \in I$).

Consideremos agora a condição c:

c: x é um número natural que satisfaz a condição $x > 5$.

Essa condição pode ser expressa pelo conjunto $A = \{6, 7, 8, 9, 10, ...\}$. Nesse caso, também é indiferente dizer que x satisfaz a condição c ou que $x \in A$.

Fique atento!
É mais simples trabalhar com conjuntos do que com propriedades e condições. Além disso, podemos definir relações e operações entre conjuntos. Já com propriedades e condições isso seria muito difícil.

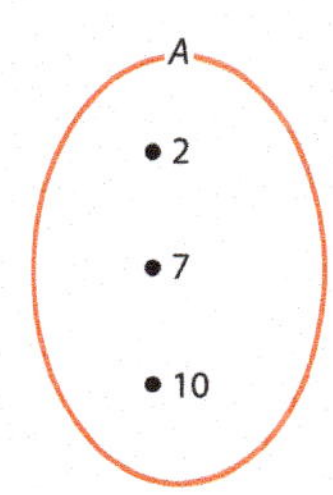

$A = \{2, 7, 10\}$

3ª) **Diagramas**

Os elementos de um conjunto podem ser representados por pontos interiores a uma curva fechada não entrelaçada. Essa forma de representação, chamada *diagrama de Euler-Venn*, é muito útil na visualização da relação entre conjuntos.

Subconjuntos

Consideremos dois conjuntos, *E* e *F*. Se todos os elementos de *E* forem também elementos de *F*, dizemos que *E* é um **subconjunto** de *F* ou que *E* **está contido** em *F* ou, ainda, que *E* **é parte** de *F*. Indicamos esse fato por $E \subset F$ que pode ser lido das seguintes maneiras:

- *E* é subconjunto de *F*;
- *E* está contido em *F*;
- *E* é parte de *F*.

Veja a representação desse subconjunto no diagrama ao lado.

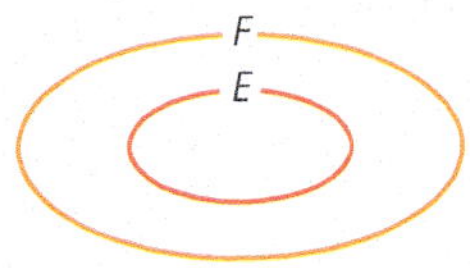

Se *E* não for subconjunto de *F*, escrevemos $E \not\subset F$. (*E* não está contido em *F*). Nesse caso, existe pelo menos um elemento de *E* que não pertence a *F*.

Fique atento!
Esta maneira de representar conjuntos usando curvas fechadas não entrelaçadas é chamada de **diagrama de Venn** em homenagem ao seu criador, o matemático John Venn (1834-1923).
Na fotografia ao lado, apresentamos uma das janelas da Faculdade de Gonville e Caius (Universidade de Cambridge), que homenageia John Venn, estudante e professor dessa instituição.

Wikimédia Commons/Arquivo da editora

Exemplos:

a) Se *A* é o conjunto dos retângulos e *B* é o conjunto dos quadriláteros, então $A \subset B$, pois todo retângulo é um quadrilátero.

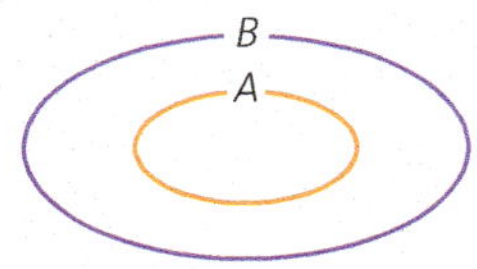

b) Se $C = \{1, 2, 3\}$ e $D = \{1, 2, 4\}$, então $C \not\subset D$, pois $3 \in C$ e $3 \notin D$. Nesse caso, também $D \not\subset C$.

Exercícios

Para resolver os exercícios 1 e 2 a seguir, use as convenções dadas na página anterior.

1. Escreva com símbolos:
   a) Goiás pertence ao conjunto das unidades federativas da região Centro-Oeste.
   b) Bahia não pertence ao conjunto das unidades federativas da região Centro-Oeste.

   Para refletir
   - Todo número primo maior do que 2 é ímpar?
   - Todo número ímpar maior do que 2 é primo?

   c) 17 pertence ao conjunto dos números primos.
   d) 15 não pertence ao conjunto dos números primos.
   e) Pentágono não pertence ao conjunto dos quadriláteros.
   f) Losango pertence ao conjunto dos quadriláteros.

2. Classifique em verdadeiro (**V**) ou falso (**F**):
   a) Distrito Federal $\in C$
   b) Piauí $\notin C$
   c) Mato Grosso $\notin C$
   d) $21 \in B$
   e) $2 \in B$
   f) paralelogramo $\in Q$
   g) trapézio $\notin Q$
   h) hexágono $\in Q$
   i) $29 \notin B$
   j) Venezuela $\in C$

3. Escreva o conjunto expresso pela propriedade:
   a) *x* é um número natural par;
   b) *x* é um número natural menor do que 8;
   c) *x* é um número natural múltiplo de 5 e menor do que 31;
   d) *x* é letra da palavra CONJUNTO;
   e) *x* é um quadrilátero que possui 4 ângulos retos.

   Para refletir
   - Todo quadrado é um retângulo?

4. Escreva o conjunto dado pela condição de cada item:
   a) *y* é um número tal que $y^2 - 25 = 0$;
   b) *y* é um número tal que $y^2 - 5y + 6 = 0$;
   c) *y* é um número maior do que zero tal que $y^2 - 3y - 10 = 0$;
   d) *y* é um número divisor de 16 tal que $y^3 = 8$;
   e) *y* é um número inteiro menor do que 6 e maior do que -2.

5. Escreva uma propriedade que define o conjunto:
   a) $\{0, 1, 2, 3, 4, 5, 6, 7, 8, 9\}$;
   b) $\{0, 2, 4, 6\}$;
   c) $\{11, 13, 15, 17\}$;
   d) $\{0, 1, 2, 3, 4, ..., 99, 100\}$.

6. Escreva uma condição que define o conjunto:
   a) $\{-3, 3\}$;
   b) $\{1, 2\}$;
   c) $\{5\}$;
   d) $\{7, 8, 9, 10, 11, ...\}$.

3 Conjunto dos números naturais (ℕ)

Deus criou os números naturais. O resto é obra dos homens.

Leopold Kronecker

O conjunto dos números naturais é representado por:

$$\mathbb{N} = \{0, 1, 2, 3, 4, 5, 6, 7, 8, ...\}$$

O primeiro elemento desse conjunto é o zero. O **sucessor** do zero é o 1, o sucessor do 1 é o 2, e assim por diante. Representa-se o sucessor de um número natural qualquer n por $n + 1$. Como sempre podemos obter o sucessor de um número natural, dizemos que o conjunto dos números naturais é **infinito**. Tal fato é representado pelas reticências (...) no final.

Os números naturais são usados nas **contagens** (por exemplo: a população brasileira é de aproximadamente 190 milhões de habitantes), nos **códigos** (por exemplo: o CEP de uma empresa em São Paulo é 02909-900) e nas **ordenações** (por exemplo: o 1º estado brasileiro em superfície é o Amazonas e o 2º é o Pará). Às vezes, são usados também para expressar **medidas de grandezas**: 8 h, 10 cm, 3 ℓ, 50 kg, 100 km/h, 1 570 745 km^2, etc.

Para refletir
- Qualquer número natural tem um único sucessor?
- Números naturais diferentes têm sucessores diferentes?
- O zero é o único número natural que não é sucessor de nenhum outro?
- Existe um número natural que é maior do que todos os outros?

Yuri Tuchkov/Shutterstock/Glow Images

Hodômetro: os números indicam a quantidade de quilômetros já percorridos por um carro.

Lara S.A. Iwanicki/kino.com.br

Placa de carro: os números representam códigos de identificação.

Superstudio/Getty Images

Pódio: os números indicam a ordem dos vencedores.

Um subconjunto importante de ℕ é o conjunto ℕ*, obtido excluindo o zero de ℕ:

$$\mathbb{N}^* = \{1, 2, 3, 4, 5, 6, ...\} \text{ ou } \mathbb{N}^* = \mathbb{N} - \{0\}$$

Fique atento!
Sempre que queremos excluir o zero de um conjunto, colocamos o asterisco (*) no símbolo que o representa, por exemplo ℕ*, ℝ*, etc.

Um subconjunto de ℕ ou parte de ℕ é o conjunto dos números naturais pares (P):

$$P = \{0, 2, 4, 6, 8, 10, 12, ...\} \quad \text{ou} \quad P = \{2n;\ n \in \mathbb{N}\}$$

Indicamos assim: $P \subset \mathbb{N}$. (Lê-se P é um subconjunto de ℕ ou P está contido em ℕ ou P é parte de ℕ.)

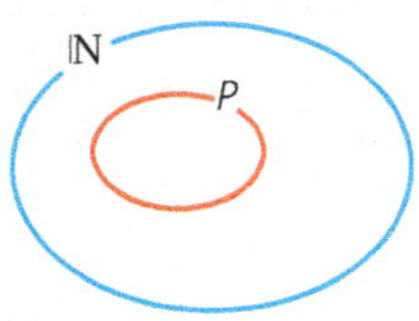

Você sabia?
- Todo número par p pode ser escrito na forma $p = 2n$, em que n é natural.
- Se m e n são números naturais, então $m + n$ e $m \cdot n$ também serão sempre números naturais.

Em ℕ é sempre possível efetuar a adição e a multiplicação, ou seja, a soma e o produto de dois números naturais sempre resultam em um número natural. Já a subtração 3 − 4, por exemplo, não é possível em ℕ. Daí a necessidade de ampliar o conjunto ℕ introduzindo os **números negativos**.

As imagens desta página não estão em proporção entre si.

4 Conjunto dos números inteiros ($\mathbb{Z}$)

Reunindo os números naturais e os números inteiros negativos, obtemos o conjunto de todos os **números inteiros**, que é representado por:

$$\mathbb{Z} = \{..., -4, -3, -2, -1, 0, 1, 2, 3, 4, ...\}$$

Algumas grandezas, como a temperatura, são indicadas por números inteiros.

Fabio Colombini/Acervo do fotógrafo

Termômetro indicando temperatura negativa.

Destacamos os seguintes subconjuntos de $\mathbb{Z}$:

- o conjunto dos números inteiros não negativos (números naturais), pois $\mathbb{N} \subset \mathbb{Z}$: $\mathbb{Z}_+ = \{0, 1, 2, 3, 4, ...\} = \mathbb{N}$. Veja a representação no diagrama.

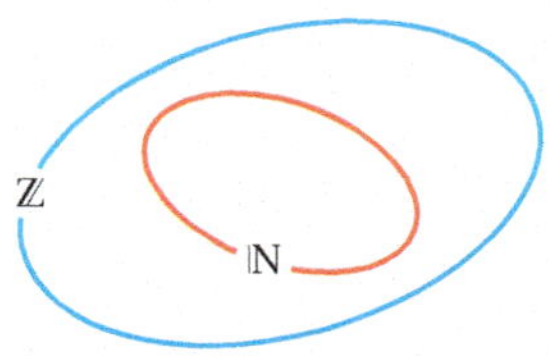

Você sabia?
A letra $\mathbb{Z}$ é inicial da palavra *Zahl*, que significa 'número' em alemão.

- o conjunto dos números inteiros não nulos: $\mathbb{Z}^* = \mathbb{Z} - \{0\}$ ou $\mathbb{Z}^* = \{..., -4, -3, -2, -1, 1, 2, 3, 4, ...\}$;
- o conjunto dos números inteiros não positivos: $\mathbb{Z}_- = \{..., -4, -3, -2, -1, 0\}$;
- o conjunto dos números inteiros positivos: $\mathbb{Z}_+^* = \{1, 2, 3, 4, ...\}$;
- o conjunto dos números inteiros negativos: $\mathbb{Z}_-^* = \{..., -4, -3, -2, -1\}$.

Observe que na figura a seguir há uma simetria em relação ao zero.

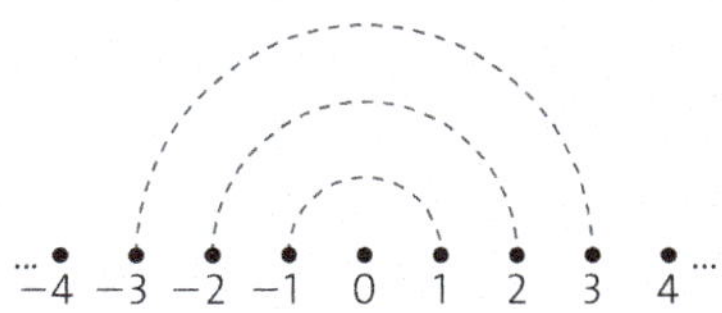

Para refletir
- Existe número natural que não é inteiro?
- Existe número inteiro que não é natural?

O oposto ou simétrico de 3 é -3, bem como o oposto de -3 é 3, valendo:

$$3 + (-3) = -3 + 3 = 0$$

No conjunto $\mathbb{Z}$ é sempre possível efetuar a adição, a multiplicação e a subtração, ou seja, a soma, o produto e a diferença de dois números inteiros resultam sempre em um número inteiro. E todas as propriedades das operações em $\mathbb{N}$ continuam válidas em $\mathbb{Z}$.

Já da divisão de dois números inteiros nem sempre resulta em um número inteiro. Veja exemplos:

a) $(-8) : (+2) = -4 \rightarrow$ é possível em $\mathbb{Z}$

b) $(-7) : (+2) = ? \rightarrow$ não é possível em $\mathbb{Z}$

Assim, foi necessário ampliar o conjunto $\mathbb{Z}$ introduzindo as frações não aparentes.

Você sabia?
Fração aparente é aquela que indica um número inteiro: $\frac{12}{4} = 3$; $-\frac{8}{2} = -4$; etc.
A aparência é de fração, mas representa um número inteiro.

5 Conjunto dos números racionais ($\mathbb{Q}$)

Ao acrescentarmos as frações não aparentes positivas e negativas ao conjunto $\mathbb{Z}$, obtemos o **conjunto dos números racionais** ($\mathbb{Q}$). Assim, por exemplo, são números racionais:

$$-2, -\frac{3}{2}, -1, -\frac{1}{2}, -\frac{1}{4}, 0, \frac{1}{2}, \frac{3}{4}, 1, \frac{5}{3} \text{ e } 2$$

Observe que todo número racional pode ser escrito na forma $\frac{a}{b}$, com $a \in \mathbb{Z}$, $b \in \mathbb{Z}$ e $b \neq 0$. Por exemplo, $-2 = -\frac{6}{3}$, $1 = \frac{2}{2}$, $2 = \frac{10}{5}$, $-\frac{3}{4}$, $\frac{2}{3}$, $0 = \frac{0}{2}$, etc.

Podemos, então, escrever:

> O conjunto $\mathbb{Q}$ dos números racionais é formado por todos os números que podem ser escritos na forma de fração com numerador e denominador inteiros e denominador diferente de zero.

Simbolicamente, indicamos assim:

$$\mathbb{Q} = \left\{x \mid x = \frac{a}{b}, \text{com } a \in \mathbb{Z}, b \in \mathbb{Z} \text{ e } b \neq 0\right\}$$

($\mid$: lê-se "tal que")

A restrição $b \neq 0$ é necessária, pois $\frac{a}{b}$, divisão de a por b, só tem significado se b não for zero.

Se $b = 1$, temos $\frac{a}{b} = \frac{a}{1} = a$, o que implica que $\mathbb{Z}$ é subconjunto de $\mathbb{Q}$. Como $\mathbb{N} \subset \mathbb{Z}$ e $\mathbb{Z} \subset \mathbb{Q}$, temos:

$$\mathbb{N} \subset \mathbb{Z} \subset \mathbb{Q}$$

Você sabia?
A designação "racional" surgiu porque $\frac{a}{b}$ pode ser vista como uma razão entre os inteiros a e b. A letra $\mathbb{Q}$, que representa o conjunto dos números racionais, é a primeira letra da palavra "quociente".

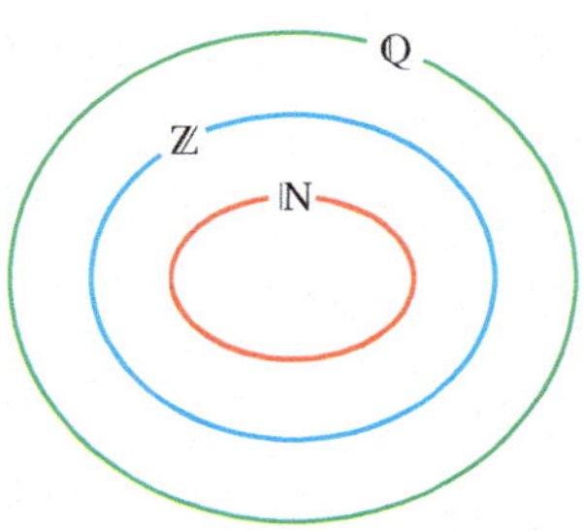

Agora, com os números racionais, podemos efetuar divisões que eram impossíveis só com números inteiros. Exemplos:

a) $17 : 9 = \frac{17}{9}$ ou $1\frac{8}{9}$ ou 1,8888...

b) $(-7) : (+2) = \frac{-7}{+2} = \frac{-35}{+10} = -3{,}5$

Representação decimal dos números racionais

Dado um número racional $\frac{a}{b}$, $b \neq 0$, sua representação decimal é obtida dividindo-se a por b, podendo resultar em:

- decimais exatos, finitos, quando o denominador contiver apenas os fatores primos de 10 (2 e/ou 5). Exemplos:

a) $\frac{1}{2} = \frac{1 \times 5}{2 \times 5} = \frac{5}{10} = 0{,}5$

b) $\frac{1}{4} = \frac{1}{2 \times 2} = \frac{1 \times 5^2}{2^2 \times 5^2} = \frac{25}{100} = 0{,}25$

c) $\frac{3}{5} = \frac{3 \times 2}{5 \times 2} = \frac{6}{10} = 0{,}6$

d) $\frac{13}{20} = \frac{13}{2^2 \times 5} = \frac{13 \times 5}{2^2 \times 5^2} = \frac{65}{100} = 0{,}65$

- decimais periódicos ou dízimas periódicas, infinitas, quando o denominador da fração na forma irredutível contiver algum fator primo diferente de 2 e 5. Exemplos:

a) $\frac{2}{3} = 0{,}666...$ (o período é 6) e representamos assim: $\frac{2}{3} = 0{,}\overline{6}$;

b) $\frac{1}{11} = 0{,}0909090... = 0{,}\overline{09}$ (o período é 09).

Fique atento!
A representação decimal tem um grande valor prático comparado com a representação em forma de fração. Foi o matemático holandês do século XVI Simon Stevin (1548-1620) quem a sistematizou em seu livro *A dízima*, publicado em 1585.

Determinação da fração geratriz do decimal

Da mesma forma que um número racional $\frac{a}{b}$ pode ser representado por um número decimal exato ou periódico, estes também podem ser escritos na forma de fração $\frac{a}{b}$, que recebe o nome de **fração geratriz do decimal**.

Para refletir
Por que esse nome, "fração geratriz"?

Acompanhe como escrever a fração geratriz de cada decimal a seguir:

a) 0,75

$0{,}75 = \frac{75}{100} = \frac{3}{4} \rightarrow$ fração geratriz

b) 0,222...

$x = 0{,}222...$

$10x = 2{,}222...$

$10x = 2 + 0{,}222...$

$10x = 2 + x$

$9x = 2$

$x = \frac{2}{9} \rightarrow$ fração geratriz

c) 0,414141...

$N = 0{,}414141...$

$100N = 41{,}414141...$

$100N = 41 + 0{,}414141...$

$100N = 41 + N$

$99N = 41$

$x = \frac{41}{99} \rightarrow$ fração geratriz

d) $0{,}1\overline{78}$

$N = 0{,}1787878...$

$10N = 1{,}787878...$

$10N = 1 + 0{,}787878...$ $\left(0{,}787878... = \frac{78}{99}\right)$. Verifique.

$10N = 1 + \frac{78}{99}$

$990N = 99 + 78$

$N = \frac{177}{990} \rightarrow$ fração geratriz

Você sabia?
O número 0,999... é igual a 1, pois o símbolo 0,999... representa o número cujos valores aproximados são 0,9; 0,99; 0,999; 0,9999; etc., cada vez mais próximo de 1. Dizemos que essa sequência tem 1 como limite.

Números racionais e medidas de grandezas

Historicamente, os números racionais estão associados a resultados de medições empíricas de grandezas. Por exemplo, ao medir o comprimento do **segmento de reta** com uma unidade u de medida 1, podem ocorrer duas possibilidades:

Segmento de reta – Parte da reta compreendida entre dois de seus pontos distintos, denominados extremos.

1ª) A unidade u **cabe** em $\overline{AB}$ um número inteiro de vezes:

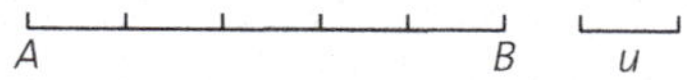

Vamos supor que u caiba exatamente p vezes em $\overline{AB}$. Então a medida de $\overline{AB} = p$ unidades, em que p é um número natural. Na representação acima a medida de $\overline{AB}$ é $5u$.

2ª) A unidade u **não cabe** um número inteiro de vezes em $\overline{AB}$:

Nesse caso, procuramos um segmento de reta v que caiba q vezes no segmento unitário u e p vezes no segmento de reta $\overline{AB}$. A medida de v será a fração $\frac{1}{q}$ e, consequentemente, a medida de $\overline{AB}$ será p vezes $\frac{1}{q}$ ou seja, igual a $\frac{p}{q}$. Quando tal segmento v existe, dizemos que os segmentos de reta u e $\overline{AB}$ são **comensuráveis** e a medida de $\overline{AB}$ é o número racional $\frac{p}{q}$. Na figura acima, temos que a medida de $AB = 5\frac{1}{2}\,u$ ou $5{,}5\,u$. Se tomássemos a unidade u como sendo 1 centímetro (1 cm), teríamos que a medida de $AB = 5{,}5$ cm.

Observação: Nem sempre existe o segmento v nas condições acima, ou seja, nem sempre dois segmentos são comensuráveis. Estudaremos isso ainda neste capítulo.

Os números racionais na reta numerada

Imaginemos uma reta na qual foram fixados um ponto O, chamado de origem, e um ponto U, diferente de O. Tomamos o segmento $\overline{OU}$ como unidade de comprimento (de medida 1). Escolhemos também um sentido para ser o positivo. Agora, podemos localizar na reta numerada qualquer número racional.

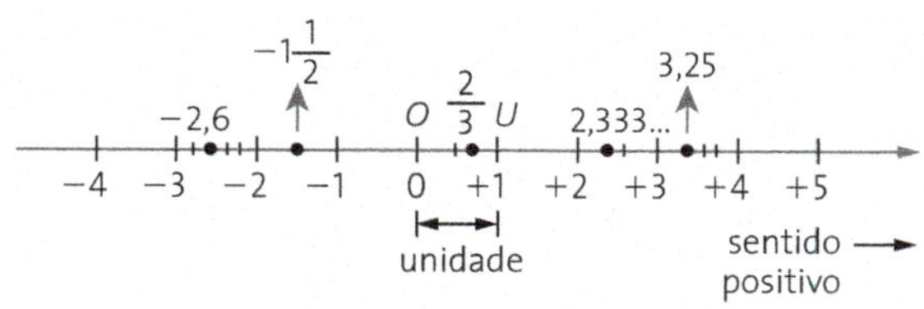

Por exemplo, veja a localização dos números racionais $\frac{2}{3}$; $-1\frac{1}{2}$; $-2{,}6$; $3{,}25$ e $2{,}333...$, além dos inteiros $-4, -3, -2, -1, 0, 1, 2, 3, 4$ e 5.

- $\frac{2}{3}$ fica entre 0 e 1: dividimos o intervalo em 3 partes iguais e tomamos duas no sentido de 0 para 1.
- $-1\frac{1}{2}$ fica entre -2 e -1, no ponto médio do intervalo.
- $3{,}25 = 3\frac{25}{100} = 3\frac{1}{4}$ fica entre 3 e 4: dividimos o intervalo em 4 partes iguais e tomamos uma no sentido de 3 para 4.
- $2{,}333... = 2\frac{3}{9} = 2\frac{1}{3}$ fica entre 2 e 3: dividimos o intervalo em 3 partes iguais e tomamos uma no sentido de 2 para 3.

Para refletir
- Entre dois números inteiros, sempre há um outro número inteiro?
- Entre dois números racionais sempre há um outro número racional? Converse com um colega sobre isso.

Todo número racional tem um ponto correspondente na reta numerada. Mas nem todo ponto da reta numerada corresponde a um número racional. Assim, o conjunto $\mathbb{Q}$ não "preenche" toda a reta numerada, é como se existissem "buracos" a serem completados com um outro tipo de número: os números irracionais.

6 Números irracionais

Por muito tempo, acreditou-se que os números racionais eram suficientes para medir todos os segmentos de reta, ou seja, que todos os segmentos eram comensuráveis. Os discípulos de Pitágoras também acreditavam nisso, mas foram eles próprios que descobriram que o lado e a diagonal de um quadrado são **segmentos** de reta **incomensuráveis** (veja a página 22).

Ao medir a **diagonal** de um quadrado cujo lado mede uma unidade de comprimento chegamos a um número que **não** é racional. Acompanhe:

Diagonal de um polígono convexo – Segmento de reta que liga dois vértices não consecutivos de um polígono convexo.

Usando a relação de Pitágoras:

$d^2 = 1^2 + 1^2$

$d^2 = 2$

$d = \sqrt{2}$

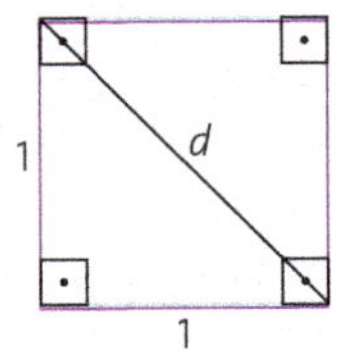

A pergunta é: que número, elevado ao quadrado, resulta em 2? Com o uso de uma calculadora, podemos obter parte da representação decimal do número fazendo **aproximações sucessivas**.

$$\sqrt{2} = ?\left\langle\begin{matrix} 1^2 = 1 \text{ (menor do que 2)} \\ 2^2 = 4 \text{ (maior do que 2)} \end{matrix}\right\rangle \sqrt{2} \text{ está entre 1 e 2}$$

$$\sqrt{2} = ?\left\langle\begin{matrix} (1,4)^2 = 1,96 \text{ (menor do que 2)} \\ (1,5)^2 = 2,25 \text{ (maior do que 2)} \end{matrix}\right\rangle \sqrt{2} \text{ está entre 1,4 e 1,5}$$

$$\sqrt{2} = ?\left\langle\begin{matrix} (1,41)^2 = 1,9881 \text{ (menor do que 2)} \\ (1,42)^2 = 2,0164 \text{ (maior do que 2)} \end{matrix}\right\rangle \sqrt{2} \text{ está entre 1,41 e 1,42}$$

$$\sqrt{2} = ?\left\langle\begin{matrix} (1,414)^2 = 1,999396 \text{ (menor do que 2)} \\ (1,415)^2 = 2,002225 \text{ (maior do que 2)} \end{matrix}\right\rangle \sqrt{2} \text{ está entre 1,414 e 1,415}$$

Se continuarmos esse processo, não chegaremos nem a uma representação decimal exata, nem a uma dízima periódica. Portanto, $\sqrt{2}$ não é um número racional (veja a demonstração desse fato na página 22).

Os números que não admitem uma representação decimal exata e nem uma representação na forma de dízima periódica chamam-se **números irracionais**. $\sqrt{2}$ é um número irracional, pois a representação decimal de $\sqrt{2}$ possui infinitas casas decimais não periódicas.

A sequência 1,4; 1,41; 1,414; 1,4142; 1,41421; etc. aproxima-se do número irracional:

$$\sqrt{2} = 1,414213562...$$

Observação: Para fazer cálculos, usamos valores racionais aproximados de $\sqrt{2}$, como $\sqrt{2} \simeq 1,41$ ou $\sqrt{2} \simeq 1,4142$.

Há infinitos números irracionais; veja alguns:

a) 0,10100100010000100000...

b) 2,71727374...

c) A raiz quadrada de um número natural não quadrado perfeito é irracional: $\sqrt{3}$; $\sqrt{5}$; $-\sqrt{8}$; $-\sqrt{10}$.

d) A raiz cúbica de um número natural não cúbico perfeito é irracional: $\sqrt[3]{7}$; $\sqrt[3]{11}$; $-\sqrt[3]{15}$; $-\sqrt[3]{25}$.

e) $\dfrac{\sqrt{3}}{2} = 0,8660254...$

f) $\dfrac{3}{\sqrt{5}} = 1,3416408...$

π (pi) é irracional

O número π é obtido dividindo-se a medida do comprimento de qualquer circunferência pela medida de seu diâmetro (π = 3,1415926535...). Veja algumas aproximações para π:

$3 < \pi < 4$

$3,1 < \pi < 3,2$

$3,14 < \pi < 3,15$,

etc.

Você sabia?
- Os matemáticos já demonstraram que π é um número irracional.
- Que o número irracional π foi calculado com o auxílio de um computador, obtendo-se 1,2 trilhão de casas decimais sem que tenha surgido uma decimal exata ou uma dízima? A demonstração feita pelos matemáticos é o único modo que temos de saber que nenhum computador vai encontrar periodicidade no cálculo dos algarismos decimais do π, mesmo que examine alguns trilhões de dígitos.

O número de ouro dos gregos, Φ (fi), é irracional

A razão áurea

Considere um segmento de reta *AB* cuja medida *AB* é de 1 unidade de comprimento. Nele podemos localizar um ponto *C*, de tal modo que *C* divide $\overline{AB}$ na seguinte proporção: a razão entre o segmento todo e a parte maior é igual à razão entre a parte maior e a parte menor.

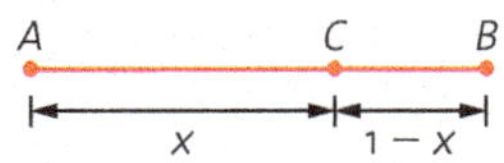

Assim, $\frac{AB}{AC} = \frac{AC}{CB}$, ou seja:

$$\frac{1}{x} = \frac{x}{1-x} \Rightarrow x^2 = 1 - x \Rightarrow x^2 + x - 1 = 0$$

Resolvendo essa equação, o valor positivo de *x* é $\frac{\sqrt{5}-1}{2}$.

Consideremos a razão:

$$\frac{1}{x} = \frac{1}{\frac{\sqrt{5}-1}{2}} = \frac{2(\sqrt{5}+1)}{(\sqrt{5}-1)(\sqrt{5}+1)} = \frac{1+\sqrt{5}}{2}$$

$$\Phi = \frac{1+\sqrt{5}}{2} = 1,6180339887...$$

Esse número irracional, $\frac{1+\sqrt{5}}{2}$, cujo **valor aproximado** racional é 1,618034, é conhecido como **número de ouro**, **razão de ouro** ou ainda **razão áurea**.

Para os gregos, o número de ouro representava harmonia, equilíbrio e beleza. Por esse motivo, muitas construções gregas tinham como base esse número. Mas foi no século XIII que o matemático Fibonacci constatou que o número de ouro está presente também na natureza. No Renascimento, a revalorização dos conceitos estéticos gregos levou grandes pintores, como Leonardo da Vinci, a utilizar o número de ouro em suas pinturas, como na obra *Mona Lisa*.

NYT/The New York Times/Latinstock

Mona Lisa, obra de Leonardo da Vinci.

Leituras

A crise dos irracionais

Como já dito anteriormente, os pitagóricos acreditavam que, tomando-se quaisquer dois segmentos, eles seriam comensuráveis. Para eles, o dogma de sua doutrina, "TUDO É NÚMERO", referia-se aos números racionais, já que eles não concebiam a existência de outros números que não fossem racionais (inteiro ou fração).

Assim, como estudamos, ao medirem a diagonal de um quadrado cujos lados medem 1 unidade de comprimento, os pitagóricos se depararam com o número irracional $\sqrt{2} = 1{,}414213562...$, ou seja, descobriram que o lado desse quadrado e sua diagonal são segmentos incomensuráveis.

Araldo de Luca/Corbis/Latinstock

Busto de Pitágoras

Essa descoberta causou, na época, grande constrangimento, pois punha por terra um dos dogmas centrais dos pitagóricos: "TUDO É NÚMERO" (racional).

Conta-se que Pitágoras proibiu seus discípulos de divulgar tal descoberta para não abalar a sua doutrina, mas um deles, Hipaso, quebrou o voto de silêncio e foi, por isso, duramente punido.

A resistência aos números irracionais prosseguiu por vários séculos, até que, no fim do século XIX, o matemático George Cantor fundamentou-os adequadamente.

Interfoto/Latinstock

George Cantor

Prova de que $\sqrt{2}$ é irracional

Para provar que $\sqrt{2}$ é um número irracional, vamos supor que ele seja um número racional, ou seja, que possa ser escrito na forma $\frac{p}{q}$, $p \in \mathbb{Z}$, $q \in \mathbb{Z}$, e $q \neq 0$ e chegar a um absurdo.

Supomos que $\sqrt{2}$ é racional, ou seja, $\sqrt{2} = \frac{p}{q}$. Consideramos $\frac{p}{q}$ fração irredutível, ou seja, p e q são primos entre si, isto é, $\text{mdc}(p, q) = 1$.

Elevando ambos os membros ao quadrado, temos:

$$(\sqrt{2})^2 = \left(\frac{p}{q}\right)^2 \Rightarrow \frac{p^2}{q^2} = 2 \Rightarrow p^2 = 2q^2 \text{ (I)}$$

Como todo número par pode ser escrito na forma $2k$, em que $k \in \mathbb{Z}$, temos que $p^2 = 2\underbrace{q^2}_{k}$ é par (II).

Assim, p^2 é par $\Rightarrow p$ é par $\Rightarrow p = 2m$, $m \in \mathbb{Z}$ (III).

Observe que:

$$p = 2m \Rightarrow p^2 = 4m^2 \xrightarrow{\text{(I)}} 2q^2 = 4m^2 \Rightarrow q^2 = 2m^2 \xrightarrow{\text{(II)}} q^2 \text{ é par} \Rightarrow q \text{ é par (IV)}$$

As conclusões (III) de que "p é par" e (IV) de que "q é par" são contraditórias, já que p e q foram supostos primos entre si. Chegamos a um absurdo. Assim, não podemos supor que $\sqrt{2}$ é racional. Logo, $\sqrt{2}$ é irracional.

Portanto, $\sqrt{2} = 1{,}4142135...$ não é uma decimal exata nem periódica.

7 Conjunto dos números reais (ℝ)

Da reunião do conjunto dos números racionais com os números irracionais obtemos o **conjunto dos números reais** (ℝ).

Como constatamos, os números racionais não são suficientes para preencher todos os pontos da reta numerada. O conjunto ℝ pode ser visto como modelo aritmético de uma reta, enquanto esta, por sua vez, é o modelo geométrico de ℝ. Por exemplo, os pontos da reta correspondentes aos números $-\sqrt{3}$, $\sqrt{2}$, etc. não são alcançados com os números racionais. Já os números reais esgotam todos os pontos da reta, ou seja, a cada ponto da reta corresponde um único número real e, reciprocamente, a cada número real corresponde um único ponto da reta.

Por isso, dizemos que existe uma **correspondência biunívoca** entre os números reais e os pontos da reta. Temos assim a **reta real**, que é construída desta forma: numa reta, escolhemos uma origem (e associamos a ela zero), um sentido de percurso e uma unidade de comprimento, por exemplo:

(unidade de comprimento)

Observe alguns números reais colocados na reta real:

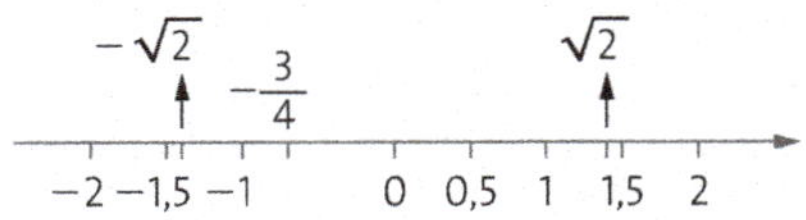

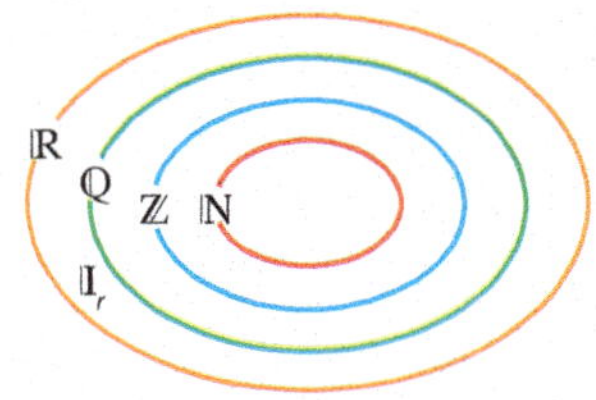

O diagrama ao lado relaciona os conjuntos numéricos estudados até aqui.

Observação: Com os números reais, toda equação do tipo $x^2 = a$, com $a \in \mathbb{N}$, pode ser resolvida e todos os segmentos de reta podem ser medidos.

$\mathbb{N} \subset \mathbb{Z} \subset \mathbb{Q} \subset \mathbb{R}$

Desigualdades entre números reais

> **Fique atento!**
> São reais:
> - os números naturais;
> - os números inteiros;
> - os números racionais;
> - os números irracionais.

Dados dois números reais quaisquer, a e b, ocorre uma e somente uma das seguintes possibilidades:

$$a < b \text{ ou } a = b \text{ ou } a > b$$

- **Geometricamente**, a desigualdade $a < b$ significa que a está à esquerda de b na reta real:

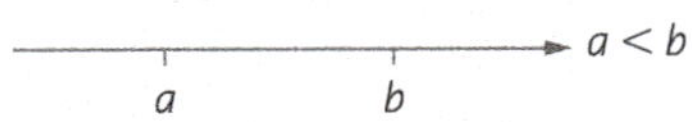

A desigualdade $a > b$ significa que a está à direita de b na reta real:

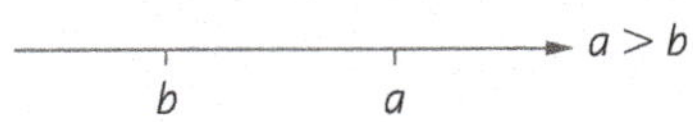

> **Você sabia?**
> Ordenar os números reais aritmeticamente é como ordenar as palavras em um dicionário.

- **Aritmeticamente**, vamos analisar alguns exemplos:
  a) 2,195... < 3,189..., pois 2 < 3;
  b) 4,128... < 4,236..., pois 4 = 4 e 0,1 < 0,2;
  c) 3,267... < 3,289..., pois 3 = 3; 0,2 = 0,2 e 0,06 < 0,08;
  d) 5,672... < 5,673..., pois 5 = 5; 0,6 = 0,6; 0,07 = 0,07 e 0,002 < 0,003, e assim por diante.
- **Algebricamente**, $a < b$ se, e somente se, a diferença $d = b - a$ é um número positivo, ou seja, vale $a < b$ se, e somente se, existe um número real positivo d tal que $b = a + d$.

Uma vez definida essa relação de ordem dos números reais, dizemos que eles estão ordenados. Usamos também a **notação** $a \leqslant b$ para dizer que $a < b$ ou $a = b$. Assim:

> **Notação** – Conjunto de sinais com que se faz uma representação ou designação convencional.

$a \leqslant b$ lê-se a é menor do que ou igual a b.
$b \geqslant a$ lê-se b é maior do que ou igual a a.

Módulo de um número real

O módulo ou valor absoluto de um número real r, que representamos por $|r|$, é considerado igual a r se $r \geqslant 0$ e igual a $-r$ se $r < 0$.

Por exemplo:

a) $|2| = 2$, porque, neste caso, $r = 2$ e $2 > 0$;

b) $|0| = 0$, porque, neste caso, $r = 0$;

c) $|-2| = -(-2) = 2$, porque $r = -2$ e $-2 < 0$.

Resumindo, podemos escrever:

$$|r| = r, \text{ se } r \geqslant 0$$

e

$$|r| = -r, \text{ se } r < 0$$

Geometricamente, o módulo de um número indica, na reta real, a distância desse número ao zero.

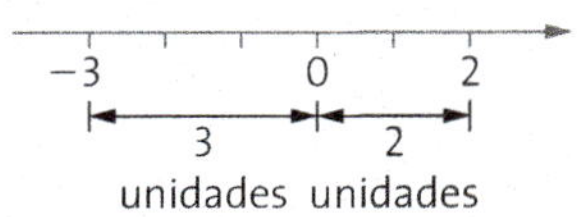

- distância do 2 ao 0: 2 unidades → $|2| = 2$
- distância do -3 ao 0: 3 unidades → $|-3| = 3$

Veja outros exemplos:

a) $|3| = 3$

b) $|-6| = -(-6) = 6$

c) $|-\sqrt{2}| = -(-\sqrt{2}) = \sqrt{2}$

d) $|0| = 0$

Podemos observar que o módulo de um número real qualquer nunca é negativo, ou seja, é sempre positivo ou zero.

Exemplos:

a) $2 \cdot |5| = 2 \cdot 5 = 10$

b) $|-7| + |-2| = 7 + 2 = 9$

c) $|-3| - |+8| = 3 - 8 = -5$

d) $|-5 + 3| = |-2| = 2$

e) $|-5| + |3| = 5 + 3 = 8$

f) $|(-5)(-4)| = |20| = 20$

g) $|3 - x|$ quando $x = 7$

$|3 - x| = |3 - 7| = |-4| = 4$

h) $|x^2 - 3x - 10|$ quando $x = 2$

$|x^2 - 3x - 10| = |4 - 6 - 10| = |-12| = 12$

i) $|x^2|$ com $x \in \mathbb{R}$

Como $x \in \mathbb{R} \Rightarrow x^2 \geqslant 0$ e, pela definição, $|x^2| = x^2$.

Exercício resolvido

1. Calcule:

a) $|x^5|$ com $x \in \mathbb{R}$

b) $|x - 3|$ com $x \in \mathbb{R}$

c) $|x + 6|$ com $x \in \mathbb{R}$

d) $|x - 2| + |x - 6|$ com $x < 2$

e) $|x - 2| + |x - 6|$ com $x \in \mathbb{R}$

Resolução

a) $|x^5|$ com $x \in \mathbb{R}$

- Se $x \geqslant 0$, então $x^5 \geqslant 0$ e, pela definição, $|x^5| = x^5$.
- Se $x < 0$, então $x^5 < 0$ e, pela definição, $|x^5| = -x^5$.

> **Fique atento!**
> $|x^2|$ independe do sinal de x.
> $|x^5|$ depende do sinal de x.

b) $|x - 3|$ com $x \in \mathbb{R}$

- Se $x \geqslant 3$, então $x - 3 \geqslant 0$ e $|x - 3| = x - 3$.
- Se $x < 3$, então $x - 3 < 0$. Assim: $|x - 3| = -(x - 3) = -x + 3$

Logo, $|x - 3| = x - 3$ quando $x \geqslant 3$, e $|x - 3| = -x + 3$ quando $x < 3$.

c) $|x + 6|$ com $x \in \mathbb{R}$

- Se $x \geqslant -6$, então $x + 6 \geqslant 0$ e $|x + 6| = x + 6$.
- Se $x < -6$, então $x + 6 < 0$. Assim: $|x + 6| = -(x + 6) = -x - 6$

d) $|x - 2| + |x - 6|$ com $x < 2$

- Se $x < 2$, então $(x - 2) < 0$ e, pela definição, $|x - 2| = -(x - 2) = -x + 2$
- Se $x < 2$, então $(x - 6) < 0$ e, pela definição, $|x - 6| = -(x - 6) = -x + 6$

Assim, se $x < 2$, então:

$|x - 2| + |x - 6| = (-x + 2) + (-x + 6) =$
$= -x + 2 - x + 6 = -2x + 8$

Portanto, para $x < 2$ temos:

$|x - 2| + |x - 6| = -2x + 8$

e) $|x - 2| + |x - 6|$ com $x \in \mathbb{R}$

Vamos resolver esse exercício de duas maneiras:

1ª maneira:

Nessa expressão, devemos analisar três casos: $x < 2$, $2 \leqslant x \leqslant 6$ e $x > 6$.

- Para $x < 2$, já vimos no exercício anterior: $|x - 2| + |x - 6| = -2x + 8$
- Para $2 \leqslant x \leqslant 6$, temos $x - 2 \geqslant 0$ e $x - 6 \leqslant 0$.

  Então:
  $|x - 2| + |x - 6| = (x - 2) + (-x + 6) =$
  $= x - 2 - x + 6 = 4$
- Para $x > 6$, temos $x - 2 > 0$ e $x - 6 > 0$.

  Então:
  $|x - 2| + |x - 6| = (x - 2) + (x - 6) = 2x - 8$

Logo:

$$|x - 2| + |x - 6| = \begin{cases} -2x + 8, \text{ se } x < 2 \\ 4, \text{ se } 2 \leqslant x \leqslant 6 \\ 2x - 8, \text{ se } x > 6 \end{cases}$$

2ª maneira:

$$|x - 2| = \begin{cases} x - 2, \text{ se } x \geqslant 2 \\ -x + 2, \text{ se } x < 2 \end{cases}$$

$$|x - 6| = \begin{cases} x - 6, \text{ se } x \geqslant 6 \\ -x + 6, \text{ se } x < 6 \end{cases}$$

	$x < 2$	$2 \leqslant x \leqslant 6$	$x > 6$
$\lvert x - 2\rvert$	$-x + 2$	$x - 2$	$x - 2$
$\lvert x - 6\rvert$	$-x + 6$	$-x + 6$	$x - 6$
$\lvert x - 2\rvert + \lvert x - 6\rvert$	$-2x + 8$	4	$2x - 8$

Logo:

$$|x - 2| + |x - 6| = \begin{cases} -2x + 8, \text{ se } x < 2 \\ 4, \text{ se } 2 \leqslant x \leqslant 6 \\ 2x - 8, \text{ se } x > 6 \end{cases}$$

Propriedades envolvendo módulo

A partir da definição de módulo, vista anteriormente, temos as seguintes consequências:

- $|x| \geqslant 0, \forall x \in \mathbb{R}$
- $|x| = 0 \Leftrightarrow x = 0$
- $|x| \geqslant x, \forall x \in \mathbb{R}$
- $|x| = |-x|, \forall x \in \mathbb{R}$

Considerando essas consequências, acompanhe algumas propriedades do módulo.

1ª) Para todo x e y pertencentes a $\mathbb{R}$, $|x \cdot y| = |x| \cdot |y|$.

Exemplos:

a) $x = 2$ e $y = 3 \Rightarrow |2 \cdot 3| = |2| \cdot |3|$
$|6| = 2 \cdot 3$
$6 = 6$

b) $x = 1$ e $y = -2 \Rightarrow |1 \cdot (-2)| = |1| \cdot |-2|$
$|-2| = 1 \cdot 2$
$2 = 2$

c) $x = -3$ e $y = -4 \Rightarrow |(-3) \cdot (-4)| = |-3| \cdot |-4|$
$|12| = 3 \cdot 4$
$12 = 12$

2ª) Para todo x pertencente a $\mathbb{R}$ e y pertencente a $\mathbb{R}^*$, temos: $\left|\dfrac{x}{y}\right| = \dfrac{|x|}{|y|}$.

Exemplos:

a) Para $x = 6$ e $y = 2$, temos:

$$\left|\frac{6}{2}\right| = \frac{|6|}{|2|} \Rightarrow |3| = \frac{6}{2} \Rightarrow 3 = 3$$

b) Para $x = -10$ e $y = -5$, temos:

$$\left|\frac{-10}{-5}\right| = \frac{|-10|}{|-5|} \Rightarrow |2| = \frac{10}{5} \Rightarrow 2 = 2$$

c) Para $x = 15$ e $y = -3$, temos:

$$\left|\frac{15}{-3}\right| = \frac{|15|}{|-3|} \Rightarrow |-5| = \frac{15}{3} \Rightarrow 5 = 5$$

3ª) Para todo $x \in \mathbb{R}$, temos $|x^2| = |x|^2 = x^2$.

Demonstração:

$|x^2| = |x \cdot x| = |x| \cdot |x| = |x|^2$

Exemplos:

a) Para $x = 6$, temos $x^2 = 36$, $|x^2| = |36| = 36$ e $|x|^2 = |6|^2 = 6^2 = 36$.

b) Para $x = 0$, temos $x^2 = 0$, $|x^2| = |0^2| = |0| = 0$ e $|x|^2 = |0|^2 = 0^2 = 0$.

c) Para $x = -5$, temos $x^2 = 25$, $|x^2| = |25| = 25$ e $|x|^2 = |-5|^2 = 5^2 = 25$.

Não é correto considerar $\sqrt{x^2}$ igual a x, pois isso é verdadeiro para $x \geqslant 0$, mas é falso para $x < 0$. Veja os exemplos:

- Se $x = 3$, então $\sqrt{x^2} = \sqrt{3^2} = \sqrt{9} = 3 = x$.
- Se $x = -4$, então $\sqrt{x^2} = \sqrt{(-4)^2} = \sqrt{16} = 4 \neq x$.

O correto é afirmar que:

para todo $x \in \mathbb{R}$, temos $\sqrt{x^2} = |x|$.

Para refletir

Compare os valores reais de x em cada uma das situações:

a) $x = \sqrt{49} = 7$

b) $x^2 = 49 \Rightarrow x = \pm\sqrt{49} \Rightarrow$
$\Rightarrow x = \pm 7$, ou seja, $x = 7$ ou $x = -7$

4ª) **Para todo x e y pertencentes a $\mathbb{R}$, $|x + y| \leqslant |x| + |y|$.**

Demonstração:

$|x + y|^2 = (x + y)^2 = x^2 + y^2 + 2xy \leqslant |x^2| + |y^2| + 2|x \cdot y|$

Isso ocorre porque $|x^2| = x^2$ e $|y^2| = y^2$ e $|x \cdot y| \geqslant x \cdot y$.

> **Fique atento!**
> Para quaisquer números reais a e b, temos $|a - b| = |b - a|$.

Assim:

$|x + y|^2 \leqslant |x|^2 + 2|x| \cdot |y| + |y|^2 = (|x| + |y|)^2 \Leftrightarrow |x + y| \leqslant |x| + |y|$

Exemplos:

a) Se $x = -3$ e $y = -2$, então $|(-3) + (-2)| \blacksquare |-3| + |-2|$

$|-5| \blacksquare 3 + 2$

$5 = 5$

b) Se $x = -3$ e $y = 4$, então $|(-3) + 4| \blacksquare |-3| + |4|$

$|1| \blacksquare 3 + 4$

$1 < 7$

c) Se $x = 4$ e $y = 5$, então $|4 + 5| \blacksquare |4| + |5|$

$|9| \blacksquare 4 + 5$

$9 = 9$

d) Se $x = 1$ e $y = -2$, então $|1 + (-2)| \blacksquare |1| + |-2|$

$|-1| \blacksquare 1 + 2$

$1 < 3$

5ª) **Para todo x e y pertencentes a $\mathbb{R}$, $|x - y| \geqslant |x| - |y|$.**

A demonstração é análoga à do caso anterior.

Exemplos:

a) Se $x = 8$ e $y = -2$, então:

$|8 - (-2)| \blacksquare |8| - |-2|$

$|8 + 2| \blacksquare 8 - 2$

$10 > 6$

b) Se $x = 8$ e $y = 2$, então:

$|8 - 2| \blacksquare |8| - |2|$

$|6| \blacksquare 8 - 2$

$6 = 6$

c) Se $x = -8$ e $y = -2$, então:

$|-8 - (-2)| \blacksquare |-8| - |-2|$

$|-8 + 2| \blacksquare 8 - 2$

$|-6| \blacksquare 6$

$6 = 6$

6ª) **Para todo x e y pertencentes a $\mathbb{R}$, $||x| - |y|| \leqslant |x - y|$.**

Demonstração:

$|x - y| \geqslant |x| - |y| \Rightarrow (|x - y|)^2 \geqslant (|x| - |y|)^2 \Rightarrow |x - y|^2 \geqslant ||x| - |y||^2 \Leftrightarrow ||x| - |y|| \leqslant |x - y|$

Exemplos:

a) Se $x = 1$ e $y = 2$, então:

$||1| - |2|| \blacksquare |1 - 2|$

$|1 - 2| \blacksquare |1 - 2|$

$|-1| \blacksquare |-1|$

$1 = 1$

b) Se $x = 1$ e $y = -2$, então:

$||1| - |-2|| \blacksquare |1 - (-2)|$

$|1 - 2| \blacksquare |1 + 2|$

$|-1| \blacksquare |3|$

$1 < 3$

c) Se $x = -1$ e $y = -2$, então:

$||-1| - |-2|| \blacksquare |(-1) - (-2)|$

$|1 - 2| \blacksquare |1|$

$|-1| \blacksquare |1|$

$1 = 1$

d) Se $x = -1$ e $y = 2$, então:

$||-1| - |2|| \blacksquare |-1 - 2|$

$|1 - 2| \blacksquare |-3|$

$|-1| \blacksquare |-3|$

$1 < 3$

Valor de x a partir do módulo de x

Analise cada um dos exemplos (com módulo de x nulo, negativo e positivo):

a) Se $|x| = 0$, então $x = 0$.

Zero é o único número real cujo módulo é igual a zero.

b) $|x| = -3$

Não existe valor real para x, pois o valor de um módulo nunca é negativo.

c) Se $|x| = 6$, então $x = 6$ ou $x = -6$, porque $|6| = 6$ e $|-6| = 6$.

Resumindo, podemos dizer que:

- Se $|x| = 0$, logo $x = 0$.
- Não existe $x \in \mathbb{R}$ tal que $|x| = a$, com $a < 0$.
- Se $|x| = a$ e $a > 0$, logo $x = a$ ou $x = -a$.

Para refletir
Analise e perceba a diferença entre as sentenças $x = |7|$ e $|x| = 7$.

Distância entre dois pontos na reta real

Considerando a reta real representada por:

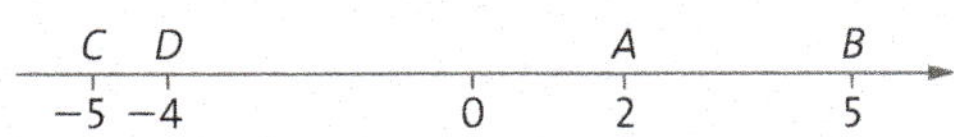

podemos determinar, pelo módulo, a distância entre dois pontos dessa reta fazendo a correspondência entre os pontos da reta e números reais:

- a distância entre A e B é:
  $AB = |5 - 2| = |3| = 3$.
- a distância entre C e D é:
  $CD = |(-4) - (-5)| = |1| = 1$.
- a distância entre D e A é:
  $DA = |2 - (-4)| = |6| = 6$.
- a distância entre B e C é:
  $BC = |(-5) - 5| = |-10| = 10$.

Observe que:

- a distância entre A e B é:
  $AB = |5 - 2| = |3| = 3$.
- a distância entre B e A é:
  $BA = |2 - 5| = |-3| = 3$.

Logo, $AB = BA$. Verifique outros exemplos e veja que essa desigualdade ocorre sempre.

De modo geral, é possível demonstrar que:

Na reta, se a é a coordenada do ponto A e b é a coordenada do ponto B, então a distância entre A e B pode ser escrita por $|a - b|$ ou $|b - a|$, que são iguais.

Exercícios

7. Escreva, usando chaves, os subconjuntos de $\mathbb{N}$.
   a) $M(6)$: conjunto dos múltiplos de 6.
   b) $D(6)$: conjunto dos divisores de 6.
   c) A: conjunto dos números primos menores do que 20.
   d) C: conjunto dos números naturais quadrados perfeitos.

8. Represente o conjunto formado pelos possíveis valores de x em cada item.
   a) $x \in \mathbb{N}$ e $x < 3$
   b) $x \in \mathbb{Z}$ e $x \geqslant -2$
   c) $x \in \mathbb{N}$ e $x \leqslant +1$
   d) $x \in \mathbb{Z}$ e $-2 < x \leqslant 3$
   e) $x \in \mathbb{N}$ e $x < 0$
   f) $x \in \mathbb{Z}$ e $x < 0$

9. Formule um problema que envolva números inteiros e dê para um colega resolver.

10. Complete o diagrama a seguir, colocando nele as letras dos conjuntos numéricos $\mathbb{N}$, $\mathbb{Z}$ e $\mathbb{Q}$ de forma adequada.

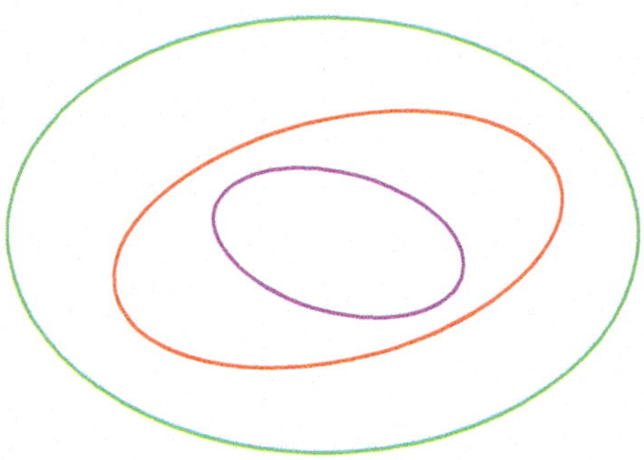

Depois distribua os seguintes números nos locais adequados:

-8 | $+7$ | $\frac{3}{8}$ | $-0,5$ | 12 | 0 | -23 | $1\frac{4}{5}$ | $0,555...$

11. Associe cada número racional abaixo à letra correspondente marcada na reta numerada.

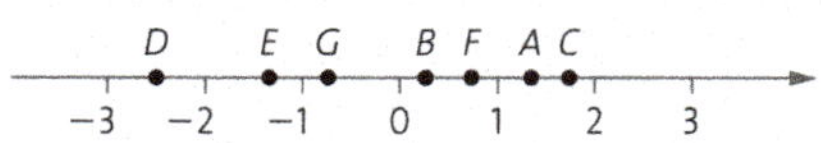

- $1\frac{4}{5}$
- $-\frac{7}{10}$
- $-2,5$
- $0,7$
- $\frac{4}{3}$
- $-\frac{5}{4}$
- $0,181818...$

12. Dê a representação decimal dos seguintes números racionais:
   a) $\frac{7}{8}$
   b) $\frac{3}{4}$
   c) $\frac{7}{5}$
   d) $1\frac{2}{3}$

13. Determine a geratriz $\frac{a}{b}$ dos seguintes decimais periódicos:
   a) 0,333...
   b) 0,1666...
   c) 0,242424...
   d) 0,125777...

14. Coloque em ordem crescente os números reais:

$$\frac{6}{10};\ 0,\bar{5};\ \frac{1}{2};\ \frac{4}{5};\ 0,\overline{52};\ 0,25$$

15. Identifique como decimal exato (finito), decimal infinito periódico ou decimal infinito não periódico cada um dos números a seguir:
   a) 0,555
   b) 0,11454545
   c) 0,1231251271291211...
   d) 0,26666...
   e) 0,020020002...
   f) 0,789145

16. Entre os números reais $-\sqrt{3}$ e $+\sqrt{5}$:
   a) quantos números naturais existem? E números inteiros?
   b) quantos números racionais existem? E números irracionais?

17. *Fazendo conjecturas com o uso da calculadora*
Use a calculadora, substitua x e y por números reais quaisquer várias vezes e verifique se as afirmações abaixo são verdadeiras:
   a) $\sqrt{x} \cdot \sqrt{y} = \sqrt{x \cdot y}$
   b) $\sqrt{x} + \sqrt{y} = \sqrt{x + y}$

Agora, eleve ambos os membros ao quadrado nos itens **a** e **b** e verifique se sua conjectura estava correta.

Você sabia?
Conjecturar é levantar hipóteses, é inferir que algo é provável.

18. Faça o que se pede.

a) Efetue cada operação:

- $2 + 4$
- $2 + 6$
- $4 + 8$
- $10 + 12$
- $6 + 10$
- $100 + 200$
- $26 + 60$
- $8 + 8$

b) Note que só foram usados **números pares** nas operações acima. E sobre os resultados obtidos? Há algum padrão que pode ser percebido em todos esses resultados?

c) Conjecture uma regra para esse padrão (uma hipótese sobre o padrão observado). Algo do tipo: "sempre que..." ou "toda...".

d) Lembrando que qualquer número par p sempre pode ser escrito na forma $p = 2n$, em que n é natural, tente provar a conjectura acima.

19. Calcule:

a) $|-7|$

b) $|\pi - 3|$

c) $|\pi - 5|$

d) $(-3) \cdot |-5|$

e) $|-9| + |-7|$

f) $-|-7|$

g) $|-2 + 5|$

h) $|2x - 1|$ quando $x = -5$

20. Aplicando a definição, escreva a expressão dada usando sentenças que não apresentem módulo.

a) $|x^4|$ com $x \in \mathbb{R}$

b) $|x^3|$ com $x \in \mathbb{R}$

c) $|x - 2|$ com $x \in \mathbb{R}$

d) $|x + 1|$ com $x < -1$

e) $|x - 2| + |x - 1|$ com $x > 2$

f) $|x - 3| - |x - 5|$ com $x \in \mathbb{R}$

g) $|x - 1| + |x - 4|$ com $1 < x < 4$

h) $|x - 2| + |x - 5|$ com $x > 4$ (*Sugestão*: Analise $4 < x < 5$ e $x \geq 5$.)

21. Verifique se as igualdades são verdadeiras ou falsas:

a) $|5| = -5$

b) $|-5| = 5$

c) $|5| = |-5|$

d) $-|5| = -5$

e) $|5| + |-5| = 0$

f) $-|-5| = 5$

g) $\sqrt{(-5)^2} = 5$

h) $|5^2| = (-5)^2$

22. Verifique se as afirmações são verdadeiras ou falsas:

a) $\sqrt{2^2} = |2|$

b) $|3^2| = |3|^2 = 3^2$

c) $|3 \cdot (-2)| < |3| \cdot |-2|$

d) $|(-3) \cdot (-4)| = |-3| \cdot |-4|$

e) $|(-1) + 2| = |-1| + |2|$

f) $|3 + (-5)| \leq |3| + |-5|$

g) $||(-3)| - |(-2)|| > |-3 + 2|$

h) $||5| - |(-3)|| \leq |5 + 3|$

23. Determine o valor de y em cada caso:

a) $|y| = 9$

b) $|y| = -6$

c) $|y| = 0$

d) $|y| = \dfrac{4}{5}$

e) $|y| = 1$

f) $|y| = -1$

24. Determine os possíveis valores reais de x nos seguintes casos:

a) $x = |-6|$

b) $|x| = -6$

c) $|x| = 6$

d) $x = |6|$

e) $x = \sqrt{25}$

f) $x^2 = 25$

g) $|x| = |3|$

h) $|x| = |-4|$

25. Observe a reta numérica a seguir:

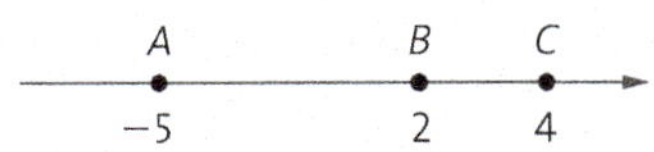

a) Calcule a distância entre os pontos:

- A e B
- A e C
- B e C
- B e A
- C e A
- C e B

b) Compare os resultados obtidos. Há algum padrão que pode ser percebido?

c) Você notou que, apesar de a posição do ponto A ser negativa, a distância entre A e os outros pontos é sempre positiva? Procure uma explicação para isso.

d) Crie dois exemplos de situações cotidianas em que esse conhecimento pode ser usado.

26. Se P corresponde ao número -127, Q corresponde ao número 238 e M corresponde ao número -31, calcule PQ, PM e MQ.

8 Conjunto dos números complexos ($\mathbb{C}$)*

Se $x \in \mathbb{R}$, então $x^2 \geqslant 0$. Assim, a equação $x^2 + 1 = 0$ não tem solução em $\mathbb{R}$, pois:

$$x^2 + 1 = 0 \Rightarrow x^2 = -1 \Rightarrow x = \pm\sqrt{-1}$$

e não existe um número real x que elevado ao quadrado resulte -1.

A partir disso surgiu a necessidade de estender o conjunto dos números reais para obter um novo conjunto chamado **conjunto dos números complexos**.

Um número complexo z é um número que pode ser escrito na forma:

$$z = a + bi, \text{ com } a \in \mathbb{R}, b \in \mathbb{R} \text{ e } i^2 = -1$$

Você sabia?
A forma $z = a + bi$ é chamada de **forma algébrica de z**.

i é chamada **unidade imaginária** e sua característica fundamental é que $i^2 = -1$.

Um número complexo tem duas partes, uma real e outra imaginária:

$$z = a + bi$$

parte real de z → $\text{Re}(z) = a$

parte imaginária de z → $\text{Im}(z) = b$

Devemos observar também que, se $b = 0$, temos $z = a$ (número real); e se $a = 0$ e $b \neq 0$, temos $z = bi$, que é um número imaginário puro.

Exemplos:

a) Em $z = 2 + 5i$, temos $\text{Re}(z) = 2$ e $\text{Im}(z) = 5$.

b) Em $z = 5$, temos $\text{Re}(z) = 5$ e $\text{Im}(z) = 0$. Portanto, z é real.

c) Em $z = -3i$, temos $\text{Re}(z) = 0$ e $\text{Im}(z) = -3$. Portanto, z é um imaginário puro.

Se indicarmos o conjunto dos números complexos por $\mathbb{C}$, podemos escrever que $\mathbb{R} \subset \mathbb{C}$.

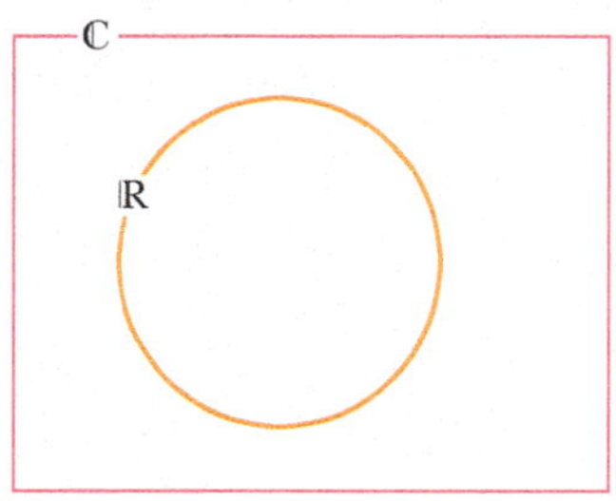

Veja agora o diagrama que relaciona os conjuntos numéricos:

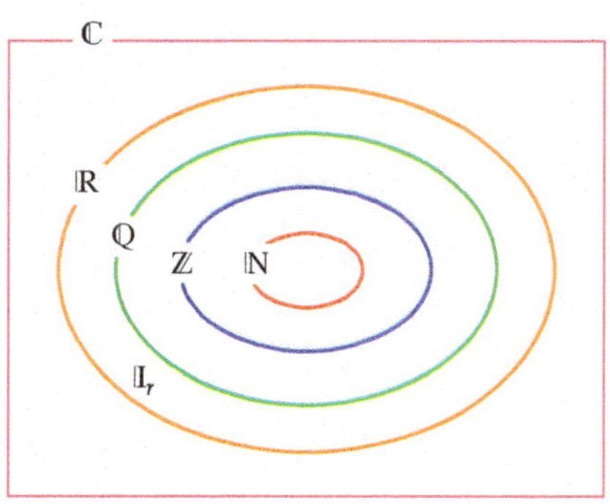

* O conjunto numérico ($\mathbb{C}$) será estudado detalhadamente no volume 3 desta coleção.

Operações com números complexos

Adição

Se $z_1 = 2 + 2i$ e $z_2 = -3 + 4i$, temos:

$z_1 + z_2 = (2 + 2i) + (-3 + 4i) = (2 - 3) + (2 + 4)i = -1 + 6i$

Subtração

Se $z_1 = 3 + i$ e $z_2 = 5 + 3i$, temos:

$z_1 - z_2 = (3 + i) - (5 + 3i) = (3 - 5) + (1 - 3)i = -2 - 2i$

Multiplicação

Se $z_1 = 1 + 5i$ e $z_2 = 2 - 2i$, temos:

$z_1 \cdot z_2 = (1 + 5i) \cdot (2 - 2i) = 1 \cdot 2 - 1 \cdot 2i + (5i) \cdot 2 - (5i)(2i) = 2 - 2i + 10i - 10i^2 = 2 + 8i - 10(-1) =$
$= 2 + 8i + 10 = 12 + 8i$

Potenciação

Veja alguns exemplos:

a) Se $z = 1 + 2i$, temos:
$z^2 = (1 + 2i)^2 = (1 + 2i)(1 + 2i) = 1 \cdot 1 + 1 \cdot 2i + (2i) \cdot 1 + (2i)(2i) = 1 + 2i + 2i + 4i^2 = 1 + 4i - 4 = -3 + 4i$

b) Se $z = i$, temos:

$i^1 = i$
$i^2 = -1$
$i^3 = i^2 \cdot i = (-1) \cdot i = -i$
$i^4 = (i^2)^2 = (-1)^2 = 1$

$i^5 = i^4 \cdot i = 1 \cdot i = i$
$i^6 = i^4 \cdot i^2 = 1 \cdot i^2 = 1(-1) = -1$
$i^7 = i^4 \cdot i^3 = 1 \cdot (-i) = -i$
$i^8 = i^4 \cdot i^4 = 1 \cdot 1 = 1$

Observe que as potências de **i** começam a se repetir depois de i^4. Então, de modo geral, temos:

$i^{4n} = (i^4)^n = 1$
$i^{4n+1} = (i^4)^n \cdot i = 1 \cdot i = i$
$i^{4n+2} = (i^4)^n \cdot i^2 = 1 \cdot (-1) = -1$
$i^{4n+3} = (i^4)^n \cdot i^3 = 1 \cdot i^2 \cdot i = 1 \cdot (-1) \cdot i = -i$

ou seja:

$$i^{4n+p} = i^p$$

Exercício resolvido

2. Calcule o valor de:

a) i^{39} b) i^{80} c) $2i^{13} - i^{12}$

Resolução

a) $i^{39} = i^{36} \cdot i^3 = (i^4)^9 \cdot i^3 = 1 \cdot i^3 = 1 \cdot (-i) = -i$

Ou, de outra maneira:

$$\begin{array}{r|l} 39 & 4 \\ \hline -36 & 9 \\ 3 & \end{array}$$

$i^{39} = i^3 = -i$

b) $i^{80} = (i^4)^{20} = 1^{20} = 1$

Ou, de outra maneira:

$$\begin{array}{r|l} 80 & 4 \\ \hline 0 & 20 \end{array}$$

$i^{80} = i^0 = 1$

c) $2i^{13} - i^{12} = 2(i^4)^3 \cdot i - (i^4)^3 = 2 \cdot 1^3 \cdot i - 1^3 =$
$= 2i - 1 = -1 + 2i$

Divisão

O **conjugado** de um número complexo $z = a + bi$ é o número complexo $\overline{z} = a - bi$.

Exemplos:

a) Se $z = 3 + 4i$, então $\overline{z} = 3 - 4i$.

b) Se $z = 1 - 3i$, então $\overline{z} = 1 + 3i$.

c) Se $z = 4i$, então $\overline{z} = -4i$.

d) Se $z = 0$, então $\overline{z} = 0$.

O **quociente** $\frac{z_1}{z_2}$ entre dois números complexos, com $z_2 \neq 0$, é dado por $\frac{z_1}{z_2} = \frac{z_1\overline{z_2}}{z_2\overline{z_2}}$.

Exercícios resolvidos

3. Determine o quociente $\frac{z_1}{z_2}$ sabendo que $z_1 = 1 + 3i$ e $z_2 = 2 + 2i$.

Resolução

$$\frac{z_1}{z_2} = \frac{1+3i}{2+2i} = \frac{(1+3i)(2-2i)}{(2+2i)(2-2i)} = \frac{2-2i+6i-6i^2}{2^2-(2i)^2} =$$

$$= \frac{2+4i-6(-1)}{4+4} = \frac{8+4i}{8} = 1 + \frac{1}{2}i$$

4. Determine o número complexo z tal que:

a) $z - i^{26} = i^{33} - z$

b) $iz = z - 2 + 3i$

Resolução

a) $z - i^{26} = i^{33} - z \Rightarrow z + z = i^{33} + i^{26} \Rightarrow$

$\Rightarrow 2z = i^{32} \cdot i + i^{24} \cdot i^2 \Rightarrow 2z = 1 \cdot i + 1 \cdot (-1) \Rightarrow$

$\Rightarrow 2z = i - 1 \Rightarrow 2z = -1 + i \Rightarrow z = -\frac{1}{2} + \frac{1}{2}i$

b) $iz = z - 2 + 3i$

1ª maneira:

Como $z = a + bi$, temos:

$i(a + bi) = (a + bi) - 2 + 3i \Rightarrow$

$\Rightarrow -b + ai = (a - 2) + (b + 3)i \Rightarrow \begin{cases} -b = a - 2 \\ a = b + 3 \end{cases}$

Então:

$-b = (b + 3) - 2 \Rightarrow -2b = 1 \Rightarrow b = -\frac{1}{2}$

$a = b + 3 \Rightarrow a = -\frac{1}{2} + 3 \Rightarrow a = \frac{5}{2}$

Logo, $z = \frac{5}{2} - \frac{1}{2}i$.

2ª maneira:

$iz = z - 2 + 3i \Rightarrow iz - z = -2 + 3i \Rightarrow$

$\Rightarrow (i - 1)z = -2 + 3i \Rightarrow z = \frac{-2+3i}{i-1} \Rightarrow$

$\Rightarrow z = \frac{(-2+3i)(-1-i)}{(-1+i)(-1-i)} \Rightarrow z = \frac{2+2i-3i-3i^2}{(-1)^2-i^2} \Rightarrow$

$\Rightarrow z = \frac{2-i+3}{1+1} \Rightarrow z = \frac{5-i}{2} \Rightarrow z = \frac{5}{2} - \frac{1}{2}i$

5. Resolva em $\mathbb{C}$ a equação $x^2 - 2x + 10 = 0$.

Resolução

$x = \frac{2 \pm \sqrt{4-40}}{2} = \frac{2 \pm \sqrt{-36}}{2}$ (impossível em $\mathbb{R}$)

Em $\mathbb{C}$ podemos resolvê-la. Assim, temos:

$$x = \frac{2 \pm \sqrt{(-1) \cdot 36}}{2} = \frac{2 \pm \sqrt{i^2 \cdot 36}}{2} = \frac{2 \pm 6i}{2}$$

$x' = \frac{2+6i}{2} = 1 + 3i$

$x'' = \frac{2-6i}{2} = 1 - 3i$

Fique atento!
Quando não for indicado o conjunto universo, consideramos que o conjunto é $\mathbb{R}$.

Exercícios

27. Efetue as operações indicadas, escrevendo o resultado na forma algébrica $z = a + bi$:

a) $(-2 + i) + (-3 - 6i)$

b) $(2 + 5i) - (1 + 3i)$

c) $(4 + 2i) \cdot (5 + 3i)$

d) $(1 + i)^3$

28. Efetue:

a) i^{60}

b) i^{101}

c) $i^{400} - i^{150}$

d) $i^{25} + i^{16}$

29. Resolva em $\mathbb{C}$ as equações:

a) $x^2 - 2x + 4 = 0$

b) $x^2 - 4x + 5 = 0$

30. Efetue as divisões indicadas:

a) $\frac{1+5i}{2+3i}$

b) $\frac{1+2i}{i}$

c) $\frac{i}{1-i}$

d) $\frac{3i}{1+2i}$

9 A linguagem de conjuntos

Conjuntos vazio, unitário, finito, infinito e universo

Um conjunto interessante é o **conjunto vazio**, cuja notação é ∅ ou { }. Uma propriedade contraditória qualquer pode ser usada para definir o conjunto vazio. Por exemplo:

{números naturais ímpares menores do que 1} = {x | x é um número natural ímpar menor do que 1} = ∅, pois **não há** número natural ímpar menor do que 1.

Assim, o conjunto vazio **não possui elementos**.

Outro conjunto interessante é o **conjunto unitário**, formado por um único elemento.

> **Fique atento!**
> O correto é escrever
> A = {números ímpares} e **não**
> A = {conjunto dos números ímpares}.

Exemplo:

{números naturais pares e primos} = {x | x é um número natural par e primo} = {2}, pois o único número natural par e primo é o 2.

Como curiosidade, observe que ∅ é diferente de {∅}, pois {∅} é um conjunto unitário que tem como único elemento o conjunto vazio.

Todo conjunto que tem uma quantidade limitada de elementos é um **conjunto finito**. Considere A o conjunto formado por todos os estados do território brasileiro. Logo, A é um conjunto finito, pois possui 26 elementos. Já o conjunto formado por todos os números pares positivos poderia ser representado pelo conjunto B = {2, 4, 6, 8, ...}, que não apresenta quantidade limitada de elementos e, portanto, é um **conjunto infinito**.

Um conjunto importante é o **conjunto universo**, cuja notação é U. Esse conjunto é formado por todos os elementos com os quais estamos trabalhando em um determinado assunto. Fixado o universo U, todos os elementos pertencem a U e todos os conjuntos são partes de U.

É muito importante saber em qual universo estamos trabalhando. Por exemplo, se U é o conjunto dos números naturais, então a equação $x + 5 = 2$ não tem solução; porém, se U é o conjunto dos números inteiros, então a equação $x + 5 = 2$ tem como solução $x = -3$.

Exercícios

31. Classifique como conjunto vazio ou conjunto unitário, considerando, nos itens **b**, **c** e **d**, o universo dos números naturais:
    a) A = {polígonos que possuem três lados}
    b) B = {x | x é natural maior do que 10 e menor do que 11}
    c) C = {x | x é par maior do que 3 e menor do que 5}
    d) D = {x | x é número primo maior do que 7 e menor do que 11}
    e) E = {quadriláteros que possuem todos os ângulos obtusos}

32. Escreva qual é o conjunto universo em cada caso:
    a) O triângulo é um polígono de três lados, o quadrilátero é um polígono de quatro lados e o pentágono, um polígono de cinco lados.
    b) A adição de dois números naturais é comutativa.
    c) No conjunto dos números inteiros as soluções da equação $x^2 - 16 = 0$ são -4 e 4.
    d) No conjunto dos números naturais a solução da equação $x^2 - 16 = 0$ é 4.
    e) As medidas são sempre números reais, positivos ou nulos.

Igualdade de conjuntos

Dois conjuntos são *iguais* quando possuem os mesmos elementos.

Por exemplo, se A = {números naturais pares} e $B = \{0, 2, 4, 6, 8, 10, 12, ...\}$, então $A = B$.

Se *A não é igual a B*, então *A é diferente de B* e escrevemos $A \neq B$.

Observação: $\{1, 2\} = \{1, 1, 1, 2, 2, 2, 2, 2\}$, pois esses dois conjuntos possuem os mesmos elementos. A quantidade de vezes que eles aparecem não é importante.

Relação de inclusão entre conjuntos

Dados os conjuntos A e B, se todo elemento de A for também elemento de B, A está contido em B e escrevemos $A \subset B$, como já estudamos na página 14.

A relação $A \subset B$ chama-se **relação de inclusão**.

Propriedades

A relação de inclusão possui três propriedades básicas. Dados os conjuntos A, B e C quaisquer de um determinado universo U, temos:

1ª) $A \subset A$ (propriedade reflexiva).

2ª) Se $A \subset B$ e $B \subset A$, então $A = B$ (propriedade antissimétrica).

3ª) Se $A \subset B$ e $B \subset C$, então $A \subset C$ (propriedade transitiva).

Você sabia?
A é subconjunto próprio de B quando $A \subset B$ com $A \neq \varnothing$ e $A \neq B$.

A propriedade antissimétrica é sempre usada quando se quer provar que dois conjuntos são iguais. Para provar que $A = B$, basta provar que $A \subset B$ (todo elemento de A pertence a B) e que $B \subset A$ (todo elemento de B pertence a A).

A propriedade transitiva é fundamental nas deduções. Na lógica, ela é conhecida como uma forma de raciocínio chamada **silogismo**.

Exemplos:

a) P: conjunto dos paulistas

B: conjunto dos brasileiros

S: conjunto dos sul-americanos

Todo paulista é brasileiro.
Todo brasileiro é sul-americano.
Então, todo paulista é sul-americano.
Se $P \subset B$ e $B \subset S$, então $P \subset S$.

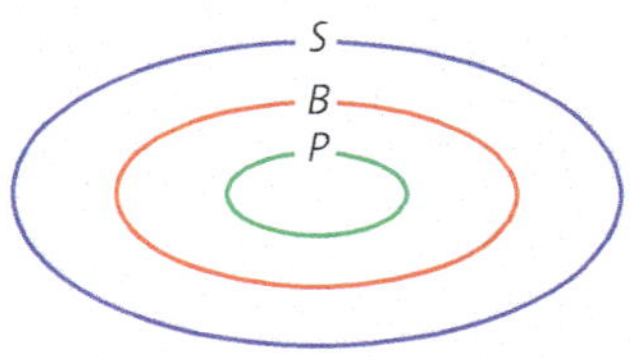

b) $\mathbb{N}$: conjunto dos números naturais

$\mathbb{Q}$: conjunto dos números racionais

$\mathbb{R}$: conjunto dos números reais

Todo número natural é racional.
Todo número racional é real.
Então, todo número natural é real.
Se $\mathbb{N} \subset \mathbb{Q}$ e $\mathbb{Q} \subset \mathbb{R}$, então $\mathbb{N} \subset \mathbb{R}$.

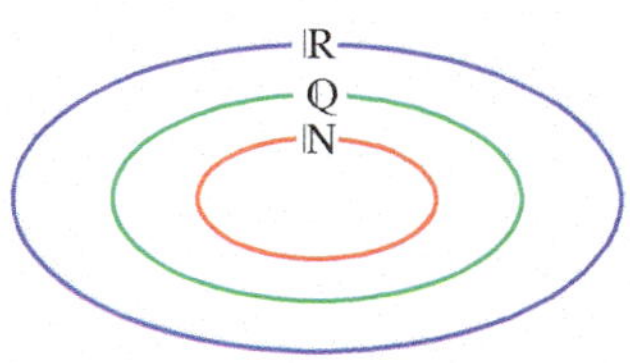

Observações:

1ª) O símbolo $\in$ indica uma relação entre elemento e conjunto.

2ª) Os símbolos $\subset$ e $\supset$ indicam relações entre conjunto e conjunto.

Por exemplo, $2 \in \mathbb{N}$ pode ser escrito também como $\{2\} \subset \mathbb{N}$, mas não podemos escrever $2 \subset \mathbb{N}$ nem $\{2\} \in \mathbb{N}$.

Relação de inclusão e implicação lógica

Vimos que uma propriedade pode ser expressa por um conjunto. Vamos considerar A o conjunto dos elementos de um certo universo U que possuem a propriedade p, e B o conjunto dos elementos desse mesmo universo que possuem a propriedade q. Quando dizemos que:

$$p \Rightarrow q \text{ (}p\text{ implica }q\text{ ou }p\text{ acarreta }q\text{)},$$

estamos dizendo que $A \subset B$.

> **Fique atento!**
> A implicação $p \Rightarrow q$ também pode ser lida assim:
> - se p, então q;
> - p é condição suficiente para q;
> - q é condição necessária para p.

Exemplos:

a) No universo dos números naturais, vamos considerar as propriedades:

- p: n é um número natural que termina com 3;
- q: n é um número natural ímpar.

Então $A = \{3, 13, 23, 33, ...\}$, $B = \{1, 3, 5, 7, 9, 11, 13, ...\}$ e $p \Rightarrow q$ ou $A \subset B$.

b) Consideremos, no universo dos quadriláteros, as propriedades:

- p: ser quadrilátero com quatro lados de mesma medida;
- q: ser quadrilátero com lados opostos paralelos.

Nesse caso, A é o conjunto dos losangos e B é o conjunto dos paralelogramos e, portanto, $A \subset B$. Logo, $p \Rightarrow q$, ou seja, ser losango implica ser paralelogramo, ou, ainda, se um quadrilátero é losango, **então** ele é paralelogramo.

c) Se dois números inteiros, a e b, são pares, então seu produto é par.

Nesse caso, temos um teorema (proposição que devemos demonstrar) em que a **hipótese** é "a e b são dois números pares inteiros quaisquer" e a **tese** é "o produto $a \cdot b$ é par".

Vamos fazer a **demonstração** ou **prova**, que consiste em uma sequência finita de passagens lógicas que permite, a partir da hipótese (p), chegar à tese (q).

Hipótese p: a e b são números pares inteiros quaisquer

Tese q: $a \cdot b$ é par

Vamos demonstrar que $p \Rightarrow q$.

Demonstração:

Como a é um número inteiro par é da forma $a = 2n$ $(n \in \mathbb{Z})$.

Como b é um número inteiro par é da forma $b = 2m$ $(m \in \mathbb{Z})$.

Assim,

$$a \cdot b = 2n \cdot 2m = 4nm = 2 \cdot \underbrace{2nm}_{k} = 2 \cdot k \; (k \in \mathbb{Z})$$

$$a \cdot b = 2k \; (k \in \mathbb{Z})$$

Logo, $a \cdot b$ é par, como queríamos demonstrar.

» Agora é com você. Demonstre que se dois números inteiros a e b são ímpares, então seu produto $a \cdot b$ é ímpar. Lembre-se de que um número inteiro ímpar qualquer pode ser escrito na forma $a = 2n + 1$ $(n \in \mathbb{Z})$.

Recíproca de uma implicação lógica e equivalência

Dada a implicação $p \Rightarrow q$, chamamos de sua **recíproca** a implicação $q \Rightarrow p$. Observe que nem sempre a recíproca de uma implicação verdadeira é também verdadeira. No exemplo **b**, dado anteriormente, temos que $p \Rightarrow q$ é verdadeira, pois todo losango é um paralelogramo, mas sua recíproca $q \Rightarrow p$ é falsa, pois nem todo paralelogramo é losango.

Quando a implicação $p \Rightarrow q$ e sua recíproca $q \Rightarrow p$ são ambas verdadeiras, escrevemos $p \Leftrightarrow q$ e lemos: p é equivalente a q ou p se e somente se q ou p é condição necessária e suficiente para q.

Por exemplo:

p: propriedade de um número natural x ser igual a 2 ($x = 2$)

q: propriedade de o dobro deste x ser igual a 4 ($2x = 4$)

- $p \Rightarrow q$, pois, se $x = 2$, multiplicamos ambos os membros da igualdade por 2 e obtemos $2x = 4$.
- $q \Rightarrow p$, pois, se $2x = 4$, dividimos ambos os membros da igualdade por 2 e obtemos $x = 2$.

Assim, $p \Rightarrow q$ e $q \Rightarrow p$ são verdadeiras.

Logo, $p \Rightarrow q$ e podemos escrever $x = 2 \Leftrightarrow 2x = 4$.

Exercício resolvido

6. Dado o conjunto $A = \{1, 2, \{3, 4\}, \{5\}\}$, verifique se os itens abaixo são verdadeiros ou falsos:

a) O conjunto A tem 4 elementos.

b) $1 \in A$

c) $1 \subset A$

d) $\{1\} \in A$

e) $\{1\} \subset A$

f) $5 \in A$

g) $5 \subset A$

h) $\{5\} \in A$

i) $\{5\} \subset A$

j) $\{\{5\}\} \subset A$

k) $2 \in A$

l) $\{3, 4\} \in A$

m) $\{2\} \subset A$

n) $\{3, 4\} \subset A$

Resolução

a) Verdadeiro, pois os elementos são 1, 2, $\{3, 4\}$ e $\{5\}$. É importante notar que conjuntos podem ser elementos de outro conjunto.

b) Verdadeiro, pois 1 é elemento de A.

c) Falso, pois 1 é elemento e o símbolo $\subset$ relaciona conjuntos.

d) Falso, pois $\{1\}$ é conjunto e o símbolo $\in$ relaciona elemento com conjunto.

e) Verdadeiro, pois $\{1\}$ é subconjunto de A (já que 1 é elemento de A).

f) Falso, pois 5 não é elemento de A. Não devemos confundir 5 com $\{5\}$.

g) Falso, pois 5 é elemento e o símbolo $\subset$ relaciona conjuntos.

h) Verdadeiro, pois $\{5\}$ é elemento de A.

i) Falso, pois $\{5\}$ não é subconjunto de A (já que 5 *não é* elemento de A).

j) Verdadeiro, pois $\{\{5\}\}$ é subconjunto de A (já que $\{5\}$ *é* elemento de A).

k) Verdadeiro, pois 2 é elemento de A.

l) Verdadeiro, pois $\{3, 4\}$ é elemento de A.

m) Verdadeiro, pois $\{2\}$ é subconjunto de A (já que 2 é elemento de A).

n) Falso, pois $\{3, 4\}$ não é subconjunto de A (já que 3 e 4 não são elementos de A).

Conjunto das partes

Dado o conjunto $A = \{a, e, i\}$, é possível escrever todos os subconjuntos (ou todas as partes) de A. Esse conjunto formado por todos os subconjuntos de A é chamado de **conjunto das partes de A** e é indicado por $P(A)$. Assim, temos:

$$P(A) = \{\varnothing, \{a\}, \{e\}, \{i\}, \{a, e\}, \{a, i\}, \{e, i\}, \{a, e, i\}\}$$

Observe que $\{a\}$, $\{a, e\}$ e $\{a, e, i\}$, por exemplo, são **elementos** de $P(A)$. Portanto, escrevemos $\{a\} \in P(A)$, $\{a, e\} \in P(A)$ e $\{a, e, i\} \in P(A)$, e **não** $\{a\} \subset P(A)$, $\{a, e\} \subset P(A)$ e $\{a, e, i\} \subset P(A)$. Veja que $\varnothing \subset P(A)$ e $\varnothing \in P(A)$.

Observe também que há uma relação entre o número de elementos de $P(A)$ e o número de elementos de A:

- $\varnothing$ tem 0 elemento e $P(\varnothing) = \{\varnothing\}$ tem 1 elemento.
- $A = \{a\}$ tem 1 elemento e $P(A) = \{\varnothing, \{a\}\}$ tem 2 elementos.
- $A = \{a, e\}$ tem 2 elementos e $P(A) = \{\varnothing, \{a\}, \{e\}, \{a, e\}\}$ tem 4 elementos.
- $A = \{a, e, i\}$ tem 3 elementos e $P(A) = \{\varnothing, \{a\}, \{e\}, \{i\}, \{a, e\}, \{a, i\}, \{e, i\}, \{a, e, i\}\}$ tem 8 elementos.

Lembre-se de que $2^0 = 1$; $2^1 = 2$; $2^2 = 4$; $2^3 = 8$.
É possível conjecturar então que, se A tem n elementos, $P(A)$ tem 2^n elementos.

Exercícios

33. Dado o conjunto $A = \{\varnothing\}$, diga se os itens abaixo são verdadeiros ou falsos:
a) A é o conjunto vazio.
b) A é um conjunto unitário.
c) $\varnothing \subset A$
d) $\varnothing \in A$
e) $\{\varnothing\} \subset A$

34. Dados os conjuntos $A = \{1, 2\}$, $B = \{1, 2, 3, 4, 5\}$, $C = \{3, 4, 5\}$ e $D = \{0, 1, 2, 3, 4, 5\}$, classifique em verdadeiro (**V**) ou falso (**F**):
a) $A \subset B$
b) $C \subset A$
c) $B \subset D$
d) $D \subset B$
e) $C \not\subset A$
f) $A \subset D$
g) $B \subset C$
h) $B \subset B$
i) $\varnothing \not\subset A$
j) $D \supset A$
k) $\varnothing \subset B$
l) $C \supset D$

35. Considerando que:
- A é o conjunto dos números naturais ímpares menores do que 10;
- B é o conjunto dos dez primeiros números naturais;
- C é o conjunto dos números primos menores do que 9;

use os símbolos $\subset$ ou $\not\subset$ e relacione esses conjuntos na ordem dada:
a) A e B
b) C e A
c) C e B
d) A e C

36. Dado o conjunto $A = \{1, \{2, 3\}, \{4\}\}$, julgue se os itens abaixo são verdadeiros ou falsos:
a) $1 \in A$
b) $\{1\} \in A$
c) $1 \subset A$
d) $\{1\} \subset A$
e) $\{2, 3\} \subset A$
f) $\varnothing \in A$
g) $\varnothing \subset A$

37. Observe o diagrama a seguir. Os conjuntos X, Y e Z não são vazios. Escreva algumas relações verdadeiras entre eles usando os símbolos $\subset$ ou $\not\subset$.

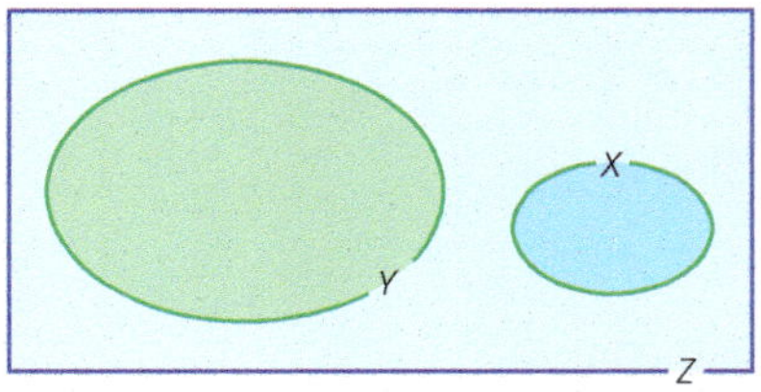

38. Dados $A = \{0, 1\}$ e $B = \{1, 3, 5\}$, determine:
a) $P(A)$;
b) $P(B)$;
c) o número de elementos de $P(A)$;
d) o número de elementos de $P(B)$.

39. Se $P(A)$ tem 64 elementos, quantos elementos tem o conjunto A?

40. Escreva um subconjunto A dos números naturais tal que $P(A)$ tenha 16 elementos.

Operações entre conjuntos

Reunião ou união de conjuntos

Dados os conjuntos $A = \{0, 10, 20, 30, 50\}$ e $B = \{0, 30, 40, 50, 60\}$, podemos escrever o conjunto C formado pelos elementos que pertencem a A ou pertencem a B ou a ambos. Assim, $C = \{0, 10, 20, 30, 40, 50, 60\}$. O conjunto C é chamado **reunião** ou **união** de A e B e é indicado por $A \cup B$ (lê-se A reunião B ou A união B).

De modo geral, dados dois conjuntos A e B, a reunião $A \cup B$ é o conjunto formado pelos elementos de A mais os elementos de B:

$$A \cup B = \{x \mid x \in A \text{ ou } x \in B\}$$

Por exemplo, se $A = \{3, 6\}$ e $B = \{5, 6\}$, então $A \cup B = \{3, 5, 6\}$.

Nos diagramas abaixo, a reunião $A \cup B$ está colorida:

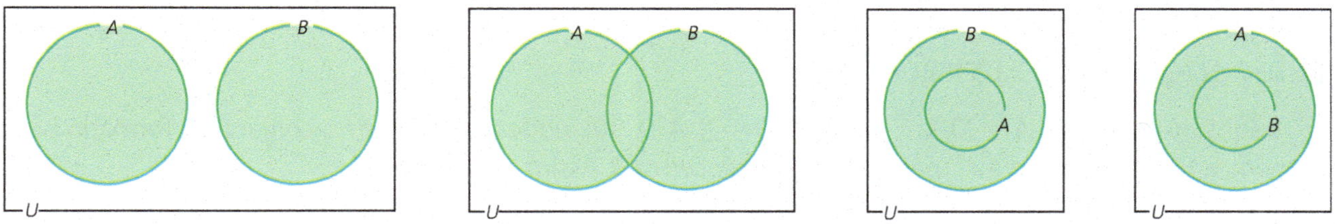

Observação: Este "ou" da reunião não é o "ou" de exclusão da linguagem usual "vamos ao cinema ou ao teatro". Ele significa: se $x \in A \cup B$, então $x \in A$ ou $x \in B$ ou x pertence a ambos, isto é, $x \in A \cup B$ quando pelo menos uma das afirmações, $x \in A$ ou $x \in B$, é verdadeira.

Intersecção de conjuntos

Dados os conjuntos $A = \{a, e, i, o, u\}$ e $B = \{a, e, u, b\}$, podemos escrever o conjunto C formado pelos elementos que pertencem **simultaneamente** a A e B, ou seja, pelos elementos **comuns** a A e B. Assim, $C = \{a, e, u\}$.

O conjunto C é chamado **intersecção** de A e B e é indicado por $A \cap B$ (lê-se A intersecção B ou, simplesmente, A inter B).

De modo geral, dados dois conjuntos A e B, a intersecção $A \cap B$ é o conjunto formado pelos elementos que pertencem simultaneamente a A e a B:

$$A \cap B = \{x \mid x \in A \text{ e } x \in B\}$$

Por exemplo, se $A = \{2, 4, 6\}$ e $B = \{2, 3, 4, 5\}$, então $A \cap B = \{2, 4\}$.

Nos diagramas abaixo, a intersecção $A \cap B$ está colorida:

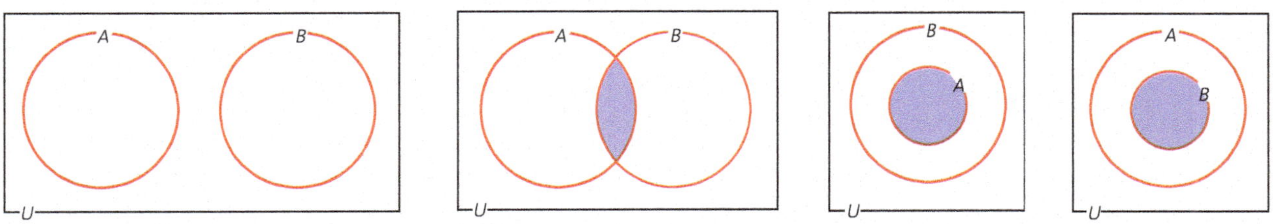

Observações:

1ª) $x \in A \cap B$ quando as duas afirmações, $x \in A$ e $x \in B$, são simultaneamente verdadeiras.

2ª) Se $A \cap B = \varnothing$, então os conjuntos A e B são chamados **disjuntos**.

Propriedades da união e da intersecção

Dados três conjuntos, A, B e C, valem as propriedades:

1ª) $A \cup B = B \cup A$
$A \cap B = B \cap A$ (comutativa)

2ª) $(A \cup B) \cup C = A \cup (B \cup C)$
$(A \cap B) \cap C = A \cap (B \cap C)$ (associativa)

3ª) $A \cap (B \cup C) = (A \cap B) \cup (A \cap C)$
$A \cup (B \cap C) = (A \cup B) \cap (A \cup C)$ (distributiva)

4ª) $A \subset B$ é equivalente a $A \cup B = B$ e também é equivalente a $A \cap B = A$

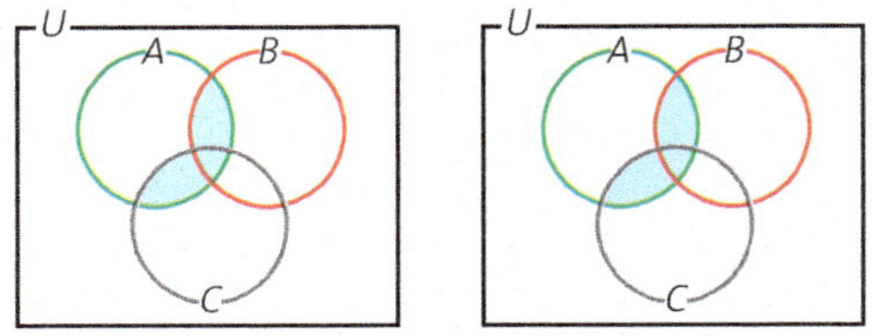

$A \cap (B \cup C)$ $(A \cap B) \cup (A \cap C)$
3ª propriedade

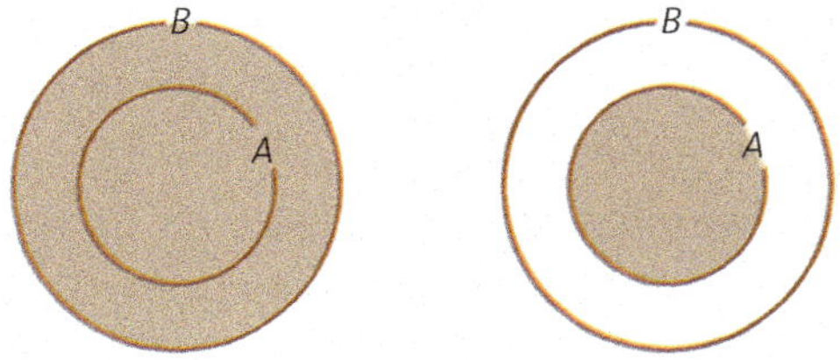

$A \cup B = B$ $A \cap B = A$

Constate a veracidade dessas propriedades de um modo geral, representando os conjuntos por diagramas, como foi feito com a 3ª e a 4ª propriedades.

Diferença entre conjuntos

Dados os conjuntos $A = \{0, 1, 3, 6, 8, 9\}$ e $B = \{1, 4, 9, 90\}$, podemos escrever o conjunto C formado pelos elementos que pertencem a A, mas que não pertencem a B. Assim, $C = \{0, 3, 6, 8\}$.

O conjunto C é chamado **diferença** entre A e B e é indicado por $A - B$ (lê-se A menos B).

De modo geral, escrevemos:

$$A - B = \{x \mid x \in A \text{ e } x \notin B\}$$

Nos diagramas abaixo, a diferença $A - B$ está colorida.

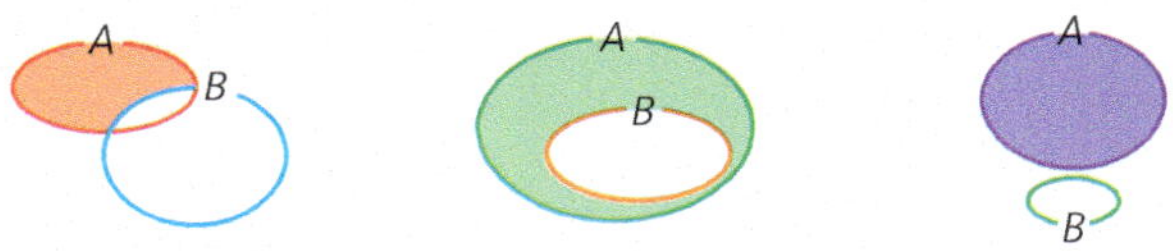

Diagrama de Venn

Complementar de um conjunto

Dado o universo $U = \{0, 1, 2, 3, 4, 5, 6, 7, 8, 9\}$ e o conjunto $A = \{1, 3, 5, 7\}$, $A \subset U$, dizemos que o complementar de A em relação a U é $\{0, 2, 4, 6, 8, 9\}$, ou seja, é o conjunto formado pelos elementos de U que não pertencem a A.

De modo geral, dado um conjunto A, subconjunto de um universo U, chama-se **complementar de *A* em relação a *U*** o conjunto formado pelos elementos de U que não pertencem a A; indica-se $\complement_U^A$ ou $A^\complement$ ou $\overline{A}$ (lê-se complementar de A em relação a U).

Logo, $A^\complement = \{x \mid x \in U \text{ e } x \notin A\}$.

Fique atento!
O complementar de um conjunto só tem sentido quando fixamos um conjunto universo U.

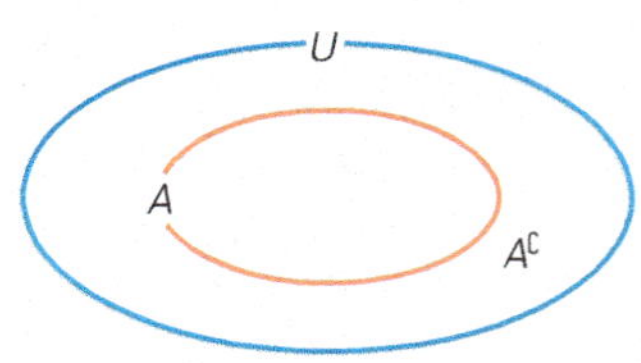

Propriedades

É possível demonstrar a validade das seguintes propriedades:

1ª) $(A^\complement)^\complement = A$ para todo $A \subset U$ (o complementar do complementar de um conjunto A é o próprio conjunto A).

2ª) Se $A \subset B$, então $A^\complement \supset B^\complement$ (se um conjunto está contido em outro, seu complementar contém o complementar desse outro). Escrevendo de outra forma:

$$A \subset B \Rightarrow B^\complement \subset A^\complement$$

É possível provar que a recíproca de $A \subset B \Rightarrow B^C \subset A^C$ também é verdadeira e escrevemos:

$$A \subset B \Leftrightarrow B^C \subset A^C$$

ou seja, as afirmações "*A* está contido em *B*" e "complementar de *B* está contido no complementar de *A*" são equivalentes.

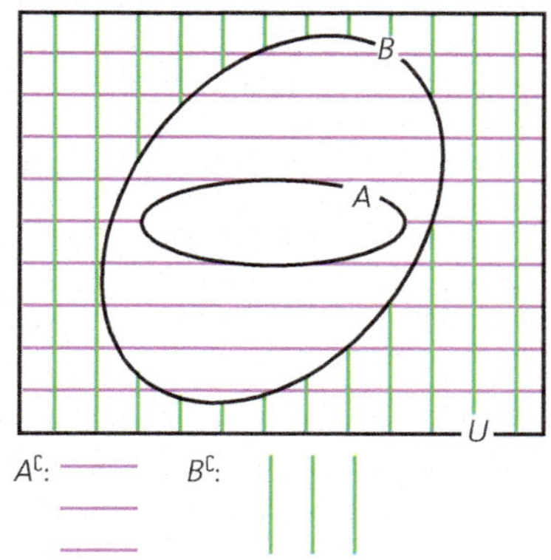

3ª) Leis de De Morgan

Dados *A* e *B* subconjuntos de um universo *U*, tem-se:

$(A \cup B)^C = A^C \cap B^C$ (O complementar da reunião é igual à intersecção dos complementares.)

$(A \cap B)^C = A^C \cup B^C$ (O complementar da intersecção é igual à reunião dos complementares.)

Por exemplo, se $U = \{0, 1, 2, 3, 4, 5, 6, 7, 8, 9\}$, $A = \{1, 3, 5, 7\}$ e $B = \{2, 4, 6\}$, temos:

$A \cup B = \{1, 2, 3, 4, 5, 6, 7\}$

$(A \cup B)^C = \{0, 8, 9\}$

$A^C = \{0, 2, 4, 6, 8, 9\}$

$B^C = \{0, 1, 3, 5, 7, 8, 9\}$

$A^C \cap B^C = \{0, 8, 9\}$

Observe que $(A \cup B)^C = A^C \cap B^C = \{0, 8, 9\}$. Nesse caso, $A \cap B = \varnothing$, $(A \cap B)^C = U$ e $A^C \cup B^C = U$.
Logo, $(A \cap B)^C = A^C \cup B^C$.

Contrapositiva

Já vimos que, se *p* é a propriedade que define o conjunto *A* e *q* é a propriedade que define o conjunto *B*, dizer que $A \subset B$ é o mesmo que dizer que $p \Rightarrow q$ (*p* implica *q*).

Vamos representar por *p'* a negação de *p* e por *q'* a negação de *q*. Assim, dizer que um objeto *x* goza da propriedade *p'* significa afirmar que *x* **não** goza da propriedade *p* (isso vale também para *q'* em relação a *q*). Dessa forma, podemos escrever a equivalência:

$$A \subset B \Leftrightarrow B^C \subset A^C$$

da seguinte maneira:

$$p \Rightarrow q \text{ se, e somente se, } q' \Rightarrow p',$$

ou seja, a implicação $p \Rightarrow q$ (*p* implica *q*) é equivalente a esta outra implicação: $q' \Rightarrow p'$ (a negação de *q* implica a negação de *p*).

A implicação $q' \Rightarrow p'$ chama-se **contrapositiva** da implicação $p \Rightarrow q$.

Por exemplo, consideremos o universo U o conjunto dos quadriláteros convexos, p a propriedade de um quadrilátero x ser losango, e q a propriedade de ser paralelogramo. Assim, p' é a propriedade que tem um quadrilátero convexo de não ser losango, e q' a de não ser paralelogramo.

Logo:

(1) $p \Rightarrow q$: Se x é losango, então x é paralelogramo.

(2) $q' \Rightarrow p'$: Se x não é paralelogramo, então x não é losango.

As afirmações (1) e (2) são equivalentes, isto é, são duas maneiras diferentes de dizer a mesma coisa.

> **Para refletir**
> O que é um polígono convexo?

» **passo a passo**: exercício 9

Exercícios resolvidos

7. Dados os conjuntos
$A = \{x \mid x \text{ é natural ímpar menor do que } 10\}$,
$B = \{x \mid x \text{ é par entre 3 e } 11\}$ e $C = \{x \mid x \text{ é um número natural menor do que } 5\}$, determine:

a) $A \cup B$;
b) $A \cup C$;
c) $B \cup C$;
d) $A \cap C$;
e) $A \cap B$;
f) $B \cap C$;
g) $(A \cap B) \cap C$;
h) $(A \cap C) \cup B$;
i) $(A \cap B) \cup C$.

Resolução

$A = \{1, 3, 5, 7, 9\}$; $B = \{4, 6, 8, 10\}$; $C = \{0, 1, 2, 3, 4\}$

a) $A \cup B = \{1, 3, 4, 5, 6, 7, 8, 9, 10\}$
b) $A \cup C = \{0, 1, 2, 3, 4, 5, 7, 9\}$
c) $B \cup C = \{0, 1, 2, 3, 4, 6, 8, 10\}$
d) $A \cap C = \{1, 3\}$
e) $A \cap B = \varnothing$
f) $B \cap C = \{4\}$
g) $(A \cap B) \cap C = \varnothing \cap C = \varnothing$
h) $(A \cap C) \cup B = \{1, 3\} \cup \{4, 6, 8, 10\} = \{1, 3, 4, 6, 8, 10\}$
i) $(A \cap B) \cup C = \varnothing \cup C = C = \{0, 1, 2, 3, 4\}$

8. Dados os conjuntos:
P: conjunto dos polígonos
G: conjunto dos paralelogramos
L: conjunto dos losangos
R: conjunto dos retângulos
Q: conjunto dos quadrados

faça um diagrama e determine:

a) $L \cap R$;
b) $L \cup G$;
c) $Q \cap L$;
d) $R \cap Q$;
e) $G \cup P$;
f) $P \cap R$.

Resolução

Lembramos que entre os polígonos há os triângulos, os quadriláteros, os pentágonos, os hexágonos, etc. E, também, que entre os quadriláteros existem:

- paralelogramos: possuem lados opostos paralelos.

- losangos: possuem quatro lados de mesma medida.

- retângulos: possuem quatro ângulos retos.

- quadrados: possuem quatro lados de mesma medida e quatro ângulos retos.

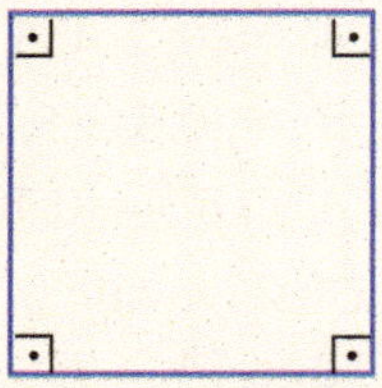

Assim, construímos o diagrama e efetuamos as operações indicadas:

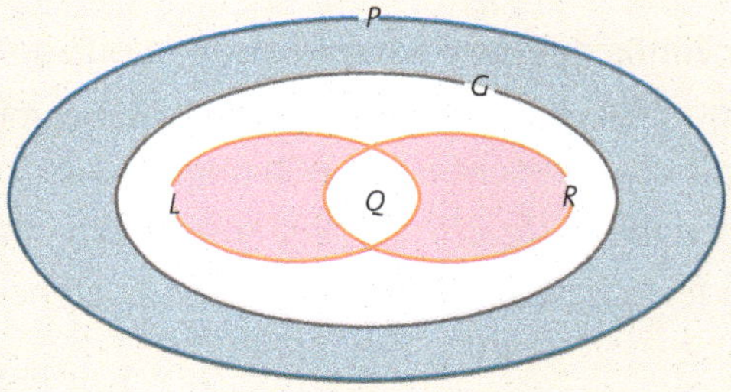

- Todo quadrado é um retângulo ($Q \subset R$).
- Todo quadrado é um losango ($Q \subset L$).
- Todo losango é um paralelogramo ($L \subset G$).
- Todo retângulo é um paralelogramo ($R \subset G$).
- Todo paralelogramo é um polígono ($G \subset P$).

a) $L \cap R = Q$
b) $L \cup G = G$
c) $Q \cap L = Q$
d) $R \cap Q = Q$
e) $G \cup P = P$
f) $P \cap R = R$

Resolvido passo a passo

9. (Enem) Um fabricante de cosméticos decide produzir três diferentes catálogos de seus produtos, visando a públicos distintos. Como alguns produtos estarão presentes em mais de um catálogo e ocupam uma página inteira, ele resolve fazer uma contagem para diminuir os gastos com originais de impressão. Os catálogos C_1, C_2 e C_3 terão, respectivamente, 50, 45 e 40 páginas. Comparando os projetos de cada catálogo, ele verifica que C_1 e C_2 terão 10 páginas em comum; C_1 e C_3 terão 6 páginas em comum; C_2 e C_3 terão 5 páginas em comum, das quais 4 também estarão em C_1.

Efetuando os cálculos correspondentes, o fabricante conclui que, para a montagem dos três catálogos, necessitará de um total de originais de impressão igual a:

a) 135.
b) 126.
c) 118.
d) 114.
e) 110.

1. Lendo e compreendendo

a) O que é dado no problema?

O número de páginas de cada catálogo, destacando-se quantas páginas serão comuns aos três catálogos.

b) O que se pede?

Pede-se a quantidade mínima de originais de impressão necessária para imprimir completamente os três catálogos.

2. Planejando a solução

Devemos fazer uma nova leitura do problema, com muita atenção, para saber qual é a quantidade de páginas em comum entre os catálogos. O uso do diagrama de Venn ajuda muito nessa leitura e na obtenção de informações.

3. Executando o que foi planejado

Como são três catálogos, desenhamos um diagrama de Venn com três círculos, que representarão os catálogos C_1, C_2 e C_3. As regiões comuns entre os círculos representam as páginas em comum entre os catálogos. Dessa forma, teremos sete regiões distintas, conforme mostrado a seguir:

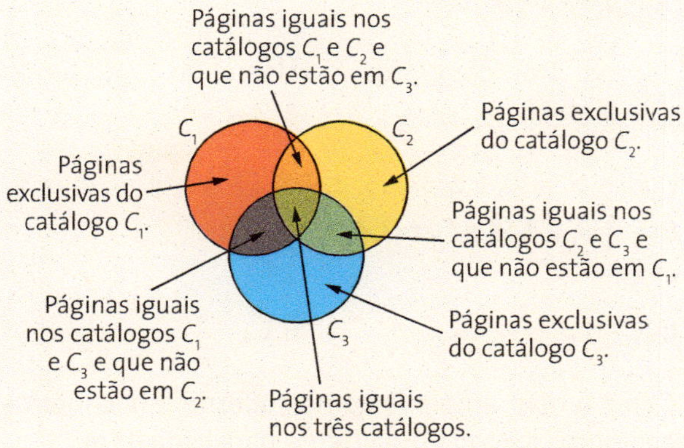

Começamos a preencher o diagrama pela parte central, que corresponde às páginas iguais nos três catálogos. Do enunciado, descobrimos que são quatro. A partir daí, preenchemos cada região de páginas iguais tomando dois catálogos por vez. Por exemplo, se no enunciado lemos que C_2 e C_3 terão 5 páginas em comum, das quais 4 também estarão em C_1, então apenas 1 página é comum a C_2 e C_3, não estando em C_1.

Portanto, o diagrama preenchido fica assim:

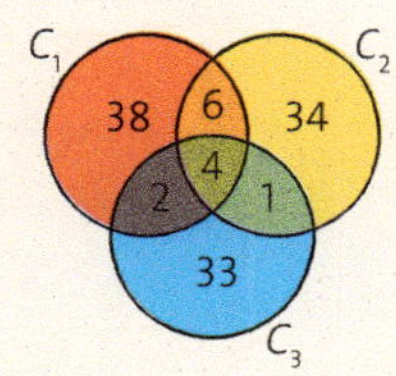

A soma de todos os números das sete regiões nos dará a quantidade de originais de impressão necessária:

$38 + 6 + 4 + 2 + 34 + 1 + 33 = 118$.

4. Verificando

Do diagrama de Euler-Venn, percebemos que são $34 + 1 + 33 = 68$ páginas que não pertencem ao catálogo 1. Como o catálogo 1 tem 50 páginas, então precisaremos de $50 + 68 = 118$ originais distintos.

5. Emitindo a resposta

Alternativa **c**.

6. Ampliando o problema

a) Se a tiragem de cada catálogo, C_1, C_2 e C_3, for, respectivamente, 3 000, 4 000 e 6 000 impressões, quantas páginas serão impressas no total?

b) *Discussão em equipe*

Troque ideias com seus colegas sobre a importância de ainda haver catálogos impressos nos dias atuais. Um catálogo eletrônico (em um *site* na internet, por exemplo) não seria mais eficaz, além de poupar o corte de árvores para a fabricação do papel?

Exercícios

41. Escreva três conjuntos X tal que $A \subset X$, sendo $A = \{2, 4, 6\}$.

42. Dados $U = \{0, 1, 2, 3, 4, 5, 6, 7, 8, 9\}$, $A = \{0, 2, 4, 6, 8\}$, $B = \{1, 3, 5, 7, 9\}$ e $C = \{2, 4\}$, determine:

a) $\complement_U^A$

b) $\complement_U^B$

c) $\complement_U^C$

d) $\complement_A^C$

43. Copie o diagrama abaixo no caderno e hachure os conjuntos fazendo uma figura para cada item.

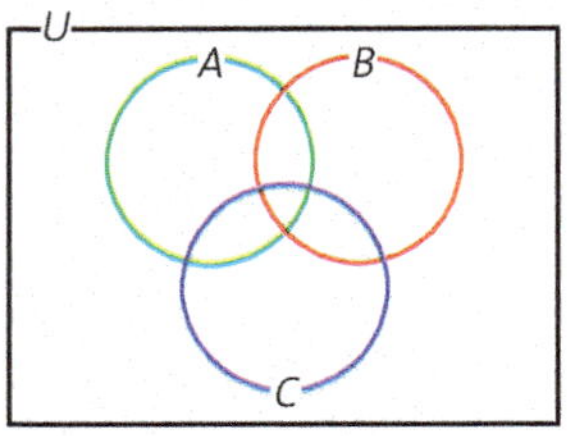

a) $\complement_U^A$

b) $B^\complement$

c) $\complement_U^C$

> **Fique atento!**
>
> De modo geral, podemos considerar $\complement_B^A$ sempre que $A \subset B$.
>
> Se $A \not\subset B$ não podemos determinar $\complement_B^A$.

44. Dados $U = \{1, 2, 3, 4, 5, 6, 7\}$, $\complement_U^A = \{1, 2, 6, 7\}$, $B^\complement = \{5, 6, 7\}$ e $\complement_U^C = \{1, 3, 5, 7\}$, determine os conjuntos:

a) A;

b) B;

c) C.

45. Verifique com um exemplo a equivalência já apresentada: $A \subset B \Leftrightarrow B^\complement \subset A^\complement$.

46. Escreva como se lê a implicação $p \Rightarrow q$, sabendo que:
p: n é um número natural par;
q: n é um número escrito na forma $n = 2m$, com $m \in \mathbb{N}$.

47. No exercício anterior, a recíproca $q \Rightarrow p$ é verdadeira? Em caso positivo, como se escreve a equivalência das duas propriedades?

48. Escreva, na forma de conjuntos, os silogismos:

a) Todo retângulo é paralelogramo.
Todo paralelogramo é quadrilátero.
Então, todo retângulo é quadrilátero.

b) Todo aluno pertence a uma classe.
Toda classe pertence a uma escola.
Então, todo aluno pertence a uma escola.

c) Todo recifense é pernambucano.
Todo pernambucano é brasileiro.
Então, todo recifense é brasileiro.

49. Escreva os conjuntos definidos pelas propriedades, a implicação lógica e a inclusão de conjuntos:

a) Considerando o universo dos números reais:
p: n é um número natural par;
q: n é um número natural.

b) Considerando o universo dos polígonos:
p: x é um trapézio;
q: x é um quadrilátero.

50. Formule um silogismo envolvendo os conjuntos numéricos $\mathbb{N}$, $\mathbb{Z}$ e $\mathbb{Q}$.

51. Escreva a contrapositiva da implicação $p \Rightarrow q$ em que:
p: número natural maior do que 2 e primo.
q: número natural maior do que 2 e ímpar.
$p \Rightarrow q$: se um número natural maior do que 2 é primo, então ele é ímpar.

52. Escreva a contrapositiva das implicações:

a) "Se um número quadrado perfeito é par, então sua raiz quadrada é par."

b) "Se um número é par, então esse número é divisível por 2."

53. Escreva a contrapositiva da implicação:

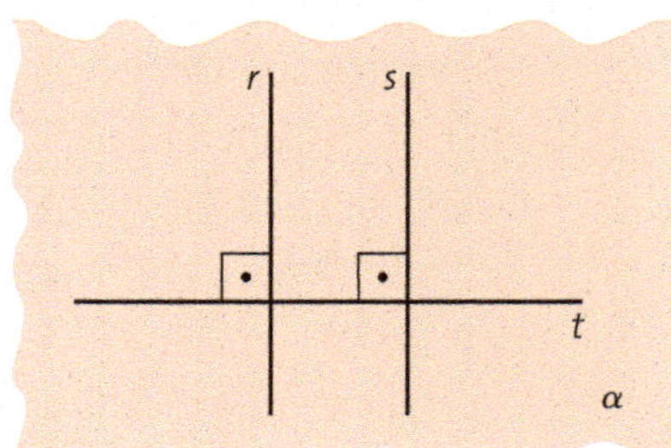

"Se duas retas distintas r e s de um plano α são perpendiculares a uma terceira reta t desse plano, então r e s são paralelas."

54. Dados os conjuntos $A = \{0, 3, 4, 5, 6, 7, 8\}$, $B = \{2, 4, 5, 6, 9\}$ e $C = \{0, 3, 6, 9, 10\}$, determine:

a) $A \cup B$;

b) $A \cap B$;

c) $A \cup C$;

d) $A \cap C$;

e) $B \cap C$;

f) $(A \cap B) \cup C$;

g) $(A \cap C) \cup B$;

h) $(A \cap B) \cap C$;

i) $(A \cup B) \cap C$;

j) $(A \cup C) \cap B$;

k) $A \cup (B \cap C)$;

l) $A \cap (B \cap C)$.

55. Dados os conjuntos $A = \{a, b, c, d, e, f, g\}$, $B = \{b, d, g, h, i\}$ e $C = \{e, f, m, n\}$, determine:

a) $A - B$

b) $B - C$

c) $B - A$

d) $(A - B) \cup (B - A)$

56. Dado o diagrama, hachure os conjuntos, desenhando no caderno uma figura para cada item:

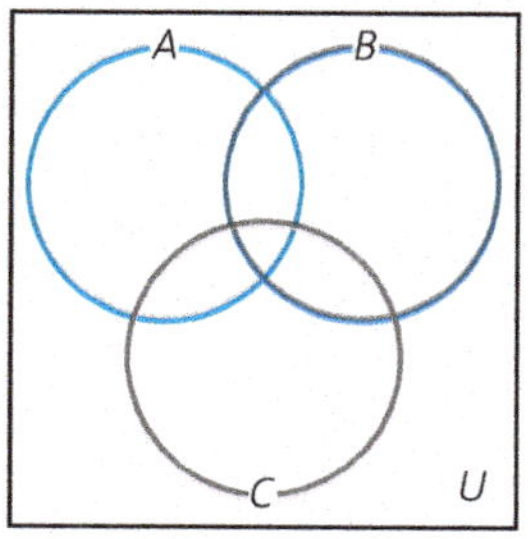

a) $A \cap B$

b) $B \cup C$

c) $(A \cup B) \cap C$

d) $(B \cap C) \cup A$

e) $A \cap (B \cup C)$

f) $(A \cap B) \cup (A \cap C)$

Compare os diagramas obtidos em **e** e **f**. O que você pode concluir?

57. Dados os conjuntos:

- $A = \{x \mid x$ é um número natural primo menor do que $10\}$;
- $B = \{x \mid x$ é um número natural múltiplo de 2 menor do que $9\}$;
- $C = \{x \mid x$ é um número natural divisor de $12\}$,

determine:

a) $A \cap B$;

b) $A \cap C$;

c) $B \cup C$;

d) $B \cap C$;

e) $(A \cap B) \cap C$;

f) $(A \cup B) \cap C$;

g) $(A \cup B) \cup C$;

h) $(A \cup C) \cap B$;

i) $(A \cap C) \cup B$.

58. Com os conjuntos numéricos dados, efetue as operações de união e intersecção:

a) $\mathbb{Z}$ e $\mathbb{Q}$

b) $\mathbb{Q}$ e $\mathbb{R}$

59. Determine:

a) $\mathbb{N} \cup \mathbb{Z}$

b) $(\mathbb{N} \cap \mathbb{Q}) \cup \mathbb{Z}$

c) $(\mathbb{N} \cup \mathbb{Z}) \cup \mathbb{Q}$

d) $(\mathbb{Z} \cap \mathbb{N}) \cap \mathbb{Q}$

60. Indique simbolicamente a parte colorida no diagrama:

a)

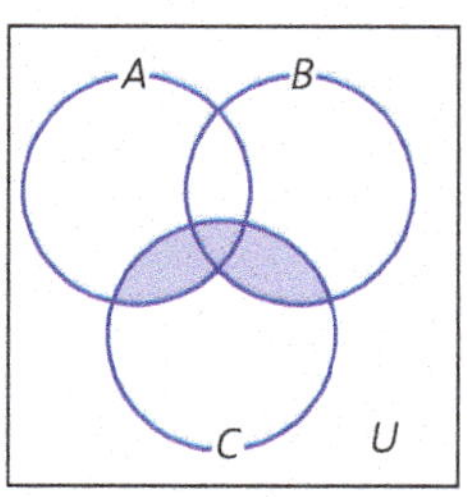

b)

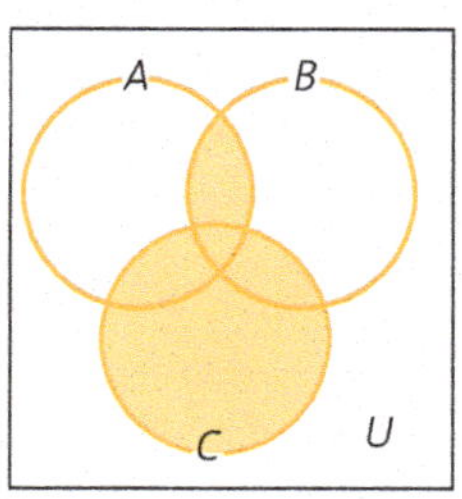

61. Copie o diagrama ao lado no caderno e hachure os conjuntos, fazendo uma figura para cada item.

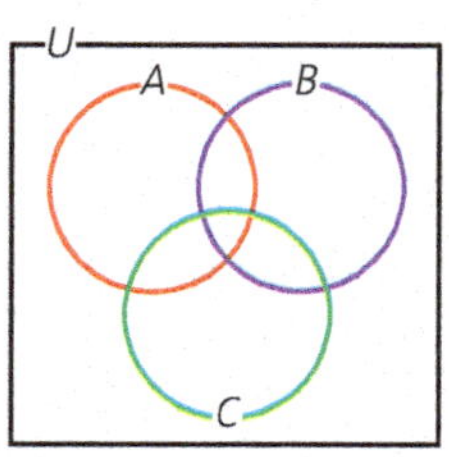

a) $A - B$

b) $A - C$

c) $B - C$

d) $B - A$

62. Um professor de Língua Portuguesa sugeriu em uma sala de aula a leitura dos livros *Helena*, de Machado de Assis, e *Iracema*, de José de Alencar. Vinte alunos leram *Helena*, 15 leram só *Iracema*, 10 leram os dois livros e 15 não leram nenhum deles.

a) Quantos alunos leram *Iracema*?

b) Quantos alunos leram só *Helena*?

c) Qual é o número de alunos nessa sala?

63. Num levantamento entre 100 estudantes sobre o estudo de idiomas, foram obtidos os seguintes resultados: 41 estudam inglês, 29 estudam francês e 26 estudam espanhol; 15 estudam inglês e francês, 8 estudam francês e espanhol, 19 estudam inglês e espanhol; 5 estudam os três idiomas.

a) Quantos estudantes não estudam nenhum desses idiomas?

b) Quantos estudantes estudam apenas um desses idiomas?

64. Na internet, *sites* de busca permitem que o internauta faça combinações entre as palavras que devem ser pesquisadas para obter os resultados desejados. Em geral, as regras de procura são as seguintes:

- Quando as palavras são digitadas com um espaço entre elas, a busca é feita por uma palavra **e** a outra palavra. Por exemplo, digitando **amor esperança** serão procurados apenas os *sites* que contenham ao mesmo tempo as palavras "amor" e "esperança".
- Quando se usa um sinal de − (menos) na frente de determinada palavra, a busca é feita excluindo-se os *sites* que contenham tal palavra. Por exemplo, digitando **amor −esperança** serão procurados os *sites* que contenham a palavra "amor", mas que não contenham a palavra "esperança".

Com base nessas palavras, considere que um rapaz tenha feito a seguinte pesquisa: **amor beleza −desespero**. No diagrama de Venn abaixo, considere que os *sites* com as palavras **Amor**, **Beleza** e **Desespero** estão representados como conjuntos com a inicial da palavra, ou seja, ao conjunto *A* pertencem todos os tipos de *sites* que contêm a palavra **Amor**, e assim por diante. Pinte as regiões que representam corretamente o resultado da busca feita pelo rapaz.

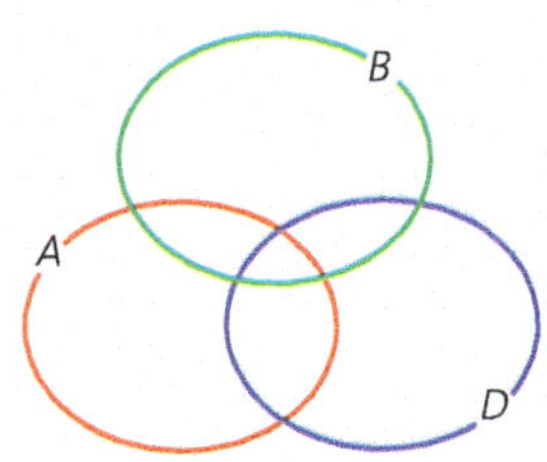

Número de elementos da união de conjuntos

Vamos estudar como obter o número de elementos da união de conjuntos. Para isso, forme uma dupla com um colega e tentem resolver as duas situações propostas a seguir:

1ª) Em uma sala de aula com 50 alunos foi feita a seguinte pergunta: "Quem gosta de futebol?" e 40 alunos levantaram o braço. Depois de abaixados os braços, perguntou-se: "Quem gosta de vôlei?" e 30 alunos levantaram o braço. Nenhum aluno deixou de levantar o braço.

a) Como é possível 40 alunos gostarem de futebol e 30 alunos de vôlei ($40 + 30 = 70$) se apenas 50 pessoas estavam na sala?

b) Quantos responderam que gostam dos dois esportes?

2ª) Em outra classe com x alunos repetiu-se a pergunta: "Quem gosta de futebol?" e 30 alunos levantaram o braço. Depois de abaixados os braços, também se perguntou: "Quem gosta de vôlei?" e 25 alunos levantaram o braço. Nenhum aluno deixou de levantar o braço e 10 levantaram o braço duas vezes. De acordo com essas informações, determine quantas pessoas estavam na sala.

Agora, consideremos A o conjunto dos números ímpares de 0 a 10 e B o conjunto dos números primos de 0 a 10. Então:

$A = \{1, 3, 5, 7, 9\} \Rightarrow n(A) = 5$

$B = \{2, 3, 5, 7\} \Rightarrow n(B) = 4$

$A \cap B = \{3, 5, 7\} \neq \varnothing \Rightarrow n(A \cap B) = 3$ (número de elementos da intersecção $A \cap B$ é igual a 3)

$A \cup B = \{1, 2, 3, 5, 7, 9\} \Rightarrow n(A \cup B) = 6$

Observe que $n(A \cap B) \neq n(A) + n(B)$, pois há três elementos comuns a ambos os conjuntos $[n(A \cap B) = 3]$. Assim:

$$\begin{array}{ccccccc} 6 & = & 5 & + & 4 & - & 3 \\ \downarrow & & \downarrow & & \downarrow & & \downarrow \\ n(A \cup B) & = & n(A) & + & n(B) & - & n(A \cap B) \end{array}$$

Fique atento!
A representação $n(A)$ significa a quantidade de elementos no conjunto A.

De modo geral, quando A e B são conjuntos finitos, tem-se:

$$n(A \cup B) = n(A) + n(B) - n(A \cap B), \text{ quando } A \cap B \neq \varnothing$$

Demonstração:

Observe que $n(A)$ inclui $n(A \cap B)$ e $n(B)$ também inclui $n(A \cap B)$:

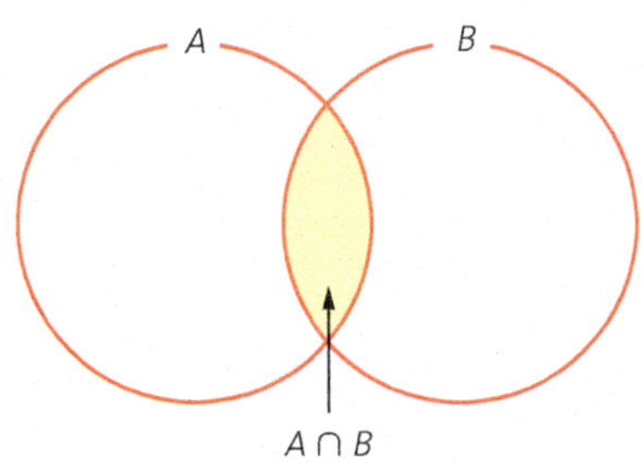

$$n(A \cup B) = [n(A) - \cancel{n(A \cap B)}] + \cancel{n(A \cap B)} + [n(B) - n(A \cap B)] \Rightarrow$$

$$\Rightarrow n(A \cup B) = n(A) + n(B) - n(A \cap B)$$

No caso particular de $A \cap B = \varnothing$, temos: $n(A \cup B) = n(A) + n(B)$, pois $n(A \cap B) = 0$.

Agora, usando as fórmulas, verifiquem se vocês acertaram as respostas das situações propostas acima.

Exercícios resolvidos

10. No lançamento de um dado perfeito, de quantas maneiras diferentes podemos obter número ímpar ou número primo?

Resolução

Conjunto dos números ímpares do dado:
$A = \{1, 3, 5\} \Rightarrow n(A) = 3$
Conjunto dos números primos do dado:
$B = \{2, 3, 5\} \Rightarrow n(B) = 3$
$A \cap B = \{3, 5\} \Rightarrow n(A \cap B) = 2$
$n(A \cup B) = n(A) + n(B) - n(A \cap B) \Rightarrow$
$\Rightarrow n(A \cup B) = 3 + 3 - 2 = 4$
Portanto, podemos obter número ímpar ou número primo de quatro maneiras diferentes.

11. Em uma sala de aula 10 alunos gostam de Matemática, 16 gostam de Arte, 5 gostam das duas disciplinas e 8 não responderam. Quantos alunos há nessa sala?

Resolução

A: alunos que gostam de Matemática
B: alunos que gostam de Arte
$A \cap B$: alunos que gostam de ambas as matérias
$A \cup B$: alunos que gostam de Matemática ou Arte
$n(A \cup B) = n(A) + n(B) - n(A \cap B)$
$n(A \cup B) = 10 + 16 - 5 = 21$
Então, os alunos que gostam de Matemática ou de Arte são 21. Com os 8 que não responderam, temos 29 alunos nessa sala.

12. Das 40 pessoas que participaram de uma pesquisa, 30 gostam do jornal A, 20 gostam do jornal B e 5 não gostam de nenhum. Qual é a quantidade de pessoas que gostam dos dois jornais?

Resolução

A: pessoas que gostam do jornal A
B: pessoas que gostam do jornal B
$A \cap B$: pessoas que gostam de ambos os jornais
$A \cup B$: pessoas que gostam do jornal A ou do jornal B
$n(A \cup B) = 40 - 5 = 35$
$n(A \cup B) = n(A) + n(B) - n(A \cap B)$
$35 = 30 + 20 - x \Rightarrow x = 15$
Então, são 15 pessoas que gostam dos 2 jornais.

13. Em uma pesquisa com jovens, foram feitas as seguintes perguntas para que respondessem sim ou não: Gosta de música? Gosta de esporte? Responderam sim à primeira pergunta 90 jovens; 70 responderam sim à segunda; 25 responderam sim a ambas; e 40 responderam não a ambas. Quantos jovens foram entrevistados?

Resolução

A: conjunto dos que gostam de música $\Rightarrow$
$\Rightarrow n(A) = 90$
B: conjunto dos que gostam de esporte $\Rightarrow$
$\Rightarrow n(B) = 70$
$A \cap B$: conjunto dos que gostam de ambos $\Rightarrow$
$\Rightarrow n(A \cap B) = 25$
$A - (A \cap B)$: conjunto dos que só gostam de música $\Rightarrow 90 - 25 = 65$
$B - (A \cap B)$: conjunto dos que só gostam de esporte $\Rightarrow 70 - 25 = 45$

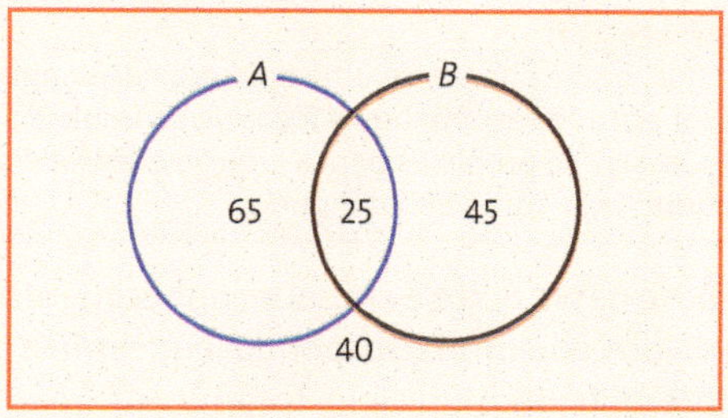

Portanto, o número de entrevistados é:
$65 + 25 + 45 + 40 = 175$ ou:
$n(A \cup B) + 40 = n(A) + n(B) - n(A \cap B) + 40 =$
$= 90 + 70 - 25 + 40 = 175$

Observação: No caso de três conjuntos, A, B e C, a fórmula que indica o número de elementos da união $A \cup B \cup C$ é:

$$n(A \cup B \cup C) = n(A) + n(B) + n(C) - n(A \cap B) - n(A \cap C) - n(B \cap C) + n(A \cap B \cap C)$$

Podemos justificar essa fórmula fazendo:
$n(A \cup B \cup C) = n[(A \cup B) \cup C] = n(A \cup B) + n(C) - n[(A \cup B) \cap C]$
Como vale a propriedade distributiva da intersecção em relação à união $(A \cup B) \cap C = (A \cap C) \cup (B \cap C)$, temos:
$n[(A \cup B) \cup C] = n(A) + n(B) - n(A \cap B) + n(C) - n[(A \cap C) \cup (B \cap C)] =$
$= n(A) + n(B) + n(C) - n(A \cap B) - n(B \cap C) - n(A \cap C) + n(A \cap B \cap C)$

Exercícios

65. A dengue é uma doença infecciosa aguda transmitida pela picada do mosquito *Aedes aegypti*. Ocorre principalmente em áreas tropicais e subtropicais do mundo, que incluem o Brasil. As epidemias geralmente ocorrem no verão, durante ou imediatamente após períodos chuvosos. Pode aparecer na forma clássica (dengue clássica ou febre da dengue) e na forma grave (dengue hemorrágica).

Dam d'Souza/Arquivo da editora

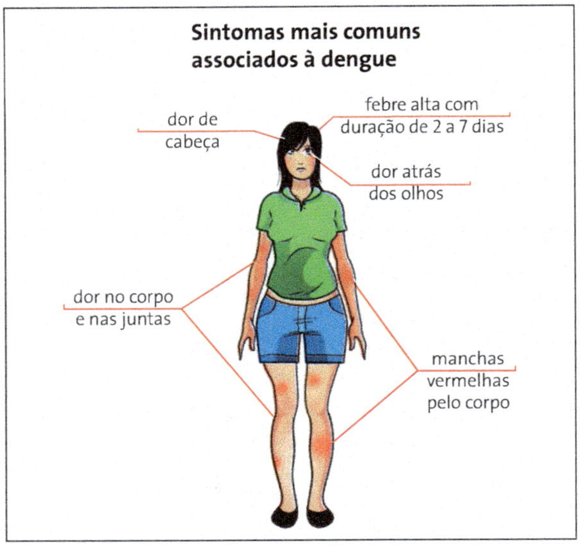

Adaptado de: <www.combateadengue.com.br>. Acesso em: 27 fev. 2014.

> **Fique atento!**
> Para diminuir a chance de uma epidemia de dengue, a melhor atitude é combater os focos de acúmulo de água. Esses locais são propícios para a criação e reprodução do mosquito transmissor da dengue.

Com base nesse texto e em seus conhecimentos sobre a teoria dos conjuntos, responda à questão a seguir. Em determinado município, foram confirmados pela Secretaria de Saúde 5 500 casos de dengue e relacionados apenas os sintomas dor de cabeça (D), febre (F) e manchas vermelhas pelo corpo (M). Veja a tabela abaixo:

Sintoma	Número de pessoas
D	2 600
F	3 200
M	2 600
D e F	1 500
D e M	1 000
F e M	2 000
D, F e M	500

De acordo com as informações, pode-se afirmar que:

a) 600 pessoas tiveram apenas febre.

b) 5 000 pessoas tiveram dor de cabeça ou febre ou manchas vermelhas.

c) 1 100 pessoas não apresentaram nenhum dos três sintomas relacionados.

d) o número de pessoas que apresentaram apenas o sintoma de febre foi maior do que o número de pessoas que apresentaram somente dor de cabeça.

e) 4 300 pessoas apresentaram pelo menos um dos sintomas relacionados.

66. Se $n(A \cup B) = 14$, $n(A) = 10$, $n(B) = 9$, determine $n(A \cap B)$.

67. Uma prova com duas questões foi dada a uma classe de 40 alunos. Dez alunos acertaram as duas questões, 25 acertaram a primeira questão e 20 acertaram a segunda questão. Quantos alunos erraram as duas questões?

68. Se $n(A) = 18$, $n(B) = 23$, $n(A \cap B) = 7$, determine $n(A \cup B)$.

69. Em uma pesquisa com 83 pessoas sobre programas de televisão, 41 responderam que gostam do programa *A*, 56 que gostam do programa *B* e 7 que não gostam de nenhum deles. Quantos pesquisados gostam de ambos?

70. Em uma pesquisa feita com 1 000 famílias para verificar a audiência dos programas de televisão, os seguintes resultados foram encontrados: 510 famílias assistem ao programa *A*, 305 assistem ao programa *B* e 386 assistem ao programa *C*. Sabe-se ainda que 180 famílias assistem aos programas *A* e *B*, 60 assistem aos programas *B* e *C*, 25 assistem aos programas *A* e *C*, e 10 famílias assistem aos três programas.

a) Quantas famílias não assistem a nenhum desses programas?

b) Quantas famílias assistem somente ao programa *A*?

c) Quantas famílias não assistem nem ao programa *A* nem ao programa *B*?

71. Uma pesquisa mostrou que 33% dos entrevistados leem o jornal *A*, 29% leem o jornal *B*, 22% leem o jornal *C*, 13% leem *A* e *B*, 6% leem *B* e *C*, 14% leem *A* e *C* e 6% leem os três jornais.

a) Quanto por cento não lê nenhum desses jornais?

b) Quanto por cento lê os jornais *A* e *B* e não lê *C*?

c) Quanto por cento lê pelo menos um jornal?

72. Em uma classe 30 alunos acertaram a primeira questão de uma prova e 25 alunos acertaram a segunda questão dessa prova. A prova continha apenas duas questões e todos os alunos da classe acertaram pelo menos uma questão.

a) Qual é o máximo de alunos que essa classe pode ter? Em que situação?

b) Qual é o mínimo de alunos que essa classe pode ter? Em que situação?

10 Intervalos reais

Certos subconjuntos de $\mathbb{R}$, determinados por desigualdades, têm grande importância na Matemática: são os **intervalos**. Assim, dados dois números reais, a e b, com $a < b$, tem-se:

a) Intervalo aberto

$(a, b) =]a, b[= \{x \in \mathbb{R} \mid a < x < b\}$

b) Intervalo fechado

$[a, b] = \{x \in \mathbb{R} \mid a \leqslant x \leqslant b\}$

c) Intervalo fechado à esquerda e aberto à direita

$[a, b) = [a, b[= \{x \in \mathbb{R} \mid a \leqslant x < b\}$

d) Intervalo fechado à direita e aberto à esquerda

$(a, b] =]a, b] = \{x \in \mathbb{R} \mid a < x \leqslant b\}$

e) Semirreta esquerda, fechada, de origem b

$(-\infty, b] =]-\infty, b] = \{x \in \mathbb{R} \mid x \leqslant b\}$

f) Semirreta esquerda, aberta, de origem b

$(-\infty, b) =]-\infty, b[= \{x \in \mathbb{R} \mid x < b\}$

g) Semirreta direita, fechada, de origem a

$[a, +\infty) = [a, +\infty[= \{x \in \mathbb{R} \mid x \geqslant a\}$

h) Semirreta direita, aberta, de origem a

$(a, +\infty) =]a, +\infty[= \{x \in \mathbb{R} \mid x > a\}$

i) Reta real

$(-\infty, +\infty) =]-\infty, +\infty[= \mathbb{R}$

Você sabia?
- A bolinha vazia (○) indica que os extremos a e b não pertencem ao intervalo.
- A bolinha cheia (•) indica que os extremos a e b pertencem ao intervalo.

Observações:

1ª) $-\infty$ e $+\infty$ **não** são números reais; apenas fazem parte das notações de intervalos ilimitados.

2ª) Qualquer intervalo de extremos a e b, com $a \neq b$, contém números racionais e irracionais.

Exercícios

73. Escreva os intervalos representados graficamente:

a) 

b) 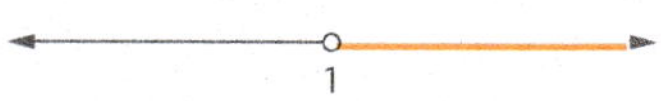

c) 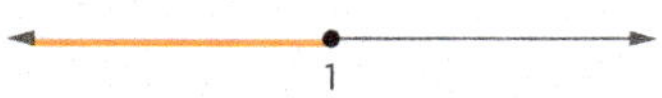

d) 

e) 

f) 

74. Represente graficamente na reta real os seguintes intervalos:

a) $\{x \in \mathbb{R} \mid -1 < x < 3\}$

b) $(-\infty, 2]$

c) $\left[-3, \frac{1}{2}\right]$

d) $\{x \in \mathbb{R} \mid 2 \leqslant x < 7\}$

e) $\{x \in \mathbb{R} \mid x < -4\}$

f) $[0, 6)$

75. Associe **V** ou **F** a cada uma das seguintes afirmações:

a) $2 \in [2, 6]$

b) $-1 \in (-5, -1)$

c) $0 \in \{x \in \mathbb{R} \mid -1 < x < 1\}$

d) $3 \notin \{x \in \mathbb{R} \mid 3 < x < 4\}$

e) $\{2, 5\} \subset [0, +\infty)$

Operações com intervalos

Como intervalos são subconjuntos de $\mathbb{R}$, é possível fazer operações com eles. As operações de **intersecção, união, diferença** e **complementar** serão apresentadas por meio de exercícios resolvidos.

Para refletir
Analise os possíveis significados de {3, 5}, (3, 5) e [3, 5].

Exercícios resolvidos

14. Dados $A = \{x \in \mathbb{R} \mid -1 < x < 1\}$ e $B = [0, 5)$, determine:

a) $A \cap B$; b) $A \cup B$; c) $A - B$; d) $B - A$; e) $\complement_B^A$.

Resolução

a) $A \cap B$

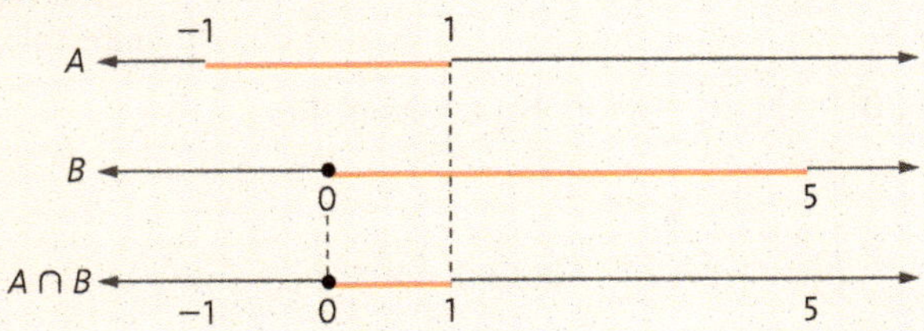

$A \cap B = \{x \in \mathbb{R} \mid 0 \leq x < 1\} = [0, 1[= [0, 1)$

b) $A \cup B$

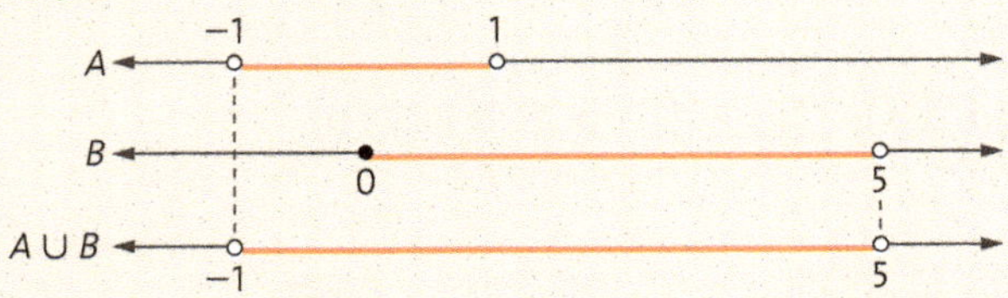

$A \cup B = \{x \in \mathbb{R} \mid -1 < x < 5\} =]-1, 5[= (-1, 5)$

c) $A - B$

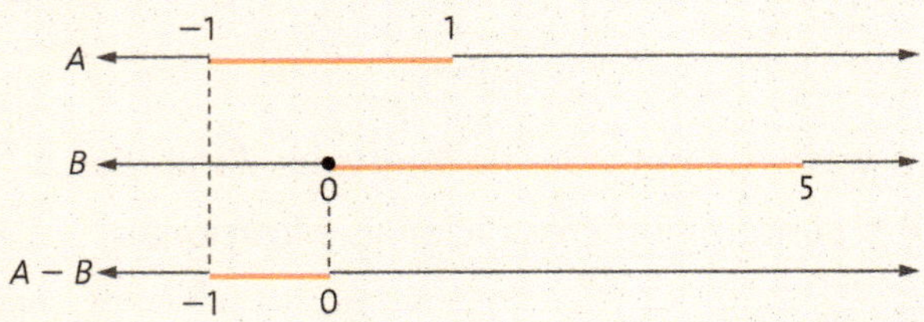

$A - B = \{x \in \mathbb{R} \mid -1 < x < 0\} =]-1, 0[= (-1, 0)$

d) $B - A$

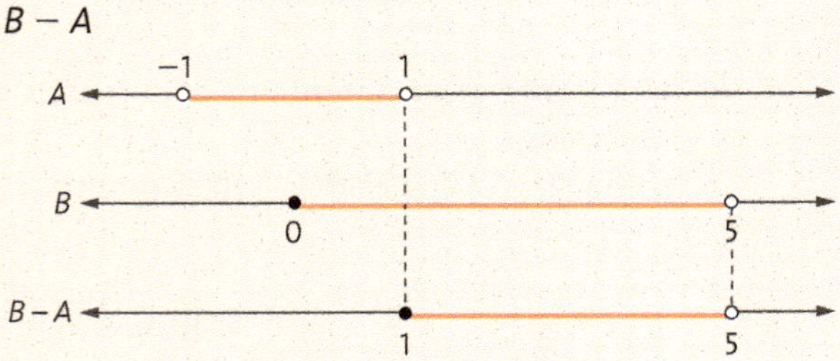

$B - A = \{x \in \mathbb{R} \mid 1 \leq x < 5\} = [1, 5[= [1, 5)$

e) $\complement_B^A$

$\complement_B^A$ não se define, pois $A \not\subset B$.

15. Dados os conjuntos $A = [2, 5]$ e $B =]3, 6]$, calcule para $U = \mathbb{R}$:

a) $\overline{A}$
b) $\overline{B}$
c) $A \cup B$
d) $\overline{A \cup B}$

Observação: $\complement_{\mathbb{R}}^{A} = \mathbb{R} - A$ também pode ser representado por $\complement^{A}$ ou $\overline{A}$.

Resolução

a) $\overline{A}$

$\overline{A} = \{x \in \mathbb{R} \mid x < 2 \text{ ou } x > 5\} =]-\infty, 2[\cup]5, +\infty[$ ou $(-\infty, 2) \cup (5 + \infty)$

b) $\overline{B}$

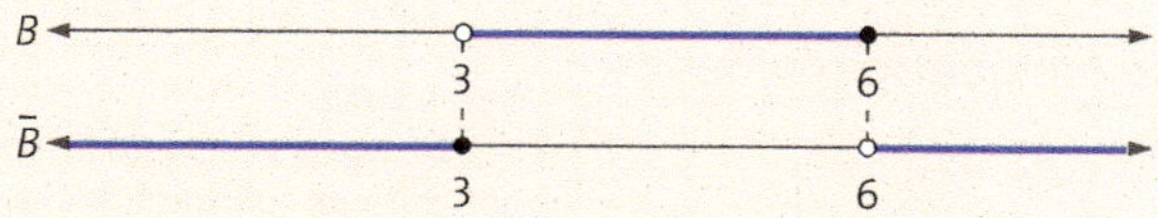

$\overline{B} = \{x \in \mathbb{R} \mid x \leqslant 3 \text{ ou } x > 6\} =]-\infty, 3] \cup]6, +\infty[$ ou $(-\infty, 3) \cup (6, +\infty)$

c) $A \cup B$

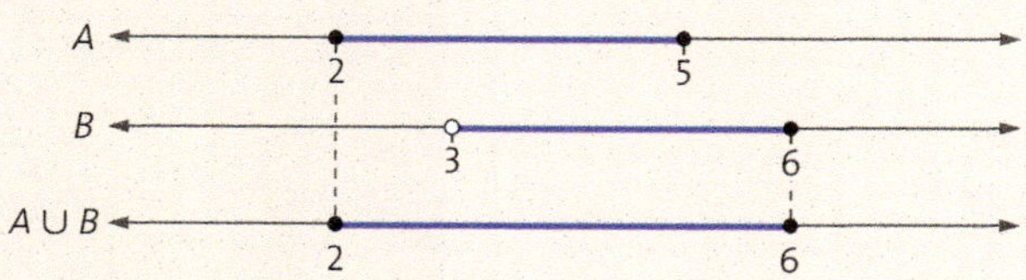

$A \cup B = \{x \in \mathbb{R} \mid 2 \leqslant x \leqslant 6\} = [2, 6]$

d) $\overline{A \cup B}$

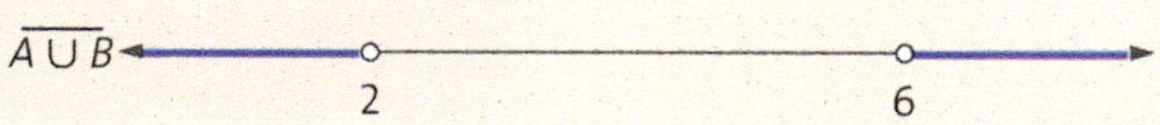

$\overline{A \cup B} = \{x \in \mathbb{R} \mid x < 2$ ou
$x > 6\} =]-\infty, 2[\cup]6, +\infty[$ ou $(-\infty, 2) \cup (6, +\infty)$

Exercícios

76. Dados os conjuntos a seguir, determine o que se pede:
a) $A = [2, 4]$ e $B = [3, 6]$: $A \cap B$, $A \cup B$ e $A - B$
b) $A = \{x \in \mathbb{R} \mid x < 4\}$ e $B = \{x \in \mathbb{R} \mid x < 1\}$: $A \cup B$ e $B \cap A$
c) $A = [-2, 0)$ e $B = [-1, +\infty)$: $A \cup B$ e $A \cap B$

77. Dados $A = (-5, 2]$, $B = [-6, 6]$ e $C = (-\infty, 2]$, calcule:
a) $A \cup B \cup C$
b) $A \cap B \cap C$
c) $(A \cup B) \cap C$
d) $A \cap (B \cup C)$

78. Dados os intervalos $A = [-1, 4]$, $B = [1, 5]$, $C = [2, 4]$ e $D = (1, 3]$, verifique se 1 pertence ao conjunto $(A \cap B) - (C - D)$.

79. O diagrama de Venn para os conjuntos A, B e C decompõe o plano em oito regiões. Desenhe o diagrama, numere as regiões e exprima cada um dos conjuntos abaixo como reunião de algumas dessas regiões.
a) $(A^{\complement} \cup B)^{\complement}$
b) $(A^{\complement} \cup B) \cup C^{\complement}$

11 Coordenadas cartesianas

A notação (a, b) é usada para indicar o **par ordenado** de números reais a e b, no qual o número a é a primeira coordenada e o número b é a segunda coordenada. Observe que os pares ordenados (3, 4) e (4, 3) são diferentes, pois a primeira coordenada de (3, 4) é 3, enquanto a primeira coordenada de (4, 3) é 4.

Sistema de eixos ortogonais

Um sistema de **eixos ortogonais** é constituído por dois eixos perpendiculares, Ox e Oy, que têm a mesma origem O.

O sistema de eixos ortogonais é denominado **plano cartesiano**, em homenagem a Descartes.

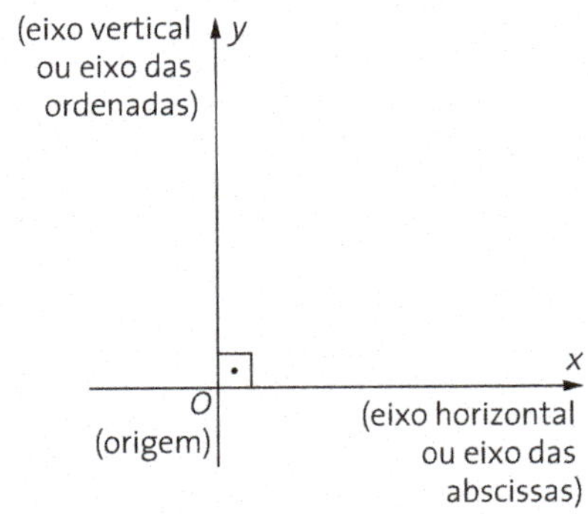

Os eixos ortogonais dividem o plano cartesiano em quatro regiões chamadas **quadrantes**, na ordem indicada a seguir:

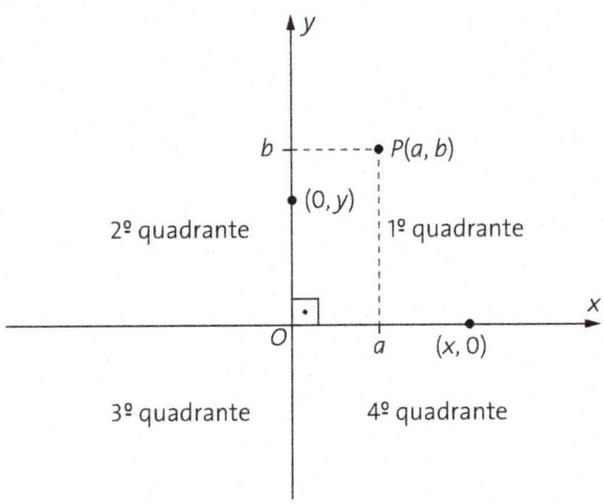

Você sabia?
René Descartes (1596-1650) formalizou o conceito de coordenadas em sua obra *La Géométrie* (1637), conectando a Álgebra com a Geometria.

Paula D.Stewart/Science Photo Library/Latinstock

René Descartes

Usamos esse sistema para localizar pontos no plano. Dado um ponto P desse plano, dizemos que os números a e b são as **coordenadas cartesianas** do ponto P, em que a é a **abscissa** e b é a **ordenada**.

Veja que a cada par ordenado de números reais corresponde um ponto do plano cartesiano e, reciprocamente, a cada ponto do plano corresponde um par ordenado de números reais. Essa correspondência biunívoca entre pares de números reais e pontos do plano permite escrever conceitos e propriedades geométricas em uma linguagem algébrica e, de modo recíproco, interpretar geometricamente relações entre números reais.

Observe ao lado como localizar no plano cartesiano os pontos $A(4, 1)$, $B(1, 4)$, $C(-2, -3)$, $D(2, -2)$, $E(-1, 0)$, $F(0, 3)$ e $O(0, 0)$, por exemplo.

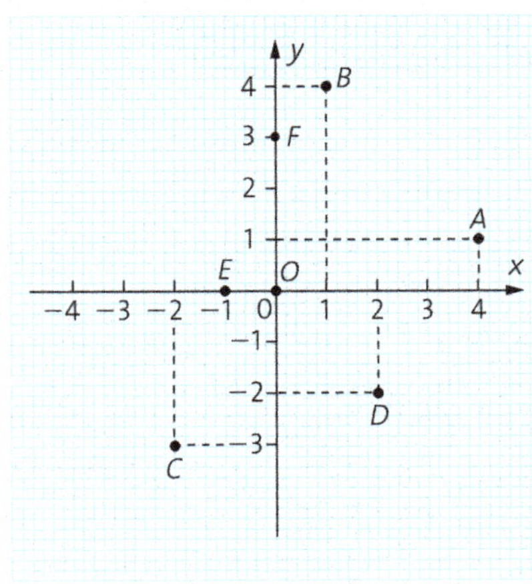

Ponto $A(4, 1) \rightarrow$ ponto A de coordenadas cartesianas 4 e 1 $\begin{cases} \text{a abscissa é 4.} \\ \text{a ordenada é 1.} \end{cases}$

Ponto $B(1, 4) \rightarrow$ ponto B de coordenadas cartesianas 1 e 4 $\begin{cases} \text{a abscissa é 1.} \\ \text{a ordenada é 4.} \end{cases}$

Distância entre dois pontos

Se P_1 (x_1, y_1) e P_2 (x_2, y_2) são dois pontos de um plano, como se pode exprimir a distância do ponto P_1 ao ponto P_2 em termos dessas coordenadas?

Dados dois pontos, $P_1(x_1, y_1)$ e $P_2(x_2, y_2)$, queremos obter a expressão da distância $d(P_1, P_2)$ em termos das coordenadas de P_1 e P_2. Para isso, é preciso introduzir um novo ponto $Q(x_2, y_1)$.

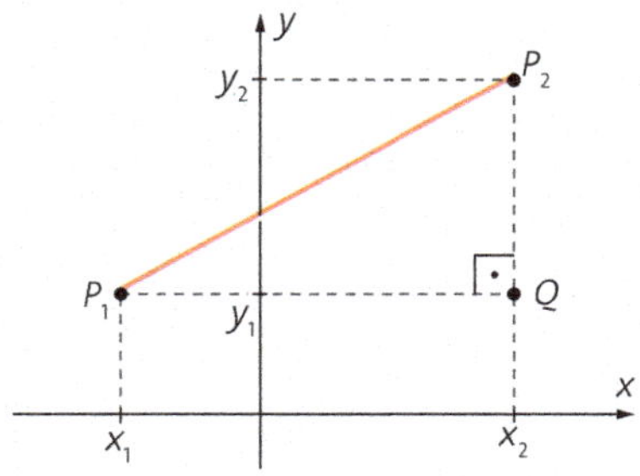

O triângulo P_1P_2Q é retângulo em Q, e o segmento de reta P_1P_2 é a sua hipotenusa. Seus catetos medem $(x_2 - x_1)$ e $(y_2 - y_1)$, tomados em valores absolutos. Usando a relação de Pitágoras, temos:

$[d(P_1, P_2)]^2 = (x_2 - x_1)^2 + (y_2 - y_1)^2$, ou seja,

$$d(P_1, P_2) = \sqrt{(x_2 - x_1)^2 + (y_2 - y_1)^2}$$

Fique atento!
Essa expressão geral obtida não depende da localização dos pontos P_1 e P_2.

Exercícios resolvidos

16. Calcule a distância entre os pontos $A(1, -4)$ e $B(-3, 2)$.

Resolução

$d(A, B) = \sqrt{(x_2 - x_1)^2 + (y_2 - y_1)^2} = \sqrt{(-3-1)^2 + (2-(-4))^2} = \sqrt{(-4)^2 + (6)^2} = \sqrt{16+36} = \sqrt{52}$

($\sqrt{52}$ é pouco mais do que 7, pois sabemos que $\sqrt{49} = 7$).

Logo, $d(A, B) = \sqrt{52} = 2\sqrt{13}$ unidades de comprimento.

17. Demonstre que o triângulo com vértices $X(-4, 3)$, $Y(4, -3)$ e $Z(3, 4)$ é isósceles.

Resolução

$d(X, Y) = \sqrt{(4-(-4))^2 + (-3-3)^2} = \sqrt{64 + 36} = \sqrt{100} = 10$

$d(Y, Z) = \sqrt{(3-4)^2 + (4-(-3))^2} = \sqrt{1+49} = \sqrt{50}$

$d(X, Z) = \sqrt{(3-(-4))^2 + (4-3)^2} = \sqrt{49+1} = \sqrt{50}$

Como $d(Y, Z) = d(X, Z)$, o triângulo XYZ é isósceles.

18. Os pares ordenados $(2x + 4, 5)$ e $(10, y - 1)$ são iguais. Determine x e y.

Resolução

Para que os pares ordenados sejam iguais, as suas respectivas ordenadas e abscissas devem ser equivalentes.

Assim:

$2x + 4 = 10 \Rightarrow 2x = 6 \Rightarrow x = 3$

$5 = y - 1 \Rightarrow y = 5 + 1 \Rightarrow y = 6$

Exercícios

80. Escreva as coordenadas cartesianas de cada ponto do plano cartesiano abaixo.

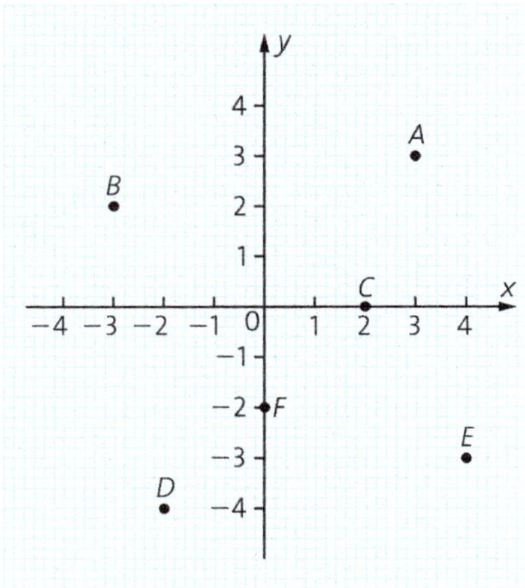

81. Escreva as coordenadas cartesianas de dois pontos que estão:

a) sobre o eixo das abscissas;

b) sobre o eixo das ordenadas.

82. Dê as coordenadas de um ponto H localizado no 3º quadrante e de um ponto J localizado no 2º quadrante.

83. Assinale, em um plano cartesiano, os pontos:

a) $A(-1, 3)$;

b) $D(4, 0)$;

c) $B(0, -2)$;

d) $E(3, -1)$;

e) $C(\frac{3}{2}, 4)$;

f) $F(\frac{1}{2}, -2)$.

84. Um ponto P tem coordenadas $(2x - 6, 7)$ e pertence ao eixo das ordenadas. Determine x.

85. Os pares ordenados $(2x, y)$ e $(3y - 9, 8 - x)$ são iguais. Determine x e y.

86. Um ponto P tem coordenadas $(2x + 4, x - 3)$ e pertence ao eixo das abscissas. Quais as coordenadas cartesianas do ponto P?

87. Um ponto P tem coordenadas $(x + 5, 2x - 8)$ e pertence ao eixo das ordenadas. Quais as coordenadas cartesianas do ponto P?

88. Calcule o perímetro do triângulo cujos vértices são $A\,(2, 3)$, $B\,(0, 0)$ e $C\,(3, 2)$.

89. Marque os pontos $X(-2, 2)$, $Y(2, 2)$, $Z(-2, -2)$ e $W(2, -2)$ em um sistema cartesiano ortogonal. Determine a área da região limitada pelo polígono $XYWZ$.

90. Demonstre que a distância de um ponto $P(x, y)$ à origem $O(0, 0)$ é igual a $\sqrt{x^2 + y^2}$.

91. Determine a distância entre os pontos A e B nos seguintes casos:

a) $A(3, 5)$ e $B(-1, 2)$;

b) $A(0, 0)$ e $B(3, -1)$;

c) $A(-1, -2)$ e $B(-5, -5)$;

d) $A(5, -2)$ e $B(-3, -8)$;

e) $A(-3, 4)$ e $B(-3, 4)$;

f) $A(2, 10)$ e $B(2, -1)$.

92. Se os pontos $A(-4, -1)$, $B(-1, 3)$ e $C(x, y)$ são vértices de um triângulo retângulo, reto em $\hat{C}$, com cateto $\overline{AC}$ medindo 3, determine as coordenadas do vértice C, sabendo que C pertence ao terceiro quadrante.

93. *Geografia*

O ponto P está localizado a uma latitude de 20° S e a uma longitude de 40° L. Indicamos esse ponto assim: P(20° S, 40° L) ou P(−20°, +40°). Estime a latitude e a longitude de cada um dos pontos a seguir e indique-as usando o mesmo procedimento que fizemos com o ponto P.

Observação: Mantivemos aqui o que se faz em Cartografia: primeiro escrevemos a latitude, depois a longitude. Mas não se esqueça de que nas coordenadas cartesianas é o inverso: a primeira coordenada está sempre na horizontal e a segunda, na vertical.

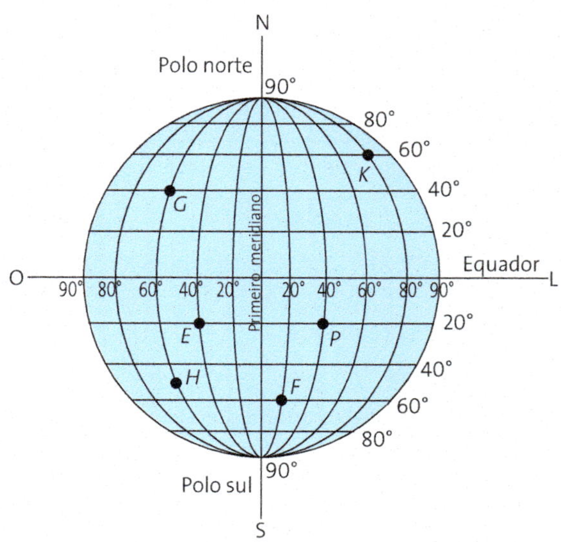

12 Produto cartesiano

Dados dois conjuntos A e B não vazios, chama-se **produto cartesiano** de A por B o conjunto de todos os pares ordenados (a, b), com $a \in A$ e $b \in B$:

Indicamos o produto cartesiano A por B por $A \times B$, que se lê "A cartesiano B". Assim:

$$A \times B = \{(a, b) \mid a \in A \text{ e } b \in B\}$$

Gráfico do produto cartesiano

Dados dois conjuntos A e B, com A e B subconjuntos de $\mathbb{R}$, cada par ordenado do produto cartesiano $A \times B$ é representado por um ponto no plano cartesiano. O gráfico de $A \times B$ é o conjunto de todos esses pontos.

Você sabia?
O exemplo mais importante de produto cartesiano é o $\mathbb{R}^2$ ou $\mathbb{R} \times \mathbb{R}$.

Em $A \times B$, representamos o conjunto A no eixo das abscissas e o conjunto B no eixo das ordenadas. Já em $B \times A$, o conjunto B será representado nos eixos das abscissas e A, no eixo das ordenadas.

Exercícios resolvidos

19. Se $A = \{1, 2\}$ e $B = \{3, 7, 9\}$, determine:

a) $A \times B$;
b) $B \times A$;
c) $A \times A$;
d) B^2.

Resolução

a) $A \times B = \{(1, 3); (1, 7); (1, 9); (2, 3); (2, 7); (2, 9)\}$
b) $B \times A = \{(3, 1); (3, 2); (7, 1); (7, 2); (9, 1); (9, 2)\}$
c) $A \times A = \{(1, 1); (1, 2); (2, 1); (2, 2)\} = A^2$
d) $B^2 = \{(3, 3); (3, 7); (3, 9); (7, 3); (7, 7); (7, 9); (9, 3); (9, 7); (9, 9)\}$

Fique atento!
- Para $A \neq B$, temos $A \times B \neq B \times A$.
- Para $A = B$, indicamos $A \times B$ por A^2.
- O par ordenado (x, y) não é a mesma coisa que o conjunto $\{x, y\}$, porque $\{x, y\} = \{y, x\}$ sempre, mas $(x, y) = (y, x)$ somente quando $x = y$.

20. Dados $A = \{1, 3\}$ e $B = \{2, 4, 5\}$, determine o gráfico de:

a) $A \times B$;
b) $B \times A$.

Resolução

a) $A \times B$

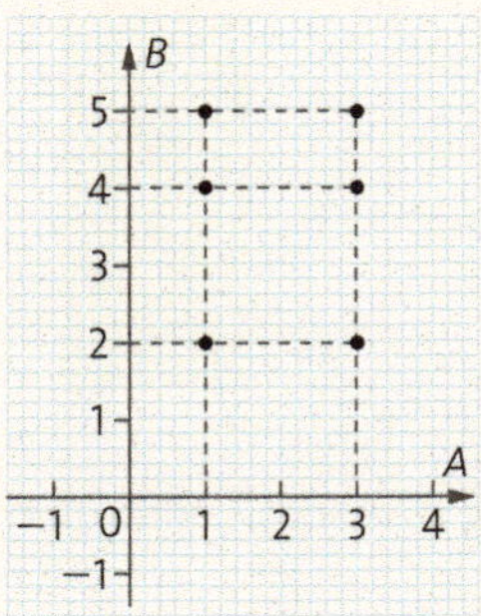

b) $B \times A$

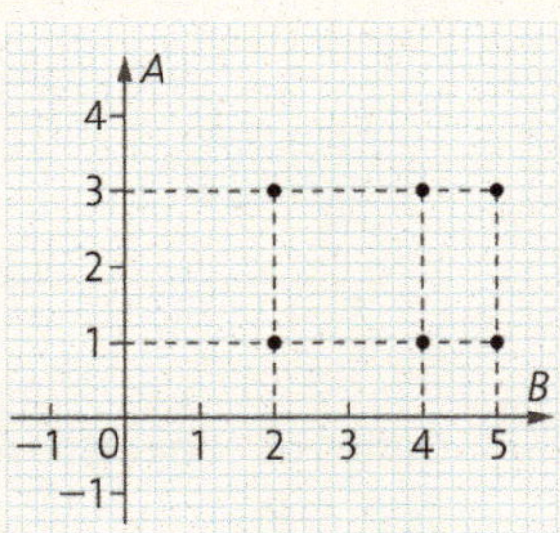

Observe que $n(A) = 2$, $n(B) = 3$ e $n(A \times B) = 6 = n(A) \cdot n(B)$.

Você sabia?
Quando A e B são conjuntos finitos, $n(A \times B) = n(A) \cdot n(B)$.

21. Dados os conjuntos $A = \{x \in \mathbb{R} \mid 1 \leq x \leq 4\}$ e $B = \{x \in \mathbb{R} \mid -2 < x \leq 3\}$, determine o gráfico de:

a) $A \times B$;
b) $B \times A$.

Resolução

a) $A \times B$

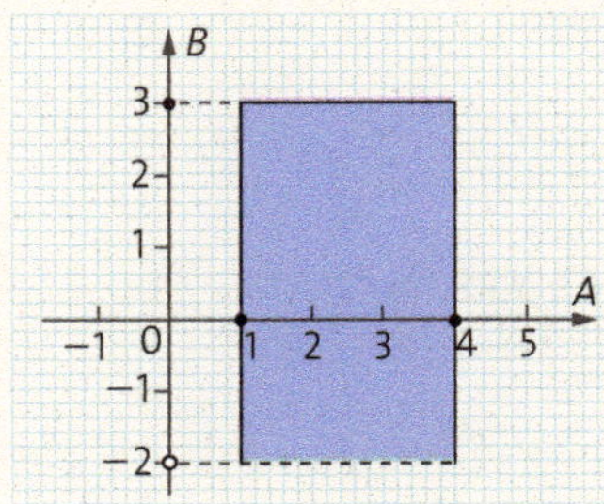

b) $B \times A$

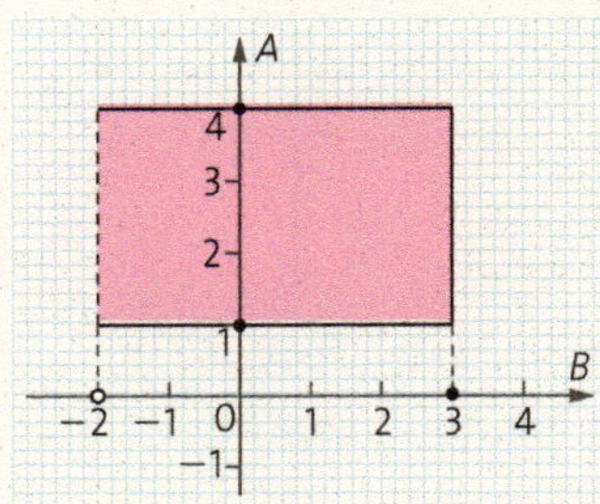

Exercícios

94. Dados os conjuntos $A = \{-1, 0, 1, 2\}$ e $B = \{2, 3\}$, determine:

a) $A \times B$;

b) $B \times A$;

c) A^2;

d) B^2.

95. Com os dados do exercício anterior, construa o gráfico de $A \times B$ e de B^2.

96. Se $n(A \times B) = 15$ e $B = \{-3, 1, 3\}$, quantos elementos tem o conjunto A?

97. O gráfico de $C \times D$ é dado por:

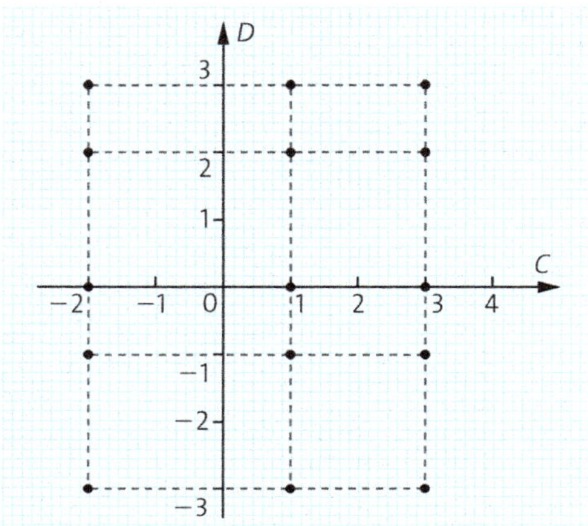

Escreva os conjuntos C e D.

98. Se $A = \{x \in \mathbb{R} \mid -1 \leq x \leq 2\}$ e $B = \{x \in \mathbb{R} \mid -2 \leq x < 4\}$, construa o gráfico de:

a) $A \times B$;

b) $B \times A$.

99. O gráfico de $E \times F$ é dado por:

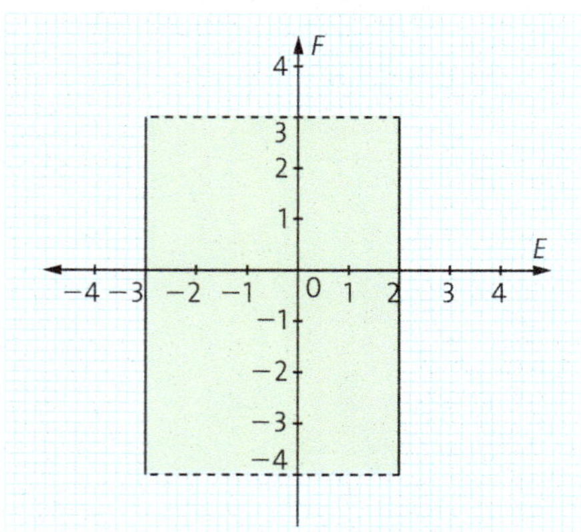

Escreva os conjuntos E e F.

100. Sejam A e B conjuntos não vazios. Se $A \times B$ tem 12 elementos, então $A \cup B$ pode ter, no máximo, um número de elementos igual a:

a) 7.

b) 8.

c) 11.

d) 12.

e) 13.

101. Assinale a alternativa na qual está representado o gráfico de $A \times B$ com $A = [2, 3]$ e $B = \{1, 2\}$:

a)

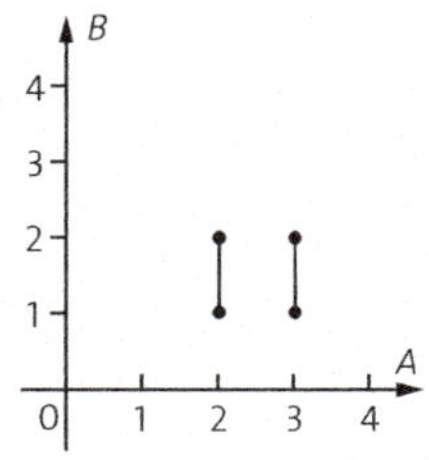

c)

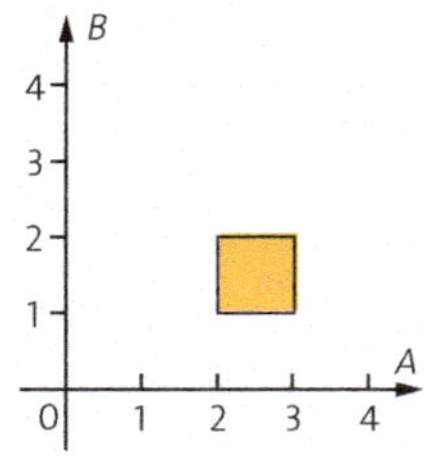

b)

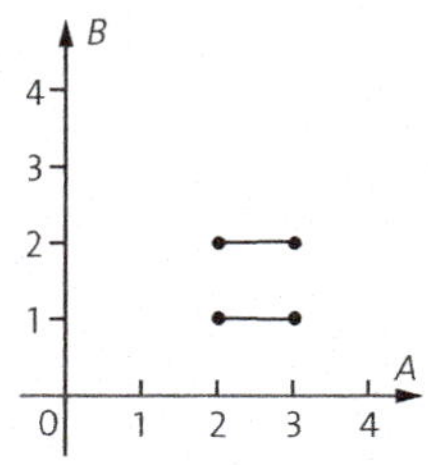

d)

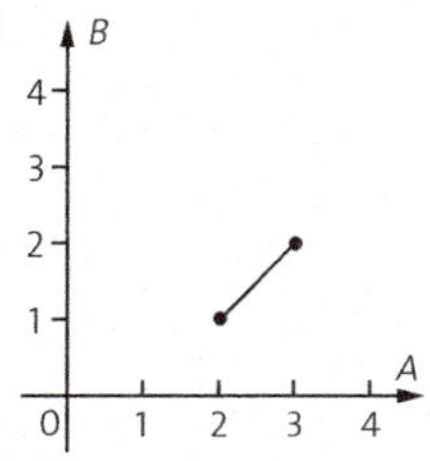

102. Assinale a alternativa na qual está representado o gráfico de $A \times B$ com $A =]-\infty, 2]$ e $B = [1, 2]$:

a)

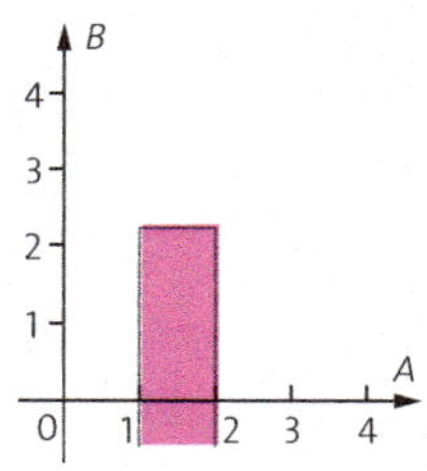

c)

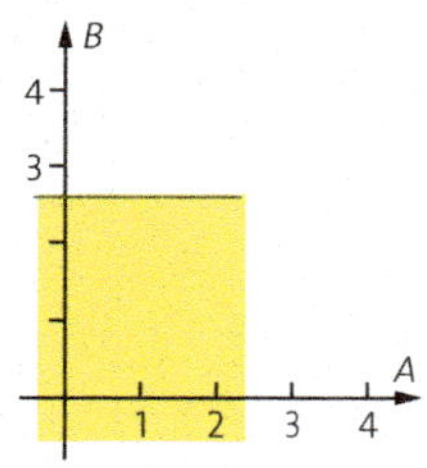

b)

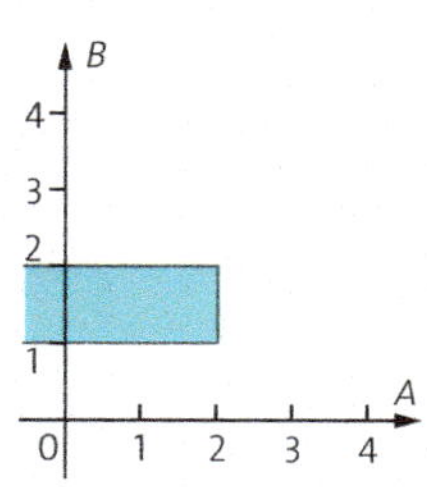

d)

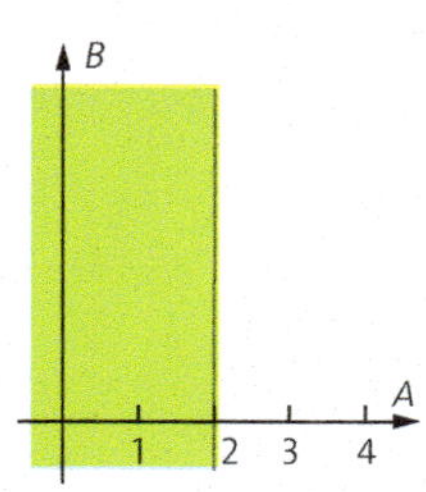

103. Dados os conjuntos A e B abaixo, construa o gráfico de $A \times B$:

a) $A = \{1, 4\}$ e $B = [1, 3]$

b) $A = [1, 3]$ e $B =]-\infty, 3[$

13 Relação binária

Dados dois conjuntos A e B não vazios, chama-se **relação (binária) R** entre os elementos do conjunto A e os elementos do conjunto B qualquer subconjunto de $A \times B$.

Por exemplo, se $A = \{1, 3, 5\}$ e $B = \{2, 4, 6, 8\}$, então:

$A \times B = \{(1, 2); (1, 4); (1, 6); (1, 8); (3, 2); (3, 4); (3, 6); (3, 8); (5, 2); (5, 4); (5, 6); (5, 8)\}$

Agora, observe estes subconjuntos de $A \times B$:

$R_1 = \{(1, 2); (1, 8); (3, 4); (3, 6); (5, 4); (5, 8)\}$

$R_2 = \{(1, 4); (3, 2); (5, 6)\}$

$R_3 = \varnothing$

$R_4 = A \times B$

$R_5 = \{(3, 8)\}$

R_1, R_2, R_3, R_4 e R_5 são relações binárias entre os elementos do conjunto A e os elementos do conjunto B (ou relações binárias de A em B), pois todos são subconjuntos de $A \times B$.

Diagrama de flechas

Uma relação R entre os elementos do conjunto A e os elementos do conjunto B pode ser representada por diagramas como o abaixo, chamado de **diagrama de flechas**.

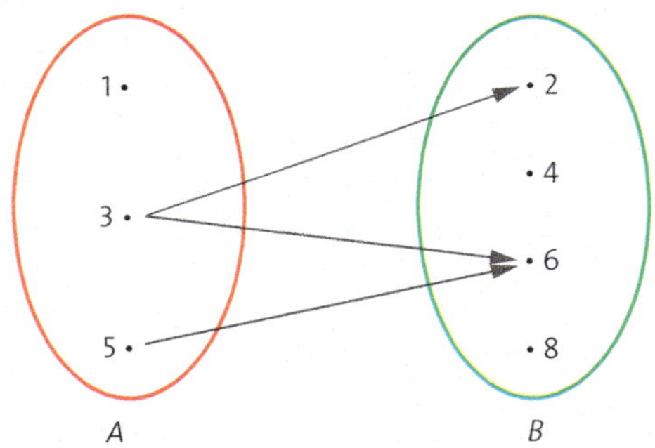

Fique atento!
Um caso particular e muito importante de relação é o conceito de função, que será estudado no próximo capítulo.

As flechas indicam quais pares ordenados pertencem à relação. Neste exemplo, temos:

$$R = \{(3, 2); (3, 6); (5, 6)\}$$

e escrevemos $3\,R\,2$; $3\,R\,6$; $5\,R\,6$ para indicar que 3 está relacionado com 2, 3 está relacionado com 6 e 5 está relacionado com 6.

Domínio e conjunto imagem

Sendo R uma relação de A em B, podemos definir:

- **Domínio de R**: conjunto formado por todos os primeiros elementos dos pares ordenados (x, y) que pertencem a R. É indicado por $D(R)$.
  No exemplo anterior, $D(R) = \{3, 5\}$. Note que $D(R) \subset A$.
- **Imagem de R**: conjunto formado por todos os segundos elementos dos pares ordenados (x, y) que pertencem a R. É indicado por $Im(R)$.
  No exemplo anterior, $Im(R) = \{2, 6\}$. Note que $Im(R) \subset B$.

Relação inversa

Dada uma relação binária R de A em B, definimos a relação inversa R^{-1} como o conjunto formado pelos pares ordenados obtidos a partir dos pares ordenados de R invertendo-se a ordem dos termos em cada par.

Assim:

$$R^{-1} = \{(x, y) \in B \times A \mid (y, x) \in R\}$$

Por exemplo, se $R = \{(1, 2); (3, 4)\}$, então $R^{-1} = \{(2, 1); (4, 3)\}$.

Exercícios

104. Dados os conjuntos $A = \{1, 2\}$ e $B = \{3, 4, 5\}$, indique quais desses conjuntos de pares ordenados representam uma relação entre os elementos de A e os elementos de B, ou seja, uma relação de A em B.

a) $F_1 = \{(1, 3); (2, 4); (2, 5)\}$

b) $F_2 = \{(2, 3); (2, 5); (2, 6)\}$

c) $F_3 = \{(1, 4); (1, 5); (2, 4); (2, 5)\}$

d) $F_4 = \{(1, 5); (0, 3); (2, 4)\}$

105. Considerando as relações do exercício anterior:

a) construa o gráfico de cada uma delas;

b) desenhe o diagrama de flechas de cada uma delas;

c) escreva o domínio e o conjunto imagem.

106. Dados $A = \{-1, 0, 1, 2\}$ e $B = \{2, 4, 6\}$, a relação R definida de A em B tem o seguinte gráfico:

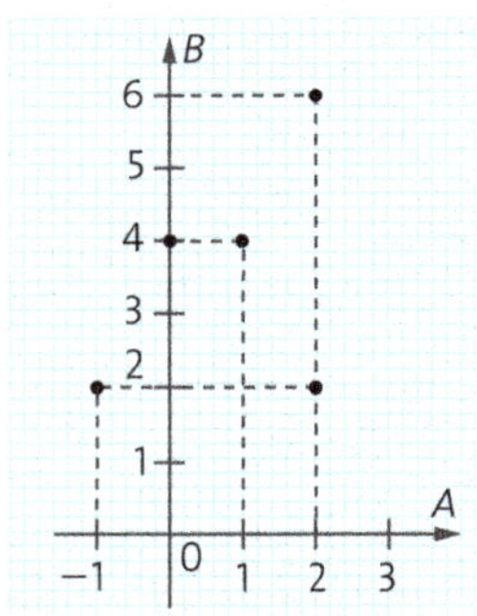

a) Escreva a relação R como um conjunto de pares ordenados.

b) Faça o diagrama de flechas de R.

c) Escreva o domínio e a imagem de R.

Fique atento!
O gráfico de uma relação R entre os conjuntos A e B é o subconjunto $G(R)$ do produto cartesiano $A \times B$ formado pelos pares (x, y) tal que $x\,R\,y$, ou seja, $G(R) = \{(x, y) \in A \times B \mid x\,R\,y\}$.

107. Considerando a relação R de A em B do exercício anterior, determine a relação inversa R^{-1} de B em A, expressando-a de acordo com o que se pede a seguir.

a) Escreva a relação R^{-1} como um conjunto de pares ordenados.

b) Faça o diagrama de flechas de R^{-1}.

c) Construa o gráfico de R^{-1}.

d) Escreva o domínio e a imagem de R^{-1}.

108. Dados os conjuntos $A = \{-1, 1\}$ e $B = \{-2, 2\}$, determine o número de relações binárias não vazias de A em B.

109. Examine a relação R de A em B representada pelo diagrama de flechas abaixo:

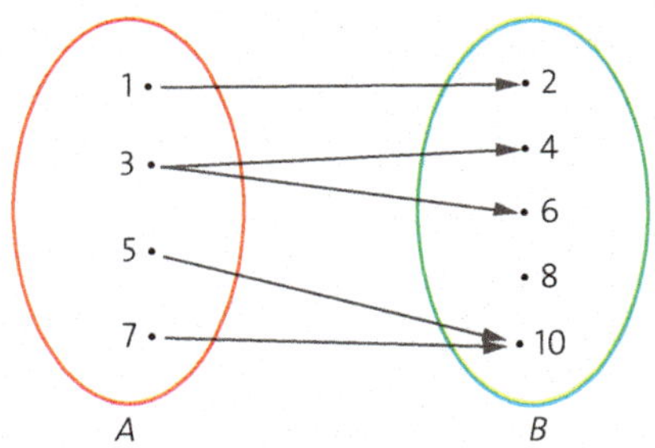

a) Escreva a relação R como conjunto de pares ordenados.

b) Escreva o domínio e o conjunto imagem de R.

c) Construa o gráfico de R.

110. Considerando a relação R de A em B do exercício anterior, determine a relação inversa R^{-1} de B em A, expressando-a de acordo com o que se pede a seguir.

a) Escreva a relação R^{-1} como um conjunto de pares ordenados.

b) Faça o diagrama de flechas de R^{-1}.

c) Construa o gráfico de R^{-1}.

d) Escreva o domínio e a imagem de R^{-1}.

Relações definidas por certas condições entre x e y

Entre as relações, destacam-se aquelas definidas por **condições** que estabelecem se x está ou não relacionado com y.

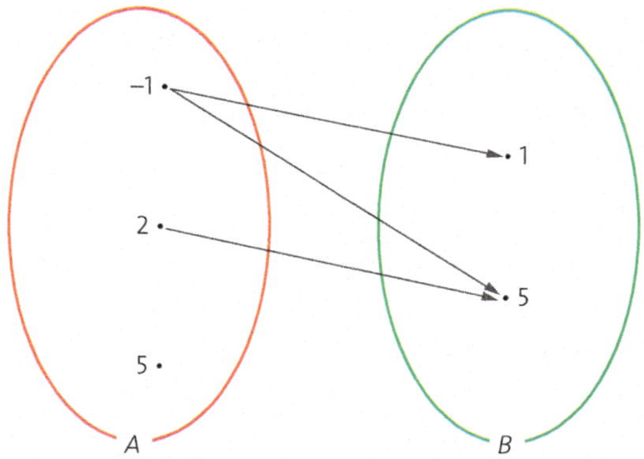

Diagrama de flechas

Por exemplo, a relação "menor do que" ($<$) entre números reais (relação de $\mathbb{R}$ em $\mathbb{R}$):

- $2 < 3$, pois $3 - 2 > 0$.
- $-4 < -1$, pois $(-1) - (-4) = 3 > 0$.
- 5 não é menor do que 3, pois $3 - 5$ não é maior do que 0.

De modo geral, a condição que nos permite escrever $x < y$, com $x \in \mathbb{R}$ e $y \in \mathbb{R}$, é $y - x > 0$.

Dados $A = \{-1, 2, 5\}$ e $B = \{1, 5\}$, temos:
$A \times B = \{(-1, 1); (-1, 5); (2, 1); (2, 5); (5, 1); (5, 5)\}$ e $R = \{(x, y) \in A \times B \mid x < y\}$

Nesse caso, um par ordenado (x, y), para pertencer a R, deve pertencer a $A \times B$ e satisfazer a condição $x < y$. Assim, $R = \{(-1, 1); (-1, 5); (2, 5)\}$.

Exercícios

111. Dados os conjuntos $A = \{1, 2, 3, 4\}$ e $B = \{2, 3, 5, 6\}$, determine:
a) a relação R de A em B definida por $R = \{(x, y) \in A \times B \mid y = x + 2\}$;
b) o domínio e a imagem da relação R;
c) a relação R^{-1} inversa de R.

112. Dados os conjuntos $A = \{-2, -1, 1\}$ e $B = \{-1, 3, 4\}$:
a) Determine a relação R de A em B definida por:
$R = \{(x, y) \in A \times B \mid y > x + 2\}$.
b) Determine o domínio e o conjunto imagem da relação R.
c) Crie uma relação R_1 de B em A e determine o domínio e a imagem.

113. Dados os conjuntos ao lado, escreva as relações a seguir como conjunto de pares ordenados.
Depois, determine o domínio, o conjunto imagem e a sua respectiva relação inversa.
a) $R_1 = \{(x, y) \in A \times B \mid x = y\}$
b) $R_2 = \{(x, y) \in A \times B \mid x + 1 > y\}$

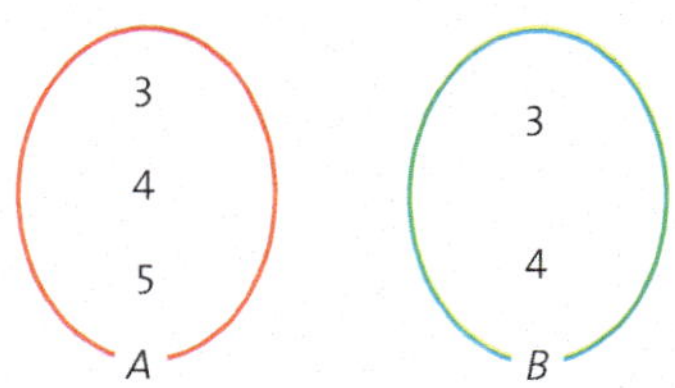

14 Situações-problema envolvendo números reais, grandezas e medidas

Os números estão presentes em praticamente todas as situações de nossa vida. A seguir, apresentamos uma série de exercícios e situações-problema que ilustram isso. Eles podem ser resolvidos em duplas.

Exercícios

114. *Arredondamento, cálculo mental e resultado aproximado*
Em uma fazenda, foram colhidas 1123 caixas de laranjas em um mês e 783 caixas no mês seguinte. Nesses dois meses, aproximadamente, quantas caixas de laranjas foram colhidas? Como se quer **aproximadamente** o número de caixas, podemos arredondar os números e somar.

1123 —arredondamos→ 1100
+ 783 —arredondamos→ + 800
1900 ← resultado aproximado

Nesses dois meses foram colhidas, aproximadamente, 1900 caixas de laranjas. Arredonde, encontre o resultado aproximado e indique a resposta que você acha mais provável. Em seguida, confira o resultado com os de seus colegas.

a) $48 + 71$ → 130 / 120 / 110
b) 3×297 → 300 / 600 / 900
c) $908 : 201$ → 5 / 10 / 50
d) 39×41 → 160 / 1600 / 16000
e) $95 - 39$ → 55 / 45 / 65
f) $402 : 5$ → 8 / 80 / 800
g) $79 + 122$ → 220 / 210 / 200
h) $502 - 149$ → 350 / 450 / 400

115. *Arredondamentos*
Faça arredondamentos e identifique apenas o valor mais adequado a cada questão.

a) Desconto de 9% em R$ 298,00 → R$ 20,00 / R$ 30,00 / R$ 40,00
b) 49% de uma população de 141200 habitantes → 70000 habitantes / 50000 habitantes / 80000 habitantes
c) 22% de um percurso de 503 km → 50 km / 100 km / 20 km
d) Preço de um produto que custava R$ 80,50 e aumentou 11% → R$ 180,00 / R$ 95,00 / R$ 88,00

116. Você sabe quais são os quatro estados brasileiros na ordem do maior para o menor em termos de área ocupada? Confira sua estimativa usando as informações a seguir e descubra as áreas aproximadas dos estados em quilômetros quadrados.
Pará: 75% do Amazonas.
Amazonas: $(16 \times 100\,000)$ km^2.
Minas Gerais: 50% do Pará.
Mato Grosso: $\frac{3}{2}$ de Minas Gerais.
Agora, escreva o nome dos quatro estados de acordo com a ordem decrescente de suas áreas.

117. No jogo de basquete, as cestas podem valer 3 pontos, 2 pontos ou 1 ponto (lance livre). Encontre todas as maneiras de um time fazer 15 pontos. (Sugestão: faça uma tabela organizada.)

118. José Roberto viajou de São Paulo para Brasília. Seguiu, depois, para Salvador e, finalmente, de Salvador foi para Recife.

Distância terrestre (em km)				
	São Paulo	**Brasília**	**Salvador**	**Recife**
São Paulo	—	1015	2052	2716
Brasília	1015	—	1542	2223
Salvador	2052	1542	—	842
Recife	2716	2223	842	—

a) Mentalmente, estime quantos quilômetros José Roberto viajou aproximadamente.
b) Faça os cálculos e determine quantos quilômetros ele viajou.
c) Invente uma questão com os dados da tabela. Troque-a com um colega e resolva a dele.

119. Os cientistas usam a Unidade Astronômica (u.a.) para medir grandes distâncias: 1,00 u.a. = 149,6 milhões de km = $1496 \cdot 10^5$ km (distância média da Terra ao Sol). A distância média de Marte ao Sol é de, aproximadamente, 228000000 km. De quantas u.a. é, aproximadamente, essa distância?

120. Como você já sabe, as calculadoras são usadas para auxiliar a fazer cálculos complexos mais rapidamente do que utilizando caneta e papel. Observe que a calculadora abaixo tem teclas de memória. Os números podem ser armazenados na memória da calculadora para ser usados posteriormente. Examine o significado de algumas teclas:

Peter Dazeley/Getty Images

[M+] : coloca um número na memória

[M−] : retira um número da memória

[MR] : busca um número na memória

[MC] : apaga a memória

Veja como é fácil! Acompanhe o exemplo a seguir: Vamos calcular o valor da expressão abaixo usando as teclas de memória:

$$(2\,496 : 32) + (6\,298 : 94)$$

2496 [÷] 32 [=] 78 [M+] 6298 [÷] 94 [=] 67 [+] [MR] 78 [=] 145

Agora, use a calculadora para determinar o valor de:

a) $(3\,612 : 86) \cdot (1\,377 : 51)$

b) $(712 \cdot 34) + (3\,455 - 219)$

c) $(756 + 24) \cdot (912 : 304)$

Observação: A realização deste cálculo só é possível quando se opera com adição e multiplicação na memória da calculadora.

121. Faça arredondamentos, obtenha resultados aproximados e responda em seu caderno: em qual intervalo abaixo cada resultado poderá ser colocado?

a) $147 + 385$

b) $5\,199 - 4\,002$

c) 49×19

d) $11\,991 : 30$

e) $944 + 626$

Agora, use uma calculadora e verifique suas respostas.

122. Você sabia que:

- a produção brasileira de petróleo é de 2,029 milhões de barris por dia?
- o consumo diário brasileiro de petróleo é de 1,82 milhão de barris?
- a cada mês, aproximadamente, 24 bilhões de litros de gasolina e 41 bilhões de litros de *diesel* são consumidos por uma frota de 33,6 milhões de veículos em todo o país?

Fonte: Petrobras. Dados de 2007 e 2012.

A capacidade de um barril de petróleo é de 158,98 litros. Quantos litros de petróleo, por dia, aproximadamente, o país:

a) produz?

b) consome?

123. A **polegada** é uma unidade de medida de comprimento inglesa equivalente a 25 mm. O nome "polegada" vem de "polegar" e: 1 polegada = 25 mm = 2,5 cm.

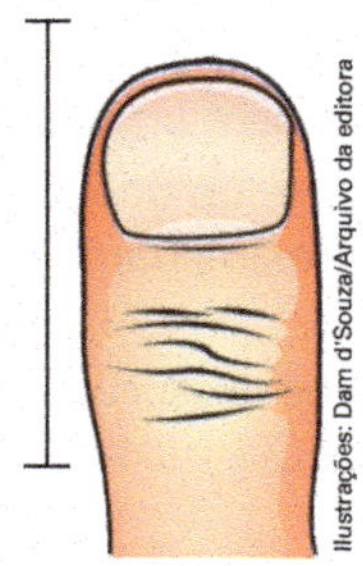
Ilustrações: Dam d'Souza/Arquivo da editora

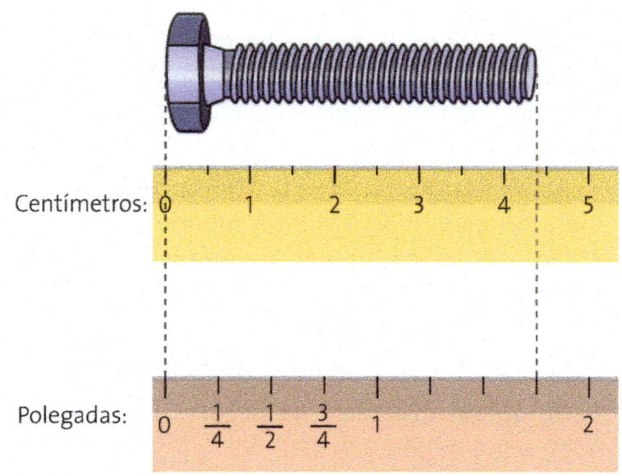

Observe as figuras acima e utilize os valores citados para responder a estas questões:

a) Qual é a medida do parafuso da figura em polegadas?

b) Um parafuso com $2\frac{1}{4}$ polegadas mede mais ou menos do que 6 cm?

c) Em 1 m há quantas polegadas?

d) Qual é o diâmetro, em milímetros, de um cano de $\frac{3}{4}$ de polegada?

124. *Biologia*

Caloria (cal) é uma unidade de medida de energia.

1 000 cal = 1 kcal

Dam d'Souza/Arquivo da editora

Examine o quadro abaixo e responda:

Tipo de lanche	Quantidade de calorias (kcal)
Peito de peru *light*	194
Hambúrguer simples	296
Hambúrguer duplo	587
X-salada	738

a) Que lanches diferentes uma pessoa pode comer em um dia sem ultrapassar 1 200 kcal?

b) Cite o nome de dois lanches tais que um deles tenha, aproximadamente, o dobro de calorias do outro.

c) Qual lanche possui quase quatro vezes o número de calorias que o sanduíche de peito de peru *light*?

125. *Física*

O decibel – dB (a décima parte do bel) é usado como unidade de medida do nível de intensidade sonora. A Organização Mundial da Saúde (OMS) recomenda que, no interior de edifícios, o ruído de fundo não seja superior a 45 dB, que à noite, no interior de dormitórios, o ruído não seja superior a 35 dB, que os ruídos externos diurnos não sejam superiores a 55 dB e os noturnos, não superiores a 45 dB. Mas veja os sons (em decibéis) produzidos por:

a) danceterias: de 85 dB a 100 dB;

b) motos: de 80 dB a 105 dB;

c) aviões a jato: 120 dB;

d) grandes bandas de *rock*: ultrapassam 120 dB.

Invente um problema com esses dados. Então, troque com um colega e resolva o dele.

126. *Física*

Quando dizemos que um carro percorreu 240 km em 3 horas, podemos também dizer que sua **velocidade média** foi de 80 km/h.

a) Quantos quilômetros percorre um carro com velocidade média de 90 km/h em 3h30min?

b) Quanto tempo gasta um carro para percorrer 340 km com velocidade média de 85 km/h?

127. *O planeta Terra e suas medidas (em valores aproximados)*

Nasa/Corbis/Latinstock

Fotografia obtida por satélite enfocando o planeta Terra na região do continente sul-americano.

Algumas informações sobre ele:

- o diâmetro da Terra na linha do equador é de 12 756,34 km;
- a temperatura do planeta Terra varia de −89,2 °C a 58 °C;
- o planeta Terra pesa 6,5 sextilhões de toneladas;
- o movimento de translação da Terra dura 1 ano e o de rotação, 1 dia;
- a superfície do planeta Terra tem, aproximadamente, 510 000 000 km^2 (ou $51 \cdot 10^7$ km^2) e $\frac{3}{4}$ dela são ocupados por água;
- o volume do planeta Terra é de 1 083 230 000 000 km^3 ou $108\,323 \cdot 10^7$ km^3.

Escreva:

a) a grandeza e a unidade citadas em cada informação.

b) o número 6,5 sextilhões, usando só algarismos.

c) a variação, em grau Celsius, da temperatura mínima para a máxima do planeta Terra.

d) como se lê o número que indica a medida de volume da Terra em quilômetros cúbicos.

e) quantos km^2 da superfície do planeta Terra são ocupados por água.

128. Você sabia que o trem japonês MLV (veículo levitado magneticamente) chega a desenvolver 582 km/h?

Toru Yamanaka/Agência France-Presse/Getty Images

Trem que opera por meio de levitação magnética.

Em quanto tempo o trem japonês MLV faria o trecho de 97 km entre São Paulo (SP) e Campinas (SP)?

Leitura

1,6180...: Integrando Matemática, natureza e Arte

Os gregos, na Antiguidade, só trabalhavam com números naturais (os inteiros positivos) e as razões entre eles (os racionais). Até o século V a.C. acreditavam que esses números fossem suficientes para comparar duas grandezas quaisquer de mesma espécie — segmentos de reta, áreas, volumes, etc.

A primeira grande crise no desenvolvimento da Matemática ocorreu quando se percebeu que havia segmentos de reta cuja medida não correspondia a nenhuma razão entre dois números naturais, o que significava que a reta numerada não estava "completa": ela continha pontos que não correspondiam a nenhum número conhecido. E esses novos números foram chamados irracionais. Assim, a construção dos conjuntos numéricos permaneceu por séculos como uma grande questão entre os matemáticos, sendo amplamente pesquisada, culminando, no século XIX, com a teoria dos conjuntos de Georg Cantor (1845-1918).

O "número de ouro", símbolo da harmonia e da beleza, é um dos mais famosos exemplares de número irracional. Representado por $\frac{1 + \sqrt{5}}{2}$, corresponde, na forma decimal, ao número 1,61803398... Está presente em diversos elementos da natureza — forma de crescimento das plantas e dos demais seres vivos, presas dos elefantes, escamas dos peixes, cauda do pavão, corpo humano — e em vários campos do conhecimento — Arte, Arquitetura, Música, Literatura. Podemos citar alguns exemplos:

- A fachada do templo grego Partenon é toda organizada segundo a razão áurea.
- Na grande pirâmide de Gizé, no Egito, o quociente entre a altura de uma face e a metade do lado da base vale quase 1,618.
- A obra *Mona Lisa*, de Leonardo da Vinci, apresenta a razão áurea em várias partes.
- A proporção entre fêmeas e machos na população das abelhas, em qualquer colmeia, é áurea.
- O pentagrama — estrela regular de cinco pontas — contém grande quantidade de relações douradas.
- O náutilo, cefalópode marinho, apresenta a razão áurea em seu corpo segmentado em forma de espiral, chamada *espiral de ouro*. Pode-se construí-la a partir de retângulos cujos lados estão na razão áurea.

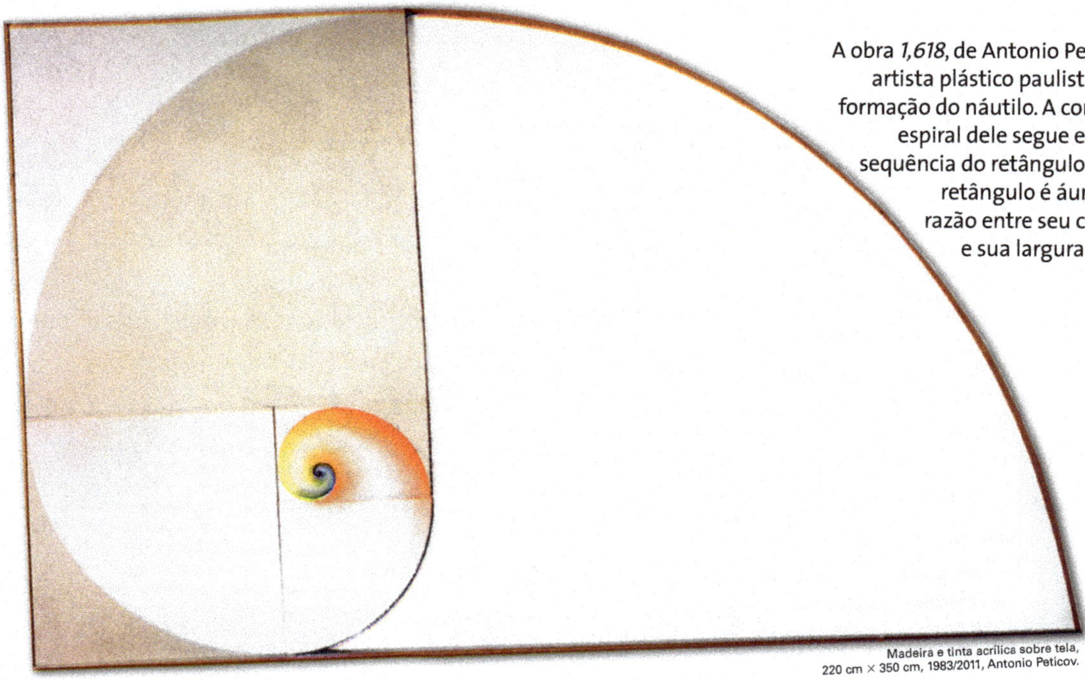

A obra *1,618*, de Antonio Peticov (1946-), artista plástico paulista, reproduz a formação do náutilo. A constituição da espiral dele segue exatamente a sequência do retângulo de ouro (um retângulo é áureo quando a razão entre seu comprimento e sua largura é o "número de ouro").

Madeira e tinta acrílica sobre tela, 220 cm × 350 cm, 1983/2011, Antonio Peticov.

Atividades adicionais

1. Dado o conjunto $B = \{1, 2, \{3\}\}$, julgue se os itens abaixo são verdadeiros ou falsos:
   a) B tem 2 elementos.
   b) $1 \in B$
   c) $2 \in B$
   d) $3 \in B$
   e) $\{1\} \in B$
   f) $\{2\} \in B$
   g) $\{3\} \in B$
   h) $\{1\} \subset B$
   i) $\{2\} \subset B$
   j) $\{3\} \subset B$
   k) $\{1, 2, 3\} \subset B$
   l) $\{\varnothing\} \subset B$

2. Dado o conjunto $A = \{1, \{1\}\}$, julgue se os itens abaixo são verdadeiros ou falsos:
   a) A tem 2 elementos.
   b) $1 \in A$
   c) $\{1\} \in A$
   d) $\{1\} \subset A$
   e) $1 \subset A$
   f) $\{\{1\}\} \in A$
   g) $\{\{1\}\} \subset A$
   h) $\varnothing \in A$
   i) $\varnothing \subset A$

3. Escreva três conjuntos X tal que $A \subset X$, sendo $A = \{2, 4, 6\}$.

4. Sejam os conjuntos A, B e C dados pelas condições:
   - $A = \{x \mid x$ é um número inteiro que satisfaz $x^2 - 5x + 6 = 0\}$;
   - $B = \{x \mid x$ é um número inteiro que satisfaz $x^2 - 2x = 0\}$;
   - $C = \{x \mid x$ é um número inteiro que satisfaz $x^2 - 9 = 0\}$.

   Determine:
   a) $A \cap B$
   b) $A \cup B$
   c) $B \cap C$
   d) $A \cap C$
   e) $A \cup B \cup C$

5. Dados os conjuntos:
   - $A = \{x \mid x$ é divisor natural de $12\}$;
   - $B = \{x \mid x$ é divisor natural de $18\}$,

   determine o máximo divisor comum (mdc) entre 12 e 18.

6. Dados os conjuntos:
   - $A = \{x \mid x$ é múltiplo natural de $6\}$;
   - $B = \{x \mid x$ é múltiplo natural de $8\}$,

   determine o mínimo múltiplo comum (mmc) de 6 e 8.

7. Dados os conjuntos $A = \{7, 8, 9\}$ e $B = \{8, 9, 10, 11\}$, calcule:
   a) $A \cup B$
   b) $A \cap B$
   c) $A - B$
   d) $B - A$
   e) $\complement_A^B$
   f) $\complement_U^B$ em que $U = \{x \mid x$ é número natural menor do que $13\}$

8. Dados os conjuntos $A = \{3, 4, 5, 6\}$, $B = \{1, 3, 5, 7\}$ e $H = \{4, 6\}$, determine:
   a) $\complement_A^H$
   b) $(A \cap B) \cup H$
   c) $(A - B) \cup (B - A)$
   d) $(B \cup H) - A$

9. Na porta de um supermercado foi realizada uma enquete, com 100 pessoas, sobre três produtos. As respostas foram: 10 pessoas compram somente o produto A, 30 pessoas compram somente o produto B, 15 pessoas compram somente o produto C, 8 pessoas compram A e B, 5 pessoas compram A e C, 6 pessoas compram B e C e 4 compram os três produtos.
   a) Quantas pessoas compram pelo menos um dos três produtos?
   b) Quantas pessoas não compram nenhum desses produtos?
   c) Quantas pessoas compram os produtos A e B e não compram C?
   d) Quantas pessoas compram os produtos A ou B?
   e) Quantas pessoas compram o produto A?
   f) Quantas pessoas compram o produto B?

10. Hachure nos diagramas abaixo as regiões que representam os conjuntos:
    a) $(B \cap C) - A$

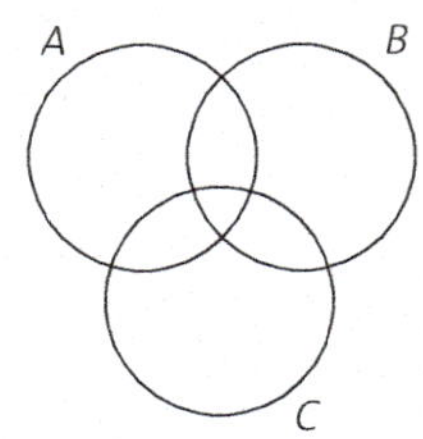

    b) $(A \cap B) \cup (A \cap C) - B \cap C$

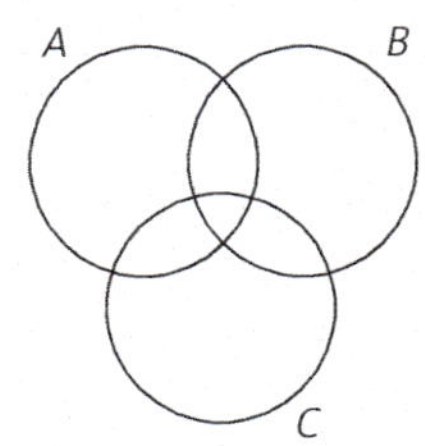

11. Identifique como racionais ou irracionais os números a seguir:
    a) $\sqrt{4}$
    b) -1
    c) $2\sqrt{3}$
    d) $\sqrt{5}$
    e) $-\sqrt{8}$
    f) $\sqrt{4 \cdot 9}$
    g) $\frac{1}{2}$
    h) π
    i) $\sqrt{4} + \sqrt{2}$
    j) $-\sqrt{9}$
    k) $\frac{\sqrt{2}}{2}$
    l) $\sqrt{5} \cdot \sqrt{5}$

12. O número 12,12345678911223344... é racional ou irracional?

Pensando no Enem

1. O dono de uma oficina mecânica precisa de um pistão das partes de um motor, de 68 mm de diâmetro, para o conserto de um carro. Para conseguir um, esse dono vai até um ferro velho e lá encontra pistões com diâmetros iguais a 68,21 mm; 68,102 mm; 68,001 mm; 68,02 mm e 68,012 mm. Para colocar o pistão no motor que está sendo consertado, o dono da oficina terá de adquirir aquele que tenha o diâmetro mais próximo do que precisa. Nessa condição, o dono da oficina deverá comprar o pistão de diâmetro:

a) 68,21 mm.
b) 68,102 mm.
c) 68,02 mm.
d) 68,012 mm.
e) 68,001 mm.

Resolução

Para a resolução dessa questão você precisa estar atento aos valores numéricos decimais apresentados no enunciado e ter claro suas diferentes ordens decimais. Dispondo os números dados na questão em um quadro em que se destacam as ordens decimais presentes, temos:

	Dezena	Unidade	Décimo	Centésimo	Milésimo
Pistão	6	8,	0	0	0
A	6	8,	2	1	0
B	6	8,	1	0	2
C	6	8,	0	2	0
D	6	8,	0	1	2
E	6	8,	0	0	1

É importante reconhecer que os números apresentados representam diferentes valores, determinados pelos algarismos escritos depois da vírgula.

Então, para resolver a questão é necessário lembrar que no sistema de numeração decimal, tomando-se o sentido da escrita da esquerda para a direita, a cada ordem à direita o valor posicional do algarismo é dividido por 10 em relação à ordem anterior. Assim, em uma escrita numérica, nesse sistema, quanto mais à direita se posicionar um algarismo menor será seu valor relativo.

A questão pede que se indique, entre as alternativas, a medida que mais se aproxima do padrão de 68 mm.

Resposta: alternativa **e**.

2. Os hidrômetros são marcadores de consumo de água em residências e estabelecimentos comerciais. Existem vários modelos de mostradores e hidrômetros, sendo que alguns deles possuem uma combinação de um mostrador e dois relógios de ponteiro. O número formado pelos quatro primeiros algarismos do mostrador fornece o consumo em m^3, e os dois últimos algarismos representam, respectivamente, as centenas e dezenas de litros de água consumidos. Um dos relógios de ponteiros indica a quantidade em litros, e o outro em décimos de litros, conforme ilustrados na figura a seguir.

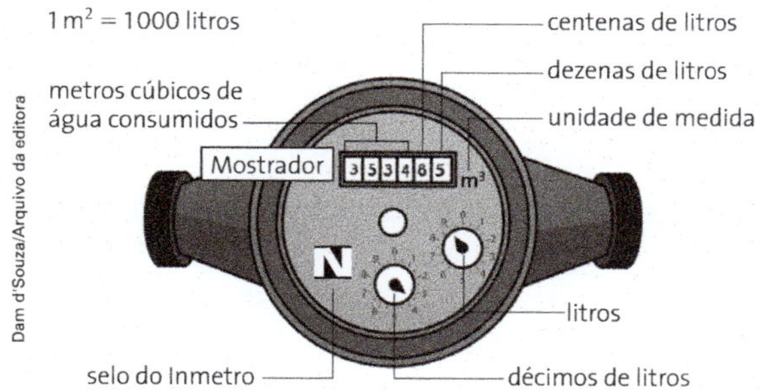

Considerando as informações indicadas na figura, o consumo total de água registrado nesse hidrômetro, em litros, é igual a:

a) 3 534,85.
b) 3 544,20.
c) 3 534 850,00.
d) 5 534 859,35.
e) 3 534 850,39.

Resolução

Nesta questão a chave para sua solução está na leitura cuidadosa da imagem apresentada. A solicitação é obter o consumo de água em litros, então a primeira informação a ser buscada nessa leitura é a que corresponde ao número de metros cúbicos, indicados pelos 4 primeiros dígitos do visor do hidrômetro, como indica a figura: 3 534 m^3. Nessa mesma indicação há a informação de que 1 m^3 = 1 000 litros, então 3 534 m^3 = 3 534 000 litros. Em seguida, devemos fazer a leitura dos outros dois dígitos do visor:

– 8 centenas de litros, isto é, 800 litros.
– 5 dezenas de litros, isto é, 50 litros.

A próxima leitura deve ser feita nos "relógios" que indicam o número de litros e de décimos de litros. Observamos que um indica 9 litros consumidos e o outro, 3,5 décimos de litro. Agora, vamos representar esse último valor de acordo com as ordens decimais de nosso sistema de numeração:

Como a unidade é o litro, 3,5 décimos de litro corresponderá a 0,35 litros.

Somando todos os litros obtidos na leitura temos:
3 534 000 + 800 + 50 + 9 + 0,35 = 3 534 859,35 litros.

Resposta: alternativa **d**.

Vestibulares de Norte a Sul

1. **N** (UFPA) Um professor de Matemática, ao lecionar Teoria dos Conjuntos em uma certa turma, realizou uma pesquisa sobre as preferências clubísticas de seus n alunos, tendo chegado ao seguinte resultado:
   - 23 alunos torcem pelo Paysandu Sport Club;
   - 23 alunos torcem pelo Clube do Remo;
   - 15 alunos torcem pelo Clube de Regatas Vasco da Gama;
   - 6 alunos torcem pelo Paysandu e pelo Vasco;
   - 5 alunos torcem pelo Vasco e pelo Remo.

   Se designarmos por A o conjunto dos torcedores do Paysandu, por B o conjunto dos torcedores do Remo e por C o conjunto dos torcedores do Vasco, todos da referida turma, teremos, evidentemente, $A \cap B = \cdot \varnothing$. Concluímos que o número n de alunos desta turma é:

   a) 49.
   b) 50.
   c) 47.
   d) 45.
   e) 46.

2. **NE** (UFC-CE) Sejam M e N conjuntos que possuem um único elemento em comum. Se o número de subconjuntos de M é igual ao dobro do número de subconjuntos de N, o número de elementos do conjunto $M \cup N$ é:

   a) o triplo do número de elementos de M.
   b) o triplo do número de elementos de N.
   c) o quádruplo do número de elementos de M.
   d) o dobro do número de elementos de M.
   e) o dobro do número de elementos de N.

3. **CO** (UFG-GO) Sejam os conjuntos $A = \{2n;\ n \in \mathbb{Z}\}$ e $B = \{2n - 1;\ n \in \mathbb{Z}\}$. Sobre esses conjuntos, pode-se afirmar:

   I. $A \cap B = \varnothing$
   II. A é o conjunto dos números pares.
   III. $B \cup A = \mathbb{Z}$

   Está correto o que se afirma em:

   a) I e II, apenas.
   b) II, apenas.
   c) II e III, apenas.
   d) III, apenas.
   e) I, II e III.

4. **SE** (FGV-SP) Numa cidade do interior do estado de São Paulo, uma prévia eleitoral entre 2 000 filiados revelou as seguintes informações a respeito de três candidatos, A, B e C, do Partido da Esperança (PE), que concorreram a três cargos diferentes:

   I. Todos os filiados votaram e não houve registro de voto em branco, tampouco de voto nulo.
   II. 280 filiados votaram a favor de A e de B.
   III. 980 filiados votaram a favor de A ou de B, mas não de C.
   IV. 420 filiados votaram a favor de B, mas não de A ou de C.
   V. 1220 filiados votaram a favor de B ou de C, mas não de A.
   VI. 640 filiados votaram a favor de C, mas não de A ou de B.
   VII. 140 filiados votaram a favor de A e de C, mas não de B.

   Determine o número de filiados ao PE que:

   a) votaram a favor dos três candidatos;
   b) votaram a favor de apenas um dos candidatos.

5. **S** (PUC-PR) Em uma pesquisa feita com 120 empregados de uma firma, verificou-se o seguinte:
   - têm casa própria: 38
   - têm curso superior: 42
   - têm plano de saúde: 70
   - têm casa própria e plano de saúde: 34
   - têm casa própria e curso superior: 17
   - têm curso superior e plano de saúde: 24
   - têm casa própria, plano de saúde e curso superior: 15

   Qual a porcentagem dos empregados que não se enquadram em nenhuma das situações anteriores? (*Sugestão*: Utilize o diagrama de Venn para facilitar os cálculos.)

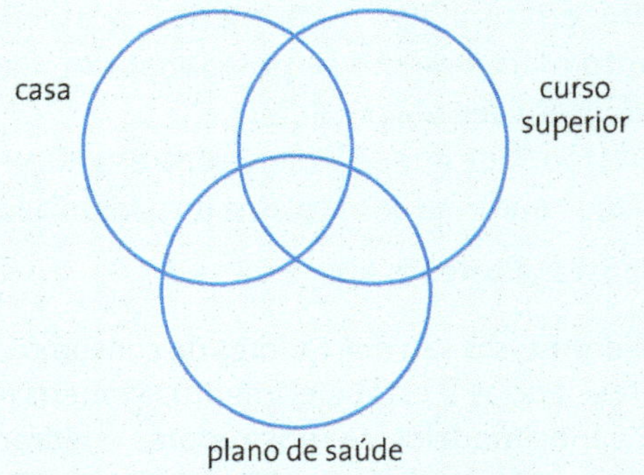

   a) 25%. b) 30%. c) 35%. d) 40%. e) 45%.

CAPÍTULO

2 Funções

Gianni Dagli Orti/Corbis/Latinstock

Por volta do ano 2000 a.C., os babilônios já utilizavam a ideia de função.

1 Um pouco da história das funções

Como as funções mudaram o mundo

O conceito de função é um dos mais importantes da Matemática e ocupa lugar de destaque em vários de seus campos, bem como em outras áreas do conhecimento. É muito comum e conveniente expressar **fenômenos** físicos, biológicos, sociais, etc. por meio de funções.

Fenômeno - Fato ou evento de interesse científico que pode ser descrito e explicado cientificamente.

Ao longo da História vários matemáticos contribuíram para que se chegasse ao conceito de função atual.

Ao matemático alemão Leibniz atribui-se a denominação **função** que usamos hoje.

A representação de uma função pela notação $f(x)$ (lê-se: f de x) foi atribuída ao matemático suíço Euler, no século XVII.

O matemático alemão Dirichlet escreveu uma primeira definição de função muito semelhante àquela que usamos atualmente:

> "Uma variável y se diz função de uma variável x se, para todo valor atribuído a x, corresponde, por alguma lei ou regra, um único valor de y. Nesse caso, x denomina-se variável **independente** e y, variável **dependente**."

Roger Viollet/Getty Images

Gottfried Wilhelm von Leibniz, matemático alemão (1646-1716).

No fim do século XIX, com a disseminação da teoria dos conjuntos, tornou-se possível a definição formal do conceito de função por meio de conjuntos:

> "Dados os conjuntos X e Y, uma função $f: X \rightarrow Y$ (lê-se: uma função de X em Y) é uma regra que determina como associar a cada elemento $x \in X$ um único $y = f(x) \in Y$."

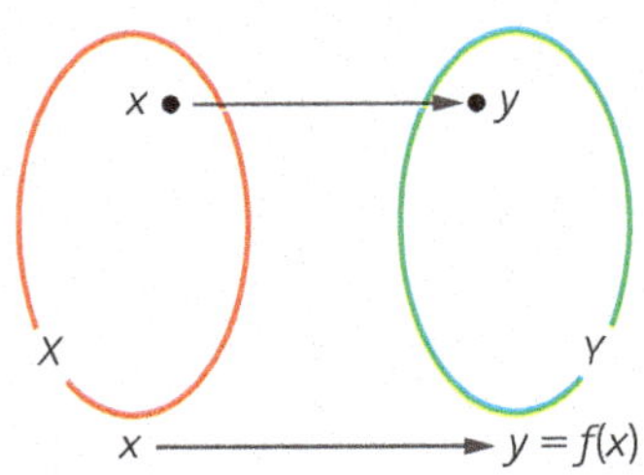

Hulton Archive/Stringer/Getty Images

Johan Peter Gustav Lejeune Dirichlet, matemático alemão (1805-1859).

Agora, junte-se com um colega e tentem responder às seguintes questões.

a) Qual é a variável independente e qual é a variável dependente quando representamos a velocidade alcançada por $v = f(t)$?

b) Qual é a variável independente e qual é a variável dependente em $m = f(n)$?

c) Na função $f: A \rightarrow B$, em que $a \in A$ e $b \in B$, qual é a variável independente e qual é a variável dependente?

d) Existe diferença em escrever $a = f(b)$ e $b = f(a)$? Justifique.

Você já estudou noções de funções no Ensino Fundamental. Em razão da importância do conceito de função, faremos um estudo mais detalhado no Ensino Médio. Inicialmente, estudaremos as ideias intuitivas ligadas à noção de função e, em seguida, vamos aprofundar e estudar mais formalmente esse importante conceito.

2 Explorando intuitivamente a noção de função

A ideia de função está presente quando relacionamos duas grandezas variáveis. Acompanhe alguns exemplos.

a) **Número de litros de gasolina e preço a pagar**

A tabela abaixo relaciona o número de litros de gasolina comprados e o preço a pagar por eles (em fevereiro de 2014).

Número de litros	**Preço a pagar** (R$)
1	2,80
2	5,60
3	8,40
4	11,20
⋮	⋮
40	112,00
x	$2{,}80x$

Observe que o preço a pagar é dado **em função** do número de litros comprados, ou seja, o preço a pagar **depende** do número de litros comprados.

preço a pagar (p) = R$ 2,80 vezes o número de litros (x) comprados ou

$p = 2{,}80x$ → **lei da função** ou **fórmula matemática da função** ou regra da função ou ainda representação analítica da função

Fique atento!
Podemos usar a notação $f(x)$ no lugar de p. Assim, teríamos $f(x) = 2{,}80x$.

Agora, responda:

- Qual é o preço de 10 litros de gasolina?
- Quantos litros de gasolina podem ser comprados com R$ 36,40?

b) **Lado do quadrado e perímetro**

A tabela a seguir relaciona a medida do lado de um quadrado (ℓ), em centímetros, e o seu perímetro (P), também em centímetros.

Perímetro - Medida do contorno de uma figura geométrica plana.

Medida do lado (ℓ em cm)	**Perímetro** (P em cm)
1	4
2	8
2,5	10
3	12
4,1	16,4
⋮	⋮
ℓ	4ℓ

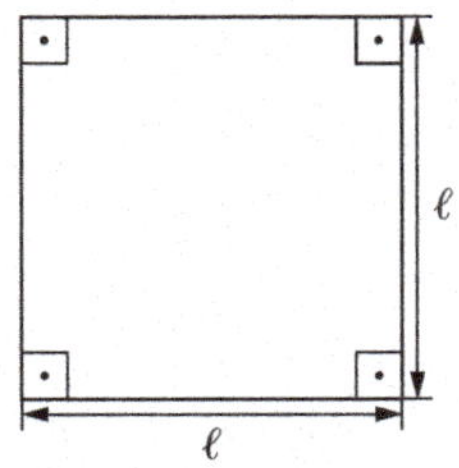

Observe que o perímetro do quadrado é dado em função da medida do seu lado, isto é, o perímetro depende da medida do lado. A cada valor dado para a medida do lado corresponde um único valor para o perímetro.

perímetro (P) = 4 vezes a medida do lado (ℓ) ou

$P = 4\ell$ → lei da função

Como o perímetro depende da medida do lado, ele é a **variável dependente**, e a medida do lado é a chamada **variável independente**.

Fique atento!
- Como não existe um símbolo para perímetro, algumas vezes ele é representado por $2p$ (já que p é o símbolo de semiperímetro). Neste livro, no entanto, usaremos P para indicá-lo.
- Podemos usar $f(\ell)$ no lugar de P. Assim, $f(\ell) = 4\ell$.

Agora, responda:

- Qual é o perímetro de um quadrado cuja medida do lado é 3,5 cm?
- Qual é a medida do lado de um quadrado cujo perímetro é de 22 cm?

c) **A máquina de dobrar**

Observe a seguir o diagrama de uma "máquina" de dobrar números.

Veja que os números que saem são dados **em função** dos números que entram na máquina, ou seja, os números que saem dependem dos números que entram.

Representando o número de saída por n e o número de entrada por x, temos:

$n = 2x$ → fórmula matemática da função

» Agora, invente uma "máquina de triplicar e somar 1", baseada no exemplo acima, e escreva a fórmula matemática dessa função.

Fique atento!
Podemos usar $f(x)$ no lugar de n.
Assim, $f(x) = 2x$.

d) Em uma rodovia, o motorista coloca o carro no piloto automático e mantém uma velocidade constante de 90 km/h.

Veja a tabela que relaciona o tempo t (em horas) e a distância d (em quilômetros):

Tempo (h)	**Distância** (km)
0,5	45
1	90
1,5	135
2	180
t	$90t$

Ricardo Azoury/Pulsar Imagens

Você sabia?
Este exemplo aborda um conteúdo estudado em Física: **velocidade média**.

Observe que a distância percorrida é dada **em função** do tempo, isto é, a distância percorrida **depende** do intervalo de tempo. A cada intervalo de tempo considerado corresponde um único valor para a distância percorrida. Dizemos, então, que a **distância percorrida** (d) **é função do tempo** (t) e escrevemos:

distância = 90 · tempo

$d = 90t$ → representação analítica da função

t → variável independente

d → variável dependente

Fique atento!
Podemos usar $f(t)$ no lugar de d.
Assim, $f(t) = 90t$.

» Agora, é com você:

- Determine a distância quando o tempo é igual a 1,8 h.
- Calcule o tempo quando a distância é 81 km.
- Nesse caso, a distância percorrida é diretamente proporcional ao intervalo de tempo?

OED Função custo

Exercícios

1. Observe na tabela a medida do lado ℓ (em cm) de uma região quadrada e sua área A (em cm^2).

Medida do lado (ℓ em cm)	1	3	4	5,5	10	...	ℓ
Área (A em cm^2)	1	9	16	30,25	100	...	ℓ^2

a) O que é dado em função do quê?
b) Qual é a variável dependente?
c) Qual é a variável independente?
d) Qual é a lei da função que associa a medida do lado com a área?
e) Qual é a área de uma região quadrada cujo lado mede 12 cm?
f) Qual é a medida do lado da região quadrada cuja área é de 169 cm^2?

2. Responda às seguintes questões.
a) A diagonal (d) de um quadrado é dada em função do seu lado (ℓ). Qual é a fórmula matemática que indica essa função?
b) O comprimento (C) da circunferência é dado em função do seu raio (r). Qual é a expressão que indica essa função?

3. Formule um exemplo de função e indique a variável dependente e a variável independente.

4. A tabela abaixo indica o custo de produção de certo número de peças para Informática:

Número de peças	1	2	3	4	5	6	7	8
Custo (R$)	1,20	2,40	3,60	4,80	6,00	7,20	8,40	9,60

a) A cada número de peças corresponde um único valor em reais?
b) O que é dado em função do quê?
c) Qual é a fórmula matemática que dá o custo (c) em função do número de peças (x)?
d) Qual é o custo de 10 peças? E de 20 peças? E de 50 peças?
e) Com um custo de R$ 120,00, quantas peças podem ser produzidas?

5. Expresse por meio de uma fórmula matemática a função a que cada número real x associa:
a) a sua terça parte;
b) o seu dobro diminuído de 3;
c) a sua metade somada com 3;
d) o seu cubo somado com o seu quadrado.

6. Escreva a fórmula matemática que expressa a lei de cada uma das funções a seguir.
a) Um fabricante produz objetos a um custo de R$ 12,00 a unidade, vendendo-os por R$ 20,00 a unidade. Portanto, o lucro y do fabricante é dado em função do número x de unidades produzidas e vendidas.
b) A Organização Mundial da Saúde (OMS) recomenda que cada cidade tenha no mínimo 14 m^2 de área verde por habitante. A área verde mínima y que deve ter uma cidade é dada em função do número x de habitantes.

7. Um cabeleireiro cobra R$ 12,00 pelo corte para clientes com hora marcada e R$ 10,00 sem hora marcada. Ele atende por dia um número fixo de 6 clientes com hora marcada e um número variável x de clientes sem hora marcada.
a) Escreva a fórmula matemática que fornece a quantia Q arrecadada por dia em função do número x.
b) Qual foi a quantia arrecadada num dia em que foram atendidos 16 clientes?
c) Qual foi o número de clientes atendidos em um dia em que foram arrecadados R$ 212,00?
d) Qual é a expressão que indica o número C de clientes atendidos por dia em função de x?

8. *Física*

Um motorista, saindo de um terminal A, viaja por uma estrada e nota que a distância percorrida, a partir do ponto inicial, pode ser calculada por $d(x) = 50x + 6$, sendo d em quilômetros e x em horas. Faça uma tabela listando as distâncias percorridas após cada intervalo de uma hora desde $x = 1$ até $x = 5$.

9. Um fabricante vende um produto por R$ 0,80 a unidade. O custo total do produto consiste em uma taxa fixa de R$ 40,00 mais o custo de produção de R$ 0,30 por unidade.
a) Qual é o número de unidades que o fabricante deve vender para não ter lucro nem prejuízo?
b) Se vender 200 unidades desse produto, o comerciante terá lucro ou prejuízo?

10. Examine, depois complete esta tabela.

x	−2	−1	0	1	2	3	4	5
y	−9	−4	1	6				

Descubra o padrão e escreva a lei da função que representa os dados da tabela.

3 A noção de função por meio de conjuntos

Vamos, agora, estudar essa mesma noção de função usando a nomenclatura de conjuntos. Considere os exemplos a seguir.

a) Observe os conjuntos A e B relacionados da seguinte forma: em A estão alguns números inteiros e em B, outros.
Devemos associar cada elemento de A a seu triplo em B.

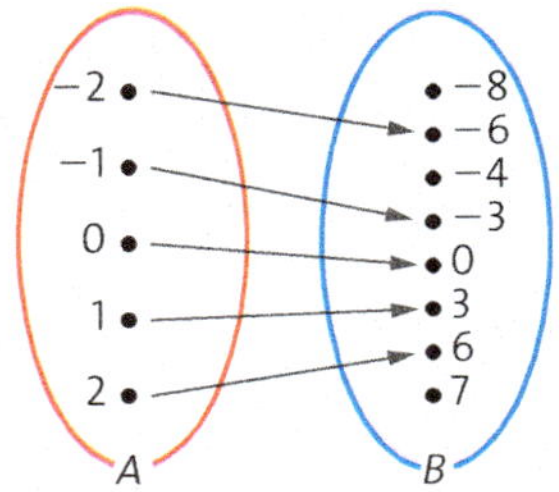

$x \in A$	$y \in B$
−2	−6
−1	−3
0	0
1	3
2	6

Note que:

- todos os elementos de A têm correspondente em B;
- a cada elemento de A corresponde um único elemento de B.

Nesse caso, temos uma função de A em B, expressa pela fórmula $y = 3x$.

b) Dados $A = \{0, 4\}$ e $B = \{2, 3, 5\}$, relacionamos A e B da seguinte forma: cada elemento de A é menor do que um elemento de B:
Nesse caso, não temos uma função de A em B, pois ao elemento 0 de A correspondem três elementos de B (2, 3 e 5, pois $0 < 2$, $0 < 3$ e $0 < 5$), e não apenas um único elemento de B.

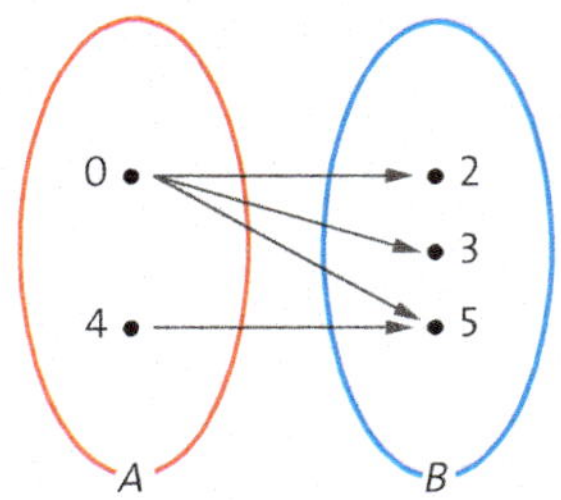

c) Dados $A = \{-4, -2, 0, 2, 4\}$ e $B = \{0, 2, 4, 6, 8\}$, associamos os elementos de A aos elementos de igual valor em B:
Observe que há elementos em A (os números −4 e −2) que não têm correspondente em B. Nesse caso, não temos uma função de A em B.

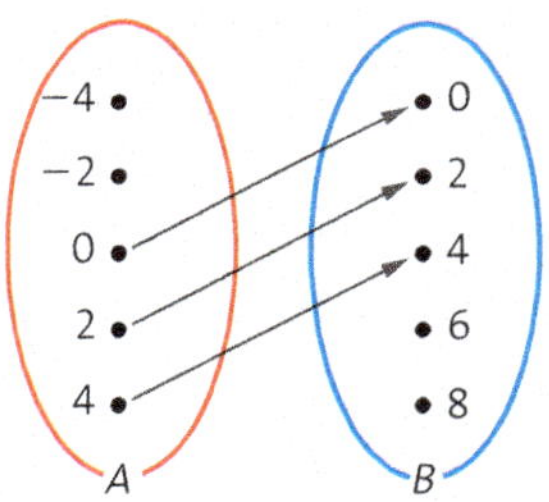

d) Dados $A = \{-2, -1, 0, 1, 2\}$ e $B = \{0, 1, 4, 8, 16\}$ e a correspondência entre A e B dada pela fórmula $y = x^4$, com $x \in A$ e $y \in B$, temos:

- todos os elementos de A têm correspondente em B;
- a cada elemento de A corresponde um único elemento de B.

Assim, a correspondência expressa pela fórmula $y = x^4$ é uma função de A em B.

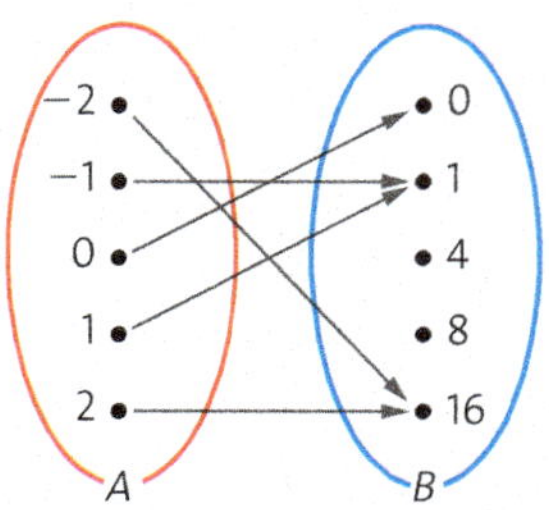

e) Sejam P o conjunto das regiões poligonais do plano e $\mathbb{R}$ o conjunto dos números reais. A cada região poligonal do plano fazemos corresponder a sua área em $\mathbb{R}$. Essa correspondência é uma função de P em $\mathbb{R}$.

f) Consideremos S o conjunto dos segmentos de reta de um plano α e R o conjunto das retas desse plano α. A cada segmento de reta de S fazemos corresponder a sua reta mediatriz. Essa correspondência é uma função de S em R.

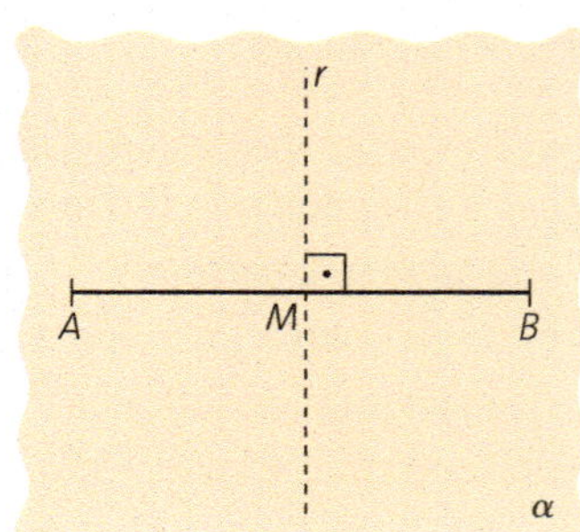

Definição e notação

> Dados dois conjuntos não vazios, A e B, uma função de A em B é uma regra que indica como associar cada elemento $x \in A$ a um único elemento $y \in B$.

Usamos a seguinte notação:

$$f: A \rightarrow B \text{ ou } A \xrightarrow{f} B \text{ (lê-se: } f \text{ é uma função de } A \text{ em } B)$$

A função f transforma x de A em y de B.

Escrevemos isso assim:

$$y = f(x) \text{ (lê-se: } y \text{ é igual a } f \text{ de } x)$$

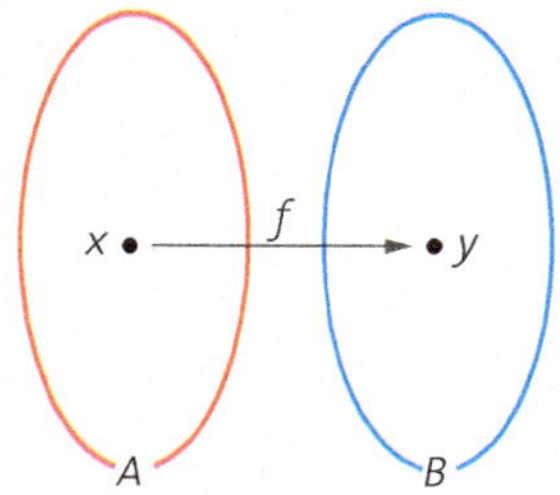

$$f: A \rightarrow B$$
$$x \rightarrow y$$

Exercícios

11. Quais dos seguintes diagramas representam uma função de A em B?

a)

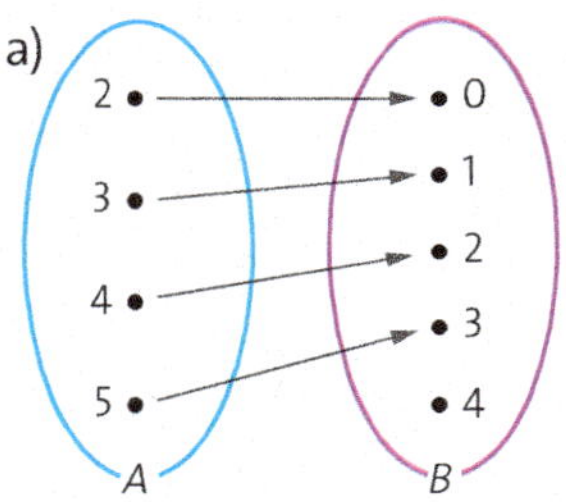

c)

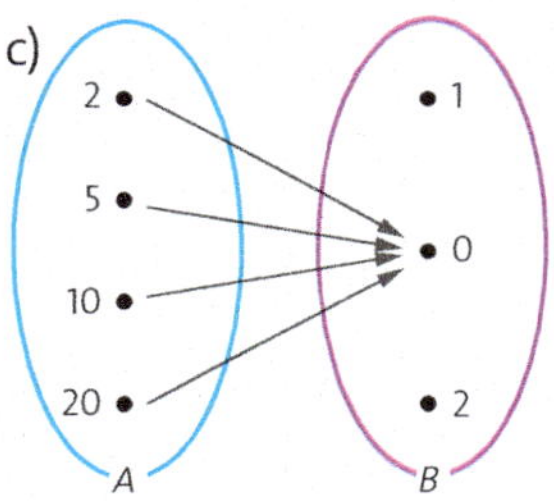

b)

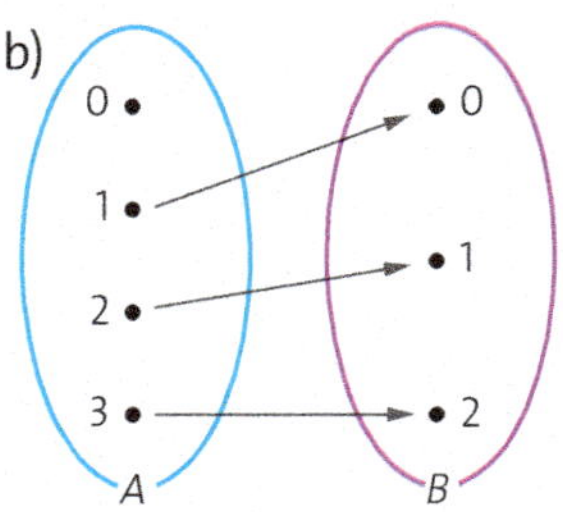

d)

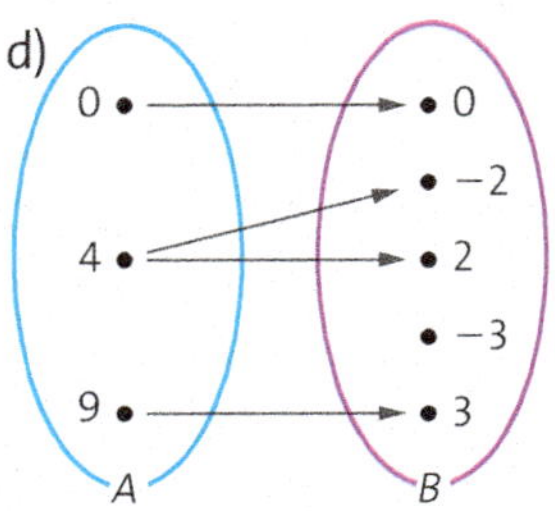

12. Dados $A = \{-2, -1, 0, 1, 2\}$, $B = \{-1, 0, 1, 3, 4\}$ e a correspondência entre A e B dada por $y = x^2$, com $x \in A$ e $y \in B$, faça um diagrama e diga se f é uma função de A em B.

13. Dados $A = \{0, 1, 2, 3\}$, $B = \{-1, 0, 1\}$ e a correspondência entre A e B dada por $y = x - 2$, com $x \in A$ e $y \in B$, faça um diagrama e diga se f é uma função de A em B.

14. Dados $A = \{-1, 0, 1, 2, 3\}$, $B = \left\{\frac{1}{2}, 1, 2, 4, 6, 8\right\}$ e uma correspondência entre A e B expressa por $y = 2^x$, com $x \in A$ e $y \in B$, essa correspondência é uma função de A em B?

15. Formule um exemplo de função, inventando os conjuntos A e B e a correspondência entre A e B.

16. Observe a tabela abaixo:

A	**B**
x	***y***
1	1
4	2
9	3
16	4
25	5

a) Verifique se a correspondência de A em B pode ser uma função. Em caso afirmativo, determine a fórmula matemática dessa função.

b) Verifique se a correspondência de B em A pode ser uma função. Em caso afirmativo, determine a fórmula matemática dessa função.

4 Domínio, contradomínio e conjunto imagem

Dada uma função f de A em B, o conjunto A chama-se **domínio** da função (D) e o conjunto B, **contradomínio** (CD) da função. Para cada $x \in A$, o elemento $y \in B$ chama-se **imagem** de x pela função f ou o valor assumido pela função f para $x \in A$, e o representamos por $f(x)$. Assim, $y = f(x)$.

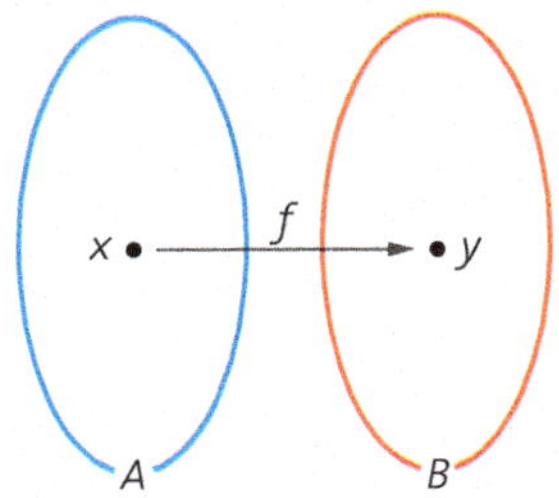

O conjunto de todos os y assim obtidos é chamado conjunto imagem da função f e é indicado por $Im(f)$. Observe os exemplos:

> **Fique atento!**
> Em toda função f de A em B, $Im(f) \subset B$.

a) Dados os conjuntos $A = \{0, 1, 2, 3\}$ e $B = \{0, 1, 2, 3, 4, 5, 6\}$, vamos considerar a função f: $A \rightarrow B$ que transforma $x \in A$ em $2x \in B$.
Dizemos que f: $A \rightarrow B$ é definida por $f(x) = 2x$ ou por $y = 2x$. A indicação $x \xrightarrow{f} 2x$ significa que x é transformado pela função f em $2x$.

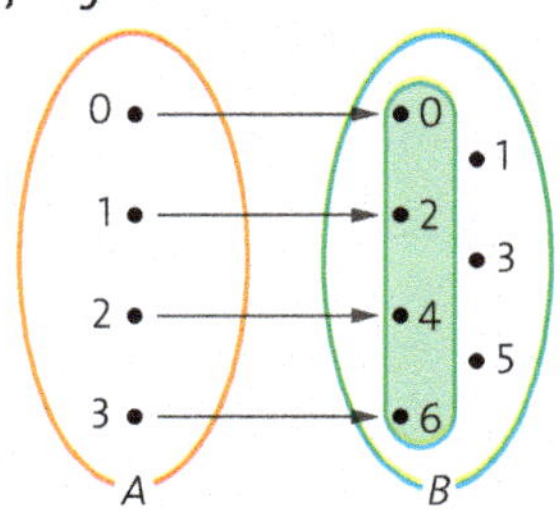

Veja que, para caracterizar uma função, é necessário conhecer seus três componentes: o domínio (A), o contradomínio (B) e uma regra que associa cada elemento de A a um único elemento $y = f(x)$ de B. Nesse exemplo o domínio é $A = \{0, 1, 2, 3\}$, o contradomínio é $B = \{0, 1, 2, 3, 4, 5, 6\}$, a regra é dada por $y = 2x$ e o conjunto imagem é dado por $Im(f) = \{0, 2, 4, 6\}$.

b) Vamos considerar a função f: $\mathbb{N} \rightarrow \mathbb{N}$ definida por $f(x) = x + 1$.
Nesse caso, a função f transforma todo número natural x em outro número natural y, que é o sucessor de x, indicado por $x + 1$.
- A imagem de $x = 0$ é $f(0) = 0 + 1 = 1$.
- A imagem de $x = 1$ é $f(1) = 1 + 1 = 2$.
- A imagem de $x = 2$ é $f(2) = 2 + 1 = 3$.

E assim por diante.

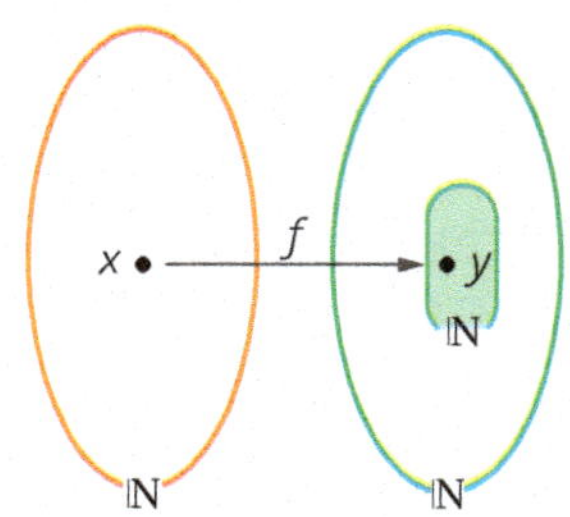

Portanto, o domínio é $\mathbb{N}$ ($D = \mathbb{N}$), o contradomínio é $\mathbb{N}$ ($CD = \mathbb{N}$), a regra é $y = x + 1$ e o conjunto imagem é $\mathbb{N}^* = \mathbb{N} - \{0\}$, isto é, $Im(f) = \mathbb{N}^*$.

c) Seja a função f: $\mathbb{R} \rightarrow \mathbb{R}$ definida por $y = x^2$.
Nesse caso, a função f transforma cada número real x em outro número real y, que é o quadrado de x. Como todo número real maior ou igual a zero possui raiz quadrada real, então o conjunto imagem é $Im(f) = \mathbb{R}_+ = \{y \in \mathbb{R} \mid y \geqslant 0\}$, o domínio é $\mathbb{R}$ ($D = \mathbb{R}$), o contradomínio é $\mathbb{R}$ ($CD = \mathbb{R}$), e a regra que associa todo $x \in \mathbb{R}$ a um único y de $\mathbb{R}$ é dada por $y = x^2$.

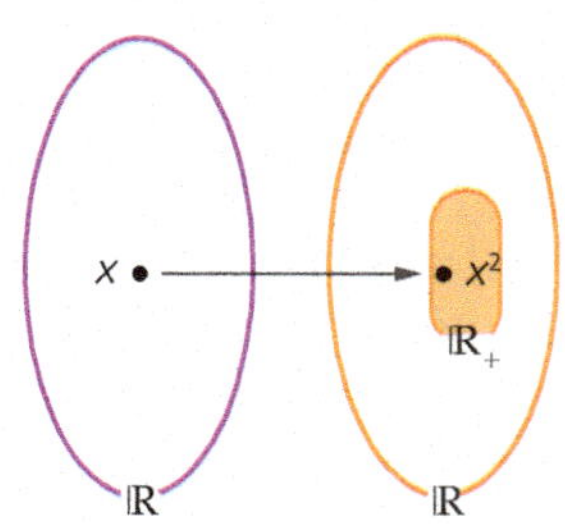

Exercício resolvido

1. O diagrama de flechas ao lado representa uma função f de A em B. Determine:

a) $D(f)$;
b) $CD(f)$;
c) $Im(f)$;
d) $f(3)$;
e) $f(5)$;
f) x para $f(x) = 4$.

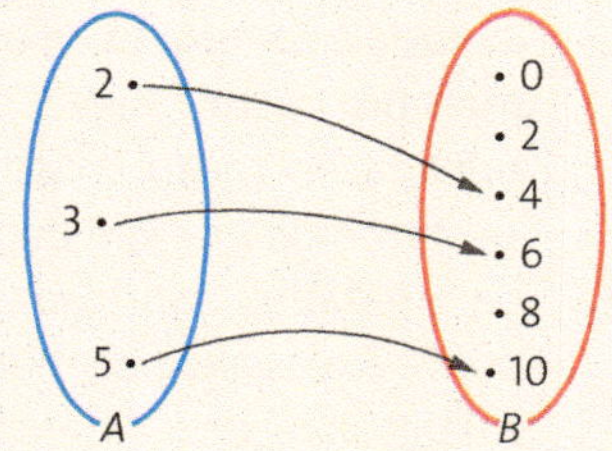

Resolução

a) $D(f) = \{2, 3, 5\}$ ou $D(f) = A$
b) $CD(f) = \{0, 2, 4, 6, 8, 10\}$ ou $CD(f) = B$
c) $Im(f) = \{4, 6, 10\}$
d) $f(3) = 6$
e) $f(5) = 10$
f) $x = 2$

Exercícios

17. Considere a função $A \xrightarrow{f} B$ dada pelo diagrama e determine:

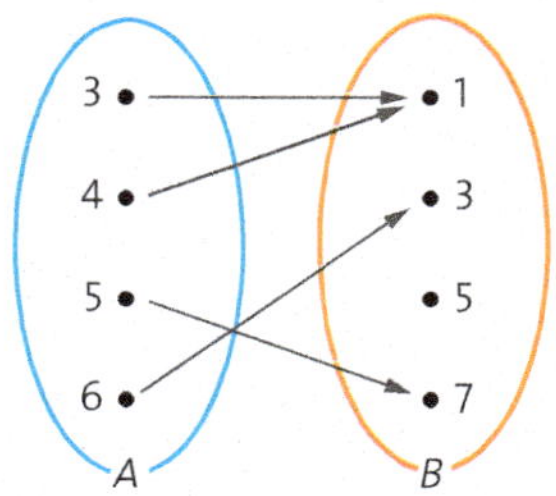

a) $D(f)$;
b) $Im(f)$;
c) $f(4)$;
d) y, quando $x = 5$;
e) x, quando $y = 3$;
f) x, quando $f(x) = 1$;
g) $f(x)$, quando $x = 6$;
h) y, quando $x = 3$;
i) x, quando $y = 7$.

18. Considere $A \xrightarrow{g} B$ a função para a qual $A = \{1, 3, 4\}$, $B = \{3, 9, 12\}$ e $g(x)$ é o triplo de x, para todo $x \in A$.
a) Construa o diagrama de flechas da função.
b) Determine $D(g)$, $CD(g)$ e $Im(g)$.
c) Determine $g(3)$.
d) Determine x para o qual $g(x) = 12$.

5 Funções definidas por fórmulas matemáticas

Grande parte das funções que estudamos é determinada por fórmulas matemáticas (regras ou leis).

No início do capítulo vimos uma correspondência entre o número de litros de gasolina e o preço a pagar expressa por:

preço a pagar = 2,70 vezes o número de litros comprados

em que o preço de 1L é R$ 2,70. Essa função pode ser expressa pela fórmula matemática:

$$y = 2{,}70x \quad \text{ou} \quad f(x) = 2{,}70x$$

Veja outras funções expressas por fórmulas matemáticas:

- $f: \mathbb{R} \rightarrow \mathbb{R}$ que a cada número real x associa o seu dobro $\rightarrow f(x) = 2x$ ou $y = 2x$;
- $f: \mathbb{R} \rightarrow \mathbb{R}$ que a cada número real x associa o seu cubo $\rightarrow f(x) = x^3$ ou $y = x^3$;
- $f: \mathbb{R} \rightarrow \mathbb{R}$ que a cada número real x associa o seu triplo somado com 1 $\rightarrow$ $\rightarrow f(x) = 3x + 1$ ou $y = 3x + 1$;
- $f: \mathbb{R}^* \rightarrow \mathbb{R}$ que a cada número real diferente de 0 associa o seu inverso $\rightarrow$ $\rightarrow f(x) = \frac{1}{x}$ ou $y = \frac{1}{x}$ ou $y = x^{-1}$.

Para refletir
Por que nesse último exemplo a função não pode ser de $\mathbb{R}$ em $\mathbb{R}$?

Exercícios resolvidos

2. Em uma indústria, o custo operacional de uma mercadoria é composto de um custo fixo de R$ 300,00 mais um custo variável de R$ 0,50 por unidade fabricada. Portanto, o custo operacional, que representaremos por y, é dado em função do número de unidades fabricadas, que representaremos por x. Expresse, por meio de uma fórmula matemática, a lei dessa função.

Resolução

custo operacional = custo fixo + custo variável $\Rightarrow$
$\Rightarrow y = 300{,}00 + 0{,}50x$
Então, a fórmula matemática é $f(x) = 300{,}00 + 0{,}50x$ ou $y = 300{,}00 + 0{,}50x$.

3. Em um quadrado, a fórmula $P = 4\ell$ permite calcular a medida P do perímetro em função da medida ℓ do lado, e a fórmula $d = \ell\sqrt{2}$ permite calcular a medida d da diagonal em função da medida ℓ do lado. Expresse uma fórmula matemática que permita calcular a medida d da diagonal em função da medida P do perímetro.

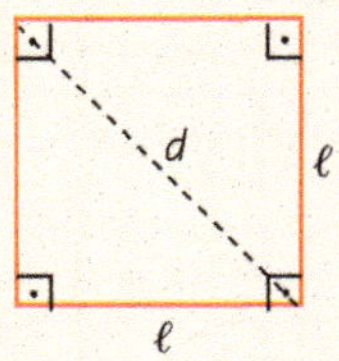

Resolução

$P = 4\ell \Rightarrow \ell = \dfrac{P}{4}$ $\quad d = \ell\sqrt{2} \Rightarrow d = \dfrac{P\sqrt{2}}{4}$

Portanto, a fórmula matemática é $d = \dfrac{P\sqrt{2}}{4}$.

4. Dada a função $f\colon A \to \mathbb{R}$, em que $f(x) = 3x - 5$ e $A = \{-2, 0, 1\}$, determine o conjunto imagem de f.

Resolução

$$\left.\begin{array}{l} f(-2) = 3(-2) - 5 = -11 \\ f(0) = 3 \cdot 0 - 5 = -5 \\ f(1) = 3 \cdot 1 - 5 = -2 \end{array}\right\} Im(f) = \{-11, -5, -2\}$$

5. Seja a função $\mathbb{R} \xrightarrow{f} \mathbb{R}$ dada por $y = x^2 - 5x + 7$. Determine:
a) a imagem do número 4;
b) o número real x tal que $y = 1$.

Resolução

a) $y = f(4) = 4^2 - 5(4) + 7 = 3$
b) $y = f(x) \Rightarrow 1 = x^2 - 5x + 7 \Rightarrow x^2 - 5x + 6 = 0 \Rightarrow$
$\Rightarrow (x - 2)(x - 3) = 0 \Rightarrow x = 2$ ou $x = 3$
Portanto, $y = 1 \Rightarrow x = 2$ ou $x = 3$.

6. A função $f\colon \mathbb{R}^* \to \mathbb{R}$ é dada por $f(x) = x + \dfrac{1}{x}$. Determine:
a) $f(3)$;
b) $f\left(\dfrac{1}{2}\right)$;
c) $f(x + 1)$, para $x \neq -1$;
d) $f(a - 1)$, para $a \neq 1$.

Resolução

a) $f(3) = 3 + \dfrac{1}{3} = \dfrac{10}{3}$

b) $f\left(\dfrac{1}{2}\right) = \dfrac{1}{2} + \dfrac{1}{\frac{1}{2}} = \dfrac{1}{2} + 2 = \dfrac{5}{2}$

c) $f(x+1) = x + 1 + \dfrac{1}{x+1} = \dfrac{(x+1)(x+1)+1}{x+1} = \dfrac{x^2 + 2x + 2}{x+1} \quad (x \neq -1)$

d) $f(a-1) = a - 1 + \dfrac{1}{a-1} = \dfrac{(a-1)(a-1)+1}{a-1} = \dfrac{a^2 - 2a + 2}{a-1} \quad (a \neq 1)$

7. As funções f e g são dadas por $f(x) = 2x - 3$ e $g(x) = 3x + a$. Determine o valor de a sabendo que $f(2) + g(2) = 8$.

Resolução

$$\left.\begin{array}{l} f(2) = 2 \cdot 2 - 3 = 1 \\ g(2) = 3 \cdot 2 + a = 6 + a \end{array}\right\} 1 + 6 + a = 8 \Rightarrow a = 1$$

8. Seja $f\colon \mathbb{R} \to \mathbb{R}$ uma função tal que:
- $f(x) = x^2 + bx + c$ ($b \in \mathbb{R}$, $c \in \mathbb{R}$)
- $f(1) = 2$
- $f(-1) = 12$

Determine $f(2)$.

Resolução

$f(1) = 2 \Rightarrow 1^2 + b + c = 2 \Rightarrow b + c = 1$
$f(-1) = 12 \Rightarrow (-1)^2 + b(-1) + c = 12 \Rightarrow -b + c = 11$

$$\begin{array}{r} \cancel{b} + c = 1 \\ -\cancel{b} + c = 11 \\ \hline 2c = 12 \Rightarrow c = 6 \Rightarrow \\ \Rightarrow b = -5 \end{array}$$

$f(x) = x^2 - 5x + 6 \Rightarrow f(2) = 2^2 - 5 \cdot 2 + 6 = 0$

9. $f\colon \mathbb{R} \to \mathbb{R}$ é uma função cuja lei envolve mais de uma sentença: $f(x) = \begin{cases} 3x + 1, \text{ para } x \leq 2 \\ x^2, \text{ para } x > 2 \end{cases}$. Determine:
a) $f(5)$;
b) $f(0)$;
c) $f(-3)$;
d) $f\left(\dfrac{5}{2}\right)$;
e) $f\left(\dfrac{1}{3}\right)$;
f) $f(2)$.

Resolução

a) $f(5) = 5^2 = 25$
b) $f(0) = 3(0) + 1 = 1$
c) $f(-3) = 3(-3) + 1 = -8$
d) $f\left(\dfrac{5}{2}\right) = \left(\dfrac{5}{2}\right)^2 = \dfrac{25}{4}$
e) $f\left(\dfrac{1}{3}\right) = 3\left(\dfrac{1}{3}\right) + 1 = 2$
f) $f(2) = 3(2) + 1 = 7$

10. Seja $f: \mathbb{R} \to \mathbb{R}$ uma função tal que $f(x + 1) = f(x) + 10$. Se $f(6) = 30$, determine:

a) $f(7)$;

b) $f(8)$;

c) $f(5)$.

Resolução

a) Se $f(x + 1) = f(x) + 10$, então:

$f(7) = f(6) + 10 = 30 + 10 = 40$

b) $f(8) = f(7) + 10 = 40 + 10 = 50$

c) $f(6) = f(5) + 10 \Rightarrow 30 = f(5) + 10 \Rightarrow f(5) = 30 - 10 = 20$

Exercícios

19. Escreva a fórmula matemática que expresse a lei de cada uma das funções abaixo:

a) Uma firma que conserta televisores cobra uma taxa fixa de R$ 40,00 de visita mais R$ 20,00 por hora de mão de obra. Então o preço y que se deve pagar pelo conserto de um televisor é dado em função do número x de horas de trabalho (mão de obra).

b) Um triângulo tem base fixa de 6 cm e altura variável de x cm.

A área y, em cm^2, é dada em função de x.

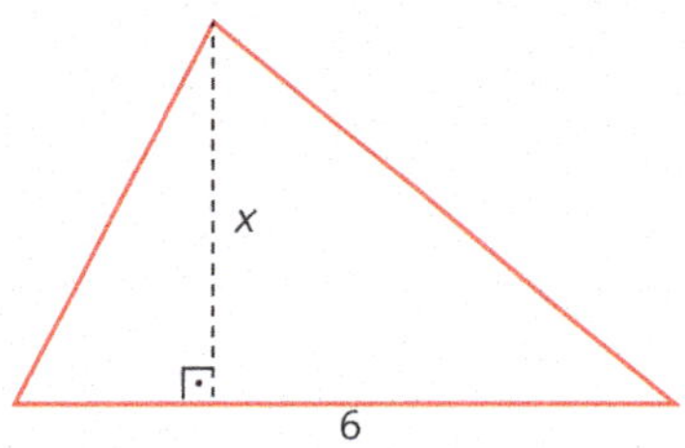

20. Um retângulo tem comprimento c, largura ℓ e perímetro 20. Determine:

a) a fórmula que dá o valor de c em função de ℓ;

b) ℓ em função de c.

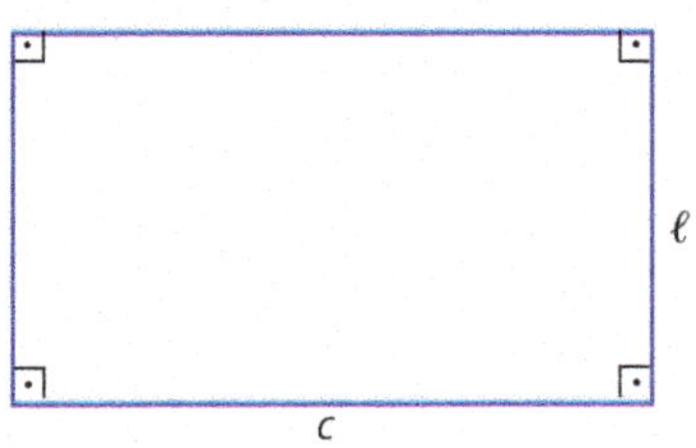

21. A fórmula $C = 2\pi r$ nos permite calcular o comprimento C de uma circunferência em função da medida r do raio. Expresse uma fórmula matemática que permita calcular a medida r em função de C.

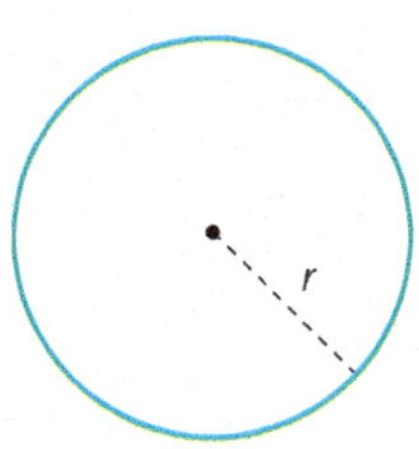

22. Seja a função $f: D \to \mathbb{R}$ dada por $f(x) = 2x + 1$, de domínio $D = \{-2, -1, 0, 2\}$. Determine o conjunto imagem de f.

23. Considere $f: \mathbb{R} \to \mathbb{R}$ dada por $f(x) = 3x + 5$. Determine $f(-3)$ e $f(0)$.

24. Considere $f: \mathbb{R} \to \mathbb{R}$ dada por $f(x) = x^2 - 1$ e determine a imagem do número real $\sqrt{2}$ pela função.

25. Considere $f: \mathbb{R} \to \mathbb{R}$ dada por $f(x) = 3x - 2$ e determine o número real x de modo que $f(x) = 0$.

26. Se $D = \{1, 2, 3, 4, 5\}$ é o domínio da função $f: D \to \mathbb{R}$ definida por $f(x) = (x - 2)(x - 4)$, quantos elementos tem o conjunto imagem da função?

27. Seja $f: \mathbb{R}^* \to \mathbb{R}$ a função dada por $f(x) = \dfrac{x^2 + 1}{x}$. Qual é o valor de $f(3) + f\left(\dfrac{1}{3}\right)$?

28. Dada $f: \mathbb{N} \to \mathbb{N}$ tal que $f(x) = \begin{cases} x + 5, \text{ se } x \text{ é par} \\ 2x, \text{ se } x \text{ é ímpar} \end{cases}$, calcule:

a) $f(5)$;

b) $f(4)$;

c) $f(0)$;

d) $f(31)$;

e) x tal que $f(x) = 14$.

29. Seja $f: \mathbb{R} \to \mathbb{R}$ a função definida por:

$$f(x) = \begin{cases} \dfrac{x}{2}, \text{ se } x \notin \mathbb{Q} \\ 3x, \text{ se } x \in \mathbb{Q} \end{cases}$$

Determine o valor de $f(\sqrt{2}) + f\left(\dfrac{1}{3}\right) + f(\pi)$.

30. As funções f e g são dadas por $f(x) = 3x + 2m$ e $g(x) = -2x + 1$. Calcule o valor de m sabendo que $f(0) - g(1) = 3$.

31. Seja $f: \mathbb{R} \to \mathbb{R}$ uma função tal que:

I) $f(x) = x^2 + mx + n$;

II) $f(1) = -1$ e $f(-1) = 7$.

Nessas condições, determine $f(3)$.

6 Estudo do domínio de uma função real

Estudamos que toda função tem domínio, contradomínio e lei de correspondência. Quando é citada uma função f de A em B, já ficam subentendidos o domínio (A) e o contradomínio (B).

Às vezes, é apresentada apenas a lei da função f, sem que A e B sejam citados. Nesses casos, consideramos o contradomínio $B = \mathbb{R}$ e o domínio A como o "maior" subconjunto de $\mathbb{R}$ ($A \subset \mathbb{R}$) tal que a lei dada defina uma função $f: A \rightarrow \mathbb{R}$.

Exercício resolvido

11. Explicite o domínio das seguintes funções reais:

a) $f(x) = \dfrac{1}{x}$

b) $f(x) = \sqrt{3 - x}$

c) $f(x) = \dfrac{1}{x + 5} + \dfrac{1}{x^2 - 4}$

d) $f(x) = \dfrac{\sqrt{7 - x}}{\sqrt{x - 2}}$

Resolução

a) $f(x) = \dfrac{1}{x}$

$\dfrac{1}{x}$ só é possível em $\mathbb{R}$ se $x \neq 0$ (não existe divisão por 0).

Para cada $x \neq 0$, o valor $\dfrac{1}{x}$ sempre existe e é único (o inverso de x).

Logo, $D(f) = \mathbb{R} - \{0\} = \mathbb{R}^*$.

b) $f(x) = \sqrt{3 - x}$

$\sqrt{3 - x}$ só é possível em $\mathbb{R}$ se $3 - x \geq 0$ (em $\mathbb{R}$ não há raiz quadrada de número negativo).

$3 - x \geq 0 \Rightarrow -x \geq -3 \Rightarrow x \leq 3$

Para cada $x \leq 3$, $f(x)$ existe e é único, pois é a raiz quadrada de um número real maior ou igual a zero.

Portanto, $D(f) = \{x \in \mathbb{R} \mid x \leq 3\}$.

c) $f(x) = \dfrac{1}{x + 5} + \dfrac{1}{x^2 - 4}$

Nesse caso, devemos ter $x + 5 \neq 0$ e $x^2 - 4 \neq 0$.

$x + 5 \neq 0 \Rightarrow x \neq -5$

$x^2 - 4 \neq 0 \Rightarrow x' \neq -2$ e $x'' \neq 2$

O domínio não poderá ter os números reais -5, -2 e 2. Para cada $x \neq -5$, $x \neq -2$ e $x \neq 2$, $f(x)$ existe e é único, pois é a soma dos inversos de dois números reais não nulos.

Logo, $D(f) = \mathbb{R} - \{-5, -2, 2\}$.

d) $f(x) = \dfrac{\sqrt{7 - x}}{\sqrt{x - 2}}$

Nesse caso, devemos ter:

$7 - x \geq 0 \Rightarrow x \leq 7$

$x - 2 > 0 \Rightarrow x > 2$

Ou seja, $x \in]2, 7]$. Para cada $x \in]2, 7]$, $f(x)$ existe e é único, pois é a divisão de um número real positivo ou nulo por outro positivo.

Logo, $D(f) =]2, 7]$.

Exercício

32. Explicite o domínio das funções reais definidas por:

a) $f(x) = \dfrac{1}{x - 6}$

b) $f(x) = \dfrac{x - 1}{4}$

c) $f(x) = \sqrt{x - 7}$

d) $y = \sqrt[3]{x}$

e) $f(x) = \dfrac{\sqrt{x - 2}}{x - 3}$

f) $f(x) = \dfrac{1}{x^2 - 6x + 5}$

7 Gráficos

Em livros, revistas, jornais e na internet podemos encontrar gráficos e tabelas que buscam retratar certas situações.

Esses gráficos e tabelas, em geral, representam funções, e por meio deles podemos obter informações sobre a situação que retratam, bem como sobre as funções que representam.

Vamos analisar alguns gráficos.

a) O gráfico auxilia na análise da variação de duas grandezas quando uma depende da outra. Examine o gráfico abaixo, que mostra a evolução do número de candidatos no vestibular da Fuvest de 1995 a 2013, variando com o tempo.

Evolução do número de candidatos inscritos no vestibular da Fuvest (1995 a 2013)

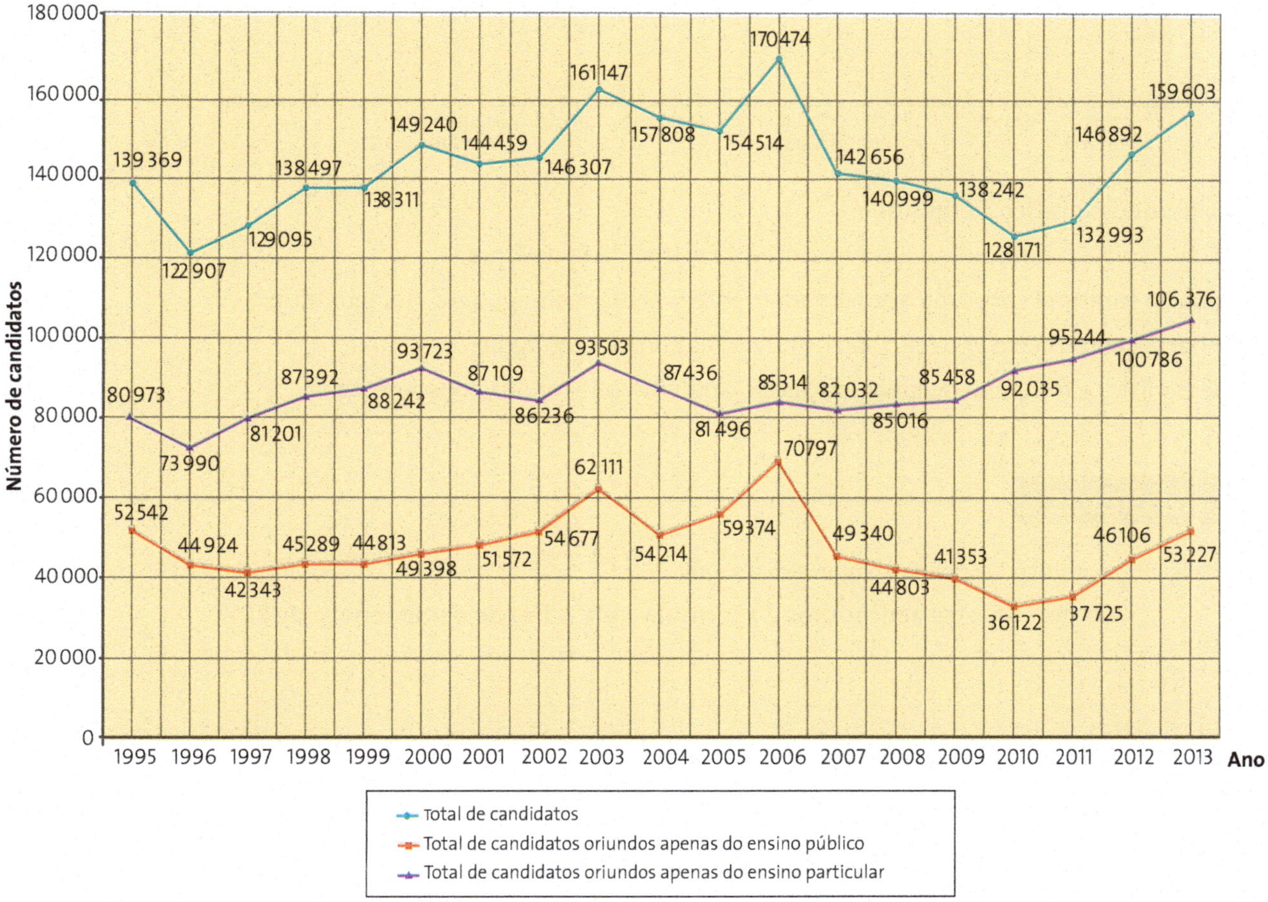

Fonte: <www.fuvest.br>. Acesso em: abr. 2013.

Pela análise do gráfico vemos que:

- de 1995 a 1997 diminuiu o número de candidatos oriundos do ensino público. De 1997 a 1998 esse número aumentou. De 1998 a 1999 houve uma pequena queda. De 1999 a 2003 houve um aumento. De 2003 a 2004 houve uma queda. De 2004 a 2006 houve um aumento. De 2006 a 2010 esse número diminuiu. E de 2010 a 2013 houve um aumento.
- quanto aos candidatos oriundos do ensino particular houve queda de 1995 a 1996, de 2000 a 2002, de 2003 a 2005 e de 2006 a 2007. O aumento desse número ocorreu de 1996 a 2000, de 2002 a 2003, de 2005 a 2006 e de 2007 a 2013.
- comparando os vestibulares de 2012 e 2013, a porcentagem dos candidatos oriundos do ensino público subiu de 31,4% para 33,3%, aproximadamente.

Para refletir
Como foram calculadas as porcentagens 31,4% e 33,3%?

b) As quantidades são visualizadas com maior facilidade ao serem colocadas em gráficos. Observe:

Distribuição do consumo doméstico de água (em porcentagem)

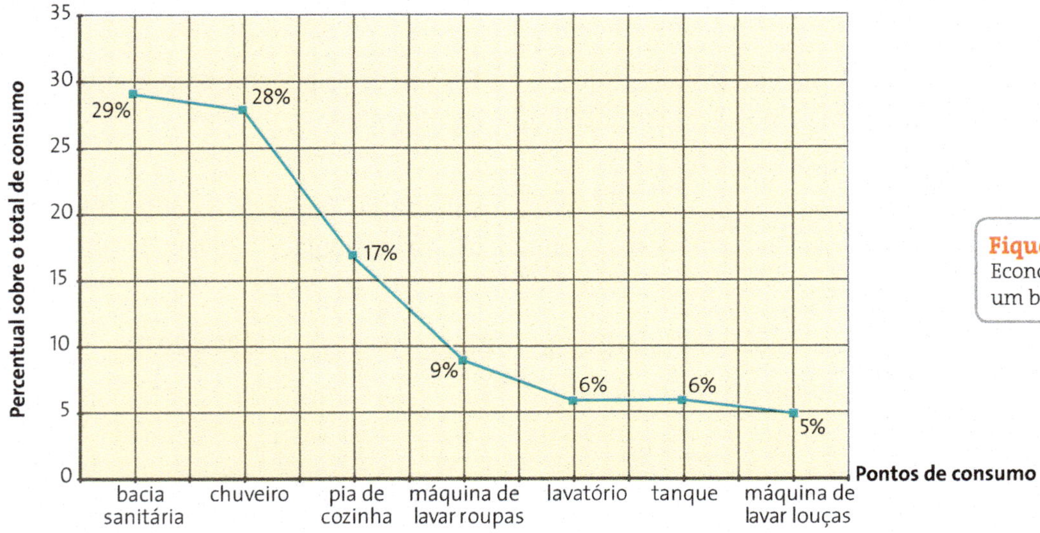

Fique atento!
Economize água; ela é um bem precioso e raro.

Analisando o gráfico, vemos que:

- o lavatório e o tanque consomem a mesma quantidade de água;
- a bacia sanitária consome aproximadamente 5 vezes mais água do que o tanque;
- a bacia sanitária e o chuveiro são os que mais consomem água;
- dessa lista, a máquina de lavar louças é o aparelho que menos consome água.

Exercícios

33. Analisando o gráfico, responda ao que vem a seguir.

Os dez maiores vencedores da Fórmula 1 até o fim do campeonato de 2012

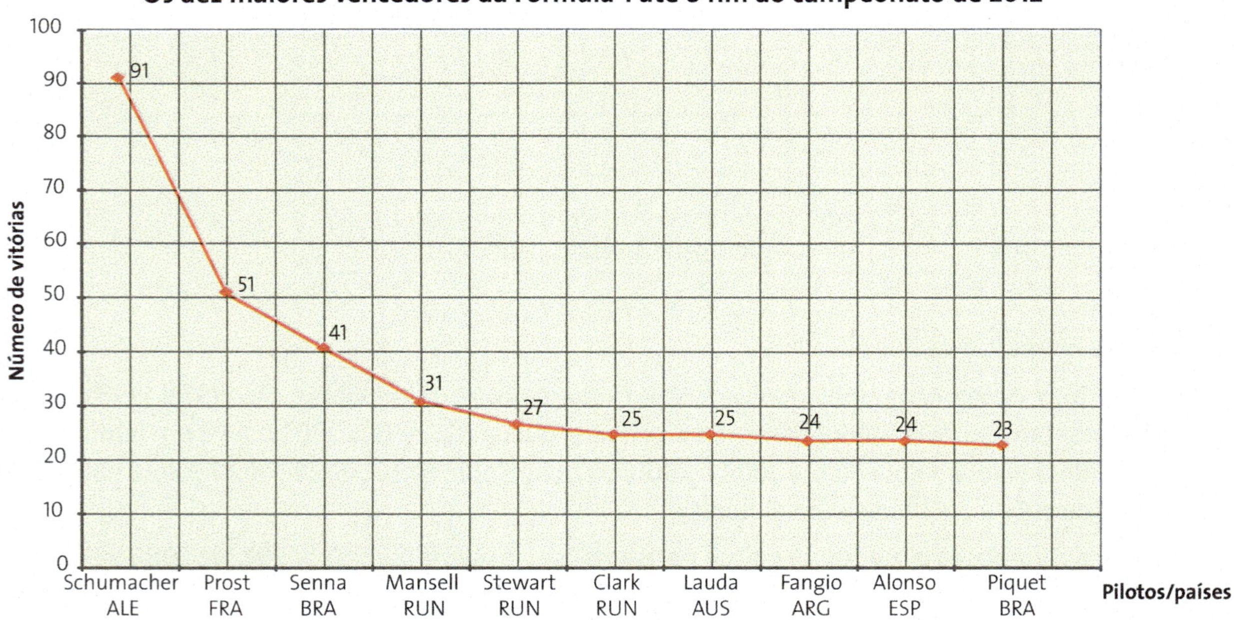

a) Desses dez pilotos, até o fim do campeonato de 2012, qual teve o maior número de vitórias na Fórmula 1 e qual teve o menor número?

b) Quais pilotos tiveram o mesmo número de vitórias?

34. Analise o gráfico a seguir e responda ao que se pede.

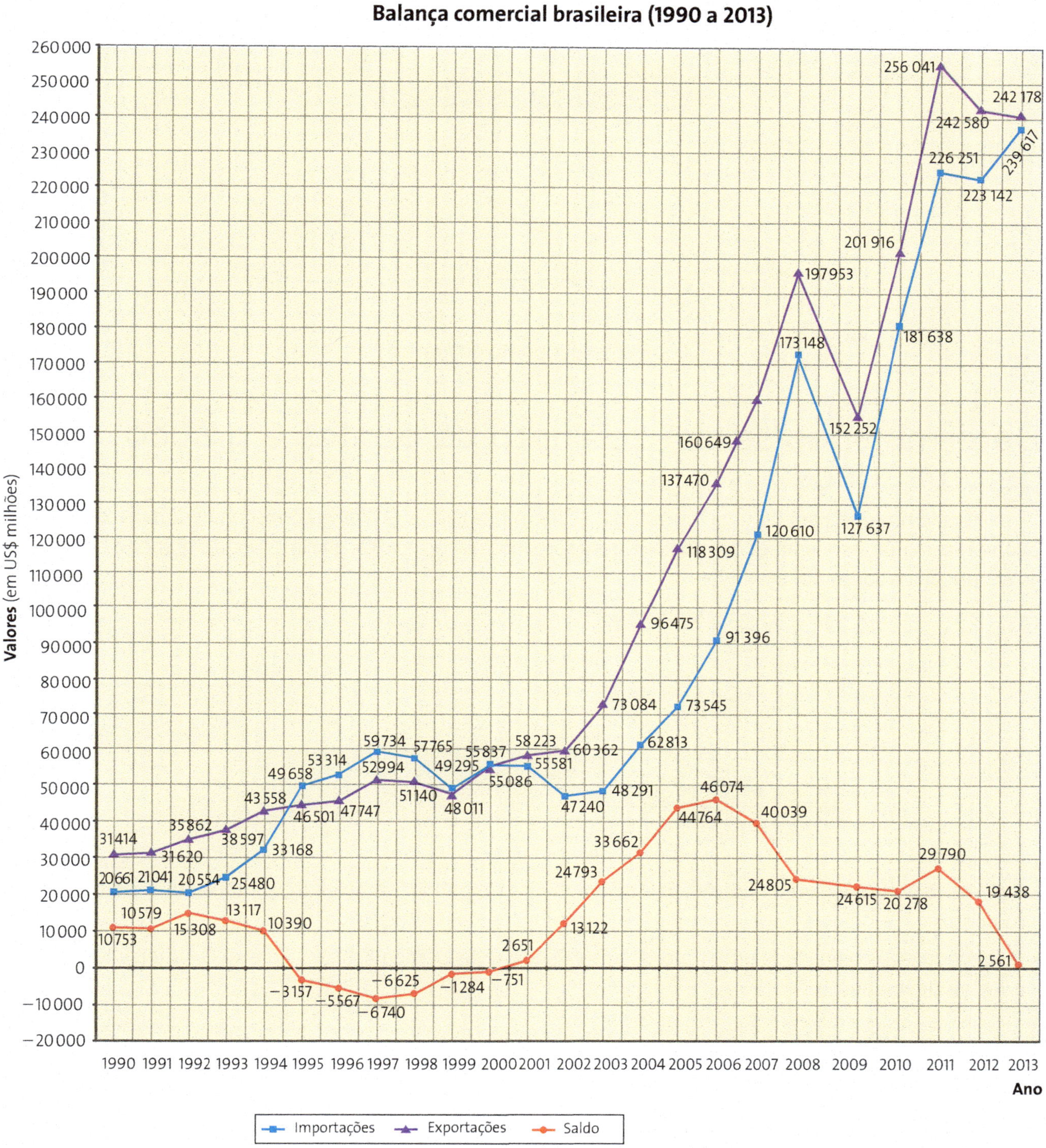

Fonte: <www.portalbrasil.net>. Acesso em: fev. 2014.

a) Em que ano as importações atingiram valor máximo? E mínimo?

b) Em que anos as exportações foram superiores a 50 bilhões de dólares?

c) Comparando o saldo de 2011 com o de 2012, houve aumento ou queda? De quanto por cento?

8 Gráfico de uma função

Dada uma função f: $\mathbb{R} \rightarrow \mathbb{R}$, o seu gráfico é o conjunto formado por todos os pares ordenados (x, y), para $x \in \mathbb{R}$, $y \in \mathbb{R}$ e $y = f(x)$, ou seja,

$$G(f) = \{(x, y); x \in \mathbb{R}, y \in \mathbb{R} \text{ e } y = f(x)\}$$

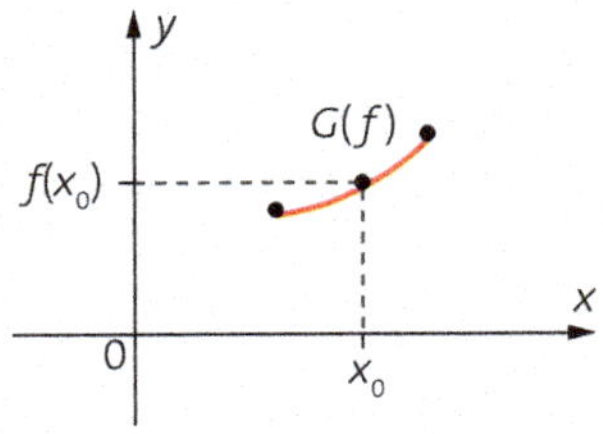

$(x_0, f(x_0))$ é um ponto do gráfico

Determinando se um conjunto de pontos é gráfico de uma função

Já estudamos que, para ter uma função de $A \subset \mathbb{R}$ em $\mathbb{R}$, a cada $x \in A$ deve corresponder um único $y \in \mathbb{R}$. Geometricamente, isso significa que qualquer reta perpendicular ao eixo *Ox* que intersecta o gráfico deve fazê-lo em um único ponto. Por exemplo:

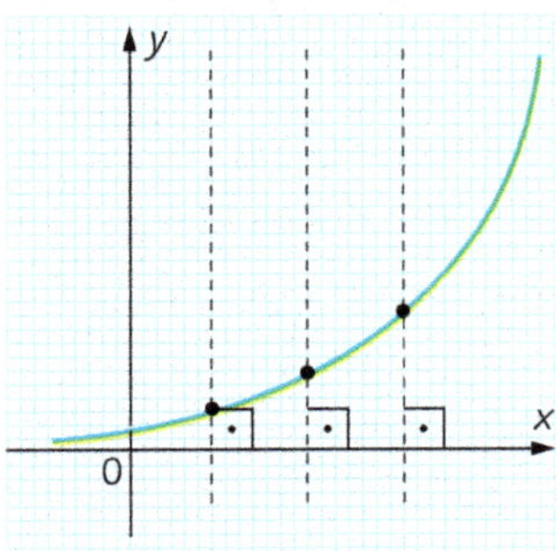

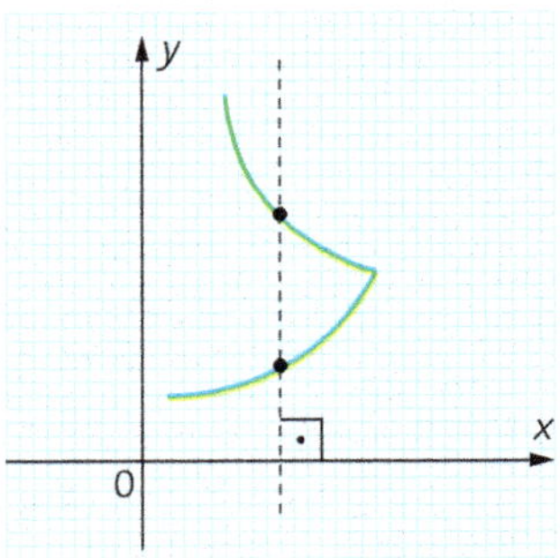

- O primeiro gráfico é de uma função, pois qualquer reta perpendicular ao eixo *Ox* intersecta-o em um único ponto.
- O segundo gráfico não é de uma função, pois existem retas perpendiculares ao eixo *Ox* intersectando-o em mais de um ponto.

Exercícios

35. Determine se cada um dos gráficos abaixo representa uma função:

a) 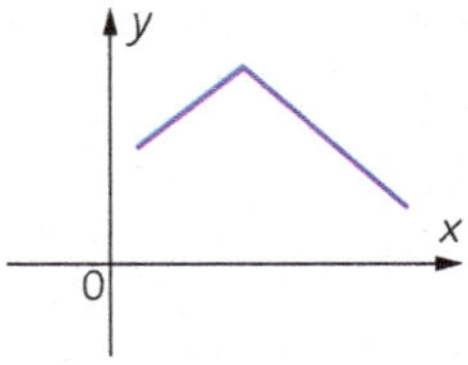

b) 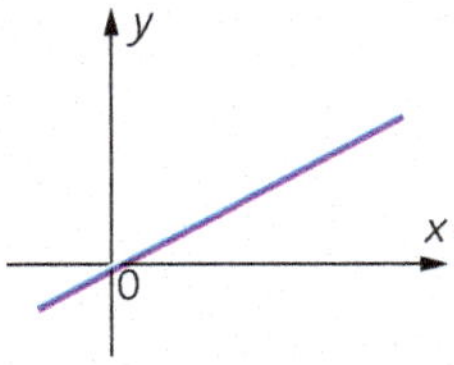

c) 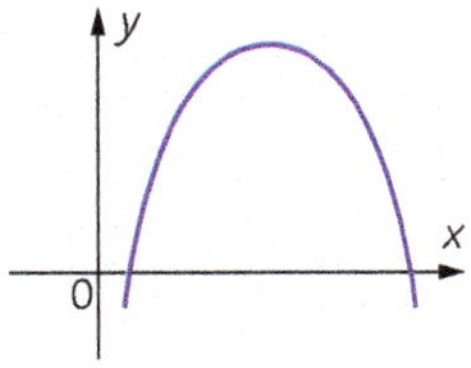

d) 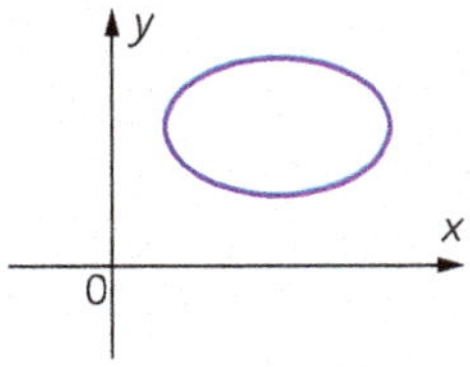

36. Invente um gráfico que represente uma função.

Construção de gráficos de funções

Para construir o gráfico de uma função dada por $y = f(x)$, com $x \in D(f)$, no plano cartesiano, devemos:

- construir uma tabela com valores de x escolhidos convenientemente no domínio D e com valores correspondentes para $y = f(x)$;
- associar um ponto do plano cartesiano a cada par ordenado (x, y) da tabela;
- marcar um número suficiente de pontos até que seja possível esboçar o gráfico da função.

Acompanhe alguns exemplos de construção de gráficos de função.

a) Gráfico da função dada por $f(x) = 2x + 1$, sendo o domínio $D = \{0, 1, 2\}$.

x	$y = f(x) = 2x + 1$
0	1
1	3
2	5

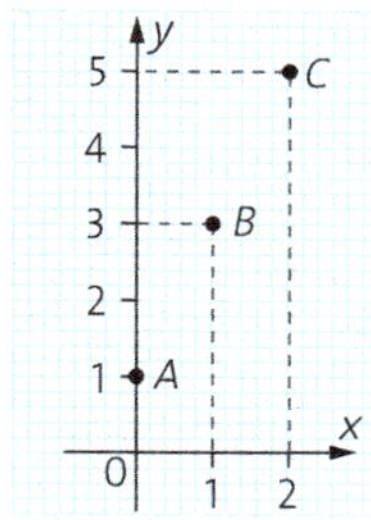

Fique atento!
Você verá no próximo capítulo que, quando temos y igual a um polinômio do 1º grau da forma $ax + b$, o gráfico é sempre uma reta. Como dois pontos determinam uma reta, basta marcar apenas dois pontos para traçá-la.

Nesse caso, o gráfico da função é o conjunto dos pontos A, B e C.

b) Gráfico da função $f\colon \mathbb{R} \rightarrow \mathbb{R}$ dada por $f(x) = 2x + 1$.
Como, nesse caso, $D = \mathbb{R}$, vamos escolher alguns valores arbitrários de x e determinar y:

x	$y = f(x) = 2x + 1$
−1	−1
0	1
1	3

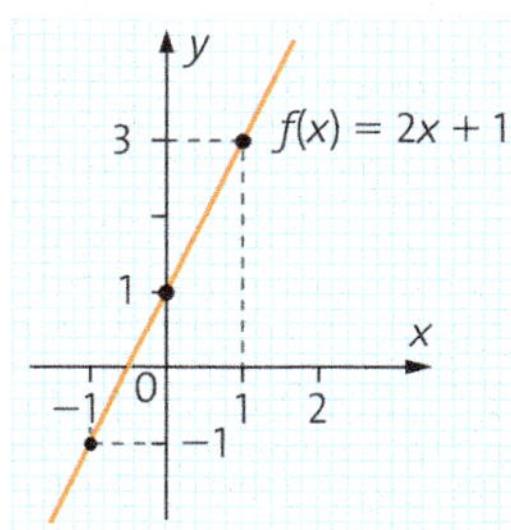

O gráfico é o conjunto de todos os pontos (x, y), com x real e $y = 2x + 1$, resultando na reta da figura acima.

Para refletir
- Por que os gráficos dos exemplos **a** e **b** são diferentes se a lei das duas funções é $f(x) = 2x + 1$?
- Como saber que é uma curva, e não um segmento de reta, que liga esses pontos?

Os matemáticos já provaram que, quando temos y igual a um polinômio do 2º grau da forma $ax^2 + bx + c$, com $a \neq 0$, o gráfico é uma curva chamada parábola. Veremos isso mais adiante, no capítulo 4, sobre função quadrática.

c) Gráfico da função $\mathbb{R} \xrightarrow{f} \mathbb{R}$ dada por $f(x) = -x^2$.

x	$y = f(x) = -x^2$	(x, y)
−1,5	−2,25	(−1,5; −2,25)
−1	−1	(−1, −1)
0	0	(0, 0)
1	−1	(1, −1)
1,5	−2,25	(1,5; −2,25)

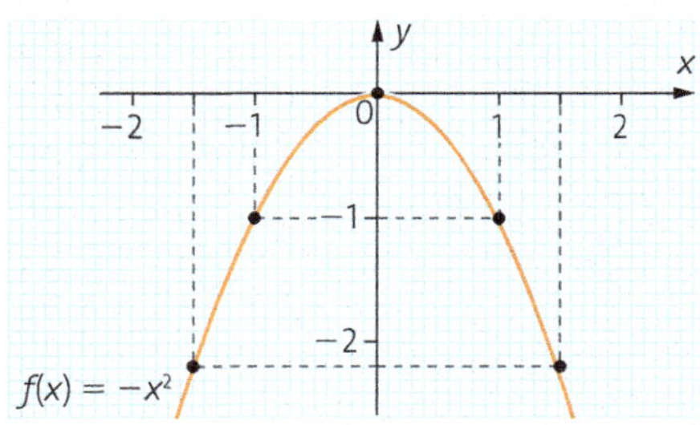

A curva que contém todos os pontos obtidos com $y = -x^2$ é o gráfico da função dada. Essa curva se chama parábola.

Exercício

37. Construa o gráfico de cada uma das seguintes funções $y = f(x)$, $f\colon \mathbb{R} \rightarrow \mathbb{R}$:

a) $f(x) = x - 2$
b) $f(x) = x$
c) $y = 2x$
d) $y = -2x$
e) $f(x) = x^2$
f) $f(x) = \dfrac{1}{x}, x \neq 0$

Determinação do domínio e da imagem de uma função, conhecendo o gráfico

Observando o gráfico de uma função no plano cartesiano podemos determinar o domínio D e o conjunto imagem Im da função, projetando o gráfico nos eixos. Veja:

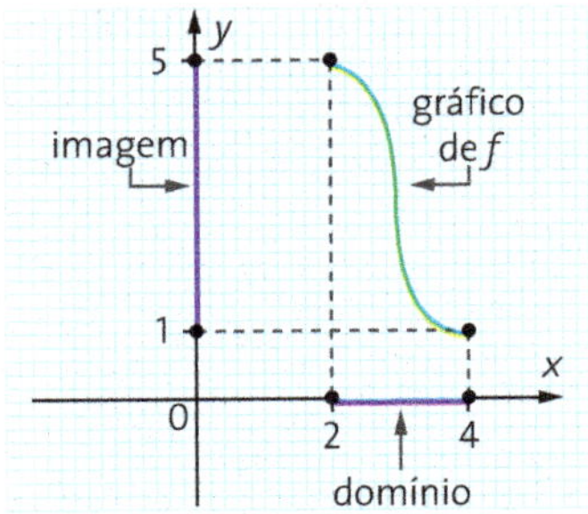

$$D(f) = \{x \in \mathbb{R} \mid 2 \leqslant x \leqslant 4\} = [2, 4]$$
$$Im(f) = \{y \in \mathbb{R} \mid 1 \leqslant y \leqslant 5\} = [1, 5]$$

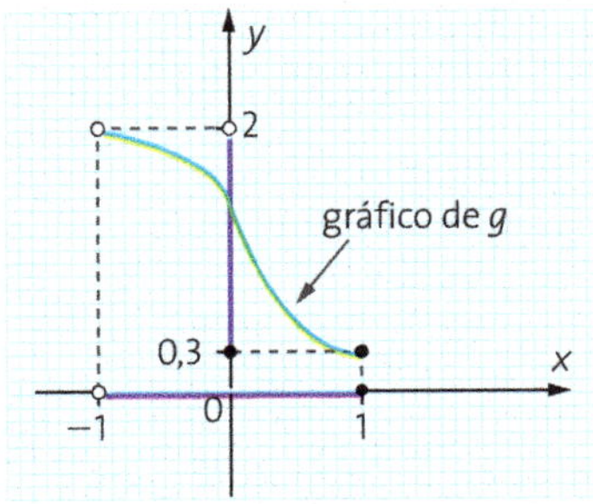

$$D(g) = \{x \in \mathbb{R} \mid -1 < x \leqslant 1\} =]-1, 1] = (-1, 1]$$
$$Im(g) = \{y \in \mathbb{R} \mid 0{,}3 \leqslant y < 2\} = [0{,}3; 2[= [0{,}3; 2)$$

Exercícios resolvidos

12. Dado o gráfico da função $f(x) = 2x + 1$, sendo o domínio $D = \{0, 1, 2, 3, 4\}$, determine o conjunto imagem $Im(f)$.

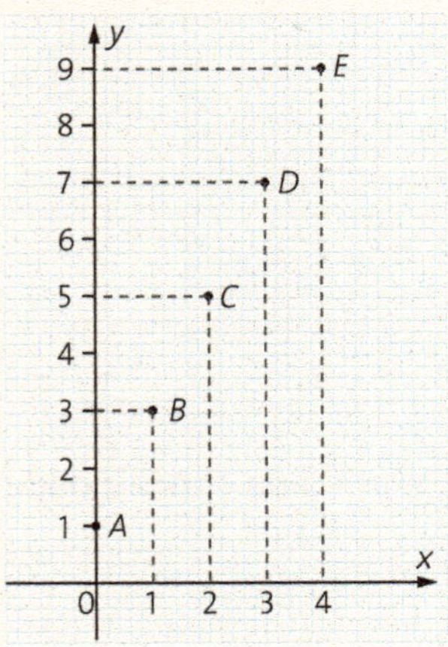

Resolução

Nesse caso, o gráfico da função é o conjunto dos pontos A, B, C, D e E.
O conjunto imagem é o conjunto das ordenadas desses pontos: $Im(f) = \{1, 3, 5, 7, 9\}$.

13. Conhecendo o gráfico da função $f: \mathbb{R} \rightarrow \mathbb{R}$ dada por $f(x) = 2x + 1$, determine o conjunto imagem de f.

Resolução

Como o gráfico é conjunto de todos os pontos (x, y), com x real e $y = 2x + 1$, resulta na reta da figura ao lado.

Assim, o conjunto imagem é todo o eixo y das ordenadas: $Im(f) = \mathbb{R}$.

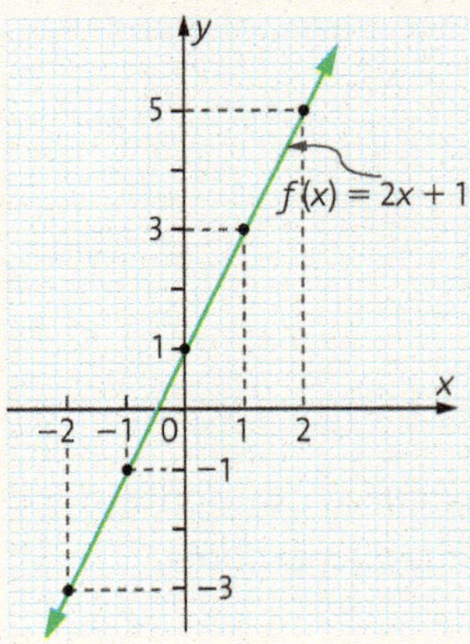

Para refletir
Por que os três gráficos dos exercícios resolvidos 12, 13 e 14 são diferentes se a lei das três funções é $f(x) = 2x + 1$?

14. Construa o gráfico da função dada por $f(x) = 2x + 1$, sendo $D = [0, 4] = \{x \in \mathbb{R} \mid 0 \leq x \leq 4\}$ e determine o conjunto imagem de f.

Resolução

x	$y = f(x) = 2x + 1$
0	1
0,5	2
1	3
2	5
2,5	6
3	7
4	9

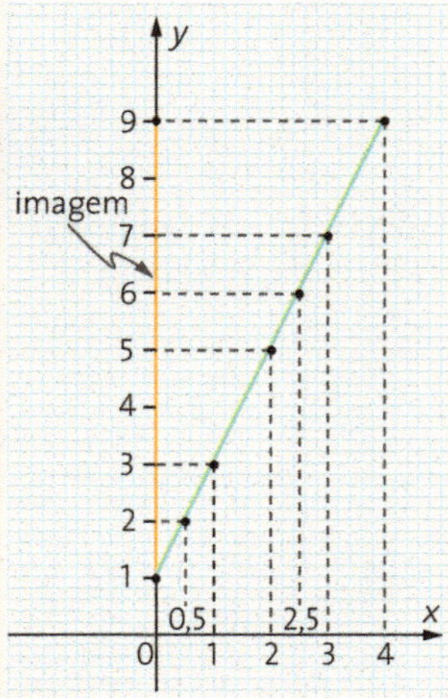

Nesse caso, o gráfico é o conjunto de todos os pontos (x, y), com x real de 0 a 4 e $y = 2x + 1$, o que nos dá o segmento de reta da figura acima.

Os pontos são ligados por uma linha contínua porque o domínio é um intervalo de $\mathbb{R}$.

Assim, o conjunto imagem também é um intervalo de $\mathbb{R}$, como podemos observar no gráfico: $Im(f) = [1, 9] = \{y \in \mathbb{R} \mid 1 \leq y \leq 9\}$.

15. Construa o gráfico da função $\mathbb{R} \xrightarrow{f} \mathbb{R}$ dada por:

a) $f(x) = -x^2$ b) $f(x) = 3^x$ c) $f(x) = \begin{cases} x, \text{ se } x \leq 3 \\ 3, \text{ se } x > 3 \end{cases}$

Resolução

a) $f(x) = -x^2$

x	$y = f(x) = -x^2$	(x, y)
−1,5	−2,25	(−1,5; −2,25)
−1	−1	(−1, −1)
0	0	(0, 0)
1	−1	(1, −1)
1,5	−2,25	(1,5; −2,25)

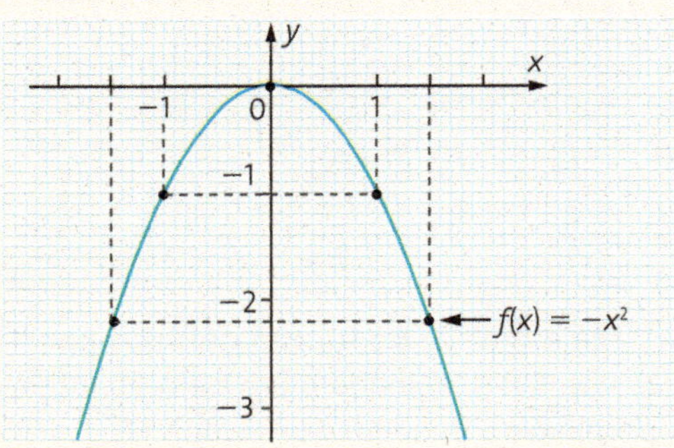

A curva que contém todos os pontos obtidos com $y = -x^2$ é o gráfico da função dada. Essa curva se chama **parábola**.

b) $f(x) = 3^x$

x	$y = f(x) = 3^x$
−2	$\frac{1}{9}$
−1	$\frac{1}{3}$
0	1
1	3

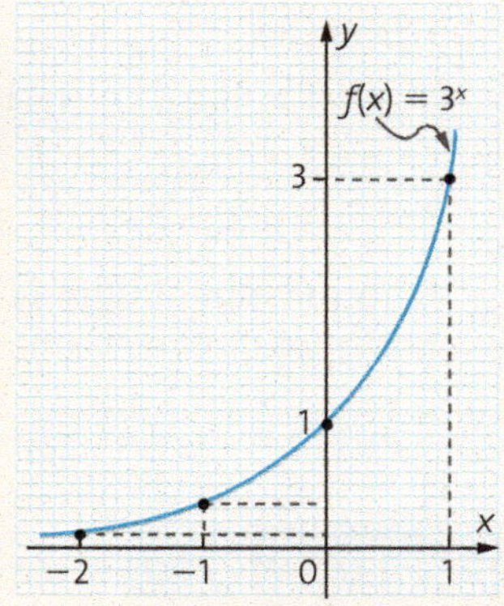

A curva da figura é o gráfico da função dada. Essa curva se chama **exponencial**.

> **Para refletir**
> Por que o gráfico dessa função não possui pontos do eixo x e dos quadrantes III e IV?

c) $f(x) = \begin{cases} x, \text{ se } x \leq 3 \\ 3, \text{ se } x > 3 \end{cases}$

Nesse caso, a função está definida por duas sentenças: $\begin{cases} f(x) = x, \text{ se } x \leq 3 \\ f(x) = 3, \text{ se } x > 3 \end{cases}$.

$x \leq 3$

x	$y = f(x) = x$	(x, y)
−1	−1	(−1, −1)
1	1	(1, 1)
3	3	(3, 3)

$x > 3$

x	$y = f(x) = 3$	(x, y)
4	3	(4, 3)
5	3	(5, 3)
6	3	(6, 3)

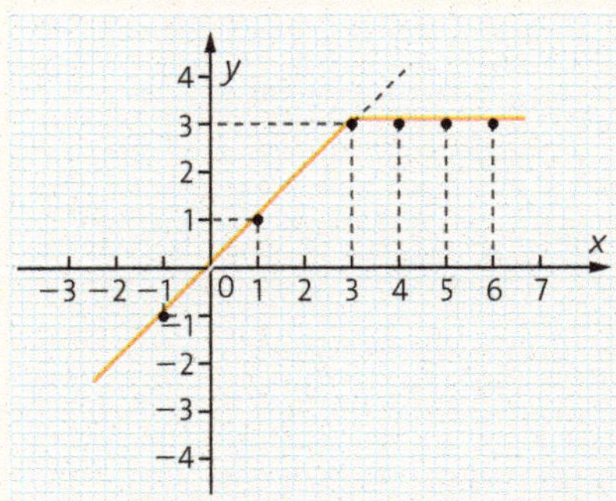

> **Você sabia?**
> Você sabia que existe uma função $f: [a, b] \rightarrow \mathbb{R}$, chamada **função rampa**, cujo gráfico tem uma destas formas?

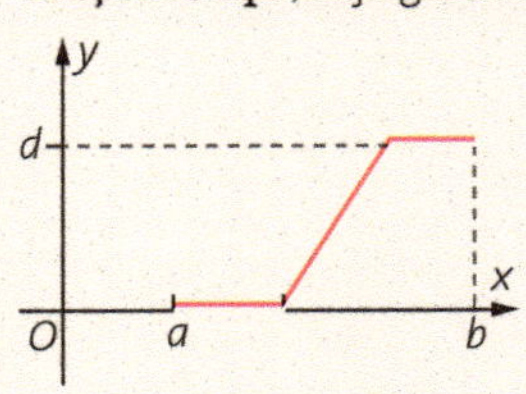

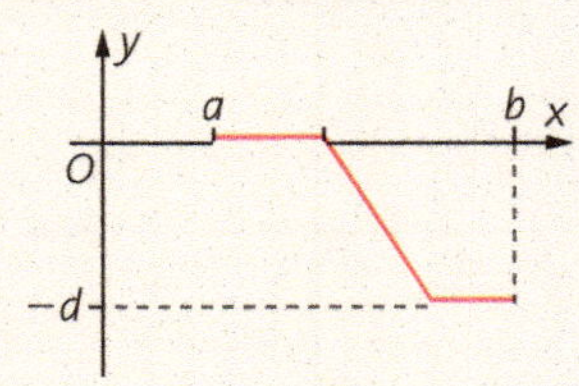

16. Considere a função representada pelo gráfico ao lado.
A função pode ser definida pela fórmula $f(x) = 11n$, $n - 1 < x \leq n$, em que n é inteiro positivo?

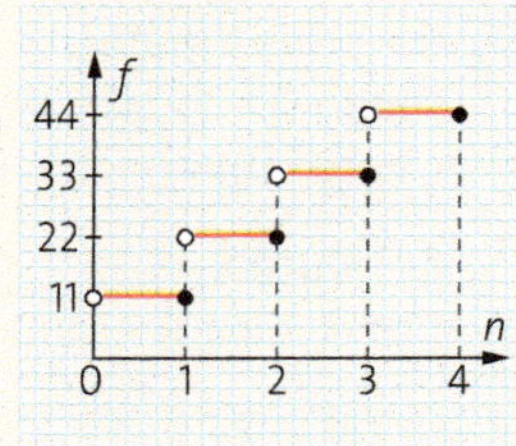

Resolução

Se $n = 1$, então $f(x) = 11 \cdot 1 = 11$, para $0 < x \leq 1$;
Se $n = 2$, então $f(x) = 11 \cdot 2 = 22$, para $0 < x \leq 2$;
Se $n = 3$, então $f(x) = 11 \cdot 3 = 33$, para $0 < x \leq 3$.

Os resultados obtidos por meio dos cálculos são compatíveis com os dados apresentados no gráfico, então podemos dizer que sim, a função pode ser definida pela fórmula apresentada.

Exercícios

38. Construa o gráfico de cada uma das seguintes funções $y = f(x), f: \mathbb{R} \to \mathbb{R}$:

a) $f(x) = x^2$

b) $f(x) = 2^x$

39. Construa o gráfico de cada uma das seguintes funções $f: \mathbb{R} \to \mathbb{R}$:

a) $f(x) = \begin{cases} 1, \text{ se } x \leq 2 \\ x, \text{ se } x > 2 \end{cases}$

b) $g(x) = \begin{cases} 4x, \text{se } x \geq 0 \\ 0, \text{ se } x < 0 \end{cases}$

40. Os seguintes gráficos representam funções. Determine o domínio D e o conjunto imagem Im de cada uma delas.

a)

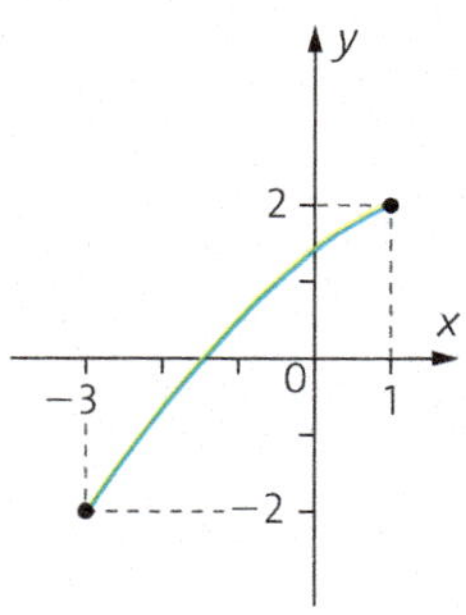

b)

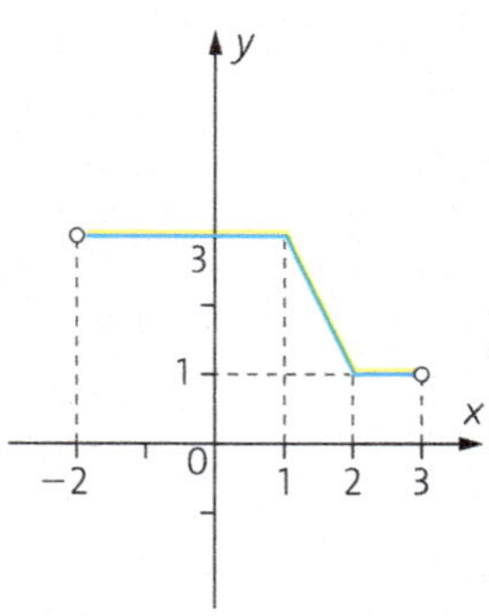

c)

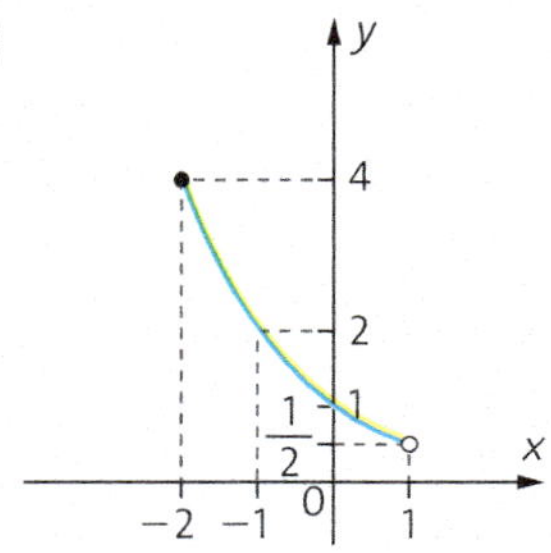

d)

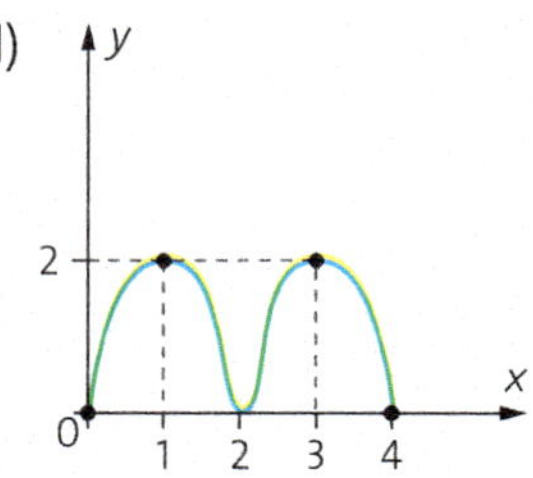

e)

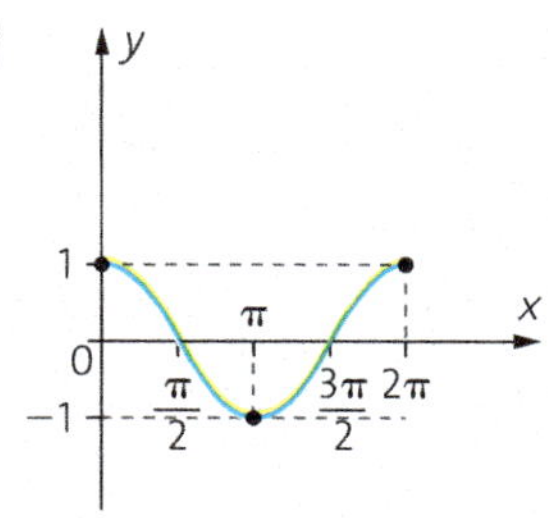

f)

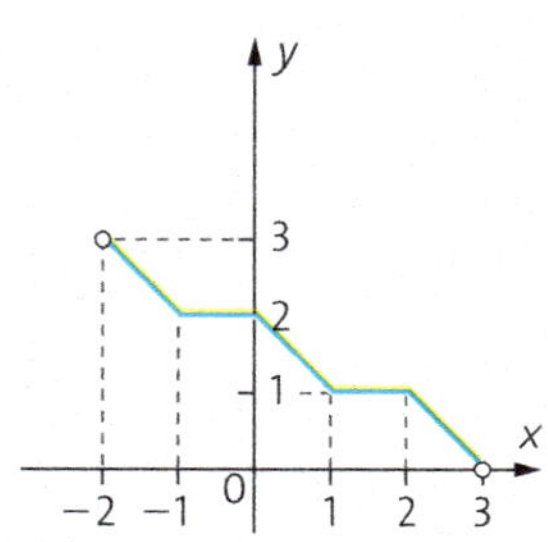

41. Trace o gráfico da função definida por $f(x) = n$, se $n < x \leq n + 1$, sendo n um número inteiro. Qual é o domínio e a imagem da função?

9 Função par e função ímpar

Função par

Consideremos a função $f: \mathbb{R} \rightarrow \mathbb{R}$, definida por $f(x) = x^2$. Veja ao lado o gráfico correspondente.

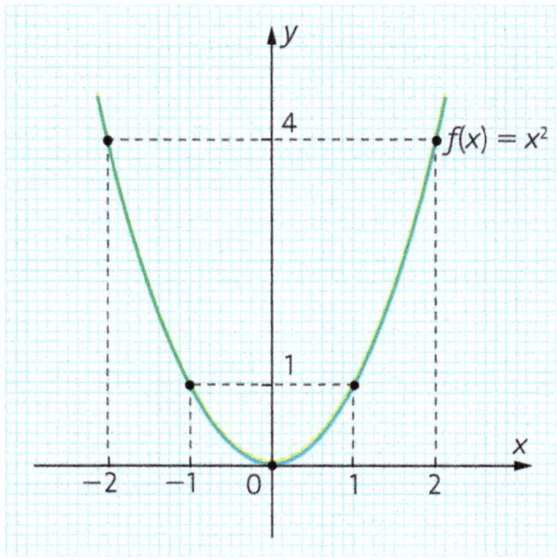

Observe que:

- $\left.\begin{array}{l} f(1) = 1^2 = 1 \\ f(-1) = (-1)^2 = 1 \end{array}\right\}$ $f(1) = f(-1)$, ou seja, 1 e −1 têm a mesma imagem;
- $\left.\begin{array}{l} f(2) = 2^2 = 4 \\ f(-2) = (-2)^2 = 4 \end{array}\right\}$ $f(2) = f(-2)$, ou seja, 2 e −2 têm a mesma imagem.

O gráfico de $f(x) = x^2$ é **simétrico em relação ao eixo *y***. Para uma função qualquer, podemos escrever:

> f é função par $\Leftrightarrow f(x) = f(-x)$, para qualquer $x \in D$, em que o domínio é simétrico em relação à origem, isto é, $x \in D \Rightarrow -x \in D$.
> O gráfico de f é simétrico em relação ao eixo y.

Assim, $f(x) = x^2$ é par, pois para qualquer $x \in D$ temos $f(x) = x^2$ e $f(-x) = (-x)^2 = x^2$, ou seja, $f(x) = f(-x)$.

Função ímpar

Vamos considerar a função $f: \mathbb{R} \rightarrow \mathbb{R}$, definida por $f(x) = x^3$.

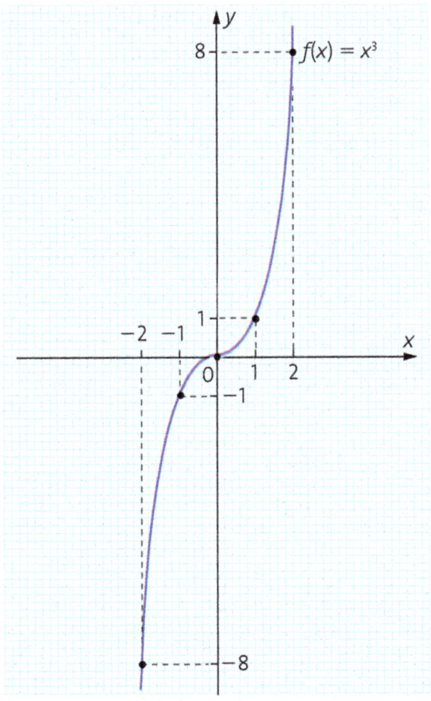

Pela análise do gráfico, observe que:

- $\begin{cases} f(1) = 1^3 = 1 \\ f(-1) = (-1)^3 = -1 \end{cases}$ Então, $f(1) = -f(-1)$, ou seja, 1 e −1 têm imagens opostas;
- $\begin{cases} f(2) = 2^3 = 8 \\ f(-2) = (-2)^3 = -8 \end{cases}$ Então, $f(2) = -f(-2)$, ou seja, 2 e −2 têm imagens opostas.
- Para qualquer $x \in \mathbb{R}$, se $f(x) = m$, então $f(-x) = -m$, pois $x^3 = -(-x)^3$.

Por isso, o gráfico de $f(x) = x^3$ é **simétrico em relação ao ponto *O***, origem do sistema cartesiano, e dizemos que a função f é ímpar. De modo geral:

> f é função ímpar $\Leftrightarrow f(-x) = -f(x)$, para qualquer $x \in D$.
> O domínio é simétrico em relação à origem, isto é,
> $x \in D \Rightarrow -x \in D$.
> O gráfico de f é simétrico em relação à origem O.

No exemplo dado, $f(x) = x^3$ é ímpar, pois para qualquer $x \in D$ temos $f(x) = x^3$ e $f(-x) = (-x)^3 = -x^3$, ou seja, $f(-x) = -f(x)$.

Existe função que não é par nem ímpar. Por exemplo, f: $\mathbb{R} \rightarrow \mathbb{R}$ tal que $f(x) = 2x + 1$. Veja que:

- $f(3) = 2 \cdot 3 + 1 = 7$
- $f(-3) = 2(-3) + 1 = -5$

Esse valor $x = 3$ já é suficiente para afirmar que f não é função par nem ímpar.

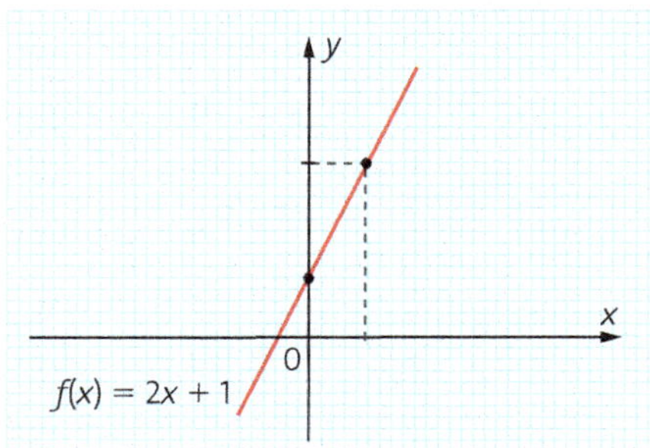

Para refletir
Por que neste exemplo já se pode tirar a conclusão analisando um dos valores de x?

O gráfico da função $f(x) = 2x + 1$ não apresenta simetria em relação ao eixo y nem em relação ao ponto O.

Observações:

1ª) A função polinomial em que todos os expoentes da variável são números pares é uma **função par**.
Exemplo: f: $\mathbb{R} \rightarrow \mathbb{R}$ tal que $f(x) = 3x^8 + 5x^6 - 2x^4 + 3x^0$ (função par).

2ª) A função polinomial em que todos os expoentes da variável são números ímpares é uma **função ímpar**.
Exemplo: f: $\mathbb{R} \rightarrow \mathbb{R}$ tal que $f(x) = 4x^7 + 7x^5 - 6x^3 + 5x^1$ (função ímpar).

3ª) A função polinomial em que há expoentes pares e expoentes ímpares não será função par nem função ímpar.
Exemplo: f: $\mathbb{R} \rightarrow \mathbb{R}$ tal que $f(x) = 4x^6 + 3x^3$.

4ª) A função f: $\mathbb{R} \rightarrow \mathbb{R}$ tal que $f(x) = 0$ é simultaneamente função par e função ímpar.

Exercício resolvido

17. Verifique se os gráficos seguintes representam funções pares ou ímpares:

a)

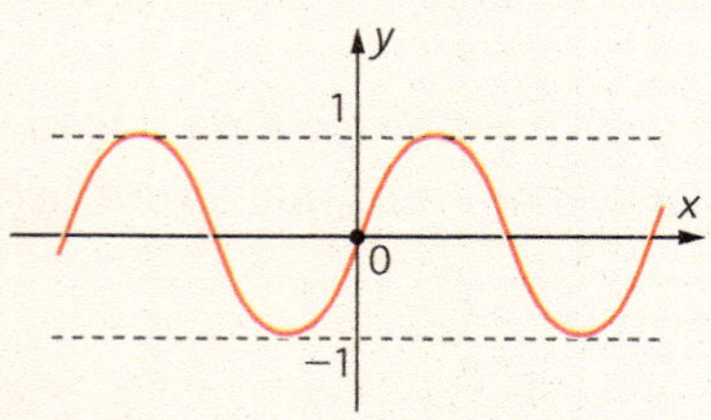

b)

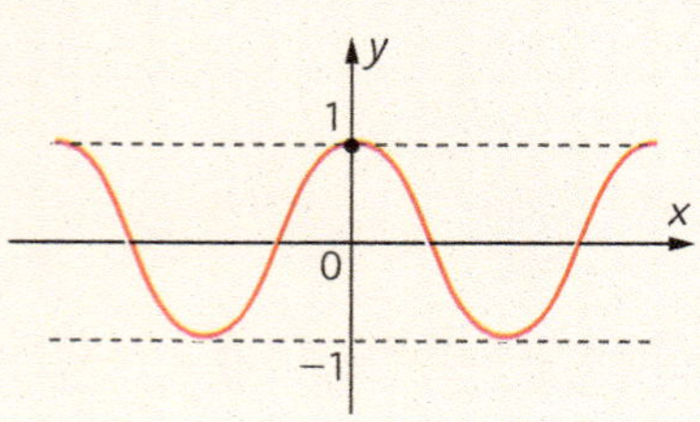

c)

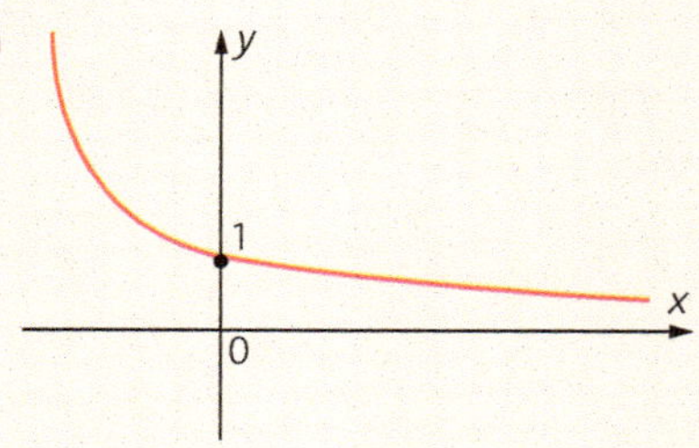

Resolução

a) O gráfico é simétrico em relação à origem, portanto a função é ímpar.

b) O gráfico é simétrico em relação ao eixo y, portanto a função é par.

c) Não há simetria em relação à origem nem em relação ao eixo y, portanto a função não é nem par nem ímpar.

Exercícios

42. Verifique se os gráficos representam funções, e, quando sim, se elas são pares ou ímpares.

a) 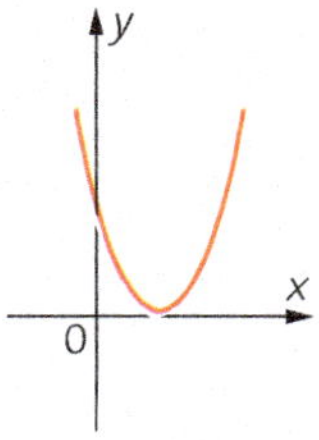

b) 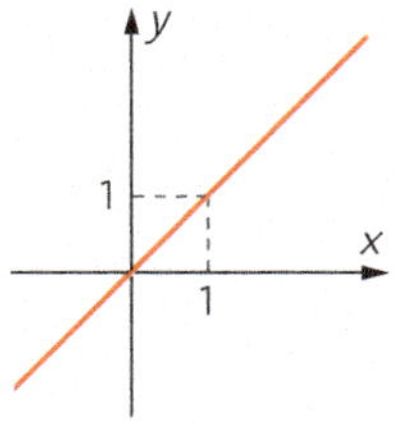

c) 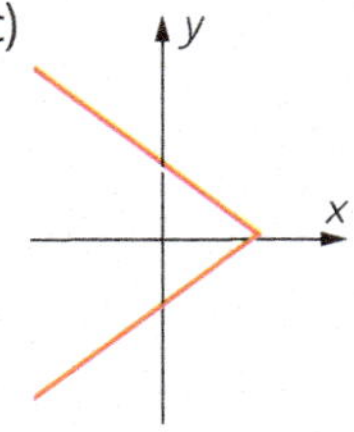

d) 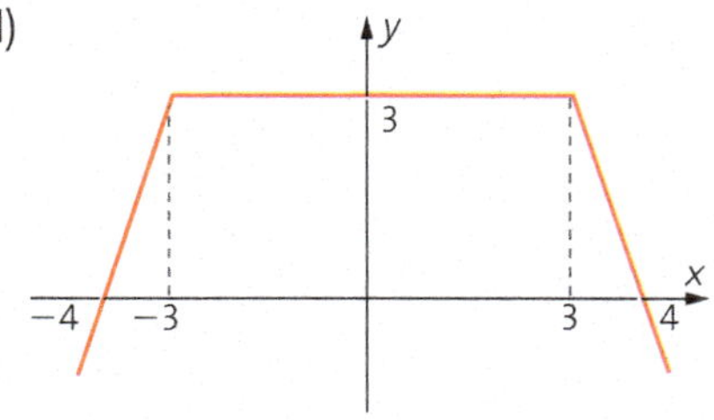

43. Verifique se as funções a seguir são pares ou ímpares:

a) $f: \mathbb{R} \rightarrow \mathbb{R}$ tal que $f(x) = \dfrac{x + 1}{2}$

b) $f: \mathbb{R} \rightarrow \mathbb{R}$ tal que $f(x) = x^4$

c) $f: \mathbb{R} \rightarrow \mathbb{R}$ tal que $f(x) = \dfrac{1}{x}$

d) $f: \mathbb{R} \rightarrow \mathbb{R}$ tal que $f(x) = -x^2$

10 Função crescente e função decrescente

Vamos analisar as seguintes situações.

- O gráfico abaixo mostra a população brasileira de 1940 a 2010.

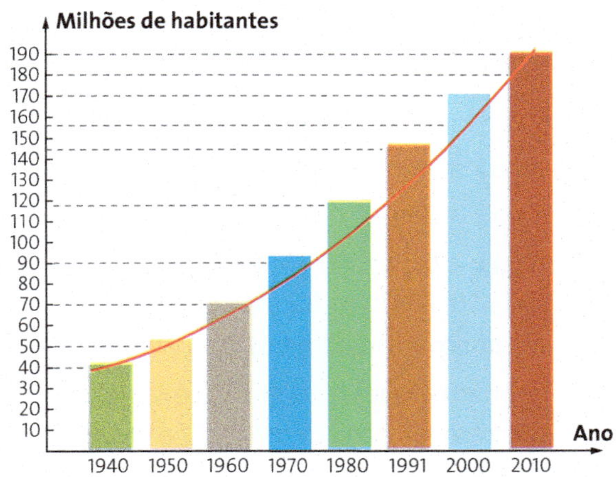

Fonte: <www.ibge.gov.br>. Acesso em: 8 abr. 2011.

Pelo gráfico notamos o aumento da população em função do aumento do tempo (dado em anos), ou seja, a curva é crescente.

- Este gráfico mostra um tanque de água sendo esvaziado:

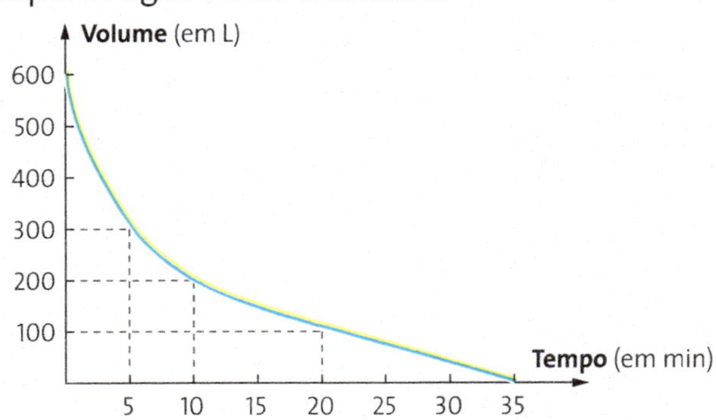

Pelo gráfico notamos a diminuição do volume de água em função do aumento do tempo (dado em minutos), ou seja, a curva é decrescente.

Analisando gráficos

Vamos analisar alguns dos gráficos que já construímos.

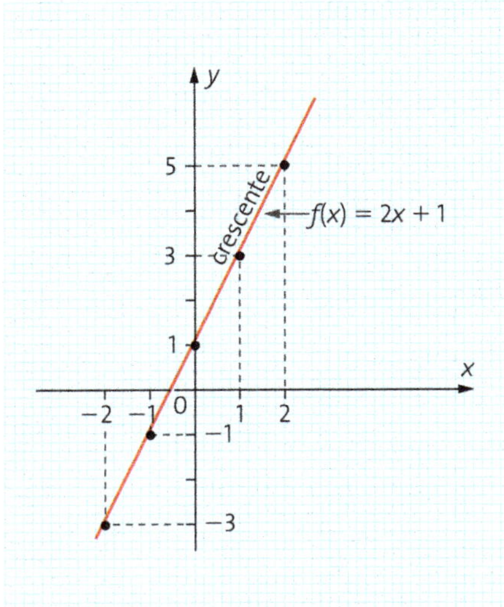

Observe que o gráfico da função de $\mathbb{R}$ em $\mathbb{R}$ dada por $f(x) = 2x + 1$ é uma reta.

Dizemos que essa função é **crescente**, pois, quanto maior o valor dado a x, maior será o valor correspondente $y = f(x) = 2x + 1$.

Agora, observe que o gráfico da função de $\mathbb{R}$ em $\mathbb{R}$ dada por $f(x) = -x^2$ é uma parábola.

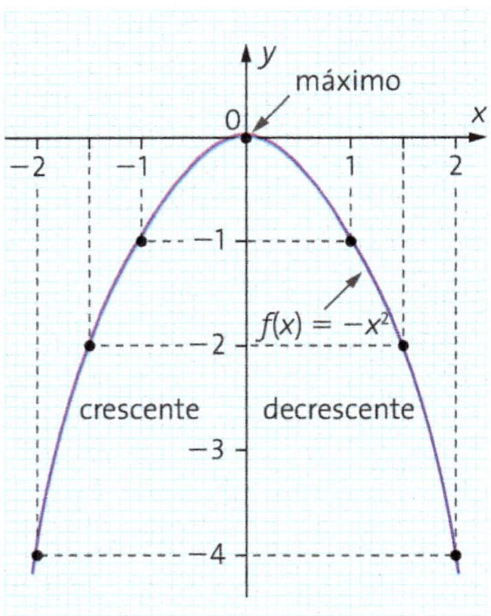

Veja que:

- para $x \leqslant 0$, essa função é **crescente**.
- para $x \geqslant 0$, essa função é **decrescente**.
- para $x = 0, f(x) = 0$; para $x \neq 0$, temos $f(x) < 0$. Por isso, dizemos que $x = 0$ é o **ponto de máximo da função**.
- geometricamente, o gráfico é **simétrico** em relação ao eixo Oy (f é uma função par).

> **Fique atento!**
> Nesse caso, representar a função pelo gráfico facilitou muito a visualização da simetria em relação ao eixo Oy.

Por fim, observe o gráfico da função de $\mathbb{R}$ em $\mathbb{R}$ dada por $f(x) = \begin{cases} x, \text{se } x \leqslant 3 \\ 3, \text{se } x > 3 \end{cases}$.

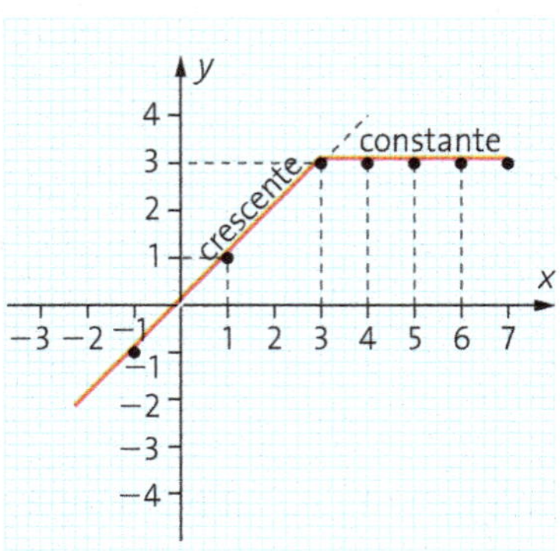

Veja que:

- para $x \leqslant 3$, essa função é **crescente**.
- para $x > 3$, essa função é **constante**.
- para $x < 0, f(x) < 0$.
- para $x = 0, f(x) = 0$.
- para $x > 0, f(x) > 0$.

Conclusões: De modo geral, analisando o gráfico de uma função, podemos observar propriedades importantes dela, como:

1ª) Onde ela é positiva ($f(x) > 0$), onde ela é negativa ($f(x) < 0$) e onde ela se anula ($f(x) = 0$). Os valores x_0 nos quais ela se anula ($f(x_0) = 0$) são chamados **zeros** da função f.

2ª) Onde ela é crescente (se $x_1 < x_2$, então $f(x_1) < f(x_2)$), onde ela é decrescente (se $x_1 > x_2$, então $f(x_1) < f(x_2)$) e onde ela assume um valor máximo ou um valor mínimo, se existirem. Por exemplo, considere o gráfico abaixo, que representa uma função definida no intervalo $]-6, 6[$:

- f é positiva em $]-5, -1[$ e em $]5, 6[$;
- f é negativa em $]-6, -5[$ e em $]-1, 5[$;
- f é nula em $x = -5$, $x = -1$ e $x = 5$. Esses são os zeros ou raízes da função;
- f é crescente em $]-6, -3]$ e em $[2, 6[$;
- f é decrescente em $[-3, 2]$;
- o ponto com $x = -3$ é um ponto de máximo e $f(x) = 2$ é o valor máximo de f;
- o ponto com $x = 2$ é um ponto de mínimo e $f(x) = -3$ é o valor mínimo de f.

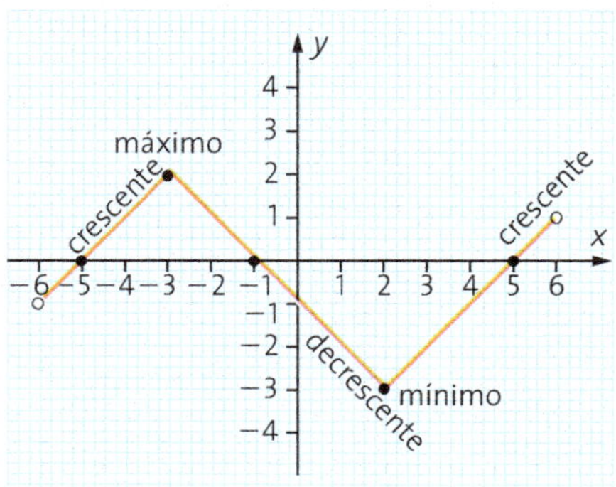

Informações sobre uma função a partir do seu gráfico

Seja $f: \mathbb{R} \rightarrow \mathbb{R}$ a função cujo gráfico é dado a seguir:

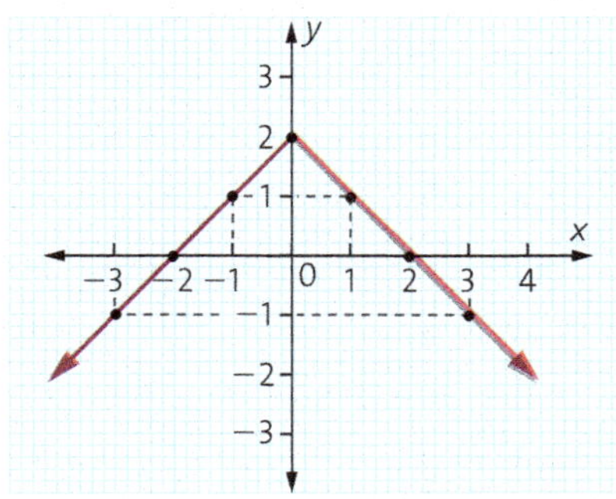

Observe algumas informações que podem ser obtidas pela leitura do gráfico:

- $f(-3) = -1$
- $f(1) = 1$
- se $f(x) = 1$, então $x = 1$ ou $x = -1$
- $f(0,5) > f(1,5)$
- $\nexists\, x \in \mathbb{R} \mid f(x) = 3$
- $D(f) = \mathbb{R}$, $CD(f) = \mathbb{R}$ e $Im(f) = \{y \in \mathbb{R} \mid y \leqslant 2\}$
- O gráfico de f corta o eixo x em $(2, 0)$ e $(-2, 0)$ e corta o eixo y em $(0, 2)$
- f é uma função par
- f é decrescente para $x \geqslant 0$

> **Para refletir**
> Para que valores de x essa função é crescente?

Exercício resolvido

» Resolução passo a passo

18. (Enem) O quadro apresenta a produção de algodão de uma cooperativa de agricultores entre 1995 e 1999.

	Safra				
	1995	**1996**	**1997**	**1998**	**1999**
Produção (em mil toneladas)	30	40	50	60	80
Produtividade (em kg/hectare)	1500	2500	2500	2500	4000

O gráfico que melhor representa a área plantada (*AP*) no período considerado é:

a) 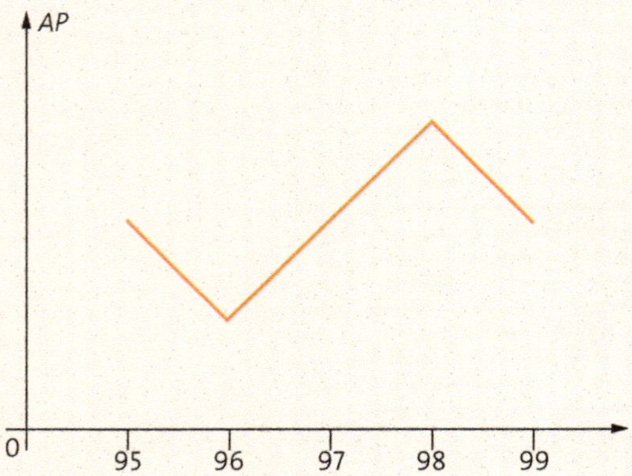

d) 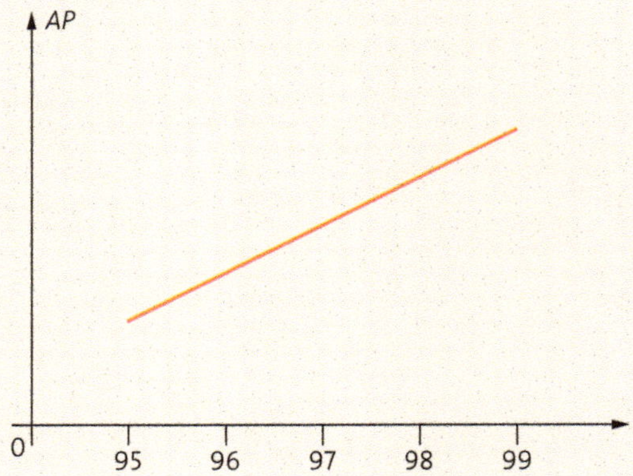

b) 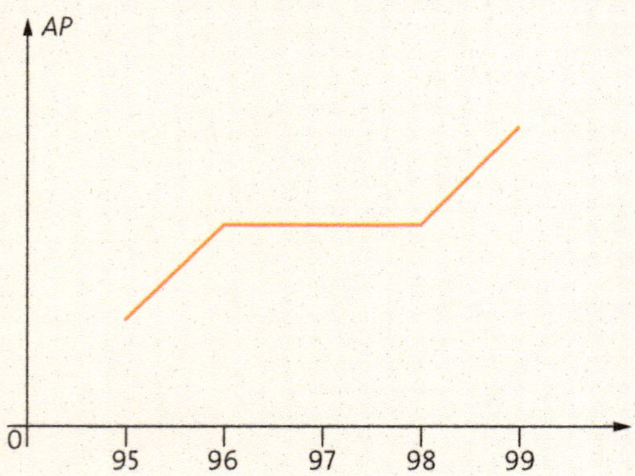

e) 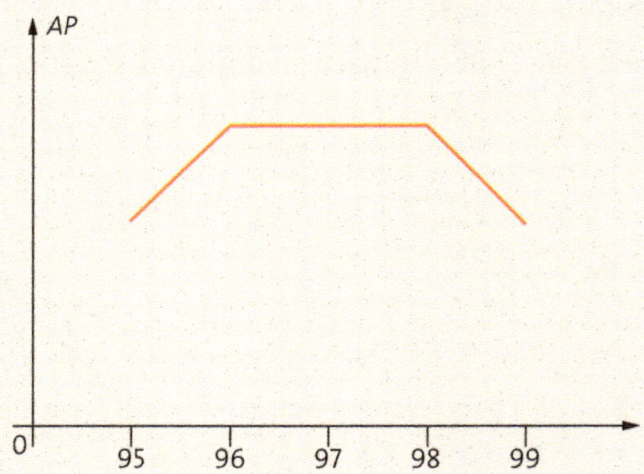

c) 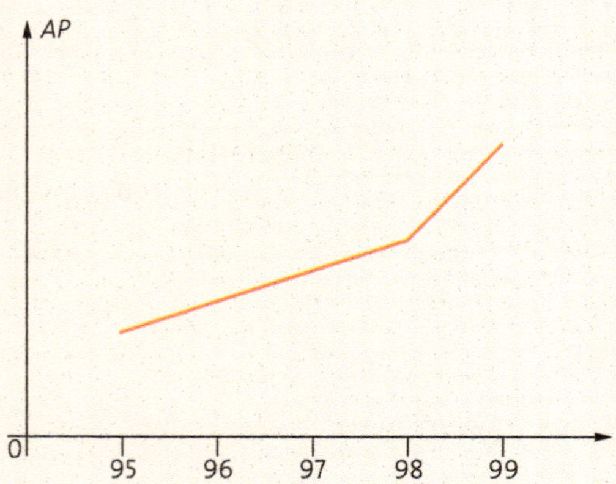

1. Lendo e compreendendo

a) O que é dado no problema?
São dadas duas grandezas em cada ano considerado: a produção, em milhares de toneladas, e a produtividade, em quilogramas por hectare (kg/hectare).

b) O que se pede?
O melhor gráfico para representar a variação da área plantada ao longo dos cinco anos considerados.

2. Planejando a solução

Devemos usar as informações da tabela para calcular a área plantada. Como temos a produção em milhares de toneladas e a produtividade em quilogramas por hectare, será possível obter a área plantada em hectares.
Para fazer isso, precisamos compreender a relação entre as grandezas dadas: isso pode ser feito ao observar as unidades das grandezas. Assim, percebemos que a produtividade é a divisão da produção pela área plantada. Dessa relação, obteremos a área plantada que precisamos para compor o traçado do gráfico.
Primeiro, vamos igualar as unidades, escrevendo a produção em quilogramas. Como uma tonelada equivale a 1000 quilogramas, então 1000 toneladas equivalem a 1 milhão de quilogramas.

3. Executando o que foi planejado

De acordo com nossa estratégia, podemos pensar na relação $\text{produtividade} = \dfrac{\text{produção}}{\text{área plantada}}$ e, portanto, $\text{área plantada} = \dfrac{\text{produção}}{\text{produtividade}}$. Assim, vamos criar uma nova linha na tabela fornecida, na qual dividiremos os valores dados.

Vamos também escrever os valores da produção em quilogramas, lembrando que 1000 toneladas = 10^6 quilogramas.

	Safra				
	1995	**1996**	**1997**	**1998**	**1999**
Produção (em kg)	$30 \cdot 10^6$	$40 \cdot 10^6$	$50 \cdot 10^6$	$60 \cdot 10^6$	$80 \cdot 10^6$
Produtividade (em kg/hectare)	1500	2500	2500	2500	4000
Área plantada (*AP*) (em hectares)	$\dfrac{30 \cdot 10^6}{1500} = 20$ mil	16 mil	20 mil	24 mil	20 mil

Analisando a nossa linha com valores da área plantada, percebemos que de 1995 a 1996 ela é decrescente, de 1996 a 1998 ela é crescente, e de 1998 a 1999 é novamente decrescente. De acordo com a interpretação dos valores acima e observando as cinco alternativas de gráfico do problema, percebemos que a melhor escolha é a alternativa **a**.

4. Emitindo a resposta

A resposta é a alternativa **a**.

5. Ampliando o problema

a) Calcule qual seria a área plantada em 1998 se a produtividade fosse 3000 kg/hectare, 4000 kg/hectare e 5000 kg/hectare, respectivamente.

b) Aproveitando os resultados do item **a**, analise o que ocorre com a área plantada de uma plantação quando se aumenta a produtividade mantendo-se a mesma produção.

c) Se aumentarmos a produtividade mantendo a mesma área plantada, o que ocorrerá com a produção?

d) *Discussão em equipe*
Troque ideias com seus colegas sobre o esforço dos pequenos agricultores para aumentar a produtividade de uma lavoura. Isso seria bom? Ou não tem muita importância? Se for bom, quem poderia ajudá-los nessa tarefa?

Exercícios

44. Os gráficos seguintes representam funções. Indique se cada função é crescente ou decrescente.

a)

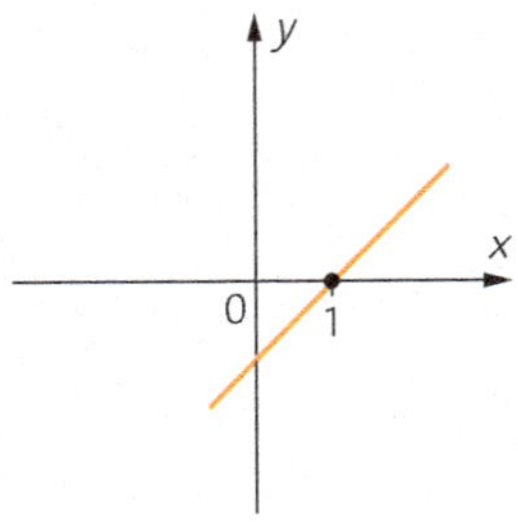

b)

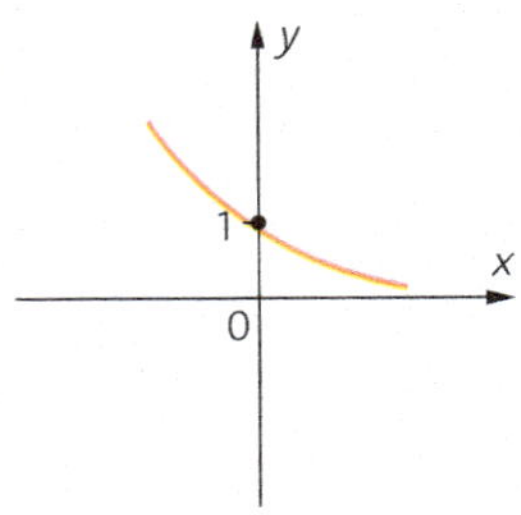

c)

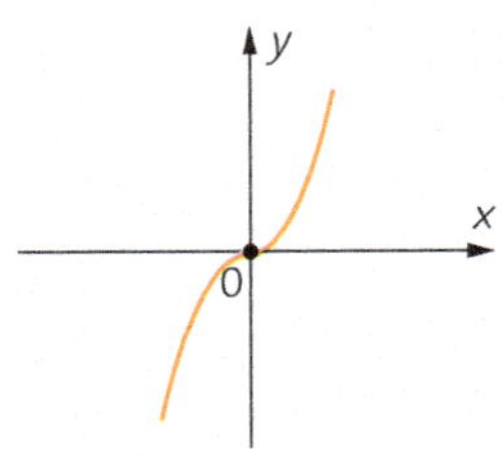

45. Considerando os gráficos a seguir, que representam funções, verifique para que valores reais de x a função é crescente e decrescente.

a)

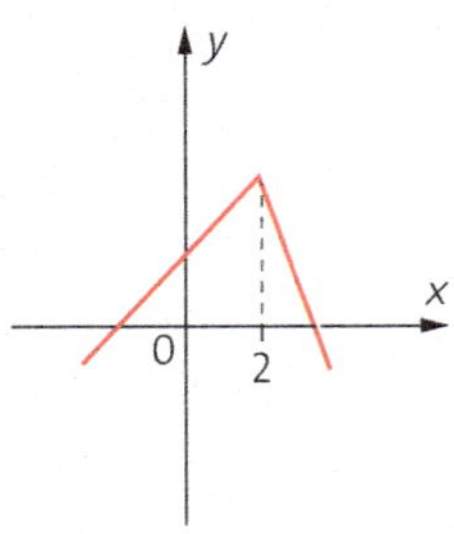

b)

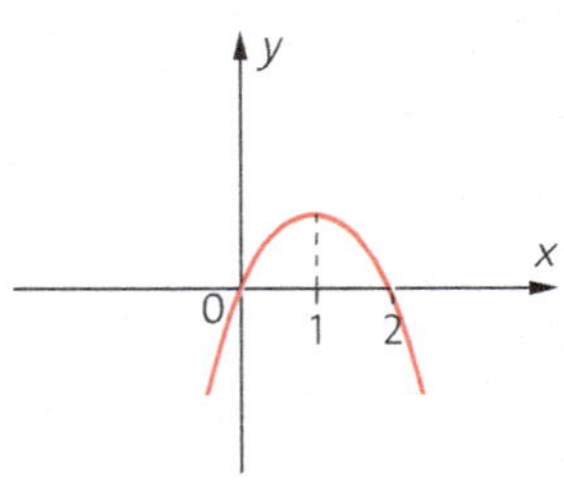

c)

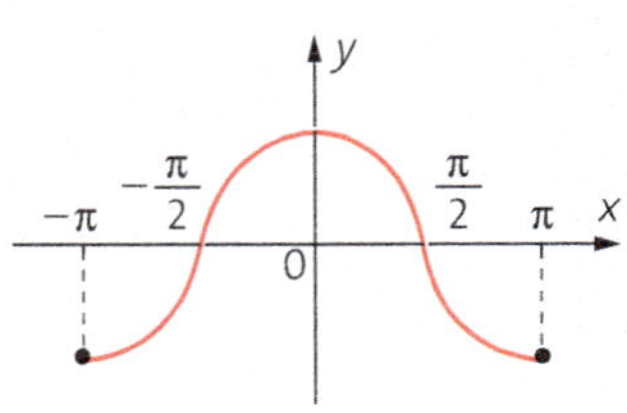

46. Responda às questões a partir do gráfico da função f:

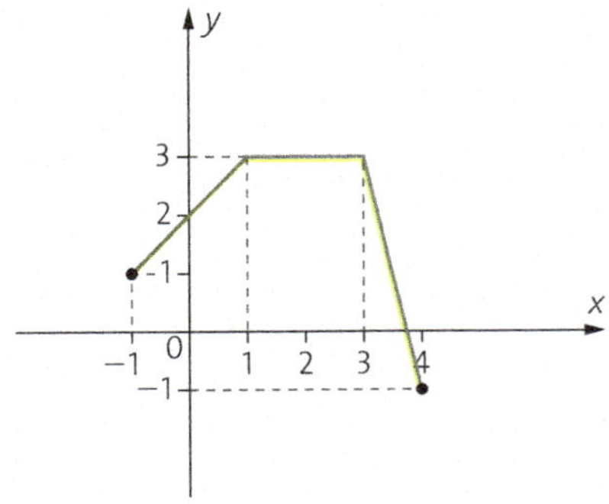

a) Qual é o domínio e qual é a imagem de f?

b) Em quantos pontos o gráfico corta o eixo x? E o eixo y?

c) $f(1,7)$ é maior, menor ou igual a $f(2,9)$?

d) Qual é o valor máximo de $f(x)$? E o valor mínimo?

e) Qual ponto do gráfico tem abscissa -1?

f) O ponto $(4, -1)$ pertence ao gráfico de f?

g) Qual é o valor de x quando $f(x) = 3$?

47. *Física*

Um menino desafia seu pai para uma corrida de 100 m. O pai permite que o filho comece a corrida 30 m à sua frente. Um gráfico bastante simplificado dessa corrida é dado a seguir.

Photosindia/Getty Images

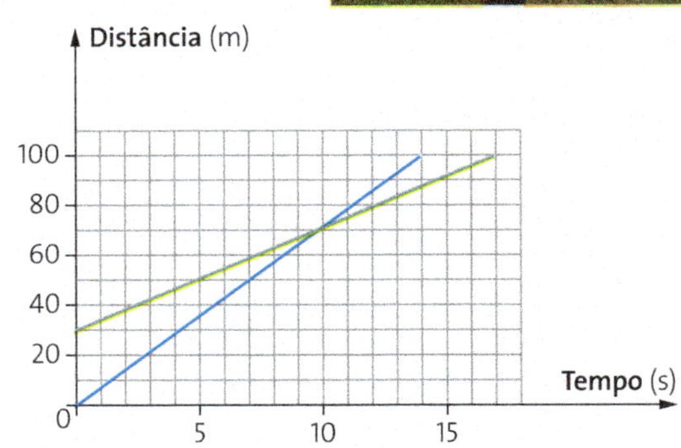

a) Pelo gráfico, como é possível dizer quem ganhou a corrida e qual foi a diferença de tempo?

b) A que distância do início o pai alcançou seu filho?

c) Em que momento depois do início da corrida ocorreu a ultrapassagem?

11 Taxa de variação média de uma função

Em qualquer função $f: \mathbb{R} \rightarrow \mathbb{R}$, quando temos um acréscimo h à variável x, passando de x para $x + h$, há, em correspondência, um acréscimo $f(x + h) - f(x)$ no valor da função.

> Dados x e $x + h \in \mathbb{R}$, com $h \neq 0$, o número $\dfrac{f(x + h) - f(x)}{h}$ chama-se **taxa de variação média da função f** no intervalo $[x, x + h]$.

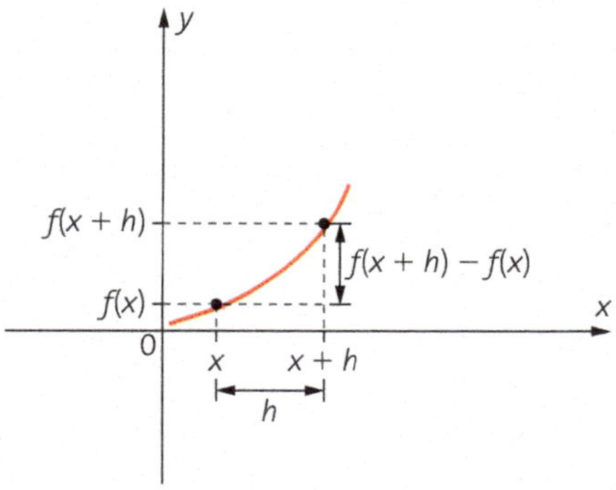

Observações:

1ª) A taxa de variação média de uma função mede a maior ou a menor "rapidez" de variação dessa função em determinado intervalo.

Exemplo: Dada a função $f(x) = x^2 + 1$, a taxa de variação média dessa função quando x varia de 0 a 1, ou seja, no intervalo [0, 1], é dada por:

$$\frac{f(x + h) - f(x)}{h} = \frac{f(1) - f(0)}{1 - 0} = \frac{2 - 1}{1} = 2$$

Já no intervalo [1, 3] a taxa de variação média dessa função é:

$$\frac{f(x + h) - f(x)}{h} = \frac{f(3) - f(1)}{3 - 1} = \frac{10 - 2}{2} = \frac{8}{2} = 4$$

Assim, a função $f(x) = x^2 + 1$ varia "mais rapidamente" no intervalo [1, 3] do que no intervalo [0, 1].

2ª) A taxa de variação média de uma função tem um significado físico importante. Quando temos o espaço percorrido por um móvel em função do tempo, a taxa de variação média corresponde à **velocidade média**.

Exemplo: O odômetro de um carro em movimento, em uma rodovia, indicava 13 600 km às 8h e 13 820 km às 10h. O cálculo da taxa de variação média da função espaço ou velocidade média desse carro, nesse intervalo de tempo, é o seguinte:

Intervalo de tempo [8, 10], portanto $h = 2$ horas.

$s = s(t)$

$s(\underset{t}{\underset{\downarrow}{8}}) = 13\,600$ km

$s(\underset{t+2}{\underset{\downarrow}{10}}) = 13\,820$ km

> **Fique atento!**
> A velocidade média de 110 km/h **não** indica a velocidade em um determinado instante, mas a **média** nesse intervalo de tempo.

Logo, $\dfrac{s(x + h) - s(t)}{h} = \dfrac{s(10) - s(8)}{2} = \dfrac{13820 - 13600}{2} = \dfrac{220 \text{ km}}{2\,h} = 110$ km/h

A taxa de variação média da distância (espaço percorrido), ou velocidade média do carro, é de 110 km/h nesse intervalo de tempo de 2 horas.

12 Função injetiva, sobrejetiva e bijetiva

Função injetiva ou injetora

Uma função f: $A \to B$ é **injetiva** (ou **injetora**) quando elementos diferentes de A são transformados por f em elementos diferentes de B, ou seja, não há elemento em B que seja imagem de mais de um elemento de A. Assim, f é injetiva quando:

$$x_1 \neq x_2 \text{ em } A \Rightarrow f(x_1) \neq f(x_2) \text{ em } B$$

ou equivalentemente usando a contrapositiva:

$$f(x_1) = f(x_2) \text{ em } B \Rightarrow x_1 = x_2 \text{ em } A$$

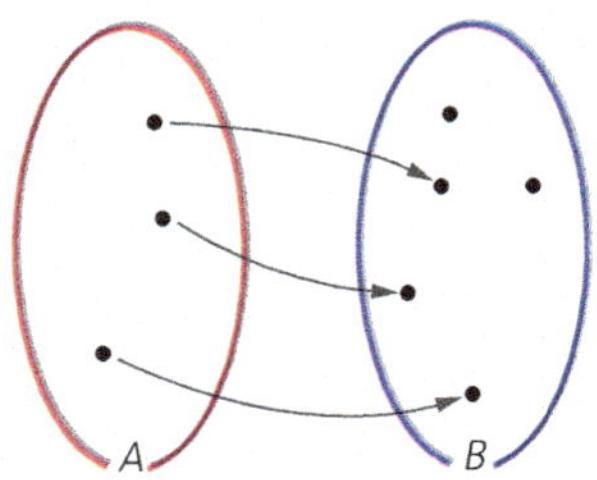

função injetiva

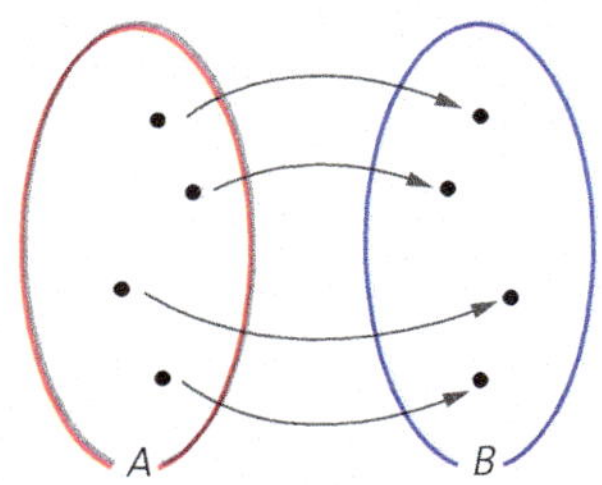

função injetiva

(Não há elemento em B que seja imagem de mais de um elemento de A.)

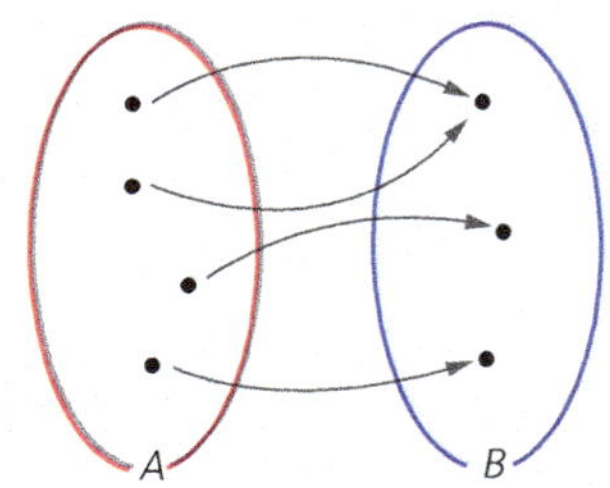

função não injetiva

(Há um elemento em B que é imagem de dois elementos distintos de A.)

Exemplos:

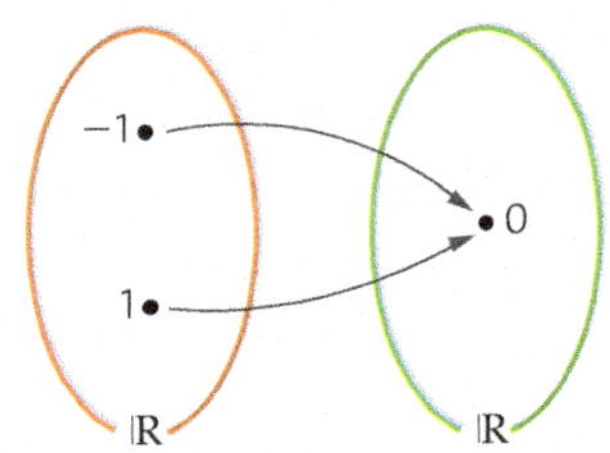

a) A função f: $\mathbb{R} \to \mathbb{R}$ dada por $f(x) = x^2 - 1$ não é injetiva, pois:
   - para $x = 1$ corresponde $f(1) = 0$;
   - para $x = -1$ corresponde $f(-1) = 0$.

   Neste caso, para dois valores diferentes de x encontramos um mesmo valor para a função.

b) A função f: $\mathbb{R} \to \mathbb{R}$ dada por $f(x) = 2x$ é injetiva, pois faz corresponder a cada número real x o seu dobro $2x$, e não existem dois números reais diferentes que tenham o mesmo dobro. Simbolicamente: Para quaisquer $x_1, x_2 \in \mathbb{R}$, $x_1 \neq x_2 \Rightarrow 2x_1 \neq 2x_2 \Rightarrow f(x_1) \neq f(x_2)$

Observação: Podemos verificar se uma função é injetiva olhando seu gráfico. Sabemos que, se a função é injetiva, não há elemento do conjunto imagem que seja imagem de mais de um elemento do domínio. Assim, imaginando linhas horizontais cortando o gráfico, essas linhas só podem cruzar o gráfico uma única vez para cada valor de y. Exemplos:

a) As linhas horizontais intersectam o gráfico mais de uma vez.
A função **não é** injetiva.

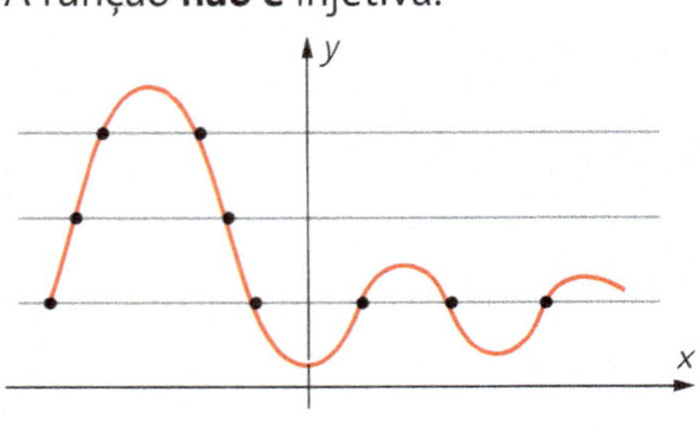

b) As linhas horizontais **nunca** intersectam o gráfico mais de uma vez. Então a função **é** injetiva.

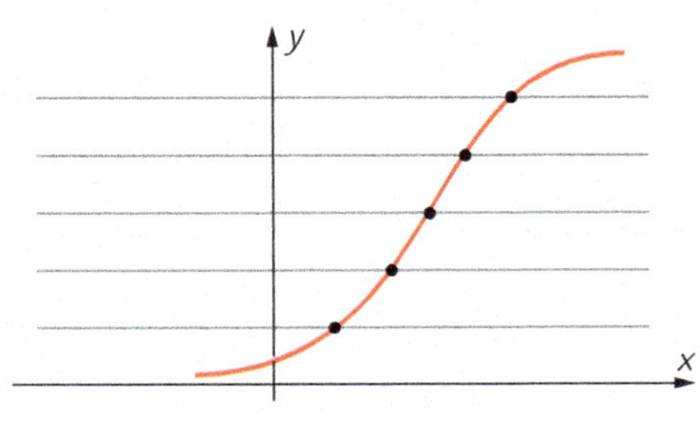

Exercícios

48. Verifique se as seguintes funções são injetivas ou não:

a) $f: A \to B$

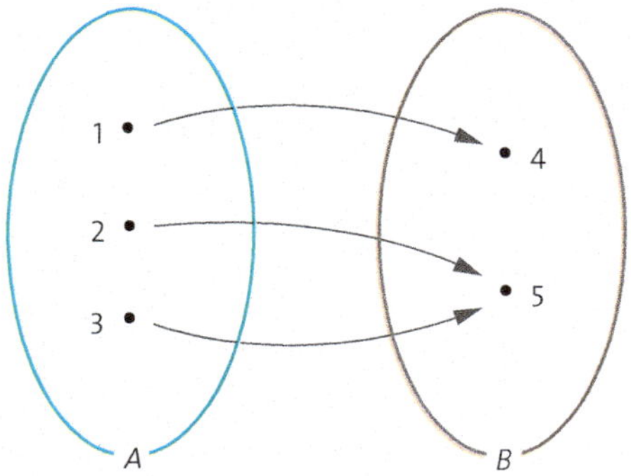

b) $f: A \to B$

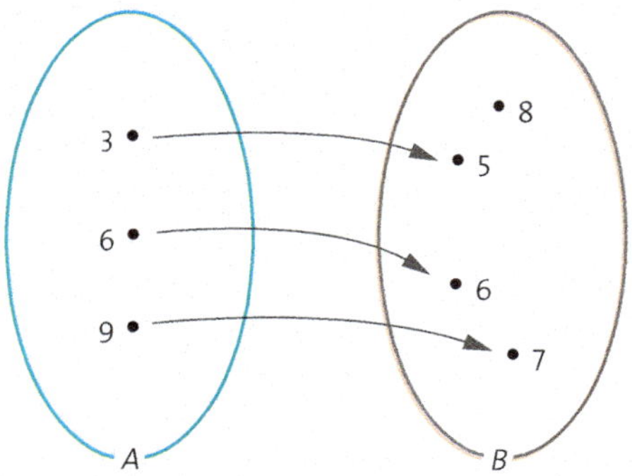

c) $f: A \to B$

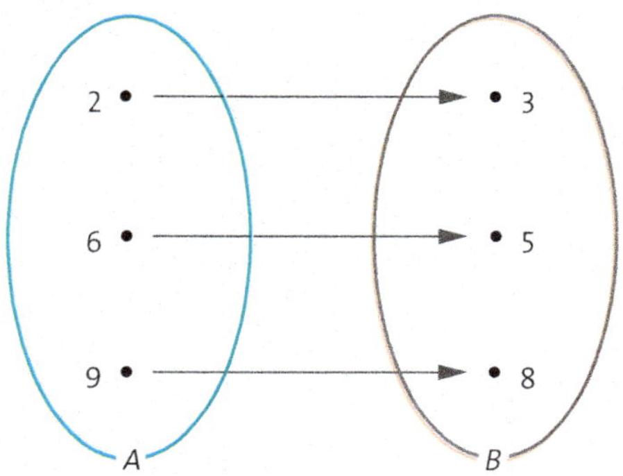

d) $f: \mathbb{R} \to \mathbb{R}$ dada por $f(x) = x + 2$

e) $f: \mathbb{R} \xrightarrow{f} \mathbb{R}$ dada por $f(x) = x^4$

f)

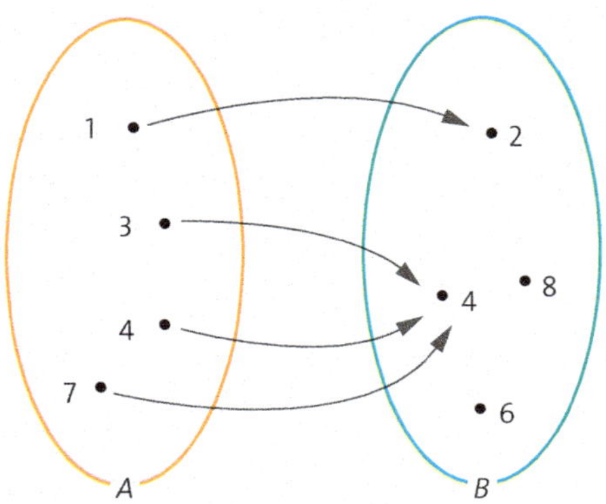

49. Analise os gráficos abaixo e identifique quais são funções injetivas.

a)

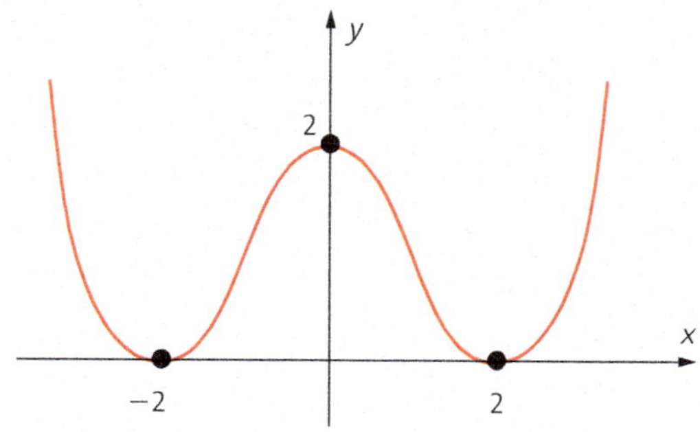

b)

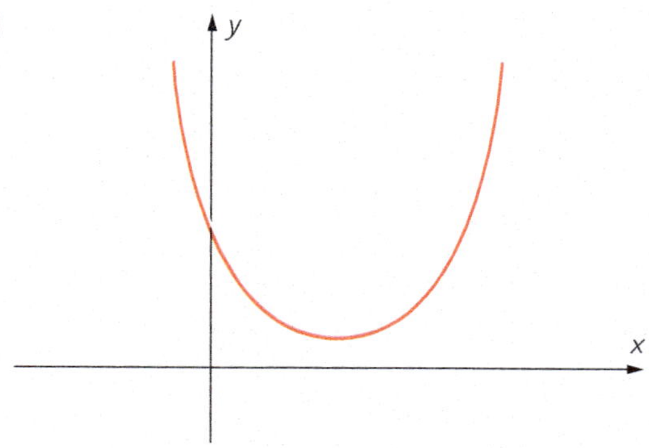

c)

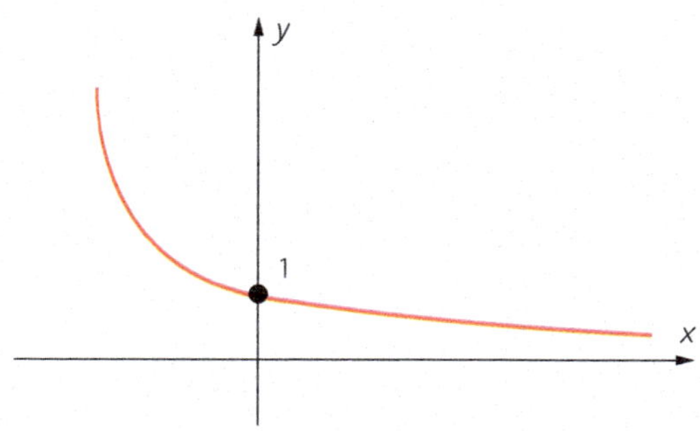

d)

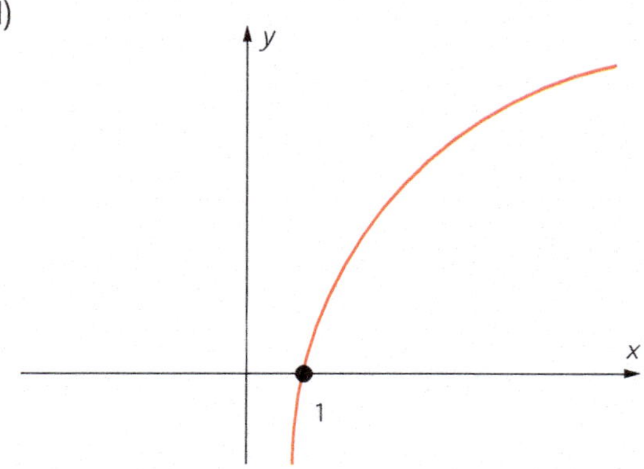

Função sobrejetiva ou sobrejetora

Uma função $f: A \rightarrow B$ é **sobrejetiva** (ou **sobrejetora**) quando, para qualquer elemento $y \in B$, pode-se encontrar um elemento $x \in A$ tal que $f(x) = y$. Ou seja, f é sobrejetiva quando todo elemento de B é imagem de pelo menos um elemento de A, isto é, quando $Im(f) = B$.

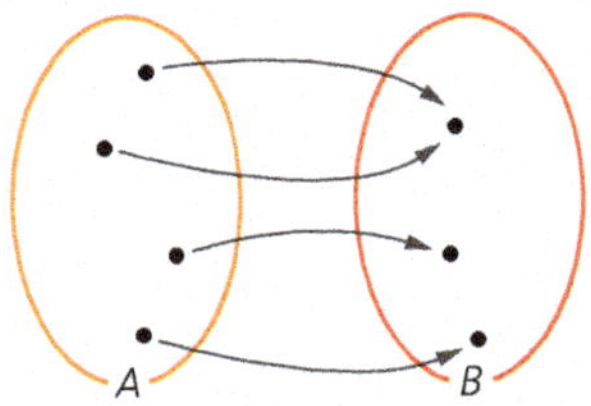

função sobrejetiva
$Im(f) = B$

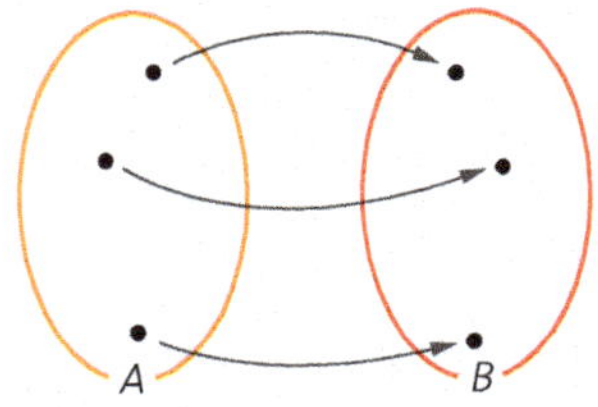

função sobrejetiva
$Im(f) = B$

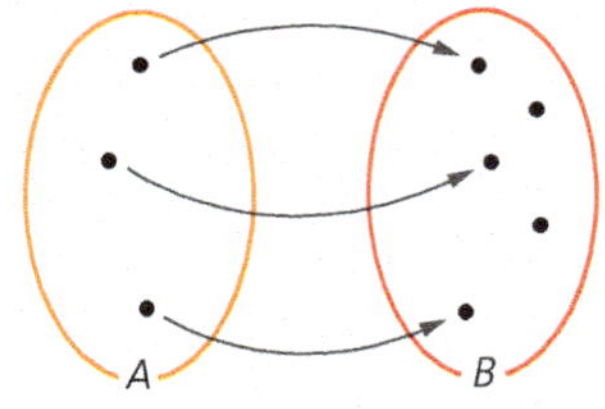

função não sobrejetiva
(Há elementos em B sem correspondente em A; logo, $Im(f) \neq B$.)

Exemplos:

a) A função $f: \mathbb{R} \rightarrow \mathbb{R}$ dada por $f(x) = x + 2$ é sobrejetiva, pois todo elemento de $\mathbb{R}$ é imagem de um elemento de $\mathbb{R}$ pela função $[x = f(x) - 2]$. Veja:

- $f(x) = 5$ é imagem de $x = 3$, pois $5 - 2 = 3$
- $f(x) = 0$ é imagem de $x = -2$, pois $0 - 2 = -2$

b) A função $f: \mathbb{R} \rightarrow \mathbb{R}_+$ dada por $f(x) = x^2$ é sobrejetiva, pois todo elemento de $\mathbb{R}_+$ é imagem de pelo menos um elemento de $\mathbb{R}$ pela função $\left[x = \pm\sqrt{f(x)}\right]$. Observe:

- $f(x) = 9$ é imagem de $x = 3$ e de $x = -3$ $(\pm\sqrt{9})$
- $f(x) = 2$ é imagem de $x = \sqrt{2}$ e de $x = -\sqrt{2}$ $(\pm\sqrt{2})$
- $f(x) = 0$ é imagem de $x = 0$ $(\pm\sqrt{0})$

c) A função sucessora $f: \mathbb{N} \rightarrow \mathbb{N}$ definida por $f(n) = n + 1$ **não** é sobrejetiva, pois $Im(f) = \mathbb{N}^*$ e $\mathbb{N}^* \neq \mathbb{N}$. Em outras palavras, dado $0 \in \mathbb{N}$, não há natural algum que seja transformado em 0 pela função f, isto é, 0 não é sucessor de nenhum número natural.

Função bijetiva ou correspondência biunívoca

Uma função $f: A \rightarrow B$ é **bijetiva** se ela for, simultaneamente, injetiva e sobrejetiva. Quando isso ocorre dizemos que há uma **bijeção** ou uma **correspondência biunívoca** entre A e B.

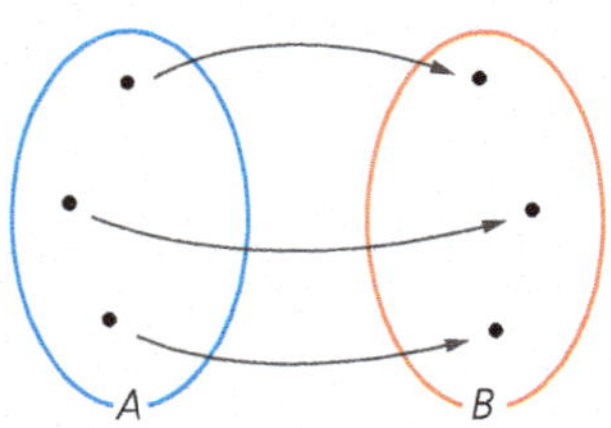

função bijetiva

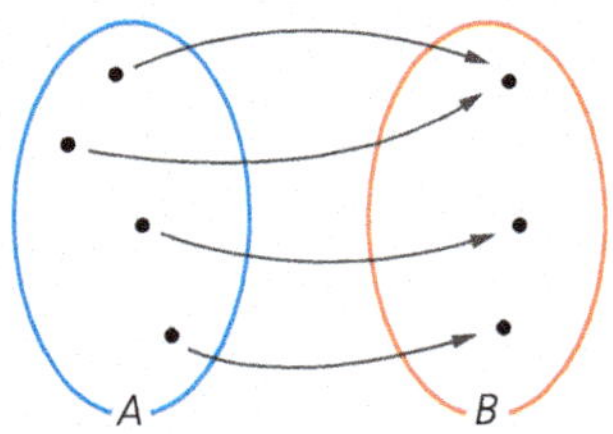

não é bijetiva
(É sobrejetiva, mas não injetiva.)

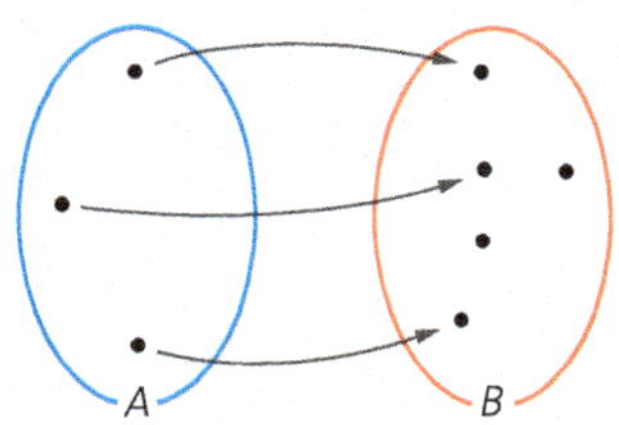

não é bijetiva
(É injetiva, mas não sobrejetiva.)

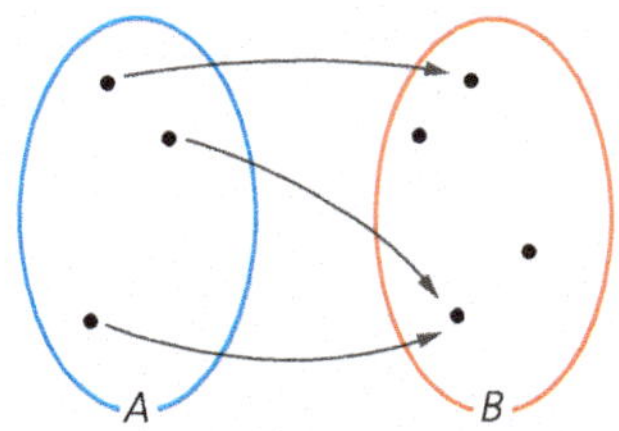

não é bijetiva
(Não é injetiva nem sobrejetiva.)

Exemplos:

a) A função $f: \mathbb{R} \rightarrow \mathbb{R}$ dada por $f(x) = 3x$ é bijetiva, pois é injetiva e sobrejetiva; cada número real do contradomínio $\mathbb{R}$ tem como correspondente no domínio a sua terça parte, que sempre existe e é única.

b) A função $f: \mathbb{R} \rightarrow \mathbb{R}$ dada por $f(x) = x + 1$ é bijetiva, pois é injetiva e sobrejetiva; cada número real do contradomínio $\mathbb{R}$ tem sempre um só correspondente no domínio $\mathbb{R}$ (esse número menos 1).

c) A função $f: \mathbb{R} \rightarrow \mathbb{R}_+$ dada por $f(x) = x^2$ não é bijetiva, pois, embora seja sobrejetiva, ela não é injetiva: $3 \neq -3$, mas $f(3) = f(-3) = 9$.

d) A função $f: \mathbb{R} \rightarrow \mathbb{R}$ dada por $f(x) = 2^x$ não é bijetiva; embora seja injetiva, ela não é sobrejetiva. Não existe $x \in \mathbb{R}$ tal que $f(x) = 0$ ou que $f(x)$ seja negativo.

Exercícios

50. Verifique se as seguintes funções são sobrejetivas ou não:

a) $f: \mathbb{R} \to \mathbb{R}$ dada por $f(x) = 2x - 1$

b) $f: \mathbb{R} \to \mathbb{R}$ dada por $f(x) = x^3$

c) $f: \{-1, 0, 1, 2\} \to \mathbb{R}$ dada por $f(x) = x^2 - 4$

d) $f: \mathbb{R}_+^* \to \mathbb{R}_+$ dada por $f(x) = x$

e) $f: \mathbb{R} \xrightarrow{f} \mathbb{R}$ dada por $f(x) = 3 + 2x$

51. Identifique quais das funções abaixo são sobrejetivas:

a)

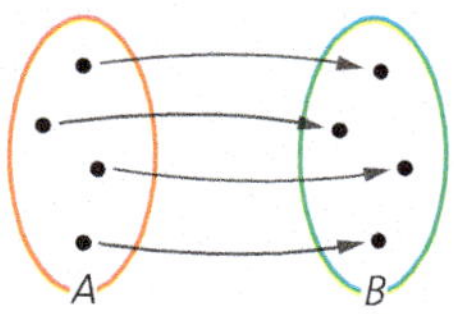

c)

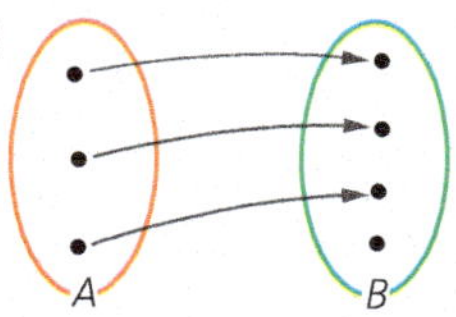

b)

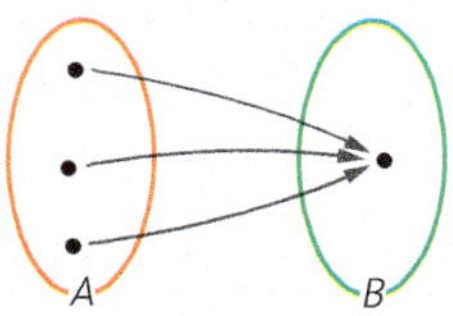

52. Analisando os gráficos abaixo, verifique se as funções são sobrejetivas ou não:

a) $f: [0, 4] \to [1, 5]$

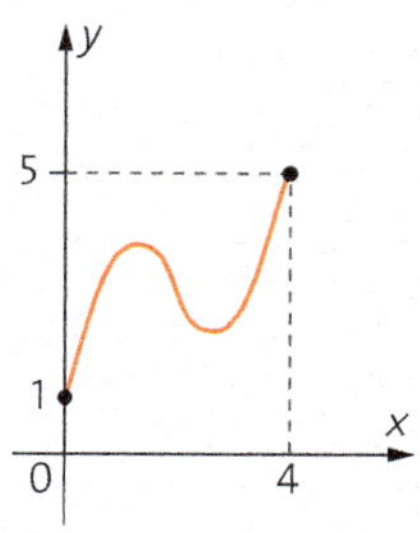

c) $f: \mathbb{R}_+ \to \mathbb{R}_+$

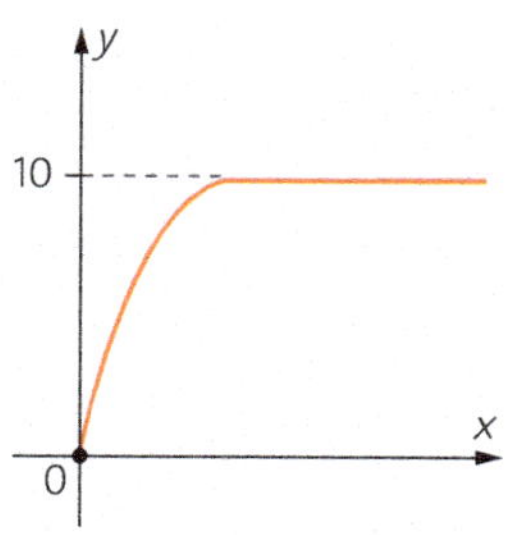

b) $g: [1, 7] \to [0, +\infty[$

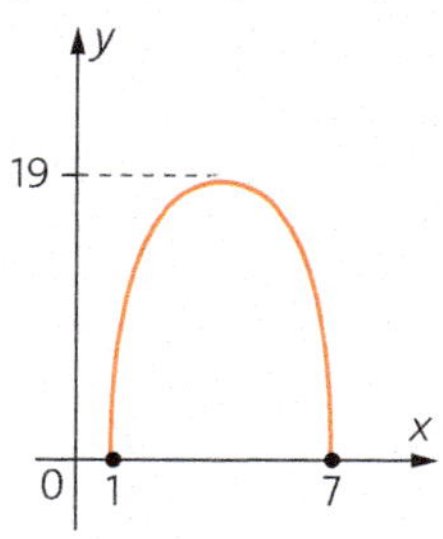

d) $f: \mathbb{R}_+ \to [0, 10]$

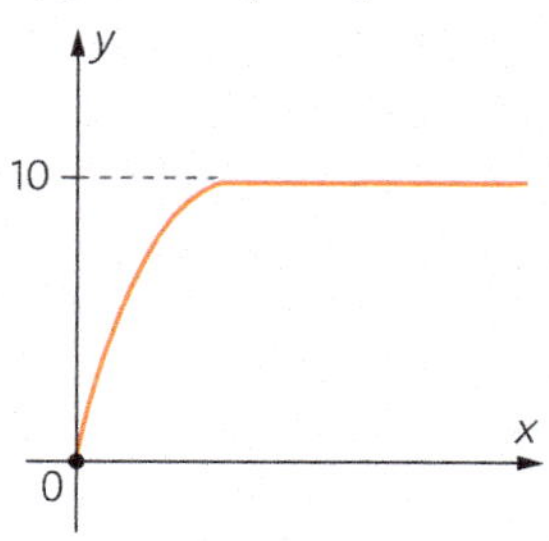

53. Verifique se as funções a seguir são sobrejetivas, injetivas ou bijetivas.

a) $f: A \to B$

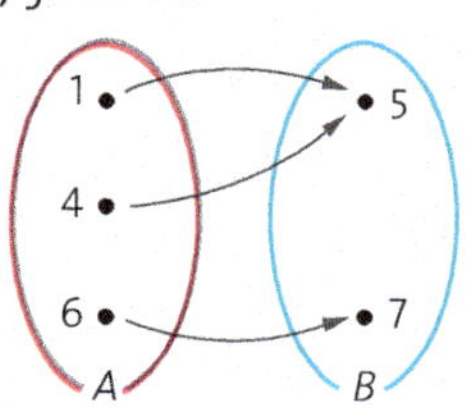

b) $f: A \to B$

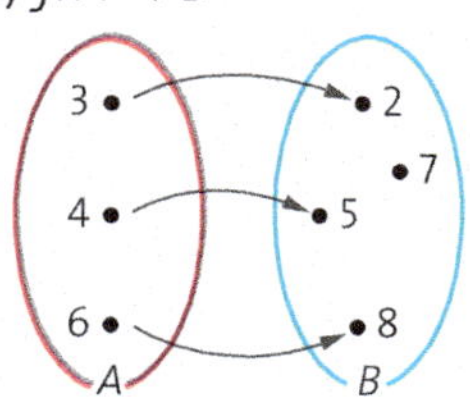

c) $f: A \to B$

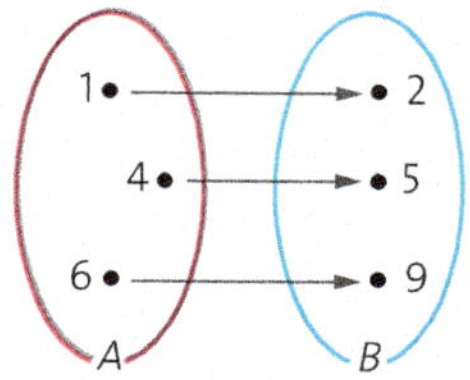

d) $f: \mathbb{R} \to \mathbb{R}$ tal que $f(x) = x^2$

e) $f: \{0, 1, 2, 3\} \to \mathbb{N}$ dada por $f(x) = x + 2$

f) $f: \mathbb{R}_+ \to \mathbb{R}_+$ tal que $f(x) = x^2$

54. Analisando os gráficos abaixo, verifique se as funções são sobrejetivas, injetivas ou bijetivas:

a) $g: [1,7] \to [0, +\infty[$

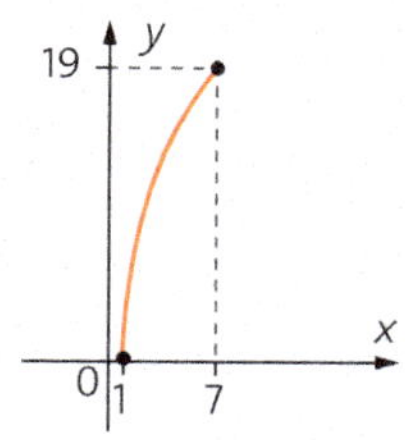

c) $f: \mathbb{R}_+ \to [0,10]$

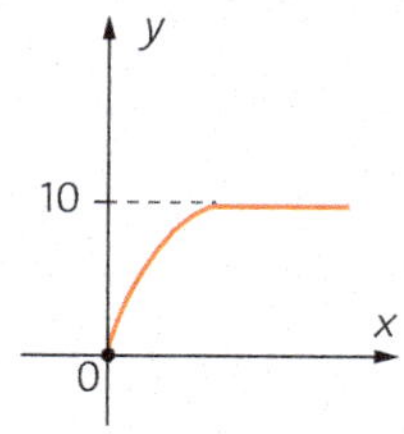

b) $f: \mathbb{R}_+ \to \mathbb{R}_+$

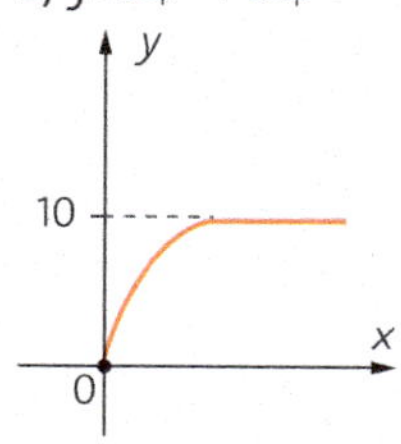

55. Analisando os gráficos a seguir, identifique quais funções são injetivas, sobrejetivas ou bijetivas:

a) $f: [0, 5] \to [0, 8]$

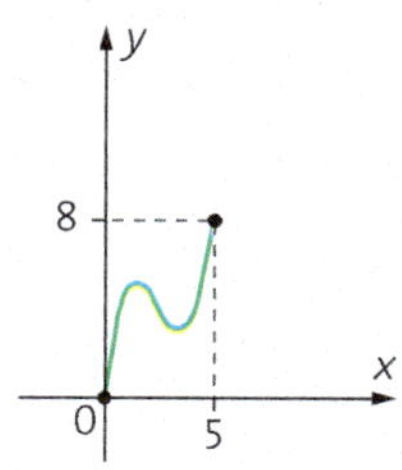

d) $f: \mathbb{R} \to \mathbb{R}$

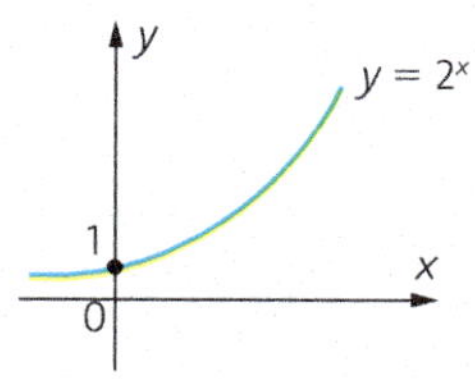

b) $f: [0, 5] \to [0, 8]$

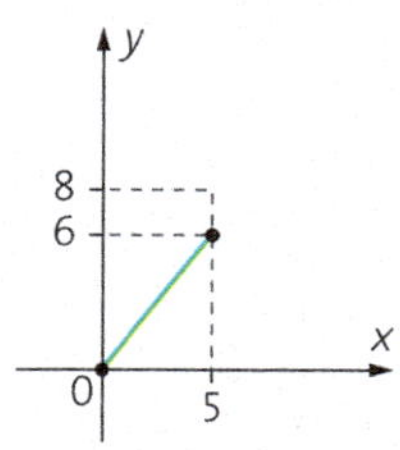

e) $f: \mathbb{R} \to \mathbb{R}_+$

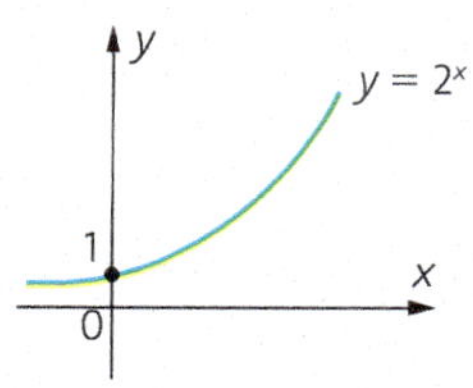

c) $f: [0, 5] \to [0, 8]$

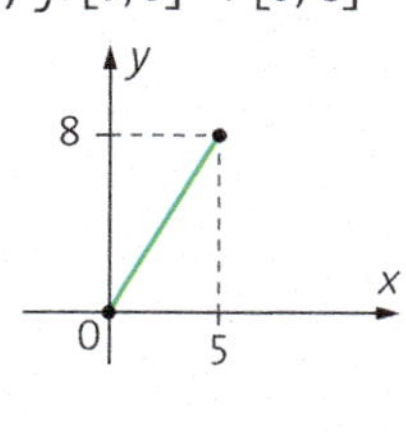

Número cardinal

Dizemos que dois conjuntos A e B têm o **mesmo número cardinal** quando se pode definir uma bijeção ou correspondência biunívoca $f: A \to B$.

Exemplos:

a) Sejam $A = \{1, 2, 3, 4, 5, 6\}$ e $B = \{3, 6, 9, 12, 15, 18\}$. Definindo $f: A \to B$ pela regra $f(x) = 3x$, temos uma bijeção ou uma correspondência biunívoca, em que $f(1) = 3$, $f(2) = 6$, $f(3) = 9$, $f(4) = 12$, $f(5) = 15$ e $f(6) = 18$.

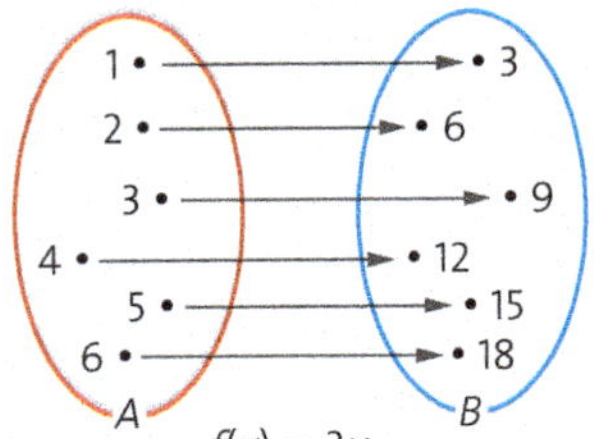

$f(x) = 3x$

Assim, dizemos que A e B têm o mesmo número cardinal.

b) Sejam $\mathbb{N}$ (conjunto dos números naturais) e P o conjunto dos números naturais pares: $P = \{0, 2, 4, 6, 8, ..., 2x, ...\}$. A função $f: \mathbb{N} \to P$ definida por $f(x) = 2x$ para todo $x \in \mathbb{N}$ é bijetiva.

Assim, entre $\mathbb{N}$ e P existe uma correspondência biunívoca e, portanto, $\mathbb{N}$ e P têm o mesmo número cardinal, embora P seja subconjunto de $\mathbb{N}$ e diferente de $\mathbb{N}$.

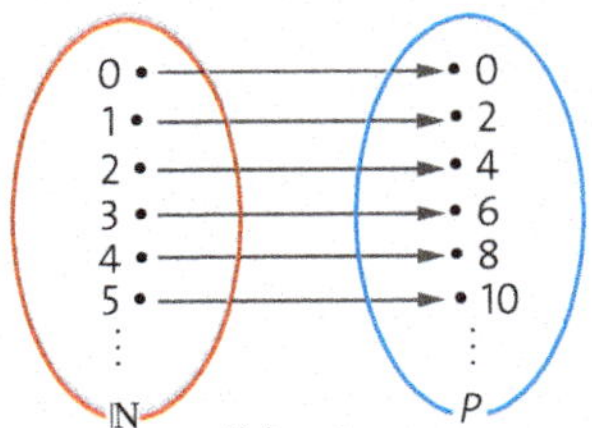

$f(x) = 2x$

Você sabia?
Quem descobriu essa curiosa correspondência biunívoca, há mais de 400 anos, foi o físico italiano Galileu Galilei.

Esse exemplo é curioso, pois além dos infinitos números pares há os infinitos números ímpares incluídos nos números naturais e, no entanto, $\mathbb{N}$ e P têm o mesmo número cardinal.

c) Sejam $A = \{0, 1, 2\}$ e $B = \{0, 1, 2, 3, 4\}$. Não é possível definir uma função $f: A \to B$ que seja bijetiva. Portanto, não existe uma correspondência biunívoca entre os conjuntos A e B. Logo, eles não têm o mesmo número cardinal.

Exercício

56. Verifique em cada caso se os conjuntos têm o mesmo número cardinal:

a) Sejam $\mathbb{N}$ (conjunto dos números naturais); I (conjunto dos números naturais ímpares) e $f: \mathbb{N} \to I$ definida por $f(x) = 2x + 1$ para qualquer $x \in \mathbb{N}$.

b) Sejam $A = \{1, 3, 5, 7\}$; $B = \{1, 3, 5, 7, 9\}$ e $f: A \to B$ definida por $f(x) = x$ para qualquer $x \in A$.

c) Sejam $A = \{1, 2, 3\}$; $B = \{1, 4, 9\}$ e $f: A \to B$ definida por $f(x) = x^2$ para qualquer $x \in A$.

d) Sejam $A = \{1, 2, 3, 4\}$; $B = \{0, 7, 26, 63\}$ e $f: A \to B$ definida por $f(x) = x^3 - 1$ para qualquer $x \in A$.

e) Sejam $\mathbb{N}$ (conjunto dos números naturais); M (conjunto dos múltiplos de 3), ou seja, $M = \{0, 3, 6, 9, ..., 3x, ...\}$; e $f: \mathbb{N} \to M$ definida por $f(x) = 3x$ para qualquer $x \in \mathbb{N}$.

Conjuntos finitos e conjuntos infinitos

Dado $n \in \mathbb{N}^*$, vamos indicar por I_n o conjunto dos números naturais de 1 até n. Por exemplo, $I_1 = \{1\}$, $I_3 = \{1, 2, 3\}$ e $I_6 = \{1, 2, 3, 4, 5, 6\}$. De modo geral, $I_n = \{1, 2, 3, 4, ..., n\}$.

Dizemos que um conjunto A tem n elementos e é finito quando é possível estabelecer uma correspondência biunívoca $f: I_n \rightarrow A$. O número natural n chama-se então **número cardinal** do conjunto A, ou, simplesmente, número de elementos de A.

Por exemplo, se $A = \{a, e, i, o, u\}$, é possível definir a bijeção ou correspondência biunívoca $f: I_5 \rightarrow A$. Logo, o número cardinal de A é 5 ou, simplesmente, o número de elementos de A é 5. Assim, A é um conjunto finito com 5 elementos.

Admite-se o conjunto vazio como sendo finito e dizemos que $\varnothing$ tem zero elemento. Assim, por definição, zero é o número cardinal do conjunto vazio.

> **Para refletir**
> É verdade que todo número natural n é o número cardinal de algum conjunto finito?

Dizemos que um conjunto A é **infinito** quando ele não é finito, ou seja, A não é vazio e para qualquer $n \in \mathbb{N}^*$ **não** existe correspondência biunívoca $f: I_n \rightarrow A$.

O conjunto dos números naturais $\mathbb{N} = \{0, 1, 2, 3, 4, 5, ...\}$ é infinito, pois não existe correspondência biunívoca $f: I_n \rightarrow \mathbb{N}$ para qualquer n.

13 Função composta

Vamos considerar a seguinte situação:

Um terreno foi dividido em 20 lotes, todos de forma quadrada e de mesma área. Nessas condições, vamos mostrar que a área do terreno é uma função da medida do lado de cada lote representando uma composição de funções.

Para isso, indicaremos por:

- $x \rightarrow$ medida do lado de cada lote;
- $y \rightarrow$ área de cada lote;
- $z \rightarrow$ área do terreno.

(I) Área de cada lote = (medida do lado)$^2 \Rightarrow y = x^2$
Então, a área de cada lote é uma função da medida do lado, ou seja:
$y = f(x) = x^2$

(II) Área do terreno = 20 · (área de cada lote) $\Rightarrow z = 20y$
Então, a área do terreno é uma função da área de cada lote, ou seja:
$z = g(y) = 20y$

Comparando (I) e (II), temos:
Área do terreno = 20 · (medida do lado)^2, ou seja: $z = 20x^2$, pois $y = x^2$ e $z = 20y$.
Então, a área do terreno é uma função da medida do lado de cada lote, ou seja: $z = h(x) = 20x^2$.

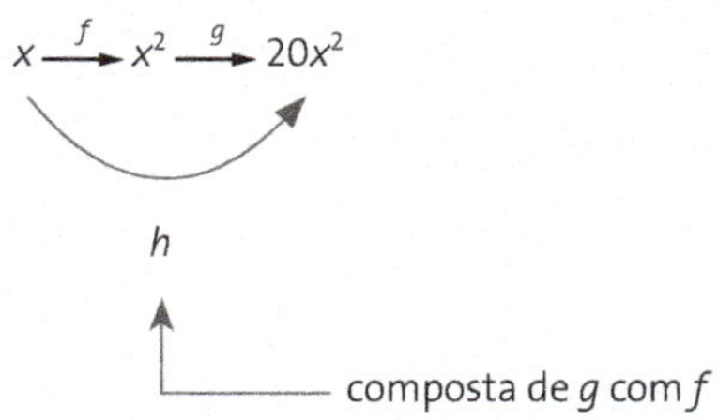

A função h assim obtida denomina-se **função composta** de g com f, e pode ser indicada por $g \circ f$.

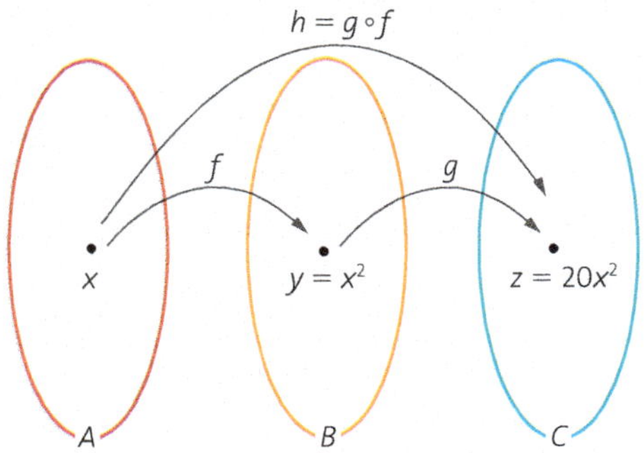

Vemos que:

- cada $x \in A$ corresponde a um único $y \in B$ tal que $y = x^2$;
- cada $y \in B$ corresponde a um único $z \in C$ tal que $z = 20y$;
- cada $x \in A$ corresponde a um único $z \in C$ tal que $z = 20y = 20x^2$.

Logo, existe uma função h (composta de g e f) de A em C definida por $h(x) = 20x^2$.

Assim, $h(x) = (g \circ f)(x) = g(f(x))$ para todo $x \in D(f)$.

$g(f(x))$: lê-se "g de f de x"

Portanto, $(g \circ f)(x) = g(f(x))$ para todo $x \in D(f)$.

Definição de função composta

> Dadas as funções f: $A \to B$ e g: $B \to C$, denominamos função composta de g e f a função $g \circ f$: $A \to C$, que é definida por $(g \circ f)(x) = g(f(x))$, $x \in A$.

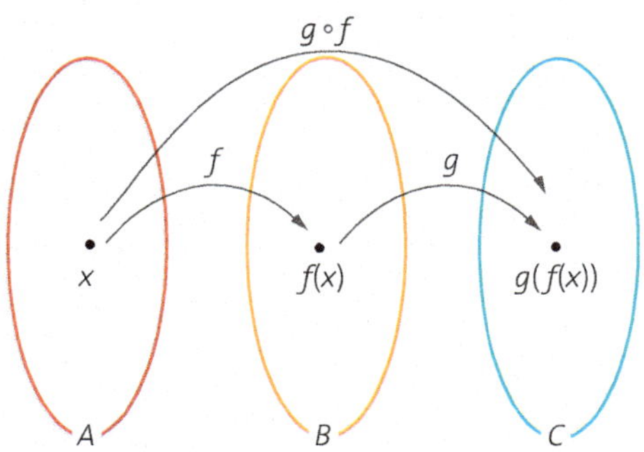

Exemplo:

Dados os conjuntos $A = \{1, 2, 3, 4\}$, $B = \{2, 3, 4, 5\}$ e $C = \{4, 9, 16, 25\}$, vamos considerar as funções:

f: $A \to B$ dada por $f(x) = x + 1$

g: $B \to C$ dada por $g(y) = y^2$

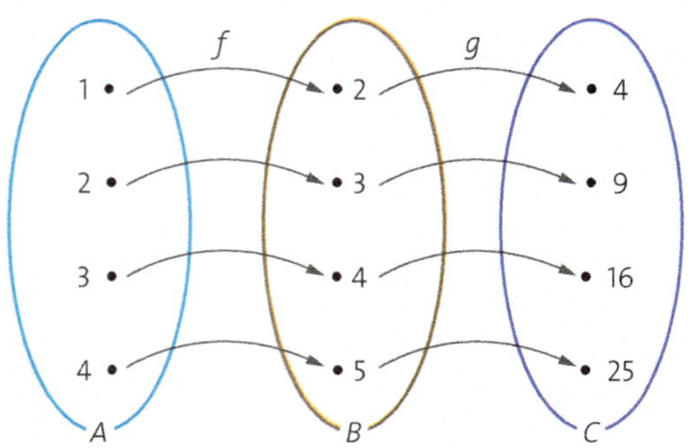

Notamos que:

$(g \circ f)(1) = g(f(1)) = g(2) = 4$ e que $(1 + 1)^2 = 4$

$(g \circ f)(2) = g(f(2)) = g(3) = 9$ e que $(2 + 1)^2 = 9$

$(g \circ f)(3) = g(f(3)) = g(4) = 16$ e que $(3 + 1)^2 = 16$

$(g \circ f)(4) = g(f(4)) = g(5) = 25$ e que $(4 + 1)^2 = 25$

Percebemos que $g(f(x)) = (x + 1)^2$, ou seja, $(g \circ f)(x) = g(f(x)) = g(x + 1) = (x + 1)^2$.

Exercícios resolvidos

19. Sejam $f(x) = 3x - 2$ e $g(x) = 4x + 1$. Determine $g(f(x))$.

Resolução

$g(f(x)) = g(3x - 2) = 4(3x - 2) + 1 = 12x - 8 + 1 =$
$= 12x - 7$

20. Sejam $f(x) = x^2 - 1$ e $g(x) = x + 2$. Determine $(f \circ g)(x)$ e $(g \circ f)(x)$.

Resolução

$(f \circ g)(x) = f(g(x)) = f(x + 2) = (x + 2)^2 - 1 =$
$= x^2 + 4x + 4 - 1 = x^2 + 4x + 3$
$(g \circ f)(x) = g(f(x)) = g(x^2 - 1) = (x^2 - 1) + 2 =$
$= x^2 - 1 + 2 = x^2 + 1$

21. Dada a função $f(x) = x^2 + 1$, determine $f(f(2))$.

Resolução

$f(f(x)) = f(x^2 + 1) = (x^2 + 1)^2 + 1 = x^4 + 2x^2 + 1 + 1 =$
$= x^4 + 2x^2 + 2$
$f(f(2)) = (2)^4 + 2(2)^2 + 2 = 16 + 8 + 2 = 26$
A questão pode ser resolvida também da seguinte maneira:
$f(2) = (2)^2 + 1 = 4 + 1 = 5$
$f(f(2)) = f(5) = (5)^2 + 1 = 25 + 1 = 26$

22. Dadas as funções $f(x) = 2x - 1$ e $f(g(x)) = 6x + 11$, calcule $g(x)$.

Resolução

$f(g(x)) = 2g(x) - 1$ e $f(g(x)) = 6x + 11$
Então:
$2g(x) - 1 = 6x + 11 \Rightarrow 2g(x) = 6x + 12 \Rightarrow$
$\Rightarrow g(x) = \dfrac{6x + 12}{2} \Rightarrow g(x) = 3x + 6$

23. Dadas as funções $f(x) = 2x + a$ e $g(x) = 3x - 1$, determine o valor de a para que se tenha $(f \circ g)(x) = (g \circ f)(x)$.

Resolução

$(f \circ g)(x) = f(g(x)) = f(3x - 1) = 2(3x - 1) + a =$
$= 6x - 2 + a$
$(g \circ f)(x) = g(f(x)) = g(2x + a) = 3(2x + a) - 1 =$
$= 6x + 3a - 1$
Como $(f \circ g)(x) = (g \circ f)(x)$, temos:
$6x - 2 + a = 6x + 3a - 1 \Rightarrow a - 3a = -1 + 2 \Rightarrow$
$\Rightarrow -2a = 1 \Rightarrow 2a = -1 \Rightarrow a = -\dfrac{1}{2}$

> **Fique atento!**
> Observe que, geralmente, $(g \circ f)(x) \neq (f \circ g)(x)$.

24. Dada a função $f(x + 1) = x^2$, determine:

a) $f(4)$;
b) $f(a)$;
c) $f(x)$.

Resolução

a) Para obter $f(4)$, precisamos fazer:
$x + 1 = 4 \Rightarrow x = 3$
Assim:
$f(3 + 1) = 3^2 \Rightarrow f(4) = 9$

b) Para obter $f(a)$, precisamos fazer:
$x + 1 = a \Rightarrow x = a - 1$
Assim:
$f(a - 1 + 1) = (a - 1)^2 \Rightarrow f(a) = a^2 - 2a + 1$

c) Se $f(a) = a^2 - 2a + 1$, então $f(x) = x^2 - 2x + 1$.

Exercícios

57. Dados $f(x) = x - 1$ e $g(x) = 5x - 6$, determine:

a) $f(g(x))$;
b) $g(f(x))$;
c) $f(f(x))$;
d) $g(g(x))$.

58. Sejam as funções $f(x) = x^2 - 2$ e $g(x) = 2x + 1$. Determine:

a) $(f \circ g)(x)$;
b) $(g \circ f)(x)$.

59. Sejam as funções $f(x) = x^2 - 2x + 1$ e $g(x) = 2x + 1$. Calcule:

a) $f(g(1))$;
b) $g(f(2))$;
c) $f(f(1))$.

60. Sendo $f(x) = 3x + 5$ e $f(g(x)) = 6x - 13$, determine $g(x)$.

61. Dados $(f \circ g)(x) = x^2$ e $g(x) = x + 2$, determine:

a) $(f \circ g)(5)$;
b) $f(5)$;
c) $f(a)$;
d) $f(x)$.

62. Dado $f(2x) = x + 1$, determine $f(x)$.

63. Dados $(f \circ g)(x) = x$ e $g(x) = 2x - 1$, determine $f(x)$.

14 Função inversa

Quando relacionamos o lado com o perímetro de um quadrado, podemos pensar em duas funções bijetivas:

- uma, que a cada valor do lado associa o perímetro $P = 4\ell$;
- outra, que a cada valor do perímetro associa o lado $\left(\ell = \frac{P}{4}\right)$.

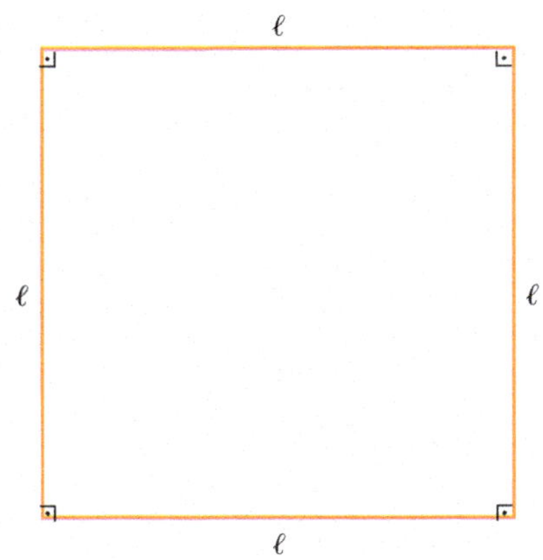

ℓ: lado
P: perímetro

Observe:

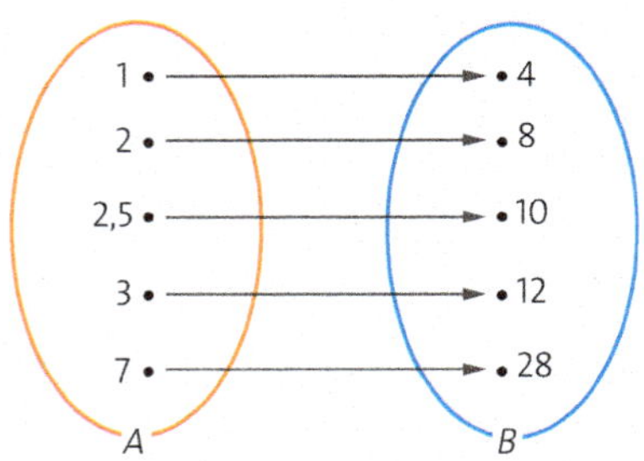

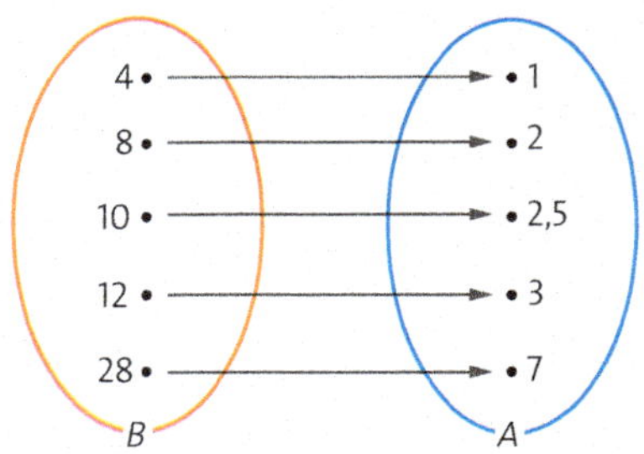

$f: A \rightarrow B$

$f(x) = 4x$

$D(f) = \{1; 2; 2{,}5; 3; 7\}$
$Im(f) = \{4; 8; 10; 12; 28\}$

$g: B \rightarrow A$

$g(x) = \frac{x}{4}$

$D(g) = \{4; 8; 10; 12; 28\}$
$Im(g) = \{1; 2; 2{,}5; 3; 7\}$

Temos que:

- $D(f) = Im(g)$;
- $D(g) = Im(f)$;
- f e g são bijetivas.

Em casos assim, dizemos que uma função é a **inversa** da outra. É costume indicar a função g, inversa de f, por f^{-1}:

$f: A \rightarrow B$ e $f^{-1}: B \rightarrow A$

$f(x) = 4x$ e $f^{-1}(x) = \frac{x}{4}$

Fique atento!
Uma função que admite inversa é chamada **função invertível**.

Definição de função inversa

> Dada uma função $f: A \to B$, bijetiva, denomina-se **função inversa** de f a função $g: B \to A$ tal que, se $f(a) = b$, então $g(b) = a$, com $a \in A$ e $b \in B$.

Como já vimos, representamos a função inversa de f com o símbolo f^{-1} (lemos: inversa de f). Exemplificando no diagrama de flechas:

$f: A \to B$

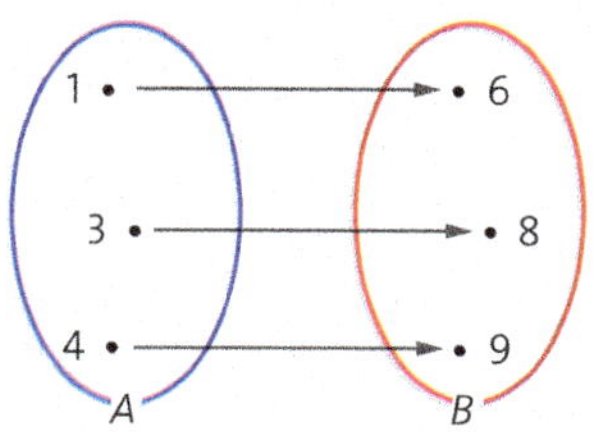

$g: B \to A$

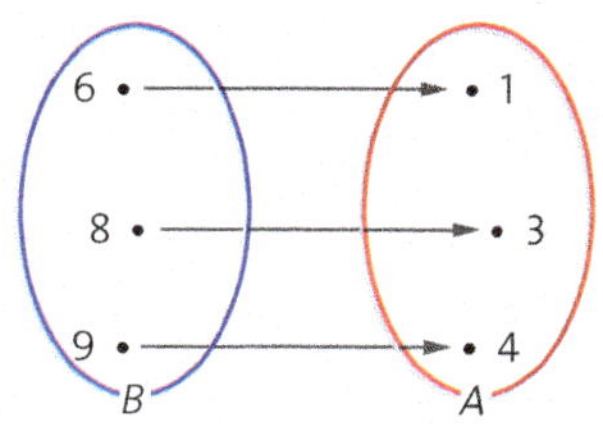

Fique atento!
f^{-1} não é $\dfrac{1}{f}$.

De modo geral, se f é bijetiva, temos:

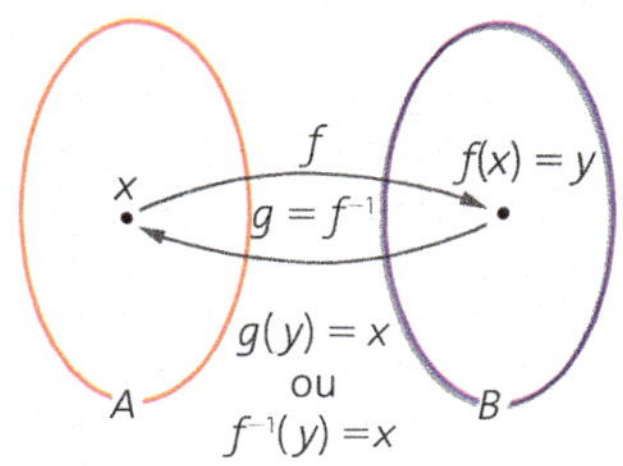

Fique atento!
Só existe função inversa de uma função bijetiva.

em que $g: B \to A$ é a função inversa da função $f: A \to B$, uma vez que se tem:

$$g(y) = g(f(x)) = x \text{ para todo } x \in A \text{ e } f(g(y)) = y, \text{ para todo } y \in B.$$

Processo para determinar a função inversa de uma função bijetiva dada

No exemplo dado anteriormente, a função bijetiva $f: A \to B$, definida por $f(x) = 4x$, tem como função inversa a função $g: B \to A$, definida por $g(y) = \dfrac{y}{4}$, uma vez que:

$$g(y) = g(f(x)) = g(4x) = \frac{4x}{4} = x \text{ para todo } x \in A$$

e

$$f(g(y)) = f\left(\frac{y}{4}\right) = 4 \cdot \frac{y}{4} = y \text{ para todo } y \in B$$

Regra prática:

Vejamos um roteiro que nos permite, a partir da fórmula da função bijetiva f, chegar à fórmula de f^{-1}:

1ª) escrevemos $f(x) = 4x$ na forma $y = 4x$;

2ª) em $y = 4x$, trocamos y por x e x por y, obtendo $x = 4y$;

3ª) em $x = 4y$, determinamos y em função de x, obtendo $y = \dfrac{x}{4}$ (pois não é comum, neste nível, considerar y como variável independente);

4ª) escrevemos $y = \dfrac{x}{4}$ na forma $f^{-1}(x) = \dfrac{x}{4}$, que é a **inversa** de f.

Outros exemplos de determinação da função inversa f^{-1}:

a) f: $\mathbb{R} \to \mathbb{R}$ é função bijetiva tal que $f(x) = -3x + 5$

$y = -3x + 5$

$x = -3y + 5 \Rightarrow 3y = -x + 5 \Rightarrow y = \dfrac{-x + 5}{3} \Rightarrow f^{-1}(x) = \dfrac{-x + 5}{3}$

Testando valores:

Por f: $x = 1 \to f(1) = -3 + 5 = 2$

Por f^{-1}: $x = 2 \to f^{-1}(2) = \dfrac{-2 + 5}{3} = 1$

b) f: $\mathbb{R}^* \to \mathbb{R} - \{2\}$ é função bijetiva tal que $f(x) = \dfrac{2x + 1}{x}$

$y = \dfrac{2x + 1}{x}$

$x = \dfrac{2y + 1}{y} \Rightarrow xy = 2y + 1 \Rightarrow xy - 2y = 1 \Rightarrow y(x - 2) = 1 \Rightarrow y = \dfrac{1}{x - 2} \Rightarrow f^{-1}(x) = \dfrac{1}{x - 2}$

Testando valores:

Por f: $x = 1 \to f(1) = \dfrac{2 + 1}{1} = 3$

Por f^{-1}: $x = 3 \to f^{-1}(3) = \dfrac{1}{3 - 2} = 1$

c) f: $\mathbb{R}_+ \to \mathbb{R}_+$ dada por $f(x) = x^2$ é uma função bijetiva $y = x^2$

$x = y^2 \Rightarrow y = \sqrt{x} \Rightarrow f^{-1}(x) = \sqrt{x}$

Testando valores:

Por f: $x = 5 \to f(5) = 5^2 = 25$

Por f^{-1}: $x = 25 \to f^{-1}(25) = \sqrt{25} = 5$

Fique atento!

Note que o domínio e o contradomínio de $f(x) = x^2$ foram cuidadosamente escolhidos para que a função f seja bijetiva. Se tivéssemos f: $\mathbb{R} \to \mathbb{R}$ a função $f(x) = x^2$ não seria bijetiva e não teria inversa.

Observações:

1ª) Sabemos que as funções f: $A \to B$, definida por $f(x) = 8x$ e g: $B \to A$, definida por $g(y) = \dfrac{1}{8}y$, por exemplo, são inversas. Observe que:

$(g \circ f)(x) = g(f(x)) = g(8x) = \dfrac{1}{\not{8}}(\not{8}x) = x$ para todo $x \in A$

$(f \circ g)(y) = f(g(y)) = f\left(\dfrac{1}{8}y\right) = \not{8} \cdot \left(\dfrac{1}{\not{8}}y\right) = y$ para todo $y \in B$

De modo geral, dizemos que a função g: $B \to A$ é inversa da função f: $A \to B$ quando se tem:

$(g \circ f)(x) = g(f(x)) = x$ para qualquer $x \in A$

e

$(f \circ g)(y) = f(g(y)) = y$ para qualquer $y \in B$

2ª) Uma função admite inversa se, e somente se, é bijetiva.

3ª) f é a inversa da função g se, e somente se, $(g \circ f)(x) = (f \circ g)(x) = x$.

Exercício resolvido

25. Dada a função $\mathbb{R} \xrightarrow{f} \mathbb{R}$ definida por $f(x) = \dfrac{3x - 2}{4}$, determine:

a) $f^{-1}(x)$;

b) $f^{-1}(7)$.

Resolução

a) $f(x) = \dfrac{3x - 2}{4} \Rightarrow y = \dfrac{3x - 2}{4}$

$x = \dfrac{3y - 2}{4} \Rightarrow 3y - 2 = 4x \Rightarrow 3y = 4x + 2 \Rightarrow y = \dfrac{4x + 2}{3} \Rightarrow$

$\Rightarrow f^{-1}(x) = \dfrac{4x + 2}{3}$

b) $f^{-1}(7) = \dfrac{4 \cdot 7 + 2}{3} = 10$

> **Para refletir**
> Como descobrir $f^{-1}(7)$ sem usar $f^{-1}(x)$?

Exercícios

64. Determine a função inversa das seguintes funções bijetivas de $\mathbb{R}$ em $\mathbb{R}$:
   a) $f(x) = x - 6$
   b) $f(x) = 1 - 2x$
   c) $f(x) = 3x + 4$
   d) $f(x) = 3x$

65. Determine a função inversa $f^{-1}(x)$ da função $f: \mathbb{R} - \{2\} \to \mathbb{R} - \{1\}$ dada por $f(x) = \dfrac{x}{x - 2}$.

> **Para refletir**
> Observe as sentenças de f e de f^{-1} e os conjuntos $\mathbb{R} - \{2\}$ e $\mathbb{R} - \{1\}$. Tire conclusões.

66. Seja a função $f(x) = 3x - 4$ definida de $\mathbb{R}$ em $\mathbb{R}$, determine:
   a) $f^{-1}(x)$;
   b) $f^{-1}(2)$.

67. Seja $f: \mathbb{R} \to \mathbb{R}$ a função bijetiva tal que $f(x) = 2x + 5$. Determine:
   a) a função g, inversa de f, isto é, $g(x) = f^{-1}(x)$;
   b) $(f \circ g)(x)$ e $(g \circ f)(x)$.

68. A função $f: \mathbb{R} \to \mathbb{R}$ é definida por $f(x) = \dfrac{x - 1}{3}$. Use $(f \circ g)$ e $(g \circ f)$ para descobrir qual é a equação da função g, inversa de f: $g(x) = 3x - 1$ ou $g(x) = 3x + 1$.

69. Seja uma função injetiva f que passa pelo ponto (2, 5). Sua inversa passa pelo ponto $(5, y)$. Qual é o valor de y?

70. Seja $f^{-1}(x)$ a função inversa de $f(x) = 3 + \dfrac{1}{5}x$ sendo $\mathbb{R} \xrightarrow{f} \mathbb{R}$. Calcule $f^{-1}(3)$.

71. Seja uma função injetiva g que passa pelo ponto $(1, -3)$. Determine $f^{-1}(-3)$.

72. Dada a função $f: \mathbb{R} \to \mathbb{R}$ definida por $f(x) = x^2 + 1$, faça o que se pede:
   a) Determine $D(f)$, $CD(f)$ e $Im(f)$.
   b) Calcule $f(5)$, $f(\sqrt{3})$, $f(-1)$, $f(0)$ e $f\left(\dfrac{1}{2}\right)$.
   c) Calcule x tal que $f(x) = 10$.
   d) Calcule $f(1) - f(\sqrt{7})$ e $\dfrac{f(5\sqrt{2}) - f(0)}{f(-2)}$.
   e) Calcule x tal que $f(x) = 0$.
   f) Calcule x tal que $f(x) = 1$.
   g) Verifique se f é sobrejetiva, injetiva e bijetiva. Justifique.
   h) Existe a função f^{-1}, inversa de f? Justifique.
   i) f é função par ou função ímpar?
   j) Determine $(f \circ f)(x)$.

73. Dada a função bijetiva $f: \mathbb{R} \to \mathbb{R}$ definida por $f(x) = \dfrac{3 - 2x}{4}$, determine $f^{-1}(x)$, $f(0)$ e $f^{-1}(0)$.

Gráfico da função inversa

Vamos observar, por meio de exemplos, como ficam dispostos os gráficos de uma função f e da sua função inversa f^{-1} em um mesmo sistema de eixos.

a) Seja a função f dada por $f(x) = x + 2$ e a sua função inversa dada por $f^{-1}(x) = x - 2$.

f

x	$y = f(x)$
0	2
1	3
2	4

f^{-1}

x	$y = f(x)$
0	−2
1	−1
2	0

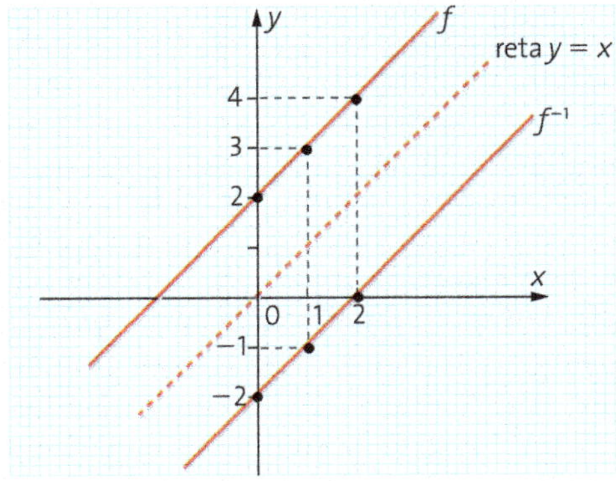

Fique atento!
Se (a, b) pertence ao gráfico de f, então (b, a) pertence ao gráfico de f^{-1}.

b) Seja a função bijetiva $f: \mathbb{R}_+ \to \mathbb{R}_+$ dada por $f(x) = x^2$ e a sua função inversa $f^{-1}: \mathbb{R}_+ \to \mathbb{R}_+$ dada por $f^{-1}(x) = \sqrt{x}$.

f

x	$y = f(x)$
0	0
1	1
2	4

f^{-1}

x	$y = f(x)$
0	0
1	1
4	2

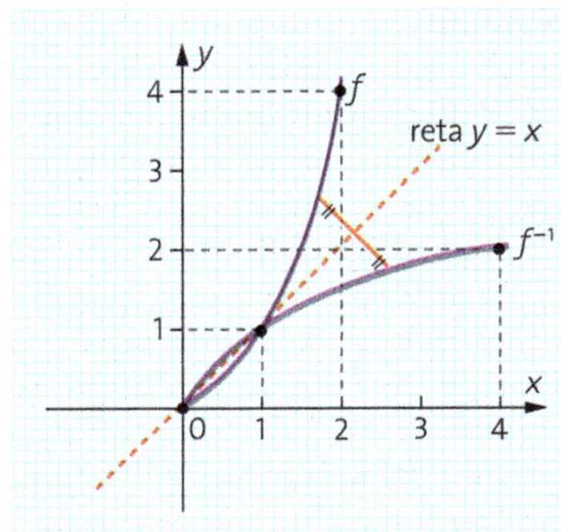

Fique atento!
(a, b) e (b, a) são pontos simétricos em relação à reta $y = x$.

Os exemplos dados sugerem que o gráfico de uma função f e o gráfico da sua função inversa f^{-1} são simétricos em relação à reta $y = x$, que representa a bissetriz dos quadrantes ímpares. É possível provar que isso ocorre em todos os casos de duas funções inversas.

Exercícios

74. Seja $f: \mathbb{R} \to \mathbb{R}$ a função definida por $f(x) = -6x + 2$.

a) Determine $f^{-1}(x)$.

b) Construa os gráficos de f e f^{-1} no mesmo sistema de eixos.

75. Seja $f(x)$ a função cujo gráfico é:

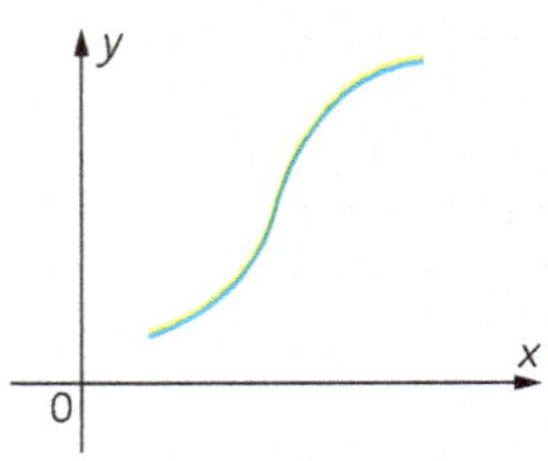

O gráfico que melhor representa a função inversa da função f é:

a)
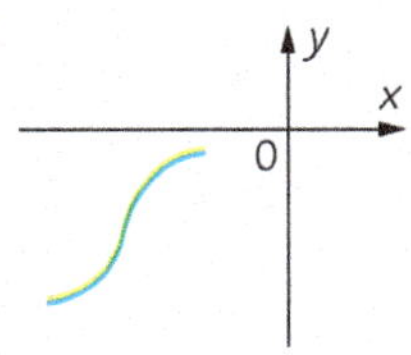

b)
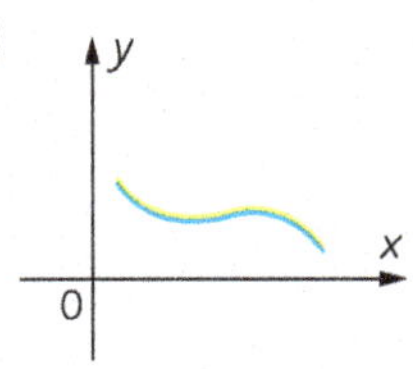

c)
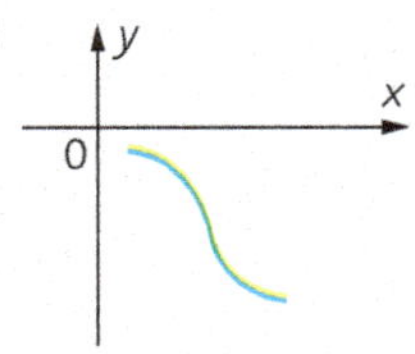

d)
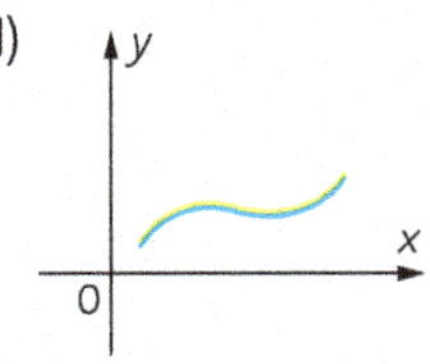

15 Função e sequências

Agora, vamos estudar um assunto bastante interessante que está relacionado com as funções. Antes disso, forme dupla com um colega e tentem descobrir qual número está faltando em cada item abaixo:

a) 2, 4, 6, ?, 10, 12, ...
b) 1, 5, 9, 13, ?, 21, ...
c) 1, 2, 4, 8, 16, ?, 64, ...
d) 1, −2, 4, −8, 16, ?, 64, ...
e) 2, 10, 50, ?, 1 250, ...
f) 11, 6, 1, ?, ?, −14, ...

Esses números estão dispostos de acordo com uma **sequência**.

Uma sequência é uma função cujo domínio é o conjunto $\mathbb{N}^*$, conjunto dos naturais excetuando-se o zero: $f: \mathbb{N}^* \rightarrow \mathbb{R}$. A cada número natural diferente de zero corresponde um único número real x_n:

$$1 \rightarrow x_1;\ 2 \rightarrow x_2;\ 3 \rightarrow x_3;\ ...;\ n \rightarrow x_n;\ ...$$

Uma sequência é indicada por: $(x_1, x_2, ..., x_n, ...)$ ou (x_n).

Por exemplo, a função de $\mathbb{N}^*$ em $\mathbb{R}$ dada por $f(x) = 3x$ determina a sequência (3, 6, 9, 12, ...) dos múltiplos positivos de 3.

Dois importantes exemplos de sequências são as progressões aritmética e geométrica. Veja outros exemplos de sequências no capítulo 7.

> **Fique atento!**
> Podemos ter também sequências finitas. Nesse caso, a função é $f: \{1, 2, 3, ..., n\} \rightarrow \mathbb{R}$, e a sequência $x_1, x_2, ..., x_n$ tem n termos.

Progressão aritmética

A sequência 1, 8, 15, 22, 29, 36, 43, ... é uma **progressão aritmética** (**PA**). Observe que cada termo, a partir do segundo, é a soma do termo anterior com 7. Nesse caso, essa constante 7 chama-se **razão** da PA.

Observe também que na PA: 1, 8, 15, 22, 29, 36, 43, ... temos:

1º termo: 1
2º termo: $8 = 1 + 7$
3º termo: $15 = 8 + 7$,
e assim por diante.

> **Para refletir**
> Que número vem depois do 43 nessa PA?

Progressão geométrica

A sequência: 2, 6, 18, 54, 162, 486, ... é uma **progressão geométrica** (**PG**). Observe que cada termo, a partir do segundo, é o produto do anterior por 3. Nesse caso, essa constante 3 chama-se **razão** da PG. Observe que:

1º termo: 2
2º termo: $6 = 2 \cdot 3$
3º termo: $18 = 6 \cdot 3$
4º termo: $54 = 18 \cdot 3$
5º termo: $162 = 54 \cdot 3$,
e assim por diante.

> **Para refletir**
> Que número vem depois do 486 nessa PG?

Exercícios

76. Escreva a sequência determinada pela função f de $\mathbb{N}^*$ em $\mathbb{R}$, tal que $f(x) = (x - 1)^2$.

77. Quais das sequências são PA ou PG? Nas que forem progressões, indique qual é a razão.

a) 10, 5, 0, −5, −10, −15, ...
b) 3, 6, 12, 24, 48, 96, ...
c) 2, 5, 8, 10, 13, 15, 18, ...

78. Qual é a lei da função f de $\mathbb{N}^*$ em $\mathbb{R}$ que determina a sequência (1, 3, 5, 7, 9, ...)?

79. O primeiro termo de uma PA é 6. A razão é 5. Qual é o 10º termo dessa PA?

80. O primeiro termo de uma PG é 4. A razão é 3. Qual é o 6º termo dessa PG?

81. Invente uma PA.

82. Invente uma PG.

Outros contextos

Obesidade

Quando comemos mais do que precisamos, o excesso é armazenado em forma de gordura. Em outras palavras, se o número de calorias que "entra" no corpo for maior que o de calorias que "sai", engordamos. Esse desequilíbrio pode ser gerado por hábitos alimentares errados, pouca atividade física, fatores hereditários, problemas glandulares, etc. O armazenamento de gordura que se aproxima de um nível que compromete a saúde de uma pessoa é chamado de obesidade.

Papel confuso da gordura na doença

Foi estabelecida uma nítida associação entre obesidade e várias enfermidades sérias, entre elas diabetes, hipertensão, doenças cardiovasculares e até alguns tipos de câncer, embora muitos aspectos dessa relação não tenham sido explicados. Ainda assim, a definição médica mais comum de obesidade baseia-se em evidências de efeitos adversos sobre a saúde em pessoas acima do peso.

O índice de massa corporal (IMC) é um dos parâmetros utilizados para identificar sobrepeso e obesidade. Esse índice é calculado com a massa de uma pessoa, em quilogramas, dividida pelo quadrado da sua altura, em metros. Já que uma maior mortalidade é encontrada em pessoas com IMC maior do que 30, esse número tornou-se um dos principais parâmetros para definir a obesidade. Um IMC entre 25 e 30 é chamado sobrepeso, refletindo já alguma conexão com efeitos adversos à saúde.

Cálculo do IMC

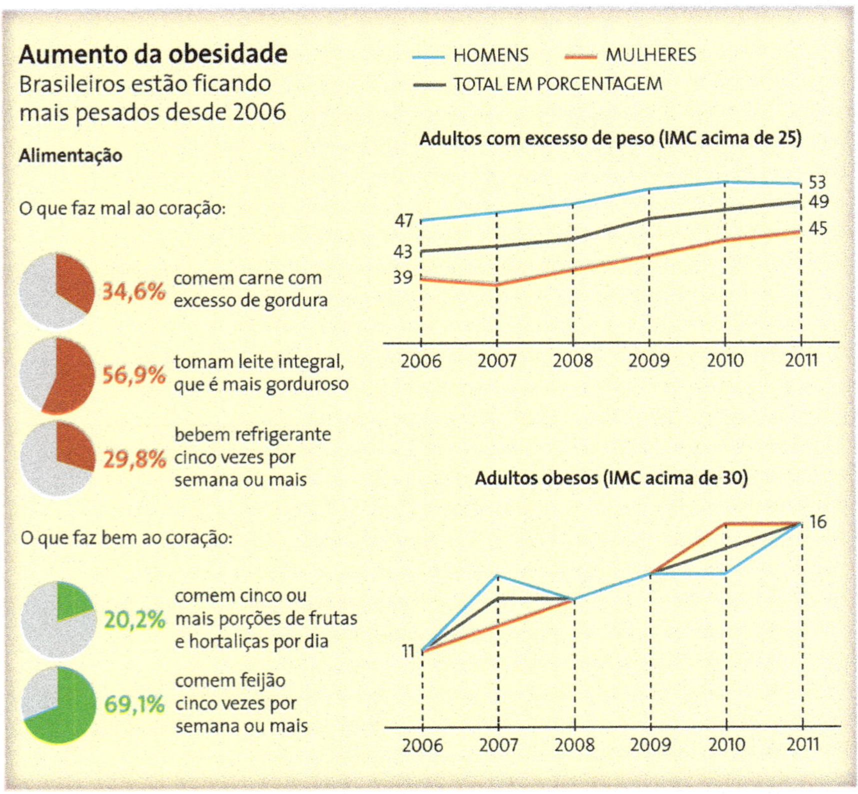

Essas relações epidemiológicas entre IMC e enfermidade, contudo, podem variar em diferentes subpopulações. E nenhum número preciso permite que os médicos determinem qual quantidade de gordura excedente causará uma doença. Algumas pessoas têm problemas de saúde com o IMC abaixo de 25, enquanto outras permanecem sadias com IMC maior do que 30.

Disponível em: <http://g1.globo.com/ciencia-e-saude/noticia/2012/04/quase-metade-da-populacao-esta-acima-do-peso-diz-saude.html>. Acesso em: 28 jan. 2013.

Além das diferenças entre as populações, a localização da gordura armazenada no corpo também parece ser uma variável importante. O tecido adiposo se acumula sob a pele na maioria das áreas corporais, bem como dentro e ao redor dos órgãos internos, especialmente no abdômen. Muitos estudos sugerem que diabetes e doenças cardiovasculares, em particular, estão ligadas a essa gordura intra-abdominal, ou visceral. Em alguns casos, é relativamente improvável que um excesso significativo de gordura nos quadris e nas coxas – que produz a forma de "pera" no corpo – cause essas doenças quando não estiver presente também a gordura abdominal em excesso. Esta última, presente no corpo em forma de "maçã", está altamente associada a diabetes e outros desequilíbrios metabólicos, mesmo na ausência de gordura abundante na parte inferior do corpo.

Adaptado de: FLIER, Jeffrey; FLIER, Eleftheria. *Scientific American Brasil*, 65. ed., out. 2007.

Trabalhando com o texto

1. Há palavras no texto que você desconhece? Se sim, procure-as em um dicionário.

2. O índice de massa corporal (IMC) é dado pela fórmula $IMC = \frac{p}{a^2}$, em que p é a massa, em quilogramas, e a é a altura, em metros, do indivíduo. A avaliação de um peso, se está normal, abaixo ou acima do peso ideal, é feita de acordo com a seguinte tabela:

a) Determine o IMC de Amanda, que tem 1,60 m de altura e 51,2 kg de massa.

b) Classifique o IMC de Amanda segundo a tabela ao lado.

c) Qual é a altura mínima para que uma pessoa de massa 108,3 kg seja considerada com sobrepeso?

Categoria	IMC
Abaixo do peso	Abaixo de 18,5
Peso normal	18,5 - 24,9
Sobrepeso	25,0 - 29,9
Obesidade Grau I	30,0 - 34,9
Obesidade Grau II	35,0 - 39,9
Obesidade Grau III	40,0 e acima

Fonte: Abeso (Associação Brasileira para o Estudo da Obesidade e da Síndrome Metabólica). Disponível em: <www.abeso.org.br/imc/calcule-seu-imc.shtml>. Acesso em: 24 fev. 2013.

Pesquisando e discutindo

3. Muitas pessoas acreditam que um bebê ou uma criança "gordinha" é sinônimo de boa saúde. Você concorda com isso?

4. Quais medidas podem ser tomadas para evitar a obesidade?

5. Uma dieta equilibrada não significa eliminar o consumo total de gordura. Pesquise quais são os benefícios da ingestão de alguns tipos de gordura para o nosso organismo.

Veja mais sobre o assunto

Procure mais informações em jornais, revistas e nos *sites*:

- Artigo *Cinturas avantajadas*, do Dr. Dráuzio Varella: <http://drauziovarella.com.br/doencas-e-sintomas/obesidade/cinturas-avantajadas/>;
- Associação Brasileira para o Estudo da Obesidade e da Síndrome Metabólica: <www.abeso.org.br>. Acessos em: 24 fev. 2013.

Atividades adicionais

1. A fórmula $S = \ell^2$ nos permite calcular a área S de uma região quadrada em função da medida ℓ de seu lado. Sendo P a medida do perímetro desse quadrado, expresse uma fórmula matemática que permita calcular a área S em função de P.

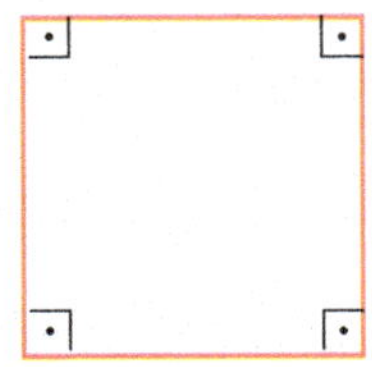

2. Seja a função f real tal que:

I. $f(x) \cdot f(y) = f(x + y)$

II. $f(1) = 2$

III. $f(\sqrt{2}) = 4$

O valor de $f(3 + \sqrt{2})$ é:

a) 2. b) 4. c) 8. d) 16. e) 32.

3. A função f de $\mathbb{R}$ em $\mathbb{R}$ é tal que, para todo $x \in \mathbb{R}$, $f(3x) = 3 \cdot f(x)$. Se $f(9) = 45$, então $f(1)$ é igual a:

a) 5. b) 6. c) 9. d) 10. e) 27.

4. Seja a função $f: \mathbb{R} \rightarrow \mathbb{R}$ e sua lei $f(x) = -3x + 1$. Determine o número real x para o qual $f(x) = -2$.

5. Seja a função $f: \mathbb{R} \rightarrow \mathbb{R}$ definida por $y = x^2 - 8x - 7$. Pede-se o número real x para que se tenha $y = -7$.

6. A função $f: \mathbb{R}^* \rightarrow \mathbb{R}$ é dada por $f(x) = \frac{3}{x}$. Calcule:

a) o valor de $f(\sqrt{3})$;

b) o número real x, para que $f(x) = 6$.

7. A função $f: \mathbb{R} \rightarrow \mathbb{R}$ é dada por $f(x) = ax + b$, em que $a \in \mathbb{R}^*$ e $b \in \mathbb{R}$. Sendo m e n dois números reais distintos, calcule o valor da expressão $\frac{f(m) - f(n)}{m - n}$.

8. Se $f(x) = x^2 + bx + c$ é tal que $f(-1) = 1$ e $f(1) = -1$, calcule o valor de bc.

9. Explicite o domínio das funções reais definidas por:

a) $y = x^2 + 1$

b) $f(x) = \frac{\sqrt{x}}{\sqrt{2x - 1}}$

10. Os gráficos abaixo representam funções. Determine o domínio D e o conjunto imagem Im de cada uma delas:

a)

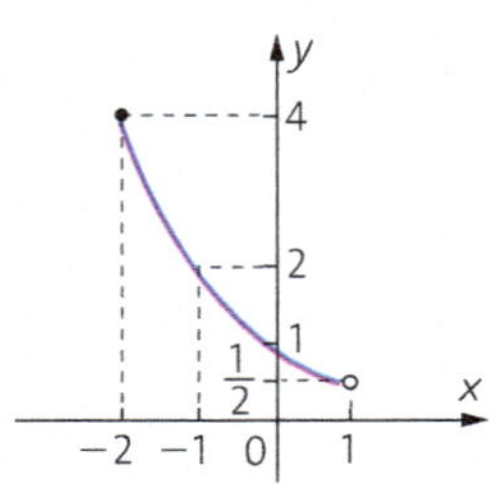

b)

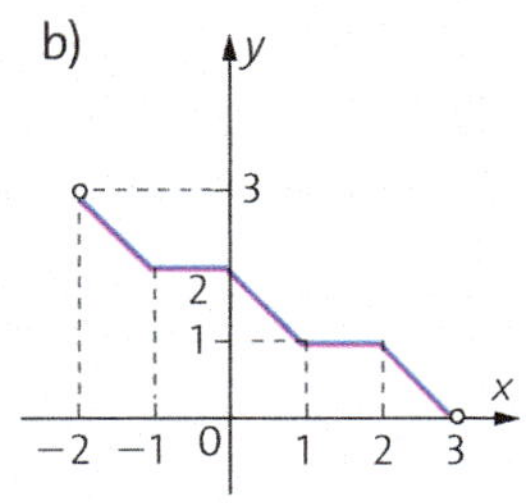

11. Verifique se os gráficos representam funções e, quando sim, se elas são pares ou ímpares:

a)

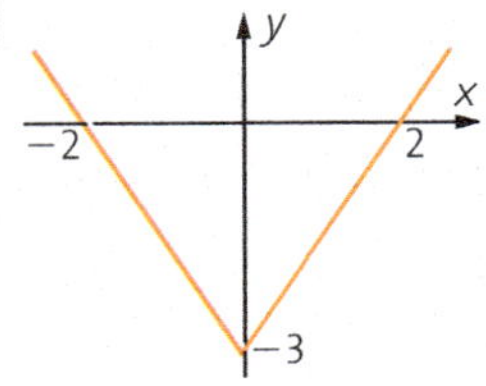

b)

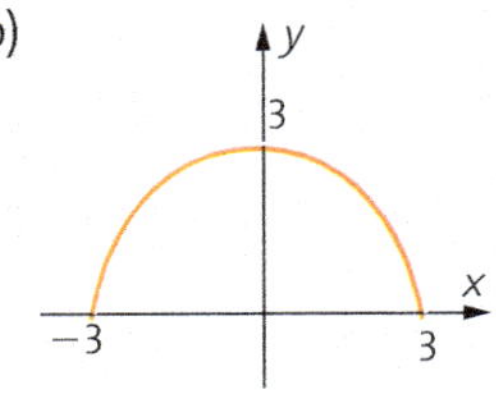

c)

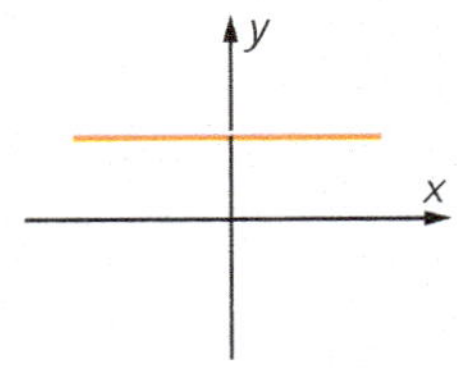

d)

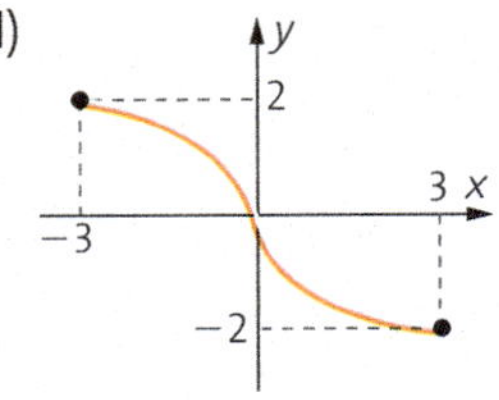

12. Os gráficos seguintes representam funções. Indique se cada função é crescente ou decrescente:

a)

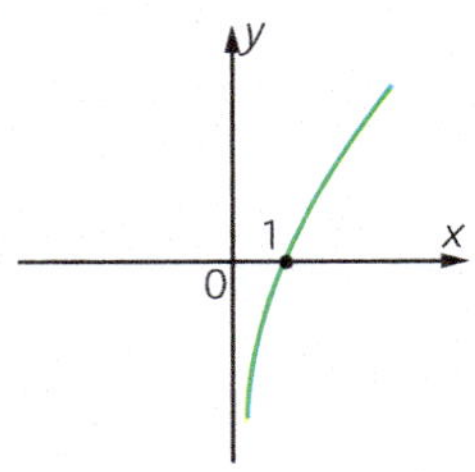

b)

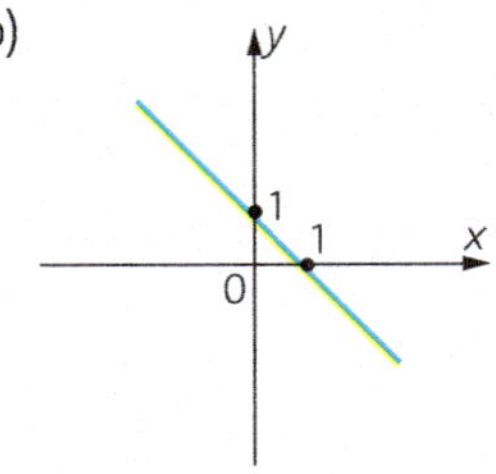

13. Considerando que o gráfico abaixo representa uma função, responda para que valores reais de x a função é crescente e decrescente:

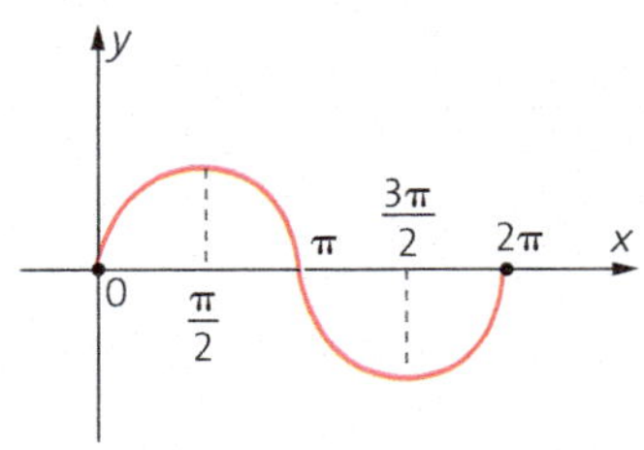

14. Sendo $f: \mathbb{R} \rightarrow A$, determine o conjunto A para que o gráfico abaixo represente uma função sobrejetiva.

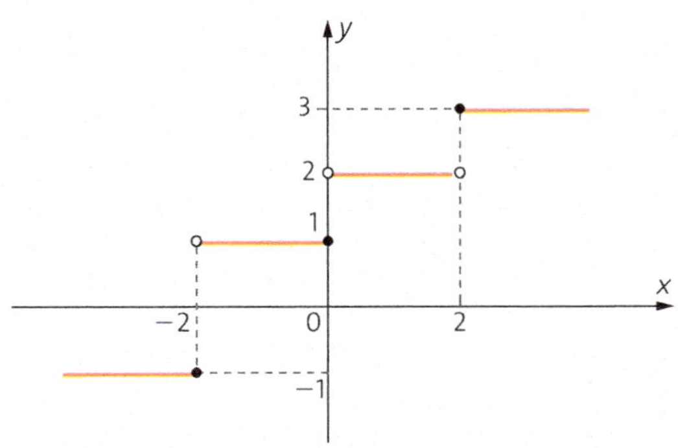

15. Se $f(x) = 3x + 4$ e $g(x) = 2x + 2k$, calcule o valor de k para que se tenha $(f \circ g)(x) = (g \circ f)(x)$.

16. Dados $f(x) = 4x - 1$ e $g(x) = 5 - 3x$, para que valor de x se tem $(f \circ g)(x) = -1$?

17. Sabendo que $f(x) = x^2 + 1$ e $g(x) = x - 1$, calcule $\dfrac{f(g(x)) - g(f(x))}{1 - x}$ com x real e $x \neq 1$.

18. Sendo $f(x) = 2x^2$ e $g(x) = x + 1$, calcule $f(g(2)) + g(f(2))$.

19. Sejam $f(x) = x^2 + 1$ e $g(x) = \dfrac{1}{\sqrt{x}}$, com $x \in \mathbb{R}_+^*$. Determine $(f \circ g)(x)$.

20. Se $f(x) = a + 1$ e $g(x) = 2x + 5$, calcule o valor de a para que se tenha $(g \circ f)(x) = a$.

21. Seja $f^{-1}(x)$ a função inversa de $f(x) = 3 + \dfrac{1}{5}x$, sendo $\mathbb{R} \xrightarrow{f} \mathbb{R}$. Calcule $f^{-1}(3)$.

22. Seja uma função f injetiva cujo gráfico é dado abaixo:

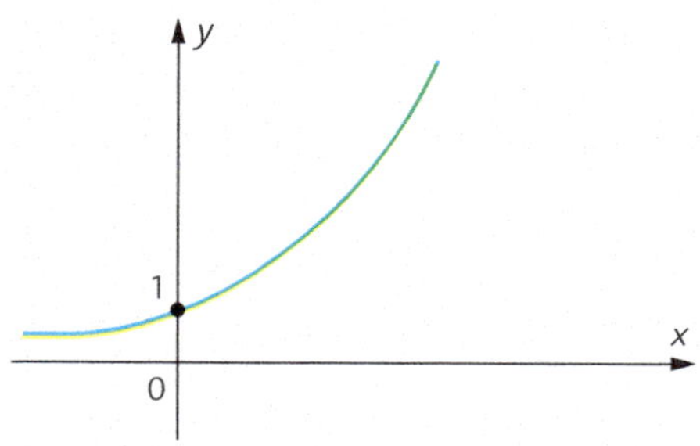

Assinale o gráfico que melhor representa a função f^{-1}.

a)

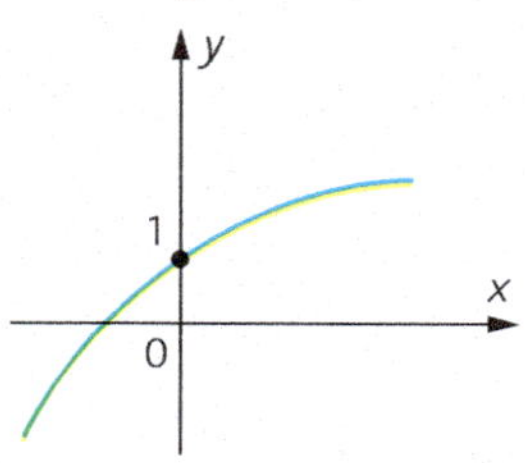

b)

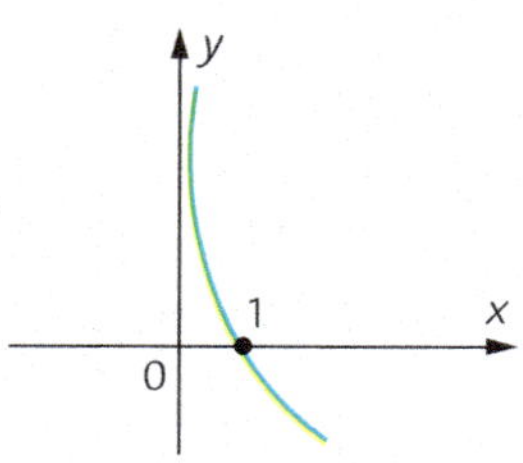

c)

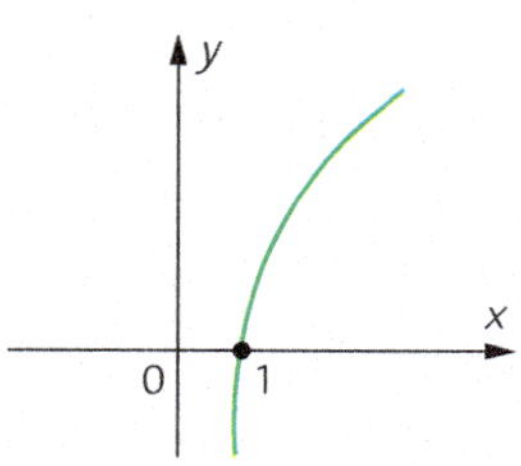

d)

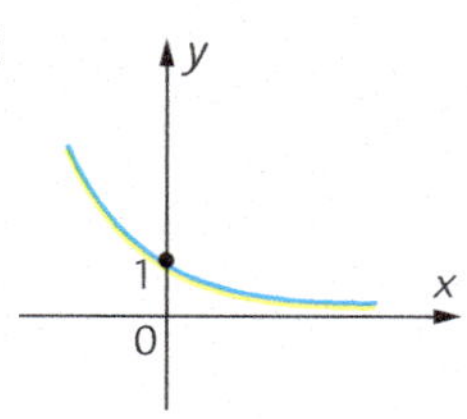

e)

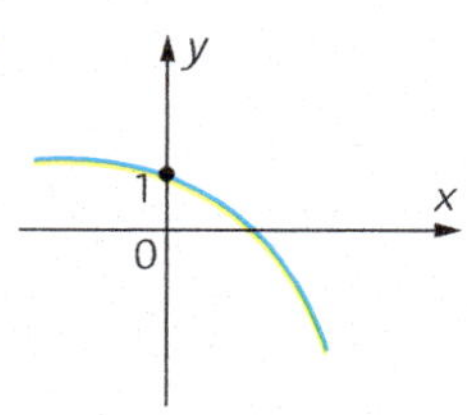

23. Seja a função $f(x) = \dfrac{x + a}{x + b}$, com $x \neq -b$. Se $x = b$, então $f(x) = 1$, e pode-se afirmar que:

a) $a = b$.
b) $a = -b$.
c) $a = 2b$.
d) $a = \dfrac{1}{2}b$.
e) nda.

24. Seja f: $\mathbb{R} \to \mathbb{R}$ a função dada por $f(x) = x^2$ e seja g: $\mathbb{R} \to \mathbb{R}$ a função dada por $g(x) = \dfrac{f(x + h) - f(x)}{h}$, com $h \neq 0$. Nessas condições, $g(x)$ é igual a:

a) h.
b) x.
c) $2x$.
d) $2x + h$.
e) $x + h$.

25. A função f dada por $f(x) = ax + b$ satisfaz a condição $f(5x + 2) = 5 \cdot f(x) + 2$. Então podemos escrever:

a) $a = 2b$.
b) $a = b$.
c) $a = 2b + 1$.
d) $a = 2(b + 1)$.
e) $a = b + 2$.

26. Analise o gráfico da função f e assinale a única alternativa falsa:

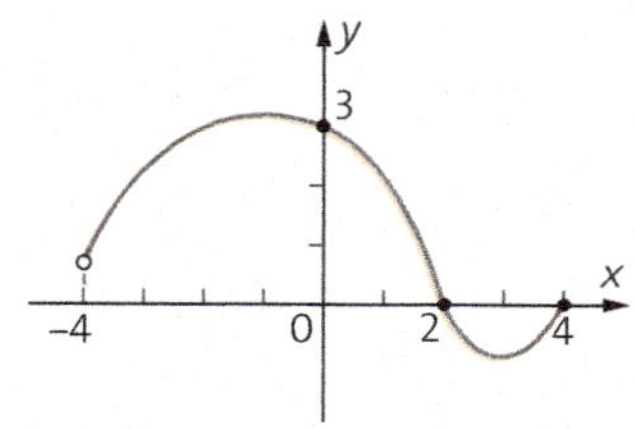

a) $f(1) > 0$.
b) $f(0) = 3$.
c) $-4 \notin D(f)$.
d) $f(1) < f(2)$.
e) $f(2) = f(4) = 0$.

27. A velocidade v de um objeto em movimento retilíneo uniformemente variado (aceleração constante) pode ser calculada em qualquer instante t através da seguinte expressão:

$$v = v_0 + at$$

em que v_0 representa a velocidade inicial do objeto e a indica o valor de sua aceleração.

a) Represente graficamente a velocidade (v) em função do tempo (t) usando os resultados indicados na seguinte tabela:

v (m/s)	**t** (s)
2	0
4	5
6	10
8	15
10	20

b) Qual o valor da velocidade inicial (v_0) desse móvel?
c) Qual o valor de aceleração (a) que esse móvel tem?
d) Qual é a velocidade desse móvel no instante 12 s?

Pensando no Enem

O gráfico fornece os valores das ações da empresa XPN, no período das 10 às 17 horas, num dia em que elas oscilaram acentuadamente em curtos intervalos de tempo.

Neste dia, cinco investidores compraram e venderam o mesmo volume de ações, porém em horários diferentes, de acordo com a seguinte tabela.

Investidor	Hora da compra	Hora da venda
1	10:00	15:00
2	10:00	17:00
3	13:00	15:00
4	15:00	16:00
5	16:00	17:00

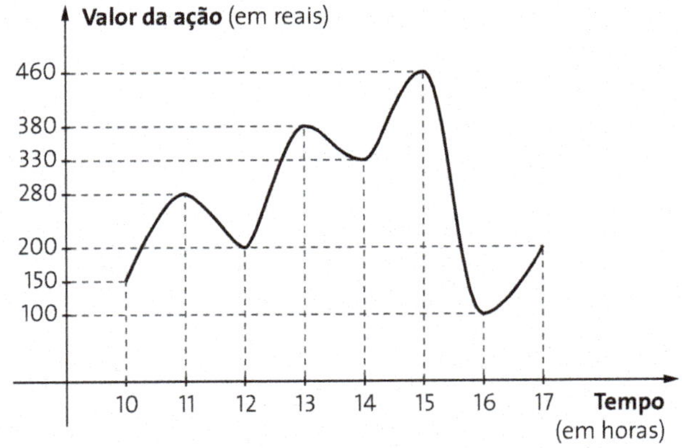

Com relação ao capital adquirido na compra e venda das ações, qual investidor fez o melhor negócio?

a) 1 b) 2 c) 3 d) 4 e) 5

Resolução

Para resolver essa questão é preciso compreender, analisar e relacionar as informações fornecidas no gráfico e na tabela.

Observando o gráfico, no eixo das abscissas (x) encontra-se o horário do dia (em horas), e no eixo das ordenadas (y) encontra-se o valor da ação (em reais). Com base nessas informações, podemos concluir que cada ponto no gráfico fornece o valor em reais das ações em um determinado horário do dia. Por exemplo, sabemos que o valor das ações às 10h era de R$ 150,00 e às 15h atingiu seu valor máximo em R$ 460,00.

A tabela fornece também o horário em que cada investidor comprou e vendeu suas ações. A partir dos horários descritos na tabela podemos identificar no gráfico o valor de cada ação, construindo então uma nova tabela:

Investidor	Hora da compra	Valor de compra (em reais)	Hora da venda	Valor de venda (em reais)
1	10:00	150,00	15:00	460,00
2	10:00	150,00	17:00	200,00
3	13:00	380,00	15:00	460,00
4	15:00	460,00	16:00	100,00
5	16:00	100,00	17:00	200,00

Uma vez determinados os valores de compra e de venda, podemos calcular o lucro (ou prejuízo) do investidor; efetuando-se a subtração dos valores de venda pelo de compra, incluindo uma nova coluna em nossa tabela, temos:

Investidor	Hora da compra	Valor de compra (em reais)	Hora da venda	Valor de venda (em reais)	Lucro ou prejuízo
1	10:00	150,00	15:00	460,00	$460 - 150 = 310$
2	10:00	150,00	17:00	200,00	$200 - 150 = 50$
3	13:00	380,00	15:00	460,00	$460 - 380 = 80$
4	15:00	460,00	16:00	100,00	$100 - 460 = -360$
5	16:00	100,00	17:00	200,00	$200 - 100 = 100$

Com base nos resultados obtidos podemos afirmar que o investidor 1 é o que fez o melhor negócio, ou seja, aquele que obteve o maior lucro.

Resposta: alternativa **a**.

Vestibulares de Norte a Sul

1. **N** (Unifap) Seja a função $f: \mathbb{R} \to \mathbb{Z}$, tal que para cada $x \in \mathbb{R}$, associamos a imagem $f(x) = m$, onde $m \in \mathbb{Z}$, com a propriedade que $m \leq x < m + 1$. Se $a = 1{,}9$, $b = 2{,}6$ e $c = -1{,}2$, então o valor de $f(3a) + f(2b) + f(c)$ é igual a:

   a) 4.
   b) 6.
   c) 7.
   d) 8.
   e) 9.

2. **CO** (UnB-DF) A meia-vida de um núcleo atômico radioativo é, por definição, o tempo necessário para que a metade dos núcleos inicialmente presentes em uma amostra se desintegre. Esse tempo não depende da massa da amostra. Por exemplo, uma amostra de 1,00 g de iodo 131, isótopo do iodo, usado no tratamento de câncer da tireoide, diminui para 0,50 g em 8 dias. A meia-vida do iodo 131 é, então, igual a 8 dias. O gráfico abaixo ilustra o decaimento radioativo para essa amostra em um período de até 40 dias.

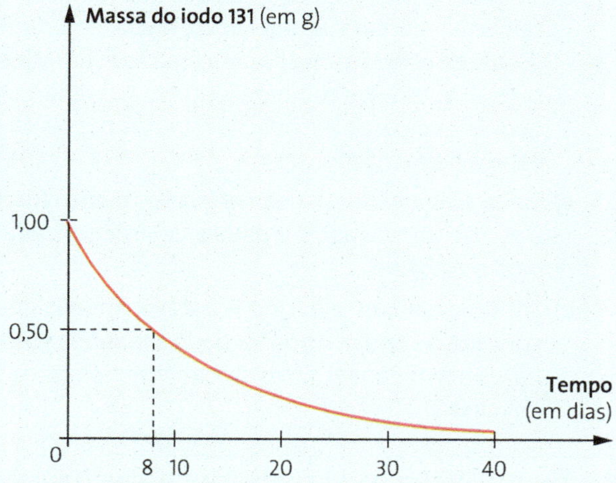

Em relação à amostra analisada, julgue os itens que se seguem.

1) O período transcorrido até que a massa dessa amostra fique reduzida a 0,25 g é superior a 17 dias.
2) Após 25 dias, a massa de iodo 131 dessa amostra é inferior a 0,13 g.
3) Se M_1 e M_2 são as massas dessa amostra medidas, nessa ordem, em um intervalo de 8 dias, então o quociente $\frac{M_1}{M_2}$ é igual a 2.
4) Se M_0 é a massa inicial dessa amostra e $M_{(t)}$ é a massa após t dias, então o quociente $\frac{M_0}{M_{(t)}}$ é constante.

3. **N** (Ufam) Dada a função $f: \mathbb{R} \to \mathbb{R}$ definida por $f(x) = \frac{5x - 3}{6}$. Então $f^{-1}\left(-\frac{3}{2}\right)$ é igual a:

   a) $\frac{6}{5}$
   b) $\frac{-6}{5}$
   c) $-\frac{12}{5}$
   d) $\frac{12}{5}$
   e) $\frac{9}{5}$

4. **NE** (UFRN) O gráfico a seguir representa a taxa de desemprego na Grande São Paulo, medida nos meses de abril, segundo o Dieese:

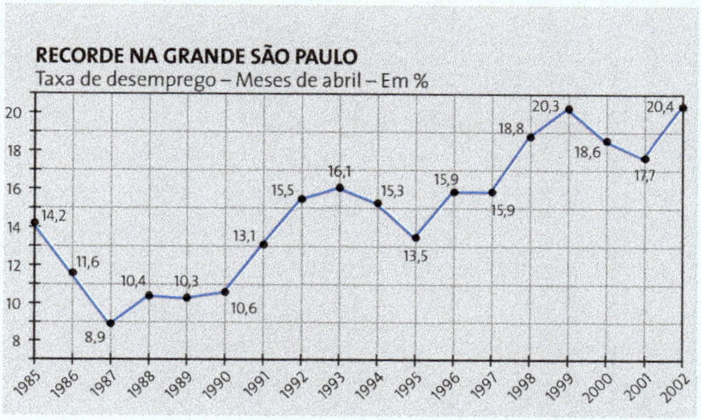

Fonte: *Carta Capital*, 5 jun. 2002. Ano VIII, n. 192.

Analisando o gráfico, podemos afirmar que a maior variação na taxa de desemprego na Grande São Paulo ocorreu no período de:

   a) abril de 1985 a abril de 1986.
   b) abril de 1995 a abril de 1996.
   c) abril de 1997 a abril de 1998.
   d) abril de 2001 a abril de 2002.

5. **NE** (UFPB) Em certa cidade litorânea, a altura máxima (H) permitida para edifícios nas proximidades da orla marítima é dada pela função $H(d) = md + n$, onde m e n são constantes reais e d representa a distância, em metros, do edifício até a orla. De acordo com essa norma, um edifício localizado exatamente na orla marítima tem a altura máxima permitida de 10 metros, enquanto outro edifício localizado a 500 metros da orla marítima tem a altura máxima permitida de 60 metros. Com base nessas informações, é correto afirmar que a altura máxima permitida para um edifício que será construído a 100 metros da orla marítima é de:

   a) 18 m.
   b) 19 m.
   c) 20 m.
   d) 21 m.
   e) 22 m.

6. CO (UFMT) A figura abaixo apresenta o gráfico de uma função $y = f(x)$.

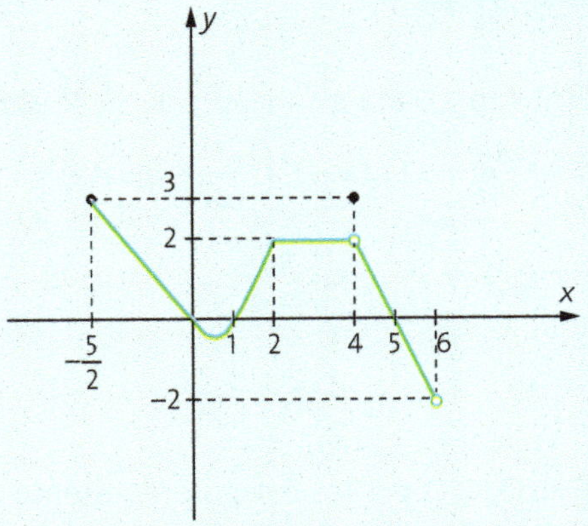

A partir das informações contidas no gráfico, marque **V** para as afirmativas verdadeiras e **F** para as falsas.

( ) $f(x)$ é uma função injetora.

( ) O domínio de $f(x)$ é o intervalo $]-2; 3]$.

( ) $f(x) = 2$ para todo $2 \leq x \leq 4$.

( ) $f(x) \geq 0$ para $\forall x \in \left[-\frac{5}{2}; 0\right] \cup [1; 5]$.

Assinale a sequência correta.

a) F, F, F, V.

b) F, V, V, F.

c) V, F, V, V.

d) V, V, V, F.

e) F, V, F, F.

7. SE (UFMG) Considere a função

$f(x) = \begin{cases} x, \text{se } x \text{ é racional} \\ \frac{1}{x}, \text{se } x \text{ é irracional} \end{cases}$. Então, é correto afirmar que o maior elemento do conjunto

$\left\{f\left(\frac{7}{31}\right), f(1), f(3{,}14), f\left(\frac{\sqrt{24}}{\sqrt{2}}\right)\right\}$ é:

a) $f\left(\frac{7}{31}\right)$.

b) $f(1)$.

c) $f(3{,}14)$.

d) $f\left(\frac{\sqrt{24}}{\sqrt{2}}\right)$.

8. SE (UFMG) O gráfico da função $f(x) = x^3 + (a + 3)x^2 - 5x + b$ contém os pontos $(-1, 0)$ e $(2, 0)$. Assim sendo, o valor de $f(0)$ é:

a) 1.

b) −6.

c) −1.

d) 6.

9. S (UFPR) Assinale a alternativa que apresenta a história que melhor se adapta ao gráfico.

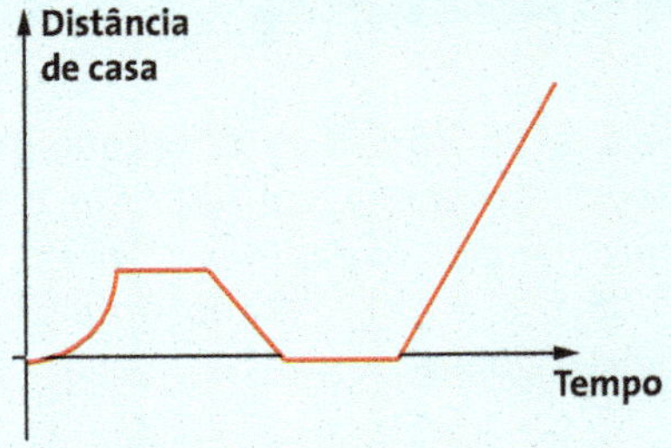

a) Assim que saí de casa lembrei que deveria ter enviado um documento para um cliente por *e-mail*. Resolvi voltar e cumprir essa tarefa. Aproveitei para responder mais algumas mensagens e, quando me dei conta, já havia passado mais de uma hora. Saí apressada e tomei um táxi para o escritório.

b) Saí de casa e quando vi o ônibus parado no ponto corri para pegá-lo. Infelizmente o motorista não me viu e partiu. Após esperar algum tempo no ponto, resolvi voltar para casa e chamar um táxi. Passado algum tempo, o táxi me pegou na porta de casa e me deixou no escritório.

c) Eu tinha acabado de sair de casa quando tocou o celular e parei para atendê-lo. Era meu chefe, dizendo que eu estava atrasada para uma reunião. Minha sorte é que nesse momento estava passando um táxi. Acenei para ele e poucos minutos depois eu já estava no escritório.

d) Tinha acabado de sair de casa quando o pneu furou. Desci do carro, troquei o pneu e finalmente pude ir para o trabalho.

e) Saí de casa sem destino – estava apenas com vontade de andar. Após ter dado umas dez voltas na quadra, cansei e resolvi entrar novamente em casa.

10. S (UTFPR) Em uma indústria de sapatos, o número de pares produzidos mensalmente (Q) é função do número de funcionários (n) e do número de horas diárias de trabalho (t). A função que calcula Q é dada por $Q = 20n + 30t$. No mês de novembro estavam trabalhando 20 funcionários com uma jornada diária de 8 horas. No mês de dezembro, para atender os pedidos, decidiu-se aumentar a jornada diária de 8 horas para 10 horas e foi ainda necessária a contratação de mais 5 funcionários. Então, é correto afirmar que o número de pares que serão produzidos a mais no mês de dezembro, comparando-se com a produção em novembro, é de:

a) 100.

b) 60.

c) 250.

d) 300.

e) 160.

CAPÍTULO

3 Função afim e função modular

Tischenko Irina e Nito/Shutterstock/Glow Images

Em uma situação cotidiana, como a de ir a uma padaria, podemos observar a presença de conteúdos matemáticos.

1 Situações iniciais

Um representante comercial recebe, mensalmente, um salário composto de duas partes: uma parte fixa, no valor de R$ 2 500,00, e uma parte variável, que corresponde a uma comissão de 6% (0,06) sobre o total das vendas que ele faz durante o mês. Nessas condições, podemos dizer que:

$$\text{salário mensal} = 2\,500{,}00 + 0{,}06 \cdot (\text{total das vendas do mês})$$

Observe que o salário (s) desse vendedor é dado em função do total de vendas que ele faz durante o mês. Representando o total de venda por x, temos:

$$s(x) = 2\,500{,}00 + 0{,}06x$$

$$\text{ou } s(x) = 0{,}06x + 2\,500{,}00$$

$$\text{ou } y = 0{,}06x + 2\,500{,}00 \quad \text{(I)}$$

Esse é um exemplo de **função afim**.

Observe outros exemplos desse tipo de função:

a) Uma pessoa tinha no banco um saldo positivo de R$ 230,00. Após um saque no caixa eletrônico que fornece apenas notas de R$ 50,00, o novo saldo é dado em função do número x de cédulas retiradas. A lei da função é dada por:

$$f(x) = 230 - 50x$$

$$\text{ou } f(x) = -50x + 230$$

$$\text{ou } y = -50x + 230 \quad \text{(II)}$$

b) Em um reservatório havia 50 L de água quando foi aberta uma torneira que despeja 20 L de água por minuto. A quantidade de água no reservatório é dada em função do número x de minutos em que a torneira fica aberta. A lei dessa função é:

$$f(x) = 20x + 50$$

$$\text{ou } y = 20x + 50 \quad \text{(III)}$$

» Agora, reúna-se com um colega, comparem as leis dessas três funções ((I), (II) e (III)) descritas acima e respondam às questões:

a) Quais são as partes fixas (que não dependem do valor de x) de cada uma das três funções?

b) Qual é a parte variável de cada uma das três funções?

c) Escrevam uma função afim para a seguinte situação: "Um taxista cobra R$ 2,00 por quilômetro rodado, mais R$ 10,00 (bandeirada)", em que x é o número de quilômetros rodados e y é o preço cobrado pelo taxista. Dica: Observem que existe uma parte fixa e uma variável.

Para refletir
Quanto gastará uma pessoa que fizer um percurso de 20 km com esse taxista?

2 Definição de função afim

Uma função $f: \mathbb{R} \to \mathbb{R}$ chama-se **função afim** quando existem dois números reais a e b tal que $f(x) = ax + b$, com $a \neq 0$, para todo $x \in \mathbb{R}$.

Por exemplo:

a) $f(x) = 2x + 1$ $(a = 2 \text{ e } b = 1)$

b) $f(x) = -x + 4$ $(a = -1 \text{ e } b = 4)$

c) $f(x) = \frac{1}{3}x + 5$ $\left(a = \frac{1}{3} \text{ e } b = 5\right)$

d) $f(x) = 4x$ $(a = 4 \text{ e } b = 0)$

Acompanhe a seguinte situação:

Em certa cidade, um motorista de táxi comum cobra uma taxa fixa de R$ 4,10 pela bandeirada mais R$ 2,50 por quilômetro rodado. Assim, o preço de uma corrida de x quilômetros é dado, em reais, por:

$$f(x) = 2{,}50x + 4{,}10$$

De modo geral, se o preço da bandeirada fosse b reais e o preço do quilômetro rodado a reais, então o preço de uma corrida de x quilômetros seria dado, em reais, por $f(x) = ax + b$, que é uma função afim.

3 Casos particulares importantes da função afim $f(x) = ax + b$

Função identidade

$f: \mathbb{R} \to \mathbb{R}$ definida por $f(x) = x$ para todo $x \in \mathbb{R}$. Nesse caso, $a = 1$ e $b = 0$.

Função linear

$f: \mathbb{R} \to \mathbb{R}$ definida por $f(x) = ax$ para todo $x \in \mathbb{R}$. Nesse caso, $b = 0$.

Exemplos:

a) $f(x) = -2x$ $(a = -2)$

b) $f(x) = \frac{1}{5}x$ $\left(a = \frac{1}{5}\right)$

c) $f(x) = \sqrt{3}x$ $(a = \sqrt{3})$

d) $f(x) = 0$ para todo $x \in \mathbb{R}$ $(a = 0)$. Esta é a chamada **função identicamente nula**.

Função constante

$f: \mathbb{R} \to \mathbb{R}$ definida por $f(x) = b$ para todo $x \in \mathbb{R}$. Nesse caso, $a = 0$.

Exemplos:

a) $f(x) = 2$

b) $f(x) = -3$

c) $f(x) = \sqrt{2}$

d) $f(x) = \frac{3}{4}$

Translação (da função identidade)

$f: \mathbb{R} \to \mathbb{R}$ definida por $f(x) = x + b$ para todo $x \in \mathbb{R}$ com $a = 1$ e $b \neq 0$.

Exemplos:

a) $f(x) = x + 2$

b) $f(x) = x - 3$

c) $f(x) = x + \frac{1}{2}$

d) $f(x) = x - \frac{3}{5}$

4 Valor de uma função afim

O **valor de uma função afim** $f(x) = ax + b$ para $x = x_0$ é dado por $f(x_0) = ax_0 + b$.

Por exemplo, na função afim $f(x) = 5x + 1$, podemos determinar:

- $f(1) = 5 \cdot 1 + 1 = 5 + 1 = 6$. Logo, $f(1) = 6$, ou seja, o valor da função $f(x) = 5x + 1$ para $x = 1$ é 6.
- $f(-3) = 5 \cdot (-3) + 1 = -15 + 1 = -14$. Logo, $f(-3) = -14$.
- $f\left(\frac{1}{5}\right) = 5 \cdot \left(\frac{1}{5}\right) + 1 = 1 + 1 = 2$. Logo, $f\left(\frac{1}{5}\right) = 2$.
- $f(x + h) = 5 \cdot (x + h) + 1 = 5x + 5h + 1$. Logo, $f(x + h) = 5x + 5h + 1$.

Valor inicial

Em uma função afim $f(x) = ax + b$, o número $b = f(0)$ chama-se **valor inicial** da função f.

Por exemplo, o valor inicial da função:

a) $f(x) = -2x + 3$ é 3, pois $f(0) = -2 \cdot 0 + 3 = 3$

b) $f(x) = 5x + 1$ é 1, pois $f(0) = 5 \cdot 0 + 1 = 1$

c) $f(x) = 7x$ é 0, pois $f(0) = 7 \cdot 0 = 0$

5 Taxa de variação média da função afim $f(x) = ax + b$

Já vimos na página 95 que em qualquer função $f\colon \mathbb{R} \rightarrow \mathbb{R}$, quando damos um acréscimo h à variável x, passando de x para $x + h$, há, em correspondência, um acréscimo $f(x + h) - f(x)$ no valor da função e que dados x e $x + h$ números reais, com $h \neq 0$, o número chama-se **taxa de variação média da função f no intervalo $[x, x + h]$**.

$$\frac{f(x + h) - f(x)}{h}$$

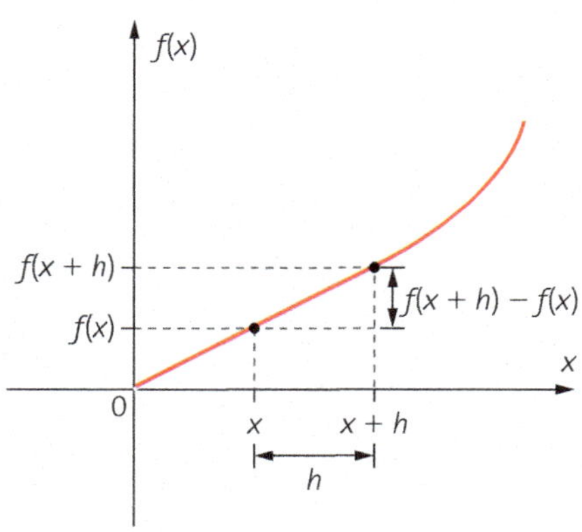

Dados x e $x + h$ números reais, com $h \neq 0$, e a função afim f: $\mathbb{R} \rightarrow \mathbb{R}$ definida por $f(x) = ax + b$, sua taxa de variação média em relação a x é dada pelo número:

$$\frac{f(x+h) - f(x)}{h} = \frac{a(x+h) + b - (ax + b)}{h} = \frac{\cancel{ax} + ah + \cancel{b} - \cancel{ax} - \cancel{b}}{h} = \frac{ah}{h} = a$$

Portanto,

$$\frac{f(x+h) - f(x)}{h} = a$$

Assim, a taxa de variação média, em relação a x, de uma função afim qualquer, definida por $f(x) = ax + b$, é a.

Observações:

1ª) Como a taxa de variação média de uma função afim é constante, nesse caso podemos dizer apenas **taxa de variação**.

2ª) A taxa de variação da função afim pode ser interpretada como a variação em $f(x)$ causada por cada aumento de uma unidade em x. Exemplo: a taxa de variação da função afim $f(x) = 5x + 2$ é 5, ou seja, cada acréscimo de uma unidade em x faz $f(x)$ aumentar 5 unidades; e a da função $g(x) = -3x + 2$ é -3, ou seja, cada acréscimo de uma unidade em x faz $g(x)$ diminuir 3 unidades.

3ª) A taxa de variação da função afim pode ser obtida conhecendo-se dois dos seus valores $f(x_1)$ e $f(x_2)$: $a = \dfrac{f(x_2) - f(x_1)}{x_2 - x_1}$, para $x_1 \neq x_2$.

Propriedade

Uma função afim é crescente ($x_1 < x_2 \Rightarrow f(x_1) < f(x_2)$) quando sua taxa de variação a é positiva, decrescente ($x_1 < x_2 \Rightarrow f(x_1) > f(x_2)$) quando a taxa de variação a é negativa e constante quando $a = 0$.

6 Caracterização da função afim

É possível provar que, dada uma função f: $\mathbb{R} \rightarrow \mathbb{R}$, crescente ou decrescente, se a diferença $f(x + h) - f(x)$ depende apenas de h mas não de x, então f é uma função afim.

Exemplo:

$f(x) = 3x - 4$ é crescente $\rightarrow x_1 = 2$; $x_2 = 3$; $2 < 3$ e $f(2) = 2$; $f(3) = 5$; $f(2) < f(5)$ e para quaisquer x_1 e x_2, se $x_1 < x_2$, então $3x_1 - 4 < 3x_2 - 4$

$f(x + h) - f(x) = [3(x + h) - 4] - (3x - 4) = \cancel{3x} + 3h - \cancel{4} - \cancel{3x} + \cancel{4} = 3h$.

Logo, $f(x + h) - f(x) = 3h$. A expressão $3h$ não depende de x, mas apenas de h. Então, a função $f(x) = 3x - 4$ é afim.

Exercícios

1. Determine o valor da função afim $f(x) = -3x + 4$ para:
   a) $x = 1$; b) $x = \frac{1}{3}$; c) $x = 0$; d) $x = k + 1$.

2. Considere as funções afins:
   a) $f(x) = 3x + \frac{2}{3}$; b) $g(x) = 2x + \frac{3}{4}$.

   Qual delas tem valor inicial maior? E qual tem taxa de variação maior?

3. Determine o valor de $f(x + h)$ para cada uma das funções:
   a) $f(x) = -x + 2$; b) $f(x) = \frac{1}{3}x + \frac{1}{4}$.

4. Escreva a função afim em cada item sabendo que:
   a) a taxa de variação é 3 e o valor inicial é 1;
   b) a taxa de variação é -2 e $f(2) = 5$;
   c) para cada unidade aumentada em x, a função aumenta 2 unidades e o valor inicial é 10;
   d) para cada unidade aumentada em x, a função diminui 1 unidade e o valor inicial é 3.

5. Verifique quais funções são afins. Nestas, encontre a e b para $f(x) = ax + b$.
   a) $f(x) = 3(x + 1) + 4(x - 1)$
   b) $f(x) = (x + 2)^2 + (x + 2)(x - 2)$
   c) $f(x) = (x - 3)^2 - x(x - 5)$
   d) $f(x) = (x - 3) - 5(x - 1)$

6. Classifique as funções $f: \mathbb{R} \to \mathbb{R}$ abaixo em afim, linear, identidade, constante e translação:
   a) $f(x) = 5x + 2$; c) $f(x) = 7$; e) $f(x) = 3x$;
   b) $f(x) = -x + 3$; d) $f(x) = x$; f) $f(x) = x + 5$.

7. Escreva a função afim $f(x) = ax + b$ sabendo que:
   a) $f(1) = 5$ e $f(-3) = -7$; b) $f(-1) = 7$ e $f(2) = 1$.

8. Escreva a taxa de variação para cada uma das funções.
   a) $f(x) = -3x + 7$ b) $f(x) = \frac{1}{3}x + 2$

9. Verifique quais das funções abaixo são funções afins usando $f(x + h) - f(x)$.
   a) $f(x) = -6x + 1$ b) $g(x) = x^2 - 5x$

10. Na produção de peças, uma indústria tem um custo fixo de R$ 8,00 mais um custo variável de R$ 0,50 por unidade produzida. Sendo x o número de unidades produzidas:
    a) escreva a lei da função que fornece o custo total de x peças;
    b) indique a taxa de variação dessa função e o seu valor inicial;
    c) calcule o custo de 100 peças.

11. Considere um retângulo com base medindo x cm. Nessas condições:
    a) calcule o perímetro do retângulo quando a largura for 1 cm; 1,5 cm; 2 cm; 3 cm e 4 cm;
    b) construa uma tabela associando cada largura ao perímetro do retângulo;
    c) se x representa a largura, indique qual é a lei da função que expressa o perímetro nesse retângulo;
    d) informe qual é a taxa de variação dessa função e qual é o seu valor inicial.

12. Uma pessoa vai escolher um plano de saúde entre duas opções: *A* e *B*.

PLANO *A*	
INSCRIÇÃO	R$ 100,00
CADA CONSULTA	R$ 50,00

PLANO *B*	
INSCRIÇÃO	R$ 180,00
CADA CONSULTA	R$ 40,00

    O gasto total de cada plano é dado em função do número x de consultas.

    Determine:
    a) a equação da função correspondente a cada plano;
    b) qual delas tem maior taxa de variação e como isso poderia ser interpretado;
    c) em que condições é possível afirmar que: o plano *A* é mais econômico; o plano *B* é mais econômico; os dois planos são equivalentes.

13. O preço do aluguel de um carro popular é dado pela tabela abaixo.

100 km	TAXA FIXA DE R$ 50,00
300 km	TAXA FIXA DE R$ 63,00
500 km	TAXA FIXA DE R$ 75,00

    Em todos os casos, paga-se R$ 0,37 por quilômetro excedente rodado.
    a) Escreva a lei da função para cada caso, chamando de x o número de quilômetros excedentes rodados.
    b) Qual é a taxa de variação de cada função?

14. Um tanque estava inicialmente com 10 litros de água. A torneira desse tanque foi aberta deixando sair a água na razão de 5 litros por segundo.
    a) Escreva a função que representa a quantidade de água após t segundos.
    b) Qual é a taxa de variação da função afim assim obtida?
    c) Qual é o valor inicial da função afim assim obtida?

7 Determinação de uma função afim

Uma função afim $f(x) = ax + b$ fica inteiramente determinada quando conhecemos dois dos seus valores $f(x_1)$ e $f(x_2)$ para quaisquer x_1 e x_2 reais, com $x_1 \neq x_2$. Ou seja, com esses dados determinamos os valores de a e de b.

Por exemplo, acompanhe duas maneiras de determinar uma função afim, sabendo que $f(2) = -2$ e $f(1) = 1$.

1ª maneira:

Para determinar a função afim, vamos obter a taxa de variação a e o valor inicial b.

Sabemos que: $a = \dfrac{f(2) - f(1)}{2 - 1} = \dfrac{-2 - 1}{2 - 1} = \dfrac{-3}{1} = -3$

Assim, $f(x) = -3x + b$.

Para obter b, escolhemos um dos valores conhecidos, por exemplo, $f(1) = 1$. Substituindo-se x por 1, temos: $1 = -3 \cdot 1 + b \Rightarrow b = 4$.

Então, $f(x) = -3x + 4$.

2ª maneira:

- se $f(2) = -2$, então para $x = 2$ tem-se $f(x) = -2$, ou seja, $-2 = 2a + b$;
- se $f(1) = 1$, então para $x = 1$ tem-se $f(x) = 1$, ou seja, $1 = a + b$.

Determinamos os valores de a e b resolvendo o sistema de equações:

$$\begin{cases} 2a + b = -2 \\ a + b = 1 \end{cases} \Rightarrow \begin{cases} \cancel{2a} + b = -2 \\ \cancel{-2a} - 2b = -2 \end{cases}$$
$$-b = -4 \Rightarrow b = 4$$

Como $a + b = 1$, então: $a + 4 = 1 \Rightarrow a = -3$.

Logo, a função afim $f(x) = ax + b$ tal que $f(2) = -2$ e $f(1) = 1$ é dada por $f(x) = -3x + 4$.

Generalização

De modo geral, conhecendo $y_1 = f(x_1)$ e $y_2 = f(x_2)$ para x_1 e x_2 reais quaisquer, com $x_1 \neq x_2$, podemos explicitar os valores a e b da função $f(x) = ax + b$, determinando-a completamente. Assim:

$$\left.\begin{aligned} y_1 = f(x_1) = ax_1 + b \\ y_1 = f(x_2) = ax_2 + b \end{aligned}\right\} \Rightarrow y_2 - y_1 = (ax_2 + b) - (ax_1 + b) = ax_2 - ax_1 = a(x_2 - x_1) \Rightarrow$$

$$\Rightarrow a = \frac{y_2 - y_1}{x_2 - x_1}, x_1 \neq x_2$$

> **Fique atento!**
> Colocamos $x_1 \neq x_2$ para que no denominador $(x_2 - x_1)$ não apareça o zero, pois não existe divisão por zero. Esse procedimento é muito comum. Sempre que colocarmos $x_1 \neq x_2$ é porque aparecerá $x_2 - x_1$ no denominador.

Substituindo esse valor de a em $y_1 = f(x_1) = ax_1 + b$, obtemos o valor de b:

$$y_1 = \left(\frac{y_2 - y_1}{x_2 - x_1}\right)x_1 + b \Rightarrow y_1(x_2 - x_1) = y_2x_1 - y_1x_1 + b(x_2 - x_1) \Rightarrow y_1x_2 - \cancel{y_1x_1} - y_2x_1 + \cancel{y_1x_1} = b(x_2 - x_1) \Rightarrow$$

$$\Rightarrow b = \frac{y_1x_2 - y_2x_1}{x_2 - x_1}, x_1 \neq x_2$$

Observação: Na resolução de exercícios fica a critério de cada um a determinação de a e b: memorizando essas fórmulas ou repetindo o processo para o caso particular.

Exercícios

15. Determine a fórmula matemática da função afim tal que $f(2) = 5$ e $f(-1) = -4$ e depois responda: qual é a taxa de variação dessa função?

16. O proprietário de uma fábrica de chinelos verificou que, quando se produziam 600 pares de chinelos por mês, o custo total da empresa era de R$ 14 000,00 e, quando se produziam 900 pares, o custo mensal era de R$ 15 800,00. O gráfico que representa a relação entre o custo mensal (C) e o número de chinelos produzidos por mês (x) é formado por pontos de uma reta.
    a) Obtenha C em função de x.
    b) Se a capacidade máxima de produção da empresa é de 1 200 chinelos/mês, qual o valor do custo máximo mensal?

17. Escreva a função afim $f(x) = ax + b$, sabendo que:
    a) $f(1) = 5$ e $f(-3) = -7$; b) $f(-1) = 7$ e $f(2) = 1$.

18. Em razão do desgaste, o valor (V) de uma mercadoria decresce com o tempo (t). Por isso, a desvalorização que o preço dessa mercadoria sofre em razão do tempo de uso é chamada **depreciação**. A função depreciação pode ser uma função afim, como neste caso: o valor de uma máquina é hoje R$ 1 000,00, e estima-se que daqui a 5 anos será R$ 250,00.
    a) Qual será o valor dessa máquina em t anos?
    b) Qual será o valor dessa máquina em 6 anos?
    c) Qual será sua depreciação total após esse período de 6 anos?

8 Gráfico da função afim $f(x) = ax + b$

Vamos provar que o gráfico de uma função afim $f(x) = ax + b$ é uma reta. Para isso, basta mostrar que três pontos quaisquer do gráfico são colineares, ou seja, estão em uma mesma reta:

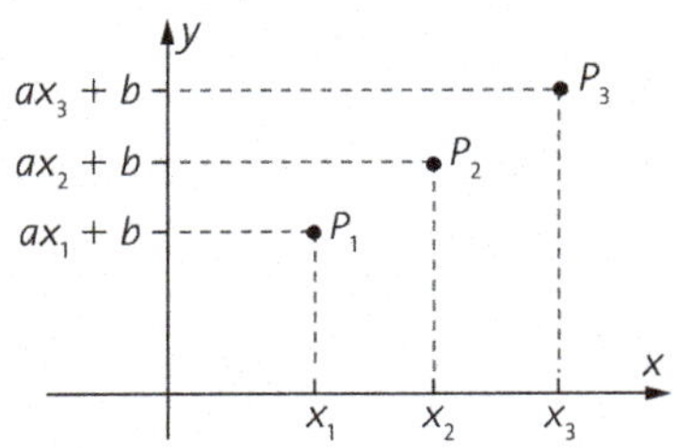

$P_1(x_1, ax_1 + b)$
$P_2(x_2, ax_2 + b)$
$P_3(x_3, ax_3 + b)$

Para que isso ocorra é necessário e suficiente que um dos três números $d(P_1, P_2)$, $d(P_2, P_3)$ e $d(P_1, P_3)$ seja igual à soma dos outros dois. Supomos $x_1 < x_2 < x_3$ e mostramos então que:

$$d(P_1, P_3) = d(P_1, P_2) + d(P_2, P_3)$$

Usando a fórmula da distância entre dois pontos, obtemos:

$$d(P_1, P_2) = \sqrt{(x_2 - x_1)^2 + [(ax_2 + b) - (ax_1 + b)]^2} = \sqrt{(x_2 - x_1)^2 + (ax_2 - ax_1)^2} =$$

$$= \sqrt{1(x_2 - x_1)^2 + a^2(x_2 - x_1)^2} = \sqrt{(1 + a^2)(x_2 - x_1)^2} = (x_2 - x_1)\sqrt{1 + a^2}$$

De modo análogo, observamos que:

$d(P_2, P_3) = (x_3 - x_2)\sqrt{1 + a^2}$ e $d(P_1, P_3) = (x_3 - x_1)\sqrt{1 + a^2}$

Portanto:

$d(P_1, P_2) + d(P_2, P_3) = (x_2 - x_1 + x_3 - x_2)\sqrt{1 + a^2} = (x_3 - x_1)\sqrt{1 + a^2} = d(P_1, P_3)$, ou seja,

$d(P_1, P_2) + d(P_2, P_3) = d(P_1, P_3)$.

Logo, três pontos quaisquer do gráfico da função afim são colineares, o que significa que o gráfico é uma reta.

Geometricamente, b é a ordenada do ponto onde a reta, que é gráfico da função $f(x) = ax + b$, intersecta o eixo Oy, pois para $x = 0$ temos $f(0) = a \cdot 0 + b = b$.

O número a chama-se taxa de variação da função f, mas também é conhecido como **declividade** ou **coeficiente angular** dessa reta em relação ao eixo horizontal Ox.

O número b chama-se **valor inicial** da função f ou **coeficiente linear** dessa reta.

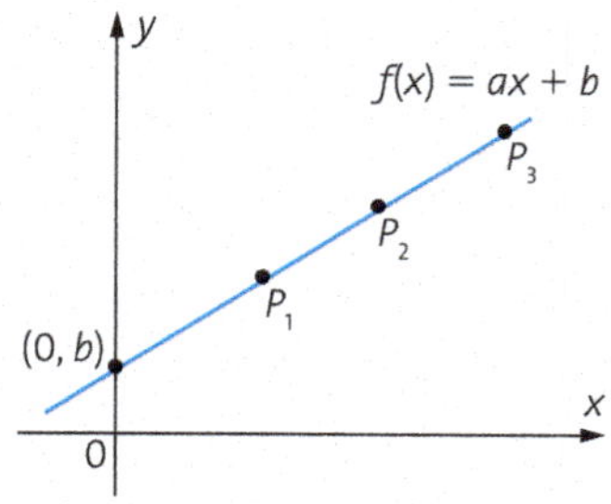

Traçado de gráficos de funções afins

Vamos construir os gráficos de algumas funções afins $f(x) = ax + b$ no plano cartesiano já citadas na página 119.

Como o gráfico da função afim $f(x) = ax + b$ é uma reta e para traçar uma reta basta conhecermos dois pontos distintos pertencentes a ela, então determinamos dois pontos distintos da função e traçamos a reta.

Veja alguns exemplos:

Função afim com $a \neq 0$ e $b \neq 0$

a) $f(x) = 2x + 1$

x	$f(x)$
−2	−3
1	3

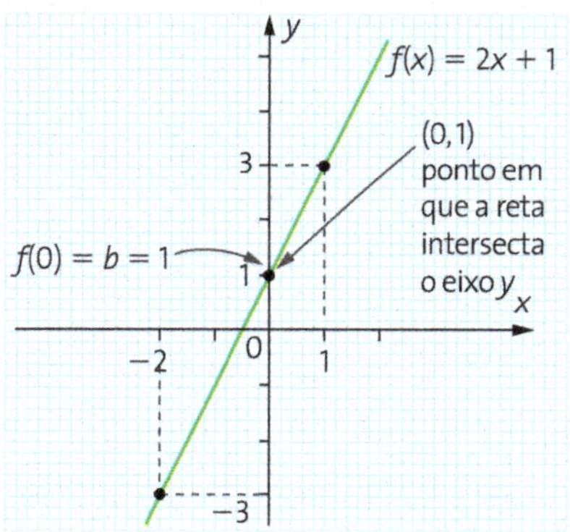

Nesse caso, temos $a = 2$ ($a > 0$), então a reta é **ascendente** (quando se caminha da esquerda para a direita).

b) $f(x) = -3x + 2$

x	$f(x)$
0	2
1	−1

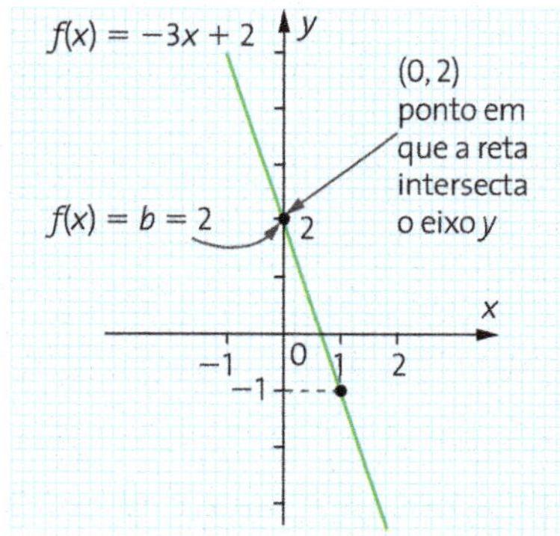

Nesse caso, temos $a = -3$ ($a < 0$), então a reta é **descendente** (quando se caminha da esquerda para a direita).

Função linear ($b = 0$)

a) $f(x) = 3x$

x	$f(x)$
−1	−3
1	3

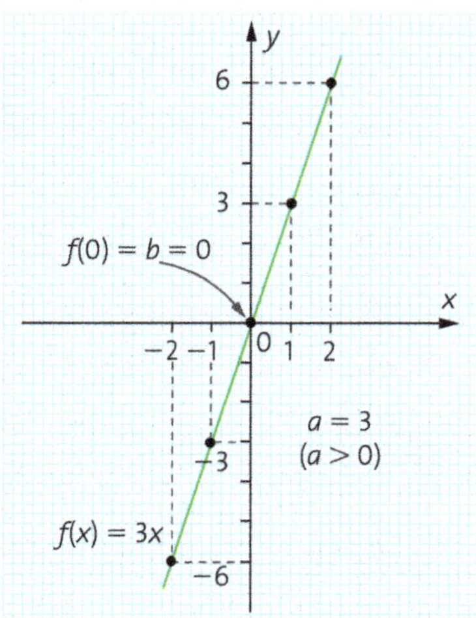

Fique atento!
O gráfico dessa função é uma reta não vertical que **passa pela origem (0, 0)**.

b) $f(x) = -2x$

x	$f(x)$
−2	4
1	−2

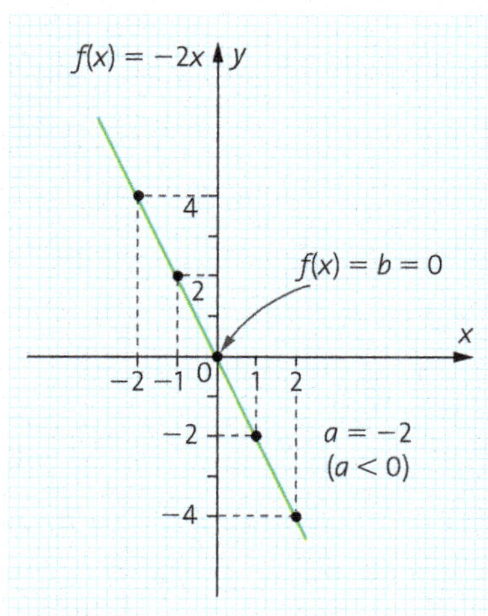

Função identidade ($a = 1$ e $b = 0$)

$f(x) = x$

x	f(x)
−2	−2
2	2

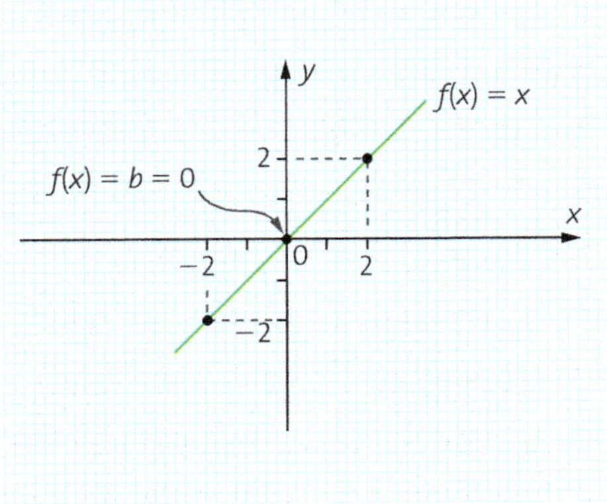

Fique atento!

- A função identidade é um caso particular da função linear em que $a = 1$.
- O gráfico da função identidade $f(x) = x$ é a bissetriz do 1º e 3º quadrantes.

Para refletir

O que é a bissetriz de um ângulo?

Função constante ($a = 0$)

$f(x) = 2$

x	f(x)
−2	2
−1	2
0	2
1	2
2	2

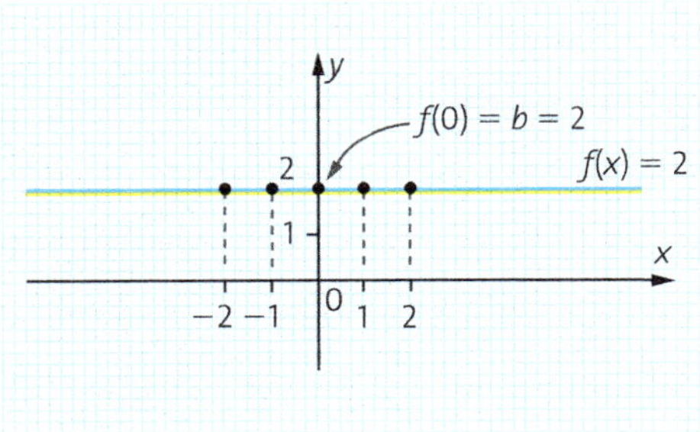

Fique atento!

O gráfico dessa função é uma reta paralela ao eixo x que passa pelo ponto $(0, b)$. Nesse caso, $Im(f) = \{b\}$.

Translação ($a = 1$ e $b \neq 0$)

$f(x) = x + 2$

x	f(x)
−2	0
0	2

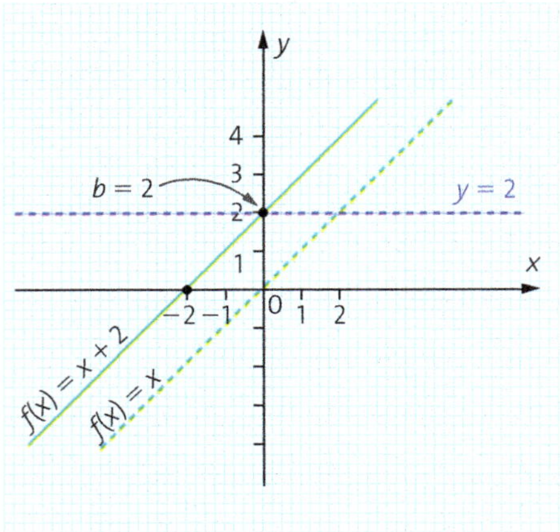

Fique atento!

- A função $f(x) = x + b$ recebe o nome de translação porque podemos "andar" ("transladar") com a reta $y = x + b$ paralelamente à reta $y = x$ (bissetriz dos quadrantes ímpares).
- A translação transforma (x, y) em $(x, y + z)$, ou seja, leva o eixo Ox na reta $y = z$.

Construtor de gráficos

Conclusões:

1ª) O gráfico de uma função afim $f(x) = ax + b$ é uma **reta** não vertical, isto é, não paralela ao eixo y.

2ª) Como dois pontos determinam uma reta, basta considerarmos dois pontos do plano cartesiano para construirmos o gráfico (compare isso com o que foi dito na página 123 sobre a determinação de uma função afim conhecendo-se seus valores em dois pontos distintos).

Exercícios resolvidos

1. Calcule a taxa de variação da função cujo gráfico é uma reta que passa pelos pontos $A(1, 3)$ e $B(5, 6)$. Verifique se a função afim cujo gráfico é essa reta é crescente ou decrescente.

Resolução

Sabemos que: $a = \dfrac{f(x_2) - f(x_1)}{x_2 - x_1}, x_1 \neq x_2$. Em $A(1, 3)$, temos $f(1) = 3$ e, em $B(5, 6)$, temos $f(5) = 6$.

Assim, $a = \dfrac{6 - 3}{5 - 1} = \dfrac{3}{4}$.

Portanto, a taxa de variação é igual a $\dfrac{3}{4}$. Em outras palavras, a razão entre a variação dos valores de $f(x)$ e a correspondente variação dos valores de x no intervalo $[1, 5]$ é $\dfrac{3}{4}$.

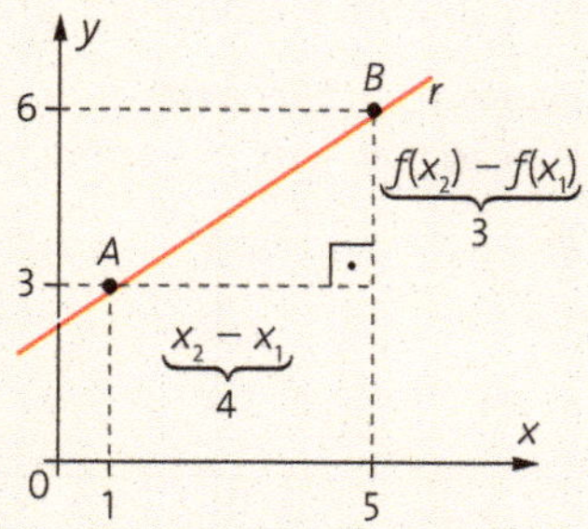

Como $\dfrac{3}{4} > 0$, a função afim é crescente.

» Resolvido passo a passo

2. *Biologia*
(Enem) O gráfico abaixo, obtido a partir de dados do Ministério do Meio Ambiente, mostra o crescimento do número de espécies da fauna brasileira ameaçadas de extinção.

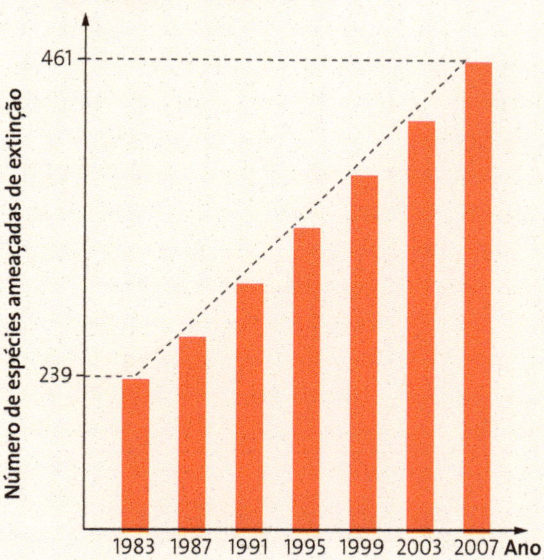

Se mantida pelos próximos anos a tendência de crescimento mostrada no gráfico, o número de espécies ameaçadas de extinção em 2011 seria igual a:

a) 465.
b) 493.
c) 498.
d) 538.
e) 699.

1. Lendo e compreendendo

a) O que é dado no problema?
Um gráfico de barras com o número de espécies em extinção de 1983 a 2007.

b) O que se pede?
O número de espécies em extinção em 2011.

2. Planejando a solução

Devemos usar o gráfico do enunciado para fazer a projeção do número de espécies em extinção em 2011. É essencial perceber que esse gráfico é uma função afim e, portanto, devemos obter a taxa de variação dessa função.

3. Executando o que foi planejado

Precisamos obter a lei da função afim que relaciona o número de espécies em extinção com o ano. Do gráfico, temos que $f(1983) = 239$ e $f(2007) = 461$. Genericamente, uma função afim é do tipo: $f(x) = ax + b$.
Vamos obter a taxa de variação a dessa função fazendo:

$$a = \frac{f(2007) - f(1983)}{2007 - 1983} = \frac{461 - 239}{2007 - 1983} = \frac{222}{24} = \frac{37}{4}.$$

Se há $\dfrac{37}{4}$ espécies ameaçadas de extinção por ano, então a cada 4 anos temos 37 novas espécies ameaçadas de extinção. Se em 2007 tínhamos 461 espécies ameaçadas de extinção, então, 4 anos depois (em 2011), teríamos $461 + 37 = 498$ espécies ameaçadas de extinção.

4. Emitindo a resposta

A resposta é a alternativa **c**.

5. Ampliando o problema

a) Determine $f(2013)$. O valor encontrado para $f(2013)$ é adequado ao número de espécies em extinção? Se não for, qual seria um valor adequado?

b) *Discussão em equipe*
Troque ideias com seus colegas sobre a importância da preservação das espécies de animais em nosso planeta. O que podemos fazer para ajudar? Vocês conhecem alguma espécie que já tenha sido extinta? E alguma espécie em extinção? Isso ocorre só no Brasil ou também em outras partes do mundo?

Exercícios

19. Construa, em um sistema de eixos ortogonais, o gráfico das seguintes funções:

a) $f(x) = 2x + 3$

b) $f(x) = x + 3$

c) $f(x) = -2x + 5$

d) $f(x) = -2 - 2x$

20. Faça o gráfico da função $f(x) = \dfrac{2 - 5x}{3}$, sendo $f: \mathbb{R} \to \mathbb{R}$.

21. Em um mesmo sistema de eixos ortogonais, construam os gráficos das seguintes funções. Depois, observem a influência da taxa de variação na posição de cada reta. Existe algum padrão a ser notado?

a) $f(x) = \dfrac{1}{2}x$

b) $g(x) = x$

c) $h(x) = 2x$

d) $s(x) = -x$

e) $t(x) = -2x$

22. *Física*
Um corpo se movimenta em velocidade constante de acordo com a fórmula matemática $s = 2t - 3$, em que s indica a posição do corpo (em metros) no instante t (em segundos). Construa o gráfico de s em função de t.

23. Obtenha, em cada caso, a função $f(x) = ax + b$, cuja reta, que é seu gráfico, passa pelos pontos:

a) $(-1, 1)$ e $(2, 0)$;

b) $(3, 0)$ e $(0, 4)$.

24. Determine o valor de m para que o gráfico da função $f(x) = 2x + m - 3$:

a) intersecte o eixo y no ponto $(0, 5)$;

b) intersecte o eixo x no ponto $(3, 0)$.

25. Sabendo que a função $f(x) = ax + b$ é tal que $f(1) = 5$ e $f(-2) = -4$, determine:

a) os valores de a e b;

b) o gráfico de f;

c) o valor de x para o qual $f(x) = 0$.

26. Considere a função afim dada por $f(x) = -3x + 4$ e responda:

a) Em que pontos a reta correspondente corta os eixos x e y?

b) A função é crescente ou decrescente?

27. As retas das funções afins f e g e da função constante h determinam um triângulo.

a) Determine os vértices desse triângulo, sabendo que as leis dessas funções são $f(x) = x - 3$, $g(x) = -x + 3$ e $h(x) = 3$.

b) Construa os três gráficos em um mesmo sistema de eixos.

28. A função afim $f(x) = ax + b$ tem taxa de variação igual a -2 e seu gráfico passa pelo ponto $A(1, -3)$. Escreva a função afim e esboce seu gráfico.

29. Dados os gráficos das funções de $\mathbb{R}$ em $\mathbb{R}$, escreva a função $f(x) = ax + b$ correspondente a cada item.

a)
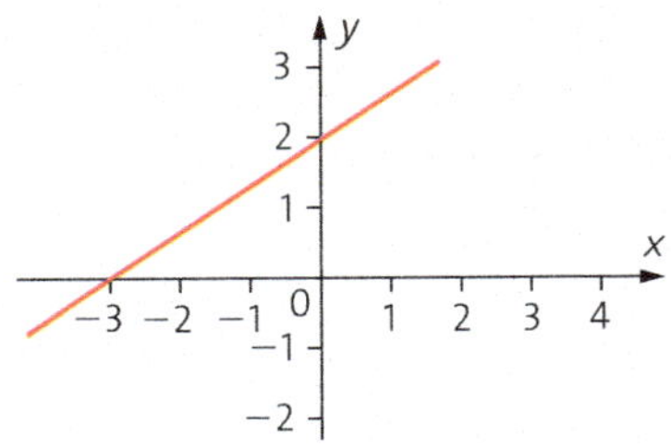

b)
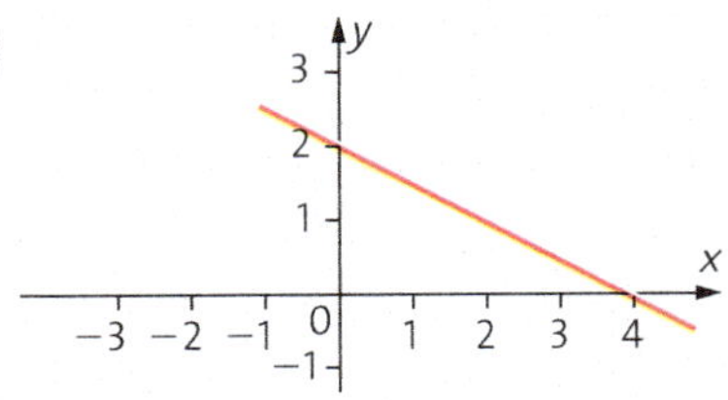

c)
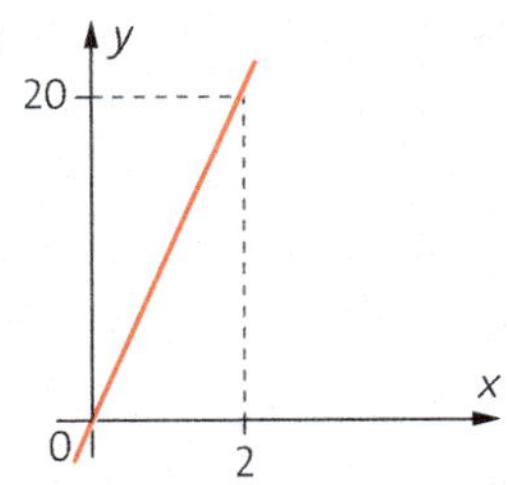

f)
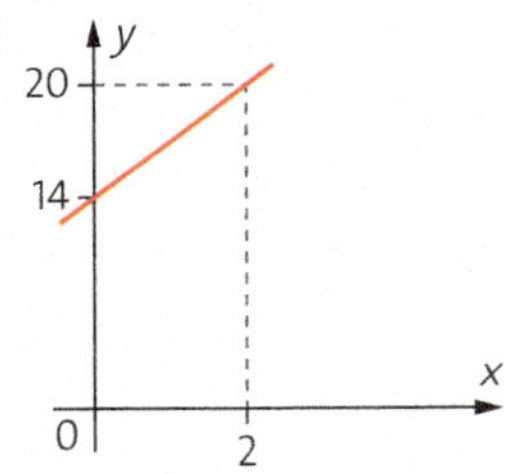

d)
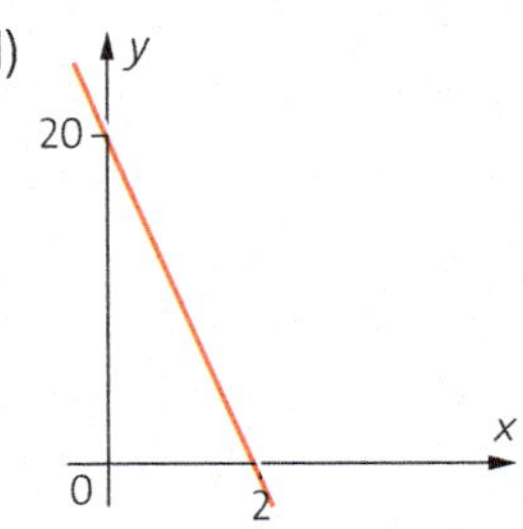

g)
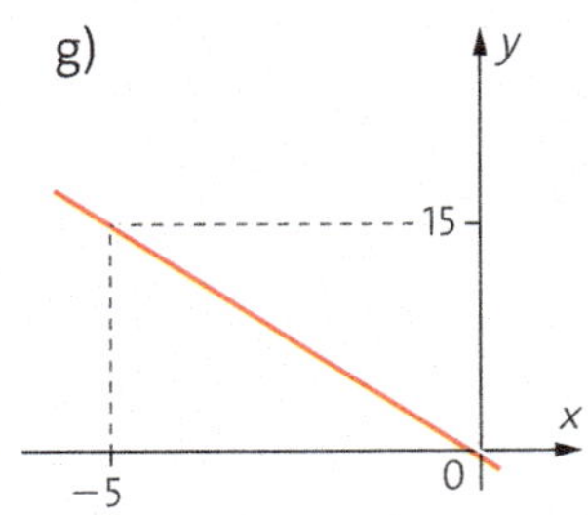

e)
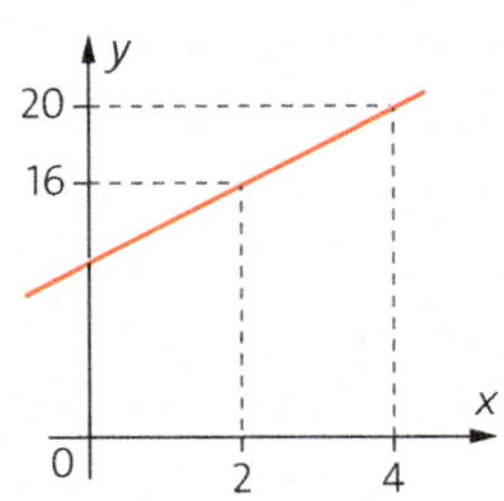

h)
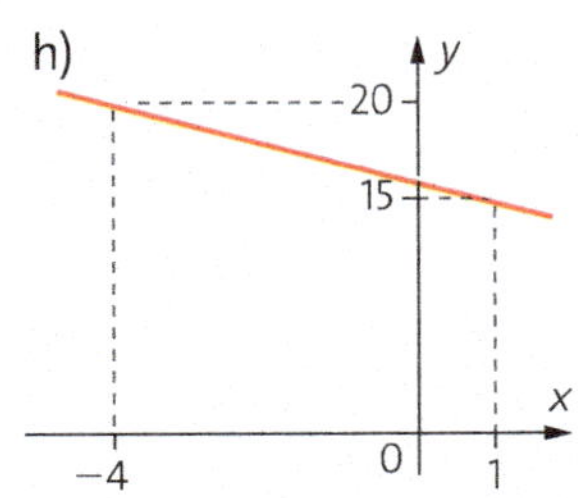

Matemática e tecnologia

Construção do gráfico da função afim no computador

Vamos aprender a construir o gráfico de funções importantes utilizando um *software* livre.

O LibreOffice (antigo BROffice) é um desses *softwares* e oferece seis aplicativos livres: editor de texto, planilha eletrônica, editor de apresentação de *slides*, editor de desenho, editor de fórmulas e banco de dados.

A instalação desse *software* é simples: acesse o *site* <http://pt-br.libreoffice.org/>, clique em "Baixe já", escolha a versão de acordo com o seu computador e siga os passos para finalizar a instalação do programa.

Ao abrir o LibreOffice, clique em "Planilha" e observe que a planilha eletrônica é formada por linhas (1, 2, 3, 4, ...) e colunas (*A*, *B*, *C*, *D*, ...).

Agora, acompanhe os passos para construir o gráfico da função $f(x) = x + 3$.

- **1º passo**: Monte uma tabela com valores de x e $f(x)$. A coluna *A* será formada pelos valores da variável independente x e a coluna *B*, pelos valores da variável dependente $f(x)$. Preencha as células *A*1 e *B*1 com x e $f(x) = x + 3$, respectivamente.
  Nas células *A*2, *A*3, *A*4, ..., *A*12 preencha com os valores $-5, -4, -3, ..., 5$.
  Na célula *B*2 digite "= *A*2 + 3". Assim, o valor assumido na célula *B*2 será igual ao valor apresentado na célula *A*2 acrescido de 3 unidades. Em seguida tecle "Enter".

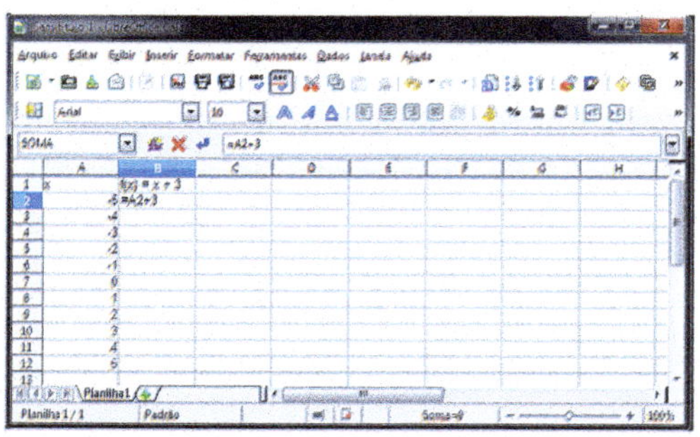

- **2º passo**: Clique com o botão esquerdo do *mouse* no canto inferior direito da célula *B*2 utilizando o recurso "Arrastar e soltar" e deslize até a célula *B*12, como indicado a seguir.

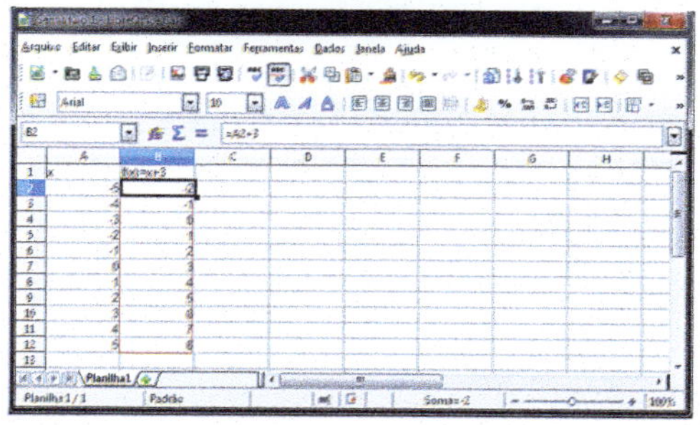

Fotos: Reprodução/<www.geogebra.org>

Ao soltar o *mouse*, aparecerão na coluna *B* os valores que obedecem à lei de formação da função f com os valores indicados na coluna *A*.

- **3º passo**: Selecione a tabela construída, clique na opção "Gráfico" (ícone na parte superior), selecione a opção "***XY*** (Dispersão)" e "Somente linhas", como apresentado nas imagens abaixo. Depois, clique em concluir e o gráfico será construído automaticamente.

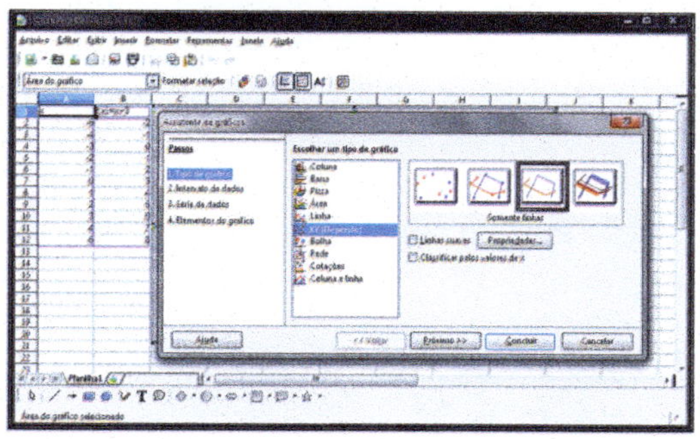

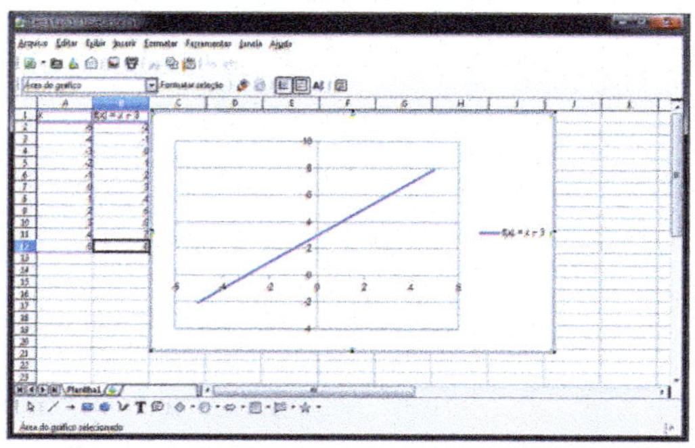

Observe que o domínio da função são os valores colocados na coluna *A*, ou seja, $[-5, 5]$, a imagem é a variação do eixo das ordenadas $[-2, 8]$ e a lei de formação da função é $f(x) = x + 3$.
Não se esqueça de salvar o gráfico obtido.
Repita a operação utilizando o mesmo domínio e as funções $f(x) = x - 3$ e $f(x) = 2x + 1$.

9 Conexão entre função afim e Geometria analítica

No estudo da Geometria analítica, que abordaremos no volume 3, os elementos geométricos são descritos por equações. Entre eles, a reta, que particularmente nos interessa, pois, como já estudamos, o gráfico de uma função afim $f(x) = ax + b$ é uma reta.

Reciprocamente, toda reta não vertical r é o gráfico de uma função afim. De fato, se $A(x_1, y_1)$ e $B(x_2, y_2)$ são dois pontos distintos da reta r, não vertical, temos que $x_1 \neq x_2$. Assim, existe uma função afim $f: \mathbb{R} \to \mathbb{R}$ tal que $f(x_1) = y_1$ e $f(x_2) = y_2$. O gráfico de f é uma reta que passa pelos pontos A e B. Logo, essa reta coincide com r.

Para refletir
A reta vertical não é gráfico de uma função. Por quê?

Equação da reta

Seja uma função afim $f(x) = ax + b$, dizemos que $y = ax + b$ é a equação da reta r, dada pela função. Assim, $a = \dfrac{y_2 - y_1}{x_2 - x_1}$, que na função afim é a taxa de variação, agora, na reta, recebe o nome de **coeficiente angular** (ou inclinação da reta) da reta.

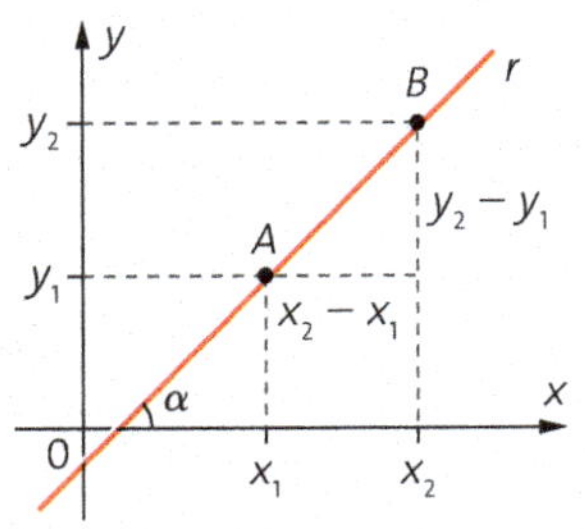

A relação entre o coeficiente angular com o ângulo de inclinação α que o eixo Ox forma com a reta r é dada por $a = \text{tg}\ \alpha$.

Se $P(x, y)$ é um ponto genérico de uma reta r, então o coeficiente angular a e um ponto $P_0(x_0, y_0)$ dela determinam essa reta:

$$a = \frac{y - y_0}{x - x_0} \Rightarrow y - y_0 = a(x - x_0) \Rightarrow \boxed{y = y_0 + a(x - x_0)}$$

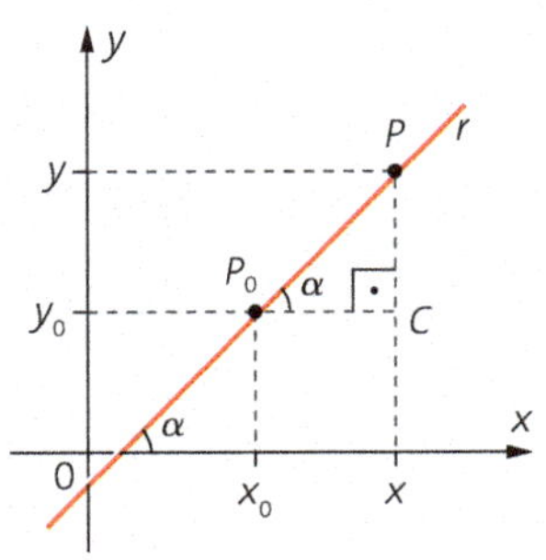

Essa é a equação da reta que passa pelo ponto $P(x_0, y_0)$ e tem coeficiente angular a.

$$a = \frac{d(C, P)}{d(P_0, C)} = \text{tg}\ \alpha$$

Por exemplo, a equação de uma reta que passa pelo ponto (5, −2) e tem coeficiente angular $a = -3$ é dada por:

$$y = y_0 + a(x - x_0) \Rightarrow y = -2 + (-3)(x - 5) \Rightarrow y = -2 - 3x + 15 \Rightarrow y = -3x + 13$$

A diferença de nomenclatura, **coeficiente angular** nas equações da reta e **taxa de variação** nas funções afins, é fruto somente da interpretação que se pretende em cada caso.

Em uma equação da reta, é mais importante a informação relativa ao ângulo de inclinação da reta do que sobre a variação de y em relação a x.

Na função afim é o oposto: privilegiamos a informação relativa à variação de y em relação a x e não nos interessa tanto saber qual é o ângulo de inclinação da reta. Além disso, na função afim, a alteração das escalas dos eixos modificaria o ângulo da reta desenhada.

O importante é que você saiba que, a qualquer momento, é possível usar elementos de Geometria analítica no estudo de funções e vice-versa. Só depende da conveniência.

Acompanhe um exemplo em que é usado o conceito de coeficiente angular.

Se $f(2) = -2$ e $f(1) = 1$, então montamos a tabela:

x	**y**
2	−2
1	1

De onde tiramos que $y - y_0 = -2 - 1 = -3$ e $x - x_0 = 2 - 1 = 1$. Portanto:

$$a = \frac{y - y_0}{x - x_0} = -\frac{3}{1} = -3$$

Assim, $y = -3x + b$.

Substituindo qualquer um dos pares (x, y) da tabela, obtemos o b.

$$1 = -3(1) + b \Rightarrow b = 4$$

Então, $y = -3x + 4$, ou, se preferir, $f(x) = -3x + 4$.

Exercícios

30. Qual é a equação da reta que:

a) passa pelo ponto $A(4, 6)$ e tem coeficiente angular $a = 3$?

b) passa pelo ponto $B(-4, 0)$ e tem coeficiente angular $a = -2$?

c) passa pelos pontos $D(0, 4)$ e $E(-2, -6)$?

31. Escreva a equação da reta representada por:

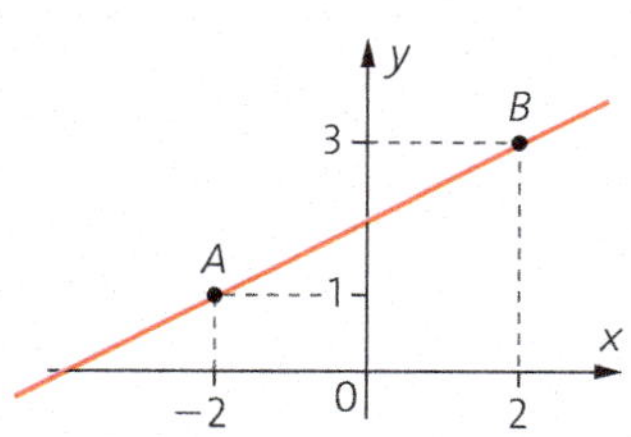

Fique atento!
Voltaremos a este assunto no volume 3.

10 Uma propriedade característica da função afim $f(x) = ax + b$

Vimos que o gráfico de uma função afim $f(x) = ax + b$ é uma reta.

As funções afins são as únicas funções (crescentes ou decrescentes) para as quais acréscimos iguais dados a x e a x' correspondem a acréscimos iguais dados a $f(x)$ e $f(x')$.

Analise o gráfico:

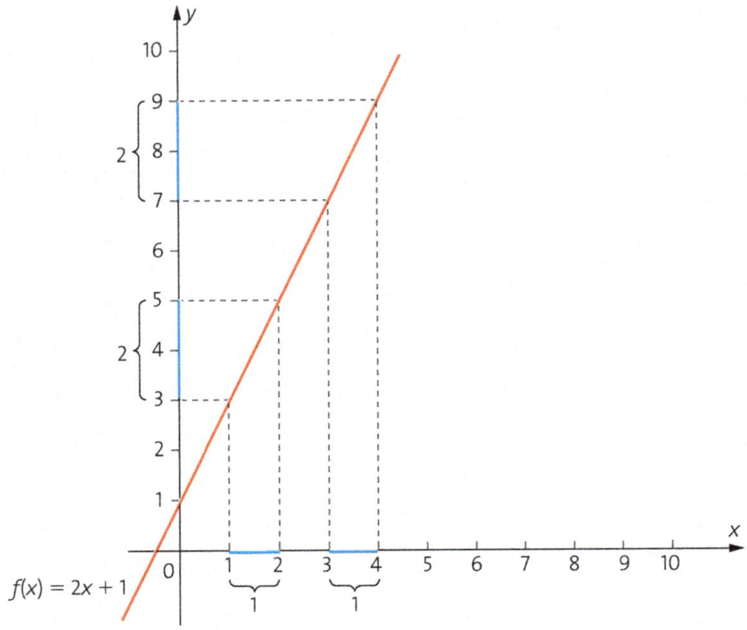

Demos dois acréscimos iguais a 1 em x e obtivemos dois acréscimos iguais a 2 em y.

De modo geral, em qualquer função afim $f(x) = ax + b$, temos:

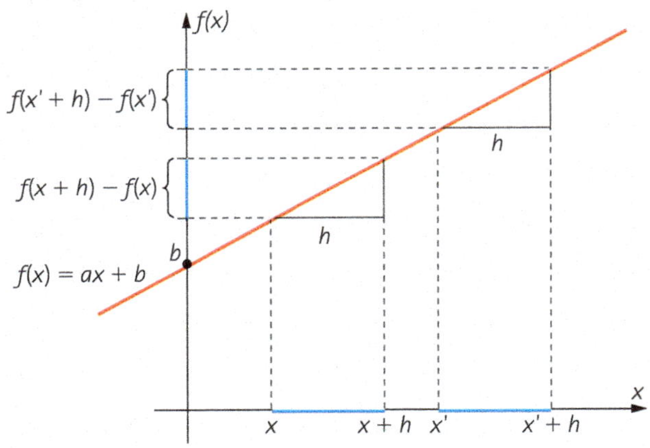

> **Fique atento!**
> No gráfico da função $f(x) = 2x + 1$, observa-se que o acréscimo é igual ao parâmetro a (nesse caso, igual a 2).

Demos dois acréscimos iguais a h em x e obtivemos dois acréscimos iguais em $f(x)$:

$$f(x + h) - f(x) = f(x' + h) - f(x')$$

Exercícios

32. Dada a função afim $f(x) = 3x - 1$, mostre que dando acréscimos iguais a 2 em x provocaremos acréscimos iguais a 6 em $y = f(x)$.

33. Dada a função afim $f(x) = 4x + 2$ e acréscimos iguais a 3 em x, que acréscimos iguais obteremos em $y = f(x)$?

11 Gráfico de uma função definida por mais de uma sentença

Em um determinado ano, uma firma em expansão contratou 100 funcionários em março e 100 em setembro. Em janeiro desse mesmo ano o número de funcionários era 200.

Temos então um exemplo de função que é definida por mais de uma sentença:

$f: A \rightarrow \mathbb{N}$

$A = \{\text{meses do ano}\}$

$$f(x) = \begin{cases} 200, \text{ se } x \in \{\text{janeiro, fevereiro}\} \\ 300, \text{ se } x \in \{\text{março, abril, maio, junho, julho, agosto}\} \\ 400, \text{ se } x \in \{\text{setembro, outubro, novembro, dezembro}\} \end{cases}$$

Veja o gráfico dessa função:

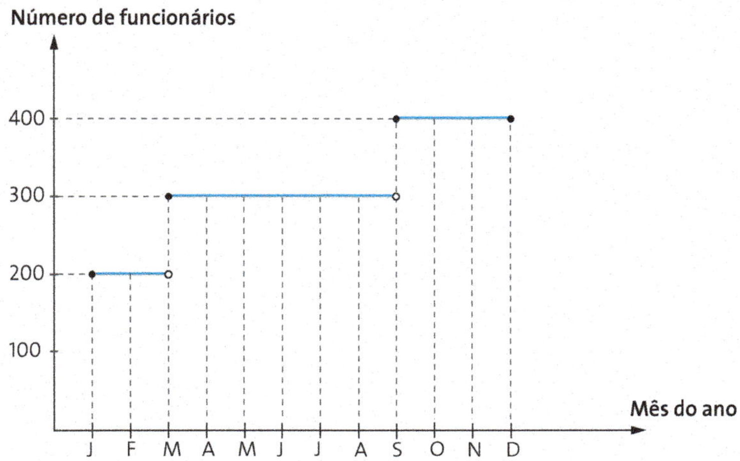

Vejamos como construir, em um sistema cartesiano de coordenadas ortogonais, o gráfico de uma função definida por duas ou mais sentenças:

$$f(x) = \begin{cases} x + 1, \text{ se } x \geqslant 1 \\ 2, \text{ se } x < 1 \end{cases}$$

Construindo separadamente as tabelas, temos:

$f(x) = x + 1, \text{ se } x \geqslant 1$

x	$y = f(x)$
1	2
2	3
3	4

$f(x) = 2, \text{ se } x < 1$

x	$y = f(x)$
0	2
−1	2
−2	2

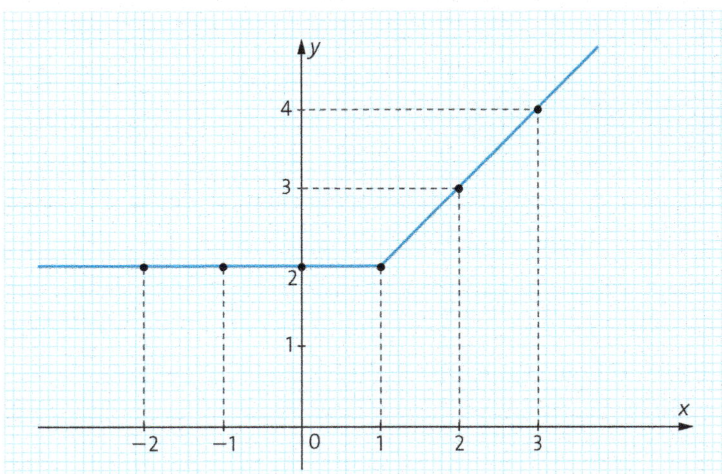

Exercício resolvido

3. Construa o gráfico das funções a seguir:

a) $f(x) = \begin{cases} x, \text{ se } x \geqslant 0 \\ -x, \text{ se } x < 0 \end{cases}$

b) $f(x) = \begin{cases} 1, \text{ se } 0 \leqslant x < 1 \\ \dfrac{1}{2}, \text{ para } x \geqslant 1 \end{cases}$

c) $f(x) = \begin{cases} -2, \text{ se } x \leqslant 0 \\ 2x, \text{ se } 0 < x \leqslant 2 \\ 4, \text{ se } x > 2 \end{cases}$

Resolução

a) $f(x) = \begin{cases} x, \text{ se } x \geqslant 0 \\ -x, \text{ se } x < 0 \end{cases}$

$f(x) = x$, se $x \geqslant 0$

x	**y = f(x)**
0	0
1	1
2	2

$f(x) = -x$, se $x < 0$

x	**y = f(x)**
−1	1
−2	2
−3	3

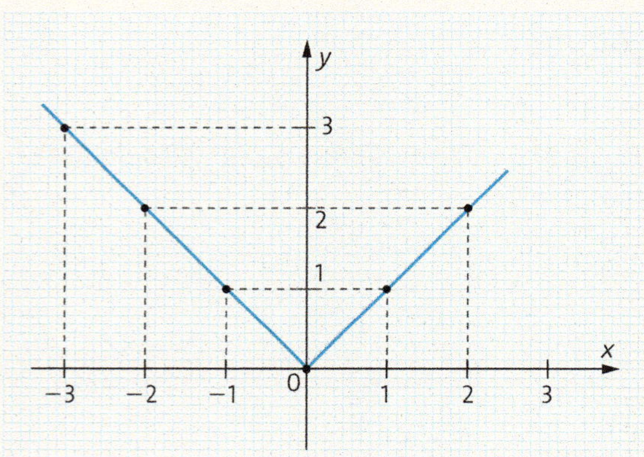

b) $f(x) = \begin{cases} 1, \text{ se } 0 \leqslant x < 1 \\ \dfrac{1}{2}, \text{ para } x \geqslant 1 \end{cases}$

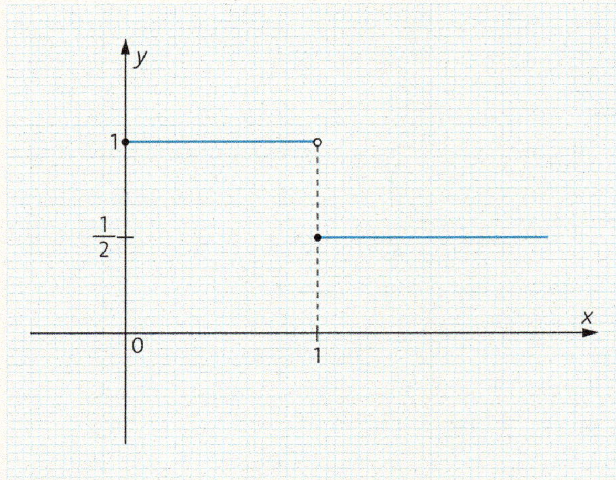

c) $f(x) = \begin{cases} -2, \text{ se } x \leqslant 0 \\ 2x, \text{ se } 0 < x \leqslant 2 \\ 4, \text{ se } x > 2 \end{cases}$

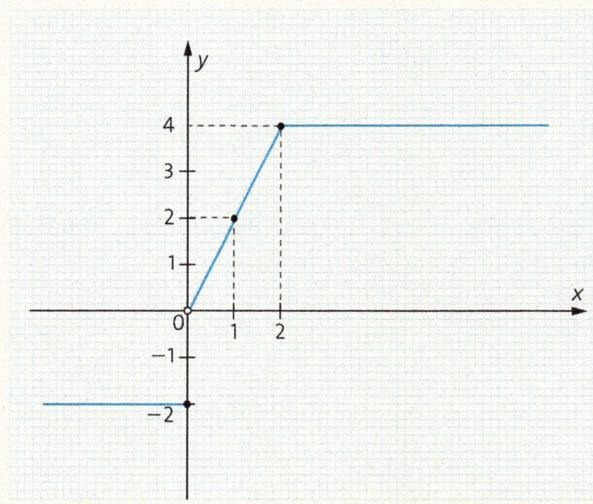

Exercícios

34. Construa, em um sistema de coordenadas cartesianas ortogonais, o gráfico das seguintes funções:

a) $f(x) = \begin{cases} 2, \text{ se } x \geqslant 0 \\ x + 2, \text{ se } x < 0 \end{cases}$

b) $f(x) = \begin{cases} x, \text{ se } x \geqslant 2 \\ -1, \text{ se } 0 \leqslant x < 2 \\ x - 1, \text{ se } x < 0 \end{cases}$

35. Construa o gráfico da função $f\colon [0, 1] \to \mathbb{R}$ definida por

$f(x) = \begin{cases} 0, \text{ se } 0 \leqslant x < 1 \\ 1, \text{ se } x = 1 \end{cases}$.

36. Construa o gráfico da função $f\colon \mathbb{R} \to \mathbb{R}$ definida por

$f(x) = \begin{cases} x + 3, \text{ se } x \geqslant 0 \\ 3, \text{ se } -2 \leqslant x < 0 \\ -x + 1, \text{ se } x < -2 \end{cases}$.

12 Função afim crescente e decrescente

Já estudamos que uma função afim $f(x) = ax + b$ tem como gráfico uma reta (que indicamos por $y = ax + b$) não vertical, ou seja, não paralela ao eixo y.

A ordenada do ponto onde a reta intersecta o eixo y é sempre b.

Vimos também que o número a chama-se **taxa de variação** ou **taxa de crescimento da função**. Quanto maior o valor absoluto de a, mais a reta se afasta da posição horizontal.

Para $a \neq 0$ existem duas possibilidades:

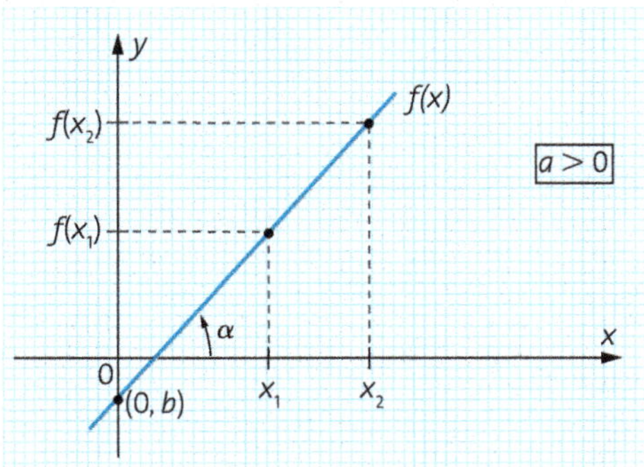

Se $a > 0$, f é crescente.

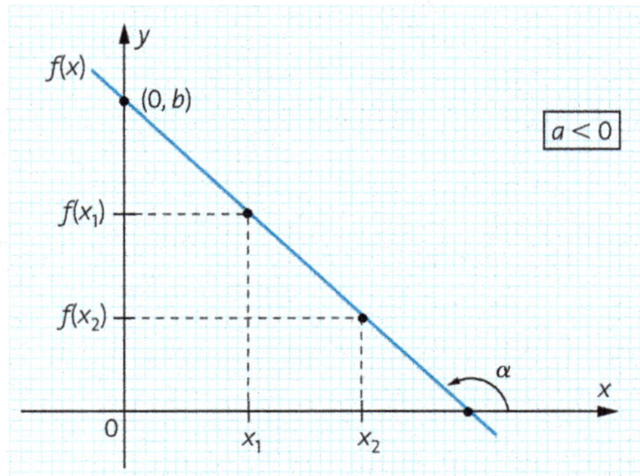

Se $a < 0$, f é decrescente.

Assim, o que determina se a função afim $f(x) = ax + b$, com $a \neq 0$, é crescente ou decrescente é o sinal de a. Se a é positivo, ela é crescente; se a é negativo, ela é decrescente.

No caso de $a = 0$, o valor de $f(x)$ permanece constante $[f(x) = b]$ e o gráfico de f é a reta paralela ao eixo x que passa por $(0, b)$, como vimos na página 126.

Exercícios resolvidos

4. Em cada um dos gráficos a seguir, que representam funções afins, diga se a e b são positivos (> 0), negativos (< 0) ou nulos ($= 0$) e se as funções são crescentes ou decrescentes.

a)

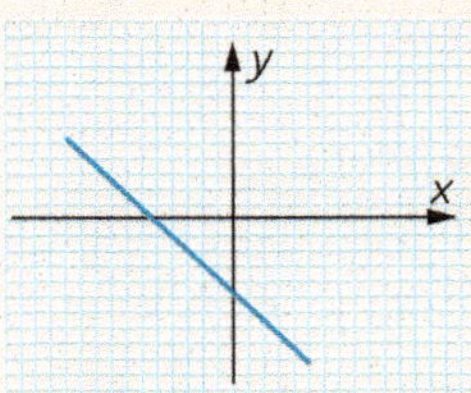

b)

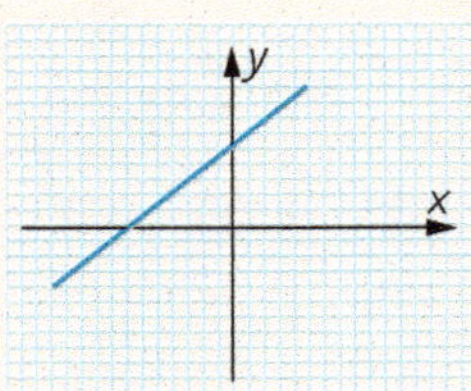

c)

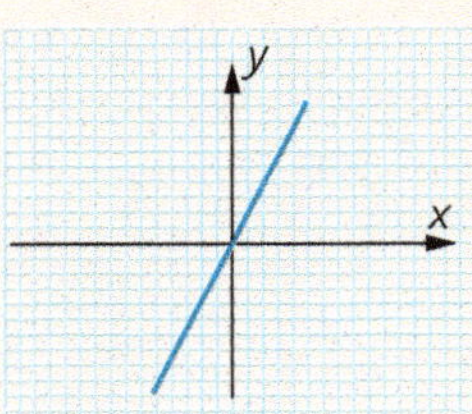

d)

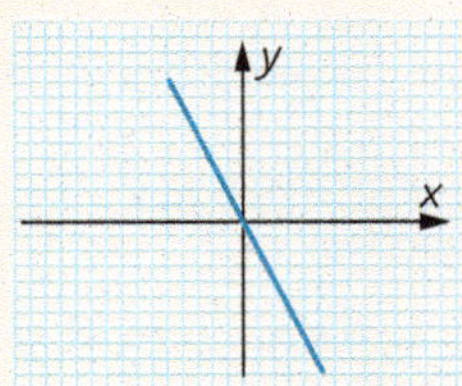

e)

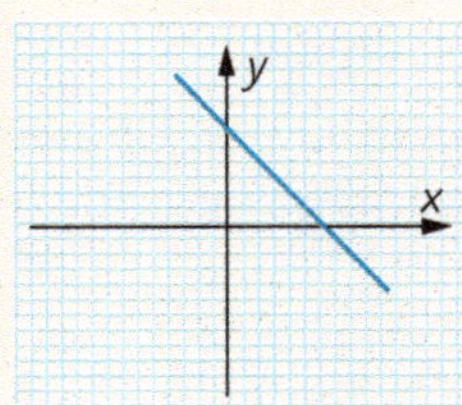

f)

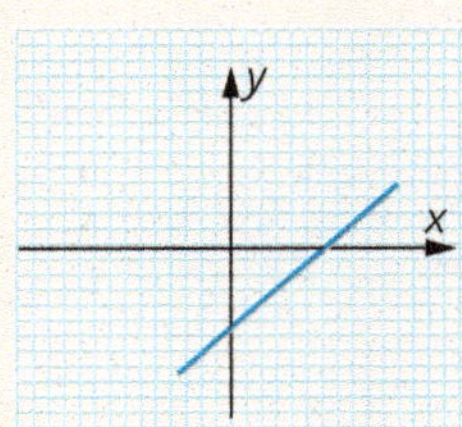

Resolução

a) $a < 0$ e $b < 0$
função decrescente

b) $a > 0$ e $b > 0$
função crescente

c) $a > 0$ e $b = 0$
função crescente

d) $a < 0$ e $b = 0$
função decrescente

e) $a < 0$ e $b > 0$
função decrescente

f) $a > 0$ e $b < 0$
função crescente

Para refletir
Justifique cada resposta dada no exercício resolvido 4.

5. Considere a função $f: \mathbb{R} \rightarrow \mathbb{R}$ definida por $f(x) = 5x - 3$; sem construir o gráfico, responda:
a) Qual é a figura do gráfico de f?
b) Em que ponto o gráfico de f intersecta o eixo x?
c) Em que ponto o gráfico de f intersecta o eixo y?
d) f é função crescente ou decrescente?

Resolução

a) O gráfico de f é uma reta, pois f é função afim.

b) Todo ponto do eixo x tem ordenada 0:
$5x - 3 = 0 \Rightarrow 5x = 3 \Rightarrow x = \frac{3}{5}$
O gráfico de f intersecta o eixo x em $\left(\frac{3}{5}, 0\right)$.

c) Todo ponto do eixo y tem abscissa 0:
$f(0) = 5 \cdot 0 - 3 \Rightarrow f(0) = -3$
O gráfico de f intersecta o eixo y em $(0, -3)$.

d) f é crescente, pois $a = 5$, isto é, $a > 0$.

6. Construa o gráfico da função do exercício anterior e localize o ângulo de inclinação da reta, indicando-o por α.

Resolução

Como o gráfico é uma reta, basta determinar dois de seus pontos:

x	y
0	−3
1	2

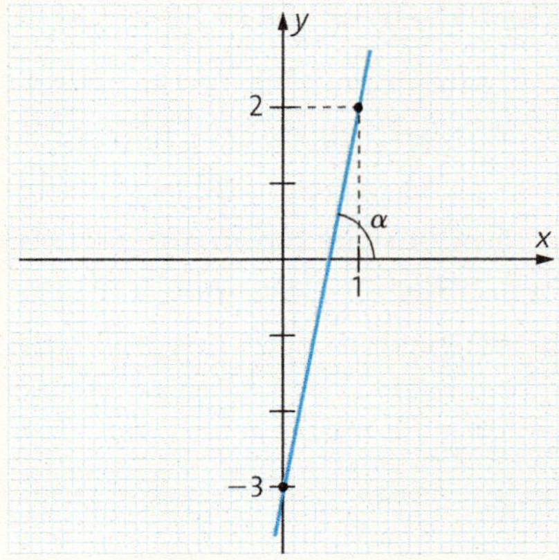

7. A reta, gráfico de uma função afim, passa pelos pontos $(-2, -63)$ e $(5, 0)$. Determine essa função e $f(16)$.

Resolução

Trata-se de uma função afim, então $f(x) = ax + b$.
Se a reta passa por $(-2, -63)$ e $(5, 0)$, temos $f(-2) = -63$ e $f(5) = 0$.

Podemos escrever o sistema $\begin{cases} -2a + b = -63 \\ 5a + b = 0 \end{cases}$, que resolvido tem $a = 9$ e $b = -45$.
Logo, a função é dada por $f(x) = 9x - 45$.
Vamos determinar agora $f(16)$:
$f(16) = 9 \cdot 16 - 45 = 144 - 45 = 99$

Para refletir
Em que ponto essa reta corta o eixo y?

8. Construa no plano cartesiano o gráfico da função $f(x) = 5x - 4$ no intervalo $0 < x \leq 2$. Em seguida, responda:
a) Quais são o $D(f)$ e a $Im(f)$?
b) Esse gráfico intersecta os eixos? Em que pontos?
c) $f(x)$ tem um valor máximo? E um valor mínimo?

Resolução

x	y
0	−4
2	6

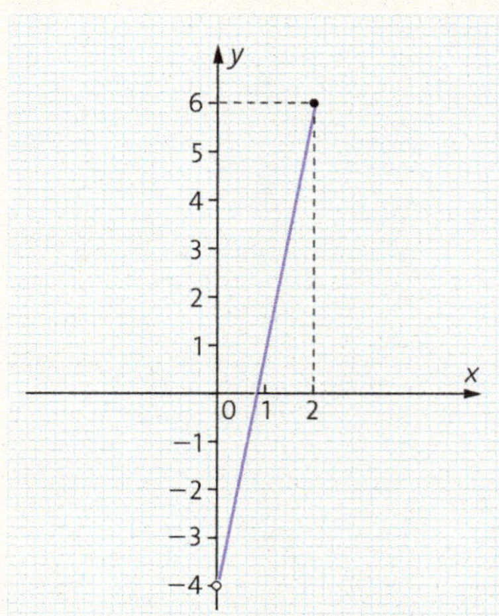

a) $D(f) = \{x \in \mathbb{R} \mid 0 < x \leq 2\}$ ou $]0, 2]$
$Im(f) = \{x \in \mathbb{R} \mid -4 < x \leq 6\}$ ou $]-4, 6]$

b) O gráfico não intersecta o eixo y; o gráfico intersecta o eixo x no ponto $\left(\frac{4}{5}, 0\right)$, pois

$5x - 4 = 0 \Rightarrow 5x = 4 \Rightarrow x = \frac{4}{5}$.

c) $f(x)$ tem valor máximo, que é $f(x) = 6$.
$f(x)$ não tem valor mínimo.

9. Determine o ponto de intersecção das retas das funções afins $f(x) = x + 1$ e $g(x) = 2x - 1$:
a) pelo gráfico;
b) sem usar o gráfico.

Resolução

a) Desenhando ambas as retas no mesmo plano cartesiano, temos:

$f(x) = x + 1$

x	y
1	2
2	3
0	1

$g(x) = 2x - 1$

x	y
1	1
2	3
0	−1

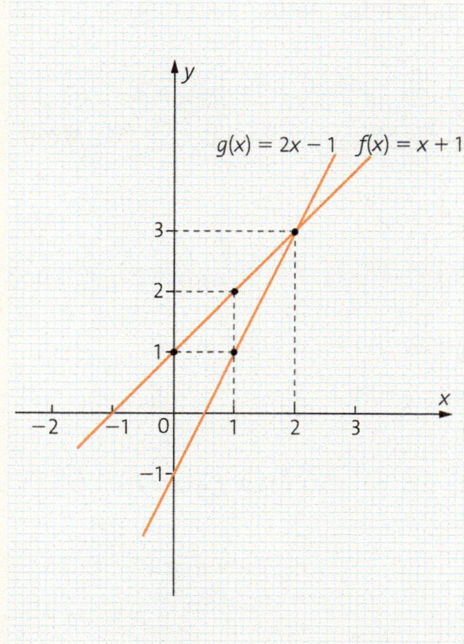

O ponto de intersecção é $P(2, 3)$.

b) Como $y = f(x)$, então $y = x + 1$.
Como $y = g(x)$, então $y = 2x - 1$.
Igualando y, temos:
$x + 1 = 2x - 1 \Rightarrow 2 = x$
Substituindo o valor de x encontrado em qualquer uma das funções acima, temos $y = 2 + 1 = 3$.
Assim, o ponto de intersecção é $P(2, 3)$.

Exercícios

37. Considere as funções afins dadas por $f(x) = -3x + 4$, $g(x) = \frac{x}{3}$ e $h(x) = x - 2$. Para cada uma das funções, responda:
a) Em que pontos a reta correspondente corta os eixos x e y?
b) A função é crescente ou decrescente?
c) Construa os gráficos e confira neles as respostas dadas nos itens anteriores.

38. Determine a lei da função afim cuja reta intersecta os eixos em $(-8, 0)$ e $(0, 4)$. Essa função é crescente ou decrescente?

39. Determine a fórmula matemática da função afim tal que $f(2) = 5$ e $f(-1) = -4$.

40. A função $f: \mathbb{R} \to \mathbb{R}$ definida por $f(x) = 6x - 5$ é bijetiva.
a) Determine f^{-1}, função inversa de f.
b) Construa no mesmo sistema de eixos os gráficos de f, f^{-1} e $y = x$.
c) Que relação existe entre esses três gráficos?

41. Determine o ponto P:

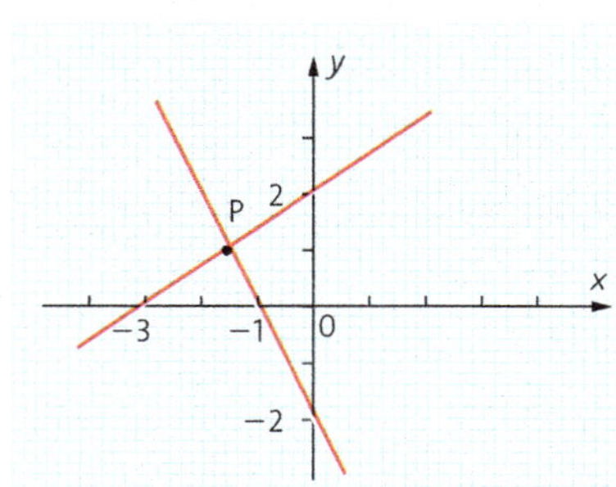

13 Zero da função afim

O valor de x para o qual a função $f(x) = ax + b$ se anula, ou seja, para o qual $f(x) = 0$, denomina-se **zero da função afim**. Para determinar o zero de uma função afim basta resolver a equação $ax + b = 0$.

Exemplos:

a) O zero da função $f(x) = 2x + 5$ é $-\frac{5}{2}$, pois $2x + 5 = 0$, ou seja, $2x = -5$, ou ainda, $x = -\frac{5}{2}$.

b) O zero de $f(x) = 2x - 4$ é $x = 2$.

c) O zero da função $y = x - 8$ é 8.

Para refletir
Confira o valor do zero das funções dos itens **b** e **c**.

Interpretação geométrica

Geometricamente, o zero da função afim $f(x) = ax + b$ é a **abscissa** do ponto de intersecção do gráfico da função com o eixo x.

Por exemplo, dada a função afim definida por $f(x) = 2x - 5$, temos:

$2x - 5 = 0 \Rightarrow 2x = 5 \Rightarrow x = \frac{5}{2}$ (zero da função).

Para refletir
O que acontece com o valor de $f(x)$ quando $x > \frac{5}{2}$?
E quando $x < \frac{5}{2}$?

x	y
1	−3
3	1

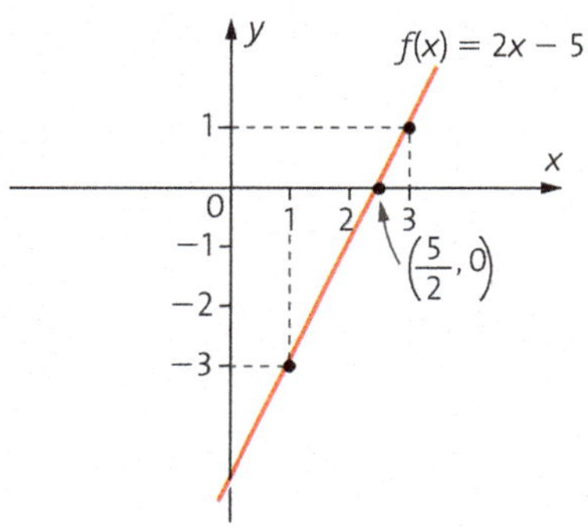

Logo, a reta, gráfico dessa função, intercepta o eixo x no ponto $\left(\frac{5}{2}, 0\right)$.

14 Estudo do sinal da função afim e de inequações do 1º grau

Um comerciante gastou R$ 300,00 na compra de um lote de maçãs. Como cada maçã será vendida a R$ 2,00, ele deseja saber quantas maçãs devem ser vendidas para que haja lucro no fim da venda.

Observe que o resultado final (**receita** menos despesa) é dado em função do número x de maçãs vendidas, e a lei da função é $f(x) = 2x - 300$.

Receita – Quantia recebida ou obtida com a venda de um ou mais produtos. Se a receita é maior que o custo, há lucro. Se é menor, há prejuízo.

- Vendendo 150 maçãs não haverá lucro nem prejuízo. Para $x = 150$, temos $f(x) = 0$.
- Vendendo mais de 150 maçãs haverá lucro. Para $x > 150$, temos $f(x) > 0$.
- Vendendo menos de 150 maçãs haverá prejuízo. Para $x < 150$, temos $f(x) < 0$.

Em situações como esta, dizemos que foi feito o estudo do sinal da função, que consiste em determinar os valores de x do domínio para os quais $f(x) = 0$, $f(x) > 0$ e $f(x) < 0$.

15 Estudo do sinal da função pela análise do gráfico

Vejamos agora como fazer o estudo do sinal da função analisando o gráfico.

$a > 0 \rightarrow$ função crescente

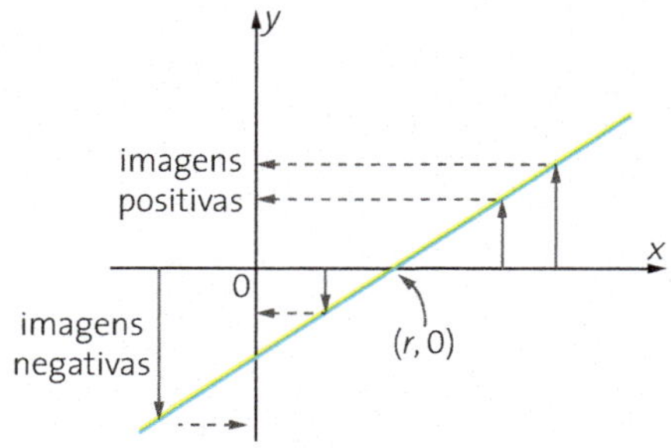

Dispositivo prático:

$x = r \Rightarrow f(x) = 0$
$x > r \Rightarrow f(x) > 0$
$x < r \Rightarrow f(x) < 0$

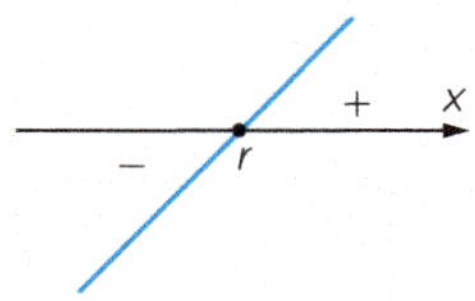

> **Para refletir**
> Qual é o significado dos sinais + e – nesse dispositivo?

$a < 0 \rightarrow$ função decrescente

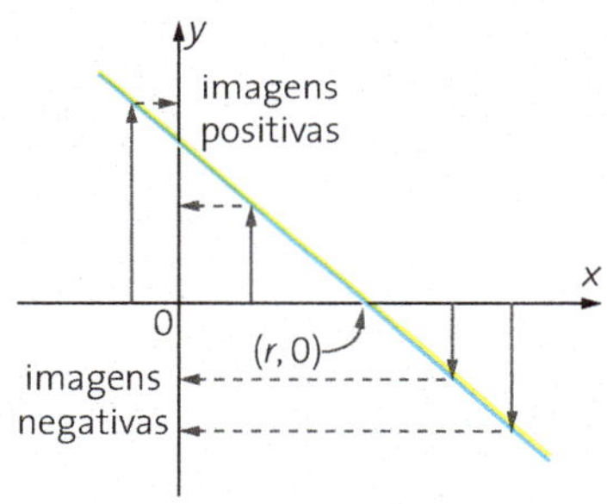

Dispositivo prático:

$x = r \Rightarrow f(x) = 0$
$x > r \Rightarrow f(x) < 0$
$x < r \Rightarrow f(x) > 0$

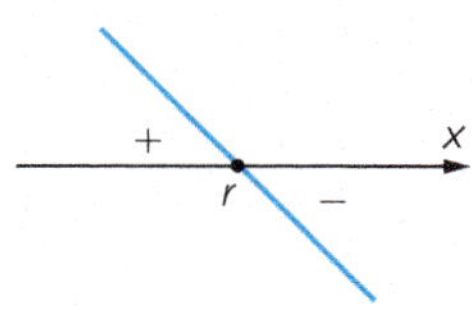

Exercícios resolvidos

10. Dada a função $f: \mathbb{R} \rightarrow \mathbb{R}$ tal que $f(x) = -4x + 1$, responda e faça o que se pede.
   a) Qual é o zero dessa função f? Qual é o seu significado geométrico?
   b) Construa o gráfico de f.
   c) Faça o estudo do sinal da função f.

Resolução

a) $-4x + 1 = 0 \Rightarrow -4x = -1 \Rightarrow 4x = 1 \Rightarrow x = \frac{1}{4}$ (raiz de f)

Se $\frac{1}{4}$ é o zero de f, então o gráfico de f intersecta o eixo x em $\left(\frac{1}{4}, 0\right)$.

> **Para refletir**
> Localize no gráfico o zero da função.

b)

x	y
0	1
1	−3

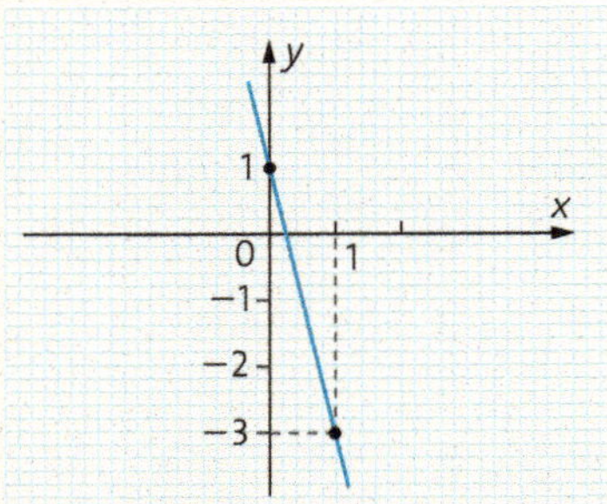

c) $f(x) = -4x + 1$

$a = -4 < 0$ (função decrescente)

$x = \frac{1}{4} \Rightarrow f(x) = 0$

$x > \frac{1}{4} \Rightarrow f(x) < 0$

$x < \frac{1}{4} \Rightarrow f(x) > 0$

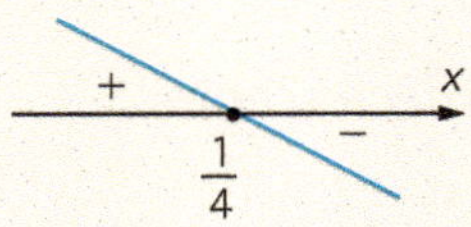

11. Estude o sinal da função $f(x) = 3x - 1$.

Resolução

Zero da função: $3x - 1 = 0 \Rightarrow 3x = 1 \Rightarrow x = \frac{1}{3}$

Sinal de a: $a = 3 > 0 \Rightarrow f(x)$ é crescente

$f(x) = 0$ para $x = \frac{1}{3}$

$f(x) > 0$ para $x > \frac{1}{3}$

$f(x) < 0$ para $x < \frac{1}{3}$

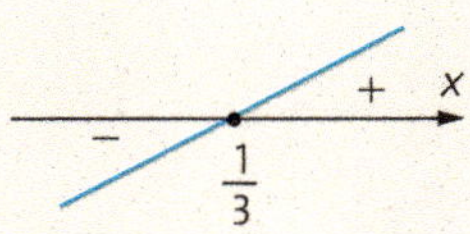

12. Para que valores de x a expressão $4 - 19x$ é positiva?

Resolução

$-19x + 4 = 0 \Rightarrow -19x = -4 \Rightarrow x = \frac{4}{19}$ (zero da função)

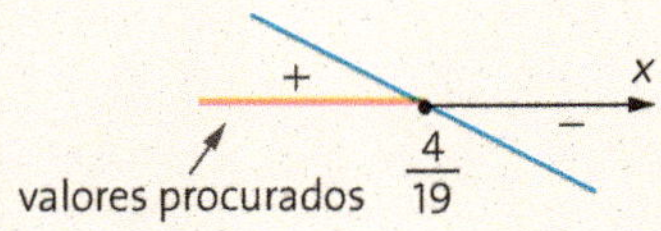

$a = -19 < 0$ (função decrescente)

$4 - 19x > 0$ quando $x < \frac{4}{19}$

13. Determine os valores reais de x tais que $f(x) = -2x + 5$ seja negativa, ou, de modo equivalente, resolva a inequação $-2x + 5 < 0$.

Resolução

Estudando o sinal: $\underbrace{-2x + 5}_{f(x)} < 0$

$a = -2$; $a < 0 \rightarrow$ a função é decrescente

$-2x + 5 = 0 \Rightarrow -2x = -5 \Rightarrow x = \frac{5}{2}$ (zero da função)

Dispositivo prático:

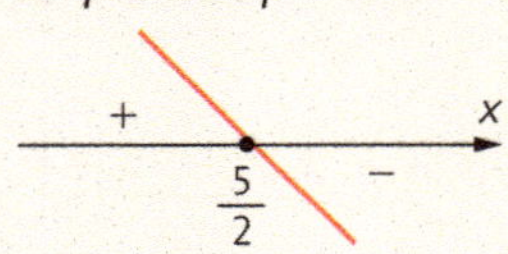

$x > \frac{5}{2} \Rightarrow f(x) < 0$

$x = \frac{5}{2} \Rightarrow f(x) = 0$

$x < \frac{5}{2} \Rightarrow f(x) > 0$

$S = \left\{x \in \mathbb{R} \mid x > \frac{5}{2}\right\}$

Exercícios

42. Sem construir gráficos, descubra os pontos em que as retas, gráficos das funções abaixo, cortam os eixos x e y.

a) $f(x) = x - 5$

b) $f(x) = -x + 4$

c) $f(x) = -2x$

d) $f(x) = \frac{1}{2}x - 1$

43. Estude a variação do sinal das seguintes funções afins:

a) $f(x) = x + 4$

b) $f(x) = -2x + 1$

c) $f(x) = 3x - 5$

d) $f(x) = -1 + \frac{1}{2}x$

44. Para que valores reais de x a função:

a) $f(x) = 1 - x$ é positiva?

b) $f(x) = 3x + 12$ é negativa?

45. Determine os valores reais de x para que ambas as funções, $f(x) = -2x + 8$ e $g(x) = 3x - 6$, sejam negativas.

46. Qual é o zero da função afim cujo gráfico, que é uma reta, passa pelos pontos $(2, 5)$ e $(-1, 6)$?

16 Outras conexões

Função afim e progressão aritmética (PA)

Há um relacionamento muito importante entre a função afim e uma progressão aritmética.
Já vimos na página 109 que:

> Uma **progressão aritmética (PA)** é uma sequência em que cada termo, a partir do segundo, é o termo anterior mais uma constante, chamada **razão** da progressão aritmética.

Por exemplo, a sequência:

$$1, 4, 7, 10, 13, 16, 19, \ldots$$

é uma progressão aritmética de razão 3.

Consideremos agora a função afim $f\colon \mathbb{R} \to \mathbb{R}$ definida por $f(x) = 2x + 1$.

Vamos constatar que:

$$f(1), f(4), f(7), f(10), f(13), f(16), f(19), \ldots$$

é também uma progressão aritmética.

Assim,

$f(x) = 2x + 1$

$f(1) = 3$

$f(4) = 9$

$f(7) = 15$

$f(10) = 21$

$f(13) = 27$

$f(16) = 33$

$f(19) = 39$; etc.

Observe que:

$$3, 9, 15, 21, 27, 33, 39, \ldots$$

é uma progressão aritmética e sua razão é 6 $(2 \cdot 3)$.

Observação: Esse resultado pode ser provado de modo geral: se $f\colon \mathbb{R} \to \mathbb{R}$ é uma função afim definida por $f(x) = ax + b$ e $x_1, x_2, x_3, \ldots, x_i, \ldots$ é uma progressão aritmética de razão r, então $f(x_1), f(x_2), f(x_3), \ldots, f(x_i), \ldots$ também é uma progressão aritmética e sua razão é $\boldsymbol{a \cdot r}$. E, reciprocamente, se uma função crescente ou decrescente, $f\colon \mathbb{R} \to \mathbb{R}$, transforma qualquer progressão aritmética $x_1, x_2, x_3, \ldots, x_i, \ldots$ em uma outra progressão aritmética $f(x_1), f(x_2), f(x_3), \ldots, f(x_i), \ldots$, então f é uma função afim.

Função afim e a Física

A velocidade média e a declinação de uma reta

Consideremos um ponto que se movimenta sobre um eixo. Em cada instante t, sua posição é dada por $S(t)$. Um movimento é chamado **movimento uniforme** quando o ponto se desloca sempre no mesmo sentido e, além disso, em tempos iguais percorre espaços iguais. Logo, S é uma função afim dada por $S(t) = vt + b$, em que a constante $v = S(t + 1) - S(t)$, espaço percorrido na unidade de tempo, chama-se **velocidade** do ponto móvel e $b = S(0)$ é a posição inicial.

A **posição** do ponto no eixo é dada por $S(t) = vt + b$, mas o espaço (S) que ele percorreu é dado por $S = vt$.

Exercícios resolvidos

14. Um motociclista percorre uma estrada movimentando-se de acordo com a função horária $S(t) = 100t - 50$, em que $S(t)$ representa sua posição (em km) e t representa o tempo (em h). Depois de quanto tempo o motociclista passa pelo marco quilômetro zero (km 0)?

Whisson/Jordan/Corbis/Latinstock

Resolução

Para que o motociclista passe pelo marco km 0, temos que $S(t) = 0$ km. Logo:

$$0 = 100t - 50 \Rightarrow 100t = 50 \Rightarrow t = \frac{50}{100} \Rightarrow t = 0{,}5 \text{ h}$$

Interpretação:

A função $S(t) = 100t - 50$ é uma função afim do tipo $S(t) = vt + S(0)$.

Quando $t = 0$, temos $S(0) = -50$ km, que representa a posição inicial que o motociclista ocupava no início do movimento (estava 50 km antes do marco km 0). Ele movimentava-se com velocidade constante de 100 km/h para a frente (velocidade positiva), isto é, $v = 100$ km/h.

Para que ele chegue ao marco 0 km partindo do marco −50 km, precisa percorrer uma distância de 50 km. Como se desloca com velocidade constante de 100 km/h, temos:

100 km ——— 1 h
50 km ——— t $\Rightarrow t = 0{,}5$ h

Graficamente, temos:

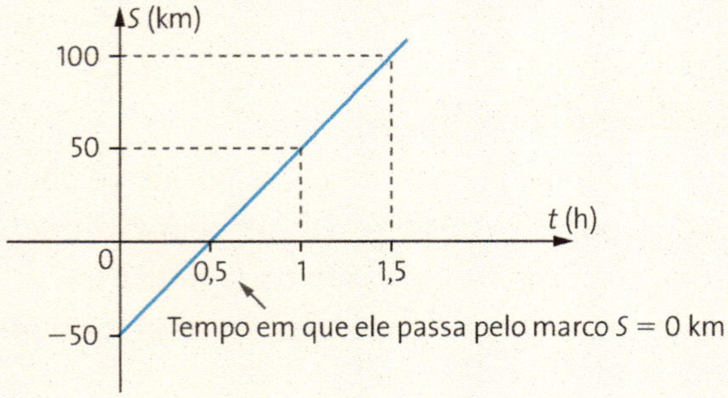

15. A tabela abaixo fornece a posição $S(t)$, em km, ocupada por um veículo, em relação ao km 0 da estrada em que se movimenta, para vários instantes t (em h):

t (h)	0,0	2,0	4,0	6,0	8,0	10,0
***S*(*t*)** (km)	50	100	150	200	250	300

a) Qual é a função horária que descreve a posição desse veículo em função do tempo?

b) Em que instante o veículo ocupará a posição $S = 500$ km?

Resolução

a) Analisando a tabela, percebemos que a velocidade do veículo é constante, pois ele percorre 50 km a cada 2 h, aumentando o espaço (velocidade positiva). Como $v = \frac{S}{t}$, temos $v = \frac{50 \text{ km}}{2 \text{ h}} = 25$ km/h. No início ($t = 0$), o veículo ocupa a posição inicial $S(0) = 50$ km. Como a velocidade é constante (movimento uniforme), podemos descrever o movimento por uma função afim $S(t) = vt + S(0)$. Assim, $S(t) = 25t + 50$. Para conferir, basta substituir t por alguns valores da tabela e verificar se a posição S corresponde ao valor calculado.

b) Para encontrar o instante em que o veículo ocupa a posição $S = 500$ km, fazemos:
$S(t) = 25t + 50 \Rightarrow 500 = 25t + 50 \Rightarrow 25t = 450 \Rightarrow$
$\Rightarrow t = \frac{450}{25} = 18$ h. Logo, o veículo alcançará a posição $S = 500$ km após 18 h do início do movimento. Graficamente, temos:

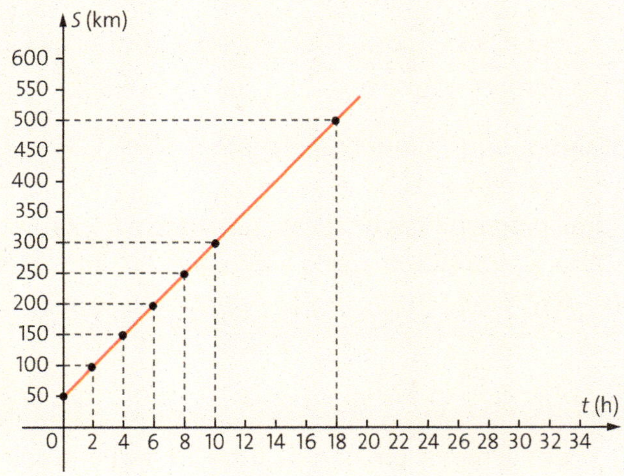

O gráfico da função afim $S(t) = vt + S(0)$ é uma reta que intersecta o eixo S em $(0, S(0)) = (0, 50)$: $S(t) = 25t + 50$. Prolongando a reta até a posição $S = 500$ km, obtemos $t = 18$ h.

Exercícios

47. Dada a progressão aritmética −2, 3, 8, 13, 18, 23, ... e a função afim $f(x) = 3x - 1$:

a) determine a razão dessa progressão aritmética;

b) verifique que $f(-2), f(3), f(8), f(13), f(18), f(23), \ldots$ é também uma progressão aritmética (PA);

c) determine a razão dessa nova progressão aritmética.

48. Se tivermos uma PA $x_1, x_2, \ldots, x_i, \ldots$ de razão 3 que é levada a outra PA $y_1, y_2, \ldots, y_i, \ldots$ pela função afim $f(x) = 4x + 1$, qual é a razão dessa segunda PA?

49. Se $f: \mathbb{R} \to \mathbb{R}$ é uma função afim que transforma a PA 2, 4, 6, 8, 10, 12, 14, ... em outra PA 9, 17, 25, 33, 41, 49, 57, ..., qual é a lei dessa função afim?

50. *Física*

Um ponto material percorre um trajeto retilíneo com velocidade constante. A posição desse ponto material no instante $t_0 = 0$ s é $S_0 = 100$ m e, no instante $t = 5{,}0$ s, é $S = 400$ m.

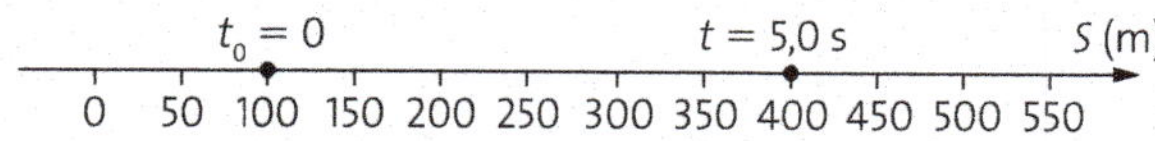

Nessas condições, determine:

a) a velocidade desse ponto material;

b) a função da posição em relação ao tempo;

c) a posição no instante $t = 10$ s;

d) o instante em que a posição S é 1000 m.

Função linear e proporcionalidade

Como já estudamos, uma função linear é uma função $f: \mathbb{R} \to \mathbb{R}$ definida por $\boldsymbol{f(x) = ax}$ para todo x real. Seu gráfico é uma reta não vertical que passa pela origem (0, 0). Os problemas que envolvem proporcionalidade, em geral, podem ser resolvidos por meio de uma função linear e por isso afirmamos que a função linear é o modelo matemático para os problemas de proporcionalidade.

No Ensino Fundamental estudamos que uma grandeza y é diretamente proporcional a uma grandeza x quando existe um número a (coeficiente de proporcionalidade) tal que $\frac{y}{x} = a$ (ou $y = ax$) para todo valor de x.

Na linguagem de funções, dizemos que:

> Uma proporcionalidade direta é uma função $f: \mathbb{R} \to \mathbb{R}$ tal que, para quaisquer números reais k e x, tem-se $f(kx) = k \cdot f(x)$. E, no caso de proporcionalidade inversa, tem-se $f(kx) = \frac{f(x)}{k}$, para $k \neq 0$.

Exemplos:

a) Se um quilograma de feijão custa R$ 6,00, então x quilogramas custarão $y = f(x) = 6x$ reais. Note que 1 kg custa R$ 6,00, 2 kg custam R$ 12,00, 3 kg custam R$ 18,00, e assim por diante. Duplicando a quantidade de quilogramas duplica o preço, triplicando a quantidade de quilogramas triplica o preço, etc., ou seja, o preço a pagar é diretamente proporcional à quantidade de quilogramas que compramos.

Nesse caso, o coeficiente de proporcionalidade é 6: $\frac{6}{1}, \frac{12}{2}, \frac{18}{3}$, etc.

Observe também que, nesse caso, $f(1) = 6$; $f(2) = 12$; $f(3) = 18$; $f(4) = 24$, etc. e que, por exemplo,

$$\left.\begin{array}{l} f(3) = f(3 \cdot 1) = 18 \\ 3 \cdot f(1) = 3 \cdot 6 = 18 \end{array}\right\} \Rightarrow f(3 \cdot 1) = 3 \cdot f(1)$$

De modo geral, $f(nx) = 6nx = n \cdot 6x = n \cdot f(x)$, para n e x reais.

b) Um motorista mantém seu carro em uma rodovia a uma velocidade constante de 90 km/h no piloto automático.

A tabela que representa essa situação é dada por:

t (em horas)	$\frac{1}{3}$	$\frac{1}{2}$	1	2	t
d (em km)	30	45	90	180	$d = 90t$

O modelo matemático dessa situação é a função linear $d = 90t$.

Para determinar em quanto tempo o motorista percorrerá 126 km fazemos:

$$d = 90t \Rightarrow 126 \text{ km} = 90 \text{ km/h} \cdot t \Rightarrow t = \frac{126 \cancel{\text{km}}}{90 \cancel{\text{km}}/\text{h}} \Rightarrow t = 1{,}4 \text{ h}$$

Assim, o motorista percorrerá 126 km em uma hora e 24 minutos.

E, para determinar quantos quilômetros ele percorrerá em 1,5 hora, fazemos:

$$d = 90t \Rightarrow d = 90 \frac{\text{km}}{\cancel{\text{h}}} \cdot 1{,}5 \cancel{\text{h}} \Rightarrow d = 135 \text{ km}$$

Então, ele percorrerá 135 km em 1,5 hora.

Nesse caso o coeficiente de proporcionalidade é 90.

Observe que, por exemplo,

$$\underset{\downarrow \atop 180}{d(2)} = d(2 \cdot 1) = 2 \cdot \underset{\downarrow \atop 90}{d(1)}.$$

De modo geral, $d(nt) = 90nt = n \cdot 90t = n \cdot d(t)$, para n e t reais.

c) Consideremos r e s retas paralelas e um triângulo que tenha um vértice em uma dessas retas e o lado oposto contido na outra.

Quando a altura (h) relativa a um lado de uma região triangular é fixada, sua área (A) é proporcional a esse lado (x):

$$A = \frac{h}{2} \cdot x \left(\frac{h}{2} \text{ é o coeficiente de proporcionalidade}\right)$$

que representa uma função linear $A(x) = ax$, onde $a = \frac{h}{2}$.

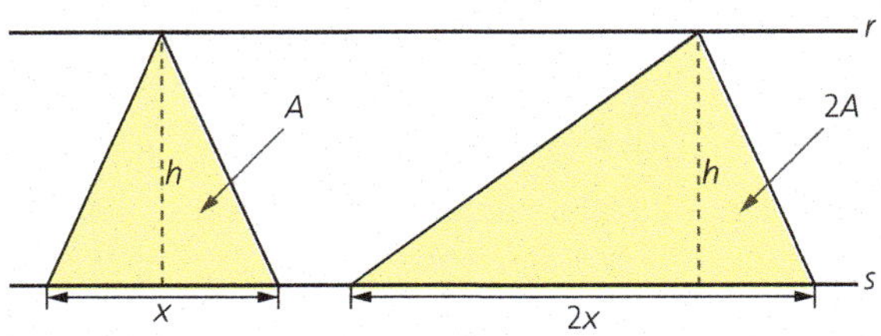

Dobrando-se, triplicando-se, etc. x, duplica-se, triplica-se, etc. a área A.

Observe que se $A(x) = \frac{h}{2} \cdot x$, então:

$$A(nx) = \frac{h}{2} \cdot nx = n \cdot \frac{h}{2} x = n \cdot A(x), \text{ para } n \text{ e } x \text{ reais.}$$

d) Ao ser aplicada uma quantia de dinheiro x em uma caderneta de poupança, após 1 mês é obtido um montante y.

Vamos verificar se a correspondência $x \rightarrow y$ é uma proporcionalidade, isto é, se o montante no fim do mês é proporcional à quantia aplicada.

Podemos notar que as duas condições da proporcionalidade estão satisfeitas:

- Quanto maior a quantidade investida, maior será o montante.
- Ao ser dobrada, triplicada, etc. a quantia x, duplicado, triplicado, etc. será o montante.

Por exemplo, uma aplicação de R$ 1 000,00 que rende 0,7% ao mês resulta em um montante de R$ 1 007,00 no fim de um mês:

Capital inicial (C)	**Juros** (j)	**Montante** ($M = C + j$)
R$ 1 000,00	R$ 7,00	R$ 1 007,00
R$ 2 000,00	R$ 14,00	R$ 2 014,00

Fique atento!
Dobrando-se o capital, dobra-se o montante no fim de um mês.

Observe, porém, que no segundo mês calculamos 0,7% de R$ 1 007,00 (e não de R$ 1 000,00), sendo obtido um montante de R$ 1 014,05:

Tempo (em meses)	**Capital**	**Juros**	**Montante**
1	R$ 1 000,00	R$ 7,00	R$ 1 007,00
2	R$ 1 007,00	R$ 7,05	R$ 1 014,05

Fique atento!
Quando se dobra o tempo de investimento não se dobram os juros, pois a cada mês aplica-se uma quantia maior.

Conclusão: Em um período fixo, o retorno é proporcional ao capital inicial investido, mas não é proporcional ao tempo de investimento.

Exercícios

51. Sejam ℓ a medida do lado e P o perímetro de um quadrado. Verifique se a correspondência $\ell \rightarrow P$ é uma proporcionalidade.

52. Consideremos x a medida do lado e A a área de uma região quadrada. A correspondência $x \rightarrow A$ é uma proporcionalidade? Justifique.

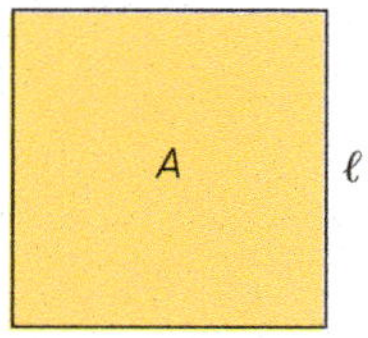

53. Se x é o volume e y é o peso de uma porção de um líquido homogêneo, a correspondência $x \rightarrow y$ é uma proporcionalidade? Justifique.

54. O comprimento C de uma circunferência é dado em função D do diâmetro, pois $C = \pi \cdot D$, que é uma função linear. Então o comprimento C é proporcional à medida D do diâmetro. Determine o coeficiente de proporcionalidade.

55. Consideremos as retas r e s paralelas. Dado qualquer retângulo que tenha dois lados contidos nessas retas, vamos chamar de x a medida de um desses lados e de A a área da região retangular. Verifique se a correspondência $x \rightarrow A$ é uma proporcionalidade.

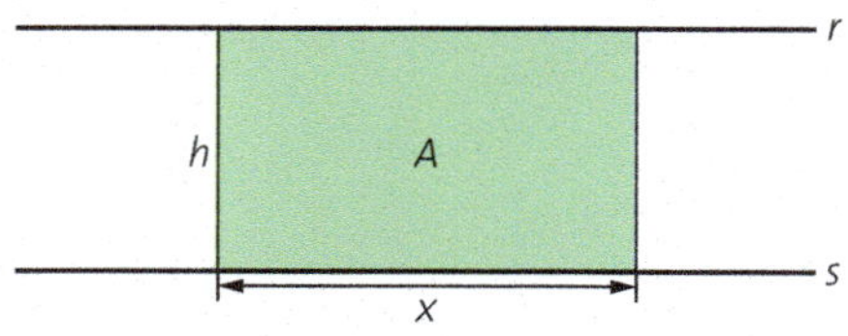

Regra de três

Quando temos uma proporcionalidade $f: \mathbb{R}^+ \to \mathbb{R}^+$, para quaisquer x_1, x_2 com $f(x_1) = y_1$ e $f(x_2) = y_2$, obtemos $\frac{y_1}{x_1} = \frac{y_2}{x_2} = a$. A igualdade $\frac{y_1}{x_1} = \frac{y_2}{x_2}$ chama-se **proporção**. Ao procedimento que permite, conhecendo três dos números x_1, y_1, x_2, y_2, determinar o quarto número damos o nome de **regra de três**.

Observação: Existem também grandezas chamadas **inversamente proporcionais**, pois, quando uma delas **aumenta**, a outra **diminui** na mesma proporção e vice-versa. Por exemplo, se uma grandeza dobrar, a grandeza inversamente proporcional a ela cairá pela metade. Assim, dizer que y é inversamente proporcional a x equivale a dizer que y é proporcional a $\frac{1}{x}$. Pelo que vimos anteriormente, se y é inversamente proporcional a x, então temos que $y = \frac{a}{x}$, em que o fator de proporcionalidade a é igual a $f(1)$, ou seja, é o valor de y que corresponde a $x = 1$. Vamos analisar alguns exemplos.

a) Consideremos as regiões retangulares cuja medida da base é x, a medida da altura é y e a área é 1.

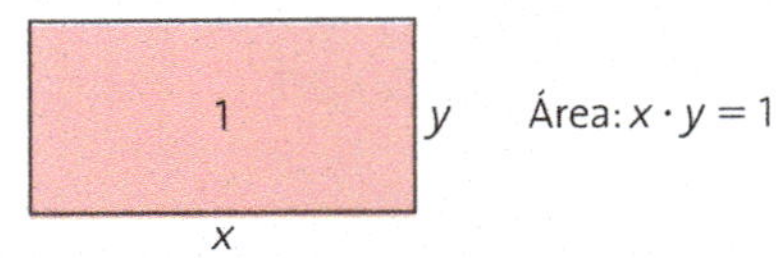

Quanto maior o valor de x, menor será o valor de y.

Quando se dobra x, y fica dividido por 2; quando se triplica x, y fica dividido por 3; etc. Nesse caso, a altura y é inversamente proporcional à base x e temos $y = \frac{1}{x}$, ou seja, entre as regiões retangulares, fixada a área, a altura é inversamente proporcional à base.

b) Consideremos V o volume (em cm^3) e m a massa (em g) de uma porção de um líquido homogêneo. A massa (m) é proporcional ao volume (V) e escrevemos $m = DV$. Nesse caso, o fator de proporcionalidade D é importante e é chamado de **densidade** do líquido:

$$D = \frac{m}{V}$$

Para uma massa de 1 g temos $D = \frac{1}{V}$, e vemos que a densidade (D) é inversamente proporcional ao volume (V), pois, quanto maior o volume, menor será a densidade, e dobrando-se o volume, a densidade fica dividida por 2; triplicando-se o volume, a densidade fica dividida por 3; etc.

c) Há grandezas que são diretamente e/ou inversamente proporcionais a várias outras. A **lei da gravitação universal**, de Isaac Newton, é um exemplo disso:
Dois corpos, de massas m_1 e m_2 respectivamente, situados a uma distância d um do outro, se atraem segundo uma força F cuja intensidade é diretamente proporcional a essas massas e inversamente proporcional ao quadrado (d^2) da distância entre eles:

$$F = c \cdot \frac{m_1 \cdot m_2}{d^2}$$

em que c depende do sistema de unidades escolhido.

d) Gases perfeitos.
A pressão exercida por uma determinada massa de gás é diretamente proporcional à temperatura absoluta e inversamente proporcional ao volume ocupado pelo gás:

$$P = k\frac{T}{V}$$

em que k é uma constante que depende da quantidade de gás encerrada nesse volume, T é a temperatura em Kelvin (K), V é o volume em metros cúbicos (m^3) e P é a pressão em Pascal (Pa).

Exercícios

56. Em um tanque há 100 litros de água. Ao destampar-se o ralo, escorrem por ele x litros de água por minuto, esvaziando o tanque em t minutos, ou seja, para cada valor de x corresponde um valor de t.
   a) Faça uma tabela com valores para as grandezas x (litros/min) e t (minutos).
   b) Escreva o produto xt para todos os valores x e t e, depois, o valor de t em função de x.
   c) Construa o gráfico dessa função (x e t só podem assumir valores reais positivos).
   d) Essa função caracteriza uma proporcionalidade? Direta ou inversa?

57. As grandezas X e Y são diretamente proporcionais. Se X sofre um acréscimo de 10%, o que ocorre com Y?

58. As grandezas X e Y são inversamente proporcionais. Se X sofre um acréscimo de 15%, o que ocorre com Y?

59. Verifique em quais situações abaixo poderíamos usar regra de três para responder à pergunta feita.
   a) Um táxi cobra R$ 4,00 por km rodado. Quanto cobrará por uma corrida de 12 km?
   b) Um táxi cobra RS 3,00 mais um adicional de R$ 4,00 por km rodado. Quanto cobrará por uma corrida de 8 km?

Proporcionalidade e escalas

Um arquiteto ou um engenheiro, antes de executarem um projeto de casa, prédio, usina, etc., frequentemente costumam desenhar plantas, nas quais reproduzem a forma que essas construções vão ter na realidade, mas em dimensões reduzidas. Para isso utilizam escalas.

Um cartógrafo, quando traça mapas geográficos, também usa escalas para representar as dimensões de um país ou de uma cidade, por exemplo.

Tanto em plantas como em mapas aparecem expressões como "escala 1 : 100" ou "escala 1 : 15 000", que devem ser lidas assim: "escala 1 por 100" ou "escala 1 por 15 000". Veja:

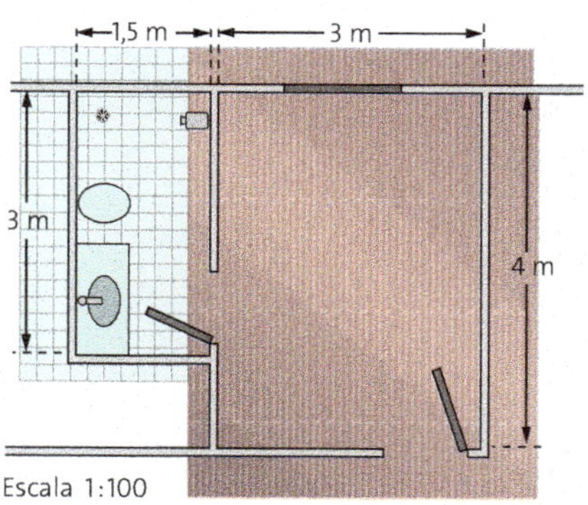

Formato Comunicação/Arquivo da editora

Reprodução/Arquivo da editora

Fonte: Adaptado de <viajeaqui.abril.com.br/guia4rodas>. Acesso em: 24 fev. 2014.

O que isso representa?

Dizemos que um mapa foi feito na escala 1 : 15 000 quando 15 000 unidades de comprimento (que pode ser o milímetro, o centímetro, o metro, etc.) do real foram representadas, no mapa, por 1 unidade (milímetro, centímetro, metro, etc.). Se escolhermos como unidade de comprimento o centímetro, então essa escala indicará que cada comprimento de 15 000 cm foi representado por 1 cm.

Exercícios

60. Converse com um colega sobre a seguinte questão: como descobrir a distância real entre duas cidades tendo o mapa e sua escala?

61. O que significa dizer: "Esta planta de casa foi construída na escala 1 por 10 000"?.

62. No mapa ao lado, qual é a distância entre as cidades *A* e *B*?

Adaptado de: *Atlas geográfico escolar.* Rio de Janeiro: IBGE, 2009.

63. Davi e Miriam têm mapas do Brasil em tamanhos diferentes. Cada um mediu em seu mapa a distância de Maceió a Recife, em linha reta.

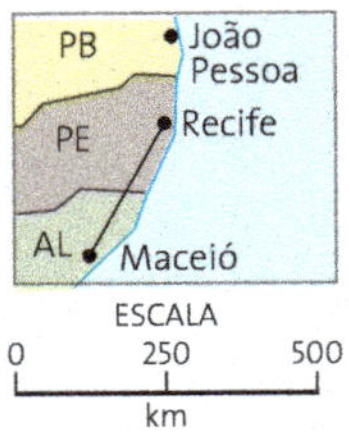

Davi obteve 8 mm.
Miriam obteve 2 cm.

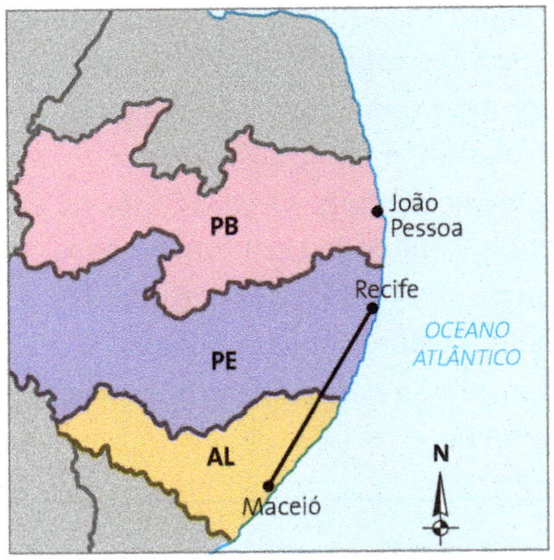

Adaptado de: *Atlas geográfico escolar.* Rio de Janeiro: IBGE, 2009.

a) Qual é a escala no mapa de Miriam?
b) Qual é a distância real de Recife a João Pessoa em linha reta?

Função linear e escalas

A tabela abaixo apresenta a distância real, em quilômetros, e a distância no mapa, em centímetros, entre algumas cidades.

***x*: distância real** (km)	0	5	7,5	12,5
***y*: distância no mapa** (cm)	0	2	3	5

Usando uma escala de 0,5 cm para representar 2 km no eixo horizontal e uma escala de 0,5 cm para representar 1 cm no eixo vertical, chegamos ao gráfico de uma função linear, veja ao lado.

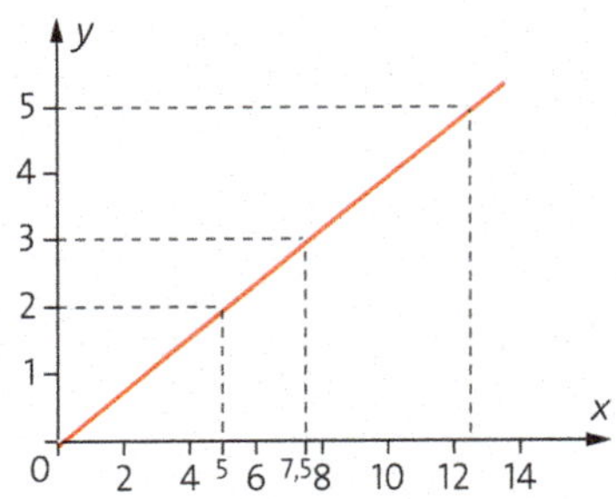

Observando o gráfico, acompanhe como calcular:

a) a distância no mapa entre duas cidades que distam 9 km uma da outra.

A reta passa pelos pontos (5, 2) e (7,5; 3).

$$a = \frac{y_2 - y_1}{x_2 - x_1} = \frac{3 - 2}{7{,}5 - 5} = \frac{1}{2{,}5} = \frac{1}{\frac{5}{2}} = \frac{2}{5} \text{ (coeficiente angular)}$$

$$y = y_0 + a(x - x_0) \Rightarrow y = 2 + \frac{2}{5}(x - 5) \Rightarrow y = \cancel{2} + \frac{2}{5}x - \cancel{2} \Rightarrow y = \frac{2}{5}x$$

Para $x = 9$, temos $y = \frac{2}{5} \cdot 9 = \frac{18}{5} = 3{,}6$. Portanto, a distância no mapa é de 3,6 cm.

b) a distância real entre duas cidades que, no mapa, distam 2,5 cm.

$$y = \frac{2}{5}x \Rightarrow 2{,}5 = \frac{2}{5}x \Rightarrow 2x = 12{,}5 \Rightarrow x = 6{,}25$$

Portanto, a distância real é de 6,25 km.

Observe os pontos (9; 3,6) e (6,25; 2,5) no gráfico. Apenas observando o gráfico, poderíamos determinar, aproximadamente, esses pontos.

Exercício

64. Observe a escada ao lado.
A tabela a seguir indica a altura de alguns degraus acima do piso.

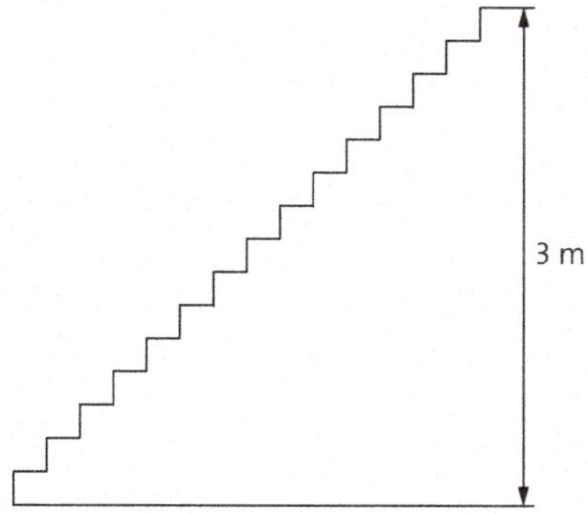

Número de degraus	2	4	5	10	13	15
Altura acima do piso (cm)	40	80	100	200	260	300

Construa um gráfico usando, no eixo horizontal, uma escala de 1 cm para 1 degrau e, no eixo vertical, uma escala de 1 cm para 20 cm.

a) Determine a altura acima do piso do:
- terceiro degrau;
- sétimo degrau;
- décimo primeiro degrau.

b) A partir do gráfico, determine em qual degrau você está se seu pé está a:
- 120 cm acima do piso;
- 160 cm acima do piso;
- 280 cm acima do piso.

17 Funções poligonais ou afins por partes

> Uma função f: $\mathbb{R} \rightarrow \mathbb{R}$ é poligonal quando seu gráfico é uma linha poligonal.

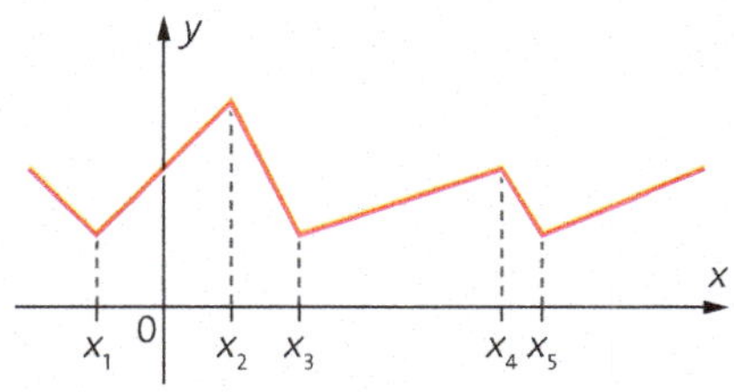

Observe que cada trecho do gráfico de uma função poligonal coincide com o gráfico de uma função afim, que é uma reta, por isso essa função também é chamada **função afim por partes**.

Função módulo

Podemos dizer que o exemplo básico de função poligonal é a função f: $\mathbb{R} \rightarrow \mathbb{R}$, definida por $f(x) = |x|$, onde $|x| = \begin{cases} x, \text{se } x \geqslant 0 \\ -x, \text{se } x < 0 \end{cases}$, cujo gráfico é dado ao lado.

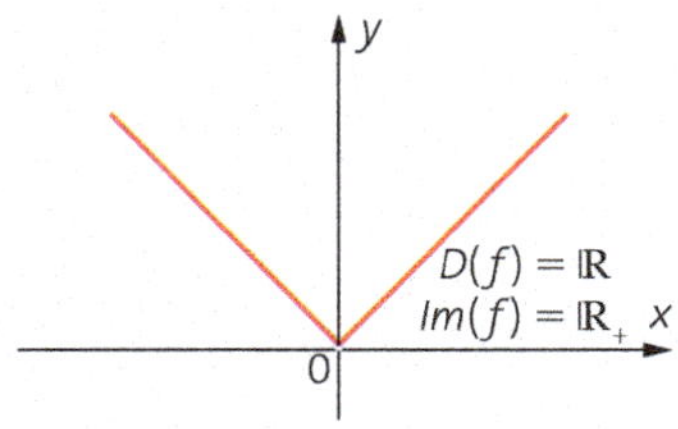

Essa função recebe o nome de **função modular** ou **função módulo**.

Observe que, para $x < 0$, temos o gráfico da função afim $f(x) = -x$ e, para $x \geqslant 0$, temos o gráfico da função afim $f(x) = x$.

Exercício

65. Se f: $\mathbb{R} \rightarrow \mathbb{R}$ é dada por $f(x) = |x|$, calcule quando existir:

a) $f(7)$;
b) $f(-4)$;
c) $f(0)$;
d) $f(4)$;
e) x tal que $f(x) = 8$;
f) x tal que $f(x) = -2$.

Gráfico da função modular

Vamos construir o gráfico da função $f(x) = |x|$:

- se $x \geqslant 0 \Rightarrow f(x) = |x| = x$

x	$y = f(x)$
0	0
1	1
2	2

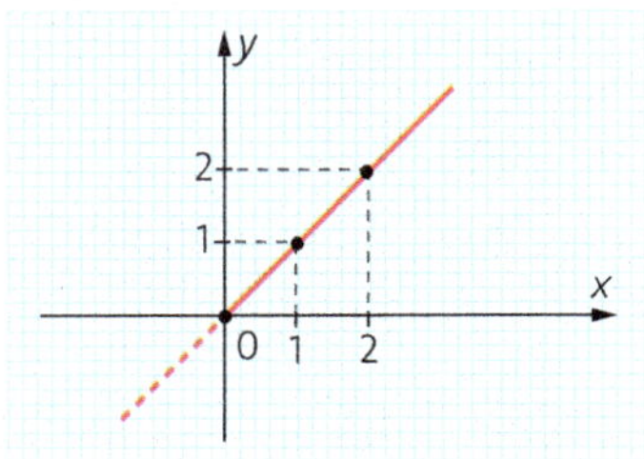

- se $x < 0 \Rightarrow f(x) = |x| = -x$

x	$y = f(x)$
−1	1
−2	2

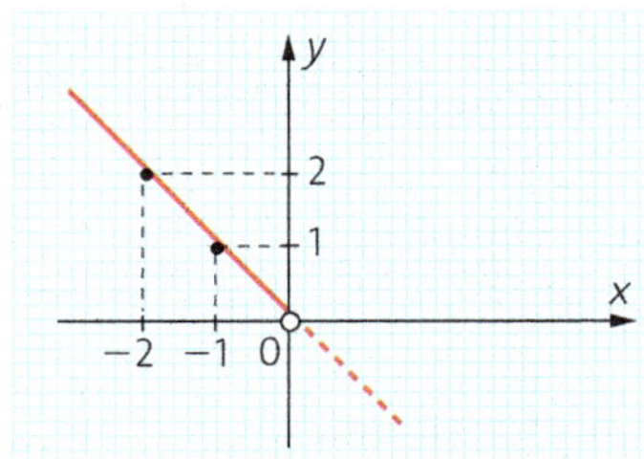

Colocando as duas condições em um só gráfico, temos o gráfico de $f(x) = |x|$:

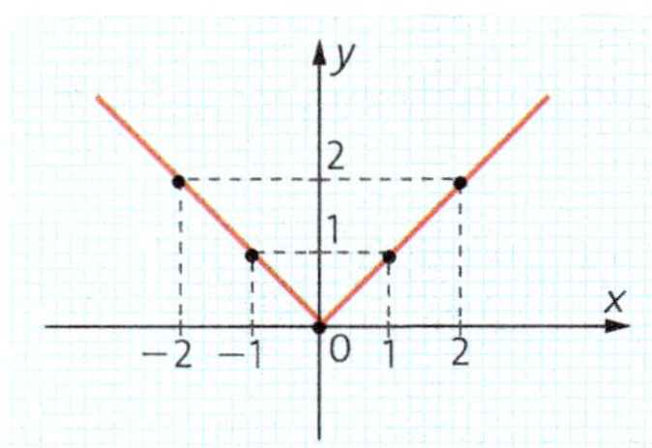

$D(f) = \mathbb{R}$
$Im(f) = \mathbb{R}_+$

Observação: Podemos construir o gráfico de $f(x) = |x|$ a partir do gráfico de $g(x) = x$ usando o conceito de reflexão.

A reflexão de um ponto (x, y) em torno do eixo Ox é o ponto $(x, -y)$. Assim, a reflexão de um gráfico em torno do eixo Ox é:

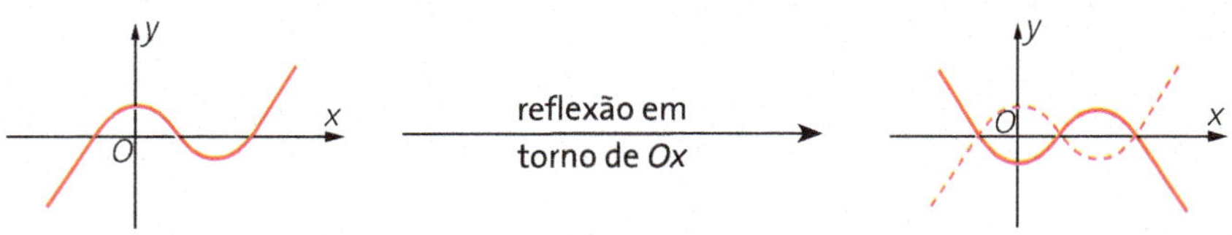

ou seja, os valores de $f(x)$ negativos tornam-se positivos, e vice-versa.

No caso dos gráficos de funções modulares do tipo $f(x) = |g(x)|$, podemos obtê-los fazendo a reflexão da parte do gráfico de $g(x)$ cujas imagens sejam negativas.

Assim:

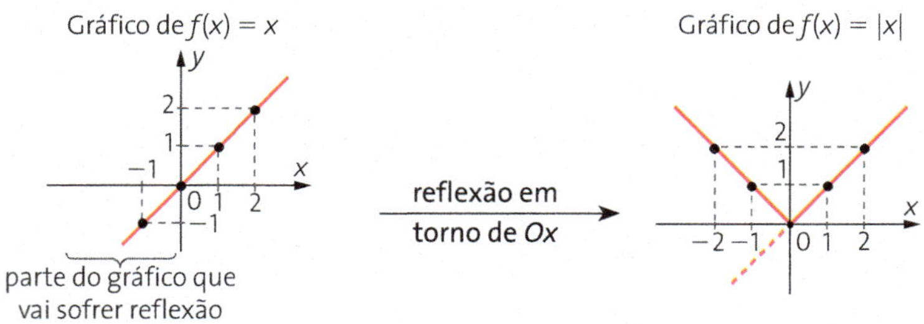

Outros gráficos de funções modulares

Observe estes gráficos e tente estabelecer relações entre eles e o gráfico de $f(x) = |x|$ dado anteriormente.

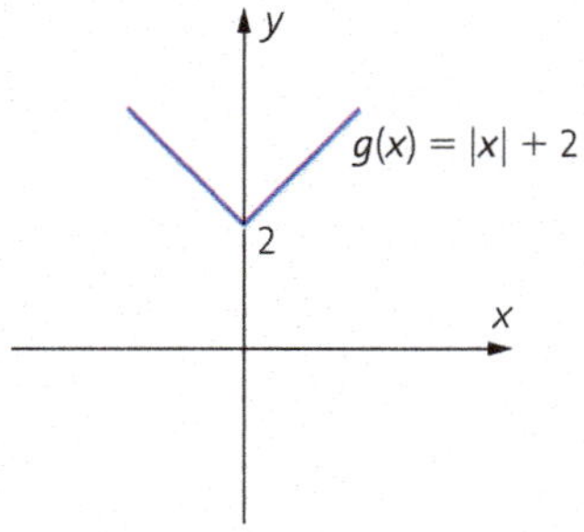

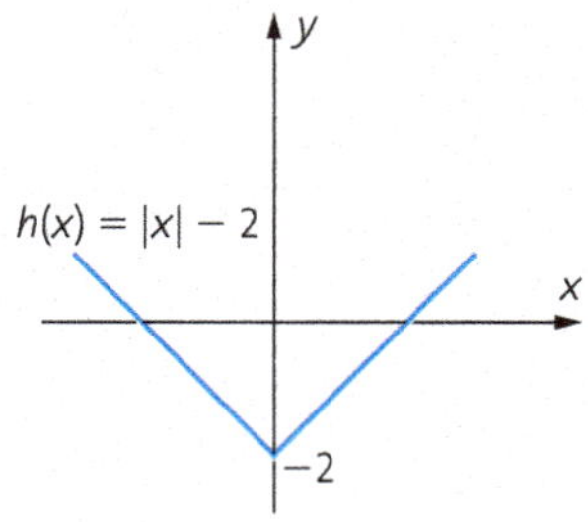

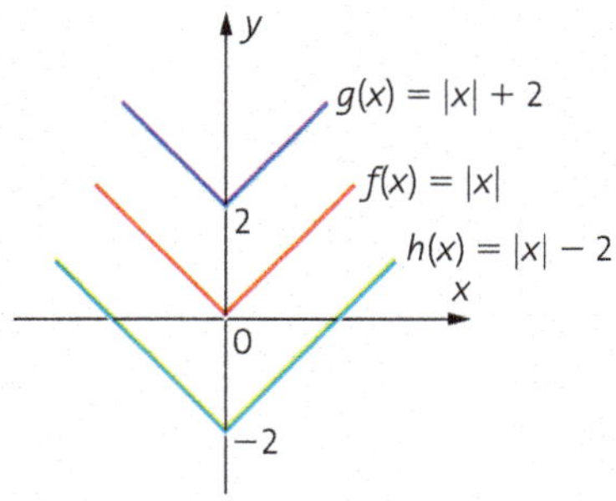

Para refletir

Analise a sentença e o gráfico de $g(x)$ e de $h(x)$ em relação a $f(x) = |x|$.

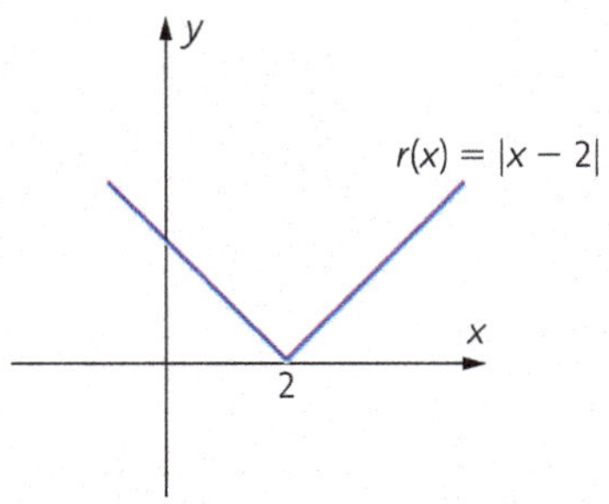

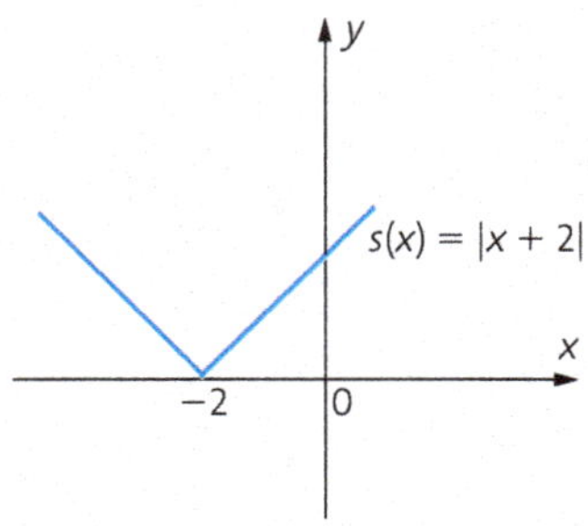

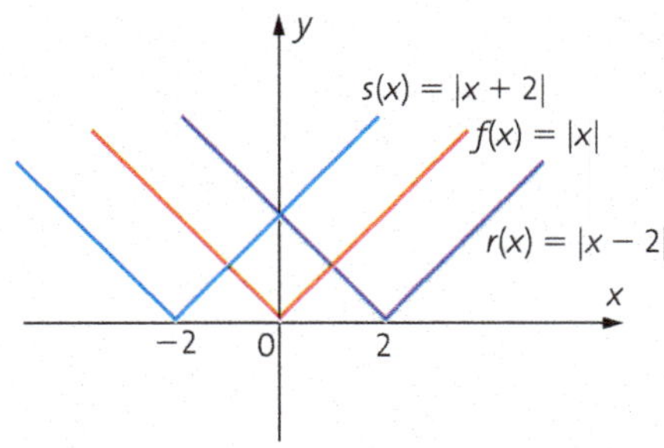

Para refletir

Analise a sentença e o gráfico de $r(x)$ e de $s(x)$ em relação a $f(x) = |x|$.

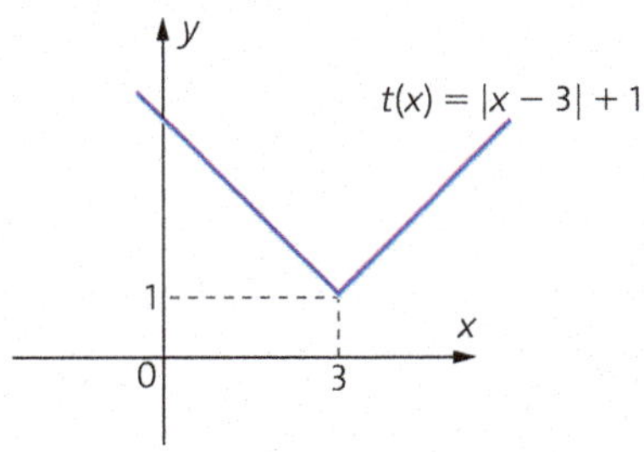

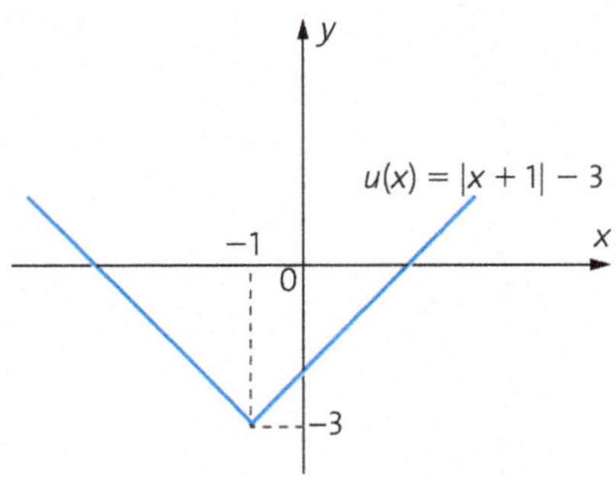

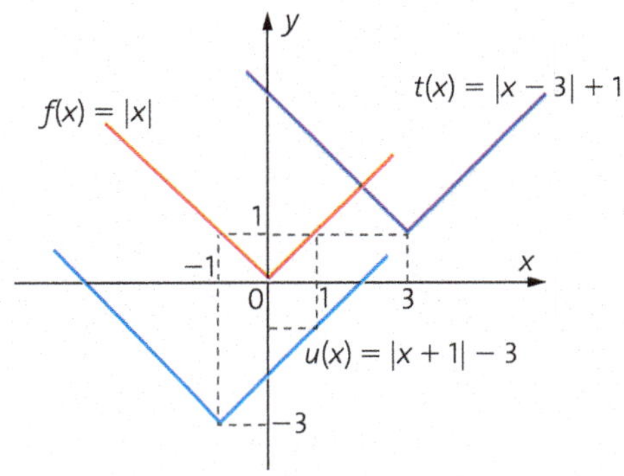

Para refletir

Analise a sentença e o gráfico de $t(x)$ e de $u(x)$ em relação a $f(x) = |x|$.

De modo geral podemos perceber que:

- o gráfico de uma função $g(x) = |x| + k$ é congruente ao de $f(x) = |x|$, porém transladado para cima (quando $k > 0$) ou para baixo (quando $k < 0$). O número de unidades do deslocamento é o valor absoluto de k;
- o gráfico de uma função $h(x) = |x - m|$ é congruente ao de $f(x) = |x|$, porém transladado para a direita (quando $m > 0$) ou para a esquerda (quando $m < 0$). O número de unidades do deslocamento é o valor absoluto de m;
- o gráfico de uma função $p(x) = |x - m| + k$ é congruente ao de $f(x) = |x|$, porém transladado para a direita ou para a esquerda (quando $m > 0$ ou $m < 0$) e para cima ou para baixo ($k > 0$ ou $k < 0$). O número de unidades dos deslocamentos são os valores absolutos de m e de k, respectivamente.

Exercícios resolvidos

16. Dada a função $f(x) = |2x - 8|$:

a) calcule $f(0), f(3), f(4), f(5)$ e $f(8)$;

b) escreva $f(x)$ com sentenças que não têm módulo;

c) use os resultados do item **a** e desenhe o gráfico de $f(x)$.

Resolução

a) $f(0) = |2 \cdot 0 - 8| = |-8| = 8$

$f(3) = |2 \cdot 3 - 8| = |-2| = 2$

$f(4) = |2 \cdot 4 - 8| = |0| = 0$

$f(5) = |2 \cdot 5 - 8| = |2| = 2$

$f(8) = |2 \cdot 8 - 8| = |8| = 8$

> **Fique atento!**
> O módulo de um número real qualquer é sempre positivo ou zero.

b) $2x - 8 = 0 \Rightarrow 2x = 8 \Rightarrow x = 4$

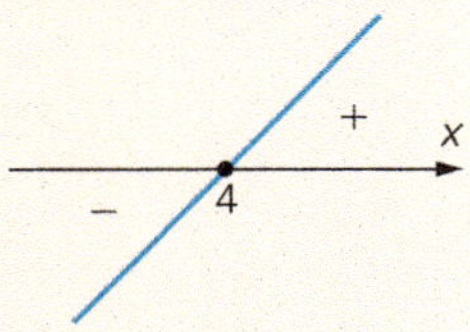

$x \geqslant 4 \rightarrow 2x - 8 \geqslant 0 \Rightarrow f(x) = |2x - 8| = 2x - 8$

$x < 4 \rightarrow 2x - 8 < 0 \Rightarrow f(x) = |2x - 8| = -(2x - 8) =$
$= -2x + 8$

$$f(x) = \begin{cases} 2x - 8, \text{ para } x \geqslant 4 \\ -2x + 8, \text{ para } x < 4 \end{cases}$$

> **Para refletir**
> Confira o valor do zero das funções dos itens **b** e **c**.

c)

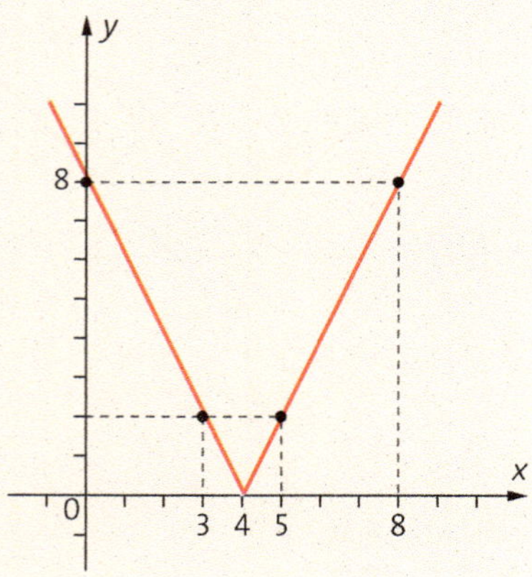

17. Resolva as equações:

a) $|x - 5| = 3$

b) $|x^2 - x - 1| = 1$

Resolução

a) $|x - 5| = 3 \Leftrightarrow x - 5 = 3$ ou $x - 5 = -3$

Resolvendo as equações obtidas, temos:

$x - 5 = 3 \Rightarrow x = 8$

$x - 5 = -3 \Rightarrow x = 2$

$S = \{2, 8\}$

b) $|x^2 - x - 1| = 1 \Leftrightarrow x^2 - x - 1 = 1$ ou $x^2 - x - 1 = -1$

- $x^2 - x - 1 = 1 \Rightarrow x^2 - x - 2 = 0$
  $\Delta = 9$
  $x' = 2$ e $x'' = -1$
- $x^2 - x - 1 = -1 \Rightarrow x^2 - x = 0 \Rightarrow x(x - 1) = 0$
  $x' = 0$ e $x'' = 1$

$S = \{-1, 0, 1, 2\}$

18. Construa o gráfico da função $f(x) = |x - 2| - 1$.

Resolução

Nas questões em que é necessário construir gráficos, podemos recorrer a duas maneiras:

1ª maneira: utilizando translações

O gráfico de $g(x) = |x|$ é:

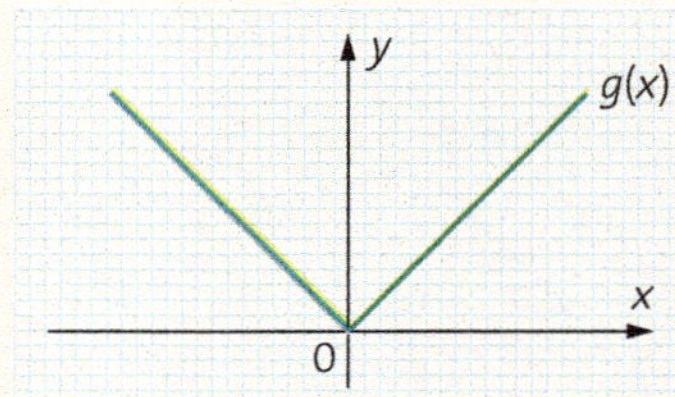

O gráfico de $h(x) = |x - 2|$ é congruente ao de $g(x)$, porém transladado de 2 unidades para a direita:

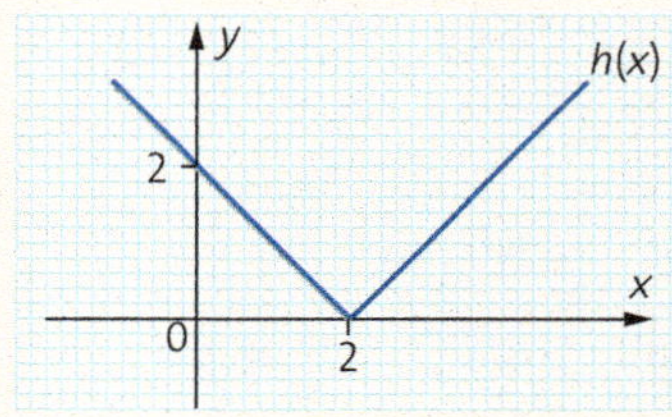

O gráfico de $f(x) = |x - 2| - 1$ é congruente ao de $h(x)$, porém transladado de 1 unidade para baixo:

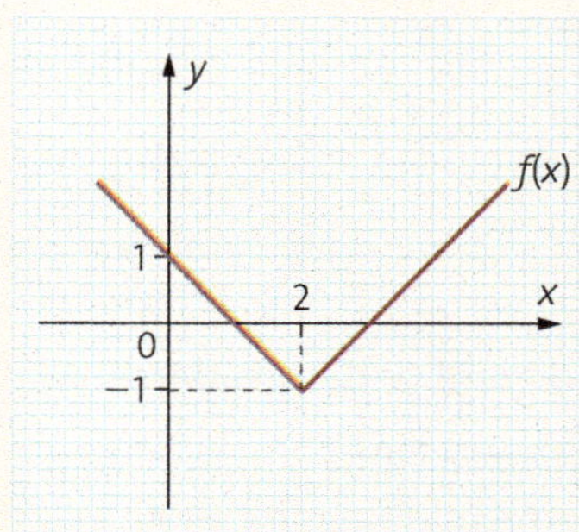

> **Fique atento!**
> Partindo do gráfico de $g(x) = |x|$ fazemos uma translação de 2 unidades para a direita seguida de uma translação de 1 unidade para baixo e obtemos o gráfico de $f(x) = |x - 2| - 1$.

2ª maneira: utilizando a definição de módulo
Vamos escrever $f(x)$ usando sentenças sem módulo:

- $x \geq 2 \Rightarrow x - 2 \geq 0 \Rightarrow$
  $\Rightarrow f(x) = |x - 2| - 1 = x - 2 - 1 = x - 3$
- $x < 2 \Rightarrow x - 2 < 0 \Rightarrow$
  $\Rightarrow f(x) = |x - 2| - 1 = -(x - 2) - 1 = -x + 1$

$$f(x) = \begin{cases} x - 3, \text{ se } x \geq 2 \\ -x + 1, \text{ se } x < 2 \end{cases}$$

Usaremos as retas dos gráficos das duas funções afins para obter o gráfico de $f(x)$:

$x \geq 2$

x	$y = x - 3$
2	−1
3	0

$x < 2$

x	$y = -x + 1$
1	0
0	1

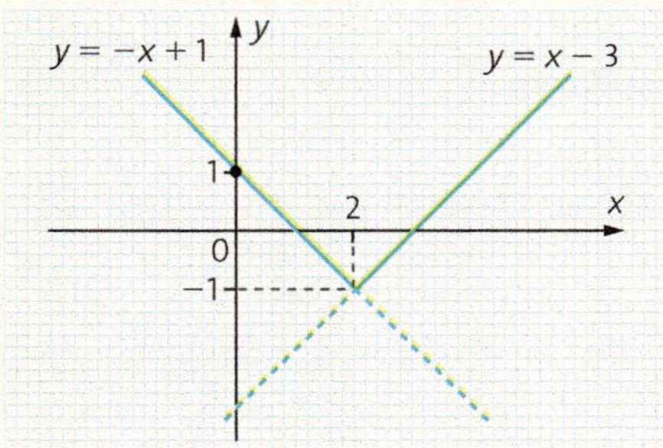

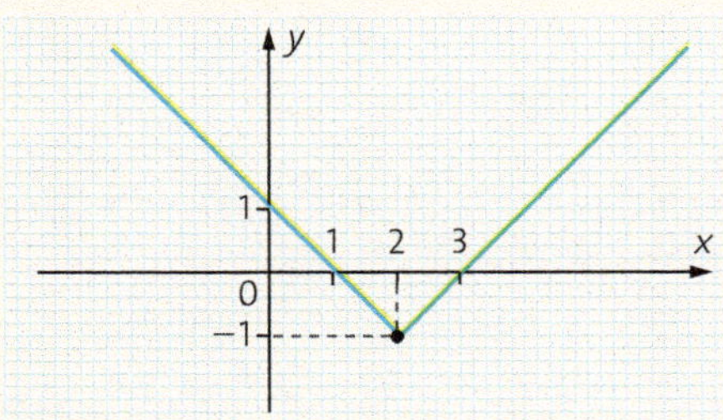

Gráfico de $f(x) = |x - 2| - 1$:
$D(f) = \mathbb{R}$
$Im(f) = \{y \in \mathbb{R} \mid y \geq -1\}$

19. Construa o gráfico da função $f(x) = |x - 1| + |x - 3|$.

Resolução

- $x \geq 3 \Rightarrow \begin{cases} |x - 1| = x - 1 \\ |x - 3| = x - 3 \end{cases}$

$f(x) = (x - 1) + (x - 3) = x - 1 + x - 3 = 2x - 4$

- $1 \leq x < 3 \Rightarrow \begin{cases} |x - 1| = x - 1 \\ |x - 3| = -(x - 3) = -x + 3 \end{cases}$

$f(x) = (x - 1) + (-x + 3) = \not{x} - 1 - \not{x} + 3 = 2$

- $x < 1 \Rightarrow \begin{cases} |x - 1| = -(x - 1) = -x + 1 \\ |x - 3| = -(x - 3) = -x + 3 \end{cases}$

$f(x) = (-x + 1) + (-x + 3) = -x + 1 - x + 3 =$
$= -2x + 4$

Então, $f(x) = \begin{cases} 2x - 4, \text{ se } x \geq 3 \\ 2, \text{ se } 1 \leq x < 3 \\ -2x + 4, \text{ se } x < 1 \end{cases}$

$x \geq 3$

x	$y = 2x - 4$
3	2
4	4

$1 \leq x < 3$

x	$y = 2$
1	2
2	2

$x < 1$

x	$y = -2x + 4$
0	4
−1	6

> **Fique atento!**
> Gráficos de funções cujas sentenças têm mais de um módulo devem ser feitos pela definição.

Gráfico de $f(x) = |x - 1| + |x - 3|$:

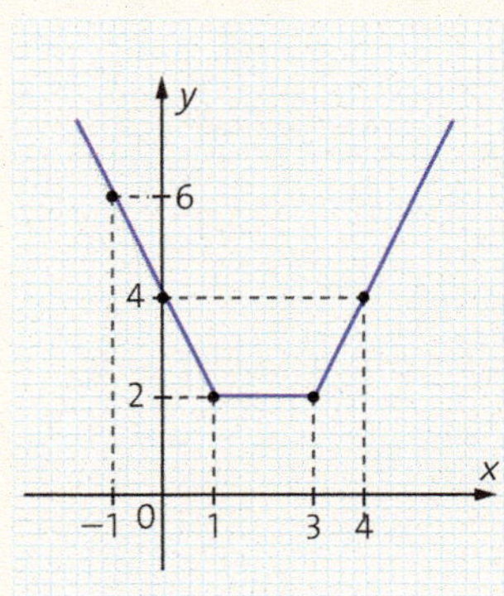

$D(f) = \mathbb{R}$
$Im(f) = \{y \in \mathbb{R} \mid y \geq 2\}$

20. Construa o gráfico de $f(x) = |x^2 - 4|$.

Resolução

1ª maneira: utilizando a definição
Fazendo o estudo do sinal de $x^2 - 4$, temos:

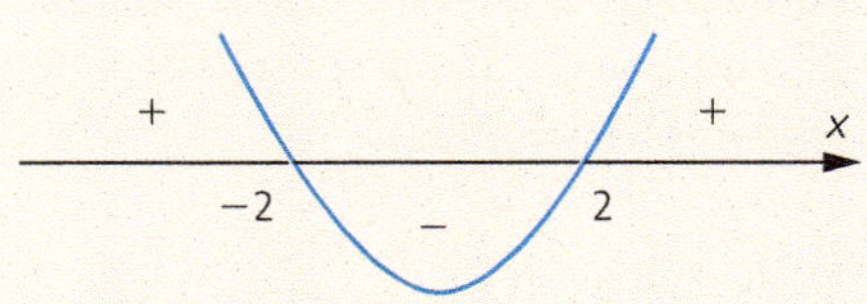

Então:

- $x \leq -2$ ou $x \geq 2 \Rightarrow x^2 - 4 \geq 0 \Rightarrow$
  $\Rightarrow f(x) = |x^2 - 4| = x^2 - 4$
- $-2 < x < 2 \Rightarrow x^2 - 4 < 0 \Rightarrow$
  $\Rightarrow f(x) = |x^2 - 4| = -(x^2 - 4) = -x^2 + 4$

Podemos escrever $f(x) = |x^2 - 4|$ como:

$$f(x) = \begin{cases} x^2 - 4, \text{ para } x \leqslant -2 \text{ ou } x \geqslant 2 \\ -x^2 + 4, \text{ para } -2 < x < 2 \end{cases}$$

Construímos os gráficos dessas duas funções quadráticas, de mesmas raízes e concavidades opostas.

O gráfico de $f(x)$ será obtido a partir destas parábolas:

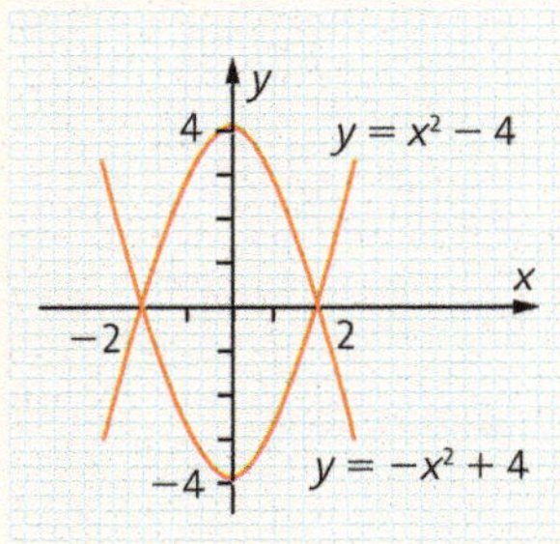

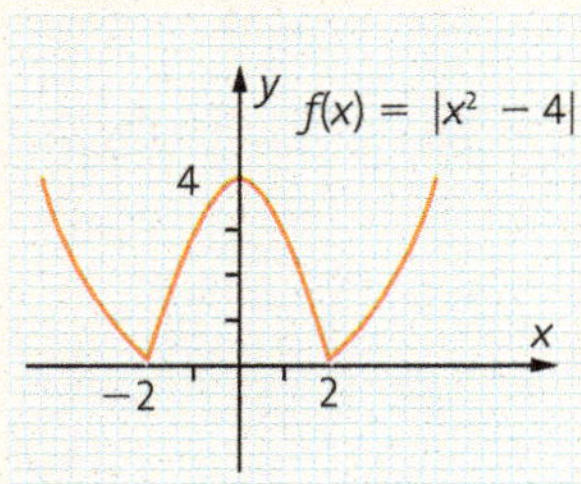

2ª maneira: utilizando reflexões

O gráfico de $g(x) = x^2 - 4$ é:

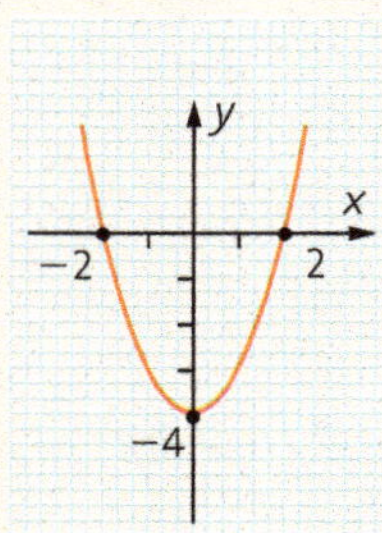

Para se obter o gráfico de $f(x) = |g(x)|$ a partir do gráfico de $g(x)$, devemos fazer uma reflexão em torno do eixo Ox da parte do gráfico de $g(x)$ cujas imagens são negativas:

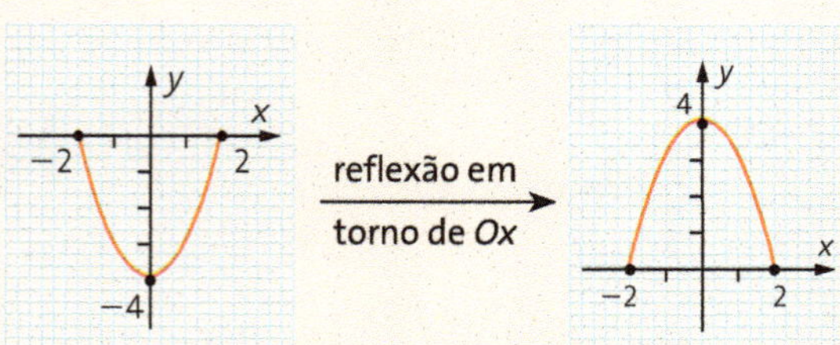

Dessa forma, o gráfico de $f(x) = |x^2 - 4|$ é:

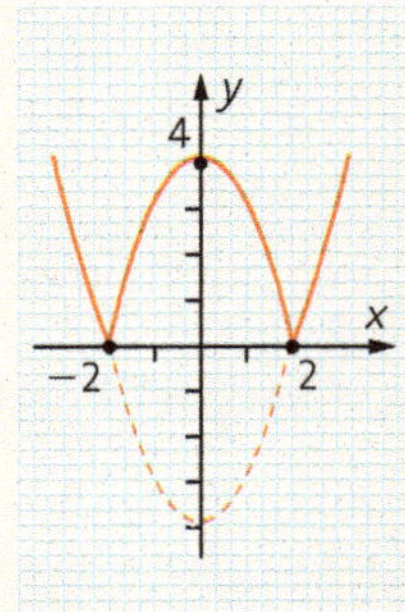

21. Construa o gráfico da função f dada por:

$$f(x) = \begin{cases} |x|, \text{ para } -2 < x \leqslant 2 \\ x, \text{ para } x \leqslant -2 \\ 4, \text{ para } x > 2 \end{cases}.$$

Resolução

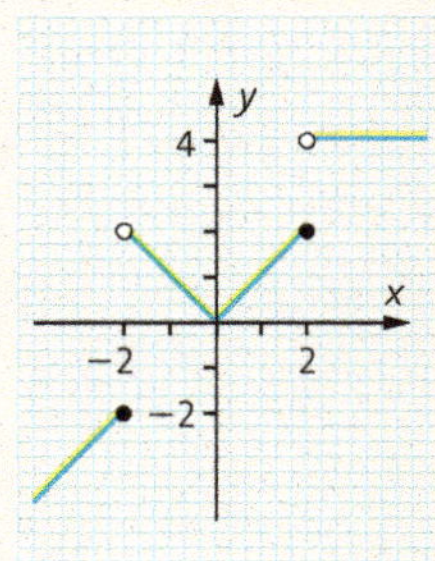

22. Dada a função $f: \mathbb{R} \rightarrow \mathbb{R} \mid f(x) = x^2 - 6x + 5$, construa os gráficos:

a) $f(x)$. b) $|f(x)|$. c) $f(|x|)$. d) $|f(|x|)|$.

Resolução

a) O gráfico $f(x)$ pode ser construído com base nos zeros da função ($x = 1$ e $x = 5$); da intersecção da parábola com o eixo Oy ($y = 5$); e no vértice da parábola ($x_V = 3$, $y_V = -4$). Obtém-se então o gráfico a seguir.

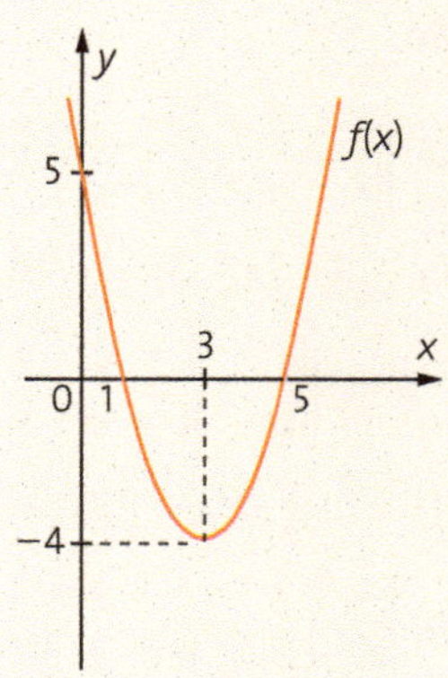

b) Como $|f(x)| = f(x)$, para $f(x) \geqslant 0$, o gráfico de $|f(x)|$ é igual ao gráfico de $f(x)$, cujas imagens são positivas (desenhadas no semiplano acima do eixo Ox). Para $f(x) < 0$, temos que $|f(x)| = -f(x)$, e assim devemos fazer, em torno de Ox, a reflexão da parte do gráfico de $f(x)$ cujas imagens são negativas.

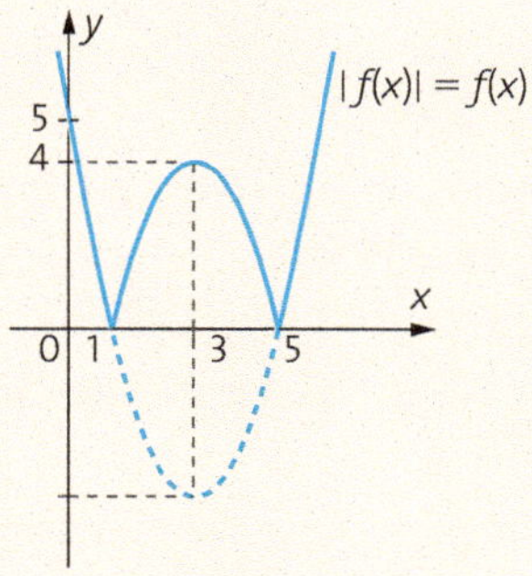

c) Para todo x temos $|x| = |-x|$, então $f(|x|) = f(|-x|)$, o que nos sugere uma função par e, consequentemente, um gráfico com simetria em relação ao eixo Oy.

Além disso, como $|x| = x$, para $x \geqslant 0$, o gráfico de $|f(x)|$ é igual ao gráfico de $f(x)$. Por se tratar de uma função par, a parte do gráfico com $x < 0$ é uma reflexão da parte do gráfico com $x > 0$ em torno de Oy.

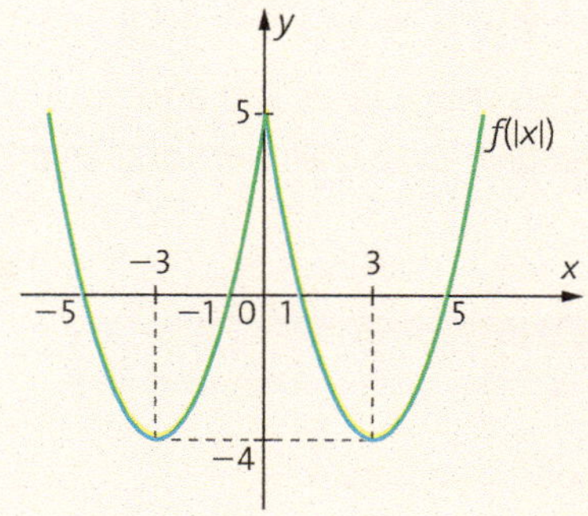

d) Finalmente, para construir o gráfico de $|f(|x|)|$, pode-se aplicar os conceitos do item **b** ($|f(x)|$) no gráfico do item **c**, ($f(|x|)$), ou seja, fazer em torno de Ox a reflexão das partes do gráfico do item **c** cujas imagens são negativas.

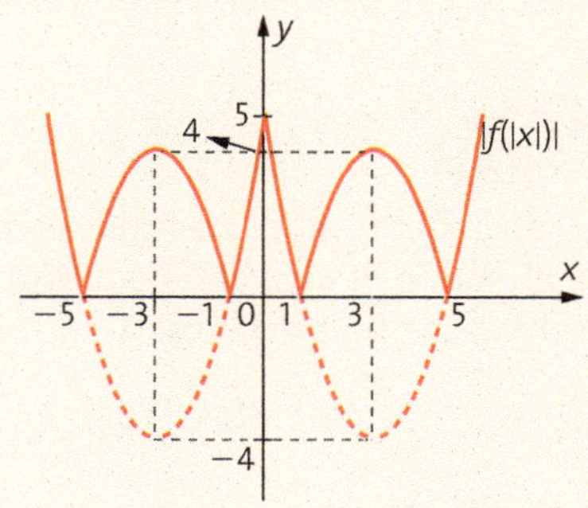

Exercícios

66. Dada a função f de $\mathbb{R}$ em $\mathbb{R}$ definida por $f(x) = |3 - x| + 4$, faça o que se pede:

a) Determine $f(8)$, $f(-1)$, $f(3)$ e $f(0)$.

b) Escreva $f(x)$ usando sentenças sem módulo.

c) Construa o gráfico de f.

d) Determine $D(f)$ e $Im(f)$.

67. Esboce o gráfico de cada uma das seguintes funções:

a) $f(x) = |x - 3|$

b) $f(x) = |x + 1|$

c) $f(x) = |x| + 1$

d) $f(x) = |x| - 3$

e) $f(x) = |x - 3| + 2$

f) $f(x) = |x + 3| - 1$

g) $f(x) = |x^2|$

h) $f(x) = |x^2 - 1|$

68. Seja f de $\mathbb{R}$ em $\mathbb{R}$ definida por $f(x) = |-3x + 15|$.

a) Escreva $f(x)$ sem utilizar módulo nas sentenças.

b) Calcule $f(2)$, $f(7)$, $f(-1)$ e $f(5)$ usando a definição dada ou a resposta obtida no item **a**.

69. Analisando a definição e o gráfico da função modular $f(x) = |x|$, de $\mathbb{R}$ em $\mathbb{R}$, faça o que se pede.

a) Determine $D(f)$ e $Im(f)$.

b) f é crescente ou decrescente?

c) f é injetiva? E sobrejetiva?

d) f é par ou ímpar?

e) Faça o estudo de sinal da função f.

70. Construa o gráfico da função f tal que:

$$f(x) = \begin{cases} |x|, \text{ para } x \leqslant 1 \\ -x + 3, \text{ para } x > 1 \end{cases}.$$

18 Equações modulares

Equações modulares são aquelas em que a variável aparece dentro de módulos. Para resolvê-las é útil relembrar as propriedades envolvendo módulos.

Exercício resolvido

23. Resolva as equações:

a) $|x - 5| = 3$

b) $|3x - 1| = -5$

c) $|x|^2 + 2|x| - 15 = 0$

d) $|x^2 - x - 1| = 1$

e) $|x^2| - 9|x| - 10 = 0$

f) $|3x - 5| = |x + 3|$

Resolução

a) $|x - 5| = 3 \Leftrightarrow x - 5 = 3$ ou $x - 5 = -3$

Resolvendo as equações obtidas, temos:

$x - 5 = 3 \Rightarrow x = 8$

$x - 5 = -3 \Rightarrow x = 2$

$S = \{2, 8\}$

Graficamente, podemos considerar as funções $f(x) = |x - 5|$ e $g(x) = 3$ e procurar os pontos comuns de seus gráficos:

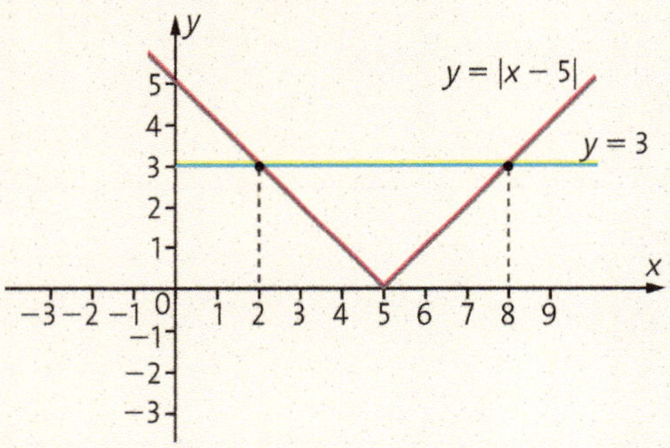

b) $|3x - 1| = -3$

Não existe módulo com valor negativo, logo não existe valor real para x.

$S = \varnothing$

Não há intersecção dos gráficos; logo, a equação não tem solução. Graficamente:

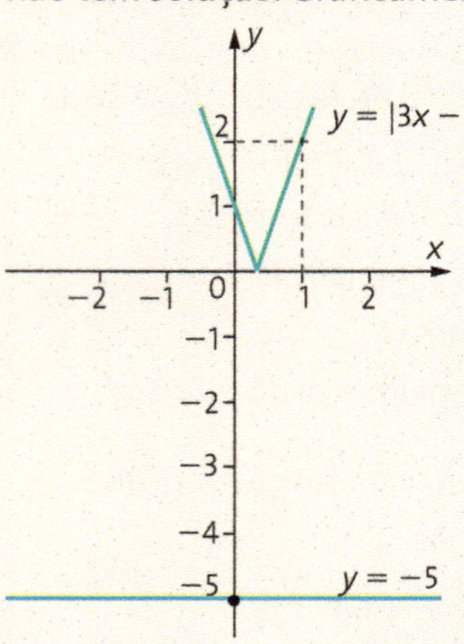

c) $|x|^2 + 2|x| - 15 = 0$

Fazemos $|x| = y$, com $y \geqslant 0$ e temos:

$y^2 + 2y - 15 = 0$

$\Delta = 64$

$y' = 3$ e $y'' = -5$ (este valor não convém, pois $y \geqslant 0$)

Como $|x| = y$ e $y = 3$, temos:

$|x| = 3 \Leftrightarrow x = 3$ ou $x = -3$

$S = \{-3, 3\}$

d) $|x^2 - x - 1| = 1 \Leftrightarrow x^2 - x - 1 = 1$ ou $x^2 - x - 1 = -1$

- $x^2 - x - 1 = 1$

  $x^2 - x - 2 = 0$

  $\Delta = 9$

  $x' = 2$ e $x'' = -1$

- $x^2 - x - 1 = -1$

  $x^2 - x = 0$

  $x(x - 1) = 0$

  $x' = 0$ e $x'' = 1$

$S = \{-1, 0, 1, 2\}$

e) $|x^2| - 9|x| - 10 = 0 \Rightarrow |x|^2 - 9|x| - 10 = 0$

Fazendo $|x| = y$, com $y \geqslant 0$, temos:

$y^2 - 9y - 10 = 0$

$\Delta = 121$

$y' = 10$ e $y'' = -1$ (este valor não convém)

Como $|x| = y$ e $y = 10$:

$|x| = 10 \Leftrightarrow x = 10$ ou $x = -10$

$S = \{-10, 10\}$

f) $|3x - 5| = |x + 3| \Leftrightarrow 3x - 5 = x + 3$ ou $3x - 5 = -(x + 3)$

Resolvendo as equações obtidas, temos:

- $3x - 5 = x + 3 \Rightarrow 3x - x = 3 + 5 \Rightarrow 2x = 8 \Rightarrow$
  $\Rightarrow x = 4$
- $3x - 5 = -(x + 3) \Rightarrow 3x - 5 = -x - 3 \Rightarrow$
  $\Rightarrow 3x + x = -3 + 5 \Rightarrow 4x = 2 \Rightarrow x = \frac{1}{2}$

$S = \left\{\frac{1}{2}, 4\right\}$

Equações modulares sujeitas a condições

Existem equações modulares cuja resolução depende de certas condições impostas, conforme veremos.

Exercícios resolvidos

24. Resolva as equações:

a) $|2x - 1| = x + 3$

b) $x \cdot |x| - x = 2$

Resolução

a) $|2x - 1| = x + 3$

Condição: $x + 3 \geqslant 0 \Rightarrow x \geqslant -3$ (o módulo de um número real é sempre positivo ou nulo)

$|2x - 1| = x + 3 \Leftrightarrow 2x - 1 = x + 3$ ou $2x - 1 = -(x + 3)$ (definição de módulo)

Resolvendo as equações:

- $2x - 1 = x + 3 \Rightarrow 2x - x = 3 + 1 \Rightarrow x = 4$ (satisfaz a condição $x \geqslant -3$)
- $2x - 1 = -x - 3 \Rightarrow 2x + x = -3 + 1 \Rightarrow$ $\Rightarrow 3x = -2 \Rightarrow x = -\frac{2}{3}$ (satisfaz a condição $x \geqslant -3$)

$S = \left\{-\frac{2}{3}, 4\right\}$

b) $x \cdot |x| - x = 2$

Vamos analisar dois casos: $x \geqslant 0$ e $x < 0$.

- $x \geqslant 0 \Rightarrow |x| = x$

  Então:

  $x \cdot |x| - x = 2 \Rightarrow x \cdot x - x = 2 \Rightarrow x^2 - x - 2 = 0$

  $\Delta = 9$

  $x' = 2$ (serve, pois $2 \geqslant 0$) e $x'' = -1$ (não serve, pois $-1 < 0$)

- $x < 0 \Rightarrow |x| = -x$

  Assim:

  $x \cdot |x| - x = 2 \Rightarrow x(-x) - x = 2 \Rightarrow$

  $\Rightarrow -x^2 - x - 2 = 0$

  $\Delta = -7$ (não existem raízes reais)

Logo, $S = \{2\}$.

25. Prove que a equação $|x| = x - 5$ não tem solução em $\mathbb{R}$.

Resolução

- $x \geqslant 0 \Rightarrow |x| = x$

  Na equação dada, temos:

  $x = x - 5 \Rightarrow 0 = -5$ (falso)

- $x < 0 \Rightarrow |x| = -x$

  Na equação dada:

  $-x = x - 5 \Rightarrow x = \frac{5}{2}$ (não serve, pois $x < 0$)

Logo, a equação não tem solução, ou seja, $S = \varnothing$.

Exercícios

71. Resolva as equações:

a) $|3x - 1| = 5$

b) $|4x - 1| = -3$

c) $\left|\frac{x - 1}{4}\right| = 2$

d) $5 + |-2x + 4| = 11$

e) $\left|\frac{x - 1}{x - 3}\right| = 2$ para $x \neq 3$

f) $|x^2 + 6x - 1| = 6$

g) $|x^2 - 5x| = 6$

h) $|x^2 - 6| = -1$

i) $|x^2| - 4|x| - 5 = 0$

j) $|3x - 7| = |2x - 3|$

k) $|1 - 3x| = |x + 3|$

l) $|x^2 - 4x + 1| = |x + 1|$

72. Dadas as funções $f(x) = |x + 1|$ e $g(x) = |3x - 1|$, determine os pontos comuns aos gráficos de f e g.

73. Resolva as seguintes equações em $\mathbb{R}$:

a) $|2x - 1| = x$

b) $|x - 5| = 2x - 2$

c) $|x^2 - 4| = 3x$

d) $|3x + 2| - 1 = x$

e) $|x - 1| = \frac{2}{x}$ $(x \neq 0)$

f) $1 - |2x - 1| = x$

g) $x + |x - 2| = 5$

h) $x \cdot |x| - x = 0$

i) $|x - 2| + |x - 4| + |2x + 1| = 10$

Outros contextos

População brasileira deve atingir ápice em 2030

Nelson Antoine/Fotoarena/Folhapress

Rua 25 de Março, em São Paulo (SP), uma das ruas do Brasil com maior fluxo diário de pessoas.

Queda da população a partir de 2030 e bons índices de redução do desemprego no cenário internacional: essas foram duas constatações feitas nos Comunicados do Ipea (Instituto de Pesquisa Econômica Aplicada) n. 156 e 157, que trataram da demografia e do mercado de trabalho brasileiros com base nos últimos dados da Pesquisa Nacional por Amostra de Domicílios (Pnad).

A técnica de Planejamento e Pesquisa Ana Amélia Camarano mostrou, com base no Comunicado n. 157 (Tendências Demográficas Mostradas pela Pnad 2011), que desde 2007 a taxa de fecundidade total do Brasil está abaixo dos níveis de reposição: 1,7 filho por mulher. Isso implica a desaceleração do crescimento da população brasileira, que poderá diminuir de fato a partir de 2030. A queda da taxa ocorreu em todas as faixas etárias. A taxa de fecundidade entre as adolescentes vem caindo desde 2000. Para efeito de comparação, em 1992 a taxa era de 91 filhos nascidos vivos por 1 000 mulheres; em 2011, de 51. Nessa linha, a população brasileira deverá chegar a 208 milhões em 2030 e, a partir daí, reduzir. Em 2040, são esperados 205 milhões de habitantes. Se confirmado, isso afetará o mercado de trabalho, em que a oferta de mão de obra chegaria a 156 milhões em 2030 e reduziria para 152 milhões em 2040 (pessoas com idade ativa). A tendência é um acelerado envelhecimento populacional. Camarano destacou a queda da taxa nas regiões Norte (3,3 filhos por mulher em 1992 para 2,0 filhos em 2011) e Nordeste (3,6 filhos para 2,0). O Sul atingiu 1,6 filho, e o Sudeste, 1,7. Isso mostra que a taxa nacional vem se tornando mais homogênea ao longo do tempo. A pesquisadora também ressaltou o aumento da proporção de mulheres cônjuges que contribuem para a renda das suas famílias, de 39,1% para 66,3% no mesmo período. Já a população idosa cresceu: cerca de 23 milhões de brasileiros com mais de 60 anos em 2011.

Adaptado de: <www.ipea.gov.br/portal/index.php?option=com_content&view=article&id=15747&catid=10&Itemid=9>. Acesso em: 28 jan. 2013.

José Reis/O Imparcial/Futura Press

Idosos praticando hidroginástica.

Expectativa de vida

Em uma dada população, a **expectativa de vida ao nascer**, ou esperança de vida, é o número médio de anos que um indivíduo pode esperar viver se submetido, desde o nascimento, às taxas de mortalidade constantes do ano de observação. Essa taxa é calculada tendo em conta, além dos nascimentos e óbitos, o acesso a saúde, educação, cultura e lazer, bem como a violência, a criminalidade, a poluição e a situação econômica do lugar em questão.

Observe no gráfico da página seguinte a expectativa de vida no Brasil e uma tabela com a expectativa de vida de alguns países.

Expectativa de vida ao nascer (Brasil 2005-2010)

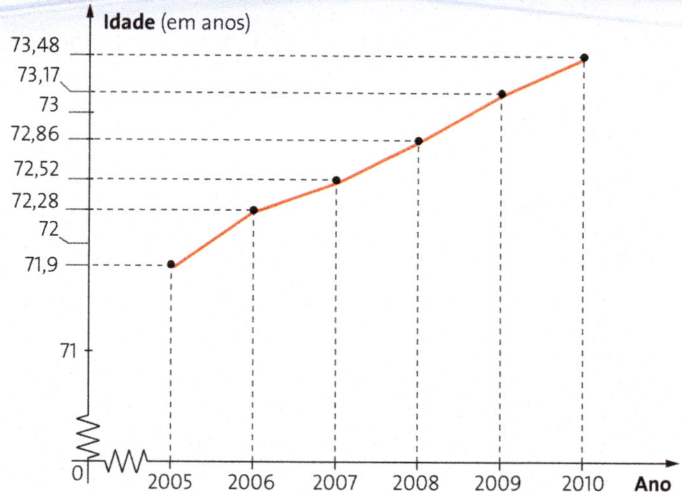

Expectativa de vida em alguns países (2011)

País	Japão	Austrália	Espanha	Israel	Macau (China)	Canadá	Cingapura	Brasil	Zâmbia	Suazilândia
Idade	82,25	81,81	81,17	80,96	84,41	81,38	82,14	71,99	38,63	31,88

Disponível em: <www.cia.gov/library/publications/the-world-factbook/rankorder/2119rank.html>. Acesso em: 28 jan. 2013.

Trabalhando com o texto

1. Procure saber o que é taxa de fecundidade.

2. Em 2007 a taxa de fecundidade no Brasil era de 1,7. Admitindo que essa taxa continue caindo 0,01 a cada ano durante os próximos 10 anos, qual será a taxa de fecundidade em 2017?

3. Considere que a expectativa de vida do brasileiro aumente linearmente. Se no ano 2005 a expectativa de vida era de 71,9 anos e em 2010 era de 73,48 anos, o que se pode esperar a respeito da expectativa de vida em 2020?

4. Supondo que não haja melhora na expectativa de vida dos japoneses, em que ano o Brasil alcançará o Japão nesse quesito se mantiver o aumento linear igual ao da questão anterior?

5. O fumo é um dos principais fatores que diminui a expectativa de vida. Cada cigarro fumado pode diminuir em 10 minutos a vida de um indivíduo. Com o auxílio de uma calculadora, determine qual é a diminuição da expectativa de vida de um fumante que consome 20 cigarros por dia durante 36 anos.

Pesquisando e discutindo

6. A taxa de fecundidade de 2,1 é necessária para a reposição da população. Justifique.

7. O que acontece geralmente com a taxa de fecundidade de países em desenvolvimento?

8. Quais hábitos podem e devem ser praticados para se ter uma vida mais longa e saudável?

Veja mais sobre o assunto

Procure mais informações em jornais, revistas e nos *sites*:

- Instituto Brasileiro de Geografia e Estatística: <www.ibge.gov.br/home/mapa_site/mapa_site.php#populacao>;
- Programa das Nações Unidas para o Desenvolvimento: <www.pnud.org.br/IDH/DH.aspx>;
- Artigo *Descontração, um dos segredos da longevidade*: <http://veja.abril.com.br/noticia/saude/descontracao-segredos-longevidade-478409.shtml>;
- Instituto de Pesquisa Econômica Aplicada: <www.ipea.gov.br>. Acessos em: 24 fev. 2014.

Atividades adicionais

1. Dada a função afim $f(x) = -2x + 3$, determine:

   a) $f(1)$; b) $f(0)$; c) $f\left(\frac{1}{3}\right)$; d) $f\left(-\frac{1}{2}\right)$.

2. Dada a função afim $f(x) = 2x + 3$, determine os valores reais de x para que:

   a) $f(x) = 1$; c) $f(x) = \frac{1}{3}$;

   b) $f(x) = 0$; d) $f(x) = 0{,}75$.

3. Escreva a taxa de variação para cada uma das funções e, depois, constate se sua resposta está correta.

   a) $f(x) = 4x + 5$ b) $f(x) = 3$

4. Verifique quais das funções abaixo são funções afins usando $f(x + h) - f(x)$.

   a) $h(x) = \frac{1}{2}x + 3$ b) $f(x) = 2x^2$

5. Construa, em um sistema de eixos ortogonais, o gráfico das seguintes funções:

   a) $f(x) = -2 - 2x$ b) $f(x) = 3 + 3x$

6. No gráfico abaixo estão representadas duas funções definidas por $f(x) = rx + s$ e $g(x) = mx + n$. Determine os valores de m, n, r e s.

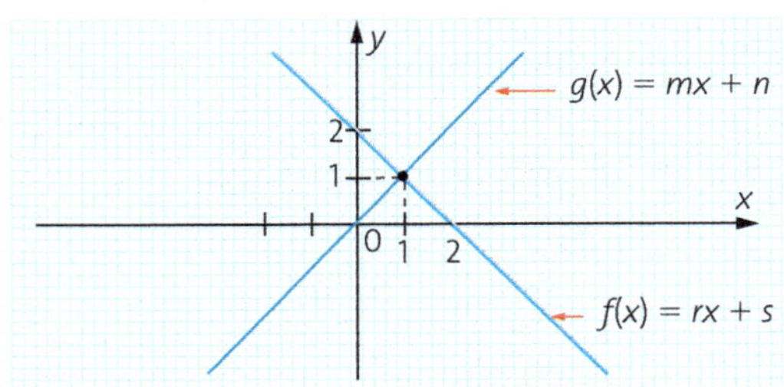

7. Mostre que, em uma função afim da forma $f(x) = x + b$, acréscimos iguais a h dados a x e a x' provocam acréscimos iguais a h em $y = f(x)$.

8. Construa, em um sistema de coordenadas cartesianas ortogonais, o gráfico das seguintes funções:

   a) $f(x) = \begin{cases} 1, \text{ se } x \geq 0 \\ 0, \text{ se } x < 0 \end{cases}$

   b) $f(x) = \begin{cases} 1, \text{ se } 0 < x \leq 1 \\ 2, \text{ se } 1 < x \leq 2 \\ 3, \text{ se } 2 < x \leq 3 \end{cases}$

9. f é uma função afim cuja reta r passa pelos pontos (10, 5) e (13, −1). Descubra se cada ponto indicado abaixo pertence ou não à reta r.

   a) (7, 11) c) (11, 2)

   b) (−9, 7) d) (12, 1)

10. Estude a variação do sinal das seguintes funções afins:

    a) $f(x) = 3x - 5$

    b) $f(x) = 4 + 2x$

11. Calcule:

    a) $|-3| + |3|$ c) $|x^2 - 3x|$ quando $x = 0$

    b) $|5 + x|$ quando $x = -2$ d) $|x|^2 + |x^2|$ quando $x = -5$

12. Aplicando a definição, escreva a expressão dada usando sentenças que não apresentem módulo.

    a) $|x + 5|$ com $x \in \mathbb{R}$ c) $|x + 3|$ com $x < -3$

    b) $|x - 4|$ com $x > 4$

13. Construa o gráfico da função definida por $f(x) = 1 - |x - 1|$.

14. Seja a função f: $\mathbb{R}^*$ em $\mathbb{R}$ dada por $f(x) = \frac{|x|}{x}$.

    a) Construa o gráfico de f.

    b) Determine $D(f)$ e $\text{Im}(f)$.

15. Resolva as equações:

    a) $|2 - 5x| = 13$ c) $\left|\frac{3x - 1}{2}\right| = -1$

    b) $\frac{|2x - 1|}{5} = 0$

16. Resolva as equações:

    a) $5 + |x^2 - x - 2| = 3$ c) $|x^2| - 4 = 0$

    b) $x^2 - 4|x| - 12 = 0$ d) $|9x^2 - 6x + 1| = 0$

17. Construa o gráfico das seguintes funções modulares:

    a) $f(x) = |2x + 1| + |x - 1|$

    b) $f(x) = ||2x + 3| - 2|$

18. Resolva as seguintes equações:

    a) $|4x - 1| - |2x + 3| = 0$

    b) $|2x^2 + 15x - 3| = x^2 + 2x - 3$

19. Resolva $|x^2 + 2x - 2| = |x^2 - x - 1|$ algebricamente.

20. Esboce o gráfico de $|y| = x + 1$ em $\mathbb{R}$.

21. Após a correção das provas de uma classe, um professor resolveu mudar o sistema de pontuação, de modo que a nota máxima continuasse 100, mas a média das notas, que havia sido 60, passasse a ser 80 e que a variação das notas da antiga para a nova pontuação representasse uma função afim.

    a) Determine a sentença que permite estabelecer a mudança.

    b) Se antes a nota mínima de aprovação era 50, qual é na nova pontuação?

22. Um grande poluente produzido pela queima de combustíveis fósseis é o dióxido sulfídrico (SO_2). Uma pesquisa feita em Oslo, Noruega, demonstrou que o número (N) aproximado de peixes mortos em um certo rio, por semana, é dado por uma função afim da concentração C de SO_2. Foram feitas as seguintes medidas:

Concentração (em μg/m³)	401	500
Mortes	106	109

Qual é a concentração máxima de SO_2 que pode ser despejada no rio para que o número de mortes não ultrapasse 115, fato que poderia prejudicar a reprodução da espécie?

23. O custo de um produto é calculado pela fórmula $c = 10 + 20q$, na qual c indica o custo (em reais) e q, a quantidade produzida (em unidades). Construa o gráfico de c em função de q.

24. A distância entre São Carlos (SP) e Uberlândia (MG) é de aproximadamente 400 km. O tempo gasto para um veículo percorrer essa distância depende da sua velocidade média.

a) Faça uma tabela com valores para velocidade (km/h) e tempo (h).
b) Construa o gráfico com os valores da tabela.
c) Verifique se essa é uma função com proporcionalidade direta ou inversa.

25. O preço de venda de um livro é de R$ 30,00 por unidade. A receita total obtida pela venda desse livro pode ser calculada pela fórmula: receita total = preço de venda por unidade vezes a quantidade de livros vendidos.

a) Indicando por x a quantidade de livros vendidos, escreva a lei dessa função.
b) Essa função é linear?
c) A receita total é diretamente proporcional ao número de livros vendidos?

26. A fórmula que dá o número do sapato (N) em função do comprimento (c) do pé, em centímetros, é $N = \frac{5c + 28}{4}$ ou $N = \frac{5}{4}c + 7$. Calcule:

a) o número do sapato quando o comprimento do pé é de 24 cm;
b) o comprimento do pé de quem calça 40.

27. Observe a sequência de figuras formadas com palitos:

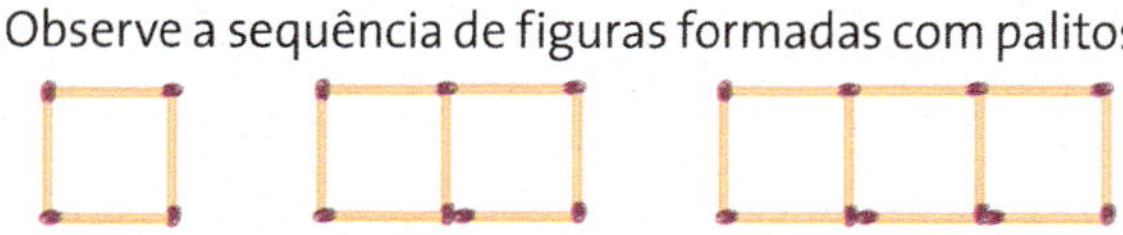

1 quadrado 4 palitos | 2 quadrados 7 palitos | 3 quadrados 10 palitos

Continuando a sequência de figuras, determine:

a) a expressão que indica o número P de palitos em função do número x de quadrados;
b) quantos palitos são necessários para formar 9 quadrados;
c) quantos quadrados são formados com 16 palitos;
d) a expressão de x em função de P.

28. Se um peso estica uma mola, o comprimento c da mola está relacionado linearmente com o valor do peso p (para pequenos pesos). Suponha que uma mola em repouso tem 50 mm de comprimento, e um peso de 400 g causa um estiramento de 30 mm na mola. Qual é a relação entre p e c?

29. Biólogos descobriram que o número de sons emitidos por minuto por certa espécie de grilos está relacionado com a temperatura. A relação é quase linear. A 68 °F, os grilos emitem cerca de 124 sons por minuto. A 80 °F, emitem 172 sons por minuto. Encontre a equação que relaciona a temperatura em Fahrenheit (θ_F) e o número de sons n.

30. Para transformar graus Fahrenheit em graus Celsius usa-se a fórmula $\theta_C = \frac{5}{9}(\theta_F - 32)$, em que F é o número de graus Fahrenheit e C é o número de graus Celsius.

a) Transforme 35 graus Celsius em graus Fahrenheit.
b) Qual a temperatura (em graus Celsius) em que o número de graus Fahrenheit é o dobro do número de graus Celsius?

31. Uma pessoa que tinha certa quantia em dinheiro fez compras em três lojas:

- na 1ª loja gastou a quinta parte do que tinha;
- na 2ª loja gastou a metade do que havia sobrado;
- na 3ª loja gastou R$ 10,00.

Determine:

a) a equação que indica a quantia Q que restou em função da quantia inicial x;
b) quanto restou se a quantia inicial era de R$ 40,00;
c) qual a quantia inicial para que no final restem R$ 4,40.

Construa o gráfico dessa função para x tal que $25 \leqslant x \leqslant 100$.

32. Um dos mais famosos usos de extrapolação linear foi descoberto pelo cientista francês Jacques Charles em 1787. Ele observou que os gases se expandem quando aquecidos e se contraem quando resfriados. (Isso pode ser verificado experimentalmente ao se encher uma bexiga e colocá-la no congelador. A bexiga irá encolher.)

Fotos: Hely Demutti/Arquivo da editora

Observando valores diversos para a temperatura e os valores correspondentes do volume, os pares ordenados obtidos pareciam estar em linha reta, ou seja, a relação é linear.

a) Suponha que um determinado gás tenha um volume de 500 cm³ a 27 °C e um volume de 605 cm³ a 90 °C. Escreva uma equação para esses dados.
b) Use a equação que você conseguiu em **a** e descubra em qual temperatura temos o volume de 0 cm³. Ao fazer isso você irá calcular a menor temperatura possível. (Essa temperatura, chamada de zero absoluto, foi primeiramente estimada por Charles.)

33. A matéria pode se apresentar em três estados físicos (ou fases): sólido, líquido e gasoso (há outros menos conhecidos, como o plasma e o coloide). Ela pode passar de um estado a outro mediante alterações em sua temperatura, e essas mudanças de estado recebem nomes específicos, por exemplo:

- fusão: mudança de sólido para líquido;
- ebulição: mudança de líquido para gasoso (vaporização tumultuosa, com formação de bolhas).

Algumas temperaturas em que se iniciam as mudanças de estado são:

- ponto de fusão: em que se inicia a fusão;
- ponto de ebulição: em que se inicia a ebulição.

Se a matéria formada por uma única substância (no estado sólido) é aquecida, sua temperatura aumenta até que se inicie a fusão e permanece constante até que toda a matéria passe para o estado líquido. Em seguida, se a matéria continuar sendo aquecida, a temperatura aumentará novamente até atingir o ponto de ebulição e permanecerá constante até toda a matéria passar para o estado gasoso, quando então voltará a subir.

Suponha que determinada substância, inicialmente no estado sólido, tem sua curva de aquecimento mostrada no gráfico abaixo.

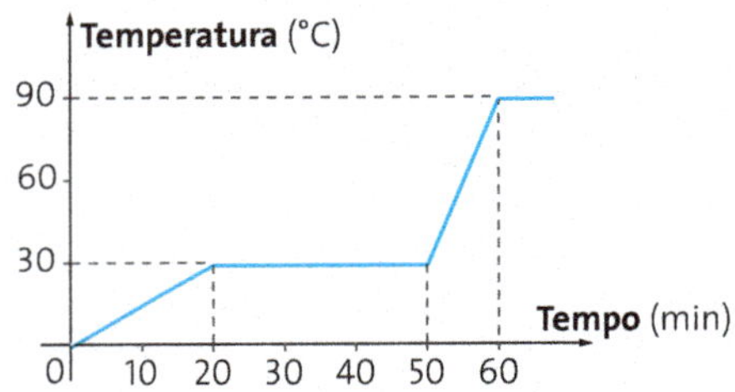

De acordo com essa curva, assinale a afirmação correta.

a) As fases líquida e sólida aparecem simultaneamente durante 20 min.

b) O ponto de ebulição é alcançado quando a temperatura atinge os 30 °C.

c) O intervalo de tempo em que a substância está somente no estado líquido é de 10 min.

d) O ponto de fusão dessa substância ocorre quando a temperatura chega a 0 °C.

e) Entre 50 min e 60 min, temos uma função afim definida por $f: [50, 60] \rightarrow \mathbb{R}$ tal que $f(t) = 6t + 270$.

34. O estádio Nelson Mandela Bay Multipurpose Stadium foi construído especialmente para a Copa do Mundo de Futebol masculino de 2010, na África do Sul. Ele fica às margens do lago North End, em Port Elizabeth. O estádio tem capacidade para 48 mil espectadores e altura de cerca de 40 m. São seis níveis de arquibancada no lado leste e cinco níveis nos demais lados. Existem também dois telões de 12,7 m × 7,2 m.

Adaptado de: <globoesporte.globo.com>. Acesso em: 24 fev. 2014.

Jbor/Shutterstock

Estádio Nelson Mandela, África do Sul.

No dia 2/7/2010, na partida entre Brasil e Holanda, o ingresso custava entre R$ 132,00 e R$ 525,00, dependendo do assento. Supondo que todos os espectadores presentes compraram seus ingressos pelo mesmo valor de R$ 132,00 e que $\frac{2}{3}$ desses espectadores eram turistas, a alternativa correta é:

a) Se x ($x \leq 48\,000$) torcedores forem ao estádio, a renda bruta y gerada pelos turistas será dada por $y = 132x$ reais.

b) Se x ($x \leq 48\,000$) torcedores forem ao estádio, a renda bruta y que deixou de ser arrecadada devido aos lugares vagos será dada por $y = 6\,336\,000 - 132x$ reais.

c) O valor do ingresso pago por um torcedor sul-africano equivale a $\frac{2}{3}$ do valor pago por um turista.

d) O valor bruto arrecadado com os torcedores sul-africanos é igual à terça parte do valor arrecadado com os torcedores turistas.

e) Os torcedores sul-africanos representam 50% do total de torcedores.

35. Um professor de Matemática parte da Universidade Federal de São Carlos (Ufscar), localizada na cidade de São Carlos-SP, na rodovia Washington Luís, km 235, em direção à Universidade Estadual Paulista (Unesp), localizada na cidade de Rio Claro-SP, na mesma rodovia, no km 174. Nesse deslocamento, o automóvel do professor desenvolve uma velocidade média de 90 km/h. No mesmo instante, saindo de Rio Claro, um professor de Física se dirige a São Carlos desenvolvendo uma velocidade média de 93 km/h. A figura abaixo ilustra a rodovia que interliga as duas cidades.

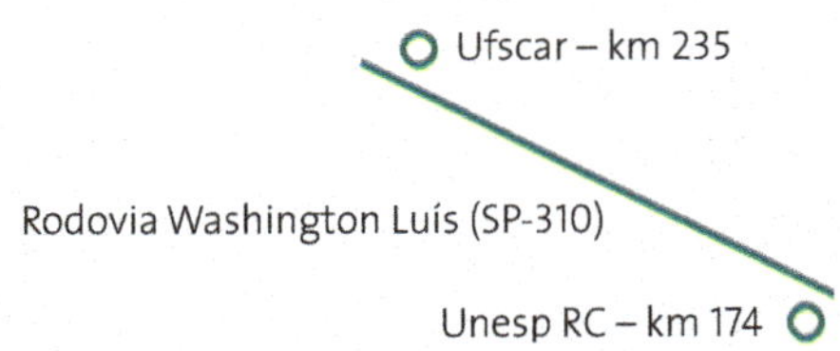

Considere que as equações horárias dos automóveis sejam $S_1 = 174 + 93t$ e $S_2 = 235 - 90t$, em que S_1 é a posição do veículo que sai de Rio Claro e S_2 é a posição do veículo que sai de São Carlos, ambas em função do instante t (em horas).

a) Qual é a posição em que se encontram os dois veículos após 10 min de viagem?

b) Quais os instantes em que a distância que separa os dois veículos é de 30 km? (Se precisar, releia o tópico *Distância entre dois pontos na reta real* do capítulo 1.)

Pensando no Enem

1. Certo vendedor tem seu salário mensal calculado da seguinte maneira: ele ganha um valor fixo de R$ 750,00, mais uma comissão de R$ 3,00 para cada produto vendido. Caso ele venda mais de 100 produtos, sua comissão passa a ser de R$ 9,00 para cada produto vendido, a partir do 101º produto vendido.

Com essas informações, o gráfico que melhor representa a relação entre salário e o número de produtos vendidos é:

a)

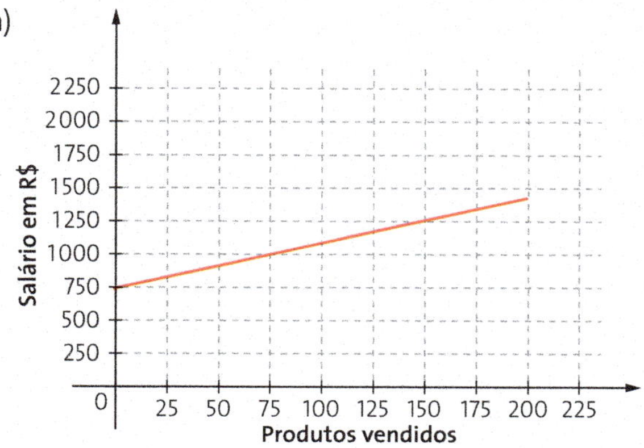

b)

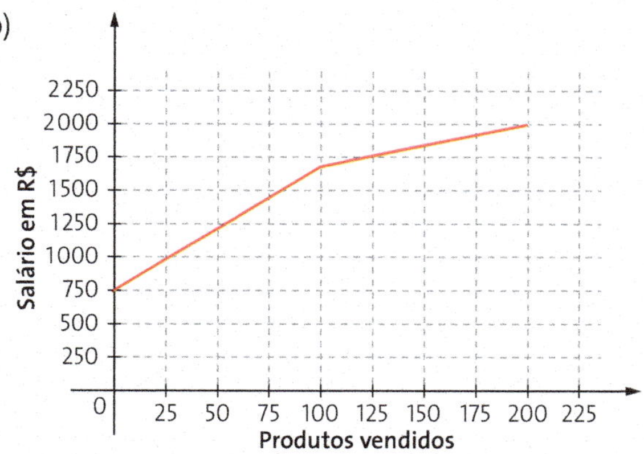

c)

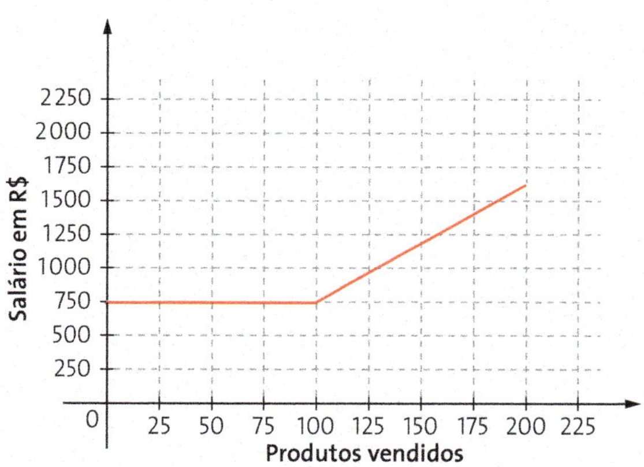

d)

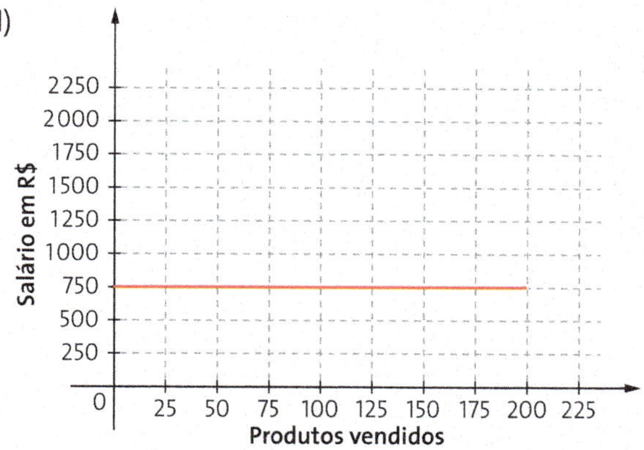

e)

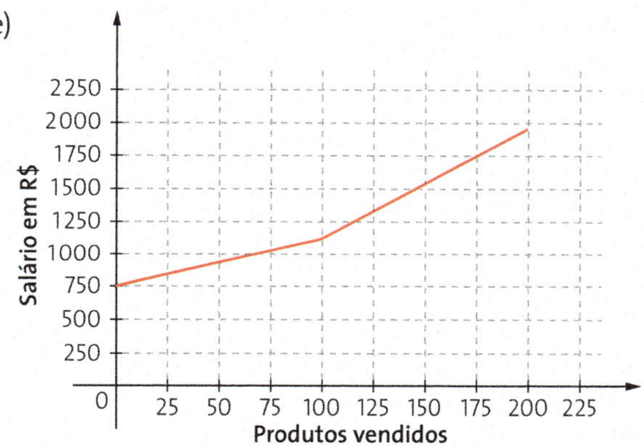

Resolução

Analisando o enunciado, observamos que o salário do vendedor depende de suas vendas, mas é composto por duas opções de cálculo. Se as vendas forem de até 100 produtos, ele recebe um valor fixo de R$ 750,00 mais uma comissão de R$ 3,00 por produto, gerando uma função S_1, que pode ser escrita como:

$$S_1 = 750 + 3p$$

em que p é a quantidade de produtos vendidos e S_1 é o salário em reais.

S_1 está representado graficamente no eixo das ordenadas (y) e p está representada graficamente no eixo das abcissas (x).

Dessa forma, se ele vender 0 unidade seu salário será, em reais, igual a:

$$S_1 = 750 + 3 \cdot 0 = 750$$

Caso ele venda 100 unidades, seu salário será, em reais, igual a:

$$S_1 = 750 + 3 \cdot 100 = 750 + 300 = 1050$$

A partir das informações calculadas, já podemos identificar dois pontos nos gráficos apresentados nas alternativas, sendo eles:

- o salário inicial (para venda igual a zero), que deve ser de 750 reais; e
- o salário para venda igual a 100 unidades, que deve ser de 1 050 reais.

Observando os gráficos apresentados nas alternativas, nota-se que os gráficos das alternativas **b**, **c** e **d** devem ser descartados, pois os salários apresentados para a venda de 100 produtos não condizem com o valor calculado; além disso, os gráficos da alternativa **c** e **d** propõem salários constantes nessa faixa, o que claramente não acontece com nosso vendedor. Voltando ao enunciado, analisaremos agora seu salário para vendas acima de 100 produtos, para as quais sua comissão passará a ser de 9 reais. Como o salário para a venda é de R$ 1 050,00, a nova faixa salarial será calculada a partir da função S_2 obtida a partir do raciocínio a seguir:

- caso o vendedor efetue uma venda de 101 produtos (1 produto acima de 100), ele receberá um salário, em reais, de:

$$1050 + 9 = 1059$$

- caso o vendedor efetue uma venda de 110 produtos (10 produtos acima de 100), ele receberá um salário, em reais, de:

$$1050 + 9 \cdot 10 = 1050 + 90 = 1140$$

Assim, a nova função será dada por:

$$S_2 = 1050 + 9(p - 100)$$

em que p é a quantidade de produtos vendidos (a partir da 101ª unidade vendida) e S_2 é o salário em reais.

Atenção, devemos fazer a subtração $(p - 100)$, pois a nova comissão é calculada para valores acima de 100 unidades.

Para determinarmos o gráfico que melhor representa a função, basta determinar o salário para a venda de 200 produtos (valor extremo presente nos gráficos) e compararmos os valores com os apresentados nas alternativas **a** e **e** que ainda não foram descartadas. Assim, teremos, em reais:

$$S_2 = 1050 + 9 \cdot (200 - 100) = 1050 + 900 = 1950$$

Dessa forma, o gráfico que melhor representa o salário do vendedor nas condições propostas será o gráfico apresentado na alternativa **e**.

Resposta: alternativa **e**.

2. O prefeito de uma cidade deseja construir uma rodovia para dar acesso a outro município. Para isso, foi aberta uma licitação na qual concorreram duas empresas. A primeira cobrou R$ 100 000,00 por km construído (n), acrescidos de um valor fixo de R$ 350 000,00, enquanto a segunda cobrou R$ 120 000,00 por km construído (n), acrescidos de um valor fixo de R$ 150 000,00. As duas empresas apresentam o mesmo padrão de qualidade dos serviços prestados, mas apenas uma delas poderá ser contratada.

Do ponto de vista econômico, qual equação possibilitaria encontrar a extensão da rodovia que tornaria indiferente para a prefeitura escolher qualquer uma das propostas apresentadas?

a) $100n + 350 = 120n + 150$
b) $100n + 150 = 120n + 350$
c) $100(n + 350) = 120(n + 150)$
d) $100(n + 350\,000) = 120(n + 150\,000)$
e) $350(n + 100\,000) = 150(n + 120\,000)$

Resolução

Analisando o enunciado, observamos que as empresas oferecem orçamentos compostos a partir de um valor fixo e outro que depende da quilometragem construída (n). Assim, podemos representar os orçamentos apresentados como funções afins escritas como segue:

A empresa 1 (E_1) cobra R$ 100 000,00 por km construído e um valor fixo de R$ 350 000,00; sendo n a quantidade de quilômetros construídos, temos a expressão:

$$E_1(n) = 100\,000n + 350\,000$$

Já a empresa 2 (E_2) cobra R$ 120 000,00 por km construído e um valor fixo de R$ 150 000,00; utilizando a mesma notação, temos a expressão:

$$E_2(n) = 120\,000n + 150\,000$$

Comparando os orçamentos, observamos que a empresa 1 cobra um valor fixo maior e um valor por km construído menor que a empresa 2. Dessa forma, a contratação das empresas dependerá da quilometragem construída. Se a quilometragem for muito alta, a empresa 1 oferece um orçamento mais vantajoso; se a quilometragem for baixa, a empresa 2 passa a ser mais vantajosa. Para determinar a extensão que torna os orçamentos indiferentes, basta igualar as funções:

$$E_1(n) = E_2(n) \Rightarrow$$
$$\Rightarrow 100\,000n + 350\,000 = 120\,000n + 150\,000 \Rightarrow$$
$$\Rightarrow 1000\,(100n + 350) = 1000\,(120n + 150) \Rightarrow$$
$$\Rightarrow 100n + 350 = 120n + 150$$

Resposta: alternativa **a**.

Vestibulares de Norte a Sul

1. **SE** (Uerj) O volume de água em um tanque varia com o tempo de acordo com a equação $V = 10 - |4 - 2t| - |2t - 6|$, $t \in \mathbb{R}_+$. Nela, V é o volume medido em m³ após t horas, contadas a partir de 8h de uma manhã. Determine os horários inicial e final dessa manhã em que o volume permaneceu constante.

2. **NE** (UFPA) Um professor de Matemática aplicada enviou a seguinte mensagem ao seu melhor aluno, um estudante chamado Nicéphoro, que gostava muito de desenhar e traçar gráficos:

> Prezado Nicéphoro,
>
> Estive analisando cuidadosamente aquele problema de Matemática e percebi que ele é regido por uma função pulso-unitário definida por:
>
> $$f(x) = \begin{cases} 1, \text{ se } |x| \leq 1 \\ 0, \text{ se } |x| > 1 \end{cases}.$$
>
> Trace, por favor, usando os seus conhecimentos, o gráfico dessa função e o envie para mim.
> Um abraço e saudações matemáticas.
>
> Euclides Arquimedes.

Nicéphoro traçou corretamente o gráfico da função acima e o enviou ao prof. Euclides Arquimedes.

O gráfico enviado foi:

a) 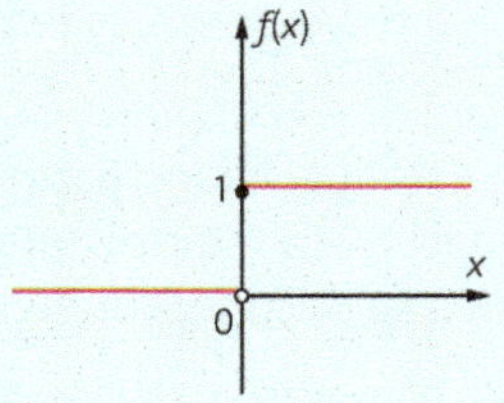

d) 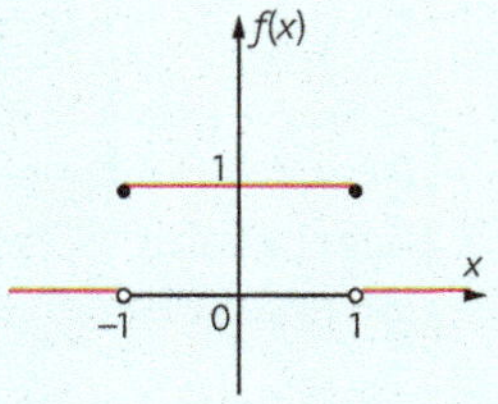

b) 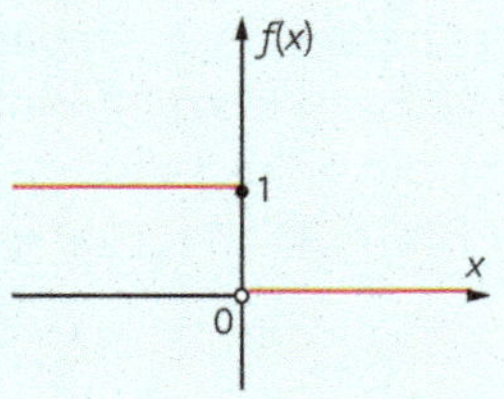

e) 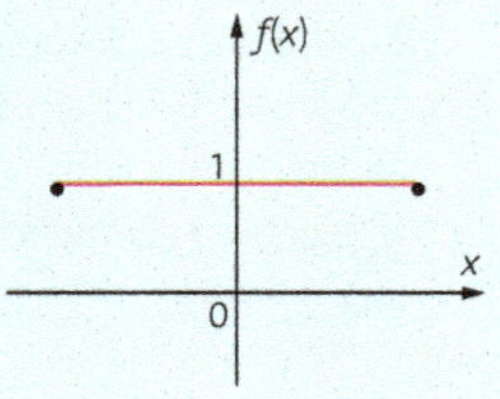

c) 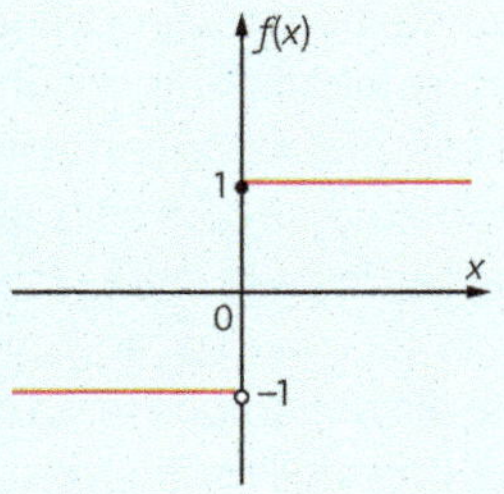

3. **CO** (UEG-GO) Em uma fábrica, o custo de produção de 500 unidades de camisetas é de R$ 2 700,00, enquanto o custo para produzir 1 000 unidades é de R$ 3 000,00. Sabendo que o custo das camisetas é dado em função do número produzido através da expressão $c(x) = qx + b$, em que x é a quantidade produzida e b é o custo fixo, determine:

a) os valores de b e de q;

b) o custo de produção de 800 camisetas.

4. **N** (Ufam) Qual das representações gráficas abaixo melhor representa a aplicação $f: \mathbb{Z} \to \mathbb{R}$ definida por $f(x) = x - 2$?

a) 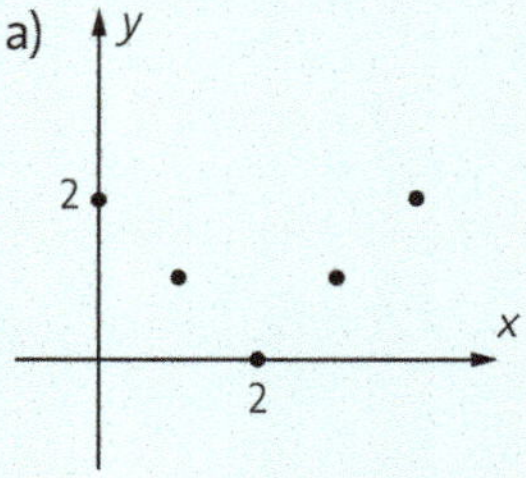

d) 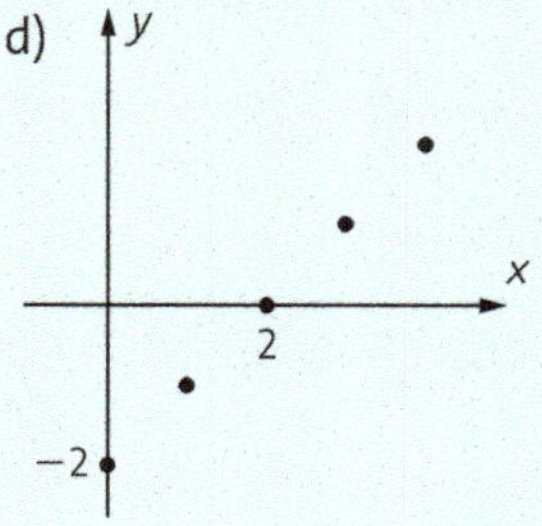

b) 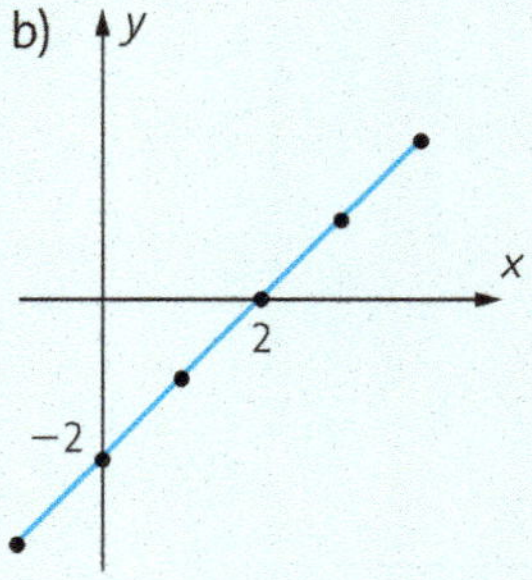

e) 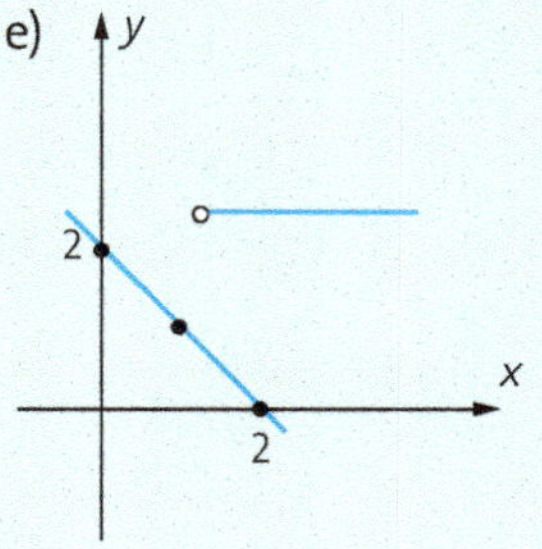

c) 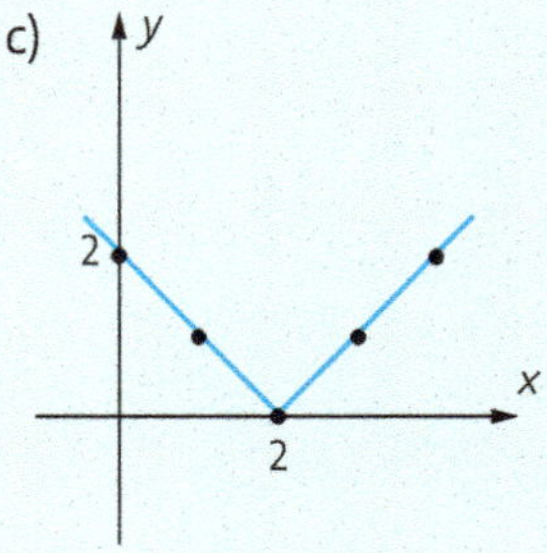

5. **N** (Ufac) Um agiota empresta R$ 500,00 a uma taxa de 8% ao mês, a juros simples. A função $J(t)$ que dá o valor dos juros no tempo t é:

a) $J(t) = 5t$.

b) $J(t) = 100 + 7{,}5t$.

c) $J(t) = 150 + 5t$.

d) $J(t) = 40t$.

e) $J(t) = 500 + 40t$.

6. **CO** (UEMS) A melhor representação gráfica da função $f(x) = |x| + |x - 1|$ é:

a)
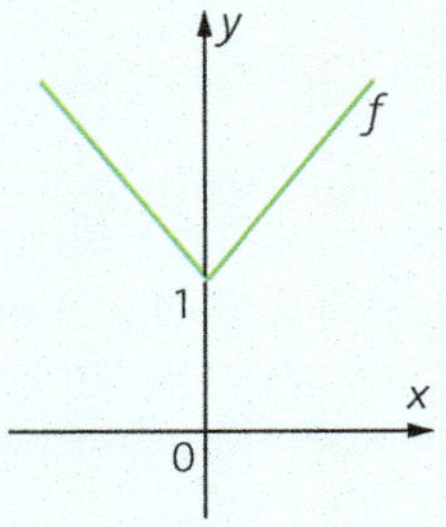

b)
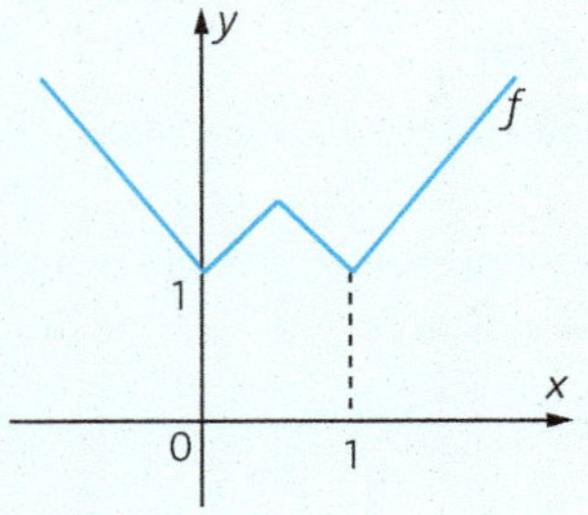

c)
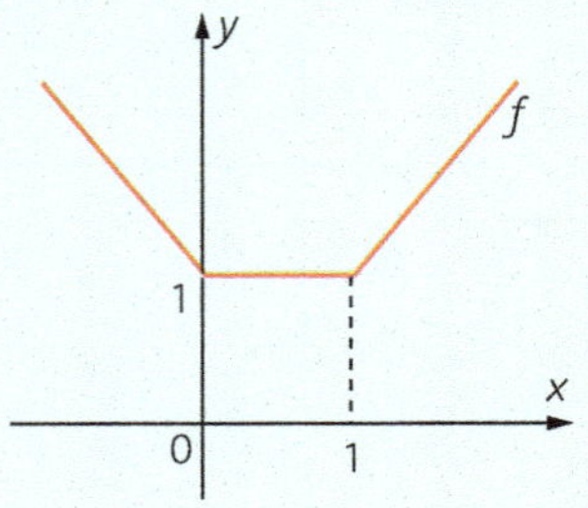

d)
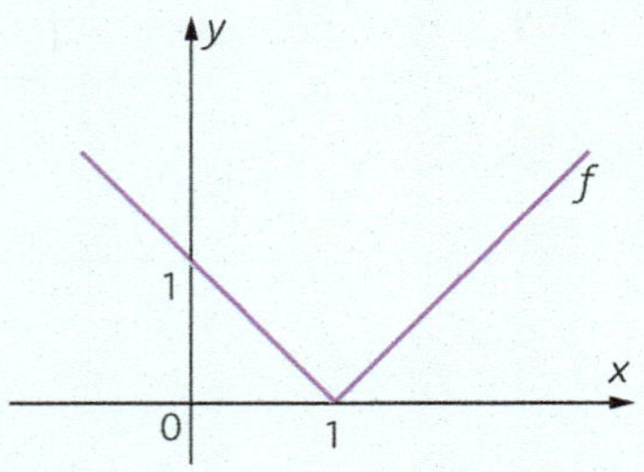

e)
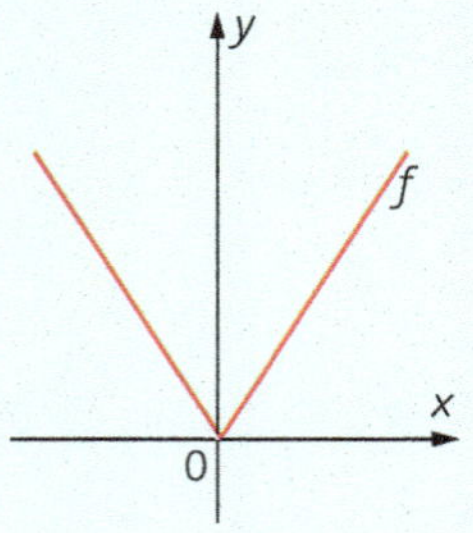

7. **SE** (ITA-SP) Sobre a equação na variável real x, $|||x - 1| - 3| - 2| = 0$, podemos afirmar que:

a) ela não admite solução real.
b) a soma de todas as suas soluções é 6.
c) ela admite apenas soluções positivas.
d) a soma de todas as soluções é 4.
e) ela admite apenas duas soluções reais.

8. **SE** (UFMG) Em 2000, a porcentagem de indivíduos brancos na população dos Estados Unidos era de 70% e outras etnias – latinos, negros, asiáticos e outros – constituíam os 30% restantes. Projeções do órgão do governo norte-americano encarregado do censo indicam que, em 2020, a porcentagem de brancos deverá ser de 62%.

Fonte: *Newsweek International*, 29 abr. 2004.

Admite-se que essas porcentagens variam linearmente com o tempo.
Com base nessas informações, é correto afirmar que os brancos serão a minoria na população norte-americana a partir de:

a) 2050.
b) 2060.
c) 2070.
d) 2040.

9. **S** (UEL-PR) Um camponês adquire um moinho ao preço de R$ 860,00. Com o passar do tempo, ocorre uma depreciação linear no preço desse equipamento. Considere que, em 6 anos, o preço do moinho será de R$ 500,00. Com base nessas informações é correto afirmar:

a) Em três anos, o moinho valerá 50% do preço de compra.
b) Em nove anos, o preço do moinho será múltiplo de 9.
c) É necessário um investimento maior que R$ 450,00 para comprar esse equipamento após sete anos.
d) Serão necessários dez anos para que o valor desse equipamento seja inferior a R$ 200,00.
e) O moinho terá o valor de venda ainda que tenham decorrido treze anos.

10. **SE** (UFMG) Sabe-se que, para a conversão de graus Fahrenheit em graus Celsius, a fórmula correta é $t_C = \frac{5}{9}(t_F - 32)$, em que t_F e t_C indicam as temperaturas em graus, respectivamente, Fahrenheit e Celsius. Quando em viagem pelos Estados Unidos, para simplificar os cálculos, Pedro convertia a temperatura dada em graus Fahrenheit para o valor correspondente em graus Celsius, usando a expressão: $t_C = \frac{t_F}{2} - 17$.
Durante a estada de Pedro nesse país, a temperatura variou de -4 °F a 50 °F. Com base nessas informações, determine a temperatura, em graus Fahrenheit, em que o erro cometido por Pedro, ao usar essa expressão, é nulo.

11. **S** (UFSC) Dois líquidos diferentes encontram-se em recipientes idênticos e têm taxas de evaporação constantes. O líquido I encontra-se inicialmente em um nível de 100 mm e evapora-se completamente no quadragésimo dia. O líquido II, inicialmente com nível 80 mm, evaporando-se completamente no quadragésimo oitavo dia. Determine, antes da evaporação completa de ambos, ao final de qual dia os líquidos terão o mesmo nível (em mm) nesses mesmos recipientes.

CAPÍTULO

4 Função quadrática

Andre Penner/Arquivo da editora

Behemoth, montanha-russa no parque Canada's Wonderland, em Ontário, Canadá.

1 Definição de função quadrática

» Reúna-se com um colega, considerem um retângulo de perímetro 20 m e tentem responder às questões a seguir.

a) Todos os retângulos de mesmo perímetro têm a mesma área?

b) Caso não tenham a mesma área, existem algumas dimensões do retângulo que resultem em uma área máxima?

Fique atento!
Para chegar às suas conclusões, testem diversas dimensões possíveis para o retângulo considerado (por exemplo, ele pode ter 8 m de comprimento e 2 m de largura, ou 7 m de comprimento e 3 m de largura, etc.) e calculem o perímetro e a área.

Uma função $f: \mathbb{R} \to \mathbb{R}$ chama-se **quadrática** quando existem números reais a, b, c, com $a \neq 0$, tal que $f(x) = ax^2 + bx + c$ para todo $x \in \mathbb{R}$.

$$f: \mathbb{R} \to \mathbb{R}$$

$$x \to ax^2 + bx + c$$

Vamos identificar a função quadrática com o trinômio do 2º grau a ela associado e escrevê-la simplesmente como $f(x) = ax^2 + bx + c$.

Exemplos:

a) $f(x) = -x^2 + 100x$, em que $a = -1$, $b = 100$ e $c = 0$.

b) $f(x) = 3x^2 - 2x + 1$, em que $a = 3$, $b = -2$ e $c = 1$.

c) $f(x) = -4x^2 + 4x - 1$, em que $a = -4$, $b = 4$ e $c = -1$.

d) $f(x) = x^2 - 4$, em que $a = 1$, $b = 0$ e $c = -4$.

e) $f(x) = 20x^2$, em que $a = 20$, $b = 0$ e $c = 0$.

Para refletir
Por que o nome "quadrática"?

Observe que **não** são funções quadráticas:

f) $f(x) = 2x$

g) $f(x) = 2^x$

h) $f(x) = x^3 + 2x^2 + x + 1$

Para refletir
Por que as funções dos itens **f**, **g** e **h** não são quadráticas?

Exercícios

1. Escreva um exemplo de função quadrática, indicando os valores dos coeficientes a, b e c.

2. Quais das seguintes funções são quadráticas?
   a) $f(x) = 2x^2$
   b) $f(x) = 2x + 1$
   c) $f(x) = x(x - 1)(x - 2)$
   d) $f(x) = 3x(x - 1)$

3. Para que valores de t as seguintes funções são quadráticas?
   a) $f(x) = tx^2 + 2x + 5$
   b) $f(x) = -5x^t + 2x + 5$

4. As funções abaixo são equivalentes à função $f(x) = ax^2 + bx + c$. Determine, em cada uma delas, os valores de a, b e c.
   a) $f(x) = 2x^2$
   b) $f(x) = 2(x - 3)^2 + 5$
   c) $f(x) = (x + 2)(x - 3)$
   d) $f(x) = (4x + 7)(3x - 2)$
   e) $f(x) = (2x + 3)(5x - 1)$
   f) $f(x) = 2(x - 3)^2 + 5$

2 Situações em que aparece a função quadrática

Na Geometria

Você já estudou, no Ensino Fundamental, que o número de diagonais (d) em um polígono convexo de n lados é dado por $d(n) = \dfrac{n(n-3)}{2}$. Vamos relembrar.

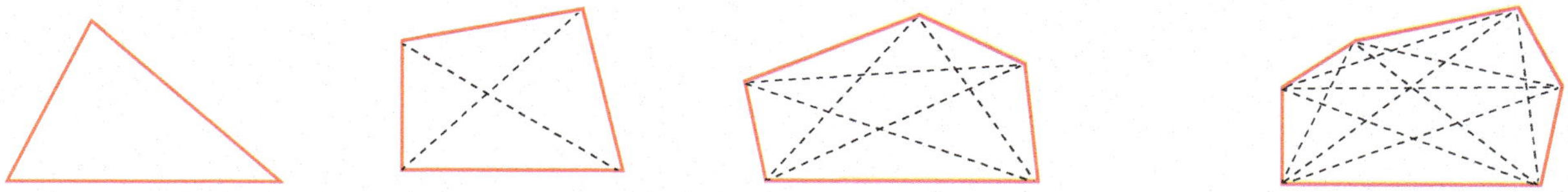

$n = 3 \quad d = 0$ $\qquad n = 4 \quad d = 2$ $\qquad n = 5 \quad d = 5$ $\qquad n = 6 \quad d = 9$

Um polígono de n lados tem n vértices. De cada vértice partem $(n - 3)$ diagonais, e, para não considerarmos duas vezes a mesma diagonal, dividimos $n(n - 3)$ por 2. Assim, temos d em função de n dado por:

$$d(n) = \frac{n(n-3)}{2} = \frac{n^2 - 3n}{2} \text{ ou } d(n) = \frac{1}{2}n^2 - \frac{3}{2}n,$$

que é uma função quadrática em n, com $a = \dfrac{1}{2}, b = -\dfrac{3}{2}$ e $c = 0$.

Nos fenômenos físicos

O cientista italiano Galileu Galilei (1564-1642) analisou o movimento de objetos em queda no campo gravitacional da Terra e concluiu que, se não fosse a resistência do ar, o espaço percorrido por esses corpos seria diretamente proporcional ao quadrado do tempo de percurso. Isso significa que, se um corpo cai, abandonado de sua posição de repouso, percorrendo os espaços s_1, s_2, s_3, etc. nos tempos de t_1, t_2, t_3, etc., temos:

$$\frac{s_1}{t_1^2} = \frac{s_2}{t_2^2} = \frac{s_3}{t_3^2} = \ldots$$

No caso em que o espaço s é medido em metros e o tempo t em segundos, o valor comum dessas razões é aproximadamente 4,9 (metade da aceleração da gravidade: $g \simeq 9{,}8$ m/s^2). Dessa forma, a lei de Galileu pode ser expressa por:

$$\frac{s}{t^2} = \frac{g}{2} \Rightarrow s = \frac{gt^2}{2} \simeq 4{,}9t^2 \Rightarrow s \simeq 4{,}9t^2$$

Observe que $s = 4{,}9t^2$ é uma função quadrática com $a = 4{,}9$; $b = 0$ e $c = 0$.

Nos esportes

Em um campeonato de futebol, cada clube vai jogar duas vezes com outro, em turno e returno (o time A joga primeiro no campo do time B, e depois o contrário). Assim, o número p de partidas do campeonato é dado em função do número n de clubes participantes, conforme vemos na tabela seguinte (cada time joga com todos os outros, menos com ele mesmo):

Número de clubes	2	3	4	5	...	n
Número de partidas	$2(2-1) = 2$	$3(3-1) = 6$	$4(4-1) = 12$	$5(5-1) = 20$	...	$n(n-1)$

Observe, pela tabela, que o número p de partidas é dado por $p(n) = n(n - 1) = n^2 - n$ e que $n^2 - n$ é o número de pares ordenados (pois há o "mando de campo") menos os jogos de cada time com ele próprio, que não existem.

Para refletir
Quais são os coeficientes a, b e c nesta função $p(n)$?

3 Valor ou imagem da função quadrática em um ponto

Se $f: \mathbb{R} \to \mathbb{R}$ é dada por $f(x) = ax^2 + bx + c$, dois problemas são importantes:

- dado $x_0 \in \mathbb{R}$, calcular $f(x_0)$;
- dada $f(x_0)$, calcular x_0.

Por exemplo, se $f(x) = x^2 - 5x + 6$, para calcular o valor dessa função no ponto $x = 2$, ou seja, $f(2)$, fazemos: $f(2) = 2^2 - 5 \cdot 2 + 6 = 0$.

Agora, se $f(x) = 0$, temos $x^2 - 5x + 6 = 0$, que é uma equação do 2º grau, que já estudamos no Ensino Fundamental. Os valores que satisfazem essa equação do 2º grau, ou seja, as raízes dessa equação, são 2 e 3. Verifique.

Exercícios resolvidos

1. Sobre uma circunferência são marcados pontos distintos e traçados todos os segmentos possíveis com extremidades nesses pontos. O número de segmentos (s) é dado em função do número x de pontos marcados. Por exemplo:

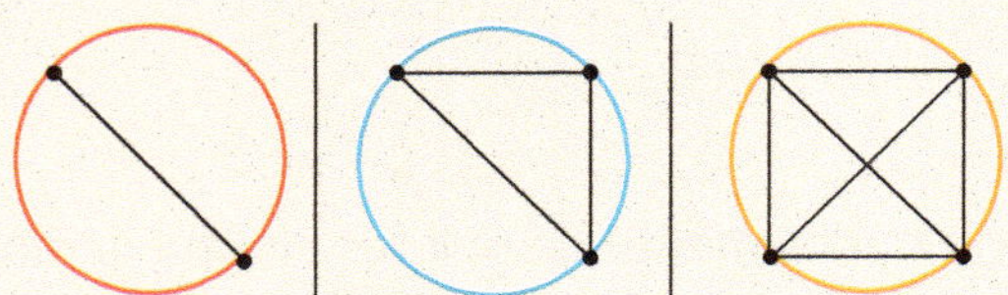

$x = 2, s = 1$	$x = 3, s = 3$	$x = 4, s = 6$
$s = \frac{2(2-1)}{2} = 1$	$s = \frac{3(3-1)}{2} = 3$	$s = \frac{4(4-1)}{2} = 6$

a) Escreva a lei dessa função quadrática. Quais são os coeficientes a, b e c?

b) Quantos são os segmentos quando são marcados 5 pontos?

c) Quantos pontos precisam ser marcados para que o número de segmentos seja 21?

Resolução

a) $s(x) = \frac{x(x-1)}{2} = \frac{x^2 - x}{2} = \frac{1}{2}x^2 - \frac{1}{2}x$

Os coeficientes são $a = \frac{1}{2}$, $b = -\frac{1}{2}$ e $c = 0$.

b) $s(5) = \frac{5^2 - 5}{2} = \frac{20}{2} = 10$ segmentos

c) $\frac{x^2 - x}{2} = 21 \Rightarrow x^2 - x - 42 = 0$

$\Delta = 1 + 168 = 169$

$x = \frac{1 \pm 13}{2} \Rightarrow x' = 7$ e

$x'' = -6$ (não serve)

Precisam ser marcados 7 pontos.

> **Para refletir**
> Por que o valor $x = -6$ não serve?

2. Dada a função quadrática $f: \mathbb{R} \to \mathbb{R}$ definida por $f(x) = x^2 - 6x + 8$, determine:

a) os coeficientes a, b e c;

b) $f(1)$, $f(0)$, $f(-2)$ e $f\left(\frac{1}{2}\right)$;

c) se existe $x \in \mathbb{R}$ tal que $f(x) = 3$. Se existir, calcule x;

d) se existe $x \in \mathbb{R}$ para que se tenha $f(x) = -3$. Se houver, calcule x;

e) se existe $x \in \mathbb{R}$ para que se tenha $f(x) = 0$. Se existir, calcule x.

Resolução

a) Em $f(x) = x^2 - 6x + 8$, temos $a = 1$, $b = -6$ e $c = 8$.

b) $f(1) = 1^2 - 6(1) + 8 = 1 - 6 + 8 = 3$

$f(0) = 0 - 0 + 8 = 8$

$f(-2) = 4 + 12 + 8 = 24$

$f\left(\frac{1}{2}\right) = \frac{1}{4} - 3 + 8 = \frac{1 - 12 + 32}{4} = \frac{21}{4}$

c) $f(x) = 3 \Rightarrow x^2 - 6x + 8 = 3 \Rightarrow x^2 - 6x + 5 = 0$

$\Delta = 36 - 20 = 16$

$x = \frac{6 \pm 4}{2} \Rightarrow x' = 5$ e $x'' = 1$

Existem dois valores de x para os quais $f(x) = 3$: $x = 5$ e $x = 1$.

d) $f(x) = -3 \Rightarrow x^2 - 6x + 8 = -3 \Rightarrow x^2 - 6x + 11 = 0$

$\Delta = 36 - 44 = -8$

Não existe $x \in \mathbb{R}$ tal que $f(x) = -3$.

e) $f(x) = 0 \Rightarrow x^2 - 6x + 8 = 0$

$\Delta = 36 - 32 = 4$

$x = \frac{6 \pm 2}{2} \Rightarrow x' = 4$ e $x'' = 2$

Existem dois valores para x: $x' = 4$ e $x'' = 2$.

> **Para refletir**
> Analise os itens **c** e **d** para responder se essa função é injetiva e sobrejetiva.

Exercícios

5. Sendo n o número de lados de um polígono convexo e d o número de diagonais, calcule:
   a) o valor de d, quando $n = 7$;
   b) o valor de d, quando $n = 10$;
   c) o valor de n, quando $d = 27$;
   d) o valor de n, para que se tenha $d = n$.

6. A área de um círculo é dada em função da medida r do raio, ou seja, $S = f(r) = \pi r^2$, que é uma função quadrática. Calcule:
   a) S quando $r = 5$ cm;
   b) r quando $S = 64\pi$ m^2.

7. As seguintes funções são definidas em $\mathbb{R}$. Verifique quais delas são funções quadráticas e identifique em cada uma os valores de a, b e c:
   a) $f(x) = 2x(3x - 1)$
   b) $f(x) = (x + 2)(x - 2) - 4$
   c) $f(x) = (1 + x)(1 - x) + x^2$

8. Quando variamos a medida ℓ do lado de um quadrado, a área da região quadrada também varia. Então, a área é dada em função da medida ℓ do lado, ou seja, $f(\ell) = \ell^2$.
   a) Calcule $f(10)$, $f(1{,}5)$ e $f(2\sqrt{3})$.
   b) Calcule ℓ tal que $f(\ell) = 256$.
   c) Determine qual é o domínio e qual é a imagem dessa função.

9. Dada a função quadrática $f(x) = 3x^2 - 4x + 1$, determine:
   a) $f(1)$
   b) $f(2)$
   c) $f(0)$
   d) $f(\sqrt{2})$
   e) $f(-2)$
   f) $f(h + 1)$
   g) x de modo que $f(x) = 1$.
   h) x de modo que $f(x) = -1$.

10. Seja $f: \mathbb{R} \to \mathbb{R}$ a função definida por $f(x) = 4x^2 - 4x + 3$. Determine x, se houver, para que se tenha:
    a) $f(x) = 2$
    b) $f(x) = 3$
    c) $f(x) = -1$

11. Determine a lei da função quadrática f, sabendo que $f(1) = 2$, $f(0) = 3$ e $f(-1) = 6$.

12. f e g são funções de $\mathbb{R}$ em $\mathbb{R}$ definidas por $f(x) = 2x - 1$ e $g(x) = x^2 - 1$. Determine $(f \circ g)(x)$ e $(g \circ f)(x)$.

13. (Fuvest-SP) Seja $f(x) = 2x^2 - 3x + 1$.
    Calcule $f\left(\dfrac{\sqrt{2}}{3}\right)$.

14. Dada a função $f: \mathbb{R} \to \mathbb{R}$ tal que
    $$f(x) = \begin{cases} x^2 - 2x, \text{ para } x < 5 \\ 3x - 20, \text{ para } 5 \leqslant x < 9 \\ -x^2 + 4x - 2, \text{ para } x \geqslant 9 \end{cases}$$, determine:
    a) $f(6)$;
    b) $f(-1)$;
    c) $f(10)$;
    d) $f(9)$;
    e) $f(5)$;
    f) $f(0)$;
    g) $f(4)$;
    h) $f(\pi)$.

15. Na função f do exercício anterior, determine x para o qual $f(x) = -2$.

16. A área da região em forma de trapézio é dada por $A = \dfrac{(B + b)h}{2}$, em que B é a base maior, b é a base menor e h é a altura. Nesse trapézio, a área pode ser dada em função da base menor por uma lei do tipo $f(x) = ax^2 + bx + c$.

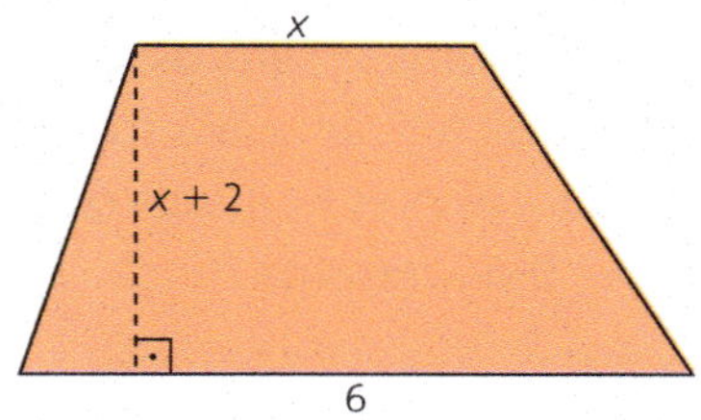

    a) Determine a lei dessa função.
    b) Identifique os coeficientes a, b e c.

17. De uma folha de papel retangular de 30 cm por 20 cm são retirados, de seus quatro cantos, quadrados de lado x.
    Determine a expressão que indica a área da parte que sobrou em função de x.

18. Em um campeonato de futebol, cada time vai jogar duas vezes com outro. Então:
    a) Se o número de clubes é 10, qual é o número de jogos?
    b) Se o número de jogos é 42, qual é o número de times?

19. Gerador é um aparelho que transforma qualquer tipo de energia em energia elétrica. Se a potência P (em watts) que certo gerador lança em um circuito elétrico é dada pela relação $P(i) = 20i - 5i^2$, em que i é a intensidade da corrente elétrica que atravessa o gerador, determine o número de watts que expressa a potência P quando $i = 3$ ampères.

James Hoenstine/Shutterstock/Glow Images

A pilha é um tipo de gerador.

4 Zeros da função quadrática

O estudo da função quadrática tem sua origem na resolução da equação do 2º grau.

Um problema muito antigo que recai numa equação do 2º grau é este:

"Determinar dois números conhecendo sua soma s e seu produto p."

Você sabia?
Este problema aparece em registros cuneiformes feitos pelos babilônios há quase 4 mil anos.

Chamando de x um dos números, o outro será $s - x$. Assim,

$$p = x(s - x) \text{ ou } p = sx - x^2,$$

ou, ainda:

$$x^2 - sx + p = 0$$

Para encontrar x (e, portanto, $s - x$), basta resolver a equação do 2º grau $x^2 - sx + p = 0$, ou seja, basta determinar os valores x para os quais a função quadrática $f(x) = x^2 - sx + p$ se anula. Esses valores são chamados **zeros** da função quadrática ou **raízes** da equação do 2º grau correspondente a $f(x) = 0$.

Por exemplo, os dois números cuja soma é 7 e cujo produto é 12 são 3 e 4, que são as raízes da equação $x^2 - 7x + 12 = 0$ ou zeros da função quadrática $f(x) = x^2 - 7x + 12$.

Observações:

1ª) Dados quaisquer s e p, nem sempre existem dois números reais cuja soma seja s e cujo produto seja p. Por exemplo, não existem dois números reais cuja soma seja 3 e cujo produto seja 7.

Para refletir
Justifique por que não existem dois números reais cuja soma seja 3 e cujo produto seja 7.

2ª) O número $\Delta = b^2 - 4ac$ é chamado **discriminante** da função quadrática $f(x) = ax^2 + bx + c$.

3ª) Quando $\Delta > 0$, a função $f(x) = ax^2 + bx + c$ tem **dois zeros reais diferentes**. Quando $\Delta < 0$, a função $f(x) = ax^2 + bx + c$ **não tem zeros** reais.

Determinação dos zeros da função quadrática

Vamos ver algumas maneiras de determinar os zeros da função quadrática.

Usando a fórmula $x = \dfrac{-b \pm \sqrt{b^2 - 4ac}}{2a}$

Para usar a fórmula basta conhecer os coeficientes a, b e c.

Se $\Delta > 0$ ou $\Delta = 0$, então as raízes serão:

$$x' = \frac{-b + \sqrt{\Delta}}{2a} \quad \text{e} \quad x'' = \frac{-b - \sqrt{\Delta}}{2a}$$

Observações:

1ª) **Relação entre coeficientes e raízes da equação $ax^2 + bx + c = 0$, com $a \neq 0$**

Existindo zeros reais tal que $x' = \frac{-b + \sqrt{\Delta}}{2a}$ e $x'' = \frac{-b - \sqrt{\Delta}}{2a}$, obtemos:

$$x' + x'' = \frac{-b + \sqrt{\Delta}}{2a} + \frac{-b - \sqrt{\Delta}}{2a} = \frac{-2b + \sqrt{\Delta} - \sqrt{\Delta}}{2a} = -\frac{b}{a}$$

Logo:

$$x'' + x' = -\frac{b}{a}$$

$$x' \cdot x'' = \frac{-b + \sqrt{\Delta}}{2a} \cdot \frac{-b - \sqrt{\Delta}}{2a} = \frac{b^2 - (\sqrt{\Delta})^2}{4a^2} = \frac{b^2 - b^2 + 4ac}{4a^2} = \frac{4ac}{4a^2} = \frac{c}{a}$$

Assim:

$$x' \cdot x'' = \frac{c}{a}$$

2ª) **Forma fatorada do trinômio $ax^2 + bx + c$, com $a \neq 0$**

Quando $\Delta \geqslant 0$, ou seja, quando a equação $ax^2 + bx + c = 0$ possui as raízes reais x' e x'', podemos escrever:

Fatorar – Escrever em forma de produto, ou seja, com fatores.

$$ax^2 + bx + c = a\left(x^2 + \frac{b}{a}x + \frac{c}{a}\right) = a[x^2 - (x' + x'')x + x'x''] = a[x^2 - x'x - x''x + x'x''] = a(x - x')(x - x'')$$

Logo:

$$ax^2 + bx + c = a(x - x')(x - x'') \quad \text{(forma fatorada)}$$

De agora em diante você poderá escolher a maneira pela qual determinará os zeros da função.

Exercícios resolvidos

3. Determine o valor de k positivo para que a equação $x^2 - 2kx + (k + 1) = 0$ tenha uma raiz igual ao triplo da outra.

Resolução

$$\begin{cases} x' = 3x'' \\ x' + x'' = -\frac{b}{a} = 2k \\ x' \cdot x'' = \frac{c}{a} = k + 1 \end{cases}$$

$$3x'' + x'' = 2k \Rightarrow 4x'' = 2k \Rightarrow x'' = \frac{1}{2}k$$

$$x' + \frac{1}{2}k = 2k \Rightarrow x' = 2k - \frac{1}{2}k \Rightarrow x' = \frac{3}{2}k$$

Assim:

$$x' \cdot x'' = k + 1 \Rightarrow \frac{3}{2}k \cdot \frac{1}{2}k = k + 1 \Leftrightarrow$$

$$\Leftrightarrow \frac{3}{4}k^2 = k + 1 \Leftrightarrow 3k^2 - 4k - 4 = 0$$

$a = 3$, $b = -4$ e $c = -4$

$$k = \frac{-b \pm \sqrt{b^2 - 4ac}}{2a} \Rightarrow$$

$$\Rightarrow k = \frac{-(-4) \pm \sqrt{16 + 48}}{6} \Rightarrow$$

$$\Rightarrow k = \frac{4 \pm \sqrt{64}}{6} = \frac{4 \pm 8}{6} \Rightarrow$$

$$\Rightarrow \begin{cases} k = \frac{4 + 8}{6} = 2 \\ \text{ou} \\ k = \frac{4 - 8}{6} = -\frac{2}{3} \text{ (não serve)} \end{cases}$$

Portanto, quando $k = 2$, a equação $x^2 - 2kx + (k + 1) = 0$ se transforma na equação $x^2 - 4x + 3 = 0$.

Para refletir
Comprove que a equação $x^2 - 4x + 3 = 0$ tem uma raiz igual ao triplo da outra.

4. Determine, se existirem, os zeros da função quadrática $f(x) = 2x^2 - 3x + 5$.

Resolução

$2x^2 - 3x + 5 = 0$

$a = 2$, $b = -3$ e $c = 5$

$\Delta = b^2 - 4ac = (-3)^2 - 4(2)(5) = 9 - 40 = -31 \Rightarrow$
$\Rightarrow \Delta < 0$

Logo, a equação não tem raízes reais; consequentemente a função $f(x) = 2x^2 - 3x + 5$ não tem zeros reais.

5. Escreva na forma fatorada as funções:

a) $f(x) = x^2 - 5x + 6$;

b) $g(x) = 5x^2 + 10x + 5$.

Resolução

a) A forma fatorada é $f(x) = a(x - x')(x - x'')$, em que x' e x'' são as raízes da equação $f(x) = 0$.

Assim:

$x^2 - 5x + 6 = 0$

$\Delta = b^2 - 4ac = (-5)^2 - 4 \cdot 1 \cdot 6 = 1$

$$x = \frac{-b \pm \sqrt{\Delta}}{2a} \Rightarrow x = \frac{-(-5) \pm \sqrt{1}}{2 \cdot 1} = \frac{5 \pm 1}{2} \Rightarrow$$

$\Rightarrow x' = 3$ e $x'' = 2$

Então:

$f(x) - (x - 3)(x - 2)$.

(Note que $a = 1$ não precisa ser escrito.)

b) Fazendo $g(x) = 0$, vem:

$5x^2 + 10x + 5 = 0$

$\Delta = b^2 - 4ac = 10^2 - 4 \cdot 5 \cdot 5 = 0$

$$x = \frac{-b \pm \sqrt{\Delta}}{2a} \Rightarrow x = \frac{-10 \pm \sqrt{0}}{2 \cdot 5} =$$

$$= \frac{-10}{10} \Rightarrow x' = -1 \text{ e } x'' = -1$$

Então: $g(x) = 5(x + 1)(x + 1) = 5(x + 1)^2$.

Fique atento!

Se $\Delta = 0$, a função quadrática é um trinômio quadrado perfeito.

6. Escreva a função quadrática que tem como zeros os números 2 e 5 e cujo gráfico passa pelo ponto (1, 4).

Resolução

Usando a forma fatorada, podemos escrever $f(x) = a(x - 2)(x - 5)$. E, se (1, 4) pertence à função, então $f(1) = 4$, portanto:

$f(1) = a(1 - 2)(1 - 5) \Rightarrow 4 = a \cdot (-1) \cdot (-4) \Rightarrow$
$\Rightarrow 4 = a \cdot 4 \Rightarrow a = 1$

Dessa forma:

$f(x) = 1 \cdot (x - 2)(x - 5) = x^2 - 7x + 10$

7. Para que valores de k a função $f(x) = x^2 - 2x + k$ tem zeros reais e diferentes?

Resolução

- Condição: $\Delta > 0$
- $\Delta = b^2 - 4ac = (-2)^2 - 4(1)(k) = 4 - 4k$

Assim: $4 - 4k > 0 \Leftrightarrow -4k > -4 \Leftrightarrow 4k < 4 \Leftrightarrow k < 1$

Portanto, a função $f(x) = x^2 - 2x + k$ terá zeros reais e diferentes para quaisquer $k \in \mathbb{R}$, tal que $k < 1$.

Exercícios

20. Determine, se existirem, os zeros das funções quadráticas usando a fórmula:

a) $f(x) = x^2 - 3x$

b) $f(x) = x^2 + 4x + 5$

c) $f(x) = -x^2 + 2x + 8$

d) $f(x) = x^2 + 10x + 25$

e) $f(x) = x^2 - 8x + 16$

f) $f(x) = 25x^2 + 9x + 1$

21. Para que valores reais de m a função:

$$f(x) = (m - 1)x^2 - 4x - 1$$

não admite zeros reais?

22. Para que valores reais de k a função:

$$f(x) = kx^2 - 6x + 1$$

admite zeros reais e diferentes?

23. Para que valores de m a função:

$$f(x) = (m - 2)x^2 - 2x + 6$$

admite valores reais?

24. Determine o valor de k para que a equação:

$$x^2 - (k + 1)x + (10 + k) = 0$$

tenha uma raiz igual ao dobro da outra.

25. Escreva a função quadrática $f(x)$ em cada item, de acordo com as informações dadas.

a) Zeros de $f(x)$: $x = 1$ e $x = 3$;
$f(x)$ passa por $(0, -6)$.

b) Zeros de $f(x)$: $x = 2$ e $x = -3$;
$f(x)$ passa por $(0, 4)$.

c) Zeros de $f(x)$: $x = 5$ (duplo);
$f(x)$ passa por $(2, -9)$.

26. Os 180 alunos de uma escola estão dispostos de forma retangular, em filas, de tal modo que o número de alunos de cada fila supera em 8 o número de filas. Quantos alunos há em cada fila?

Usando a fatoração

A fatoração é um processo útil em equações quadráticas incompletas, ou seja, quando $b = 0$ ou $c = 0$ (principalmente nesse caso).

Exercícios resolvidos

8. Determine os zeros das seguintes funções quadráticas:

a) $f(x) = x^2 - 5x$ b) $f(x) = x^2 + 2x$

Resolução

a) A equação do 2º grau correspondente é $x^2 - 5x = 0$. Colocando x em evidência no 1º membro, temos:
$x^2 - 5x = 0 \Rightarrow x(x - 5) = 0$
Logo:
$x = 0$ ou $x - 5 = 0 \Rightarrow x = 5$
Assim, os zeros da função são 0 e 5.

b) A equação do 2º grau correspondente é $x^2 + 2x = 0$. Fatorando o 1º membro da equação, temos:
$x^2 + 2x = 0 \Rightarrow x(x + 2) = 0$
Logo:
$x = 0$ ou $x + 2 = 0 \Rightarrow x = -2$
Assim, os zeros da função são 0 e −2.

> **Fique atento!**
> A fatoração também pode ser usada com funções quadráticas completas, ou seja, que possuem $a \neq 0$, $b \neq 0$ e $c \neq 0$, embora perca um pouco de praticidade.

9. Determine os zeros das seguintes funções quadráticas:

a) $f(x) = x^2 - 4$ c) $f(x) = x^2 - 6x + 9$
b) $f(x) = x^2 + 2x$ d) $f(x) = (x - 3)^2 - 4$

Resolução

a) A equação do 2º grau correspondente é $x^2 - 4 = 0$.
Fatorando o 1º membro da equação, temos:
$x^2 - 4 = 0 \Leftrightarrow (x - 2)(x + 2) = 0$
Para que um produto seja zero, pelo menos um dos fatores precisa ser zero.
Logo:
$(x - 2) = 0$ ou $(x + 2) = 0$
Se $x - 2 = 0$, então $x = 2$.
Se $x + 2 = 0$, então $x = -2$.
Assim, as raízes da equação $x^2 - 4 = 0$ são −2 e 2 ou os zeros da função quadrática $f(x) = x^2 - 4$ são −2 e 2.

Verificação:
$f(x) = x^2 - 4$
$f(-2) = (-2)^2 - 4 = 4 - 4 = 0$
$f(2) = 2^2 - 4 = 4 - 4 = 0$

Geometricamente, podemos representar essa fatoração assim:

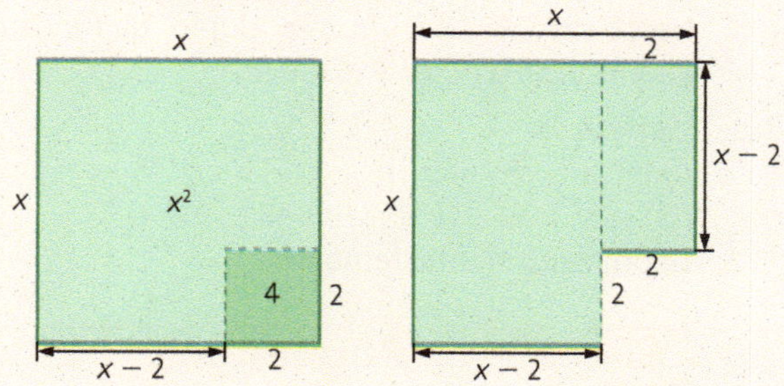

Assim:

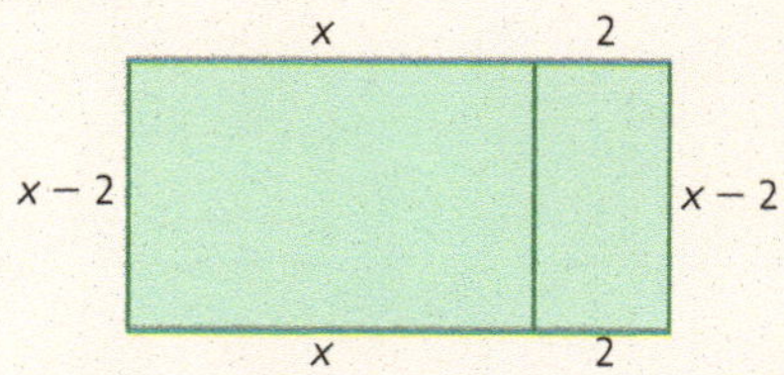

A área dada por $x^2 - 4$ é a mesma que a dada por $(x - 2)(x + 2)$. Logo, $(x^2 - 4) = (x - 2)(x + 2)$. Constate isso recortando adequadamente uma folha de papel.

b) $f(x) = x^2 + 2x$
A equação do 2º grau correspondente é $x^2 + 2x = 0$.
Fatorando o 1º membro da equação, temos:
$x^2 + 2x = 0 \Leftrightarrow x(x + 2) = 0$
Logo:
$x = 0$ ou $x + 2 = 0 \Rightarrow x = -2$
Assim, os zeros da função são 0 e −2.

Verificação:
$f(x) = x^2 + 2x$
$f(0) = 0^2 + 2 \cdot 0 = 0$
$f(-2) = (-2)^2 + 2(-2) = 4 - 4 = 0$
Geometricamente, temos:

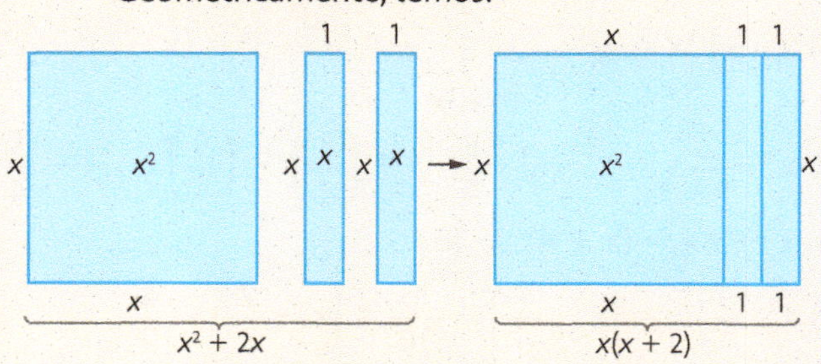

A área dada por $x^2 + 2x$ é a mesma que a dada por $x(x + 2)$. Constate isso recortando adequadamente uma folha de papel.
Portanto, $x^2 + 2x = x(x + 2)$.

c) $f(x) = x^2 - 6x + 9$

Equação do 2º grau: $x^2 - 6x + 9 = 0$.

Fatorando o 1º membro, temos:

$$x^2 - 6x + 9 = 0 \Leftrightarrow (x-3)^2 = 0 \Leftrightarrow (x-3)(x-3) = 0$$

$x^2 \quad 2 \cdot 3 \cdot x \quad 3^2$

Logo:

$x - 3 = 0 \Rightarrow x = 3$ ou $x - 3 = 0 \Rightarrow x = 3$.

Nesse caso, $x = 3$ é um zero "duplo" da função quadrática $f(x) = x^2 - 6x + 9$.

Verificação:

$f(x) = x^2 - 6x + 9$

$f(3) = 3^2 - 6 \cdot 3 + 9 = 9 - 18 + 9 = 0$

Geometricamente, temos:

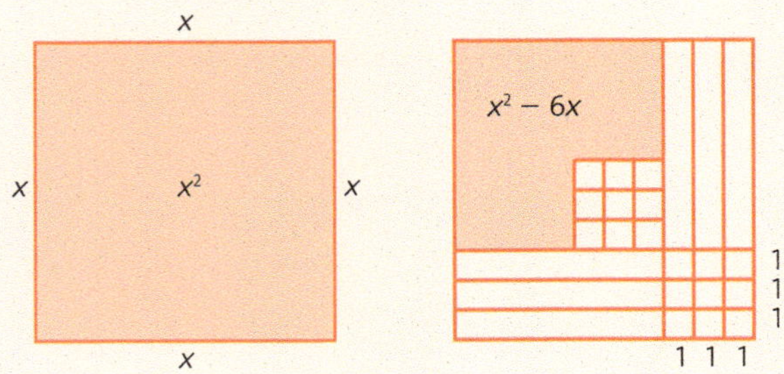

Assim:

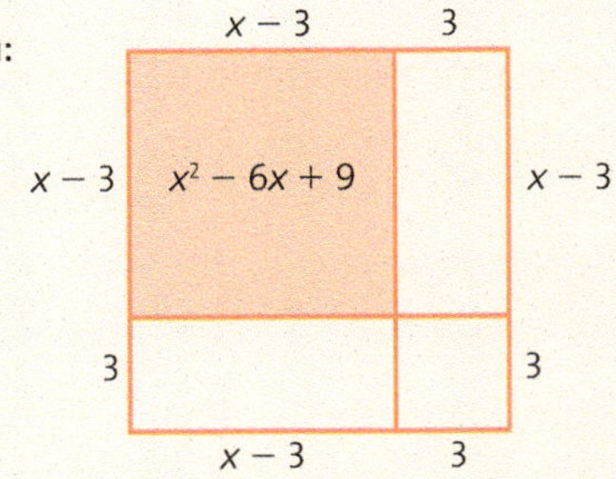

A área dada por $x^2 - 6x + 9$ é a mesma que a dada por $(x - 3)^2 = (x - 3)(x - 3)$.

Portanto, $x^2 - 6x + 9 = (x - 3)^2 = (x - 3)(x - 3)$.

d) $f(x) = (x - 3)^2 - 4$

Equação do 2º grau: $(x - 3)^2 - 4 = 0$.

Fatorando, temos:

$(x-3)^2 - 4 = 0 \Rightarrow [(x-3) - 2][(x-3) + 2] = 0 \Rightarrow$

$\Rightarrow (x-5)(x-1) = 0$

Logo:

$x - 5 = 0 \Rightarrow x = 5$ ou $x - 1 = 0 \Rightarrow x = 1$

Zeros da função: 1 e 5.

Verificação:

$f(x) = (x - 3)^2 - 4$

$f(1) = (1 - 3)^2 - 4 = 4 - 4 = 0$

$f(5) = (5 - 3)^2 - 4 = 4 - 4 = 0$

Exercício

27. Usando fatoração, determine os zeros das seguintes funções quadráticas:

a) $f(x) = x^2 - 9$

b) $f(x) = x^2 - 2x + 1$

c) $f(x) = (x - 1)^2 - 9$

d) $f(x) = x^2 + 6x$

e) $f(x) = x^2 + 6x + 9$

f) $f(x) = (x + 4)^2 - 1$

Completamento de quadrado

O completamento de quadrado é um procedimento muito útil no estudo da função quadrática. Analise alguns exemplos:

a) $x^2 + 6x = \underbrace{x^2 + 2 \cdot 3 \cdot x + 3^2}_{(x+3)^2} - 3^2 = (x + 3)^2 - 9$ (Veja a figura ao lado.)

b) $x^2 - 10x = \underbrace{x^2 - 2 \cdot 5 \cdot x + 5^2}_{(x-5)^2} - 5^2 = (x - 5)^2 - 25$

c) $x^2 - \frac{5}{2}x = x^2 - 2 \cdot \frac{5}{4} \cdot x + \left(\frac{5}{4}\right)^2 - \left(\frac{5}{4}\right)^2 = \left(x - \frac{5}{4}\right)^2 - \frac{25}{16}$

d) $x^2 + 8x = (x + 4)^2 - 16$

e) $x^2 - \frac{4}{3}x = \left(x - \frac{4}{6}\right)^2 - \frac{16}{36} = \left(x - \frac{2}{3}\right)^2 - \frac{4}{9}$

f) $2x^2 + 8x + 3 = 2(x^2 + 4x) + 3 = 2[(x + 2)^2 - 4] + 3 = 2(x + 2)^2 - 8 + 3 = 2(x + 2)^2 - 5$

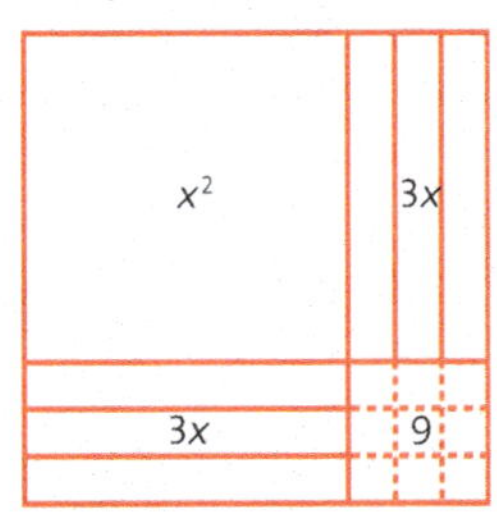

Faltam 9 regiões quadradas de área 1. Por isso somamos e subtraímos 9 para "completar o quadrado".

De modo geral, temos:

$$x^2 + px = \left(x + \frac{p}{2}\right)^2 - \frac{p^2}{2}$$

Fique atento!

Somar e subtrair um mesmo número em uma expressão não altera seu valor.

Exercício resolvido

10. Determine os zeros das seguintes funções quadráticas:

a) $f(x) = x^2 + 6x + 5$

b) $f(x) = x^2 - 10x + 16$

c) $f(x) = 2x^2 - 5x + 3$

Resolução

a) $f(x) = x^2 + 6x + 5$

Equação do 2º grau correspondente:

$x^2 + 6x + 5 = 0$

$x^2 + 6x = -5$

Completando o quadrado, temos:

$x^2 + 6x + 9 = -5 + 9 \Rightarrow (x + 3)^2 = 4$

Extraindo a raiz quadrada em ambos os membros, temos:

$$(x + 3) = \pm 2 \Rightarrow \begin{cases} x + 3 = 2 \Rightarrow x = -1 \\ \text{ou} \\ x + 3 = -2 \Rightarrow x = -5 \end{cases}$$

Zeros da função: -1 e -5.

Verificação:

$f(x) = x^2 + 6x + 5$

$f(-1) = (-1)^2 + 6(-1) + 5 \Rightarrow$

$\Rightarrow f(-1) = 1 - 6 + 5 = 0$

$f(-5) = (-5)^2 + 6(-5) + 5 \Rightarrow$

$\Rightarrow f(-5) = 25 - 30 + 5 = 0$

b) $f(x) = x^2 - 10x + 16$

Equação do 2º grau correspondente:

$x^2 - 10x + 16 = 0.$

$x^2 - 10x = -16$

Completando o quadrado, temos:

$x^2 - 10x + 25 = -16 + 25 \Rightarrow (x - 5)^2 = 9 \Rightarrow$

$$\Rightarrow (x - 5) = \pm 3 \Rightarrow \begin{cases} x - 5 = 3 \Rightarrow x = 8 \\ \text{ou} \\ x - 5 = -3 \Rightarrow x = 2 \end{cases}$$

Zeros da função: 2 e 8.

Verificação:

$f(x) = x^2 - 10x + 16$

$f(2) = 2^2 - 10(2) + 16 \Rightarrow$

$\Rightarrow f(2) = 4 - 20 + 16 = 0$

$f(8) = 8^2 - 10(8) + 16 \Rightarrow$

$\Rightarrow f(8) = 64 - 80 + 16 = 0$

c) $f(x) = 2x^2 - 5x + 3$

Equação do 2º grau correspondente:

$2x^2 - 5x + 3 = 0.$

Essa equação é equivalente a outra em que dividimos todos os termos por 2:

$$x^2 - \frac{5}{2}x + \frac{3}{2} = 0 \Rightarrow x^2 - \frac{5}{2}x = -\frac{3}{2}$$

Completando o quadrado temos:

$$x^2 - \frac{5}{2}x + \frac{25}{16} = -\frac{3}{2} + \frac{25}{16} \Rightarrow$$

$$\Rightarrow \left(x - \frac{5}{4}\right)^2 = \frac{1}{16} \Rightarrow x - \frac{5}{4} = \pm\frac{1}{4} \Rightarrow$$

$$\Rightarrow \begin{cases} x - \dfrac{5}{4} = \dfrac{1}{4} \Rightarrow x = \dfrac{6}{4} = \dfrac{3}{2} \\ \text{ou} \\ x - \dfrac{5}{4} = -\dfrac{1}{4} \Rightarrow x = \dfrac{4}{4} = 1 \end{cases}$$

Zeros da função: $\frac{3}{2}$ e 1.

Verificação:

$f(x) = 2x^2 - 5x + 3$

$$f\left(\frac{3}{2}\right) = 2\left(\frac{3}{2}\right)^2 - 5\left(\frac{3}{2}\right) + 3 \Rightarrow$$

$$\Rightarrow f\left(\frac{3}{2}\right) = \frac{9}{2} - \frac{15}{2} + 3 = 0$$

$f(1) = 2 \cdot 1^2 - 5 \cdot 1 + 3 \Rightarrow$

$\Rightarrow f(1) = 2 - 5 + 3 = 0$

Exercícios

28. Faça o completamento de quadrado em:

a) $x^2 - 2x$;

b) $x^2 + 6x - 16$.

29. Usando o completamento de quadrado, determine os zeros das seguintes funções quadráticas:

a) $f(x) = x^2 - 6x + 5$

b) $f(x) = x^2 + 10x + 21$

c) $f(x) = x^2 - 2x - 3$

d) $f(x) = x^2 + 4x + 3$

e) $f(x) = x^2 - 8x + 12$

f) $f(x) = 3x^2 - 8x - 3$

Isolando o x

Isolar o x é um processo útil em funções quadráticas que não possuem termo em x ($b = 0$).

Exercício resolvido

11. Determine, se existirem, os zeros das seguintes funções quadráticas:

a) $f(x) = x^2 - 9$
b) $f(x) = x^2 + 25$
c) $f(x) = 2x^2 - 14$

Resolução

a) A equação do 2º grau correspondente é $x^2 + 9 = 0$. Isolando x no 1º membro, temos:
$x^2 - 9 = 0 \Leftrightarrow x^2 = 9$
Logo:
$x = \pm\sqrt{9} \Rightarrow x = 3$ ou $x = -3$.
Assim, os zeros da função são 3 e −3.

b) A equação do 2º grau correspondente é $x^2 + 25 = 0$. Isolando x no 1º membro, temos:
$x^2 + 25 = 0 \Leftrightarrow x^2 = -25$
Porém, não existe número real cujo quadrado seja negativo. Assim, essa função não tem zeros.

c) A equação do 2º grau correspondente é $2x^2 - 14 = 0$. Isolando x no 1º membro, temos:
$2x^2 - 14 = 0 \Leftrightarrow x^2 = \frac{14}{2} \Leftrightarrow x^2 = 7$
Logo:
$x = \pm\sqrt{7} \Rightarrow x = \sqrt{7}$ ou $x = -\sqrt{7}$
Assim, os zeros da função são $\sqrt{7}$ e $-\sqrt{7}$.

Exercícios

30. Determine, se existirem, os zeros das seguintes funções quadráticas:

a) $f(x) = x^2 - 2x$
b) $f(x) = 2x^2 + 8x$
c) $f(x) = x^2 - 16$
d) $f(x) = x^2 - 11$

31. Determine, se existirem, os zeros das seguintes funções quadráticas:

a) $f(x) = x^2 + 14x$
b) $f(x) = 3x^2 + 3x$
c) $f(x) = 2x^2 - 8$
d) $f(x) = -x^2 + 36$

Por soma e produto

Como já visto, a soma e o produto das raízes da equação quadrática $ax^2 + bx + c = 0$ são dados respectivamente por $-\frac{b}{a}$ e $\frac{c}{a}$.

$$\text{Soma} = S = x' + x'' = -\frac{b}{a} \quad \text{e} \quad \text{Produto} = P = x' \cdot x'' = \frac{c}{a}$$

Então, sendo possível adivinhar dois números cuja soma e cujo produto sejam os valores obtidos na equação quadrática, esses números serão as raízes.

Esse processo é mais indicado para equações quadráticas mais simples, cujas raízes sejam números inteiros.

Exercício resolvido

12. Determine, se existirem, os zeros das seguintes funções quadráticas:

a) $f(x) = x^2 - 5x + 6$
b) $f(x) = x^2 + 3x - 28$

Resolução

a) A equação do 2º grau correspondente é $x^2 - 5x + 6 = 0$. A soma das raízes é $S = -\frac{-5}{1} = 5$ e o produto é $P = \frac{6}{1} = 6$. Ou seja, procuramos um par de números cuja soma seja 5 e cujo produto seja 6. Esses números são 2 e 3.
Assim, os zeros da função são 2 e 3.

b) A equação do 2º grau correspondente é $x^2 + 3x - 28 = 0$. A soma das raízes é $S = -\frac{3}{1} = -3$ e o produto é $P = \frac{-28}{1} = -28$.
Ou seja, procuramos um par de números cuja soma seja −3 e cujo produto seja −28. Esses números são 4 e −7. Assim, os zeros da função são 4 e −7.

5 Forma canônica da função quadrática

Dada a função quadrática $f: \mathbb{R} \to \mathbb{R}$, tal que $f(x) = ax^2 + bx + c$, podemos escrever:

$$f(x) = ax^2 + bx + c = a\left[x^2 + \frac{b}{a}x + \frac{c}{a}\right]$$

As duas primeiras parcelas dentro dos colchetes são as mesmas do desenvolvimento do quadrado $\left(x + \frac{b}{2a}\right)^2 = x^2 + \cancel{2} \cdot x \cdot \frac{b}{\cancel{2}a} + \frac{b^2}{4a^2} = x^2 + \frac{b}{a}x + \frac{b^2}{4a^2}$.

Completando o quadrado, temos:

$$f(x) = ax^2 + bx + c = a\left[x^2 + 2 \cdot \frac{b}{2a}x + \frac{b^2}{4a^2} - \frac{b^2}{4a^2} + \frac{c}{a}\right],$$

ou seja,

$$f(x) = ax^2 + bx + c = a\left[\left(x + \frac{b}{2a}\right)^2 + \frac{4ac - b^2}{4a^2}\right] \quad \text{(forma canônica)}$$

ou ainda:

$$f(x) = a\left(x + \frac{b}{2a}\right)^2 + \frac{4ac - b^2}{4a}$$

Chamando de:

$$m = -\frac{b}{2a} \text{ e } k = \frac{4ac - b^2}{4a}$$

concluímos que $k = f(m)$.

Assim, para todo $x \in \mathbb{R}$ e $a \neq 0$ podemos escrever qualquer função quadrática $f(x) = ax^2 + bx + c$ da seguinte maneira:

$$f(x) = a(x - m)^2 + k, \text{ em que } m = -\frac{b}{2a} \text{ e } k = f(m)$$ (outra maneira de escrever a forma canônica)

Por exemplo, vamos escrever a função $f(x) = x^2 - 4x - 6$ na forma canônica.

1ª maneira:

Completando o quadrado:

$$\begin{aligned} x^2 - 4x - 6 &= (x^2 - 4x) - 6 \\ &= (x^2 - 4x + 4) - 4 - 6 \\ &= (x - 2)^2 - 10 \end{aligned}$$

Logo, $f(x) = x^2 - 4x - 6 = (x - 2)^2 - 10$.

2ª maneira:

Calculando $m = -\frac{b}{2a}$, $k = f(m)$ e substituindo em $f(x) = a(x - m)^2 + k$:

$f(x) = x^2 - 4x - 6$

$a = 1;\ b = -4;\ c = -6$

$m = \frac{4}{2} = 2$

$k = f(2) = 2^2 - 4 \cdot 2 - 6 = 4 - 8 - 6 = -10 \Rightarrow k = -10$

Portanto, $f(x) = (x - 2)^2 - 10$.

Exercício

32. Escreva na forma canônica as seguintes funções quadráticas:

a) $f(x) = x^2 + 2x - 3$

b) $f(x) = 2x^2 + 8x - 5$

c) $f(x) = -x^2 + 6x + 7$

d) $f(x) = x^2 + 2x - 24$

e) $f(x) = 10 + 5x - 5x^2$

f) $f(x) = -2x^2 + 5x - 1$

Decorrências da forma canônica

Valor mínimo e valor máximo da função $f(x) = ax^2 + bx + c$

Consideremos a função quadrática $f(x) = 3x^2 - 5x + 2$.

Nesse caso, temos $m = \frac{5}{6}$ e $k = f\left(\frac{5}{6}\right) = 3\left(\frac{5}{6}\right)^2 - 5\left(\frac{5}{6}\right) + 2 = -\frac{1}{12}$ e a forma canônica é dada por:

$$f(x) = 3\left(x - \frac{5}{6}\right)^2 - \frac{1}{12}$$

Analisando essa forma canônica, podemos concluir que o menor valor de $f(x)$ para todo $x \in \mathbb{R}$ é $-\frac{1}{12}$. Isso ocorre quando $x = \frac{5}{6}$.

> **Para refletir**
> Por que para todo $x \neq \frac{5}{6}$ temos $f(x) > -\frac{1}{12}$?

De modo geral, da forma canônica $f(x) = a(x - m)^2 + k$, concluímos que, para qualquer $x \in \mathbb{R}$:

a) se $a > 0$, o menor valor de $f(x)$ é $k = f(m)$;

b) se $a < 0$, o maior valor de $f(x)$ é $k = f(m)$.

Zeros da função quadrática e raízes da equação correspondente

Considerando a forma canônica da função $f(x) = 3x^2 - 5x + 2$ e igualando-a a zero, temos:

$$3\left(x - \frac{5}{6}\right)^2 - \frac{1}{12} = 0 \Rightarrow 3\left(x - \frac{5}{6}\right)^2 = \frac{1}{12} \Rightarrow \left(x - \frac{5}{6}\right)^2 = \frac{1}{36} \Rightarrow x - \frac{5}{6} \pm \frac{1}{6} \Rightarrow \begin{cases} x - \frac{5}{6} = \frac{1}{6} \Rightarrow x = 1 \\ x - \frac{5}{6} = -\frac{1}{6} \Rightarrow x = \frac{4}{6} = \frac{2}{3} \end{cases}$$

Logo, os zeros de $f(x) = 3x^2 - 5x + 2$ são 1 e $\frac{2}{3}$, que são também as raízes da equação $3x^2 - 5x + 2 = 0$.

De modo geral, da forma canônica de $f(x) = ax^2 + bx + c$, com $a \neq 0$, que é $a(x - m)^2 + k$ com $m = -\frac{b}{2a}$ e $k = f(m)$, podemos chegar à fórmula que fornece os zeros da função e, portanto, às raízes da equação do 2º grau $ax^2 + bx + c = 0$. Acompanhe as equivalências:

$$ax^2 + bx + c = 0 \Leftrightarrow a(x - m)^2 + k = 0 \Leftrightarrow a(x - m)^2 = -k \Leftrightarrow (x - m)^2 = -\frac{k}{a} \Leftrightarrow (x - m)^2 = \frac{b^2 - 4ac}{4a^2} \Leftrightarrow$$

$$\Leftrightarrow x - m \pm \frac{\sqrt{b^2 + 4ac}}{2a} \Leftrightarrow x = m \pm \frac{\sqrt{b^2 + 4ac}}{2a} \Leftrightarrow x = -\frac{b}{2a} \pm \frac{\sqrt{b^2 + 4ac}}{2a} \Leftrightarrow$$

$$\Leftrightarrow x = \frac{-b \pm \sqrt{b^2 + 4ac}}{2a}$$

(fórmula que fornece as raízes da equação do 2º grau $ax^2 + bx + c = 0$)

> **Para refletir**
> Justifique a passagem que substitui $-\frac{k}{a}$ por $\frac{b^2 - 4ac}{4a^2}$.

Observações:

1ª) O número $\Delta = b^2 - 4ac$ é chamado **discriminante** da função quadrática $f(x) = ax^2 + bx + c$.

2ª) Quando $\Delta > 0$, a função $f(x) = ax^2 + bx + c$ tem **dois zeros reais diferentes**.
Quando $\Delta = 0$, a função $f(x) = ax^2 + bx + c$ tem **um zero real duplo**.
Quando $\Delta < 0$, a função $f(x) = ax^2 + bx + c$ **não tem zeros reais**.

Exercícios

33. Determine, se existirem, os zeros das funções quadráticas usando a forma canônica:

a) $f(x) = x^2 - x - 2$

b) $f(x) = 3x^2 + x - 2$

c) $f(x) = x^2 - 2x + 1$

34. Use a forma canônica e determine o menor valor que a função $f(x) = 2x^2 - 3x + 4$ pode assumir para todo $x \in \mathbb{R}$.

35. Qual é o maior valor que a função $f(x) = -3x^2 - x + 1$ pode assumir para qualquer $x \in \mathbb{R}$?

36. Quantos lados tem um polígono convexo que possui 170 diagonais? Qual é o nome dele?

Fique atento!
Lembre-se de que $d = \frac{n(n-3)}{2}$.

37. Uma caixa sem tampa tem a base quadrada com lado medindo x dm e altura 1 dm. Sabendo que a área total de sua superfície é de 5 dm^2, calcule a medida x.

38. Renata tem 18 anos e Lígia, 15. Daqui a quantos anos o produto de suas idades será igual a 378?

39. Um trem percorreu 200 km em certo tempo. Para percorrer essa distância em uma hora a menos, a velocidade deveria ser de 10 km/h a mais. Qual a velocidade do trem?

40. O retângulo áureo, ou de ouro, grego é um retângulo especial em que valem as relações entre comprimento (c) e largura (ℓ):

$\frac{c}{\ell} = \frac{\ell}{c - \ell}$ ← proporção áurea

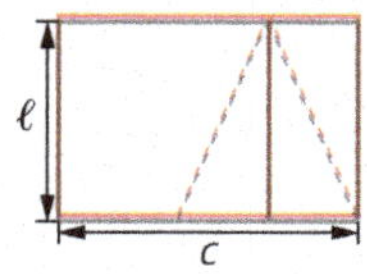

A proporção áurea, como vimos no capítulo 1 deste volume, pode ser observada na natureza, nas artes e nas construções.

Se considerarmos $c = 1$, a proposta será:

$\frac{1}{\ell} = \frac{\ell}{1 - \ell} \Rightarrow \ell^2 + \ell - 1 = 0$. A raiz positiva dessa equação é chamada **número de ouro**. Qual é esse número?

6 Gráfico da função quadrática

Aplicação de função quadrática

Consideremos um ponto F e uma reta d que não o contém. Chamamos **parábola de foco *F* e diretriz *d*** o conjunto dos pontos do plano que distam igualmente de F e de d.

A reta perpendicular à diretriz que contém o foco chama-se **eixo** da parábola. O ponto da parábola mais próximo da diretriz chama-se **vértice** dessa parábola. O vértice (V) é o ponto médio do segmento cujos extremos são o foco (F) e a intersecção do eixo com a diretriz (D).

Você sabia?
A distância de um ponto a uma reta é a medida do segmento perpendicular baixado do ponto sobre essa reta.
A distância de P a r é igual à medida de $\overline{PA}$.

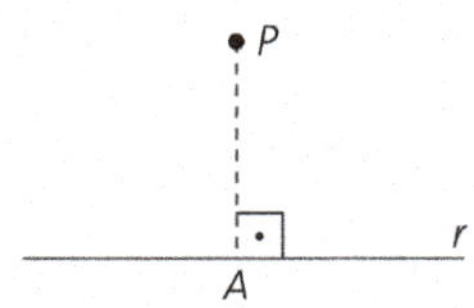

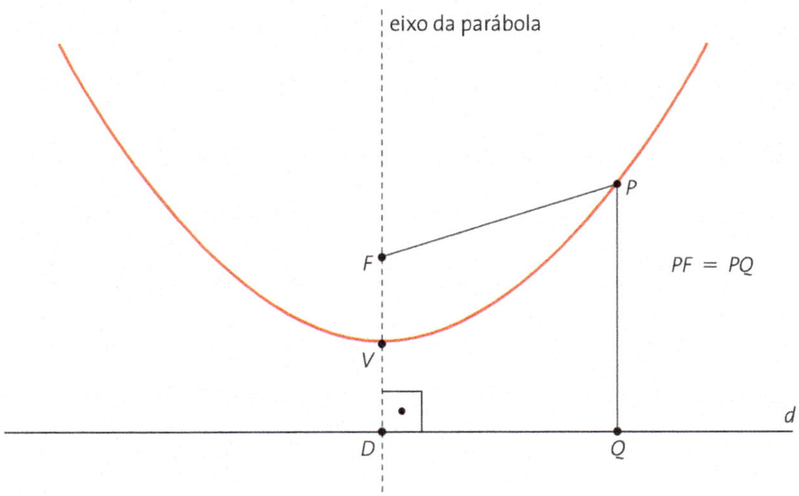

Os matemáticos já provaram que o gráfico de uma função quadrática é uma parábola. Acompanhe alguns exemplos.

Gráfico da função definida por $f(x) = x^2$

Como já sabemos que é uma parábola, para construir o gráfico fazemos uma tabela com um número suficiente de valores que permita visualizar a parábola.

x	-2	$-1,5$	-1	0	1	1,5	2
$f(x) = x^2$	4	2,25	1	0	1	2,25	4

Marcamos esses pontos e desenhamos uma linha contínua passando por eles, pois estamos trabalhando com números reais.

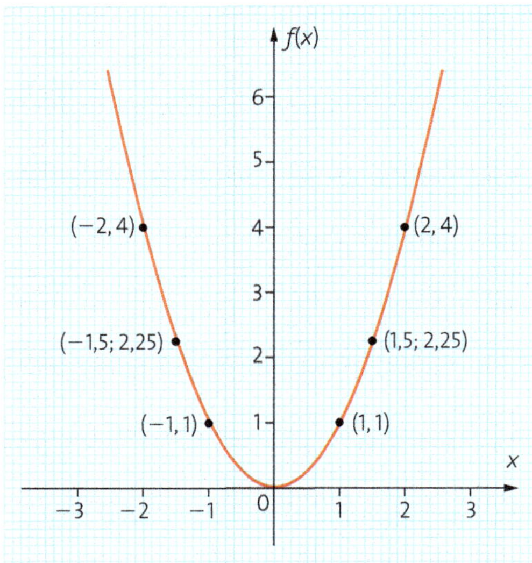

Note que $f(-x) = (-x)^2 = x^2 = f(x)$.

Assim:

- $f(-1) = (-1)^2 = 1 = 1^2 = f(1)$
- $f(-2) = (-2)^2 = 4 = 2^2 = f(2)$

A curva é **simétrica** em relação ao eixo y, ou seja, se (a, b) pertence à curva, o mesmo ocorre com $(-a, b)$. Isso decorre do fato de que $f(x) = x^2$ é uma **função par**, isto é, é uma função que tem a propriedade $f(-x) = f(x)$ para qualquer x do domínio.

O domínio dessa função é todo o eixo real e a imagem dessa função é o conjunto dos números reais y, tal que $y \geqslant 0$.

Observe que os pontos $(0,5; 0,25)$ e $(-1,5; 2,25)$, por exemplo, também pertencem à parábola.

> **Para refletir**
> Encontre outro ponto que pertença à parábola acima.

Exercícios

41. Trace o gráfico de $f(x) = x^2$ e determine os valores $f(x)$ para x igual a:

a) $-\dfrac{1}{2}$ b) $\dfrac{5}{2}$ c) $-\dfrac{3}{2}$

Verifique esses valores no gráfico.

42. Como seria o gráfico de $f(x) = x^2$ se considerássemos:

a) somente os pontos cujas coordenadas são números inteiros?

b) somente os pontos cujas coordenadas são números racionais?

Gráfico da função definida por $f(x) = ax^2$, $a \neq 0$

Função quadrática

Examine os gráficos da função definida por $f(x) = ax^2$, para $a = \frac{1}{10}$, $a = \frac{1}{2}$, $a = 1$, $a = 2$ e $a = 5$, e para $a = -5$, $a = -2$, $a = -1$, $a = -\frac{1}{2}$ e $a = -\frac{1}{10}$.

$a > 0$

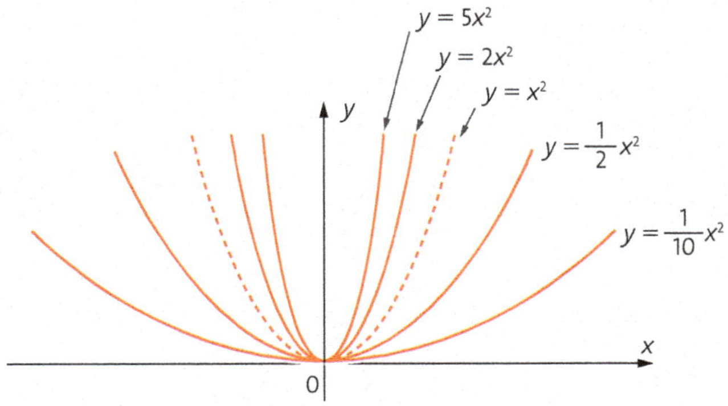

$a > 0$

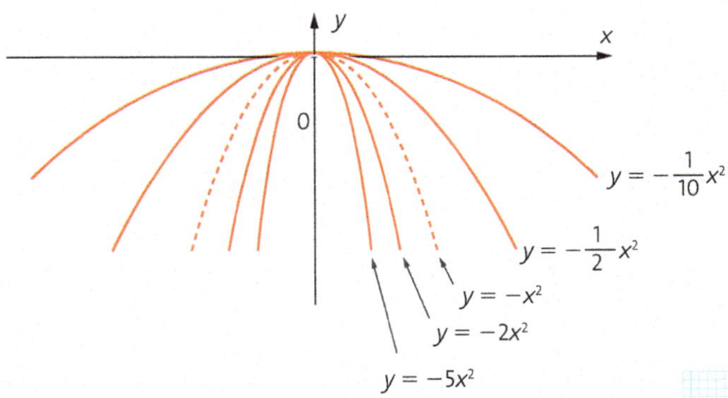

Para refletir

Como são as abscissas e as ordenadas de dois pontos, um em cada parábola abaixo e simétricos em relação ao eixo x?

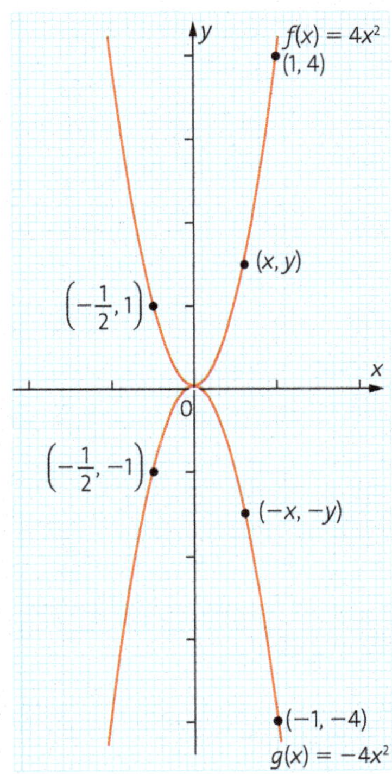

Observe que:

- quando $a > 0$, a concavidade está voltada para cima, o menor valor assumido por $f(x) = ax^2$ é zero, não assume valor máximo, ou seja, é ilimitada superiormente;
- quando $a < 0$, a concavidade está voltada para baixo, o maior valor assumido por $f(x) = ax^2$ é zero, não assume valor mínimo, ou seja, é ilimitada inferiormente;
- todas as parábolas têm o mesmo vértice $(0, 0)$ e o mesmo eixo de simetria $x = 0$;
- quanto menor o valor absoluto de a, maior será a abertura da parábola;
- quanto maior o valor absoluto de a, menor será a abertura da parábola;
- os gráficos das funções quadráticas $f(x) = ax^2$ e $g(x) = a'x^2$, em que a e a' são números opostos, são simétricos em relação ao eixo x. Há uma reflexão em torno do eixo horizontal, ou seja, uma transformação que leva (x, y) em $(x, -y)$. Veja ao lado, por exemplo, os gráficos de $f(x) = 4x^2$ e $g(x) = -4x^2$.

Generalização:

É possível demonstrar que o gráfico da função quadrática $f(x) = ax^2$, $a \neq 0$, é a parábola cujo foco é $F\left(0, \frac{1}{4a}\right)$ e cuja diretriz é a reta horizontal $y = -\frac{1}{4a}$.

$a > 0$

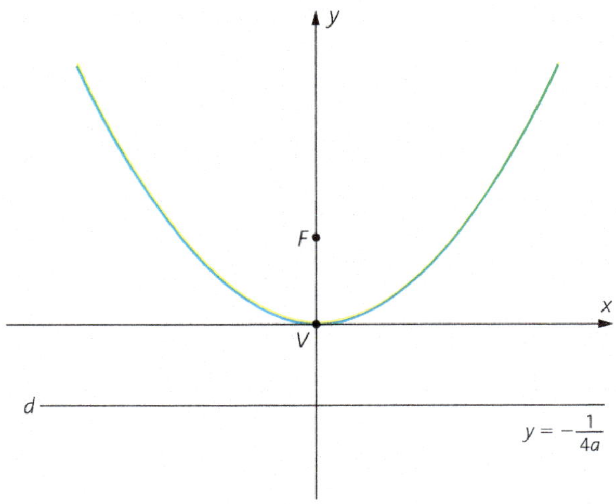

Concavidade da parábola voltada para cima

$a < 0$

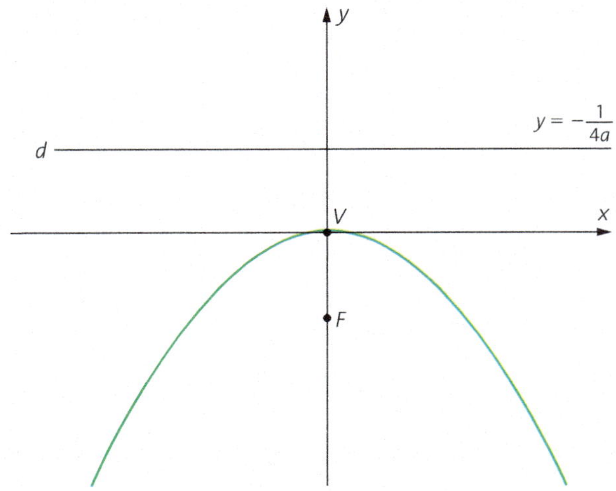

Concavidade da parábola voltada para baixo

Equação da parábola que tem vértice na origem

Consideremos a parábola que tem como diretriz a reta de equação $y = -c$ e como foco o ponto $F(0, c)$. Vamos demonstrar que a equação dessa parábola é dada por $x^2 = 4cy$.

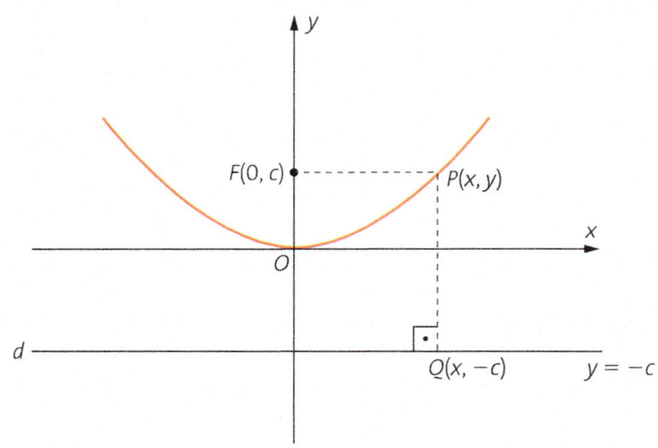

Pela definição de parábola, se $P(x, y)$ é um de seus pontos, então $d(P, F) = d(P, d)$. Como $Q(x, -c)$ é o "pé" da perpendicular traçada de P a d, temos $d(P, d) = d(P, Q)$. Logo:

$$d(P, F) = d(P, Q) \Rightarrow \sqrt{(x-0)^2 + (y-c)^2} = \sqrt{(x-x)^2 + (y+c)^2} \Rightarrow x^2 + (y-c)^2 = (y+c)^2 \Rightarrow$$
$$\Rightarrow x^2 + \cancel{y^2} - 2cy + \cancel{c^2} = \cancel{y^2} + 2cy + \cancel{c^2} \Rightarrow x^2 - 2yc = 2yc \Rightarrow x^2 = 4yc$$

Neste caso, o vértice está na origem $O(0, 0)$ e a parábola é simétrica em relação ao eixo y, que é o eixo da parábola.

> **Para refletir**
> Parábolas com eixo de simetria horizontal são funções? Por quê?

Função quadrática e a equação da parábola

A mesma parábola do item anterior, cuja equação é $x^2 = 4cy$, é gráfico da função quadrática $y = f(x) = ax^2$, em que a, como vimos, determina se a parábola é mais "fechada" ou mais "aberta". Quanto maior for o a, mais "fechada" é a parábola, ou seja, os valores de y crescem mais rapidamente em relação aos de x.

E qual é a relação entre a distância focal c e o a?

Substituindo $y = ax^2$ em $x^2 = 4cy$, temos que:

$$x^2 = 4cy \Rightarrow x^2 = 4c \cdot ax^2 \Rightarrow ca = \frac{1}{4}$$

Isso significa que c e a são inversamente proporcionais. Assim, quanto menor for a distância focal c, maior será o a e, portanto, mais fechada será a parábola, e vice-versa.

A equação da parábola será retomada e aprofundaremos seu estudo no volume 3 desta coleção.

CURIOSIDADE

As antenas parabólicas geralmente têm um grande diâmetro (parábola mais aberta, a pequeno) para captar uma quantidade maior de sinais do satélite, portanto, a distância focal é em geral grande (c grande) por causa disso. Veja na fotografia ao lado onde está o foco: é nele que fica o captador dos sinais de TV.

Eduard Härkönen/Shutterstock

Exercício

43. Trace o gráfico de cada uma das seguintes funções quadráticas em um mesmo sistema de eixos:

a) $f(x) = 2x^2$

b) $f(x) = -2x^2$

c) $f(x) = \frac{1}{2}x^2$

d) $f(x) = -\frac{1}{2}x^2$

Gráfico da função definida por $f(x) = ax^2 + k$, com $a \neq 0$

Examine os gráficos das funções quadráticas definidas por:

- $f(x) = x^2 + 2$
- $g(x) = x^2 + 1$
- $h(x) = x^2 - 1$
- $\varphi(x) = x^2 - 2$

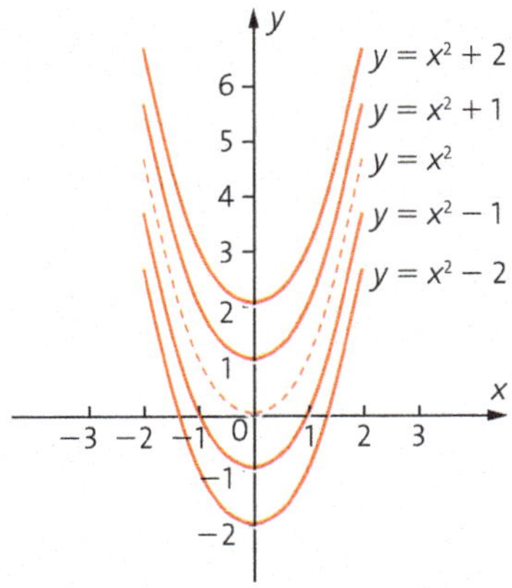

Compare-os com o gráfico da função $f(x) = x^2$ que está tracejado. O eixo de todas as parábolas é $x = 0$. O **ponto mínimo** de $f(x) = x^2 + 2$ é $(0, 2)$; o de $g(x) = x^2 + 1$ é $(0, 1)$; o de $h(x) = x^2 - 1$ é $(0, -1)$ e o de $\varphi(x) = x^2 - 2$ é $(0, -2)$.

> De modo geral, para $a > 0$, o **ponto mínimo** de $f(x) = ax^2 + k$ é $(0, k)$.

Observe agora os gráficos das funções quadráticas definidas por:

- $f(x) = -x^2 + 2$
- $g(x) = -x^2 + 1$
- $h(x) = -x^2 - 1$
- $\varphi(x) = -x^2 - 2$

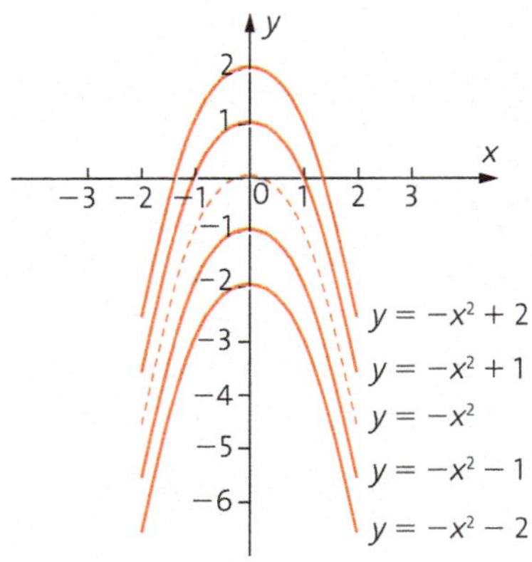

Compare-os com o gráfico de $f(x) = -x^2$ que está tracejado. O **ponto máximo** de $f(x) = -x^2 + 2$ é $(0, 2)$; o de $g(x) = -x^2 + 1$ é $(0, 1)$; o de $h(x) = -x^2 - 1$ é $(0, -1)$ e o de $\varphi(x) = -x^2 - 2$ é $(0, -2)$.

> De modo geral, para $a < 0$, o **ponto máximo** de $f(x) = ax^2 + k$ é $(0, k)$.

Repare que o gráfico de $f(x) = ax^2 + k$ é congruente ao gráfico de $f(x) = ax^2$, porém sua posição é, em valores absolutos, k unidades acima ou abaixo, conforme k seja positivo ou negativo. Dizemos que o gráfico de $f(x) = ax^2 + k$ é o gráfico de $f(x) = ax^2$ transladado de k unidades para cima ou para baixo. É uma translação vertical que leva (x, y) em $(x, y + k)$, segundo o eixo y. A parábola intersecta o eixo y no ponto $(0, k)$.

Exercícios

44. Escreva as coordenadas do vértice e o eixo da parábola para cada uma das funções quadráticas:

a) $f(x) = 3x^2 + 1$

b) $g(x) = -3x^2 + 2$

c) $h(x) = \frac{1}{3}x^2 - 1$;

d) $\varphi(x) = 3x^2 - 1$

45. Quais das funções do exercício anterior possuem um valor mínimo e quais têm um valor máximo? Quais são esses valores?

46. Esboce o gráfico de uma parábola dada por $f(x) = ax^2 + m$, com a e m positivos.

Gráfico da função definida por $f(x) = a(x - m)^2$, com $a \neq 0$

Observe a tabela e os gráficos das funções definidas por $f(x) = 2x^2$ e $g(x) = 2(x - 3)^2$ traçados em um mesmo sistema de eixos:

x	...	−2	−1	0	1	2	3	4	5	...
$f(x) = 2x^2$	...	8	2	0	2	8	18	...	...	...
$g(x) = 2(x - 3)^2$	...	...	...	18	8	2	0	2	8	...

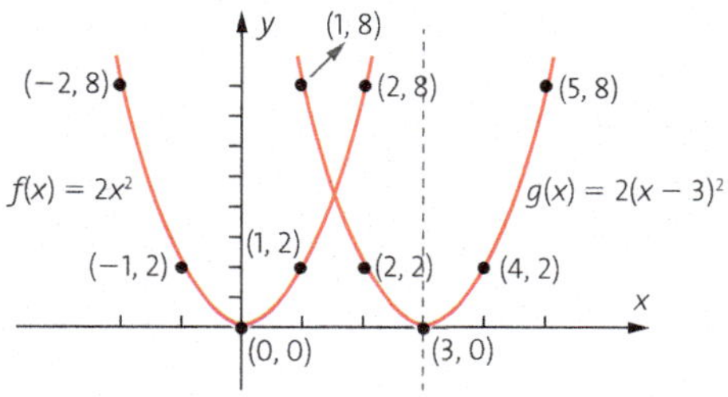

O eixo da parábola $f(x) = 2x^2$ é $x = 0$ e o eixo da parábola $g(x) = 2(x - 3)^2$ é $x = 3$. A parábola é simétrica em relação a esse eixo. A parábola $g(x) = 2(x - 3)^2$ é congruente à parábola $f(x) = 2x^2$, mas sua posição é 3 unidades à direita do gráfico de $f(x) = 2x^2$.

De modo geral:

- o gráfico de $f(x) = a(x - m)^2$ é congruente ao gráfico de $g(x) = ax^2$, porém sua posição, em valores absolutos, é m unidades à direita ou à esquerda do gráfico de $g(x) = ax^2$, conforme m seja positivo ($m > 0$) ou negativo ($m < 0$), respectivamente. Dizemos que o gráfico de $f(x) = a(x - m)^2$ é o gráfico de $f(x) = ax^2$ transladado m unidades à esquerda ou à direita, conforme m seja negativo ou positivo. É uma translação horizontal que leva (x, y) em $(x + m, y)$;

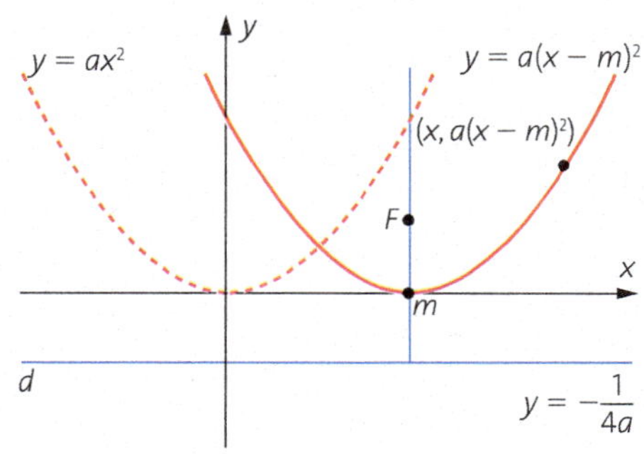

- se $a > 0$, a concavidade da parábola é para cima e ela tem um ponto mínimo $(m, 0)$; se $a < 0$, a concavidade é para baixo e a parábola tem um ponto máximo $(m, 0)$;
- o gráfico é simétrico em relação à reta $x = m$ e essa reta é o eixo da parábola;
- é possível provar que o gráfico da função quadrática $f(x) = a(x - m)^2$, $a \neq 0$ e $m \in \mathbb{R}$ é uma parábola cujo foco é o ponto $F\left(m, \frac{1}{4a}\right)$ e cuja diretriz é a reta horizontal $y = -\frac{1}{4a}$.

Exercícios

47. Determine o eixo, o vértice, o foco e a diretriz de cada uma das parábolas dadas pelas funções quadráticas:

a) $f(x) = (x - 2)^2$
b) $f(x) = -2(x + 1)^2$
c) $f(x) = \frac{1}{2}(x - 1)^2$
d) $f(x) = -\frac{1}{3}(x + 2)^2$
e) $f(x) = 3(x - 2)^2$
f) $f(x) = -5(x - 1)^2$

48. Observando as funções quadráticas do exercício anterior, indique quais delas:

a) possuem um ponto máximo;
b) têm um ponto mínimo.
c) Quais são esses pontos?

Gráfico da função definida por $f(x) = a(x - m)^2 + k$, com $a \neq 0$

O gráfico de $f(x) = a(x - m)^2 + k$ é congruente ao gráfico de $f(x) = ax^2$, tendo x uma posição que está, em valores absolutos, m unidades à direita ($m > 0$) ou à esquerda ($m < 0$) do gráfico de $f(x) = ax^2$ e k unidades acima ($k > 0$) ou abaixo ($k < 0$) do gráfico de $f(x) = ax^2$. O eixo de simetria da parábola dada por $f(x) = (x - m)^2 + k$ é $x = m$.

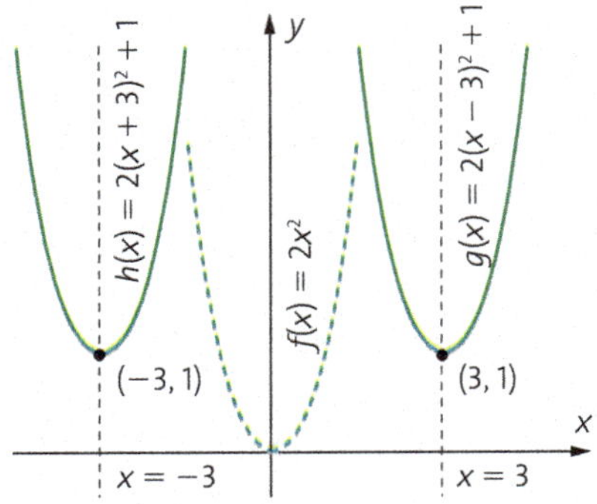

Observe, por exemplo, os gráficos das funções quadráticas $f(x) = 2x^2$, $g(x) = 2(x - 3)^2 + 1$ e $h(x) = 2(x + 3)^2 + 1$.

A parábola dada por $g(x) = 2(x - 3)^2 + 1$ está 3 unidades à direita e 1 unidade acima da parábola dada por $f(x) = 2x^2$ e é simétrica em relação ao eixo $x = 3$.

A parábola dada por $h(x) = 2(x + 3)^2 + 1$ está 3 unidades à esquerda e 1 unidade acima da parábola dada por $f(x) = 2x^2$ e é simétrica ao eixo $x = -3$. O vértice da parábola $g(x) = 2(x - 3)^2 + 1$ é $V(3, 1)$ e o vértice da parábola $h(x) = 2(x + 3)^2 + 1$ é $V(-3, 1)$.

Generalização:

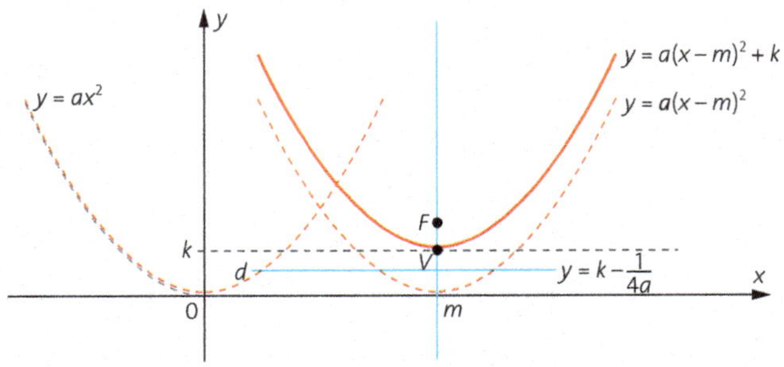

De modo geral é possível provar que dados os números reais a, m e k, com $a \neq 0$, o gráfico da função quadrática $f(x) = a(x - m)^2 + k$ é a parábola cujo foco é o ponto $F\left(m, k + \dfrac{1}{4a}\right)$ e cuja diretriz é a reta horizontal $y = k - \dfrac{1}{4a}$. O vértice da parábola é $V(m, k)$.

$$f(x) = a(x - m)^2 + k;\ F\left(m, k + \frac{1}{4a}\right);\ V(m, k)$$

Observação: A função $f(x) = a(x - m)^2 + k$, com $a \neq 0$, é equivalente à função $f(x) = ax^2 + bx + c$ ($a \neq 0$), em que $m = -\dfrac{b}{2a}$ e $k = -\dfrac{\Delta}{4a}$. Essa forma, chamada de canônica, é particularmente interessante por evidenciar o vértice da parábola e a concavidade, facilitando o traçado do gráfico. Como o vértice da parábola dada por $f(x) = a(x - m)^2 + k$ é $V(m, k)$ e sabendo que as coordenadas do vértice são (x_v, y_v), então também podemos reescrevê-la como $f(x) = a(x - x_v)^2 + y_v$.

Exercício

49. Observe os gráficos das funções a seguir:

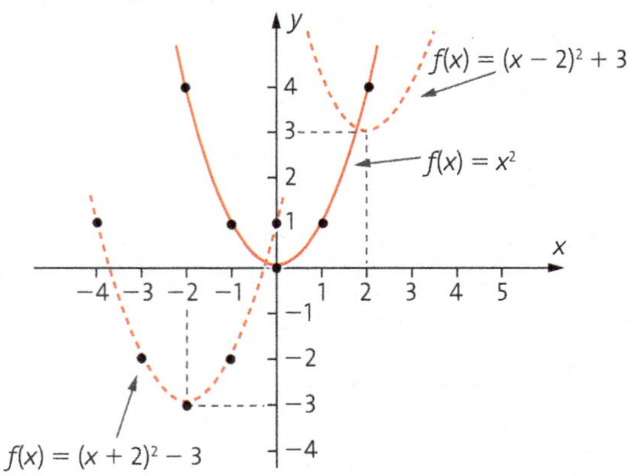

a) Indique as coordenadas do vértice de cada parábola.

b) Como é o gráfico da função $f(x) = (x - 2)^2 + 3$ em relação ao gráfico de $f(x) = x^2$?

c) E o de $f(x) = (x + 2)^2 - 3$ em relação ao gráfico de $f(x) = x^2$?

d) E o de $f(x) = (x - m)^2 - k$ em relação ao gráfico de $f(x) = x^2$?

e) Quais são as coordenadas dos vértices da parábola $y = (x - m)^2 + k$?

Gráfico da função definida por $f(x) = ax^2 + bx + c$

Vamos estudar os efeitos dos parâmetros a, b e c na parábola que é gráfico da função quadrática $f(x) = ax^2 + bx + c$.

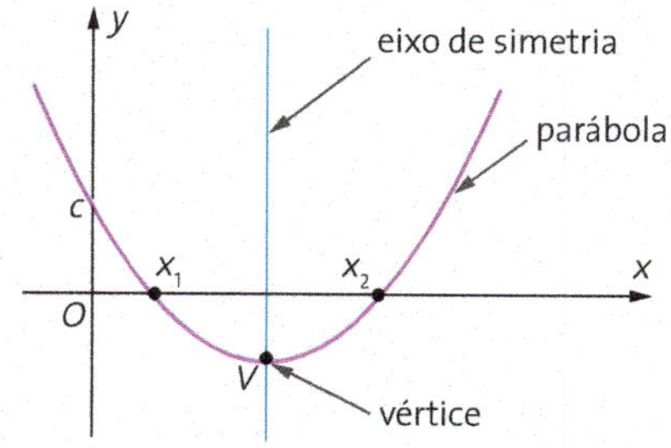

Parâmetro a

Responsável pela concavidade e abertura da parábola.

- Se $a > 0$, a concavidade é para cima.

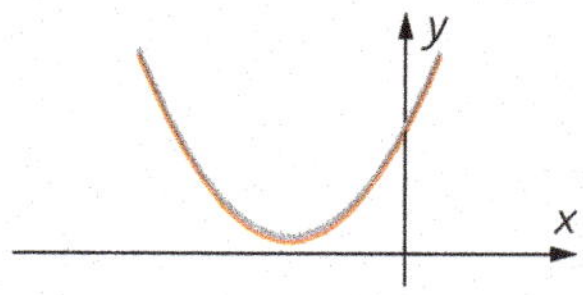

- Se $a < 0$, a concavidade é para baixo.

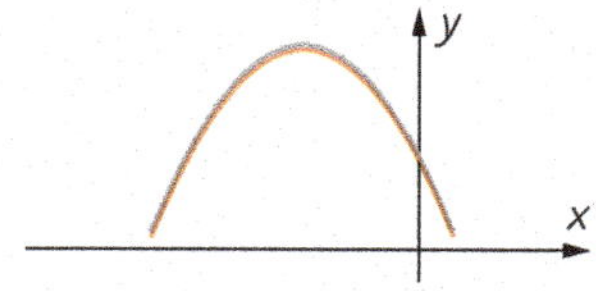

Além disso, quanto maior o valor absoluto de a, menor será a abertura da parábola (parábola mais "fechada"), independentemente da concavidade.

$a > 0$

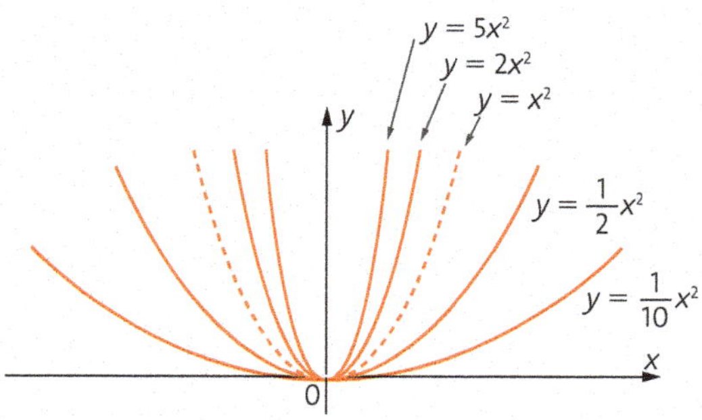

$a < 0$

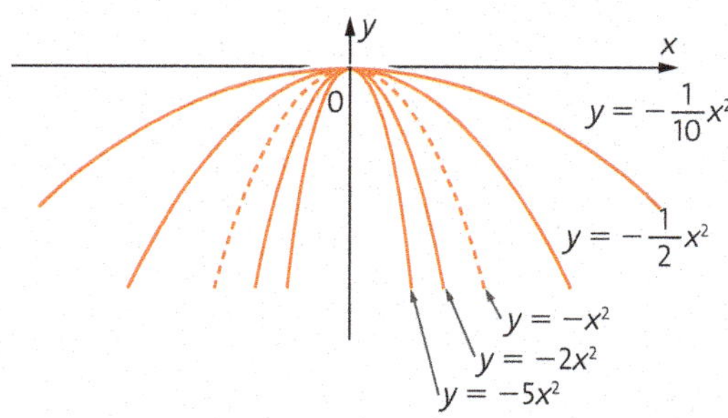

Parâmetro b

Indica se a parábola intersecta o eixo y no ramo crescente ou decrescente da parábola.

- Se $b > 0$, a parábola intersecta o eixo y no ramo crescente.

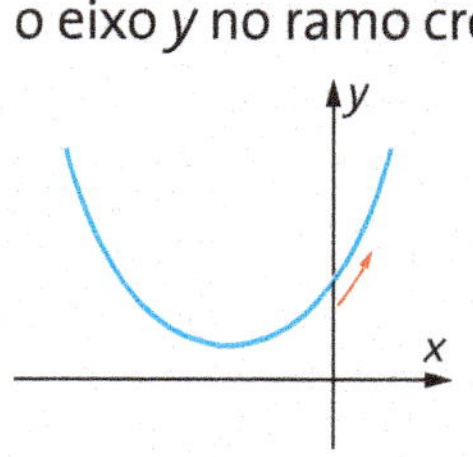

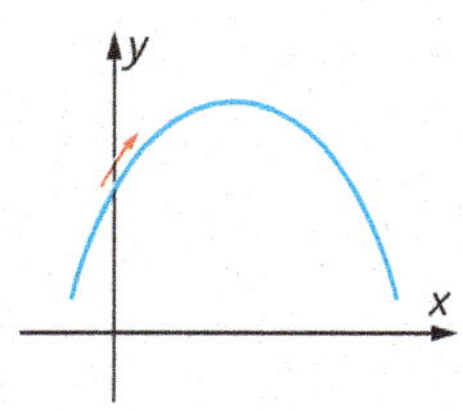

- Se $b < 0$, a parábola intersecta o eixo y no ramo decrescente.

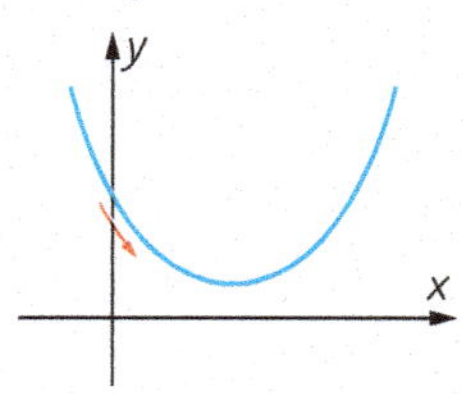

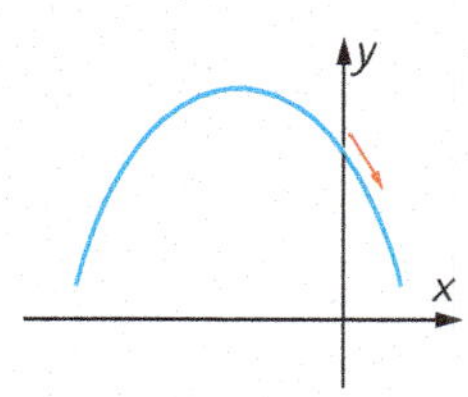

- Se $b = 0$, a parábola intersecta o eixo y no vértice.

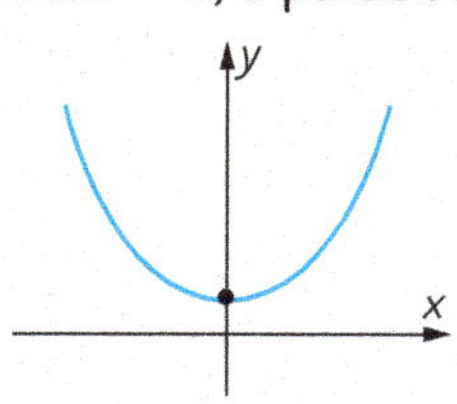

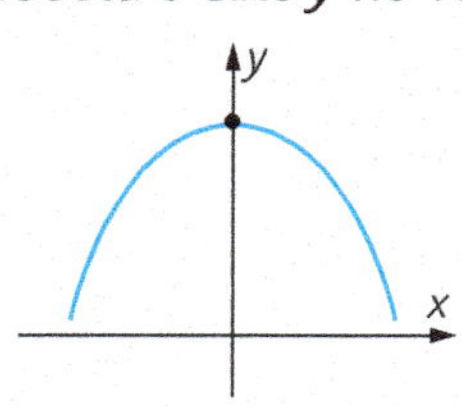

Parâmetro c

Construtor de gráficos

> Indica o ponto onde a parábola intersecta o eixo *y*.

A parábola intersecta o eixo *y* no ponto $(0, c)$, ou seja, $f(0) = c$.

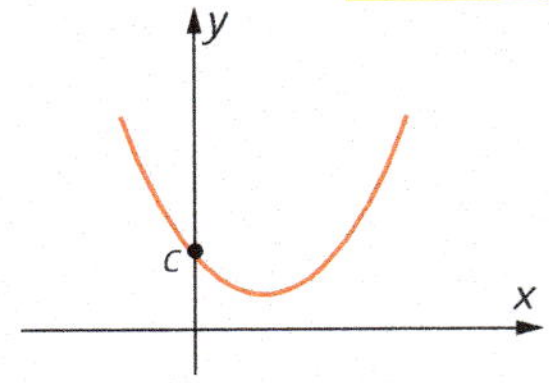

Exercício resolvido

13. Quais são os sinais de *a*, *b* e *c* no gráfico da função quadrática $f(x) = ax^2 + bx + c$ dado abaixo?

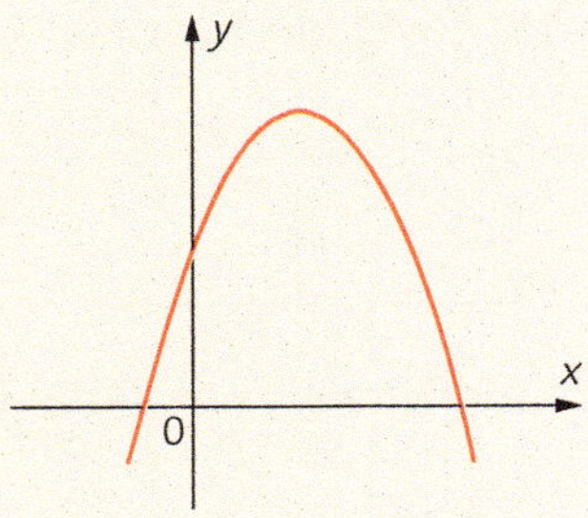

Resolução

- $a < 0$, pois a concavidade está para baixo.
- $c > 0$, pois $f(0) = c$ e a parábola corta o eixo vertical em sua parte positiva.
- A abscissa do vértice é dada por $\frac{-b}{2a}$. Portanto, *a* e *b* têm sinais iguais quando a abscissa do vértice é negativa e têm sinais diferentes quando a abscissa do vértice é positiva.

Logo, neste exemplo, *a* e *b* têm sinais contrários, pois a abscissa do vértice é positiva. Como $a < 0$, então $b > 0$.

Exercícios

50. Escreva na forma $f(x) = ax^2 + bx + c$ correspondente a cada gráfico dado. (Dica: Comece usando a forma canônica e/ou fatorada.)

a)

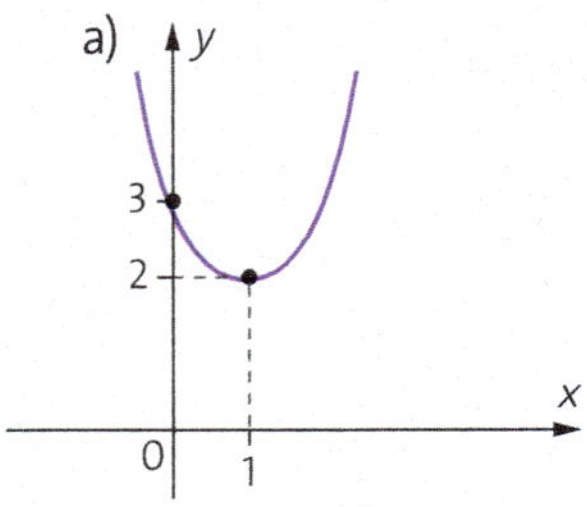

c)

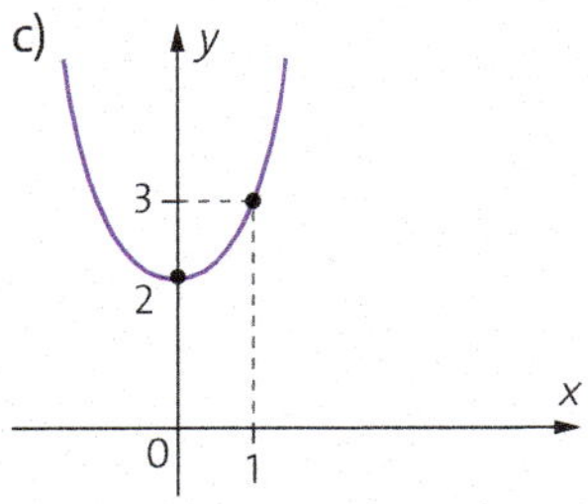

b)

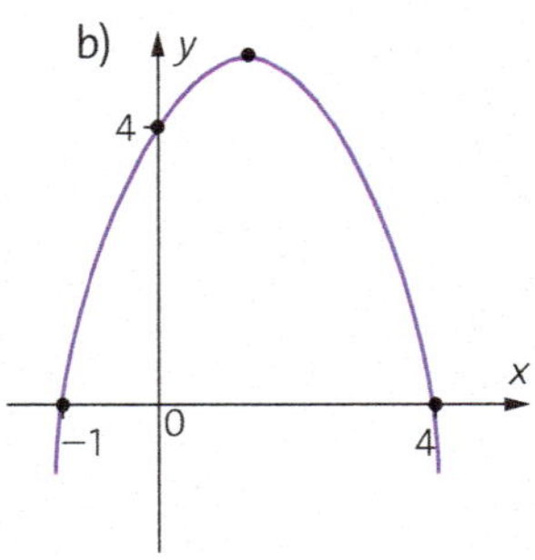

d)

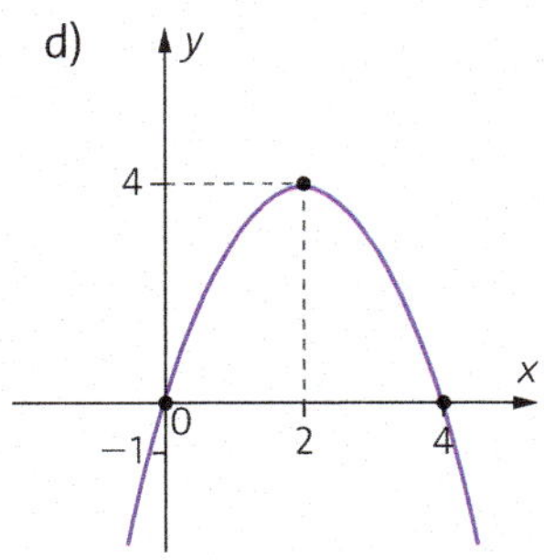

> **Fique atento!**
> Forma canônica: $f(x) = a(x - x_v)^2 + y_v$
> Forma fatorada: $f(x) = a(x - x')(x - x'')$

51. Indique quais são os sinais de *a*, *b* e *c* nos gráficos da função quadrática $f(x) = ax^2 + bx + c$ dados abaixo.

a)

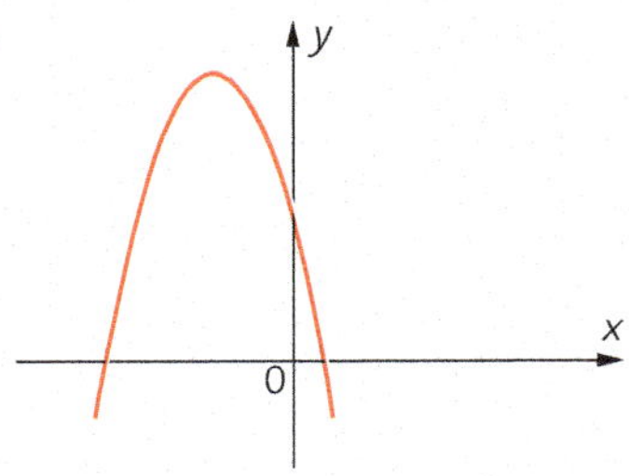

b)

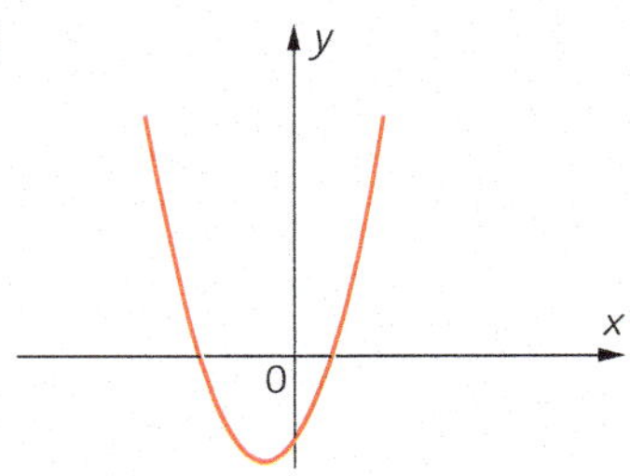

c)

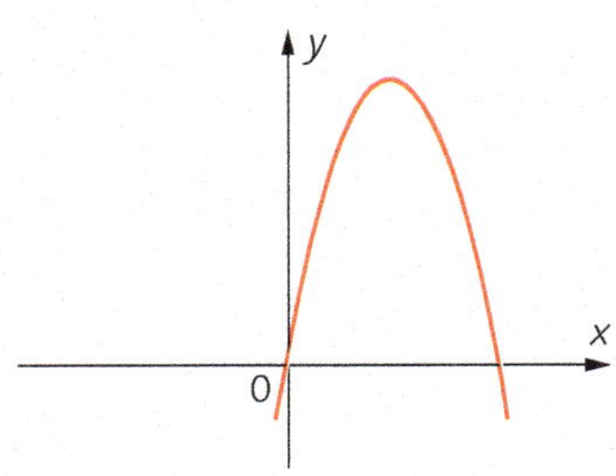

7 Determinação algébrica das intersecções da parábola com os eixos

Nos gráficos seguintes, de funções quadráticas, estão indicados os pontos de intersecção da parábola com os eixos.

Veja como são determinados algebricamente esses pontos de intersecção a partir da lei da função.

a) $f(x) = x^2 - 2x + 1$

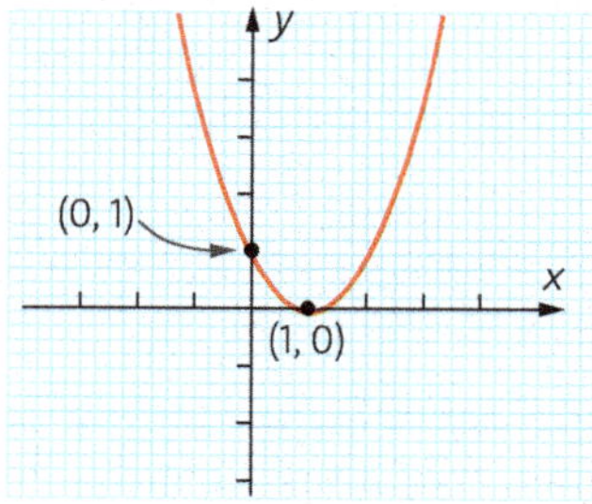

Intersecção com o eixo y:

$x = 0 \Rightarrow f(0) = 0^2 - 2 \cdot 0 + 1 = 1$

A parábola intersecta o eixo y em (0, 1).

Intersecção com o eixo x:

$f(x) = 0 \Rightarrow x^2 - 2x + 1 = 0$

$\Delta = 4 - 4 = 0 \Rightarrow \Delta = 0$ (a equação admite uma raiz dupla)

$$x = \frac{2 \pm 0}{2} = 1$$

A parábola intersecta o eixo x em um só ponto: (1, 0). Isso significa que a função possui um zero duplo: 1.

b) $f(x) = -4x^2 + 1$

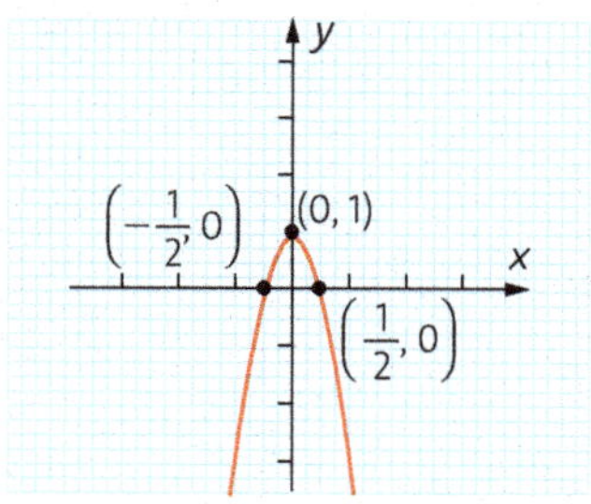

Intersecção com o eixo y:

$x = 0 \Rightarrow f(0) = -4 \cdot 0^2 + 1 = 1$

A parábola intersecta o eixo y em (0, 1).

Intersecção com o eixo x:

$f(x) = 0 \Rightarrow -4x^2 + 1 = 0 \Rightarrow -4x^2 = -1 \Rightarrow 4x^2 = 1 \Rightarrow$

$\Rightarrow x^2 = \frac{1}{4} \Rightarrow x = \pm\frac{1}{2}$ (a equação admite duas raízes distintas)

Observe que, nesse caso, $\Delta = 0 + 16 = 16$, ou seja, $\Delta > 0$.

A parábola intersecta o eixo x em dois pontos: $\left(\frac{1}{2}, 0\right)$ e $\left(-\frac{1}{2}, 0\right)$.

Isso significa que os zeros da função $f(x) = -4x^2 + 1$ são $-\frac{1}{2}$ e $\frac{1}{2}$.

c) $f(x) = x^2 + 2x + 3$

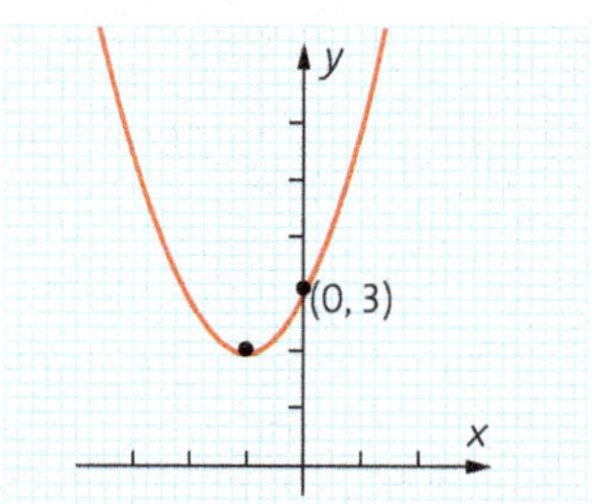

Intersecção com o eixo y:

$x = 0 \Rightarrow f(0) = 0^2 + 2 \cdot 0 + 3 = 3$

A parábola intersecta o eixo y em (0, 3).

Intersecção com o eixo x:

$f(x) = 0 \Rightarrow x^2 + 2x + 3 = 0$

$\Delta = 4 - 12 = -8$ ou $\Delta < 0$ (a equação não tem raízes reais)

A parábola não intersecta o eixo x.

A função $f(x) = x^2 + 2x + 3$ não admite zeros reais.

Conclusões:

- A parábola, gráfico da função quadrática $f(x) = ax^2 + bx + c$, intersecta o eixo y sempre no ponto $(0, c)$, pois $f(0) = a \cdot 0^2 + b \cdot 0 + c = c$.
- Essa parábola pode intersectar o eixo x em um ou dois pontos ou pode não intersectar o eixo x, dependendo do valor de $\Delta = b^2 - 4ac$ da equação correspondente. Veja:

$f(x) = 0 \Rightarrow ax^2 + bx + c = 0$

$$\begin{cases} \Delta = 0 \rightarrow \text{uma raiz real dupla (a parábola intersecta o eixo } x \text{ em um só ponto)} \\ \Delta > 0 \rightarrow \text{duas raízes reais distintas (a parábola intersecta o eixo } x \text{ em dois pontos)} \\ \Delta < 0 \rightarrow \text{nenhuma raiz real dupla (a parábola não intersecta o eixo } x\text{)} \end{cases}$$

> **Para refletir**
> Por que a parábola sempre intersecta o eixo y em um só ponto?

Graficamente, temos:

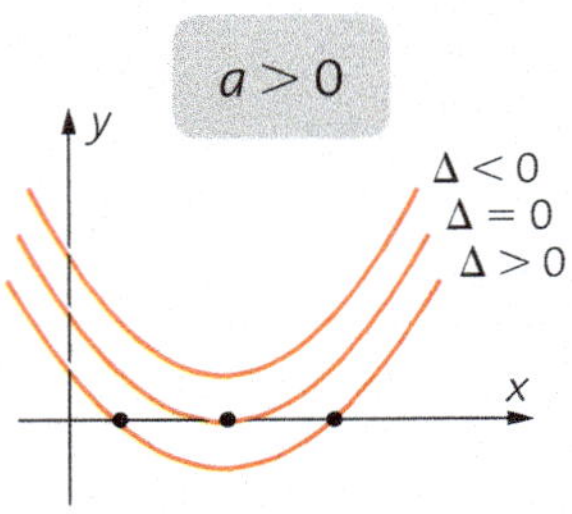

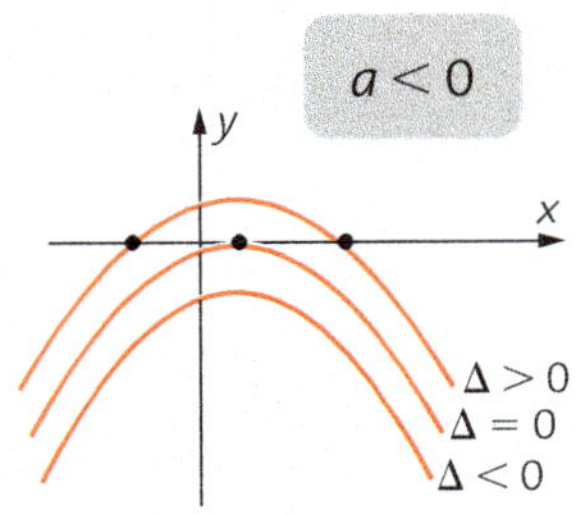

Exercícios

52. Transforme cada função quadrática na forma canônica e determine o eixo, o vértice, o foco e a diretriz de cada uma das parábolas dadas pelas funções quadráticas abaixo.

a) $f(x) = 4x^2 + x - 3$

b) $f(x) = -2x^2 + 5x - 1$

53. Esboce o gráfico da função quadrática f cuja parábola passa pelos pontos $(3, -2)$ e $(0, 4)$ e tem vértice no ponto $(2, -4)$; em seguida, verifique qual das seguintes sentenças corresponde a essa função:

a) $f(x) = -2x^2 - 8x + 4$

b) $f(x) = 2x^2 - 8x + 4$

c) $f(x) = 2x^2 + 8x + 4$

54. Verifique quais dos seguintes pontos pertencem à parábola que representa graficamente a função $f(x) = x^2 - 5x + 6$:

a) $A(2, 0)$ b) $B(4, 2)$ c) $C(-1, 10)$

55. Determine o valor de m para que o ponto $A(2, 1)$ pertença à parábola que representa graficamente a função dada por $f(x) = (m + 1)x^2 - 1$.

56. Determine os zeros das seguintes funções quadráticas:

a) $f(x) = x^2 - 11x + 30$

b) $f(x) = x^2 + 4x - 21$

c) $f(x) = x^2 - 36$

d) $f(x) = 6x^2 - 5x + 1$

57. Em que pontos a parábola de cada função do exercício anterior intersecta os eixos x e y?

58. Em cada gráfico da função quadrática $f(x) = ax^2 + bx + c$, com $\Delta = b^2 - 4ac$, descubra se $a < 0$ ou $a > 0$ e se $\Delta > 0$, $\Delta < 0$ ou $\Delta = 0$.

a)

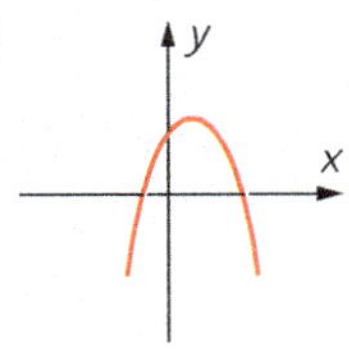

b)

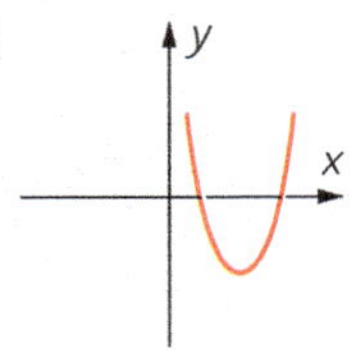

c)

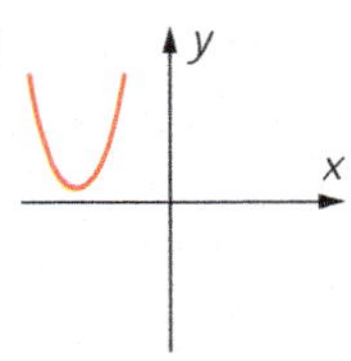

d)

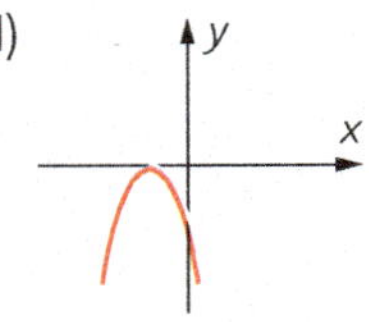

e)

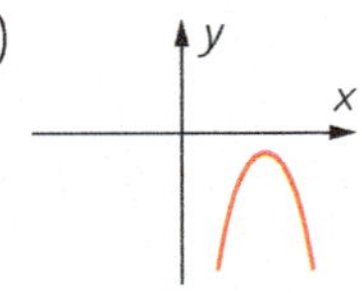

f)

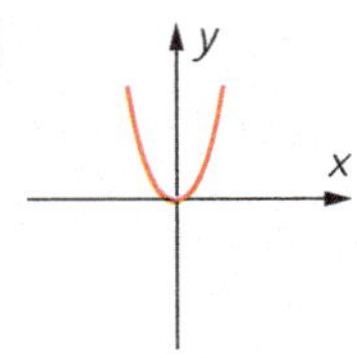

59. O gráfico abaixo representa uma função do tipo $y = ax^2 + bx + c$, $a \neq 0$.

Então, podemos afirmar que:

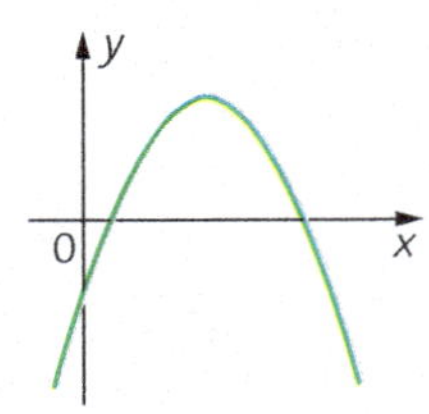

a) $a > 0$, $b^2 = 4ac$, $c > 0$ e $b < 0$.

b) $a < 0$, $b^2 > 4ac$, $c < 0$ e $b > 0$.

c) $a < 0$, $b^2 < 4ac$, $c < 0$ e $b > 0$.

d) $a < 0$, $b^2 > 4ac$, $c > 0$ e $b > 0$.

e) $a < 0$, $b^2 < 4ac$, $c < 0$ e $b < 0$.

8 Vértice da parábola, imagem e valor máximo ou mínimo da função quadrática

A determinação do vértice da parábola ajuda na elaboração do gráfico e permite determinar a **imagem da função** bem como seu **valor máximo** ou **mínimo**.

$a < 0$

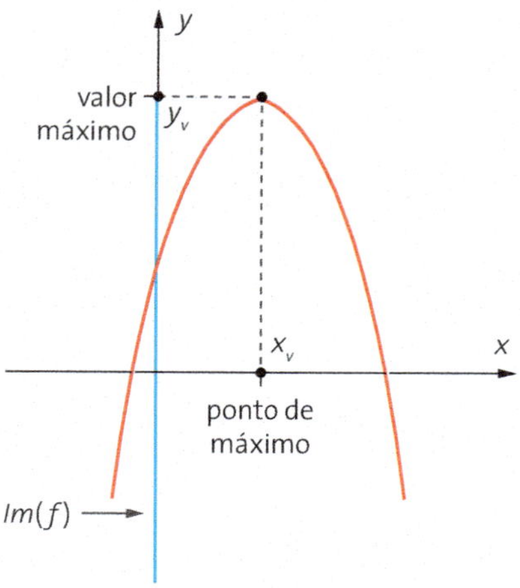

$a > 0$

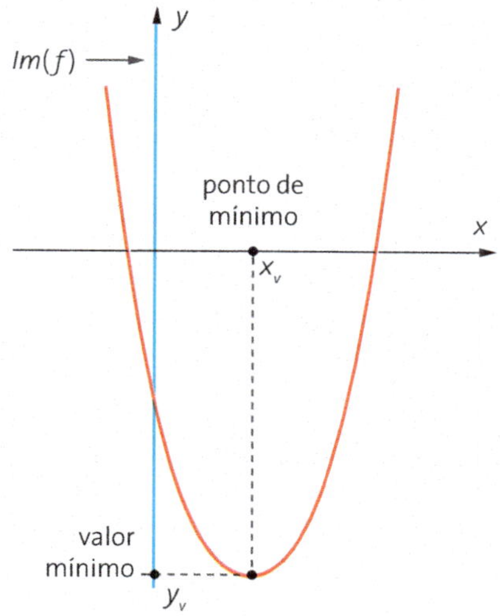

Uma das maneiras de determinar o vértice é lembrar que a parábola, que representa uma função quadrática, é simétrica em relação a um eixo vertical. Determinando a posição desse eixo, encontraremos a abscissa do vértice, e com a abscissa do vértice obteremos a ordenada, que é função da abscissa.

Outra maneira é lembrar que na forma canônica (página 188) o vértice é dado por (m, k) sendo $x_v = m = -\dfrac{b}{2a}$ e $y_v = k = f(m) = \dfrac{4ac - b^2}{4a} = -\dfrac{\Delta}{4a}$.

Examine os exemplos:

a) $f(x) = 2x^2 - 8x$

1º modo:

Obtendo as raízes, teremos $x' = 0$ e $x'' = 4$. Dada a simetria das parábolas, o eixo de simetria terá abscissa $x_v = \dfrac{x' + x''}{2} = \dfrac{0 + 4}{2} = 2$.

Substituindo $x = 2$ na função, obtemos a ordenada do vértice $f(2) = 2 \cdot 2^2 - 8 \cdot 2 = -8$.

Então, o vértice é o ponto $(2, -8)$.

2º modo:

Escrevendo na forma canônica, ou seja, determinando $f(x) = a(x - x_v)^2 + y_v$, temos: $f(x) = 2(x^2 - 4x) = 2(x^2 - 4x + 4 - 4) = 2(x^2 - 2)^2 - 8$

Assim, $x_v = 2$ e $y_v = -8$.

A função assume valor mínimo -8 quando $x = 2$.

Observação: Se o valor mínimo é $y = -8$, então $Im(f) = \{y \in \mathbb{R} \mid y \geq -8\}$.

Valor mínimo da função: -8

$Im(f) = \{y \in \mathbb{R} \mid y \geq -8\}$

Essa função não tem valor máximo. É ilimitada superiormente.

Fique atento!
Se 2 é a abscissa do vértice, os pontos de abscissas 1 e 3 são simétricos na parábola. Os de abscissas 0 e 4 também.

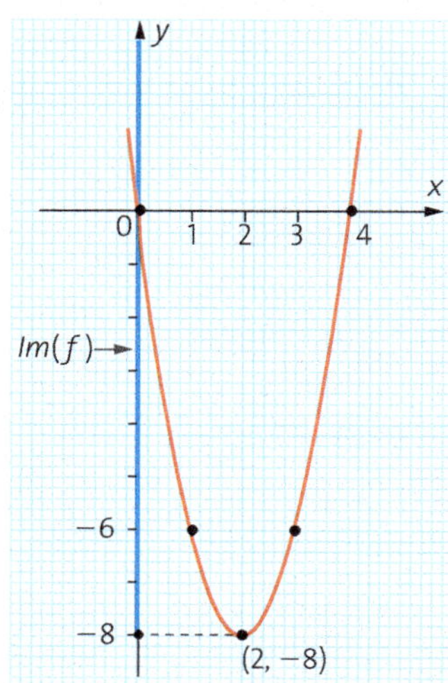

b) $f(x) = -4x^2 + 4x + 5$

Lembramos que na forma canônica chamamos: $x_v = -\frac{b}{2a}$ e $y_v = \frac{4ac - b^2}{4a} = -\frac{\Delta}{4a}$, então o vértice de uma parábola dada por $f(x) = ax^2 + bx + c, a \neq 0$, também pode ser calculado assim: $V\left(-\frac{b}{2a}, -\frac{\Delta}{4a}\right)$.

Nesse caso, temos:

$f(x) = -4x^2 + 4x + 5$

$x_v = \frac{-b}{2a} = \frac{-4}{-8} = \frac{1}{2}$

$y_v = \frac{-\Delta}{4a} = \frac{-(16 + 80)}{-16} = \frac{-96}{-16} = 6$

Então, $V\left(\frac{1}{2}, 6\right)$.

> **Para refletir**
> x_v é a média aritmética dos zeros da função quadrática (se estes existirem). Comprove!

A função assume valor máximo 6 quando $x = \frac{1}{2}$.

Logo, $Im(f) = \{y \in \mathbb{R} \mid y \leq 6\}$.

Valor máximo da função: 6

$Im(f) = \{y \in \mathbb{R} \mid y \leq 6\}$

Essa função não tem valor mínimo. É ilimitada inferiormente.

Poderíamos ter transformado a função quadrática $f(x) = -4x^2 + 4x + 5$ na forma canônica $f(x) = a(x - m)^2 + k$, em que $m = -\frac{b}{2a}$ e $k = f(m)$, e obtido a mesma solução:

$m = -\frac{b}{2a} \Rightarrow m = \frac{1}{2}$

$k = f(m) \Rightarrow k = f\left(\frac{1}{2}\right) = -4\left(\frac{1}{2}\right)^2 + 4 \cdot \frac{1}{2} + 5 = -1 + 2 + 5 = 6 \Rightarrow k = 6$

Assim, $f(x) = -4\left(x - \frac{1}{2}\right)^2 + 6$ e o vértice é dado por $V\left(\frac{1}{2}, 6\right)$.

Logo, a função tem seu valor máximo 6 quando $x = \frac{1}{2}$.

Portanto, $Im(f) = \{y \in \mathbb{R} \mid y \leq 6\}$.

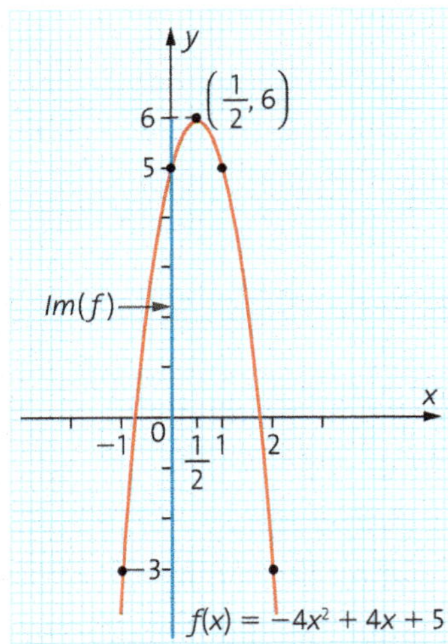

De modo geral, dada a função $f: \mathbb{R} \rightarrow \mathbb{R}$ tal que $f(x) = ax^2 + bx + c$, com $a \neq 0$, se $V(x_v, y_v)$ é o vértice da parábola correspondente, temos então:

> $a > 0 \Leftrightarrow y_v$ é o valor mínimo de $f \Leftrightarrow Im(f) = \{y \in \mathbb{R} \mid y \geq y_v\}$
> $a < 0 \Leftrightarrow y_v$ é o valor máximo de $f \Leftrightarrow Im(f) = \{y \in \mathbb{R} \mid y \leq y_v\}$

» **passo a passo**: exercício 15

Exercícios resolvidos

14. Determine a $Im(f)$ e o valor máximo ou mínimo da função quadrática $f(x) = x^2 + 4x - 2$.

Resolução

1ª maneira:

$f(x) = x^2 + 4x - 2$

$y_v = \frac{-\Delta}{4a} = \frac{-(16 + 8)}{4} = -6$

$a > 0$, então a concavidade é para cima.

$Im(f) = \{y \in \mathbb{R} \mid y \geq -6\}$

Valor mínimo de f: −6

2ª maneira:

$f(x) = x^2 + 4x - 2$

$f(x) = x^2 + 4x + 4 - 4 - 2$

$f(x) = (x + 2)^2 - 6$ (forma canônica)

$V(-2, -6)$

Valor mínimo (pois $a > 0$) de f: −6 (ocorre quando $x = -2$).

$Im(f) = \{y \in \mathbb{R} \mid y \geq -6\}$

» Resolvido passo a passo

15. (Enem) Um boato tem um público-alvo e alastra-se com determinada rapidez. Em geral, essa rapidez é diretamente proporcional ao número de pessoas desse público que conhecem o boato e diretamente proporcional também ao número de pessoas que não o conhecem. Em outras palavras, sendo R a rapidez de propagação, P o público-alvo e x o número de pessoas que conhecem o boato, tem-se: $R(x) = k \cdot x \cdot (P - x)$, onde k é uma constante positiva característica do boato. Considerando o modelo acima descrito, se o público-alvo é de 44 mil pessoas, então a máxima rapidez de propagação ocorrerá quando o boato for conhecido por um número de pessoas igual a:

a) 11 000. c) 33 000. e) 44 000.
b) 22 000. d) 38 000.

1. Lendo e compreendendo

a) O que é dado no problema?
É dada uma fórmula que relaciona a rapidez de propagação do boato com o número de pessoas que o conhecem, para determinado público-alvo.

b) O que se pede?
Um boato se espalha de forma devagar quando poucos o conhecem, e a velocidade de propagação do boato vai aumentando conforme mais gente o conheça e passe a propagá-lo. Entretanto, se muitas pessoas já sabem do boato, a sua velocidade de propagação também vai ser baixa, pois tanta gente sabe dele que fica mais raro encontrar quem não saiba. Assim, existe determinado número de pessoas que torna a velocidade de propagação máxima. Queremos determinar qual é esse número de pessoas.

2. Planejando a solução

Observando a fórmula dada, verificamos que ela é uma função quadrática:
$R(x) = k \cdot x \cdot (P - x) \Rightarrow R(x) = -kx^2 + kPx$
Sabemos que, em funções quadráticas, o máximo (ou o mínimo) valor ocorre no vértice. Assim, para obter o valor que maximiza a rapidez de propagação do boato, basta obter o valor da abscissa do vértice, ou seja, de x_v.

3. Executando o que foi planejado

Para um público-alvo de 44 000 pessoas, a função quadrática será:
$R(x) = kx(44\,000 - x) = -kx^2 + 44\,000kx$
Então, temos $a = -k$ e $b = 44\,000k$.
O x_v é dado por $x_v = -\frac{b}{2a}$. Assim:
$x_v = \frac{44\,000k}{2(-k)} = 22\,000$

Portanto, a quantidade de pessoas que maximiza a propagação de boato, neste caso, é 22 000.

4. Verificando

Substituindo $x = 22\,000$ na equação dada, com $P = 44\,000$, temos:
$R(22\,000) = k \cdot 22\,000 \cdot (44\,000 - 22\,000) =$
$= 484\,000\,000k$
Para verificar se ele é o máximo, vamos calcular também $R(21\,999)$ e $R(22\,001)$ e comparar com $R(22\,000)$.
Observe que propositalmente escolhemos o antecessor e o sucessor de $x = 22\,000$:
$R(21\,999) = k \cdot 21\,999 \cdot (44\,000 - 21\,999) =$
$= 483\,999\,999k < 484\,000\,000k$
$R(22\,001) = k \cdot 21\,001 \cdot (44\,000 - 22\,001) =$
$= 483\,999\,999k < 484\,000\,000k$
Ambos são menores que $R(22\,000)$. Como $R(x)$ é uma função quadrática cujo gráfico é uma parábola (e possui apenas um valor máximo), então $x = 22\,000$ é o valor que maximiza $R(x)$. Isso basta para verificar a resposta.

5. Emitindo a resposta

A resposta é a alternativa **b**.

6. Ampliando o problema

a) Para este modelo de propagação de boato, generalize o resultado para um público-alvo P, obtendo o número de pessoas, em função de P, que deve conhecer um boato para que tenhamos a máxima rapidez de propagação.

b) *Discussão em equipe*
Troque ideias com seus colegas sobre o que seria essa constante k presente no modelo de propagação de boatos apresentada. Em que situação o valor de k será maior ou menor: um boato sobre a morte de um artista famoso (que faltou no *show* da noite anterior e cujo paradeiro ninguém sabe), ou um boato sobre a morte do seu Zé que mora na esquina (e que não abre a janela há dois dias)?

16. Determine m de modo que a função
$$f(x) = (3m - 1)x^2 - 5x + 2$$
admita valor máximo.

Resolução

Para que a função $f(x) = (3m - 1)x^2 - 5x + 2$ admita valor máximo, devemos ter $a < 0$ (concavidade para baixo).

Condição:
$a < 0 \Leftrightarrow 3m - 1 < 0$
$3m - 1 < 0 \Rightarrow 3m < 1 \Rightarrow m < \frac{1}{3}$
Logo, m pode ser qualquer número real menor do que $\frac{1}{3}$.

17. Determine k de modo que o valor mínimo da função $f(x) = (k - 1)x^2 + 6x - 2$ seja -5.

Resolução

Condições:

$$\underbrace{k - 1}_{a} > 0 \Rightarrow k > 1 \text{ e } y_V = \frac{-\Delta}{4a} = -5$$

$$\Delta = (6)^2 - 4(k - 1)(-2) = 36 + 8k - 8 = 8k + 28$$

$$\frac{-\Delta}{4a} = -5 \Rightarrow -\frac{8k + 28}{4(k - 1)} = -5 \Rightarrow \frac{8k + 28}{4k - 4} = 5$$

Resolvendo a equação em k, temos:

$$5(4k - 4) = 8k + 28 \Rightarrow 20k - 20 = 8k + 28 \Rightarrow$$

$$\Rightarrow 20k - 8k = 28 + 20 \Rightarrow 12k = 48 \Rightarrow k = \frac{48}{12} \Rightarrow$$

$$\Rightarrow k = 4 \text{ (satisfaz a condição } k > 1)$$

Portanto, para que o valor mínimo de $f(x)$ seja -5, temos de ter $k = 4$.

18. Determine m de modo que a função $f(x) = -4x^2 + (m + 1)x + 2$ tenha valor máximo para $x = 2$.

Resolução

Condição:

$$x_V = \frac{-b}{2a} = 2 \Rightarrow \frac{-\overbrace{(m + 1)}^{b}}{2(-4)} = 2 \Rightarrow$$

$$\Rightarrow \frac{m + 1}{8} = 2$$

Resolvendo a equação em m, temos:

$$m + 1 = 16 \Rightarrow m = 15$$

Logo, a função $f(x)$ tem valor máximo para $x = 2$ quando $m = 15$.

19. Os diretores de um centro esportivo desejam cercar com tela de alambrado o espaço em volta de uma quadra de basquete retangular. Tendo recebido 200 metros de tela, os diretores desejam saber quais devem ser as dimensões do terreno a cercar com tela para que a área seja a maior possível.

Resolução

área do terreno:

$$(100 - x)x = -x^2 + 100x$$

> **Para refletir**
> Qual é o fato que garante a existência do valor máximo dessa função?

A área máxima procurada é o valor máximo da função $f(x) = -x^2 + 100x$.

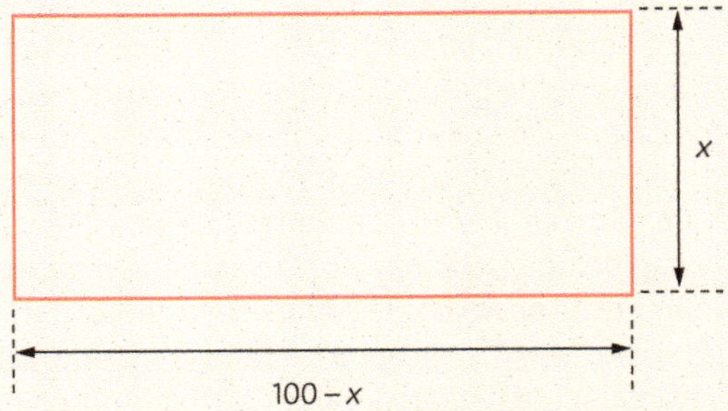

A área assume o valor máximo no vértice da parábola, ou seja, quando:

$$x_V = \frac{-b}{2a} = \frac{-100}{2(-1)} = -\frac{100}{-2} = 50 \text{ (largura)}$$

Observamos, então, que a área máxima a ser cercada é uma região quadrada cujo lado mede 50 m. (Lembre-se de que o quadrado é um caso particular de retângulo.)

> **Para refletir**
> Por que o quadrado é um caso particular de retângulo?

20. Se a função $f: \mathbb{R} \to A$ definida por $f(x) = x^2 + 3$ é sobrejetiva, determine o conjunto A.

Resolução

Para que a função seja sobrejetiva, $Im(f) = A$. Assim, precisamos determinar a imagem de f:

$$f(x) = x^2 + 3$$

$$x_V = \frac{-b}{2a} = 0$$

$$y_V = \frac{-\Delta}{4a} = 3$$

Então, $Im(f) = [3, +\infty[$ e $A = [3, +\infty[$.

21. *Física*

A trajetória da bola, em um chute a gol, descreve uma parábola. Supondo que sua altura h, em metros, t segundos após o chute, seja dada por $h = -t^2 + 6t$, responda:

a) Em que instante a bola atinge a altura máxima?

b) Qual é a altura máxima atingida pela bola?

Dam d'Souza/Arquivo da editora

Resolução

$h = -t^2 + 6t$

Ponto de máximo: $V(t_V, h_V)$

a) A bola atinge a sua altura máxima quando:

$$t_v = -\frac{b}{2a} = \frac{-6}{2(-1)} = \frac{-6}{-2} = 3 \text{ s}$$

Logo, a bola atinge a altura máxima 3 segundos após o chute.

b) A altura máxima atingida pela bola é:

$$h_v = -\frac{\Delta}{4a} = -\frac{36}{4(-1)} = -\frac{36}{-4} = 9 \text{ ou}$$

$$h(3) = -3^2 + 6 \cdot 3 = -9 + 18 = 9$$

A altura máxima atingida pela bola é 9 metros.

22. Dada a função quadrática $f(x) = 3x^2 - 10x + 3$, determine:

a) se a concavidade da parábola definida pela função está voltada para cima ou para baixo;

b) os zeros da função;

c) o vértice da parábola definida pela função;

d) a intersecção com o eixo x;

e) a intersecção com o eixo y;

f) o eixo de simetria;

g) $Im(f)$;

h) o esboço do gráfico.

Resolução

a) Concavidade:

voltada para cima, pois $a = 3$ e, portanto, $a > 0$.

b) Zeros da função:

$3x^2 - 10x + 3 = 0 \Rightarrow x' = 3$ e

$x'' = \frac{1}{3}$.

c) Vértice da parábola:

$$V\left(-\frac{b}{2a}, -\frac{\Delta}{4a}\right) \Rightarrow$$

$$\Rightarrow V\left(\frac{10}{6}, -\frac{64}{12}\right) \Rightarrow V\left(\frac{5}{3}, -\frac{16}{3}\right) \Rightarrow$$

$$\Rightarrow V\left(1\frac{2}{3}, -5\frac{1}{3}\right).$$

d) Intersecção com o eixo x: $(3, 0)$ e $\left(\frac{1}{3}, 0\right)$.

e) Intersecção com o eixo y: $(0, 3)$.

f) Eixo de simetria $x = \frac{5}{3}$ $\left(\text{é paralelo ao eixo } y \text{ e passa por } V\left(\frac{5}{3}, -\frac{16}{3}\right)\right)$.

g) $Im(f) = \left\{y \in \mathbb{R} \mid y \geq -\frac{16}{3}\right\}$.

h) Esboço do gráfico:

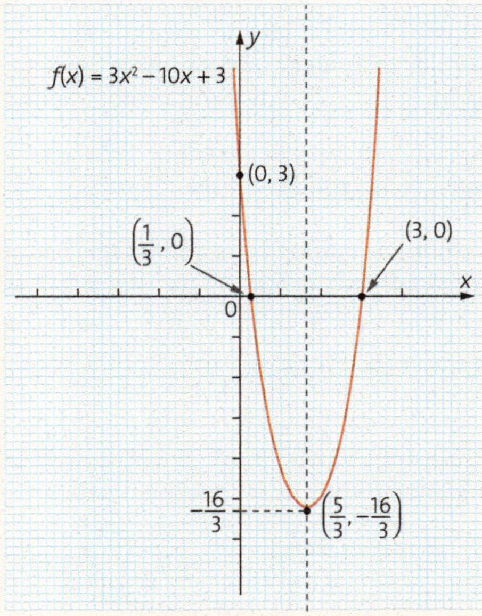

23. Considere a função $f: [-1, 3] \to \mathbb{R}$ cuja lei de formação é $f(x) = x^2$. Determine os valores máximo e mínimo e a imagem de f.

Resolução

Como o vértice de $f(x) = x^2$ é $V(0, 0)$, temos que $x_V = 0$ pertence ao intervalo dado. Assim, o valor mínimo é $y_V = 0$ e o máximo é $f(3) = 3^2 = 9$.

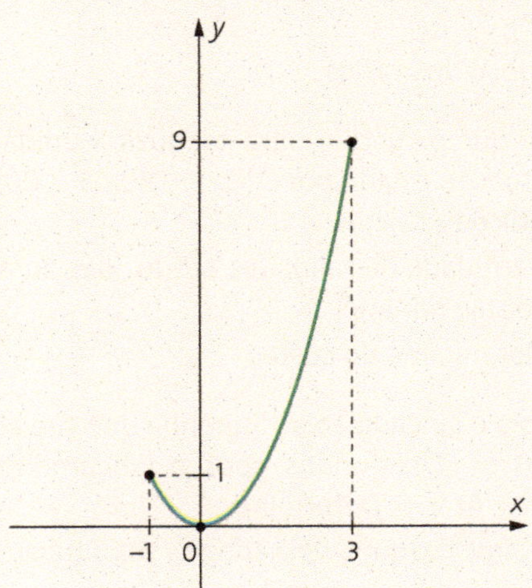

A imagem é $Im(f) = [0, 9]$.

Exercícios

60. Determine o vértice V da parábola que representa a função quadrática:
a) $f(x) = x^2 - 2x - 3$
b) $f(x) = -x^2 + 3x - 5$
c) $f(x) = x^2 - 4x + 3$
d) $y = x^2$
e) $y = (x - 2)^2 + 3$

61. Determine o valor de k para que a função $f(x) = (2 - k)x^2 - 5x + 3$ admita valor máximo.

62. Qual o valor de m para que a função $f(x) = (4m + 1)x^2 - x + 6$ admita valor mínimo?

63. Para que valor de k o valor mínimo da função $f(x) = x^2 - 6x + 3k$ é 3?

64. Faça o esboço do gráfico das seguintes funções quadráticas e determine o conjunto imagem de cada uma delas:
a) $f(x) = x^2 + 4x + 3$
b) $f(x) = x^2 + 2x + 1$
c) $f(x) = -x^2 + 6x - 9$

65. A reta, gráfico da função $f(x) = 3x - 1$, e a parábola, gráfico da função $g(x) = x^2 - x + 2$, têm pontos comuns? Se tiverem, descubra quais são.

Para refletir
Quantos pontos comuns podem ter uma reta e uma parábola?

66. Dada a função quadrática $f(x) = 2x^2 - x - 3$, determine:
a) se a concavidade da parábola definida pela função está voltada para cima ou para baixo;
b) os zeros da função;
c) o vértice da parábola definida pela função;
d) a intersecção com o eixo x;
e) a intersecção com o eixo y;
f) o eixo de simetria;
g) $Im(f)$;
h) o esboço do gráfico.

67. Sabe-se que o custo C para produzir x unidades de certo produto é dado por $C = x^2 - 80x + 3\,000$. Nessas condições, calcule:
a) a quantidade de unidades produzidas para que o custo seja mínimo;
b) o valor mínimo do custo.

68. Uma bola é lançada ao ar. Suponha que sua altura h, em metros, t segundos após o lançamento, seja $h = -t^2 + 4t + 6$. Determine:
a) o instante em que a bola atinge a sua altura máxima;
b) a altura máxima atingida pela bola;
c) quantos segundos depois do lançamento ela toca o solo.

69. Uma região retangular tem perímetro igual a 40 m. Quais devem ser as dimensões do retângulo para que a área seja máxima?

70. Determine o conjunto A para que a função $f: A \to [3, 7]$, definida por $f(x) = x^2 - 4x + 7$, seja bijetiva e crescente.

71. Um ônibus de 40 lugares foi fretado para uma excursão. A empresa exigiu de cada passageiro R$ 20,00 mais R$ 2,00 por lugar vago. Qual o número de passageiros para que a rentabilidade da empresa seja máxima?

72. (Faap-SP) Suponham que no dia 5 de dezembro de 1995 o Serviço de Meteorologia do Estado de São Paulo tenha informado que a temperatura na cidade de São Paulo atingiu o seu valor máximo às 14h, e que nesse dia a temperatura $f(t)$ em graus é uma função do tempo t medido em horas, dada por $f(t) = -t^2 + bt - 156$, quando $8 < t < 20$. Obtenham o valor de b.
a) 14
b) 21
c) 28
d) 35
e) 42

73. (UFPE) Num voo com capacidade para 100 pessoas, uma companhia aérea cobra R$ 200,00 por pessoa quando todos os lugares são ocupados. Se existirem lugares não ocupados, ao preço de cada passagem será acrescida a importância de R$ 4,00 por cada lugar não ocupado (por exemplo, se existirem 10 lugares não ocupados o preço de cada passagem será R$ 240,00). Quantos devem ser os lugares não ocupados para que a companhia obtenha o faturamento máximo?

74. (Vunesp-SP) Suponha que um grilo, ao saltar do solo, tenha sua posição no espaço descrita em função do tempo (em segundos) pela expressão $h(t) = 3t - 3t^2$, em que h é a altura atingida em metros.

Dr. John Brackenbury/SPL/Latinstock

a) Em que instante t o grilo retorna ao solo?
b) Qual a altura máxima em metros atingida pelo grilo?

9 Estudo do sinal da função quadrática e inequações do 2º grau

Estudar o sinal da função quadrática $f(x) = ax^2 + bx + c$, $a \neq 0$ significa determinar os valores reais de x para os quais $f(x)$ se anula ($f(x) = 0$), $f(x)$ é positiva ($f(x) > 0$) e $f(x)$ é negativa ($f(x) < 0$), ou, de modo equivalente, significa resolver inequações do tipo $f(x) \geqslant 0$ e $f(x) < 0$. Esse estudo vai depender do discriminante $\Delta = b^2 - 4ac$, da equação do 2º grau correspondente $ax^2 + bx + c = 0$, do coeficiente a e dos zeros da função (se existirem).

Dependendo do discriminante, podem ocorrer três casos e, em cada caso, de acordo com o coeficiente a, podem ocorrer duas situações:

1º caso: $\Delta > 0$

Neste caso:

- a função admite dois zeros reais diferentes: x' e x'';
- a parábola, que representa a função, intersecta o eixo x em dois pontos.

$a > 0$

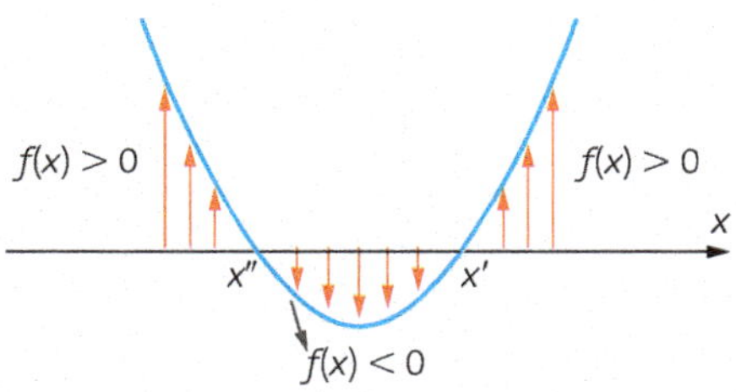

$f(x) = 0$ para $x = x''$ ou $x = x'$
$f(x) > 0$ para $x < x''$ ou $x > x'$
$f(x) < 0$ para $x'' < x < x'$

$a < 0$

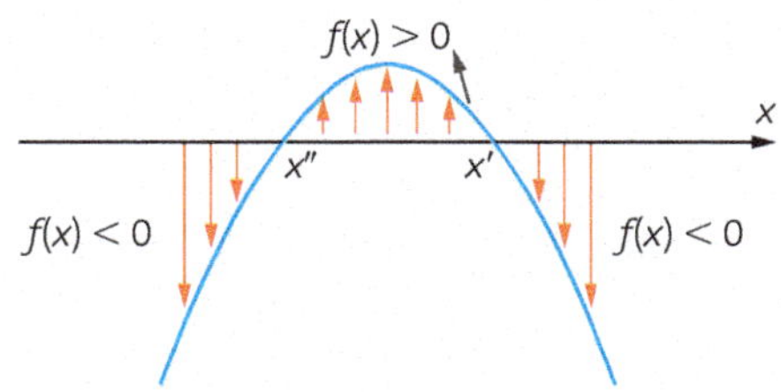

$f(x) = 0$ para $x = x''$ ou $x = x'$
$f(x) > 0$ para $x'' < x < x'$
$f(x) < 0$ para $x < x''$ ou $x > x'$

Dispositivo prático:

$\Delta > 0$ e $a > 0$

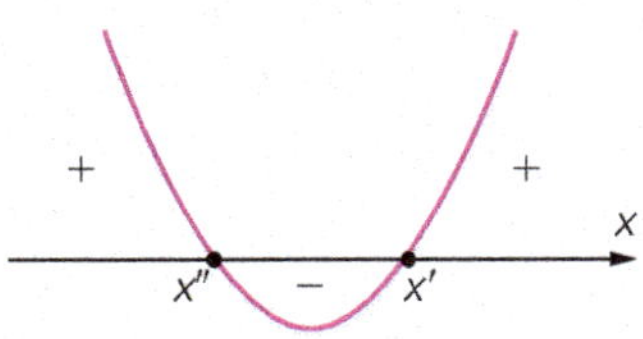

$\Delta > 0$ e $a < 0$

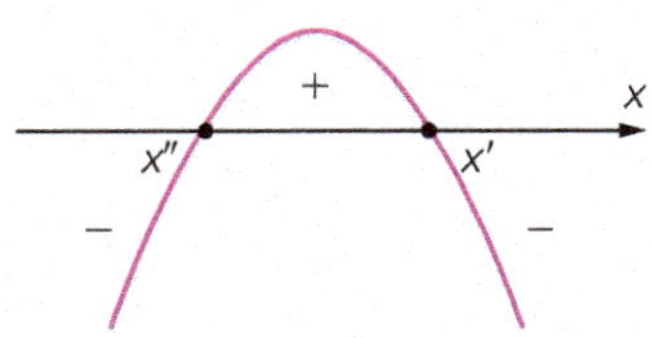

Assim, quando $\Delta > 0$, $f(x)$ tem o sinal oposto ao de a quando x está entre as raízes da equação e tem o sinal de a quando x está fora do intervalo das raízes.

Para refletir
O que significam os sinais + e − no dispositivo prático?

2º caso: $\Delta = 0$

Neste caso:

- a função admite um zero real duplo $x' = x''$;
- a parábola que representa a função tangencia o eixo x.

$a > 0$

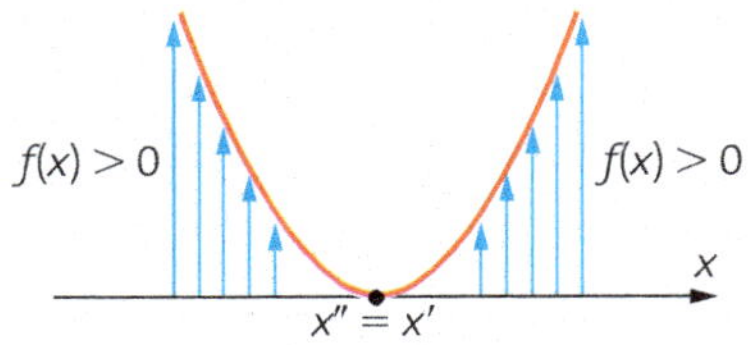

$f(x) = 0$ para $x = x' = x''$
$f(x) > 0$ para $x \neq x'$

$a < 0$

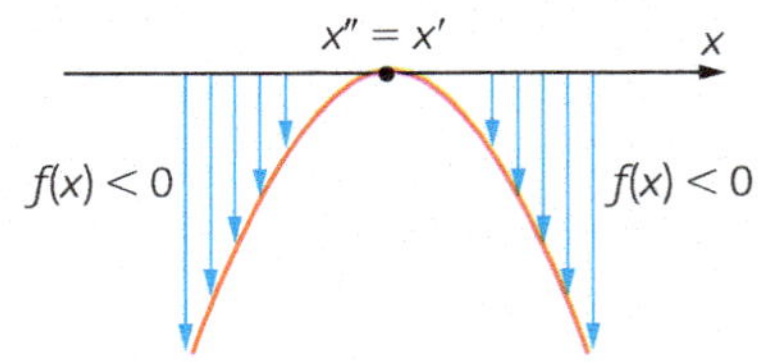

$f(x) = 0$ para $x = x' = x''$
$f(x) < 0$ para $x \neq x'$

Dispositivo prático:

$\Delta = 0$ e $a > 0$

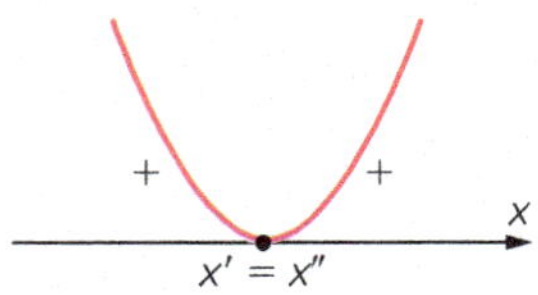

$\Delta = 0$ e $a < 0$

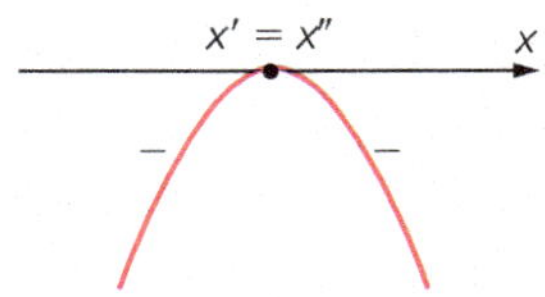

Assim, quando $\Delta = 0$, $f(x)$ tem o sinal de a para x diferente da raiz dupla da equação.

3º caso: $\Delta < 0$

Neste caso:

- a função não admite zeros reais;
- a parábola que representa a função não intersecta o eixo x.

$a > 0$

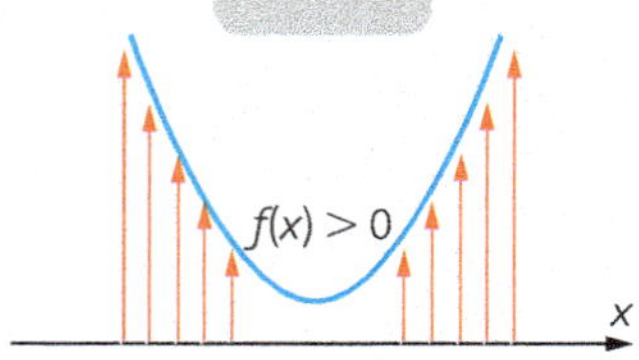

$f(x) > 0$ para todo x real

$a < 0$

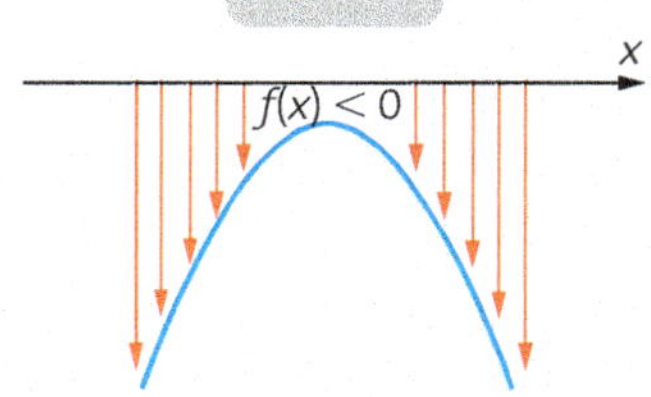

$f(x) < 0$ para todo x real

Dispositivo prático:

$\Delta < 0$ e $a > 0$

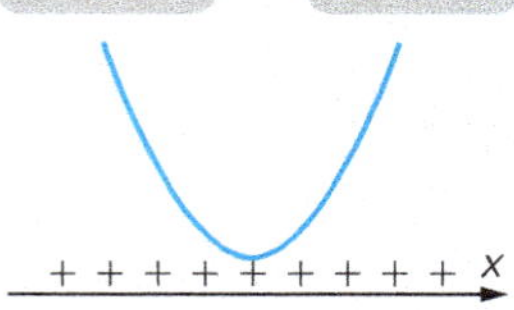

$\Delta < 0$ e $a < 0$

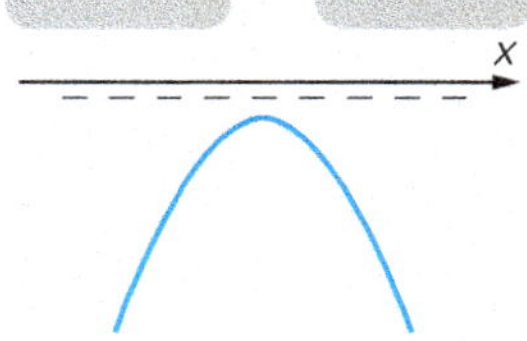

Assim, quando $\Delta < 0$, $f(x)$ tem o sinal de a para qualquer valor real de x.

Exercícios resolvidos

24. Estude o sinal das seguintes funções:

a) $f(x) = x^2 - 7x + 6$
b) $f(x) = 9x^2 + 6x + 1$
c) $f(x) = -2x^2 + 3x - 4$

Resolução

a) $a = 1 > 0$

$\Delta = (-7)^2 - 4(1)(6) =$
$= 25 > 0$

zeros da função:
$x' = 6$ e $x'' = 1$

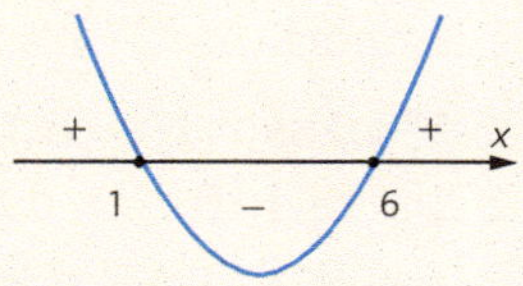

Então, $f(x) = 0$ para $x = 1$ ou $x = 6$;
$f(x) > 0$ para $x < 1$ ou $x > 6$ e $f(x) < 0$ para $1 < x < 6$.

Portanto, $f(x)$ é positiva para x fora do intervalo $[1, 6]$, é nula para $x = 1$ ou $x = 6$ e negativa para x entre 1 e 6.

b) $a = 9 > 0$

$\Delta = (6)^2 - 4(9)(1) = 0$

zero da função: $x = -\frac{1}{3}$

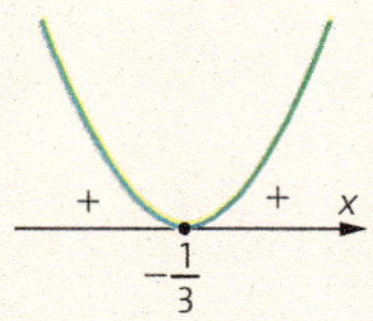

Logo, $f(x) = 0$ para $x = -\frac{1}{3}$ e $f(x) > 0$ para todo $x \neq -\frac{1}{3}$.

Ou seja, $f(x)$ é positiva para todo $x \neq -\frac{1}{3}$ e se anula em $x = -\frac{1}{3}$.

c) $a = -2 < 0$; $a < 0$

$\Delta = (3)^2 - 4(-2)(-4) =$
$= -23 < 0$

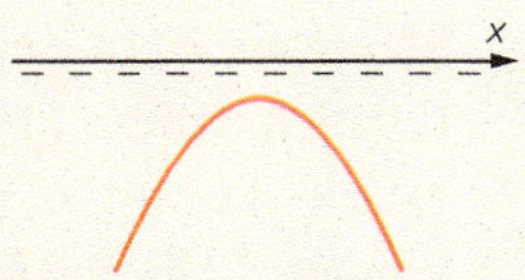

Portanto, $\Delta < 0$ e a função não tem zeros reais.
Logo, $f(x) < 0$ para todo x real, ou seja, $f(x)$ é **sempre negativa**.

25. Quais são os valores reais de k para que a função $f(x) = x^2 - 2x + k$ seja positiva para todo x real?

Resolução

Condições:

$$\begin{cases} a > 0 \text{ (já satisfeita, pois } a = 1 > 0) \\ \Delta < 0 \end{cases}$$

Cálculo de Δ:
$\Delta = (-2)^2 - 4(1)(k) = 4 - 4k$

Daí:
$4 - 4k < 0 \Rightarrow -4k < -4 \Rightarrow 4k > 4 \Rightarrow k > \frac{4}{4} \Rightarrow k > 1$

Logo, $k \in \mathbb{R} \mid k > 1$.

26. Para quais valores reais de m a função $f(x) = (m - 1)x^2 - 6x - 2$ assume valores negativos para todo x real?

Resolução

Condições:

$$\begin{cases} a < 0 \Rightarrow m - 1 < 0 \Rightarrow m < 1 \quad \text{(I)} \\ \Delta < 0 \end{cases}$$

Cálculo do Δ:
$\Delta = (-6)^2 - 4(m - 1)(-2) = 36 + 8m - 8 = 8m + 28$

Daí:
$8m + 28 < 0 \Rightarrow 8m < -28 \Rightarrow m < -\frac{28}{8} \Rightarrow$
$\Rightarrow m < -\frac{7}{2}$ (II)

Como as duas condições devem ser satisfeitas **ao mesmo tempo**, fazemos a intersecção de (I) e (II) obtendo S:

$S = \left\{m \in \mathbb{R} \mid m < -\frac{7}{2}\right\}$

Exercícios

75. Estude o sinal das seguintes funções quadráticas:

a) $f(x) = x^2 - 3x - 4$
b) $f(x) = x^2 - 4$
c) $f(x) = -3x^2 + 2x + 1$
d) $f(x) = x^2 + 4x + 4$
e) $f(x) = -3x^2 + 2x - 4$
f) $f(x) = -2x^2 + 3x$

76. Para que valores reais de x a função $f(x) = x^2 + 7x + 10$ é positiva?

77. Dada a função $f(x) = x^2 - 8x + 16$, determine os valores reais de x para os quais $f(x) > 0$.

78. Para que valores reais de x a função $f(x) = x^2 - 2x + 6$ é negativa?

79. Para quais valores de m a função $f(x) = x^2 + 5x + 5m$ assume valores positivos para todo x real?

80. Determine k para que a função $f(x) = kx^2 + (2k + 3)x + k$ seja negativa para todo x real.

Matemática e tecnologia

Gráfico da função quadrática no computador

Agora, vamos aprender a construir gráficos de funções quadráticas usando outro *software* livre, o **Geogebra**.

Este é um *software* matemático, criado por Markus Hohenwarter, que reúne Álgebra e Geometria. Ele pode ser utilizado em todos os níveis de ensino e já recebeu diversos prêmios na Europa e nos Estados Unidos.

A instalação desse *software* é simples:

- Acesse o *site* <www.geogebra.org/cms/pt_BR> e clique em "Download".

  Veja a reprodução da tela a seguir:

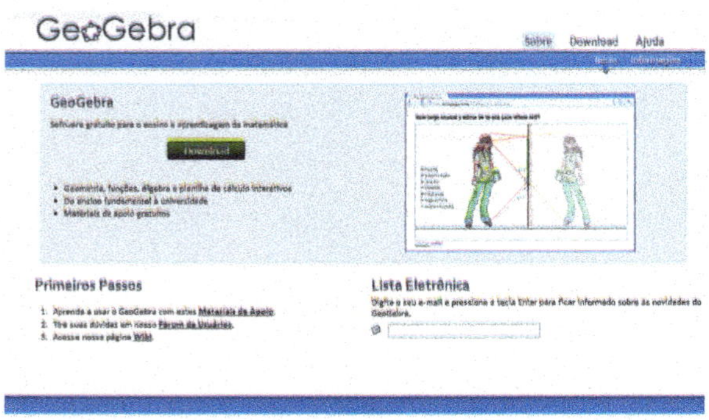

- Clique em "*Webstart*", faça o *download* e siga os passos automáticos de instalação do programa.

  Depois disso, você já pode usá-lo.

  Ao abrir o *software* você verá a seguinte tela:

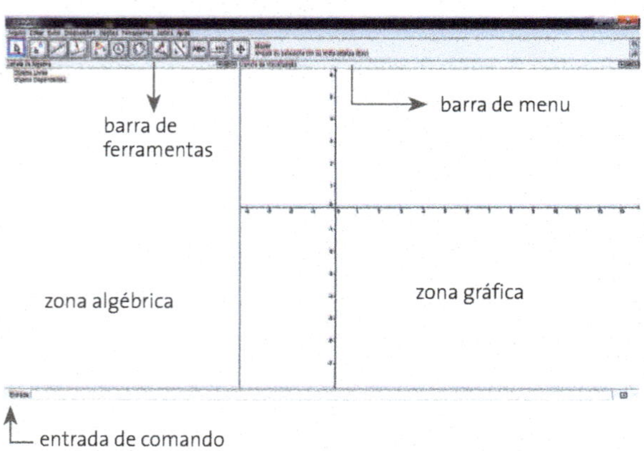

Observe que destacamos acima o nome das partes que compõem a tela inicial do *software*.

Agora, faça as atividades a seguir.

1. Construa o gráfico da função quadrática $f(x) = x^2 - 6x + 5$ e destaque alguns pontos importantes. Para isso, siga os passos abaixo.

1º passo: No campo **Entrada** (situado na parte inferior da tela) escreva a função $f(x) = x\text{^}2 - 6x + 5$ e tecle "Enter". Observe que "^" indica a operação de potenciação.

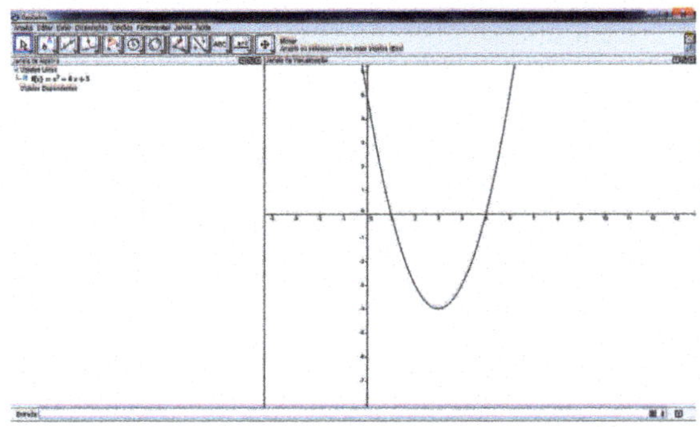

Fotos: Reprodução/<www.geogebra.org>

2º passo: Para obter as raízes da função *f*, ainda no campo de entrada, digite **raiz [*f*]** e tecle "Enter". Veja que foram criados os pontos $A = (1, 0)$ e $B = (5, 0)$, que são as raízes da função.

3º passo: Para obter o vértice da parábola, digite **Extremo [*f*]** e tecle "Enter". Assim, foi criado o ponto $C = (3, -4)$, que corresponde ao vértice da parábola.

4º passo: Agora, vamos determinar o ponto em que a parábola intersecta o eixo das ordenadas (eixo *y*). Para isso, digite no campo de entrada **Intersecção [*f*, *x* = 0]** e tecle "Enter". Observe que o ponto de intersecção com o eixo *y*, ponto $D = (0, 5)$, tem como ordenada o valor do termo independente (*c*) da função quadrática.

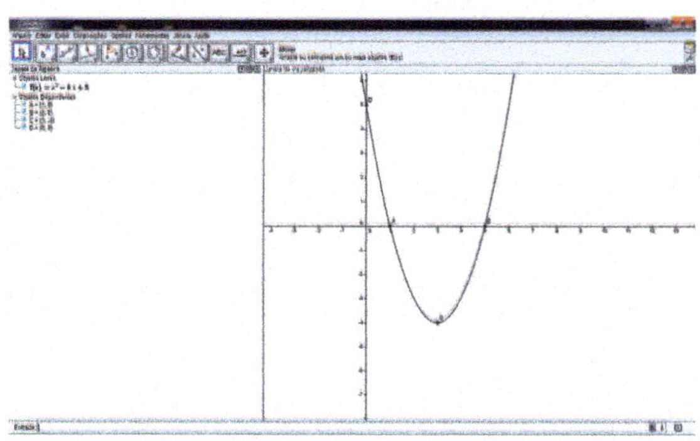

> **Fique atento!**
> Você pode mover, ampliar ou reduzir a sua imagem utilizando [ícone] da barra de tarefas. Outra opção para aumentar ou diminuir o *zoom* é utilizar o *scroll* do *mouse* (aquela "bolinha" que fica na parte superior da maioria dos *mouses*). Clique em "Arquivo" e grave a sua construção.

Agora, determine as raízes e o vértice da função utilizando as fórmulas que você já conhece e em seguida compare os resultados obtidos no Geogebra.

2. Clique em "Arquivo", depois em "Novo" e siga os passos abaixo.

1º passo: Na barra de ferramentas, clique com o botão esquerdo do *mouse*, inicialmente na opção controle deslizante [ícone] e em seguida clique em qualquer ponto da janela de visualização (zona gráfica); automaticamente abrirá uma janela; clique em "Aplicar". Nesse instante, aparecerá o parâmetro *a* (com valor inicial igual a 1). Veja:

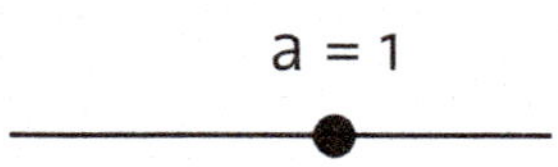

Repita a operação e insira novos parâmetros (*b* e *c*).

2º passo: No campo **Entrada** escreva a função:

$$f(x) = a^*x^\wedge 2 + b^*x + c$$

e tecle "Enter". Observe que "*" significa a operação de multiplicação. Dessa forma, você terá o gráfico da função:

$$f(x) = x^2 + x + 1$$

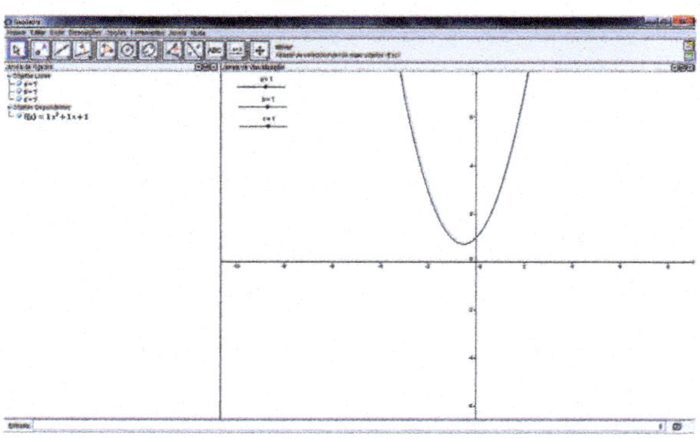

3º passo: Para melhorar a visualização, clique com o botão direito do *mouse* na parábola e abrirá uma aba com a opção "Propriedades..."; clique sobre ela. Assim, abrirá uma janela com várias opções; clique na aba "Cor" e escolha uma nova cor para o seu gráfico.
Em seguida, clique na aba "Estilo" e coloque a espessura da linha igual a 5. Feche a janela e observe que o gráfico ficou destacado.

4º passo: Na barra de ferramentas clique em "Exibir" e depois em "Malha".
Você agora deverá ter uma imagem (com exceção da cor escolhida) igual à apresentada abaixo.

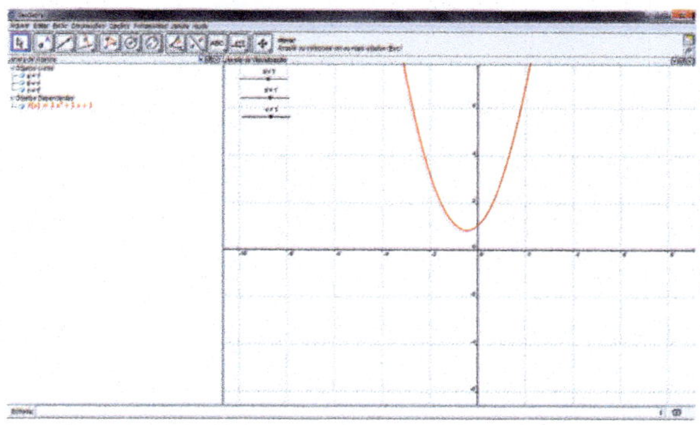

Fotos: Reprodução/<www.geogebra.org>

5º passo: Agora você poderá observar significados importantes para os coeficientes *a*, *b* e *c*. Clique na bolinha do controle deslizante de *a* e altere lentamente o seu valor (basta arrastar a bolinha para um dos lados).
Observe o que acontece com o gráfico da parábola. Repita a operação para os controles deslizantes de *b* e *c* (utilize um controle deslizante por vez).

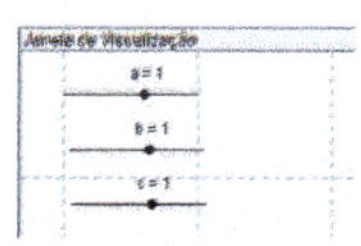

Agora, responda:

a) Qual o efeito do parâmetro *a* no gráfico da função?
b) Qual o efeito do parâmetro *b* no gráfico da função?
c) Qual o efeito do parâmetro *c* no gráfico da função?

10 Inequações

Na resolução de inequações devemos usar adequadamente as propriedades das desigualdades entre números reais e das desigualdades envolvendo adição e multiplicação de números reais. Algumas dessas propriedades são:

1ª) Dados $x, y \in \mathbb{R}$, vale uma e somente uma das possibilidades: $x < y$, $x = y$ ou $y < x$.

2ª) Se $x < y$ e $y < z$, então $x < z$ (transitiva).

3ª) Se $x < y$, então, para qualquer $z \in \mathbb{R}$ tem-se $x + z < y + z$, ou, de outra forma, se $x < y$ e $x' < y'$, então $x + x' < y + y'$ (soma membro a membro).

4ª) Se $x < y$ e z é positivo, então $xz < yz$, ou, de outra forma, dados x, y, x', y' positivos, se $x < y$ e $x' < y'$, então $xx' < yy'$ (produto membro a membro).

5ª) Se $x < y$ e z é negativo, então $xz > yz$ (quando multiplicamos os dois membros de uma desigualdade por um número negativo, o sentido dessa desigualdade se inverte). Isso pode ser demonstrado assim:

O produto dos números positivos $y - x$ e $-z$ é positivo, ou seja, $(y - x)(-z) > 0$. Efetuando a multiplicação obtemos $xz - yz > 0$ e, assim, $xz > yz$.

> **Fique atento!**
> A notação $x \leqslant y$ significa negar $x > y$. Logo, $x \leqslant y$ significa $x < y$ ou $x = y$. Por exemplo, são verdadeiras as afirmações $2 \leqslant 2$ e $6 \leqslant 8$.

6ª) Se $x \neq 0$, então $x^2 > 0$ (exceto zero, todo quadrado é positivo).

7ª) Se $0 < x < y$, então podemos dividir todos os membros por xy, assim: $\frac{0}{xy} < \frac{x}{xy} < \frac{y}{xy} \Rightarrow 0 < \frac{1}{y} < \frac{1}{x}$

(quanto maior for um número positivo, menor será seu inverso).

Resolução de inequações

No Ensino Fundamental, você deve ter estudado como resolver inequações do 1º grau. Agora, acompanhe como resolver inequações do 1º e do 2º grau.

Exercícios resolvidos

27. Resolva as seguintes inequações:

a) $2x - 5 > 0$ em $\mathbb{R}$ b) $3 - 2x \geqslant x - 12$ em $\mathbb{R}$

Resolução

a) *1ª maneira:*

$2x > 5 \Rightarrow x > \frac{5}{2}$ $S = \left\{x \in \mathbb{R} \mid x > \frac{5}{2}\right\}$

2ª maneira:

Podemos também resolver essa inequação por meio do estudo do sinal da função afim.

$\underbrace{2x - 5}_{f(x)} > 0$

$2x - 5 = 0 \Rightarrow 2x = 5 \Rightarrow x = \frac{5}{2}$ (zero)

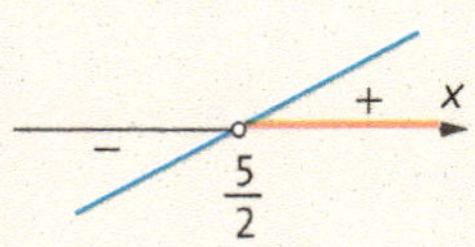

$x > \frac{5}{2} \Rightarrow f(x) > 0$ $S = \left\{x \in \mathbb{R} \mid x > \frac{5}{2}\right\}$

b) *1ª maneira:*

$3 - 2x \geqslant x - 12$ em $\mathbb{R}$

$-2x - x \geqslant -12 - 3 \Rightarrow -3x \geqslant -15 \Rightarrow 3x \leqslant 15 \Rightarrow$

$\Rightarrow x \leqslant \frac{15}{3} \Rightarrow x \leqslant 5$

$S = \{x \in \mathbb{R} \mid x \leqslant 5\}$

2ª maneira:

$3 - 2x \geqslant x - 12 \Rightarrow -2x - x + 3 + 12 \geqslant 0 \Rightarrow$

$\Rightarrow \underbrace{-3x + 15}_{f(x)} \geqslant 0$

$-3x + 15 = 0 \Rightarrow -3x = -15 \Rightarrow 3x = 15 \Rightarrow$

$\Rightarrow x = 5$ (zero)

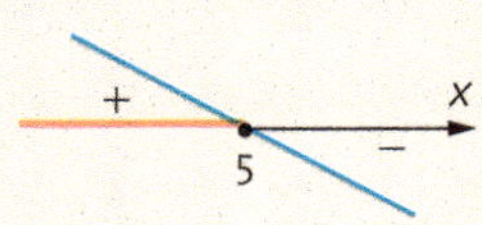

$x \leqslant 5 \Rightarrow f(x) \geqslant 0$

$S = \{x \in \mathbb{R} \mid x \leqslant 5\}$

28. Resolva as inequações:

a) $x^2 - 3x + 2 < 0$

b) $-x^2 + 9 \geqslant 0$

c) $(x - 1)^2 \geqslant 3 - x$

Resolução

a) Resolver a inequação $x^2 - 3x + 2 < 0$ significa determinar os valores reais de x para os quais a função $f(x) = x^2 - 3x + 2$ assume valores negativos.

$a = 1 > 0; a > 0$

$\Delta = (-3)^2 - 4(1)(2) = 9 - 8 = 1 > 0; \Delta > 0$

As raízes da equação $x^2 - 3x + 2 = 0$ são $x' = 1$ e $x'' = 2$.

Dispositivo prático:

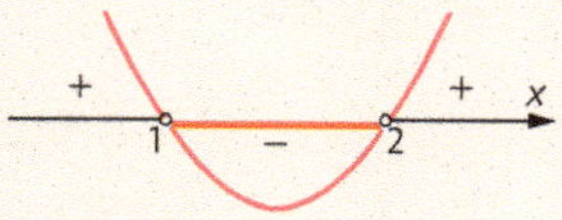

Como devemos ter $f(x) < 0$, então $S = \{x \in \mathbb{R} \mid 1 < x < 2\}$ é a solução da inequação.

b) $-x^2 + 9 \geqslant 0$

$a = -1 < 0; a < 0$

$\Delta = (0)^2 - 4(-1)(9) = 36 > 0; \Delta > 0$

As raízes da equação $x^2 - 9 = 0$ são $x' = -3$ e $x'' = 3$.

Dispositivo prático:

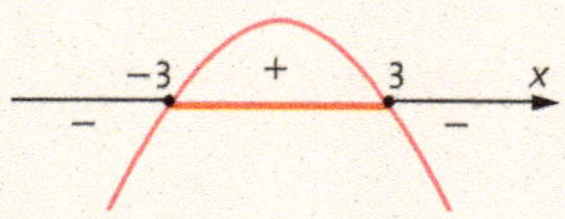

Como devemos ter $f(x) \geqslant 0$, então $S = \{x \in \mathbb{R} \mid -3 \leqslant x \leqslant 3\}$ é a solução da inequação.

c) $(x - 1)^2 \geqslant 3 - x$

Neste caso, devemos inicialmente escrever a inequação na forma $f(x) \geqslant 0$.

$(x - 1)^2 \geqslant 3 - x \Rightarrow x^2 - 2x + 1 \geqslant 3 - x \Rightarrow$

$\Rightarrow x^2 - 2x + 1 - 3 + x \geqslant 0 \Rightarrow x^2 - x - 2 \geqslant 0$

$a = 1 > 0; a > 0$

$\Delta = (-1)^2 - 4(1)(-2) = 1 + 8 = 9 > 0; \Delta > 0$

As raízes da equação $x^2 - x - 2 = 0$ são $x' = 2$ e $x'' = -1$.

Dispositivo prático:

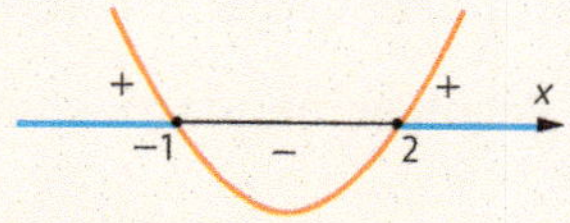

Como devemos ter $f(x) \geqslant 0$, então $S = \{x \in \mathbb{R} \mid x \leqslant -1 \text{ ou } x \geqslant 2\}$ é a solução da inequação.

29. Resolva a inequação $-x^2 + 6x - 9 > 0$ ou, de modo equivalente, determine os valores reais para os quais a função $f(x) = -x^2 + 6x - 9$ é positiva.

Resolução

$-x^2 + 6x - 9 > 0$

$a = -1 < 0; a < 0$

$\Delta = (6)^2 - 4(-1)(-9) = 36 - 36 = 0; \Delta = 0$

A equação $-x^2 + 6x - 9 > 0$ tem uma raiz dupla: $x' = x'' = 3$

Dispositivo prático:

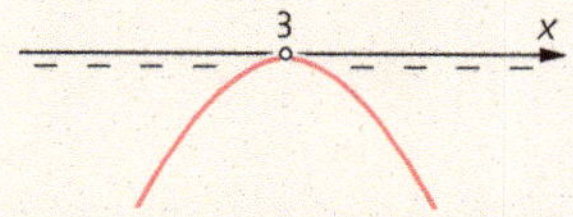

Neste caso, é impossível obter a negativo e $f(x)$ positiva, pois $f(x)$ deveria ter o sinal de a para x diferente da raiz dupla.

Logo, $S = \varnothing$.

30. Resolva a inequação $2x^2 - 2x + 5 > 0$ ou, de modo equivalente, determine os valores reais para os quais a função $f(x) = 2x^2 - 2x + 5$ é positiva.

Resolução

$2x^2 - 2x + 5 > 0$

$a = 2 > 0; a > 0$

$\Delta = (-2)^2 - 4(2)(5) = 4 - 40 = -36 < 0; \Delta < 0$

A equação $2x^2 - 2x + 5 = 0$ não tem raízes reais.

Dispositivo prático:

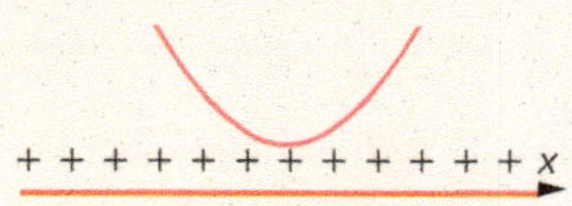

Como devemos ter $f(x) < 0$, então $S = \mathbb{R}$.

Exercícios

81. Resolva em $\mathbb{R}$ as seguintes inequações do 1º grau:

a) $3x - 4 \geqslant 0$

b) $8 - 2x < 0$

c) $3 - 4x > x - 7$

d) $\dfrac{x}{4} - \dfrac{3(x - 1)}{10} \leqslant 1$

82. Resolva as seguintes inequações do 2º grau em $\mathbb{R}$:

a) $3x^2 - 10x + 7 < 0$

b) $-4x^2 + 9 \geqslant 0$

c) $-2x^2 - x + 1 \leqslant 0$

d) $x^2 - 10x + 25 > 0$

e) $x^2 - 5x + 10 < 0$

f) $-x^2 - 8x - 16 < 0$

83. Considere a função $f(x) = x^2 + 1$. Calcule os valores reais de x para que se tenha $f(x + 2) < f(2)$.

84. Resolva as seguintes inequações do 2º grau em $\mathbb{R}$:

a) $3(x - 1) - 6x \geqslant 2 - 2x(x - 3)$

b) $2(x - 1)^2 < x$

c) $-2x^2 - x + 1 \leqslant 0$

85. Qual é o menor número inteiro positivo que satisfaz a condição $3x < \dfrac{1}{2}x(x - 1)$?

Inequações simultâneas

Resolver inequações simultâneas é o mesmo que resolver um sistema de inequações.

Exercícios resolvidos

31. Resolva a inequação simultânea $-8 \leqslant x^2 - 2x - 8 \leqslant 0$ em $\mathbb{R}$.

Resolução

$$\begin{cases} x^2 - 2x - 8 \leqslant 0 \\ x^2 - 2x - 8 \geqslant -8 \end{cases} \Rightarrow \begin{cases} x^2 - 2x - 8 \leqslant 0 \\ x^2 - 2x \geqslant 0 \end{cases}$$

$x^2 - 2x - 8 \leqslant 0$ (I)

$a = 1 > 0$

$\Delta = 36 > 0$

$x' = 4$ e $x'' = -2$

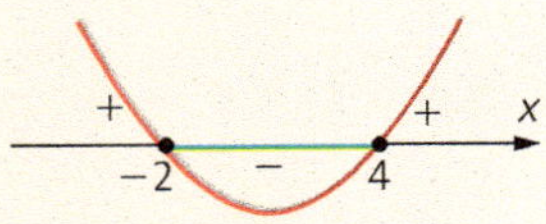

$S_I = \{x \in \mathbb{R} \mid -2 \leqslant x \leqslant 4\}$

$x^2 - 2x \geqslant 0$ (II)

$a = 1 > 0$

$\Delta = 4 > 0$

$x' = 2$ e $x'' = 0$

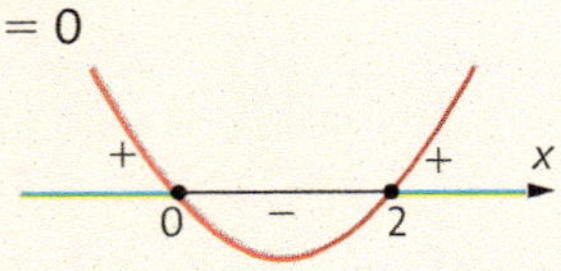

$S_{II} = \{x \in \mathbb{R} \mid x \leqslant 0$ ou $x \geqslant 2\}$

Como temos duas condições que devem ser satisfeitas simultaneamente, vamos determinar a intersecção $S = S_I \cap S_{II}$:

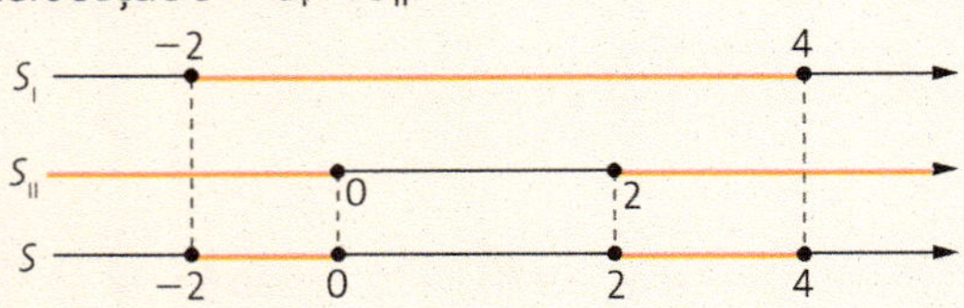

$S = \{x \in \mathbb{R} \mid -2 \leqslant x \leqslant 0$ ou $2 \leqslant x \leqslant 4\}$

32. Resolva o sistema $\begin{cases} x - 1 > 0 \\ x^2 - 5x - 6 < 0 \end{cases}$ em $\mathbb{R}$.

Resolução

$x - 1 > 0$ (I)

$a = 1 > 0$

$x = 1$ (raiz)

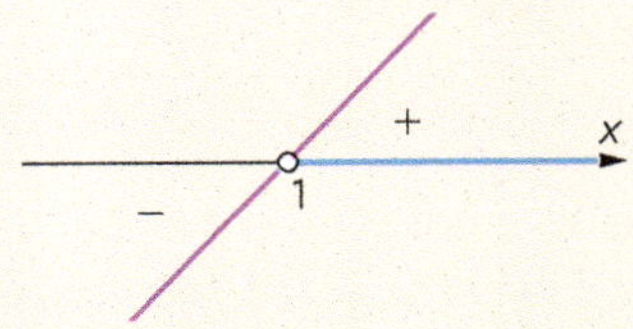

$S_I = \{x \in \mathbb{R} \mid x > 1\}$

$x^2 - 5x - 6 < 0$ (II)

$a = 1 > 0$

$\Delta = 49 > 0$

$x' = 6$ e $x'' = -1$ (raízes)

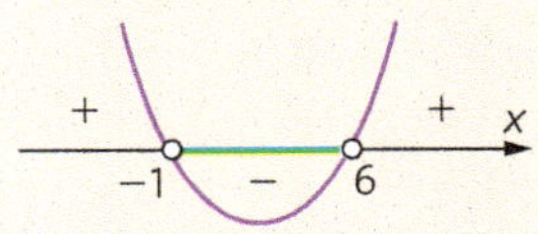

$S_{II} = \{x \in \mathbb{R} \mid -1 < x < 6\}$

Vamos determinar $S = S_I \cap S_{II}$:

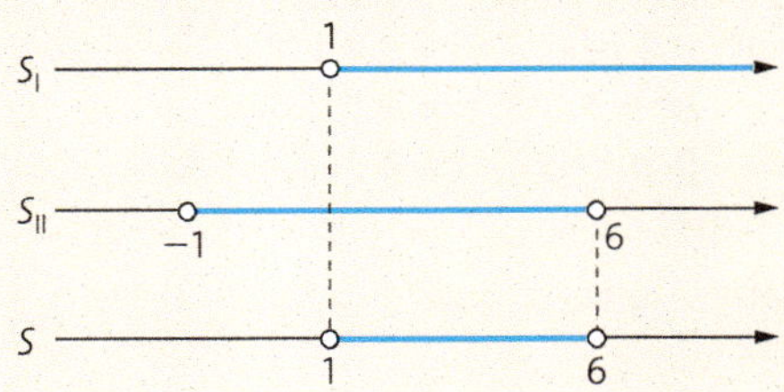

$S = \{x \in \mathbb{R} \mid 1 < x < 6\}$

Exercícios

86. Resolva em $\mathbb{R}$:

a) $-6 < x^2 - 5x < 6$

b) $\begin{cases} x^2 + 6x + 8 \geqslant 0 \\ x + 5 < 0 \end{cases}$

c) $7 \leqslant x^2 + 3 < 4x$

d) $\begin{cases} x^2 - 6x \geqslant 0 \\ -x^2 + 2x + 3 \geqslant 0 \end{cases}$

e) $2 \leqslant x^2 - x \leqslant 20 - 2x$

f) $\begin{cases} x^2 - 1 \leqslant 0 \\ x^2 - 2x > 0 \end{cases}$

g) $3 < x^2 - 2x + 8 < 8$

h) $\begin{cases} x^2 - 2x + 1 > 0 \\ x^2 - 4 < 0 \end{cases}$

87. Resolva as seguintes inequações em $\mathbb{R}$:

a) $(x - 3)(-x^2 + 3x + 10) < 0$

b) $(x^2 - 3x)(-x + 2) \geqslant 0$

c) $\dfrac{x^2 - 5x + 6}{x - 2} > 0$

d) $\dfrac{x^2 - 3x + 2}{x - 4} \leqslant 0$

88. Para quais valores reais de x o produto $(x^2 - 5x + 6)(x^2 - 16)$ é positivo?

Inequação-produto

Desigualdades como estas:

- $f(x) \cdot g(x) > 0$
- $f(x) \cdot g(x) < 0$
- $f(x) \cdot g(x) \geq 0$
- $f(x) \cdot g(x) \leq 0$

são denominadas **inequações-produto**.

Exercício resolvido

33. Resolva as inequações em $\mathbb{R}$:

a) $(x - 3)(x^2 + 3x - 4) > 0$

b) $(x^2 - 9x - 10)(x^2 - 4x + 4) \leq 0$

c) $(-x + 1)(x^2 - x + 5)(x^2 - 9) \geq 0$

Resolução

a) $(x - 3)(x^2 + 3x - 4) > 0$

$f(x) = x - 3$

$a = 1 > 0; a > 0$

$x - 3 = 0 \Rightarrow x = 3$ (raiz)

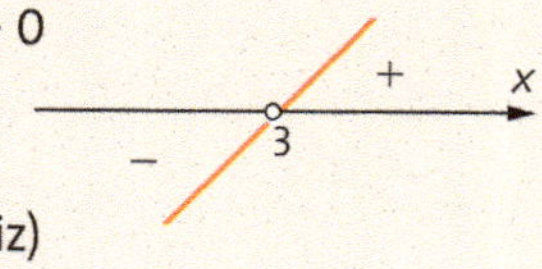

$g(x) = x^2 + 3x - 4$

$a = 1 > 0; a > 0$

$\Delta = 25; \Delta > 0$

$x' = 1$ e $x'' = -4$ (raízes da equação)

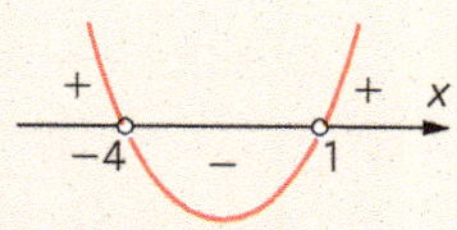

Quadro de resolução:

		–4		1		3	
$f(x)$	–		–		–		+
$g(x)$	+		–		+		+
$f(x) \cdot g(x)$	–		+		–		+

De acordo com a inequação dada, devemos ter $f(x) \cdot g(x) > 0$. Então:

$S = \{x \in \mathbb{R} \mid -4 < x < 1 \text{ ou } x > 3\}$

> **Para refletir**
> Como são obtidos os sinais de $f(x) \cdot g(x)$?

b) $(x^2 - 9x - 10)(x^2 - 4x + 4) \leq 0$

$f(x) = x^2 - 9x - 10$

$a = 1 > 0; a > 0$

$\Delta = 121 > 0$

raízes: $x' = 10$ e $x'' = -1$

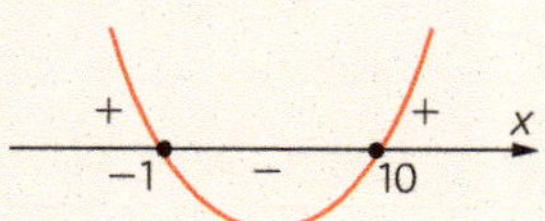

$g(x) = x^2 - 4x + 4$

$a = 1 > 0; a > 0$

$\Delta = 0$

raiz: 2

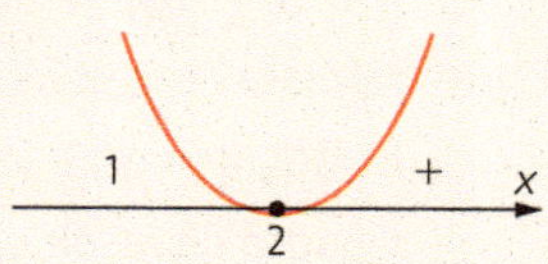

Quadro de resolução:

		–1		2		10	
$f(x)$	+		–		–		+
$g(x)$	+		+		+		+
$f(x) \cdot g(x)$	+		–		–		+

Logo, $S = \{x \in \mathbb{R} \mid -1 \leq x \leq 10\}$.

c) $(-x + 1)(x^2 - x + 5)(x^2 - 9) \geq 0$

$f(x) = -x + 1$

$a = -1 < 0$

raiz = 1

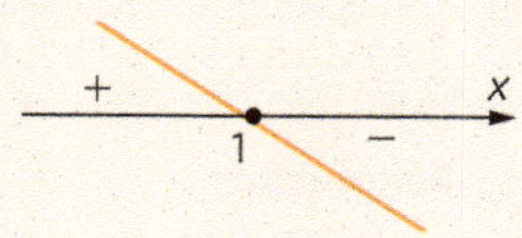

$g(x) = x^2 - x + 5$

$a = 1 > 0$

$\Delta = -19 < 0$

não tem raízes reais

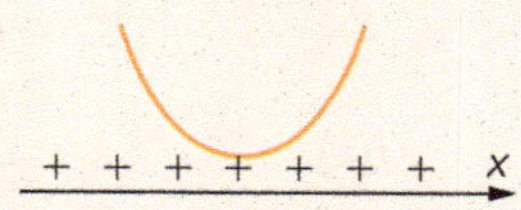

$h(x) = x^2 - 9$

$a = 1 > 0$

$\Delta = 36 > 0$

raízes: $x' = 3$ e $x'' = -3$

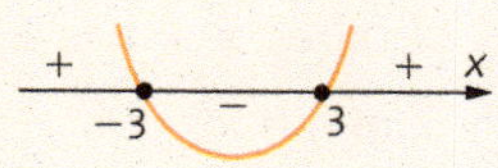

Quadro de resolução:

		–3		1		3	
$f(x)$	+		+		–		–
$g(x)$	+		+		+		+
$h(x)$	+		–		–		+
$f(x) \cdot g(x) \cdot h(x)$	+		–		+		–

Logo, $S = \{x \in \mathbb{R} \mid x \leq -3 \text{ ou } 1 \leq x \leq 3\}$.

Exercícios

89. Determine o conjunto solução da inequação $(-x^2 - x + 6)(x^2 - 4x) \geq 0$ em $\mathbb{R}$.

90. Para quais valores reais de x o produto $(x^2 - 5x + 6)(x^2 - 16)$ é positivo?

91. Quais os números inteiros positivos que pertencem ao conjunto solução da inequação $(x^2 - 2x - 15)(-x + 2) > 0$?

Inequação-quociente

Desigualdades como estas:

- $\dfrac{f(x)}{g(x)} > 0$
- $\dfrac{f(x)}{g(x)} < 0$
- $\dfrac{f(x)}{g(x)} \geqslant 0$
- $\dfrac{f(x)}{g(x)} \leqslant 0$

são denominadas **inequações-quociente**.

> **Fique atento!**
> A regra de sinal para o cálculo do quociente de dois números reais é a mesma que para o cálculo do produto, e uma fração se anula quando o numerador é zero e o denominador é diferente de zero.

Exercício resolvido

34. Resolva as inequações a seguir em $\mathbb{R}$:

a) $\dfrac{x^2 - 8x + 12}{x^2 - 9} \leqslant 0$

b) $\dfrac{x^2 + 5x}{x + 1} < 3$

c) $\dfrac{(x - 4)(x^2 - 25)}{-x^2 + 5x - 4} \geqslant 0$

> **Fique atento!**
> Analise com atenção o significado das flechas, das bolinhas vazias (○), das bolinhas cheias (●) e do traço mais forte nos dispositivos práticos.

Resolução

a) $\dfrac{x^2 - 8x + 12}{x^2 - 9} \leqslant 0$

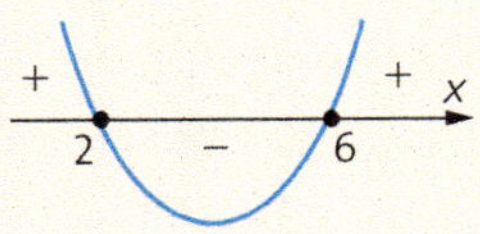

$f(x) = x^2 - 8x + 12$
$a = 1 > 0$
$\Delta = 16; \Delta > 0$
raízes: $x' = 6$ e $x'' = 2$

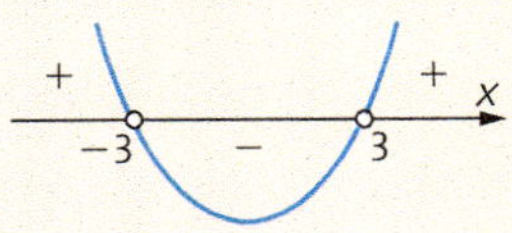

$g(x) = x^2 - 9$
$a = 1 > 0$
$\Delta = 36; \Delta > 0$
raízes: $x' = 3$ e $x'' = -3$

Restrição: $x^2 - 9 \neq 0 \Rightarrow x \neq 3$ e $x \neq -3$

Quadro de resolução:

	$x < -3$	−3 (○)	$-3 < x < 2$	2 (●)	$2 < x < 3$	3 (○)	$3 < x < 6$	6 (●)	$x > 6$
$f(x)$	+		+		−		−		+
$g(x)$	+		−		−		+		+
$\dfrac{f(x)}{g(x)}$	+		−		+		−		+

$S = \{x \in \mathbb{R} \mid -3 < x \leqslant 2 \text{ ou } 3 < x \leqslant 6\}$

b) $\dfrac{x^2 + 5x}{x + 1} < 3$

Neste caso, vamos obter a inequação-quociente equivalente fazendo as transformações necessárias.

$$\frac{x^2 + 5x}{x + 1} - 3 < 0 \Rightarrow \frac{x^2 + 5x - 3(x + 1)}{x + 1} < 0 \Rightarrow$$

$$\Rightarrow \frac{x^2 + 2x - 3}{x + 1} < 0$$

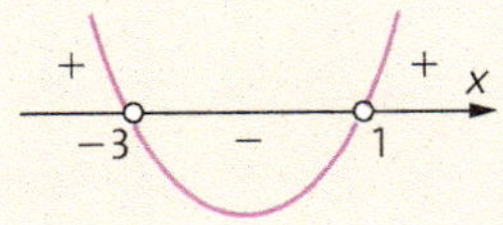

$f(x) = x^2 + 2x - 3$
$a = 1 > 0; a > 0$
$\Delta = 16; \Delta > 0$
raízes: $x' = 1$ e $x'' = -3$

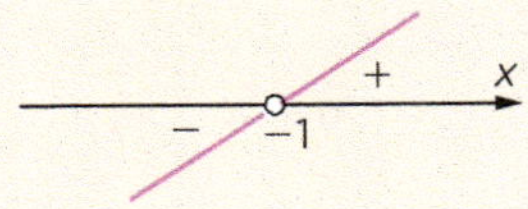

$g(x) = x + 1$
$a = 1 > 0$
raiz: $x = -1$

Restrição: $x + 1 \neq 0 \Rightarrow x \neq -1$

Quadro de resolução:

	$x < -3$	−3 (○)	$-3 < x < -1$	−1 (○)	$-1 < x < 1$	1 (○)	$x > 1$
$f(x)$	+		−		−		+
$g(x)$	−		−		+		+
$\dfrac{f(x)}{g(x)}$	−		+		−		+

$S = \{x \in \mathbb{R} \mid x < -3 \text{ ou } -1 < x < 1\}$

c) $\dfrac{(x - 4)(x^2 - 25)}{-x^2 + 5x - 4} \geqslant 0$

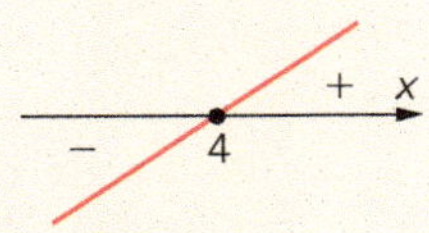

$f(x) = x - 4$
$a = 1 > 0; a > 0$
raiz: $x = 4$

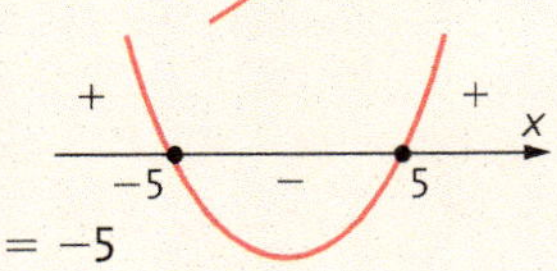

$g(x) = x^2 - 25$
$a = 1 > 0; a > 0$
$\Delta = 100; \Delta > 0$
raízes: $x' = 5$ e $x'' = -5$

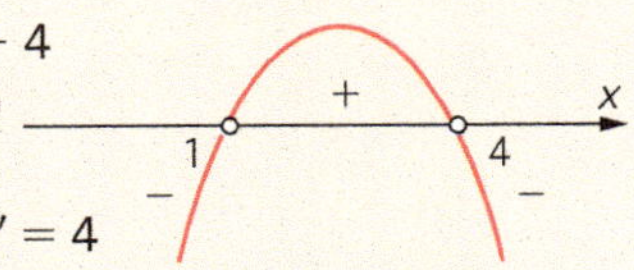

$h(x) = -x^2 + 5x - 4$
$a = -1 < 0; a < 0$
$\Delta = 9; \Delta > 0$
raízes: $x' = 1$ e $x'' = 4$

Restrição: $-x^2 + 5x - 4 \neq 0 \Rightarrow x \neq 1$ e $x \neq 4$

Quadro de resolução:

	$x < -5$	−5 (●)	$-5 < x < 1$	1 (○)	$1 < x < 4$	4 (○)	$4 < x < 5$	5 (●)	$x > 5$
$f(x)$	−		−		−		+		+
$g(x)$	+		−		−		−		+
$h(x)$	−		−		+		−		−
$\dfrac{f(x) \cdot g(x)}{h(x)}$	+		−		+		+		−

$S = \{x \in \mathbb{R} \mid x \leqslant -5 \text{ ou } 1 < x < 4 \text{ ou } 4 < x \leqslant 5\}$

Exercícios

92. Resolva as inequações em $\mathbb{R}$:

a) $\dfrac{x^2 - 5x + 6}{x - 2} > 0$ b) $\dfrac{x^2 - 3x + 2}{x - 4} \leqslant 0$ c) $\dfrac{x^2 - 2}{x} \leqslant 1$ d) $\dfrac{x^2 + x}{x^2 - 1} > 1$

93. Determine os valores reais de x para os quais $\dfrac{x^2 + x}{x - 1} \leqslant 0$.

94. Determine os valores reais de x para os quais a expressão $\dfrac{x^2 - 7x + 12}{x - 2}$ seja positiva.

95. Para quais valores reais de x a desigualdade $\dfrac{x - 3}{x - 2} + 1 \leqslant x$ é verdadeira?

96. Use inequação-produto e depois inequação do 2º grau para resolver de duas formas diferentes a seguinte inequação em $\mathbb{R}$: $(x - 4)(-x + 2) \geqslant 0$.

97. Resolva a inequação $\dfrac{(x^2 - 4x + 3)^7(40 - 5x)^9}{(-x^2 + 6x - 8)^6} \geqslant 0$.

Inequações modulares

Inequações modulares são aquelas que envolvem a incógnita em módulo.

Veja alguns exemplos:

a) $|x| < 7$

b) $|3x - 1| > 4$

c) $|x^2 - 1| > -2$

d) $|x - 3| < x$

Vamos analisar algumas desigualdades que podem ser resolvidas usando apenas a definição de módulo:

I. $|x| \geqslant -4 \Rightarrow S = \mathbb{R}$ (todo número real tem módulo $\geqslant 0$ e, portanto, $\geqslant -4$)

II. $|x| \leqslant -4 \Rightarrow S = \varnothing$ (não existe número real com módulo negativo)

III. $|x| \geqslant 0 \Rightarrow S = \mathbb{R}$

IV. $|x| > 0 \Rightarrow S = \mathbb{R}^*$

V. $|x| < 0 \Rightarrow S = \varnothing$

VI. $|x| \leqslant 0 \Rightarrow S = \{0\}$

VII. $|x| < 4 \Rightarrow S = \{x \in \mathbb{R} \mid -4 < x < 4\}$

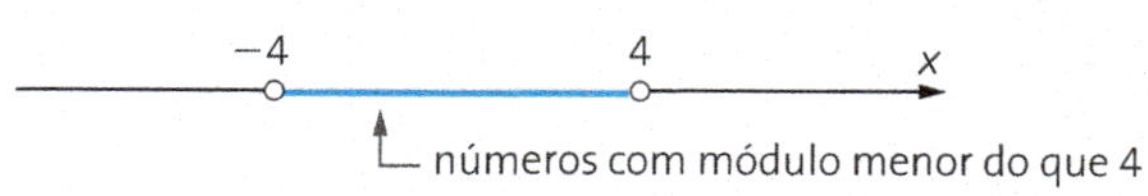

VIII. $|x| > 4 \Rightarrow S = \{x \in \mathbb{R} \mid x < -4 \text{ ou } x > 4\}$

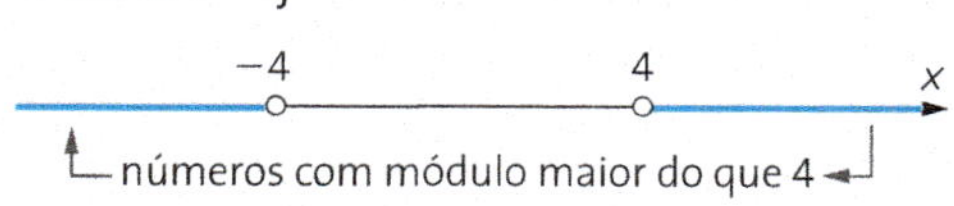

Para refletir
Justifique as conclusões de III, IV, V e VI.

Pelos dois últimos casos (VII e VIII) podemos escrever que:

> Dado o número real $a > 0$, temos:
> $|x| < a \Rightarrow -a < x < a$
> $|x| > a \Rightarrow x < -a$ ou $x > a$

Para refletir
Pense nas soluções das inequações:
• $|x| \leqslant 3$ • $|x| \geqslant 3$

Exercício resolvido

35. Resolva as seguintes inequações em $\mathbb{R}$:

a) $|x - 3| < 7$
b) $|x - 1| \geqslant 5$
c) $|5x - 3| \leqslant -2$
d) $2 < |x - 1| < 4$
e) $|x - 6| \leqslant x$
f) $|x - 3| + |x| > 5$

Resolução

a) $|x - 3| < 7 \Leftrightarrow -7 < x - 3 < 7$ (pela propriedade)
$-7 < x - 3 < 7 \Rightarrow -7 + 3 < x < 7 + 3 \Rightarrow$
$\Rightarrow -4 < x < 10$

Graficamente:

$S = \{x \in \mathbb{R} \mid -4 < x < 10\}$

b) $|x - 1| \geqslant 5 \Leftrightarrow x - 1 \geqslant 5$ ou $x - 1 \leqslant -5$ (pela propriedade)
$x - 1 \geqslant 5 \Rightarrow x \geqslant 6$ (I)
$x - 1 \leqslant -5 \Rightarrow x \leqslant -4$ (II)

Fazendo a união, vamos obter a solução por meio do seguinte quadro:

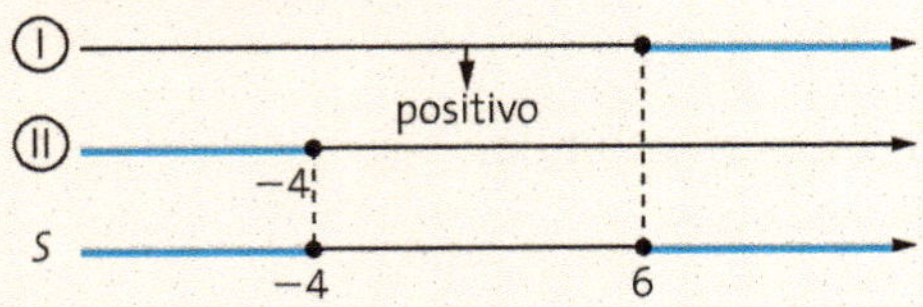

$S = \{x \in \mathbb{R} \mid x \leqslant -4 \text{ ou } x \geqslant 6\}$

c) $|5x - 3| \leqslant -2$
Todo módulo é maior ou igual a zero, portanto nunca pode ser menor ou igual a -2.
Logo, $S = \varnothing$.

d) $2 < |x - 1| < 4$ equivale ao sistema

$$\begin{cases} |x - 1| < 4 & \text{(I)} \\ |x - 1| > 2 & \text{(II)} \end{cases}$$

(I) $|x - 1| < 4 \Leftrightarrow -4 < x - 1 < 4 \Leftrightarrow$
$\Leftrightarrow -4 + 1 < x < 4 + 1 \Leftrightarrow -3 < x < 5$

(II) $|x - 1| > 2 \Leftrightarrow x - 1 > 2$ ou $x - 1 < -2 \Leftrightarrow$
$\Leftrightarrow x > 3$ ou $x < -1$

A solução será dada pela intersecção das duas inequações simultâneas:

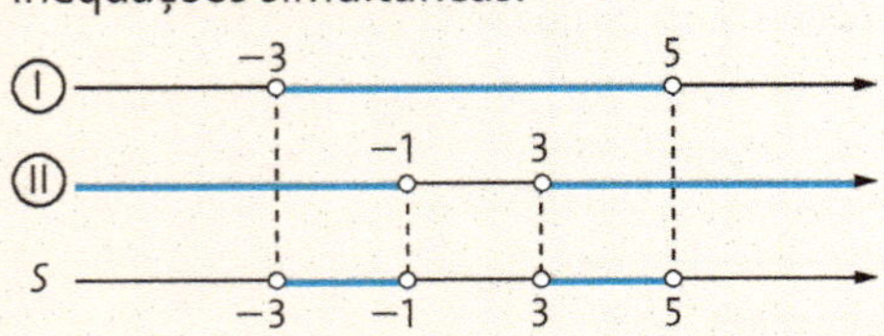

$S = \{x \in \mathbb{R} \mid -3 < x < -1 \text{ ou } 3 < x < 5\}$

> **Para refletir**
> Como seria o conjunto solução:
> a) em $\mathbb{Z}$?
> b) em $\mathbb{N}$?

e) $|x - 6| \leqslant x$
Neste caso temos de resolver a inequação em três situações: para $x < 0$, $x = 0$ e $x > 0$. A solução da inequação será dada pela união das soluções de cada uma.

- $x < 0 \Rightarrow |x - 6| \leqslant x \rightarrow$ não existe valor para x (o módulo nunca é menor ou igual a um número negativo) [x: negativo]
  $S_1 = \varnothing$
- $x = 0 \Rightarrow |0 - 6| \leqslant 0 \Rightarrow 6 \leqslant 0$ (impossível)
  $S_2 = \varnothing$
- $x > 0 \Rightarrow |x - 6| \leqslant x \Rightarrow -x \leqslant x - 6 \leqslant x \Rightarrow$ [x: positivo]

$$\Rightarrow \begin{cases} x - 6 \geqslant -x \Rightarrow x \geqslant 3 \\ x - 6 \leqslant x \Rightarrow 0 \leqslant 6 \Rightarrow x \in \mathbb{R} \end{cases}$$

As condições $x > 0$, $x \geqslant 3$ e $x \in \mathbb{R}$ simultaneamente nos dão $S_3 = \{x \in \mathbb{R} \mid x \geqslant 3\}$.
Temos então $S_1 = \varnothing$, $S_2 = \varnothing$ e
$S_3 = \{x \in \mathbb{R} \mid x \geqslant 3\}$.
A solução da inequação é dada por
$S = S_1 \cup S_2 \cup S_3 = \{x \in \mathbb{R} \mid x \geqslant 3\}$.

f) $|x - 3| + |x| > 5$

- $f(x) = x - 3$

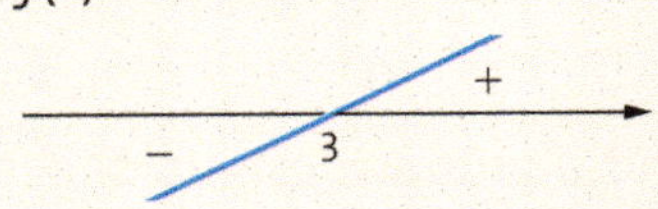

$x \geqslant 3 \Rightarrow x - 3 \geqslant 0 \Rightarrow |x - 3| = x - 3$
$x < 3 \Rightarrow x - 3 < 0 \Rightarrow |x - 3| = -x + 3$

- $g(x) = x$

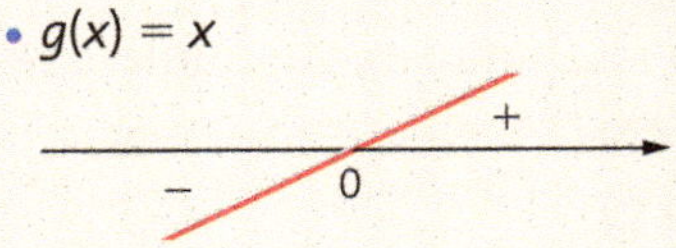

$x \geqslant 0 \Rightarrow |x| = x$
$x < 0 \Rightarrow |x| = -x$

Então:

- $x < 0 \Rightarrow \begin{cases} |x - 3| = -x + 3 \\ |x| = x \end{cases} \Rightarrow$
  $\Rightarrow -x + 3 - x > 5 \Rightarrow -2x > 2 \Rightarrow x < -1$
  $S_1 = \{x \in \mathbb{R} \mid x < -1\}$
- $0 \leqslant x < 3 \Rightarrow \begin{cases} |x - 3| = -x + 3 \\ |x| = x \end{cases} \Rightarrow$
  $\Rightarrow -x + 3 + x > 5 \Rightarrow 3 > 5$ (impossível)
  $S_2 = \varnothing$
- $x \geqslant 3 \Rightarrow \begin{cases} |x - 3| = x - 3 \\ |x| = x \end{cases} \Rightarrow x - 3 + x > 5 \Rightarrow$
  $\Rightarrow 2x > 8 \Rightarrow x > 4$
  $S_3 = \{x \in \mathbb{R} \mid x > 4\}$

Logo:
$S = S_1 \cup S_2 \cup S_3 = \{x \in \mathbb{R} \mid x < -1 \text{ ou } x > 4\}$

Exercícios

98. Resolva em $\mathbb{R}$:

a) $|2x - 5| > 3$

b) $|3x + 1| \leq 10$

c) $|x - 3| \leq -1$

d) $|2x - 3| > x$

99. Resolva a inequação $|2x - 6| < 4$ em $\mathbb{Z}$.

100. Determine os valores reais de x para os quais $|x^2 - 4| < 3x$.

101. Resolva o sistema:

$$\begin{cases} |x| > 4 \\ |2 - x| < 3 \end{cases}$$

(*Sugestão*: Resolva cada equação do sistema e depois faça a intersecção das soluções de cada uma.)

Aplicação da resolução de inequações modulares

Podemos determinar o domínio de algumas funções aplicando a resolução de inequações modulares.

Exercício resolvido

36. Determine o domínio das funções:

a) $f(x) = \dfrac{1}{|x - 2| - 3}$

b) $f(x) = \sqrt{5 - |x - 3|}$

Resolução

a) $\dfrac{1}{|x - 2| - 3}$ só é possível em $\mathbb{R}$ se:

$|x - 2| - 3 \neq 0$

Então:

$|x - 2| - 3 \neq 0 \Rightarrow |x - 2| \neq 3 \Rightarrow x - 2 \neq 3$ e $x - 2 \neq -3 \Rightarrow x \neq 5$ e $x \neq -1$

Logo, $D(f) = \{x \in \mathbb{R} \mid x \neq 5$ e $x \neq -1\}$.

b) $\sqrt{5 - |x - 3|}$ só é possível em $\mathbb{R}$ se:

$5 - |x - 3| \geq 0$

$5 - |x - 3| \geq 0 \Rightarrow -|x - 3| \geq -5 \Rightarrow |x - 3| \leq 5 \Rightarrow$

$\Rightarrow -5 \leq x - 3 \leq 5 \Rightarrow -5 + 3 \leq x \leq 5 + 3 \Rightarrow -2 \leq x \leq 8$

Logo, $D(f) = \{x \in \mathbb{R} \mid -2 \leq x \leq 8\}$.

Para refletir

Por que de $|x - 2| \neq 3$ deduzimos $x - 2 \neq 3$ e $x - 2 \neq -3$ e não $x - 2 \neq 3$ ou $x - 2 \neq -3$?

Exercícios

102. Explicite o domínio D das seguintes funções:

a) $f(x) = \dfrac{1}{|x| - 10}$

b) $g(x) = \sqrt{2 - |x + 1|}$

c) $h(x) = \sqrt{|x - 1| - 1}$

d) $i(x) = \dfrac{x}{\sqrt{|x| - 3}}$

103. Usando as funções f, g, h e i do exercício anterior, calcule se existir:

a) $f(0)$;

b) $f(1)$;

c) $f(-9)$;

d) $g(-2)$;

e) $h(11)$;

f) $i(1)$;

g) $i(4)$;

h) x tal que $h(x) = 3$.

11 Outros problemas envolvendo equação do 2º grau e função quadrática

Exercícios

104. A despesa total de um condomínio é de R$ 3 600,00. No entanto, 10 condôminos deixaram de pagar, ocasionando um acréscimo de R$ 60,00 para cada condômino. Quantos são os condôminos no total e quanto cada um dos pagantes desembolsou?

105. Dois amigos levam juntos 24 horas para descarregar um trem carregado de farinha. Se os dois trabalhassem sozinhos, um deles levaria 20 horas a menos do que o outro para descarregar a farinha. Em quanto tempo cada um deles descarregaria o trem?

106. Duas torneiras enchem uma piscina em 18 horas. Uma delas, sozinha, levaria 15 horas a mais do que a outra para enchê-la. Quantas horas leva cada uma das torneiras para encher essa piscina?

107. Define-se custo médio de produção $C_m(x)$ o valor de produção de uma peça de um lote de x peças. Assim, o custo médio é calculado dividindo-se o custo total pelo número de peças produzidas: $C_m(x) = \dfrac{C(x)}{x}$. Se o custo médio de produção de certa mercadoria é dado por $C_m(x) = -x + 3 + \dfrac{10}{x}$ e a função receita é dada por $R(x) = 10x - 2x^2$ (x é dado em milhares):

a) obtenha o número de peças a serem produzidas para que o lucro seja máximo;

b) classifique a função C_m quanto ao crescimento no intervalo [1, 4]. O que você pode concluir após analisar o crescimento da função?

108. Considere a função de $\mathbb{R}_+$ em $\mathbb{R}$ definida por $f(x) = \sqrt{x}$ e o ponto $A\left(\dfrac{9}{2}, 0\right)$. Qual é o ponto da curva definida por $f(x) = \sqrt{x}$ que tem a menor distância ao ponto A?

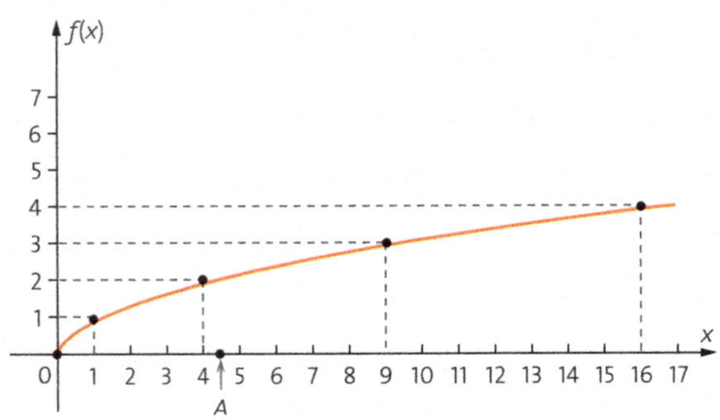

109. Um restaurante a quilo vende 100 kg de comida por dia, a 12 reais o quilo. Uma pesquisa de opinião revelou que, para cada real de aumento no preço, o restaurante perderia 10 clientes, com um consumo médio de 500 g cada. Qual deve ser o valor do quilo de comida para que o restaurante tenha a maior receita possível?

Extraído de: *Coleção do Professor de Matemática*. Rio de Janeiro: SBM. v. 1.

110. O **sequestro de carbono** é a absorção de grandes quantidades de gás carbônico (CO_2) presentes na atmosfera. A forma mais comum de sequestro de carbono é naturalmente realizada pelas florestas. Na fase de crescimento, as árvores demandam uma quantidade muito grande de carbono para se desenvolver e acabam tirando esse elemento do ar. Esse processo natural ajuda a diminuir consideravelmente a quantidade de CO_2 na atmosfera: cada hectare de floresta em desenvolvimento é capaz de absorver nada menos que 150 a 200 toneladas de carbono. É por essas e outras que o plantio de árvores é uma das prioridades para a diminuição de poluentes na atmosfera terrestre. "A recuperação de áreas plantadas, que foram degradadas durante décadas pelo homem, é uma das possibilidades mais efetivas para ajudar a combater o aquecimento global", afirma Carlos Joly, do Instituto de Biologia da Unicamp.

Superinteressante, São Paulo: Abril, edição 247, dez. 2007. Disponível em: <super.abril.com.br/superarquivo/2007/conteudo_556026.shtml>. Acesso em: 24 fev. 2014.

Consideremos que, em uma determinada região, a função f que fornece o acréscimo do sequestro anual de CO_2 da atmosfera (em milhões de toneladas) em função do tempo (em anos) seja dada por: $f(t) = -\dfrac{t^2}{135} + \dfrac{16t}{27} + \dfrac{85}{27}$. Considere $t = 0$ para o ano 2000, $t = 1$ para 2001, e assim por diante. Por exemplo, no ano de 2040 o acréscimo do sequestro de carbono será de $f(40) = 15$ milhões de toneladas. De acordo com essa fórmula, o acréscimo máximo do sequestro anual de carbono nessa região será, em milhões de toneladas, de:

a) 15.

b) 16.

c) 17.

d) 18.

e) 19.

12 Conexão entre função quadrática e Física

Movimento uniformemente variado (MUV)

O movimento uniformemente variado (MUV) é caracterizado pela função quadrática:

$$f(t) = \frac{1}{2}at^2 + bt + c$$

que fornece a posição de um objeto em um certo instante t.

Nesse caso, a é a **aceleração**, b é a **velocidade inicial** (quando $t = 0$) e c é a **posição inicial** do objeto.

A representação gráfica do movimento uniformemente variado é uma parábola. Se a aceleração for positiva, a concavidade da parábola é voltada para cima e, se a aceleração for negativa, a concavidade é voltada para baixo.

Sabemos que velocidade escalar média (v) em um intervalo de tempo é igual a:

$$\frac{\text{variação do espaço}(\Delta s)}{\text{tempo de percurso}(\Delta t)}$$

No caso do movimento de um objeto dado por uma função f, temos que sua velocidade média no intervalo $[t, t + h]$ é dada por:

$$v = \frac{f(t + h) - f(t)}{h}$$

Para $f(t) = \frac{1}{2}at^2 + bt + c$, temos:

$$f(t + h) = \frac{1}{2}a(t + h)^2 + b(t + h) + c = \frac{1}{2}at^2 + ath + \frac{1}{2}ah^2 + bt + bh + c$$

e

$$f(t + h) - f(t) = \cancel{\frac{1}{2}at^2} + ath + \frac{1}{2}ah^2 + \cancel{bt} + bh + \cancel{c} - \cancel{\frac{1}{2}at^2} - \cancel{bt} - \cancel{c} = ath + \frac{1}{2}ah^2 + bh$$

Assim:

$$\frac{f(t + h) - f(t)}{h} = \frac{ah + \frac{1}{2}ah^2 + bh}{h} = at + \frac{1}{2}ah + b$$

Se tomarmos h cada vez menor, o valor da velocidade média se aproximará de $at + b$. Daí dizermos que $v(t) = at + b$ é a velocidade do ponto (no MUV) no instante t.

Observe que, se $t = 0$, $v(0) = b$. É por isso que chamamos b de velocidade inicial.

Na função afim $v(t) = at + b$, a constante a (aceleração) é a taxa de variação da velocidade. Como ela é constante, o movimento chama-se uniformemente variado.

Fique atento!
Um movimento é uniforme quando a velocidade média tem o mesmo valor, qualquer que seja o intervalo de tempo considerado.

Exercícios resolvidos

37. Um automóvel viaja com velocidade de 108 km/h (ou seja, 30 m/s) em um trecho retilíneo de uma estrada quando, subitamente, o motorista vê um acidente na pista. Entre o instante em que o motorista avista o acidente e aquele em que começa a frear, o carro percorre 20 m. Se o motorista frear o carro à taxa constante de 5,0 m/s^2 mantendo-o em sua trajetória retilínea, ele só evitará o acidente se o tiver percebido a, no mínimo, qual distância?

Resolução

1ª maneira:

Como o carro freia com aceleração constante de 5 m/s^2, podemos escrever sua aceleração como sendo $a = -5\ m/s^2$. Assim, o tempo de frenagem será dado por:

$$a = \frac{\Delta v}{\Delta t} \Rightarrow -5 = \frac{-30}{\Delta t} \Rightarrow \Delta t = \frac{-30}{-5} = 6\ s$$

Como a distância percorrida é dada por

$S = \frac{at^2}{2} + v_0t + s_0$ e temos que $s_0 = 20$ m,

$v_0 = 30$ m/s, $t = 6$ s, $a = -5\ m/s^2$, calculamos S:

$$S = \frac{(-5)6^2}{2} + 30 \cdot 6 + 20 = -90 + 180 + 20 = 110$$

Logo, $S = 110$ m.

2ª maneira:

Construímos o gráfico da velocidade × tempo.

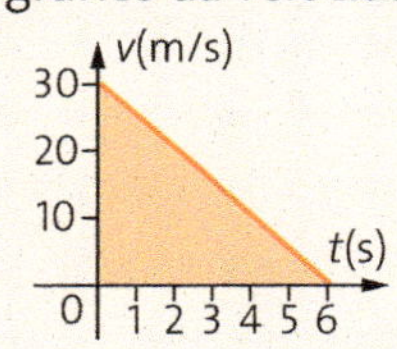

Pode-se provar que a superfície compreendida entre o gráfico e os eixos coordenados tem **área *A* numericamente igual ao deslocamento *S*** $\left(\text{basta observar que } A = vt, \text{ mas } v = \frac{S}{t}. \text{ Assim, } \frac{S}{\not t} \cdot \not t, \text{ ou seja, } A = S\right)$.

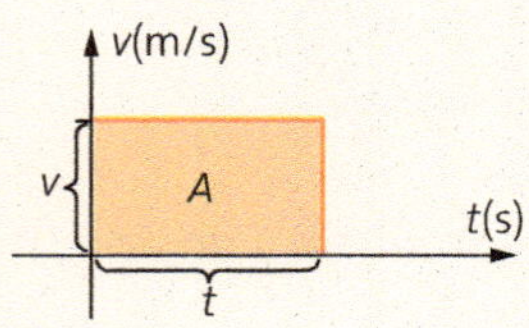

Nesse caso,

$$S = \frac{\text{base} \cdot \text{altura}}{2} = \frac{60 \cdot 30}{2} = 90. \text{ Logo, } S = 90\ m.$$

Como o automóvel percorre uma distância de 20 m, antes de acionar os freios, a distância total percorrida será de $D = 20\ m + 90\ m = 110$ m.

Portanto, o motorista só evitará o acidente caso o tenha avistado a pelo menos 110 m de distância.

38. Um automóvel, partindo do repouso, mantém aceleração constante de 4 m/s^2 durante 5 s. A partir daí, mantém velocidade constante durante 10 s, quando começa a frear, variando sua velocidade em 4 m/s a cada segundo, até parar. Calcule:

a) a distância total percorrida pelo automóvel durante todo o seu percurso;

b) a velocidade média desse automóvel durante esse intervalo de tempo.

Resolução

a) *1ª maneira:*

Neste caso temos três tipos de movimentos independentes: na primeira parte, o automóvel mantém velocidade variável com aceleração constante (MUV – movimento uniformemente variado). Na segunda parte ele mantém velocidade constante (MU – movimento uniforme). E, finalmente, na terceira parte ele volta a acelerar (MUV). Assim, temos:

Parte 1: movimento uniformemente variado (acelerado)

Temos:

$v_0 = 0$

$t = 5$ s

$a = 4\ m/s^2$

$s_0 = 0$

Então:

$$S_1(t) = \frac{at^2}{2} + v_0t + s_0 \Rightarrow$$

$$\Rightarrow S_1(5) = \frac{4 \cdot 5^2}{2} + 0 \cdot 5 + 0 = \frac{4 \cdot 25}{2} = 50$$

Assim, $S_1 = 50$ m.

Como $v = v_0 + at$, temos $v_1 = 0 + 4 \cdot 5 = 20$.

Logo, $v_1 = 20$ m/s.

Parte 2: movimento uniforme

Temos:

v = constante

$t = 10$ s

$s_0 = 0$

Mas $S_2(t) = s_0 + vt$.

Como $v = v_1 = 20$ m/s, vem:

$S_2 = 0 + 20 \cdot 10 = 200$

Logo, $S_2 = 200$ m.

Parte 3: movimento uniformemente variado (retardado)

Temos:

$a = -4\ m/s^2$ (movimento retardado)

$v_0 = 20$ m/s

$v = 0$ m/s

$s_0 = 0$

Então:

$$a = \frac{\Delta v}{\Delta t} = \frac{v - v_0}{t - t_0} \Rightarrow -4 = \frac{-20}{t} \Rightarrow t = 5\,s$$

$$S_3(t) = \frac{at^2}{2} + v_0 t + s_0 \Rightarrow$$

$$\Rightarrow S_3(5) = \frac{-4 \cdot 5^2}{t} + 20 \cdot 5 + 0 = -50 + 100 = 50$$

Logo, $S_3 = 50$ m.

Para calcular a distância total percorrida, devemos somar todos os deslocamentos:

$S = S_1 + S_2 + S_3$

Logo, $S = 50 + 200 + 50 = 300$, ou seja, $S = 300$ m.

2ª maneira:

Lembrando que em um gráfico da velocidade por tempo a área da superfície compreendida entre o gráfico e os eixos coordenados é numericamente igual ao deslocamento, temos neste caso:

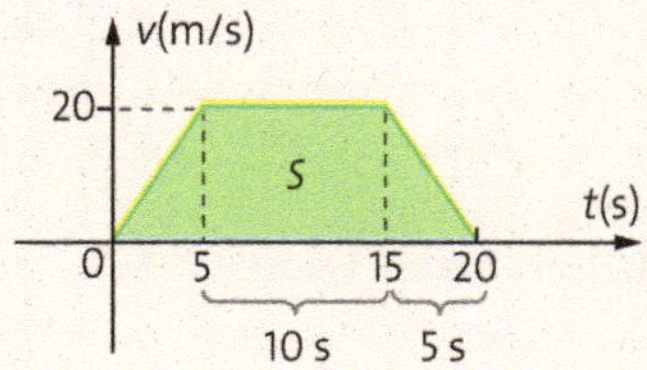

Área do trapézio: $A = \frac{(B + b)a}{2}$; $B = 20$, $b = 10$ e $a = 20$.

$$A = \frac{(20 + 10)20}{2} = \frac{600}{2} = 300$$

Portanto, $S = 300$ m.

b) Vamos calcular a velocidade média desse automóvel durante esse intervalo de tempo.

1ª maneira:

$$v_m = \frac{S}{t} = \frac{300\,m}{20\,s} = 15\,m/s, \text{ ou seja,}$$

$v_m = 15$ m/s.

2ª maneira:

$$v_m = \frac{300\,m}{20\,s} = 15\,m/s, \text{ ou seja, } v_m = 15\,m/s.$$

39. Uma partícula está em movimento sobre um eixo a partir do ponto de abscissa -12, com velocidade inicial de 7 m/s e aceleração constante de -2 m/s². Em quanto tempo a trajetória mudará de sentido?

Resolução

1ª maneira:

A trajetória da partícula é dada em função do tempo por:

$$f(t) = \frac{1}{2}at^2 + bt + c$$

Nesse caso, $a = -2$, $b = 7$ e $c = -12$. Assim, temos:

$f(t) = -t^2 + 7t - 12$

Ponto de máximo:

$$t = -\frac{b}{2a} = \frac{-7}{-2} = 3{,}5$$

2ª maneira:

Nesse instante, a velocidade é zero, ou seja, $v(t) = 0$.

Então:

$v(t) = at + b \Rightarrow 0 = -2t + 7 \Rightarrow t = 3{,}5$ s

Portanto, depois de 3,5 s a partícula mudará de sentido.

Exercícios

111. Uma partícula é colocada em movimento sobre um eixo. Calcule em quanto tempo a trajetória mudará de sentido nos seguintes casos:

a) a posição inicial é igual a -3, a velocidade inicial é de 4 m/s e a aceleração constante é de -2 m/s²;

b) a posição inicial é igual a -16, a velocidade inicial é de 12 m/s e a aceleração constante é de -4 m/s²;

c) a posição inicial é igual a 15, a velocidade inicial é de -8 m/s e a aceleração constante é de 2 m/s²;

d) a posição inicial é igual a -36, a velocidade inicial é de -18 m/s e a aceleração constante é de 4 m/s².

112. Um automóvel, partindo do repouso, mantém aceleração constante de 5 m/s² durante 8 s. A partir daí, mantém velocidade constante durante 20 s, quando começa a acelerar novamente, variando sua velocidade em 5 m/s, a cada segundo, até atingir a velocidade de 80 m/s. Calcule a distância total percorrida pelo automóvel durante todo o seu percurso.

113. Partindo do repouso, um avião percorre a pista de decolagem com aceleração constante e atinge a velocidade de 360 km/h (100 m/s) em 20 s. Calcule:

a) o valor da aceleração desse avião (m/s²);

b) o comprimento mínimo da pista de decolagem para que o avião consiga decolar.

Jamie Cross/Shutterstock/Glow Images

Avião na pista de decolagem.

13 Conexão entre função quadrática e progressão aritmética

Já vimos no capítulo anterior que uma função afim $f(x) = ax + b$ transforma uma progressão aritmética em uma outra progressão aritmética. Vimos também que essa propriedade caracteriza a função afim, ou seja, se uma função tem essa propriedade, ela é considerada afim e, reciprocamente, se ela for afim, terá essa propriedade.

Vejamos agora o que ocorre com a função quadrática.

Consideremos a função quadrática $f(x) = x^2$ e a progressão aritmética:

$$1, 3, 5, 7, 9, 11, ..., 2n + 1, ...$$

e vejamos o que ocorre com:

- $f(1) = 1$
- $f(3) = 9$
- $f(5) = 25$
- $f(7) = 49$
- $f(9) = 81$
- $f(11) = 121$
- ...
- $f(2n - 1) = 4n^2 - 4n + 1$
- $f(2n + 1) = 4n^2 + 4n + 1$

Assim, obtemos a sequência:

$$1, 9, 25, 49, 81, 121, ..., 4n^2 - 4n + 1, 4n^2 + 4n + 1, ...$$

Essa nova sequência não é uma progressão aritmética, pois a diferença entre dois termos consecutivos não é constante. Mas, se tomarmos as diferenças entre os termos consecutivos dessa nova sequência, teremos:

$$8, 16, 24, 32, 40, ..., 8n, ...$$

que é uma progressão aritmética de razão 8.

É possível provar que isso ocorre não só com a função quadrática mais simples, $f(x) = x^2$, mas com qualquer função quadrática $f(x) = ax^2 + bx + c, a \neq 0$. Essa propriedade caracteriza a função quadrática, ou seja, se f é uma função quadrática, então ela transforma uma PA em uma sequência cujas diferenças dos termos consecutivos formam uma PA. E, reciprocamente, se uma função transforma uma PA em uma sequência cujas diferenças dos termos consecutivos também formam uma PA, então essa função é uma função quadrática.

Exercícios

114. Dada a progressão aritmética 1, 2, 3, 4, 5, ..., n, $n + 1$, ... e a função quadrática $f(x) = x^2 + 1$, verifique que a sequência formada pela diferença dos termos consecutivos de $f(1)$, $f(2)$, $f(3)$, $f(4)$, $f(5)$, ..., $f(n)$, $f(n + 1)$, ... é uma PA.

115. Dada a progressão aritmética 1, 3, 5, 7, 9, 11, ..., $2n + 1$, ... e a função quadrática $f(x) = x^2 - 2x + 1$, verifique que a sequência formada pela diferença dos termos consecutivos de $f(1)$, $f(3)$, $f(5)$, $f(7)$, $f(9)$, $f(11)$, ..., $f(2n - 1)$, $f(2n + 1)$, ... é uma PA.

116. É possível provar que, se r é a razão da primeira PA, então a razão da última PA será $2ar^2$. Constate esse fato nos dois exercícios anteriores.

117. Dada a progressão aritmética 1, 4, 7, 10, 13, 16, ..., $3n + 1$, ... e a função quadrática $f(x) = 4x^2 - 4x + 1$:

a) verifique que a sequência formada pela diferença dos termos consecutivos de $f(1)$, $f(4)$, $f(7)$, $f(10)$, $f(13)$, $f(16)$, ..., $f(3n + 1)$, ... é uma PA;

b) determine as razões da primeira e da última PA. Constate que, se r é a razão da primeira PA, a razão da última pode ser encontrada por $2ar^2$.

Atividades adicionais

1. As seguintes funções são definidas em $\mathbb{R}$. Verifique quais delas são funções quadráticas e identifique em cada uma os valores de *a*, *b* e *c*:
   a) $f(x) = (x + 2)^2 - x(x + 1)$
   b) $f(x) = (x + 1)^2 - 2(x + 1)$
   c) $f(x) = 2(x + 1)^2$

2. *f* e *g* são duas funções de $\mathbb{R}$ em $\mathbb{R}$ definidas por $f(x) = x^2 - 3x + 10$ e $g(x) = x^2 - 5x$. Determine o valor de $r \in \mathbb{R}$ tal que $f(r) = g(r)$.

3. O espaço percorrido por um corpo em queda livre, em função do tempo de queda, é dado por $S(t) = 4{,}9t^2$. Se um corpo está em queda livre:
   a) Qual é o espaço, em metros, que ele percorre após 3 s?
   b) Em quanto tempo ele percorre 122,5 m?

4. O impacto de colisão *I* (energia cinética) de um automóvel com massa *m* e velocidade *v* é dado pela fórmula $I = kmv^2$. Se a velocidade triplica, o que acontece ao impacto de colisão de um carro de 1000 kg?

5. Sendo $r = f(0)$ para a função $f(x) = -3x + 2$ e $s = g(0)$ para a função $g(x) = 4x^2 - 4x + 1$, determine o valor de $r + s$.

6. Prove que não existe um número real *x*, $x \neq 0$, tal que a soma dele com seu inverso seja 1.

7. Determine o valor de *m* para que a função $f(x) = 4x^2 - 4x - m$ tenha zero real duplo.

8. Determine o valor positivo de *m* para que a equação $mx^2 - (m + 1)x + 1 = 0$ tenha uma raiz igual à quarta parte da outra.

9. Escreva na forma fatorada as seguintes equações do 2º grau:
   a) $x^2 - 7x + 12 = 0$
   b) $x^2 - x - 2 = 0$
   c) $6x^2 - 5x + 1 = 0$
   d) $10x^2 - 3x - 1 = 0$

10. A distância entre duas cidades *A* e *B* é de aproximadamente 240 km. Aline percorreu essa distância em determinado tempo. Ela disse a um colega que dirigiu com muita cautela devido à chuva que havia caído durante o percurso. Como professora de Matemática, ela disse também que, se tivesse aumentado sua velocidade média em 20 km/h, teria feito o mesmo percurso em 1 hora a menos.
    a) Qual foi o tempo que a professora Aline gastou para fazer o percurso entre as cidades *A* e *B*?
    b) Qual foi a velocidade média com a qual Aline fez esse percurso?

11. Um campeonato é disputado em dois turnos, ou seja, cada time joga duas vezes com cada um dos outros. O total de partidas é 380. Quantos times disputam esse campeonato?

12. O número máximo de intersecções possíveis (*I*) com *n* retas distintas em um plano é dado pela expressão $I = \dfrac{n^2 - n}{2}$. Examine alguns casos:

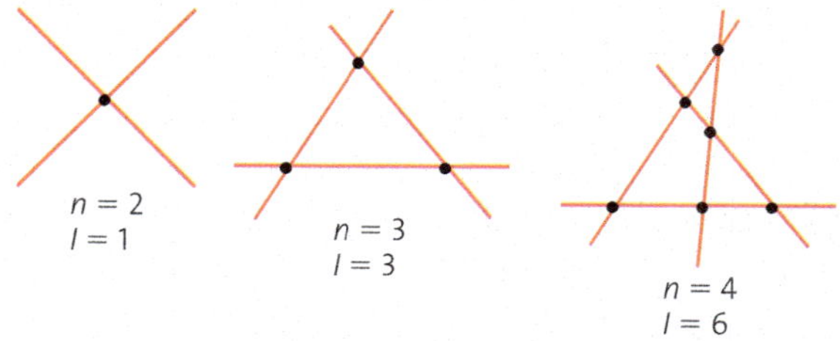

    Qual é o número de retas distintas de um plano, sabendo que o número máximo possível de intersecções entre elas é 15?

13. Em um trapézio, a base maior mede 10 cm e a base menor tem o dobro da altura. Calcule a medida da base menor sabendo que a área da região determinada por esse trapézio é de 36 cm².

14. Determine o eixo, o vértice, o foco e a diretriz de cada uma das parábolas dadas pelas funções quadráticas:
    a) $f(x) = 2(x - 3)^2 + 4$
    b) $f(x) = -2(x - 3)^2 + 4$
    c) $f(x) = (x + 3)^2$
    d) $f(x) = -\dfrac{1}{2}(x - 1)^2 - 1$
    e) $f(x) = 3(x + 1)^2 + 2$
    f) $f(x) = \dfrac{1}{5}(x - 2)^2 - 3$

15. Quais das funções quadráticas do exercício anterior possuem um ponto máximo e quais têm um ponto mínimo? Quais são esses pontos?

16. Transforme cada função quadrática na forma canônica e determine o eixo, o vértice, o foco e a diretriz de cada uma das parábolas dadas pelas funções quadráticas abaixo.
    a) $f(x) = -3x^2 + 2x - 2$
    b) $f(x) = x^2 - \dfrac{7}{2}x + 3$

17. Qual deve ser o valor de *k* para que a parábola que representa graficamente a função $f(x) = x^2 - 2x + k$ passe pelo ponto $P(2, 5)$?

18. Para que valores de *m* a função $f(x) = x^2 - mx + 49$ admite um zero duplo?

19. Verifique se as seguintes funções admitem valor máximo ou valor mínimo e calcule esse valor:
    a) $f(x) = -3x^2 + 2x$
    b) $f(x) = 2x^2 - 3x - 2$
    c) $f(x) = -4x^2 + 4x - 1$

20. Determine m de modo que o valor máximo da função $f(x) = (m + 3)x^2 + 8x - 1$ seja 3.

21. Determine o conjunto imagem das seguintes funções quadráticas:

a) $f(x) = x^2 - 2x - 3$
b) $f(x) = x^2 - 1$
c) $f(x) = -x^2 + 2x - 2$
d) $f(x) = -x^2 + 4x - 6$

22. Considere a função $f: [-2, 6] \rightarrow \mathbb{R}$, cuja lei de formação é $f(x) = x^2 - 4x + 7$, e determine os valores máximos e mínimos de f e a imagem.

23. Considere a função $f: [1, 3] \rightarrow \mathbb{R}$, cuja lei de formação é $f(x) = -x^2 + 6$, e calcule o valor máximo de f.

24. Deseja-se construir uma casa térrea de forma retangular. O retângulo onde a casa será construída tem 80 m de perímetro. Calcule as dimensões desse retângulo sabendo que a área de sua região deve ser a maior possível.

25. Sabe-se que o lucro total de uma empresa é dado pela fórmula $L = R - C$, em que L é o lucro total, R é a receita total e C é o custo total da produção. Em uma empresa que produziu x unidades, verificou-se que $R(x) = 6\,000x - x^2$ e $C(x) = x^2 - 2\,000x$. Nessas condições, qual deve ser a produção x para que o lucro da empresa seja máximo?

26. Estude o sinal das seguintes funções quadráticas:

a) $f(x) = x^2 - 6x + 8$
b) $f(x) = x^2 - 10x + 25$
c) $f(x) = x^2 + 4x + 8$
d) $f(x) = -4x^2 + 1$

27. Quais os valores reais de x que tornam positiva a função $f(x) = -2x^2 + 5x - 2$?

28. Dada a função $f(x) = x^2 + 1$, quais os valores reais de x para os quais $f(x) > 0$?

29. Determine m de modo que a função $f(x) = x^2 + 4x + 2m$ seja positiva para todo x real.

30. Para todo x real, a função $f(x) = x^2 - 2x - k$ é positiva. Determine os valores de k.

31. Determine os valores reais de m para os quais a função $f(x) = mx^2 + (4m + 2)x + 4m$ é negativa, qualquer que seja x.

32. Resolva os sistemas de inequações, em $\mathbb{R}$:

$$\begin{cases} 3x - 1 > 0 \\ -x - 2 > 0 \end{cases}$$

33. Resolva a inequação $5 - 2x \geqslant 2x - 19$ em $\mathbb{R}$, usando o estudo do sinal da função afim.

34. Resolva, em $\mathbb{R}$, as seguintes inequações:

a) $(1 - 3x)(x + 3) > 0$
b) $\dfrac{x - 2}{x - 5} \leqslant 0$

35. Resolva as seguintes inequações do 2º grau em $\mathbb{R}$:

a) $x(x - 3) + 1 > 5(x - 3)$
b) $(x + 4)(x - 3) \geqslant 14 + (1 - x)(x - 2)$
c) $x(x + 5) + 10 < -x$

36. Resolva as seguintes inequações em $\mathbb{R}$:

a) $(x^2 - 5x)(-x^2 + 3x - 6) > 0$
b) $(x^2 - 2x + 8)(x^2 - 5x + 6)(x^2 - 4) < 0$

37. Dados $f(x) = x^2 - 2x$ e $g(x) = x^2 - 7x + 12$, calcule os valores reais de x para que se tenha $f(x) \cdot g(x) \leqslant 0$.

38. Resolva as inequações em $\mathbb{R}$:

a) $\dfrac{-x^2 + 4x + 5}{x^2 + 2x + 6} < 0$
b) $\dfrac{x^2 - 4}{-x^2 + 3x} \geqslant 0$
c) $\dfrac{3x}{x^2 - 4} < -1$
d) $\dfrac{x}{x + 2} - \dfrac{1}{x} > 0$

39. Dados $f(x) = x^2 - 2x - 3$ e $g(x) = -x^2 + 4$, determine os valores reais de x para os quais $\dfrac{f(x)}{g(x)} > 0$.

40. Resolva a inequação $\dfrac{(x^2 + 2x - 3)(x^2 + 5x + 6)}{-3x - 6} \geqslant 0$ em $\mathbb{R}$.

41. Resolva a inequação $(x^2 - 9)^3(2x - 1)^6 \leqslant 0$ nos reais.

42. Algumas pesquisas constatam que, no início de cada mês, quando recebe o salário, o brasileiro visita os supermercados para abastecer sua despensa. Depois, a quantidade de pessoas que vai às compras passa a diminuir, até aproximar-se o dia 20, quando então ocorre uma ligeira alta em função dos adiantamentos salariais que muitas empresas realizam por volta desse dia. Uma expressão que retrata essa situação pode ser dada pela função $f(x) = 500 + |100 - 5x|$, para $1 \leqslant x \leqslant 30$, em que x representa o dia do mês e $f(x)$ a quantidade de pessoas que visitam o supermercado nesse dia. Considere um supermercado que permanece aberto das 7h até as 22h, todos os dias do mês. Analise as afirmações e indique qual delas é a verdadeira:

a) O maior número de pessoas no supermercado ocorre no dia primeiro de cada mês.
b) No dia 19 de cada mês apenas 40 pessoas vão ao supermercado.
c) Pelo menos em um dia do mês ninguém vai ao supermercado.
d) A quantidade de pessoas que vão ao supermercado nos dias 10 e 20 é igual.
e) A quantidade de pessoas que vão ao supermercado diminui do dia 20 ao dia 30.

Pensando no Enem

Existem no mercado chuveiros elétricos de diferentes potências, que representam consumos e custos diversos. A potência (P) de um chuveiro elétrico é dada pelo produto entre sua resistência elétrica (R) e o quadrado da corrente elétrica (i) que por ele circula. O consumo de energia elétrica (E), por sua vez, é diretamente proporcional à potência do aparelho.

Considerando as características apresentadas, qual dos gráficos a seguir representa a relação entre a energia consumida (E) por um chuveiro elétrico e a corrente elétrica (i) que circula por ele?

a)

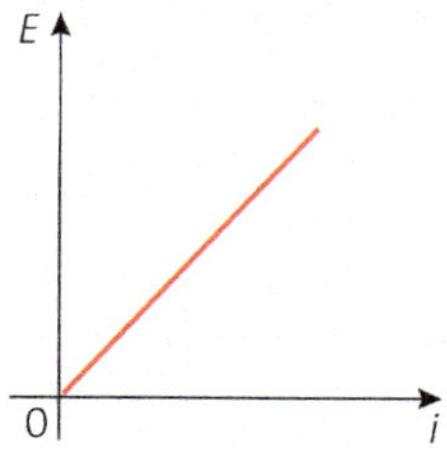

b)

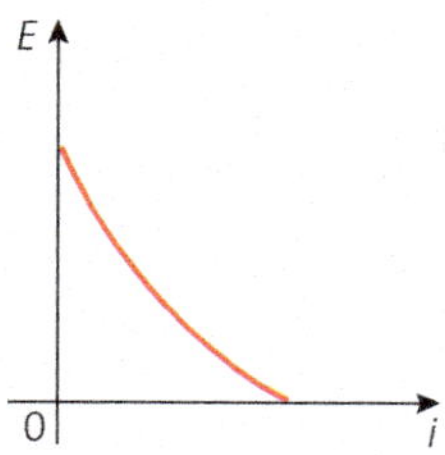

c)

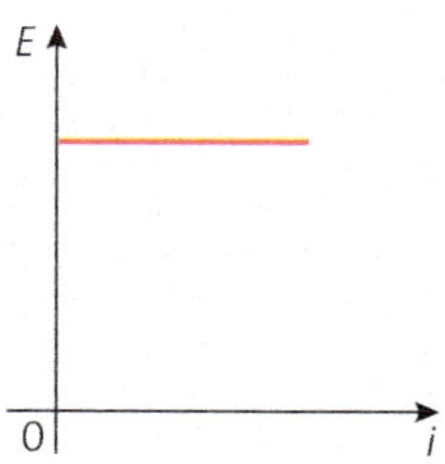

d)

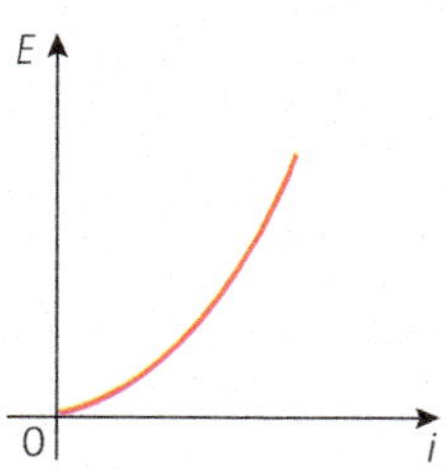

e)

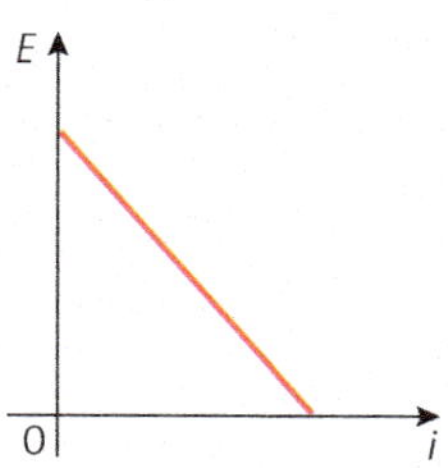

Resolução

Para resolver esse problema é preciso compreender, analisar e relacionar as informações fornecidas no enunciado e os gráficos apresentados.

Observando os gráficos, nos eixos das abcissas (x) e ordenadas (y) se encontram a corrente (i) e a energia (E), respectivamente. Podemos concluir então que eles representam a relação entre a energia em função da corrente.

O próximo passo é utilizar as informações contidas no enunciado para estabelecer a relação entre a energia e a corrente, assim podemos avaliar qual gráfico representa melhor essa relação.

A primeira parte do texto relaciona a potência (P) à sua resistência (R) e à corrente (i), dizendo que: "A potência (P) de um chuveiro elétrico é dada pelo produto entre sua resistência elétrica (R) e o quadrado da corrente elétrica (i) que por ele circula." Lembrando que produto significa multiplicação, podemos escrever a relação: $P = Ri^2$.

A segunda parte do enunciado relaciona o consumo de energia elétrica (E) à potência do aparelho, dizendo que: "O consumo de energia elétrica (E), por sua vez, é diretamente proporcional à potência do aparelho". Dizer que duas grandezas são diretamente proporcionais equivale a dizer que estabelecem uma relação em que ambas se comportam da mesma forma, ou seja, se uma aumenta de valor, a outra também; ou se uma diminui de valor, a outra também. Em outras palavras, a razão entre elas é sempre constante. Assim, podemos escrever: $\frac{P}{E} = k \Rightarrow P = kE$, em que k é a constante de proporcionalidade.

Temos então duas relações: $P = Ri^2$ e $P = kE$.

Podemos então estabelecer a relação $Ri^2 = kE$ ou $E = \frac{R}{k}i^2$, em que a razão $\frac{R}{k}$ será outra constante.

Observamos que a relação entre a energia elétrica (E) e a corrente (i) se relacionam de acordo com uma função quadrática sendo o gráfico que melhor representa essa função o apresentado na alternativa **d**, uma vez que as funções quadráticas são representadas graficamente por parábolas.

Os gráficos das alternativas **a**, **c** e **e** são retas, relacionadas a funções afins, e o gráfico da alternativa **b** representa uma função decrescente, não linear, mas não é uma parábola, podendo também ser descartada.

Resposta: alternativa **d**.

Vestibulares de Norte a Sul

1. **N** (UEA-AM) A parábola ilustrada representa, num sistema de coordenadas cartesianas ortogonais, em que a unidade é o centímetro, o gráfico da função polinomial do 2º grau $y = -\frac{x^2 - 25}{4}$.

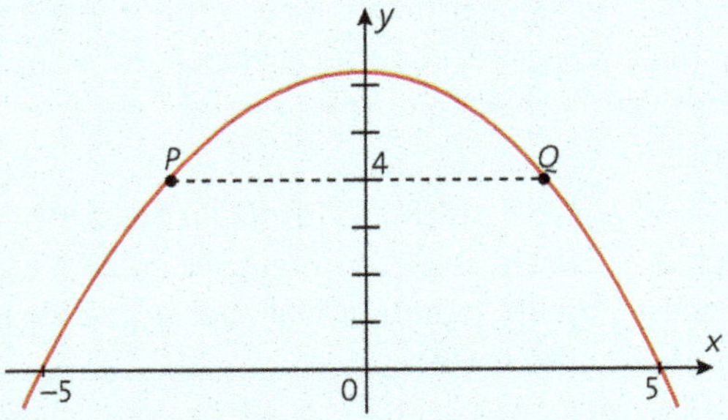

Se P e Q são os dois pontos da parábola de ordenada $y = 4$, a distância entre os pontos P e Q, em centímetros, é:

a) 3.
b) 4.
c) 5.
d) 6.
e) 8.

2. **NE** (Uepa) Um incêndio numa reserva florestal iniciou no momento em que um fazendeiro vizinho à reserva ateou fogo em seu pasto e o mesmo se alastrou. Os prejuízos para o meio ambiente foram alarmantes, pois a área destruída foi crescendo diariamente até que, no 10º dia, tempo máximo de duração do incêndio, foi registrado um total de 16 000 hectares de área dizimada. A figura a seguir é um arco de parábola que representa o crescimento da área dizimada nessa reserva em função do número de dias que durou o incêndio.

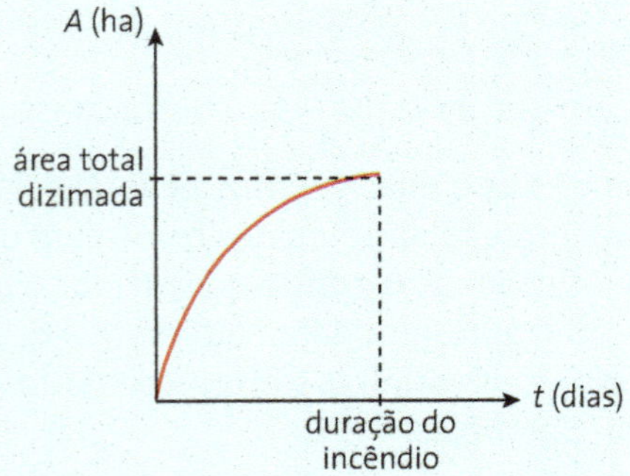

Nestas condições, a expressão que representa a área dizimada A em função do tempo t, em dias, é:

a) $A = -16\,000t^2 + 10t$.
b) $A = 16\,000t^2 - 3\,200t$.
c) $A = -160t^2 + 3\,200t$.
d) $A = 160t^2 - 3\,200t$.
e) $A = 16\,000t^2 - 10t$.

3. **N** (Ufam) As duas raízes da função do 2º grau são $-\frac{1}{2}$ e $\frac{1}{3}$. Então $f(x)$ é igual a:

a) $6x^2 - x - 1$.
b) $6x^2 + x - 1$.
c) $6x^2 - x + 1$.
d) $6x^2 + 2x - 2$.
e) $6x^2 - 2x + 2$.

4. **NE** (UFPB/PSS) A função $L(x) = -100x^2 + 1200x - 2700$ representa o lucro de uma empresa, em milhões de reais, onde x é a quantidade de unidades vendidas. Nesse contexto, considere as seguintes afirmações:

I. Se vender apenas 2 unidades, a empresa terá lucro.
II. Se vender exatamente 6 unidades, a empresa terá lucro máximo.
III. Se vender 15 unidades, a empresa terá prejuízo.

Está(ão) correta(s) apenas:

a) I.
b) II.
c) III.
d) I e II.
e) II e III.

5. **CO** (UEMS) As informações apresentadas no gráfico estão expressas em linguagem matemática por:

a) $f(x)$ é crescente.
b) Se $x \in [0, 2]$ então $1 \leqslant f(x) \leqslant 7$.
c) $f(x) < 0$.
d) $f(x)$ é decrescente.
e) $f(x)$ é uma função de primeiro grau.

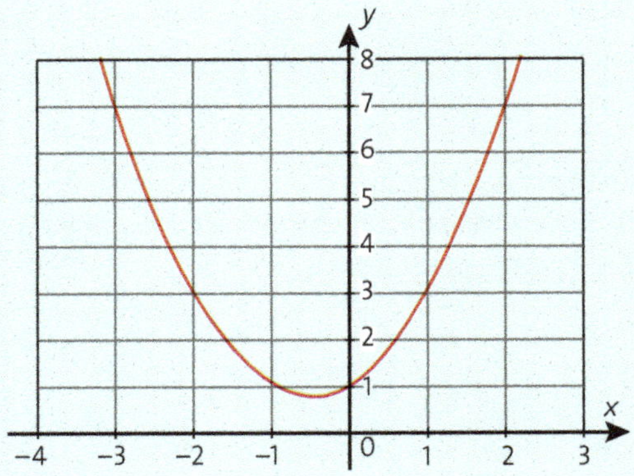

6. **SE** (Ufscar-SP) Uma bola, ao ser chutada num tiro de meta por um goleiro, numa partida de futebol, teve sua trajetória descrita pela equação $h(t) = -2t^2 + 8t$ $(t \geqslant 0)$, em que t é o tempo medido em segundos e $h(t)$ é a altura em metros da bola no instante t. Determine, após o chute:

a) o instante em que a bola retornará ao solo;
b) a altura máxima atingida pela bola.

7. **CO** (UnB-DF) Os bancos *A* e *B* oferecem, cada um, duas opções de investimentos: *X* e *Y*. Designando por *D* uma quantia a ser investida, então pD e qD – em que $0 \leq p, q \leq 1$ e $p + q = 1$ representam as quantias a serem investidas nas opções *X* e *Y*, respectivamente. Tendo em vista o risco de perdas resultantes de incertezas do mercado financeiro, um analista de investimentos propôs, para cada banco, uma função $f(x)$, definida para $0 < x \leq 1$, tal que $f(p)$ mede o risco de se investir a quantia pD na opção *X* e $f(q)$ mede o risco de se investir a quantia qD na opção *Y*. Nessa situação, o risco total do investimento, i.e., o risco de se investir a quantia *D*, é calculado pela soma $f(p) + f(q)$. Segundo o analista, quanto menor for o valor de $f(p) + f(q)$, menor será o risco.

O quadro abaixo apresenta as funções de risco $f(x)$ para cada banco.

Banco	$f(x)$
A	$0{,}3x^2 - 0{,}6x + 0{,}40$
B	$0{,}5x^2 - 0{,}5x + 0{,}25$

De acordo com as informações, julgue os itens que se seguem.

1) Para os bancos *A* e *B*, existe um valor de *p* para o qual os riscos de se investir a quantia pD na opção *X* de cada banco são iguais.
2) Os investimentos na opção *X* realizados no banco *A* estão sujeitos a maiores riscos que aqueles realizados na mesma opção no banco *B*.
3) No banco *A*, o risco total de um investimento em que se aplica pD na opção *X* e $(1 - p)D$ na opção *Y* é igual a $0{,}6p^2 - 0{,}6p + 0{,}5$.
4) No banco *B*, para que determinada quantia investida sofra o menor risco total possível, metade deve ser investida na opção *X* e a outra metade, na opção *Y*.

8. **SE** (Unifesp) A tabela mostra a distância *s* em centímetros que uma bola percorre descendo por um plano inclinado em *t* segundos.

t	0	1	2	3	4
s	0	32	128	288	512

A distância *s* é função de *t* dada pela expressão $s(t) = at^2 + bt + c$, onde *a*, *b*, *c* são constantes. A distância *s* em centímetros, quando $t = 2{,}5$ segundos, é igual a:

a) 248.
b) 228.
c) 208.
d) 200.
e) 190.

9. **S** (UFSM-RS) Segundo a assessoria de comunicação do FNDE, o projeto "Educando com a Horta Escolar" contou com a participação de 3 municípios brasileiros em 2007, 14 municípios em 2008 e contará com 40 municípios em 2009. A tabela abaixo apresenta o número $f(t)$ de municípios brasileiros que aderiram ao projeto em função do tempo *t*, onde $t = 0$ representa o ano de 2007, $t = 1$ representa o ano de 2008, $t = 2$ representa o ano de 2009, e assim por diante.

t	$f(t)$
0	3
1	14
2	40

Supondo que $f(t) = at^2 + bt + c$, com $a, b, c \in \mathbb{R}$, pode-se prever que o número de municípios que participarão desse projeto, em 2017, será igual a:

a) 188.
b) 388.
c) 588.
d) 788.
e) 988.

10. **S** (UFPR) O lucro diário *L* é a receita gerada *R* menos o custo de produção *C*. Supondo que, em certa fábrica, a receita gerada e o custo de produção sejam dados, em reais, pelas funções $R(x) = 60x - x^2$ e $C(x) = 10(x + 40)$, sendo *x* o número de itens produzidos no dia. Sabendo que a fábrica tem capacidade de produzir até 50 itens por dia, considere as seguintes afirmativas:

I. O número mínimo de itens *x* que devem ser produzidos por dia, para que a fábrica não tenha prejuízo, é 10.
II. A função lucro $L(x)$ é crescente no intervalo [0, 25].
III. Para que a fábrica tenha o maior lucro possível, deve produzir 30 itens por dia.
IV. Se a fábrica produzir 50 itens num único dia, terá prejuízo.

Assinale a alternativa correta.

a) Somente as afirmativas II e IV são verdadeiras.
b) Somente as afirmativas I, III e IV são verdadeiras.
c) Somente as afirmativas I, II e IV são verdadeiras.
d) Somente as afirmativas I e II são verdadeiras.
e) Somente as afirmativas II e III são verdadeiras.

11. **S** (UFSM-RS) O conjunto solução da inequação

$$\frac{x^2 + x - 1}{9 - x^2} \geq \frac{1}{3 - x}$$ é dado por:

a) $[-3, 3[$
b) $]\infty, -2] \cup [2, \infty[$
c) $]-3, -2] \cup [2, 3[$
d) $[-2, 2]$
e) $[2, \infty[$

Caiu no Enem

1. *Técnicos concluem mapeamento do aquífero Guarani*
O aquífero Guarani localiza-se no subterrâneo dos territórios da Argentina, Brasil, Paraguai e Uruguai, com extensão total de 1 200 000 quilômetros quadrados, dos quais 840 000 quilômetros quadrados estão no Brasil. O aquífero armazena cerca de 30 mil quilômetros cúbicos de água e é considerado um dos maiores do mundo.
Na maioria das vezes em que são feitas referências à água, são usadas as unidades metro cúbico e litro, e não as unidades já descritas. A Companhia de Saneamento Básico do Estado de São Paulo (Sabesp) divulgou, por exemplo, um novo reservatório cuja capacidade de armazenagem é de 20 milhões de litros.

Disponível em: <http://noticias.terra.com.br>. Acesso em: 10 jul. 2009 (adaptado).

Comparando as capacidades do aquífero Guarani e desse novo reservatório da Sabesp, a capacidade do aquífero Guarani é:
a) $1,5 \times 10^2$ vezes a capacidade do reservatório novo.
b) $1,5 \times 10^3$ vezes a capacidade do reservatório novo.
c) $1,5 \times 10^6$ vezes a capacidade do reservatório novo.
d) $1,5 \times 10^8$ vezes a capacidade do reservatório novo.
e) $1,5 \times 10^9$ vezes a capacidade do reservatório novo.

2. Um professor dividiu a lousa da sala de aula em quatro partes iguais. Em seguida, preencheu 75% dela com conceitos e explicações, conforme a figura seguinte.

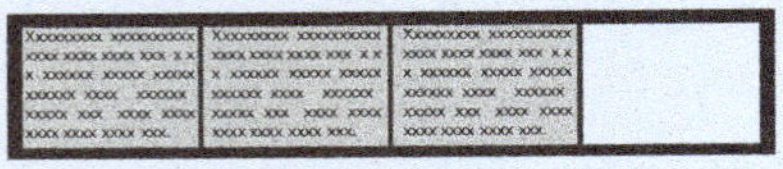

Algum tempo depois, o professor apagou a lousa por completo, e, adotando um procedimento semelhante ao anterior, voltou a preenchê-la, mas, dessa vez, utilizando 40% do espaço.
Uma representação possível para essa segunda situação é:

a) 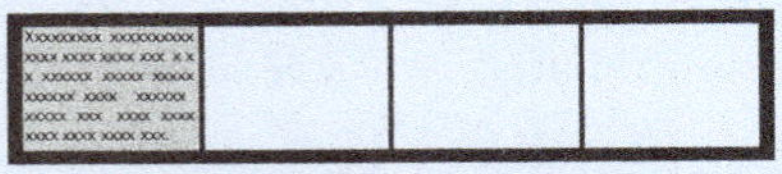

b) 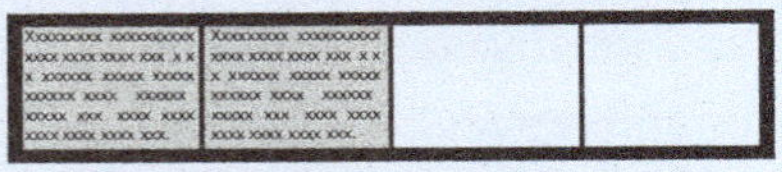

c) 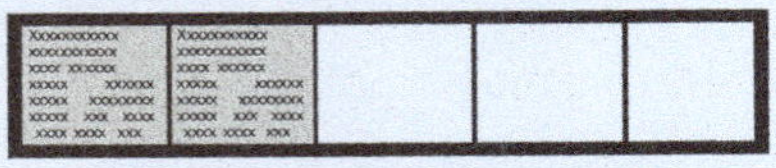

d) 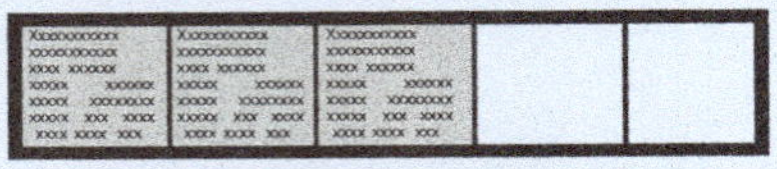

e) 

3. João deve 12 parcelas de R$ 150,00 referentes ao cheque especial de seu banco e cinco parcelas de R$ 80,00 referentes ao cartão de crédito. O gerente do banco lhe ofereceu duas parcelas de desconto no cheque especial, caso João quitasse esta dívida imediatamente ou, na mesma condição, isto é, quitação imediata, com 25% de desconto na dívida do cartão. João também poderia renegociar suas dívidas em 18 parcelas mensais de R$ 125,00. Sabendo desses termos, José, amigo de João, ofereceu-lhe emprestar o dinheiro que julgasse necessário pelo tempo de 18 meses, com juros de 25% sobre o total emprestado.
A opção que dá a João o menor gasto seria:
a) renegociar suas dívidas com o banco.
b) pegar emprestado de José o dinheiro referente à quitação das duas dívidas.
c) recusar o empréstimo de José e pagar todas as parcelas pendentes nos devidos prazos.
d) pegar emprestado de José o dinheiro referente à quitação do cheque especial e pagar as parcelas do cartão de crédito.
e) pegar emprestado de José o dinheiro referente à quitação do cartão de crédito e pagar as parcelas do cheque especial.

4. Para cada indivíduo, a sua inscrição no Cadastro de Pessoas Físicas (CPF) é composto por um número de 9 algarismos e outro número de 2 algarismos, na forma d_1d_2, em que os dígitos d_1 e d_2 são denominados dígitos verificadores. Os dígitos verificadores são calculados, a partir da esquerda, da seguinte maneira: os 9 primeiros algarismos são multiplicados pela sequência 10, 9, 8, 7, 6, 5, 4, 3, 2 (o primeiro por 10, o segundo por 9, e assim sucessivamente); em seguida, calcula-se o resto r da divisão da soma dos resultados das multiplicações por 11, e se esse resto r for 0 ou 1, d_1 é zero, caso contrário, $d_1 = (11 - r)$. O dígito d_2 é calculado pela mesma regra, na qual os números a serem multiplicados pela sequência dada são contados a partir do segundo algarismo, sendo d_1 o último algarismo, isto é, d_2 é zero se o resto s da divisão por 11 das somas das multiplicações for 0 ou 1, caso contrário, $d_2 = (11 - s)$.
Suponha que João tenha perdido seus documentos, inclusive o cartão de CPF e, ao dar queixa da perda na delegacia, não conseguisse lembrar quais eram os dígitos verificadores, recordando-se apenas que os nove primeiros algarismos eram 123 456 789. Neste caso, os dígitos verificadores d_1 e d_2 esquecidos são, respectivamente:
a) 0 e 9.
b) 1 e 4.
c) 1 e 7.
d) 9 e 1.
e) 0 e 1.

5. Um experimento consiste em colocar certa quantidade de bolas de vidro idênticas em um copo com água até certo nível e medir o nível da água, conforme ilustrado na figura ao lado. Como resultado do experimento, concluiu-se que o nível da água é função do número de bolas de vidro que são colocadas dentro do copo.

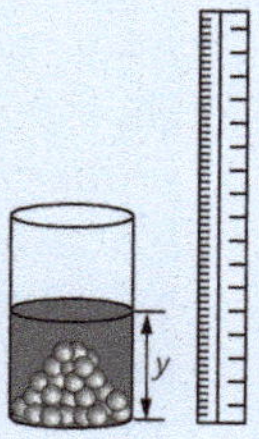

O quadro a seguir mostra alguns resultados do experimento realizado.

Número de bolas (x)	**Nível da água** (y)
5	6,35 cm
10	6,70 cm
15	7,05 cm

Disponível em: <www.penta.ufrgs.br>. Acesso em: 13 jan. 2009 (adaptado).

Qual a expressão algébrica que permite calcular o nível da água (y) em função do número de bolas (x)?

a) $y = 30x$
b) $y = 25x + 20{,}2$
c) $y = 1{,}27x$
d) $y = 0{,}7x$
e) $y = 0{,}07x + 6$

6. Dados da Associação Nacional de Empresas de Transportes Urbanos (NTU) mostram que o número de passageiros transportados mensalmente nas principais regiões metropolitanas do país vem caindo sistematicamente. Eram 476,7 milhões de passageiros em 1995, e esse número caiu para 321,9 milhões em abril de 2001. Nesse período, o tamanho da frota de veículos mudou pouco, tendo no final de 2008 praticamente o mesmo tamanho que tinha em 2001. O gráfico a seguir mostra um índice de produtividade utilizado pelas empresas do setor, que é a razão entre o total de passageiros transportados por dia e o tamanho da frota de veículos.

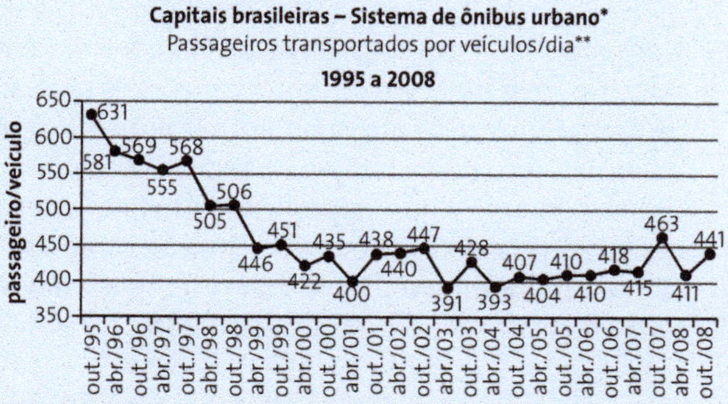

* São Paulo, Rio de Janeiro, Belo Horizonte, Recife, Porto Alegre, Salvador, Fortaleza, Curitiba e Goiânia
** Passageiros total mensal/frota/25

Disponível em: <www.ntu.org.br>. Acesso em: 16 jul. 2009 (adaptado).

Supondo que as frotas totais de veículos naquelas regiões metropolitanas em abril de 2001 e em outubro de 2008 eram do mesmo tamanho, os dados do gráfico permitem inferir que o total de passageiros transportados no mês de outubro de 2008 foi, aproximadamente, igual a:

a) 355 milhões.
b) 400 milhões.
c) 426 milhões.
d) 441 milhões.
e) 477 milhões.

7. O mapa ao lado representa um bairro de determinada cidade, no qual as flechas indicam o sentido das mãos do tráfego. Sabe-se que esse bairro foi planejado e que cada quadra representada na figura é um terreno quadrado, de lado igual a 200 metros.

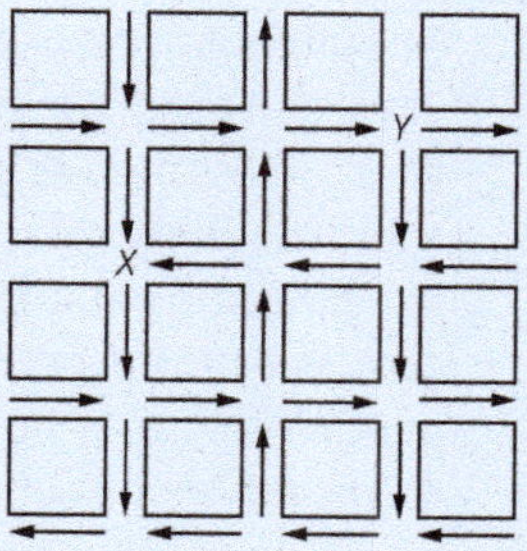

Desconsiderando-se a largura das ruas, qual seria o tempo, em minutos, que um ônibus, em velocidade constante e igual a 40 km/h, partindo do ponto X, demoraria para chegar até o ponto Y?

a) 25 min.
b) 15 min.
c) 2,5 min.
d) 1,5 min.
e) 0,15 min.

8. Um grupo de pacientes com hepatite C foi submetido a um tratamento tradicional em que 40% desses pacientes foram completamente curados. Os pacientes que não obtiveram cura foram distribuídos em dois grupos de mesma quantidade e submetidos a dois tratamentos inovadores. No primeiro tratamento inovador, 35% dos pacientes foram curados e, no segundo, 45%. Em relação aos pacientes submetidos inicialmente, os tratamentos inovadores proporcionaram cura de:

a) 16%.
b) 24%.
c) 32%.
d) 48%.
e) 64%.

9. Os dados do gráfico foram coletados por meio da Pesquisa Nacional por Amostra de Domicílios.

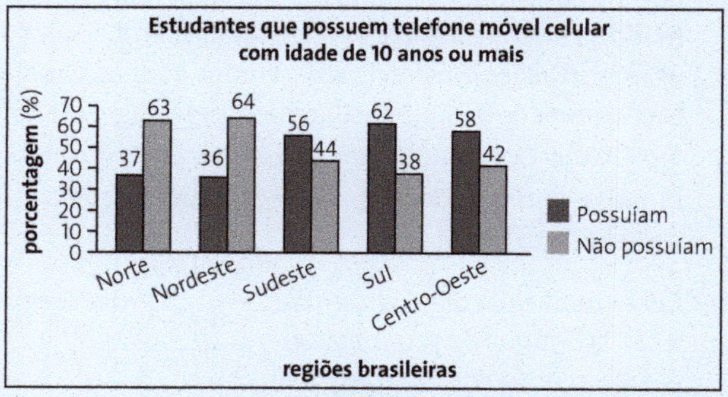

Fonte: IBGE. Disponível em: <www.ibge.gov.br>. Acesso em: 28 abr. 2010 (adaptado).

Supondo-se que, no Sudeste, 14 900 estudantes foram entrevistados nessa pesquisa, quantos deles possuíam telefone móvel celular?

a) 5 513.
b) 6 556.
c) 7 450.
d) 8 344.
e) 9 536.

10. Nos últimos anos, o volume de petróleo exportado pelo Brasil tem mostrado expressiva tendência de crescimento, ultrapassando as importações em 2008. Entretanto, apesar de as importações terem se mantido praticamente no mesmo patamar desde 2001, os recursos gerados com as exportações ainda são inferiores àqueles despendidos com as importações, uma vez que o preço médio por metro cúbico do petróleo importado é superior ao do petróleo nacional. Nos primeiros cinco meses de 2009, foram gastos 2,84 bilhões de dólares com importações e gerada uma receita de 2,24 bilhões de dólares com as exportações. O preço médio por metro cúbico em maio de 2009 foi de 340 dólares para o petróleo importado e de 230 dólares para o petróleo exportado. O quadro a seguir mostra os dados consolidados de 2001 a 2008 e dos primeiros cinco meses de 2009.

Comércio exterior de petróleo (milhões cúbicos)		
Ano	**Importação**	**Exportação**
2001	24,19	6,43
2002	22,06	13,63
2003	19,96	14,03
2004	26,91	13,39
2005	21,97	15,93
2006	20,91	21,36
2007	25,38	24,45
2008	23,53	25,14
2009*	9,00	11,00

* Valores apurados de janeiro a maio de 2009.

Disponível em: <www.anp.gov.br>. Acesso em: 15 jul. 2009 (adaptado).

Considere que as importações e exportações de petróleo de junho a dezembro de 2009 sejam iguais a $\frac{7}{5}$ das importações e exportações, respectivamente, ocorridas de janeiro a maio de 2009. Nesse caso, supondo que os preços para importação e exportação não sofram alterações, qual seria o valor mais aproximado da diferença entre os recursos despendidos com as importações e os recursos gerados com as exportações em 2009?

a) 600 milhões de dólares.
b) 840 milhões de dólares.
c) 1,34 bilhão de dólares.
d) 1,44 bilhão de dólares.
e) 2,00 bilhões de dólares.

11. Certo município brasileiro cobra a conta de água de seus habitantes de acordo com o gráfico. O valor a ser pago depende do consumo mensal em m³.

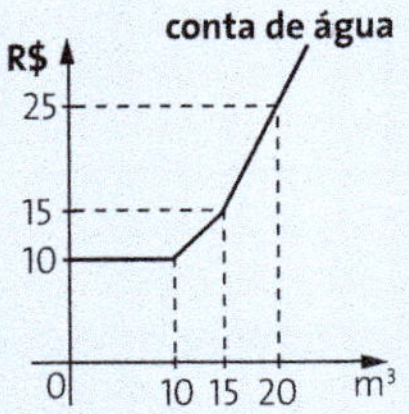

Se um morador pagar uma conta de R$ 19,00, isso significa que ele consumiu:

a) 16 m³ de água.
b) 17 m³ de água.
c) 18 m³ de água.
d) 19 m³ de água.
e) 20 m³ de água.

12. A suspeita de que haveria uma relação causal entre tabagismo e câncer de pulmão foi levantada pela primeira vez a partir de observações clínicas. Para testar essa possível associação, foram conduzidos inúmeros estudos epidemiológicos. Entre esses, houve o estudo do número de casos de câncer em relação ao número de cigarros consumidos por dia, cujos resultados são mostrados no gráfico a seguir.

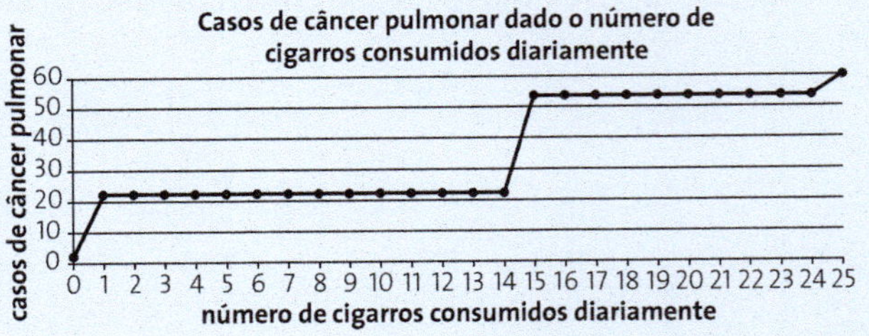

Fonte: Centers for Disease Control and Prevention CDC-EIS. Summer Course – 1992 (adaptado).

De acordo com as informações do gráfico:

a) O consumo diário de cigarros e o número de casos de câncer de pulmão são grandezas inversamente proporcionais.
b) O consumo diário de cigarros e o número de casos de câncer de pulmão são grandezas que não se relacionam.
c) O consumo diário de cigarros e o número de casos de câncer de pulmão são grandezas diretamente proporcionais.
d) Uma pessoa não fumante certamente nunca será diagnosticada com câncer de pulmão.
e) O consumo diário de cigarros e o número de casos de câncer de pulmão são grandezas que estão relacionadas, mas sem proporcionalidade.

13. Nos processos industriais, como na indústria de cerâmica, é necessário o uso de fornos capazes de produzir elevadas temperaturas e, em muitas situações, o tempo de elevação dessa temperatura deve ser controlado, para garantir a qualidade do produto final e a economia no processo. Em uma indústria de cerâmica, o forno é programado para elevar a temperatura ao longo do tempo de acordo com a função:

$$T(t)=\begin{cases}\frac{7}{5}t+20, & \text{para } 0\le t<100\\ \frac{2}{125}t^2-\frac{16}{5}t+320, & \text{para } t\ge 100\end{cases}$$

em que T é o valor da temperatura atingida pelo forno, em graus Celsius, e t é o tempo, em minutos, decorrido desde o instante em que o forno é ligado.

Uma peça deve ser colocada nesse forno quando a temperatura for 48 °C e retirada quando a temperatura for 200 °C.

O tempo de permanência dessa peça no forno é, em minutos, igual a:

a) 100. b) 108. c) 128. d) 130. e) 150.

14. Uma torneira gotejando diariamente é responsável por grandes desperdícios de água. Observe o gráfico que indica o desperdício de uma torneira:

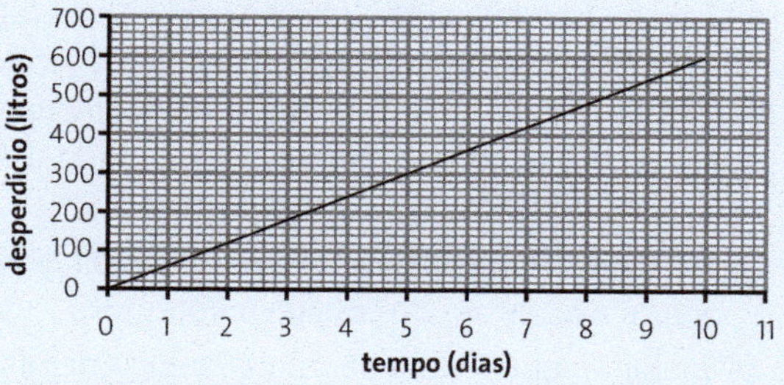

Se y representa o desperdício de água, em litros, e x representa o tempo, em dias, a relação entre x e y é:

a) $y = 2x$.

b) $y = \frac{1}{2}x$.

c) $y = 60x$.

d) $y = 60x + 1$.

e) $y = 80x + 50$.

15. Em fevereiro, o governo da Cidade do México, metrópole com uma das maiores frotas de automóveis do mundo, passou a oferecer à população bicicletas como opção de transporte. Por uma anuidade de 24 dólares, os usuários têm direito a 30 minutos de uso livre por dia. O ciclista pode retirar em uma estação e devolver em qualquer outra e, se quiser estender a pedalada, paga 3 dólares por hora extra.

Revista *Exame*. 21 abr. 2010.

A expressão que relaciona o valor f pago pela utilização da bicicleta por um ano, quando se utilizam x horas extras nesse período, é:

a) $f(x) = 3x$.

b) $f(x) = 24$.

c) $f(x) = 27$.

d) $f(x) = 3x + 24$.

e) $f(x) = 24x + 3$.

16. Uma professora realizou uma atividade com seus alunos utilizando canudos de refrigerante para montar figuras, onde cada lado foi representado por um canudo. A quantidade de canudos (C) de cada figura depende da quantidade de quadrados (Q) que formam cada figura. A estrutura de formação das figuras está representada a seguir.

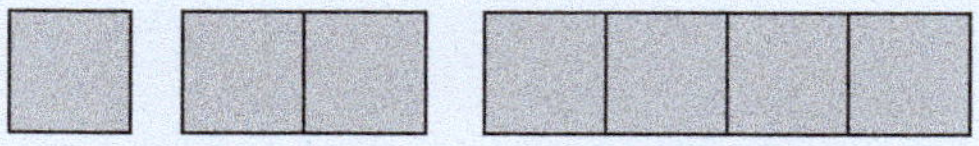

figura I   figura II   figura III

Que expressão fornece a quantidade de canudos em função da quantidade de quadrados de cada figura?

a) $C = 4Q$

b) $C = 3Q + 1$

c) $C = 4Q - 1$

d) $C = Q + 3$

e) $C = 4Q - 2$

17. A classificação de um país no quadro de medalhas nos Jogos Olímpicos depende do número de medalhas de ouro que obteve na competição, tendo como critérios de desempate o número de medalhas de prata seguido do número de medalhas de bronze conquistadas. Nas Olimpíadas de 2004, o Brasil foi o décimo sexto colocado no quadro de medalhas, tendo obtido 5 medalhas de ouro, 2 de prata e 3 de bronze. Parte desse quadro de medalhas é reproduzida a seguir.

Classificação	País	Medalhas de ouro	Medalhas de prata	Medalhas de bronze	Total de medalhas
8º	Itália	10	11	11	32
9º	Coreia do Sul	9	12	9	30
10º	Grã--Bretanha	9	9	12	30
11º	Cuba	9	7	11	27
12º	Ucrânia	9	5	9	23
13º	Hungria	8	6	3	17

Disponível em: <www.quadrodemedalhas.com.br>. Acesso em: 5 abr. 2010 (adaptado).

Se o Brasil tivesse obtido mais 4 medalhas de ouro, 4 de prata e 10 de bronze, sem alteração no número de medalhas dos demais países mostrados no quadro, qual teria sido a classificação brasileira no quadro de medalhas das Olimpíadas de 2004?

a) 13º.

b) 12º.

c) 11º.

d) 10º.

e) 9º.

18. As frutas que antes se compravam por dúzias hoje em dia podem ser compradas por quilogramas, existindo também a variação dos preços de acordo com a época de produção. Considere que, independente da época ou variação de preço, certa fruta custa R$ 1,75 o quilograma.

Dos gráficos a seguir, o que representa o preço m pago em reais pela compra de n quilogramas desse produto é:

a)

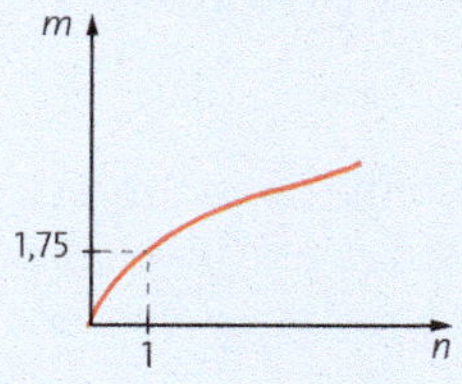

b)

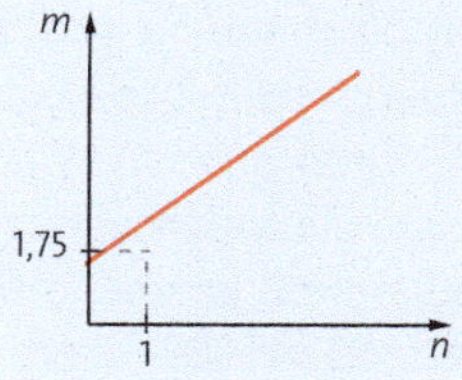

c)

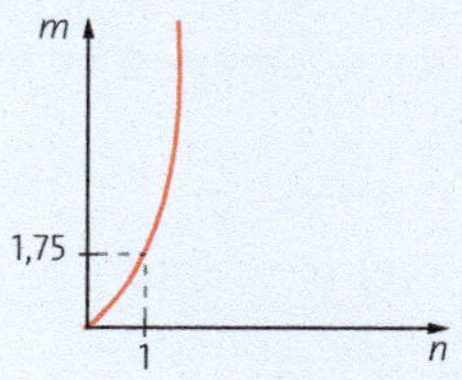

d)

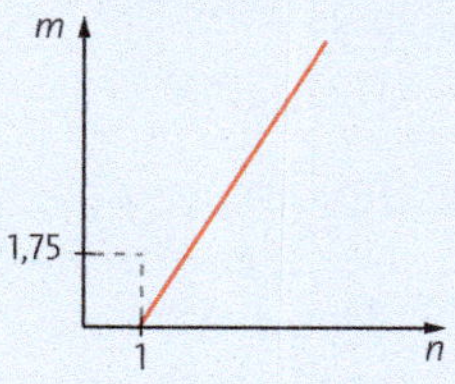

e)

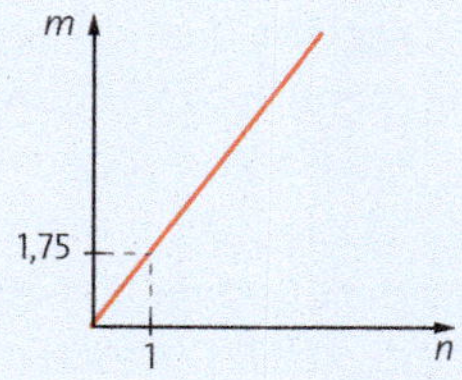

19. Uma escola recebeu do governo uma verba de R$ 1000,00 para enviar dois tipos de folhetos pelo correio. O diretor da escola pesquisou que tipos de selos deveriam ser utilizados. Concluiu que, para o primeiro tipo de folheto, bastava um selo de R$ 0,65 enquanto para folhetos do segundo tipo seriam necessários três selos, um de R$ 0,65, um de R$ 0,60 e um de R$ 0,20. O diretor solicitou que se comprassem selos de modo que fossem postados exatamente 500 folhetos do segundo tipo e uma quantidade restante de selos que permitisse o envio do máximo possível de folhetos do primeiro tipo. Quantos selos de R$ 0,65 foram comprados?

a) 476
b) 675
c) 923
d) 965
e) 1538

20. Os dados do gráfico seguinte foram gerados a partir de dados colhidos no conjunto de seis regiões metropolitanas pelo Departamento Intersindical de Estatística e Estudos Socioeconômicos (Dieese).

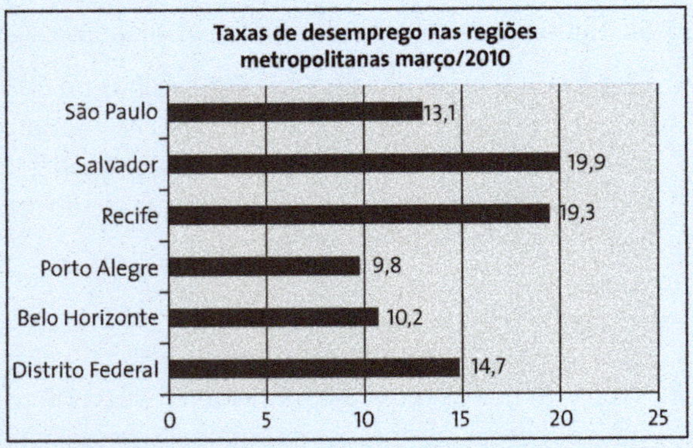

Disponível em: <http://g1.globo.com>. Acesso em: 28 abr. 2010 (adaptado).

Supondo que o total de pessoas pesquisadas na região metropolitana de Porto Alegre equivale a 250 000, o número de desempregados em março de 2010, nessa região, foi de:

a) 24 500.
b) 25 000.
c) 220 500.
d) 223 000.
e) 227 500.

21. Uma empresa possui um sistema de controle de qualidade que classifica o seu desempenho financeiro anual, tendo como base o do ano anterior. Os conceitos são: **insuficiente**, quando o crescimento é menor que 1%; **regular**, quando o crescimento é maior ou igual a 1% e menor que 5%; **bom**, quando o crescimento é maior ou igual a 5% e menor que 10%; **ótimo**, quando é maior ou igual a 10% e menor que 20%; e **excelente**, quando é maior ou igual a 20%. Essa empresa apresentou lucro de R$ 132 000,00 em 2008 e de R$ 145 000,00 em 2009. De acordo com esse sistema de controle de qualidade, o desempenho financeiro dessa empresa no ano de 2009 deve ser considerado:

a) insuficiente.
b) regular.
c) bom.
d) ótimo.
e) excelente.

22. A loja Telas & Molduras cobra 20 reais por metro quadrado de tela, 15 reais por metro linear de moldura, mais uma taxa fixa de entrega de 10 reais. Uma artista plástica precisa encomendar telas e molduras a essa loja, suficientes para 8 quadros retangulares (25 cm × 50 cm). Em seguida, fez uma segunda encomenda, mas agora para 8 quadros retangulares (50 cm × 100 cm). O valor da segunda encomenda será:

a) o dobro do valor da primeira encomenda, porque a altura e a largura dos quadros dobraram.
b) maior do que o valor da primeira encomenda, mas não o dobro.
c) a metade do valor da primeira encomenda, porque a altura e a largura dos quadros dobraram.
d) menor do que o valor da primeira encomenda, mas não a metade.
e) igual ao valor da primeira encomenda, porque o custo de entrega será o mesmo.

23. Embora o Índice de Massa Corporal (IMC) seja amplamente utilizado, existem ainda inúmeras restrições teóricas ao uso e às faixas de normalidade preconizadas. O Recíproco do Índice Ponderal (RIP), de acordo com o modelo alométrico, possui melhor fundamentação matemática, já que a massa é uma variável de dimensões cúbicas e a altura, uma variável de dimensões lineares. As fórmulas que determinam esses índices são:

$\text{IMC} = \dfrac{\text{massa (kg)}}{[\text{altura (m)}]^2}$	$\text{RIP} = \dfrac{\text{altura (cm)}}{\sqrt[3]{\text{massa (kg)}}}$

ARAUJO, C. Q. B.; RICARDO, D. R. *Índice de Massa Corporal:* um questionamento científico baseado em evidências. Arq. Bras. Cardiologia, v. 79, n. 1, 2002 (adaptado).

Se uma menina, com 64 kg de massa, apresenta IMC igual a 25 kg/m², então ela possui RIP igual a:

a) $0{,}4\ \text{cm/kg}^{\frac{1}{3}}$.
b) $2{,}5\ \text{cm/kg}^{\frac{1}{3}}$.
c) $8\ \text{cm/kg}^{\frac{1}{3}}$.
d) $20\ \text{cm/kg}^{\frac{1}{3}}$.
e) $40\ \text{cm/kg}^{\frac{1}{3}}$.

24. Muitos processos fisiológicos e bioquímicos, tais como batimentos cardíacos e taxa de respiração, apresentam escalas construídas a partir da relação entre superfície e massa (ou volume) do animal. Uma dessas escalas, por exemplo, considera que "o cubo da área *S* da superfície de um mamífero é proporcional ao quadrado de sua massa *M*".

HUGHES-HALLETT, et al. *Cálculo e aplicações*. São Paulo: Edgard Blücher, 1999 (adaptado).

Isso é equivalente a dizer que, para uma constante $k > 0$, a área *S* pode ser escrita em função de *M* por meio da expressão:

a) $S = k \cdot M$
b) $S = k \cdot M^{\frac{1}{3}}$
c) $S = k^{\frac{1}{3}} \cdot M^{\frac{1}{3}}$
d) $S = k^{\frac{1}{3}} \cdot M^{\frac{2}{3}}$
e) $S = k^{\frac{1}{3}} \cdot M^2$

25. Acompanhando o crescimento do filho, um casal constatou que, de 0 a 10 anos, a variação da sua altura se dava de forma mais rápida do que dos 10 aos 17 anos e, a partir de 17 anos, essa variação passava a ser cada vez menor, até se tornar imperceptível. Para ilustrar essa situação, esse casal fez um gráfico relacionando as alturas do filho nas idades consideradas.

Que gráfico melhor representa a altura do filho desse casal em função da idade?

a) 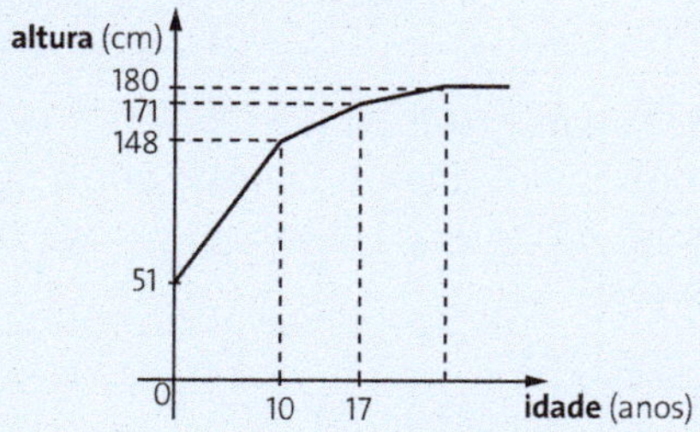

b) 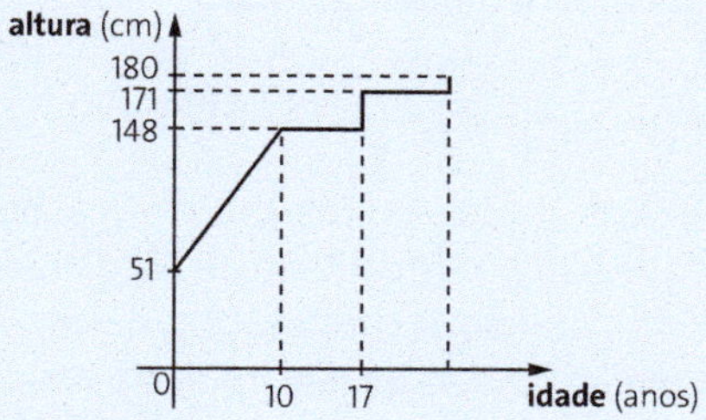

c) 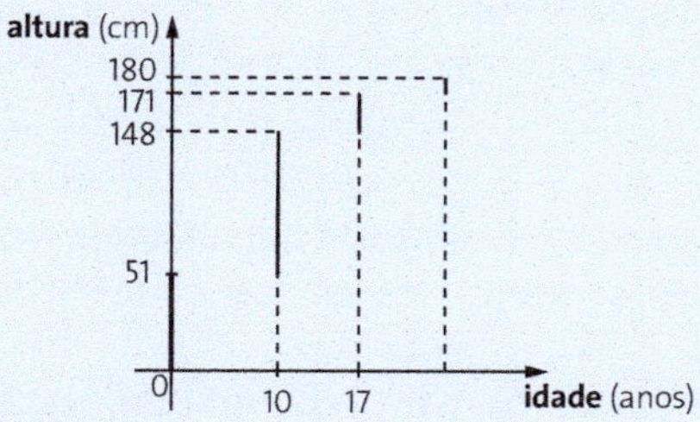

d) 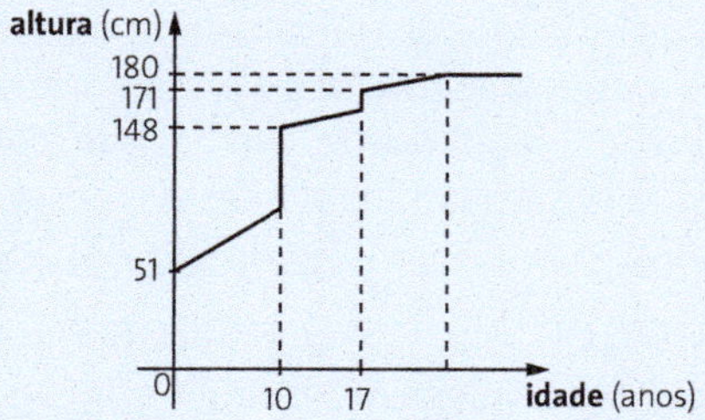

e) 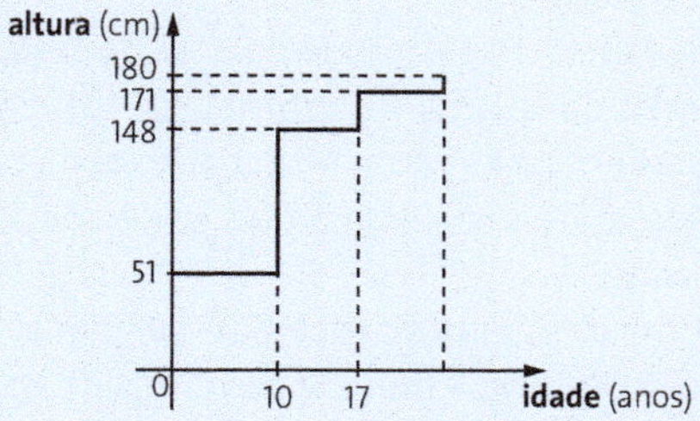

26. *A resistência elétrica e as dimensões do condutor*

A relação de resistência elétrica com as dimensões do condutor foi estudada por um grupo de cientistas por meio de vários experimentos de eletricidade. Eles verificaram que existe proporcionalidade entre:

- resistência (R) e comprimento (ℓ), dada a mesma secção transversal (A);
- resistência (R) e área da secção transversal (A), dado o mesmo comprimento (ℓ) e
- comprimento (ℓ) e área da secção transversal (A), dada a mesma resistência (R).

Considerando os resistores como fios, pode-se exemplificar o estudo das grandezas que influem na resistência elétrica utilizando as figuras seguintes.

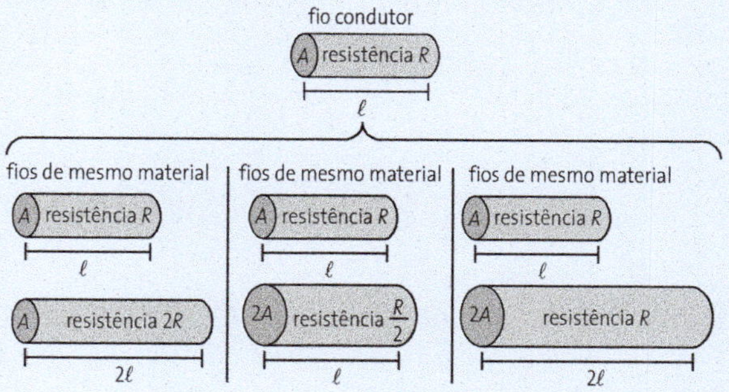

Disponível em: <www.efeitojoule.com>.
Acesso em: abr. 2010 (adaptado).

As figuras mostram que as proporcionalidades existentes entre resistência (R) e comprimento (ℓ), resistência (R) e área da secção transversal (A), e entre comprimento (ℓ) e área da secção transversal (A) são, respectivamente:

a) direta, direta e direta.
b) direta, direta e inversa.
c) direta, inversa e direta.
d) inversa, direta e direta.
e) inversa, direta e inversa.

27. Num projeto da parte elétrica de um edifício residencial a ser construído, consta que as tomadas deverão ser colocadas a 0,20 m acima do piso, enquanto os interruptores de luz deverão ser colocados a 1,47 m acima do piso. Um cadeirante, potencial comprador de um apartamento desse edifício, ao ver tais medidas, alerta para o fato de que elas não contemplarão suas necessidades. Os referenciais de alturas (em metros) para atividades que não exigem o uso de força são mostrados na figura seguinte.

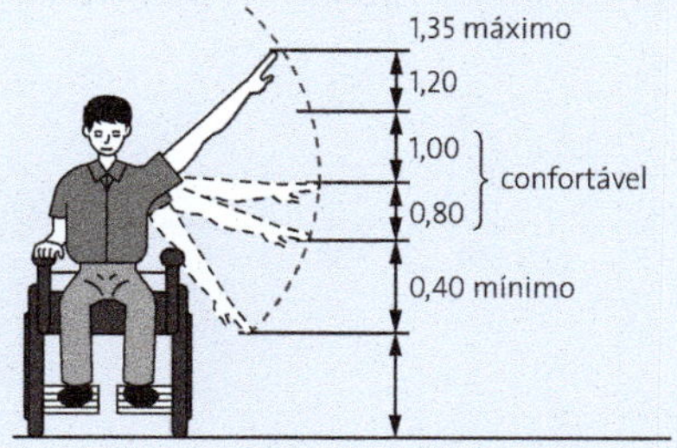

Uma proposta substitutiva, relativa às alturas de tomadas e interruptores, respectivamente, que atenderá àquele potencial comprador é:

a) 0,20 m e 1,45 m.
b) 0,20 m e 1,40 m.
c) 0,25 m e 1,35 m.
d) 0,25 m e 1,30 m.
e) 0,45 m e 1,20 m.

28. Uma empresa de telefonia fixa oferece dois planos aos seus clientes: no plano *K*, o cliente paga R$ 29,90 por 200 minutos mensais e R$ 0,20 por minuto excedente; no plano *Z*, paga R$ 49,90 por 300 minutos mensais e R$ 0,10 por cada minuto excedente.

O gráfico que representa o valor pago, em reais, nos dois planos em função dos minutos utilizados é:

a)

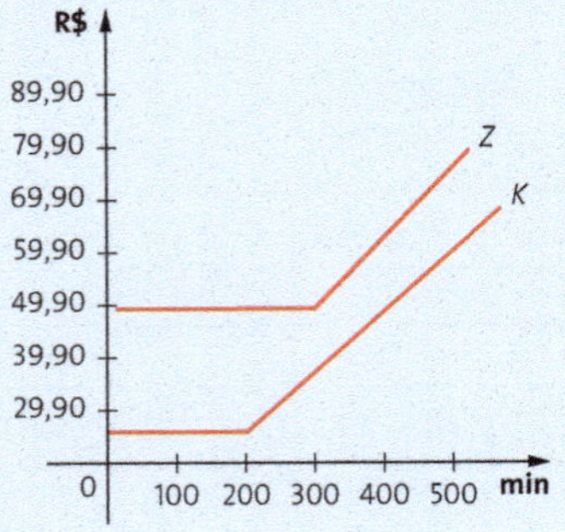

b)

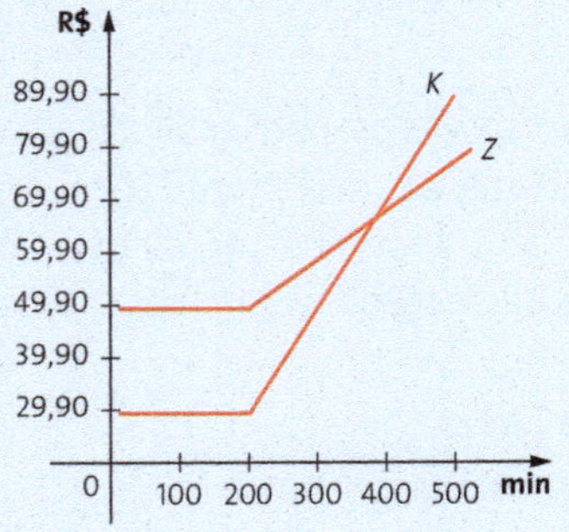

c)

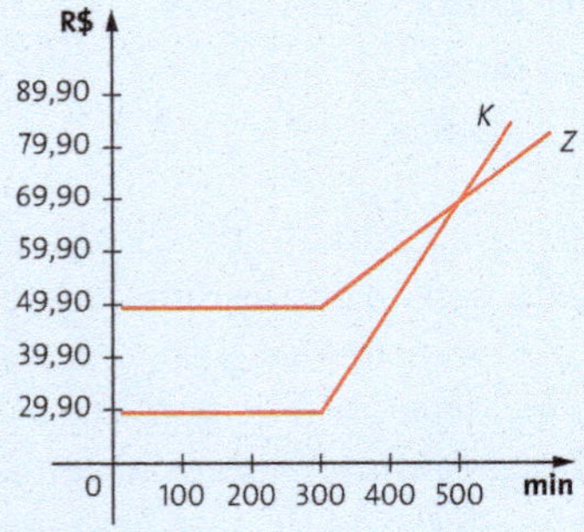

d)

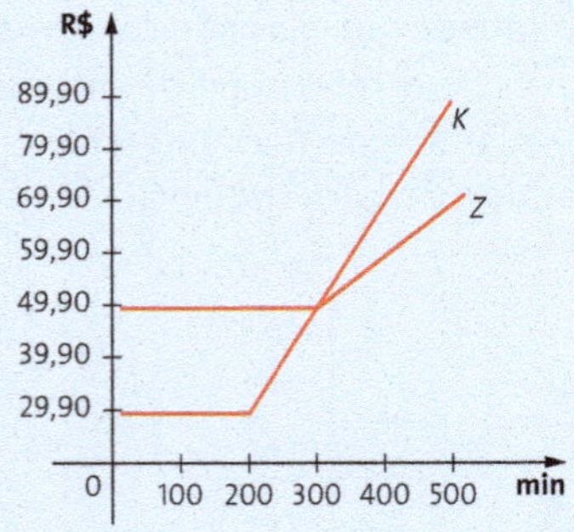

e)

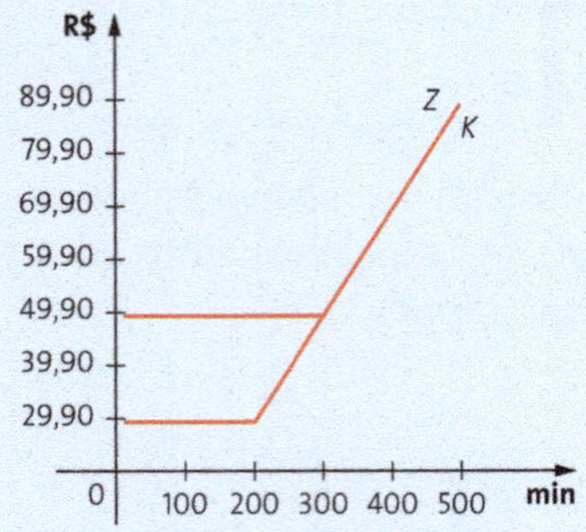

29. O gráfico mostra o número de favelas no município do Rio de Janeiro entre 1980 e 2004, considerando que a variação nesse número entre os anos considerados é linear.

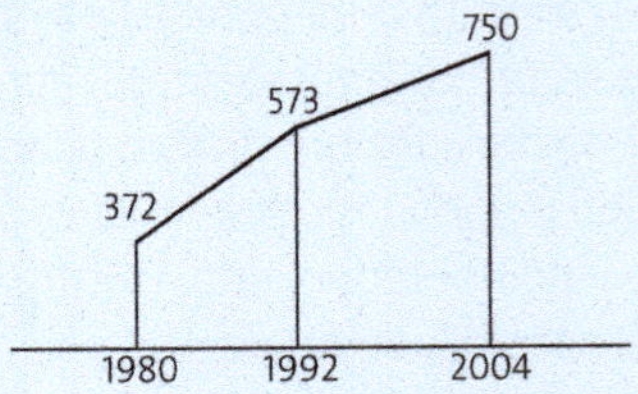

Favela tem memória, *Época*, n. 621, 12 abr. 2010 (adaptado).

Se o padrão na variação do período 2004/2010 se mantiver nos próximos 6 anos, e sabendo que o número de favelas em 2010 é 968, então o número de favelas em 2016 será:

a) menor que 1150.

b) 218 unidades maior que em 2004.

c) maior que 1150 e menor que 1200.

d) 177 unidades maior que em 2010.

e) maior que 1200.

30. O saldo de contratações no mercado formal no setor varejista da região metropolitana de São Paulo registrou alta. Comparando as contratações deste setor no mês de fevereiro com as de janeiro deste ano, houve incremento de 4 300 vagas no setor, totalizando 880 605 trabalhadores com carteira assinada.

Disponível em: <www.folha.uol.com.br>. Acesso em: 26 abr. 2010 (adaptado).

Suponha que o incremento de trabalhadores no setor varejista seja sempre o mesmo nos seis primeiros meses do ano.

Considerando-se que *y* e *x* representam, respectivamente, as quantidades de trabalhadores no setor varejista e os meses, janeiro sendo o primeiro, fevereiro, o segundo, e assim por diante, a expressão algébrica que relaciona essas quantidades nesses meses é:

a) $y = 4\,300x$

b) $y = 884\,905x$

c) $y = 872\,005 + 4\,300x$

d) $y = 876\,305 + 4\,300x$

e) $y = 880\,605 + 4\,300x$

31. Uma fábrica de fórmicas produz placas quadradas de lados de medida igual a *y* centímetros. Essas placas são vendidas em caixas com *N* unidades e, na caixa, é especificada a área máxima *S* que pode ser coberta pelas *N* placas.

Devido a uma demanda do mercado por placas maiores, a fábrica triplicou a medida dos lados de suas placas e conseguiu reuni-las em uma nova caixa, de tal forma que a área coberta *S* não fosse alterada.

A quantidade *X*, de placas do novo modelo, em cada nova caixa será igual a:

a) $\frac{N}{9}$.

b) $\frac{N}{6}$.

c) $\frac{N}{3}$.

d) $3N$.

e) $9N$.

32. Uma indústria fabrica um único tipo de produto e sempre vende tudo o que produz. O custo total para fabricar uma quantidade q de produtos é dado por uma função, simbolizada por CT, enquanto o faturamento que a empresa obtém com a venda da quantidade q também é uma função, simbolizada por FT. O lucro total (LT) obtido pela venda da quantidade q de produtos é dado pela expressão $LT(q) = FT(q) - CT(q)$.
Considerando-se as funções $FT(q) = 5q$ e $CT(q) = 2q + 12$ como faturamento e custo, qual a quantidade mínima de produtos que a indústria terá de fabricar para não ter prejuízo?

a) 0 b) 1 c) 3 d) 4 e) 5

33. O termo agronegócio não se refere apenas à agricultura e à pecuária, pois as atividades ligadas a essa produção incluem fornecedores de equipamentos, serviços para a zona rural, industrialização e comercialização dos produtos.
O gráfico seguinte mostra a participação percentual do agronegócio no PIB brasileiro:

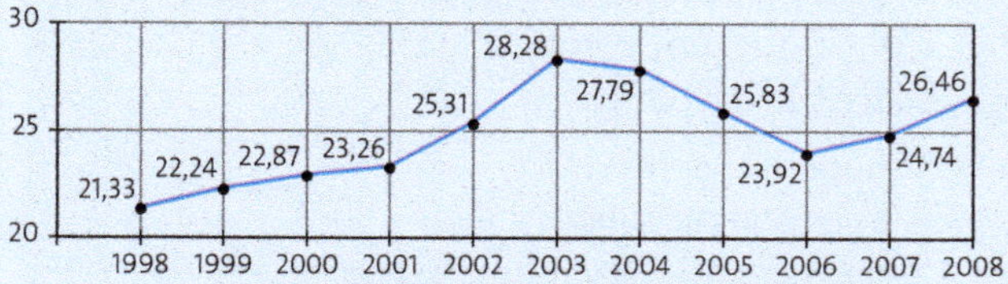

Centro de Estudos Avançados em Economia Aplicada (Cepea). *Almanaque Abril 2010*. São Paulo: Abril, ano 36 (adaptado).

Esse gráfico foi usado em uma palestra na qual o orador ressaltou uma queda da participação do agronegócio no PIB brasileiro e a posterior recuperação dessa participação, em termos percentuais.
Segundo o gráfico, o período de queda ocorreu entre os anos de:

a) 1998 e 2001.
b) 2001 e 2003.
c) 2003 e 2006.
d) 2003 e 2007.
e) 2003 e 2008.

34. A parte inferior de uma taça foi gerada pela rotação de uma parábola em torno de um eixo z, conforme mostra a figura.

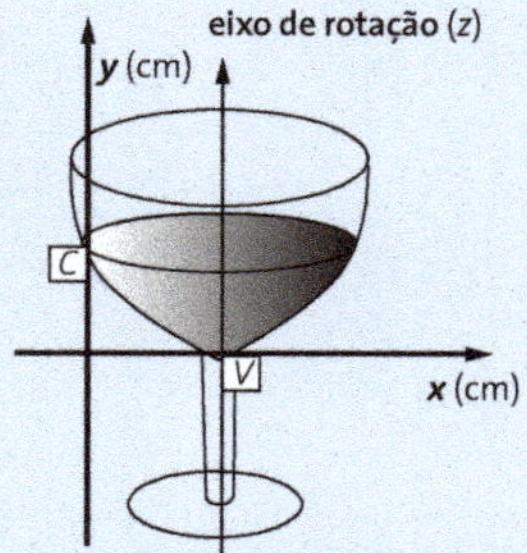

A função real que expressa a parábola, no plano cartesiano da figura, é dada pela lei $f(x) = \frac{3}{2}x^2 - 6x + C$, onde C é a medida da altura do líquido contido na taça, em centímetros. Sabe-se que o ponto V, na figura, representa o vértice da parábola, localizado sobre o eixo x.
Nessas condições, a altura do líquido contido na taça, em centímetros, é:

a) 1.
b) 2.
c) 4.
d) 5.
e) 6.

35. A cor de uma estrela tem relação com a temperatura em sua superfície. Estrelas não muito quentes (cerca de 3 000 K) nos parecem avermelhadas. Já as estrelas amarelas, como o Sol, possuem temperatura em torno dos 6 000 K; as mais quentes são brancas ou azuis porque sua temperatura fica acima dos 10 000 K. A tabela apresenta uma classificação espectral e outros dados para as estrelas dessas classes.

Estrelas da sequência principal

Classe espectral	Temperatura	Luminosidade	Massa	Raio
O5	40 000	5×10^5	40	18
B0	28 000	5×10^5	18	7
A0	9 900	80	3	2,5
G2	5 700	1	1	1
M0	3 480	0,06	0,5	0,6

Temperatura em Kelvin
Luminosidade, massa e raio, tomando o Sol como unidade.

Disponível em: <www.zenite.nu>. Acesso em: 1º maio 2010 (adaptado).

Se tomarmos uma estrela que tenha temperatura 5 vezes maior que a temperatura do Sol, qual será a ordem de grandeza de sua luminosidade?

a) 20 000 vezes a luminosidade do Sol.
b) 28 000 vezes a luminosidade do Sol.
c) 28 850 vezes a luminosidade do Sol.
d) 30 000 vezes a luminosidade do Sol.
e) 50 000 vezes a luminosidade do Sol.

36. Na aferição de um novo semáforo, os tempos são ajustados de modo que, em cada ciclo completo (verde-amarelo-vermelho), a luz amarela permaneça acesa por 5 segundos, e o tempo em que a luz verde permaneça acesa seja igual a $\frac{2}{3}$ do tempo em que a luz vermelha fique acesa. A luz verde fica acesa, em cada ciclo, durante X segundos e cada ciclo dura Y segundos.
Qual é a expressão que representa a relação entre X e Y?

a) $5X - 3Y + 15 = 0$
b) $5X - 2Y + 10 = 0$
c) $3X - 3Y + 15 = 0$
d) $3X - 2Y + 15 = 0$
e) $3X - 2Y + 10 = 0$

37. A temperatura T de um forno (em graus centígrados) é reduzida por um sistema a partir do instante de seu desligamento ($t = 0$) e varia de acordo com a expressão $T(t) = -\frac{t^2}{4} - 400$, com t em minutos. Por motivos de segurança, a trava do forno só é liberada para abertura quando o forno atinge a temperatura de 39 °C.
Qual o tempo mínimo de espera, em minutos, após se desligar o forno, para que a porta possa ser aberta?

a) 19,0.
b) 19,8.
c) 20,0.
d) 38,0.
e) 39,0.

38. O dono de uma farmácia resolveu colocar à vista do público o gráfico mostrado a seguir, que apresenta a evolução do total de vendas (em reais) de certo medicamento ao longo do ano de 2011.

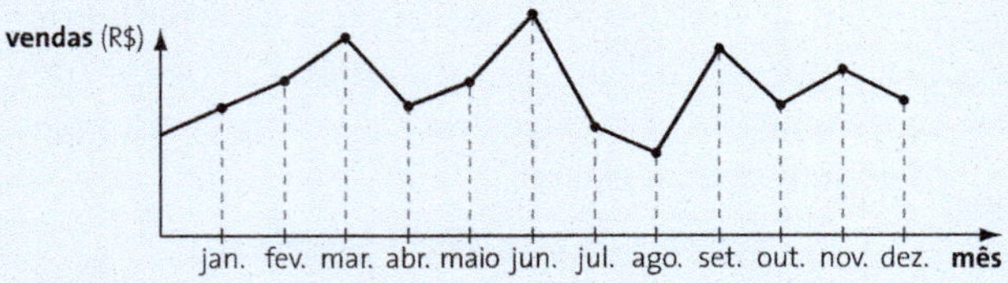

De acordo com o gráfico, os meses em que ocorreram, respectivamente, a maior e a menor venda absolutas em 2011 foram:

a) março e abril.
b) março e agosto.
c) agosto e setembro.
d) junho e setembro.
e) junho e agosto.

39. As curvas de oferta e de demanda de um produto representam, respectivamente, as quantidades que vendedores e consumidores estão dispostos a comercializar em função do preço do produto. Em alguns casos, essas curvas podem ser representadas por retas. Suponha que as quantidades de oferta e de demanda de um produto sejam, respectivamente, representadas pelas equações:

$Q_O = -20 + 4P$

$Q_D = 46 - 2P$

em que Q_O é quantidade de oferta, Q_D é a quantidade de demanda e P é o preço do produto.

A partir dessas equações, de oferta e de demanda, os economistas encontram o preço de equilíbrio de mercado, ou seja, quando Q_O e Q_D se igualam.

Para a situação descrita, qual o valor do preço de equilíbrio?

a) 5 b) 11 c) 13 d) 23 e) 33

40. A figura ao lado apresenta dois gráficos com informações sobre as reclamações diárias recebidas e resolvidas pelo Setor de Atendimento ao Cliente (SAC) de uma empresa, em uma dada semana. O gráfico de linha tracejada informa o número de reclamações recebidas no dia, o de linha contínua é o número de reclamações resolvidas no dia. As reclamações podem ser resolvidas no mesmo dia ou demorarem mais de um dia para serem resolvidas.

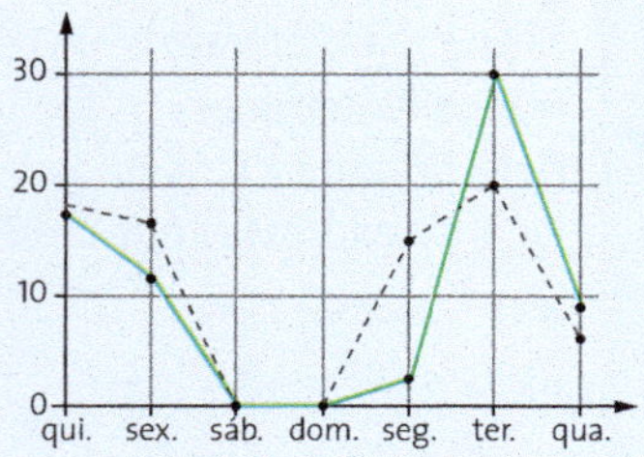

O gerente de atendimento deseja identificar os dias da semana em que o nível de eficiência pode ser considerado muito bom, ou seja, os dias em que o número de reclamações resolvidas excede o número de reclamações recebidas.

Disponível em: <http://bibliotecaunix.org>. Acesso em: 21 jan. 2012 (adaptado).

O gerente de atendimento pôde concluir, baseado no conceito de eficiência utilizado na empresa e nas informações do gráfico, que o nível de eficiência foi muito bom na:

a) segunda e na terça-feira.
b) terça e na quarta-feira.
c) terça e na quinta-feira.
d) quinta-feira, no sábado e no domingo.
e) segunda, na quinta e na sexta-feira.

41. A Lei da Gravitação Universal, de Isaac Newton, estabelece a intensidade da força de atração entre duas massas. Ela é representada pela expressão:

$$F = G\frac{m_1 m_2}{d^2}$$

Onde m_1 e m_2 correspondem às massas dos corpos, d à distância entre eles, G à constante universal da gravitação e F à força que um corpo exerce sobre o outro.

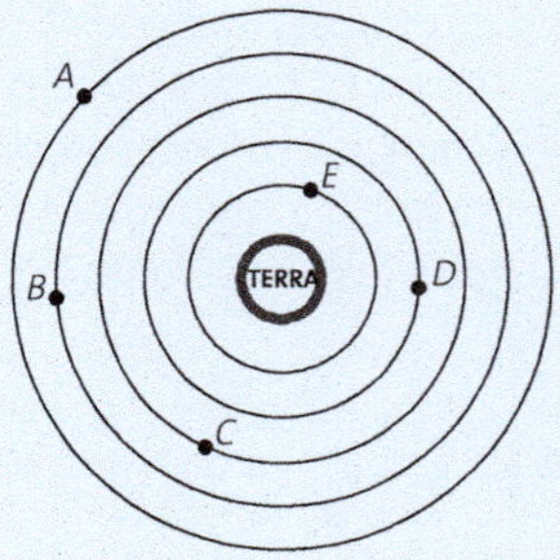

O esquema representa as trajetórias circulares de cinco satélites, de mesma massa, orbitando a Terra.

Qual gráfico expressa as intensidades das forças que a Terra exerce sobre cada satélite em função do tempo?

a)

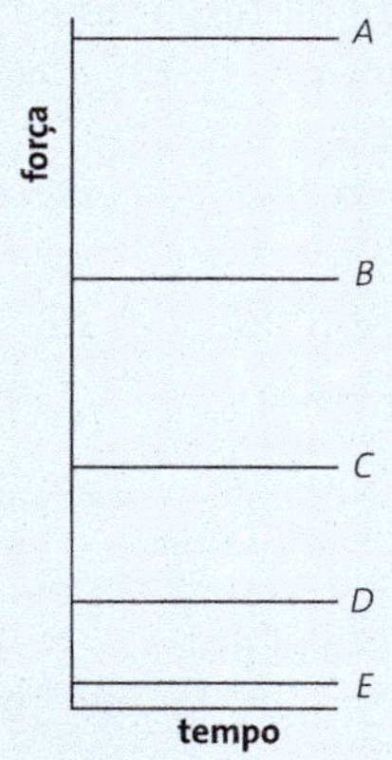

b)

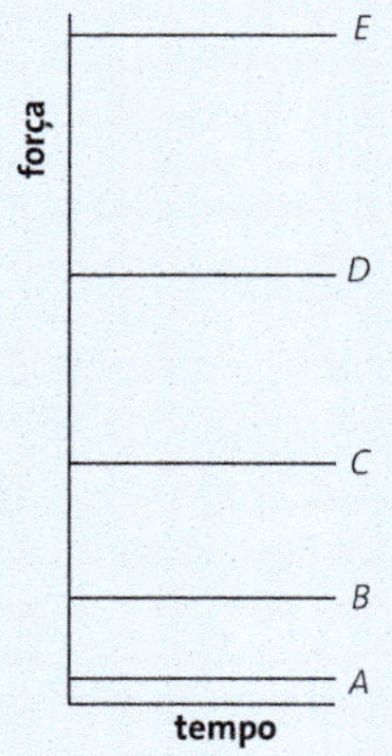

c)

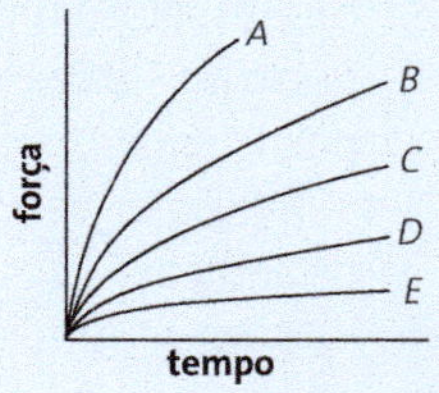

d)

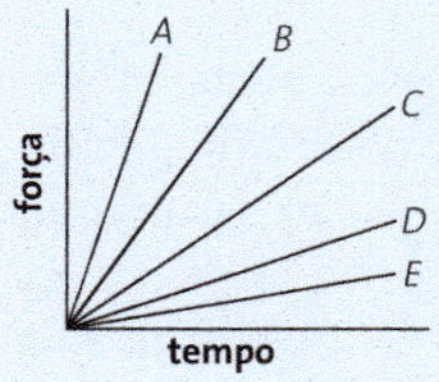

e)

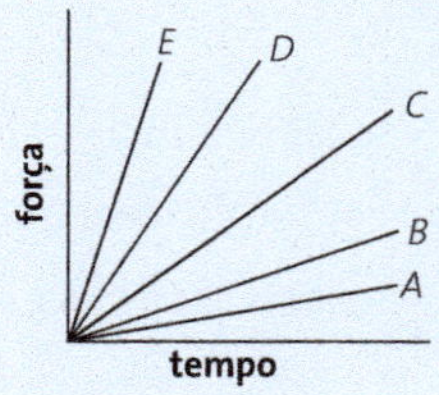

Respostas

Capítulo 1

Conjuntos numéricos e noções de conjuntos

Questões da p. 12

a) 11 semanas completas
b) +2 °C
c) 6 copos
d) 100 m²

1. a) Goiás $\in C$ b) Bahia $\notin C$ c) $17 \in B$ d) $15 \notin B$ e) Pentágono $\notin Q$ f) Losango $\in Q$

2. a) V b) V c) F d) F e) V f) V g) F h) F i) F j) F

3. a) $\{2, 4, 6, 8, 10, ...\}$
b) $\{0, 1, 2, 3, 4, 5, 6, 7\}$
c) $\{0, 5, 10, 15, 20, 25, 30\}$
d) $\{c, o, n, j, u, t\}$
e) {retângulos}

4. a) $\{-5, 5\}$ b) $\{2, 3\}$ c) $\{5\}$ d) $\{2\}$ e) $\{-1, 0, 1, 2, 3, 4, 5\}$

5. a) x é um número natural menor do que 10.
b) x é um número natural par menor do que 8.
c) x é um número natural ímpar maior do que 10 e menor do que 18.
d) x é um número natural menor do que 101.
Há outras respostas possíveis.

6. a) y é um número inteiro tal que $y^2 - 9 = 0$.
b) y é um número natural tal que $y^2 - 3y + 2 = 0$.
c) y é um número natural tal que $y^2 - 25 = 0$.
d) y é um número natural maior do que 6.
Há outras respostas possíveis.

7. a) $M(6) = \{0, 6, 12, 18, 24, 30, 36, 42, ...\}$
b) $D(6) = \{1, 2, 3, 6\}$
c) $A = \{2, 3, 5, 7, 11, 13, 17, 19\}$
d) $C = \{0, 1, 4, 9, 16, 25, 36, 49, ...\}$

8. a) $\{0, 1, 2\}$ b) $\{-2, -1, 0, 1, ...\}$ c) $\{0, 1\}$ d) $\{-1, 0, 1, 2, 3\}$ e) $\varnothing$ f) $\{..., -3, -2, -1\}$

10. $\mathbb{N} = \{0, +7, 12\}$
$\mathbb{Z} = \{-23, -8\}$
$\mathbb{Q} = \left\{-0{,}5\ \frac{3}{8}; 0{,}555...; 1\frac{4}{5}\right\}$

11. A: $\frac{4}{3}$; B: 0,181818...; C: $1\frac{4}{5}$; D: $-2{,}5$; E: $-\frac{5}{4}$; F: 0,7; G: $-\frac{7}{10}$

12. a) 0,875 b) 0,75 c) 1,4 d) $1{,}\overline{6}$

13. a) $\frac{1}{3}$ b) $\frac{1}{6}$ c) $\frac{8}{33}$ d) $\frac{283}{2\,250}$

14. $0{,}25 < \frac{1}{2} < 0{,}\overline{52} < 0{,}\overline{5} < \frac{6}{10} < \frac{4}{5}$

15. a) Exato.
b) Exato.
c) Infinito não periódico.
d) Infinito periódico.
e) Infinito não periódico.
f) Exato.

16. a) 3; 4. b) Infinitos; infinitos.

17. a) V b) F

18. a) • 6 • 12 • 16 • 86 • 8 • 22 • 300 • 16
b) Todos os resultados são números pares.
c) Toda soma de dois números pares resulta em um número par.

19. a) 7 b) $\pi - 3$ c) $5 - \pi$ d) -15 e) 16 f) -7 g) 3 h) 11

20. a) x^4
b) x^3, se $x \geqslant 0$; $-x^3$, se $x < 0$
c) $x - 2$, se $x \geqslant 2$; $-x + 2$, se $x < 2$
d) $-x - 1$
e) $2x - 3$
f) -2, se $x < 3$; $2x - 8$, se $3 \leqslant x < 5$; 2, se $x \geqslant 5$
g) 3
h) 3, se $4 < x < 5$, $2x - 7$, se $x \geqslant 5$

21. a) F b) V c) V d) V e) F f) F g) V h) V

22. a) V b) V c) F d) V e) F f) V g) F h) V

23. a) $y = 9$ ou $y = -9$
b) Não existe valor real para y.
c) $y = 0$
d) $y = \frac{4}{5}$ ou $y = -\frac{4}{5}$
e) $y = 1$ ou $y = -1$
f) Não existe valor real para y.

24. a) $x = 6$
b) Não existe valor real para x.
c) $x = 6$ ou $x = -6$
d) $x = 6$
e) $x = 5$
f) $x = 5$ ou $x = -5$
g) $x = 3$ ou $x = -3$
h) $x = 4$ ou $x = -4$

25. a) • 7 • 9 • 2 • 7 • 9 • 2
b) Sim, os resultados são sempre positivos e a distância entre dois pontos independe do ponto inicial ($AB = BA$).
c) Distâncias sempres são positivas, já posições, não.

26. $PQ = 365$; $PM = 96$; $MQ = 269$

27. a) $-5 - 5i$ b) $1 + 2i$ c) $14 + 22i$ d) $-2 + 2i$

28. a) 1 b) i c) 2 d) $i + 1$

29. a) $x' = 1 + \sqrt{3}\ i$ e $x'' = 1 - \sqrt{3}\ i$
b) $x' = 2 + i$ e $x'' = 2 - i$

30. a) $\frac{7}{13} + \frac{7}{13}i$
b) $2 - i$
c) $-\frac{1}{2} + \frac{1}{2}i$
d) $\frac{6}{5} + \frac{3}{5}i$

31. a) Unitário. b) Vazio. c) Unitário. d) Vazio. e) Vazio.

32. a) U = {polígonos} b) $U = \mathbb{N}$ c) $U = \mathbb{Z}$ d) $U = \mathbb{N}$ e) $U = \mathbb{R}_+$

33. a) F b) V c) V d) V e) V

34. a) V b) F c) V d) F e) V f) V g) F h) V i) F j) V k) V l) F

35. a) $A \subset B$ b) $C \not\subset A$ c) $C \subset B$ d) $A \not\subset C$

36. a) V b) F c) F d) V e) F f) F g) V

37. $X \subset Z$; $Y \subset Z$; $X \not\subset Y$

38. a) $P(A) = \{\varnothing, \{0\}, \{1\}, \{0, 1\}\}$
b) $P(B) = \{\varnothing, \{1\}, \{3\}, \{5\}, \{1, 3\}, \{1, 5\}, \{3, 5\}, \{1, 3, 5\}\}$
c) 4 elementos.
d) 8 elementos.

39. 6 elementos.

40. Qualquer conjunto formado por quatro números naturais.

Resolvido passo a passo

6. a) 570 000 páginas impressas.

41. Exemplos: $X = \{2, 3, 4, 5, 6\}$; $X = \{2, 4, 6, 8\}$; $X = \{0, 2, 4, 6\}$; $X = \{2, 4, 6\}$; $X = \{2, 4, 6, ...\}$; $X = \mathbb{N}$

42. a) $\{1, 3, 5, 7, 9\}$ b) $\{0, 2, 4, 6, 8\}$ c) $\{0, 1, 3, 5, 6, 7, 8, 9\}$ d) $\{0, 6, 8\}$

44. a) $A = \{3, 4, 5\}$ b) $B = \{1, 2, 3, 4\}$ c) $C = \{2, 4, 6\}$

47. Sim.

48. a) $R \subset P$ e $P \subset Q \Rightarrow R \subset Q$
b) $a \in C$ e $C \in E \Rightarrow a \in E$
c) $r \in P$ e $P \in B \Rightarrow r \in B$

49. a) $A = \{0, 2, 4, 6, ...\}$; $B = \{0, 1, 2, 3, 4, ...\}$; $p \Rightarrow q$; $A \subset B$
b) $A = \{\text{trapézios}\}$; $B = \{\text{quadriláteros}\}$; $p \Rightarrow q$; $A \subset B$

50. Exemplo: Todo número natural é inteiro. Todo número inteiro é racional. Portanto, todo número natural é racional.

51. q': número natural maior do que 2, par.
p': número natural maior do que 2, não primo.
$q' \Rightarrow p'$: se um número natural maior do que 2 é par, então ele não é primo.

52. a) Se a raiz quadrada de um número é ímpar, então esse número é quadrado perfeito ímpar.
b) Se um número não é divisível por 2, então ele é um número ímpar.

53. Se duas retas distintas (r e s) de um plano α não são paralelas, então r e s não são simultaneamente perpendiculares a uma reta t desse plano.

54. a) $A \cup B = \{0, 2, 3, 4, 5, 6, 7, 8, 9\}$
b) $A \cap B = \{4, 5, 6\}$
c) $A \cup C = \{0, 3, 4, 5, 6, 7, 8, 9, 10\}$
d) $A \cap C = \{0, 3, 6\}$
e) $B \cap C = \{6, 9\}$
f) $(A \cap B) \cup C = \{0, 3, 4, 5, 6, 9, 10\}$
g) $(A \cap C) \cup B = \{0, 2, 3, 4, 5, 6, 9\}$
h) $(A \cap B) \cap C = \{6\}$
i) $(A \cup B) \cap C = \{0, 3, 6, 9\}$
j) $(A \cup C) \cap B = \{4, 5, 6, 9\}$
k) $A \cup (B \cap C) = \{0, 3, 4, 5, 6, 7, 8, 9\}$
l) $A \cap (B \cap C) = \{6\}$

55. a) $\{a, c, e, f\}$ c) $\{h, i\}$
b) B d) $\{a, c, e, f, h, i\}$

56. Os conjuntos obtidos em **e** e **f** são iguais.

57. a) $A \cap B = \{2\}$
b) $A \cap C = \{2, 3\}$
c) $B \cup C = \{0, 1, 2, 3, 4, 6, 8, 12\}$
d) $B \cap C = \{2, 4, 6\}$
e) $(A \cap B) \cap C = \{2\}$
f) $(A \cup B) \cap C = \{2, 3, 4, 6\}$
g) $(A \cup B) \cup C = \{0, 1, 2, 3, 4, 5, 6, 7, 8, 12\}$
h) $(A \cup C) \cap B = \{2, 4, 6\}$
i) $(A \cap C) \cup B = \{0, 2, 3, 4, 6, 8\}$
Há outras respostas possíveis.

58. a) $\mathbb{Z} \cup \mathbb{Q} = \mathbb{Q}$ e $\mathbb{Z} \cap \mathbb{Q} = \mathbb{Z}$
b) $\mathbb{Q} \cup \mathbb{R} = \mathbb{R}$ e $\mathbb{Q} \cap \mathbb{R} = \mathbb{Q}$

59. a) $\mathbb{Z}$ b) $\mathbb{Z}$ c) $\mathbb{Q}$ d) $\mathbb{N}$

60. a) $(A \cup B) \cap C$ ou $(A \cap C) \cup (B \cap C)$
b) $(A \cap B) \cup C$ ou $(A \cup C) \cap (B \cup C)$

62. a) 25 alunos. c) 50 alunos.
b) 10 alunos.

63. a) 41 estudantes. b) 27 estudantes.

Questões da p. 46
1ª) a) Alguns alunos levantaram o braço duas vezes.
b) 20 alunos.
2ª) 45 pessoas.

65. c

66. 5

67. 5 alunos.

68. 34

69. 21 pesquisados.

70. a) 54 famílias. c) 365 famílias.
b) 315 famílias.

71. a) 43% b) 7% c) 57%

72. a) 55 alunos. b) 30 alunos.

73. a) $[-4, 2]$ d) $\left(\frac{1}{2}, 3\right]$
b) $(1, +\infty)$ e) $[-\sqrt{3}, -\sqrt{3}]$
c) $]-\infty, 1]$ f) $(0{,}75; 0{,}90)$

75. a) V b) F c) V d) V e) V

76. a) $A \cap B = [3, 4]$; $A \cup B = [2, 6]$ e $A - B = [2, 3)$
b) $A \cup B =]-\infty, 4[$ e $A \cap B =]-\infty, 1[$
c) $A \cup B = [-2, +\infty[$ e $A \cap B = [-1, 0)$

77. a) $]-\infty, 6[$ c) $[-6, 2]$
b) $(-5, 2]$ d) $(-5, 2]$

78. Sim.

80. $A(3,\ 3)$; $B(-3,\ 2)$; $C(2,\ 0)$; $D(-2,\ -4)$; $E(4, -3)$; $F(0, -2)$

84. $x = 3$

85. $x = 3$ e $y = 5$

86. $P(10, 0)$

87. $P(0, -18)$

88. $2\sqrt{13} + \sqrt{2}$ unidades de comprimento.

89. 16 unidades de área.

91. a) 5 unidades de comprimento.
b) $\sqrt{10}$ unidades de comprimento.
c) 5 unidades de comprimento.
d) 10 unidades de comprimento.
e) 0 unidade de comprimento.
f) 11 unidades de comprimento.

92. $C(-1, -1)$

93. $E(-20°, -40°)$; $F(-60°, 20°)$; $G(40°, -60°)$; $H(-50°, -60°)$; $K(60°, 80°)$

94. a) $A \times B = \{(-1, 2); (-1, 3); (0, 2); (0, 3); (1, 2); (1, 3); (2, 2); (2, 3)\}$
b) $B \times A = \{(2, -1); (2, 0); (2, 1); (2, 2); (3, -1); (3, 0); (3, 1); (3, 2)\}$
c) $A^2 = A \times A = \{(-1, -1); (-1, 0); (-1, 1); (-1, 2); (0, -1); (0, 0); (0, 1); (0, 2); (1, -1); (1, 0); (1, 1); (1, 2); (2, -1); (2, 0); (2, 1); (2, 2)\}$
d) $B^2 = B \times B = \{(2, 2); (2, 3); (3, 2); (3, 3)\}$

96. 5 elementos.

97. $C = \{-2, 1, 3\}$ e $D = \{-3, -1, 0, 2, 3\}$

99. $E = \{x \in \mathbb{R} \mid -3 \leq x \leq 2\}$ e
$F = \{x \in \mathbb{R} \mid -4 < x < 3\}$

100. **e**

101. **b**

102. **b**

104. **a** e **c**.

106. a) $R = \{(-1, 2); (0, 4); (1, 4); (2, 2); (2, 6)\}$
b) $D(R) = \{-1, 0, 1, 2\}$; $Im(R) = \{2, 4, 6\}$

107. a) $R^{-1} = \{(2, -1); (4, 0); (4, 1); (2, 2); (6, 2)\}$
d) $D(R^{-1}) = \{2, 4, 6\}$; $Im(R^{-1}) = \{-1, 0, 1, 2\}$

108. 15

109. a) $R = \{(1, 2); (3, 4); (3, 6); (5, 10); (7, 10)\}$
b) $D(R) = \{1, 3, 5, 7\}$ e $Im(R) = \{2, 4, 6, 10\}$

110. a) $R^{-1} = \{(2, 1); (4, 3); (6, 3); (10, 5); (10, 7)\}$
d) $D(R^{-1}) = \{2, 4, 6, 10\}$ e $Im(R^{-1}) = \{1, 3, 5, 7\}$

111. a) $R = \{(1, 3); (3, 5); (4, 6)\}$
b) $D(R) = \{1, 3, 4\}$; $Im(R) = \{1, 3, 5, 7\}$
c) $R^{-1} = \{(3, 1); (5, 3); (6, 4)\}$

112. a) $R = \{(-2, 3); (-2, 4); (-1, 3); (-1, 4); (1, 4)\}$
b) $D(R) = \{-2, -1, 1\}$; $Im(R) = \{3, 4\}$

113. a) $R_1 = \{(3, 3); (4, 4)\}$
$D(R_1) = \{3, 4\}$; $Im(R_1) = \{3, 4\}$
$R_1^{-1} = \{(3, 3); (4, 4)\}$
b) $R_2 = \{(3, 3); (4, 3); (4, 4); (5, 3); (5, 4)\}$
$D(R_2) = \{3, 4, 5\}$; $Im(R_2) = \{3, 4\}$
$R_2^{-1} = \{(3, 3); (3, 4); (4, 4); (3, 5); (4, 5)\}$

114. a) 120 d) 1 600 g) 200
b) 900 e) 55 h) 350
c) 5 f) 80

115. a) R$ 30,00 c) 100 km
b) 70 000 habitantes. d) R$ 88,00

116. Pará: 1 200 000 km^2; Amazonas: 1 600 000 km^2; Minas Gerais: 600 000 km^2; Mato Grosso: 900 000 km^2. Amazonas, Pará, Mato Grosso, Minas Gerais.

118. a) 3 300 km b) 3 399 km

119. 1,52 u.a.

120. a) 1 134 b) 27 444 c) 2 340

121. a) B (532) c) B (931) e) D (1 570)
b) C (1 197) d) A (399,7)

122. a) 332,6 milhões. b) 289 milhões.

123. a) 1,75 polegada. c) 40 polegadas.
b) Menos. d) 18,75 mm

124. b) Hambúrguer duplo e hambúrguer simples.
c) X-salada.

126. a) 315 km b) 4 h

127. a) Diâmetro da Terra: comprimento – km
Temperatura do planeta Terra: temperatura – graus Celsius
Peso do planeta Terra: massa – tonelada
Movimento de translação e de rotação da Terra: tempo – ano e dia
Superfície do planeta Terra – superfície – km^2
Volume do planeta Terra: volume – km^3
b) 6 500 000 000 000 000 000 000 = $= 65 \cdot 10^{20}$
c) 147,2 °C
d) Um trilhão, oitenta e três bilhões, duzentos e trinta milhões.
e) 382 500 000 km^2

128. Aproximadamente 10 minutos.

Atividades adicionais

1. a) F d) F g) V j) F
b) V e) F h) V k) F
c) V f) F i) V l) F

2. a) V d) V g) V
b) V e) F h) F
c) V f) F i) V

3. Por exemplo: $X = \{2, 3, 4, 5, 6\}$; $X = \{2, 4, 6, 8\}$; $X = \{0, 2, 4, 6\}$; $X = \{2, 4, 6\}$; $X = \mathbb{N}$; $X = \{2, 4, 6...\}$.

4. a) $A \cap B = \{2\}$
b) $A \cup B = \{0, 2, 3\}$
c) $B \cap C = \varnothing$
d) $A \cap C = \{3\}$
e) $A \cup B \cup C = \{-3, 0, 2, 3\}$

5. 6

6. 24

7. a) $A \cup B = \{7, 8, 9, 10, 11\}$
b) $A \cap B = \{8, 9\}$
c) $A - B = \{7\}$
d) $B - A = \{10, 11\}$
e) C_A^B não existe
f) $C_U^B = \{0, 1, 2, 3, 4, 5, 6, 7, 12\}$

8. a) $C_A^H = \{3, 5\}$
b) $(A \cap B) \cup H = \{3, 4, 5, 6\}$
c) $(A - B) \cup (B - A) = \{1, 4, 6, 7\}$
d) $(B \cup H) - A = \{1, 7\}$

9. a) 66 pessoas.
b) 34 pessoas.
c) 4 pessoas.
d) 51 pessoas.
e) 19 pessoas.
f) 40 pessoas.

11. a) Racional.
b) Racional.
c) Irracional.
d) Irracional.
e) Irracional.
f) Racional.
g) Racional.
h) Irracional.
i) Irracional.
j) Racional.
k) Irracional.
l) Racional.

12. Irracional.

Vestibulares de Norte a Sul

1. **b**
2. **e**
3. **e**
4. a) 80 filiados. b) 1 420 filiados.
5. **a**

Para refletir

Página 14

• Sim. • Não. • Sim.

Página 15

• Sim. • Sim. • Sim. • Não.

Página 16

• Não, todo número natural é inteiro.
• Sim, os números inteiros negativos.

Página 18

Porque é a fração que dá origem ao número decimal.

Página 19

• Nem sempre. Por exemplo, entre os números inteiros 6 e 7 não há um outro número inteiro.
• Entre dois números racionais, x e y, sempre há um outro número racional z. Basta fazer: $z = \frac{x+y}{2}$.

Página 28

$x = |7| \Rightarrow x = 7$; $|x| = 7 \Rightarrow x = \pm 7$

Página 42

Polígono convexo é um polígono cujos ângulos internos são todos menores do que 180°.

Página 50

$\{3, 5\}$ representa o conjunto dos elementos 3 e 5.

$(3, 5)$ representa o conjunto dos números reais entre 3 e 5 e também representa o par ordenado de abscissa 3 e ordenada 5.

$[3, 5]$ representa o conjunto dos números reais de 3 até 5, incluindo esses números.

Capítulo 2

Funções

Questões da p. 68

a) t é a variável independente e v é a variável dependente.
b) n é a variável independente e m é a variável dependente.
c) a é a variável independente e v é a variável dependente.
d) Sim, no primeiro caso, a varia em função de b (b é a variável independente) e no segundo caso é o contrário, b varia em função de a (a é a variável independente).

Questões das p. 69 e 70

a) • R$ 28,00
• 13 litros
b) • 14 m
• 5,5 m
c) • $y = 3x + 1$ ou $f(x) = 3x + 1$
d) • 162 km
• 54 min
• Sim.

1. a) A área é dada em função da medida do lado.
b) A área A.
c) A medida do lado (ℓ).
d) $A = \ell^2$
e) 144 cm²
f) 13 cm

2. a) $d = \ell\sqrt{2}$ b) $C = 2\pi r$

4. a) Sim.
b) O custo de produção (c) é dado em função do número de peças (x).
c) $c = 1{,}20x$
d) R$ 12,00; R$ 24,00; R$ 60,00
e) 100 peças.

5. a) $f(x) = \frac{x}{3}$
b) $f(x) = 2x - 3$
c) $f(x) = \frac{x}{2} + 3$
d) $f(x) = x^3 + x^2$

6. a) $y = 8x$ b) $y = 14x$

7. a) $Q = 72 + 10x$
b) R$ 172,00
c) 20 clientes.
d) $C = x + 6$

9. a) 80 unidades. b) Lucro.

10. $y = 5x + 1$
Demais valores da tabela: 11, 16, 21 e 26.

11. **a** e **c**.

12. É função.

13. Não é função.

14. Sim.

16. a) Sim; $f(x) = \sqrt{x}$
b) Sim; $f(x) = x^2$

17. a) $D(f) = \{3, 4, 5, 6\}$
b) $Im(f) = \{1, 3, 7\}$
c) $f(4) = 1$
d) $y = 7$
e) $x = 6$
f) $x = 3$ ou $x = 4$
g) $f(6) = 3$
h) $y = 1$
i) $x = 5$

18. b) $D(g) = \{1, 3, 4\}$; $CD(g) = \{3, 9, 12\}$; $Im(g) = \{3, 9, 12\}$
c) $g(3) = 9$
d) $x = 4$

19. a) $y = 20x + 40$ b) $y = 3x$

20. a) $c = 10 - \ell$ b) $\ell = 10 - c$

21. $r = \frac{C}{2\pi}$

22. $Im(f) = \{-3, -1, 1, 5\}$

23. $f(-3) = -4$; $f(0) = 5$

24. $f(\sqrt{2}) = 1$

25. $x = \frac{2}{3}$

26. 3 elementos.

27. $\frac{20}{3}$

28. a) $f(5) = 10$
b) $f(4) = 9$
c) $f(0) = 5$
d) $f(31) = 62$
e) $x = 7$

29. $\frac{\sqrt{2} + 2 + \pi}{2}$

30. $m = 1$

31. $f(3) = -1$

32. a) $D(f) = \mathbb{R} - \{6\}$
b) $D(f) = \mathbb{R}$
c) $D(f) = \{x \in \mathbb{R} \mid x \geq 7\}$
d) $D(f) = \mathbb{R}$
e) $D(f) = \{x \in \mathbb{R} \mid x \geq 2 \text{ e } x \neq 3\}$
f) $D(f) = \mathbb{R} - \{1, 5\}$

33. a) Maior número de vitórias: Schumacher; menor número de vitórias: Piquet.
b) Clark e Lauda; Fangio e Alonso.

34. a) 2013; 1992.
b) 1997, 1998 e a partir de 2000.
c) Queda de 34,7%.

35. a) É função.
b) É função.
c) É função.
d) Não é função.

40. a) $D(f) = \{x \in \mathbb{R} \mid -3 \leq x \leq 1\} = [-3, 1]$
$Im(f) = \{y \in \mathbb{R} \mid -2 \leq y \leq 2\} = [-2, 2]$
b) $D(f) = \{x \in \mathbb{R} \mid -2 < x < 3\} = (-2, 3)$
$Im(f) = \{y \in \mathbb{R} \mid 1 \leq y \leq 3\} = [1, 3]$
c) $D(f) = \{x \in \mathbb{R} \mid -2 \leq x < 1\} = [-2, 1)$
$Im(f) = \left\{y \in \mathbb{R} \mid \frac{1}{2} < y \leq 4\right\} = \left(\frac{1}{2}, 4\right]$
d) $D(f) = \{x \in \mathbb{R} \mid 0 \leq x \leq 4\} = [0, 4]$
$Im(f) = \{y \in \mathbb{R} \mid 0 \leq y \leq 2\} = [0, 2]$
e) $D(f) = \{x \in \mathbb{R} \mid 0 \leq x \leq 2\pi\} = [0, 2\pi]$
$Im(f) = \{y \in \mathbb{R} \mid -1 \leq y \leq 1\} = [-1, 1]$
f) $D(f) = \{x \in \mathbb{R} \mid -2 < x < 3\} = (-2, 3)$
$Im(f) = \{y \in \mathbb{R} \mid 0 < y < 3\} = (0, 3)$

41. $D(f) = \mathbb{R}$; $Im(f) = \mathbb{Z}$

42. a) É função; não é par nem ímpar.
b) É função; é ímpar.
c) Não é função.
d) É função; é par.

43. a) Não é par nem ímpar.
b) Par.
c) Ímpar.
d) Par.

Resolvido passo a passo

5. a) 20 000 hectares; 15 000 hectares; 12 000 hectares, respectivamente.
b) A área plantada diminui.
c) A produção aumentará.

44. a) Crescente.
b) Decrescente.
c) Crescente.

45. a) Crescente: $\{x \in \mathbb{R} \mid x \leq 2\}$; decrescente: $\{x \in \mathbb{R} \mid x \geq 2\}$.
b) Crescente: $\{x \in \mathbb{R} \mid x \leq 1\}$; decrescente: $\{x \in \mathbb{R} \mid x \geq 1\}$.
c) Crescente: $\{x \in \mathbb{R} \mid -\pi \leq x \leq 0\}$; decrescente: $\{x \in \mathbb{R} \mid 0 \leq x \leq \pi\}$.

46. a) $D(f) = [-1, 4]$; $Im(f) = [-1, 3]$
b) Corta o eixo x em um ponto; corta o eixo y em um ponto.
c) Igual.
d) Valor máximo de $f(x)$ é 3; valor mínimo de $f(x)$ é -1.
e) O ponto $(-1, 1)$.
f) Sim.
g) $f(x) = 3$ para $1 \leq x \leq 3$.

47. a) O pai ganhou a corrida, pois ele chegou aos 100 m em 14 s e o filho, em 17 s; a diferença de tempo foi de 3 s.
b) Cerca de 70 m.
c) Cerca de 10 s.

48. a) Não.
b) Sim.
c) Sim.
d) Sim.
e) Não.
f) Não.

49. **c** e **d**.

50. a) Sim.
b) Sim.
c) Não.
d) Não.
e) Sim.

51. a) Sim. b) Sim. c) Não.

52. a) Sim. b) Não. c) Não. d) Sim.

53. a) É sobrejetiva; não é injetiva; então não é bijetiva.
b) É injetiva; não é sobrejetiva; então não é bijetiva.
c) É injetiva; é sobrejetiva; então é bijetiva.
d) Não é sobrejetiva; não é injetiva; então não é bijetiva.
e) É injetiva; não é sobrejetiva; então não é bijetiva.
f) É injetiva; é sobrejetiva; então é bijetiva.

54. a) Injetiva. b) Injetiva. c) Bijetiva.

55. a) É sobrejetiva; não é injetiva; então não é bijetiva.
b) É injetiva; não é sobrejetiva; então não é bijetiva.
c) É injetiva; é sobrejetiva; então é bijetiva.
d) É injetiva; não é sobrejetiva; então não é bijetiva.
e) É injetiva; é sobrejetiva; então é bijetiva.

56. a) Sim.
b) Não.
c) Sim.
d) Sim.
e) Sim.

57. a) $f(g(x)) = 5x - 7$
b) $g(f(x)) = 5x - 11$
c) $f(f(x)) = x - 2$
d) $g(g(x)) = 25x - 36$

58. a) $(f \circ g)(x) = 4x^2 + 4x - 1$
b) $(g \circ f)(x) = 2x^2 - 3$

59. a) $f(g(1)) = 4$
b) $g(f(2)) = 3$
c) $f(f(1)) = 1$

60. $g(x) = 2x - 6$

61. a) $(f \circ g)(5) = 25$
b) $f(5) = 9$
c) $f(a) = a^2 - 4a + 4$
d) $f(x) = x^2 - 4x + 4$

62. $f(x) = \frac{x}{2} + 1$

63. $f(x) = \frac{x + 1}{2}$

64. a) $f^{-1}(x) = x + 6$
b) $f^{-1}(x) = \frac{1 - x}{2}$
c) $f^{-1}(x) = \frac{x - 4}{3}$
d) $f^{-1}(x) = \frac{x}{3}$

65. $f^{-1}(x) = \frac{2x}{x - 1}$

66. a) $f^{-1}(x) = \frac{x + 4}{3}$
b) $f^{-1}(2) = 2$

67. a) $g(x) = \frac{x - 5}{2}$
b) $(f \circ g)(x) = x$; $(g \circ f)(x) = x$

68. $g(x) = 3x + 1$

69. $y = 2$

70. $f^{-1}(3) = 0$

71. $f^{-1}(-3) = 1$

72. a) $D(f) = \mathbb{R}$; $CD(f) = \mathbb{R}$; $Im(f) = \{y \in \mathbb{R} \mid y \geq 1\}$
b) $f(5) = 26$; $f(\sqrt{3}) = 4$; $f(-1) = 2$;
$f(0) = 1$; $f\left(\frac{1}{2}\right) = \frac{5}{4}$
c) $x' = 3$ e $x'' = -3$
d) $f(1) - f(\sqrt{3}) = -6$; $\frac{f(5\sqrt{2}) - f(0)}{f(-2)} = 10$
e) Não existe.
f) $x = 0$
g) Não é injetiva; não é sobrejetiva; então não é bijetiva.
h) Não.
i) É função par.
j) $(f \circ f)(x) = x^4 + 2x^2 + 2$

73. $f^{-1}(x) = \frac{3 - 4x}{2}$; $f(0) = \frac{3}{4}$; $f^{-1}(0) = \frac{3}{2}$

74. a) $f^{-1}(x) = \frac{2 - x}{6}$

75. **d**

Questão da p. 109
a) 8
b) 17
c) 32
d) -32
e) 250
f) -4 e -9

76. $(0, 1, 4, 9, 16, ...)$

77. a) PA; $r = -5$
b) PG; $q = 2$
c) Não é PA nem PG.

78. $f(x) = 2x - 1$

79. 51

80. 972

Outros contextos

2. a) IMC = 20
b) Peso normal.
c) 1,9 m

3. Espera-se que o aluno não concorde com essa afirmação, pois na verdade essa "crença" é equivocada. A obesidade tem se apresentado como um fator prejudicial à saúde.

4. Alimentação balanceada e prática de atividades físicas. Pode ser necessário eventualmente o tratamento de possíveis distúrbios metabólicos, como o hipotireoidismo.

5. As gorduras, ou lipídios, estão relacionados ao crescimento, ajudam a dissolver vitaminas, agem na produção de espermatozoides e atuam como reserva de energia.

Atividades adicionais

1. $S = \frac{P^2}{16}$

2. **e**

3. **a**

4. $x = 1$

5. $x = 0$ ou $x = 8$

6. a) $f(\sqrt{3}) = \sqrt{3}$
b) $x = \frac{1}{2}$

7. *a*

8. $bc = 1$

9. a) $D(f) = \mathbb{R}$
b) $D(f) = \left\{x \in \mathbb{R} \mid x > \frac{1}{2}\right\}$

10. a) $D(f) = [-2, 1[$; $Im\,(f) = \left]\frac{1}{2}, 4\right]$
b) $D(f) =]-2, 3[$; $Im(f) =]0, 3[$

11. a) É função par.
b) É função par.
c) É função par.
d) É função ímpar.

12. a) Crescente.
b) Decrescente.

13. Crescente:
$\left\{x \in \mathbb{R} \mid 0 \leq x \leq \frac{\pi}{2} \text{ ou } \frac{3\pi}{2} \leq x \leq 2\pi\right\}$
Decrescente:
$\left\{x \in \mathbb{R} \mid \frac{\pi}{2} \leq x \leq \frac{3\pi}{2}\right\}$

14. $A = \{-1, 1, 2, 3\}$

15. $k = 1$

16. $x = \frac{5}{3}$

17. 2

18. 27

19. $(f \circ g)(x) = \frac{1 + x}{x}$

20. $a = -7$

21. $f^{-1}(3) = 0$

22. c

23. a

24. d

25. c

26. d

27. b) $v_0 = 2$ m/s
c) $a = 0,4$ m/s²
d) $v = 6,8$ m/s

Vestibulares de Norte a Sul

1. d

2. 1) Errado.
2) Correto.
3) Correto.
4) Errado.

3. b

4. c

5. c

6. a

7. c

8. b

9. b

10. e

Para refletir

Página 75

Porque o denominador deve ser diferente de zero.

Página 79

Em 2012: $\frac{46\,106}{146\,892} = 31{,}4\%$;

Em 2013: $\frac{53\,227}{159\,603} = 33{,}3\%$.

Página 83

- Porque, no exemplo **a**, $D(f) = \{0, 1, 2\}$ e, no **b**, $D(f) = \mathbb{R}$.
- Observando o polinômio que é igual a *y*. Nesse caso, o polinômio é do 1º grau da forma $ax + b$, com $a \neq 0$, e seu gráfico é uma reta.

Página 84

Porque os domínios das duas funções são diferentes.

Página 88

Porque, para ser par, $f(3) = f(-3)$, o que não acontece. Para ser ímpar, $f(-3) = -f(3)$, o que também não acontece.

Página 91

Para $x \leq 0$.

Página 101

Sim.

Página 107

- Determinando o valor de *x* tal que $f(x) = 7$:
$f(x) = 7 \Rightarrow \frac{3x - 2}{4} = 7 \Rightarrow 3x - 2 = 23 \Rightarrow$
$\Rightarrow x = 10$. Assim, $f^{-1}(7) = 10$.
- Temos a restrição $\mathbb{R} - \{2\}$ do domínio de *f* para que o denominador de $\frac{x}{x-2}$ não se anule; e a restrição $\mathbb{R} - \{1\}$ da imagem de *f* para que o denominador de $\frac{2x}{x-1}$, da função inversa f^{-1}, não se anule.

Página 109

- 50
- 1 458

Capítulo 3

Função afim e função modular

Questões da p. 118

a) (I) 2 500,00; (II) 230; (III) 50
b) (I) 0,06 *x*; (II) −50 *x*; (III) 20 *x*
c) $y = 2x + 10$

1. a) $f(0) = 1$
b) $f\left(\frac{1}{3}\right) = 3$
c) $f(0) = 4$
d) $f(k + 1) = -3k + 1$

2. $g(x)$ tem maior valor inicial; $f(x)$ tem maior taxa de variação.

3. a) $f(k + h) = -x - h + 2$
b) $f(k + h) = \frac{1}{3}x + \frac{1}{3}h + \frac{1}{4}$

4. a) $f(x) = 3x + 1$
b) $f(x) = -2x + 9$
c) $f(x) = 2x + 10$
d) $f(x) = -x + 3$

5. a) Função afim: $a = 7$ e $b = -1$.
b) Não é função afim.
c) Função afim: $a = -1$ e $b = 9$.
d) Função afim: $a = -4$ e $b = 2$.

6. Todas são afins.
c) Constante.
d) Linear; identidade.
e) Linear.
f) Translação.

7. a) $f(x) = 3x + 2$
b) $f(x) = -2x + 5$

8. a) $a = -3$
b) $a = \frac{1}{3}$

9. a) É função afim.
b) Não é função afim.

10. a) $f(x) = 8 + 0{,}50x$
b) Taxa de variação: 0,50; valor inicial: 8.
c) R$ 58,00

11. a) largura = 1 cm; perímetro = 12 cm; largura = 1,5 cm; perímetro = 13 cm; largura = 2 cm; perímetro = 14 cm; largura = 3 cm; perímetro = 16 cm; largura = 4 cm; perímetro = 18 cm
c) $f(x) = 10 + 2x$
d) Taxa de variação: 2; valor inicial: 10.

12. a) Plano *A*: $f(x) = 50x + 100$; plano *B*: $g(x) = 40x + 180$.
b) A do plano *A*. O custo aumenta mais rapidamente no plano *A*, conforme aumenta o número de consultas.
c) O plano *A* é mais econômico para $x < 8$; o *B*, para $x > 8$; eles são equivalentes para $x = 8$.

13. a) $f_1(x) = 50 + 0{,}37x$; $f_2(x) = 63 + 0{,}37x$; $f_3(x) = 75 + 0{,}37x$
b) $f_1 \rightarrow a = 0{,}37$; $f_2 \rightarrow a = 0{,}37$; $f_3 \rightarrow a = 0{,}37$

14. a) $f(x) = 10 + 5t$
b) 5
c) 10

15. $f(x) = 3x - 1$; taxa de variação: $a = 3$

16. a) $C(x) = 6x + 10\,400$
b) R$ 17 600,00

17. a) $f(x) = 3x + 2$
b) $f(x) = -2x + 5$

18. a) $V = -150t + 1\,000$
b) R$ 100,00
c) R$ 900,00

23. a) $f(x) = -\frac{1}{3}x + \frac{2}{3}$
b) $f(x) = -\frac{4}{3}x + 4$

24. a) $m = 8$
b) $m = -3$

25. a) $a = 3$ e $b = 2$
c) $x = -\frac{2}{3}$

26. a) $f(x)$ corta o eixo *x* no ponto $\left(\frac{4}{3}, 0\right)$ e o eixo *y* no ponto (0, 4).
b) Decrescente.

27. a) $A(3, 0)$; $B(0, 3)$ e $C(6, 3)$

28. $f(x) = -2x - 1$

29. a) $y = \frac{2}{3}x + 2$
b) $y = -\frac{1}{2}x + 2$
c) $y = 10x$
d) $y = -10x + 20$
e) $y = 2x + 12$
f) $y = 3x + 14$
g) $y = -3x$
h) $y = -x + 16$

30. a) $y = 3x - 6$
b) $y = -2x - 8$
c) $y = 5x + 4$

31. $y = \frac{1}{2}x + 2$

33. Acréscimos iguais a 12.

37. a) $f(x)$ corta o eixo *y* no ponto (0, 4) e o eixo *x* no ponto $\left(\frac{4}{3}, 0\right)$.
$g(x)$ corta o eixo *y* no ponto (0, 0) e o eixo *x* no ponto (0, 0).
$h(x)$ corta o eixo *y* no ponto (0, −2) e o eixo *x* no ponto (2, 0).
b) $f(x)$ é decrescente;
$g(x)$ é crescente;
$h(x)$ é crescente.

38. $f(x) = \frac{x}{2} + 4$; função crescente.

39. $f(x) = 3x - 1$

40. a) $f^{-1}(x) = \frac{x + 5}{6}$
c) Os gráficos de *f* e f^{-1} são simétricos em relação ao da função $y = x$.

41. $P\left(-\frac{3}{2}, 1\right)$

42. a) Eixo *x*: (5, 0); eixo *y*: (0, −5)
b) Eixo *x*: (4, 0); eixo *y*: (0, 4)
c) Eixo *x*: (0, 0); eixo *y*: (0, 0)
d) Eixo *x*: (2, 0); eixo *y*: (0, −1)

43. a) $f(x) = 0$ para $x = -4$
$f(x) > 0$ para $x > -4$
$f(x) < 0$ para $x < -4$
b) $f(x) = 0$ para $x = \frac{1}{2}$
$f(x) > 0$ para $x < \frac{1}{2}$
$f(x) < 0$ para $x > \frac{1}{2}$

c) $f(x) = 0$ para $x = \frac{5}{3}$

$f(x) > 0$ para $x > \frac{5}{3}$

$f(x) < 0$ para $x < \frac{5}{3}$

d) $f(x) = 0$ para $x = 2$
$f(x) > 0$ para $x > 2$
$f(x) < 0$ para $x < 2$

44. a) $x < 1$ b) $x < -4$

45. Não existe valor real de x que satisfaça as duas condições simultaneamente.

46. $x = 17$

47. a) $r = 5$
b) $-7, 8, 23, 38, 53, 68$ é uma PA.
c) $r = 15$

48. $r = 12$

49. $f(x) = 4x + 1$

50. a) $v = 60$ m/s c) $S = 700$ m
b) $S = 60t + 100$ d) $t = 15$ s

51. Sim, é uma proporcionalidade direta.

52. Não.

53. Sim.

54. π

55. Sim.

56. b) $xt = 100; t = \frac{100}{x}$
d) Sim; proporcionalidade inversa.

57. Sofre um acréscimo de 10%.

58. Y sofre um decréscimo de 10%.

59. No item **a**.

60. Medir a distância no mapa e, com a escala dada, usar regra de três.

61. Para cada unidade na planta (1 cm, por exemplo), correspondem 10 000 unidades na realidade (no caso do exemplo: 10 000 cm ou 100 m).

62. 825 km

63. a) 1 : 10 000 000 b) 100 km

64. a) 60 cm; 140 cm; 220 cm.
b) 6º degrau; 8º degrau; 14º degrau.

65. a) 7 c) 0 e) 8 ou -8
b) 4 d) 4 f) Não existe.

66. a) $f(8) = 9; f(-1) = 8; f(3) = 4; f(0) = 7$

b) $f(x) = \begin{cases} 7 - x, \text{ se } x < 3 \\ x + 1, \text{ se } x \geqslant 3 \end{cases}$

d) $D(f) = \mathbb{R}$ e $Im(f) = \{y \in \mathbb{R} \mid x \geqslant 4\}$

68. a) $f(x) = \begin{cases} -3x + 15, \text{ se } x < 5 \\ 3x - 15, \text{ se } x \geqslant 5 \end{cases}$

b) $f(2) = 9; f(7) = 6; f(-1) = 18; f(5) = 0$

69. a) $D(f) = \mathbb{R}$ e $Im(f) = \mathbb{R}_+$
b) $f(x)$ é crescente para $x \geqslant 0$; $f(x)$ é decrescente para $x \leqslant 0$
c) $f(x)$ não é injetiva nem sobrejetiva.
d) $f(x)$ é par.
e) $f(x) > 0$ para $x \neq 0$; $f(x) = 0$ para $x = 0$

71. a) $S = \left\{-\frac{4}{3}, 2\right\}$
b) $S = \varnothing$
c) $S = \{-7, 9\}$
d) $S = \{-1, 5\}$
e) $S = \left\{\frac{7}{3}, 5\right\}$
f) $S = \{-7, -5, -1, 1\}$
g) $S = \{-1, 2, 3, 6\}$
h) $S = \varnothing$
i) $S = \{-5, 5\}$
j) $S = \{2, 4\}$
k) $S = \left\{-\frac{1}{2}, 2\right\}$
l) $S = \{0, 1, 2, 5\}$

72. (0, 1) e (1, 2)

73. a) $S = \left\{\frac{1}{3}, 1\right\}$
b) $S = \left\{\frac{7}{3}\right\}$
c) $S = \{1, 4\}$
d) $S = \left\{-\frac{3}{4}, -\frac{1}{2}\right\}$
e) $S = \{2\}$
f) $S = \left\{0, \frac{2}{3}\right\}$
g) $S = \left\{\frac{7}{2}\right\}$
h) $S = \{-1, 0, 1\}$
i) $S = \left\{-\frac{5}{4}, \frac{7}{2}\right\}$

Outros contextos

1. Taxa de fecundidade é o número médio de filhos por mulher em idade reprodutiva, ou seja, de 15 anos a 49 anos.
2. 1,6
3. 76,64 anos.
4. 2038
5. 5 anos.
6. Se não houvesse mortes precoces, a taxa necessária para a reposição da população seria 2,0. Dois pais (pai e mãe) teriam dois filhos, e assim por diante. Esse acréscimo de 0,1 na taxa de fecundidade é justamente para compensar as mortes precoces e haver a reposição populacional.
7. Geralmente a taxa de fecundidade nos países desenvolvidos é muito baixa, enquanto nos países em desenvolvimento é muito alta.
8. Entre os diversos hábitos saudáveis, podemos citar: boa alimentação, prática regular de exercícios, não fumar, não beber e dormir bem.

Atividades adicionais

1. a) 1 b) 3 c) $\frac{7}{3}$ d) 4
2. a) -1 b) $-\frac{3}{2}$ c) $-\frac{4}{3}$ d) $-1{,}125$
3. a) $a = 4$ b) $a = 0$
4. a) Sim. b) Não.
6. a) $m = 1, n = 0, r = -1$ e $s = 2$
9. a) Sim. b) Não. c) Não. d) Sim.
10. a) $f(x) = 0$ para $x = \frac{5}{3}$; $f(x) > 0$ para $x > \frac{5}{3}$,
$f(x) < 0$ para $x < \frac{5}{3}$
b) $f(x) = 0$ para $x = -2$; $f(x) > 0$ para $x > -2$;
$f(x) < 0$ para $x < -2$
11. a) 6 b) 3 c) 0 d) 50
12. a) $x \geqslant -5 \Rightarrow |x + 5| = x + 5; x < -5 \Rightarrow$
$\Rightarrow |x + 5| = -x - 5$
b) $|x - 4| = x - 4$
c) $|x + 3| = -x - 3$
14. b) $D(f) = \mathbb{R}^*$; $Im(f) = \{-1, 1\}$
15. a) $S = \left\{-\frac{11}{5}, 3\right\}$ c) $S = \varnothing$
b) $S = \left\{\frac{1}{2}\right\}$
16. a) $S = \varnothing$ c) $S = \{-2, 2\}$
b) $S = \{-6, 6\}$ d) $S = \left\{\frac{1}{3}\right\}$
18. a) $S = \left\{-\frac{1}{3}, 2\right\}$ b) $S = \{-13, -6\}$
19. $S = \left\{-\frac{3}{2}, -\frac{1}{3}, 1\right\}$
21. a) $P = \frac{1}{2}p + 50$ b) 75
22. 698 μg/m³
24. c) Proporcionalidade inversa.
25. a) $f(x) = 30x$ b) Sim. c) Sim.
26. a) 37 b) 26,4 cm
27. a) $P = 3x + 1$ c) 5 quadrados.
b) 28 palitos. d) $x = \frac{P - 1}{3}$
28. $c = \frac{3}{40}p + 50$
29. $F = \frac{1}{4}n + 37$
30. a) 95 °F b) 160 °C
31. a) $Q = \frac{2x}{5} - 10$ c) R$ 36,00
b) R$ 6,00
32. a) $V = \frac{5}{3}t + 445$ b) -273 °C
33. **c**
34. **b**
35. a) km 189,5 e km 220.
b) $t = \frac{31}{183}h$ e $t = \frac{91}{183}h$

Vestibulares de Norte a Sul

1. Entre 10h e 11h.
2. **d**
3. a) $b = 2\,400$ e $q = \frac{3}{5}$
b) R$ 2 880,00
4. **d**
5. **d**

6. c

7. d

8. a

9. e

10. 14 °F

11. Após 24 dias.

Para refletir

Página 118
R$ 50,00

Página 126
É a semirreta que parte do vértice do ângulo e o divide em dois ângulos de mesma medida.

Página 130
Porque existem infinitos valores de y para um único valor de x e, portanto, não é função.

Página 136
(0, −45)

Página 138
$f(x) > 0$; $f(x) < 0$

Página 139
O sinal + significa $f(x) > 0$, e o sinal − significa $f(x) < 0$.

Página 151
- Em $g(x)$ todos os pontos de $f(x)$ se deslocaram duas unidades para cima.
  Em $h(x)$ todos os pontos de $f(x)$ se deslocaram duas unidades para baixo.
- Em $r(x)$ todos os pontos de $f(x)$ se deslocaram duas unidades para a direita.
  Em $s(x)$ todos os pontos de $f(x)$ se deslocaram duas unidades para a esquerda.
- Em $t(x)$ todos os pontos de $f(x)$ se deslocaram três unidades para a direita e uma unidade para cima.
  Em $u(x)$ todos os pontos de $f(x)$ se deslocaram uma unidade para a esquerda e três unidades para baixo.

Capítulo 4

Função quadrática

Questões da p. 168
a) Não. b) Sim.

2. a e d.

3. a) Para todos os números reais diferentes de zero.
b) Para $t = 2$.

4. a) $a = 2, b = 0$ e $c = 0$
b) $a = 2, b = -12$ e $c = 23$
c) $a = 1, b = -1$ e $c = -6$
d) $a = 12, b = 13$ e $c = -14$
e) $a = 10, b = 13$ e $c = -3$
f) $a = 2, b = -12$ e $c = 23$

5. a) $d = 14$ c) $n = 9$
b) $d = 35$ d) $n = 5$

6. a) $S = 25\pi \text{ cm}^2$
b) $r = 8$ m

7. a) Função quadrática; $a = 6$, $b = -2$ e $c = 0$
b) Função quadrática; $a = 1$, $b = 0$ e $c = -8$
c) Não é função quadrática.

8. a) $f(10) = 100$; $f(1{,}5) = 2{,}25$; $f(2\sqrt{3}) = 12$
b) $\ell = 16$
c) $D(f) = \mathbb{R}_+^*$ e $Im(f) = \mathbb{R}_+^*$

9. a) $f(1) = 0$
b) $f(2) = 5$
c) $f(0) = 1$
d) $f(\sqrt{2}) = 7 - 4\sqrt{2}$
e) $f(-2) = 21$
f) $f(h + 1) = 3h^2 + 2h$
g) $x = 0$ ou $x = \frac{3}{4}$
h) Não existe x real.

10. a) $x = \frac{1}{2}$
b) $x' = 0$ e $x'' = 1$
c) Não existe x real.

11. $f(x) = x^2 - 2x + 3$

12. $(f \circ g)(x) = 2x^2 - 3$; $(g \circ f)(x) = 4x^2 - 4x$

13. $\frac{13 - 9\sqrt{2}}{9}$

14. a) $f(6) = -2$ e) $f(5) = -5$
b) $f(-1) = 3$ f) $f(0) = 0$
c) $f(10) = -62$ g) $f(4) = 8$
d) $f(9) = -47$ h) $f(\pi) = \pi^2 - 2\pi$

15. $x = 6$

16. a) $f(x) = \frac{x^2}{2} + 4x + 6$
b) $a = \frac{1}{2}$, $b = 4$ e $c = 6$

17. $A = 600 - 4x^2$

18. a) 90 jogos. b) 7 times.

19. 15 watts.

20. a) 3 e 0 d) −5
b) Não tem zeros reais. e) 4
c) −2 e 4 f) Não tem zeros reais.

21. $m < -3$

22. $k < 9$ e $k \neq 0$

23. $m \leq \frac{13}{6}$ e $m \neq 2$

24. $k' = 8$ e $k'' = -\frac{11}{2}$

25. a) $f(x) = -2x^2 + 8x - 6$
b) $f(x) = -\frac{2}{3}x^2 - \frac{2}{3}x + 4$
c) $f(x) = -x^2 + 10x - 25$

26. 18 alunos.

27. a) $x' = 3$ e $x'' = -3$
b) $x = 1$
c) $x' = 4$ e $x'' = -2$
d) $x' = 0$ e $x'' = -6$
e) $x' = -3$
f) $x' = -3$ e $x'' = -5$

28. a) $x^2 - 2x = (x - 1)^2 - 1$
b) $x^2 + 6x - 16 = (x + 3)^2 - 25$

29. a) 5 e 1 e) 6 e 2
b) −3 e −7 f) 3 e $-\frac{1}{3}$
c) 3 e −1
d) −1 e −3

30. a) 0 e 2 c) −4 e 4
b) −4 e 0 d) $-\sqrt{11}$ e $\sqrt{11}$

31. a) −14 e 0 c) −2 e 2
b) −1 e 0 d) −6 e 6

32. a) $f(x) = (x + 1)^2 - 4$
b) $f(x) = 2(x + 2)^2 - 13$
c) $f(x) = -(x - 3)^2 + 16$
d) $f(x) = (x + 1)^2 - 25$
e) $f(x) = -5\left(x - \frac{1}{2}\right)^2 + \frac{45}{4}$
f) $f(x) = -2\left(x - \frac{5}{4}\right)^2 + \frac{17}{8}$

33. a) 2 e −1 b) $\frac{2}{3}$ e −1 c) 1

34. $x = \frac{3}{4}$

35. $x = -\frac{1}{6}$

36. 20 lados; icoságono.

37. $x = 1$ dm

38. Daqui a três anos.

39. 40 km/h

40. $\frac{\sqrt{5} - 1}{2}$

41. a) $f\left(-\frac{1}{2}\right) = \frac{1}{4}$ c) $f\left(-\frac{3}{2}\right) = \frac{9}{4}$
b) $f\left(\frac{5}{2}\right) = \frac{25}{4}$

44. a) $V(0, 1)$; $x = 0$ c) $V(0, -1)$; $x = 0$
b) $V(0, 2)$; $x = 0$ d) $V(0, -1)$; $x = 0$

45. Valor mínimo: $f(x) \to 1$, $h(x) \to -1$, $\varphi(x) \to -1$; valor máximo: $g(x) \to 2$.

47. a) Eixo: $x = 2$; $V(2, 0)$; $F\left(2, \frac{1}{4}\right)$; $d: y = -\frac{1}{4}$
b) Eixo: $x = -1$; $V(-1, 0)$; $F\left(-1, -\frac{1}{8}\right)$; $d: y = \frac{1}{8}$
c) Eixo: $x = 1$; $V(1, 0)$; $F\left(1, \frac{1}{2}\right)$; $d: y = -\frac{1}{2}$
d) Eixo: $x = -2$; $V(-2, 0)$; $F\left(-2, -\frac{3}{4}\right)$; $d: y = \frac{3}{4}$
e) Eixo: $x = 2$; $V(2, 0)$; $F\left(2, \frac{1}{12}\right)$; $d: y = -\frac{1}{12}$
f) Eixo: $x = 1$; $V(1, 0)$; $F\left(1, -\frac{1}{20}\right)$; $d: y = \frac{1}{20}$

48. a) Ponto máximo item **b** → (−1, 0); item **d** → (−2, 0); item **f** → (1, 0)
b) Ponto mínimo: item **a** → (2, 0); item **c** → (1, 0); item **e** → (2, 0)
c) Esses pontos são os vértices das parábolas.

49. a) $y = x^2 \to (0, 0); y = (x - 2)^2 + 3 \to (2, 3)$; $y = (x + 2)^2 - 3 \to (-2, -3)$
b) É deslocado três unidades para cima e duas unidades para a direita.
c) É deslocado três unidades para baixo e duas unidades para a esquerda.
d) É deslocado k unidades para baixo e m unidades para a direita, se $k > 0$ e $m > 0$.
e) (m, k)

50. a) $f(x) = x^2 - 2x + 3$
b) $f(x) = -x^2 + 3x + 4$
c) $f(x) = x^2 + 2$
d) $f(x) = -\frac{1}{4}x^2 + x$

51. a) $a < 0, b < 0, c > 0$
b) $a > 0, b > 0, c < 0$
c) $a < 0, b > 0, c = 0$

52. a) $f(x) = 4\left(x + \frac{1}{8}\right)^2 - \frac{49}{16}$;
eixo: $x = -\frac{1}{8}$;
$V\left(-\frac{1}{8}, \frac{49}{16}\right)$; $F\left(-\frac{1}{8}, -3\right)$; $d: y = -\frac{25}{8}$
b) $f(x) = -2\left(x - \frac{5}{4}\right)^2 + \frac{17}{8}$;
eixo: $x = \frac{5}{4}$; $V\left(\frac{5}{4}, \frac{17}{8}\right)$; $F\left(\frac{5}{4}, 2\right)$;
$d: y = \frac{9}{4}$

53. **b**

54. **a** e **b**.

55. $m = -\frac{1}{2}$

56. a) $x' = 6$ e $x'' = 5$
b) $x' = 3$ e $x'' = -7$
c) $x' = 6$ e $x'' = -6$
d) $x' = \frac{1}{2}$ e $x'' = \frac{1}{3}$

57. a) Eixo x: (5, 0) e (6, 0); eixo y: (0, 30).
b) Eixo x: (3, 0) e (−7, 0); eixo y: (0, −21).
c) Eixo x: (6, 0) e (−6, 0); eixo y: (0, −36).
d) Eixo x: $\left(\frac{1}{3}, 0\right)$ e $\left(\frac{1}{2}, 0\right)$; eixo y: (0, 1).

58. a) $a < 0, \Delta > 0$
b) $a > 0, \Delta > 0$
c) $a > 0, \Delta < 0$
d) $a < 0, \Delta = 0$
e) $a < 0, \Delta < 0$
f) $a = 0, \Delta = 0$

59. **b**

60. a) $V(1, -4)$
b) $V\left(\frac{3}{2}, -\frac{11}{4}\right)$
c) $V(2, -1)$
d) $V(0, 0)$
e) $V(2, 3)$

61. $k > 2$

62. $m > -\frac{1}{4}$

63. $k = 4$

64. a) $Im(f) = \{y \in \mathbb{R} \mid y \geq -1\}$
b) $Im(f) = \{y \in \mathbb{R} \mid y \geq 0\}$
c) $Im(f) = \{y \in \mathbb{R} \mid y \leq 0\}$

65. Sim, (1, 2) e (3, 8).

66. a) Para cima.
b) $x' = \frac{3}{2}$ e $x'' = -1$
c) $V\left(\frac{1}{4}, -\frac{25}{8}\right)$
d) $(-1, 0)$ e $\left(\frac{3}{2}, 0\right)$
e) $(0, -3)$
f) $x = \frac{1}{4}$
g) $Im(f) = \left\{y \in \mathbb{R} \mid y \geq -\frac{25}{8}\right\}$

67. a) 40 unidades. b) 1 400

68. a) 2 s b) 10 m c) 310 s

69. 10 m por 10 m

70. $A = [2, 4]$

71. 15 passageiros.

72. **c**

73. 25 lugares.

74. a) 1 s b) 0,75 m

75. a) $f(x) = 0$ para $x = -1$ ou $x = 4$;
$f(x) > 0$ para $x < -1$ ou $x > 4$;
$f(x) < 0$ para $-1 < x < 4$
b) $f(x) = 0$ para $x = -2$ ou $x = 2$;
$f(x) > 0$ para $x < -2$ ou $x > 2$;
$f(x) < 0$ para $-2 < x < 2$
c) $f(x) = 0$ para $x = -\frac{1}{3}$ ou $x = 1$;
$f(x) > 0$ para $-\frac{1}{3} < x < 1$;
$f(x) < 0$ para $x < -\frac{1}{3}$ ou $x > 1$
d) $f(x) = 0$ para $x = -2$;
$f(x) > 0$ para $x \neq -2$
e) $f(x) < 0$ para todo x real.
f) $f(x) = 0$ para $x = 0$ ou $x = \frac{3}{2}$;
$f(x) > 0$ para $0 < x < \frac{3}{2}$;
$f(x) < 0$ para $x < 0$ ou $x > \frac{3}{2}$

76. $x < -5$ ou $x > -2$

77. $x \neq 4$

78. Para nenhum valor real de x.

79. $\left\{m \in \mathbb{R} \mid m > \frac{5}{4}\right\}$

80. $\left\{k \in \mathbb{R} \mid k < -\frac{3}{4}\right\}$

Matemática e tecnologia

1. Os resultados são os mesmos.

2. a) Altera a abertura e a concavidade da parábola.
b) Altera a posição do vértice.
c) Altera o ponto onde a parábola cruza o eixo y.

81. a) $S = \left\{x \in \mathbb{R} \mid x \geq \frac{4}{3}\right\}$
b) $S = \{x \in \mathbb{R} \mid x > 4\}$
c) $S = \{x \in \mathbb{R} \mid x < 2\}$
d) $S = \{x \in \mathbb{R} \mid x \geq -14\}$

82. a) $S = \left\{x \in \mathbb{R} \mid 1 < x < \frac{7}{3}\right\}$
b) $S = \left\{x \in \mathbb{R} \mid -\frac{3}{2} \leq x \leq \frac{3}{2}\right\}$
c) $S = \left\{x \in \mathbb{R} \mid x \leq -1 \text{ ou } x \geq \frac{1}{2}\right\}$
d) $S = \mathbb{R} - \{5\}$
e) $S = \emptyset$
f) $S = \mathbb{R} - \{-4\}$

83. $\{x \in \mathbb{R} \mid -4 < x < 0\}$

84. a) $S = \left\{x \in \mathbb{R} \mid x \leq -\frac{1}{2} \text{ ou } x \geq 5\right\}$
b) $S = \left\{x \in \mathbb{R} \mid \frac{1}{2} < x < 2\right\}$
c) $S = \left\{x \in \mathbb{R} \mid x \leq -1 \text{ ou } x \geq \frac{1}{2}\right\}$

85. 7

86. a) $S = \{x \in \mathbb{R}\ -1 < x < 2 \text{ ou } 3 < x < 6\}$
b) $S = \{x \in \mathbb{R} \mid x < -5\}$
c) $S = \{x \in \mathbb{R} \mid 2 \leq x < 3\}$
d) $S = \{x \in \mathbb{R} \mid -1 \leq x \leq 0\}$
e) $S = \{x \in \mathbb{R} \mid -5 \leq x \leq -1 \text{ ou } 2 \leq x \leq 4\}$
f) $S = \{x \in \mathbb{R} \mid -1 \leq x \leq 0\}$
g) $S = \{x \in \mathbb{R} \mid 0 < x < 2\}$
h) $S = \{x \in \mathbb{R} \mid -2 < x < 2 \text{ e } x \neq 1\}$

87. a) $S = \{x \in \mathbb{R} \mid -2 < x < 3 \text{ ou } x > 5\}$
b) $S = \{x \in \mathbb{R} \mid x \leq 0 \text{ ou } 2 \leq x \leq 3\}$
c) $S = \{x \in \mathbb{R} \mid x > 3\}$
d) $S = \{x \in \mathbb{R} \mid x \leq 1 \text{ ou } 2 \leq x \leq 4\}$

88. $S = \{x \in \mathbb{R} \mid x < -4 \text{ ou } 2 < x < 3 \text{ ou } x > 4\}$

89. $S = \{x \in \mathbb{R} \mid -3 \leq x \leq 0 \text{ ou } 2 \leq x \leq 4\}$

90. $S = \{x \in \mathbb{R} \mid x < -4 \text{ ou } 2 < x < 3 \text{ ou } x > 4\}$

91. 3 e 4

92. a) $S = \{x \in \mathbb{R} \mid x > 3\}$
b) $S = \{x \in \mathbb{R} \mid x \leq 1 \text{ ou } 2 \leq x < 4\}$
c) $S = \{x \in \mathbb{R} \mid x \leq -1 \text{ ou } 0 < x \leq 2\}$
d) $S = \{x \in \mathbb{R} \mid x > 1\}$

93. $S = \{x \in \mathbb{R} \mid x \leq -1 \text{ ou } 0 \leq x < 1\}$

94. $S = \{x \in \mathbb{R} \mid 2 < x < 3 \text{ ou } x > 4\}$

95. $S = \{x \in \mathbb{R} \mid x > 2\}$

96. $S = \{x \in \mathbb{R} \mid 2 \leq x \leq 4\}$

97. $S = \{x \in \mathbb{R} \mid x \leq 1 \text{ ou } 3 \leq x < 4 \text{ ou } 4 < x \leq 8\}$

98. a) $S = \{x \in \mathbb{R} \mid x < 1 \text{ ou } x > 4\}$
b) $S = \left\{x \in \mathbb{R} \mid -\frac{11}{3} \leq x \leq 3\right\}$
c) $S = \emptyset$
d) $S = \{x \in \mathbb{R} \mid x < 1 \text{ ou } x > 3\}$

99. $S = \{2, 3, 4\}$

100. $S = \{x \in \mathbb{R} \mid 1 < x < 4\}$

101. $S = \{x \in \mathbb{R} \mid 4 < x < 5\}$

102. a) $D = \{x \in \mathbb{R} \mid x \neq 10 \text{ ou } \neq -10\}$
b) $D = \{x \in \mathbb{R} \mid -3 \leq x \leq 1\}$
c) $D = \{x \in \mathbb{R} \mid x \leq 0 \text{ ou } x \geq 2\}$
d) $D = \{x \in \mathbb{R} \mid x < -3 \text{ ou } x > 3\}$

103. a) $f(0) = -\frac{1}{10}$

b) $f(1) = -\frac{1}{9}$

c) $f(-9) = -1$

d) $g(-2) = 1$

e) $h(11) = 3$

f) Não existe.

g) $i(4) = 4$

h) $x = 11$ ou $x = -9$

104. 30 condôminos, R$ 180,00

105. Um deles descarregaria em 40 horas e o outro, em 60 horas.

106. Uma delas leva 30 horas e a outra, 45 horas.

107. a) 3 500 peças.

b) Decrescente. Quanto maior a produção, menor é o custo das peças produzidas.

108. $P(4, 2)$

109. 16 reais.

110. **a**

111. a) $t = 2$ s c) $t = 4$ s

b) $t = 3$ s d) $t = 4{,}5$ s

112. 1 400 m

113. a) $a = 5$ m/s^2 b) 3 km

114. É uma PA de razão 2.

115. É uma PA de razão 8.

116. Exercício 114: razão da primeira PA: 1; razão da última PA: 2; $a = 1$;
$2ar^2 = 2 \cdot 1 \cdot 1^2 = 2$ (correto).

Exercício 115: razão da primeira PA: 2; razão da última PA: 8; $a = 1$;
$2ar^2 = 2 \cdot 1 \cdot 2^2 = 8$ (correto).

117. a) É uma PA de razão 72.

b) Razão da primeira PA: 3; razão da última PA: 72; $a = 4$;
$2ar^2 = 2 \cdot 4 \cdot 3^2 = 72$ (correto).

Atividades adicionais

1. a) Não é função quadrática.

b) Função quadrática: $a = 1, b = 0$ e $c = -1$

c) Função quadrática: $a = 2, b = 4$ e $c = 2$

2. $r = -5$

3. a) 44,1 m b) 5 s

4. Fica 9 vezes maior.

5. $r + s = 3$

7. $m = -1$

8. $m = 4$ ou $m = \frac{1}{4}$

9. a) $(x - 3)(x - 4) = 0$

b) $(x - 2)(x + 1) = 0$

c) $6\left(x - \frac{1}{2}\right)\left(x - \frac{1}{3}\right) = 0$

d) $10\left(x - \frac{1}{2}\right)\left(x + \frac{1}{5}\right) = 0$

10. a) 4 h b) 60 km/h

11. 20 times.

12. 6 retas distintas.

13. 8 cm

14. a) Eixo: $x = 3$; $V(3, 4)$; $F\left(3, 4\frac{1}{8}\right)$; $d: y = 3\frac{7}{8}$

b) Eixo: $x = 3$; $V(3, 4)$; $F\left(3, 3\frac{7}{8}\right)$; $d: y = 4\frac{1}{8}$

c) Eixo: $x = -3$; $V(-3, 0)$; $F\left(-3, \frac{1}{4}\right)$; $d: y = -\frac{1}{4}$

d) Eixo: $x = 1$; $V(1, -1)$; $F\left(1, -\frac{3}{2}\right)$; $d: y = -\frac{1}{2}$

e) Eixo: $x = -1$; $V(-1, 2)$; $F\left(-1, 2\frac{1}{12}\right)$; $d: y = 1\frac{11}{12}$

f) Eixo: $x = 2$; $V(2, -3)$; $F\left(2, -1\frac{3}{4}\right)$; $d: y = -4\frac{1}{4}$

15. Ponto máximo: **b** $\to (3, 4)$; **d** $\to (1, -1)$; ponto mínimo: **a** $\to (3, 4)$; **c** $\to (-3, 0)$; **e** $\to (-1, 2)$; **f** $\to (2, -3)$. Esses pontos são vértices das parábolas.

16. a) $f(x) = -3\left(x - \frac{1}{3}\right)^2 - \frac{5}{3}$;

Eixo: $x = \frac{1}{3}$; $V\left(\frac{1}{3}, -\frac{5}{3}\right)$; $F\left(\frac{1}{3}, -\frac{7}{4}\right)$;

$d: y = -\frac{19}{12}$

b) $f(x) = \left(x - \frac{7}{4}\right)^2 - \frac{1}{16}$;

Eixo: $x = \frac{7}{4}$; $V\left(\frac{7}{4}, -\frac{1}{16}\right)$; $F\left(\frac{7}{4}, \frac{3}{16}\right)$;

$d: y = -\frac{5}{16}$

17. $k = 5$

18. $m = \pm 14$

19. a) valor máximo: $y = \frac{1}{3}$

b) valor mínimo: $y = -\frac{25}{8}$

c) valor máximo: $y = 0$

20. $m = -7$

21. a) $Im(f) = \{y \in \mathbb{R} \mid y \geq -4\}$

b) $Im(f) = \{y \in \mathbb{R} \mid y \geq -1\}$

c) $Im(f) = \{y \in \mathbb{R} \mid y \leq -1\}$

d) $Im(f) = \{y \in \mathbb{R} \mid y \leq -2\}$

22. Valor máximo: $y = 19$; valor mínimo: $y = 3$; $Im = [3, 19]$

23. $y = 5$

24. 20 m por 20 m

25. 2 000 unidades

26. a) $f(x) = 0$ para $x = 2$ ou $x = 4$

$f(x) > 0$ para $x < 2$ ou $x > 4$

$f(x) < 0$ para $2 < x < 4$

b) $f(x) = 0$ para $x = 5$

$f(x) > 0$ para $x \neq 5$

c) $f(x) > 0$ para todo x real

d) $f(x) = 0$ para $x = -\frac{1}{2}$ ou $x = \frac{1}{2}$

$f(x) > 0$ para $-\frac{1}{2} < x < \frac{1}{2}$

$f(x) < 0$ para $x < -\frac{1}{2}$ ou $x > \frac{1}{2}$

27. $\frac{1}{2} < x < 2$

28. Para todo x real.

29. $S = \{m \in \mathbb{R} \mid m > 2\}$

30. $S = \{k \in \mathbb{R} \mid k < -1\}$

31. $S = \left\{m \in \mathbb{R} \mid m < -\frac{1}{4}\right\}$

32. $S = \varnothing$

33. $S = \{x \in \mathbb{R} \mid x \leq 6\}$

34. a) $S = \left\{x \in \mathbb{R} \mid 3 < x < -\frac{1}{3}\right\}$

b) $S = \{x \in \mathbb{R} \mid 2 \leq x < 5\}$

35. a) $S = \mathbb{R} - \{4\}$

b) $S = \{x \in \mathbb{R} \mid x \leq -3 \text{ ou } x \geq 4\}$

c) $S = \varnothing$

36. a) $S = \{x \in \mathbb{R} \mid 0 < x < 5\}$

b) $S = \{x \in \mathbb{R} \mid -2 < x < 3 \text{ e } x \neq 2\}$

37. $S = \{x \in \mathbb{R} \mid 0 \leq x \leq 2 \text{ ou } 3 \leq x \leq 4\}$

38. a) $S = \{x \in \mathbb{R} \mid x < -1 \text{ ou } x > 5\}$

b) $S = \{x \in \mathbb{R} \mid -2 \leq x < 0 \text{ ou } 2 \leq x < 3\}$

c) $S = \{x \in \mathbb{R} \mid -4 < x < -2 \text{ ou } 1 < x < 2\}$

d) $S = \{x \in \mathbb{R} \mid x < -2 \text{ ou } -1 < x < 0 \text{ ou } x > 2\}$

39. $S = \{x \in \mathbb{R} \mid -2 < x < -1 \text{ ou } 2 < x < 3\}$

40. $S = \{x \in \mathbb{R} \mid x \leq 1 \text{ e } x \neq -2\}$

41. $S = \{x \in \mathbb{R} \mid -3 \leq x \leq 3\}$

42. **a**

Vestibulares de Norte a Sul

1. **d**

2. **c**

3. **b**

4. **e**

5. **b**

6. a) $t = 4$ s b) $y_v = 8$ m

7. 1) V 2) F 3) F 4) V

8. **d**

9. **d**

10. **c**

11. **c**

Para refletir

Página 168

- Por causa do expoente 2 do x (x está ao quadrado).
- Porque não podem ser escritas na forma $f(x) = ax^2 + bx + c, a \neq 0$.
  No item **f**, $f(x) = 2x$ é uma função afim.
  No item **g**, $f(x) = 2^x$ é uma função exponencial.
  No item **h**, $f(x) = x^3 + 2x^2 + x + 1$ é uma função do terceiro grau.

Página 169

$a = 1, b = -1$ e $c = 0$

Página 170

- Porque x representa o número de pontos marcados na circunferência.
- A função não é injetiva, pois existem dois valores de x para os quais $f(x) = 3$ ($x = 1$ e $x = 5$). Portanto, há elemento em B que é imagem de dois elementos distintos em A.

  A função não é sobrejetiva, pois não existe $x \in \mathbb{R}$ tal que $f(x) = -3$. Assim, há elemento em B que não é imagem de nenhum elemento em A ($Im(f) \neq B$).

Página 172

Se existirem, os números serão raízes da equação $x^2 - 3x + 7 = 0$. Essa equação tem $\Delta = 9 - 28 = -19 < 0$.
Para $\Delta < 0$, não existe valor real para x.

Página 173

$x^2 - 4x + 3 = 0 \Rightarrow x = \frac{4 \pm 2}{2} \Rightarrow x' = 3$ e $x'' = 1$. Logo, $x' = 3x''$.

Página 180

Porque $3\left(x - \frac{5}{6}\right)^2$ será sempre positivo e, somado com $-\frac{1}{12}$, o resultado será sempre maior do que $-\frac{1}{12}$.

Página 183

Abscissas iguais, ordenadas opostas.

Página 184

Não, porque uma função não pode ter duas imagens para um mesmo valor do domínio, e essas parábolas têm dois valores de y para cada valor de x, excetuando-se o vértice.

Página 192

Porque é o valor da função quando x vale 0.

Página 196

- $f(x) = -x^2 + 100x$ tem $a = -1 > 0$
- Um retângulo é um paralelogramo que possui ângulos retos. Quando os quatro lados são congruentes, o retângulo recebe um nome especial: quadrado.

Página 198

Dois pontos, um ponto ou nenhum ponto.

Página 199

Eles indicam os intervalos nos quais a função assume valores positivos ou negativos.

Página 207

Pelo mesmo processo da multiplicação de números reais: sinais iguais, produto positivo; sinais diferentes, produto negativo.

Página 209

- III. $|x| \geq 0$ (todo número real tem módulo positivo ou nulo, portanto $S = \mathbb{R}$)
  IV. $|x| > 0$ (todo número real não nulo tem módulo positivo, portanto $S = \mathbb{R}^*$)
  V. $|x| < 0$ (nenhum número real tem módulo negativo, portanto $S = \varnothing$)
  VI. $|x| \leq 0$ (nenhum número real tem módulo negativo; resta, portanto, $|x| = 0 \Rightarrow S = \{0\}$)
- $S = \{x \in \mathbb{R} \mid -3 \leq x \leq 3\}$; $S = \{x \in \mathbb{R} \mid x \leq -3$ ou $x \geq 3\}$.

Página 210

a) $S = \{-2, 4\}$ b) $S = \{4\}$

Página 211

Porque a negação de $x = 3$ ou $x = -3$ é $x \neq 3$ e $x \neq -3$.

Caiu no Enem

1. e
2. c
3. e
4. a
5. e
6. a
7. d
8. b
9. d
10. c
11. b
12. e
13. d
14. c
15. d
16. b
17. b
18. e
19. c
20. a
21. c
22. b
23. e
24. d
25. a
26. c
27. e
28. d
29. c
30. c
31. a
32. d
33. c
34. e
35. a
36. b
37. d
38. e
39. b
40. b
41. b

Parte 2

CAPÍTULO

5 Função exponencial

Feng Guo/Xinhua Press/Corbis/Latinstock

A datação pelo elemento radioativo carbono-14 pode ser descrita por uma função exponencial.

1 Situações iniciais

A lenda do jogo de xadrez

Em uma cultura de bactérias, a população dobra a cada hora. Reúna-se com um colega e façam uma tabela com o número de bactérias nas 10 primeiras horas, considerando que há 1 000 bactérias no início da pesquisa.

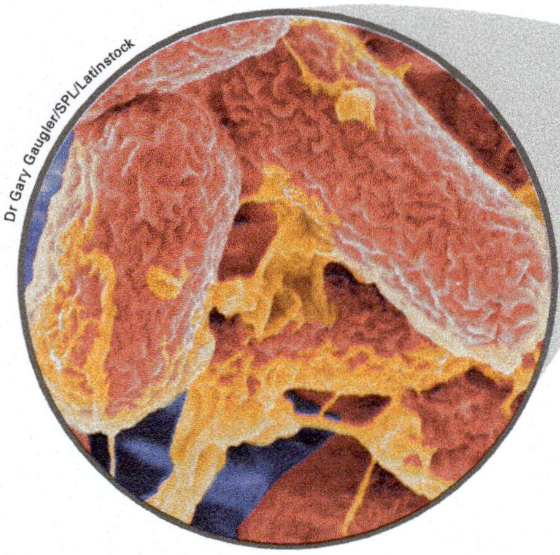

Dr Gary Gaugler/SPL/Latinstock

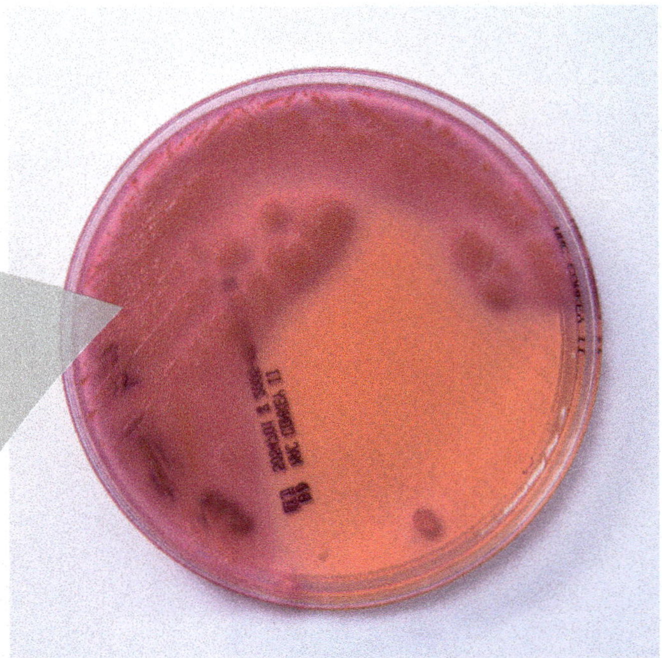

CC Studio/SPL/Latinstock

Cultura de bactéria *Escherichia coli* em placa de Petri

Veja um exemplo de tabela, com as primeiras linhas preenchidas.

Horas após o início	Número de bactérias	Proporção entre a quantidade de bactérias atual e a quantidade inicial
0	1000	1
1	2000	2

Depois que a tabela estiver totalmente preenchida, reflitam sobre as seguintes questões:

a) Na 1ª hora, a quantidade de bactérias aumentou em 1 000 (era 1 000, foi para 2 000). E na 2ª hora? E na 3ª hora? Por que esse valor não é sempre o mesmo?

b) Existe uma lógica na sequência de valores que indicam a proporção entre a quantidade de bactérias em determinada hora e o valor inicial? Qual é essa lógica?

c) Usando a lógica interpretada no item anterior, qual deve ser a proporção entre a quantidade de bactérias após 20 horas e a quantidade inicial? E qual deve ser a quantidade de bactérias após 20 horas?

d) Qual deve ser a quantidade de bactérias após *x* horas?

Você sabia?
Na prática, as bactérias podem desenvolver-se sobre uma camada de alimentos e sua população é medida pela área que ocupa.

De modo geral, o modelo matemático usado para resolver situações como essa é dado pela função de tipo exponencial $f(x) = b \cdot a^x$. No caso dessa situação, $f(x) = 1000 \cdot 2^x$ é a lei da função que descreve o número de bactérias após *x* horas, $b = 1000$ representa a população de bactérias existentes no início da pesquisa ($f(0) = b$), $a = 2$ representa a proporção entre as quantidades de bactérias em horas consecutivas $\left(\text{por exemplo, } \frac{f(1)}{f(0)} \text{ ou } \frac{f(2)}{f(1)}\right)$ e *x* é o tempo decorrido, em horas.

Acompanhe outra situação em que temos uma função exponencial:

Uma pessoa fez um empréstimo em um banco no valor de R$ 10 000,00 para pagar depois de 3 meses, à taxa de juros de 3% ao mês no regime de **juros compostos**.

Juros compostos – Os juros são compostos quando são somados ao montante do período anterior depois de cada período de tempo do investimento (juros sobre juros).

a) Qual será o montante a pagar no fim do:

- 1º mês?

$10\,000 + \underbrace{0{,}03 \cdot 10\,000}_{3\%\text{ de }10\,000} = \mathbf{10\,300}$

Sendo M o montante, C o capital e i a taxa, temos:

$M_1 = C + iC = C(1 + i)$

- 2º mês?

$10\,300 + \underbrace{0{,}03 \cdot 10\,300}_{3\%\text{ de }10\,300} = \mathbf{10\,609}$

$M_2 = M_1 + iM_1 = M_1(1 + i) = C(1 + i)(1 + i) = C(1 + i)^2$

- 3º mês?

$10\,609 + \underbrace{0{,}03 \cdot 10\,609}_{3\%\text{ de }10\,609} = \mathbf{10\,927{,}27}$

$M_3 = M_2 + iM_2 = M_2(1 + i) = C(1 + i)^2(1 + i) = C(1 + i)^3$

Fique atento!

Observe que M é dado em função de n. Esse é mais um exemplo de função exponencial.

b) Qual seria o montante a pagar no fim de n meses?

A resposta é: $M = C(1 + i)^n$, em que M é o montante, C o capital, n o período de tempo e i a taxa de juros.

Veja o gráfico dessa situação nos 12 primeiros meses:

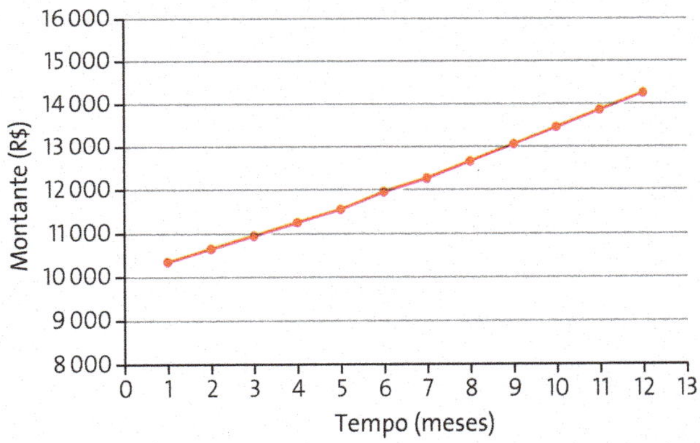

Agora, verifique uma projeção dessa dívida durante os próximos 50 meses.

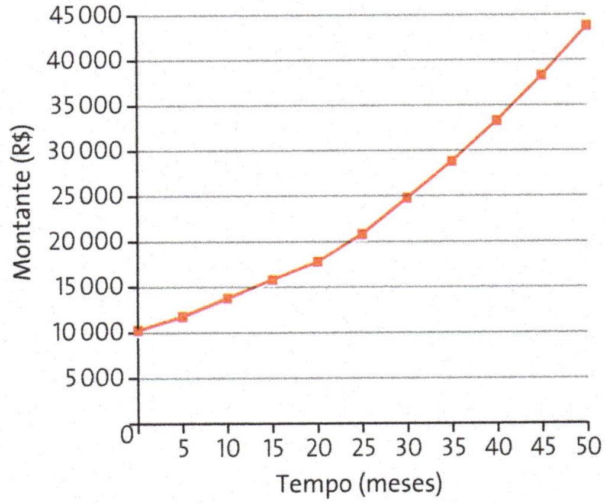

Para refletir

- Faça uma estimativa do número inteiro mais próximo do valor da dívida, em milhares de reais, após 30 meses e após 50 meses.
- Quanto tempo se passou para que o montante da dívida fosse aproximadamente de R$ 32 500,00?

2 Revisão de potenciação

Será que a expressão a^x tem sentido para todo número real x? Vamos descobrir retomando o que é estudado no Ensino Fundamental sobre **potenciação**.

Potência com expoente natural

Dados um número real positivo a e um número natural n, $n \geq 2$, chama-se **potência de base a e expoente n** o número a^n, que é igual ao produto de n fatores iguais a a:

$$a^n = \underbrace{a \cdot a \cdot a \cdot ... \cdot a}_{n \text{ fatores}}$$

Fique atento!

Pode-se definir que o valor de a^n é dado por:

- $a^1 = a$
- $a^{n+1} = a^n \cdot a$

Por exemplo:

- $a^2 = a^1 \cdot a = a \cdot a$
- $a^3 = a^2 \cdot a = a \cdot a \cdot a$

Para $n = 1$, considera-se por definição que $\boldsymbol{a^1 = a}$, uma vez que não há produto com um único fator.

Acompanhe alguns exemplos:

a) $2^5 = 2 \cdot 2 \cdot 2 \cdot 2 \cdot 2 = 32$

b) $1^4 = 1 \cdot 1 \cdot 1 \cdot 1 = 1$

c) $10^3 = 10 \cdot 10 \cdot 10 = 1000$

d) $\left(\frac{3}{4}\right)^2 = \frac{3}{4} \cdot \frac{3}{4} = \frac{9}{16}$

Dados dois números reais, a e b, e dois números naturais não nulos, m e n, valem as propriedades a seguir:

1ª) Propriedade fundamental: $\boldsymbol{a^m \cdot a^n = a^{m+n}}$

Essa igualdade é verdadeira, pois em ambos os membros da igualdade temos o produto de $m + n$ fatores iguais a a.

Exemplo: $2^3 \cdot 2^2 = (2 \cdot 2 \cdot 2)(2 \cdot 2) = 2 \cdot 2 \cdot 2 \cdot 2 \cdot 2 = 2^5 = 2^{3+2}$

Essa propriedade continua válida para um número qualquer de fatores. Para $m_1, m_2, ..., m_p$ quaisquer pertencentes a $\mathbb{N}^*$, temos:

$$\underbrace{a^{m_1} \cdot a^{m_2} \cdot ... a^{m_p}}_{p \text{ fatores}} = a^{m_1 + m_2 + ... + m_p}$$

Exemplo: $2^2 \cdot 2^3 \cdot 2^5 = 2^{2+3+5} = 2^{10}$

Se todos os expoentes forem iguais ($m_1 = m_2 = ... = m_p = m$), temos a 2ª propriedade: potência de potência.

2ª) Potência de potência: $\boldsymbol{(a^m)^p = a^{mp}}$

Exemplo: $\underbrace{3^2 \cdot 3^2 \cdot 3^2 \cdot ... \cdot 3^2}_{7 \text{ fatores}} = (3^2)^7 = 3^{14}$

Observe também que:

- Se $a > 1$, então a sequência a^n é crescente para $n \in \mathbb{Z}$.
  Por exemplo, para $a = 2$:
  $... 2^{-3} < 2^{-2} < 2^{-1} < 2^0 < 2^1 < 2^2 < 2^3 < ... \Rightarrow ... \frac{1}{8} < \frac{1}{4} < \frac{1}{2} < 1 < 2 < 4 < 8 < ...$ (sequência crescente)
- Se $0 < a < 1$, então a sequência a^n é decrescente para $n \in \mathbb{Z}$.
  Por exemplo, para $a = \frac{1}{2}$:
  $... \left(\frac{1}{2}\right)^{-3} > \left(\frac{1}{2}\right)^{-2} > \left(\frac{1}{2}\right)^{-1} > \left(\frac{1}{2}\right)^{0} > \left(\frac{1}{2}\right)^{1} > \left(\frac{1}{2}\right)^{2} > \left(\frac{1}{2}\right)^{3} > ... \Rightarrow 8 > 4 > 2 > 1 > \frac{1}{2} > \frac{1}{4} > \frac{1}{8} > ...$
  (sequência decrescente)

3ª) $a^m : a^n = a^{m-n}$ **ou** $\dfrac{a^m}{a^n} = a^{m-n}$ $(a \neq 0 \text{ e } m > n)$

Exemplo: $\dfrac{7^5}{7^2} = \dfrac{7 \cdot 7 \cdot 7 \cdot \cancel{7} \cdot \cancel{7}}{\cancel{7} \cdot \cancel{7}} = 7^3 = 7^{5-2}$

4ª) $(a \cdot b)^m = a^m \cdot b^m$

Exemplo: $(3 \cdot 5)^2 = (3 \cdot 5) \cdot (3 \cdot 5) = 3^2 \cdot 5^2$

5ª) $\left(\dfrac{a}{b}\right)^m = \dfrac{a^m}{b^m}$ $(b \neq 0)$

Exemplo: $\left(\dfrac{9}{5}\right)^2 = \dfrac{9}{5} \cdot \dfrac{9}{5} = \dfrac{9 \cdot 9}{5 \cdot 5} = \dfrac{9^2}{5^2}$

Para refletir

Observe os valores da sequência e complete-a:

$2^4, 2^3, 2^2, 2^1, 2^0$

↓ ↓ ↓ ↓ ↓

16, 8, 4, 2, ?

Fique atento!

E qual deve ser o valor de a^0?

Sendo $a \neq 0$, vamos definir a^0 de modo que a propriedade $a^m \cdot a^n = a^{m+n}$ continue válida quando m ou n (ou ambos) sejam iguais a zero. Para que $a^0 \cdot a^n = a^{0+n} = a^n$ é preciso definir $\mathbf{a^0 = 1}$.

Exemplo: $5^0 = 1$.

Potência com expoente inteiro

Como atribuir um significado à potência a^n (a real positivo), quando $n \in \mathbb{Z}$ é um número inteiro que pode ser negativo ou zero?

Isso precisa ser feito de modo que seja mantida a propriedade fundamental $a^m \cdot a^n = a^{m+n}$.

Dado qualquer $n \in \mathbb{N}^*$, devemos ter, para $a \neq 0$:

$$a^{-n} \cdot a^n = a^{-n+n} = a^0 = 1$$

Portanto, $a^{-n} \cdot a^n = 1$, ou seja, $a^{-n} = \dfrac{1}{a^n}$.

Com isso, estendemos o conceito de potência do número real positivo a, com expoentes inteiros quaisquer, mantendo a propriedade fundamental.

Exemplos:

a) $3^{-2} = \dfrac{1}{3^2} = \dfrac{1}{9}$

b) $\left(\dfrac{1}{2}\right)^{-3} = \dfrac{1}{\left(\dfrac{1}{2}\right)^3} = \dfrac{1}{\dfrac{1}{8}} = 8$

c) $\left(\sqrt{2}\right)^{-2} = \dfrac{1}{\left(\sqrt{2}\right)^2} = \dfrac{1}{2}$

Inverso de um número $a \neq 0$

Observe que $a \cdot a^{-1} = a \cdot \dfrac{1}{a} = \dfrac{a}{a} = 1$, ou seja, $a \cdot a^{-1} = 1$, com $a \neq 0$.

$a^{-1} = \dfrac{1}{a}$ é chamado o **inverso de** $\boldsymbol{a}$.

Para refletir

O número zero não tem inverso. Por quê?

Exercício resolvido

1. Calcule o valor de $a = \left(\dfrac{1}{2}\right)^{-2} + [2^{-1} - (-2)^{-1}]^{-1}$.

Resolução

$a = \left(\dfrac{2}{1}\right)^2 + \left[\dfrac{1}{2} - \dfrac{1}{-2}\right]^{-1} = \dfrac{4}{1} + \left[\dfrac{1}{2} + \dfrac{1}{2}\right]^{-1} = 4 + 1^{-1} = 4 + 1 = 5 \Rightarrow a = 5$

Potência com expoente racional

Veremos agora que significado pode ser dado à potência a^r, com a positivo, quando $r = \frac{m}{n}$ é um número racional (em que $m \in \mathbb{Z}$ e $n \in \mathbb{Z}^*$), de modo que continue válida a propriedade fundamental $a^r \cdot a^s = a^{r+s}$.

Inicialmente, vejamos como podemos definir, por exemplo, $2^{\frac{1}{2}}$, mantendo a propriedade fundamental:

$$2^{\frac{1}{2}} \cdot 2^{\frac{1}{2}} = 2^{\frac{1}{2}+\frac{1}{2}} = 2^1 = 2$$

Assim, $2^{\frac{1}{2}}$ é um número positivo cujo quadrado é igual a 2. Portanto, pela definição de raiz quadrada:

$$2^{\frac{1}{2}} = \sqrt{2}, \text{ pois } \left(2^{\frac{1}{2}}\right)^2 = \left(\sqrt{2}\right)^2 = 2$$

De modo geral, partindo da propriedade fundamental:

$$a^r \cdot a^s = a^{r+s} \text{ ou } (a^r)^n = a^{r \cdot n}$$

e fazendo $r = \frac{1}{n}$, teremos:

$$\left(a^{\frac{1}{n}}\right)^n = a^{\frac{1}{n}} \cdot a^{\frac{1}{n}} \cdot ... \cdot a^{\frac{1}{n}} = a^{\frac{1}{n}+\frac{1}{n}+...+\frac{1}{n}} = a^{n \cdot \left(\frac{1}{n}\right)} = a^{\frac{n}{n}} = a$$

ou seja, $a^{\frac{1}{n}}$ é o número real positivo cuja enésima potência é igual a a. Pela definição de raiz, esse número é $\sqrt[n]{a}$, a raiz enésima de a. Logo:

$$a^{\frac{1}{n}} = \sqrt[n]{a} \text{ com } a \text{ real e } n = 2, 3, 4, ...$$

Exemplos:

a) $9^{0,5} = 9^{\frac{1}{2}} = \sqrt[2]{9^1} = \sqrt{9} = 3$

b) $3^{-\frac{1}{2}} = \frac{1}{3^{\frac{1}{2}}} = \frac{1}{\sqrt{3}} = \frac{\sqrt{3}}{3}$

c) $\left(\frac{8}{27}\right)^{\frac{1}{3}} = \sqrt[3]{\frac{8}{27}} = \frac{2}{3}$

Podemos observar também que:

$$2^{\frac{2}{3}} = 2^{\frac{1}{3}+\frac{1}{3}} = 2^{\frac{1}{3}} \cdot 2^{\frac{1}{3}} = \left(\sqrt[3]{2}\right)\left(\sqrt[3]{2}\right) = \left(\sqrt[3]{2}\right)^2 = \sqrt[3]{2^2}$$

Portanto, $2^{\frac{2}{3}} = \sqrt[3]{2^2}$.

De modo geral, preservando a propriedade fundamental:

$$a^r \cdot a^s = a^{r+s} \text{ ou } (a^r)^n = a^{r \cdot n}$$

e fazendo $r = \frac{m}{n}$, teremos:

$$\left(a^{\frac{m}{n}}\right)^n = a^{\frac{m}{n}} \cdot a^{\frac{m}{n}} \cdot ... \cdot a^{\frac{m}{n}} = a^{\frac{m}{n}+\frac{m}{n}+...+\frac{m}{n}} = a^{n \cdot \left(\frac{m}{n}\right)} = a^m$$

ou seja, $a^{\frac{m}{n}}$ é um número real positivo cuja enésima potência é igual a a^m.

Pela definição de raiz, esse número é $\sqrt[n]{a^m}$, a raiz enésima de a^m. Logo:

$$a^{\frac{m}{n}} = \sqrt[n]{a^m}, \text{ com } a \text{ real positivo e } m, n = 2, 3, 4, \ldots$$

Para refletir
Verifique esta igualdade com exemplos: $\sqrt[n]{a^m} = \sqrt[np]{a^{mp}}$.

Exemplos:

a) $2^{\frac{3}{5}} = \sqrt[5]{2^3} = \sqrt[5]{8}$

b) $\left(\frac{1}{2}\right)^{\frac{3}{4}} = \sqrt[4]{\left(\frac{1}{2}\right)^3} = \sqrt[4]{\left(\frac{1}{8}\right)}$

c) $\left(\sqrt{5}\right)^{\frac{2}{3}} = \sqrt[3]{\left(\sqrt{5}\right)^2} = \sqrt[3]{5}$

d) $\left(\frac{1}{3}\right)^{-\frac{2}{3}} = \sqrt[3]{\left(\frac{1}{3}\right)^{-2}} = \sqrt[3]{3^2} = \sqrt[3]{9}$

Potência com expoente irracional

Vamos agora dar uma ideia de como caracterizar, por exemplo, $2^{\sqrt{2}}$. Tomamos as aproximações racionais do número irracional $\sqrt{2}$, que são:

$$1;\ 1{,}4;\ 1{,}41;\ 1{,}414;\ \ldots,$$

e temos definidas as potências com expoente racional:

$$2^1;\ 2^{1{,}4},\ 2^{1{,}414};\ \ldots$$

que são valores aproximados de $2^{\sqrt{2}}$.

Fique atento!
Observe que a^x é sempre um número real positivo.

À medida que:

$1;\ 1{,}4;\ 1{,}41;\ 1{,}414;\ \ldots$ se aproxima de $\sqrt{2}$,

$2^1;\ 2^{1{,}4},\ 2^{1{,}414};\ \ldots$ se aproxima de $2^{\sqrt{2}}$.

Quanto mais próximo esteja o número racional r de $\sqrt{2}$, mais próximo estará 2^r de $2^{\sqrt{2}}$.

Usando a calculadora, obtemos:

$$2^1 = 2;\ 2^{1{,}4} = 2{,}639015;\ 2^{2{,}414} = 2{,}664749;\ \ldots\ 2^{\sqrt{2}} = 2{,}665144\ldots$$

Obtendo assim, por aproximações de racionais, a potência a^x, com x irracional e a real positivo.

Potência com expoente real

Lembrando que a união dos números racionais com os irracionais resulta nos números reais, chegamos às potências com expoentes reais mantendo as propriedades já mencionadas. Observe algumas potências com expoente real:

$$3^{\frac{5}{6}} \quad 2^{\sqrt{3}} \quad 7^{\pi} \quad \left(\sqrt{3}\right)^{\sqrt{2}} \quad \left(\frac{2}{3}\right)^{\sqrt{5}} \quad \left(\frac{1}{2}\right)^{-\sqrt{2}} \quad 5^4 \quad 7^{-2} \quad 8^0 \quad \left(-\frac{2}{3}\right)$$

Observação: Quando $a = 0$ ou $a < 0$, algumas potências de base a estão definidas em $\mathbb{R}$ e outras não. Por exemplo:

- $0^3 = 0$
- $0^{-2} = \frac{1}{0} \notin \mathbb{R}$
- $(-8)^{\frac{1}{3}} = \sqrt[3]{-8} = -2$
- $(-9)^{\frac{1}{2}} = \sqrt{-9} \notin \mathbb{R}$

Exercícios

1. Calcule as potências com expoentes inteiros em $\mathbb{R}$.
a) 3^4
b) $(2,5)^2$
c) $(-2)^3$
d) $(-2)^6$
e) 0^5
f) 5^0
g) $(\sqrt{2})^2$
h) $(\sqrt{7})^3$
i) 6^{-2}
j) $\left(-\frac{3}{2}\right)^{-1}$

2. Calcule o valor de:
a) $x = \left(-\frac{1}{3}\right)^3 + [3^{-1} - (-3)^{-1}]^{-2}$
b) $y = \dfrac{2^{-2} + 2^2 - 2^{-1}}{2^{-2} - 2^{-1}}$

3. Calcule:
a) 10^6
b) 10^9
c) 10^{-4}
d) $10^{-6} \cdot 10^4$

4. Escreva como potência de base 10:
a) 10 000
b) $\dfrac{100\,000}{100}$
c) 0,0001
d) 0,000001

5. Escreva as sequências a^n, para $n \in \mathbb{Z}$:
a) $a = 3$
b) $a = \frac{1}{4}$

6. Calcule as potências em $\mathbb{R}$ quando definidas:
a) $5^{\frac{2}{7}}$
b) $2^{\frac{3}{4}}$
c) $\left(\frac{1}{2}\right)^{\frac{1}{2}}$
d) $(\sqrt{3})^{\frac{4}{5}}$
e) $9^{\frac{1}{2}}$
f) $0^{\frac{3}{8}}$
g) $2^{\frac{4}{3}}$
h) $8^{0,666...}$
i) $7^{0,4}$

7. Reduza a uma única potência:
a) $7^4 \cdot 7^2$
b) $3 \cdot 3^8$
c) $5^9 : 5^2$
d) $(2^5)^3$
e) $5^{(2^3)}$

8. (UFRR) O valor da expressão $(256)^{-\frac{3}{4}}$ é:
a) $-\sqrt[3]{(256)^4}$.
b) 64.
c) $-\sqrt[4]{(256)^3}$.
d) $-\frac{1}{64}$.
e) $\frac{1}{64}$.

9. Calcule o valor de:
a) $\left(27^{\frac{1}{3}} + 64^{\frac{1}{2}} - 8^{\frac{2}{3}} + 4^{\frac{1}{2}}\right)^{\frac{1}{2}}$
b) $\dfrac{3^0 + (-2)^2 - \left(\frac{1}{3}\right)^{-1}}{\left(\frac{1}{2}\right)^{-2}}$

10. (Fuvest-SP)
a) Responda: Qual a metade de 2^{22}?
b) Calcule $8^{\frac{2}{3}} + 9^{\frac{1}{2}}$.

11. A potência $3^{\sqrt{20}}$ é maior, menor que ou igual a 250? (Dica: $4 < \sqrt{20} < 5$.)

12. Reduza a uma única potência:
a) $2^3 \cdot 2^7 \cdot 2^2$
b) $\dfrac{3^{10}}{3^4}$
c) $\dfrac{a^6}{a}$, com $a \neq 0$
d) $(2^6)^x$
e) 7^{3^2}
f) $\dfrac{2^7 \cdot 2^3}{2^{-2}}$

13. Escreva na forma de um produto de potências, de um quociente de potências ou de uma potência de potência:
a) 5^{x+y}
b) 4^{x-3}
c) 7^{3x}
d) $(5x)^4$

14. Escreva como potência de base 3:
a) 2 187
b) $\frac{1}{9}$
c) 1
d) $\sqrt[5]{81}$
e) $\dfrac{\sqrt{3}}{3}$
f) 27^5

15. (Fuvest-SP) Se $4^{16} \cdot 5^{25} = \alpha \cdot 10^n$, com $1 \leqslant \alpha < 10$, então n é igual a:
a) 24.
b) 25.
c) 26.
d) 27.
e) 28.

16. Qual a soma dos algarismos do número $2^{58} \cdot 5^{55}$?

17. Determine o valor das seguintes expressões:
a) $E = \left[(\sqrt{2})^{\sqrt{2}}\right]^{\sqrt{2}}$
b) $E = 1^{\pi} + 0^{\sqrt{5}}$

Notação científica

A notação científica permite escrever números usando potências de base 10. Sua principal utilidade é a de fornecer, em um relance, a ideia da ordem de grandeza de um número que, se fosse escrito por extenso, não daria essa informação de modo tão imediato. E sua maior aplicação é representada pelos valores muito grandes (na Astronomia, por exemplo) ou muito pequenos (na Química, por exemplo).

Um número expresso em notação científica está escrito como o produto de dois números reais: um número real pertencente ao intervalo [1, 10[e uma potência de 10.

Veja exemplos de como escrever um número em notação científica:

a) $300 = 3 \cdot 100 = 3 \cdot 10^2$

b) $0{,}0052 = 5{,}2 \cdot 0{,}001 = 5{,}2 \cdot 10^{-3}$

c) $32{,}45 = 3{,}245 \cdot 10 = 3{,}245 \cdot 10^1$

d) $5\,249 = 5{,}249 \cdot 1\,000 = 5{,}249 \cdot 10^3$

Agora, veja exemplos em informações científicas:

a) a distância média da Terra ao Sol: $149\,600\,000$ km $= 1{,}496 \cdot 10^8$ km;

Planetas do Sistema Solar
Nota: Os elementos da imagem não estão representados em uma mesma escala.

b) a velocidade da luz: $300\,000$ km/s $= 3 \cdot 10^5$ km/s;

c) a distância em torno da Terra no equador: $40\,075$ km $\simeq 4 \cdot 10^4$ km (aproximadamente);

d) a massa de um átomo de oxigênio: $2{,}7 \cdot 10^{-23}$ g;

e) a massa de um átomo de hidrogênio: $1{,}66 \cdot 10^{-24}$ g.

Exercícios

18. Escreva em notação científica os seguintes números:

a) 500
b) 0,0006
c) 0,00000025
d) 0,02
e) 0,034
f) 0,8
g) 20,39
h) 0,000008
i) 48 000
j) 7 000 000 000
k) 923,1
l) 40 400

19. Dê o valor de cada número escrito em notação científica:

a) $8 \cdot 10^4$ b) $5 \cdot 10^{-2}$ c) $3{,}52 \cdot 10^5$ d) $1{,}6 \cdot 10^{-3}$

20. Escreva em notação científica:

a) a distância média do Sol a Marte: 227 900 000 km;

b) a distância média do Sol a Júpiter: 778 300 000 km;

c) a massa de um elétron, aproximadamente 0,000000000000000000000000000911 g.

3 Revisão de radiciação

Vamos retomar o que é estudado no Ensino Fundamental sobre **radiciação**.

Definição

Dados um número real a não negativo e um número natural n, $n \geqslant 1$, chama-se **raiz enésima aritmética de a** o número real e não negativo b, tal que $b^n = a$:

$$\sqrt[n]{a} = b \Leftrightarrow b^n = a$$

Em que:

- $\sqrt[n]{}$ é o símbolo que indica a operação radiciação e é chamado **radical**;
- a é um número real chamado **radicando**;
- n é um número natural diferente de zero chamado **índice**;
- b é um número real, resultado dessa operação, chamado **raiz**.

Em particular, se $a < 0$, $\sqrt[n]{a} \notin \mathbb{R}$, quando n for par.

Exemplos:

a) $\sqrt[3]{8} = 2$, pois $2^3 = 8$.

b) $\sqrt[2]{9} = 3$, pois $3^2 = 9$.

c) $\sqrt[4]{625} = 5$, pois $5^4 = 625$.

d) $\sqrt{-16} \notin \mathbb{R}$.

Vamos considerar dois casos:

- **1º caso: n é par**

Para qualquer $a \in \mathbb{R}$, temos $\sqrt[n]{a^n} = |a|$.

Exemplos:

a) $\sqrt[4]{(-2)^4} = |-2| = 2$

b) $\sqrt{(2 - \pi)^2} = |2 - \pi| = -2 + \pi$, pois $2 - \pi < 0$.

Fique atento!

- Lembre-se de que não é necessário escrever o índice quando se tratar da raiz quadrada, ou seja, $\sqrt[2]{9} = \sqrt{9} = 3$.
- A simbologia $\sqrt{-16} \notin \mathbb{R}$ significa que em $\mathbb{R}$ não existe número que elevado ao quadrado resulte em um número negativo.

- **2º caso: n é ímpar**

$\sqrt[n]{a^n} = a$, para qualquer $a \in \mathbb{R}$

Exemplos:

a) $\sqrt[3]{8} = \sqrt[3]{2^3} = 2$

b) $\sqrt[5]{(-3)^5} = -3$

c) $\sqrt[3]{-8} = \sqrt[3]{(-2)^3} = -2$

Propriedades

Considerando a e b reais não negativos, m inteiro, n e p naturais não nulos, temos as seguintes propriedades:

1ª) A raiz aritmética de um produto é igual ao produto das raízes aritméticas dos fatores.

Observe que $\sqrt[n]{a \cdot b} = (a \cdot b)^{\frac{1}{n}} = a^{\frac{1}{n}} \cdot b^{\frac{1}{n}} = \sqrt[n]{a} \cdot \sqrt[n]{b}$. Portanto:

$$\sqrt[n]{a \cdot b} = \sqrt[n]{a} \cdot \sqrt[n]{b}$$

Exemplos:

a) $\sqrt{2 \cdot 3} = \sqrt{2} \cdot \sqrt{3}$

b) $\sqrt{2} \cdot \sqrt{18} = \sqrt{36} = 6$

2ª) A raiz aritmética de um quociente $\frac{a}{b}$, com $a \geqslant 0$ e $b > 0$, é igual ao quociente das raízes de a e b.

Para $a \geqslant 0$ e $b > 0$, temos $\sqrt[n]{\frac{a}{b}} = \left(\frac{a}{b}\right)^{\frac{1}{n}} = \frac{a^{\frac{1}{n}}}{b^{\frac{1}{n}}} = \frac{\sqrt[n]{a}}{\sqrt[n]{b}}$. Portanto:

$$\sqrt[n]{\frac{a}{b}} = \frac{\sqrt[n]{a}}{\sqrt[n]{b}}$$

Veja exemplos:

a) $\sqrt{\frac{5}{3}} = \frac{\sqrt{5}}{\sqrt{3}}$

b) $\frac{\sqrt{32}}{\sqrt{2}} = \sqrt{\frac{32}{2}} = \sqrt{16} = 4$

3ª) A potência de um radical aritmético é obtida elevando-se o radical ao referido expoente.

Observe que $(\sqrt[n]{a})^m = \left(a^{\frac{1}{n}}\right)^m = a^{\frac{m}{n}} = \sqrt[n]{a^m}$. Então:

$$(\sqrt[n]{a})^m = \sqrt[n]{a^m}$$

Veja exemplos:

a) $(\sqrt[3]{2})^2 = \sqrt[3]{2^2} = \sqrt[3]{4}$

b) $(\sqrt{2})^6 = \sqrt{2^6} = 2^3 = 8$

4ª) Podemos alterar o índice de um radical aritmético, sem alterar o seu valor numérico, multiplicando ou dividindo o expoente e o índice pelo mesmo número inteiro e positivo.
Considerando o número natural p, temos:

- $\sqrt[n]{a^m} = a^{\frac{m}{n}} = a^{\frac{m \cdot p}{n \cdot p}} = \sqrt[n \cdot p]{a^{m \cdot p}}$
- $\sqrt[n]{a^m} = a^{\frac{m}{n}} = a^{\frac{m : p}{n : p}} = \sqrt[n : p]{a^{m : p}}$

Dessa maneira:

$$\sqrt[n]{a^m} = \sqrt[n \cdot p]{a^{m \cdot p}} \quad \text{e} \quad \sqrt[n]{a^m} = \sqrt[n : p]{a^{m : p}}$$

Veja exemplos:

a) $\sqrt[4]{3^3} = \sqrt[4 \cdot 5]{3^{3 \cdot 5}} = \sqrt[20]{3^{15}}$

b) $\sqrt[6]{5^3} = \sqrt[6 : 3]{5^{3 : 3}} = \sqrt[2]{5^1} = \sqrt{5}$

5ª) Podemos calcular a raiz de um radical aritmético multiplicando os índices das raízes e mantendo inalterado o radicando.
Considerando o número natural positivo p, podemos afirmar que:

$$\sqrt[p]{\sqrt[n]{a}} = \sqrt[p]{a^{\frac{1}{n}}} = \left(a^{\frac{1}{n}}\right)^{\frac{1}{p}} = a^{\frac{1}{n} \cdot \frac{1}{p}} = a^{\frac{1}{n \cdot p}} = \sqrt[n \cdot p]{a}$$

Portanto:

$$\sqrt[p]{\sqrt[n]{a^m}} = \sqrt[n \cdot p]{a^m}$$

Veja exemplos:

a) $\sqrt[5]{\sqrt[3]{2}} = \sqrt[5 \cdot 3]{2} = \sqrt[15]{2}$

b) $\sqrt{\sqrt{\sqrt{2}}} = \sqrt[2 \cdot 2 \cdot 2]{2} = \sqrt[8]{2}$

É bom lembrar que essas propriedades não são válidas para a adição e para a subtração de radicais com o mesmo índice. Por exemplo:

a) $\sqrt{2} + \sqrt{3} \neq \sqrt{2 + 3}$

b) $\sqrt{6} - \sqrt{3} \neq \sqrt{6 - 3}$

Exercícios resolvidos

2. Simplifique os seguintes radicais:

a) $\sqrt{32}$
b) $\sqrt{288}$
c) $\sqrt[4]{2592}$
d) $\sqrt{0{,}01}$
e) $\sqrt[3]{-125}$
f) $\sqrt[3]{\dfrac{-54}{125}}$
g) $\sqrt{(2+\sqrt{3})^2}$
h) $\sqrt{(2-\sqrt{3})^2}$
i) $\sqrt{(2-\sqrt{5})^2}$

Resolução

a) $\sqrt{32} = \sqrt{2^5} = \sqrt{2^4 \cdot 2^1} = \sqrt{2^4} \cdot \sqrt{2^1} =$
$= 2^2\sqrt{2} = 4\sqrt{2}$

b) $\sqrt{288} = \sqrt{2^5 \cdot 3^2} = \sqrt{2^4 \cdot 2^1 \cdot 3^2} =$
$= \sqrt{2^4} \cdot \sqrt{2^1} \cdot \sqrt{3^2} = 2^2 \cdot 3^1\sqrt{2} = 12\sqrt{2}$

c) $\sqrt[4]{2592} = \sqrt[4]{2^5 \cdot 3^4} = \sqrt[4]{2^4 \cdot 2^1 \cdot 3^4} =$
$= \sqrt[4]{2^4} \cdot \sqrt[4]{2^1} \cdot \sqrt[4]{3^4} = 2^1 \cdot 3^1\sqrt[4]{2} = 6\sqrt[4]{2}$

d) $\sqrt{0{,}01} = \sqrt{\dfrac{1}{100}} = \dfrac{\sqrt{1}}{\sqrt{100}} = \dfrac{1}{10}$

e) $\sqrt[3]{-125} = \sqrt[3]{(-5)^3} = -5$

f) $\sqrt[3]{\dfrac{-54}{125}} = \dfrac{\sqrt[3]{-54}}{\sqrt[3]{125}} = \dfrac{\sqrt[3]{2(-3)^3}}{\sqrt[3]{5^3}} =$
$= \dfrac{\sqrt[3]{2} \cdot \sqrt[3]{(-3)^3}}{5^1} = \dfrac{\sqrt[3]{2}\,(-3)^1}{5} = \dfrac{-3\sqrt[3]{2}}{5}$

g) $\sqrt{(2+\sqrt{3})^2} = |2+\sqrt{3}\,| = 2+\sqrt{3}$, pois
$2+\sqrt{3} > 0$

h) $\sqrt{(2-\sqrt{3})^2} = |2-\sqrt{3}\,| = 2-\sqrt{3}$, pois
$2-\sqrt{3} > 0$

i) $\sqrt{(2-\sqrt{5})^2} = |2-\sqrt{5}\,| = -2+\sqrt{5}$, pois
$2-\sqrt{5} < 0$

3. Efetue:

a) $\sqrt[3]{625} + \sqrt[3]{40} - \sqrt[3]{135}$

b) $\sqrt{8} \cdot \sqrt{6} + \sqrt{21} \cdot \sqrt{7}$

c) $\sqrt{6}\,(\sqrt{3} + \sqrt{2} - \sqrt{18})$

d) $\sqrt[5]{2\sqrt[3]{4}}$

e) $\left(\sqrt[3]{\dfrac{\sqrt[6]{5^{10}}}{\sqrt[3]{5^2}}}\right)^4$

f) $(\sqrt{3} + \sqrt{2})^2$

g) $\sqrt{2\sqrt[3]{2^2}} + \sqrt[3]{2\sqrt{2^3}}$

h) $\dfrac{\sqrt{2} \cdot \sqrt[3]{4}}{\sqrt[6]{32}}$

Resolução

a) $\sqrt[3]{625} + \sqrt[3]{40} - \sqrt[3]{135} = \sqrt[3]{5^4} + \sqrt[3]{2^3 \cdot 5} - \sqrt[3]{3^3 \cdot 5} =$
$= \sqrt[3]{5^3 \cdot 5^1} + \sqrt[3]{2^3} \cdot \sqrt[3]{5} - \sqrt[3]{3^3} \cdot \sqrt[3]{5} =$
$= \sqrt[3]{5^3} \cdot \sqrt[3]{5} + 2\sqrt[3]{5} - 3\sqrt[3]{5} =$
$= 5\sqrt[3]{5} + 2\sqrt[3]{5} - 3\sqrt[3]{5} = 4\sqrt[3]{5}$

b) $\sqrt{8} \cdot \sqrt{6} + \sqrt{21} \cdot \sqrt{7} = \sqrt{48} + \sqrt{147} =$
$= \sqrt{2^4 \cdot 3} + \sqrt{3 \cdot 7^2} = \sqrt{2^4} \cdot \sqrt{3} + \sqrt{3} \cdot \sqrt{7^2} =$
$= 2^2\sqrt{3} + 7^1\sqrt{3} = 4\sqrt{3} + 7\sqrt{3} = 11\sqrt{3}$

c) $\sqrt{6}\,(\sqrt{3} + \sqrt{2} - \sqrt{18}) =$
$= \sqrt{6 \cdot 3} + \sqrt{6 \cdot 2} - \sqrt{6 \cdot 18} =$
$= \sqrt{2 \cdot 3 \cdot 3} + \sqrt{2 \cdot 3 \cdot 2} - \sqrt{2 \cdot 3 \cdot 2 \cdot 3^2} =$
$= \sqrt{2 \cdot 3^2} + \sqrt{2^2 \cdot 3} - \sqrt{2^2 \cdot 3 \cdot 3^2} =$
$= 3\sqrt{2} + 2\sqrt{3} - 2 \cdot 3 \cdot \sqrt{3} = 3\sqrt{2} + 2\sqrt{3} - 6\sqrt{3} =$
$= 3\sqrt{2} - 4\sqrt{3}$

d) $\sqrt[5]{2\sqrt[3]{4}} = \sqrt[5]{\sqrt[3]{2^3 \cdot 2^2}} = \sqrt[3\cdot 5]{2^5} = \sqrt[15:5]{2^{5:5}} = \sqrt[3]{2}$

e) $\left(\sqrt[3]{\dfrac{\sqrt[6]{5^{10}}}{\sqrt[3]{5^2}}}\right)^4 = \left(\sqrt[3]{\dfrac{\sqrt[6:2]{5^{10:2}}}{\sqrt[3]{5^2}}}\right)^4 = \left(\sqrt[3]{\dfrac{\sqrt[3]{5^5}}{\sqrt[3]{5^2}}}\right)^4 =$
$= \left(\sqrt[3]{\sqrt[3]{\dfrac{5^5}{5^2}}}\right)^4 = (\sqrt[9]{5^{5-2}})^4 = (\sqrt[9]{5^3})^4 =$
$= (\sqrt[9:3]{5^{3:3}})^4 = (\sqrt[3]{5})^4 = \sqrt[3]{5^4} = \sqrt[3]{5^3 \cdot 5} = 5\sqrt[3]{5}$

f) $(\sqrt{3} + \sqrt{2})^2 = (\sqrt{3})^2 + 2 \cdot \sqrt{3} \cdot \sqrt{2} + (\sqrt{2})^2 =$
$= 3 + 2\sqrt{6} + 2 = 5 + 2\sqrt{6}$

g) $\sqrt{2\sqrt[3]{2^2}} + \sqrt[3]{2\sqrt{2^3}} = \sqrt{\sqrt[3]{2^3 \cdot 2^2}} + \sqrt[3]{\sqrt{2^2 \cdot 2^3}} =$
$= \sqrt[2\cdot 3]{2^{3+2}} + \sqrt[3\cdot 2]{2^{2+3}} = \sqrt[6]{2^5} + \sqrt[6]{2^5} = 2\sqrt[6]{2^5} =$
$= 2\sqrt[6]{32}$

h) $\dfrac{\sqrt{2} \cdot \sqrt[3]{4}}{\sqrt[6]{32}} = \dfrac{\sqrt[2\cdot 3]{2^{1\cdot 3}} \cdot \sqrt[3\cdot 2]{4^{1\cdot 2}}}{\sqrt[6]{32}} =$
$= \dfrac{\sqrt[6]{2^3} \cdot \sqrt[6]{4^2}}{\sqrt[6]{32}} = \sqrt[6]{\dfrac{2^3 \cdot 4^2}{32}} = \sqrt[6]{\dfrac{8 \cdot 16}{32}} = \sqrt[6]{4}$

4. Qual o maior valor entre $\sqrt{2}$, $\sqrt[6]{7}$ e $\sqrt[4]{5}$?

Resolução

Vamos deixar todos os radicais com o mesmo índice:

$\sqrt[2]{2^1} = \sqrt[2\cdot 6]{2^{1\cdot 6}} = \sqrt[12]{2^6} = \sqrt[12]{64}$

$\sqrt[6]{7^1} = \sqrt[6\cdot 2]{7^{1\cdot 2}} = \sqrt[12]{7^2} = \sqrt[12]{49}$

$\sqrt[4]{5^1} = \sqrt[4\cdot 3]{5^{1\cdot 3}} = \sqrt[12]{5^3} = \sqrt[12]{125}$

O maior valor é $\sqrt[4]{5}$.

Exercícios

21. Classifique em verdadeira (**V**) ou falsa (**F**) cada sentença abaixo:

a) $\sqrt{x^2} = x$

b) $\sqrt{x^2} = x$, se $x > 0$

c) $\sqrt{x^2} = |x|$

d) $\sqrt{x^3} = x$

e) $\sqrt{49} = \pm 7$

f) $\sqrt{(-3)^2} = -3$

g) $\sqrt{(-5)^2} = 5$

h) $\sqrt{-5^2} \in \mathbb{R}$

22. Simplifique cada radical:

a) $\sqrt{8}$

b) $\sqrt[3]{16}$

c) $\sqrt{60}$

d) $\sqrt{200}$

23. Simplifique os radicais:

a) $\sqrt[4]{1250}$

b) $\sqrt[3]{0{,}125}$

24. Transforme em um só radical:

a) $\sqrt{2} \cdot \sqrt{5}$

b) $\dfrac{\sqrt{5}}{\sqrt{2}}$

c) $\sqrt{\sqrt[3]{5}}$

d) $\sqrt{2\sqrt{3}}$

e) $\sqrt{2\sqrt{2\sqrt{2}}}$

f) $\sqrt[4]{5\sqrt[3]{2}}$

g) $\sqrt[3]{2} \cdot \sqrt[4]{2}$

h) $\sqrt{2} \cdot \sqrt[3]{2} \cdot \sqrt[4]{2}$

25. Transforme em um só radical:

a) $\dfrac{\sqrt[3]{3^2} \cdot \sqrt[4]{3^3}}{\sqrt[5]{3^4}}$

b) $\sqrt{\sqrt[3]{x\sqrt{x}}}$

26. Efetue as operações com os radicais:

a) $2\sqrt{2} + 3\sqrt{2} - \sqrt{2}$

b) $\sqrt{125} + 3\sqrt{5} - \sqrt{20}$

c) $6\sqrt{3} + \sqrt{75} + 4\sqrt{12} - \sqrt{27}$

27. Efetue as operações com os radicais:

a) $2\sqrt{3}(\sqrt{12} + \sqrt{3})$

b) $(2 + \sqrt{3})(3 - \sqrt{3})$

c) $(\sqrt{2} + \sqrt{3})(2 - 2\sqrt{3})$

d) $(2\sqrt{5} + \sqrt{7})(\sqrt{5} - 2\sqrt{7})$

28. Simplifique cada expressão:

a) $(\sqrt{5} - 2)(\sqrt{5} + 2)$

b) $(\sqrt{7} - \sqrt{2})(\sqrt{7} + \sqrt{2})$

c) $(1 - \sqrt{2})^2$

d) $(\sqrt{5} - \sqrt{3})^2$

29. Simplifique as expressões:

a) $\sqrt{3 + \sqrt{5}} \cdot \sqrt{3 - \sqrt{5}}$

b) $\sqrt{7 + 2\sqrt{6}} \cdot \sqrt{7 - 2\sqrt{6}}$

30. Coloque os radicais $\sqrt{2}$, $\sqrt[3]{4}$, $\sqrt[4]{17}$ e $\sqrt[6]{40}$ em ordem crescente.

31. Simplifique os radicais a seguir:

a) $\sqrt{(2 + \sqrt{3})^2}$

b) $\sqrt{(2 - \sqrt{3})^2}$

c) $\sqrt{(2 - \sqrt{5})^2}$

32. Resolva as operações com radicais a seguir:

a) $\sqrt[3]{625} + \sqrt[3]{40} - \sqrt[3]{135}$

b) $\sqrt{8} \cdot \sqrt{6} + \sqrt{21} \cdot \sqrt{7}$

c) $\sqrt{\sqrt[3]{128}} + \sqrt[3]{\sqrt{1458}}$

d) $\sqrt{6}(\sqrt{3} + \sqrt{2} - \sqrt{18})$

e) $\left(\dfrac{\sqrt[6]{5^{10}}}{\sqrt[3]{5^2}}\right)^4$

f) $\sqrt{2\sqrt[3]{2^2}} + \sqrt[3]{2\sqrt{2^3}}$

4 Simplificação de expressões

Observe como podemos aplicar as propriedades da potenciação na simplificação de expressões:

Exercícios resolvidos

5. Simplifique a expressão

$$\left(\frac{0{,}001 \cdot 1000^4}{10^5}\right)^2 \cdot (0{,}0001)^3.$$

Resolução

$$\left(\frac{0{,}001 \cdot 1000^4}{10^5}\right)^2 \cdot (0{,}0001)^3 =$$

$$= \left[\frac{10^{-3} \cdot (10^3)^4}{10^5}\right]^2 \cdot (10^{-4})^3 =$$

$$= \left(\frac{10^{-3} \cdot 10^{12}}{10^5}\right)^2 \cdot 10^{-12} = \left(\frac{10^9}{10^5}\right)^2 \cdot 10^{-12} =$$

$$= (10^4)^2 \cdot 10^{-12} = 10^8 \cdot 10^{-12} = 10^{-4} \text{ ou } 0{,}0001$$

6. Sabendo que $2^x = m$ e $2^y = n$, escreva a expressão $(0{,}25)^{2x - y}$ em função de m e n.

Resolução

$$0{,}25 = \frac{25}{100} = \frac{1}{4} = \frac{1}{2^2} = 2^{-2}$$

$$(2^{-2})^{2x - y} = 2^{-4x + 2y} = 2^{-4x} \cdot 2^{2y} =$$

$$= (2^x)^{-4} \cdot (2^y)^2 = m^{-4} \cdot n^2$$

7. Escreva a expressão $\sqrt{a\sqrt[3]{a}}$ na forma de potência.

Resolução

$$\sqrt{a\sqrt[3]{a}} = (a\sqrt[3]{a})^{\frac{1}{2}} = \left(a \cdot a^{\frac{1}{3}}\right)^{\frac{1}{2}} = \left(a^{1 + \frac{1}{3}}\right)^{\frac{1}{2}} =$$

$$= \left(a^{\frac{4}{3}}\right)^{\frac{1}{2}} = a^{\frac{2}{3}}$$

8. Se $A = 2^x + 2^{-x}$ e $B = 2^x - 2^{-x}$, calcule o valor de $A^2 - B^2$ para todo x real.

Resolução

$$A^2 - B^2 = (A + B)(A - B) \Rightarrow A^2 - B^2 =$$

$$= [\underbrace{(2^x + 2^{-x})}_{A} + \underbrace{(2^x - 2^{-x})}_{B}][\underbrace{(2^x + 2^{-x})}_{A} - \underbrace{(2^x - 2^{-x})}_{B}] \Rightarrow$$

$$\Rightarrow A^2 - B^2 = [2 \cdot 2^x][2 \cdot 2^{-x}] \Rightarrow$$

$$\Rightarrow A^2 - B^2 = 4 \cdot 2^x \cdot 2^{-x} \Rightarrow$$

$$\Rightarrow A^2 - B^2 = 4 \cdot 2^0 = 4 \cdot 1 = 4$$

9. Transforme em produto a expressão $2^{x - 2} + 2^{x - 1}$.

Resolução

$$2^{x - 2} + 2^{x - 1} = 2^x \cdot 2^{-2} + 2^x \cdot 2^{-1} = 2^x(2^{-2} + 2^{-1}) =$$

colocando 2^x em evidência

$$= 2^x\left(\frac{1}{4} + \frac{1}{2}\right) = 2^x \cdot \frac{3}{4} = \frac{3}{4} \cdot 2^x$$

10. Determine o valor da expressão $\sqrt{0{,}25} + 16^{-\frac{3}{4}}$.

Resolução

$$\sqrt{0{,}25} + 16^{-\frac{3}{4}} = 0{,}5 + (2^4)^{-\frac{3}{4}} = \frac{5}{10} + 2^{-3} =$$

$$= \frac{1}{2} + \left(\frac{1}{2}\right)^3 = \frac{1}{2} + \frac{1}{8} = \frac{5}{8}$$

Exercícios

33. Represente a expressão $100^4 \cdot (0{,}001)^3$ na forma de potência de 10.

34. Simplifique a expressão $\dfrac{12 \cdot 10^{-3} \cdot 10^{-4} \cdot 10^8}{12 \cdot 10^{-1} \cdot 10^{-4}}$.

35. Transforme em produto a expressão $3^{x+2} + 3^{x-1} - 3^x$.

36. Se $(a - a^{-1}) = k$, com $a \neq 0$ e $a \neq 1$, calcule o valor de $a^2 + a^{-2}$ em função de k. (Sugestão: Eleve a igualdade dada ao quadrado.)

37. Se $A = (3^x + 3^{-x})$ e $B = (3^x - 3^{-x})$, calcule o valor de $A^2 - B^2$ para todo x real.

38. Escreva sob a forma de potência a expressão $\sqrt[6]{x\sqrt[5]{x}}$.

39. Simplifique as expressões abaixo para $x > 0$.

a) $x^3 \cdot x^{-\frac{1}{2}} \cdot \dfrac{x^{\frac{3}{2}}}{x^2 \cdot x^{-3}}$

b) $\sqrt{\dfrac{x}{\sqrt{x}}}$

5 Racionalização de denominadores

No conjunto dos números reais existem expressões indicativas de divisão que, se colocadas na forma de fração, apresentam radical no denominador, como neste exemplo: $\frac{1}{\sqrt{3}}$.

Observe que $\frac{1}{\sqrt{3}}$ é aproximadamente $\frac{1}{1{,}7320508...}$, um cálculo difícil de fazer. Vamos então multiplicar o numerador e o denominador de $\frac{1}{\sqrt{3}}$ por $\sqrt{3}$, e obteremos uma expressão equivalente a $\frac{1}{\sqrt{3}}$:

$$\frac{1}{\sqrt{3}} = \frac{1 \cdot \sqrt{3}}{\sqrt{3} \cdot \sqrt{3}} = \frac{\sqrt{3}}{\sqrt{3^2}} = \frac{\sqrt{3}}{3}$$

Observe que $\frac{1}{\sqrt{3}} = \frac{\sqrt{3}}{3}$. A segunda expressão não apresenta um número irracional no denominador, o que facilita bastante o cálculo, principalmente quando há um número irracional como divisor.

Esse recurso, chamado **racionalização**, era muito importante quando não existia a calculadora.

Racionalizar o denominador de uma expressão escrita em forma de fração consiste em encontrar uma expressão equivalente a ela, com denominador racional, eliminando todos os radicais que existam no denominador.

Para facilitar o estudo, esse procedimento foi dividido em alguns casos a serem analisados:

1º) Para racionalizar denominadores de expressões do tipo $\frac{c}{b\sqrt{a}}$, multiplicam-se o numerador e o denominador por $\sqrt{a}$. Exemplo:

$$\frac{5}{2\sqrt{3}} = \frac{5}{2\sqrt{3}} \cdot \frac{\sqrt{3}}{\sqrt{3}} = \frac{5\sqrt{3}}{2\sqrt{(3^2)}} = \frac{5\sqrt{3}}{2 \cdot 3} = \frac{5\sqrt{3}}{6}$$

Fique atento!
O valor de uma fração não se altera quando multiplicamos seu numerador e seu denominador por um mesmo número, pois isso equivale a multiplicar essa fração por 1.

2º) Para racionalizar denominadores de expressões do tipo $\frac{c}{b\sqrt[n]{a^p}}$, multiplicam-se o numerador e o denominador por $\sqrt[n]{a^{n-p}}$. Exemplos:

a) $\frac{1}{\sqrt[3]{5}} = \frac{1}{\sqrt[3]{5}} \cdot \frac{\sqrt[3]{5^2}}{\sqrt[3]{5^2}} = \frac{\sqrt[3]{25}}{\sqrt[3]{5^3}} = \frac{\sqrt[3]{25}}{5}$

b) $\frac{3}{7\sqrt{\sqrt[5]{2}}} = \frac{3}{7\sqrt[10]{2}} \cdot \frac{\sqrt[10]{2^9}}{\sqrt[10]{2^9}} = \frac{3\sqrt[10]{512}}{7 \cdot 2} = \frac{3\sqrt[10]{512}}{14}$

3º) Para racionalizar denominadores de expressões do tipo $\frac{c}{x + y\sqrt{a}}$, multiplicam-se o numerador e o denominador por $x - y\sqrt{a}$. Da mesma forma, se o denominador for do tipo $x - y\sqrt{a}$, multiplicam-se o numerador e o denominador por $x + y\sqrt{a}$. Exemplos:

a) $\frac{2}{\sqrt{7} + \sqrt{3}} = \frac{2}{(\sqrt{7} + \sqrt{3})} \cdot \frac{(\sqrt{7} - \sqrt{3})}{(\sqrt{7} - \sqrt{3})} = \frac{2 \cdot (\sqrt{7} - \sqrt{3})}{\sqrt{7^2} - \sqrt{3^2}} = \frac{2 \cdot (\sqrt{7} - \sqrt{3})}{7 - 3} = \frac{\sqrt{7} - \sqrt{3}}{2}$

b) $\frac{1}{\sqrt{5} - 2} = \frac{1}{(\sqrt{5} - 2)} \cdot \frac{(\sqrt{5} + 2)}{(\sqrt{5} + 2)} = \frac{\sqrt{5} + 2}{\sqrt{5^2} - 2^2} = \frac{\sqrt{5} + 2}{5 - 4} = \sqrt{5} + 2$

De modo geral, para racionalizar expressões do tipo $\frac{c}{x\sqrt{a} + y\sqrt{b}}$, em que c, x, y, a e b são números racionais, basta multiplicar o numerador e o denominador por $x\sqrt{a} - y\sqrt{b}$.

Exercícios

40. Racionalize o denominador das expressões:

a) $\dfrac{1}{\sqrt{7}}$

b) $\dfrac{3}{\sqrt{6}}$

c) $\dfrac{6}{5\sqrt{2}}$

d) $\dfrac{1}{\sqrt[4]{3}}$

e) $\dfrac{4}{3\sqrt[7]{2}}$

41. Obtenha uma expressão, com denominador racional, equivalente a:

a) $\dfrac{1}{2+\sqrt{3}}$ b) $\dfrac{5}{\sqrt{11}-\sqrt{6}}$ c) $\dfrac{\sqrt{2}}{4\sqrt{3}-2}$

42. Simplifique a expressão $\sqrt{\dfrac{16}{3}}+\sqrt{\dfrac{3}{16}}$.

43. O radical duplo $\sqrt{A \pm \sqrt{B}}$ se transforma em soma de radicais simples se, e somente se, $A^2 - B$ for um quadrado perfeito. Considerando tal condição satisfeita, temos que:

$$\sqrt{A \pm \sqrt{B}} = \sqrt{\frac{A+C}{2}} \pm \sqrt{\frac{A-C}{2}},\ \text{em que}$$

$C = \sqrt{A^2 - B}$.

a) Prove essa igualdade.

b) Escreva a expressão $\sqrt{3+\sqrt{5}}$ como uma soma de radicais simples.

6 Função exponencial

Vamos agora estudar a **função exponencial** definida por $f(x) = a^x$.

Definição

Consideremos um número a real positivo tal que $a \neq 1$. A função exponencial de base a, $f: \mathbb{R} \to \mathbb{R}^+$, representada por $f(x) = a^x$, é uma função que tem as seguintes propriedades, para quaisquer que sejam x e y reais:

1ª) $a^x \cdot a^y = a^{x+y}$

2ª) $f(1) = a^1 = a$

3ª) $x < y \Rightarrow a^x < y$ quando $a > 1$

$x < y \Rightarrow a^x > y$ quando $0 < a < 1$

Exemplos:

a) $f(x) = 3^x$

b) $y = 5^x$

c) $f(x) = \left(\dfrac{1}{2}\right)^x$

d) $f(x) = (0{,}4)^x$

e) $f(x) = \left(\sqrt{2}\right)^x$

f) $f(x) = 10^x$

Observação: As restrições $a > 0$ e $a \neq 1$ dadas na definição são necessárias, pois:

- para $a = 0$ e x negativo, não existiria a^x (não teríamos uma função definida em $\mathbb{R}$);
- para $a < 0$ e $x = \dfrac{1}{2}$, por exemplo, não haveria a^x (não teríamos uma função em $\mathbb{R}$);
- para $a = 1$ e x qualquer número real, $a^x = 1$ (função constante).

Exercícios

44. Verifique quais das sentenças dadas correspondem à lei de uma função exponencial.

a) $f(x) = 9^x$

b) $f(x) = (0{,}666...)^x$

c) $y = x^2$

d) $f(x) = \left(\dfrac{1}{5}\right)^x$

45. Dada a função exponencial $f(x) = 4^x$, determine:

a) $f(0)$;

b) $f\left(\dfrac{1}{2}\right)$;

c) $f\left(-\dfrac{1}{2}\right)$;

d) m tal que $f(m) = 1$.

Gráfico da função exponencial

Vamos analisar os gráficos de duas funções exponenciais $f(x) = a^x$:

1ª) $a > 0$

$f(x) = 2^x$ ou $y = 2^x$

x	-3	-2	-1	0	1	2	3
2^x	2^{-3}	2^{-2}	2^{-1}	2^0	2^1	2^2	2^3
$y = 2^x$	$\frac{1}{8}$	$\frac{1}{4}$	$\frac{1}{2}$	1	2	4	8

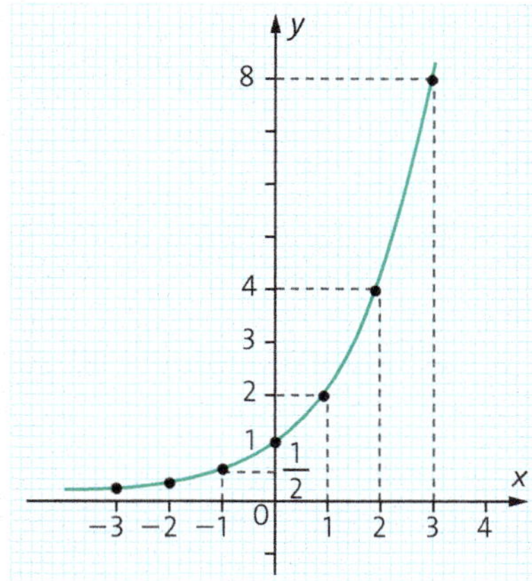

2ª) $0 < a < 1$

$f(x) = \left(\frac{1}{2}\right)^x$ ou $y = \left(\frac{1}{2}\right)^x$

x	-3	-2	-1	0	1	2	3
$\left(\frac{1}{2}\right)^x$	$\left(\frac{1}{2}\right)^{-3}$	$\left(\frac{1}{2}\right)^{-2}$	$\left(\frac{1}{2}\right)^{-1}$	$\left(\frac{1}{2}\right)^{0}$	$\left(\frac{1}{2}\right)^{1}$	$\left(\frac{1}{2}\right)^{2}$	$\left(\frac{1}{2}\right)^{3}$
$y = \left(\frac{1}{2}\right)^x$	8	4	2	1	$\frac{1}{2}$	$\frac{1}{4}$	$\frac{1}{8}$

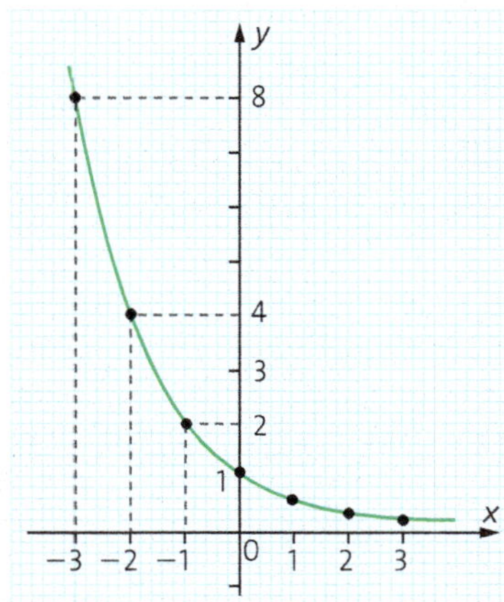

Observando essas tabelas e esses gráficos, concluímos que, para uma função exponencial:

- o gráfico é uma figura chamada **curva exponencial**, que passa por $(0, 1)$;
- o gráfico não toca o eixo x, ou seja, $f(x) = a^x$ não assume o valor zero (não existe x real tal que $f(x) = 0$);
- o gráfico de $f(x) = a^x$ não tem pontos nos quadrantes III e IV;
- quando $a > 1$ e x varia da esquerda para a direita, a curva apresenta um crescimento lento enquanto x é negativo. À medida que x cresce, o crescimento de y se torna cada vez mais acentuado;
- $D(f) = \mathbb{R}$, $CD(f) = \mathbb{R}_+^*$, $Im(f) = \mathbb{R}_+^*$, $f(1) = a$ e $f(x_1 + x_2) = f(x_1) \cdot f(x_2)$. Observe no gráfico de $f(x) = 2^x$ que: $f(1) = 2$; $f(2) = 4$; $f(1 + 2) = f(3) = 8$ e $8 = 2 \cdot 4 = f(1) \cdot f(2)$, portanto $f(1 + 2) = f(1) \cdot f(2)$;
- $f(nx) = (f(x))^n$, para todo n inteiro e x real. Veja no gráfico de $f(x) = 2^x$ que: $f(2 \cdot 1) = f(2) = 4$ e $(f(1))^2 = 2^2 = 4$, portanto $f(2 \cdot 1) = (f(1))^2$;
- para $a > 1$, a função é crescente ($x_1 > x_2 \Rightarrow a^{x_1} > a^{x_2}$);
- para $0 < a < 1$, a função é decrescente ($x_1 > x_2 \Rightarrow a^{x_1} > a^{x_2}$);
- a função exponencial é sobrejetiva: $Im(f) = CD(f)$, ou seja, para todo número real $b > 0$ existe algum $x \in \mathbb{R}$ tal que $a^x = b$ (todo número real positivo é uma potência de a);
- a função exponencial é injetiva ($x_1 \neq x_2 \Rightarrow a^{x_1} \neq a^{x_2}$ ou usando a contrapositiva $a^{x_1} = a^{x_2} \Rightarrow x_1 = x_2$), pois ela é crescente ou decrescente;
- a função exponencial é bijetiva, logo, admite função inversa;
- a função exponencial é ilimitada superiormente.

Fique atento!
A função exponencial está definida para todo x real e tem por imagem o semieixo $y > 0$.

Característica fundamental da função exponencial

$x_0 \rightarrow f(x_0)\ \ a^{x_0}$

$x_0 + h \rightarrow f(x_0 + h) = a^{x_0 + h} = a^{x_0} \cdot a^{h} {}^{= k} = k \cdot a^{x_0} = kf(x_0)$

$x_0 + 2h \rightarrow f(x_0 + 2h) = a^{x_0 + 2h} = a^{x_0} \cdot a^{2h} = a^{x_0} \cdot a^{h} {}^{= k} = k \cdot f(x_0 + h)$

$x_0 + 3h \rightarrow f(x_0 + 3h) = a^{x_0 + 3h} = a^{x_0 + 2h} \cdot a^{h} {}^{= k} = k \cdot f(x_0 + 2h),$

etc.

Fique atento!
Acréscimos iguais dados a x fazem com que $f(x)$ fique multiplicada sempre pela mesma constante.

Por exemplo, observe no gráfico de $f(x) = 2^x$ (gráfico da página anterior), fazendo $x_0 = -1$ e $h = 1$:

$x_0 = -1 \rightarrow f(-1) = \dfrac{1}{2}$

$x_0 + h \rightarrow -1 + 1 = 0 \rightarrow f(0) = 1 = 2 \cdot f(-1)$

$x_0 + 2h \rightarrow -1 + 2 = 1 \rightarrow f(1) = 2 = 2 \cdot f(0)$

$x_0 + 3h \rightarrow -1 + 3 = 2 \rightarrow f(2) = 4 = 2 \cdot f(1),$

etc.

Observação: As ideias desenvolvidas no estudo da função exponencial $f(x) = a^x$ podem ser aplicadas em outras funções em que a variável aparece no expoente, como:

$$f(x) = 2 \cdot 3^x \qquad f(x) = 5^{x-2} \qquad f(x) = 5^x - 2$$

Por exemplo, seja f a função de $\mathbb{R}$ em $\mathbb{R}$ definida por $f(x) = 4^x + 1$, vamos:

- calcular $f(-2), f(-1), f(0), f(1)$ e $f\left(\dfrac{3}{2}\right)$;
- construir o gráfico de f e determinar $D(f)$ e $Im(f)$.

Construtor de gráficos

$f(-2) = 4^{-2} + 1 = \dfrac{1}{16} + 1 = \dfrac{17}{16} = 1{,}0625$

$f(-1) = 4^{-1} + 1 = \dfrac{1}{4} + 1 = \dfrac{5}{4} = 1{,}25$

$f(0) = 4^0 + 1 = 1 + 1 = 2$

$f(1) = 4^1 + 1 = 4 + 1 = 5$

$f\left(\dfrac{3}{2}\right) = 4^{\frac{3}{2}} + 1 = \sqrt{64} + 1 = 8 + 1 = 9$

x	y
-2	$\dfrac{17}{16} = 1{,}0625$
-1	$\dfrac{5}{4} = 1{,}25$
0	2
1	5
$\dfrac{3}{2}$	9

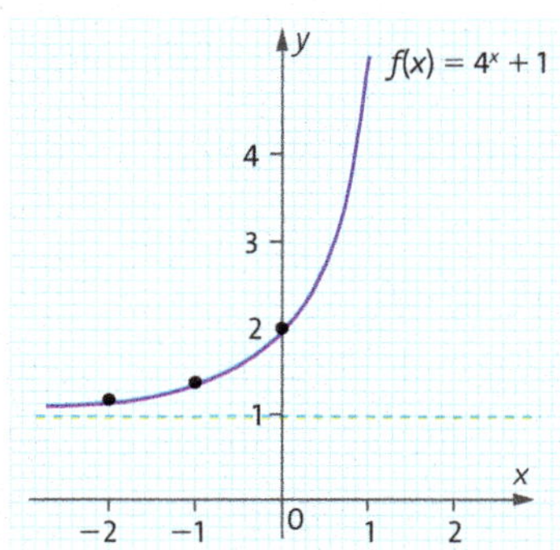

Para refletir
O que muda no gráfico de $f(x) = 4^x + 1$ em relação ao gráfico de $f(x) = 4^x$?

$D(f) = \mathbb{R}$

$Im(f) = \{y \in \mathbb{R} \mid y > 1\}$

Observação: Quando x decresce, o gráfico de $f(x)$ se aproxima cada vez mais da reta horizontal $y = 1$, sem tocá-la. Essa reta é conhecida como **assíntota** do gráfico de $f(x)$. No caso dos gráficos das funções $f(x) = 2^x$ e $f(x) = \left(\dfrac{1}{2}\right)^x$, vistos anteriormente, a assíntota será o próprio eixo das abscissas.

Exercício resolvido

11. A seguir temos os gráficos das funções exponenciais f e g definidas por $f(x) = r^x$ e $g(x) = s^x$.

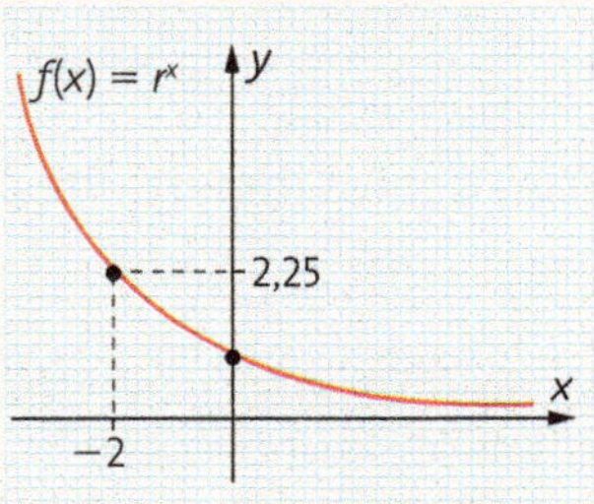

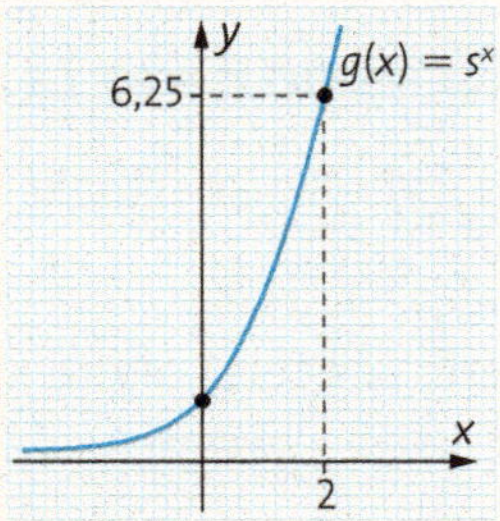

Com base nos gráficos, responda:

a) $r > 1$ ou $0 < r < 1$?

b) $s > 1$ ou $0 < s < 1$?

c) f é crescente ou decrescente? E g é crescente ou decrescente?

d) $f(7)$ é maior, menor ou igual a $f(3)$?

e) $g(5)$ é maior, menor ou igual a $g(4)$?

f) Traçando os gráficos de f e g no mesmo sistema de eixos, em que ponto os gráficos vão se intersectar?

g) Entre as sentenças seguintes, identifique as de f e g:

I. $f(x) = \left(\dfrac{2}{3}\right)^x$ III. $g(x) = \left(\dfrac{3}{2}\right)^x$

II. $f(x) = \left(\dfrac{2}{5}\right)^x$ IV. $g(x) = \left(\dfrac{5}{2}\right)^x$

Resolução

a) $0 < r < 1$

b) $s > 1$

c) f é decrescente e g é crescente.

d) $f(7) < f(3)$

e) $g(5) > g(4)$

f) No ponto (0, 1).

g) $f(x) = \left(\dfrac{2}{3}\right)^x$; $g(x) = \left(\dfrac{5}{2}\right)^x$.

Exercícios

46. Cada gráfico abaixo representa uma função exponencial do tipo $f(x) = a^x$. Identifique a lei de formação de cada uma delas.

a)

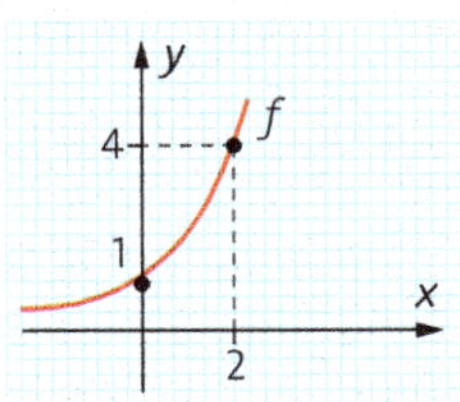

b)

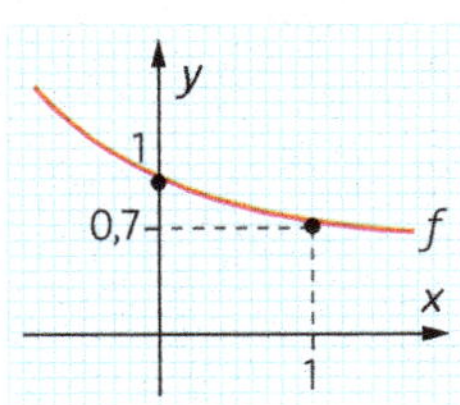

c)

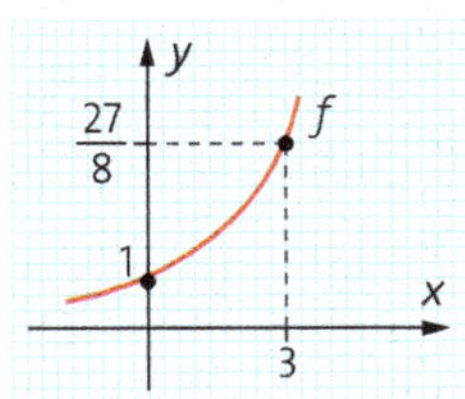

47. Cada gráfico abaixo representa uma função exponencial do tipo $f(x) = b \cdot a^x$. Identifique a lei de formação de cada uma delas.

a)

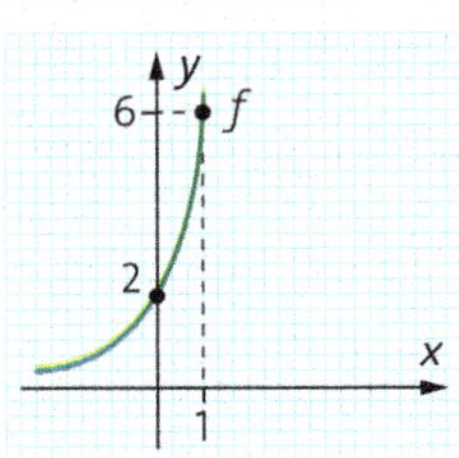

b)

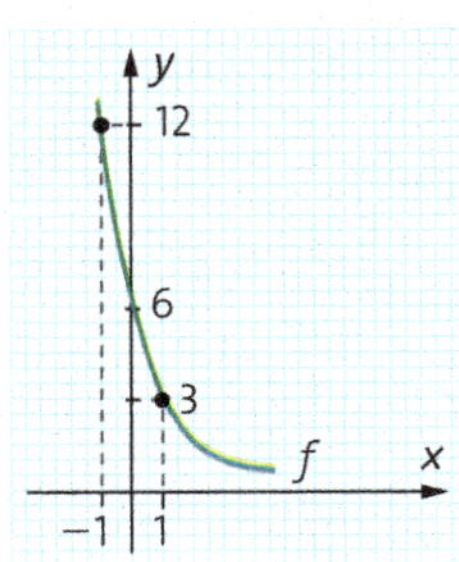

48. Construa os gráficos das funções:

a) $f: \mathbb{R} \to \mathbb{R}_+^*$ dada por $f(x) = 3^x$

b) $f: \mathbb{R} \to \mathbb{R}_+^*$ dada por $f(x) = \left(\dfrac{1}{4}\right)^x$

49. Identifique as seguintes funções como crescente ou decrescente:

a) $f(x) = \pi^x$

b) $f(x) = \left(\dfrac{\sqrt{2}}{2}\right)^x$

c) $f(x) = (\sqrt{3})^x$

d) $f(x) = (0{,}01)^x$

e) $f(x) = \left(\dfrac{1}{5}\right)^x$

f) $f(x) = 2^{-x}$

g) $f(x) = 4^x$

h) $f(x) = \left(\dfrac{\sqrt{3}}{2}\right)^x$

50. Compare as potências, colocando entre elas o símbolo de maior ou de menor:

a) $(0{,}9)^8$ ___ $(0{,}9)^5$

b) 47^5 ___ 47^3

c) $\left(\dfrac{\sqrt{3}}{3}\right)^9$ ___ $\left(\dfrac{\sqrt{3}}{3}\right)^8$

d) $(\sqrt{3})^{\sqrt{5}}$ ___ $(\sqrt{3})^2$

51. f, g e h são funções de $\mathbb{R}$ em $\mathbb{R}$ dadas por $f(x) = 2 \cdot 3^x$, $g(x) = 5^x - 2$ e $h(x) = 5^{x-2}$. Determine:

a) $f(2)$;

b) $g(2)$;

c) $h(2)$;

d) $f(-1)$;

e) $g(0)$;

f) $h(0)$;

g) x tal que $h(x) = 125$;

h) x tal que $g(x) = 3$.

52. Construa o gráfico da função f de $\mathbb{R}$ em $\mathbb{R}$ definida por $f(x) = 2^{x-1}$ e determine $Im(f)$.

Matemática e tecnologia

Para construir gráficos de funções exponenciais vamos novamente utilizar o *software* Geogebra.

Construção do gráfico de uma função exponencial

Vamos construir o gráfico da função exponencial $f(x) = 2^x$ e destacar alguns pontos importantes. Para isso siga os passos abaixo.

1º passo: No campo "Entrada" (situado na parte inferior da tela) digite a função: $f(x) = 2$^x e tecle "Enter". Observe que "^" significa a operação de potenciação.

> **Fique atento!**
> Não se esqueça de salvar suas construções.

2º passo: Para melhorar a visualização, clique com o botão direito do *mouse* sobre o gráfico da função exponencial. Na aba que será apresentada clique em "Propriedades" e, depois que abrir uma janela, clique em "Cor" e escolha uma nova cor para o seu gráfico. Em seguida, clique na aba "Estilo" e coloque a espessura da linha igual a 5. Feche a janela e observe que o gráfico ficou destacado.

3º passo: Na barra de ferramentas (parte superior da tela) clique na aba "Exibir" e depois em "Malha". Você deverá ter uma imagem (com exceção da cor escolhida) igual à apresentada abaixo.

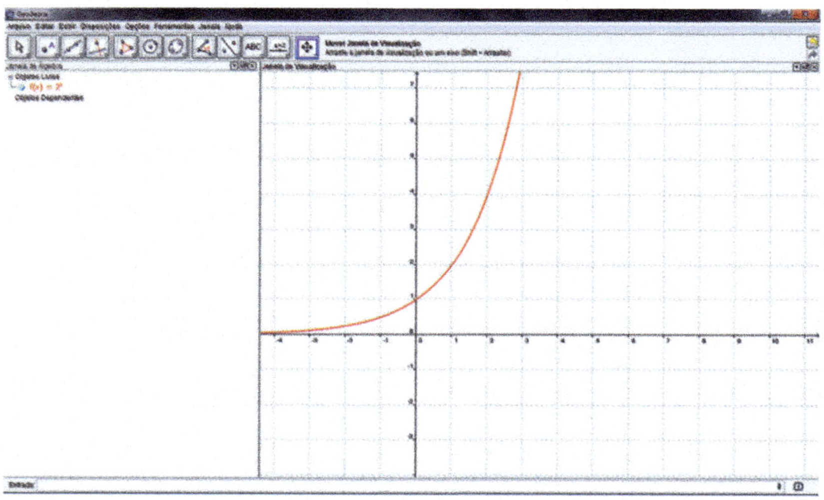

Fotos: Reprodução/<www.geogebra.org>

4º passo: Agora, vamos determinar o ponto em que a curva intersecta o eixo das ordenadas (eixo y). Para isso, digite no campo de entrada: intersecção $[f, x = 0]$. Tecle "Enter". Observe que o ponto de intersecção com o eixo y é o ponto $A = (0, 1)$.

5º passo: No campo "Entrada" (situado na parte inferior da tela) insira os pontos $B = (1, 2)$, $C = (2, 4)$, $D = \left(-1, \frac{1}{2}\right)$ e $E = \left(-2, \frac{1}{4}\right)$ e verifique que todos pertencem ao gráfico da função (a cada ponto inserido tecle "Enter"). Observe ainda que o gráfico da função não intersecta o eixo das abscissas, ou seja, a função não tem raiz. O eixo das abscissas será uma **assíntota** do gráfico da função.

> **Fique atento!**
> Você pode mover, ampliar ou reduzir a sua imagem utilizando  da barra de tarefas. Outra opção para aumentar ou diminuir o *zoom* é utilizar o *scroll* do *mouse* (aquela "bolinha" que fica na parte superior da maioria dos *mouses*).

1. Repita os passos anteriores e construa os gráficos das funções: $f(x) = 3^x$, $g(x) = 10^x$ e $h(x) = \left(\frac{1}{2}\right)^x$.

Influência dos parâmetros a, b e c em funções do tipo $f(x) = a \cdot b^x + c$

Agora, siga os passos dados e observe a influência dos parâmetros a, b e c em funções do tipo $f(x) = a \cdot b^x + c$.

1º passo: Na barra de ferramentas clique com o botão esquerdo do *mouse* inicialmente na opção controle deslizante 

; em seguida, clique em qualquer ponto da janela de visualização (zona gráfica) e tecle "Enter". Nesse instante aparecerá o parâmetro a (com valor inicial igual a 1) 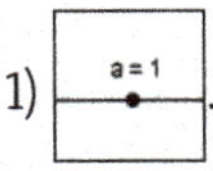

. Repita a operação e insira novos parâmetros (b e c).

2º passo: No campo "Entrada" insira a função $f(x) = a*b\hat{}x + c$ e tecle "Enter". Lembre-se de que "*" significa a operação de multiplicação.

3º passo: Para melhorar a visualização, clique com o botão direito do *mouse* sobre o gráfico e faça o procedimento descrito anteriormente para mudar a cor e a espessura da curva.

4º passo: Na barra de ferramentas (parte superior da tela) clique na aba "Exibir" e, depois, em "Malha". Agora, vamos observar significados importantes para os coeficientes a, b e c.

5º passo: Clique na bolinha do controle deslizante de b 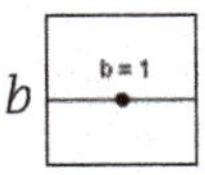

e altere lentamente o seu valor (basta arrastar a bolinha para um dos lados). Arraste a bolinha até obter $b = 2$. Repita a operação para o controle deslizante c, fazendo $c = 0$. Dessa forma você terá o gráfico obtido anteriormente, ou seja, da função $f(x) = 2^x$.

> **Fique atento!**
> Lembre-se de que na relação $f(x) = a \cdot bx + c$, se $a = 0$, $b = 1$ ou $b \leqslant 0$ não teremos uma função do tipo exponencial.

6º passo: Repita a operação para os controles deslizantes de a e b (utilize um controle deslizante por vez). Observe o que acontece com o gráfico da função.

Resolva os exercícios a seguir com base na função $f(x) = a \cdot b^x + c$. (Utilize o gráfico obtido acima.)

2. Classifique as funções abaixo como crescente ou decrescente:

a) $f(x) = 2^x$

b) $g(x) = \left(\frac{1}{4}\right)^x + 2$

c) $h(x) = -2 \cdot 3^x + 1$

d) $i(x) = 4 \cdot \left(\frac{1}{2}\right)^x - 3$

3. Determine a imagem das funções a seguir:

a) $f(x) = 2^x$

b) $g(x) = 3 \cdot 2^x + 1$

c) $h(x) = \left(\frac{1}{2}\right)^x + 2$

d) $i(x) = -2 \cdot 3^x - 1$

4. Qual é o número de soluções da equação $2^x = x + 2$? (Sugestão: Construa os gráficos de $f(x) = 2^x$ e $g(x) = x + 2$).

7 Conexão entre funções exponenciais e progressões

Já estudamos que uma função afim $f(x) = ax + b$ transforma uma progressão aritmética (PA) em outra progressão aritmética. E que uma função quadrática $f(x) = ax^2 + bx + c$ transforma uma PA em uma sequência cujas diferenças dos termos consecutivos formam outra PA.

Também estudamos que uma progressão geométrica (PG) é uma sequência em que cada termo, a partir do segundo, é o produto do termo anterior por uma constante diferente de zero, chamada razão da PG. Por exemplo, a sequência 1, 3, 9, 27, 81, 243, ... é uma PG de razão 3.

Agora, veremos o que ocorre com uma função do tipo exponencial $f(x) = b \cdot a^x$.

Consideremos uma função exponencial $f: \mathbb{R} \to \mathbb{R}$ definida por $f(x) = 3 \cdot 2^x$ e a PA 1, 3, 5, 7, 9, 11, 13, ... de razão 2. Vamos constatar que $f(1), f(3), f(5), f(7), f(9), f(11), f(13), ...$ é uma PG. Assim, temos:

$f(x) = 3 \cdot 2^x$ $\quad f(5) = 3 \cdot 2^5 = 96$ $\quad f(11) = 3 \cdot 2^{11} = 6\,144$

$f(1) = 3 \cdot 2^1 = 6$ $\quad f(7) = 3 \cdot 2^7 = 384$ $\quad f(13) = 3 \cdot 2^{13} = 24\,576$

$f(3) = 3 \cdot 2^3 = 24$ $\quad f(9) = 3 \cdot 2^9 = 1\,536$

Observe que 6, 24, 96, 384, 1536, 6144, 24576, ... é uma PG de razão 4, ou seja, de razão 2^2.

É possível provar que isso ocorre com qualquer função do tipo exponencial $f(x) = b \cdot a^x$ e essa propriedade caracteriza a função do tipo exponencial, ou seja, se f é uma função exponencial do tipo $f(x) = b \cdot a^x$, ela transforma uma PA de razão r em uma PG de razão a^r. E, reciprocamente, se uma função transforma uma PA de razão r em uma PG de razão a^r, então essa função é do tipo exponencial $f(x) = b \cdot a^x$, com $b = f(0)$ e $a = \frac{f(1)}{f(0)}$.

Observação: Podemos observar na PA que, por exemplo, o 3º termo, que vale 5, é dado por:

$$5 = 1 + 2 \cdot 2 \; (a_n = a_1 + nr)$$

e

$$f(5) = f(1) \cdot 2^{2 \cdot 2}$$

r

n

a

$$96 = 6 \cdot 2^4$$

Uma aplicação dessa observação é o cálculo dos juros compostos quando realizado em intervalos de tempo iguais. Acompanhe a situação a seguir.

Se um capital inicial, C_0, é aplicado a juros fixos e capitalizados continuamente após decorrido um tempo t, o capital existente é dado por $C(t) = C_0 \cdot a^t$.

Se tirarmos extratos da conta nos tempos 0, r, $2r$, $3r$, ... teremos:

$$C(0) = C_0; \; C(r) = C_0 \cdot A; \; C(2r) = C_0 \cdot A^2; \; C(3r) = C_0 \cdot A^3; \; ...$$

em que $A = a^r$, ou seja, a evolução do saldo, quando ele é calculado em intervalos de r unidades de tempo, é dada pela PG:

$$C_0, \; C_0 \cdot A, \; C_0 \cdot A^2, \; C_0 \cdot A^3, \; ...$$

em que $A = a^r$.

Se tivermos um capital inicial C_0 e uma taxa fixa de $i\%$ ao mês, teremos:

- capital inicial: C_0
- capital após 1 mês: $C_1 = C_0 \cdot (1 + i)$
- capital após 2 meses: $C_2 = C_0 \cdot (1 + i)^2$
- capital após 3 meses: $C_3 = C_0 \cdot (1 + i)^3$

$\vdots$

- capital após t meses: $C_t = C_0 \cdot (1 + i)^t$

Assim, vemos que:

$$C_0, C_0 \cdot (1 + i), C_0 \cdot (1 + i)^2, C_0 \cdot (1 + i)^3, \ldots$$

é uma PG de razão $(1 + i)$.

> **Para refletir**
> Confira estes cálculos com o auxílio de uma calculadora.

Por exemplo, um capital inicial de R$ 100 000,00, aplicado a juros fixos de 2% ao mês, produz um montante no final de:

a) 1 mês: $C_0 \cdot (1 + i) = 100\,000 \cdot (1 + 0{,}02) = 100\,000 \cdot 1{,}02 =$ R$ 102 000,00

b) 2 meses: $C_0 \cdot (1 + i)^2 = 100\,000 \cdot (1 + 0{,}02)^2 = 100\,000 \cdot (1{,}02)^2 =$ R$ 104 040,00

c) 3 meses: $C_0 \cdot (1 + i)^3 = 100\,000 \cdot (1 + 0{,}02)^3 = 100\,000 \cdot (1{,}02)^3 =$ R$ 106 120,80

Os números 102 000,00; 104 040,00; 106 120,80; ... formam uma PG de razão 1,02.

Caracterização da função de tipo exponencial

É possível provar que se $f: \mathbb{R} \to \mathbb{R}_+^*$ é uma função crescente ou decrescente que transforma toda progressão aritmética $x_1, x_2 \ldots, x_n, \ldots$ em uma progressão geométrica $y_1, y_2, \ldots, y_n, \ldots$, com $y_n = f(x_n)$, e se pusermos $b = f(0)$ e $a = \dfrac{f(1)}{f(0)}$, então teremos $f(x) = b \cdot a^x$ para todo $x \in \mathbb{R}$.

Por exemplo, vamos considerar $f: \mathbb{R} \to \mathbb{R}_+^*$ uma função crescente ou decrescente que transforma a PA 1, 4, 7, 10, 13, 16, ... na PG 10, 80, 640, 5 120, 40 960, ..., sendo $f(0) = 5$ e $f(1) = 10$.

Fazendo $b = f(0) = 5$, temos $a = \dfrac{f(1)}{f(0)} = \dfrac{10}{5} = 2$, ou seja, $a = 2$. Nesse caso, a função exponencial $f(x) = b \cdot a^x$ é dada por $f(x) = 5 \cdot 2^x$. Observe que a razão da PA é $r = 3$ e, portanto, a razão da PG é $a^r = 2^3 = 8$.

Exercícios

53. Dadas a PA −2, 0, 2, 4, 6, 8, 10, ... e a função exponencial $f(x) = 2 \cdot 3^x$:

a) determine a razão dessa PA;

b) verifique que a sequência $f(-2), f(0), f(2), f(4), f(6), f(8), f(10), \ldots$ é uma PG;

c) determine a razão dessa PG.

54. Se tivermos uma PA $x_1, x_2, x_3, \ldots, x_i, \ldots$ de razão 3 que é levada a uma PG $y_1, y_2, y_3, \ldots, y_i, \ldots$ pela função exponencial $f(x) = 4 \cdot 5^x$, qual é a razão dessa PG?

55. Um pesquisador encontrou em suas investigações a seguinte relação entre os valores de x e y:

x	1	3	5	7
y	4	8	16	32

Que tipo de função expressa y em função de x? Justifique.

56. Seja f uma função que leva uma PA 1, 2, 3, 4, 5, 6, 7, 8, ..., n, $n + 1$, ... a uma PG 9, 27, 81, 243, 729, 2 187, ..., escreva a função exponencial do tipo $f(x) = ba^x$, determinando os valores de a e b.

8 Equações exponenciais

Equações exponenciais são aquelas em que a incógnita aparece nos expoentes. Veja alguns exemplos:

a) $4^x = 32$

b) $\left(\frac{1}{3}\right)^x = 81$

c) $25^{x+1} = \sqrt{5^x}$

d) $2^{2x} = 2^x + 12$

Resolução de equações exponenciais simples

Vamos primeiro resolver equações exponenciais que podem ser transformadas em uma igualdade de potências de mesma base.

Para resolvê-las, usamos o fato de que a função exponencial é injetiva, ou seja, para $a > 0$ e $a \neq 1$, temos:

$$a^{x_1} = a^{x_2} \Leftrightarrow x_1 = x_2$$

Exercícios resolvidos

12. Resolva as equações:

a) $3^{x-1} = 81$

b) $\left(\frac{1}{2}\right)^x = \sqrt[3]{4}$

c) $0,75^x = \frac{9}{16}$

d) $9^{x+1} = \frac{1}{27}$

e) $2^{x^2-3x-4} = 1$

Resolução

a) Vamos transformar a equação dada em uma igualdade de potências de mesma base:

$3^{x-1} = 81 \Rightarrow 3^{x-1} = 3^4$

Igualando os expoentes, temos uma equação do 1º grau em x:

$x - 1 = 4 \Rightarrow x = 5$

Verificação:

$x = 5 \Rightarrow 3^{x-1} = 3^{5-1} = 3^4 = 81$

$S = \{5\}$

b) $\left(\frac{1}{2}\right)^x = \sqrt[3]{4} \Rightarrow (2^{-1})^x = 4^{\frac{1}{3}} \Rightarrow 2^{-x} = (2^2)^{\frac{1}{3}} \Rightarrow$

$\Rightarrow 2^{-x} = 2^{\frac{2}{3}} \Rightarrow -x = \frac{2}{3} \Rightarrow x = -\frac{2}{3}$

$S = \left\{-\frac{2}{3}\right\}$

> **Para refletir**
> Faça a verificação do item **b**.

c) $0,75^x = \frac{9}{16} \Rightarrow \left(\frac{75}{100}\right)^x = \frac{9}{16} \Rightarrow \left(\frac{3}{4}\right)^x = \frac{3^2}{4^2} \Rightarrow$

$\Rightarrow \left(\frac{3}{4}\right)^x = \left(\frac{3}{4}\right)^2 \Rightarrow x = 2$

$S = \{2\}$

d) $9^{x+1} = \frac{1}{27} \Rightarrow (3^2)^{x+1} = \frac{1}{3^3} \Rightarrow 3^{2x+2} = 3^{-3} \Rightarrow$

$\Rightarrow 2x + 2 = -3 \Rightarrow 2x = -3 - 2 \Rightarrow 2x = -5 \Rightarrow$

$\Rightarrow x = -\frac{5}{2}$

$S = \left\{-\frac{5}{2}\right\}$

e) Como $1 = 2^0$, podemos escrever $2^{x^2-3x-4} = 2^0$.

Igualando os expoentes, temos uma equação do 2º grau em x:

$x^2 - 3x - 4 = 0$

$\Delta = 25$

$x' = 4$ e $x'' = -1$

$S = \{-1, 4\}$

13. Calcule x e y no sistema de equações: $\begin{cases} 5^{x+y} = 1 \\ 3^x \cdot 9^y = \frac{1}{9} \end{cases}$

Resolução

$5^{x+y} = 1 \Rightarrow 5^{x+y} = 5^0 \Rightarrow x + y = 0$

$3^x \cdot 9^y = \frac{1}{9} \Rightarrow 3^x \cdot 3^{2y} = 3^{-2} \Rightarrow 3^{x+2y} = 3^{-2} \Rightarrow$

$x + 2y = -2$

Os valores de x e y serão obtidos resolvendo-se o sistema do 1º grau:

$\begin{cases} x + y = 0 \\ x + 2y = -2 \end{cases} \Rightarrow x = 2 \text{ e } y = -2$

$S = \{(2, -2)\}$

Raízes da equação $2^x = x^2$

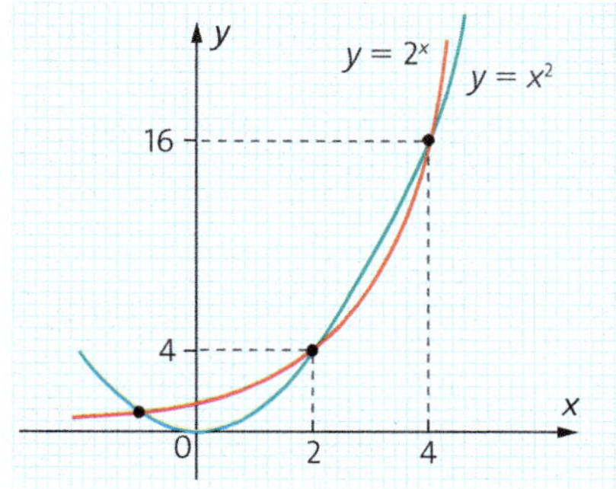

Quantas raízes tem a equação $2^x = x^2$?

É fácil observar que 2 e 4 são duas raízes, pois: $x = 2 \Rightarrow 2^2 = 2^2$ e $x = 4 \Rightarrow 2^4 = 4^2$

Para saber se há mais alguma raiz, podemos utilizar os gráficos das funções $y = 2^x$ e $y = x^2$ e verificar quantos são seus pontos comuns.

Além dos valores $x = 2$ e $x = 4$, podemos verificar que existe mais um valor de x, negativo, para o qual se tem $2^x = x^2$.

Esse problema mostra que, em alguns casos, o processo gráfico é mais vantajoso que o algébrico.

Resolução de equações exponenciais usando artifícios de cálculo

Algumas equações exigem artifícios de cálculo para serem solucionadas. Observe isso no exercício resolvido a seguir.

Exercício resolvido

14. Resolva as seguintes equações:

a) $3 \cdot 4^{x+1} = 96$

b) $2^{x+2} + 2^{x-1} = 18$

c) $2^{2x} - 9 \cdot 2^x + 8 = 0$

Resolução

a) $3 \cdot 4^{x+1} = 96 \Rightarrow 4^{x+1} = \dfrac{96}{3} \Rightarrow 4^{x+1} = 32 \Rightarrow$

$\Rightarrow (2^2)^{x+1} = 2^5 \Rightarrow 2^{2x+2} = 2^5 \Rightarrow$

$\Rightarrow 2x + 2 = 5 \Rightarrow 2x = 5 - 2 \Rightarrow 2x = 3 \Rightarrow x = \dfrac{3}{2}$

$S = \left\{\dfrac{3}{2}\right\}$

b) $2^{x+2} + 2^{x-1} = 18 \Rightarrow 2^x \cdot 2^2 + 2^x \cdot 2^{-1} = 18$ (propriedade $a^{m+n} = a^m \cdot a^n$)

Fazendo $2^x = y$, temos:

$y \cdot 4 + y \cdot \dfrac{1}{2} = 18 \Rightarrow 4y + \dfrac{y}{2} = 18 \Rightarrow$

$\Rightarrow 8y + y = 36 \Rightarrow 9y = 36 \Rightarrow y = 4$

$2^x = y$ e $y = 4 \Rightarrow 2^x = 4 \Rightarrow 2^x = 2^2 \Rightarrow x = 2$

$S = \{2\}$

c) $2^{2x} - 9 \cdot 2^x + 8 = 0 \Rightarrow (2^x)^2 - 9(2^x) + 8 = 0$ (propriedade $2^{mn} = (2^m)^n$)

Fazendo $2^x = y$, temos:

$y^2 - 9y + 8 = 0$ (equação do 2º grau em y)

$\Delta = 49$

$y' = 8$ e $y'' = 1$

Como $2^x = y$, temos:

$2^x = 8 \Rightarrow 2^x = 2^3 \Rightarrow x = 3$

$2^x = 1 \Rightarrow 2^x = 2^0 \Rightarrow x = 0$

$S = \{0, 3\}$

Exercícios

57. Resolva as seguintes equações exponenciais na variável x:

a) $2^x = 64$

b) $3^{x-5} = 27^{1-x}$

c) $3^{x-2} = 9$

d) $5^{x^2-2x} = 125$

e) $10^{1-x} = \dfrac{1}{10}$

f) $3^{2-x} = \dfrac{1}{27}$

58. Resolva as equações exponenciais:

a) $2 \cdot 3^{x-2} = 162$

b) $3 \cdot 5^{x-1} = 75$

c) $5 \cdot 2^{x^2-4} = 160$

d) $2^{x+1} + 2^x = 48$

e) $2^{x+3} + 2^{x+1} + 2^x = 88$

f) $4 \cdot 2^x + 2^{x-1} = 72$

59. Qual é o ponto comum aos gráficos de $f(x) = 4^{x-1}$ e $g(x) = 2$?

60. Resolva estas equações:

a) $3^{2x} + 2 \cdot 3^x - 15 = 0$

b) $4^x - 9 \cdot 2^x + 8 = 0$

c) $9^x - 4 \cdot 3^x + 3 = 0$

61. Descubra qual par (x, y) é solução do sistema:

$$\begin{cases} 4^x \cdot 8^y = \dfrac{1}{4} \\ 9^x \cdot 27^{2y} = 3 \end{cases}$$

62. Resolva:

a) $3^{2x} + 2 \cdot 3^x - 15 = 0$

b) $2^{2x+1} + 3 \cdot 2^{x+1} = 8$

c) $4^{x+2} - 3 \cdot 2^{x+3} = 160$

d) $\dfrac{9^x + 3}{4} - 3^x = 0$

e) $3^x - \dfrac{9}{3^x} = 8$

9 Inequações exponenciais

Desigualdades como as seguintes são chamadas inequações exponenciais:

a) $3^{x-1} \geqslant 27$

b) $25^{x} < \sqrt{5}$

c) $8^{x-1} \leqslant \dfrac{1}{16^{x}}$

Para resolvê-las devemos nos lembrar de que a função exponencial $f(x) = a^x$ é crescente para $a > 1$ e decrescente para $0 < a < 1$, ou seja:

$$a^{x_1} < a^{x_2} \Leftrightarrow x_1 < x_2 \text{ (para } a > 1)$$
$$a^{x_1} < a^{x_2} \Leftrightarrow x_1 > x_2 \text{ (para } 0 < a < 1)$$

Vamos analisar cada um desses casos:

- $f(x) = a^x$ com $a > 1$

Função crescente

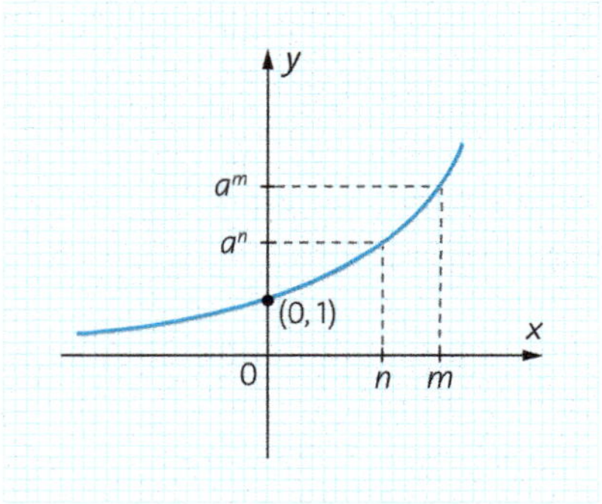

$a^m > a^n \Leftrightarrow m > n$

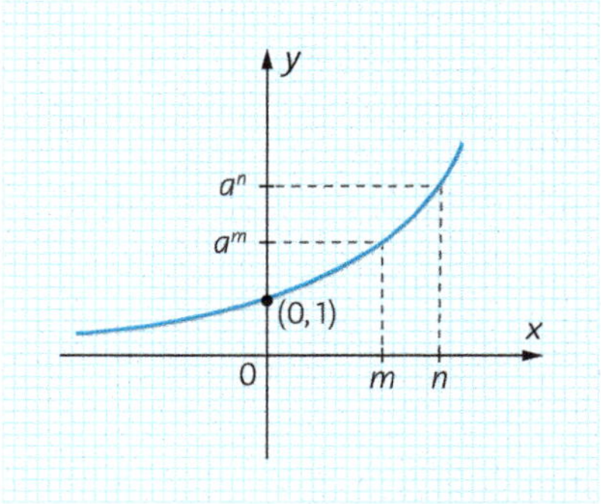

$a^m < a^n \Leftrightarrow m < n$

Nesse caso de $a > 1$, o sentido da desigualdade foi conservado.

- $f(x) = a^x$ com $0 < a < 1$

Função decrescente

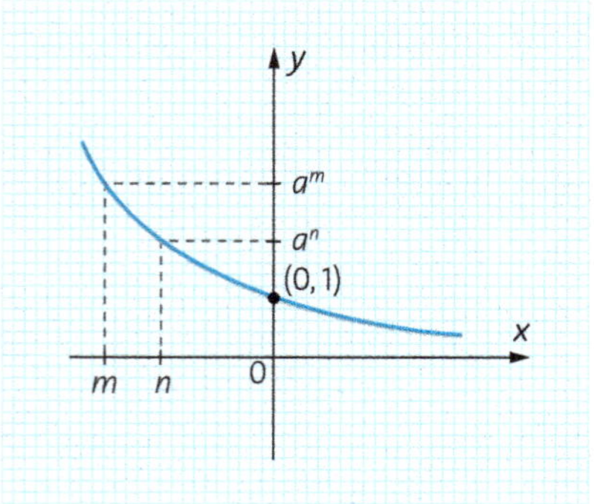

$a^m > a^n \Leftrightarrow m < n$

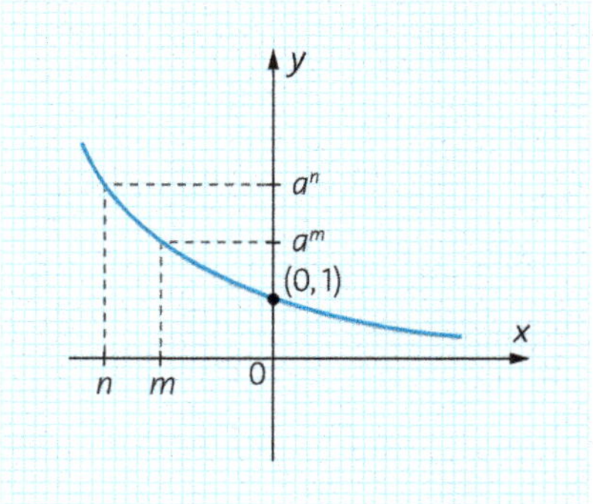

$a^m < a^n \Leftrightarrow m > n$

Nesse caso de $0 < a < 1$, o sentido da desigualdade foi trocado.

Exercícios resolvidos

15. Resolva as inequações:

a) $2^{x+7} < 32$

b) $10^{x-3} > 1$

c) $\left(\frac{1}{2}\right)^{x+1} \geq 4^{x+3}$

d) $\left(\frac{1}{3}\right)^{x^2-x} > \left(\frac{1}{3}\right)^2$

e) $4 < 2^{x+1} \leq 32$

f) $\frac{1}{9} < 9^{x-1} \leq 3^x$

Resolução

a) $2^{x+7} < 32 \Rightarrow 2^{x+7} < 2^5 \rightarrow$ desigualdade de potências de mesma base

$a = 2 \Rightarrow a > 1$ (mantém-se o sentido da desigualdade)

$x + 7 < 5 \Rightarrow x < 5 - 7 \Rightarrow x < -2$

$S = \{x \in \mathbb{R} \mid x < -2\}$

b) $10^{x-3} > 1 \Rightarrow 10^{x-3} > 10^0 \rightarrow$ desigualdade de potências de mesma base

$a = 10 \Rightarrow a > 1$ (mantém-se o sentido da desigualdade)

$x - 3 > 0 \Rightarrow x > 3$

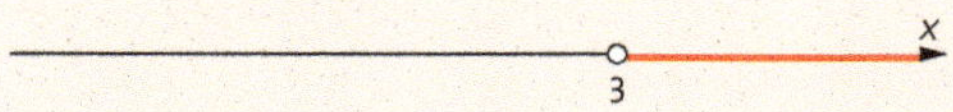

$S = \{x \in \mathbb{R} \mid x > 3\}$

c) $\left(\frac{1}{2}\right)^{x+1} \geq 4^{x+3} \Rightarrow (2^{-1})^{x+1} \geq (2^2)^{x+3} \Rightarrow$

$\Rightarrow 2^{-x-1} \geq 2^{2x+6}$

$a = 2 \Rightarrow a > 1$ (mantém-se o sentido da desigualdade)

$-x - 1 \geq 2x + 6 \Rightarrow -x - 2x \geq 6 + 1 \Rightarrow$

$\Rightarrow -3x \geq 7 \Rightarrow 3x \leq -7 \Rightarrow x \leq -\frac{7}{3}$

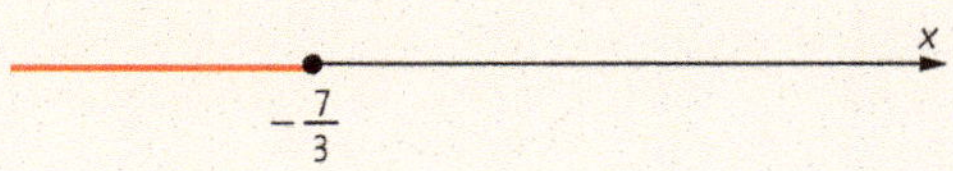

$S = \left\{x \in \mathbb{R} \mid x \leq -\frac{7}{3}\right\}$

> **Para refletir**
> Resolva o item **c** escrevendo 4^{x+3} em potência de base $\frac{1}{2}$ e verifique que se obtém o mesmo resultado.

d) $\left(\frac{1}{3}\right)^{x^2-x} > \left(\frac{1}{3}\right)^2$

Como já temos uma desigualdade com potências de mesma base, podemos escrever:

$a = \frac{1}{3} \Rightarrow 0 < a < 1$ (troca-se o sentido da desigualdade)

$x^2 - x < 2 \Rightarrow x^2 - x - 2 < 0$

$x^2 - x - 2 = 0$

$\Delta = 9 > 0$

$x' = 2$ e $x'' = -1$

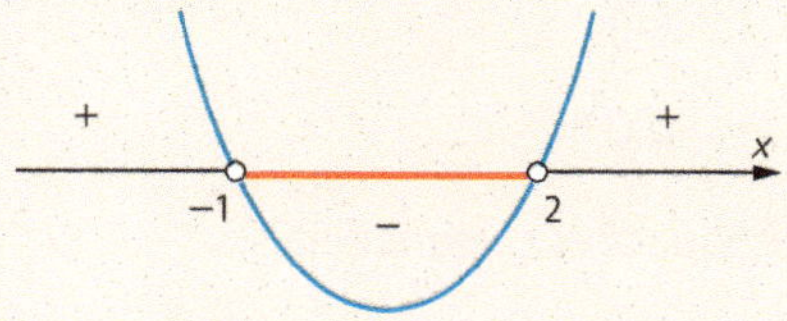

$S = \{x \in \mathbb{R} \mid -1 < x < 2\}$

e) $4 < 2^{x+1} \leq 32 \Rightarrow 2^2 < 2^{x+1} \leq 2^5 \Rightarrow$

$\Rightarrow 2 < x + 1 \leq 5 \Rightarrow 2 - 1 < x \leq 5 - 1 \Rightarrow$

$\Rightarrow 1 < x \leq 4$

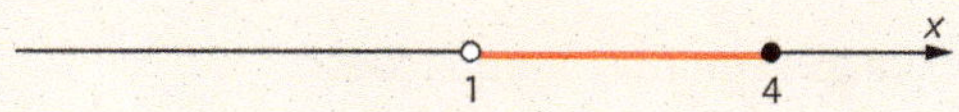

$S = \{x \in \mathbb{R} \mid 1 < x \leq 4\}$

f) $\frac{1}{9} < 9^{x-1} \leq 3^x$

A solução procurada é a solução do sistema

$$\begin{cases} 9^{x-1} > \frac{1}{9} \\ 9^{x-1} \leq 3^x \end{cases}.$$

Resolvendo cada inequação separadamente:

$9^{x-1} > \frac{1}{9} \Rightarrow 9^{x-1} > 9^{-1} \Rightarrow x - 1 > -1 \Rightarrow x > 0$

$9^{x-1} \leq 3^x \Rightarrow 3^{2x-2} \leq 3^x \Rightarrow 2x - 2 \leq x \Rightarrow x \leq 2$

A intersecção das duas soluções é a solução do sistema.

$S = \{x \in \mathbb{R} \mid 0 < x \leq 2\}$

16. Determine o domínio D das seguintes funções:

a) $f(x) = \sqrt{3^x - 9}$

b) $g(x) = \dfrac{10}{\sqrt{16 - \left(\frac{1}{2}\right)^x}}$

Resolução

a) Para que exista $f(x)$ devemos ter $3^x - 9 \geq 0$. Então:

$3^x \geq 9 \Rightarrow 3^x \geq 3^2 \Rightarrow x \geq 2$

Logo, $D = \{x \in \mathbb{R} \mid x \geq 2\}$.

b) Para que exista $g(x)$ devemos ter $16 - \left(\frac{1}{2}\right)^x > 0$.

Então:

$16 > \left(\frac{1}{2}\right)^x \Rightarrow \left(\frac{1}{2}\right)^{-4} > \left(\frac{1}{2}\right)^x \Rightarrow -4 < x$

Logo, $D = \{x \in \mathbb{R} \mid x > -4\}$.

Exercícios

63. Resolva as inequações exponenciais:
 a) $2^{5x} > 2^{3x+10}$
 b) $3^{5-x^2} < 3^{-4}$
 c) $(\sqrt{2})^{x^2-x} > (\sqrt{2})^x$
 d) $(0{,}01)^{x^2-x} < (0{,}01)^{x-1}$

64. Resolva as inequações exponenciais:
 a) $3^{x-2} > 9$
 b) $2^{x+3} < \left(\frac{1}{2}\right)^3$
 c) $3^{x+1} + 3^{x+2} < 108$
 d) $(0{,}5)^{x-1} + (0{,}5)^{x-2} \leqslant 48$

65. Resolva as seguintes inequações:
 a) $a^{x-2} < 1$, quando $a > 1$
 b) $a^{x^2-2x} > a^8$, quando $a > 1$
 c) $a^{x^2} < a^9$, quando $0 < a < 1$
 d) $a^{x-3} < 1$, quando $0 < a < 1$

66. Resolva os sistemas de inequações:
 a) $1 < 2^{x-1} < 16$
 b) $10 < 100^x < 1000$
 c) $\frac{1}{4} \leqslant 2^{x-3} \leqslant \frac{1}{2}$
 d) $\left(\frac{1}{9}\right)^x < \left(\frac{1}{3}\right)^{x-1} \leqslant \sqrt{3^x}$

67. Dados $f(x) = 3^{x-1}$, $g(x) = 3^x$ e $h(x) = 4$, determine os valores de x para os quais $f(x) + g(x) \geqslant h(x)$.

68. Expresse o domínio D das funções:
 a) $f(x) = \sqrt{2^x - 16}$
 b) $f(x) = \sqrt{(7^x)^x - 7^{2x}}$
 c) $f(x) = \frac{1}{\sqrt{3^{x+1} - 27}}$
 d) $f(x) = \frac{x}{\sqrt{2^{x^2+1} - 32}}$

10 As funções $f(x) = a^x$ e $g(x) = a^{-x}$

Dada uma função exponencial f definida por $f(x) = a^x$, chamamos de **recíproca** da **função exponencial** f a função g tal que $g(x) = a^{-x}$.

Por exemplo, se $f(x) = 2^x$, sua recíproca é $g(x) = 2^{-x} = \left(\frac{1}{2}\right)^x$.

Veja abaixo os gráficos das duas funções.

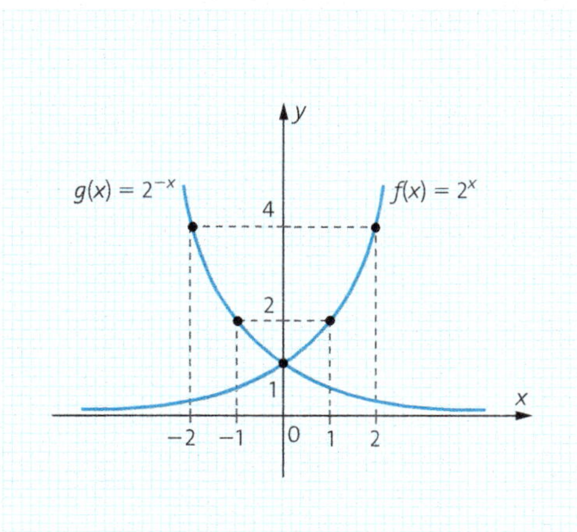

Vemos que o gráfico de $g(x)$ é simétrico ao gráfico de $f(x)$ em relação ao eixo y, isto é, se dobrarmos a página exatamente no eixo de y, os gráficos de $f(x)$ e $g(x)$ coincidirão. Essa não é uma característica exclusiva da função exponencial. Para qualquer função $f: \mathbb{R} \to \mathbb{R}$, os gráficos de $f(x)$ e $f(-x)$ são simétricos em relação ao eixo y.

11 O número irracional e e a função exponencial e^x

Vamos considerar a sequência $\left(1 + \frac{1}{n}\right)^n$ com $n \in \{1, 2, 3, 4, ...\}$:

> **Fique atento!**
> $1 + \frac{1}{n}$ é sempre maior do que 1, quando $n \in \mathbb{N}^*$.

$$\left(1+\frac{1}{1}\right)^1, \left(1+\frac{1}{2}\right)^2, \left(1+\frac{1}{3}\right)^3, ..., \left(1+\frac{1}{10}\right)^{10}, ..., \left(1+\frac{1}{100}\right)^{100}, ..., \left(1+\frac{1}{500}\right)^{500}, ...,$$

$$\downarrow \quad \downarrow \quad \downarrow \quad \downarrow \quad \downarrow \quad \downarrow$$

$$2{,}000 \quad 2{,}2500 \quad 2{,}3703 \quad 2{,}5937 \quad 2{,}7048 \quad 2{,}7156$$

$$..., \left(1+\frac{1}{1000}\right)^{1000}, ..., \left(1+\frac{1}{50\,000}\right)^{50\,000}, ..., \left(1+\frac{1}{n}\right)^n, ...$$

$$\downarrow \quad \downarrow$$

$$2{,}7169 \quad 2{,}7182$$

Quando n aumenta indefinidamente, a sequência $\left(1 + \frac{1}{n}\right)^n$ tende muito lentamente para o número irracional **e** = 2,7182818284...

Esse número **e** é a base de uma função exponencial muito importante na Matemática:

$$f(x) = e^x$$

> **Para refletir**
> A função $f(x) = e^x$ é crescente. Justifique.

Funções que envolvem essa função exponencial e^x, como $f(x) = b \cdot e^{ax}$, aparecem com muita frequência nas aplicações da Matemática e na descrição de fenômenos naturais. Algumas calculadoras possuem uma tecla com o número irracional **e**.

Exercício

69. Considere as funções $f(x) = e^x$ e $g(x) = e^{-x}$ e, usando os valores da tabela abaixo, determine:

x	e^x	e^{-x}
0	1,0000	1,00000
1,0	2,7183	0,36788
2,0	7,3891	0,13534

x	e^x	e^{-x}
3,0	20,086	0,04979
4,0	54,598	0,01832
5,0	148,41	0,00674

a) $f(1)$, $f(3)$, $g(2)$ e $g(4)$;
b) x tal que $f(x) = 7{,}389$;
c) x tal que $g(x) = 0{,}368$.

Agora, construa no mesmo sistema de eixos os gráficos de f e g.

12 Aplicações da função exponencial

O crescimento exponencial é característico de certos fenômenos naturais. No entanto, de modo geral não se apresenta na forma a^x, mas sim modificado por constantes características do fenômeno, como em:

$$f(x) = C \cdot a^{kx}$$

Acompanhe os exercícios resolvidos a seguir.

» **passo a passo**: exercício 17

Exercícios resolvidos

» Resolvido passo a passo

17. (Uneb-BA) A expressão $P(t) = K \cdot 2^{0,05t}$ fornece o número P de milhares de habitantes de uma cidade, em função do tempo t, em anos. Se em 1990 essa cidade tinha 300 000 habitantes, quantos habitantes, aproximadamente, espera-se que ela tenha no ano 2000?

a) 352 000
b) 401 000
c) 423 000
d) 439 000
e) 441 000

1. Lendo e compreendendo

a) O que é dado no problema?

É dada uma função exponencial que relaciona o número esperado de habitantes da cidade com o ano: $P(t) = K \cdot 2^{0,05t}$. Também é dada a população da cidade em 1990: 300 mil habitantes.

b) O que se pede?

O número esperado de habitantes na cidade citada no ano 2000.

2. Planejando a solução

A função dada relaciona a população esperada da cidade com o ano. Entretanto, a função não é inteiramente conhecida, pois existe uma constante K que precisaremos determinar para conhecer a função e depois obter a população no ano 2000. Para obter a constante K, usaremos um dado conhecido: em 1990 a população era de 300 mil habitantes. Então, uma primeira estratégia a ser seguida pode ser: 1º) obter K usando os dados conhecidos de 1990; 2º) substituir o valor de K na função para conhecê-la; 3º) usar a função para estimar a população da cidade em 2000.

3. Executando o que foi planejado

Se em 1990 a população era de 300 mil habitantes, temos $P(1990) = 300\,000$. Então:

$300\,000 = K \cdot 2^{0,05 \cdot 1990} \Rightarrow 300\,000 = K \cdot 2^{99,5} \Rightarrow$

$\Rightarrow K = \dfrac{300\,000}{2^{99,5}}$

Não há necessidade de desenvolver melhor o valor de K, uma vez que seu valor está sendo determinado apenas para que a função exponencial seja conhecida completamente. Vamos substituí-lo na função:

$P(t) = \dfrac{300\,000}{2^{99,5}} \cdot 2^{0,05t}$

Com a função completamente determinada, podemos agora obter $P(2\,000)$, que é a população esperada no ano 2000.

$P(2\,000) = \dfrac{300\,000}{2^{99,5}} \cdot 2^{0,05t \cdot 2\,000} \Rightarrow$

$\Rightarrow P(2\,000) = \dfrac{300\,000}{2^{99,5}} \cdot 2^{100}$

Neste momento, observe a ocorrência de uma das propriedades da potenciação – divisão de potências de mesma base:

$$\frac{2^{100}}{2^{99,5}} = 2^{100-99,5} = 2^{0,5}$$

Assim, temos $P(2\,000) = 300\,000 \cdot 2^{0,5}$.

Atenção: Lembre-se de que potências com expoentes racionais são raízes: $2^{0,5} = 2^{\frac{1}{2}} = \sqrt{2}$.

Agora, temos $P(2\,000) = 300\,000 \cdot \sqrt{2}$.

Estimando $\sqrt{2}$ como o decimal 1,41, temos:

$P(2\,000) = 300\,000 \cdot 1,41 = 423\,000$

Então, em 2000, espera-se que a população seja, aproximadamente, de 423 000 habitantes.

4. Verificando

Vamos resolver essa questão de outra maneira:

$P(1\,990) = K \cdot 2^{0,05 \cdot 1990} \Rightarrow P(1\,990) = K \cdot 2^{99,5} \Rightarrow$

$\Rightarrow K = \dfrac{P(1990)}{2^{99,5}}$

$P(2\,000) = K \cdot 2^{0,05 \cdot 2\,000} \Rightarrow P(2\,000) = K \cdot 2^{100}$

Substituindo K na expressão anterior, temos:

$P(2\,000) = \dfrac{P(1990)}{2^{99,5}} \cdot 2^{100} = 300\,000 \cdot \dfrac{2^{100}}{2^{99,5}} =$

$= 300\,000 \cdot 2^{0,5} = 300\,000\sqrt{2} = 300\,000 \cdot 1,41 =$

$= 423\,000$

Isso confirma o resultado obtido.

5. Emitindo a resposta

A resposta é a alternativa **c**.

6. Ampliando o problema

a) Qual é a população esperada para essa cidade em 2010? E em 2030?

b) Interprete o que está ocorrendo com a população dessa cidade de 20 em 20 anos, ou seja, de 1990 a 2010, de 2010 a 2030. Isso parece algo razoável em termos reais?

c) *Pesquise*
Qual é a maior cidade do planeta em termos de população (apenas área urbana, sem contar a região metropolitana)? Onde fica? Quantos habitantes tem?

18. (FMJ-SP) O número de bactérias de uma cultura, t horas após o início de certo experimento, é dado pela expressão $N(t) = 1200 \cdot 2^{0,4t}$. Nessas condições, quanto tempo após o início do experimento a cultura terá 38 400 bactérias?

Resolução

$N(t) = 1200 \cdot 2^{0,4t} \Rightarrow N(t) = 38400$

Igualando, temos:

$$1200 \cdot 2^{0,4t} = 38400 \Rightarrow 2^{0,4t} = \frac{38400}{1200} \Rightarrow 2^{0,4t} =$$

$$= 32 \Rightarrow 2^{0,4t} = 2^5 \Rightarrow 0,4t = 5 \Rightarrow t = \frac{5}{0,4} = 12,5$$

Assim, $t = 12,5$ h ou $t = 12$ h 30 min.
Portanto, a cultura terá 38 400 bactérias após 12 h 30 min.

19. Chama-se montante (M) a quantia que uma pessoa deve receber após aplicar um capital C, a juros compostos, a uma taxa i durante um tempo t. O montante pode ser calculado pela fórmula $M = C(1 + i)^t$. Supondo que o capital aplicado é de R$ 200 000,00 a uma taxa de 12% ao ano durante 3 anos, qual o montante no final da aplicação?

> **Para refletir**
> O que significa a expressão "juros sobre juros"?

Resolução

$C = 200000$

$i = 12\%$ ao ano (0,12)

$t = 3$

$M = 200000(1,12)^3 = 280985,60$

O montante no final da aplicação deverá ser de R$ 280 985,60.

Exercícios

70. *Química*
A radioatividade é um fenômeno que ocorre em núcleos de átomos instáveis por emitirem partículas e radiações. A medida de tempo na qual metade da quantidade do material radioativo se desintegra é denominada meia-vida ou período de semidesintegração (P). A cada período de tempo P a quantidade de material radioativo cai à metade da anterior, sendo possível relacionar a quantidade de material radioativo a qualquer tempo com a quantidade inicial por meio de uma função exponencial: $N(t) = N_0 \cdot \left(\frac{1}{2}\right)^{\frac{t}{P}}$, em que N_0 é a quantidade inicial do material radioativo, t é o tempo decorrido e P é o valor da meia-vida do material radioativo considerado. A radioatividade faz parte de nossa vida, como quando se faz uma tomografia. Um dos isótopos mais usados nos radiofármacos injetados nos pacientes submetidos à tomografia é o carbono 11, cuja meia-vida é de 20 minutos. O tempo necessário, em minutos, para que uma amostra de carbono 11 se reduza a $\frac{1}{4}$ do que era quando foi obtida é:
a) 5. b) 10. c) 20. d) 40. e) 80.

71. A quantia de R$ 20 000,00 foi aplicada a juros compostos, a uma taxa de 1% ao mês. Qual será o saldo no final de 3 meses?

72. *Biologia*
Em uma certa cultura, há 1 000 bactérias em determinado instante. Após 10 min, existem 4 000. Quantas bactérias existirão em 1 h, sabendo que elas aumentam segundo a fórmula $P = P_0 \cdot e^{kt}$, em que P é o número de bactérias, t é o tempo em horas e k é uma constante?

73. Estima-se que a população de uma certa cidade cresça 3% a cada 8 anos. Qual é o crescimento estimado para um período de 24 anos?

74. *Biologia*
Os biólogos afirmam que, sob condições ideais, o número de bactérias em uma certa cultura cresce de tal forma que a taxa de crescimento é proporcional ao número de bactérias presentes no início do intervalo de tempo considerado. Suponhamos que 2 000 bactérias estejam inicialmente presentes em uma certa cultura e que 4 000 estejam presentes 30 minutos depois. Quantas bactérias estarão presentes no fim de 2 horas?

75. Os cabelos são estruturas que agem no organismo como isolantes térmicos, protegendo a cabeça das radiações e da abrasão mecânica. Considere, para uma pessoa com $1,1 \cdot 10^5$ fios de cabelo, que cada fio cresça 1,2 cm por mês. Qual a extensão total do crescimento de todos os fios de cabelo dessa pessoa em um dia?
a) $4,4 \cdot 10^1$ cm
b) 44 cm
c) $4,4 \cdot 10^1$ m
d) 0,4 m
e) 4,4 m

76. DESAFIO *Química*

O carbono 14 é um isótopo raro do carbono presente em todos os seres vivos. Com a morte, o nível de C14 no corpo começa a decair. Como é um isótopo radioativo de meia-vida de 5 730 anos, e como é relativamente fácil saber o nível original de C14 no corpo dos seres vivos, a medição da atividade de C14 em um fóssil é uma técnica muito utilizada para datações arqueológicas. A atividade radioativa do C14 decai com o tempo pós-morte segundo a função exponencial $A(t) = A_0 \cdot \left(\frac{1}{2}\right)^{\frac{t}{5730}}$, em que A_0 é a atividade natural do C14 no organismo vivo e t é o tempo decorrido em anos após a morte. Suponha que um fóssil encontrado em uma caverna foi levado ao laboratório para ter sua idade estimada. Verificou-se que emitia 7 radiações de C14 por grama/hora. Sabendo que o animal vivo emite 896 radiações por grama por hora, então a idade aproximada desse fóssil, em anos, seria:

a) 400 mil anos.
b) 200 mil anos.
c) 80 mil anos.
d) 40 mil anos.
e) 20 mil anos.

77. *Química*

Os átomos de um elemento químico radioativo têm uma tendência natural a se desintegrar (emitindo partículas e se transformando em outros elementos). Dessa forma, com o passar do tempo, a quantidade original desse elemento diminui. Chamamos de meia-vida o tempo que o elemento radioativo leva para desintegrar metade de sua massa radioativa. O antibiótico acetilcefuroxima apresenta meia-vida de 3 horas. Se uma pessoa tomou 50 mg desse medicamento, qual é a quantidade de antibiótico ainda presente no organismo:

a) após 12 horas de sua ingestão?
b) após t horas de sua ingestão?

78. Considerando que um determinado átomo tenha diâmetro de 10^{-10} m, quantos desses átomos precisaríamos colocar enfileirados lado a lado para cobrir perfeitamente o raio de um fio de cabelo cilíndrico com diâmetro de 10^{-5} m?

a) 10 mil átomos
b) 50 mil átomos
c) 100 mil átomos
d) 200 mil átomos
e) 500 mil átomos

79. *Biologia*

O modelo Jenss-Bayley é uma fórmula usada para avaliar a altura de uma criança em idade pré-escolar. Se $h(x)$ denota a altura (em centímetros) na idade x (em anos) para $\frac{1}{4} \leq x \leq 6$, então $h(x)$ pode ser aproximado por $h(x) = 79{,}041 + 6{,}39x - e^{3{,}261 - 0{,}993x}$. A partir dessa expressão, temos que a taxa de crescimento $v(x)$ (em cm/ano) de uma criança na mesma faixa de idade é dada por $v(x) = 6{,}39 + 0{,}993 \cdot e^{3{,}261 - 0{,}993x}$. (Considere a aproximação $e^{2{,}268} = 9{,}7$.) Com base no exposto, quais seriam a altura e a taxa de variação de crescimento de uma criança quando esta atingisse a idade de 1 ano?

a) 75,7 cm e 16 cm/ano
b) 74,1 cm e 10,93 cm/ano
c) 84,3 cm e 11,08 cm/ano
d) 80,4 cm e 14,89 cm/ano
e) 82,3 cm e 15,01 cm/ano

80. Considere uma substância radioativa de meia-vida P que inicia o processo de desintegração.
Que porcentagem de sua massa ainda restará após metade da sua primeira meia-vida?

O texto abaixo se refere às questões 81 e 82.

No dia 5 de agosto de 2010, um desmoronamento bloqueou a saída da mina San José, no norte do Chile. Desde então, 33 homens ficaram presos sob a terra, a 622 m de profundidade, recebendo água e comida por meio de sondas.

Os operários bateram recorde de sobrevivência debaixo da terra, foram 69 dias de angústia para as famílias. O resgate, realizado em 14 de outubro de 2010, foi emocionante e comoveu o mundo. Foi aberto um túnel, pelo qual os mineiros foram içados um a um, dentro de uma cápsula metálica.

Adaptado de: <//noticias.r7.com/internacional/noticias/relembre-o-drama-dos-mineiros-no-chile-20101008.html>. Acesso em: 15 out. 2010.

Suponha que, após atingir 110 metros de escavação, encontrou-se uma camada diferente de rochas e a perfuradora precisou ser trocada por uma nova máquina, mais adequada ao tipo de trabalho a ser feito. Suponha também que a profundidade da escavação do túnel, após a troca da perfuradora, em metros, seja dada pela função $P(t) = 110 + 2t$, em que t representa o número de semanas de escavação com a nova perfuradora.

81. A profundidade do túnel na 5ª semana de escavação com a nova perfuradora era:

a) 120 m.
b) 126 m.
c) 132 m.
d) 142 m.
e) 174 m.

82. O número de semanas que a nova perfuradora precisou para atingir a profundidade em que estavam os mineiros foi:

a) 10. b) 9. c) 8. d) 7. e) 6.

Leitura

Césio 137 – o maior acidente radioativo do Brasil

Radioatividade

Em um acidente radioativo ocorrido no dia 13 de setembro de 1987, em Goiânia, Goiás, foram contaminadas centenas de pessoas acidentalmente por meio das radiações emitidas por uma cápsula que continha césio 137. Foi o maior acidente radioativo do Brasil e o maior do mundo ocorrido fora das usinas nucleares. Tudo teve início com a curiosidade de dois catadores de lixo que vasculhavam as antigas instalações do Instituto Goiano de Radioterapia (também conhecido como Santa Casa de Misericórdia), no centro de Goiânia.

No local eles encontraram um aparelho de radioterapia. Removeram a máquina e levaram-na até a casa de um deles. Estavam interessados nas partes de metal e chumbo que podiam ser vendidas em ferros-velhos da cidade; desconheciam completamente aquela máquina e o que havia em seu interior.

No período da desmontagem da máquina, foram expostos ao ambiente 19,26 g de cloreto de césio 137 (CsCl). Tal substância é um pó branco parecido com o sal de cozinha, mas que no escuro brilha com uma coloração azul. Após cinco dias, a peça foi vendida a um proprietário de ferro-velho, que se encantou com o brilho azul emitido pela substância. Crendo estar diante de algo sobrenatural, o dono do ferro-velho passou quatro dias recebendo amigos e curiosos interessados em conhecer o pó brilhante. Muitos levaram para casa pedrinhas da substância. Parte do equipamento de radioterapia foi para outro ferro-velho, de forma que gerou uma enorme contaminação com o material radioativo.

Os primeiros sintomas da contaminação (vômito, náusea, diarreia e tontura) surgiram algumas horas após o contato com a substância, o que levou um grande número de pessoas à procura de hospitais e farmácias, sendo medicadas apenas como portadoras de uma doença contagiosa. Mais tarde descobriu-se que se tratava de sintomas de uma síndrome aguda de radiação. Somente no dia 29 de setembro de 1987 é que os sintomas foram qualificados como contaminação radioativa.

João Ramid/Arquivo da editora

Técnicos orientando o carregamento de lixo radioativo depois do acidente com o césio 137.

Os médicos que receberam o equipamento solicitaram a presença de um físico, pois tinham a suspeita de que se tratava de material radioativo. Então o físico nuclear Valter Mendes, de Goiânia, constatou que havia índices de radiação. Por suspeitar da gravidade do acidente, ele acionou a então Comisão Nacional de Energia Nuclear (Cnen).

Uma das primeiras medidas foi separar todas as roupas das pessoas expostas ao material radioativo e lavá-las com água e sabão para a descontaminação externa. Após essa medida, as pessoas tomaram um quelante (substância que elimina os efeitos da radiação). Com ele, as partículas de césio saem do organismo através da urina e das fezes.

Cerca de um mês após o acidente quatro pessoas já haviam morrido. O trabalho de descontaminação dos locais atingidos gerou cerca de 13,4 toneladas de lixo (roupas, utensílios, material de construção, etc.) contaminado.

Após o acidente, cerca de sessenta pessoas morreram vítimas da contaminação, entre elas funcionários que realizaram a limpeza do local. O Ministério Público reconhece apenas 628 vítimas contaminadas diretamente, mas a Associação das Vítimas do Césio 137 calcula um número superior a 6 mil pessoas atingidas pela radiação.

Adaptado de: <www.brasilescola.com/quimica/acidente-cesio137.htm>. Acesso em: 19 fev. 2013.

Atividades adicionais

1. Calcule as potências quando definidas em $\mathbb{R}$:

a) 5^2
b) -6^2
c) -2^4
d) 4^0
e) 10^{-4}
f) $\left(\frac{1}{2}\right)^{-2}$
g) $(0,3)^2$
h) $(-8)^2$
i) 10^5
j) -2^0
k) $\left(-\frac{3}{4}\right)^{-1}$
l) $\left(3\frac{1}{2}\right)^2$
m) $(-3)^3$
n) $-(-2)^3$
o) $(-8)^1$
p) $\left(\frac{1}{3}\right)^{-1}$
q) $-\left(-\frac{1}{2}\right)^{-3}$
r) $(\sqrt{3})^5$
s) $-(-2)^4$
t) 1^{36}
u) 0^{32}
v) 32^0

2. Calcule o valor das expressões numéricas:

a) $(-2)^2 + 2^{-1}$
b) $(-2)^4 \cdot 4^{-2} - (-2)^3$
c) $(-2) + (-3) \cdot (-2)^{-1} : (-3)$
d) $\dfrac{2^0 + 2^{-1}}{4^{-1}}$
e) $\dfrac{-2^4 + 3^2 + 2^0}{-2^2 + \left(\frac{1}{3}\right)^{-2}}$

3. Transforme em uma só potência:

a) $2^7 \cdot 2^5$
b) $3^8 \cdot 3 \cdot 3^2$
c) $x^2 \cdot x \cdot x^8 \cdot x^3$
d) $5^2 \cdot 5^{-6}$
e) $a^3 \cdot a^{-3} \cdot a^{-1}, a \neq 0$
f) $p^2 \cdot p^{-6} \cdot p, p \neq 0$
g) $10^x \cdot 10^2$
h) $3^x \cdot 3^{-1}$
i) $2^{3x} \cdot 2^{-2x}$
j) $6^x \cdot 6^{x+1}$
k) $10^x \cdot 10^{2-x}$
l) $4^{x+1} \cdot 4^{x-1}$

4. Escreva na forma de um produto de potências de mesma base:

a) 2^{x+3}
b) 3^{2+x}
c) 10^{n+2}
d) 2^{3x-1}
e) 5^{x+1}
f) 10^{-3x+y}

5. Transforme em uma só potência:

a) $3^9 : 3^4$
b) $2^6 : 2^6$
c) $5^7 : 5$
d) $a^n : a^{n-1}$, com $a \neq 0$
e) $10^{x+2} : 10^{x-2}$
f) $e^x : e^{x+2}$
g) $10^2 : 10^4$
h) $x^2 : x^{-1}$
i) $5^{-2} : 5^{-3}$
j) $\dfrac{2^9}{2^{10}}$
k) $\dfrac{x}{x^{-1}}$
l) $\dfrac{2^x}{2^{x-1}}$

6. Escreva na forma de um quociente de potências de mesma base:

a) 3^{x-5}
b) 7^{a-1}
c) x^{2-a}, com $x > 0$
d) 8^{1-x}

7. Transforme em uma só potência:

a) $(2^2)^4$
b) $2^{(2^4)}$
c) $(x^3)^3$
d) x^{3^3}
e) $(10^4)^{-1}$
f) $(3^x)^4$
g) $(10^{-2})^{-3}$
h) $[(a^2)^2]^2$
i) $a^{2^{2^2}}$
j) $(10^2)^{1-x}$
k) $(2^3)^{x-2}$
l) $(5^x)^x$

8. Escreva sob a forma de potência de uma potência:

a) 10^{3x}
b) 3^{-2x}
c) 5^{xy}
d) 10^{-x}
e) 2^{4x}
f) 2^{x^2}

9. Calcule em $\mathbb{R}$, quando existir:

a) $100^{0,5}$
b) $81^{\frac{1}{2}}$
c) $(-2)^{\frac{2}{3}}$
d) $(-6)^{\frac{1}{4}}$
e) $0^{-\frac{1}{2}}$
f) $(-3)^{-\frac{1}{2}}$

10. Escreva na forma de potência com expoente fracionário:

a) $\sqrt[4]{10^3}$
b) $\sqrt[7]{3^5}$
c) $\sqrt[5]{2}$
d) $\sqrt[4]{3^5}$
e) $\sqrt{7}$
f) $\sqrt[10]{6^7}$
g) $\dfrac{1}{\sqrt{3}}$
h) $\dfrac{1}{\sqrt[3]{2}}$
i) $\dfrac{1}{\sqrt[3]{10^2}}$

11. Transforme em uma só potência as expressões:

a) $10^{\frac{1}{2}} \cdot 10^{\frac{1}{4}}$

b) $7^{\frac{4}{5}} \cdot 7$

c) $2^{\frac{1}{3}} : 2^{\frac{1}{4}}$

d) $2^{-\frac{1}{2}} : 2^{\frac{1}{2}}$

e) $\left(3^{\frac{1}{3}}\right)^{\frac{1}{2}}$

f) $5 : 5^{\frac{3}{4}}$

g) $\left(\dfrac{3^5 \cdot 3 \cdot 3^4}{3^2 \cdot 3^5}\right)^{\frac{1}{3}}$

h) $\dfrac{7^{\frac{2}{5}}}{7}$

12. Calcule cada radical:

a) $\sqrt[3]{-\dfrac{8}{125}}$

b) $\sqrt{(-6)^2}$

c) $\sqrt{(\sqrt{2}-1)^2}$

d) $\sqrt{(\sqrt{2}-\sqrt{3})^2}$

13. Escreva na forma de potência de 10:

a) 10 000 000

b) 0,001

c) 100^6

d) 1000^{-2}

e) $(0,01)^4$

f) $(0,1)^8$

g) $\dfrac{0,0001}{1000}$

h) $\dfrac{10}{0,001}$

i) $(0,0001)^{-3}$

j) 100^{-6}

14. Escreva os números reais na forma indicada:

a) $\sqrt{7}$ como potência de base 7

b) $\dfrac{3}{96}$ como potência de base 2

c) 729 como potência de expoente 3

d) 729 como potência de base 3

e) 25 como potência de base $\dfrac{1}{5}$

f) 49 como potência de base 7

g) 7 como potência de base 49

h) 49 como potência de base 49

i) $\dfrac{\sqrt{5}}{5}$ como potência de base 5

j) $\sqrt[5]{81}$ como potência de base 9

k) $\dfrac{1}{216}$ como potência de base 6

l) 1 como potência de base 5

m) 1 como potência de expoente 5

n) $\dfrac{1}{128}$ como potência de base 2

15. Resolva as seguintes equações exponenciais na variável x:

a) $4^x = 16$

b) $100^{x+3} = \dfrac{1}{10}$

c) $8^{x-4} = 4^{x+1}$

d) $9^{x-2} = \sqrt{27}$

e) $125^{x+2} = \dfrac{1}{5}$

f) $(0,01)^{x-1} = 1000$

g) $(4^x)^x = 512^2$

h) $(0,25)^{x-1} = \left(\dfrac{1}{8}\right)^{1-x}$

16. Se $y = 2^{x^2-4x}$, determine os valores de x para que se tenha $y = 32$.

17. Sabendo que $32^{x+2} = 16^{x+1}$, calcule o valor de x^2.

18. Resolva as seguintes equações:

a) $2^x + 2^{x-1} = 12$

b) $3^{x-2} + 3^{x+1} = 84$

19. Resolva:

a) $2^{2x} - 2 \cdot 2^x - 8 = 0$

b) $3^{2x} - 3^x = 6$

c) $\dfrac{25^x + 125}{6} = 5^{x+1}$

20. Resolva as inequações exponenciais abaixo:

a) $(0,1)^{x-3} < (0,1)^{5-x}$

b) $\left(\dfrac{1}{3}\right)^{3x-1} \geqslant 1$

21. Resolva as seguintes inequações:

a) $a^{3x-1} \geqslant a^{x+7}$, quando $0 < a < 1$

b) $a^{3x+4} > a^{x^2}$, quando $a > 1$

22. Determine o domínio D das funções:

a) $f(x) = \sqrt{\dfrac{1}{16} - 2^{x-1}}$

b) $f(x) = \sqrt{3^x + 2 \cdot 3^{x+1} - 7}$

23. Seja a função exponencial $f(x) = \alpha\beta^{kx}$, $\beta > 0$ e $\beta \neq 1$. Mostre que, se $f(a) = m$ e $f(b) = n$, então a imagem da média aritmética de a e b por f será a média geométrica de m e n $\left(\text{ou seja, mostre que } f\left(\dfrac{a+b}{2}\right) = \sqrt{mn}\right)$.

24. Resolva a equação $4^x + 6^x = 2 \cdot 9^x$ (Dica: Divida ambos os membros por 9^x.)

25. Determine o último algarismo (algarismo das unidades) do número $14^{14^{14}}$.

26. Calcule o valor de $\sqrt{2 + \sqrt{2 + \sqrt{2 + ...}}}$

(Sugestão: Eleve os dois membros ao quadrado.)

Pensando no Enem

1. Dentre outros objetos de pesquisa, a Alometria estuda a relação entre medidas de diferentes partes do corpo humano. Por exemplo, segundo a Alometria, a área A da superfície corporal de uma pessoa relaciona-se com a sua massa m pela fórmula $A = k \cdot m^{\frac{2}{3}}$, em que k é uma constante positiva. Se no período que vai da infância até a maioridade de um indivíduo sua massa é multiplicada por 8, por quanto será multiplicada a área da superfície corporal?

a) $\sqrt[3]{16}$ b) 4 c) $\sqrt{24}$ d) 8 e) 64

Resolução

Nesse problema, precisamos comparar as áreas, usando as informações do enunciado.

Sabemos que a área da superfície corporal é dada por $A = k \cdot m^{\frac{2}{3}}$, em que k é uma constante e m é a massa.

Digamos que a massa inicial (infância) seja dada por m_i e a área corporal na infância seja $A_i = k \cdot m_i^{\frac{2}{3}}$. Se a massa do indivíduo ao longo da vida é multiplicada por 8, podemos escrever m_a (massa do adulto) e A_a (área corporal do adulto) por meio da fórmula $A_a = k \cdot m_a^{\frac{2}{3}}$. No entanto, considerando que $m_a = 8 \cdot m_i$, teremos $A_a = k \cdot (8m_i)^{\frac{2}{3}}$, e usando as propriedades da potenciação estudadas, podemos escrever a área da seguinte maneira:

$$A_a = k8^{\frac{2}{3}}m_i^{\frac{2}{3}} = 8^{\frac{2}{3}}km_i^{\frac{2}{3}}$$

Note que a área do adulto está escrita em função da massa da criança, então podemos relacionar a área da superfície corporal do adulto com a área da superfície corporal da criança, como segue:

$$A_a = 8^{\frac{2}{3}}km_i^{\frac{2}{3}} = 8^{\frac{2}{3}}A_i$$

Para completar a resolução, basta trabalharmos a potência de 8, lembrando que $2^3 = 8$, e usar, novamente, as propriedades de potência:

$$8^{\frac{2}{3}} = (2^3)^{\frac{2}{3}} = 2^{\frac{2}{3} \cdot 3} = 2^2 = 4$$

Podemos concluir, então, que a área da superfície corporal do adulto é 4 vezes maior que a área da superfície corporal de um indivíduo na infância.

Resposta: alternativa **b**.

2. A população mundial está ficando mais velha, os índices de natalidade diminuíram e a expectativa de vida aumentou. No gráfico seguinte, são apresentados dados obtidos por pesquisa realizada pela Organização das Nações Unidas (ONU), a respeito da quantidade de pessoas com 60 anos ou mais em todo o mundo. Os números da coluna da direita representam as faixas percentuais. Por exemplo, em 1950 havia 95 milhões de pessoas com 60 anos ou mais nos países desenvolvidos, número entre 10% e 15% da população total nos países desenvolvidos.

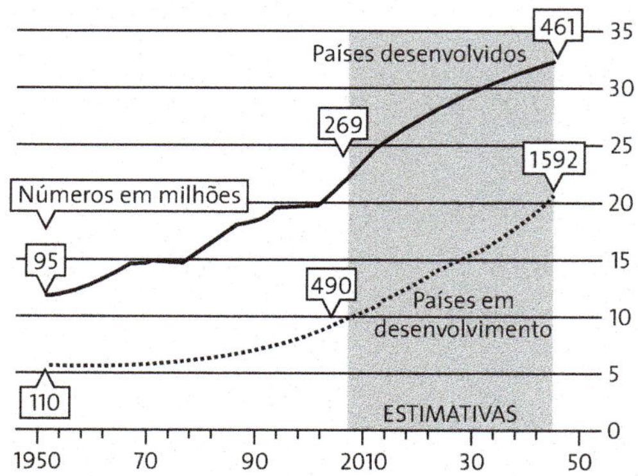

Fonte: "Perspectivas da população mundial", ONU, 2009. Disponível em: <www.economist.com>. Acesso em: 9 jul. 2009 (adaptado).

Suponha que o modelo exponencial $y = 363e^{0,03x}$, em que $x = 0$ corresponde ao ano 2000, $x = 1$ corresponde ao ano 2001, e assim sucessivamente, e que y é a população em milhões de habitantes no ano x, seja usado para estimar essa população com 60 anos ou mais de idade nos países em desenvolvimento entre 2010 e 2050. Desse modo, considerando $e^{0,3} = 1,35$, estima-se que a população com 60 anos ou mais estará, em 2030, entre:

a) 490 e a 510 milhões.
b) 550 e 620 milhões.
c) 780 e 800 milhões.
d) 810 e 860 milhões.
e) 870 e 910 milhões.

Resolução

Inicialmente vamos determinar o valor de x, que corresponde ao ano que se deseja calcular. É dado que $x = 0$ para o ano 2000; $x = 1$ para o ano de 2001 e assim sucessivamente. Assim, para o ano de 2030 teremos $x = 30$. Substituindo $x = 30$ na expressão $y = 363e^{0,03x}$, temos:

$$y = 363e^{0,03 \cdot 30} = 363e^{0,03 \cdot 30} = 363e^{0,9}$$

Ao determinar o valor de $e^{0,9}$ obtemos a população (em milhões) no ano de 2030. Para isso, usamos as propriedades de potenciação e a informação $e^{0,3} = 1,35$:

$$e^{0,9} = e^{0,3 \cdot 3} = (e^{0,3})^3 = (1,35)^3 = 2,46$$

E a população será aproximadamente igual a:

$$y = 363e^{0,9} = 363 \cdot 2,46 = 893$$

Resposta: alternativa **e**.

Vestibulares de Norte a Sul

1. **N** (UFPA) A quantidade x de nicotina no sangue diminuiu com o tempo t de acordo com a função $x = x_0 \cdot e^{\frac{kt}{2}}$. Se a quantidade inicial x_0 se reduz à metade em 2 horas, em 5 horas existirá no sangue: (Se necessário considerar $\sqrt{2} = 1{,}41$.)
   a) 17,4% de x_0.
   b) 17,7% de x_0.
   c) 20,0% de x_0.
   d) 20,3% de x_0.
   e) 20,6% de x_0.

2. **N** (Ufam) Seja α o menor número que é solução da equação $\frac{5^{x^2-2}}{125} = \left(\frac{1}{25}\right)^{-2x}$. Então, $\sqrt{\alpha}$ é um número:
   a) par.
   b) primo.
   c) não real.
   d) divisível por 5.
   e) irracional.

3. **N** (UFPA) As unidades de formação da colônia (u.f.c.) de bactérias são dadas em função do tempo t, em horas, pela função $C(t) = 10^7\left(\frac{1}{2}\right)^{5t}$. Se numa determinada hora t a colônia possui 9 766 u.f.c., dez minutos depois essa colônia terá:
   a) sido extinta.
   b) atingido seu crescimento máximo.
   c) aumentado.
   d) diminuído.
   e) permanecido constante.

4. **NE** (UFPE) Um boato se espalha da seguinte maneira: no primeiro dia, apenas uma pessoa tem conhecimento dele; no segundo, ela conta a outras três pessoas e, a cada dia que passa, todas as pessoas que sabem do boato contam-no para três novas pessoas. Assim, a sequência formada pelo número de pessoas que sabem do boato, em termos dos dias que passam, é dada por 1, 4, 16, 64... Em uma cidade com 1,5 milhão de habitantes, quantos dias serão necessários para que todas as pessoas sejam informadas do boato? (Aproxime sua resposta para o menor inteiro maior ou igual ao valor obtido. Dados: use a aproximação $\log_2 (1{,}5 \cdot 10^6) \simeq 20{,}52$.)
   a) 12
   b) 13
   c) 14
   d) 15
   e) 16

5. **NE** (UFC-CE) Dentre as alternativas a seguir, marque aquela que contém o maior número.
   a) $\sqrt{\sqrt[3]{5 \cdot 6}}$
   b) $\sqrt{6\sqrt[3]{5}}$
   c) $\sqrt{5\sqrt[3]{6}}$
   d) $\sqrt[3]{5\sqrt{6}}$
   e) $\sqrt[3]{6\sqrt{5}}$

6. **NE** (Uece) Calcule o valor da expressão $12[(\sqrt{2})^{-2} - (\sqrt{3})^{-2}]$.

7. **CO** (UFG-GO) A lei de resfriamento de Newton estabelece para dois corpos, A e B, com temperaturas de 80 °C e 160 °C, respectivamente, imersos num meio com temperatura constante de 30 °C, que as temperaturas dos corpos, após um tempo t, serão dadas pelas funções $T_A = 30 + 50 \times 10^{-kt}$ e $T_B = 30 + 130 \times 10^{-2kt}$ em que k é uma constante. Qual será o tempo decorrido até que os corpos tenham temperaturas iguais?
   a) $(1\ k)\log 5$
   b) $\left(\frac{2}{k}\right)\log \frac{18}{5}$
   c) $\left(\frac{1}{k}\right)\log \frac{13}{5}$
   d) $\left(\frac{2}{k}\right)\log \frac{5}{2}$
   e) $\left(\frac{1}{k}\right)\log \frac{2}{5}$

8. **CO** (UnB-DF) Suponha que a função $y(t) = \frac{aP}{a + (P - a) \cdot 3^{-t}}$ descreva a população de microrganismos no solo de um terreno com resíduos tóxicos no instante $t \geqslant 0$, dado em minutos contados a partir do instante inicial $t = 0$, e que essa função satisfaça as seguintes condições:
   I. número de microrganimos em $t = 0$ é $5 \cdot 10^9$.
   II. $P = 10^2 a$.

   Com base nessas informações, julgue os itens que se seguem:
   a) O valor de P é superior a 10^{12}.
   b) O quociente $\frac{y(2)}{a}$ é inferior a 9.

9. **SE** (Vunesp-SP) Calcule o valor de m, sabendo que $m = \frac{0{,}00001 \cdot (0{,}01)^2 \cdot 1000}{0{,}001}$.

10. **SE** (Fuvest-SP) Sendo $x = (2^2)^3$, $y = 2^{2^3}$ e $z = 2^{3^2}$, calcule $x \cdot y \cdot z$.

11. **SE** (FGV-SP) Qual é o valor da expressão

$$\frac{a \cdot b^{-2} \cdot (a^{-1} \cdot b^2)^4 \cdot (a \cdot b^{-1})^2}{a^{-3} \cdot b \cdot (a^2 \cdot b^{-1})(a^{-1} \cdot b)}$$ quando $a = 10^{-3}$ e $b = 10^{-2}$?

12. **SE** (FGV-SP) Um televisor comum com DVD embutido desvaloriza-se exponencialmente em função do tempo, de modo que o valor, daqui a t anos, será $y = a \cdot b^t$, com $a > 0$ e $b > 0$. Se um televisor novo custa R$ 4 000,00 e valerá 25% a menos daqui a 1 ano, qual será o seu valor daqui a 2 anos?

13. **SE** (UEMG) Na lei $P(t) = 2400 \cdot \left(\frac{3}{2}\right)^{t-2}$ está representada a população $P(t)$ que uma pequena cidade terá daqui a t anos, contados a partir de hoje.
Sabe-se que, daqui a x anos, o número de habitantes da pequena cidade será de 3 600 habitantes, o valor numérico de x corresponde a:
a) um divisor de 100.
b) um par maior que 4.
c) um múltiplo de 5.
d) um divisor de 150.

14. **SE** (PUC-MG) O número P de habitantes de certa região cresce de acordo com a função $P(t) = 512 \cdot 2^{0,4t}$, em que t é o tempo decorrido em anos e 512, a população inicial. Com base nessas informações, pode-se estimar que o tempo necessário, em anos, para que o número de habitantes dessa região seja 16 vezes sua população inicial é igual a:
a) 10.
b) 12.
c) 14.
d) 16.

15. **S** (UFRGS-RS) Analisando os gráficos das funções reais de variável real definidas por $f(x) = \left(\frac{3}{2}\right)^{x-1}$ e $g(x) = x$, representadas no mesmo sistema de coordenadas cartesianas, verificamos que todas as raízes da equação $f(x) = g(x)$ pertencem ao intervalo:
a) $[0, 3]$.
b) $\left(\frac{1}{2}, 4\right]$.
c) $[1, 5)$.
d) $\left(\frac{3}{2}, 6\right]$.
e) $(2, 6)$.

16. **S** (UEL-PR) Um barco parte de um porto A com 2^x passageiros e passa pelos portos B e C, deixando em cada um metade dos passageiros presentes no momento de chegada, e recebendo, em cada um, $2^{\frac{x}{2}}$ novos passageiros. Se o barco parte do porto C com 28 passageiros e se N representa o número de passageiros que partiram de A, é correto afirmar que:
a) N é múltiplo de 7.
b) N é múltiplo de 13.
c) N é divisor de 50.
d) N é divisor de 128.
e) N é primo.

17. **S** (UEL-PR) Algumas empresas utilizam uma função matemática, denominada curva de aprendizagem, como parâmetro de contratação de mão de obra na área de produção. Essa função pode ser definida como $f(x) = a(b - 3^{-cx})$, onde a, b e c são constantes reais e x é o tempo medido em dias. O processo desencadeia-se da seguinte forma: primeiramente são selecionados candidatos ao emprego; em seguida, passam por treinamento num setor específico da produção; finalmente, eles exercem seu trabalho em regime de experiência nesse setor por 30 dias. Finalizado o período, são ajustadas as constantes a, b e c à curva f para cada candidato.
A empresa define como curva ideal a situação em que $a = 45$, $b = 2$ e $c = 0$, e a contratação ocorrerá se a curva f do candidato selecionado atingir ou ultrapassar a situação ideal no regime de experiência.
Os candidatos João e Paulo obtiveram, respectivamente, como curva de aprendizagem as funções

$$f(x) = 15\left(\frac{10}{3} - 3^{-0,01x}\right) \text{ e}$$

$$f(x) = 30\left(\frac{10 + 15\sqrt{3}}{10\sqrt{3}} - 3^{-0,04x}\right).$$

Com base no que foi exposto é correto afirmar que:
a) Paulo não será contratado.
b) João não será contratado e Paulo será contratado.
c) João será contratado e Paulo não será contratado.
d) João e Paulo não serão contratados.
e) João será contratado.

18. **S** (PUC-RS) Uma substância que se desintegra ao longo do tempo tem sua quantidade existente, após t anos, dada por $M(t) = M_0(1,4)^{\frac{-t}{1000}}$, M_0 representa a quantidade inicial. A porcentagem da quantidade existente após 1000 anos em relação à quantidade inicial M_0 é, aproximadamente:
a) 14%.
b) 28%.
c) 40%.
d) 56%.
e) 71%.

CAPÍTULO

6 Logaritmo e função logarítmica

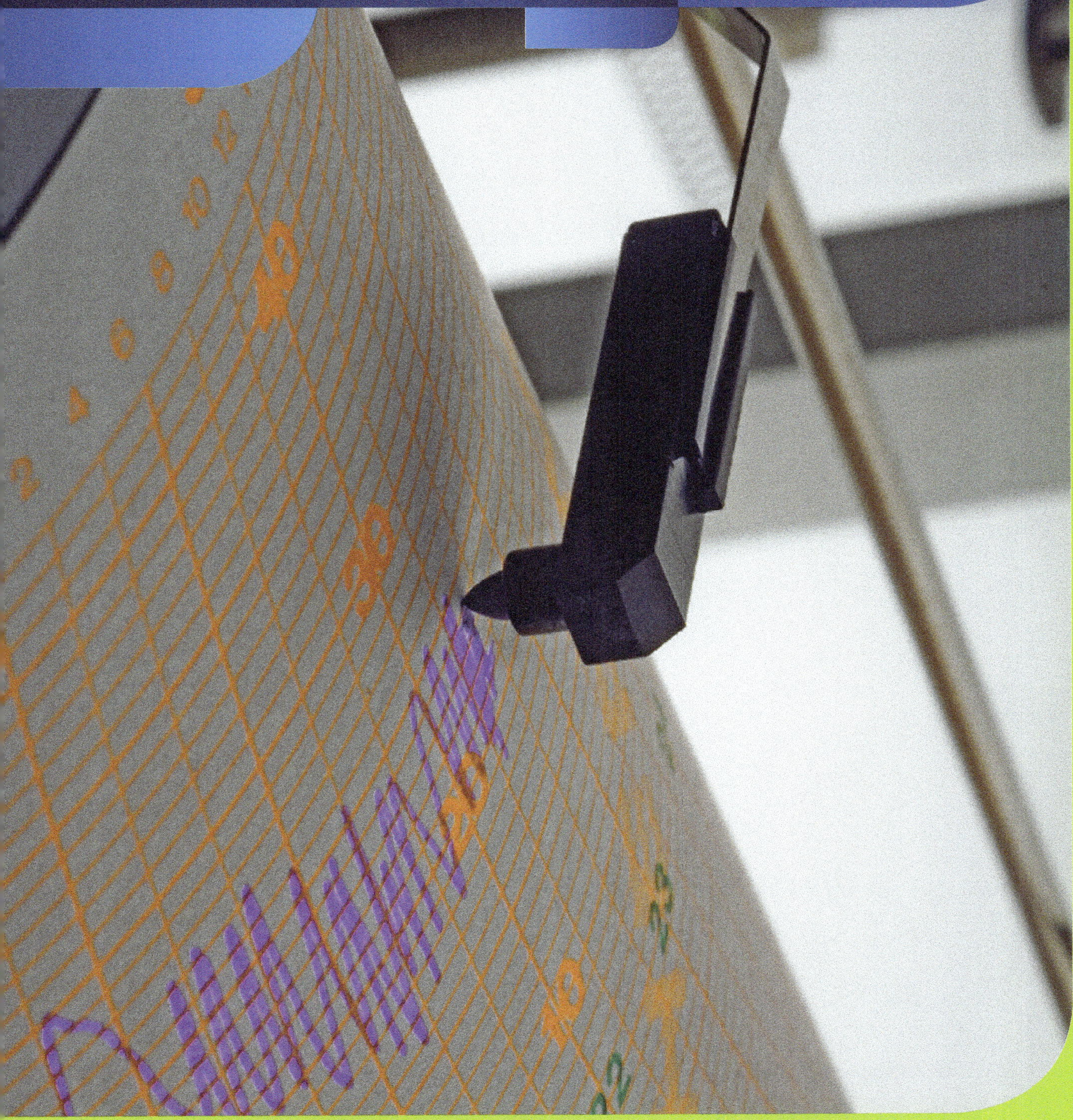

Tom Pingel/Shutterstock/Glow Images

O logaritmo é utilizado para calcular a magnitude dos terremotos.

1 Logaritmo

Formem duplas e tentem resolver as seguintes equações:

a) $2^x = 4$ c) $10^x = 1000$ e) $2^x = 5$ g) $10^x = 990$

b) $2^x = 8$ d) $10^x = 10\,000$ f) $10^x = 8\,000$

Qual é a dificuldade encontrada ao tentar resolver os itens **e**, **f** e **g** que não foi encontrada ao resolver os itens de **a** a **d**?

Tentem descobrir alguns detalhes sobre a solução das equações **e**, **f** e **g**; por exemplo, perto de que valor inteiro ela está, ou entre quais valores inteiros devemos buscar tais soluções.

Agora, acompanhe esta situação:

Segundo o Banco Mundial, a previsão do crescimento demográfico na América Latina, no período de 2004 a 2020, é de 1,2% ao ano, aproximadamente. Em quantos anos a população da América Latina vai dobrar se a taxa de crescimento continuar a mesma?

Nessas condições, podemos organizar o seguinte quadro:

Tempo	População
Início	P_0
1 ano	$P_1 = P_0 \cdot 1{,}012$
2 anos	$P_2 = (P_0 \cdot 1{,}012) \cdot 1{,}012 = P_0(1{,}012)^2$
3 anos	$P_3 = P_0(1{,}012)^3$
⋮	⋮
x anos	$Px = P_0(1{,}012)^x$

Allmaps/Arquivo da editora

Adaptado de: SIMIELLI, Maria Elena. *Geoatlas*. São Paulo: Ática, 2013.

Fique atento!

$100\% + 1{,}2\% = 101{,}2\% = \dfrac{101{,}2}{100} = 1{,}012$

Supondo que a população dobrará após x anos, temos:

$$P_x = 2P_0$$

Daí:

$$\not{P_0}\,(1{,}012)^x = 2\not{P_0} \Leftrightarrow (1{,}012)^x = 2$$

Não é possível resolver essa equação usando os conhecimentos adquiridos até aqui.

Com o objetivo de transformar uma equação exponencial como essa em uma igualdade entre potências de mesma base, vamos desenvolver a noção de **logaritmo**.

Facilitando os cálculos

Desde a Antiguidade, época do auge da civilização babilônica, os cálculos relacionados à Astronomia eram muito trabalhosos. Mais adiante, quando a navegação foi intensificada entre diversos povos, os cálculos envolvidos tornaram-se outro problema.

Até o início do século XVII, multiplicar, dividir, calcular potências e extrair raízes eram trabalhos extremamente árduos, que eram feitos a partir de senos. Surgiram então as primeiras tábuas de logaritmos, criadas independentemente por Jost Bürgi (1552-1632) e John Napier (1550-1617).

Apesar de o logaritmo de Napier não ser exatamente como o logaritmo moderno que estudaremos neste capítulo, nem ser associado ao conceito de expoente, sua essência é a mesma, e contribuiu para facilitar os cálculos principalmente ao transformar as operações de multiplicação em adição e as de divisão em subtração, como veremos adiante.

Atualmente, com o uso das calculadoras eletrônicas, as operações de multiplicar, dividir, calcular potências e extrair raízes não são mais dificuldades. Nem por isso os logaritmos tornaram-se inúteis, pois a possibilidade de definir logaritmos como expoente (mérito do inglês John Wallis, em 1685) e a ideia de base para os logaritmos (apresentada pelo galês William Jones em 1742) transformaram o logaritmo em um imprescindível instrumento de resolução de equações exponenciais.

Jost Bürgi

John Napier

Definição de logaritmo de um número

Considere as seguintes questões. A que número x se deve elevar:

a) o número 2 para se obter 8?

b) o número 3 para se obter $\frac{1}{81}$?

Acompanhe as resoluções:

a) $2^x = 8 \Leftrightarrow 2^x = 2^3 \Leftrightarrow x = 3$

Esse valor 3 denomina-se **logaritmo** do número 8 na base 2 e é representado por $\log_2 8 = 3$. Assim:

$$\log_2 8 = 3 \Leftrightarrow 2^3 = 8$$

b) $3^x = \frac{1}{81} \Leftrightarrow 3^x = \frac{1}{3^4} \Leftrightarrow 3^x = 3^{-4} \Leftrightarrow x = -4$

O valor -4 chama-se **logaritmo** do número $\frac{1}{81}$ na base 3 e é representado por:

$$\log_3 \frac{1}{81} = -4$$

Fique atento!
Perceba que o logaritmo é um expoente.

Dados os números reais positivos a e b, com $a \neq 1$, se $b = a^c$, então o expoente c chama-se **logaritmo de *b* na base *a***, ou seja, $\log_a b = c \Leftrightarrow a^c = b$, com a e b positivos e $a \neq 1$.

Nessa equivalência temos:

Forma logarítmica	Forma exponencial
$\log_a b = c \begin{cases} c\text{: logaritmo} \\ a\text{: base de logaritmo} \\ b\text{: logaritmando} \end{cases}$	$a^c = b \begin{cases} b\text{: potência} \\ a\text{: base da potência} \\ c\text{: expoente} \end{cases}$

Fique atento!
Quando dizemos **logaritmo**, estamos nos referindo a um número.

Veja mais alguns exemplos:

a) $\log_{\frac{1}{2}} 32 = -5 \Leftrightarrow \left(\frac{1}{2}\right)^{-5} = 32$ b) $\log_{\sqrt{5}} 5 = 2 \Leftrightarrow (\sqrt{5})^2 = 5$ c) $\log_8 1 = 0 \Leftrightarrow 8^0 = 1$

Observações:

1ª) **Condições de existência do logaritmo**

Pela definição, $\log_a N$ existe quando e somente quando $\begin{cases} N > 0 \\ a > 0 \text{ e } a \neq 1 \end{cases}$

em que N deve ser um número positivo ($N > 0$) e a base deve ser um número positivo e diferente de 1 ($1 \neq a > 0$).

Veja que, de acordo com as restrições impostas, não são definidos, por exemplo: $\log_3(-81)$, $\log_{10} 0$, $\log_0 3$, $\log_{-2} 8$ e $\log_1 6$. Experimente aplicar a definição nesses casos.

2ª) Quando a base do logaritmo for 10, podemos omiti-la. Assim, log 2 é o logaritmo de 2 na base 10. Aos logaritmos na base 10 damos o nome de **logaritmos decimais** ou de **Briggs**. Por exemplo, $\log 100 = \log 10^2 = 2$.

3ª) Definimos que o logaritmo natural ou neperiano de um número a real e positivo é o número real $\ln a = \log_e a$, onde **e** é chamado **número de Neper** ($e = 2{,}71828...$).

Exercícios resolvidos

1. Determine o valor de:

a) $\log_2 128$;

b) $\log_{\sqrt{3}} 9$;

c) $\log_{\frac{1}{9}} 3\sqrt{3}$.

Resolução

a) $\log_2 128 = x \overset{\text{def}}{\Rightarrow} 2^x = 128 \Rightarrow 2^x = 2^7 \Rightarrow x = 7$

Portanto, $\log_2 128 = 7$.

b) $\log_{\sqrt{3}} 9 = x \Rightarrow (\sqrt{3})^x = 9 \Rightarrow \left(3^{\frac{1}{2}}\right)^x = 3^2 \Rightarrow$

$\Rightarrow 3^{\frac{x}{2}} = 3^2 \Rightarrow \frac{x}{2} = 2 \Rightarrow x = 4$

Logo, $\log_{\sqrt{3}} 9 = 4$.

c) $\log_{\frac{1}{9}} 3\sqrt{3} = \log_{3^{-2}}\left(3^1 \cdot 3^{\frac{1}{2}}\right) = \log_{3^{-2}} 3^{\frac{3}{2}} = x \Rightarrow$

$\Rightarrow (3^{-2})^x = 3^{\frac{3}{2}} \Rightarrow -2x = \frac{3}{2} \Rightarrow x = -\frac{3}{4}$

Portanto, $\log_{\frac{1}{9}} 3\sqrt{3} = -\frac{3}{4}$.

2. Sabe-se que $\log_a 25 = 2$. Calcule a.

Resolução

O número a procurado deve ser positivo e diferente de 1 ($1 \neq a > 0$).

$\log_a 25 = 2 \Rightarrow a^2 = 25 \Rightarrow a = \pm\sqrt{25} \Rightarrow a = \pm 5$

Logo, $a = 5$ (o valor -5 não deve ser considerado, pois a deve ser positivo).

3. Calcule o número real A sabendo que

$$A = \log_{10} 0{,}001 + \log_2 \frac{1}{16}.$$

Resolução

$\log_{10} 0{,}001 = x \Rightarrow 10^x = 0{,}001 \Rightarrow 10^x = 10^{-3} \Rightarrow$
$\Rightarrow x = -3$

$\log_2 \frac{1}{16} = y \Rightarrow 2^y = \frac{1}{16} \Rightarrow 2^y = \frac{1}{2^4} \Rightarrow$
$\Rightarrow 2^y = 2^{-4} \Rightarrow y = -4$

Portanto:

$$A = \log_{10} 0{,}001 + \log_2 \frac{1}{16} = (-3) + (-4) = -7$$

4. Sabe-se que $\log_3 x = -2$. Calcule x.

Resolução

O número x deve ser positivo ($x > 0$). Pela definição de logaritmo, $x = 3^{-2} \Rightarrow x = \frac{1}{9}$.

5. Calcule $\log_2 (\log_3 81)$.

Resolução

$\log_3 81 = x \Rightarrow 3^x = 81 \Rightarrow x = 4$

Então:
$\log_2 (\log_3 81) = \log_2 4 = 2$

6. Determine os valores reais de x para os quais existe:

a) $\log_2 (x - 3)$ b) $\log_{\frac{1}{3}} (x^2 - 7x + 10)$

Resolução

a) $\log_2 (x - 3)$

Como a base é 2 (positiva e diferente de 1), devemos impor que $x - 3 > 0 \Rightarrow x > 3$.
Logo, $x \in \mathbb{R} \mid x > 3$.

b) $\log_{\frac{1}{3}} (x^2 - 7x + 10)$

As condições de existência nos levam a impor que:
$x^2 - 7x + 10 > 0$
$a = 1 > 0$
$\Delta = 9 > 0$
$x' = 5$ e $x'' = 2$

Estudo do sinal:

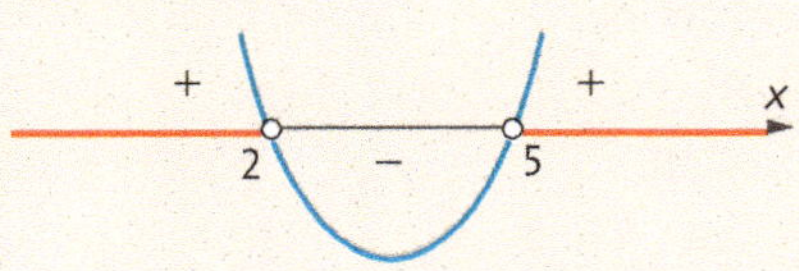

Logo, a solução é dada por $\{x \in \mathbb{R} \mid x < 2 \text{ ou } x > 5\}$.

7. Qual é o conjunto dos valores reais de x para os quais existe $\log_{x-2} (x + 5)$?

Resolução

Pelas condições de existência, temos:

$x + 5 > 0 \Rightarrow x > -5$ (I)

$\left.\begin{array}{l} x - 2 > 0 \Rightarrow x > 2 \\ x - 2 \neq 1 \Rightarrow x \neq 3 \end{array}\right\}$ (II)

x deve satisfazer simultaneamente as três condições:

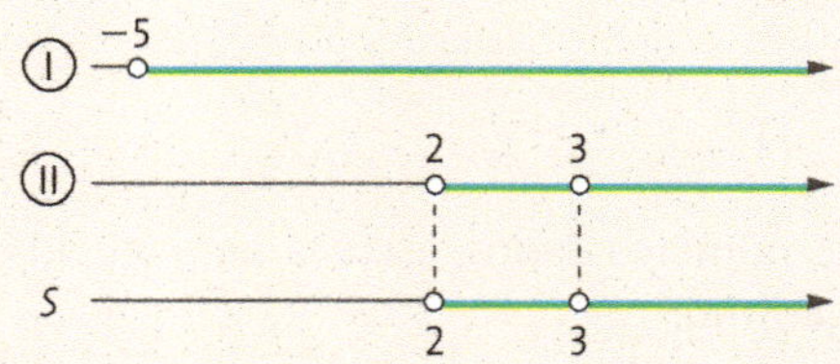

Logo, o conjunto é $\{x \in \mathbb{R} \mid x > 2 \text{ e } x \neq 3\}$.

8. Encontre o conjunto dos valores reais de x para os quais é possível determinar $\log_{x-2} (x^2 - 4x - 5)$.

Resolução

Pelas condições de existência, temos:

$x^2 - 4x - 5 > 0$
$a = 1 > 0$
$\Delta = 36 > 0$
$x' = 5$ e $x'' = -1$

Estudo do sinal:

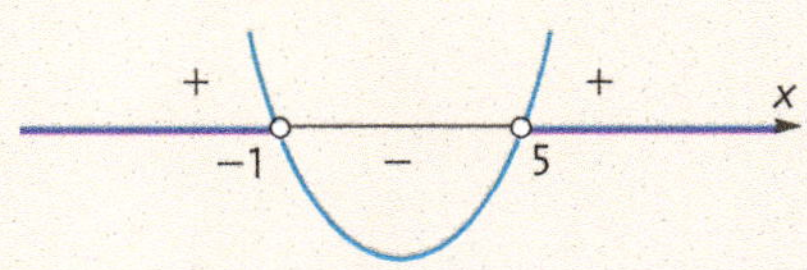

$x < -1$ ou $x > 5$ (I)

$\left\{\begin{array}{l} x - 2 > 0 \Rightarrow x > 2 \\ x - 2 \neq 1 \Rightarrow x \neq 3 \end{array}\right.$ (II)

Satisfazendo simultaneamente as condições, estabelecemos o quadro de resolução:

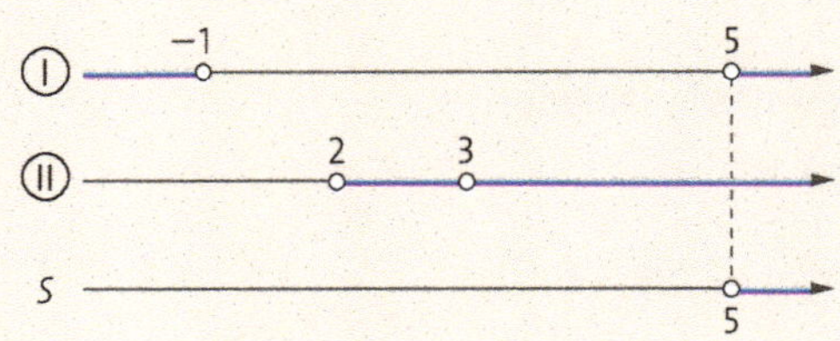

Logo, o conjunto é $\{x \in \mathbb{R} \mid x > 5\}$.

Exercícios

1. Calcule cada potência e depois escreva o logaritmo correspondente:
   a) 2^3
   b) 7^2
   c) 10^3
   d) 3^{-1}
   e) $7^{\frac{1}{2}}$

2. Usando potência, determine o equivalente a cada logaritmo:
   a) $\log_2 7 = x$
   b) $m = \log_p r$
   c) $\log 0{,}1 = -1$

3. Com os três números dados, escreva uma igualdade usando logaritmo:
   a) 6, 36 e 2
   b) 5, -1 e $\frac{1}{5}$
   c) 8, 8 e 1
   d) 5, 2 e 32

Fique atento!
No item **b** temos duas respostas possíveis.

4. Usando a definição, calcule:
   a) $\log_3 27$
   b) $\log_5 125$
   c) $\log 10\,000$
   d) $\log_{\frac{1}{2}} 32$
   e) $\log_{10} 0{,}01$
   f) $\log_2 0{,}5$
   g) $\log_2 \sqrt{8}$
   h) $\log_4 \sqrt{32}$
   i) $\log_{\frac{1}{4}} 16$
   j) $\log_{\frac{2}{3}} \frac{8}{27}$
   k) $\log_2 0{,}25$
   l) $\log_7 7$
   m) $\log_4 1$
   n) $\log_{\frac{1}{5}} \frac{1}{5}$

5. Calcule x nas igualdades:
   a) $\log_2 x = 5$
   b) $3 = \log_4 x$
   c) $\log (x + 1) = 2$

6. Calcule $\log_2 [\log_{1,5} 2{,}25]$.

7. Determine o valor da base a nas seguintes igualdades:
   a) $\log_a 8 = 3$
   b) $\log_a 81 = 4$
   c) $\log_a 5 = 1$
   d) $\log_a 36 = 2$
   e) $\log_a 4 = -2$
   f) $\log_a 1 = 0$
   g) $\log_a \frac{1}{16} = 2$
   h) $\log_a 5 = 2$
   i) $\log_a 10 = 1$

8. Determine x nas igualdades:
   a) $\log_2 64 = x$
   b) $\log_x 126 = 3$
   c) $-1 = \log_3 x$
   d) $2 = \log_x 625$
   e) $\log x = 0$
   f) $x = \log_9 27$

9. Ache os valores reais de x para os quais é possível determinar:
   a) $\log_5 x$
   b) $\log_{10} (x - 3)$
   c) $\ln (2x + 1)$
   d) $\log_5 x^2$
   e) $\log_4 (x^2 - 16)$
   f) $\log_{\frac{1}{2}} (-x^2 + 5x - 4)$
   g) $\log_2 \frac{x - 1}{x + 3}$
   h) $\log_{\frac{1}{5}} |x - 1|$

10. Determine os valores de x para que exista:
   a) $\log_{x-5} 10$
   b) $\log_{2x-1} \sqrt{3}$
   c) $\log_{3x-5} 2$
   d) $\log_{1-x^2} \sqrt{3}$
   e) $\log_{x^2-2x+1} 10$

11. Determine o conjunto dos valores reais de x para que seja possível definir:
   a) $\log_x (x - 3)$
   b) $\log_{x-1} (x + 4)$
   c) $\log_x (x^2 - 4)$
   d) $\log_{x+1} (x^2 - 5x + 6)$

Consequências da definição de logaritmo

1ª) $\log_a 1 = 0$, pois $a^0 = 1$, qualquer que seja $a > 0$ e $a \neq 1$.

2ª) $\log_a a = 1$, pois $a^1 = a$ para todo $a > 0$ e $a \neq 1$.

3ª) $\log_a a^n = n$, pois $a^n = a^n$ para todo $a > 0$ e $a \neq 1$ e para todo n.

4ª) $a^{\log_a N} = N$, com $N > 0$, $a > 0$ e $a \neq 1$.

Justificativa: $\log_a N = x \Rightarrow a^x = N$

Substituindo x: $a^{\log_a N} = a^x = N$.

5ª) $\log_a x = \log_a y \Leftrightarrow x = y$, com $x > 0$, $y > 0$, $a > 0$ e $a \neq 1$.

Justificativa: se $\log_a x = r$ e $\log_a y = s$, isto é, $a^r = x$ e $a^s = y$, temos:

- $x = y \Rightarrow a^r = a^s \Rightarrow r = s \Rightarrow \log_a x = \log_a y$
- $\log_a x = \log_a y \Rightarrow r = s \Rightarrow a^r = a^s \Rightarrow x = y$

Exercício resolvido

9. Calcule:

a) $2^{\log_5 10 \cdot \log_2 5}$ b) $2^{\frac{\log_2 3}{3}}$ c) $3^{1 + \log_3 5}$

Resolução

a) $2^{\log_5 10 \cdot \log_2 5} = (2^{\log_2 5})^{\log_5 10} = 5^{\log_5 10} = 10$

propriedade das potências

b) $2^{\frac{\log_2 3}{3}} = 2^{\frac{1}{3} \cdot \log_2 3} = (2^{\log_2 3})^{\frac{1}{3}} = 3^{\frac{1}{3}} = \sqrt[3]{3}$

c) $3^{1 + \log_3 5} = 3^1 \cdot 3^{\log_3 5} = 3 \cdot 5 = 15$

Exercícios

12. Calcule o valor dos logaritmos:

a) $\log_7 1$
b) $\log_{0,8} 0,8$
c) $\log_{\sqrt{2}} \sqrt{2}$
d) $\log_{\frac{1}{3}} 1$
e) $\log_{0,5} 1$
f) $\log_{0,1} 0,1$
g) $\log_6 6$
h) $\ln 1$

13. Dê o valor de x nas igualdades:

a) $1 = \log_3 x$
b) $1 = \log_x 10$
c) $0 = \log_2 x$
d) $1 = \log_4 x$

14. Calcule o valor dos logaritmos a seguir:

a) $\log_5 5^4$
b) $\log_2 2^6$
c) $\log_{10} 10^{-4}$
d) $\log_\pi \pi^2$
e) $\log_2 16$
f) $\log_5 \sqrt{5}$
g) $\log_3 243$
h) $\log_2 \sqrt[5]{2}$

15. Calcule o valor das expressões:

a) $10^{\log_{10} 3}$
b) $2^{\log_2 5}$
c) $2^{\log_2 6 \cdot \log_6 10}$
d) $3^{\log_2 7 \cdot \log_3 2}$
e) $10^{3 \cdot \log_{10} 2}$
f) $2^{1 + \log_2 3}$
g) $2^{2 + 3\log_2 5}$
h) $2^{3 - 2\log_2 6}$

16. Calcule o valor de x:

a) $\log_6 x = \log_6 8$
b) $\log_3 8^x = \log_3 16$
c) $\log x^2 = \log x$
d) $\log_{\frac{1}{5}} (x - 1) = \log_{\frac{1}{5}} 3$

17. Classifique em verdadeiro (**V**) ou falso (**F**):

a) $\log_5 1 = 1$
b) $\log_1 5 = 5$
c) $\log_5 5 = 1$
d) $\log_5 1 = 0$
e) $\log_7 3^7 = 3$
f) $\log_3 3^7 = 7$
g) $2^{\log_2 5} = 5$
h) $2^{\log_5 2} = 5$

Propriedades operatórias dos logaritmos

Para a, M e N números reais positivos e $a \neq 1$, temos:

1ª) Logaritmo de um produto

Da propriedade fundamental das potências, $a^x \cdot a^y = a^{x+y}$, surge uma propriedade semelhante nos logaritmos. Veja um exemplo:

- $\log_2 (4 \cdot 8) = \log_2 (2^2 \cdot 2^3) = \log_2 2^{2+3} = 2 + 3 = 5$ (I)
- $\log_2 4 + \log_2 8 = \log_2 2^2 + \log_2 2^3 = 2 + 3 = 5$ (II)

De (I) e (II) tiramos que:

$$\log_2 (4 \cdot 8) = \log_2 4 + \log_2 8$$

Vamos provar que esse fato vale para qualquer base e quaisquer dois números para os quais existam os logaritmos envolvidos. Ou seja, que se trata de uma propriedade:

$$\log_a (M \cdot N) = \log_a M + \log_a N$$

Demonstração:
Consideramos $\log_a (M \cdot N) = p$; $\log_a M = m$ e $\log_a N = n$.
Dessas igualdades, tiramos $a^p = M \cdot N$; $a^m = M$ e $a^n = N$. Então:

$$a^p = M \cdot N = a^m \cdot a^n = a^{m+n}$$

Se $a^p = a^{m+n}$, então $p = m + n$, ou seja:

$$\log_a (M \cdot N) = \log_a M + \log_a N$$

Conclusão:

Em uma mesma base, o logaritmo do produto de dois números positivos é igual à soma dos logaritmos de cada um desses números.

Você sabia?
Essa propriedade de transformar produtos em somas foi a motivação original para a introdução dos logaritmos, no século XVII, com o objetivo de simplificar os cálculos.

Exemplos:

a) $\log_7 (2 \cdot 5) = \log_7 2 + \log_7 5$

b) $\log 300 = \log (3 \cdot 100) = \log 3 + \log 100 = \log 3 + 2$

c) $\log_5 (4 \cdot 5) = \log_5 4 + \log_5 5 = \log_5 4 + 1$

Fique atento!
$\log 3 \cdot 2$ não é o mesmo que $\log (3 \cdot 2)$.

2ª) Logaritmo de um quociente

Vamos observar, por exemplo, que:

- $\log_2 \left(\frac{16}{4}\right) = \log_2 \left(\frac{2^4}{2^2}\right) = \log_2 2^{4-2} = 4 - 2 = 2$ (I)
- $\log_2 16 - \log_2 4 = \log_2 2^4 - \log_2 2^2 = 4 - 2 = 2$ (II)

De (I) e (II) tiramos que:

$$\log_2 \left(\frac{16}{4}\right) = \log_2 16 - \log_2 4$$

Esse fato é válido para qualquer base e quaisquer dois números, desde que existam os logaritmos envolvidos. Temos então mais uma propriedade dos logaritmos:

$$\log_a \frac{M}{N} = \log_a M - \log_a N$$

Demonstração:

Consideramos $\log_a \dfrac{M}{N} = q$; $\log_a M = m$ e $\log_a N = n$.

Daí tiramos $a^q = \dfrac{M}{N}$; $a^m = M$ e $a^n = N$. Então:

$$a^q = \frac{M}{N} = \frac{a^m}{a^n} = a^{m-n}$$

Se $a^q = a^{m-n}$, então $q = m - n$, ou seja, $\log_a \dfrac{M}{N} = \log_a M - \log_a N$.

Conclusão:

> Em uma mesma base, o logaritmo do quociente de dois números positivos é igual à diferença entre os logaritmos desses números.

Fique atento!
Caso particular:
$\log_a \dfrac{1}{N} = \log_a 1 - \log_a N =$
$= 0 - \log_a N$, ou seja,
$\boldsymbol{\log_a \dfrac{1}{N} = -\log_a N}$.

Exemplos:

a) $\log_5 \left(\dfrac{2}{3}\right) = \log_5 2 - \log_5 3$

b) $\log \left(\dfrac{7}{10}\right) = \log 7 - \log 10 = \log 7 - 1$

3ª) Logaritmo de uma potência

Observemos que:

$$\log_2 7^3 = \log_2 (7 \cdot 7 \cdot 7) = \underbrace{\log_2 7 + \log_2 7 + \log_2 7}_{\text{3 parcelas}} = 3 \cdot \log_2 7$$

Então:

$$\log_2 7^3 = 3 \cdot \log_2 7$$

Temos mais uma propriedade dos logaritmos, pois trata-se de um fato que ocorre para qualquer base e qualquer potência sempre que existam os logaritmos envolvidos:

$$\log_a M^N = N \cdot \log_a M$$

Demonstração:

Consideramos $\log_a M^N = r$ e $\log_a M = m$.

Daí tiramos: $a^r = M^N$ e $a^m = M$.

Então:

$$a^r = M^N = (a^m)^N = a^{Nm}$$

Se $a^r = a^{Nm}$, então $r = Nm$, ou seja, $\log_a M^N = N \cdot \log_a M$.

Conclusão:

> Em uma mesma base, o logaritmo de uma potência de base positiva é igual ao produto do expoente pelo logaritmo da base da potência.

Podemos aplicar essa propriedade no logaritmo de uma raiz (quando existir):

$$\log_a \sqrt[N]{M} = \log_a M^{\frac{1}{N}} = \frac{1}{N} \cdot \log_a M$$

Exemplos:

a) $\log_7 5^3 = 3 \cdot \log_7 5$

b) $\log_2 \sqrt[3]{4} = \log_2 (4)^{\frac{1}{3}} = \dfrac{1}{3} \cdot \log_2 4 = \dfrac{1}{3} \cdot 2 = \dfrac{2}{3}$

Mudança de base do logaritmo

Observe:

- $\log_4 64 = 3$, pois $4^3 = 64$;
- $\log_2 64 = 6$, pois $2^6 = 64$;
- $\log_2 4 = 2$, pois $2^2 = 4$.

Como $3 = \frac{6}{2}$, podemos escrever $\log_4 64 = \frac{\log_2 64}{\log_2 4}$.

Nesse caso dizemos que houve uma mudança de base nos logaritmos (bases 4 e 2).

Vamos então provar que a relação verificada acontece em geral, isto é, que se tem mais uma propriedade dos logaritmos:

$$\log_b N = \frac{\log_a N}{\log_a b} \text{ para } N > 0,\ b > 0,\ a > 0;\ b \neq 1 \text{ e } a \neq 1$$

Demonstração:

Consideramos $\log_b N = p$; $\log_a N = q$ e $\log_a b = r$.

Daí tiramos: $b^p = N$; $a^q = N$ e $a^r = b$.

Fazendo substituições: $N = a^q = b^p = (a^r)^p = a^{rp}$.

Se $a^q = a^{rp}$, então $q = rp$ e daí $p = \frac{q}{r}$ ou $\log_b N = \frac{\log_a N}{\log_a b}$.

Para refletir
Como garantir que $r \neq 0$?

Conclusão:

Para escrever o $\log_b N$ usando logaritmos na base a, realizamos a mudança de base:

$$\log_b N = \frac{\log_a N}{\log_a b}.$$

Observações:

1ª) Nessa propriedade, fazendo $N = a$, temos um caso importante:

$$\log_b a = \frac{\log_a a}{\log_a b} = \frac{1}{\log_a b}$$

Então podemos escrever que, quando existirem os logaritmos envolvidos:

$$\log_b a = \frac{1}{\log_a b} \text{ ou } \log_b a \cdot \log_a b = 1$$

Fique atento!
Quando existirem, $\log_b a$ e $\log_a b$ são números inversos.

Exemplos:

a) $\log_7 5 = \frac{\log_2 5}{\log_2 7}$ (na base 2)

b) $\log_7 5 = \frac{\log 5}{\log 7}$ (na base 10)

c) $\log_5 25 = 2 \Leftrightarrow \log_{25} 5 = \frac{1}{2}$

d) $\log_b a = -\frac{3}{4} \Leftrightarrow \log_a b = -\frac{4}{3}$

2ª) Respeitadas as condições de existência dos logaritmos, temos:

$\log_{(b^\beta)}(a^\alpha) = \frac{\alpha}{\beta}\log_b a$, para $\alpha \in \mathbb{R}^*$ e $\beta \in \mathbb{R}^*$.

Demonstração:

Se $\log_{(b^\beta)}(a^\alpha) = x$, temos:

$(b^\beta)^x = a^\alpha \Rightarrow b^{\beta x} = a^\alpha$

Elevando os dois membros a $\frac{1}{\alpha}$, obtemos:

$$(b^{\beta x})^{\frac{1}{\alpha}} = (a^\alpha)^{\frac{1}{\alpha}} \Rightarrow b^{\frac{\beta x}{\alpha}} = a \Rightarrow \log_b a = \frac{\beta x}{\alpha} \Rightarrow x = \frac{\alpha}{\beta}\log_b a \Rightarrow \log_{(b^\beta)}(a^\alpha) = \frac{\alpha}{\beta}\log_b a$$

Exemplos:

a) $\log_{7^2}(2^3) = \frac{3}{2}\log_7 2$

b) $\log_{5^2}(3^4) = \frac{4}{2}\log_5 3 = 2\log_5 3$

Quadros-resumo

Sempre que existirem os logaritmos envolvidos, temos:

Definição de logaritmo

$\log_a b = c \Leftrightarrow a^c = b$

Consequências da definição de logaritmo

1ª) $\log_a 1 = 0$

2ª) $\log_a a = 1$

3ª) $\log_a a^n = n$

4ª) $a^{\log_a b} = b$

5ª) $\log_b a = \log_b c \Leftrightarrow a = c$

Propriedades operatórias dos logaritmos

1ª) $\log_a (M \cdot N) = \log_a M + \log_a N$

2ª) $\log_a \frac{M}{N} = \log_a M - \log_a N$

$\log_a \frac{1}{N} = -\log_a N$

3ª) $\log_a M^N = N \cdot \log_a M$

$\log_a \sqrt[N]{M} = \frac{1}{N} \cdot \log_a M$

Mudança de base do logaritmo

$\log_b N = \frac{\log_a N}{\log_a b} \Rightarrow \log_b a = \frac{1}{\log_a b}$ ou $\log_b a \cdot \log_a b = 1$

Cologaritmo

Denomina-se cologaritmo de um número N ($N > 0$) numa base a ($a > 0$ e $a \neq 1$) o oposto do logaritmo do número N na base a ou o logaritmo do inverso de N na base a.

$\text{colog}_a N = -\log_a N$ ou $\text{colog}_a N = \log_a \frac{1}{N}$

Para refletir

Como provar que $-\log_a N = \log_a \frac{1}{N}$?

Exercícios resolvidos

10. Determine o desenvolvimento logarítmico da expressão $\log\left(\frac{a\sqrt{b}}{c^3}\right)$.

Resolução

$$\log\left(\frac{a\sqrt{b}}{c^3}\right) = \log\left(\frac{a \cdot b^{\frac{1}{2}}}{c^3}\right) = \log a \cdot b^{\frac{1}{2}} - \log c^3 =$$

$$= \log a + \log b^{\frac{1}{2}} - \log c^3 =$$

$$= \log a + \frac{1}{2} \cdot \log b - 3 \cdot \log c$$

Portanto, $\log\left(\frac{a\sqrt{b}}{c^3}\right) = \log a + \frac{1}{2} \cdot \log b - 3 \cdot \log c$.

> **Para refletir**
> O que significa desenvolvimento logarítmico?

11. Se $\log 2 = a$ e $\log 3 = b$, expresse $\log 72$ em função de a e b.

Resolução

$\log 72 = \log (2^3 \cdot 3^2) = \log 2^3 + \log 3^2 =$
$= 3 \cdot \log 2 + 2 \cdot \log 3 = 3a + 2b$

Então, $\log 72 = 3a + 2b$.

12. Escreva $\log_2 8$ usando logaritmos na base 10.

Resolução

$$\log_a N = \frac{\log_b N}{\log_b a} \Rightarrow \log_2 8 = \frac{\log_{10} 8}{\log_{10} 2}$$

13. Dados $\log_a m = 11$ e $\log_a n = 6$, qual é o valor de $\log_a (m^3n^2)$?

Resolução

$\log_a (m^3n^2) = \log_a m^3 + \log_a n^2 =$
$= 3 \cdot \log_a m + 2 \cdot \log_a n = 3 \cdot 11 + 2 \cdot 6 = 45$

Então, $\log_a (m^3n^2) = 45$.

14. Dado $\log_b a = 6$, calcule $\log_a b^3$.

Resolução

$$\log_a b^3 = \frac{\log_b b^3}{\log_b a} = \frac{3}{6} = \frac{1}{2}$$

15. Calcule o valor da expressão $\log_3 5 \cdot \log_{25} 81$.

Resolução

$$\log_3 5 \cdot \log_{25} 81 = \log_3 5 \cdot \frac{\log_3 81}{\log_3 25} =$$

$$= \log_3 5 \cdot \frac{\log_3 3^4}{\log_3 5^2} = \cancel{\log_3 5} \cdot \frac{4}{2 \cdot \cancel{\log_3 5}} = \frac{4}{2} = 2$$

16. Prove que, para $a \in \mathbb{R}_+^*$, $b \in \mathbb{R}_+^*$ e $b \neq 1$, temos $\log_b a = \log_{b^n} a^n$, para todo $n \in \mathbb{R}^*$. Dê alguns exemplos.

Resolução

Consideramos $\log_b a = x$ e daí tiramos $b^x = a$.

$b^x = a \Rightarrow (b^x)^n = a^n \Rightarrow (b^n)^x = a^n \Rightarrow \log_{b^n} a^n = x$

$\log_b a = x$ e $\log_{b^n} a^n = x \Rightarrow \log_b a = \log_{b^n} a^n$

Exemplos:

a) $\log_5 7 = \log_{25} 49$

b) $\log_9 4 = \log_{9^{\frac{1}{2}}} (4)^{\frac{1}{2}} = \log_3 2$

c) $\log 5 = \log_{1000} 125$

d) $\log_{11} 3 = \log_{\sqrt{11}} \sqrt{3}$

17. Escreva as expressões a seguir por meio de um único logaritmo:

a) $3 \cdot \log_4 7$

b) $\log_3 x - \log_3 2$

c) $\log_{\frac{1}{2}} 6 + \log_{\frac{1}{2}} 3$

d) $\log_5 4 + \log_5 x - \log_5 3$

e) $\frac{1}{5} \cdot \log 2$

f) $2 \cdot \log_3 x + 5 \cdot \log_3 2$

g) $\frac{\log_5 8}{\log_5 7}$

h) $\frac{\log_{25} 8}{\log_5 3}$

i) $1 + \log_7 3$

Resolução

a) $3 \cdot \log_4 7 = \log_4 7^3 = \log_4 343$

b) $\log_3 x - \log_3 2 = \log_3 \frac{x}{2}$

c) $\log_{\frac{1}{2}} 6 + \log_{\frac{1}{2}} 3 = \log_{\frac{1}{2}} (6 \cdot 3) = \log_{\frac{1}{2}} 18$

d) $\log_5 4 + \log_5 x - \log_5 3 = \log_5 (4x) - \log_5 3 =$
$= \log_5 \frac{4x}{3}$

e) $\frac{1}{5} \cdot \log 2 = \log 2^{\frac{1}{5}} = \log \sqrt[5]{2}$

f) $2 \cdot \log_3 x + 5 \cdot \log_3 2 = \log_3 x^2 + \log_3 2^5 =$
$= \log_3 (2^5x^2) = \log_3 (32x^2)$

g) $\frac{\log_5 8}{\log_5 7} = \log_7 8$

h) $\frac{\log_{25} 8}{\log_5 3} = \frac{\log_{25} 8}{\log_{25} 9} = \log_9 8$

i) $1 + \log_7 3 = \log_7 7 + \log_7 3 = \log_7 (3 \cdot 7) =$
$= \log_7 21$

Exercícios

18. Escreva:

a) $\log_5 8$ usando logaritmos na base 4;

b) o valor de $\log_y x$ sabendo que $\log_x y = 2\frac{1}{3}$.

19. Determine o desenvolvimento logarítmico das expressões:

a) $\log (x^3y)$

b) $\log \left(\frac{\pi r^3 h}{3}\right)$

c) $\log_3 \left(\frac{\sqrt{x}}{y^2}\right)$

d) $\log_a \left(\frac{\sqrt[5]{b^3c}}{m^2}\right)$

e) $\log_x \left(\frac{a^2\sqrt{b}}{c^{-1}}\right)$

f) $\log \sqrt{\frac{a}{\sqrt[3]{bc}}}$

20. Escreva na forma de um único log:

a) $\log_5 6 + \log_5 11$

b) $\log_7 28 - \log_7 4$

c) $4 \cdot \log 3$

d) $\frac{1}{5} \cdot \log_7 2$

e) $\frac{\log_2 3}{\log_8 7}$

f) $\frac{1}{3} \cdot \log_3 7 - \log_3 2$

g) $1 + \log_5 4$

h) $(\log x) - 2$

21. Se $P = \sqrt[3]{ab^2}$, calcule $\log P$.

22. Dados $\log 2 = a$ e $\log 3 = b$, determine:

a) $\log 6$

b) $\log 24$

c) $\log 300$

d) $\log 1{,}5$

e) $\log 16$

f) $\log_3 2$

23. Dados $\log 2 = x$ e $\log 3 = y$, determine:

a) $\log 5$

b) $\log \sqrt{3}$

c) $\log \sqrt[3]{12}$

d) $\log \frac{1}{3}$

e) $\log 0{,}06$

f) $\log_4 27$

24. Dados $\log a = 5$, $\log b = 3$ e $\log c = 2$, calcule o valor de $\log \left(\frac{ab^2}{c}\right)$.

25. Se $\log_a 10 = 2$, calcule o valor de $\log_a \sqrt[4]{10}$.

26. Se $\log 10 = 1$ e $\log 2 = K$, expresse $\log 20$ em função de K.

27. Sendo $\log_a 2 = 20$ e $\log_a 5 = 30$, calcule o valor de $\log_a 100$.

28. Sendo $\ln 2 = a$ e $\ln 3 = b$, calcule $\ln \sqrt[3]{12}$ em função de a e b.

29. Determine a expressão P sabendo que:

a) $\log P = 2 \cdot \log a + 5 \cdot \log b$

b) $\log_2 P = 3 \cdot \log_2 a + \log_2 b - 2 \cdot \log_2 c$

c) $\log P = \frac{1}{2}(\log x - 3 \cdot \log y)$

d) $\log_x P = \log_x a - \frac{1}{2}\log_x b$

30. Sabendo que $x = \log_{10} 5 + \log_{10} 8 - \log_{10} 4$, calcule o valor de x.

31. Dada a equação $2 \cdot \log x - 5 \cdot \log y = 2$, determine uma relação entre x e y.

32. Escreva usando logaritmos de base 10:

a) $\log_2 5$

b) $\log_x 2$

c) $\log_2 (x - 1)$

d) $\log_{(x+1)} (x - 3)$

33. Se $\log_{10} a = x$ e $\log_{10} b = y$, calcule $\log_b a$.

34. Calcule o valor da expressão $\log_2 3 \cdot \log_3 10 \cdot \log_{10} 2$.

35. Se $\log_b a = m$, calcule $\log_a b$.

36. Calcule x sabendo que $x = \log_3 2 \cdot \log_8 81$.

37. Dado $\log_b a = x$, calcule $\log_{\frac{1}{a}} b^2$ em função de x.

38. Determine o número cujo logaritmo na base a é 4 e na base $\frac{a}{3}$ é 8.

39. Calcule $\log_3 5 \cdot \log_4 27 \cdot \log_{25} \sqrt{2}$.

40. Sabendo que $\log_{20} 2 = a$ e $\log_{20} 3 = b$, calcule o valor de $\log_6 5$.

41. Pela definição de cologaritmo, calcule:

a) $\text{colog}_2 8$

b) $\text{colog}_3 \left(\frac{1}{81}\right)$

c) $\text{colog}_{10} 0{,}001$

d) $\text{colog}_2 2\sqrt{2}$

42. Se $\log_x S = 2 \cdot \log_x a + \text{colog}_x b$, determine a expressão S.

43. Se $\log_5 x = \log_5 3 + \text{colog}_5 4$, qual é o valor de x?

Cálculo de logaritmos

Acompanhe a seguinte situação:

Em Química, define-se o pH de uma solução como o logaritmo decimal (base 10) do inverso da respectiva concentração de H_3O^+ (íon hidroxônio). O cérebro humano contém um líquido cuja concentração de H_3O^+ é $4{,}8 \cdot 10^{-8}$ mol/L (em média). Qual será o pH desse líquido?

Fique atento!
Aqui temos uma conexão com Química.

De acordo com a definição e os dados do problema, temos:

$$pH = \log_{10}\left(\frac{1}{4{,}8 \cdot 10^{-8}}\right) = \log_{10} 1 - \log_{10}(4{,}8 \cdot 10^{-8}) = \log_{10} 1 - \log_{10} 4{,}8 - \log_{10} 10^{-8} =$$

$$= 0 - \log_{10} 4{,}8 - (-8) = 8 - \log_{10} 4{,}8$$

Portanto, $pH = 8 - \log_{10} 4{,}8$.

Para logaritmos como esse, existem três formas de cálculo, que serão estudadas a seguir:

- com o auxílio da calculadora;
- com a aplicação de tabelas de valores (tabelas de logaritmos);
- por meio de alguns logaritmos dados.

Yezepchyk Oleksandr/Shutterstock/Glow Images

Com a difusão do uso da calculadora, a utilização das tabelas de logaritmos hoje está praticamente abolida.

Algumas calculadoras possuem duas teclas com as seguintes funções:

- tecla **log**: permite calcular o logaritmo decimal de um número *N*, inteiro ou decimal;
- tecla $\mathbf{10^x}$: permite calcular o número *N* quando se conhece $\log N = x$.

Fique atento!
A maioria dos celulares tem um aplicativo de calculadora com a função **log**.
Em algumas calculadoras, para obter $\log N$ digita-se primeiro log e depois *N*.

Usando essas teclas, as propriedades dos logaritmos e as quatro operações fundamentais, é possível realizar os seguintes cálculos:

a) $\log 36$
digita-se 36 → tecla-se **log** → 1,556303
$\log 36 \simeq 1{,}556303$

b) $\log \sqrt[3]{4{,}57} = \frac{1}{3} \cdot \log 4{,}57$
digita-se 4,57 → tecla-se **log** → 0,659916 : 3 = 0,219972
$\log \sqrt[3]{4{,}57} \simeq 0{,}219972$

c) $\log_2 997 = \frac{\log 997}{\log 2}$ (realizou-se a mudança de base)
Usando a tecla **log**, calcula-se $\log 997 \simeq 2{,}998695$ e $\log 2 \simeq 0{,}301030$.

$$\log_2 997 \simeq \frac{2{,}998695}{0{,}301030} \simeq 9{,}961449$$

Você sabia?
Existem calculadoras com a tecla **ln**, que permite calcular os logaritmos naturais dos números reais positivos. Os logaritmos naturais têm a base **e**, ou seja, $\ln x = \log_e x$ (logaritmo natural de *x*). O número **e**, base dos logaritmos naturais, é caracterizado pelo fato de que seu logaritmo natural é igual a 1, ou seja, $\ln e = 1$. O número **e** é irracional. Um valor aproximado dessa importante constante é e = 2,7182..., como já vimos no capítulo anterior.

d) $\log_{10} x = 0{,}72342$
digita-se 0,72342 → tecla-se $\mathbf{10^x}$ → 5,289566
$\log 5{,}289566 \simeq 0{,}72342$

e) Podemos resolver o problema do líquido cerebral usando a calculadora, obtemos $\log 4{,}8 \simeq 0{,}681241$.
Assim, $pH = 8 - 0{,}681241 \simeq 7{,}3$.

Logaritmos dados

A partir de um ou mais logaritmos dados, podemos obter o valor aproximado de outros logaritmos, usando as propriedades conhecidas. Por exemplo:

Dados $\log 2 \simeq 0{,}30$ e $\log 3 \simeq 0{,}48$, podemos calcular:

a) $\log 6 = \log (2 \cdot 3) = \log 2 + \log 3 = 0{,}30 + 0{,}48 = 0{,}78$

b) $\log 8 = \log 2^3 = 3 \cdot \log 2 = 3 \cdot 0{,}30 = 0{,}90$

c) $\log \sqrt{3} = \frac{1}{2} \cdot \log 3 = \frac{1}{2} \cdot 0{,}48 = 0{,}24$

d) $\log 5 = \log (10 : 2) = \log 10 - \log 2 = 1 - 0{,}30 = 0{,}70$

e) $\log_2 3 = \dfrac{\log 3}{\log 2} = \dfrac{0{,}48}{0{,}30} = 1{,}60$

f) $\log_9 32 = \dfrac{\log 32}{\log 9} = \dfrac{\log 2^5}{\log 3^2} = \dfrac{5 \cdot \log 2}{2 \cdot \log 3} = \dfrac{5 \cdot 0{,}30}{2 \cdot 0{,}48} = \dfrac{1{,}50}{0{,}96} = 1{,}5625$

Exercício resolvido

18. Sabendo que $\log 2 = 0{,}301$ calcule o número de algarismos da potência 5^{100}.

Resolução

$x = 5^{100} \Rightarrow \log x = 100 \cdot \log 5 \Rightarrow \log x = 100 \cdot \log \frac{10}{2} = 100(1 - 0{,}301) = 69{,}9$

Então, se $\log x = 69{,}9$, pela definição temos $x = 10^{69{,}9}$.

Como 10^{70} é o primeiro número com 71 algarismos (10^{70} = 1 seguido de 70 zeros), então, necessariamente, $10^{69{,}9}$ tem 70 algarismos.

Exercícios

44. Com o auxílio de uma calculadora, calcule utilizando as teclas das quatro operações fundamentais, a tecla **log** e a **10^x** (caso não tenha uma calculadora à disposição, indique o roteiro para efetuar o cálculo):
a) $\log 64{,}3$;
b) $\log 0{,}00196$;
c) x tal que $\log x = 1{,}35$;
d) x tal que $\log x = -1{,}155$;
e) $\log 0{,}820$;
f) $\log 914$.

45. Sem usar calculadora, determine entre quais inteiros consecutivos fica cada logaritmo:
a) $\log 279$;
b) $\log 6$;
c) $\log 0{,}071$;
d) $\log_7 2$.

46. Calcule:
a) $\log 100$;
b) $\log 0{,}001$.

47. Dados $\log 2 = 0{,}30$; $\log 3 = 0{,}48$ e $\log 5 = 0{,}70$, calcule:
a) $\log 20$;
b) $\log 0{,}0002$;
c) $\log 0{,}3$;
d) $\log 18$;
e) $\log 45$;
f) $\log 250$.

48. Dados $\log 2 = 0{,}30$ e $\log 7 = 0{,}85$, determine:
a) $\log 14$;
b) $\log 50$;
c) $\log 3{,}5$;
d) $\log 70$.

49. Calcule, com aproximação de duas casas decimais e usando mudança de base, os logaritmos:
a) $\log_2 3$;
b) $\log_5 3$;
c) $\log_8 9$;
d) $\log_{100} 5$.

Fique atento!
Se não tiver uma calculadora, use $\log 2 = 0{,}3$ e $\log 3 = 0{,}48$.

50. Sabendo que $\log 52 = 1{,}7160$, determine o número de algarismos da potência $52^{1\,000}$.

51. Se $\log a = 0{,}297$, calcule $\log (100a)$.

52. Se $\log N = 1{,}964$, calcule $\log \sqrt{N}$.

53. Sabendo que $\log 3 = 0{,}477$, determine $\log \sqrt[4]{27\,000}$.

54. Calcule $\log [(0{,}2)^3 \cdot 0{,}003]$, dados $\log 2 = 0{,}30$ e $\log 3 = 0{,}48$.

55. *Química*
O pH de uma solução é o logaritmo decimal do inverso da concentração de H_3O^+. Qual é o pH de uma solução cuja concentração de H_3O^+ é $4{,}5 \cdot 10^{-5}$ mol/L?

Aplicação dos logaritmos na resolução de equações exponenciais e de problemas

Exercícios resolvidos

19. Resolva a equação $3^x = 5$.

Resolução

$3^x = 5 \Rightarrow \log 3^x = \log 5 \Rightarrow x \cdot \log 3 = \log 5 \Rightarrow$

$\Rightarrow x = \dfrac{\log 5}{\log 3} \Rightarrow x \simeq \dfrac{0,69897}{0,47712} \simeq 1,46$

$S = \{1,46\}$

20. Dados $\log 2 = 0,30$; $\log 3 = 0,48$ e $\log 5 = 0,70$, resolva a equação $5^{2x} - 7 \cdot 5^x + 12 = 0$.

Resolução

$5^{2x} - 7 \cdot 5^x + 12 = 0 \Rightarrow (5^x)^2 - 7(5^x) + 12 = 0$

Fazendo $5^x = y$, temos:

$y^2 - 7y + 12 = 0$

$\Delta = (-7)^2 - 4(1)(12) = 1$

$y' = 4$ e $y'' = 3$

Daí:

- $5^x = 4 \Rightarrow \log 5^x = \log 4 \Rightarrow \log 5^x = \log 2^2 \Rightarrow$

  $\Rightarrow x \cdot \log 5 = 2 \cdot \log 2 \Rightarrow$

  $\Rightarrow x = \dfrac{2 \cdot \log 2}{\log 5} = \dfrac{0,60}{0,70} \simeq 0,86$

- $5^x = 3 \Rightarrow \log 5^x = \log 3 \Rightarrow x \cdot \log 5 = \log 3 \Rightarrow$

  $\Rightarrow x = \dfrac{\log 3}{\log 5} = \dfrac{0,48}{0,70} \simeq 0,69$

$S = \{0,69; 0,86\}$

21. Sabemos que o número de bactérias em uma cultura, depois de um tempo t, é dado por $N = N_0 \cdot e^{rt}$, em que N_0 é o número inicial (quando $t = 0$) e r é a taxa de crescimento relativo. Em quanto tempo o número de bactérias dobrará se a taxa de crescimento contínuo é de 5% ao minuto?

> **Fique atento!**
> Se a taxa é de 5% ao minuto, o tempo t é dado em minutos.

Resolução

Pelos dados do problema, a pergunta é: Em quanto tempo $N = 2N_0$?

Assim, temos:

$N = N_0 \cdot e^{rt} \Rightarrow 2\cancel{N_0} = \cancel{N_0} \cdot e^{0,05t} \Rightarrow 2 = e^{0,05t} \Rightarrow$

$\Rightarrow \ln 2 = \ln e^{0,05t} \Rightarrow \ln 2 = 0,05t \cdot \underbrace{\ln e}_{1} \Rightarrow$

$\Rightarrow \ln 2 = 0,05t \Rightarrow t = \dfrac{\ln 2}{0,05}$

Calculando ln 2, obtemos $\ln 2 = 0,6931$; portanto:

$t = \dfrac{0,6931}{0,05} \simeq 13,8 \text{ min} = 13 \text{ min e } \dfrac{8}{10} \text{ min} =$

$= 13 \text{ min } 48 \text{ s}$

O número de bactérias dobrará em 13 minutos e 48 segundos.

> **Fique atento!**
> O tempo não depende do número inicial de bactérias.

22. Em quantos anos 500 g de uma substância radioativa, que se desintegra a uma taxa de 3% ao ano, se reduzirão a 100 g? Use $Q = Q_0 \cdot e^{-rt}$, em que Q é a massa da substância, r é a taxa e t é o tempo em anos.

Resolução

Sabemos que: $Q = Q_0 \cdot e^{-rt} \Rightarrow 100 = 500 \cdot e^{-0,03t}$, que é equivalente a:

$\dfrac{1}{5} = e^{-0,03t} \Rightarrow \ln\left(\dfrac{1}{5}\right) = \ln e^{-0,03t} \Rightarrow \underbrace{\ln 1}_{0} - \ln 5 \Rightarrow$

$\Rightarrow -0,03t \cdot \underbrace{\ln e}_{1} = -\ln 5 = -0,03t \Rightarrow$

$\Rightarrow t = \dfrac{\ln 5}{0,03} = \dfrac{1,6094}{0,03} \simeq 53,6$

Aproximadamente 53,6 anos.

23. (Situação-problema do começo do capítulo) Segundo o Banco Mundial, a previsão do crescimento demográfico na América Latina, no período de 2004 a 2020, é de 1,2% ao ano, aproximadamente. Em quantos anos a população da América Latina vai dobrar se a taxa de crescimento continuar a mesma?

Resolução

População do ano-base $= P_0$

População após um ano $= P_0(1,012) = P_1$

População após dois anos $= P_0(1,012)^2 = P_2$

⋮

População após x anos $= P_0(1,012)^x = P_x$

Supondo que a população dobrará em relação ao ano-base após x anos, temos:

$P_x = 2P_0 = \cancel{P_0}(1,012)^x = 2\cancel{P_0} \Rightarrow (1,012)^x = 2$

Aplicando logaritmos, temos:

$\log (1,012)^x = \log 2 \Rightarrow x \cdot \log 1,012 = \log 2 \Rightarrow$

$\Rightarrow x = \dfrac{\log 2}{\log 1,012} \simeq \dfrac{0,30103}{0,00518} \simeq 58$

A população dobrará em 58 anos, aproximadamente.

Exercícios

56. Dados log 2 = 0,30; log 3 = 0,48; log 5 = 0,70 e log e = 0,43, resolva as equações:
a) $2^x = 5$;
b) $e^x = 3$;
c) $5^x = e$;
d) $e^x - 6 = 0$.

57. Calcule (com duas casas decimais) o valor de x que verifica a equação $3 \cdot 2^x = 10$, dados log 2 = 0,30 e log 3 = 0,48.

58. Dados log 2 = 0,30 e log 3 = 0,48, resolva a equação $3^{2x} - 5 \cdot 3^x + 6 = 0$.

59. Determine o valor de x que verifica a equação $(1{,}12)^x = 3$, sendo dados log 2 = 0,30, log 3 = 0,48 e log 7 = 0,85.

60. A expressão $M = C(1 + i)^n$ nos permite calcular o montante M, resultante da aplicação do capital C a juros compostos, à taxa anual i, ao completar um período de n anos. Nessas condições, se o capital de R$ 800 000,00 for aplicado a juros compostos e à taxa anual de 12%, após quanto tempo da aplicação serão obtidos juros no valor de R$ 700 000,00?

61. Uma pessoa deposita uma quantia em caderneta de poupança à taxa de 2% ao mês. Em quantos meses a quantia depositada triplica?

62. Uma pessoa coloca R$ 1 000,00 em um fundo de aplicação que rende, em média, 1,5% ao mês. Em quantos meses essa pessoa terá no mínimo R$ 1 300,00?

63. Um cartão de crédito cobra juros de 9% a.m. sobre o saldo devedor. Um usuário desse cartão tem um saldo devedor de R$ 505,00. Em quanto tempo essa dívida chegará a R$ 600,00 se não for paga? (Dados: log 2 = 0,3; log 3 = 0,48; log 1,01 = 0,004; log 1,09 = 0,038.)

Texto para as questões 64 e 65

Física

A lei de resfriamento de Newton afirma que a diferença de temperatura entre um corpo e o meio que o contém decresce a uma taxa de variação proporcional à diferença de temperatura. Considerando ΔT_0 a diferença de temperatura no instante $t = 0$ e $\Delta T(t)$ a diferença em um instante t qualquer, essa lei se traduz pela expressão $\Delta T(t) = \Delta T_0 \cdot e^{-\alpha t}$, em que a constante α depende do corpo.

64. Suponha que, em determinado local, cuja temperatura ambiente é de 30 °C, exista uma panela de água fervente no fogo. Em $t = 0$, o fogo é desligado e 5 min depois a temperatura da água é de 65 °C. Depois de quanto tempo, a partir do desligamento do fogo, a água atingirá a temperatura de 37 °C? (Considere log 2 = 0,3.)
a) 20 minutos e 40 segundos
b) 16 minutos e 40 segundos
c) 12 minutos e 40 segundos
d) 8 minutos e 40 segundos
e) 4 minutos e 40 segundos

65. Em um trecho de mata próximo à cidade, a polícia encontrou, por volta das 17 horas, um cadáver. O médico legista chegou às 17h20min e imediatamente mediu a temperatura do corpo, que era de 32,5 °C. Uma hora mais tarde, ele mediu novamente a temperatura e verificou que era de 31,5 °C. A temperatura ambiente (na mata) se manteve constante, a 16,5 °C. O legista considera que a temperatura normal de uma pessoa viva é 36,5 °C. De acordo com as temperaturas coletadas, e usando a lei do resfriamento de Newton, o horário da morte pode ser estimado por volta de:
(Dados: log 2 = 0,3 e log 3 = 0,47.)
a) 13h40min.
b) 14h.
c) 14h40min.
d) 15h.
e) 14h50min.

Para os exercícios de 66 a 68 use a fórmula $Q = Q_0 \cdot e^{-rt}$, em que Q representa a massa da substância ou o número de bactérias, r a taxa e t o tempo.

66. *Química*
Uma substância radioativa se desintegra a uma taxa de 8% ao ano. Em quantos anos 50 g dessa substância se reduzirão a 5 g?

67. *Química*
Em um laboratório, uma pessoa verifica que a taxa de crescimento relativo contínuo de bactérias em uma cultura é de 2,5% por minuto. Nessas condições, em quantos minutos o número de bactérias passará de 4 000 para 6 000?

68. *Química*
Calcule a meia-vida de uma substância radioativa que se desintegra a uma taxa de 4% ao ano. (Lembre-se: meia-vida é o tempo que deve decorrer para que, em certo momento, metade dos átomos de uma substância radioativa se desintegre.)

2 Função logarítmica

No capítulo anterior estudamos a função exponencial, na qual para todo número real positivo $a \neq 1$, a função exponencial $f: \mathbb{R} \rightarrow \mathbb{R}_+^*$, $f(x) = a^x$, é uma correspondência biunívoca entre $\mathbb{R}$ e $\mathbb{R}_+^*$. Ela é crescente se $a > 1$, decrescente se $0 < a < 1$ e tem a seguinte propriedade:

$$f(x_1 + x_2) = f(x_1) \cdot f(x_2), \text{ ou seja, } a^{x_1 + x_2} = a^{x_1} \cdot a^{x_2}$$

Fique atento!
Dizer que $f(x)$ é uma correspondência biunívoca é o mesmo que dizer que f é uma função bijetiva.

Essas considerações garantem que f possui uma função inversa.

Definição da função logarítmica

A inversa da função exponencial de base a é a função $\log_a: \mathbb{R}_+^* \rightarrow \mathbb{R}$, que associa a cada número real positivo x o número real $\log_a x$, chamado logaritmo de x na base a, com a real positivo e $a \neq 1$.

Observe que $f: \mathbb{R} \rightarrow \mathbb{R}_+^*$, dada por $f(x) = a^x$, tem a propriedade $f(x_1 + x_2) = f(x_1) \cdot f(x_2)$, ou seja, $a^{x_1 + x_2} = a^{x_1} \cdot a^{x_2}$. A sua inversa $g: \mathbb{R}_+^* \rightarrow \mathbb{R}$, dada por $g(x) = \log_a x$, tem a propriedade $\log_a (x_1 \cdot x_2) = \log_a x_1 + \log_a x_2$.

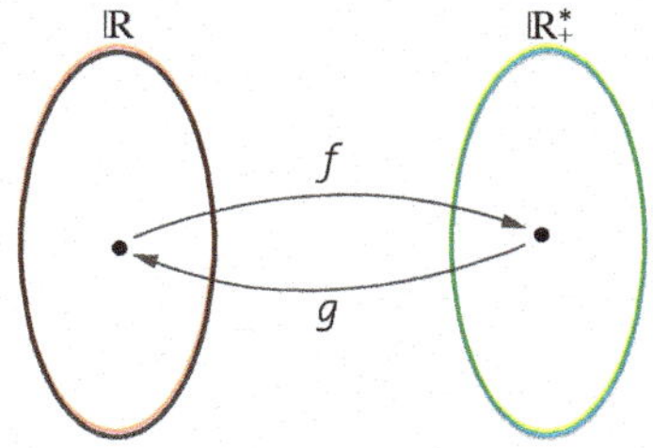

Domínio da função logarítmica: $\mathbb{R}_+^*$
Imagem da função logarítmica: $\mathbb{R}$

Como a função logarítmica é a inversa da função exponencial, temos:

$$a^{\log_a x} = x \text{ para todo } x > 0 \text{ e } \log_a (a^x) = x \text{ para todo } x \in \mathbb{R}$$

Assim, $\log_a x$ é o expoente ao qual se deve elevar a base a para obter o número x, ou seja, $y = \log_a x \Leftrightarrow a^y = x$, como já vimos.

As funções logarítmicas mais usadas são aquelas cuja base a é maior do que 1. Particularmente, as de base 10 (logaritmos decimais), as de base 2 (logaritmos binários) e as de base **e** (logaritmos naturais).

São exemplos de função logarítmica as funções de $\mathbb{R}_+^*$ em $\mathbb{R}$ definidas por:

a) $f(x) = \log_2 x$
b) $g(x) = \log_{10} x = \log x$
c) $h(x) = \log_e x = \ln x$
d) $i(x) = \log_{\frac{1}{4}} x$

Exercícios

69. As funções logarítmicas f e g são dadas por $f(x) = \log_3 x$ e $g(x) = \log_4 x$. Determine:

a) $f(9)$;
b) $g(4)$;
c) $D(f)$;
d) $Im(f)$;
e) x tal que $g(x) = 4$;
f) $f^{-1}(x)$;
g) $g^{-1}(x)$;
h) $f^{-1}(1)$;
i) $(g \circ f)(81)$;
j) $g(1)$;
k) $f\left(\frac{1}{3}\right)$;
l) $f(27) + g(16)$.

70. Dados $f(x) = \log_3 (x + 1)$, $g(x) = 4 + \log_2 x$ e $h(x) = \log 2x$, determine:

a) $f(2)$;
b) $g(2)$;
c) $h(5)$;
d) $h(50)$;
e) $g(1)$;
f) $f(0)$;
g) $f(26)$;
h) $g(\sqrt{2})$.

Gráfico da função logarítmica

Observe os seguintes gráficos de funções logarítmicas:

a) $f(x) = \log_2 x$

x	$y = f(x)$
$\frac{1}{4}$	-2
$\frac{1}{2}$	-1
1	0
2	1
4	2

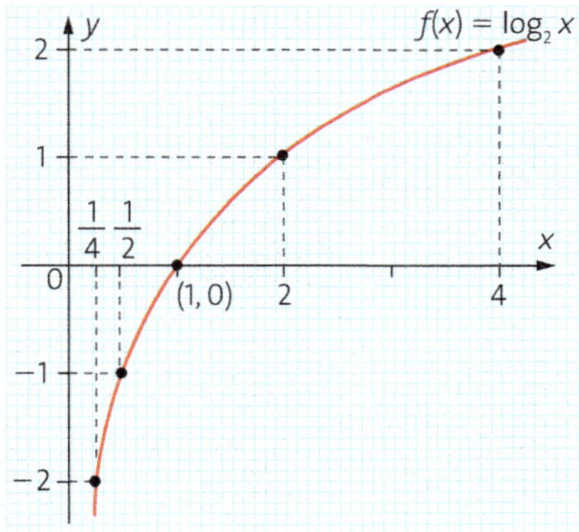

Fique atento!
Os gráficos de $y = \log_a x$ e $y = \log_b x$, com $a > 1$ e $0 < b < 1$ quaisquer, têm o mesmo aspecto dos gráficos ao lado, respectivamente.

b) $f(x) = \log_{\frac{1}{2}} x$

x	$y = f(x)$
$\frac{1}{4}$	2
$\frac{1}{2}$	1
1	0
2	-1
4	-2

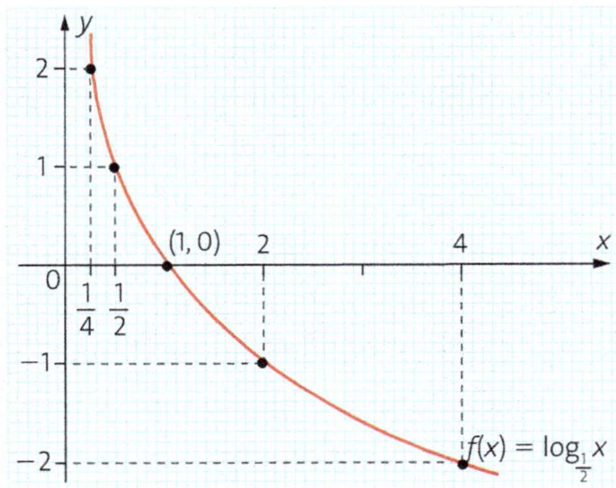

Como consequência da definição de função logarítmica e da análise dos gráficos, podemos concluir que:

- o gráfico da função logarítmica passa pelo ponto (1, 0), ou seja, $f(1) = 0$, ou, ainda, $\log_a 1 = 0$;
- o gráfico nunca toca o eixo y nem ocupa pontos dos quadrantes II e III;
- somente números positivos possuem logaritmo real, pois a função $x \to a^x$ assume somente valores positivos;
- se $a > 1$, os números maiores do que 1 têm logaritmo positivo e os números compreendidos entre 0 e 1 têm logaritmo negativo;
- se $0 < a < 1$, os números maiores do que 1 têm logaritmo negativo e os números compreendidos entre 0 e 1 têm logaritmo positivo;
- a função logarítmica é ilimitada, superior e inferiormente. No caso de $a > 1$ ser ilimitada superiormente, pode-se dar a $\log_a x$ um valor tão grande quanto se queira, desde que tomemos x suficientemente grande;

- quando $a > 1$, a função logarítmica é crescente ($x_1 > x_2 \Leftrightarrow \log_a x_1 > \log_a x_2$);

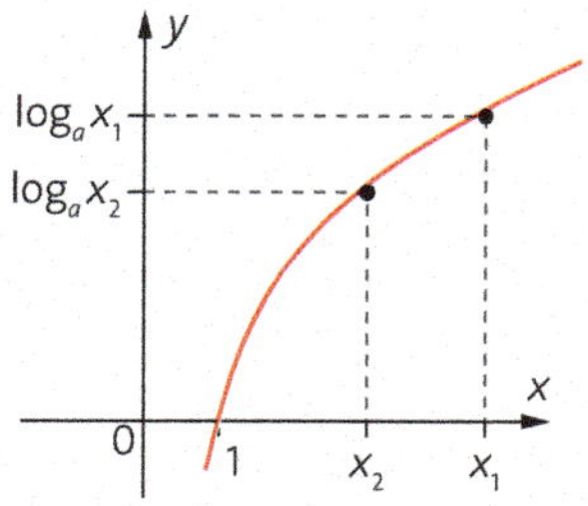

- quando $0 < a < 1$, a função logarítmica é decrescente ($x_1 > x_2 \Leftrightarrow \log_a x_1 < \log_a x_2$);

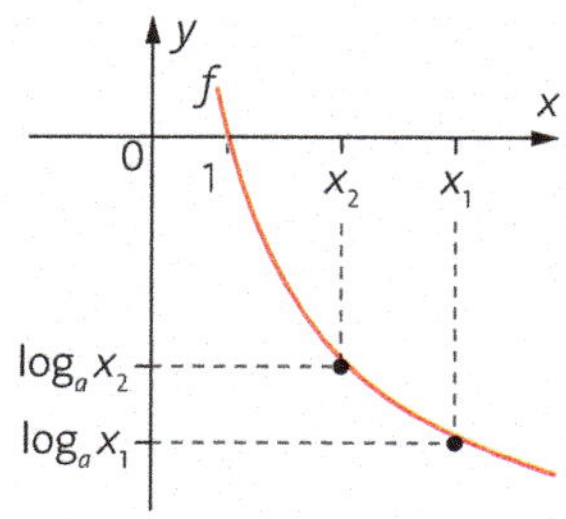

Para refletir
No caso de $a > 1$, o que significa ser ilimitada inferiormente?

- ao contrário da função exponencial $f(x) = a^x$ com $a > 1$, que cresce rapidamente, a função logarítmica $\log_a x$ com $a > 1$ cresce muito lentamente. Veja, por exemplo, que, se $\log_{10} x = 1000$, então $x = 10^{1\,000}$. Assim, se quisermos que $\log_{10} x$ seja maior do que 1 000, será preciso tomar um número x que tenha pelo menos 1 001 algarismos;
- a função logarítmica é injetiva, pois números positivos diferentes têm logaritmos diferentes. Ela é também sobrejetiva, pois, dado qualquer número real b, existe sempre um único número real positivo x tal que $\log_a x = b$. Portanto, ela é bijetiva (há uma correspondência biunívoca entre $\mathbb{R}_+^*$ e $\mathbb{R}$);
- na função logarítmica $f(x) = \log_a x$ ($a > 0$ e $a \neq 1$), sendo ela crescente ou decrescente, o eixo das ordenadas é uma assíntota vertical do gráfico, isto é, à medida que x tende para zero, o valor da função cresce ou decresce ilimitadamente.

Exercícios

71. Construa os gráficos das funções logarítmicas e confirme neles as conclusões obtidas:

a) $f(x) = \log_3 x$ b) $f(x) = \log_{\frac{1}{3}} x$

72. Observando a base, identifique as seguintes funções como crescentes ou decrescentes:

a) $f(x) = \log_3 x$
b) $f(x) = \log x$
c) $f(x) = \log_{0,5} x$
d) $f(x) = \log_{\frac{1}{3}} x$
e) $f(x) = \log_{0,1} x$
f) $f(x) = \log_{\sqrt{3}} x$

73. Construa os gráficos das funções:

a) $f(x) = \log_2 \left(\frac{x}{2}\right)$ b) $f(x) = \log_2 (x - 1)$

74. Sabendo que o gráfico abaixo é da função $f(x) = \log x$, determine os valores de a e b.

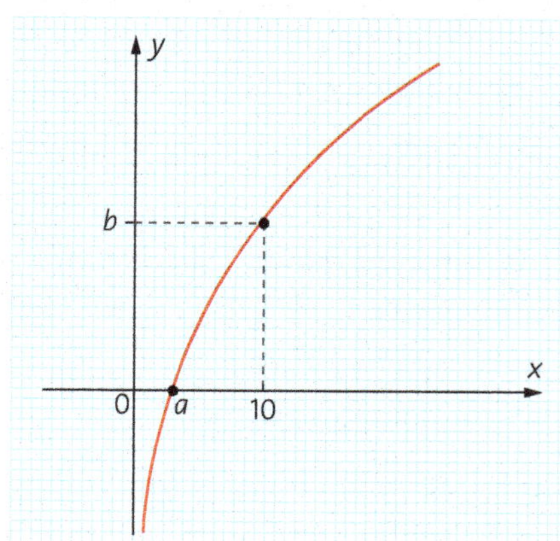

Uma relação importante

Já estudamos que os gráficos de duas funções inversas são simétricos em relação à reta $y = x$ (bissetriz dos quadrantes I e III). Observe os gráficos das funções inversas $f(x) = a^x$ e $g(x) = \log_a x$ a seguir:

$a > 1$

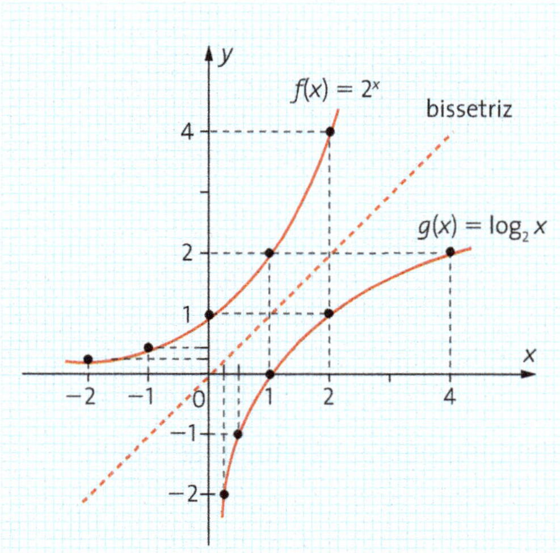

$0 < a < 1$

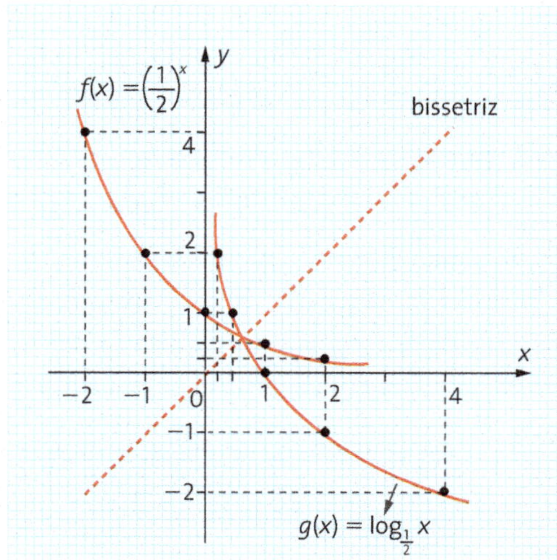

Observação: Observe no gráfico ($a > 1$) como a função exponencial cresce rapidamente, enquanto a função logarítmica cresce muito lentamente.

> **Para refletir**
> Indique as coordenadas de alguns pontos simétricos em cada um dos gráficos.

Caracterização das funções logarítmicas

Como saber se para resolver determinado problema devemos usar o modelo dado pelas funções logarítmicas?

Quando estivermos diante de uma função $f: \mathbb{R}_+^* \to \mathbb{R}$, crescente ou decrescente, tal que $f(x_1 \cdot x_2) = f(x_1) + f(x_2)$ para quaisquer $x_1, x_2 \in \mathbb{R}_+^*$, pois nesse caso é possível provar que existe $a > 0$ tal que $f(x) = \log_a x$ para todo $x \in \mathbb{R}_+^*$.

> **Fique atento!**
> Sempre que multiplicarmos x por uma mesma constante positiva obteremos acréscimos iguais a $f(x)$.

Construtor de gráficos

Exercícios

75. Construa no mesmo sistema de eixos os gráficos de $f(x) = 3^x$ e $g(x) = \log_3 x$.

76. Sejam as funções $f: \mathbb{R}_+^* \to \mathbb{R}$ e $g: \mathbb{R}_+^* \to \mathbb{R}$, dadas por $f(x) = 2^x$ e $g(x) = \log_2 x$. Mostre que:
 a) $f(g(x)) = x$, para todo $x \in \mathbb{R}_+^*$;
 b) $g(f(x)) = x$, para todo $x \in \mathbb{R}$.

Para construir gráficos de funções logarítmicas vamos novamente utilizar o *software* Geogebra.

Construção do gráfico de funções logarítmicas

Vamos construir o gráfico da função logarítmica $f(x) = \log_2 x$ e destacar alguns pontos importantes. Para isso, siga os passos abaixo.

1º passo: No campo "Entrada" (situado na parte inferior da tela) digite a função $f(x) = \log(2,x)$ e tecle "Enter". No Geogebra, $f(x) = \log(2,x)$ é a notação de $f(x) = \log_2 (x)$.

2º passo: Melhore a visualização do gráfico, alterando a cor e a espessura da curva. Na barra de ferramentas (parte superior da tela) clique na aba "Exibir" e depois em "Malha". Você agora deverá ter uma imagem (com exceção da cor escolhida) igual à apresentada abaixo.

Fique atento!
Nos capítulos anteriores já ensinamos como fazer essas alterações.

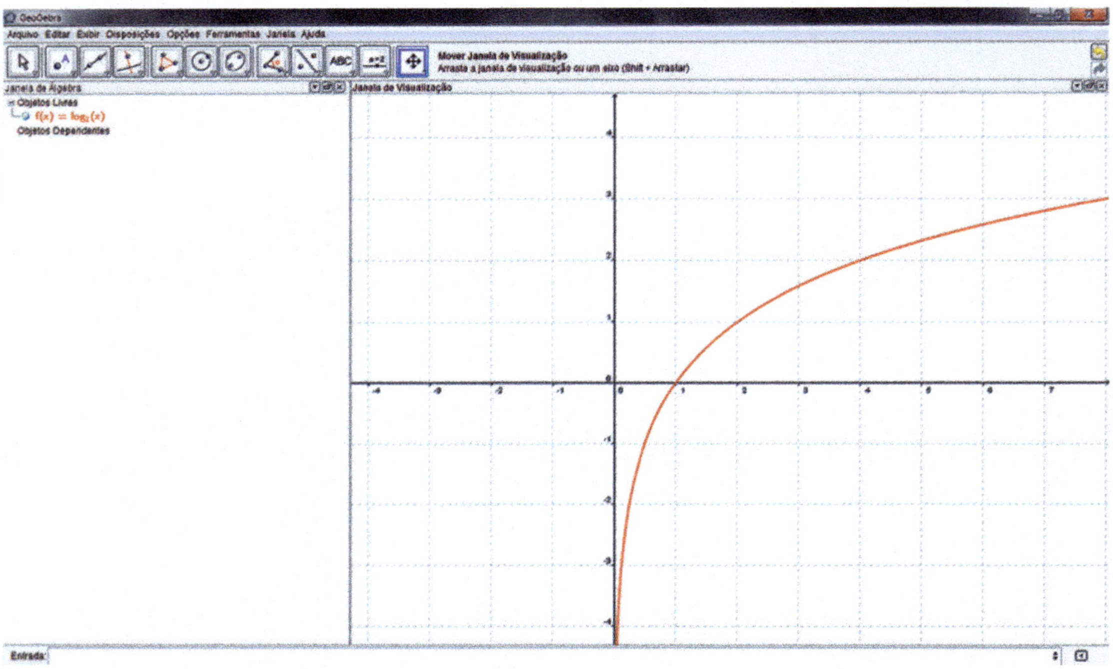

3º passo: Para obter a raiz da função f, ainda no campo de entrada, digite **raiz[*f*, 0, 100]** e tecle "Enter". Como a função não é polinomial, o Geogebra analisa as raízes dentro de um intervalo. Nesse caso, estamos utilizando o intervalo [0, 100]. Veja que foi criado o ponto $A = (1, 0)$, logo $x = 1$ é raiz de f.

4º passo: No campo "Entrada" (situado na parte inferior da tela) insira os pontos $B = (2, 1)$, $C = (4, 2)$, $D = \left(\frac{1}{2}, -1\right)$ e $E = \left(\frac{1}{4}, -2\right)$ e verifique que todos pertencem ao gráfico da função. (A cada ponto inserido tecle "Enter".)

Observe ainda que o gráfico da função não intersecta o eixo das ordenadas. O eixo das ordenadas será uma assíntota do gráfico da função.

Você pode mover, ampliar ou reduzir a sua imagem utilizando  da barra de tarefas. Outra opção para aumentar ou diminuir o *zoom* é utilizar o *scroll* do *mouse* (aquela "bolinha" que fica na parte superior da maioria dos *mouses*).

Relação entre o gráfico de uma função logarítmica e de uma função exponencial de mesma base

Estudamos que os gráficos de duas funções inversas são simétricos em relação à bissetriz dos quadrantes ímpares ($y = x$). Agora, teremos a oportunidade de verificar melhor essa relação com funções logarítmicas e exponenciais.

1º passo: Repita os mesmos passos da construção do gráfico da função $f(x) = \log_2 (x)$. Em seguida, digite no campo "Entrada" $g(x) = 2$^x e tecle "Enter" e $h(x) = x$ e tecle "Enter".

2º passo: No campo "Entrada" digite os pontos (um de cada vez): $F = (0, 1)$, $G = (1, 2)$, $H = (2, 4)$, $I = \left(-1, \frac{1}{2}\right)$ e $J = \left(-2, \frac{1}{4}\right)$. Observe que os pontos de A a E pertencem à função logarítmica, enquanto os pontos de F a J pertencem à função exponencial.

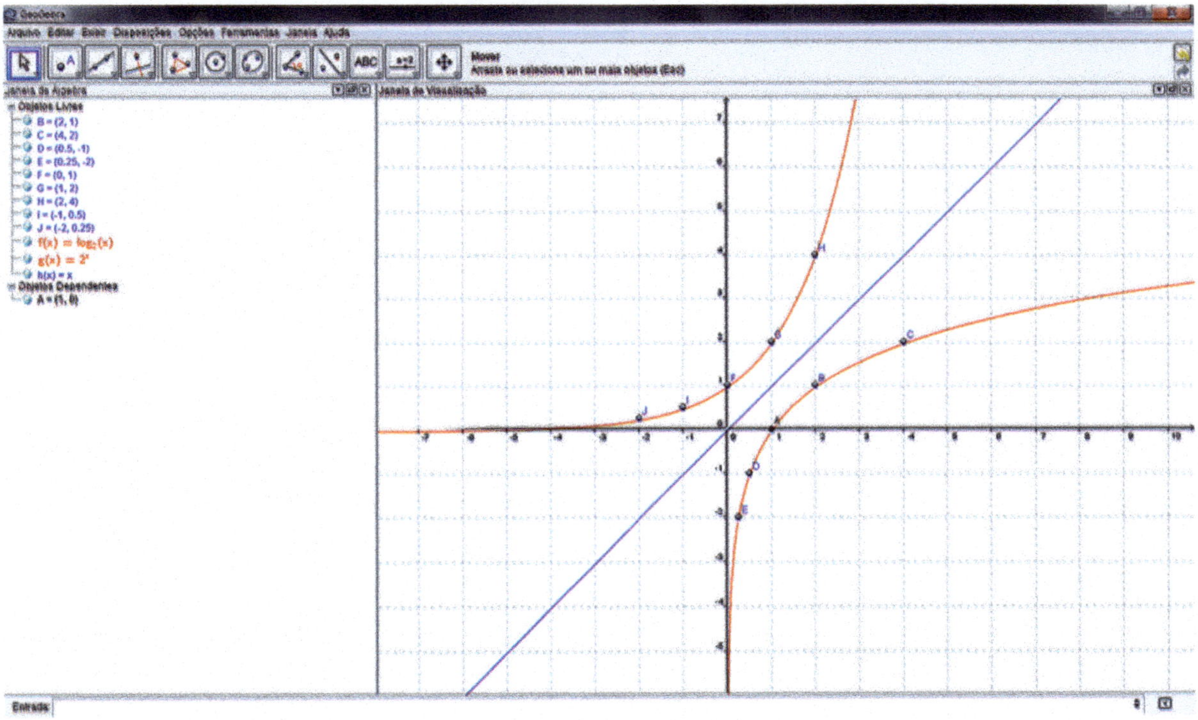

Fique atento!
Não se esqueça de salvar cada uma das construções.

1. Repita os passos anteriores e construa os gráficos das funções a seguir:
   a) $f(x) = \log_{10} (x)$
   b) $g(x) = \log_2 (x + 1)$

2. Qual é a relação entre as coordenadas de dois pontos simétricos em relação à reta $y = x$?

3. Represente as funções $f(x) = \log_{10} x$, $g(x) = \log_{\frac{1}{2}} x$ e suas respectivas funções inversas.

4. Existe uma função logarítmica muito importante: trata-se de $f(x) = \ln(x) = \log_e x$, em que **e** representa o número de Euler. Construa o gráfico dessa função $f(x) = \ln(x)$, determine sua imagem e sua raiz.

Uma propriedade importante

Duas funções logarítmicas quaisquer são sempre proporcionais.

Demonstração:

Dadas as funções logarítmicas $f(x) = \log_a x$ e $g(x) = \log_b x$, temos que $\dfrac{g(x)}{f(x)} = \dfrac{\log_b x}{\log_a x} = \log_a b$, isto é, $g(x) = \underbrace{\log_a b}_{k} \cdot f(x) \Rightarrow g(x) = k \cdot f(x)$.

Logo, a constante de proporcionalidade é dada por $k = \log_a b$.

Observação: Essa propriedade explica por que, dados a e b positivos e diferentes de 1, os gráficos de $\log_a x$ e $\log_b x$ são obtidos, um a partir do outro, multiplicando todas as ordenadas por uma constante. Vejamos um exemplo tomando as funções $f(x) = \log_2 x$ e $g(x) = \log_8 x$.
Observe que:

- $\log_2 x = 1 \rightarrow x = 2 \rightarrow \log_8 x = \dfrac{1}{3}$
- $\log_2 x = 2 \rightarrow x = 4 \rightarrow \log_8 x = \dfrac{2}{3}$
- $\log_2 x = 3 \rightarrow x = 8 \rightarrow \log_8 x = 1$

Dobrando $\log_2 x$ (de 1 para 2), dobrou também $\log_8 x$ $\left(\text{de } \dfrac{1}{3} \text{ para } \dfrac{2}{3}\right)$. Triplicando $\log_2 x$ (de 1 para 3), triplicou também $\log_8 x$ $\left(\text{de } \dfrac{1}{3} \text{ para } \dfrac{3}{3} = 1\right)$, e assim por diante.

Além disso, temos $1 = 3 \cdot \dfrac{1}{3}$, $2 = 3 \cdot \dfrac{2}{3}$, $3 = 3 \cdot \dfrac{3}{3}$, e assim por diante, ou seja, $\log_2 x = \underbrace{3}_{k} \cdot \log_8 x$, ou ainda, $\log_2 x = \underbrace{\log_2 8}_{k} \cdot \log_8 x$.

k (constante de proporcionalidade)

k (constante de proporcionalidade)

Observe que, multiplicando as ordenadas de $\log_8 x$ pela constante 3, obtemos as ordenadas de $\log_2 x$.

$\log_2 x$	
x	**y**
$\frac{1}{2}$	-1
1	0
2	1
4	2

$\log_8 x$	
x	**y**
$\frac{1}{2}$	$-\frac{1}{3}$
1	0
2	$\frac{1}{3}$
4	$\frac{2}{3}$

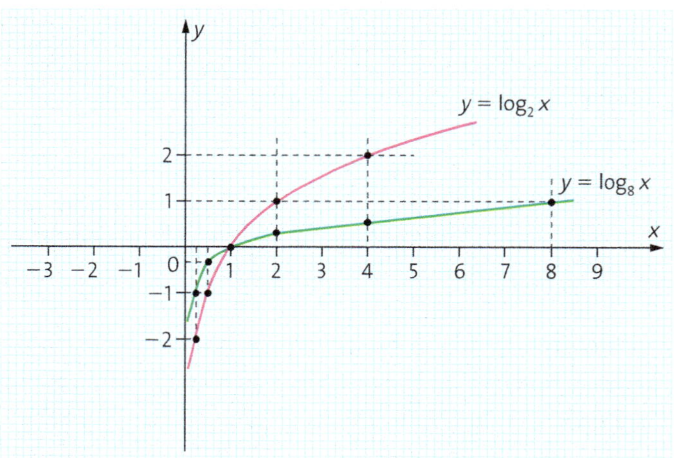

Jogo das funções

3 Equações logarítmicas

Vamos agora estudar as equações logarítmicas, ou seja, aquelas nas quais a incógnita está envolvida no logaritmando ou na base do logaritmo.

Exemplos:

a) $\log_3 x = 5$

b) $\log_2 (x + 1) + \log_2 (x - 1) = 1$

c) $\log_{x-1} 3 = 2$

d) $2 \cdot \log x = \log 2x - \log 3$

» passo a passo: exercício 24

Exercícios resolvidos

» Resolvido passo a passo

24. (Ufscar-SP) A altura média do tronco de certa espécie de árvore, que se destina à produção de madeira, evolui, desde que é plantada, segundo o seguinte modelo matemático:

$$h(t) = 1{,}5 + \log_3 (t + 1),$$

com $h(t)$ em metros e t em anos. Se uma dessas árvores foi cortada quando seu tronco atingiu 3,5 m de altura, o tempo (em anos) transcorrido do momento da plantação até o do corte foi de:

a) 9. b) 8. c) 5. d) 4. e) 2.

1. Lendo e compreendendo

a) O que é dado no problema?

É dada uma função logarítmica que relaciona o tempo transcorrido desde a plantação da árvore com a altura dela:
$h(t) = 1{,}5 + \log_3 (t + 1)$. Também é dada a altura no momento do corte: 3,5 m.

b) O que se pede?

Determinar quanto tempo depois de ter sido plantada a árvore foi cortada.

2. Planejando a solução

Como a função dada relaciona a altura da árvore de acordo com o tempo transcorrido após a plantação, usaremos essa função para determinar o tempo t para quando a altura for de 3,5 m.

3. Executando o que foi planejado

Se $h(t)$ é a altura da árvore na idade t, então queremos t tal que $h(t) = 3{,}5$. Assim:
$3{,}5 = 1{,}5 + \log_3 (t + 1) \Rightarrow 2 = \log_3 (t + 1)$
Pelo conceito de logaritmo, se $2 = \log_3 (t + 1)$, então $t + 1 = 3^2$. Assim, $t + 1 = 9 \Rightarrow t = 8$ anos.
Então a árvore foi cortada 8 anos após sua plantação.

4. Verificando

Vamos verificar se $h(8) = 3{,}5$:
$h(t) = 1{,}5 + \log_3 (t + 1) \Rightarrow$
$\Rightarrow h(8) = 1{,}5 + \log_3 (8 + 1) \Rightarrow h(8) = 1{,}5 + \log_3 9 \Rightarrow$
$\Rightarrow h(8) = 1{,}5 + 2 = 3{,}5$
Assim, o resultado foi verificado.

5. Emitindo a resposta

A resposta é a alternativa **b**.

6. Ampliando o problema

a) Qual era a altura da árvore no momento em que foi plantada?

b) Qual seria a altura da árvore após 80 anos de sua plantação se ela não tivesse sido cortada?

c) Essa árvore atingiria 10 m de altura em algum momento? Se sim, quanto tempo depois de plantada?

d) Converse com seus colegas sobre a importância de preservar a natureza, evitando-se o corte abusivo das árvores. É possível para a humanidade viver sem o corte das árvores? Se não for, qual seria a solução para evitar o desmatamento das florestas?

e) Pesquise e responda: O que é o selo FSC? Em que ano foi criado o FSC Brasil?

25. Resolva as equações a seguir:

a) $\log_2 (x - 3) + \log_2 x = 2$

b) $\log_3 (x^2 - 3x - 1) = 1 + \log_3 (x - 2)$

c) $\log_{10} [1 + 2 \cdot \log_{10} (x - 1)] = 0$

d) $\log_{x-1} 4 = 2$

e) $\log_{10}^2 x - 3 \cdot \log_{10} x + 2 = 0$

f) $\log_2 (x + 7) - \log_2 (x - 11) = 2$

Resolução

a) $\log_2 (x - 3) + \log_2 x = 2$

- condição de existência: $x - 3 > 0$ e $x > 0 \Rightarrow$
$\Rightarrow x > 3$ e $x > 0 \Rightarrow x > 3$

- há dois modos diferentes de resolução:

I. $\log_2 (x - 3) + \log_2 x = 2 \Rightarrow$

$\Rightarrow \log_2 [(x - 3)x] = 2$

Usando a definição de logaritmo:

$(x - 3)x = 2^2 \Rightarrow x^2 - 3x - 4 = 0$

$\Delta = 9 + 16 = 25$

$x' = 4$ e $x'' = -1$

ou

II. $\log_2 (x - 3) + \log_2 x = \log_2 2^2 \Rightarrow$

$\Rightarrow \log_2 [(x - 3)x] = \log_2 4$

Usando o fato de que a função logarítmica é injetiva:

$(x - 3)x = 4 \Rightarrow x^2 - 3x - 4 = 0$

$\Delta = 25$

$x' = 4$ e $x'' = -1$

- verificação: como a condição de existência é $x > 3$, então $4 \in S$ e $-1 \notin S$

$S = \{4\}$

b) $\log_3 (x^2 - 3x - 1) = 1 + \log_3 (x - 2)$

- condição de existência: $x^2 - 3x - 1 > 0$ e $x - 2 > 0$
- $\log_3 (x^2 - 3x - 1) = 1 + \log_3 (x - 2) \Rightarrow$

$\Rightarrow \log_3 (x^2 - 3x - 1) = \log_3 3 + \log_3 (x - 2) \Rightarrow$

$\Rightarrow \log_3 (x^2 - 3x - 1) = \log_3 [3(x - 2)] \Rightarrow$

$\Rightarrow x^2 - 3x - 1 = 3x - 6 \Rightarrow x^2 - 6x + 5 = 0$

$\Delta = 16$

$x' = 5$ e $x'' = 1$

- verificação: $x = 5$ ↗ $x^2 - 3x - 1 = 25 - 15 - 1 = 9 > 0$ ↘ $x - 2 = 5 - 2 = 3 > 0$

$x = 1$ ↗ $x^2 - 3x - 1 = 1 - 3 - 1 = -3 < 0$ ↘ ______________

Portanto, $5 \in S$ e $1 \notin S$.

$S = \{5\}$

Para refletir
Por que não houve necessidade de calcular $x - 2$ para $x = 1$?

c) $\log_{10} [1 + 2 \cdot \log_{10} (x - 1)] = 0$

- condição de existência: $x - 1 > 0$ e $1 + 2 \cdot \log_{10} (x - 1) > 0$
- $\log_{10} [1 + 2 \cdot \log_{10} (x - 1)] = 0 \Rightarrow$

$\Rightarrow 10^0 = 1 + 2 \cdot \log_{10} (x - 1) \Rightarrow$

$\Rightarrow 1 = 1 + 2 \cdot \log_{10} (x - 1) \Rightarrow$

$\Rightarrow 2 \cdot \log_{10} (x - 1) = 0 \Rightarrow \log_{10} (x - 1) = 0 \Rightarrow$

$\Rightarrow 10^0 = x - 1 \Rightarrow 1 = x - 1 \Rightarrow x = 2$

- verificação: $x = 2$ ↗ $x - 1 = 2 - 1 = 1 > 0$ ↘ $1 + 2 \cdot \log_{10} (x - 1) = 1 + 2 \cdot 0 = 1 > 0$

Logo, $2 \in S$.

$S = \{2\}$

d) $\log_{x-1} 4 = 2$

- condição de existência: $x - 1 > 0$ e $x - 1 \neq 1 \Rightarrow$ $\Rightarrow x > 1$ e $x \neq 2$
- $\log_{x-1} 4 = 2 \Rightarrow (x - 1)^2 = 4 \Rightarrow$

$\Rightarrow x^2 - 2x + 1 = 4 \Rightarrow x^2 - 2x - 3 = 0$

$\Delta = 16$

$x' = 3$ e $x'' = -1$

- verificação: $x = 3$: $3 > 1$ e $3 \neq 2$. Logo, $3 \in S$.

$x = -1$: $-1 < 1$. Então, $-1 \notin S$.

$S = \{3\}$

e) $\log^2_{10} x - 3 \cdot \log_{10} x + 2 = 0$

Fique atento!
$\log^2 x$ não pode ser confundido com $\log x^2$.

- condição de existência: $x > 0$
- a equação pode ser escrita na forma:

$(\log_{10} x)^2 - 3 \cdot \log_{10} x + 2 = 0$

Fazendo $\log_{10} x = y$, temos:

$y^2 - 3y + 2 = 0$

$\Delta = 1$

$y' = 2$ e $y'' = 1$

Como $\log_{10} x = y$, então:

$\log_{10} x = 2 \Rightarrow 10^2 = x \Rightarrow x = 100$

$\log_{10} x = 1 \Rightarrow 10^1 = x \Rightarrow x = 10$

- verificação: $100 > 0$ e $10 > 0$. Logo, $100 \in S$ e $10 \in S$.

$S = \{10, 100\}$

f) $\log_2 (x + 7) - \log_2 (x - 11) = 2$

- condição de existência: $x + 7 > 0$ e $x - 11 > 0 \Rightarrow x > 11$

Para refletir
Por que de $x + 7 > 0$ e $x - 11 > 0$ podemos concluir que $x > 11$?

- $\log_2 (x + 7) - \log_2 (x - 11) = 2 \Rightarrow$

$\Rightarrow \log_2 \left(\frac{x + 7}{x - 11}\right) = 2 \Rightarrow 2^2 = \frac{x + 7}{x - 11} \Rightarrow$

$\Rightarrow 4 = \frac{x + 7}{x - 11} \Rightarrow 4x - 44 = x + 7 \Rightarrow$

$\Rightarrow 4x - x = 7 + 44 \Rightarrow 3x = 51 \Rightarrow x = 17$

- verificação: como $17 > 11$, então $17 \in S$.

$S = \{17\}$

Exercícios

77. Resolva as equações:

a) $\log_3 x = 5$

b) $\log_x 36 = 2$

c) $\log_2 (x + 1) = 4$

d) $\log_{x-1} 6 = 1$

e) $\log_{\frac{1}{2}} (x - 2) = -3$

f) $\log_2 (x^2 + x + 2) = 3$

78. Resolva as equações:

a) $\log_{x-3} 9 = 2$

b) $\log_4 [2(x + 5)] = 2$

c) $\log_4 (\log_2 x) = 1$

d) $\log_2 [\log_3 (x - 1)] = 2$

e) $\log_5 [(x + 3)(x - 1)] = 1$

f) $\log_{x+1} (x^2 + 7) = 2$

79. Calcule x sabendo que:

a) $\log_x x(x - 6) = 1$

b) $2^{\log_2 (x+1)} = 3$

c) $\log_2 \left(\dfrac{x + 4}{x - 2}\right) = 1$, com $x \neq 2$

d) $5^{\log_5 (x^2 - 3x)} = 4$

80. Calcule a soma das raízes da equação $\log_5 (x^2 - 5x + 7) = 0$.

81. Resolva as seguintes equações:

a) $\log_3^2 x - \log_3 x - 6 = 0$

b) $\log_2^2 x - 2 \cdot \log_2 x + 1 = 0$

c) $\log_{25} [1 + 4 \cdot \log_2 x] = \dfrac{1}{2}$

d) $\log_{10}^2 (x + 1) - \log_{10} (x + 1) = 0$

e) $\log_3 [7 + \log_9 (x - 1)] = 2$

f) $\log_5^2 x - 4 \cdot \log_5 x + 3 = 0$

82. Resolva as equações a seguir:

a) $\log_2 3 + \log_2 (x - 1) = \log_2 6$

b) $\log_3 2 + \log_3 (x + 1) = 1$

c) $2 \cdot \log_{10} x = \log_{10} 2 + \log_{10} x$

d) $\log_5 x - \log_5 (x - 4) = 1$

e) $\log_{10} (x + 4) + \log_{10} (x - 4) = 2 \cdot \log_{10} 3$

f) $\log_2 (x^2 + 2x - 7) - \log_2 (x - 1) = 2$

83. Dados $A = \log_{10} x$, $B = \log_{10} (x + 2)$ e $C = \log_{10} 3$, calcule x para que se tenha $A + B = C$.

84. Qual é o conjunto solução da equação $\log_2 (x - 2) + \log_2 (x - 3) = 1 + \log_2 (2x - 7)$? (Lembre que: $1 = \log_2 2$.)

85. Determine x de modo que $\log_{10} (1\,000)^x - \log_{10} (0{,}001)^x = 1$.

86. Resolva as equações:

a) $\log_4 x - \log_8 x = 1$

b) $\log_{10} x + \log_{100} x = 3$

c) $\log_2 x = \log_4 (4 - 3x)$

d) $\log_x 2 + \log_{16} x = \dfrac{5}{4}$

e) $\log_5 x - 2 \cdot \log_x 5 = -1$

f) $\log_2 (x - 2) - \log_{\frac{1}{2}} (x - 2) = 2$

87. (Unesp-SP) O altímetro dos aviões é um instrumento que mede a pressão atmosférica e transforma esse resultado em altitude. Suponha que a altitude h acima do nível do mar, em quilômetros, detectada pelo altímetro de um avião, seja dada, em função da pressão atmosférica p, em atm, por $h(p) = 20 \cdot \log_{10}\left(\dfrac{1}{p}\right)$.

Num determinado instante, a pressão atmosférica medida pelo altímetro era 0,4 atm. Considerando a aproximação $\log_{10} 2 = 0{,}3$, a altitude h do avião nesse instante, em quilômetros, era de:

a) 5.

b) 8.

c) 9.

d) 11.

e) 12.

Peter Dazeley/Getty Images

Altímetro de avião

Sistemas de equações logarítmicas

Há sistemas de equações que são resolvidos aplicando-se as propriedades operatórias dos logaritmos.

Exercício resolvido

26. Resolva o sistema de equações $\begin{cases} \log_{10} x - \log_{10} y = \log_{10} 2 \\ 4^{x-y} = 16 \end{cases}$.

Resolução

- condições de existência: $x > 0$ e $y > 0$
- preparação do sistema:

$\log_{10} x - \log_{10} y = \log_{10} 2 \Rightarrow \log_{10}\left(\frac{x}{y}\right) = \log_{10} 2 \Rightarrow \frac{x}{y} = 2 \Rightarrow x = 2y$

$4^{x-y} = 16 \Rightarrow 4^{x-y} = 4^2 \Rightarrow x - y = 2$

- resolvendo o sistema: $\begin{cases} x = 2y \\ x - y = 2 \end{cases} \Rightarrow 2y - y = 2 \Rightarrow y = 2$

$x = 2y \Rightarrow x = 2(2) \Rightarrow x = 4$

- verificação: $x = 4 > 0$ e $y = 2 > 0$

$S = \{(4, 2)\}$

Exercícios

88. Resolva os sistemas de equações:

a) $\begin{cases} \log_{10} x - \log_{10} y = \log_{10} 3 \\ x + 2y = 15 \end{cases}$

b) $\begin{cases} \log_{10} x + \log_{10} y = 2 \\ x + y = 20 \end{cases}$

89. Sejam $x, y \in \mathbb{R}$ tal que $\begin{cases} x + y = 70 \\ \log_{10} x + \log_{10} y = 3 \end{cases}$.

Calcule o valor de $x^2 + y^2$.

90. Dado $\begin{cases} \log_{10} x - \log_{10} y = \log_{10} y \\ 3x + 2y = 33 \end{cases}$, calcule o valor de $x - y$.

Inequações logarítmicas

Observe as inequações:

a) $\log_2 (x + 1) > \log_2 6$

b) $\log_{\frac{1}{2}} x \leqslant 5$

c) $\log x + \log 3 \geqslant \log 2x$

Esses são alguns exemplos de inequações logarítmicas. Para resolvê-las, usamos várias informações já estudadas sobre logaritmos e função logarítmica. Vamos recordar:

- A função $f(x) = \log_a x$ é crescente quando $a > 1$. Nesse caso, conserva-se o sentido da desigualdade. Por exemplo: para $x > 0$, temos $\log_{\frac{7}{4}} x > \log_{\frac{7}{4}} 3 \Leftrightarrow x > 3$.
- A função $f(x) = \log_a x$ é decrescente quando $0 < a < 1$. Nesse caso, troca-se o sentido da desigualdade. Por exemplo: para $x > 0$, temos $\log_{\frac{3}{5}} x > \log_{\frac{3}{5}} 3 \Leftrightarrow x < 3$.

Exercícios resolvidos

27. Resolva as inequações:

a) $\log_2 (x + 1) > \log_2 6$

b) $\log_{\frac{1}{2}} x \geqslant 1$

c) $\log_3 x + \log_3 (x - 8) < 2$

d) $\log_{49} 2x - \log_{49} 3 \geqslant \log_7 x + \log_{49} 2$

Resolução

a) $\log_2 (x + 1) > \log_2 6$

- condição de existência:

  $x + 1 > 0 \Rightarrow x > -1$ (I)

- base $a = 2$ $(a > 1) \rightarrow$ mantém-se o sentido da desigualdade:

  $\log_2 (x + 1) > \log_2 6 \Rightarrow x + 1 > 6 \Rightarrow x > 5$ (II)

- quadro de resolução (as condições (I) e (II) devem ser satisfeitas simultaneamente):

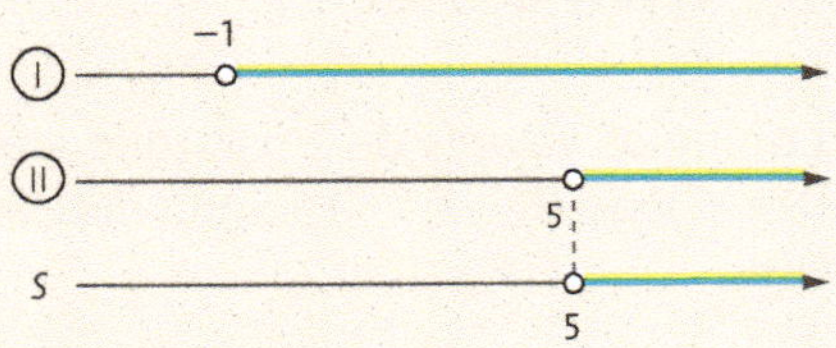

$S = \{x \in \mathbb{R} \mid x > 5\}$

b) $\log_{\frac{1}{2}} x \geqslant 1$

- condição de existência: $x > 0$ (I)

  Como $1 = \log_{\frac{1}{2}} \left(\frac{1}{2}\right)$, a inequação pode ser escrita assim: $\log_{\frac{1}{2}} x \geqslant \log_{\frac{1}{2}} \left(\frac{1}{2}\right)$.

- base $a = \frac{1}{2}$ $(0 < a < 1) \rightarrow$ troca-se o sentido da desigualdade:

  $\log_{\frac{1}{2}} x \geqslant \log_{\frac{1}{2}} \left(\frac{1}{2}\right) \Rightarrow x \leqslant \frac{1}{2}$ (II)

- quadro de resolução:

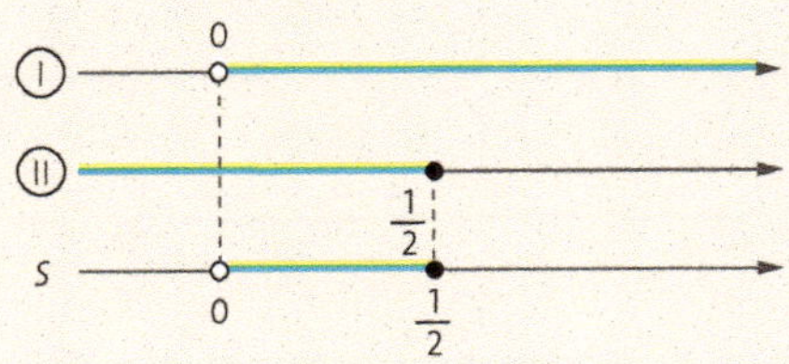

$S = \left\{x \in \mathbb{R} \mid 0 < x \leqslant \frac{1}{2}\right\}$

c) $\log_3 x + \log_3 (x - 8) < 2$

- condição de existência: $x > 0$ e $x - 8 > 0 \Rightarrow$
  $\Rightarrow x > 0$ e $x > 8 \Rightarrow x > 8$ (I)

  Como $2 = \log_3 3^2$, a inequação pode ser escrita assim: $\log_3 x + \log_3 (x - 8) < \log_3 9$.

- base $a = 3$ $(a > 1) \rightarrow$ mantém-se o sentido da desigualdade:

  $\log_3 x + \log_3 (x - 8) < \log_3 9 \Rightarrow$

  $\Rightarrow \log_3 [x(x - 8)] < \log_3 9 \Rightarrow x(x - 8) < 9 \Rightarrow$

  $\Rightarrow x^2 - 8x - 9 < 0$

  $\Delta = 100$; $x' = 9$ e $x'' = -1$

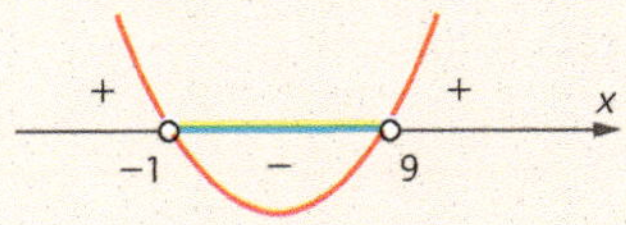

  $-1 < x < 9$ (II)

- quadro de resolução:

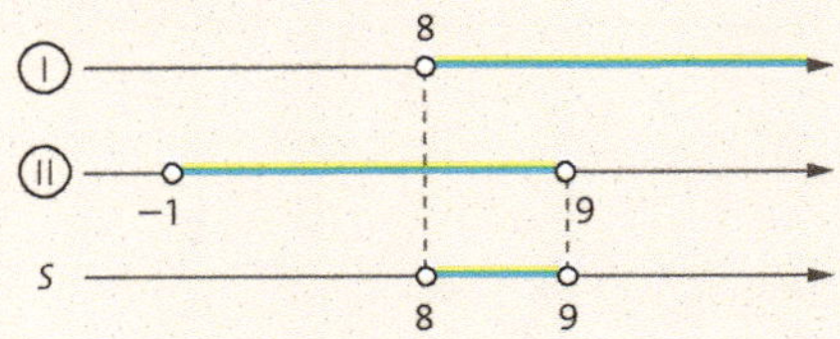

$S = \{x \in \mathbb{R} \mid 8 < x < 9\}$

d) $\log_{49} 2x - \log_{49} 3 \geqslant \log_7 x + \log_{49} 2$

- condição de existência: $2x > 0$ e $x > 0 \Rightarrow$
  $\Rightarrow x > 0$

  Para que todos os logaritmos tenham a mesma base, podemos substituir $\log_7 x$ por $\log_{49} x^2$. A inequação fica assim:

  $\log_{49} 2x - \log_{49} 3 \geqslant \log_{49} x^2 + \log_{49} 2 \Rightarrow$

  $\Rightarrow \log_{49} \frac{2x}{3} \geqslant \log_{49} (2x^2) \Rightarrow \frac{2x}{3} \geqslant 2x^2 \Rightarrow$

  $\Rightarrow 6x^2 - 2x \leqslant 0$

  $x' = 0$ e $x'' = \frac{1}{3}$

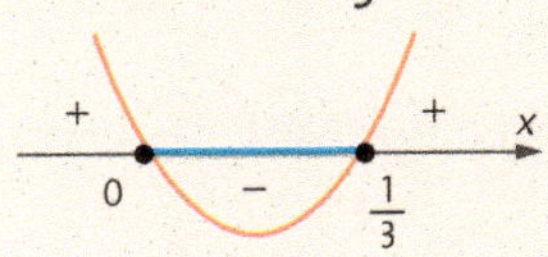

- verificação: $x > 0$ e $0 \leqslant x \leqslant \frac{1}{3} \Rightarrow 0 < x \leqslant \frac{1}{3}$

$S = \left\{x \in \mathbb{R} \mid 0 < x \leqslant \frac{1}{3}\right\}$

Para refletir

Construa o quadro de resolução para confirmar a resposta.

28. Resolva o sistema $\begin{cases} \log_2 x < 2 \\ \log_{\frac{1}{2}} (x - 1) < -1 \end{cases}$.

Resolução

- condição de existência:
  $x > 0$ e $x - 1 > 0 \Rightarrow x > 1$ (I)
- $\log_2 x < 2 \Rightarrow \log_2 x < \log_2 4 \Rightarrow x < 4$ (II)
- $\log_{\frac{1}{2}} (x - 1) < -1 \Rightarrow$

  $\Rightarrow \log_{\frac{1}{2}} (x - 1) < \log_{\frac{1}{2}} 2 \Rightarrow$

  $\Rightarrow x - 1 > 2 \Rightarrow x > 3$ (III)
- quadro de resolução:

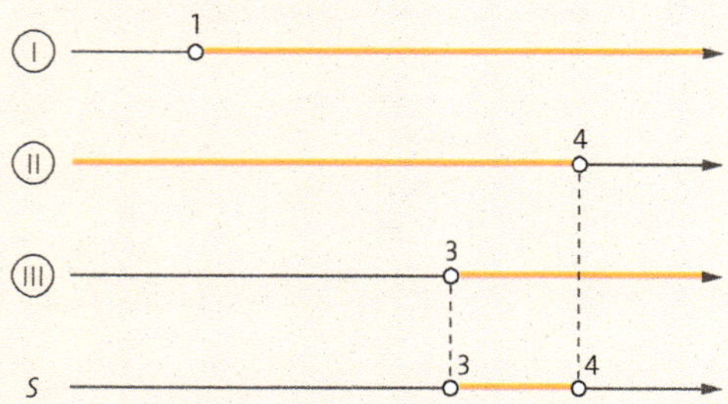

$S = \{x \in \mathbb{R} \mid 3 < x < 4\}$

29. Para que valores reais de x, ou seja, para qual domínio de $f(x)$ é definida a função
$f(x) = \log_{10} \left[\log_{\frac{1}{3}} (x^2 - x + 1)\right]$?

Resolução

Para que esta função seja definida, é necessário que $\log_{\frac{1}{3}} (x^2 - x + 1) > 0$.

Então, devemos resolver essa inequação.

Como $0 = \log_{\frac{1}{3}} 1$, a inequação pode ser escrita assim:

$\log_{\frac{1}{3}} (x^2 - x + 1) > \log_{\frac{1}{3}} 1$

- condições de existência:
  $x^2 - x + 1 > 0$
  $\Delta = -3$ (não tem zeros reais)

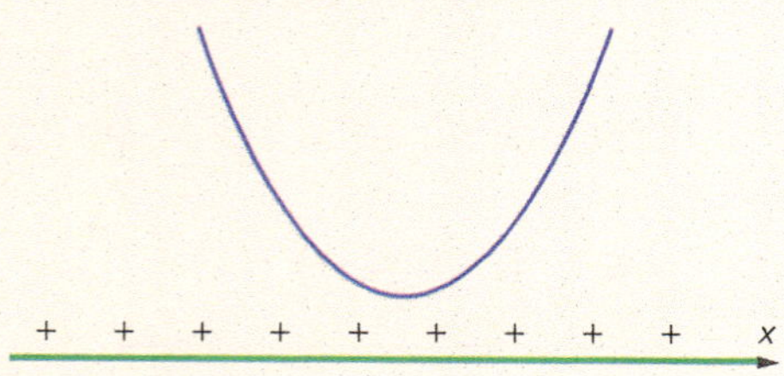

Como $a > 0$ e $\Delta < 0$, a condição se verifica para todo x real. (I)

- base $a = \frac{1}{3}$ $(0 < a < 1) \rightarrow$ troca-se o sentido da desigualdade:
  $x^2 - x + 1 < 1 \Rightarrow x^2 - x < 0$
  $\Delta = 1; x' = 1$ e $x'' = 0$

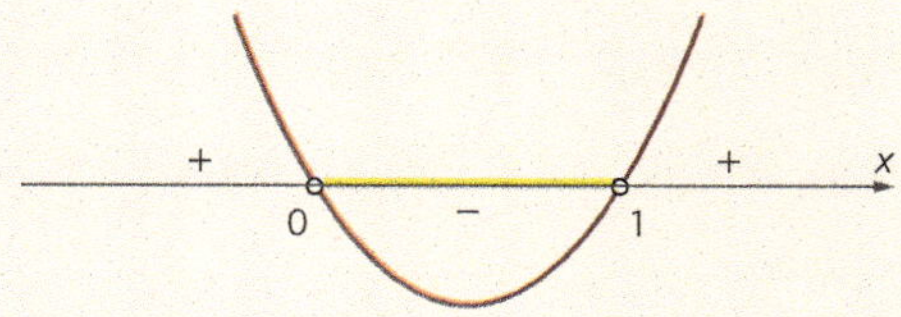

$0 < x < 1$ (II)

- quadro de resolução:

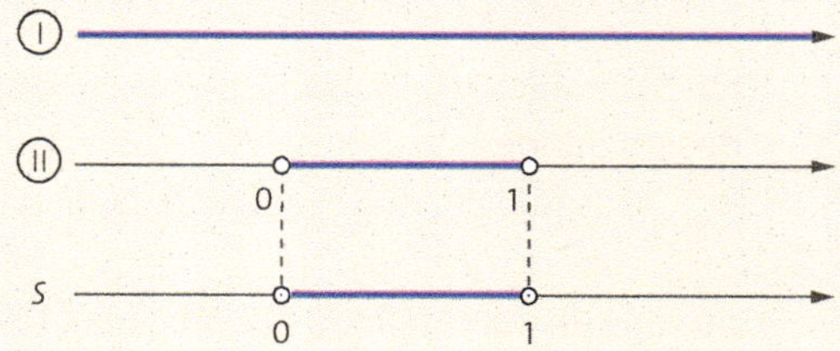

$S = D(f) = \{x \in \mathbb{R} \mid 0 < x < 1\}$

30. Determine os valores de k para que a equação $x^2 - 2x + \log_{10} (k - 2) = 0$ admita raízes reais diferentes.

Resolução

Para que a equação admita raízes reais diferentes, devemos ter $\Delta > 0$, ou seja:

$(-2)^2 - 4(1) \cdot \log_{10} (k - 2) > 0 \Rightarrow$
$\Rightarrow 4 - 4 \cdot \log_{10} (k - 2) > 0 \Rightarrow$
$\Rightarrow -4 \cdot \log_{10} (k - 2) > -4 \Rightarrow$
$\Rightarrow 4 \cdot \log_{10} (k - 2) < 4 \Rightarrow \log_{10} (k - 2) < 1$

Portanto, temos de resolver a inequação:

$\log_{10} (k - 2) < 1$ ou $\log_{10} (k - 2) < \log_{10} 10$

- condição de existência: $k - 2 > 0 \Rightarrow k > 2$ (I)
- base $a = 10$ $(a > 1) \rightarrow$ mantém-se o sentido da desigualdade:
  $k - 2 < 10 \Rightarrow k < 12$ (II)
- quadro de resolução:

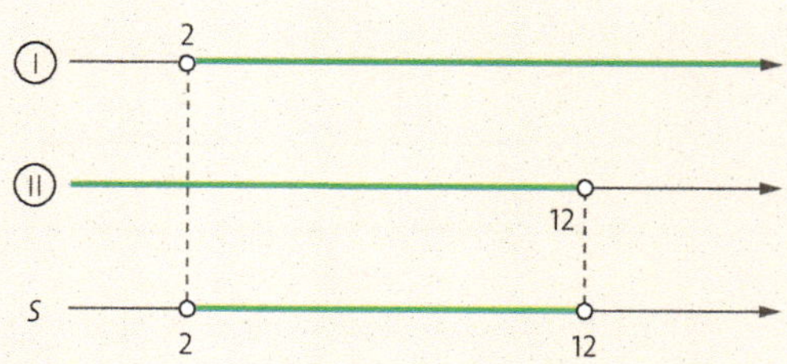

$S = \{k \in \mathbb{R} \mid 2 < k < 12\}$

Exercícios

91. Resolva as inequações:

a) $\log_5 (x - 1) > 0$

b) $\log_3 (2x + 6) < \log_3 4$

c) $\log_{\frac{1}{2}} (x + 1) > 0$

d) $\log_2 (2 - x) > \log_2 3$

92. Determine os valores reais de x que satisfazem:

a) $2^{\log_{10} (x - 4)} > 1$

b) $\log_{\frac{1}{3}} (x^2 - 2x) \geq -1$

93. Resolva os sistemas de inequações abaixo:

a) $\begin{cases} \log_2 (x - 1) \leq 1 \\ \log_3 2x > 0 \end{cases}$

b) $\begin{cases} \log_2 x^2 < 2 \\ \log_{\frac{1}{2}} x \leq 0 \end{cases}$

94. Explicite o domínio das funções definidas por:

a) $f(x) = \sqrt{\log_{10} (x - 2)}$

b) $f(x) = \dfrac{1}{\sqrt{\log_8 x - \log_2 5}}$

95. Determine os valores de k para que a equação $x^2 - 2x + \log_{10} (k^2 - 3k) = 0$ admita raízes reais e diferentes.

Outras aplicações da função logarítmica e dos logaritmos

Exercício resolvido

31. Quando se administra um remédio, sua concentração no organismo deve oscilar entre dois níveis, pois não pode ser tão baixa a ponto de não fazer efeito (Ce) e não pode ser tão alta a ponto de apresentar efeitos indesejáveis (toxicidade) ao paciente (Cp). Quando, após um certo tempo depois de ministrado o remédio, o nível de concentração no organismo atinge Ce, toma-se mais uma dose do remédio a fim de elevar o nível de concentração para Cp. Esse tempo entre as administrações das doses é chamado de **tempo interdoses**. É importante notar que o tempo interdoses, após a 1ª medicação, é o tempo que decorre para a concentração máxima tolerada Cp decair até a concentração mínima eficaz Ce.

Lembrando que a concentração de uma droga no organismo, após um tempo t, é dada por $C(t) = C_0 \cdot \left(\frac{1}{2}\right)^{\frac{t}{P}}$, em que C_0 é a quantidade inicial ingerida do remédio, t é o tempo decorrido e P é o valor da meia-vida da substância no organismo, obtenha em função de Ce, Cp e P:

a) o valor do tempo interdoses;

b) a concentração de remédio D nas doses que devem ser administradas ao paciente a cada intervalo interdoses.

Resolução

a) A função que relaciona a concentração de remédio no organismo em função do tempo é

$$C(t) = C_0 \cdot \left(\frac{1}{2}\right)^{\frac{t}{P}}.$$

Segundo o texto, em cada nova dose administrada, temos uma concentração Cp no organismo e, após o tempo t, essa concentração é Ce. Então:

$$Ce = Cp \cdot \left(\frac{1}{2}\right)^{\frac{t}{P}} \Rightarrow \frac{Ce}{Cp} = \left(\frac{1}{2}\right)^{\frac{t}{P}} \Rightarrow$$

$$\Rightarrow \log \frac{Ce}{Cp} = \log \left(\frac{1}{2}\right)^{\frac{t}{P}} \Rightarrow$$

$$\Rightarrow \log \frac{Ce}{Cp} = \frac{t}{P} \cdot \log \frac{1}{2} \Rightarrow$$

$$\Rightarrow \frac{t}{P} = \frac{\log Ce - \log Cp}{\log \frac{1}{2}} \Rightarrow$$

$$\Rightarrow t = P \cdot \frac{\log Ce - \log Cp}{-0{,}3010} =$$

$$= 3{,}322 \cdot P \cdot (\log Cp - \log Ce)$$

b) Quando a concentração chega a Ce, deve-se administrar o suficiente para que ela atinja o nível Cp novamente, portanto deve-se administrar $D = Cp - Ce$.

Exercícios

96. Mostre que uma substância radioativa que decai exponencialmente de acordo com a fórmula $m(t) = m_0 e^{-kt}$ tem meia-vida igual a $\frac{\ell n\, 2}{k}$.

97. Escreva o número 5 como uma potência de base 2.

Leituras

Logaritmos e funções logarítmicas

Vários conceitos básicos da Matemática, criados para atender a certas necessidades e resolver problemas específicos, revelaram posteriormente uma utilidade bem mais ampla do que a inicialmente pensada, e vieram, com a evolução das ideias e o desenvolvimento das teorias, a adquirir uma posição definitiva de grande relevância nessa ciência. Em alguns casos, a utilidade original foi, com o tempo, superada por novas técnicas, mas a relevância teórica se manteve. [...]

Os logaritmos foram inventados no início do século XVII, a fim de simplificar as trabalhosas operações aritméticas dos astrônomos para a elaboração de tabelas de navegação.

Com efeito, a regra $\log(xy) = \log x + \log y$ e suas consequências, tais como $\log\left(\frac{x}{y}\right) = \log x - \log y$, $\log(x^n) = n \cdot \log x$, permitem reduzir cada operação aritmética (exceto, naturalmente, a adição e a subtração) a uma operação mais simples, efetuada com os logaritmos. Essa maravilhosa utilidade prática dos logaritmos perdurou até recentemente, quando foi vastamente superada pelo uso das calculadoras eletrônicas.

A função logarítmica, entretanto, juntamente com sua inversa, a função exponencial, permanece como uma das mais importantes na Matemática, por uma série de razões que vão muito além da sua utilidade como instrumento de cálculo aritmético. [...]

Resumindo: um matemático ou astrônomo do século XVII achava os logaritmos importantes porque eles lhe permitiam efetuar cálculos com rapidez e eficiência. Um matemático de hoje acha que a função logarítmica e sua inversa, a função exponencial, ocupam uma posição central na Análise Matemática por causa de suas propriedades funcionais, especialmente a equação diferencial $x' = c \cdot x$, que descreve a evolução de grandezas que, em cada instante, sofrem uma variação proporcional ao valor naquele instante. Exemplos de grandezas com essa propriedade são: um capital empregado a juros compostos, uma população (de animais ou bactérias), a radioatividade de uma substância, ou um capital que sofre desconto. [...]

LIMA, Elon Lages. *Meu professor de Matemática e outras histórias*. Rio de Janeiro: Impa-Vitae, 1991. p. 28-30 *passim*.

A lei de Weber e as escalas de Fechner

Hulton Archive/Getty Images

Gustav Theodor Fechner

A lei de Weber (Ernst Heinrich Weber, 1795-1878, fisiologista alemão) para a resposta de seres humanos a estímulos físicos declara que diferenças marcantes na resposta a um estímulo ocorrem para variações da intensidade do estímulo proporcionais ao próprio estímulo. Por exemplo, um homem que sai de um ambiente iluminado para outro só percebe uma variação da luminosidade se esta for superior a 2%; só distingue entre soluções salinas se a variação da salinidade for superior a 25%; etc.

Fechner (Gustav Theodor Fechner, 1801-1887, físico e filósofo alemão) propôs um método de construção de escalas baseado na lei de Weber.

Seja i a taxa de variação da intensidade do estímulo que permite discriminação da resposta. Associemos ao estímulo x_0 o nível de resposta 0. Então, a cada variação de taxa i no nível do estímulo, aumentamos uma unidade na medida do nível de resposta. Sejam y a resposta e x a intensidade do estímulo.

a) Temos que $x = x_0(l + i)^y$.

b) Temos que $y = a \cdot \log x + b$, com

$$a = \frac{l}{\log\,(l + i)} \text{ e } x_0 = \frac{l}{(l + i)^b}.$$

c) O brilho de uma estrela é uma sensação, ou seja, é uma resposta a um estímulo que é a energia luminosa recebida pelo olho. Os astrônomos medem o brilho por intermédio de uma escala de Fechner, $m = c - 2{,}5 \cdot \log_{10} I$, em que m é a medida do brilho, chamada de magnitude aparente, I é a energia luminosa recebida pelo olho e c é uma constante.

d) Uma escala de Fechner muito conhecida é a escala Richter, que mede a intensidade de terremotos. Ela é definida por $R = a + \log_{10} I$, em que R é a intensidade do terremoto (em graus Richter) e I é a energia liberada por ele.

e) Outra escala de Fechner também muito conhecida é a que mede ruídos, definida por $R = 12 + \log_{10} I$, em que R é a medida do ruído em bels (essa designação é em homenagem a Alexander Graham Bell, 1847-1922, físico escocês e inventor do telefone) e I é a intensidade sonora, medida em watts por metro quadrado. Na realidade, a unidade legal no Brasil é um submúltiplo do bel, o decibel.

MORGADO, Augusto Cesar et al. *Progressões e Matemática financeira*. Rio de Janeiro: SBM, 1993. p. 40-41 *passim*. (Coleção do Professor de Matemática).

Yomiuri/Reuters/Latinstock

Terremoto de 8,9 graus na escala Richter que atingiu o Japão em março de 2011. Ao tremor de terra seguiu-se um *tsunami* formado no Pacífico com ondas de 10 metros de altura que varreram a costa nordeste.

O logaritmo na era da informática

Quando um evento tem probabilidade p de ocorrer, sua ocorrência fornece uma quantidade de informações I dada por uma expressão que envolve logaritmos, que é $I = \log_2 \frac{1}{p}$, ou seja, 1 *bit* de informação.

Vendo o logaritmo natural como área

A função $f(x) = \frac{1}{x}$, com $x > 0$, tem como gráfico a figura a seguir, que é um ramo de hipérbole:

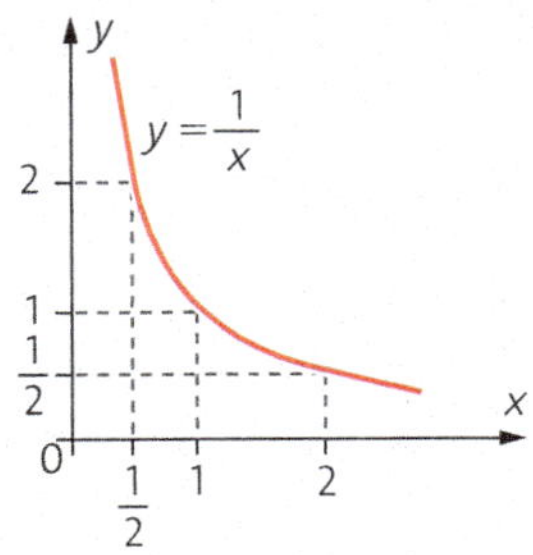

Se x é real positivo, podemos definir o logaritmo natural de x, isto é, $\ln x$, como a área das faixas sombreadas abaixo:

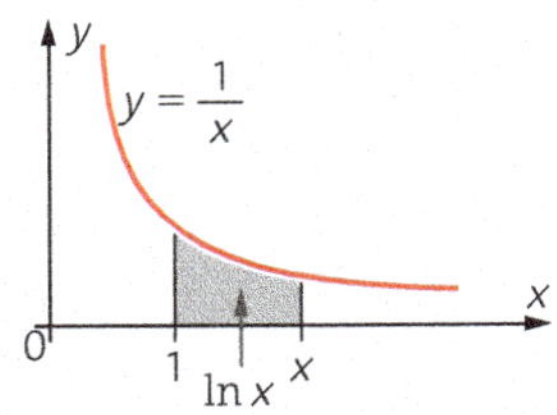

Área = ln x

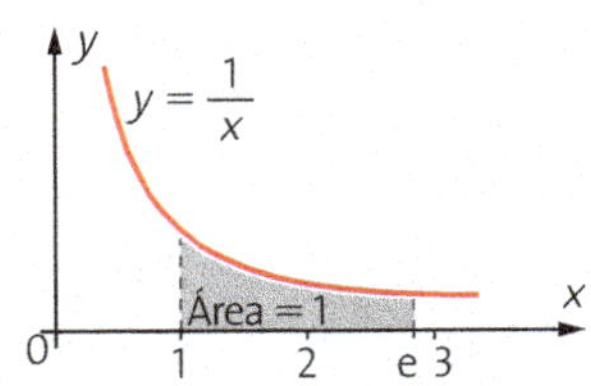

Área = ln e = 1

Para mais detalhes sobre esse enfoque de áreas dado aos logaritmos naturais, consulte: *A Matemática do Ensino Médio* – v. 1, cap. 8, de Elon Lages Lima e outros. Rio de Janeiro, SBM. (Coleção do Professor de Matemática).

Outros contextos

Terremotos e *tsunamis*

Kyodo/Reuters/Latinstock

Tsunami invadindo rodovia no Japão logo após o terremoto de março de 2011.

Você sabia?

Adotada em 1935, a **escala Richter** foi assim batizada em homenagem ao físico norte-americano Charles F. Richter (1900-1985). Ela não mede os efeitos do terremoto, mas indica sua força em termos de energia liberada, conforme medida por sismógrafos. A escala começa em 1 e não tem limite superior. Como tem base logarítmica, cada aumento da magnitude em um número inteiro representa um aumento de 10 vezes na amplitude do terremoto.

Um terremoto, ou sismo, ocorre quando rochas da litosfera submetidas a altas tensões se acomodam (sismo). As **ondas sísmicas**, causadas pelo choque, partem em todas as direções a partir de um ponto chamado **foco** ou **hipocentro**. O ponto situado na superfície exatamente acima do foco é chamado de **epicentro** do terremoto. A partir desse ponto, as ondas de choque fazem com que o solo se mova em movimentos cíclicos que geram "ondas" forçando o solo para cima e para baixo, e de um lado para o outro. Quando o epicentro está abaixo de um mar ou oceano, ele pode criar um maremoto ou um *tsunami*, uma onda gigante.

A maior parte dos terremotos ocorre nas áreas de contato entre placas tectônicas, ou em falhas entre dois blocos rochosos (ver figura abaixo). O comprimento de uma falha pode variar de alguns centímetros até centenas de quilômetros, como é o caso da falha de Santo André (ou San Andreas), na Califórnia, Estados Unidos.

Só nos Estados Unidos, ocorrem de 12 mil a 14 mil terremotos anualmente (ou seja, aproximadamente 35 por dia). De acordo com registros históricos de longo prazo, aproximadamente 18 grandes terremotos (de 7 a 7,9 na **escala Richter**) e um terremoto gigante (8 ou acima) podem ser esperados num ano.

O maior terremoto já registrado foi o Grande Terremoto do Chile, em 1960, que atingiu 9,5 na escala Richter, seguido pelo da Indonésia, em 2004, que atingiu 9,3 na mesma escala.

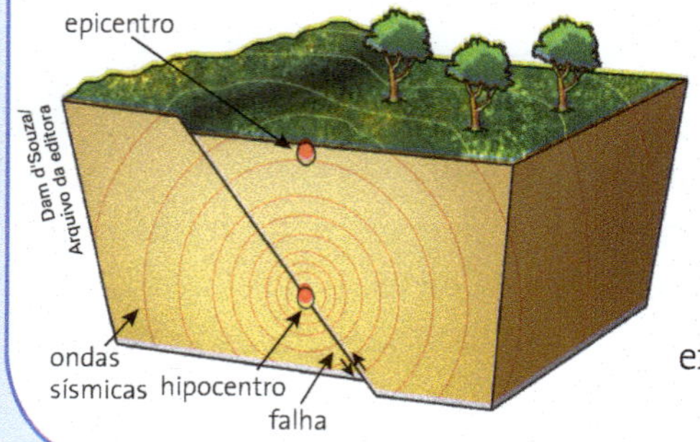

Dam d'Souza/Arquivo da editora

A escala Richter corresponde ao logaritmo da medida da amplitude das ondas sísmicas a 100 km do epicentro. A intensidade I de um terremoto é um número que varia de $I = 0$ até $I = 9{,}5$ para o maior terremoto conhecido. I é dado pela fórmula:

Origem dos terremotos

$$I = \frac{2}{3}\log_{10}\left(\frac{E}{E_0}\right)$$

em que E é a energia liberada em quilowatt-hora e $E_0 = 7 \cdot 10^{-3}$ kWh.

Adaptado de: <http://pt.wikipedia.org/wiki/terremotos>. Acesso em: 4 dez. 2012.

Trabalhando com o texto

1. Qual é a energia liberada em um terremoto de intensidade 8 na escala Richter?

2. Imagine que uma residência simples tenha o consumo médio mensal de energia elétrica de 100 kWh. Se fosse possível captar toda a energia liberada em um terremoto de intensidade 8 na escala Richter, qual seria o número de residências do tipo descrito que poderiam ser abastecidas com energia elétrica durante um mês?

3. Dois tremores de terra foram sentidos pela população de Montes Claros (MG) em 19 de maio de 2012. O mais forte deles alcançou uma intensidade aproximada de 4,5 pontos na escala Richter, tendo sido detectado pelos equipamentos de sismologia da Universidade de Brasília (UnB). Qual foi a energia liberada por ele?

4. No dia 11 de março de 2011, o maior terremoto da história do Japão, seguido de um *tsunami*, atingiu a costa do país, com liberação aproximada de $7 \cdot 10^{10,2}$ kWh. Qual foi a intensidade desse terremoto na escala Richter?

Pesquisando e discutindo

5. Pesquise e discuta com seus colegas qual a relação entre terremoto e *tsunami*.

6. Como você pôde ler no texto, a maioria dos terremotos está relacionada ao movimento das placas tectônicas. Pesquise um mapa que represente as placas tectônicas no mundo e verifique a configuração das placas próximas aos países que foram citados nas atividades acima. Consulte o mapa e responda:

a) A região onde está localizado o Japão é uma área suscetível a terremotos e *tsunamis*? Por quê?

b) Por que não há terremotos de grande porte ou *tsunamis* no Brasil?

7. O terremoto e o *tsunami* que abalaram o Japão em março de 2011 provocaram danos na usina nuclear de Fukushima, localizada na região nordeste do país. Vazamentos radioativos foram registrados e um iminente desastre nuclear mobilizou a comunidade internacional. A partir dessa informação, faça o que se pede a seguir:

a) Pesquise e discuta com seus colegas sobre os impactos de um acidente nuclear desse porte. Que outros acidentes nucleares são conhecidos na História?

b) Levando em conta que 30% da energia produzida no Japão é proveniente de usinas nucleares (já que o país não dispõe de reservas de petróleo e gás natural, por exemplo), comentem como esse tipo de acidente pode afetar a economia do Japão.

8. Considerando que o Japão é um país desenvolvido, discuta com seus colegas:

a) Uma catástrofe natural pode afetar de maneira diferente um país desenvolvido e outro em desenvolvimento? Procurem saber a respeito do terremoto que atingiu o Haiti, país mais pobre das Américas, em 2010 e como esse país se recuperou (ou tem se recuperado) da catástrofe.

b) Qual a importância da ajuda humanitária internacional em casos como esse?

Veja mais sobre o assunto

Procure mais informações em jornais, revistas e nos *sites* abaixo:

- Terremotos: <http://vsites.unb.br/ig/sis/terremo.htm>; <ciencia.hsw.uol.com.br/terremotos4.htm>.
- *Tsunamis*: <www.unb.br/ig/glossario/verbete/tsunami.htm>; <http://ultimosegundo.ig.com.br/mundo/entenda+como+tsunamis+se+formam/n1238149954513.html>.
- Acidente na usina nuclear de Fukushima: <www.bbc.co.uk/portuguese/multimedia/2011/03/110317_guiaanimado_reatorfukushima.shtml>.

Acessos em: 4 fev. 2014.

Atividades adicionais

1. Se $A = \log_2 1024 + \log_{\frac{1}{5}} 625$, determine o valor de A.

2. Calcule a soma $\log_2 16 + \log_3 81 + \log_4 0{,}25$.

3. Se $x = \log_2 (2\sqrt{2})$ e $y = \log_{0,01} 10$, calcule $x + y$.

4. Sabendo que $\log_a (x + y) = m$ e $\log_a (x - y) = n$, calcule $\log_a (x^2 - y^2)$.

5. Dados $\log 2 = a$, $\log 3 = b$ e $\log 10 = 1$, calcule $\log 60$.

6. Se $\log_a b = m$, $\log_a c = n$ e $x = b^2 \cdot \sqrt[3]{c}$, calcule $\log_a x$ em função de m e n.

7. Se $\log_2 m = \log_2 10 - \log_2 5$, calcule o valor de m.

8. Dado $a = 2 \cdot \log 5 + 2 \cdot \log 2$, calcule o valor de a.

9. Sabendo que $2x = \log 72 + \log \dfrac{2}{3} - \log 48$, qual é o valor de x?

10. Se $\log_a b = 2 - m$ e $\log_b a = 2 + m$, calcule o valor de m.

11. Dado $\log_b a^3 = m$, calcule $\log_a b$.

12. Sabendo que $\log a = 6 \cdot \log b$, $2 \cdot \log b = \log c$ e que $\log c = 45$, calcule o valor numérico da expressão $\log \sqrt[5]{\dfrac{a^3 \cdot b^4}{c^2}}$.

13. Sabendo que $\log_{ab} a = 4$, calcule o valor de $6 \cdot \log_{ab}\left(\dfrac{\sqrt[3]{a}}{\sqrt{b}}\right)$.

(**Observação**: $a > 0$, $a \neq 1$, $ab \neq 1$ e $b > 0$.)

14. Calcule:
$\log_3 2 \cdot \log_4 3 \cdot \log_5 4 \cdot \log_6 5 \cdot ... \cdot \log_{15} 14 \cdot \log_{16} 15$.

15. Sabendo que $\log_{10} 2 = a$ e $\log_{10} 3 = b$, calcule o valor de $\log_9 20$.

16. Calcule:
a) $\log 0{,}00001$;
b) $\log 10\,000\,000$.

17. Dados $\log 2 = 0{,}30$; $\log 3 = 0{,}48$ e $\log 5 = 0{,}70$, calcule:
a) $\log 500$;
b) $\log 1{,}25$.

18. Classifique em verdadeiro (**V**) ou falso (**F**):
a) $\log_7 343 = 3$
b) $\log_7 0 = 1$
c) $\log_3 9 = 3$
d) $\log_7 \dfrac{1}{7} = -1$
e) $\dfrac{2}{3} = \log_8 4$
f) $5 = \log 10^5$
g) $\log_{387} 387 = 1$
h) $\log 0{,}001 = -3$
i) $\log_3 14 = \log_3 7 + \log_3 2$
j) $\log_2 (3 \cdot 5) = \log_2 3 + \log_2 5$
k) $\log \dfrac{3}{4} = \log 3 - \log 4$
l) $3 = \log_2 2^3$
m) $3 \cdot \log 4 = \log 64$
n) $\log_3 \sqrt{7} = 2 \cdot \log_3 7$
o) $\log_5 13 = \dfrac{\log 13}{\log 5}$
p) $\log_7 4 = x \Rightarrow \log_4 7 = -x$
q) $\log_3 2 = \log_{81} 16$
r) $\text{colog}_2 8 = -3$

19. Resolva as equações a seguir:
a) $\log_2 (x - 6) = 3$
b) $\log_2 (\log_3 x) = 2$
c) $2 \cdot \log_{10} x = \log_{10} 4 + \log_{10} 3x$
d) $\log_9 x + \log_{27} x - \log_3 x = -1$
e) $\log_2 (2 - x) - \log_4 (17 - x) = 1$

20. Define-se o antilogaritmo de a na base b ao número $x = \text{antilog}_b a$ tal que $a = \log_b x$, para a e b reais positivos e $b \neq 1$. Determine antilog 2 e $\text{antilog}_2 3$.

21. Com o auxílio de uma calculadora, calcule utilizando as teclas das quatro operações fundamentais, a tecla log e a 10^x (caso não tenha uma calculadora à disposição, indique o roteiro para efetuar o cálculo):
a) $\log 0{,}0570$
b) $\log \sqrt{1536}$
c) $\log_3 38$
d) $\log_5 \sqrt{3}$
e) x tal que $\log_2 x = 3{,}57$
f) $\log_2 10$

22. Sem usar calculadora, determine entre quais inteiros consecutivos fica cada logaritmo:

a) $\log 93{,}6$
b) $\log_5 42$
c) $\log_3 266$
d) $\log_5 \frac{1}{30}$

23. Calcule:

a) $\log 1\,000\,000$
b) $\log 0{,}1$

24. Dados $\log 2 = 0{,}30$, $\log 3 = 0{,}48$ e $\log 5 = 0{,}70$, indique quanto vale:

a) $\log 30\,000$
b) $\log 0{,}00005$
c) $\log 72$
d) $\log 0{,}006$
e) $\log 14{,}4$
f) $\log 0{,}08$

25. Dados $\log 2 = 0{,}30$ e $\log 7 = 0{,}85$, determine:

a) $\log 0{,}28$
b) $\log 25$

26. Sabendo que $\log 2 = 0{,}30103$, determine o número de algarismos da potência $500^{10\,000}$.

27. Dado $\log x = 0{,}806$, determine $\log (10^{-2} \cdot x)$.

28. Dados $\log 2 = 0{,}30$; $\log 3 = 0{,}48$; $\log 5 = 0{,}70$ e $\log e = 0{,}43$, resolva as equações:

a) $3^x = 10$
b) $e^x = 15$

29. Dados $\log 5 = 0{,}70$ e $\log 3 = 0{,}48$, calcule o valor de x na equação $(0{,}3)^x = 1{,}5$.

30. Se $\log 2 = 0{,}30$ e $\log e = 0{,}43$, resolva a equação $8^x - 2e = 0$.

31. Resolva a equação $e^{2x} - 3 \cdot e^x + 2 = 0$, dados $\log 2 = 0{,}30$ e $\log e = 0{,}43$.

32. Resolva as inequações:

a) $\log_{0,3} (x^2 - 1) < \log_{0,3} 8$
b) $\log_{10} (x^2 - 2x + 1) < 2$
c) $\log_3 (\log_2 x) > 0$
d) $\log_{\frac{1}{3}} (\log_2 x) > 0$
e) $|\log_{10} x| < 1$

33. Resolva:

a) $\log_{\frac{1}{2}} (3 - x) - \log_{\frac{1}{2}} 2 > \log_{\frac{1}{2}} x$
b) $\log_4 (2x + 1) > \log_4 x + \log_4 3$
c) $\log_2 (x - 5) + \log_2 (x - 4) < 1$

34. Para que valores reais de x é definida a função

$f(x) = \log_{10} \left[\log_{\frac{1}{3}} (x + 1)\right]$?

35. Observando a base, identifique as seguintes funções como crescentes ou decrescentes:

a) $f(x) = \log_{1,2} x$
b) $f(x) = \log_{\frac{1}{4}} x$

36. Se $A = \log_{21} (x + 2)$ e $B = \log_{21} (x + 6)$, calcule x para que $A + B = 1$.

37. Calcule o valor de x na igualdade $\log_x N = \frac{1}{2} \log_3 N$.

38. Resolva a equação $\log_4 (x + 2) \cdot \log_x 2 = 1$.

39. Determine para que valores reais de x é verdadeira a sentença $\frac{1}{\log_x 8} + \frac{1}{\log_{2x} 8} + \frac{1}{\log_{4x} 8} = 2$.

40. W. F. Libby ganhou, em 1960, um prêmio Nobel pela descoberta da datação pelo carbono, uma técnica criada para determinar a idade de artefatos antigos e fósseis. O trabalho de Libby relaciona o carbono de isótopo radioativo ^{14}C e o carbono ^{12}C por uma função da forma $m(t) = m_0 e^{-kt}$. Um arqueólogo encontrou num sambaqui um artefato no qual a redução de ^{14}C para ^{12}C era de $\frac{1}{6}$ da proporção encontrada na atmosfera. Sabendo que a meia-vida do ^{14}C é de 5 730 anos, qual é, aproximadamente, a idade do artefato?

Bettmann/Corbis/Latinstock

Willard F. Libby

41. A expressão $M = C(1 + i)^n$ nos permite calcular o montante M, resultante de uma aplicação do capital C, a juros compostos e à taxa mensal i, ao completar um período de n meses. Nessas condições, responda:

a) Se um capital de R$ 30 000,00 for aplicado a juros compostos e à taxa mensal de 5%, qual será o montante após 12 meses?
b) Quantos meses serão necessários para que o montante triplique?

Pensando no Enem

1. A Escala de Magnitude de Momento (abreviada como MMS e denotada com M_w), introduzida em 1979 por Thomas Haks e Hiroo Kanamori, substituiu a escala Richter para medir a magnitude dos terremotos em termos de energia liberada. Menos conhecida pelo público, a MMS é, no entanto, a escala usada para estimar as magnitudes de todos os grandes terremotos da atualidade. Assim como a escala Richter, a MMS é uma escala logarítmica. M_w e M_0 se relacionam pela fórmula: $M_w = -10{,}7 + \frac{2}{3}\log 10\ (M_0)$, onde M_0 é o momento sísmico (usualmente estimado a partir dos registros de movimento da superfície, através dos sismogramas), cuja unidade é dina · cm.

O terremoto de Kobe, acontecido no dia 17 de janeiro de 1995, foi um dos terremotos que causaram maior impacto no Japão e na comunidade científica internacional. Teve magnitude $M_w = 7{,}3$.

U.S. GEOLOGICAL SURVEY. *Historic Earthquakes*. Disponível em: <http://earthquake.usgs.gov>. Acesso em: 1º maio 2010 (adaptado).

Mostrando que é possível determinar a medida por meio de conhecimentos matemáticos, qual foi o momento sísmico M_0 do terremoto de Kobe (em dina · cm)?

a) $10^{-5,10}$
b) $10^{-0,73}$
c) $10^{12,00}$
d) $10^{21,65}$
e) $10^{27,00}$

Resolução

Este problema envolve equações logarítmicas, obtidas por meio da interpretação do enunciado e análise da função logarítmica apresentada. A função de magnitude do terremoto MMS foi descrita na forma: $M_w = -10{,}7 + \frac{2}{3}\log_{10}(M_0)$, em que M_0 é o momento sísmico solicitado no problema. Temos, para o terremoto de Kobe, a magnitude de $M_w = 7{,}3$, substituindo na equação:

$$7{,}3 = -10{,}7 + \frac{2}{3}\log_{10}(M_0)$$

Nosso objetivo é determinar M_0, então vamos inicialmente isolar o $\log_{10}(M_0)$.

$$\frac{2}{3}\log_{10}(M_0) = 7{,}3 + 10{,}7 \Rightarrow \log_{10}(M_0) = \frac{3}{2} \cdot 18 \Rightarrow$$
$$\Rightarrow \log_{10}(M_0) = 27$$

Da definição de logaritmo temos que:

$$\log_{10}(M_0) = 27 \Rightarrow 10^{27} = M_0$$

Resposta: alternativa **e**.

2. Em setembro de 1987, Goiânia foi palco do maior acidente radioativo ocorrido no Brasil, quando uma amostra de césio-137, removida de um aparelho de radioterapia abandonado, foi manipulada inadvertidamente por parte da população. A meia-vida de um material radioativo é o tempo necessário para que a massa desse material se reduza à metade. A meia-vida do césio-137 é 30 anos e a quantidade restante de massa de um material radioativo, após t anos, é calculada pela expressão $M(t) = A \cdot (2{,}7)^{kt}$, onde A é a massa inicial e k é uma constante negativa.
Considere 0,3 como aproximação para $\log_{10} 2$.
Qual o tempo necessário, em anos, para que uma quantidade de massa do césio-137 se reduza a 10% da quantidade inicial?

a) 27
b) 36
c) 50
d) 54
e) 100

Resolução

De acordo com o texto, temos a função: $M(t) = A \cdot (2{,}7)^{kt}$, onde M é a massa de césio-137 restante após t anos, A é a massa inicial e k é uma constante negativa.
Uma informação muito importante está relacionada com a meia-vida de um material radioativo. De acordo com o texto, a meia-vida do césio-137 é de 30 anos. Isso significa que, para $t = 30$, a quantidade restante de massa será equivalente à metade da massa inicial, ou seja: $M(30) = \frac{1}{2} \cdot A$. Assim, substituindo $t = 30$ na função, podemos escrever a equação:

$$M(30) = A \cdot (2{,}7)^{k \cdot 30} = \frac{1}{2} \cdot A \Rightarrow (2{,}7)^{k \cdot 30} = \frac{1}{2} \Rightarrow$$
$$\Rightarrow (2{,}7)^{k \cdot 30} = 2^{-1}$$

Aplicando o logaritmo na base, temos:

$$\log 2{,}7^{30k} = \log 2^{-1} \Rightarrow 30k \cdot \log 2{,}7 = -1 \cdot \log 2 \Rightarrow$$
$$\Rightarrow k \cdot \log 2{,}7 = \frac{-1 \cdot \log 2}{30} = \frac{-1 \cdot 0{,}3}{30} \Rightarrow$$
$$\Rightarrow k \cdot \log 2{,}7 = -0{,}01$$

O log 2,7 não será calculado, uma vez que não foram dadas as informações necessárias.
Por outro lado, o tempo necessário para que a massa se reduza a 10% da massa inicial será: $M(t) = 10\% \cdot A = 0{,}1A$.
Escrevendo a função, temos:

$$M(t) = A \cdot (2{,}7)^{kt} = 0{,}1A \Rightarrow (2{,}7)^{kt} = \frac{1}{10} \Rightarrow (2{,}7)^{kt} = 10^{-1}$$
$$\log (2{,}7)^{kt} = \log 10^{-1} \Rightarrow kt \cdot \log (2{,}7) = -1 \cdot \log 10$$

Substituindo $k \cdot \log 2{,}7 = -0{,}01$ e $\log 10 = 1$, t será:

$$t \cdot (-0{,}01) = -1{,}1 \Rightarrow t = \frac{1}{0{,}01} = 100$$

Resposta: alternativa **e**.

Vestibulares de Norte a Sul

1. *Biologia*
N (UFRR) Em pesquisa recente realizada por cientistas brasileiros de uma universidade federal comprovaram que a **ariranha** e o **mico-leão-dourado** são espécies em extinção no Brasil. Com o objetivo de preservar essas espécies, foram reunidos numa reserva florestal 120 ariranhas e 80 micos-leões-dourados. Constatou-se, após alguns anos, que o crescimento da população de ariranhas foi 5% ao ano e que a população de micos cresceu à taxa de 10% ao ano. Em quanto tempo, aproximadamente, após a reunião desses animais na reserva, o número de micos deve chegar ao dobro do número de ariranhas? (Use $\log 3 = 0{,}477$ e $\log 1{,}047 = 0{,}019$.)
a) 25 anos
b) 20 anos
c) 30 anos
d) 15 anos
e) 10 anos

2. *Química*
NE (Uneb-BA) Cada elemento radioativo, seja natural ou obtido artificialmente, se desintegra a uma velocidade que lhe é característica. Meia-vida é o tempo necessário para que a sua atividade seja reduzida à metade da atividade inicial. O cobalto 60, cuja radiação é muito utilizada em equipamentos de radioterapia, tem meia-vida de 5 anos. Nessas condições, o tempo necessário para que 800 g de cobalto 60 sejam reduzidos, por desintegração, a 12,5 g, em anos, é igual a:
a) 20.
b) 25.
c) 30.
d) 35.
e) 40.

3. **NE** (UFRN) Se $\log_5 x + \log_5 y = 3$, com x e y inteiros maiores que 1, então:
a) $x \cdot y = 15$.
b) $x + y = 20$.
c) $x \cdot y = 25$.
d) $x = y = 30$.

4. **CO** (UEMS) Os valores de x que satisfazem a equação $\log_{x^2}(ax^2 + b) = 2$ são 2 e $\sqrt{2}$. Nessas condições, os respectivos valores de a e b são:
a) 2 e -2.
b) 6 e -8.
c) 2 e $\sqrt{2}$.
d) 0 e 1.
e) $-\sqrt{2}$ e $\sqrt{2}$.

5. **SE** (Fuvest-SP) A intensidade I de um terremoto, medida na escala Richter, é um número que varia de $I = 0$ até $I = 8{,}9$ para o maior terremoto conhecido. I é dado pela fórmula $I = \frac{2}{3}\log_{10}\frac{E}{E_0}$, na qual E é a energia liberada no terremoto em quilowatt-hora e $E_0 = 7 \cdot 10^{-3}$ kWh.
a) Qual é a energia liberada num terremoto de intensidade 8 na escala Richter?
b) Aumentando de uma unidade a intensidade do terremoto, por quanto fica multiplicada a energia liberada?

6. **SE** (FGV-SP) O rendimento de um carro *flex* (número de quilômetros que percorre com um litro de combustível), que pode ser movido por uma mistura de álcool com gasolina em qualquer proporção, é dado pela função $R(x) = K \cdot a^x$ quilômetros por litro, na qual K e a são números reais positivos e x $(0 \leqslant x \leqslant 1)$ é a porcentagem de álcool misturado com gasolina.
Sabe-se que, abastecido com 100% de gasolina, o rendimento é de 18 quilômetros por litro e que, com 100% de álcool, cai para 9 quilômetros por litro.
Se ao iniciar uma viagem, uma pessoa encher o tanque do carro com 50 litros de uma mistura de álcool com gasolina e chegar ao seu destino, depois de rodar 600 km, com o tanque praticamente vazio, qual a porcentagem de álcool na mistura?
Para os cálculos, utilize, se necessário, alguns dos valores da tabela abaixo:

n	$\log n$
2	0,30
3	0,48
7	0,85
10	1

7. **SE** (Vunesp-SP) Suponha que uma represa de área igual a 128 km² tenha sido infestada por uma vegetação aquática. Suponha também que, por ocasião de um estudo sobre o problema, a área tomada pela vegetação fosse de 8 km² e que esse estudo tivesse concluído que a taxa de aumento da área cumulativamente infestada era de 50% ao ano. Nessas condições:
a) Qual seria a área infestada n anos depois do estudo, caso não se tomasse nenhuma providência?
b) Com as mesmas hipóteses, em quantos anos a vegetação tomaria conta de toda a represa? (Use os valores aproximados $\log_{10} 2 = 0{,}30$ e $\log_{10} 3 = 0{,}48$.)

8. **SE** (Unicamp-SP) A função $L(x) = ae^{bx}$ fornece o nível de iluminação, em luxes, de um objeto situado a x metros de uma lâmpada.

a) Calcule os valores numéricos das constantes a e b, sabendo que um objeto a 1 metro de distância da lâmpada recebe 60 luxes e que um objeto a 2 metros de distância recebe 30 luxes.

b) Considerando que um objeto recebe 15 luxes, calcule a distância entre a lâmpada e esse objeto.

9. **SE** (Fuvest-SP) Se x é um número real, $x > 2$ e $\log_2 (x - 2) - \log_4 x = 1$, então o valor de x é:

a) $4 - 2\sqrt{3}$.

b) $4 - \sqrt{3}$.

c) $2 + 2\sqrt{3}$.

d) $4 + 2\sqrt{3}$.

e) $2 + 4\sqrt{3}$.

10. **SE** (FGV-SP) O conjunto solução da equação

$x \cdot \left(\log_2 7^x + \log_2 \frac{7}{3}\right) + \log_2 21^x = 0$, sendo $\log_2 N$ o logaritmo do número N na base 2, é:

a) $\varnothing$.

b) {0}.

c) {1}.

d) {0, −2}.

e) {0, 2}.

11. **SE** (ITA-SP) Considere a equação em x, $a^{x+1} = b^{\frac{1}{x}}$, onde a e b são números reais positivos, tais que $\ln b = 2 \ln a > 0$. A soma das soluções da equação é:

a) 0. b) −1. c) 1. d) ln 2. e) 2.

12. **SE** (FEI-SP) A solução do sistema $\begin{cases} x + y = \frac{4}{3} \\ 2 \log_3 x - \log_3 y = 1 \end{cases}$

é um par (x, y) tal que o produto $x \cdot y$ vale:

a) 3.

b) 4.

c) $\frac{3}{4}$.

d) $-\frac{64}{3}$.

e) $\frac{1}{3}$.

13. **SE** (Unicamp-SP) Calcule o valor da expressão $\log_n\left(\log_n \sqrt[n]{\sqrt[n]{n}}\right)$, em que n é um número inteiro, $n \geqslant 2$. Ao fazer o cálculo, você verá que esse valor é um número que não depende de n.

14. **SE** (UFMG) Dados $\log 2 = 0{,}301$ e $\log 3 = 0{,}477$, calcule $\log \sqrt[3]{a^2 b}$ quando $a = 2$ e $b = 3$.

15. **SE** (PUC-SP) Uma calculadora eletrônica possui as teclas das quatro operações fundamentais e as teclas 10^x, $\log_{10}$ e $\log_e$. Como se pode obter o valor de **e** usando as funções da calculadora?

16. **S** (UEL-PR) Uma universidade tem 5 000 alunos e uma estimativa de crescimento do número de alunos de 10% ao ano. Com base nessas informações, o tempo previsto para que a população estudantil da universidade ultrapasse 10 000 alunos é de:
(Dados $\log_{10} 2 = 0{,}30$; $\log_{10} 1{,}1 = 0{,}04$.)

a) 6 anos.

b) 7 anos.

c) 8 anos.

d) 9 anos.

e) 10 anos.

17. **S** (PUC-RS) Observe a representação da função dada por $y = \log (x)$ a seguir.

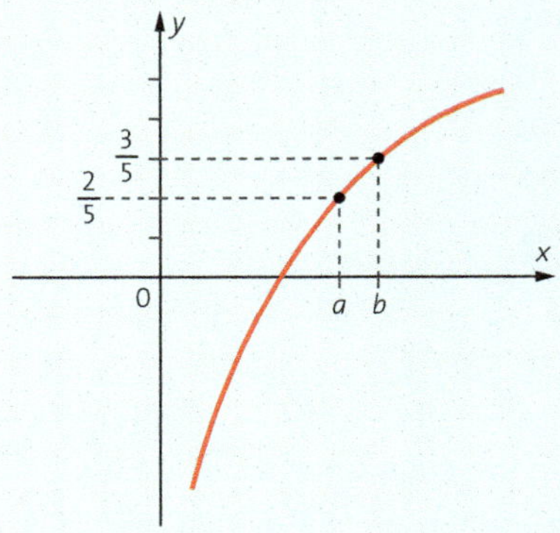

Pelos dados da figura, podemos afirmar que o valor de $\log (a \cdot b)$ é:

a) 1.

b) 10.

c) $10^{\frac{2}{5}}$.

d) $10^{\frac{3}{5}}$.

e) 10^5.

18. **S** (Uergs-RS) Na equação $2^x = 18$ o valor de x pode ser dado por:

a) $x = 9$.

b) $x = 1 + \log 2$.

c) $x = 2 + \log_2 9$.

d) $x = \log_{18} 2$.

e) $x = 1 + 2 \log_2 3$.

19. **S** (UTFPR) A inequação $\log (x + 1) > -\log (x + 1)$ tem como solução:

a) $\{x \in \mathbb{R} \mid x > 0\}$.

b) $\{x \in \mathbb{R} \mid x < -2 \text{ ou } x > 0\}$.

c) $\{x \in \mathbb{R} \mid -2 < x < 0\}$.

d) $\{x \in \mathbb{R} \mid x > -1\}$.

e) $\{x \in \mathbb{R} \mid -1 < x < 0\}$.

CAPÍTULO 7 Sequências

Irin-k K/Shutterstock/Glow Images

A quantidade de pétalas de uma margarida segue uma sequência numérica.

1 Sequências

Em muitas situações da vida diária aparece a ideia de **sequência** ou **sucessão**. Assim, por exemplo, temos:

- a sequência dos dias da semana (domingo, segunda, ..., sábado);
- a sequência dos meses do ano (janeiro, fevereiro, ..., dezembro);
- a sequência dos números naturais (0, 1, 2, 3, 4, ...);
- a sequência dos anos, a partir de 2002, nos quais a Copa do Mundo de Futebol é realizada (2002, 2006, 2010, 2014, 2018, 2022, ...).

Junte-se com um colega e faça o que se pede.

Determinem qual é o próximo elemento em cada sequência abaixo, se possível:

a) Janeiro, março, maio, ...

b) Sábado, sexta, quinta, quarta, ...

c) Domingo, ...

d) 1, 2, 3, 4, ...

e) 1, 2, 4, 8, 16, ...

f) 1, ...

g) 240, −120, 60, −30, 15, ...

h) 1, 4, 9, 16, ...

Em todas essas situações observamos certa ordem nos elementos da sequência. Esses elementos são também chamados **termos** de sequência. Na sequência dos meses do ano, temos:
1º termo: janeiro; 2º termo: fevereiro, ...; 12º termo: dezembro.

Se representarmos o 1º termo por a_1 (lê-se *a índice um*, ou *a um*), o 2º termo por a_2, o 3º por a_3 e assim por diante, até o termo de ordem n, ou enésimo termo (a_n), essa sequência pode ser representada por $(a_1, a_2, a_3, ..., a_n)$.

Nesse exemplo, temos:

- a_1 = janeiro
- a_7 = julho
- a_{10} = outubro
- a_{12} = dezembro

Definição

Vamos retomar a definição de sequência que estudamos no capítulo 2.

> Uma **sequência** ou sucessão de números reais **é uma função** definida em $\mathbb{N}^* = \{1, 2, 3, ..., n, ...\}$ e que toma valores no conjunto $\mathbb{R}$ dos números reais.
>
> $$f: \mathbb{N}^* \to \mathbb{R}$$

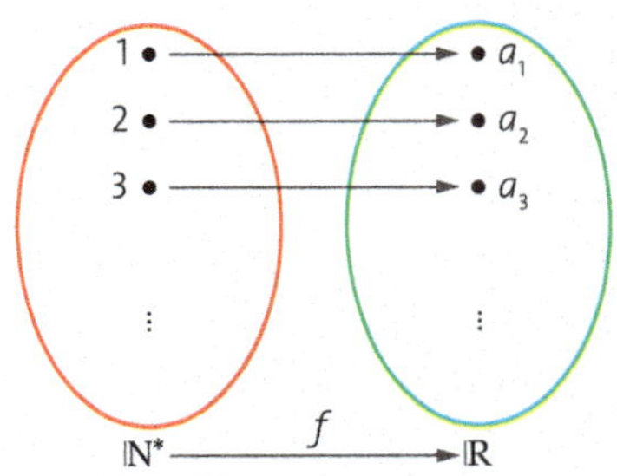

Assim, a cada elemento $n \in \mathbb{N}^*$ corresponde um único número real a_n. Os elementos a_n são os termos da sequência, e as notações para a sequência são:

$$(a_1, a_2, a_3, ..., a_n, ...) \text{ ou } (a_n)_{n \in \mathbb{N}^*} \text{ ou } (a_n)$$

Dessa forma, $f(1) = a_1, f(2) = a_2, ..., f(n) = a_n, ...$

O índice n indica a posição do elemento na sequência. Desse modo, o primeiro termo é indicado por a_1, o segundo é indicado por a_2, e assim por diante.

Exemplos:

a) A sequência dos números ímpares positivos é **infinita**: (1, 3, 5, 7, 9, ...), na qual $a_1 = 1, a_2 = 3, a_3 = 5, a_4 = 7, a_5 = 9$, etc.

b) A sequência dos quatro primeiros múltiplos de 5 é **finita**: (0, 5, 10, 15). Nesse caso, $a_1 = 0, a_2 = 5, a_3 = 10$ e $a_4 = 15$.

Fique atento!
Indicamos que a sequência é **infinita** colocando reticências (...) no final.

c) (17, 12, 7, 2, −3, −8) é uma sequência finita de 6 termos.

d) Ao lançarmos uma moeda, temos dois resultados possíveis: cara ou coroa. Se lançarmos duas moedas diferentes, por exemplo, uma de R$ 0,10 e outra de R$ 0,50, teremos quatro possibilidades: (cara, cara), (cara, coroa), (coroa, cara) e (coroa, coroa). Se lançarmos três moedas diferentes, serão oito resultados possíveis, e assim por diante. Confira:
A relação entre o número de moedas e o número de resultados mostrada na tabela abaixo é uma função: a cada número de moedas corresponde um único número de resultados.

Número de moedas	1	2	3	4	5	⋮
Número de resultados	2	4	8	16	32	⋮

Para refletir
Explicite os oito resultados no caso de três moedas.

Observe o diagrama ao lado. Nesse caso, $f: \mathbb{N}^* \to \mathbb{R}$ é definida por $f(1) = a_1 = 2$, $f(2) = a_2 = 4$, $f(3) = a_3 = 8$, etc., e a sequência é representada por (2, 4, 8, 16, 32, ...).

Observe que $2 = 2^1$; $4 = 2^2$; $8 = 2^3$; $16 = 2^4$; $32 = 2^5$; etc. Então, se n é o número de moedas, o número de resultados é dado por 2^n. Nesse caso, temos $f(n) = a_n = 2^n$. Essa expressão, $\boldsymbol{a_n = 2^n}$, é chamada **lei de formação** ou **termo geral** da sequência (2, 4, 8, 16, 32, ...), pois fazendo $n = 1, 2, 3, ...$ obtemos os termos $a_1 = 2$, $a_2 = 4$, $a_3 = 8$, etc., da sequência.

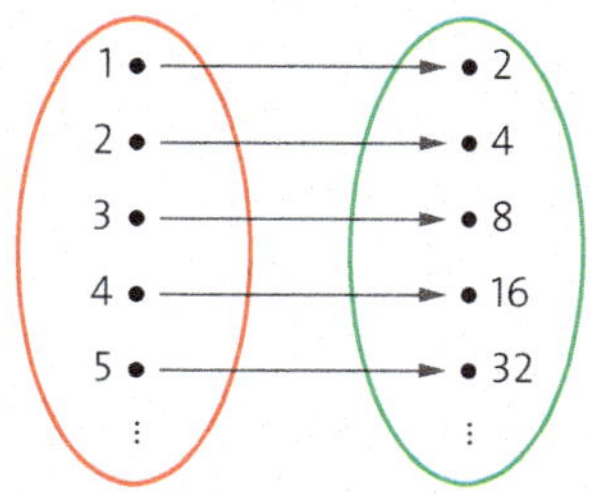

Determinação de uma sequência por recorrência

Quando conhecemos o primeiro termo de uma sequência e uma regra que permite determinar cada termo a_n a partir dos seus anteriores, dizemos que explicitamos a sequência por **recorrência**. Por exemplo, vamos explicitar a sequência dada por:

$$\begin{cases} a_1 = 1 \\ a_{n+1} = 3a_n + 1, \text{ para } n \geqslant 1 \end{cases}$$

$a_1 = 1$

$n = 1 \to a_2 = 3a_1 + 1 = 3 \cdot 1 + 1 = 4$

$n = 2 \to a_3 = 3a_2 + 1 = 3 \cdot 2 + 1 = 13$

$n = 3 \to a_4 = 3a_3 + 1 = 3 \cdot 13 + 1 = 40$

$n = 4 \to a_5 = 3a_4 + 1 = 3 \cdot 40 + 1 = 121$

Portanto, a sequência é dada por: (1, 4, 13, 40, 121, ...).

Exercícios resolvidos

1. Determine o termo a_n, chamado termo geral, na sequência dos números quadrados perfeitos (1, 4, 9, 16, 25, ...).

Resolução

$a_n = ?$

Observamos que:

- $n = 1 \Rightarrow a_1 = 1 = 1^2$
- $n = 2 \Rightarrow a_2 = 4 = 2^2$
- $n = 3 \Rightarrow a_3 = 9 = 3^2$
- $n = 4 \Rightarrow a_4 = 16 = 4^2$

...

- para um n qualquer $\Rightarrow a_n = n^2$

Logo, $a_n = n^2$ é o termo geral da sequência, com $n \in \mathbb{N}^*$.

2. Escreva a sequência definida por:

$$\begin{cases} a_1 = 3 \\ a_n = a_{n-1} + 2, \text{ para } n \in \mathbb{N}, n \geqslant 2 \end{cases}$$

Resolução

$a_1 = 3$

- para $n = 2 \Rightarrow a_2 = a_1 + 2 = 3 + 2 = 5$
- para $n = 3 \Rightarrow a_3 = a_2 + 2 = 5 + 2 = 7$
- para $n = 4 \Rightarrow a_4 = a_3 + 2 = 7 + 2 = 9$, etc.

Portanto, a sequência é (3, 5, 7, 9, ...), que é a sequência dos números naturais ímpares a partir do 3.

Para refletir
Essa maneira de definir uma sequência é chamada de **recorrência**. Por quê?

Soma dos termos de uma sequência

Consideremos uma sequência $(a_1, a_2, a_3, ..., a_n, ...)$ e a soma S_n dos seus n primeiros termos tal que:

- $S_1 = a_1$
- $S_2 = a_1 + a_2$
- $S_3 = a_1 + a_2 + a_3$

...

- $S_{n-1} = a_1 + a_2 + a_3 + ... + a_{n-1}$
- $S_n = a_1 + a_2 + a_3 + ... + a_{n-1} + a_n$

Conhecendo a fórmula para a soma dos n primeiros termos de uma sequência em função de n, pode-se obter qualquer termo, ou mesmo encontrar o termo geral (a_n) dessa sequência. Observe que:

- $a_1 = S_1$
- $a_2 = (a_1 + a_2) - a_1 \Rightarrow a_2 = S_2 - S_1$
- $a_3 = (a_1 + a_2 + a_3) - (a_1 + a_2) \Rightarrow a_3 = S_3 - S_2$

...

- $a_n = (a_1 + a_2 + a_3 + ... + a_{n-1} + a_n) - (a_1 + a_2 + a_3 + ... + a_{n-1}) \Rightarrow a_n = S_n - S_{n-1}$, para $n \geqslant 2$

Exercício resolvido

3. A soma S_n dos n primeiros termos da sequência $(a_1, a_2, a_3, a_4, ...)$ é dada por $S_n = 2n^2$, para todo $n \in \mathbb{N}^*$. Determine:

a) o 1º termo;
b) o 2º termo;
c) $a_5 + a_6 + a_7$;
d) o termo geral.

Resolução

a) $a_1 = S_1 = 2 \cdot 1^2 = 2$
b) $a_2 = S_2 - S_1 = 2 \cdot 2^2 - 2 = 6$
c) $a_5 + a_6 + a_7 = S_7 - S_4 = 2 \cdot 7^2 - 2 \cdot 4^2 = 66$
d) $a_n = S_n - S_{n-1} = 2n^2 - 2(n-1)^2 =$
$= 2n^2 - 2n^2 + 4n - 2 \Rightarrow a_n = 4n - 2$

Exercícios

1. Descubra o padrão ou regularidade; então, complete com os três próximos termos das sequências:

a) 3, 8, 13, 18, 23, 28, ...
b) 31, 27, 23, 19, 15, ...
c) 1, 1, 1, 3, 5, 9, 17, ...
d) 1, 2, 2, 3, 3, 3, 4, 4, ...
e) 2, 7, 9, 16, 25, 41, ...
f) 1, 8, 27, 64, ...

2. Examine a sequência dos **números quadrados perfeitos** (1, 4, 9, 16, 25, ...):

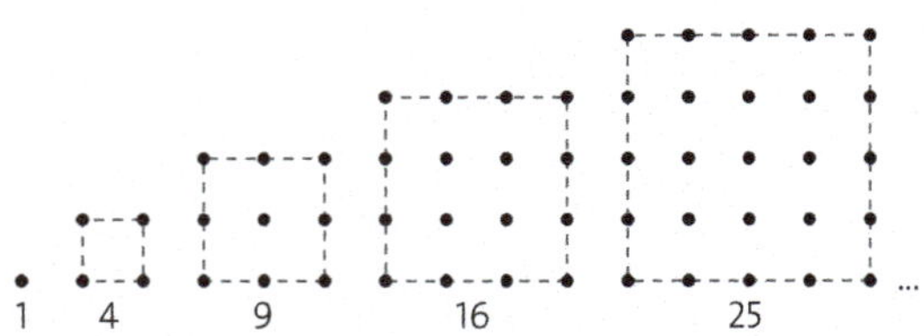

Para refletir
Por que o nome "números quadrados perfeitos"?

Escreva a sequência dos dez primeiros números quadrados perfeitos.

3. Examine a sequência dos **números triangulares** (1, 3, 6, 10, 15, ...).

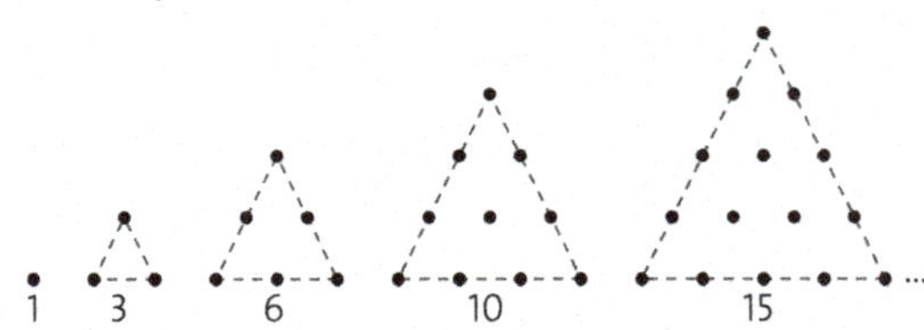

Para refletir
Por que o nome "números triangulares"?

Escreva a sequência dos dez primeiros números triangulares.

4. Determine os quatro primeiros termos da sequência cujo termo geral é $a_n = 2n - 1$, $n \in \mathbb{N}^*$.

5. A lei de formação de uma sequência é $a_n = 2n + 5$, $n \in \mathbb{N}^*$. Verifique se o número 47 pertence a essa sequência.

6. Escreva as sequências definidas pelos termos gerais a seguir (nos casos em que não aparece o conjunto de variação de n, considere $n \in \mathbb{N}^*$):

a) $a_n = 5n$

b) $a_n = \frac{1}{3^n}$, com $n \in \mathbb{N}^*$ e $n \leq 4$

c) $a_n = \frac{n}{n+1}$

7. Escreva o termo geral das sequências:

a) (1, 2, 3, 4, 5, 6, ...)

b) (2, 3, 4, 5, 6, ...)

c) (3, 6, 9, 12, 15, 18, ...)

d) (2, 5, 8, 11, 14, 17)

8. Complete cada uma das sequências até o 7º termo:

a) −1, −4, −7, −10, ...

b) $\frac{3}{4}, \frac{6}{7}, \frac{9}{10}, \frac{12}{13}, ...$

c) $\sqrt{2}, 2, 2\sqrt{2}, 4, ...$

d) $2 \cdot 5, 4 \cdot 10, 8 \cdot 20, 16 \cdot 40, ...$

9. No exercício anterior, determine o termo geral de ordem n de cada uma das sequências.

10. Determine:

a) o 10º termo da sequência dos números naturais pares;

b) o 7º termo da sequência cujo termo geral é $a_n = 2(n - 1)$.

11. Calcule:

a) a soma $a_2 + a_5$ para a sequência cujo termo geral é dado por $a_n = (-1)^n \cdot \frac{n+2}{n+1}$;

b) a soma dos quatro primeiros termos da sequência cujo termo geral é $f(n) = \frac{1}{n^2}$, com $n \in \mathbb{N}^*$.

Fique atento!
No exercício **11b**, a notação $f(n)$ corresponde a a_n.

12. Escreva o termo geral da sequência dos números naturais:

a) pares maiores ou iguais a 2: (2, 4, 6, 8, 10, 12, ...);

b) ímpares (1, 3, 5, 7, 9, 11, ...).

13. Qual é o 20º termo da sequência dos números naturais ímpares (1, 3, 5, 7, 9, 11, ...)?

14. Determine os cinco primeiros elementos das sequências (a_n), $n \in \mathbb{N}^*$, para $n \geq 2$, definidas pelas leis da recorrência a seguir:

a) $\begin{cases} a_1 = -2 \\ a_n = (-1)^n \cdot a_{n-1} \end{cases}$

b) $\begin{cases} a_1 = 1 \\ a_n = 2a_{n-1} + 3 \end{cases}$

15. Calcule o 8º termo da sequência que tem $a_1 = 6$ e $a_n = a_{n-1} + 3$, para $n \geq 2$.

16. Observe as figuras abaixo, formadas por palitos:

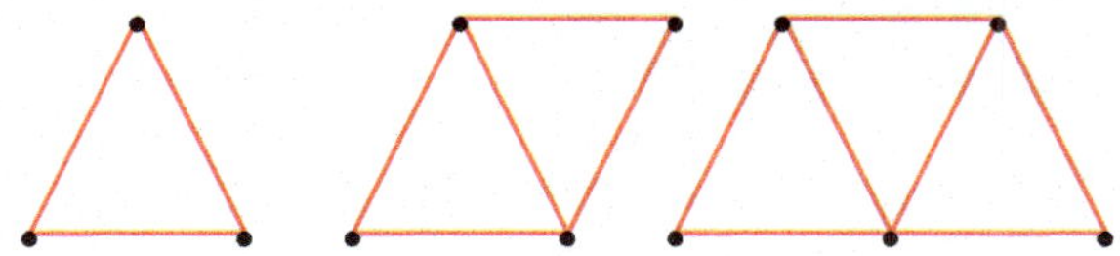

Agora, complete a tabela com o número necessário de palitos para formar os triângulos:

Número de triângulos	Número de palitos
1	3
2	5
3	
4	
5	
⋮	⋮
x	

Observando que o número necessário de palitos é dado em função do número de triângulos que se quer formar, responda:

a) Quantos palitos são necessários para formar 20 triângulos?

b) Quantos palitos são necessários para formar 77 triângulos?

c) Quantos triângulos se podem formar com 41 palitos?

17. Dada uma sequência em que $a_1 = 2$ e $a_n = a_{n-1} + 5$, com $n \geq 2$, quantos dos dez primeiros elementos da sequência são números primos?

18. Determine o 6º termo da sequência

$$\begin{cases} a_1 = 4 \\ a_n = a_{n-1} + \frac{3}{2}, \text{ para } n \geq 2 \end{cases}$$

19. Determine os oito primeiros termos da sequência (a_n), $n \in \mathbb{N}^*$, definida assim:

$$\begin{cases} a_n = 3n + 5, \text{ para } 1 \leq n < 3 \\ a_3 = 1 \\ a_n = 2a_{n-1}, \text{ para } n > 3 \end{cases}$$

20. A soma S_n dos n primeiros termos da sequência $(a_1, a_2, a_3, a_4, ...)$ é dada por $S_n = 2n^2 + 5n$, para todo $n \in \mathbb{N}^*$. Determine:

a) o primeiro termo da sequência;

b) o segundo termo da sequência;

c) a soma dos dez primeiros termos da sequência;

d) o décimo termo da sequência;

e) o valor da expressão $a_7 + a_8 + a_9 + ... + a_{15}$;

f) a fórmula do termo geral da sequência (a_n).

Leitura

A sequência de Fibonacci

A sequência de Fibonacci

Stefano Bianchetti/Corbis/Latinstock

Fibonacci

O matemático italiano Leonardo de Pisa (1170-1250), mais conhecido como Fibonacci, contribuiu com diversas pesquisas para o desenvolvimento da Matemática.

Em 1202, em seu livro intitulado *Líber Abaci*, apresentou o problema que o consagrou. Acompanhe:

Supondo que um coelho tenha vida eterna e que cada casal gere um novo casal, que dará origem a um novo par no segundo mês de vida, e assim sucessivamente, de mês em mês, fica formada uma sequência especial com números naturais. Assim:

- no 1º mês temos um casal de coelhos, que chamaremos de *A*;
- no fim do 1º mês o casal acasala. Continuamos com um par de coelhos;
- no 3º mês, *A* gera um par *B* e passamos a contar com 2 casais;
- no 4º mês, teremos três pares, e o novo casal é uma cria de *A*; passamos assim a ter *A*, *B* e *C*;
- já no 5º mês, teremos, além da cria de *A*, uma cria de *B*, e então ficamos com 5 casais de coelhos: *A*, *B*, *C*, *D* e *E*;
- no 6º mês, além das crias de *A* e *B*, também teremos uma de *C* e então contaremos com 8 casais: *A*, *B*, *C*, *D*, *E*, *F*, *G* e *H*;
- no 7º mês, teremos crias de *A*, *B*, *C*, *D* e *E* e obteremos 13 casais: *A*, *B*, *C*, *D*, *E*, *F*, *G*, *H*, *I*, *J*, *K*, *L* e *M*; e assim sucessivamente.

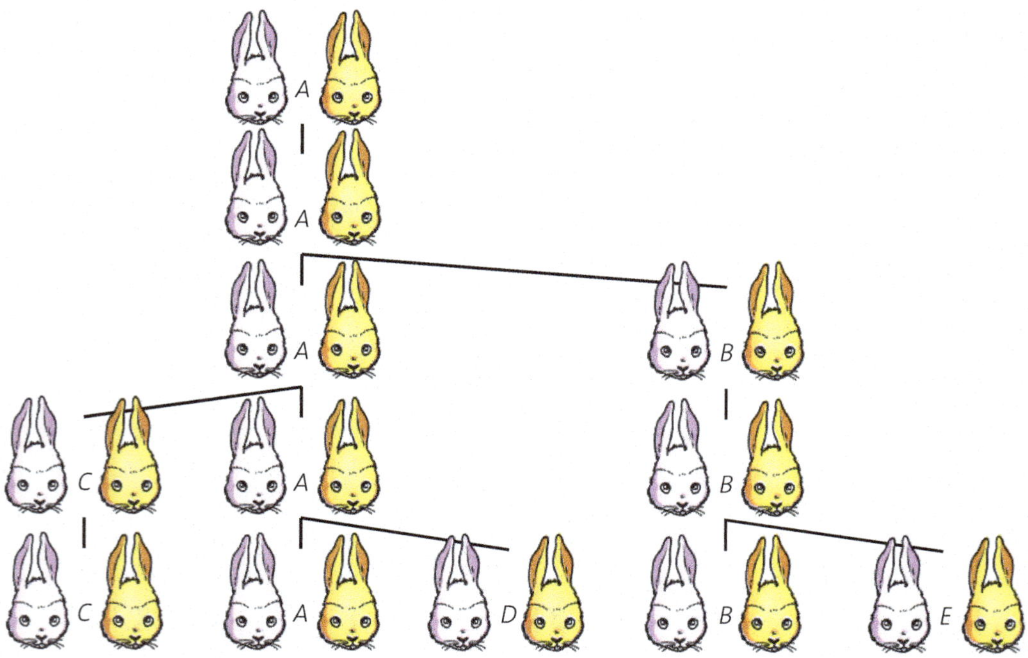

Dam d'Souza/Arquivo da editora

Em forma de tabela, temos:

Mês	Casais	Número de casais	Casais que dão cria
1º	*A*	1	
2º	*A*	1	*A*
3º	*A*, *B*	2	*A*
4º	*A*, *B*, *C*	3	*A*
5º	*A*, *B*, *C*, *D*, *E*	5	*A* e *B*
6º	*A*, *B*, *C*, *D*, *E*, *F*, *G*, *H*	8	*A*, *B* e *C*
7º	*A*, *B*, *C*, *D*, *E*, *F*, *G*, *H*, *I*, *J*, *K*, *L*, *M*	13	*A*, *B*, *C*, *D* e *E*
etc.			

Ampliando mais ainda essa tabela, temos:

Número do mês	1	2	3	4	5	6	7	8	9	10	11	12	13	etc.
Número de casais	1	1	2	3	5	8	13	21	34	55	89	144	233	etc.

Podemos formar uma sequência em que cada termo nos dá o número de casais de coelhos:

(1, 1, 2, 3, 5, 8, 13, 21, 34, 55, 89, 144, 233, ...) → sequência de Fibonacci

1. A fórmula por recorrência da sequência de Fibonacci é dada por:

$$a_n = \begin{cases} 1, \text{ se } n = 1 \text{ e } n = 2 \\ a_{n-1} + a_{n-2}, \text{ se } n \geqslant 3 \end{cases}$$

Determine, por recorrência, os três próximos termos, depois de 144 e 233.

2. Divida cada termo dessa sequência, a partir de 21, pelo seu precedente:

a) 21 : 13
b) 34 : 21
c) 55 : 34
d) 89 : 55

Observe que os quocientes são próximos do número 1,618, que é o "número de ouro" dos gregos, que estudamos no capítulo 1, $\phi = \frac{1 + \sqrt{5}}{2} = 1{,}6180339887...$; ele é um número irracional, cujo valor aproximado racional com três casas decimais é 1,618.

Você sabia?

A sequência de Fibonacci também é usada na Bolsa de Valores para tentar prever os preços futuros.

Essa mesma sequência aparece em uma parte do filme *O código Da Vinci*, baseado no livro de Dan Brown.

Acesse o *link* <www.educadores.diaadia.pr.gov.br/modules/debaser/singlefile.php?id=21241> (acesso em: 9 abr. 2013) para saber mais sobre o assunto e assistir ao trecho do vídeo.

Rodrigo Paiva/Folhapress

2 Progressão aritmética (PA)

Situações envolvendo grandezas que sofrem variações iguais em intervalos de tempo iguais são muito comuns. Acompanhe uma delas:

Uma empresa produziu, em 2012, 100 000 unidades de certo produto. Quantas unidades produzirá, anualmente, de 2012 a 2017, se o aumento anual de produção for estabelecido em 20 000 unidades?

Esquematizamos da seguinte forma:

- produção de 2012: 100 000
- produção de 2013:
  (produção de 2012) + 20 000 = 100 000 + 20 000 = 120 000
- produção de 2014:
  (produção de 2013) + 20 000 = 120 000 + 20 000 = 140 000
- produção de 2015:
  (produção de 2014) + 20 000 = 140 000 + 20 000 = 160 000
- produção de 2016:
  (produção de 2015) + 20 000 = 160 000 + 20 000 = 180 000
- produção de 2017:
  (produção de 2016) + 20 000 = 180 000 + 20 000 = 200 000

Nessas condições, a produção anual desse período será representada pela sequência:

(100 000, 120 000, 140 000, 160 000, 180 000, 200 000)

Notamos que, nessa sequência, cada termo, a partir do segundo, é obtido por meio da adição do termo anterior a este a um número fixo (20 000, nesse caso). Ou seja, a produção sofreu aumentos iguais a 20 000 unidades, em intervalo de tempo igual a 1 ano.

Sequências desse tipo são chamadas **progressões aritméticas**. Observe que a diferença entre cada termo e o termo anterior é constante (20 000 unidades, nessa sequência).

Fique atento!
Já estudamos alguns aspectos da PA relacionados a funções nos capítulos anteriores. Agora, vamos formalizar o conceito.

A sequência (100 000, 120 000, 140 000, 160 000, 180 000, 200 000) é um exemplo de progressão aritmética. O aumento de cada termo para o seguinte é sempre o mesmo e é chamado **razão** da progressão. A razão dessa progressão é 20 000. Dizemos que os termos dessa sequência estão em progressão aritmética.

Progressão aritmética (PA) é toda sequência de números na qual a diferença entre cada termo (a partir do segundo) e o termo anterior é constante. Essa diferença constante é chamada **razão** da progressão e é representada pela letra r.

Exemplos:

a) A sequência (2, 7, 12, 17, ...) é uma progressão aritmética infinita de razão 5, em que $a_1 = 2$ e $r = 5$.

b) A sequência (20, 10, 0, −10, −20) é uma PA de cinco termos, em que o 1º termo é $a_1 = 20$ e a razão é $r = -10$.

c) A sequência (4, 4, 4) é uma PA de três termos, em que o 1º termo é $a_1 = 4$ e a razão é $r = 0$.

d) A sequência (1, −1, 1, −1, 1, −1, ...) **não** é uma progressão aritmética, pois as diferenças entre termos sucessivos são alternadamente −2 e 2.

Observações:

1ª) Notamos então que, de modo geral, uma sequência $(a_1, a_2, a_3, a_4, ..., a_n, ...)$ é uma PA quando:

$a_2 = a_1 + r \Rightarrow a_2 - a_1 = r$

$a_3 = a_2 + r \Rightarrow a_3 - a_2 = r$

$a_4 = a_3 + r \Rightarrow a_4 - a_3 = r$

...

$a_n = a_{n-1} + r \Rightarrow a_n - a_{n-1} = r$

Comparando, temos:

$a_2 - a_1 = a_3 - a_2 = a_4 - a_3 = ... = a_n - a_{n-1} = ... = r$

2ª) Da definição decorre que, se a_r, a_s e a_p são termos consecutivos de uma PA, então:

$$a_s - a_r = a_p - a_s \Rightarrow 2a_s = a_r + a_p \Rightarrow a_s = \frac{a_r + a_p}{2}$$

Ou seja, dados três termos consecutivos de uma progressão aritmética, o termo do meio é a média aritmética dos outros dois.

Representações especiais

Eventualmente podemos recorrer a algumas representações especiais para uma PA, principalmente quando a soma dos termos for conhecida. A vantagem das representações especiais é diminuir a quantidade de cálculos exigidos em algumas situações.

As principais representações especiais são:

- três termos em PA: $(x - r, x, x + r)$
- cinco termos em PA: $(x - 2r, x - r, x, x + r, x + 2r)$

Classificação das progressões aritméticas

Dependendo da razão r, uma PA pode ser:

- **Crescente**: se cada termo, a partir do segundo, é maior que o anterior, isto é, quando a razão r é positiva.
  Exemplo:
  (3, 7, 11, 15, 19, ...) é uma PA crescente, pois $r = 4 > 0$.
- **Decrescente**: se cada termo, a partir do segundo, é menor que o seu anterior, isto é, quando a razão r é negativa.
  Exemplo:
  (16, 10, 4, −2, −8, ...) é uma PA decrescente, pois $r = -6 < 0$.
- **Constante** ou **estacionária**: se todos os seus termos são iguais, isto é, a razão r é nula.
  Exemplo:
  (5, 5, 5, 5, 5, ...) é uma PA constante, pois $r = 0$.

Exercícios resolvidos

4. Verifique se a sequência (6, 13, 20, 27, 34) é uma PA.

Resolução

$13 - 6 = 7$; $20 - 13 = 7$; $27 - 20 = 7$; $34 - 27 = 7$

Logo, a sequência dada é uma PA de razão $r = 7$.

5. Diga se a sequência $(x - 4y, x - 2y, x, x + 2y)$, em que x e y são números reais, é ou não uma PA. Se for, determine a razão.

Resolução

$(x - 2y) - (x - 4y) = x - 2y - x + 4y = 2y$

$x - (x - 2y) = x - x + 2y = 2y$

$(x + 2y) - x = x + 2y - x = 2y$

Logo, a sequência é uma PA de razão $r = 2y$.

6. A sequência $\left(2, \frac{7}{3}, \ldots\right)$ é uma PA infinita. Determine a razão e o 3º termo dessa PA.

Resolução

$a_1 = 2$

$a_2 = \frac{7}{3}$

$r = a_2 - a_1 = \frac{7}{3} - 2 = \frac{7}{3} - \frac{6}{3} = \frac{1}{3}$

$a_3 = a_2 + r = \frac{7}{3} + \frac{1}{3} = \frac{8}{3}$

Logo, $r = \frac{1}{3}$ e $a_3 = \frac{8}{3}$.

7. Determine o 4º termo da PA $(x - 3, x - 1, \ldots)$.

Resolução

$a_1 = x - 3$

$a_2 = x - 1$

$r = a_2 - a_1 = (x - 1) - (x - 3) = x - 1 - x + 3 = 2$

$a_1 \xrightarrow{+r} a_2 \xrightarrow{+r} a_3 \xrightarrow{+r} a_4$

Então:

$a_4 = a_1 + r + r + r = a_1 + 3r = (x - 3) + 3 \cdot 2 =$
$= x - 3 + 6 = x + 3$

O 4º termo da PA dada é $a_4 = x + 3$.

8. Determine o 8º termo de uma PA na qual $a_3 = 8$ e $r = -3$.

Resolução

$a_3 \xrightarrow{+r} a_4 \xrightarrow{+r} a_5 \xrightarrow{+r} a_6 \xrightarrow{+r} a_7 \xrightarrow{+r} a_8$

$a_8 = a_3 + 5r = 8 + 5(-3) = 8 - 15 = -7$

Logo, o 8º termo da PA é $a_8 = -7$.

9. Determine quatro números em progressão aritmética crescente, sabendo que sua soma é -2 e a soma de seus quadrados é 6.

Resolução

Um artifício para representar progressões aritméticas com um número par de termos é chamar os dois termos centrais de $x - y$ e $x + y$, pois assim a razão passa a ser:

$(x + y) - (x - y) = \not{x} + y - \not{x} + y = 2y$

Logo, $r = 2y$.

Portanto, a PA é dada por

$(x - 3y, x - y, x + y, x + 3y)$, com as seguintes condições:

$$\begin{cases} (x - 3y) + (x - y) + (x + y) + (x + 3y) = -2 \\ (x - 3y)^2 + (x - y)^2 + (x + y)^2 + (x + 3y)^2 = 6 \end{cases}$$

Efetuando os cálculos, chegamos a:

$$\begin{cases} 4x = -2 \\ 4x^2 + 20y^2 = 6 \end{cases}$$

$4x = -2 \Rightarrow x = -\frac{1}{2}$

$4x^2 + 20y^2 = 6 \Rightarrow 4\left(-\frac{1}{2}\right)^2 + 20y^2 = 6 \Rightarrow$

$\Rightarrow 1 + 20y^2 = 6 \Rightarrow 20y^2 = 5 \Rightarrow y^2 = \frac{1}{4} \Rightarrow y = \pm\frac{1}{2}$

Como a PA é crescente, então y é positivo.

Assim, $x = -\frac{1}{2}$ e $y = \frac{1}{2}$. Daí, vem:

$x - 3y = -2$; $x - y = -1$; $x + y = 0$; $x + 3y = 1$

Portanto, a PA é dada por $(-2, -1, 0, 1)$ e sua razão é $r = 1$.

10. Três números estão em PA; o produto deles é 66 e a soma é 18. Calcule os três números.

Resolução

Podemos sempre representar três números em PA por $x - r, x, x + r$, em que r é a razão.

Assim, temos o seguinte sistema de equações:

$$\begin{cases} (x - r) \cdot x \cdot (x + r) = 66 \\ (x - r) + x + (x + r) = 18 \end{cases} \Rightarrow \begin{cases} x(x^2 - r^2) = 66 \\ 3x = 18 \end{cases}$$

Resolvendo o sistema:

$3x = 18 \Rightarrow x = 6$

$6(6^2 - r^2) = 66 \Rightarrow 36 - r^2 = \frac{66}{6} \Rightarrow 36 - r^2 = 11 \Rightarrow$

$\Rightarrow r^2 = 25 \Rightarrow r = \pm 5$

Então, para $x = 6$ e $r = 5$, temos:

- $x - r = 6 - 5 = 1$
- $x + r = 6 + 5 = 11$

Para $x = 6$ e $r = -5$, temos:

- $x - r = 6 - (-5) = 11$
- $x + r = 6 - 5 = 1$

Verificação: $1 \cdot 6 \cdot 11 = 66$ e $1 + 6 + 11 = 18$

Portanto, os números procurados são 1, 6 e 11, que estabelecem duas PAs: (1, 6, 11) e (11, 6, 1).

Exercícios

21. Determine quatro números em progressão aritmética crescente, sabendo que sua soma é 6 e a soma de seus quadrados é 54.

22. Sabe-se que três números inteiros estão em PA. Se esses números têm por soma 24 e por produto 120, calcule os três números.

23. As medidas dos lados de um triângulo retângulo formam uma PA de razão 5. Determine as medidas dos lados desse triângulo. (*Sugestão*: Utilize o teorema de Pitágoras para esquematizar o problema.)

24. Determine cinco números que formam uma PA crescente, de forma que o produto dos extremos seja 28 e a soma dos outros três seja 24.

25. A soma de quatro números em progressão aritmética é 16 e o produto dos extremos é 7. Determine-os.

26. Verifique se a sequência dada é uma PA e, se for, dê o valor da razão r.
   a) $(2, 5, 8, 11, 14)$
   b) $(15, 10, 5, 0, -5)$
   c) $(2, 3, 5, 7)$
   d) $\left(1, \frac{4}{3}, \frac{5}{3}, 2\right)$
   e) $(1, 1+\sqrt{3}, 1+2\sqrt{3}, 1+3\sqrt{3})$
   f) $\left(\frac{1}{2}, \frac{2}{3}, \frac{3}{4}\right)$
   g) $\left(a-1, a-\frac{1}{2}, a\right)$
   h) $(x-5y, x-2y, x+y)$

27. As sequências abaixo são PAs. Determine a razão de cada uma:
   a) $(9, 16, ...)$
   b) $(-4, -2, ...)$
   c) $\left(\frac{4}{3}, 2, ...\right)$
   d) $(x-2y, x+y, ...)$
   e) $(1-2\sqrt{3}, 1+2\sqrt{3}, ...)$
   f) $\left(\frac{x^2+2}{x}, \frac{2}{x}, ...\right)$

28. Escreva a PA de:
   a) cinco termos, em que o 1º termo é $a_1 = 7$ e a razão é $r = 4$;
   b) quatro termos, em que o 1º termo é $a_1 = -6$ e a razão é $r = 8$;
   c) cinco termos, em que o 1º termo é $a_1 = x + 3$ e a razão é $r = x$.

29. Determine:
   a) o 4º termo de uma PA em que o 1º termo é $a_1 = 1$ e a razão é $r = \frac{1}{n}$, $n \neq 0$;
   b) o 3º termo de uma PA em que o 1º termo é $a_1 = 2\pi + 1$ e a razão é $r = -2\pi$;
   c) o 6º termo de uma PA na qual $a_2 = 12$ e $r = 7$;
   d) o 7º termo de uma PA na qual $a_4 = 25$ e $r = -5$;
   e) o 6º termo da PA em que $a_3 = \frac{x+2}{3}$ e $r = 2$.

Fórmula do termo geral de uma PA

Em uma progressão aritmética $(a_1, a_2, a_3, ..., a_n, ...)$ de razão r, partindo do 1º termo, para avançar um termo basta somar r ao 1º termo ($a_2 = a_1 + r$); para avançar dois termos basta somar $2r$ ao 1º termo ($a_3 = a_1 + 2r$); para avançar três termos basta somar $3r$ ao 1º termo ($a_4 = a_1 + 3r$); e assim por diante. Desse modo encontramos o termo de ordem n, denominado **termo geral da PA**, que é dado por:

$$a_n = a_1 + (n-1)r$$

(ao passar de a_1 para a_n, avançamos $(n - 1)$ termos, ou seja, basta somar $(n - 1)$ vezes a razão ao 1º termo)

Nessa fórmula temos:

a_n = termo geral
a_1 = 1º termo
n = número de termos (até a_n)
r = razão da PA

Observação: Algumas vezes é conveniente indicar o 1º termo por a_0, e não por a_1, ficando o termo geral da PA dado por $a_n = a_0 + nr$. Observe isso no seguinte problema:
Se o preço de um carro novo é R$ 40 000,00, e esse valor diminui R$ 1 200,00 a cada ano de uso, qual será o seu preço com 5 anos de uso?
Temos uma PA com $a_0 = 40\,000$, razão $r = -1\,200$, e queremos determinar a_5:
$a_5 = a_0 + 5r = 40\,000 + 5(-1\,200) = 40\,000 - 6\,000 = 34\,000$
Assim, após 5 anos, o carro custará R$ 34 000,00.

Fique atento!
Note que $a_9 = a_4 + 5r$, pois, ao passar de a_4 para a_9, avançamos cinco termos; $a_3 = a_{15} - 12r$, pois retrocedemos 12 termos ao passar de a_{15} para a_3; e assim por diante.

» passo a passo: exercício 13

Exercícios resolvidos

11. Qual é o 20º termo da PA (2, 8, ...)?

Resolução

Dados: $\begin{cases} a_1 = 2 \\ r = 6 \\ n = 20 \end{cases}$

$a_{20} = a_1 + 19r = 2 + 19 \cdot 6 = 116$

Logo, $a_{20} = 116$.

12. Em uma PA, o 5º termo vale 30 e o 20º vale 50. Quanto vale o 8º termo dessa progressão?

Resolução

$a_{20} = a_5 + 15r \Rightarrow 50 = 30 + 15r \Rightarrow r = \dfrac{4}{3}$

$a_8 = a_5 + 3r \Rightarrow a_8 = 30 + 3 \cdot \dfrac{4}{3} = 34$

Logo, $a_8 = 34$.

» Resolvido passo a passo

13. (Unicamp-SP-modificado) A Anatel determina que as emissoras de rádio FM utilizem as frequências de 87,9 a 107,9 MHz, e que haja uma diferença de 0,2 MHz entre emissoras com frequências vizinhas. A cada emissora, identificada por sua frequência, é associado um canal, que é um número natural que começa em 200. Desta forma, à emissora cuja frequência é de 87,9 MHz corresponde o canal 200; à seguinte, cuja frequência é de 88,1 MHz, corresponde o canal 201, e assim por diante. Pergunta-se: quantas emissoras FM podem funcionar (na mesma região), respeitando-se o intervalo de frequências permitido pela Anatel?

1. Lendo e compreendendo

a) O que é dado no problema?

Informa-se o modo como as frequências são distribuídas entre as várias emissoras de rádio FM: "as emissoras de rádio FM usam as frequências de 87,9 a 107,9 MHz, havendo uma diferença de 0,2 MHz entre emissoras com frequências vizinhas".

b) O que se pede?

O número de emissoras FM que podem funcionar na mesma região, respeitando-se as regras da Anatel.

2. Planejando a solução

Como a diferença entre as frequências de duas emissoras consecutivas é constante, a sequência de valores das frequências caracteriza uma progressão aritmética. Dessa forma, podemos considerar cada frequência um termo da sequência. Determinando o número de termos, saberemos a quantidade de frequências possíveis.

3. Executando o que foi planejado

A sequência (87,9; 88,1; 88,3; ...; 107,7; 107,9) é uma PA de razão 0,2 e $a_1 = 87{,}9$. O termo de ordem n é $a_n = 107{,}9$.

Sabemos que $a_n = a_1 + (n - 1)r$. Substituindo os valores, temos:

$107{,}9 = 87{,}9 + (n - 1) \cdot 0{,}2 \Rightarrow$

$\Rightarrow 20 = (n - 1) \cdot 0{,}2 \Rightarrow$

$\Rightarrow n - 1 = \dfrac{20}{0{,}2} = 100 \Rightarrow n = 101$

4. Verificando

Vamos utilizar uma maneira diferente para contar o número de emissoras e compararemos com o resultado encontrado:

De 87,9 MHz até 107,9 MHz temos um intervalo de 20 MHz. Isso equivale a 100 intervalos de 0,2 MHz. Se após avançar 0,2 MHz sempre houver mais uma emissora, então após a 1ª emissora na frequência inicial de 87,9 MHz teremos mais 100 emissoras, totalizando 101 emissoras. Isso verifica o resultado encontrado.

5. Emitindo a resposta

São 101 emissoras de rádio FM possíveis por região.

6. Ampliando o problema

a) (Unicamp-SP) Qual é o número do canal com maior frequência?

b) (Unicamp-SP) Os canais 200 e 285 são reservados para uso exclusivo das rádios comunitárias. Qual é a frequência do canal 285, supondo que todas as frequências possíveis são utilizadas?

c) Em razão da falta de canais para uso das rádios comunitárias, o governo federal recentemente abriu também os canais 198 e 199 para esse fim. Qual é a frequência desses dois novos canais?

d) *Discussão em equipe*

Rádios comunitárias são rádios autorizadas pela Anatel, com alcance limitado a uma pequena região (alcance máximo de 1 km), mantidas por fundações ou associações comunitárias sem fins lucrativos. Converse com seus colegas sobre a existência dessas rádios. Elas são importantes no dia a dia de uma comunidade? Vocês conhecem alguma?

e) Pesquise e responda: O que significa a sigla Anatel?

14. Dê a fórmula do termo geral da PA (5, 9, ...).

Resolução

Na PA dada, temos $a_1 = 5$ e $r = 9 - 5 = 4$.

Daí:

$a_n = a_1 + (n - 1)r = 5 + (n - 1)4 = 5 + 4n - 4 =$
$= 4n + 1$

Logo, a fórmula do termo geral é $a_n = 4n + 1, n \in \mathbb{N}^*$.

15. Qual é o 1º termo de uma PA em que $a_{10} = 39$ e $r = 4$?

Resolução

Dados: $\begin{cases} a_{10} = 39 \\ r = 4 \\ n = 10 \end{cases}$

$a_{10} = a_1 + 9r \Rightarrow 39 = a_1 + 9 \cdot 4 \Rightarrow 39 = a_1 + 36 \Rightarrow$
$\Rightarrow a_1 = 3$

Então, $a_1 = 3$ e a PA é (3, 7, 11, ...).

16. Numa PA de 14 termos, o 1º termo é 2 e o último é 28. Calcule a razão dessa PA.

Resolução

Dados: $\begin{cases} a_1 = 2 \\ a_{14} = 28 \\ n = 14 \end{cases}$

$a_{14} = a_1 + 13r \Rightarrow 28 = 2 + 13r \Rightarrow 13r = 26 \Rightarrow r = 2$

Portanto, $r = 2$ e a PA é (2, 4, 6, 8, ...).

17. Numa PA crescente, $a_2 + a_6 = 20$ e $a_4 + a_9 = 35$. Determine o 1º termo a_1 e a razão r dessa PA.

Resolução

$\left.\begin{matrix} a_2 = a_1 + r \\ a_6 = a_1 + 5r \end{matrix}\right\} \Rightarrow a_2 + a_6 = (a_1 + r) + (a_1 + 5r) \Rightarrow$

$\Rightarrow a_2 + a_6 = 2a_1 + 6r$

$\left.\begin{matrix} a_4 = a_1 + 3r \\ a_9 = a_1 + 8r \end{matrix}\right\} \Rightarrow a_4 + a_9 = (a_1 + 3r) + (a_1 + 8r) \Rightarrow$

$\Rightarrow a_4 + a_9 = 2a_1 + 11r$

Pelos dados do problema, vamos resolver o sistema:

$\begin{cases} 2a_1 + 6r = 20 \\ 2a_1 + 11r = 35 \end{cases} \Rightarrow \begin{cases} -\cancel{2a_1} - 6r = -20 \\ \cancel{2a_1} + 11r = 35 \end{cases}$

$5r = 15 \Rightarrow r = 3$

$2a_1 + 6(3) = 20 \Rightarrow 2a_1 + 18 = 20 \Rightarrow 2a_1 = 2 \Rightarrow$
$\Rightarrow a_1 = 1$

Logo, $a_1 = 1$ e $r = 3$. A PA é (1, 4, 7, 10, 13, ...).

18. Quantos elementos tem a PA finita (−2, 3, ..., 43)?

Resolução

Dados: $\begin{cases} a_1 = -2 \\ a_n = 43 \\ r = 5 \end{cases}$

$a_n = a_1 + (n - 1)r \Rightarrow 43 = -2 + (n - 1)5 \Rightarrow$
$\Rightarrow 43 = -2 + 5n - 5 \Rightarrow 5n = 50 \Rightarrow n = 10$

Logo, a PA dada tem 10 elementos.

19. Numa PA, $a_{10} = -3$ e $a_{12} = 11$. Calcule o 1º termo a_1 e a razão r dessa PA.

Resolução

$a_{12} = a_{10} + 2r \Rightarrow 11 = -3 + 2r \Rightarrow r = 7$

$a_{12} = a_1 + 11r \Rightarrow 11 = a_1 + 11 \cdot 7 \Rightarrow a_1 = -66$

Então, $a_1 = -66$, $r = 7$ e a PA é (−66, −59, −52, −45, ...).

20. Quantos são os múltiplos de 8 compreendidos entre 100 e 1000?

Resolução

- o primeiro número múltiplo de 8, maior que 100, é 104;
- o último número múltiplo de 8, menor que 1000, é 992.

Então, os múltiplos de 8 compreendidos entre 100 e 1000 constituem a PA (104, 112, ..., 992).

Nessa PA, temos: $\begin{cases} a_1 = 104 \\ r = 8 \\ a_n = 992 \end{cases}$

Devemos calcular o número n de termos da PA:

$a_n = a_1 + (n - 1)r \Rightarrow 992 = 104 + (n - 1)8 \Rightarrow$
$\Rightarrow 992 = 104 + 8n - 8 \Rightarrow 8n = 992 - 104 + 8 \Rightarrow$
$\Rightarrow 8n = 896 \Rightarrow n = 112$

Portanto, existem 112 múltiplos de 8 compreendidos entre 100 e 1000.

21. Um corpo caindo livremente (desprezando-se a resistência do ar) tem, no final do primeiro segundo, velocidade de 9,8 m/s; velocidade de 19,6 m/s no final do segundo seguinte; de 29,4 m/s no final do terceiro segundo; e assim por diante. Continuando nesse ritmo, qual será sua velocidade no final do décimo segundo?

> **Para refletir**
> Quando em uma PA temos $a_n = a_1 \cdot n$?

Resolução

Devemos estabelecer a PA (9,8; 19,6; 29,4; ...), na qual $a_1 = 9{,}8$ e $r = 9{,}8$, e determinar o termo a_{10}:

$a_n = a_1 + (n - 1)r \Rightarrow a_{10} = 9{,}8 + 9 \cdot 9{,}8 \Rightarrow a_{10} = 98$ m/s

Logo, no final do décimo segundo sua velocidade será de 98 m/s.

Propriedades da PA

1ª) Qualquer termo de uma PA, a partir do segundo, é sempre igual à média aritmética entre os termos anterior e posterior a ele.

$$a_n = \frac{a_{n-1} + a_{n+1}}{2}, \text{ para } n \geqslant 2$$

Exemplo:

Na PA (−2, 1, 4, 7, 10, 13, 16), note que:

- $a_2 = \frac{a_1 + a_3}{2} = \frac{-2 + 4}{2} \Rightarrow a_2 = 1$
- $a_5 = \frac{a_4 + a_6}{2} = \frac{7 + 13}{2} \Rightarrow a_5 = 10$

2ª) Em uma PA finita, a soma de dois termos equidistantes é igual à soma dos termos extremos.

$(a_1, a_2, a_3, ..., a_{n-1}, a_n)$ é uma PA $\Rightarrow a_{k+1} + a_{n-k} = a_1 + a_n$

Exemplo: (2, 5, 8, 11, 14, 17, 20, 23, 26, 29, 32)

14 + 20 = 34

11 + 23 = 34

8 + 26 = 34

5 + 29 = 34

2 + 32 = 34

3ª) Em uma PA com número ímpar de termos, o termo médio é igual à média aritmética dos termos extremos.

Exemplo:

Na PA (−5, −1, 3, 7, 11, 15, 19, 23, 27), note que o 5º termo é o termo médio; este, por sua vez, é igual a:

$$a_5 = \frac{a_1 + a_9}{2} = \frac{-5 + 27}{2} \Rightarrow a_5 = 11$$

4ª) Na PA, é sempre válida a relação: $a_m + a_n = a_p + a_q \Leftrightarrow m + n = p + q$

Exemplo:

Considere a PA (−6, −1, 4, 9, 14, 19, 24, 29, 34, 39, 44). Como 3 + 8 = 5 + 6, temos:

$a_3 + a_8 = a_5 + a_6$

$4 + 29 = 14 + 19$

$33 = 33$

Exercícios resolvidos

22. Determine o valor de x para que os números x^2, $(x + 2)^2$ e $(x + 3)^2$ sejam, nessa ordem, os três primeiros termos de uma PA.

Resolução

$$a_2 = \frac{a_1 + a_3}{2} \Rightarrow (x+2)^2 = \frac{x^2 + (x+3)^2}{2}$$

Resolvendo a equação:

$$x^2 + 4x + 4 = \frac{x^2 + x^2 + 6x + 9}{2} \Rightarrow$$

$$\Rightarrow 2x^2 + 8x + 8 = x^2 + x^2 + 6x + 9 \Rightarrow$$

$$\Rightarrow 8x - 6x = -8 + 9 \Rightarrow 2x = 1 \Rightarrow x = \frac{1}{2}$$

23. Se $a_{10} + a_{30} = 36$, determine o valor de:

a) $a_{15} + a_{25}$;

b) a_{20}.

Resolução

a) $a_{10} + a_{30} = a_{15} + a_{25}$, pois 10 + 30 = 15 + 25.

Logo, $a_{15} + a_{25} = 36$.

b) $a_{10} + a_{30} = a_{20} + a_{20}$, pois 10 + 30 = 20 + 20.

Logo:

$2a_{20} = a_{10} + a_{30} = 36 \Rightarrow a_{20} = 18$

Interpolação aritmética

Vamos resolver o seguinte problema:

No primeiro semestre de um dado ano, a produção mensal de uma montadora está em PA crescente. Em janeiro, a produção foi de 18 000 carros e, em junho, de 78 000 unidades. Qual foi a produção dessa montadora nos meses de fevereiro, março, abril e maio?

Nessas condições, o problema consiste em formar uma PA na qual:

$$\begin{cases} a_1 = \text{produção de janeiro} = 18\,000 \\ a_n = \text{produção de junho} = 78\,000 \\ n = 6 \end{cases}$$

Ou seja, determinar os termos da PA (18 000, ___, ___, ___, ___, 78 000).

Devemos inicialmente calcular o valor da razão r:

$$a_n = a_1 + (n - 1)r \Rightarrow 78\,000 = 18\,000 + 5r \Rightarrow 5r = 60\,000 \Rightarrow r = 12\,000$$

Então, teremos:

$$\begin{cases} a_2 = \text{produção de fevereiro} = 30\,000 \\ a_3 = \text{produção de março} = 42\,000 \\ a_4 = \text{produção de abril} = 54\,000 \\ a_5 = \text{produção de maio} = 66\,000 \end{cases}$$

Assim, obteremos a PA (18 000, 30 000, 42 000, 54 000, 66 000, 78 000).

Na realidade, o que fizemos foi inserir ou interpolar **quatro meios aritméticos** entre 18 000 e 78 000.

Exercícios resolvidos

24. Interpole 6 meios aritméticos entre 100 e 184.

Resolução

Devemos formar a PA (100, ___, ___, ___, ___, ___, ___, 184), em que:

$$\begin{cases} a_1 = 100 \\ a_n = 184 \\ n = 2 + 6 = 8 \end{cases}$$

$a_n = a_1 + (n - 1)r$

$184 = 100 + 7r \Rightarrow 7r = 84 \Rightarrow r = 12$

Então, temos a PA (100, 112, 124, 136, 148, 160, 172, 184).

25. Quando inserimos 10 meios aritméticos entre 2 e 79, qual é a razão da PA obtida?

Resolução

$$\begin{cases} a_1 = 2 \\ a_n = 79 \\ n = 2 + 10 = 12 \end{cases}$$

$a_n = a_1 + (n - 1)r \Rightarrow 79 = 2 + 11r \Rightarrow 11r = 77 \Rightarrow r = 7$

Logo, $r = 7$.

Exercícios

30. Determine a fórmula do termo geral de cada PA:

a) (2, 7, ...); b) (−1, 5, ...); c) $(p - 2, p, ...)$.

31. Determine o 15º termo da PA (6, 10, ...).

32. Qual é o 50º número ímpar positivo?

33. Calcule o 1º termo da PA:

a) da razão $r = 3$, sabendo que $a_7 = 21$;

b) em que $a_{12} = -29$ e $r = -4$.

34. Sabe-se que, em uma PA de 12 termos, $a_1 = -8$ e $a_{12} = 36$. Calcule a razão dessa PA.

35. Determine o 20º termo da PA $(2x - y, 3x, ...)$.

36. Em uma PA em que a razão é igual ao dobro do 1º termo, sabe-se que $a_{10} = 38$. Calcule o 1º termo e a razão da PA.

37. As raízes da equação $x^2 - 7x + 10 = 0$ são o 1º e o 2º termos de uma PA crescente. Determine o 10º termo dessa PA.

38. Na PA em que $a_1 = 6$ e $r = 8$, qual é o lugar ocupado na sequência pelo termo igual a 62?

39. Quantos termos tem a PA finita (−10, −4, ..., 44)?

40. Determine o 1º termo e a razão de cada PA na qual:

a) $a_4 = 12$ e $a_9 = 27$;

b) $a_8 = -4$ e $a_{12} = 0$;

c) $a_6 = 12$ e $a_{13} = 82$;

d) $a_5 - a_2 = 15$ e $a_3 + a_8 = 49$.

41. Sabendo que $a_n = a_1 + (n - 1)r$, calcule o valor de n em função de a_n, a_1 e r.

42. Quantos múltiplos de 11 existem entre 100 e 1000?

43. Quantos números inteiros compreendidos entre 1 e 5000 são divisíveis por 9?

44. Verifique quais das afirmações a seguir são verdadeiras em qualquer PA de razão r:

a) $a_7 = a_1 + 6r$

b) $a_{10} = a_4 + 5r$

c) $a_{23} - a_{22} = r$

d) $a_9 = a_3 + 6r$

e) $a_8 = \dfrac{a_9 + a_{10}}{2}$

45. Determine o valor de x para que as seguintes sequências sejam PA:

a) $(a + b, x, a - b)$

b) $(x - 4, 2x, x + 2)$

c) $[\log_2 8, \log_2 (x + 9), \log_2 (x + 7)]$

46. Se os quadrados dos números $x - 2$, $x + 4$ e $x + 6$ são, nessa ordem, termos consecutivos de uma PA, calcule o valor de x e a razão dessa PA.

47. Determine três números que estão em PA crescente tal que, aumentados de 1, 2 e 9 unidades, respectivamente, sejam proporcionais aos números 5, 10 e 25.

48. Em uma PA, $a_1 + a_{99} = -20$. Qual é o valor de a_{50}?

49. Em uma PA, temos $a_4 + a_8 = 20$. Determine o valor de

$$E = \frac{a_1 + a_3 + a_9 + a_{11}}{8} + a_6.$$

50. O preço de um carro novo é de R$ 45 000,00 e diminui R$ 1500,00 a cada ano de uso. Qual será o preço dele após 5 anos de uso?

51. Em uma PA de seis termos, a soma dos dois primeiros termos é igual a 16 e a soma dos dois últimos termos é 48. Calcule o 1º termo e a razão dessa PA.

52. Quantos números inteiros existem, de 100 a 500, que não são divisíveis por 7?

53. Em uma PA, o 8º termo é 52 e o 10º termo é 66. Calcule o 9º termo e a razão dessa PA.

54. No Rio de Janeiro existe a Escadaria do Convento de Santa Teresa (ou Escadaria do Selarón), que liga a rua Joaquina Silva, no bairro da Lapa, à Ladeira de Santa Teresa, no bairro de Santa Teresa. Essa escadaria, com 215 degraus, é uma atração turística carioca. Jorge estava no 5º degrau dessa escada quando decidiu subir com passadas largas, de 3 em 3 degraus. Assim, do 5º degrau, ele foi para o 8º, depois para o 11º, e assim por diante. Quantas passadas largas Jorge deu até chegar ao fim da escada?

Ale Ruaro/Pulsar Imagens

Escadaria do Convento de Santa Teresa, Rio de Janeiro, RJ.

55. Determine o valor de x para que as seguintes sequências sejam PA:

a) $(a, ax, 5a)$

b) $[a(b + c), x, b(c - a)]$

c) $(3x - 1, x + 3, x + 9)$

56. Suponha que, em 2013, um determinado cometa tenha passado pela Terra. Se esse cometa faz uma passagem pela Terra a cada 34 anos, então quantas vezes ele teria passado pela Terra de 1500 até 2013?

57. Dada uma PA em que $a_3 + a_7 = 2$, qual é o valor de $a_1 + a_9$?

58. Sabe-se que três números inteiros estão em PA. Se esses números têm por soma 24 e por produto 120, calcule os três números.

59. A produção de uma indústria cresceu em PA nos meses de janeiro a dezembro. A produção no mês de outubro foi de 190 máquinas e a diferença de produção nos meses de agosto e de março foi de 50 máquinas. Quantas máquinas foram produzidas em novembro?

60. Marcelo criou uma conta em uma rede social. Nesse mesmo dia, três pessoas começaram a segui-lo. Após 1 dia, ele já tinha 20 seguidores e após 2 dias, já eram 37 seguidores. Marcelo percebeu que, a cada novo dia, ele ganhava 17 seguidores. Considerando que o crescimento dos seguidores permaneça constante, após quantos dias ele ultrapassará 1 000 seguidores?

61. As medidas dos lados de um triângulo são expressas por $x + 1$, $2x$ e $x^2 - 5$, e nessa ordem formam uma PA. Calcule o perímetro do triângulo.

62. Trace o gráfico de cada uma das progressões aritméticas sabendo que:

a) $a_0 = 1$ e $r = 1$;

b) $a_0 = -2$ e $r = 2$.

63. Insira 7 meios aritméticos entre 20 e 68.

64. Quantos meios aritméticos devemos inserir entre 5 e 53 de modo que a sequência obtida tenha $r = 8$?

65. Qual é a razão da PA que se obtém inserindo 10 termos entre os números 3 e 25?

Soma dos termos de uma PA finita

Na tabela abaixo está representada a produção anual de uma empresa em um período:

Ano	**Produção** (em unidades)
2007	10 000
2008	12 000
2009	14 000
2010	16 000
2011	18 000
2012	20 000
2013	22 000
2014	24 000

Quantas unidades a empresa produziu de 2007 a 2014?

Pela tabela, no período de 2007 a 2014 a empresa produziu 136 000 unidades:

$$10\,000 + 12\,000 + 14\,000 + 16\,000 + 18\,000 + 20\,000 + 22\,000 + 24\,000 = 136\,000$$

Observamos que:

- as parcelas formam uma PA **finita** (razão $r = 2\,000$):

$$(10\,000, 12\,000, 14\,000, 16\,000, 18\,000, 20\,000, 22\,000, 24\,000)$$

- o número 136 000 representa a soma dos termos dessa PA.

É possível obter esse mesmo resultado generalizando a soma dos termos da PA e usando a fórmula obtida. A fórmula será especialmente útil quando forem muitos os termos a serem somados.

Fórmula da soma dos termos de uma PA finita

Gauss, matemático alemão.

Carl Friedrich Gauss (1777-1855) é considerado um dos maiores matemáticos de todos os tempos. Nascido em Brunswick, Alemanha, de família muito simples, foi uma criança prodígio.

Conta-se que antes de completar 10 anos de idade, em uma aula, seu professor, querendo manter os alunos por um bom tempo em silêncio, pediu que somassem todos os números de 1 a 100, isto é, $1 + 2 + 3 + 4 + ... + 99 + 100$. Para surpresa do professor, depois de alguns minutos Gauss disse que a soma era 5 050. Acompanhe seu raciocínio:

$$\underbrace{1 + 2 + \underbrace{3 + ... + 98}_{} + 99 + 100}_{\text{50 parcelas de 101}} \quad (1 + 100 = 101;\ 2 + 99 = 101, \text{etc.})$$

$50 \cdot 101 = 5050$

Assim, $1 + 2 + 3 + 4 + ... + 99 + 100 = 5050$.

Verdadeira ou não, essa história ilustra uma característica muito importante das PAs, que usaremos a seguir na demonstração da fórmula geral da soma dos termos de uma PA.

> **Você sabia?**
> Gauss deu grandes contribuições nas áreas de Astronomia, Geodesia e Eletricidade. Depois de sua morte, o rei de Hannover ordenou que se cunhasse uma medalha em sua homenagem. Nessa medalha, havia uma inscrição que se referia a Gauss como o "Príncipe da Matemática", como ele é conhecido até hoje.

Agora, acompanhe como obter a fórmula geral da soma de todos os termos de uma PA.

Considere a PA finita de razão r $(a_1, a_2, a_3, ..., a_{n-2}, a_{n-1}, a_n)$ cuja soma dos seus n termos pode ser escrita por:

$$S_n = a_1 + a_2 + a_3 + ... + a_{n-2} + a_{n-1} + a_n \quad \text{(I)}$$

ou

$$S_n = a_n + a_{n-1} + a_{n-2} + ... + a_3 + a_2 + a_1 \quad \text{(II)}$$

> **Fique atento!**
> $a_2 = a_1 + r$
> $a_{n-1} = a_n - r$

Adicionando (I) e (II) membro a membro, temos:

$$2S_n = (a_1 + a_n) + (a_2 + a_{n-1}) + (a_3 + a_{n-2}) + ... + (a_{n-2} + a_3) + (a_{n-1} + a_2) + (a_n + a_1)$$

Como sabemos, $(a_1 + a_n) = (a_2 + a_{n-1}) = (a_3 + a_{n-2}) = ... = (a_{n-2} + a_3) = (a_{n-1} + a_2) = (a_n + a_1)$. Assim, todas as n parcelas têm o mesmo valor.

Portanto, como temos n parcelas, escrevemos:

$$2S_n = (a_1 + a_n)n, \text{ ou seja, } \boxed{S_n = \frac{(a_1 + a_n)n}{2}}$$

> **Para refletir**
> A fórmula obtida é equivalente a esta:
> $S_n = \frac{n(a_p + a_q)}{2}$,
> com $p + q = n + 1$. Por quê?

Essa fórmula nos permite calcular a soma dos n primeiros termos de uma PA em que:

- a_1 é o primeiro termo;
- a_n é o enésimo termo;
- n é o número de termos;
- S_n é a soma dos n termos.

Interpretação geométrica de uma progressão aritmética e a conexão entre progressão aritmética e função afim

Já vimos que o termo geral de uma progressão aritmética é dado por $a_n = a_1 + (n - 1)r$ ou por $a_n = a_0 + nr$ ao começarmos a enumeração dos termos por a_0. Assim, podemos pensar em uma progressão aritmética como uma função que associa a cada número natural n o valor a_n dado por $a_n = a_0 + nr$. Essa função é a restrição aos números naturais da função afim $a(x) = a_0 + rx$, ou seja, ela é definida por uma fórmula do tipo da função afim, mas com domínio $\mathbb{N}$. O gráfico dessa função é formado por uma sequência de pontos colineares no plano: $(0, a_0)$, $(1, a_1)$, $(2, a_2)$, $(3, a_3)$, ..., (n, a_n), ...

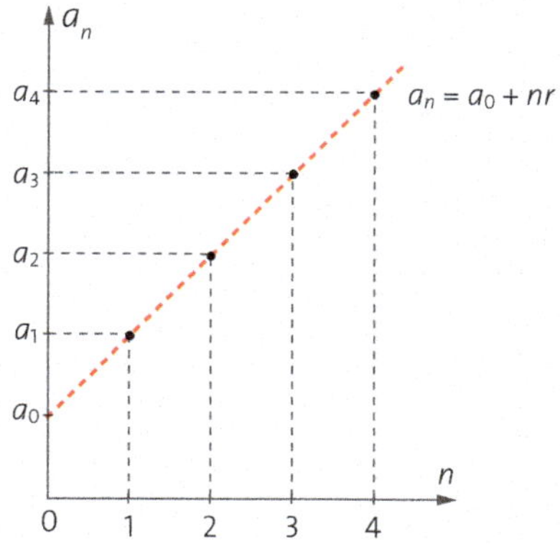

Fique atento!
Bastam dois pontos para determinar uma reta e bastam dois termos de uma PA para determinar a PA toda.

Assim, podemos caracterizar uma progressão aritmética observando que uma sequência (a_n) é uma progressão aritmética se, e somente se, os pontos do plano que têm coordenadas $(0, a_0)$, $(1, a_1)$, $(2, a_2)$, $(3, a_3)$, etc. estão em linha reta.

Por exemplo, consideremos a PA (1, 3, 5, 7, 9, ...). Essa PA é uma função de domínio $\mathbb{N}^*$, cujo gráfico é o conjunto de pontos abaixo.

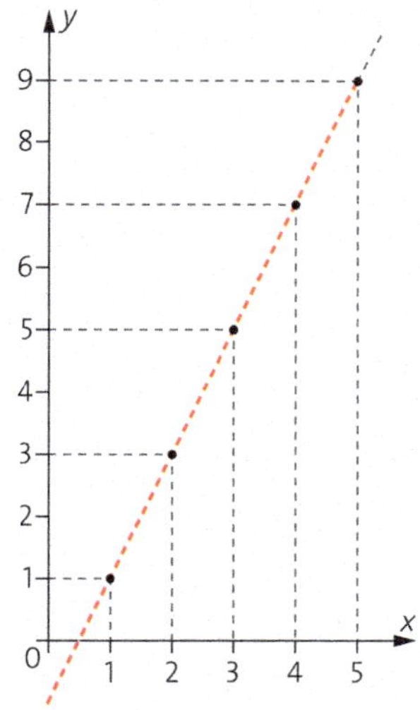

Fique atento!
Não podemos traçar uma reta contínua unindo esses pontos, pois o domínio é $\mathbb{N}^*$ e não $\mathbb{R}$.

O termo geral dessa PA é dado por:

$a_n = a_1 + (n - 1) \cdot r \Rightarrow a_n = 1 + (n - 1) \cdot 2 \Rightarrow a_n = 2n - 1$

Essa função é afim do tipo $f(x) = ax + b$, com $a = 2$ e $b = -1$, mas restrita aos naturais positivos.

> De modo geral, se considerarmos uma PA $(a_1, a_2, a_3, ..., a_n, ...)$ de razão r, $r \neq 0$, cujo termo geral é $a_n = a_1 + (n - 1)r$, a representação geométrica dessa PA é formada por pontos do gráfico da função afim $f(x) = a_1 + (x - 1)r$, dados por $(1, a_1)$, $(2, a_2)$, ..., (n, a_n), ...

Exercícios resolvidos

26. Retome o problema sobre a produção de uma empresa dado no início deste tópico (*Soma dos termos de uma PA finita*) e resolva-o aplicando a fórmula da soma dos termos de uma PA finita.

Resolução

Sabemos que a produção anual nesse período é uma PA na qual $a_1 = 10\,000$, $r = 2\,000$, $n = 8$ e $a_n = a_8 = 24\,000$.

Aplicando a fórmula:

$$S_n = \frac{(a_1 + a_n)n}{2} = \frac{8(10\,000 + 24\,000)}{2} = 136\,000$$

Logo, no período de 2012 a 2017 a empresa produziu 136 000 unidades.

27. Calcule a soma dos primeiros n números ímpares $(1, 3, 5, 7, ..., 2n - 1, ...)$, $n \in \mathbb{N}^*$.

Resolução

$$S_n = \frac{(a_1 + a_n)n}{2} = \frac{(1 + 2n - 1)n}{2} = \frac{2n^2}{2} = n^2$$

Portanto, a soma dos n primeiros números ímpares é igual a n^2.

28. Calcule a soma dos 50 primeiros termos da PA (2, 6, ...).

Resolução

Nessa PA infinita, os 50 primeiros termos formam uma PA finita, na qual $a_1 = 2$, $r = 4$ e $n = 50$.

Devemos calcular a_n (ou seja, a_{50}):

$a_n = a_{50} = a_1 + (n - 1)r \Rightarrow a_n = 2 + 49(4) \Rightarrow$

$\Rightarrow a_n = 2 + 196 \Rightarrow a_n = 198$

Aplicando a fórmula, temos:

$$S_n = \frac{(a_1 + a_n)n}{2} \Rightarrow S_{50} = \frac{(2 + 198)50}{2} \Rightarrow$$

$\Rightarrow S_{50} = 5\,000$

A soma procurada é igual a 5 000.

29. Determine a soma dos n primeiros termos da PA $(2n + 1, 2n + 3, ...)$.

Resolução

Nessa PA, os n primeiros termos formam uma PA finita tal que $a_1 = 2n + 1$, $r = 2$ e $n = n$.

> **Para refletir**
> Como concluir que $r = 2$?

Vamos calcular a_n:

$a_n = a_1 + (n - 1)r \Rightarrow a_n = 2n + 1 + (n - 1)2 \Rightarrow$

$\Rightarrow a_n = 2n + 1 + 2n - 2 \Rightarrow a_n = 4n - 1$

Aplicando a fórmula:

$$S_n = \frac{n(a_1 + a_n)}{2} \Rightarrow S_n = \frac{n(2n + 1 + 4n - 1)}{2} \Rightarrow$$

$$\Rightarrow S_n = \frac{6n^2}{2} \Rightarrow S_n = 3n^2$$

Logo, a soma procurada é $3n^2$.

30. A soma dos dez termos de uma PA é 200. Se o 1º termo dessa PA é 2, calcule a razão r da PA.

Resolução

Nessa PA sabemos que $S_{10} = 200$, $a_1 = 2$ e $n = 10$.

Devemos calcular a_{10} aplicando a fórmula da soma:

$$S_{10} = \frac{(a_1 + a_{10})10}{2} \Rightarrow 200 = \frac{(2 + a_{10})10}{2} \Rightarrow$$

$\Rightarrow 20 + 10a_{10} = 400 \Rightarrow 10a_{10} = 380 \Rightarrow a_{10} = 38$

Vamos calcular r:

$a_{10} = a_1 + 9r \Rightarrow 38 = 2 + 9r \Rightarrow 9r = 36 \Rightarrow r = 4$

Então, a razão procurada é 4.

31. Determine o valor de x na igualdade $2 + 7 + ... + 2x = 198$, sabendo que as parcelas do 1º membro formam uma PA.

Resolução

Nessa PA, temos:

$S_n = 198$, $a_1 = 2$, $a_n = 2x$ e $r = 7 - 2 = 5$

Vamos determinar n em função de x:

$a_n = a_1 + (n - 1)r \Rightarrow 2x = 2 + (n - 1)5 \Rightarrow$

$$\Rightarrow 2x = 2 + 5n - 5 \Rightarrow 5n = 2x + 3 \Rightarrow n = \frac{2x + 3}{5}$$

Aplicando a fórmula da soma, temos:

$$S_n = \frac{n(a_1 + a_n)}{2} \Rightarrow 198 = \frac{\left(\frac{2x + 3}{5}\right)(2 + 2x)}{2} \Rightarrow$$

$$\Rightarrow \left(\frac{2x + 3}{5}\right)(2 + 2x) = 396 \Rightarrow$$

$$\Rightarrow \frac{4x + 4x^2 + 6 + 6x}{5} = 396 \Rightarrow$$

$\Rightarrow 4x^2 + 10x + 6 = 1980 \Rightarrow 2x^2 + 5x - 987 = 0$

Vamos resolver a equação do 2º grau $2x^2 + 5x - 987 = 0$:

$\Delta = (5)^2 - 4(2)(-987) = 25 + 7\,896 = 7\,921$

$$x = \frac{-5 \pm 89}{4} \Rightarrow x' = 21 \text{ e } x'' = -\frac{47}{2}$$

Como a PA é crescente, temos $x = 21$.

32. A soma S_n dos n primeiros termos de uma PA é $3n^2$, qualquer que seja n. Calcule o 5º termo dessa progressão.

Resolução

Nessa PA, sabemos que $S_n = 3n^2$. Então:

- $n = 1 \Rightarrow S_1 = a_1 \Rightarrow a_1 = 3n^2 \Rightarrow a_1 = 3(1)^2 = 3$
- $n = 2 \Rightarrow S_2 = a_1 + a_2 \Rightarrow 3 + a_2 = 3n^2 \Rightarrow$
  $\Rightarrow 3 + a_2 = 3(2)^2 \Rightarrow a_2 = 9$

Podemos então determinar o valor da razão:

$r = a_2 - a_1 = 9 - 3 = 6$

Vamos determinar o 5º termo da PA (3, 9, ...):

$a_5 = a_1 + 4r \Rightarrow a_5 = 3 + 4 \cdot 6 \Rightarrow a_5 = 27$

Logo, o 5º termo dessa PA é 27.

33. A soma de cinco números em PA é 295. Determine o termo do meio.

Resolução

Podemos sempre escrever 5 números em PA assim:

$x - 2r, x - r, x, x + r$ e $x + 2r$.

Somando:

$x - \cancel{2r} + x - \cancel{r} + x + x + \cancel{r} + x + \cancel{2r} = 295 \Rightarrow$

$\Rightarrow 5x = 295 \Rightarrow x = 59$

Portanto, o termo do meio é 59.

Observação: Outra maneira de resolver seria utilizando a fórmula:

$$S_5 = \frac{5(x - \cancel{2r} + x + \cancel{2r})}{2} \Rightarrow \frac{5 \cdot 2x}{2} = 295 \Rightarrow x = 59$$

Exercícios

66. Dada a PA (5, 8, ...), determine a soma de seus 4 primeiros termos.

67. Uma PA tem $a_1 = -9$ e $r = 7$. Determine seus 6 primeiros termos e calcule a soma deles.

68. Uma PA tem $a_1 = 1$ e $r = 1$. Determine a soma dos seus:
a) 10 primeiros termos;
b) 20 primeiros termos.

69. Calcule a soma:
a) dos 30 primeiros termos da PA (4, 10, ...);
b) dos 20 primeiros termos de uma PA em que o 1º termo é $a_1 = 17$ e $r = 4$;
c) dos 200 primeiros números pares positivos;
d) dos 50 primeiros múltiplos positivos de 5;
e) de todos os múltiplos de 7 que tenham três algarismos;
f) dos n primeiros números pares positivos;
g) dos n primeiros números ímpares positivos;
h) dos n primeiros termos da PA ($n - 3, n - 1, ...$).

70. A soma dos 20 termos de uma PA finita é 710. Se o 1º termo dessa PA é $a_1 = 7$, calcule o 10º termo.

71. Ao se efetuar a soma das 50 primeiras parcelas da PA (202, 206, ...), por distração não se somou a 35ª parcela. Qual foi a soma encontrada?

72. A expressão $S_n = n^2 - 3n$, para qualquer n inteiro positivo, representa a soma dos n primeiros termos de uma PA. Qual é a razão dessa PA?

73. Resolva a equação $2 + 5 + 8 + ... + x = 77$, sabendo que os termos do 1º membro estão em PA.

74. Calcule o valor de x na igualdade
$x + 2x + ... + 20x = 6\,300$, sabendo que os termos do 1º membro estão em PA.

75. *Física*
Um corpo em queda livre percorre 3 m no primeiro segundo, 12 m no segundo, 21 m no terceiro segundo, e assim por diante formando uma PA. Continuando nessa sequência, quantos metros terá percorrido após 10 segundos?

76. Um ciclista percorre 20 km na primeira hora; 17 km na segunda hora, e assim por diante, em progressão aritmética. Quantos quilômetros percorrerá em 5 horas?

77. Uma escada maciça possui 10 degraus. O 1º degrau é um paralelepípedo retângulo cujas dimensões são 50 cm de comprimento, 20 cm de largura e 10 cm de altura. O 2º degrau possui 2 paralelepípedos de mesmas dimensões, e assim por diante. Qual é o volume dessa escada?

78. Um teatro possui 12 poltronas na primeira fileira, 14 na segunda e 16 na terceira; as demais fileiras se compõem na mesma sequência. Quantas fileiras são necessárias para o teatro ter um total de 620 poltronas?

Orlando Abrunhosa/Tyba

Casa da Ópera, Ouro Preto, Minas Gerais.

79. A soma das medidas dos ângulos internos de um triângulo é 180°. Em um triângulo, as medidas dos ângulos estão em PA e o menor desses ângulos mede 40°. Calcule as medidas dos outros dois ângulos.

Progressões aritméticas de segunda ordem

Da sequência $(a_n) = (0, 3, 8, 15, 24, 35, ...)$ podemos formar uma progressão aritmética tomando as diferenças entre cada termo e o termo anterior $(a_{n+1} - a_n)$:

$$3, 5, 7, 9, 11, ...$$

obtendo uma PA não constante ($r \neq 0$).

Definição

Uma progressão aritmética de segunda ordem é uma sequência (a_n) na qual as diferenças $(a_{n+1} - a_n)$ entre cada termo e o termo anterior formam uma progressão aritmética não estacionária.

Assim, a sequência $(a_n) = (0, 3, 8, 15, 24, 35, ..., n^2 - 1, ...)$ é um exemplo de uma PA de segunda ordem.

Caracterização

É possível provar que toda sequência na qual o termo de ordem n é um polinômio em n do segundo grau é uma progressão aritmética de segunda ordem. Reciprocamente, se (a_n) é uma progressão aritmética de 2ª ordem, então a_n é um polinômio do segundo grau em n.

Dessa forma, se o domínio de uma função quadrática for uma PA, então sua imagem será uma PA de 2ª ordem. Essa característica já havia sido mencionada no capítulo de funções quadráticas.

Exercício resolvido

34. Dada a PA de 2ª ordem 4, 7, 12, 19, ..., determine o polinômio de 2º grau que expressa o termo geral.

Resolução

Observe que:

$a_1 = 4$

$a_2 = 7 = 4 + 3$

$a_3 = 12 = 4 + 3 + 5$

$a_4 = 19 = 4 + \underbrace{3 + 5 + 7}_{\text{soma dos 3 termos da PA (3, 5, 7, ...)}}$

⋮

$a_8 = 4 + \underbrace{3 + 5 + 7 + 9 + 11 + 13 + 15}_{\text{soma dos 7 termos da PA (3, 5, 7, ...)}}$

⋮

$a_n = 4 + \underbrace{3 + 5 + ... + b_{n-1}}_{\text{soma dos } (n-1) \text{ termos da PA (3, 5, 7, ...)}}$

Assim:

$b_{n-1} = 3 + (n - 1 - 1) \cdot 2 = 3 + 2n - 4 = 2n - 1$

Então:

$$3 + 5 + 7 + ... + b_{n-1} = \frac{(3 + 2n - 1)(n - 1)}{2} =$$

$$= \frac{(\cancel{2} + \cancel{2}n)(n - 1)}{\cancel{2}} = (n + 1)(n - 1) = n^2 - 1$$

Logo:

$a_n = 4 + n^2 - 1 \Rightarrow a_n = n^2 + 3$

Exercícios

80. Verifique se cada uma das sequências abaixo é uma progressão aritmética de 2ª ordem:

a) $(a_n) = (1, 3, 6, 10, 15, 21, ...)$

b) $(a_n) = (1, 3, 5, 7, 9, 11, ...)$

c) $(a_n) = (1, 5, 11, 19, 29, 41, ...)$

d) $(a_n) = (2, 5, 11, 20, 32, 47, ...)$

e) $(a_n) = (2, 3, 5, 8, 13, 21, 34, ...)$

81. Dadas as progressões aritméticas de 2ª ordem, escreva o termo geral a_n como um polinômio de 2º grau em n:

a) −1, 2, 7, 14, 23, 34, ...

b) 2, 5, 10, 17, 26, 37, ...

c) 1, 7, 17, 31, 49, ...

d) 4, 14, 30, 52, 80, ...

3 Progressão geométrica (PG)

A taxa de crescimento relativo de uma grandeza é dada pela razão entre seu aumento e seu valor inicial. Assim, uma grandeza que passa do valor a para o valor b tem taxa de crescimento relativo igual a $\frac{b-a}{a}$.

Por exemplo, a taxa de crescimento relativo da produtividade de uma usina de açúcar, cuja produção semanal passa de 5 toneladas para 8 toneladas, é de 60%, pois $\frac{8-5}{5} = \frac{3}{5} = 0{,}60 = 60\%$.

Delfim Martins/Pulsar Imagens

Usina de cana-de-açúcar na cidade de Lins (SP).

Agora, estudaremos as sequências que variam com taxa de crescimento relativo constante. Examine, por exemplo, a seguinte situação-problema:

Em 2013 uma usina produziu 200 000 kg de açúcar. Quantos quilogramas essa usina produzirá no período de 2013 a 2018 se o aumento de produção anual for sempre de 10% em relação ao ano anterior?

Esquematizamos o problema da seguinte forma:

- produção em 2013 = 20 000
- produção em 2014 = produção em 2013 · 1,10 = 200 000 · 1,10 = 220 000
- produção em 2015 = produção em 2014 · 1,10 = 220 000 · 1,10 = 242 000
- produção em 2016 = produção em 2015 · 1,10 = 242 000 · 1,10 = 266 200
- produção em 2017 = produção em 2016 · 1,10 = 266 200 · 1,10 = 292 820
- produção em 2018 = produção em 2017 · 1,10 = 292 820 · 1,10 = 322 102

Fique atento!
Se uma grandeza tem taxa de crescimento relativo igual a i, o novo valor é obtido fazendo $(1 + i)$ vezes o valor anterior.
No exemplo, $(1 + i) = (1 + 0{,}10) = 1{,}10$ ou 1,1.

Nessas condições, a produção anual, nesse período, será representada pela sequência (200 000, 220 000, 242 000, 266 200, 292 820, 322 102).

Note que, nessa sequência, cada termo, a partir do segundo, é obtido multiplicando o termo anterior por um número fixo (no caso, 1,10), ou seja, a produção anual teve uma taxa de crescimento relativo constante de 10% em relação ao ano anterior.

Sequências com esse tipo de lei de formação são chamadas **progressões geométricas**. Nesse exemplo, o valor 1,10 é chamado **razão** da progressão geométrica e indicado por q (no exemplo, $q = 1{,}10$). Dizemos que os termos dessa sequência estão em progressão geométrica (PG).

Fique atento!
Também já estudamos alguns aspectos das PGs em capítulos anteriores.

Progressão geométrica é toda sequência de números não nulos na qual é constante o quociente da divisão de cada termo (a partir do segundo) pelo termo anterior. Esse quociente constante é chamado **razão** (q) da progressão. Ou seja, uma progressão geométrica é uma sequência na qual a taxa de crescimento relativo de cada termo para o seguinte é sempre a mesma.

Exemplos de progressões geométricas:

> **Fique atento!**
> Aumentar uma vez é aumentar 100% (duplicar), aumentar 2 vezes é aumentar 200% (triplicar), e assim por diante.

a) A sequência (2, 10, 50, 250) é uma PG de quatro termos, em que o 1º termo é $a_1 = 2$ e a razão $q = 5$. Observe que:
$250 : 50 = 5$
$50 : 10 = 5$
$10 : 2 = 5 \rightarrow$ quociente constante = 5 (razão)
A taxa de crescimento relativo de a para b é dada por $\frac{b-a}{a}$. Nesse exemplo,
$i = \frac{10-2}{2} = \frac{8}{2} = 4 = 400\%$. Logo, $q = 1 + i = 1 + 4 = 5$.

b) A sequência (6, −12, 24, −48, 96) é uma PG de cinco termos, na qual $a_1 = 6$ e $q = -2$, pois:
$a_1 = 6$
$a_2 = -12\ [-12 = 6(-2)$, ou seja, $a_2 = a_1 \cdot (-2)]$
$a_3 = 24\ [24 = (-12)(-2)$, ou seja, $a_3 = a_2 \cdot (-2)]$
$a_4 = -48\ [-48 = 24(-2)$, ou seja, $a_4 = a_3 \cdot (-2)]$
$a_5 = 96\ [96 = (-48)(-2)$, ou seja, $a_5 = a_4 \cdot (-2)]$
Ou, de modo equivalente:
$-12 : 6 = -2$
$24 : (-12) = -2$
$-48 : 24 = -2$
$96 : (-48) = -2 \rightarrow$ quociente constante = −2 (razão)
Taxa de crescimento relativo: $i = \frac{-12-6}{6} = -\frac{18}{6} = -3 = -300\%$.
Logo, $q = 1 + i = 1 + (-3) = -2$.

c) A sequência (10, 10, 10) é uma PG de três termos, em que o 1º termo é 10 e a razão é 1, pois:
$a_1 = 10$
$a_2 = 10\ (10 = 10 \cdot 1$, ou seja, $a_2 = a_1 \cdot 1)$
$a_3 = 10\ (10 = 10 \cdot 1$, ou seja, $a_3 = a_2 \cdot 1)$
Taxa de crescimento relativo: $i = \frac{10-10}{10} = \frac{0}{10} = 0 = 0\%$.
Logo, $q = 1 + 0 = 1$.

Observações:

1ª) De modo geral, observamos que uma sequência $(a_1, a_2, a_3, ..., a_n, ...)$ com $a_1 \neq 0$ é uma PG de razão $q \neq 0$ quando:

$a_2 = a_1 \cdot q \Rightarrow \frac{a_2}{a_1} = q$

$a_3 = a_2 \cdot q \Rightarrow \frac{a_3}{a_2} = q$

$a_4 = a_3 \cdot q \Rightarrow \frac{a_4}{a_3} = q$

$a_n = a_{n-1} \cdot q \Rightarrow \frac{a_n}{a_{n-1}} = q$

Das igualdades acima, concluímos que:

$$\frac{a_2}{a_1} = \frac{a_3}{a_2} = \frac{a_4}{a_3} = ... = \frac{a_n}{a_{n-1}} = q,\ \text{com } q = 1 + i,$$

em que $i = \frac{a_n - a_{n-1}}{a_{n-1}}$ $(a_{n-1} \neq 0)$ é a taxa de crescimento relativo dos termos.

2ª) Da definição decorre que, se a_r, a_s e a_p estão em PG, então:

$$\frac{a_s}{a_r} = \frac{a_p}{a_s} \Rightarrow a_s^2 = a_r \cdot a_p$$

Assim, dados três termos consecutivos e positivos de uma progressão geométrica, o termo do meio é a **média geométrica** dos outros dois.

Exercícios resolvidos

35. Diga se a sequência $(a^{n-4}, a^{n-2}, a^n, a^{n+2})$, com $a \neq 0$, é uma PG. Se for, dê a razão.

Resolução

$$\frac{a^{n-2}}{a^{n-4}} = a^{n-2-(n-4)} = a^{n-2-n+4} = a^2$$

$$\frac{a^n}{a^{n-2}} = a^{n-(n-2)} = a^{n-n+2} = a^2$$

$$\frac{a^{n+2}}{a^n} = a^{n+2-n} = a^2$$

Então, a sequência é uma PG de razão a^2.

36. A sequência $\left(\frac{1}{2}, \frac{1}{6}, ...\right)$ é uma PG infinita. Determine a razão dessa PG e a taxa de crescimento dos seus termos.

Resolução

$$\begin{cases} a_1 = \frac{1}{2} \\ a_2 = \frac{1}{6} \end{cases} \rightarrow q = \frac{a_2}{a_1} \Rightarrow q = \frac{\frac{1}{6}}{\frac{1}{2}} \Rightarrow q = \frac{1}{6} \cdot \frac{2}{1} = \frac{1}{3}$$

Logo, $q = \frac{1}{3}$.

Taxa de crescimento:

$$i = \frac{\frac{1}{6} - \frac{1}{2}}{\frac{1}{2}} = \frac{-\frac{1}{3}}{\frac{1}{2}} = -\frac{2}{3} = -0{,}66... \simeq -66{,}66\%$$

37. Determine o 4º termo da PG $(ab, a^3b^2, ...)$, com $a \neq 0$ e $b \neq 0$.

Resolução

$$\begin{cases} a_1 = ab \\ a_2 = a^3b^2 \end{cases} \rightarrow q = \frac{a_2}{a_1} \Rightarrow q = \frac{a^3b^2}{ab} \Rightarrow q = a^2b$$

Então, temos:

$a_1 \xrightarrow{\cdot q} a_2 \xrightarrow{\cdot q} a_3 \xrightarrow{\cdot q} a_4$

Portanto:

$a_4 = a_1 \cdot q \cdot q \cdot q \Rightarrow a_4 = a_1 \cdot q^3 \Rightarrow a_4 = ab(a^2b)^3 \Rightarrow$
$\Rightarrow a_4 = ab \cdot a^6b^3 \Rightarrow a_4 = a^7b^4$

Logo, $a_4 = a^7b^4$.

38. Nas progressões geométricas abaixo, qual é a taxa de crescimento relativo de cada termo para o seguinte?

a) (1, 2, 4, 8, 16, 32, ...)

b) (100, 70, 49, ...)

Resolução

a) (1, 2, 4, 8, 16, 32, ...)

Nesta PG a taxa de crescimento relativo de cada termo para o seguinte é de 100%, o que faz com que cada termo seja igual a 200% do termo anterior $\left(\frac{2-1}{1} = 1 \rightarrow 100\%\right)$.

b) (100, 70, 49, ...)

Cada termo equivale a 70% do termo anterior. A taxa de crescimento relativo de cada termo para o seguinte é de −30% $\left(\frac{70-100}{100} = \frac{-30}{100} \rightarrow -30\%\right)$.

39. Determine o 8º termo de uma PG na qual $a_4 = 12$ e $q = 2$.

Resolução

$a_4 \xrightarrow{\cdot q} a_5 \xrightarrow{\cdot q} a_6 \xrightarrow{\cdot q} a_7 \xrightarrow{\cdot q} a_8$

Então:

$a_8 = a_4 \cdot q^4 \Rightarrow a_8 = 12(2)^4 \Rightarrow a_8 = 12 \cdot 16 \Rightarrow a_8 = 192$

Portanto, o 8º termo da PG é 192.

40. A população de um país é atualmente igual a P_0 e cresce 3% ao ano. Qual será a população desse país daqui a t anos?

Resolução

Como a população cresce 3% ao ano, em cada ano a população é 103% a do ano anterior.

Logo, a cada ano a população é multiplicada por 103% = 1,03.

Após t anos, a população será $P_0 \cdot (1{,}03)^t$.

Neste caso, temos a PG:

$P_0, P_0 \cdot (1{,}03), P_0 \cdot (1{,}03)^2, P_0 \cdot (1{,}03)^3, ..., P_0 \cdot (1{,}03)^t, ...$ de razão 1,03.

41. Um tanque tem capacidade C_0 de água. Abre-se o tampão e essa capacidade decresce 4% por minuto. Qual será a capacidade desse tanque daqui a t minutos?

Resolução

Como a capacidade diminui 4% por minuto, em cada minuto a capacidade equivalerá a 96% da capacidade do minuto anterior.

Assim, a cada minuto que passa, a capacidade é multiplicada por 96% = 0,96.

Depois de t minutos, a capacidade do tanque será de $C_0 \cdot 0{,}96^t$.

Neste caso a PG seria $C_0, C_0 \cdot 0{,}96, C_0 \cdot (0{,}96)^2, C_0 \cdot (0{,}96)^3, ..., C_0 \cdot (0{,}96)^t, ...$ de razão 0,96.

Exercícios

82. Verifique se cada sequência dada é uma PG. Em caso positivo, dê o valor da razão q:

a) (1, 3, 9, 27, 81)

b) (2, 4, 6, 8, 10, 12)

c) (400, 200, 100, 50)

d) (5, −10, 20, −40, 80, −160)

e) $\left(1, \frac{1}{4}, \frac{1}{16}, \frac{1}{64}\right)$

f) $\left(2, 1, \frac{1}{2}, \frac{1}{3}, \frac{1}{4}\right)$

g) $(x, 4x, 16x, 64x, 256x)$ com $x \neq 0$

h) (a, ap, ap^2, ap^3) com $a \neq 0$ e $p \neq 0$

i) $(x, 3x^2, 9x^2, 27x^2)$ com $x \neq 0$

j) $\left(\frac{x}{y^2}, \frac{x}{y}, x, xy\right)$ com $x \neq 0$ e $y \neq 0$

83. As seguintes sequências são PG. Determine a razão de cada uma delas:

a) (2, 8, ...)

b) $\left(3, \frac{3}{2}, ...\right)$

c) $\left(\frac{1}{3}, \frac{2}{9}, ...\right)$

d) $(10^{-1}, 10, ...)$

e) $(xy, xy^3, ...)$

f) $(10^4, 10^7, ...)$

84. Escreva uma PG:

a) de 5 termos em que $a_1 = 7$ e $q = 3$;

b) de 4 termos em que $a_1 = -5$ e $q = 2$;

c) de 4 termos em que $a_1 = 10^{-3}$ e $q = 10^{-2}$.

85. Determine:

a) o 4º termo da PG em que $a_1 = 4$ e $q = 5$;

b) o 9º termo da PG em que $a_5 = ab^2$ e $q = \frac{1}{b}$.

86. Nas progressões geométricas abaixo, qual é a taxa de crescimento relativo de cada termo para o seguinte?

a) (5, 15, 45, 135, ...)

b) (1000, 800, 640, 512, ...)

c) (1, 4, 16, 64, 256, ...)

d) (100; 60; 36; 21,6; ...)

87. Uma população de bactérias é atualmente dada por B_0 e cresce 5% por minuto. Qual será essa população daqui a n minutos?

88. A torcida de um determinado clube é atualmente dada por P_0, mas está diminuindo 3% ao ano. Se esse fato continuar a ocorrer, qual será a torcida desse clube daqui a t anos?

Classificação da progressão geométrica

Dependendo da razão q, uma PG pode ser:

- *Crescente* — A PG é crescente quando $q > 1$ e os termos são positivos ou quando $0 < q < 1$ e os termos são negativos. Por exemplo:

  a) (2, 6, 18, 54, ...) com $q = 3$

  b) (−40, −20, −10, −5, ...) com $q = \frac{1}{2}$

- *Decrescente* — A PG é decrescente quando $0 < q < 1$ e os termos são positivos ou quando $q > 1$ e os termos são negativos. Veja os exemplos:

  a) (200, 100, 50, 25, ...), em que $q = \frac{1}{2}$

  b) (−4, −12, −36, −108, ...), em que $q = 3$

- *Constante* — A PG é constante quando $q = 1$. Veja:

  a) (10, 10, 10, ...), em que $q = 1$

  b) (−5, −5, −5, ...), na qual $q = 1$

- *Alternante* — A PG é alternante quando $q < 0$. Por exemplo:

  a) (4, −8, 16, −32, ...), em que $q = -2$

  b) (−81, 27, −9, 3, ...), na qual $q = -\frac{1}{3}$

Para refletir
Como são os termos da PG alternante?

Representações especiais

Como visto em PA, também podemos recorrer a algumas representações especiais de PG, principalmente se o produto dos termos for conhecido.

As principais são:

- três termos em PG: $\left(\dfrac{x}{q}, x, xq\right)$
- cinco termos em PG: $\left(\dfrac{x}{q^2}, \dfrac{x}{q}, x, xq, xq^2\right)$

Exercício resolvido

42. Três números estão em PG de forma que o produto deles é 729 e a soma é 39. Calcule os três números.

Resolução

Nesse tipo de problema sobre PG com três termos consecutivos, é conveniente representar a sequência na forma $\left(\dfrac{x}{q}, x, xq\right)$, em que o termo médio é x e a razão é q. Assim, temos o seguinte sistema de equações:

$$\begin{cases} \dfrac{x}{\cancel{q}} \cdot x \cdot x\cancel{q} = 729 \\ \dfrac{x}{q} + x + xq = 39 \end{cases} \Rightarrow \begin{cases} x^3 = 729 \\ \dfrac{x}{q} + x + xq = 39 \end{cases}$$

Da 1ª equação, temos:

$x^3 = 729 \Rightarrow x = \sqrt[3]{729} \Rightarrow x = 9$

Substituindo na outra equação, temos:

$\dfrac{9}{q} + 9 + 9q = 39 \Rightarrow 9 + 9q + 9q^2 = 39q \Rightarrow$

$\Rightarrow 9q^2 - 30q + 9 = 0 \Rightarrow 3q^2 - 10q + 3 = 0$

$\Delta = (-10)^2 - 4(3)(3) = 64$

$q = \dfrac{10 \pm 8}{6} \Rightarrow q' = 3$ e $q'' = \dfrac{1}{3}$

Então, para $x = 9$ e $q = 3$, temos:

- 1º número: $\dfrac{x}{q} = \dfrac{9}{3} = 3$
- 2º número: $x = 9$
- 3º número: $xq = 9 \cdot 3 = 27$

Para $x = 9$ e $q = \dfrac{1}{3}$, temos:

- 1º número: $\dfrac{x}{q} = \dfrac{9}{\frac{1}{3}} = 27$
- 2º número: $x = 9$
- 3º número: $xq = 9 \cdot \dfrac{1}{3} = 3$

Portanto, os números procurados são 3, 9 e 27.

Exercícios

89. Identifique cada PG a seguir como crescente, decrescente, constante ou alternante:

a) (20, 40, 80, ...)

b) (3, −9, 27, −81, ...)

c) (−7, −14, −28, ...)

d) (2, 2, 2, ...)

e) $\left(1, \dfrac{1}{2}, \dfrac{1}{4}, ...\right)$

f) (−9, 18, −36, 72, ...)

g) (256, 64, 16, ...)

h) $\left(-6, -3, -\dfrac{3}{2}, ...\right)$

90. Determine a PG de três elementos que são números inteiros, sabendo que a soma deles é igual a 31 e o produto é 125.

91. As medidas dos lados de um triângulo retângulo estão em PG. Determine a razão q dessa PG.

92. Três números inteiros positivos estão em PG de tal forma que a soma deles é igual a 62 e o maior número é igual a 25 vezes o menor. Quais são os três números?

Fórmula do termo geral de uma PG

Em uma progressão geométrica ($a_1, a_2, a_3, ..., a_n, ...$) de razão q, partindo do 1º termo, para avançar um termo, basta multiplicar o 1º termo pela razão q ($a_2 = a_1q$); para avançar dois termos, basta multiplicar o 1º termo pelo quadrado da razão q ($a_4 = a_1q^2$); para avançar três termos, basta multiplicar o 1º termo pelo cubo da razão q ($a_4 = a_1q^3$); e assim por diante. Desse modo encontramos o termo de ordem n, denominado **termo geral da PG**, que é dado por:

$$a_n = a_1 \cdot q^{n-1}$$ (ao passar de a_1 para a_n, avançamos $(n - 1)$ termos)

Nessa fórmula:

- a_n = termo geral;
- n = número de termos (até a_n);
- a_1 = 1º termo;
- q = razão.

Observação: Algumas vezes é conveniente colocar o 1º termo como a_0, e não a_1, ficando o termo geral da PG dado por $a_n = a_0 \cdot q^n$. Por exemplo, se o número de sócios de um clube hoje é 2000 e cresce 5% ao ano, quantos sócios esse clube terá em 3 anos?

Temos uma PG com $a_0 = 2000$ e razão $q = 1 + i = 1 + 0{,}05 = 1{,}05$.

Após 3 anos, o clube terá aproximadamente 2315 sócios ($a_3 = a_0 \cdot q^3 = 2000(1{,}05)^3 \simeq 2315$).

Fique atento!

Note que $a_{10} = a_3 \cdot q^7$, pois ao passar de a_3 para a_{10} avançamos 7 termos;

$a_5 = \frac{a_9}{q^4}$, pois ao passar de a_9 para a_5 retrocedemos 4 termos; e assim por diante.

Dessa forma, podemos estender a definição do termo geral para:

$a_n = a_k \cdot q^{n-k}$ (ao passar de a_k para a_n avançamos $(n - k)$ termos).

Exercícios resolvidos

43. Dê a fórmula do termo geral da PG (2, 4, ...).

Resolução

Na PG dada, temos $a_1 = 2$ e $q = 2$:

$a_n = a_1 \cdot q^{n-1} \Rightarrow a_n = 2 \cdot 2^{n-1} \Rightarrow a_n = 2^{1+n-1} \Rightarrow$

$\Rightarrow a_n = 2^n$

Logo, o termo geral da PG dada é $a_n = 2^n$.

44. Qual é o 7º termo da PG (2, 6, ...)?

Resolução

Dados: $\begin{cases} a_1 = 2 \\ q = 3 \\ n = 7 \end{cases}$

$a_7 = a_1 \cdot q^6 \Rightarrow a_7 = 2 \cdot 3^6 \Rightarrow a_7 = 1458$

Logo, $a_7 = 1458$.

45. Calcule o 1º termo de uma PG em que $a_4 = 375$ e $q = 5$.

Resolução

Dados: $\begin{cases} a_4 = 375 \\ q = 5 \\ n = 4 \end{cases}$

$a_4 = a_1 \cdot q^3 \Rightarrow 375 = a_1 \cdot 5^3 \Rightarrow 125\,a_1 = 375 \Rightarrow a_1 = 3$

Portanto, $a_1 = 3$.

46. Em uma PG crescente, o 1º termo é 3 e o 5º termo é 30000. Qual é o valor da razão q nessa PG?

Resolução

Dados: $\begin{cases} a_1 = 3 \\ a_5 = 30000 \\ n = 5 \end{cases}$

$a_5 = a_1 \cdot q^4 \Rightarrow 30\,000 = 3 \cdot q^4 \Rightarrow q^4 = 10\,000 \Rightarrow$

$\Rightarrow q = \pm\sqrt[4]{10\,000} \Rightarrow q = \pm 10$

Então, como a PG é crescente, $q = 10$.

Para refletir

Observe e entenda cada uma das implicações em $\mathbb{R}$:

- $x^3 = 8 \Rightarrow x = \sqrt[3]{8} = 2$

  $x^3 = -8 \Rightarrow x = \sqrt[3]{-8} = -2$
- $x^4 = 16 \Rightarrow x = \pm\sqrt[4]{16} = \pm 2$
- $x^4 = -16 \Rightarrow$ não existe $x \in \mathbb{R}$

Quando ocorre cada um desses casos?

47. Quantos elementos tem a PG (8, 32, ..., 2^{31})?

Resolução

Dados: $\begin{cases} a_1 = 8 \\ a_n = 2^{31} \\ q = 4 \end{cases}$

$a_n = a_1 \cdot q^{n-1} \Rightarrow 2^{31} = 8 \cdot 4^{n-1} \Rightarrow 2^{31} = 2^3 \cdot 2^{2n-2} \Rightarrow$

$\Rightarrow 2^{31} = 2^{3+2n-2} \Rightarrow 2^{31} = 2^{2n+1} \Rightarrow$

$\Rightarrow 2n + 1 = 31 \Rightarrow 2n = 30 \Rightarrow n = 15$

Logo, a PG tem 15 elementos.

48. Em uma PG, temos $a_5 = 32$ e $a_8 = 256$. Calcule o primeiro termo e a razão dessa PG.

Resolução

$a_8 = a_5 \cdot q^3 \Rightarrow 256 = 32q^3 \Rightarrow q^3 = \dfrac{256}{32} \Rightarrow$

$\Rightarrow q^3 = 8 \Rightarrow q = \sqrt[3]{8} \Rightarrow q = 2$

Determinamos então a_1:

$a_5 = a_1 \cdot q^4 \Rightarrow 32 = a_1 \cdot 2^4 \Rightarrow 32 = a_1 \cdot 16 \Rightarrow a_1 = 2$

Então, $a_1 = 2$ e $q = 2$.

49. Suponha que o valor de um carro diminui sempre 30% em relação ao valor do ano anterior. Sendo V o valor do carro no primeiro ano, qual será o seu valor no oitavo ano?

Resolução

Valor no 1º ano = V

Valor no 2º ano = 70% de $V = 0{,}7V$ (diminuição de 30%)

Valor no 3º ano = 70% de $(0{,}7V) = 0{,}7(0{,}7V) = (0{,}7)^2V$

Temos então uma PG na qual $a_1 = V$ e $q = 0{,}7$.

Devemos calcular a_8:

$a_n = a_1 \cdot q^{n-1} \Rightarrow a_8 = a_1 \cdot q^7 \Rightarrow a_8 = V(0{,}7)^7$

Logo, o valor do carro no 8º ano será $(0{,}7)^7V$.

50. Em uma progressão geométrica, o 4º termo vale 7 e o 7º termo vale 189. Quanto vale o 6º termo dessa progressão?

Resolução

$a_7 = a_4 \cdot q^3$, pois, ao passar do 4º termo para o 7º, avançamos três termos. Assim:

$189 = 7 \cdot q^3 \Rightarrow q^3 = 27 \Rightarrow q = 3$

Analogamente:

$a_6 = a_4 \cdot q^2 \Rightarrow a_6 = 7 \cdot 3^2 \Rightarrow a_6 = 63$ ou

$a_6 = a_7 : q \Rightarrow a_6 = 189 : 3 \Rightarrow a_6 = 63$

Portanto, o 6º termo vale 63.

51. Quais são as progressões geométricas de termos reais em que $a_7 = 20$ e $a_3 = 320$?

Resolução

$a_7 = a_3 \cdot q^4 \Rightarrow 20 = 320q^4 \Rightarrow q^4 = \dfrac{20}{320} \Rightarrow$

$\Rightarrow q^4 = \dfrac{1}{16} \Rightarrow q = \pm\sqrt[4]{\dfrac{1}{16}} \Rightarrow q = \pm\dfrac{1}{2}$

Vamos determinar a_1:

- para $q = \dfrac{1}{2}$

$a_3 = a_1 \cdot q^2 \Rightarrow 320 = a_1\left(\dfrac{1}{2}\right)^2 \Rightarrow 320 = a_1 \cdot \dfrac{1}{4} \Rightarrow$

$\Rightarrow a_1 = 1280$

- para $q = -\dfrac{1}{2}$

$a_3 = a_1 \cdot q^2 \Rightarrow 320 = a_1\left(-\dfrac{1}{2}\right)^2 \Rightarrow 320 = a_1 \cdot \dfrac{1}{4} \Rightarrow$

$\Rightarrow a_1 = 1280$

Então, as progressões procuradas são duas:

- (1280, 640, 320, ...), quando $q = \dfrac{1}{2}$;
- (1280, −640, 320, ...), quando $q = -\dfrac{1}{2}$.

52. Em uma PG, a soma do 3º e do 5º termos é igual a 360 e a soma do 4º e do 6º termos é igual a 1080. Determine a razão e o 1º termo dessa PG.

Resolução

$\left.\begin{array}{l} a_3 = a_1 \cdot q^2 \\ a_5 = a_1 \cdot q^4 \end{array}\right\} \Rightarrow a_3 + a_5 = a_1 \cdot q^2 + a_1 \cdot q^4 \Rightarrow$

$\Rightarrow a_1(q^2 + q^4) = 360$ (I)

$\left.\begin{array}{l} a_4 = a_1 \cdot q^3 \\ a_6 = a_1 \cdot q^5 \end{array}\right\} \Rightarrow a_4 + a_6 = a_1 \cdot q^3 + a_1 \cdot q^5 \Rightarrow$

$\Rightarrow a_1 \cdot q(q^2 + q^4) = 1080$ (II)

Dividindo (I) e (II) membro a membro, temos:

$\dfrac{\cancel{a_1}\cancel{(q^2 + q^4)}}{\cancel{a_1} \cdot q\cancel{(q^2 + q^4)}} = \dfrac{\overset{1}{\cancel{360}}}{\underset{3}{\cancel{1080}}} \Rightarrow \dfrac{1}{q} = \dfrac{1}{3} \Rightarrow q = 3$

Vamos calcular a_1:

$a_1(q^2 + q^4) = 360 \Rightarrow a_1(3^2 + 3^4) = 360 \Rightarrow$

$\Rightarrow a_1 \cdot 90 = 360 \Rightarrow a_1 = 4$

Portanto, na PG dada, $a_1 = 4$ e $q = 3$.

Propriedades da PG

1ª) O quadrado de qualquer termo de uma PG, a partir do segundo, é sempre igual ao produto do termo que o antecede pelo termo que o sucede.

$(a_n)^2 = a_{n-1} \cdot a_{n+1}$, para $n \geqslant 2$

Exemplo:

Na PG (3, 6, 12, 24, 48, 96, 192), observe que:

$a_1 \cdot a_3 = 3 \cdot 12 = 36 = 6^2 = (a_2)^2$

2ª) Em uma PG finita, o produto de dois termos equidistantes é igual ao produto dos termos extremos.

$(a_1, a_2, a_3, ..., a_{n-1}, a_n)$ é uma PG $\Leftrightarrow a_{k+1} \cdot a_{n-k} = a_1 \cdot a_n$

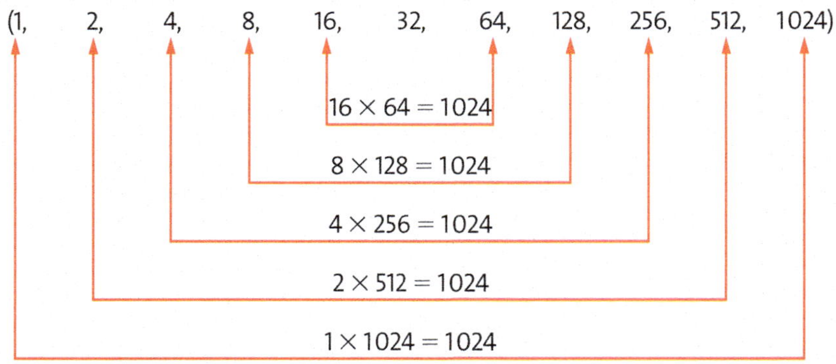

3ª) Se a PG tiver número ímpar de termos, o quadrado do termo médio é igual ao produto dos termos extremos.

Exemplo:

Na PG (2, 6, 18, 54, 162, 486, 1458), o quarto termo é o termo médio e, portanto,

$a_1 \cdot a_7 = 2 \cdot 1458 = 2\,916 = 54^2 = (a_4)^2$

4ª) Em uma PG, é sempre válida a relação:

$a_m \cdot a_n = a_p \cdot a_k \Leftrightarrow m + n = p + k$

Exemplo:

Considere a PG (1, 3, 9, 27, 81, 243, 729, 2187, 6561). Como $2 + 6 = 5 + 3$, temos:

$a_2 \cdot a_6 = a_5 \cdot a_3$

$3 \cdot 243 = 81 \cdot 9$

$729 = 729$

Exercícios resolvidos

53. Em uma PG crescente, o 3º termo é 3 e o 5º termo é 48. Qual é o valor do 4º termo? Qual é o valor da razão q?

Resolução

Pelos dados do problema e aplicando a definição, temos:

$(a_4)^2 = a_3 \cdot a_5 \Rightarrow (a_4)^2 = 3 \cdot 48 \Rightarrow a_4^2 = 144 \Rightarrow$

$\Rightarrow a_4 = \pm\sqrt{144} \Rightarrow a_4 = \pm 12$

Como a PG é crescente, temos $a_4 = 12$.

Para calcular a razão q, temos:

$a_4 = a_3 \cdot q \Rightarrow 12 = 3q \Rightarrow q = 4$

Logo, $a_4 = 12$ e $q = 4$.

54. Determine o valor de x de modo que os números $x + 1$, $x + 4$ e $x + 10$ formem, nessa ordem, uma PG.

Resolução

Como os números dados são três termos consecutivos de uma PG, pela definição temos:

$(x + 4)^2 = (x + 1)(x + 10) \Rightarrow$

$\Rightarrow x^2 + 8x + 16 = x^2 + 11x + 10 \Rightarrow$

$\Rightarrow 8x - 11x = 10 - 16 \Rightarrow$

$\Rightarrow -3x = -6 \Rightarrow 3x = 6 \Rightarrow x = 2$

Logo, o valor procurado é $x = 2$, e os números são 3, 6 e 12.

Interpolação geométrica

Vamos considerar a seguinte situação:

No primeiro semestre de 2013, a produção mensal de uma indústria cresceu em PG. Em janeiro, a produção foi de 1500 unidades e, em junho, foi de 48 000 unidades. Qual foi a produção dessa indústria nos meses de fevereiro, março, abril e maio?

Nessas condições, o problema consiste em formar uma PG em que:

a_1 (produção em janeiro) $= 1500$

a_n (produção em junho) $= 48\,000$

$n = 6$

Devemos inicialmente calcular o valor da razão q:

$$a_n = a_1 \cdot q^{n-1} \Rightarrow 48\,000 = 1500 \cdot q^5 \Rightarrow q^5 = 32 \Rightarrow q = \sqrt[5]{32} \Rightarrow q = 2$$

Então temos:

$$(1500, 3\,000, 6\,000, 12\,000, 24\,000, 48\,000)$$

Daí podemos dizer que:

a_2 = produção em fevereiro = 3 000 unidades

a_3 = produção em março = 6 000 unidades

a_4 = produção em abril = 12 000 unidades

a_5 = produção em maio = 24 000 unidades

Na realidade, o que fizemos foi **inserir** ou **interpolar quatro meios geométricos** entre 1500 e 48 000.

Exercícios resolvidos

55. Insira três meios geométricos entre 3 e 48.

Resolução

Devemos formar a PG (3, ___, ___, ___, 48), na qual:

$$\begin{cases} a_1 = 3 \\ n = 2 + 3 = 5 \\ a_5 = 48 \end{cases}$$

$a_5 = a_1 \cdot q^4 \Rightarrow 48 = 3q^4 \Rightarrow q^4 = 16 \Rightarrow q = \pm\sqrt[4]{16} \Rightarrow q = \pm 2$

Então temos:

- para $q = 2$, a PG (3, 6, 12, 24, 48)
- para $q = -2$, a PG (3, −6, 12, −24, 48)

56. Quando interpolamos quatro meios geométricos entre 1 e 243, qual é a razão q da PG assim obtida?

Resolução

Devemos formar a PG (1, ___, ___, ___, ___, 243), na qual:

$$\begin{cases} a_1 = 1 \\ n = 6 \\ a_6 = 243 \end{cases}$$

$a_6 = a_1 \cdot q^5 \Rightarrow 243 = 1q^5 \Rightarrow q^5 = 243 \Rightarrow q = \sqrt[5]{243} \Rightarrow q = 3$

Logo, a razão da PG é $q = 3$.

57. Quantos meios geométricos devemos inserir entre $\frac{1}{16}$ e 64 de modo que a sequência obtida tenha razão 4?

Resolução

Nesse caso, temos:

$$\begin{cases} a_1 = \frac{1}{16} \\ a_n = 64 \\ q = 4 \end{cases}$$

Devemos então calcular n:

$$a_n = a_1 \cdot q^{n-1} \Rightarrow 64 = \frac{1}{16} \cdot 4^{n-1} \Rightarrow 4^3 = 4^{-2} \cdot 4^{n-1} \Rightarrow 4^3 = 4^{n-3} \Rightarrow n - 3 = 3 \Rightarrow n = 6$$

Então a PG deve ter 6 termos, ou seja, devemos inserir 4 meios geométricos.

Exercícios

93. Determine a fórmula do termo geral de cada PG:
a) (2, 8, ...);
b) (2, 1, ...).

94. Calcule:
a) o 5º termo da PG (1, 5, ...);
b) o 10º termo da PG (9, 27, ...).

95. Qual é o 8º termo de uma PG na qual o 1º termo é $a_1 = \sqrt{2}$ e a razão é $q = \sqrt{2}$?

96. As raízes da equação do 2º grau $x^2 - 5x + 4 = 0$ são o 1º e o 2º termos de uma PG crescente. Determine o 6º termo dessa PG.

97. Considere a PG de termos não nulos $(2ax, 4ax^2, ...)$. Qual é o 7º termo dessa PG?

98. A produção de uma empresa nos meses de janeiro, fevereiro e março, respectivamente, forma uma PG. Se a produção em janeiro foi de 3 000 unidades e em março foi de 27 000 unidades, quantas unidades foram produzidas em fevereiro?

99. Em uma PG crescente de seis termos, o último vale 486 e o 1º vale 2. Qual é a razão q dessa PG?

100. Calcule quantos termos tem a PG finita $(a_1, a_2, ..., a_n)$ em que:
a) $a_1 = 9, a_n = 3^{20}$ e $q = 3$;
b) $a_n = 1875, a_1 = 3$ e $q = 5$.

101. Qual é a razão de uma PG em que $a_1 = 4$ e $a_4 = 4000$?

102. Seja a PG $(a_1, a_2, ..., a_{10})$ na qual $a_1 = 2$ e $a_2 = 6$. Prove que $\sqrt[9]{a_{10}} = 3 \cdot 2^{\frac{1}{9}}$.

103. Determine a razão q da PG na qual:
a) o 2º termo vale 12 e o 5º vale 324;
b) $a_{28} = -2$ e $a_{32} = -32$.

104. Calcule o 1º termo da PG $(a_1, a_2, a_3, ...)$ em que:
a) $a_4 = 128$ e $q = 4$;
b) $a_6 = 10^3$ e $q = 10$.

105. Sabe-se que, em uma PG de números reais, $a_2 = 48$ e $a_7 = \frac{3}{2}$. Qual é o 1º termo dessa PG?

106. Em uma progressão geométrica, o 4º termo é 2 e o 9º termo é 64. Qual é o valor do 7º termo dessa progressão?

107. Em uma PG crescente, $a_2 - a_1 = 30$ e o primeiro termo a_1 é igual ao quíntuplo da razão q. Calcule a_1 e q.

108. Seja uma PG crescente de números reais, formada por quatro termos. A soma do 1º e do último termo é igual a 27 e a soma dos termos intermediários é 18. Escreva essa PG. (*Sugestão*: Lembrar que $1 + a^3 = (1 + a)(1 - a + a^2)$).

109. Determine x para que as seguintes sequências sejam PG:

a) $(4, x, 9)$

b) $(x - 3, x, x + 6)$

110. Qual o número x que se deve adicionar a 2, 6 e 14 para que os números assim obtidos sejam, nessa ordem, termos consecutivos de uma PG?

111. Qual é a razão q de uma PG de quatro termos, na qual a soma dos dois primeiros é igual a 15 e a soma dos dois últimos é igual a 240?

112. A cada mês, a caderneta de poupança rende juros de 0,7% sobre o saldo anterior. Se em 1º de abril de 2014 o saldo era S, qual será o saldo em 1º de dezembro desse mesmo ano, considerando que não tenha havido retirada no período?

113. Uma pessoa compra uma casa, devendo pagá-la em prestações mensais durante 5 anos. A primeira prestação é de R$ 400,00, e as prestações pagas num mesmo ano são iguais. A cada ano, a prestação sofre um aumento de 10% em relação à do ano anterior. Qual será o valor da prestação mensal no último ano?

114. Um tanque tem capacidade C_0 de água e está cheio. Abre-se o tampão e essa capacidade decresce 4% por minuto. Qual será a capacidade desse tanque daqui a t minutos?

115. Uma indústria produziu 30 000 unidades de certo produto no primeiro trimestre de 2013. Supondo que a produção tenha dobrado a cada trimestre, quantas unidades desse produto foram produzidas no último trimestre de 2013?

116. A população de uma cidade é hoje de 200 000 habitantes e cresce 2% ao ano. Qual será a população dessa cidade daqui a 10 anos?

117. No estudo de uma nova variedade de bactérias, um cientista estimou que no início das observações havia 500 bactérias. A cada 40 minutos, a quantidade de bactérias parecia triplicar. Supondo corretas as observações do cientista, quantas bactérias haveria após 4 horas de observação?

118. Insira quatro meios geométricos entre 6 e 192.

119. Para obter a soma $1 + 2 + 3 + 4 + ... + 98 + 99 + 100$, o matemático Carl F. Gauss observou que $1 + 100 = 101$; $2 + 99 = 101$; $3 + 98 = 101$; etc., num total de 50 vezes. Obteve desse modo o resultado 5 050, calculando $50 \cdot 101 = 5050$. Utilizando um processo análogo, descubra o produto dos termos da seguinte PG finita: (2, 4, 8, 16, 32, 64, 128, 256, 512, 1 024).

120. Quando inserimos quatro meios geométricos entre 8 e 1 944, qual é o 2º termo da PG obtida?

121. Entre os números 18 e x foram inseridos dois meios geométricos. Obteve-se, assim, uma PG de razão 3. Qual é o valor de x?

122. Escrevendo quatro números entre 480 e 15, obtém-se uma sequência que é uma PG. Qual é a razão q dessa PG?

Fórmula da soma dos n primeiros termos de uma PG finita

A soma dos n primeiros termos de uma progressão geométrica (a_n) de razão $q \neq 1$ é $S_n = a_1 \cdot \dfrac{1 - q^n}{1 - q}$.

Demonstração:

Consideremos a PG finita $(a_1, a_2, a_3, ..., a_{n-1}, a_n)$ e seja S_n a soma de seus termos:

$$S_n = a_1 + a_2 + a_3 + ... + a_{n-1} + a_n \text{ (I)}$$

Vamos multiplicar os dois membros dessa igualdade pela razão q $(q \neq 0)$, obtendo:

$$qS_n = \underbrace{a_1q}_{a_2} + \underbrace{a_2q}_{a_3} + \underbrace{a_3q}_{a_4} + ... + \underbrace{a_{n-1}q}_{a_n} + a_nq$$

ou

$$qS_n = a_2 + a_3 + ... + a_n + a_nq \text{ (II)}$$

Fazendo a subtração (I) − (II), obtemos:

$$S_n - qS_n = a_1 - a_nq$$

Como $a_n = a_1q^{n-1}$, então $a_nq = a_1q^{n-1}q = a_1q^n$, daí:

$$S_n(1 - q) = a_1 - a_1q^n \Rightarrow S_n(1 - q) = a_1(1 - q^n)$$

Portanto, $S_n = a_1 \cdot \dfrac{1 - q^n}{1 - q}$, para $q \neq 1$.

Fique atento!

- Se fizéssemos (II) − (I), obteríamos: $S_n(q - 1) = a_nq - a_1$, ou seja, $S_n = \dfrac{a_nq - a_1}{q - 1}$.
- Essa fórmula também pode aparecer assim: $S_n = a_1 \cdot \dfrac{q^n - 1}{q - 1}, q \neq 1$.

Escolha a maneira que preferir na hora de usá-la.

Exercícios resolvidos

58. Uma empresa produziu 10 000 unidades de certo produto em 2012. A cada ano seguinte produzirá 20% a mais desse produto em relação ao ano anterior. Quantas unidades desse produto a empresa produzirá no período de 2013 a 2017?

Resolução

1ª maneira:

Ano	2013	2014	2015	2016	2017
Produção (em unidades)	10 000	12 000	14 400	17 280	20 736

120% de 10 000 = 12 000

120% de 12 000 = 12 400, etc.

No período de 2013 a 2017 a empresa produzirá:

$10\,000 + 12\,000 + 14\,400 + 17\,280 + 20\,736 =$
$= 74\,416$

As parcelas formam uma PG finita de razão $q = 1{,}20$. Assim, a soma dos cinco primeiros termos é 74 416.

2ª maneira: usando a fórmula

Como temos uma PG na qual $a_1 = 10\,000$, $q = 1{,}20$ e $n = 5$, temos:

$$S_n = a_1 \cdot \frac{1 - q^n}{1 - q} \Rightarrow S_5 = 10\,000 \cdot \frac{1 - (1{,}20)^5}{1 - 1{,}20} =$$

$$= 10\,000 \cdot \frac{-1{,}48832}{-0{,}20} = 74\,416$$

Logo, no período de 2013 a 2017 a empresa produzirá 74 416 unidades desse produto.

59. Determine a soma:

a) dos 10 primeiros termos da PG (3, 6, 12, ...);

b) dos termos da PG $(2, 2^2, ..., 2^{10})$.

Resolução

a) Nessa PG, conhecemos: $a_1 = 3$, $q = 2$ e $n = 10$.
Aplicando a fórmula:

$$S_n = a_1 \cdot \frac{1 - q^n}{1 - q} \Rightarrow S_{10} = 3 \cdot \frac{1 - 2^{10}}{1 - 2} =$$

$$= 3 \cdot \frac{1 - 1024}{-1} = 3069$$

b) Nessa PG, temos: $a_1 = 2$; $q = 2$ e $n = 10$.

$$S_{10} = 2 \cdot \frac{1 - 2^{10}}{1 - 2} = 2 \cdot \frac{1 - 1024}{-1} = 2046$$

Exercícios

123. A soma dos termos de uma PG finita é 728. Sabendo que $a_n = 486$ e $q = 3$, calcule o primeiro termo dessa sequência.

124. Calcule o valor de x na igualdade $10x + 20x + ... + 1280x = 7650$, sabendo que os termos do 1º membro formam uma PG.

125. Calcule a soma:

a) dos seis primeiros termos da PG (2, 8, ...);

b) dos dez termos iniciais da PG $(a^2, a^5, ...)$.

126. Calcule a soma dos termos da PG finita:

a) (1, 2, ..., 512);

b) (5, 20, ..., 1280);

c) $(1, 2^2, ..., 2^{10})$.

127. Seja uma PG na qual o 1º termo é 2, o último é 256 e a soma dos termos é 510. Qual é o valor da razão dessa PG?

128. Os termos do 1º membro da equação $3 + 6 + ... + x = 381$ formam uma PG. Calcule o conjunto solução dessa equação.

129. Quantos termos devemos considerar na PG (3, 6, ...) para obter uma soma igual a 765?

130. Em uma PG crescente, são dados $a_2 = 6$ e $a_4 = 54$. Calcule a soma dos cinco primeiros termos dessa PG.

131. A soma dos seis termos iniciais de uma PG é 1456. Sabendo que a razão dessa PG é $q = 3$, calcule a_1.

132. Calcule o valor do número x sabendo que $x = 1 + \frac{1}{2} + \frac{1}{2^2} + \frac{1}{2^3} + \frac{1}{2^4} + \frac{1}{2^5}$.

133. Uma pessoa aposta na loteria durante cinco semanas, de tal forma que, em cada semana, o valor da aposta é o dobro do valor da aposta da semana anterior. Se o valor da aposta da primeira semana é R$ 60,00, qual o total apostado após as cinco semanas?

134. Clodoaldo criou um *blog* sobre futebol. Na 1ª semana, houve 4 visitas ao *blog*, na 2ª semana, 20 visitas e na 3ª semana, 100 visitas. Supondo que o número de visitantes do *blog* de Clodoaldo continue crescendo, semana a semana, nesse mesmo ritmo, qual será o total de visitantes do *blog* no 1º trimestre de sua existência? Considere um mês de 4 semanas.

CURIOSIDADE

Uma lenda conta que um rei perguntou ao inventor do jogo de xadrez o que ele queria como recompensa pela invenção. E o inventor respondeu: "1 grão de trigo pela primeira casa, 2 grãos pela segunda, 4 pela terceira, 8 pela quarta, 16 pela quinta, e assim por diante, sempre dobrando a quantidade a cada nova casa".

Dam d'Souza/Arquivo da editora

Como o tabuleiro de xadrez tem 64 casas, o inventor pediu a soma dos primeiros 64 termos da PG: 1, 2, 4, 8, 16, 32, ..., de razão $q = 2$:

$$S_n = a_1 \cdot \frac{1 - q^n}{1 - q} = 1 \cdot \frac{1 - 2^{64}}{1 - 2} = 2^{64} - 1$$

Fazendo esse cálculo, encontramos o gigantesco número de vinte algarismos:

18 446 744 073 709 551 615

Para refletir
Como se lê este número?

Coitado do rei! Para cultivar tal quantidade de trigo, ele precisaria de 16 milhões de planetas iguais à Terra.

Soma dos termos de uma PG infinita

Considerando a sequência $\left(1, \frac{1}{2}, \frac{1}{4}, \frac{1}{8}, \frac{1}{16}, ...\right)$, que é uma PG na qual $a_1 = 1$ e $q = \frac{1}{2}$, vamos calcular a soma $1 + \frac{1}{2} + \frac{1}{4} + \frac{1}{8} + \frac{1}{16} + ...$

Aplicando a fórmula da soma $S_n = \frac{a_1\,(q^n - 1)}{q - 1}$, vamos calcular:

$$S_1 = \frac{1\left(\frac{1}{2} - 1\right)}{\frac{1}{2} - 1} = \frac{-\frac{1}{2}}{-\frac{1}{2}} = 1 \rightarrow S_1 = 1$$

$$S_2 = \frac{1\left(\frac{1}{4} - 1\right)}{\frac{1}{2} - 1} = \frac{-\frac{3}{4}}{-\frac{1}{2}} = \frac{3}{2} \rightarrow S_2 = \frac{3}{2} \text{ ou } 1{,}5$$

$$S_3 = \frac{1\left(\frac{1}{8} - 1\right)}{\frac{1}{2} - 1} = \frac{-\frac{7}{8}}{-\frac{1}{2}} = \frac{7}{4} \rightarrow S_3 = \frac{7}{4} \text{ ou } 1{,}75$$

$$S_4 = \frac{1\left(\frac{1}{16} - 1\right)}{\frac{1}{2} - 1} = \frac{-\frac{15}{16}}{-\frac{1}{2}} = \frac{15}{18} \rightarrow S_4 = \frac{15}{18} \text{ ou } 1{,}875$$

$$S_5 = \frac{1\left(\frac{1}{32} - 1\right)}{\frac{1}{2} - 1} = \frac{-\frac{31}{32}}{-\frac{1}{2}} = \frac{31}{16} \rightarrow S_5 = \frac{31}{16} \text{ ou } 1{,}9375$$

Localizando os valores de S_1, S_2, S_3, S_4 e S_5 na reta numerada, temos:

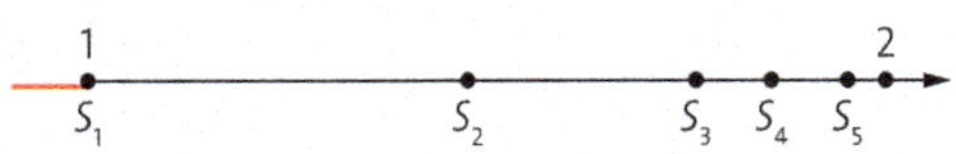

Se calcularmos S_6, verificaremos que S_6 fica mais próximo de 2 que S_5; o mesmo irá acontecer, sucessivamente, com S_7, S_8, S_9, S_{10}, ..., etc. Assim, S_n vai se aproximando do valor 2 tanto quanto quisermos, à medida que n vai tomando valores suficientemente grandes. Quando isso ocorre, dizemos que $1 + \frac{1}{2} + \frac{1}{4} + \frac{1}{8} + \frac{1}{16} + ...$ converge e tem soma igual a 2.

Assim, uma progressão geométrica pode ser considerada um caso particular de uma função exponencial $a_n = a_1 \cdot q^{n-1}$ de domínio $\mathbb{N}^* = \{1, 2, 3, 4, ..., n, ...\}$. O gráfico dessa função é formado pelos pares ordenados (n, a_n).

Fórmula da soma dos termos de uma PG infinita

Usando uma calculadora, vamos calcular alguns valores para as potências $\left(\frac{1}{2}\right)^n$ e $\left(\frac{1}{10}\right)^n$, $n \in \mathbb{N}^*$.

n	$\left(\frac{1}{2}\right)^n$
1	$\frac{1}{2} = 0{,}5$
2	$\frac{1}{4} = 0{,}25$
3	$\frac{1}{8} = 0{,}125$
4	$\frac{1}{16} = 0{,}0625$
5	$\frac{1}{25} = 0{,}04$
...	
10	$\frac{1}{1\,024} = 0{,}0009765$

n	$\left(\frac{1}{10}\right)^n$
1	$\frac{1}{10} = 0{,}1$
2	$\frac{1}{100} = 0{,}01$
3	$\frac{1}{1\,000} = 0{,}001$
4	$\frac{1}{10\,000} = 0{,}0001$
5	$\frac{1}{100\,000} = 0{,}00001$
...	
10	$\frac{1}{10\,000\,000\,000} = 0{,}0000000001$

Em ambos os casos, notamos que para um n suficientemente grande, o valor de $\left(\frac{1}{2}\right)^n$ ou de $\left(\frac{1}{10}\right)^n$ pode se aproximar de zero tanto quanto se deseje. Dizemos, então, que o limite de $a_n = \left(\frac{1}{2}\right)^n$ ou o limite de $a_n = \left(\frac{1}{10}\right)^n$, quando n tende a infinito, vale zero. Representamos isso da seguinte maneira:

$$\lim_{n \to \infty} \left(\frac{1}{2}\right)^n = 0 \left(\text{lê-se: limite de } \left(\frac{1}{2}\right)^n \text{ quando } n \text{ tende a infinito é igual a zero}\right)$$

ou

$$\lim_{n \to \infty} \left(\frac{1}{10}\right)^n = 0 \left(\text{lê-se: limite de } \left(\frac{1}{10}\right)^n \text{ quando } n \text{ tende a infinito é igual a zero}\right)$$

Você sabia?
Infinito não é um número, é uma ideia, um conceito abstrato que indica algo que nunca acaba, que continua indefinidamente. O símbolo de infinito é ∞.

De modo geral, é possível provar que se q é um número real tal que $|q| < 1$, ou seja, $\mathbf{-1 < q < 1}$, então $\lim\limits_{n \to \infty} \mathbf{q^n = 0}$.

Para calcular a soma dos infinitos termos de uma PG de razão q tal que $-1 < q < 1$, já sabemos que a soma dos n primeiros termos dessa PG é dada por $S_n = a_1 \cdot \frac{1 - q^n}{1 - q}$.

Veja o que ocorre com essa soma quando n se torna arbitrariamente grande, ou seja, quando n tende a infinito.

$$\lim_{n \to \infty} S_n = \lim_{n \to \infty}\left(a_1 \cdot \frac{1 - q^n}{1 - q}\right) \text{ para } -1 < q < 1$$

Como vimos, $\lim_{n \to \infty} q^n = 0$ e, então, temos:

$$\lim_{n \to \infty} S_n = a_1 \cdot \frac{1 - 0}{1 - q} = \frac{a_1}{1 - q}$$

Para refletir

O que acontece com a soma dos termos de uma PG infinita de termos positivos e razão maior que 1?

Concluindo:

> Em uma PG infinita $(a_1, a_2, a_3, ..., a_n, ...)$ de razão q, com $-1 < q < 1$, temos:
>
> $$\lim_{n \to \infty} S_n = \frac{a_1}{1 - q}$$
>
> Assim, a soma dos termos de uma PG infinita é dada por $\frac{a_1}{1 - q}$ (para $-1 < q < 1$).

Veja como calcular o limite da soma dos termos da progressão geométrica $\left(\frac{1}{2}, \frac{1}{4}, \frac{1}{8}, \frac{1}{16}, ..., \frac{1}{2^n}, ...\right)$ com $n \in \mathbb{N}^*$.

Nesse caso, $a_1 = \frac{1}{2}$, $q = \frac{1}{2}$ e temos:

$$\lim_{n \to \infty} S_n = \frac{a_1}{1 - q} = \frac{\frac{1}{2}}{1 - \frac{1}{2}} = \frac{\frac{1}{2}}{\frac{1}{2}} = 1$$

Fique atento!

$S_1 = \frac{1}{2}$;

$S_2 = \frac{1}{2} + \frac{1}{4} = \frac{3}{4}$;

$S_3 = \frac{1}{2} + \frac{1}{4} + \frac{1}{8} = \frac{7}{8}$;

$\frac{1}{2}, \frac{3}{4}, \frac{7}{8}$, ... tende a 1.

Logo, $\lim_{n \to \infty} S_n = 1$. Isso significa que, quanto maior for n, a soma $\frac{1}{2} + \frac{1}{4} + \frac{1}{8} + \frac{1}{16} + ... + \frac{1}{2^n} + ...$ será mais próxima de 1.

Veja uma interpretação geométrica desse fato considerando a área da região quadrada maior abaixo igual a 1. Inicialmente pintamos $\frac{1}{2}$ dela, depois $\frac{1}{4}$, depois $\frac{1}{8}$, e assim por diante. Se continuássemos esse procedimento indefinidamente, iríamos nos aproximando da área total da região quadrada, que é 1.

Interpretação geométrica de uma progressão geométrica e a conexão entre função exponencial e progressão geométrica

Já vimos que o termo geral de uma progressão geométrica é dado por $a_n = a_1 \cdot q^{n-1}$. Nesse caso, podemos pensar em uma progressão geométrica como uma função que associa a cada número natural positivo n o valor dado por $a_n = a_1 \cdot q^{n-1}$. Essa função é a restrição aos números naturais positivos da função do tipo exponencial $a(x) = aq^{x-1}$.

O gráfico dessa função é formado por uma sequência de pontos pertencentes ao gráfico de uma função exponencial.

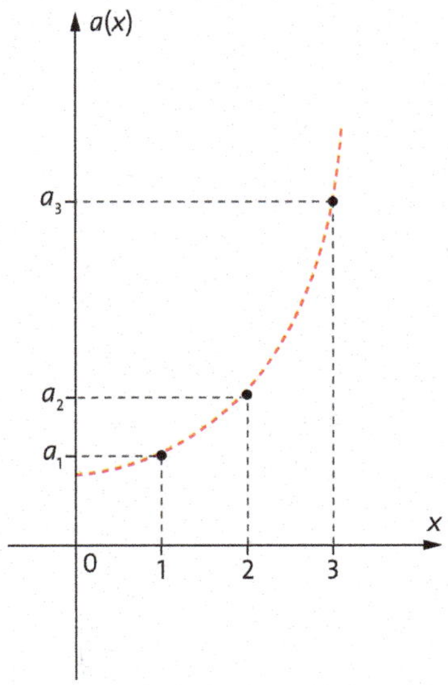

Fique atento!
Observe que não traçamos a curva contínua passando pelos pontos, pois o domínio é $\mathbb{N}^*$ e não $\mathbb{R}$.

Por exemplo, veja abaixo o gráfico de $a_n = a_1 \cdot q^{n-1}$, com $a_1 = \frac{3}{4}$ e $q = 3$, ou seja, $a_n = \frac{3}{4} \cdot 3^{n-1}$. O gráfico é formado pelos pontos $\left(1, \frac{3}{4}\right)$, $\left(2, \frac{9}{4}\right)$, $\left(3, \frac{27}{4}\right)$, etc. e a PG é dada por $\left(\frac{3}{4}, \frac{9}{4}, \frac{27}{4}, \ldots\right)$.

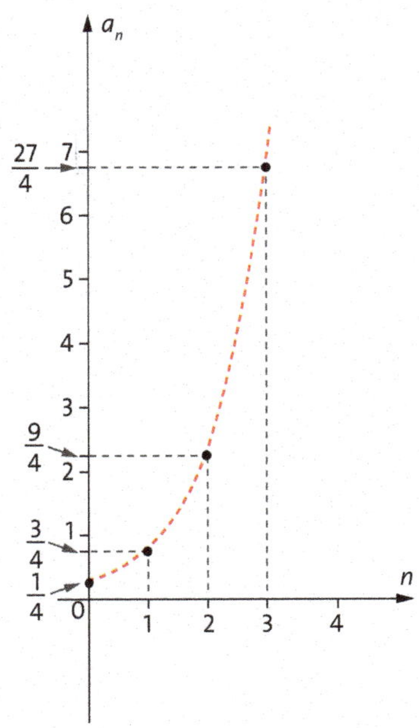

Exercícios resolvidos

60. Mostre que o limite da soma $0{,}6 + 0{,}06 + 0{,}006 + ...$ quando o número de parcelas tende a infinito é igual a $\frac{2}{3}$, ou seja, mostre que a fração geratriz da dízima $0{,}666...$ é $\frac{2}{3}$.

Resolução

Devemos calcular a soma dos termos da PG infinita (0,6; 0,06; 0,006; 0,0006; ...). Vamos calcular o limite.

Nesse caso, $a_1 = 0{,}6$ e $q = \frac{1}{10}$. Assim:

$$\lim_{n \to \infty} S_n = \frac{a_1}{1-q} = \frac{0{,}6}{1-\frac{1}{10}} = \frac{\frac{6}{10}}{\frac{9}{10}} = \frac{6}{9} = \frac{2}{3}$$

Portanto, $\lim_{n \to \infty} S_n = \frac{2}{3}$.

61. Determine o limite da soma da PG infinita

$\frac{1}{3} + \frac{2}{9} + \frac{4}{27} + ...$

Resolução

As parcelas formam uma PG infinita na qual

$a_1 = \frac{1}{3}$ e $q = \frac{\frac{2}{9}}{\frac{1}{3}} = \frac{2}{3}$.

Como $\frac{2}{3} < 1$, podemos usar a fórmula

$\lim_{n \to \infty} S_n = \frac{a_1}{1-q}$:

$$\lim_{n \to \infty} S_n = \frac{\frac{1}{3}}{1-\frac{2}{3}} = \frac{\frac{1}{3}}{\frac{1}{3}} = 1$$

Logo, o valor procurado é 1.

62. Calcule o limite da soma dos termos da PG $\left(\frac{1}{3}, -\frac{1}{9}, \frac{1}{27}, ...\right)$.

Resolução

Nessa PG, temos $a_1 = \frac{1}{3}$ e $q = \frac{-\frac{1}{9}}{\frac{1}{3}} = -\frac{1}{3}$:

$$\lim_{n \to \infty} S_n = \frac{a_1}{1-q} = \frac{\frac{1}{3}}{1-\left(-\frac{1}{3}\right)} = \frac{\frac{1}{3}}{1+\frac{1}{3}} = \frac{\frac{1}{3}}{\frac{4}{3}} = \frac{1}{4}$$

Logo, o limite da soma procurada é $\frac{1}{4}$.

63. Resolva a equação $5x + \frac{10x}{3} + \frac{20x}{9} + ... = 20$, na qual o primeiro membro é o limite da soma de uma PG infinita.

Resolução

$a_1 = 5x$, $q = \frac{\frac{10x}{3}}{5x} = \frac{2}{3}$ e $\lim_{n \to \infty} S_n = 20$

$$\lim_{n \to \infty} S_n = \frac{a_1}{1-q} \Rightarrow 20 = \frac{5x}{1-\frac{2}{3}} \Rightarrow$$

$$\Rightarrow 20 = \frac{5x}{\frac{1}{3}} \Rightarrow 5x = \frac{20}{3} \Rightarrow x = \frac{20}{15} = \frac{4}{3}$$

Logo, $x = \frac{4}{3}$.

64. A medida do lado de um triângulo equilátero é 10. Unindo-se os pontos médios de seus lados obtêm-se os pontos médios dos lados desse novo triângulo equilátero. Unindo-se os pontos médios dos lados desse novo triângulo equilátero obtém-se um terceiro e assim por diante, indefinidamente. Calcule a soma dos perímetros de todos esses triângulos.

Resolução

Perímetro do 1º triângulo = 30
Perímetro do 2º triângulo = 15
Perímetro do 3º triângulo = $\frac{15}{2}$
⋮

Devemos calcular a soma dos termos da PG infinita $\left(30, 15, \frac{15}{2}\right)$, na qual $a_1 = 30$ e $q = \frac{1}{2}$:

$$\lim_{n \to \infty} S_n = \frac{a_1}{1-q} = \frac{30}{1-\frac{1}{2}} = \frac{30}{\frac{1}{2}} = 60$$

Portanto, a soma dos perímetros é 60.

Fique atento!
Nessas condições, os perímetros sempre formam uma PG infinita de razão $\frac{1}{2}$.

65. Determine a fração geratriz:

a) da dízima periódica simples 0,333...

b) da dízima periódica composta 0,52121...

Resolução

a) $0{,}333... = 0{,}3 + 0{,}03 + 0{,}003 + ... =$

$= \frac{3}{10} + \frac{3}{100} + \frac{3}{1000} + ...$

As parcelas formam a PG infinita

$\left(\frac{3}{10}, \frac{3}{10^2}, \frac{3}{10^3}, ...\right)$ na qual $a_1 = \frac{3}{10}$ e $q = \frac{1}{10}$.

A fração correspondente a 0,333... é o limite da soma dessa PG infinita.

$$\lim_{n \to \infty} S_n = \frac{a_1}{1-q} = \frac{\frac{3}{10}}{1-\frac{1}{10}} = \frac{\frac{3}{10}}{\frac{9}{10}} = \frac{3}{9} = \frac{1}{3}$$

Logo, a fração procurada é $\frac{1}{3}$.

b) $0{,}52121... = 0{,}5 + 0{,}021 + 0{,}00021 + ... =$

$= \frac{5}{10} + \frac{21}{1000} + \frac{21}{100\,000} + ...$

Observamos que a sequência

$\left(\frac{21}{10^3}, \frac{21}{10^5}, \frac{21}{10^7}, ...\right)$ é uma PG infinita,

na qual $a_1 = \frac{21}{10^3}$ e $q = \frac{1}{10^2}$:

$$\lim_{n \to \infty} S_n = \frac{a_1}{1-q} = \frac{\frac{21}{10^3}}{1-\frac{1}{10^2}} = \frac{\frac{21}{1000}}{1-\frac{1}{100}} =$$

$$= \frac{\frac{21}{1000}}{\frac{99}{100}} = \frac{21}{1000} \cdot \frac{100}{99} = \frac{21}{990} = \frac{7}{330}$$

Agora, vamos calcular:

$0{,}52121... = \frac{5}{10} + \frac{7}{330} = \frac{165+7}{330} = \frac{172}{330} =$

$= \frac{86}{165}$

Logo, a fração geratriz é $\frac{86}{165}$.

Exercícios

135. Determine o valor de $20 + 4 + \frac{4}{5} + \frac{4}{25} + ...$

136. Calcule o limite da soma dos termos das seguintes PGs:

a) (20, 10, 5, ...) b) $\left(x, y, \frac{y^2}{x}, ...\right)$, sendo $\left|\frac{y}{x}\right| < 1$

137. Determine o valor dos limites das seguintes somas:

a) $1 - \frac{1}{2} + \frac{1}{4} - \frac{1}{8} + ...$ b) $2 + \frac{1}{2} + \frac{1}{8} + ...$

138. Calcule a fração geratriz das seguintes dízimas periódicas, usando soma de PG.

a) 0,777... b) 0,515151... c) 0,4333...

139. Determine o valor de x na igualdade

$x + \frac{x}{3} + \frac{x}{9} + ... = 12$, na qual o primeiro membro é o limite da soma dos termos de uma PG infinita.

140. Determine o valor da expressão $\frac{1+\frac{1}{10}+\frac{1}{10^2}+...}{1+\frac{1}{4}+\frac{1}{16}+...}$, na qual o numerador e o denominador são os limites das somas de duas PGs infinitas.

141. Determine o conjunto solução da equação $2^{1+x} + 2^{1+2x} + 2^{1+3x} + ... = \frac{2}{3}$, na qual o primeiro membro é o limite da soma dos termos de uma PG infinita.

142. Seja um triângulo de área 40. Unindo os pontos médios dos lados desse triângulo, obtemos um segundo triângulo; unindo os pontos médios dos lados desse triângulo, obtemos um terceiro e assim por diante, indefinidamente. Calcule o limite da soma das áreas de todas essas regiões triangulares, sabendo que elas formam uma PG.

143. Partindo de um quadrado Q_1, cujo lado mede a, consideremos os quadrados $Q_2, Q_3, Q_4, ...$, tal que os vértices de cada um sejam os pontos médios dos lados do quadrado anterior. Determine o limite da soma das áreas de todos esses quadrados.

144. Uma bola de borracha cai de uma altura a. Após chocar-se com o solo, atinge uma altura igual a $\frac{2}{3}$ da anterior e este valor se mantém nos choques subsequentes. Quanto a bola percorrerá até que pare?

4 Problemas envolvendo PA e PG

Para completar o capítulo sobre progressões, estudaremos e resolveremos problemas que envolvem PA e PG ao mesmo tempo.

Exercícios resolvidos

66. São dados quatro números, x, y, 6, 4, nessa ordem. Sabendo que os três primeiros estão em PA e os três últimos estão em PG, determine x e y.

Resolução

Se x, y e 6 estão em PA, temos $y = \frac{x + 6}{2}$.

Se y, 6 e 4 estão em PG, temos $6^2 = 4y$.

Devemos resolver o sistema formado por essas duas equações:

$$\begin{cases} y = \frac{x + 6}{2} \\ 4y = 36 \Rightarrow y = 9 \end{cases}$$

$$9 = \frac{x + 6}{2} \Rightarrow x + 6 = 18 \Rightarrow x = 12$$

Então, $x = 12$ e $y = 9$.

67. A sequência (a, b, c) é uma PG crescente e a sequência $(a - 1, b, c)$ é uma PA. Sabendo que $a + b + c = 19$, determine os valores de a, b e c.

Resolução

Se (a, b, c) é uma PG, obtemos $b^2 = ac$.

Se $(a - 1, b, c)$ é uma PA, temos:

$$b = \frac{a - 1 + c}{2} \Rightarrow 2b = a - 1 + c$$

Devemos, então, resolver o sistema:

$$\begin{cases} b^2 = ac & \text{(I)} \\ 2b = a - 1 + c & \text{(II)} \\ a + b + c = 19 & \text{(III)} \end{cases}$$

De (II), temos: $2b = a - 1 + c \Rightarrow a + c = 2b + 1$ (IV)

De (III), temos: $a + b + c = 19 \Rightarrow a + c = 19 - b$ (V)

Comparando (IV) e (V), temos:

$2b + 1 = 19 - b \Rightarrow 2b + b = 19 - 1 \Rightarrow 3b = 18 \Rightarrow$
$\Rightarrow b = 6$

Conhecido $b = 6$, temos um novo sistema:

$$\begin{cases} 36 = ac \\ a + c = 13 \end{cases}$$

$a + c = 13 \Rightarrow a = 13 - c$

$36 = (13 - c)c \Rightarrow 36 = 13c - c^2 \Rightarrow c^2 - 13c + 36 = 0$

$\Delta = 25$; $c' = 9$ e $c'' = 4$

- $c = 9 \Rightarrow a = 13 - 9 = 4$
- $c = 4 \Rightarrow a = 13 - 4 = 9$

Como a PG (a, b, c) é crescente, temos $a = 4$, $b = 6$ e $c = 9$.

68. Em uma situação em que há empréstimo de dinheiro para devolução depois de certo número de períodos e em que esse empréstimo é baseado no sistema de juros simples, os juros correspondentes a cada período são constantes e iguais ao valor calculado no fim do 1º período. Dessa forma, no fim do 1º período, os juros são acrescidos ao capital inicial, resultando no montante M_1. No fim do 2º período, os juros são acrescidos ao montante M_1, resultando no montante M_2, e assim por diante até o fim dos períodos contratados, em que o capital emprestado terá se transformado no montante M_n.

Considere então um empréstimo de R$ 800,00 a ser pago em 6 meses, à taxa de juros simples de 4% a.m. No fim dos 6 meses, quanto deverá ser pago para a quitação da dívida?

Resolução

Os 4% de juros simples cobrados por mês significam $0{,}04 \cdot 800{,}00 =$ R$ 32,00 de acréscimo mensal.

Essa é uma situação em que os valores devidos evoluem da seguinte forma:

mês 0: 800,00

mês 1: 800,00 + 32,00

mês 2: 832,00 + 32,00

mês 3: ...

mês 4: ...

⋮

É possível representar a sequência de valores devidos por uma progressão aritmética usando como 1º termo o valor devido após o 1º período e, como razão, o valor constante a ser pago a título de juros simples:

$r =$ juros do 1º período $= 0{,}04 \cdot 800 = 32$

$a_n = a_1 + (n - 1)r \Rightarrow M_n = 832 + (n - 1)32 \Rightarrow$
$\Rightarrow M_6 = 832 + (6 - 1)32 = 992{,}00$

É importante salientar que essa progressão poderia ser mais bem representada usando-se a_0 em vez de a_1 no termo geral. Assim, teríamos o capital inicial representado no termo geral:

$a_n = a_0 + nr \Rightarrow M_n = 800 + 32n \Rightarrow$
$\Rightarrow M_6 = 800 + 32 \cdot 6 = 992{,}00$

No fim do 6º mês, o valor a ser pago será R$ 992,00.

69. Em uma outra situação, semelhante à anterior, em que há empréstimo de dinheiro para devolução depois de certo número de períodos, mas em que o empréstimo é baseado no sistema de juros compostos, os juros correspondentes a cada período não são constantes e, por isso, precisam ser calculados no fim de cada período relativo ao montante atual da dívida. Dessa forma, no fim do 1º período, os juros são acrescidos ao capital inicial, resultando no montante M_1. No fim do 2º período, os juros são recalculados sobre o montante M_1 e somados, resultando no montante M_2, e assim por diante até o fim dos períodos contratados, em que o capital emprestado terá se transformado no montante M_n.
Considere então um empréstimo de R$ 800,00 a ser pago em 6 meses, à taxa de juros compostos de 4% a.m. No fim dos 6 meses, quanto deverá ser pago para a quitação da dívida?

Resolução

Notemos que, quando é preciso aumentar um valor em 4%, o novo valor é imediatamente obtido ao multiplicarmos o valor antigo por 1,04, pois $x_1 = x + 0{,}04x = x(1 + 0{,}04) = 1{,}04x$. Chamamos 1,04 de fator de atualização.
Essa é uma situação em que os valores devidos evoluem da seguinte forma:
mês 0: 800,00
mês 1: $800 \cdot 1{,}04 = 832{,}00$
mês 2: $832 \cdot 1{,}04 = 800 \cdot (1{,}04)^2 = 865{,}28$
mês 3: $865{,}28 \cdot 1{,}04 = 800 \cdot (1{,}04)^3 = \ldots$
⋮
É possível representar a sequência de valores devidos por uma progressão geométrica usando como 1º termo o valor devido após o 1º período e, como razão, o valor do fator multiplicativo que permite a atualização do valor:
$q = 1 + i = 1 + 0{,}04 = 1{,}04$
$a_n = a_1 \cdot q^{n-1} \Rightarrow M_n = 832 \cdot (1{,}04)^{n-1} \Rightarrow$
$\Rightarrow M_6 = 832 \cdot (1{,}04)^{6-1} = 1\,012{,}25$
Novamente é importante salientar que essa progressão poderia ser mais bem representada usando-se a_0 em vez de a_1 no termo geral. Assim, teríamos o capital inicial representado no termo geral:
$a_n = a_0 \cdot q^n \Rightarrow M_n = 800 \cdot (1{,}04)^n \Rightarrow$
$\Rightarrow M_6 = 800 \cdot (1{,}04)^6 = 1\,012{,}25$
No fim do 6º mês, deverão ser pagos R$ 1 012,25.

70. Na Matemática financeira, chamamos valor presente (VP) o valor de um bem na data zero, ou seja, no valor de hoje, e de valor futuro (VF) o valor do mesmo bem daqui a n períodos. Assim, $VP = \dfrac{VF}{(1+i)^n}$, em que i é a taxa de juros por período (sistema de juros compostos).

No cálculo do valor à vista de um bem, conhecidos o valor pago de entrada, o valor das parcelas e a taxa de juros cobrada no parcelamento, devemos somar o valor presente da entrada E e de todas as n parcelas P. Note que a entrada já está no presente; portanto, o VP da entrada é o próprio valor. Então:

$$\text{valor à vista} = E + \frac{P}{(1+i)^1} + \frac{P}{(1+i)^2} + \frac{P}{(1+i)^3} + \ldots + \frac{P}{(1+i)^n} =$$

$$= E + P\left(\frac{1}{(1+i)^1} + \frac{1}{(1+i)^2} + \ldots + \frac{1}{(1+i)^n}\right)$$

Calcule o valor à vista de uma calça que é vendida em cinco vezes sem entrada, em parcelas iguais de R$ 30,00 (a 1ª parcela vence depois de um mês e as parcelas restantes nos meses subsequentes), com juros de 6% a.m.

Resolução

$1 + i = 1 + 0{,}06 = 1{,}06$

valor à vista =

$$= 0 + 30\left(\frac{1}{(1{,}06)^1} + \frac{1}{(1{,}06)^2} + \ldots + \frac{1}{(1{,}06)^5}\right)$$

Podemos notar que $\left(\dfrac{1}{(1{,}06)^1}, \dfrac{1}{(1{,}06)^2}, \ldots, \dfrac{1}{(1{,}06)^5}\right)$

é uma PG de razão $\dfrac{1}{1{,}06}$, então

$\left(\dfrac{1}{(1{,}06)^1} + \dfrac{1}{(1{,}06)^2} + \ldots + \dfrac{1}{(1{,}06)^5}\right)$ é a soma dos cinco primeiros termos dessa PG, ou seja:

$$\left(\frac{1}{(1{,}06)^1} + \frac{1}{(1{,}06)^2} + \ldots + \frac{1}{(1{,}06)^5}\right) =$$

$$= \frac{\dfrac{1}{1{,}06}\left[\left(\dfrac{1}{1{,}06}\right)^5 - 1\right]}{\dfrac{1}{1{,}06} - 1} = \frac{\dfrac{1}{1{,}06}\left[\dfrac{1-(1{,}06)^5}{(1{,}06)^5}\right]}{\dfrac{1-1{,}06}{1{,}06}} =$$

$$= \frac{1}{-0{,}06}\left[\frac{1-(1{,}06)^5}{(1{,}06)^5}\right] \simeq \frac{1}{-0{,}06}\left[\frac{1-1{,}3382}{1{,}3382}\right] \simeq$$

$$\simeq \frac{-0{,}3382}{-0{,}0803} \simeq 4{,}2117$$

Portanto, o valor à vista é:

$$V = 30\left(\frac{1}{(1{,}06)^1} + \frac{1}{(1{,}06)^2} + \ldots + \frac{1}{(1{,}06)^5}\right) \simeq$$

$$\simeq 30 \cdot 4{,}2117 \simeq \text{R\$ } 126{,}35$$

71. Um artesão esculpe carrancas utilizadas em embarcações que navegam no rio São Francisco. Ele tem em estoque 15 carrancas e recebe uma encomenda de 87 carrancas. Sabendo que ele produz 2 carrancas por semana, quantos meses serão necessários para o artesão atender à encomenda?

Resolução

Como o artesão já tem em estoque 15 carrancas, ele deve produzir $87 - 15 = 72$ carrancas e, como produz 2 carrancas por semana, serão necessárias $\frac{72}{2} = 36$ semanas, ou seja, aproximadamente 8 meses.

Podemos também resolver este problema utilizando o conceito de progressão aritmética. Assim, $a_1 = 17$ (lembre-se de que no fim da primeira semana ele terá as 15 carrancas do estoque mais as duas produzidas nessa semana); $r = 2$ (número de carrancas produzidas por semana) e $a_n = 87$, para que possamos determinar o valor de n. Logo:

$a_n = a_1 + (n - 1)r$

$87 = 17 + (n - 1)2$

$70 = (n - 1)2$

$35 = n - 1$

$n = 36$ semanas $\simeq 8$ meses

Exercícios

145. Calcule x e y sabendo que a sequência $(x, y, 9)$ é uma PA e a sequência $(x, y, 12)$ é uma PG crescente, ou seja, $a_3 > a_2 > a_1$.

146. A sequência (a, b, c) é uma PA e a sequência $(a, b, c + 1)$ é uma PG. Se $a + b + c = 18$, escreva a PA sabendo que ela é crescente.

147. A sequência (a_1, a_2, a_3, a_4) é uma PA de razão 4 e a sequência (b_1, b_2, b_3, b_4) é uma PG de razão 4. Sabendo que $a_4 = b_3$ e $a_1 = b_2$, escreva a PA e a PG.

148. Sabendo que os números 2, $\log x$, $\log y$, nessa ordem, estão simultaneamente em PA e em PG, calcule x e y.

149. A espessura de uma folha de papel é 0,05 mm. Forma-se uma pilha de folhas de papel colocando-se na 1ª vez uma folha e, em cada uma das vezes seguintes, tantas quantas já foram colocadas anteriormente. Após 11 operações iguais a essa, qual a altura da pilha de folhas de papel em centímetros?

150. Um sitiante estava perdendo sua plantação de algodão em decorrência da ação de uma praga. Ao consultar um agrônomo da Casa da Lavoura, foi orientado para que pulverizasse, uma vez ao dia, um determinado agrotóxico da seguinte maneira:
- 1º dia: 2 litros
- 2º dia: 4 litros
- 3º dia: 8 litros

... e assim sucessivamente. Sabendo que o total de agrotóxico pulverizado foi de 126 litros, determine quantos dias de duração teve esse tratamento.

151. Suponha que a torcida de um time de futebol tem hoje 20 milhões de torcedores e cresce 3% ao ano. Qual será a torcida do time daqui a 10 anos?

152. Obtenha o valor à vista de um carro cujo valor, no financiamento, foi de R$ 8 000,00 de entrada e mais 12 parcelas de R$ 726,00, sabendo que foram cobrados juros compostos de 3% no financiamento. Use calculadora.

Leituras

Aproximações*

O número $\frac{22}{7} = 3{,}\overset{\frown}{14}2857...$ é uma aproximação do número irracional $\pi = 3{,}\overset{\frown}{14}1592...$ com erro absoluto menor do que 0,01. Mas esse mesmo número $\frac{22}{7} = 3{,}142857...$ **não** é uma aproximação de $\pi = 3{,}141592...$ com erro absoluto de 0,001.

De modo geral, se ε é um número real positivo, dizemos que x é uma ε-aproximação de y se, e somente se, $|x - y| < \varepsilon$, ou seja, uma ε-aproximação de y é uma aproximação de y com erro (absoluto) menor do que ε.

Quando dizemos que $\lim\limits_{n \to \infty} \frac{1}{n} = 0$ queremos dizer que, para qualquer número real positivo ε dado, sempre é possível determinar um termo da sequência $\left(\frac{1}{n}\right)$ a partir do qual **todos** os termos dessa sequência são ε-aproximações de 0.

Por exemplo, se $\varepsilon = 0{,}1$, teremos $\left|\frac{1}{n} - 0\right| < \varepsilon$ quando $n > \frac{1}{\varepsilon}$, ou seja, quando $n > \frac{1}{0{,}1}$, ou, ainda, quando $n > 10$. Logo, para $n > 10$, $\frac{1}{n}$ é uma 0,1-aproximação de zero, isto é, uma aproximação de zero com erro (absoluto) menor do que 0,1. Para constatar isso, basta ver os valores da sequência:

$$1,\ \frac{1}{2},\ \frac{1}{3},\ \frac{1}{4},\ \frac{1}{5},\ \frac{1}{6},\ \frac{1}{7},\ \frac{1}{8},\ \frac{1}{9},\ \frac{1}{10},\ \frac{1}{11},\ \frac{1}{12},\ \frac{1}{13},\ ...$$

1; 0,5; 0,33...; 0,25; 0,2; 0,16...; 0,142; 0,125; 0,11...; 0,1; 0,090909...; 0,08333...; 0,076923...; ...

A soma dos números naturais ímpares: uma interpretação geométrica

Vejamos a sequência dos números naturais ímpares:

$$(1, 3, 5, 7, 9, 11, 13, 15, ..., 2n - 1, ...)$$

Utilizando quadrados, vamos mostrar como podemos calcular geometricamente a soma dos n primeiros números naturais dessa sequência:

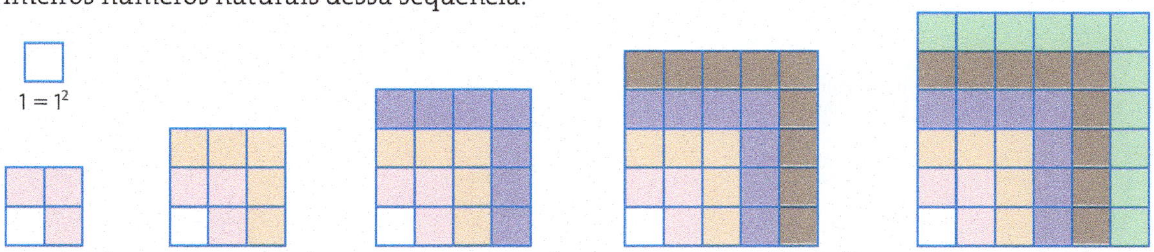

$1 = 1^2$

$1 + 3 = 4 = 2^2$ $\quad$ $1 + 3 + 5 = 9 = 3^2$ $\quad$ $1 + 3 + 5 + 7 = 16 = 4^2$ $\quad$ $1 + 3 + 5 + 7 + 9 = 25 = 5^2$ $\quad$ $1 + 3 + 5 + 7 + 9 + 11 = 36 = 6^2$

Pelos desenhos, vemos que:

- a soma dos dois primeiros números naturais ímpares é $4 = 2^2$;
- a soma dos três primeiros números naturais ímpares é $9 = 3^2$;
- a soma dos quatro primeiros números naturais ímpares é $16 = 4^2$;
- a soma dos cinco primeiros números naturais ímpares é $25 = 5^2$;
- a soma dos seis primeiros números naturais ímpares é $36 = 6^2$.

Generalizando, podemos dizer que:

A soma dos n primeiros números naturais ímpares é n^2.

* Para mais detalhes, veja Augusto C. Morgado e outros. *Progressões e Matemática financeira*. SBM, 2006. (Coleção do Professor de Matemática).

Outros contextos

A volta do espectro de Malthus

SPL/Latinstock

Thomas Robert Malthus, demógrafo e economista inglês.

Em 1798 Thomas Robert Malthus (1766-1834) fez uma previsão que ficou famosa. De acordo com ela os ganhos de curto prazo nos padrões de vida, inevitavelmente, seriam desestabilizados à medida que o crescimento da população mundial superasse a produção de alimentos, levando assim os padrões de vida a voltar aos níveis de subsistência. "Pode-se seguramente declarar que, se não for a população contida por freio algum, irá ela dobrando de 25 em 25 anos, ou crescerá em progressão geométrica (1, 2, 4, 8, 16, 32, 64, 128, 256, 512, ...). Pode-se afirmar que os meios de subsistência, nas mais favoráveis circunstâncias, só poderiam aumentar, no máximo, em progressão aritmética (1, 2, 3, 4, 5, 6, 7, 8, 9, 10)", comentava na época. Veja o gráfico representando essa afirmação:

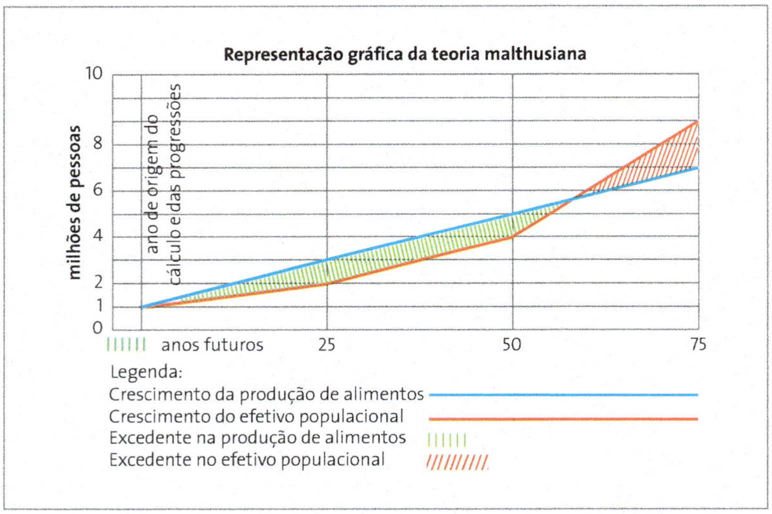

Disponível em: <www.miniweb.com.br/ciencias/artigos/Thomas_Robert_Malthus.pdf>. Acesso em: 11 nov. 2013.

Durante duzentos anos, economistas afirmaram que Malthus ignorou o avanço tecnológico, o que teria permitido que a curva de crescimento da população se mantivesse à frente da curva de alimentos. O argumento é que a produção de alimentos pode na verdade crescer geometricamente porque, além da terra, a produção depende também do *know-how*. Com os avanços na produção de sementes, nutrientes do solo, reposição de nutrientes, irrigação, mecanização e outros, os suprimentos de alimentos podem permanecer bem à frente da curva de crescimento da população. Em outras palavras, os avanços tecnológicos em todos os seus aspectos permitem que a produção de alimentos cresça mais rápido que a população.

Outro fator, ao que tudo indica, que solapa o argumento de Malthus é a transição demográfica: as sociedades passam de condições em que altos índices de fertilidade são, *grosso modo*, compensados por altos índices de mortalidade para condições de baixos índices de fertilidade, com baixas taxas de mortalidade. Malthus não contava com avanços na saúde pública, planejamento familiar e métodos modernos de contracepção, que, junto com a urbanização e outras tendências, resultariam em um declínio acentuado das taxas de fertilidade, chegando até abaixo da "taxa de substituição" de 2,1 filhos por casal. Talvez a população do mundo tenha revertido sua tendência de crescimento em progressão geométrica.

As críticas ao pessimismo de Malthus resistiram por longo tempo. Desde a época de Malthus, os salários médios no mundo todo aumentaram em pelo menos uma ordem de grandeza, de acordo com analistas econômicos, apesar de a população ter aumentado de cerca de 800 milhões em 1798 para 7 bilhões atualmente. E, embora o planejamento familiar e os métodos contraceptivos tenham de fato assegurado um baixo índice de fertilidade em muitas partes do mundo, a taxa de fertilidade geral permanece em 2,6, muito acima da taxa de substituição.

Na verdade o espectro de Malthus não foi exorcizado – ao contrário, longe disso. Se de fato continuarmos a consumir uma quantidade desmedida de petróleo e tivermos falta de alimentos, se reduzirmos as reservas fósseis de água do subsolo, destruirmos as florestas restantes, devastarmos os oceanos e enchermos a atmosfera com gases do efeito estufa, que pode provocar descontrole no clima da Terra com a elevação do nível dos oceanos, poderemos estar confirmando a maldição de Malthus, embora tudo isso possa ser evitado. A ideia de que *know-how* aprimorado e redução voluntária de fertilidade possam sustentar um crescente nível de ganhos para o mundo parece correta, mas somente se futuras tecnologias nos permitirem economizar o capital natural e não apenas encontrar maneiras mais inteligentes de reduzi-lo de forma mais barata e rápida.

Será que Malthus foi derrotado? Depois de dois séculos, realmente ainda ninguém sabe.

Adaptado de: Artigo de Jeffrey Sachs. *Scientific American Brasil*. out. 2008. Disponível em: <www2.uol.com.br/sciam/artigos/falta_mundial_de_alimentos_foi_prevista_por_malthus_em_1798.html>. Acesso em: 5 fev. 2014.

Trabalhando com o texto

1. Observe o gráfico presente no texto e sintetize a teoria de Malthus.

2. Quais ações podem ser tomadas para contribuir para o desenvolvimento sustentável do planeta?

3. Sabendo-se que o modelo de Malthus é, de modo geral e simplista, dado por $P_t = P_0 \cdot q^t$, que representa a fórmula do termo geral de uma progressão geométrica de razão q, aqui considerada constante, e t é o tempo, em décadas. Em uma determinada ilha, cuja população inicial (P_0) é de 7 milhões de indivíduos e a razão q é 2, calcule a quantidade de habitantes depois de decorridos 40 anos.

Pesquisando e discutindo

4. São comuns os discursos que relacionam a ocorrência da fome no planeta ao crescimento populacional. Você concorda com isso?

5. No Brasil temos uma grande abundância de alimentos, somos o quarto maior produtor mundial. Porém, mesmo com essa realidade, muitos brasileiros ainda passam fome. Faça uma pesquisa sobre o problema da fome no Brasil.

Veja mais sobre o assunto

Procure mais informações nos *sites*:

- Consumo consciente para um futuro sustentável <www.akatu.org.br>;
- Quanta comida uma pessoa adulta come em um ano? <http://mundoestranho.abril.com.br/materia/quanta-comida-uma-pessoa-adulta-come-em-um-ano>.

Acessos em: 5 fev. 2014.

Atividades adicionais

1. Escreva as sequências definidas pelos termos gerais a seguir (nos casos em que não aparece o conjunto de variação de n, considera-se $n \in \mathbb{N}^*$):
   a) $a_n = 7$ para todo $n \in \mathbb{N}^*$
   b) $a_n = (-1)^n \cdot \dfrac{n}{2^n}$
   c) $a_n = (-1)^{n+1} \cdot \dfrac{n^2}{2^n}$
   d) $a_n = 8n$, com $n \in \mathbb{N}$

2. Determine:
   a) os quatro primeiros termos da sequência (a_n), $n \in \mathbb{N}^*$, em que $a_n = 2^n$;
   b) os cinco primeiros termos da sequência cujo termo geral é $a_n = \sqrt[n+2]{n}$.

3. Determine:
   a) a_5 da sequência cujo termo geral é $a_n = 3^{n+1}$;
   b) a_6 e a_{100} da sequência cujo termo geral é $a_n = \dfrac{1}{2n+1}$.

4. Considere a sequência cujo termo geral é $a_n = 2^n - 1$. Qual é o termo que tem seu valor entre 30 e 40?

5. Determine os cinco primeiros elementos das sequências (a_n), $n \in \mathbb{N}^*$, definidas pelas leis de formação a seguir:
   a) $\begin{cases} a_1 = 0 \\ a_n = (a_{n-1})^2 + 1, \text{ para } n \geq 2 \end{cases}$
   b) $\begin{cases} a_1 = 1 \\ a_2 = 5 \\ a_n = 2a_{n-2} + 3a_{n-1}, \text{ para } n \geq 3 \end{cases}$

6. Determine os cinco primeiros termos da sequência definida por $a_1 = 10$ e $a_n = a_{n-1} + 5$, para $n \geq 2$.

7. Determine o 5º termo da sequência
   $\begin{cases} a_1 = -1 \\ a_n = (-1)^n \cdot a_{n-1} + 1, \text{ para } n \geq 2 \end{cases}$

8. Na sequência definida pelo termo geral $a_n = \sqrt[3]{n-1}$, com $1 \leq n \leq 65$, quantos termos são números racionais?

9. Mostre que, para $n \in \mathbb{N}^*$:
   a) a sequência cujo termo geral é $a_n = (n+1)^2 - (n^2 + 2)$ corresponde à sequência dos números naturais ímpares;
   b) a sequência cujo termo geral é dado por $a_n = \dfrac{(n+1)^2 - (n-1)^2}{2}$ corresponde à sequência dos números naturais pares diferentes de zero.

10. Considere a sequência $\left(\dfrac{n}{n+1}\right)$, $n \in \mathbb{N}$. Determine o 1º, o 2º e o 15º termos dessa sequência. (Lembre-se de que, neste caso, o 1º termo é a_0.)

11. Escreva o 13º termo da sequência cujo termo geral é dado por $a_n = (-1)^n \cdot 3 + 6n$.

12. Verifique se a sequência dada é uma PA e, em caso positivo, dê o valor da razão r.
    a) (6, 15, 24, 33)
    b) $(x, x - 2, x - 4, x - 6)$

13. As seguintes sequências são PAs. Determine a razão de cada uma:
    a) (5, 1, ...)
    b) $\left(-x, -\dfrac{x}{2}, \ldots\right)$
    c) $\left(\dfrac{x+1}{2}, \dfrac{x+3}{2}, \ldots\right)$
    d) $(2x - y, 3x, \ldots)$

14. Calcule:
    a) o 4º termo da PA $(a + 3b, a + b, \ldots)$;
    b) o 3º termo da PA $\left(\dfrac{2x^2 + x}{x}, \dfrac{x^2 + 2}{x}, \ldots\right)$.

15. Escreva a PA crescente de três termos, sabendo que a soma dos termos é igual a 45 e o produto é igual a 3 000.

16. As medidas dos ângulos de um triângulo estão em PA de razão 20. Calcule as medidas dos ângulos do triângulo.

17. As medidas dos lados de um triângulo retângulo formam uma progressão aritmética. Determine-as, sabendo que o perímetro do triângulo é 36 cm.

18. Determine quatro números em progressão aritmética crescente, conhecendo sua soma, 20, e a soma dos seus quadrados, 180.

19. Em uma PA na qual o 20º termo é 157 e o 1º termo é 5, calcule a razão.

20. Em uma PA, $a_1 = 16$ e $a_3 = 26$. Calcule o 10º termo dessa PA.

21. Se as raízes da equação $x^2 - 10x + 9 = 0$ são o 1º e o 2º termos de uma PA crescente, determine a fórmula do termo geral dessa PA.

22. Em uma PA crescente de seis termos, os dois primeiros termos são as raízes da equação $x^2 - 10x + 24 = 0$. Determine o último termo dessa PA.

23. Determine o 1º termo e a razão de cada PA na qual:
    a) $a_3 + a_6 = 29$ e $a_4 + a_7 = 35$
    b) $a_1 + a_3 = 16$ e $r = \dfrac{5}{3}a_1$

24. Em uma PA, $a_1 + a_{22} = 500$. Qual é o valor de $a_5 + a_{10} + a_{13} + a_{18}$?

25. A população de certa cidade era de aproximadamente 200 000 habitantes em 2013. Essa população cresce anualmente em 2 800 habitantes. Supondo que a população dessa cidade cresça nesse mesmo ritmo, qual será a população daqui a 10 anos?

26. Em uma PA, a soma dos seis primeiros termos é 12. Sabendo que o último termo é 7, calcule o 1º termo, a_1, dessa PA.

27. Em uma PA, $a_3 + a_6 = 34$ e $a_4 + a_9 = 50$. Calcule a soma dos 20 primeiros termos dessa PA.

28. Sabe-se que, em uma PA, $a_1 + a_n = n$. Calcule a soma dos n termos dessa PA.

29. Calcule a razão de uma PA cuja soma dos n primeiros termos é expressa por $S_n = n^2 + 4n$, para todo n natural.

30. Dada a equação $(x + 2) + (x + 6) + ... + (x + 26) = 105$, calcule o valor de x para que os termos do 1º membro estejam em PA.

31. As seguintes sequências são PGs. Determine a razão de cada uma delas:

a) $\left(\frac{1}{2}, 2, ...\right)$ c) $(\sqrt{2}, 2, ...)$ e) $\left(\frac{x}{y^2}, \frac{x^2}{y^3}, ...\right)$

b) $(-10, 30, ...)$ d) $[(x+1), (x+1)^3, ...]$ f) $(x^{n-2}, x^n, ...)$

32. Escreva uma PG:

a) de quatro termos, na qual $a_1 = 180$ e $q = \frac{1}{3}$;

b) de cinco termos, na qual $a_1 = \frac{x}{y^3}$ e $q = y^2$.

33. Determine:

a) o 5º termo da PG na qual $a_1 = 10^{-4}$ e $q = 10$;

b) o 6º termo da PG em que $a_4 = 128$ e $q = 4$.

34. Qual é o 4º termo da PG $(10^{n-3}, 10^n, ...)$?

35. Três números inteiros estão em PG. A soma deles é 19 e o produto é 216. Calcule-os.

36. Em uma PG infinita, temos $a_1 = 512$ e $q = \frac{1}{2}$. Qual é o 6º termo dessa PG?

37. Em uma PG em que $a_1 = \frac{1}{4}$ e $q = 2$, qual é o lugar ocupado na sequência pelo termo igual a 32?

38. Em uma PG de números reais, $a_3 = 16$ e $a_6 = 1024$. Determine a_1 e a razão q dessa PG.

39. Em uma PG crescente, o 8º termo vale 8 e o 10º vale 32. Calcule o 9º termo e a razão dessa PG.

40. Consideremos a fórmula do termo geral $a_n = a_1 \cdot q^{n-1}$. Demonstre que, em qualquer PG,

$$n = \frac{\log a_n - \log a_1}{\log q} + 1.$$

41. Determine x para que as seguintes sequências sejam PG:

a) (a, x, ab^2) b) $(2x + 1, 3x - 6, 4x - 8)$

42. Se adicionarmos um número x a cada um dos números $k + 3$, k e $k - 2$, os números obtidos formam, nessa ordem, uma PG. Calcule o valor de x.

43. Em uma PG de números reais, $a_4 + a_6 = 120$ e $a_7 + a_9 = 960$. Calcule a razão q e o primeiro termo, a_1, dessa PG.

44. Uma cultura de certa bactéria, mantida sob determinadas condições, triplica o volume a cada dia que passa. Se o volume inicial dessa cultura é de 5 cm³, qual será o volume no 5º dia?

45. Interpolando-se dois meios geométricos entre 1 e k^{12}, qual é a razão q da PG assim obtida?

46. Cinco meios geométricos foram inseridos entre 4 e 2 916. Qual é a razão q da PG assim obtida?

47. Quantos meios geométricos devem ser inseridos entre 32 e 2 048 para que se obtenha uma PG de razão 2?

48. Entre os números 100 e 1 000 000 devem ser escritos x números de modo que a sequência obtida seja uma PG de razão 10. Calcule x.

49. Calcule a soma dos seis primeiros termos da PG (7, 14, ...).

50. Qual é a soma dos dez primeiros termos de uma PG na qual o 1º termo é $a_1 = 10$ e a razão é $q = 2$?

51. Calcule o valor de x na igualdade

$$x + \frac{x}{3} + \frac{x}{9} + \frac{x}{27} = \frac{200}{27}.$$

52. Demonstre que, em uma PG finita, $q = \frac{S - a_1}{S - a_n}$, sendo S a soma dos termos dessa PG e $S \neq a_n$.

53. Uma indústria produziu 74 400 unidades de certo produto em um período de cinco anos. Quantas unidades produziu no primeiro ano, supondo que a produção tenha dobrado a cada ano?

54. Uma empresa produziu 20 000 unidades de certo produto no primeiro trimestre de 2007. Quantas unidades foram produzidas no ano de 2007, sabendo que a produção aumentou 20% a cada trimestre?

Pensando no Enem

1. Jogar baralho é uma atividade que estimula o raciocínio. Um jogo tradicional é a Paciência, que utiliza 52 cartas. Inicialmente são formadas sete colunas com as cartas. A primeira coluna tem uma carta, a segunda tem duas cartas, a terceira tem três cartas, a quarta tem quatro cartas, e assim sucessivamente até a sétima coluna, a qual tem sete cartas, e o que sobra forma o monte, que são as cartas não utilizadas nas colunas.
A quantidade de cartas que forma o monte é:
a) 21.
b) 24.
c) 26.
d) 28.
e) 31.

Resolução

Para determinarmos a quantidade de cartas no monte, precisamos inicialmente determinar a quantidade de cartas usadas no jogo. De acordo com as informações do enunciado, temos uma sequência de cartas composta por:
1 carta na primeira fileira
2 cartas na segunda
3 cartas na terceira
⋮
e assim sucessivamente até a última fileira, que contém 7 cartas.
A sequência numérica que representa a situação proposta é uma progressão aritmética, na forma:

$$(1, 2, 3, ..., 7)$$

Para determinarmos o total de cartas usadas podemos utilizar a fórmula da soma dos termos de uma PA:

$$S_n = \frac{(a_1 + a_n)n}{2}$$

Sabendo que o primeiro termo (a_1) vale 1, que o último termo (a_7) vale 7 e que a quantidade de termos também é 7 (7 fileiras), obtemos assim:

$$S_7 = \frac{(a_1 + a_7) \cdot 7}{2} = \frac{(1 + 7) \cdot 7}{2} = \frac{8 \cdot 7}{2} = 28$$

Concluímos, portanto, que foram utilizadas 28 cartas na montagem do jogo, restando 24, pois:

$52 - 28 = 24$

Resposta: alternativa **b**.

2. O número mensal de passagens de uma determinada empresa aérea aumentou no ano passado nas seguintes condições: em janeiro foram vendidas 33 000 passagens; em fevereiro, 34 500; em março, 36 000. Esse padrão de crescimento se mantém para os meses subsequentes.
Quantas passagens foram vendidas por essa empresa em julho do ano passado?
a) 38 000
b) 40 500
c) 41 000
d) 42 000
e) 48 000

Resolução

Para determinarmos a quantidade de passagens vendidas pela empresa no mês de julho, devemos analisar a sequência apresentada, destacando padrões para sua continuidade.
Podemos perceber que a quantidade de passagens vendidas sofre um aumento constante de 1500 passagens ao mês. Então é possível dizer que a sequência é uma PA, com primeiro termo (a_1) igual a 33 000 e razão (r) igual a 1500, sendo o mês de julho equivalente ao sétimo termo dessa PA.
Para determinar a quantidade de passagens vendidas, podemos completar a sequência, adicionando 1500 a cada termo, conforme a tabela:

Mês	Quantidade de passagens vendidas
janeiro	33 000
fevereiro	34 500
março	36 000
abril	37 500
maio	39 000
junho	40 500
julho	42 000

Portanto, a quantidade de passagens vendidas no mês de julho foi de 42 000 passagens.
Note que poderíamos também ter usado a fórmula do termo geral da PA ($a_n = a_1 + (n - 1)r$) para determinar o sétimo termo, sabendo que $a_1 = 33\,000$ e $r = 1500$, temos:

$a_7 = a_1 + (7 - 1)r \Rightarrow$
$\Rightarrow a_7 = 33\,000 + 6 \cdot 1500 = 33\,000 + 9000 = 42\,000$

Resposta: alternativa **d**.

Vestibulares de Norte a Sul

1. **NE** (UFRN) Carl Friedrich Gauss (1777-1855) é considerado um dos maiores matemáticos de todos os tempos. Aos 10 anos de idade, ele apresentou uma solução genial para somar os números inteiros de 1 a 100. A solução apresentada por Gauss foi 5 050, obtida multiplicando-se 101 por 50, como sugere a figura abaixo.

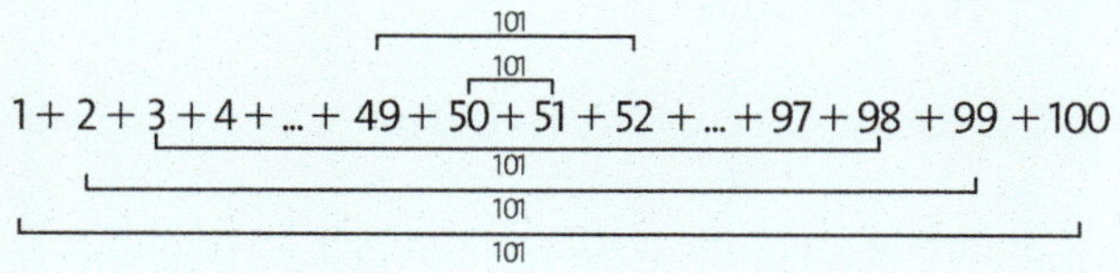

Usando a ideia de Gauss como inspiração, responda quanto vale o produto:

$1 \times 2 \times 4 \times 8 \times 16 \times 36 \times 64 \times 128$

a) 4^{129}
b) 4^{128}
c) 129^4
d) 128^4
e) 128^{129}

2. **N** (Ufac) Dentre as sequências abaixo somente uma não representa uma PA ou uma PG. Em qual dos itens abaixo ela aparece?

a) Sequência dos números pares positivos.
b) Sequência dos números primos maiores que 21 e menores que 70.
c) $-27, -9, -3, -1, -\frac{1}{3}, -\frac{1}{9}, \ldots$
d) 2, 4, 8, 16, 32, 64, 128, ...
e) $\frac{3}{2}, \frac{3\sqrt{2}}{4}, \frac{3}{4}, \frac{3\sqrt{2}}{8}, \frac{3}{8}, \frac{3\sqrt{2}}{16}, \ldots$

3. **CO** (Unirg-TO) Um aluno está querendo divulgar uma informação na sua escola, então, ele pensou na estratégia de passar essa informação de aluno para aluno. Nessa estratégia ele só necessitaria passar a informação uma única vez para dois alunos, gastando um minuto para divulgá-la a esses dois alunos. Os outros alunos também teriam que divulgá-la para mais dois alunos cada um, então, no primeiro minuto dois alunos estariam sendo informados, no segundo minuto quatro alunos estariam sendo informados, no terceiro minuto oito alunos estariam sendo informados e assim por diante. Seguindo essa estratégia, no décimo minuto, quantos alunos estariam sendo informados?

a) 2 048 alunos
b) 1 024 alunos
c) 512 alunos
d) 256 alunos

4. **N** (Ufam) Sejam A, B, C, nesta ordem, termos de uma progressão aritmética em que $A \cdot C = 100$ e a, b, c, nesta ordem, termos de uma progressão geométrica, em que $a = A$, $b = C$ e $c = 80$. Então a afirmação falsa é:

a) B é um número natural.
b) a razão da PA é um número racional.
c) a razão da PG é um número par.
d) A é um número primo.
e) $C = \sqrt{a \cdot c}$.

5. **CO** (UFG-GO) A figura abaixo representa uma sequência de cinco retângulos e um quadrado, todos de mesmo perímetro, sendo que a base e a altura do primeiro retângulo da esquerda medem 1 cm e 9 cm, respectivamente. Da esquerda para a direita, as medidas das bases desses quadriláteros crescem, e as das alturas diminuem, formando progressões aritméticas de razões a e b, respectivamente. Calcule as razões dessas progressões aritméticas.

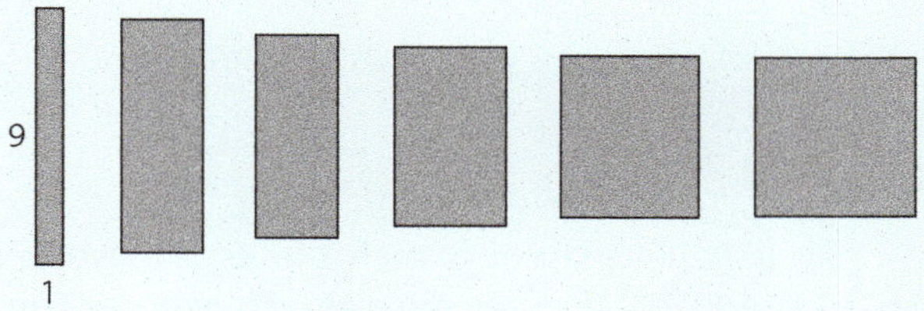

6. **CO** (Unemat-MT) Em uma festa de encerramento de um grande torneio esportivo todos os atletas foram dispostos em 40 filas formando um triângulo, como indica a figura abaixo.

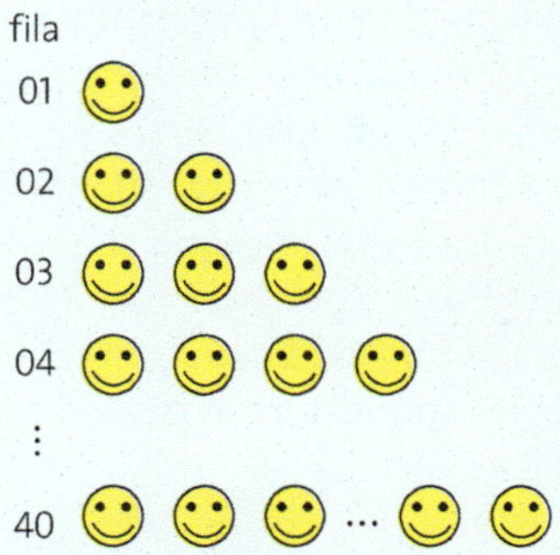

Diante desse quadro, quantos atletas participaram do torneio?

a) 41 atletas
b) 840 atletas
c) 820 atletas
d) 420 atletas
e) 1 680 atletas

7. SE (Fuvest-SP) Sejam a e b números reais tais que:

- a, b e $a + b$ formam, nessa ordem, uma PA;
- 2^a, 16 e 2^b formam, nessa ordem, uma PG.

Então, o valor de a é:

a) $\frac{2}{3}$.

b) $\frac{4}{3}$.

c) $\frac{5}{3}$.

d) $\frac{7}{3}$.

e) $\frac{8}{3}$.

8. SE (FGV-SP) Considere a sequência abaixo, conhecida como sequência de Fibonacci. Ela é definida de tal forma que cada termo, a partir do terceiro, é obtido pela soma dos dois termos imediatamente anteriores:

a_i: 1, 1, 2, 3, 5, 8, ...

Qual a alternativa correta para a expressão do termo a_n?

a) $a_n = \frac{a_{n+1} + a_{n-2}}{2}$

b) $a_n = \frac{a_{2n-1} + a_{2n+1}}{n}$

c) $a_n = \frac{a_{n+1} + 1}{a_{n-1}}$

d) $a_n = \frac{a_{n+2} + a_{n-2}}{3}$

e) $a_n = \frac{a_{n+1}}{a_{n-2}} + 1$

9. SE (ITA-SP) Quantos números inteiros existem de 1000 a 10 000 que não são divisíveis nem por 5 nem por 7?

10. SE (Fuvest-SP) Resolva a equação
$\log_2 x + \log_2 x^2 + \log_2 x^3 + ... + \log_2 x^{100} = 15\,150$.

11. SE (UFRJ) Num Ka Kay, um oriental famoso por sua inabalável paciência, deseja bater o recorde mundial de construção de castelo de cartas. Ele vai montar um castelo na forma de um prisma triangular no qual cada par de cartas inclinadas que se tocam deve estar apoiado em uma carta horizontal, excetuando-se as cartas da base, que estão apoiadas em uma mesa. A figura a seguir apresenta um castelo com três níveis.

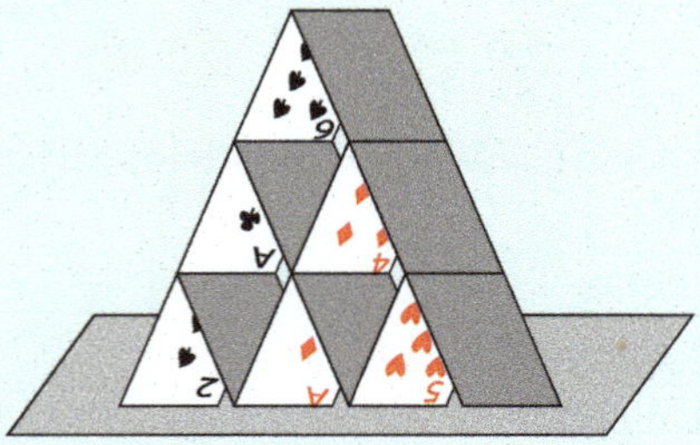

Num Ka Kay quer construir um castelo com 40 níveis. Determine o número de cartas que ele vai utilizar.

12. SE (FGV-SP) Uma empresa projetou as receitas mensais para o ano 2010 do seguinte modo:

- A receita para janeiro é R$ 1 250 000,00.
- Em cada mês, a receita é R$ 40 000,00 superior à do mês anterior.

Nessas condições, a receita prevista para todo o ano de 2010 é:

a) R$ 17 520 000,00.
b) R$ 17 560 000,00.
c) R$ 17 600 000,00.
d) R$ 17 640 000,00.
e) R$ 17 680 000,00.

13. S (UFSM-RS) O diretório acadêmico de uma universidade organizou palestras de esclarecimento sobre o plano de governo dos candidatos a governador. O anfiteatro, onde foram realizados os encontros, possuía 12 filas de poltronas distribuídas da seguinte forma: na primeira fila 21 poltronas, na segunda 25, na terceira 29, e assim sucessivamente. Sabendo que, num determinado dia, todas as poltronas foram ocupadas e que 42 pessoas ficaram em pé, o total de participantes, excluído o palestrante, foi de:

a) 474.
b) 516.
c) 557.
d) 558.
e) 559.

14. S (UPF-RS) A sequência de números reais x, y, z, w forma, nessa ordem, uma progressão aritmética cuja soma dos termos é 80. A sequência de números reais, x, y, p, q forma, nessa ordem, uma progressão geométrica de razão 3. A diferença $q - w$ é igual a:

a) 90.
b) 100.
c) 120.
d) 150.
e) 180.

15. S (Uergs-RS) Uma progressão aritmética e uma progressão geométrica têm o primeiro termo igual a 4, o último termo igual a 1 024 e a razão valendo 2. Nessas condições, a razão entre o número de termos da progressão aritmética e o número de termos da progressão geométrica é:

a) $\frac{511}{9}$.

b) $\frac{510}{9}$.

c) $\frac{511}{10}$.

d) $\frac{509}{10}$.

e) $\frac{513}{10}$.

CAPÍTULO

8 Geometria plana e Trigonometria

Francisco Javier Gil/Shutterstock/Glow Images

Mesquita de Ibn Tulun, Cairo, Egito. Nesta construção podemos observar algumas figuras geométricas.

1 Introdução

Podemos dizer que a Matemática se divide em dois campos, a Geometria e a Álgebra, complementares entre si e de igual importância. Uma grande característica da Matemática é ser **icônica**, isto é, recorrer a representações como desenhos, gráficos ou ícones (símbolos) que ajudam a conduzir o raciocínio. A Geometria, especialmente, apoia-se em desenhos que representam as formas geométricas.

A Geometria que você estudou no Ensino Fundamental, e que será retomada neste capítulo, é a chamada **geometria euclidiana**, que trata das formas que estão à nossa volta, sendo por isso bastante intuitiva. Ela é assim chamada porque se deve a Euclides de Alexandria, matemático grego que viveu nos séculos III e IV a.C.

Euclides organizou todo o conhecimento geométrico existente na época nos 13 livros da coleção *Os Elementos*.

Para fazer a dedução das propriedades das formas geométricas, Euclides partiu de cinco afirmações intuitivas e primitivas que eram aceitas sem a necessidade de demonstrações ou provas, chamadas **axiomas** ou **postulados**, que são:

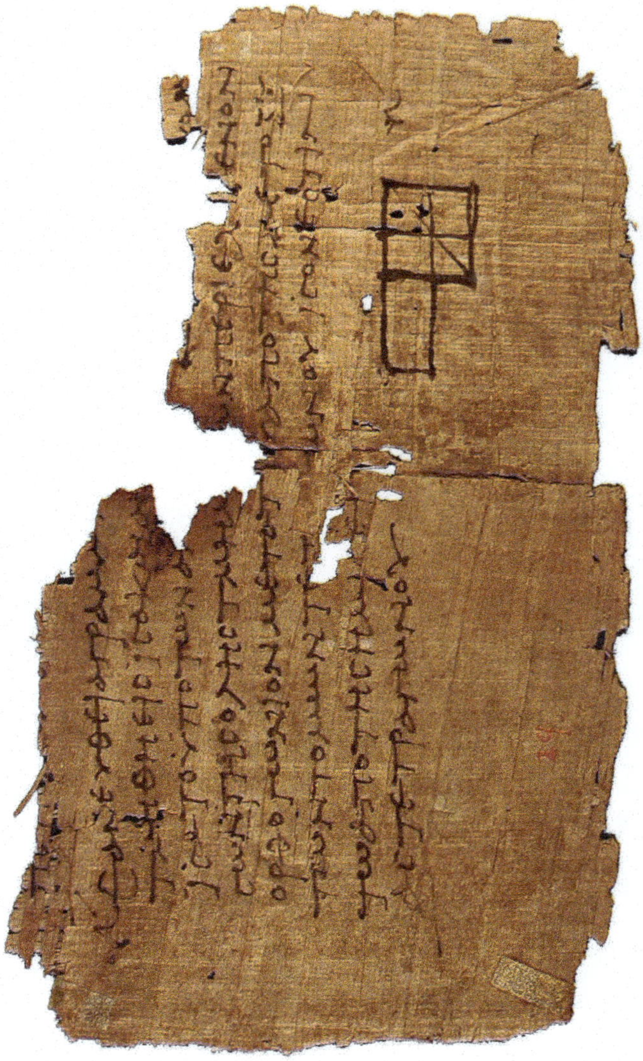

Universidade da Pensilvânia/Arquivo da editora

Este papiro contém trechos de um dos livros da coleção *Os Elementos*, de Euclides de Alexandria. Foi encontrado na cidade egípcia de Oxirrinco e estima-se que tenha sido escrito entre 75 d.C. e 125 d.C.

- **Postulado 1**: Dados dois pontos, há um segmento de reta que os une.
- **Postulado 2**: Um segmento de reta prolongado indefinidamente origina uma reta.
- **Postulado 3**: Dados um ponto e uma distância quaisquer, pode-se construir um círculo de centro nesse ponto e raio igual à distância dada.
- **Postulado 4**: Todos os ângulos retos são iguais (congruentes).
- **Postulado 5**: Se duas linhas intersectam uma terceira linha, de tal forma que a soma dos ângulos internos em um lado é menor que dois ângulos retos, e se essas duas linhas retas forem prolongadas indefinidamente, se encontrarão em um ponto no mesmo lado em que estão os dois ângulos com soma menor que dois ângulos retos.

Por mais de 2 mil anos a geometria euclidiana constituiu a base dos fundamentos geométricos; entretanto, alguns de seus aspectos foram contestados no século XIX, e foram elaboradas então novas teorias, denominadas **geometrias não euclidianas**.

Neste capítulo serão relembradas definições e propriedades da geometria euclidiana e serão propostos exercícios que poderão ser resolvidos com ferramentas que ainda não estavam disponíveis no Ensino Fundamental.

Além disso, retomaremos o estudo da Trigonometria (do grego: 'medida dos triângulos'), revendo e aprofundando a Trigonometria no triângulo retângulo. O conceito de proporcionalidade é questão central nesse processo.

2 Ângulo

Ângulo é uma figura plana formada por duas semirretas de mesma origem. As semirretas chamam-se **lados** do ângulo e o ponto de origem chama-se **vértice**.

- **Ângulo raso**: ângulo de medida 180° (ou seja, seus lados formam uma reta).
- **Ângulo reto**: ângulo de medida 90°.
- **Ângulo agudo**: ângulo cuja medida está entre 0° e 90°.
- **Ângulo obtuso**: ângulo cuja medida está entre 90° e 180°.
- **Ângulos congruentes**: ângulos que têm a mesma medida (símbolo: $\cong$).
- **Ângulos complementares**: par de ângulos cuja soma das medidas é 90°.
- **Ângulos suplementares**: par de ângulos cuja soma das medidas é 180°.
- **Ângulos adjacentes**: ângulos que possuem um lado comum e as regiões determinadas por eles não têm mais pontos comuns.
- **Ângulos formados por duas retas paralelas cortadas por uma transversal**:

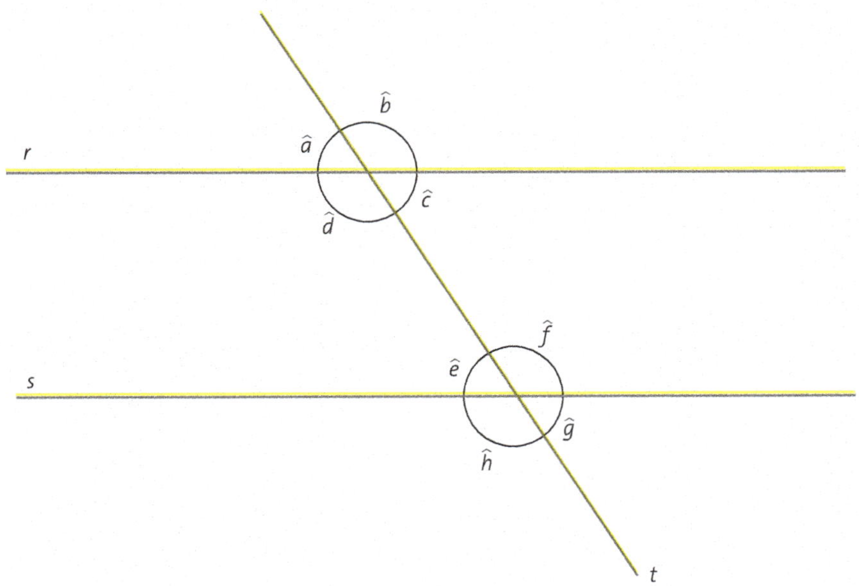

Fique atento!
Observe que neste esquema há pares de ângulos congruentes e pares de ângulos suplementares.

r e s: retas paralelas

t: reta transversal

$\hat{a}$ e $\hat{c}$: ângulos opostos pelo vértice (ângulos congruentes)

$\hat{a}$ e $\hat{e}$: ângulos correspondentes (ângulos congruentes)

$\hat{a}$ e $\hat{g}$: ângulos alternos externos (ângulos congruentes)

$\hat{c}$ e $\hat{e}$: ângulos alternos internos (ângulos congruentes)

$\hat{c}$ e $\hat{f}$: ângulos colaterais internos (ângulos suplementares)

$\hat{a}$ e $\hat{h}$: ângulos colaterais externos (ângulos suplementares)

Exercícios

1. Considere as retas paralelas m e n (em símbolos: $m \parallel n$). Calcule o valor de x e a medida de cada ângulo assinalado.

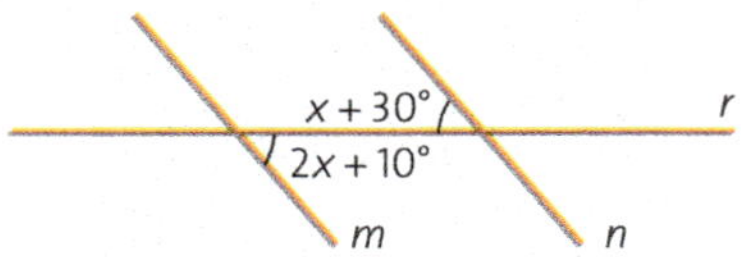

2. Considerando $r \parallel s$, determine as medidas de x e y.

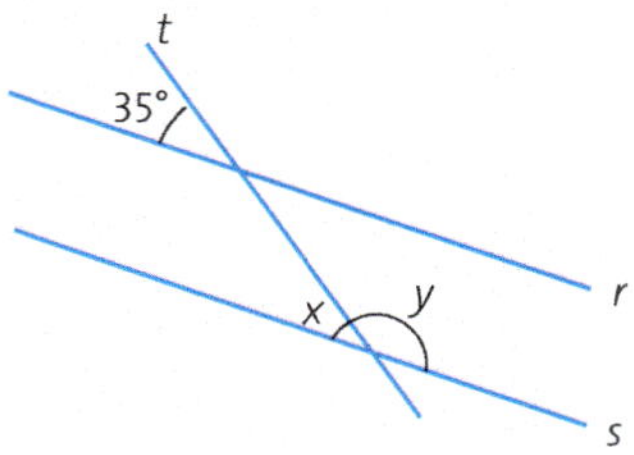

3. Sabendo que $r \parallel s$, determine, em graus, o valor de cada uma das medidas dos ângulos assinalados.

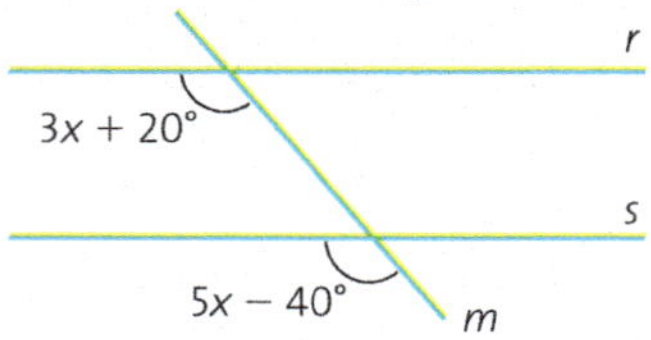

4. Considerando $r \parallel s$, determine, em graus, cada uma das medidas dos ângulos assinalados.

a)

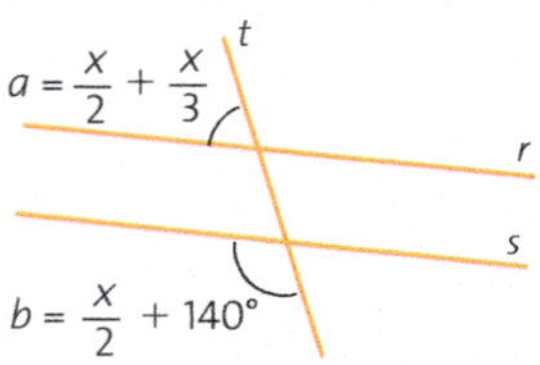

b)

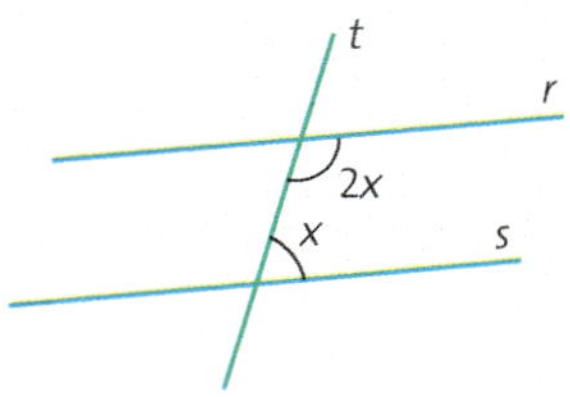

5. Sendo $r \parallel s$, determine as medidas de x, y e z, em graus, dos ângulos assinalados.

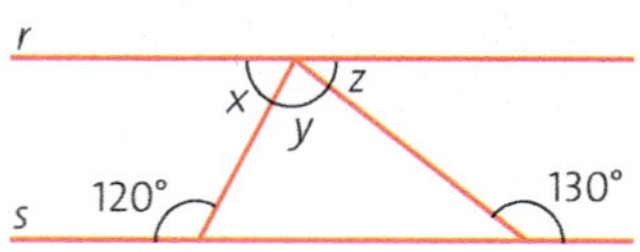

6. Calcule o valor de x sabendo que as retas r e s são paralelas.

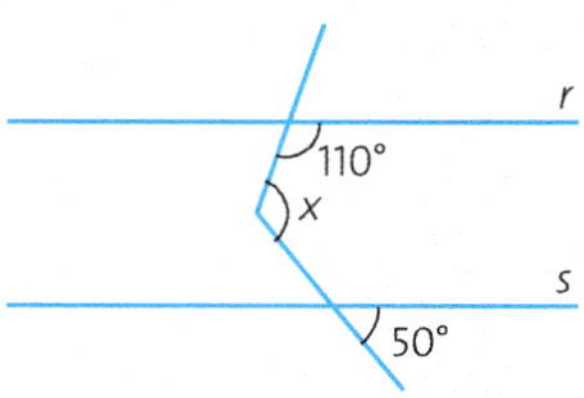

7. Calcule as medidas x e y, em graus, dos ângulos:

a) $r \parallel s$

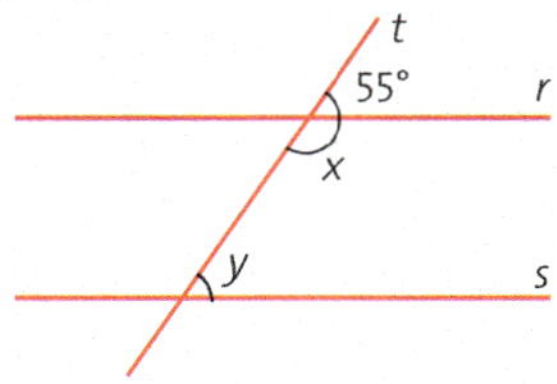

b) $r \parallel s$ e $s \parallel t$

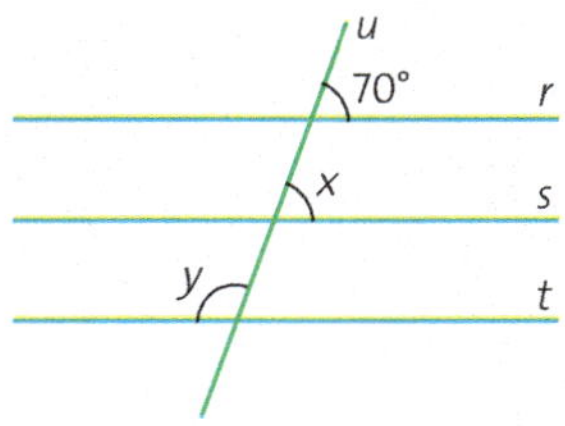

8. Sabendo que $r \parallel s$, calcule o valor de x, em graus.

a)

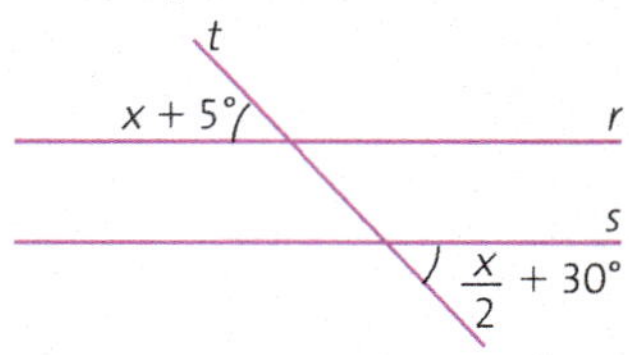

b)

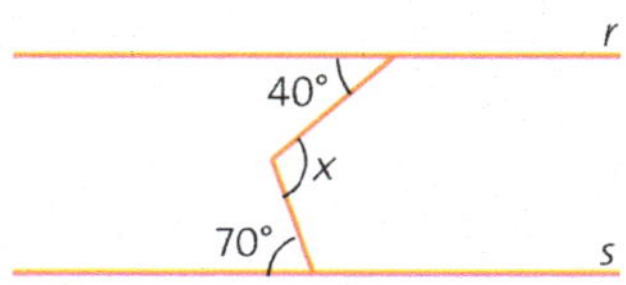

9. Determine, em graus, as medidas x, y, w e z dos ângulos:

a) $r \parallel s$

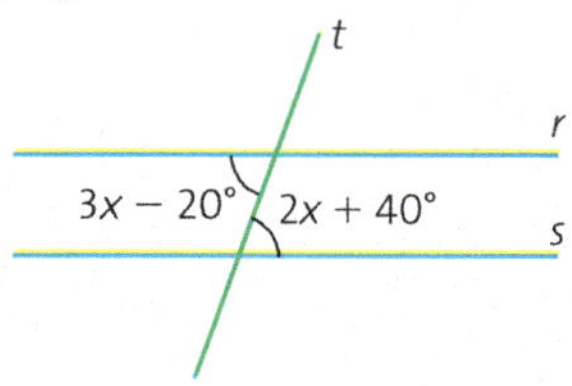

b) $r \parallel s \parallel t$

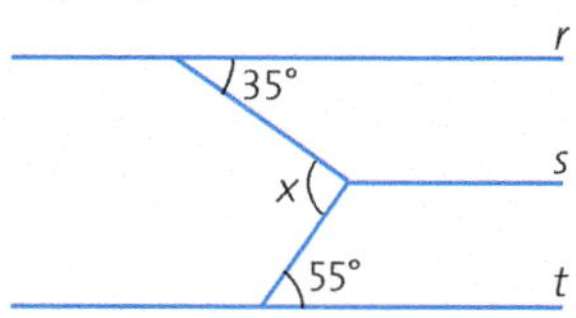

c) $r \parallel s$ e $s \parallel t$

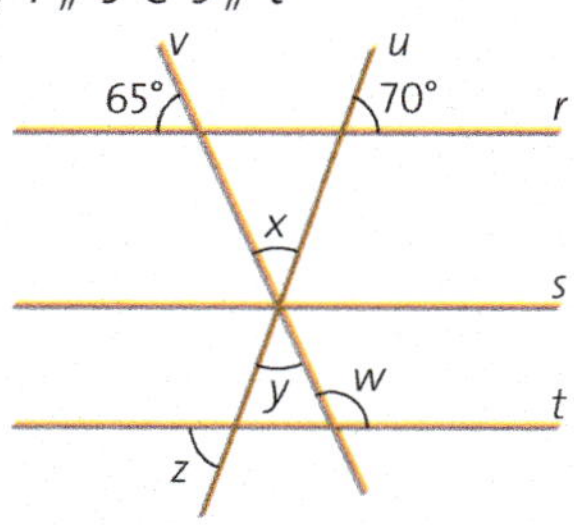

3 Polígono

Polígono é uma linha fechada formada apenas por segmentos de reta que não se cruzam no mesmo plano.

Polígono convexo e polígono não convexo

O polígono *ABCDE* é **convexo** e o polígono *PQRST* é **não convexo**.

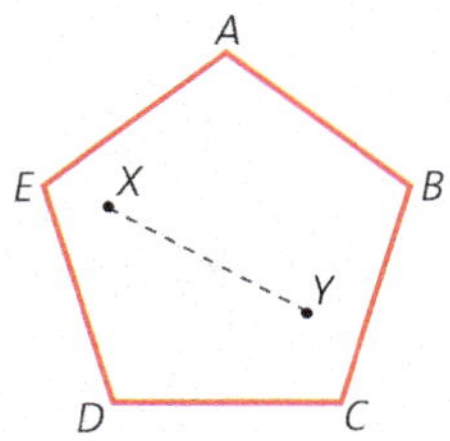

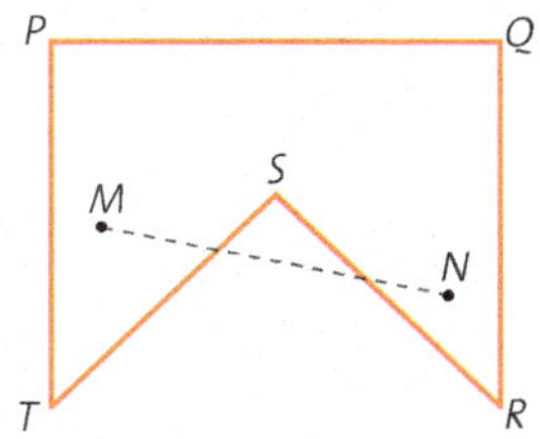

Fique atento!
A partir de agora, quando não explicitarmos o tipo de polígono, estaremos considerando que o polígono citado é convexo.

No polígono *ABCDE*, se tomarmos dois pontos **quaisquer** *X* e *Y* na região limitada pelo polígono, o segmento de reta que os une estará inteiramente contido nessa região. Já no polígono *PQRST* isso não ocorre: é possível encontrarmos dois pontos (*M* e *N*) de modo que o segmento de reta $\overline{MN}$ **não** esteja inteiramente contido na região limitada por esse polígono.

Elementos de um polígono convexo

O polígono convexo desenhado ao lado é indicado por *ABCDEF*. Nele destacamos os seguintes elementos:

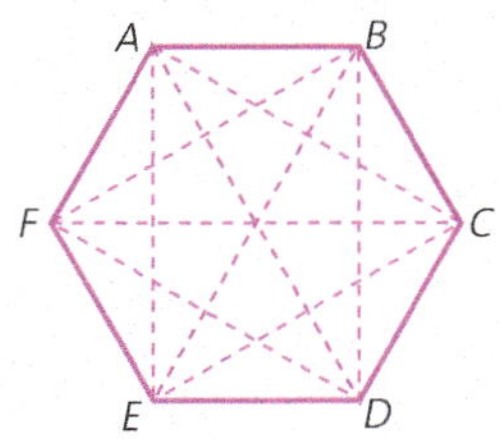

- **Vértices**: são os pontos *A*, *B*, *C*, *D*, *E* e *F*.
- **Lados**: são os segmentos de reta $\overline{AB}$, $\overline{BC}$, $\overline{CD}$, $\overline{DE}$, $\overline{EF}$ e $\overline{FA}$.
- **Diagonais**: são os segmentos de reta que ligam um vértice a outro vértice não consecutivo a ele: $\overline{AC}$, $\overline{AD}$, $\overline{AE}$, $\overline{BD}$, $\overline{BE}$, $\overline{BF}$, $\overline{CE}$, $\overline{CF}$ e $\overline{DF}$.

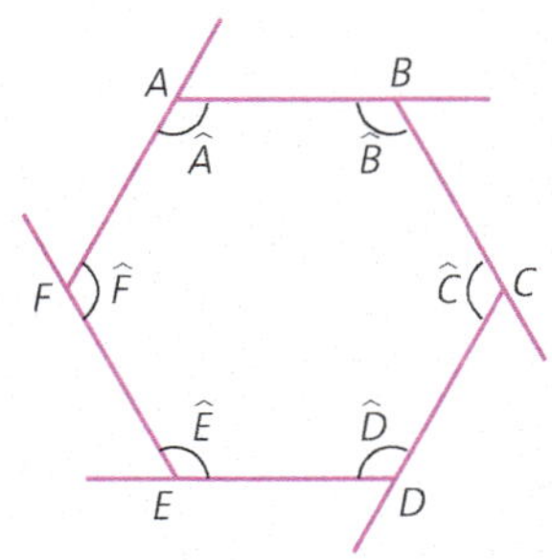

- **Ângulos internos**: são os ângulos formados por dois lados consecutivos contidos na região interna do polígono: $A\hat{B}C$ ou $\hat{B}$, $B\hat{C}D$ ou $\hat{C}$, $C\hat{D}E$ ou $\hat{D}$, $D\hat{E}F$ ou $\hat{E}$, $E\hat{F}A$ ou $\hat{F}$ e $F\hat{A}B$ ou $\hat{A}$.

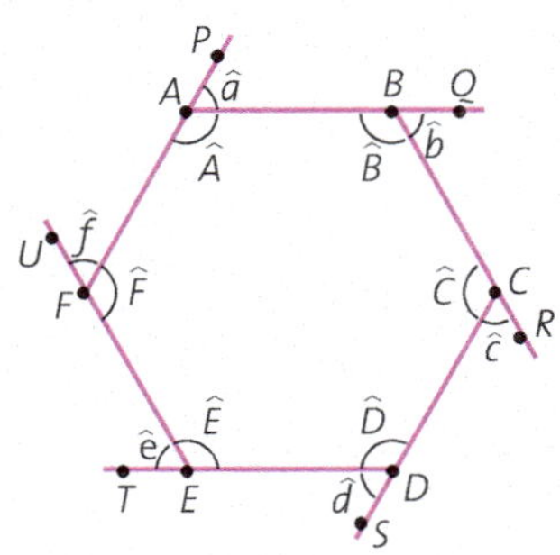

- **Ângulos externos**: são os ângulos formados por um lado e pelo prolongamento do lado consecutivo a este: $P\hat{A}B$ ou $\hat{a}$, $Q\hat{B}C$ ou $\hat{b}$, $R\hat{C}D$ ou $\hat{c}$, $S\hat{D}E$ ou $\hat{d}$, $T\hat{E}F$ ou $\hat{e}$, $U\hat{F}A$ ou $\hat{f}$.

Em qualquer polígono convexo, o número de vértices, de lados, de ângulos internos e de ângulos externos é o mesmo.

Nome dos polígonos quanto ao número de lados

Vamos recordar os nomes de alguns polígonos e aprender outros.

Número de lados	Nome do polígono
3 (tri)	triângulo
4 (quadri)	quadrilátero
5 (penta)	pentágono
6 (hexa)	hexágono
7 (hepta)	heptágono
8 (octo)	octógono
9 (enea)	eneágono
10 (deca)	decágono
11 (um a mais do que dez)	undecágono
12 (dois a mais do que dez)	dodecágono
15 (cinco a mais do que dez)	pentadecágono
20 (icos)	icoságono

Associated Press/Glow Images

Pentágono, prédio que abriga a sede do Departamento de Defesa dos Estados Unidos da América, em visão vertical.

Polígono regular

Um polígono convexo é denominado **regular** quando todos os seus lados são congruentes e todos os seus ângulos internos são congruentes.

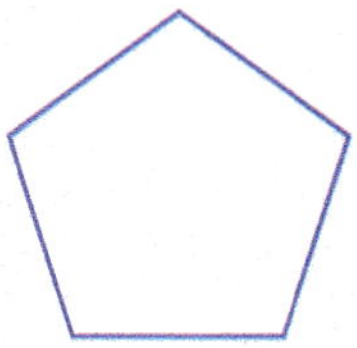

pentágono regular

Triângulo

Triângulo é um polígono que tem três lados (consequentemente tem três vértices e três ângulos internos).

Ângulo externo de um triângulo

É cada ângulo adjacente e suplementar a um ângulo interno do triângulo.
São três os ângulos externos em um triângulo.

Classificação dos triângulos

Quanto aos ângulos	Quanto aos lados
• Acutângulo: possui três ângulos agudos. • Retângulo: possui dois ângulos agudos e um reto. • Obtusângulo: possui dois ângulos agudos e um obtuso.	• Equilátero: três lados de mesma medida. • Isósceles: dois lados de mesma medida. • Escaleno: três lados de medidas diferentes entre si.

Propriedades dos triângulos

- Isósceles: os ângulos da base têm a mesma medida.
- Equilátero: os três ângulos internos têm a mesma medida, igual a 60°.
- Retângulo: um dos ângulos tem medida igual a 90° – vale o teorema de Pitágoras (o quadrado da hipotenusa é igual à soma dos quadrados dos catetos).

Soma das medidas dos ângulos internos de um triângulo

A soma das medidas dos ângulos internos de um triângulo é igual a 180°.

Demonstração:

Observe o esquema:

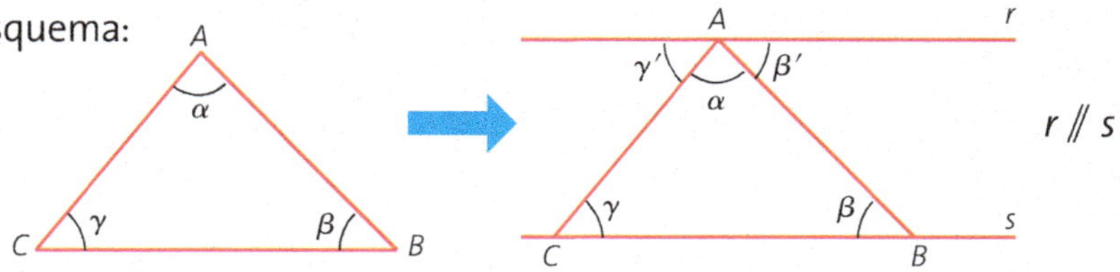

> **Fique atento!**
> O 5º postulado de Euclides, também chamado **axioma das paralelas**, afirma que "a reta que passa por um ponto dado e é paralela a uma reta dada é única".

Qualquer que seja o triângulo, é possível conduzirmos por um de seus vértices uma reta (nesse caso, *r*) que seja paralela à reta (*s*) que contém o lado oposto ao vértice considerado.

Assim, os outros lados do triângulo resultam transversais das paralelas *r* e *s*, determinando ângulos alternos internos: γ e γ' e β e β'. Logo, $\gamma = \gamma'$ e $\beta = \beta'$.

Como $\alpha + \beta' + \gamma' = 180°$, então $\alpha + \beta + \gamma = 180°$.

Observe que o esquema acima é um apoio para conduzir o nosso raciocínio. Em momento algum "medimos" qualquer coisa nesse esquema. Toda a argumentação é desenvolvida de maneira genérica, ou seja, para qualquer triângulo. Isso é o que chamamos de **raciocínio dedutivo**.

Teorema do ângulo externo de um triângulo

Em todo triângulo, a medida de um ângulo externo é igual à soma das medidas dos ângulos internos não adjacentes a ele.

Demonstração:

Veja o esquema:

Seja *ABC* o triângulo e α, β e γ seus ângulos internos, como na figura ao lado.

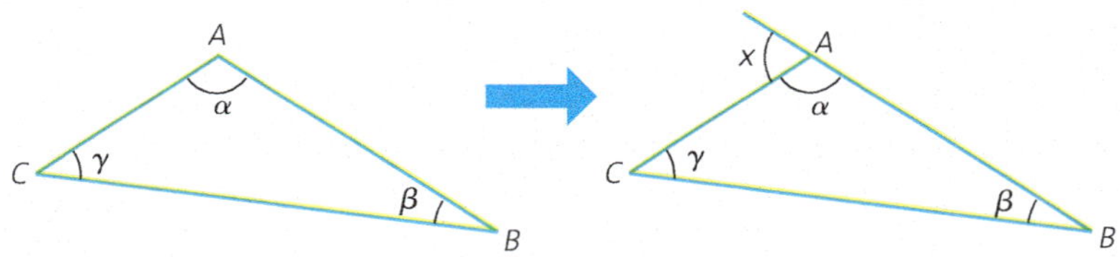

Seja *x* um ângulo adjacente suplementar a α.

Por definição, *x* é ângulo externo ao triângulo *ABC*. Então, $x + \alpha = 180°$.

Mas, por um teorema já demonstrado, $\beta + \gamma + \alpha = 180°$. Logo, $x = \beta + \gamma$.

Condição de existência de um triângulo

Em que condição, dadas as medidas de três segmentos de reta, é possível construir um triângulo cujos lados tenham essas medidas?

Experimente construir um triângulo de lados medindo 2 cm, 3 cm e 4 cm e outro de lados 1,5 cm, 2 cm e 4 cm.

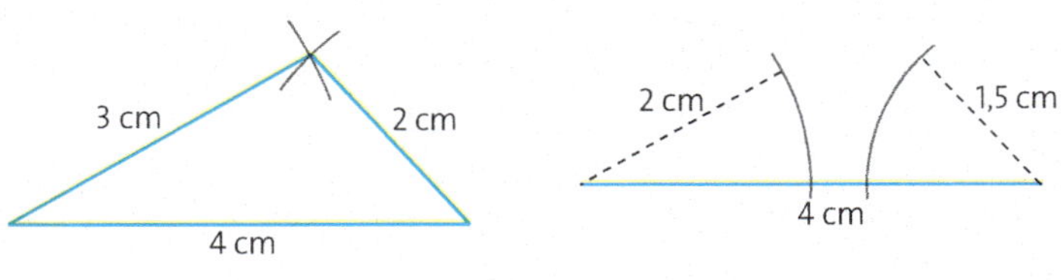

Observe que no primeiro caso qualquer um dos lados é sempre menor do que a soma dos outros dois e isso não acontece no segundo caso. Mas essa não é uma condição necessária, embora seja suficiente para que exista o triângulo. Na realidade, basta considerarmos o maior lado e verificarmos se ele é menor que a soma dos outros dois, pois estes, sendo menores que ele, serão também menores que a soma dele com qualquer outro.

Assim, se *a*, *b* e *c* são três medidas, na mesma unidade, e *a* é a maior delas, podemos afirmar que se $a < b + c$, então existe o triângulo cujos lados tenham essas medidas.

De modo geral, considerando as medidas dos lados *a*, *b* ou *c*, temos:

- $|b - c| < a < b + c$;
- $|b - a| < c < b + a$;
- $|a - c| < b < a + c$.

Exercícios

10. Dado o triângulo retângulo *ABC*, sendo *BC* a hipotenusa e *AB* e *AC* os catetos, sabemos que $BC^2 = AB^2 + AC^2$, pelo teorema de Pitágoras. Encontre uma relação entre os lados de um triângulo, similar à anterior, no caso de o triângulo ser acutângulo. Faça o mesmo para o triângulo obtusângulo.

11. Aplique as relações encontradas no exercício anterior para classificar os seguintes triângulos quanto aos ângulos:
   a) *ABC*, de lados 20, 15 e 9.
   b) *DEF*, de lados 28, 35 e 21.
   c) *GHI*, de lados $4\sqrt{3}$, $2\sqrt{5}$ e $4\sqrt{2}$.
   d) *JKL*, de lados 9, 5 e 5.
   e) *MNO*, de lados 4, 4 e 4.

12. O triângulo *ABC* é isósceles com $AB = AC$. Calcule mentalmente o valor de *x*, em graus, sabendo que $\overline{BC} \parallel \overline{PQ}$.

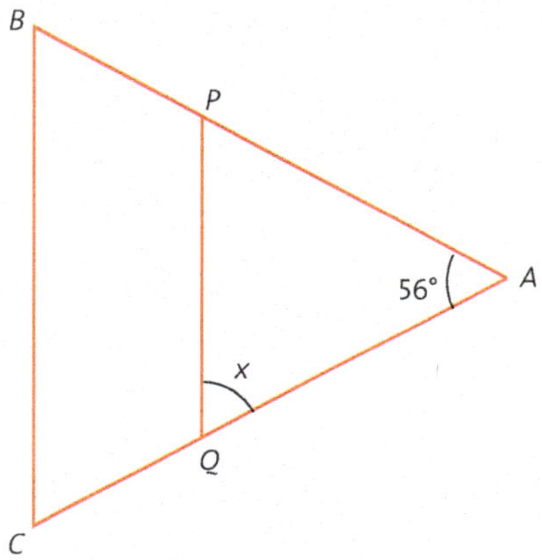

13. Determine o valor de *x* no triângulo abaixo.

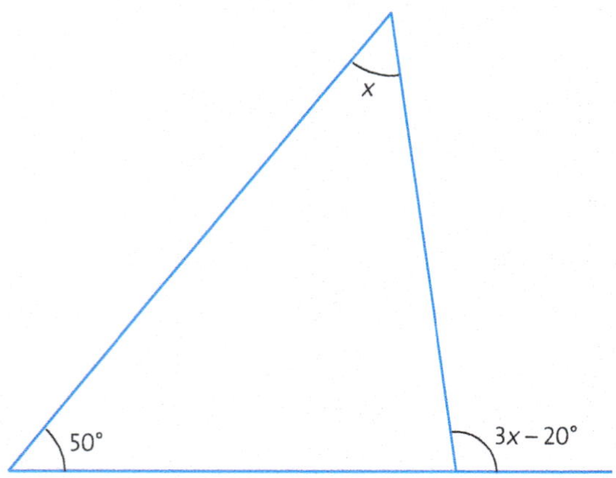

14. Em um triângulo, um ângulo externo mede 120°. Qual é a medida dos dois ângulos internos não adjacentes a ele, sabendo que eles são congruentes?

15. Determine a medida de cada ângulo.

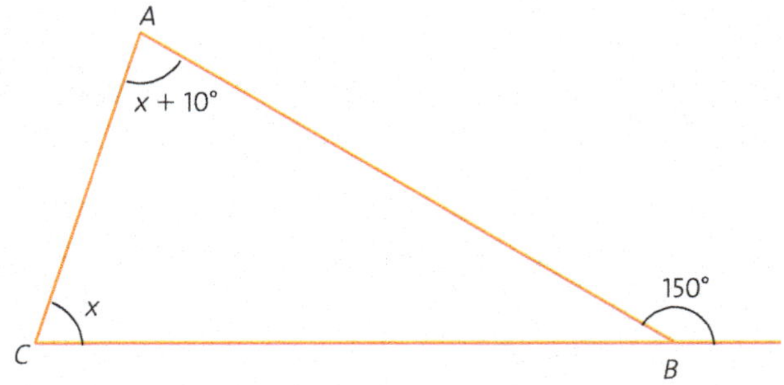

16. Observe esta figura e calcule o valor de *y*.

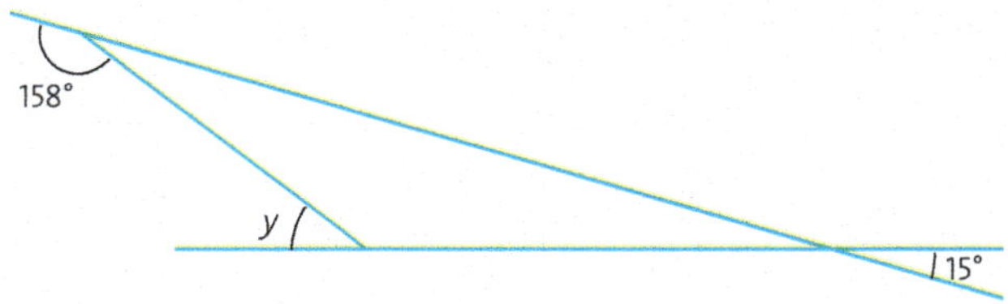

17. Em cada item verifique se existe ou não o triângulo cujos lados têm as medidas dadas. Nos casos positivos, diga se o triângulo é escaleno, isósceles ou equilátero.
   a) 8 cm, 14 cm e 7 cm
   b) 3 cm, 6 cm e 10 cm
   c) 5 cm, 5 cm e 9 cm
   d) 7 cm, 7 cm e 7 cm
   e) 12 cm, 7 cm e 5 cm
   f) 4 cm, 2 cm e 4 cm

18. Se *x* é a medida do lado maior em um triângulo escaleno e 7 cm e 4 cm são as medidas dos outros dois lados, quais os possíveis valores de *x* em centímetros?

19. O maior lado de um triângulo mede 8 cm e um dos outros dois lados mede 4 cm.
Quais as possíveis medidas inteiras que o terceiro lado deve ter?

20. Um triângulo isósceles tem dois lados de medidas 10 cm e 6 cm. Responda:
   a) Qual é o menor valor possível para a medida do terceiro lado?
   b) E se forem 10 cm e 3 cm?

Congruência de triângulos

Dois triângulos são congruentes se coincidem ao serem sobrepostos. Isso significa que seus lados, dois a dois, terão a mesma medida e o mesmo ocorrerá com os ângulos.

Do mesmo modo que para construirmos um triângulo é suficiente conhecermos alguns de seus elementos, também aqui não precisaremos verificar a congruência dos seis elementos (três lados e três ângulos). Para isso, tomamos como base os "casos de congruência" que você estudou no Ensino Fundamental.

Para saber quais são os casos de congruência, analise a possibilidade de o triângulo ser construído, dadas:

- as medidas dos três lados;
- as medidas dos três ângulos;
- as medidas de dois de seus lados e um ângulo;
- as medidas de um lado e dois de seus ângulos.

Verifique que resultam apenas quatro possibilidades (quatro casos).

1º caso: LAL (dois lados congruentes e o ângulo formado por eles congruente)

Observe, nas figuras, que o $\hat{A}$ é formado por $\overline{AB}$ e $\overline{AC}$, e que $\hat{E}$ é formado por $\overline{EF}$ e $\overline{EG}$.

Se $\overline{AB} \cong \overline{EF}$, $\hat{A} \cong \hat{E}$ e $\overline{AC} \cong \overline{EG}$, então podemos garantir que $\triangle ABC \cong \triangle EFG$.

2º caso: LLL (três lados congruentes)

Se $\overline{AB} \cong \overline{EF}$, $\overline{AC} \cong \overline{EG}$ e $\overline{BC} \cong \overline{FG}$, então $\triangle ABC \cong \triangle EFG$.

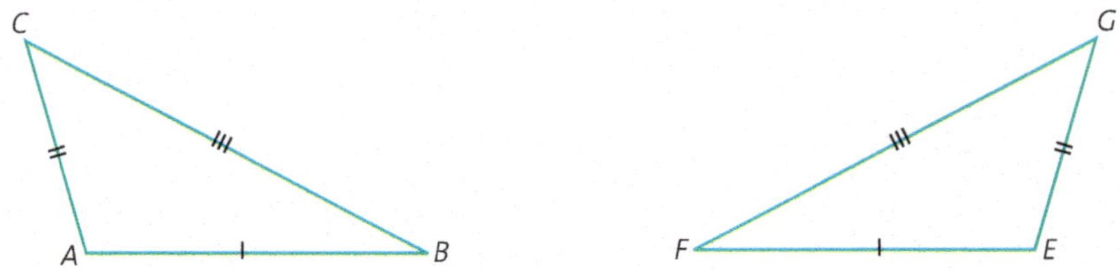

Assim, podemos afirmar que $\hat{A} \cong \hat{E}$, $\hat{B} \cong \hat{F}$ e $\hat{C} \cong \hat{G}$.

3º caso: ALA (dois ângulos congruentes e o lado compreendido entre eles congruente)

Se $\hat{A} \cong \hat{E}$, $\overline{AB} \cong \overline{EF}$ e $\hat{B} \cong \hat{F}$, então $\hat{C} \cong \hat{G}$, $\overline{AC} \cong \overline{EG}$ e $\overline{BC} \cong \overline{FG}$, ou seja, $\triangle ABC \cong \triangle EFG$.

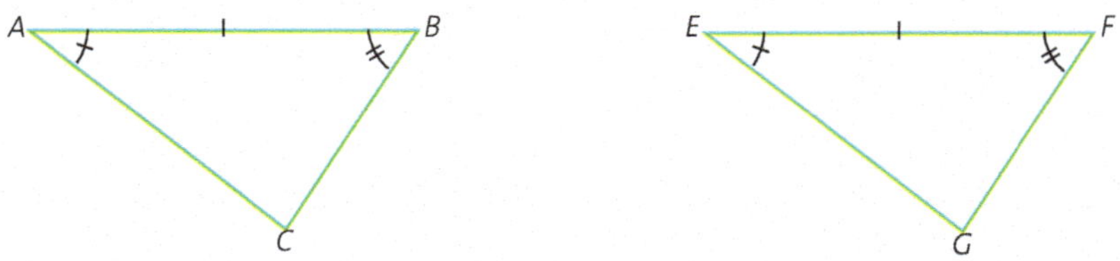

4º caso: LAA_o (um lado congruente, um ângulo adjacente e o ângulo oposto a esse lado congruente)

Se $\overline{AB} \cong \overline{EF}$, $\hat{A} \cong \hat{E}$ e $\hat{C} \cong \hat{G}$, então $\triangle ABC \cong \triangle EFG$.

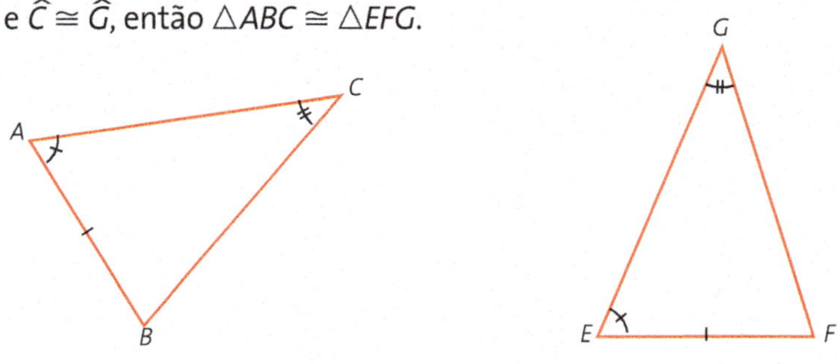

Exercícios resolvidos

1. Verifique em cada item abaixo se é possível afirmar que os triângulos são congruentes. Em caso positivo, escreva qual o caso de congruência que garante a congruência e quais os demais elementos congruentes.

a) $\triangle ABC$ e $\triangle MNO$ têm $\overline{AC} \cong \overline{MO}$, $\hat{A} \cong \hat{M}$ e $\hat{C} \cong \hat{O}$.

b)

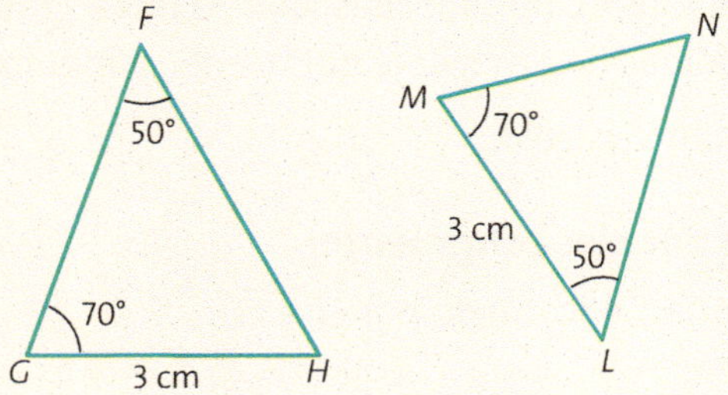

Resolução

a) Podemos afirmar que $\triangle ABC \cong \triangle MNO$ (caso ALA). Assim, os demais elementos são congruentes: $\overline{AB} \cong \overline{MN}$, $\overline{BC} \cong \overline{NO}$ e $\hat{B} \cong \hat{N}$.

b) Não podemos garantir a congruência desses dois triângulos. Sabemos que são congruentes um lado e dois ângulos, mas isso não corresponde ao caso ALA nem ao caso LAA_o.

2. Demonstre a seguinte propriedade geométrica: Em todo triângulo isósceles, os ângulos opostos aos lados congruentes são também congruentes.

> **Fique atento!**
> Triângulo isósceles é aquele que tem dois lados de medidas iguais (congruentes).

Resolução

Podemos obter as propriedades geométricas sem necessidade de usar medições por meio do método de raciocínio de demonstração.

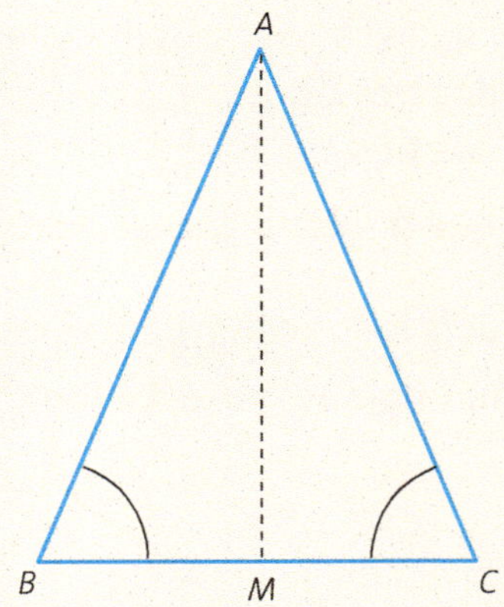

Sabemos que $\overline{AB} \cong \overline{AC}$ e queremos provar que $\hat{B} \cong \hat{C}$.

Para isso vamos usar o segmento $\overline{AM}$, que liga o vértice A ao ponto médio de $\overline{BC}$ (ponto M), e verificar que $\triangle ABM \cong \triangle ACM$.

- $\overline{AB} \cong \overline{AC}$ (dado inicial)
- $\overline{BM} \cong \overline{CM}$ (M é ponto médio de $\overline{BC}$)
- $\overline{AM} \cong \overline{AM}$ (segmento comum aos $\triangle ABM$ e $\triangle ACM$)

Pelo caso LLL, podemos afirmar que $\triangle ABM \cong \triangle ACM$ e, com base nisso, concluir que $\hat{B} \cong \hat{C}$.

Observação: Às vezes, essa propriedade dos triângulos isósceles é enunciada assim: em um triângulo isósceles, os ângulos da base são congruentes.

Relação entre lados e ângulos de um triângulo

Em todo triângulo, ao maior ângulo opõe-se o maior lado e, reciprocamente, ao maior lado opõe-se o maior ângulo. Acompanhe a demonstração dessa proposição:

Seja o triângulo ABC com $AB = c$, $AC = b$ e $BC = a$.

Vamos provar uma das afirmações: se $a > c$, então $\hat{A} > \hat{C}$.

Sendo $a = BC$, determinamos o ponto D, entre B e C, de modo que $BD = c$, formando um triângulo isósceles.

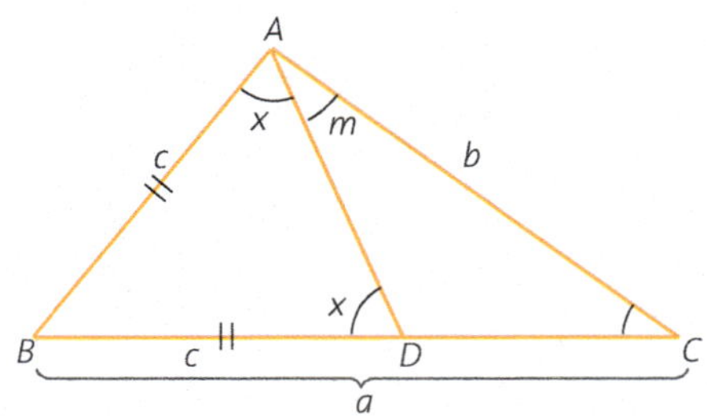

Então, $B\hat{A}D \cong B\hat{D}A$. Seja x esse ângulo.

Se $\hat{A} = x + m$, temos:

$x + m > x$

$x > \hat{C}$ (pois x é externo ao $\triangle ACD$)

Logo, $x + m > \hat{C}$. Então, $\hat{A} > \hat{C}$ (como queríamos demonstrar).

Exercícios

21. Verifique em cada item se podemos ou não garantir que os triângulos são congruentes sem efetuar medições. Em caso positivo, indique o caso de congruência (LLL, LAL, ALA ou LAA_o).

a)

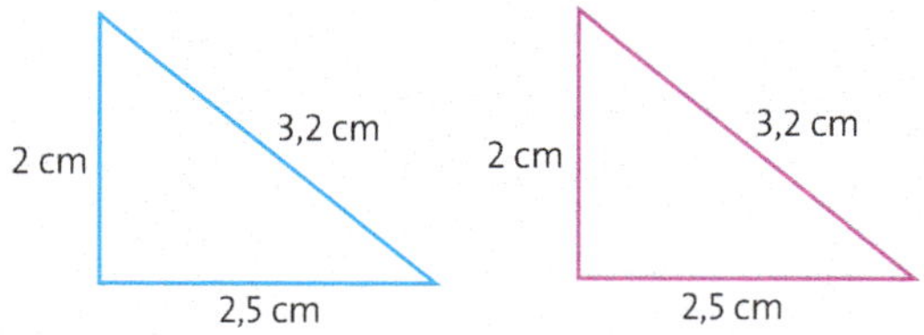

b)

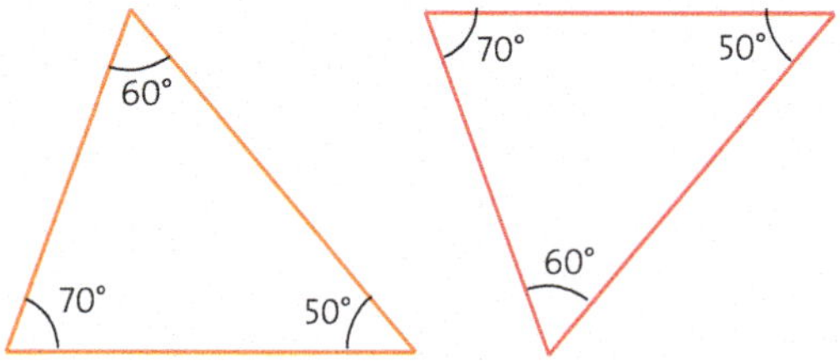

c)

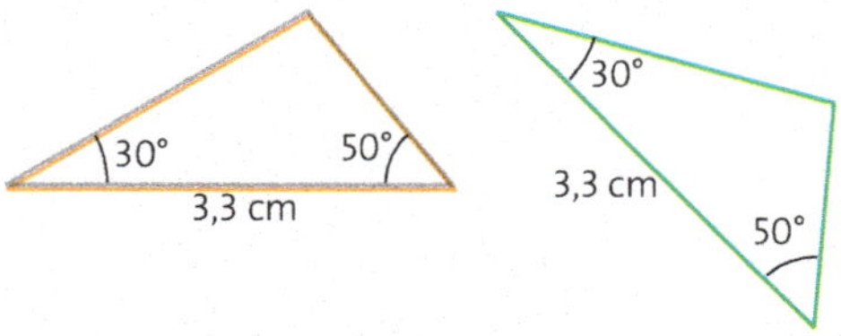

d)

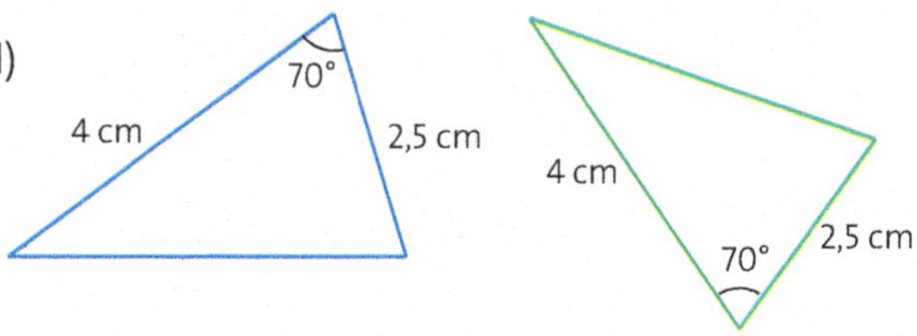

e)

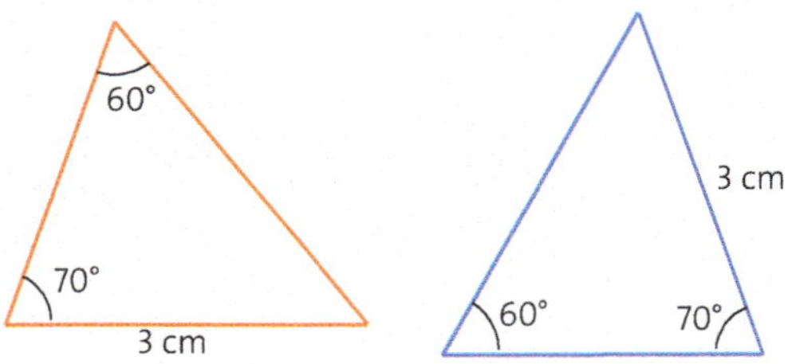

22. Observe a figura abaixo e as medidas indicadas. É possível descobrir a distância BC entre as duas casas? Justifique.

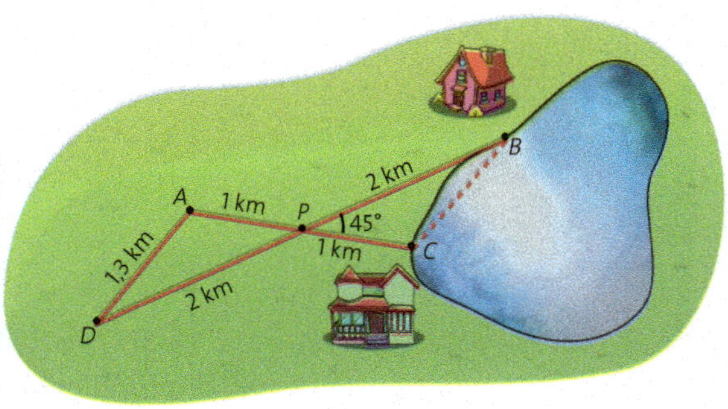

Dam d'Souza/Arquivo da editora

23. Verifique em cada item abaixo se é possível afirmar que os triângulos são congruentes. Em caso positivo, escreva qual o caso de congruência e quais os demais elementos congruentes.

a)

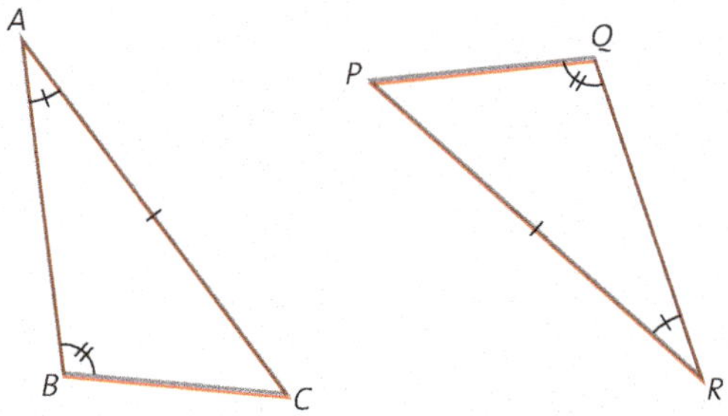

b) $\triangle FEG$ e $\triangle XYZ$ são tais que $\overline{EF} \cong \overline{XY}$, $\overline{EG} \cong \overline{XZ}$ e $\hat{F} \cong \hat{Y}$.

c) $\triangle PQR$ e $\triangle MNO$ têm $\hat{R}$ reto, $\hat{O}$ reto, $\overline{PR} \cong \overline{MO}$ e $\overline{QR} \cong \overline{NO}$.

d)

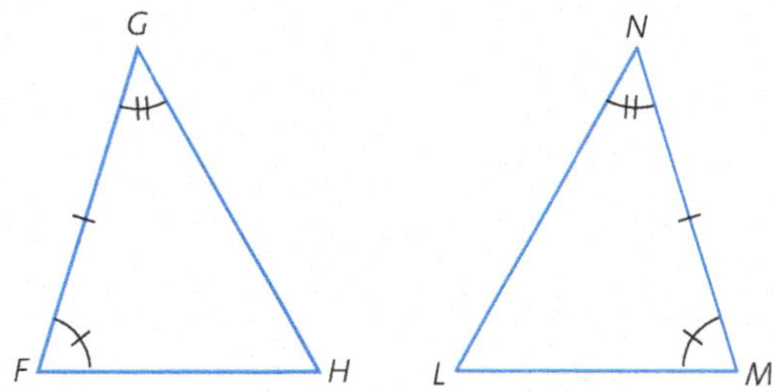

e) $\triangle ABC$ é isósceles com 20 cm de perímetro e $\triangle MNO$ é isósceles com 20 cm de perímetro.

f) $\triangle EFG$ é equilátero com 12 cm de perímetro e $\triangle PQR$ é equilátero com 12 cm de perímetro.

24. Sabendo que os triângulos a seguir são congruentes, quais são os valores de x, y e z?

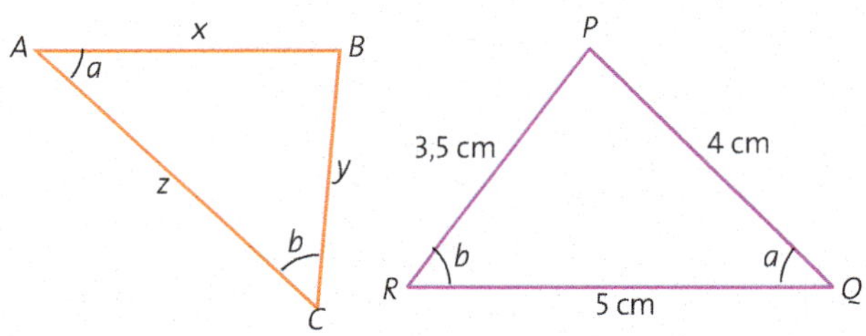

25. Prove que os triângulos são congruentes sabendo que $AB = BD = 2$ cm e que $BC = BE = 3$ cm.

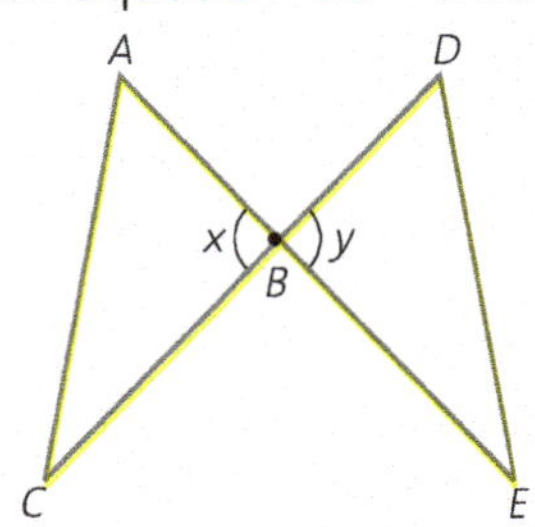

Quadrilátero

O **quadrilátero** é um polígono de quatro lados e, portanto, de quatro vértices e quatro ângulos internos.

Soma das medidas dos ângulos internos de um quadrilátero convexo

Em todo quadrilátero convexo, a soma das medidas dos ângulos internos é 360°, já que ele pode ser dividido em dois triângulos, a partir de uma diagonal.

Fique atento!
Quadrilátero convexo é aquele em que, unindo-se dois pontos quaisquer de dois de seus lados, obtemos um segmento contido na sua região interna.

Paralelogramo

Denomina-se **paralelogramo** o quadrilátero formado por dois pares de lados paralelos.

Propriedades

1ª) Em todo paralelogramo dois ângulos opostos são congruentes (medidas iguais) e dois ângulos não opostos são suplementares (soma das medidas: 180°).

2ª) Em todo paralelogramo, os lados opostos são congruentes.

3ª) Em todo paralelogramo, as diagonais se intersectam em seus pontos médios.

Exercícios resolvidos

3. Demonstre a seguinte propriedade:
Em todo paralelogramo, os lados opostos são congruentes.

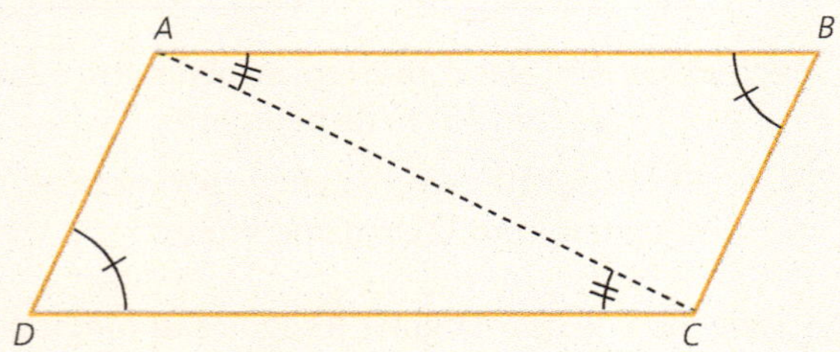

Resolução

Inicialmente, vamos verificar que $\overline{AB} \cong \overline{DC}$.
Considerando $ABCD$ um paralelogramo, podemos traçar a diagonal $\overline{AC}$.
Nos triângulos ABC e CDA, temos:

- $\overline{AC} \cong \overline{AC}$ (lado comum)
- $C\hat{A}B \cong A\hat{C}D$ (ângulos alternos internos com $\overline{AB} /\!/ \overline{CD}$ e $\overline{AC}$ transversal)
- $\hat{B} \cong \hat{D}$ (ângulos opostos do paralelogramo)

Pelo caso LAA_o, temos $\triangle ABC \cong \triangle CDA$, e daí chegamos a $\overline{AB} \cong \overline{DC}$. Agora você pode demonstrar que $\overline{AD} \cong \overline{BC}$, usando a diagonal $\overline{BD}$.

4. Demonstre mais esta propriedade:
Em todo paralelogramo, as diagonais cortam-se ao meio.

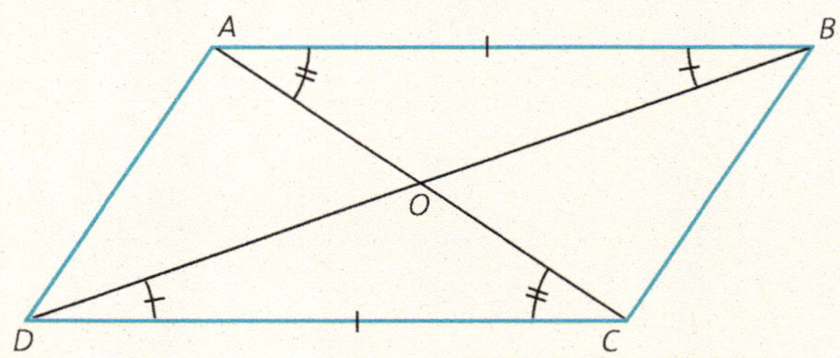

Resolução

Considerando o paralelogramo $ABCD$ e as diagonais $\overline{AC}$ e $\overline{BD}$, temos $\triangle AOB \cong \triangle COD$ (caso ALA). Da congruência desses triângulos deduzimos que $\overline{AO} \cong \overline{CO}$ e $\overline{BO} \cong \overline{DO}$, ou seja, o ponto O, cruzamento das diagonais, é o ponto médio das duas.

Retângulo, losango e quadrado

Como o retângulo, o losango e o quadrado são casos particulares de paralelogramos, as propriedades mencionadas também se aplicam a eles. Mas, por serem particulares, cada um deles terá alguma característica especial.

Trapézio

O **trapézio** é um quadrilátero que tem apenas um par de lados paralelos, que são chamados **base maior** e **base menor**.

Trapézio retângulo

É todo trapézio que tem dois ângulos retos. Nele, um dos lados que não é base é perpendicular às duas bases.

Trapézio isósceles

É todo trapézio que tem dois lados não paralelos congruentes.

Exercícios

26. Quais são as medidas dos ângulos de um quadrilátero sabendo que um deles mede x graus e os outros medem o dobro, o triplo e o quádruplo de x?

27. Em um quadrilátero $ABCD$ temos que $\hat{A}$ mede 20° a mais do que $\hat{B}$, $\hat{C}$ mede 20° a menos do que $\hat{B}$, e $\hat{D}$ mede o dobro de $\hat{C}$. Quantos ângulos agudos tem esse quadrilátero?

28. Calcule o valor de x na figura ao lado.

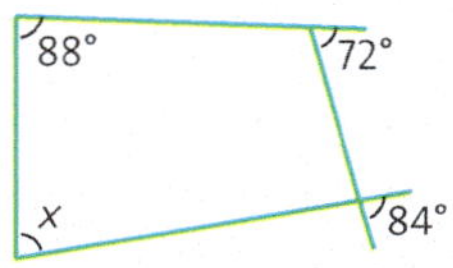

29. As medidas dos ângulos internos de um quadrilátero estão em PA de razão 20°. Determine-as.

30. Calcule as medidas dos quatro ângulos internos dos seguintes paralelogramos:

a)

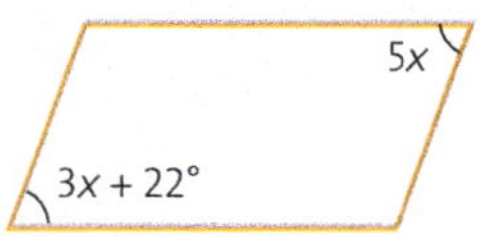

b)

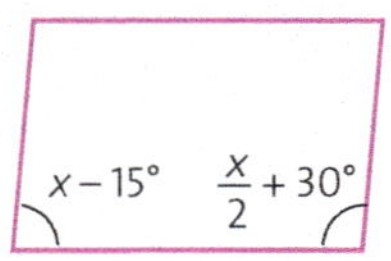

31. Complete o quadro abaixo com as características especiais do retângulo, do losango e do quadrado.

	Quanto aos ângulos	Quanto às diagonais	Quanto aos lados
Paralelogramo genérico	Ângulos opostos congruentes e ângulos adjacentes suplementares.	Encontram-se no seu ponto médio.	Lados opostos congruentes.

32. Demonstre que as diagonais do losango são perpendiculares entre si.

33. Os ângulos opostos agudos de um losango medem 60°. A diagonal maior desse losango separa-o em dois triângulos congruentes. Quais são as medidas dos ângulos internos desses triângulos?

34. No quadrado $PQRS$, determine as medidas x e y dos ângulos indicados.

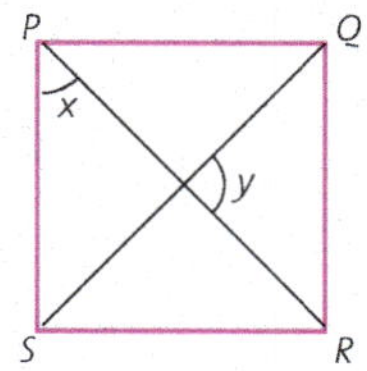

35. No losango $ABCD$ ao lado, determine a medida de cada um dos ângulos indicados.

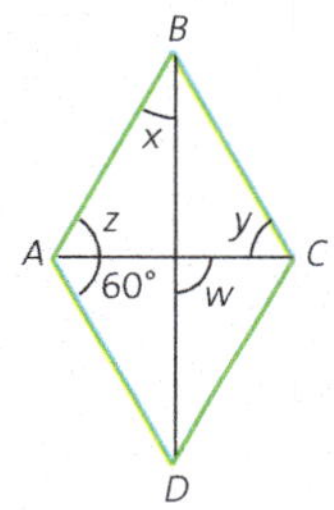

36. Determine o valor de x, y, z e w no trapézio ao lado.

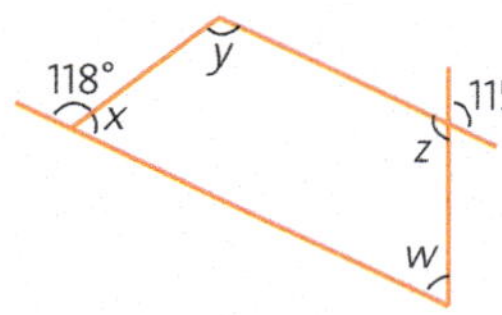

37. Determine os valores de x e y no trapézio ao lado.

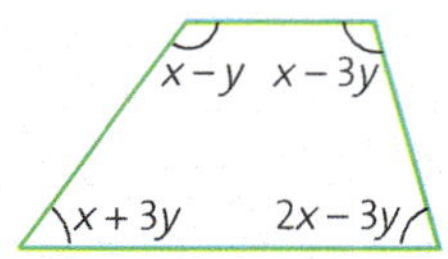

38. Demonstre que:
   a) em um trapézio isósceles, os ângulos da mesma base são congruentes;
   b) em um trapézio isósceles, as diagonais são congruentes.

39. Se um dos ângulos internos de um trapézio isósceles mede 66°, quanto medem os outros três?

40. Em um trapézio isósceles as bases medem 12 cm e 2 cm, e o perímetro é de 40 cm. Determine as medidas dos outros dois lados.

41. Um trapézio é isósceles e a medida de um dos seus ângulos agudos corresponde a $\frac{2}{3}$ da medida de um dos seus ângulos obtusos. Quais são as medidas dos quatro ângulos internos desse trapézio?

Soma das medidas dos ângulos internos de um polígono convexo

Em um polígono convexo de n lados, a soma das medidas dos ângulos internos (S_i) é igual a $(n - 2) \cdot 180°$.

Exercícios

42. Deduza a fórmula citada acima. (*Sugestão*: divida o polígono em triângulos.)

43. Calcule:

a) a soma das medidas dos ângulos internos de um heptágono;

b) o número de lados de um polígono convexo no qual $S_i = 1440°$.

44. Qual o valor de x nesta figura?

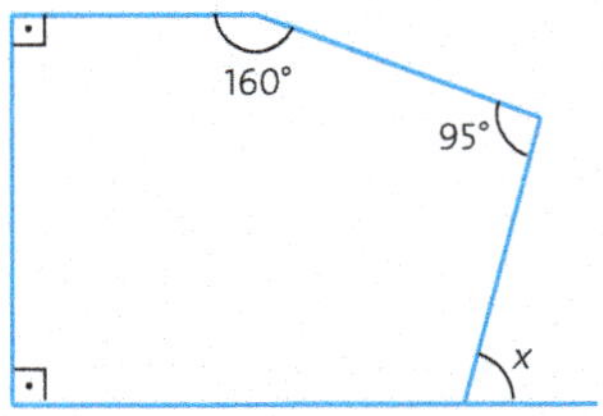

Soma das medidas dos ângulos externos de um polígono convexo

Em qualquer polígono convexo, a soma das medidas dos ângulos externos é igual a 360°.

Para provar isso, vamos considerar um polígono qualquer de n lados.

Já vimos que, em cada vértice, a soma das medidas dos ângulos interno e externo é 180°. Como temos n vértices, teremos $n \cdot 180°$ ao todo.

Assim:

$$S_i + S_e = n \cdot 180°$$

Como $S_i = (n - 2) \cdot 180°$, podemos escrever:

$$(n - 2) \cdot 180° + S_e = n \cdot 180°$$

$$180°n - 360° + S_e = 180°n$$

$$S_e = \cancel{180°n} - \cancel{180°n} + 360°$$

$$S_e = 360°$$

como queríamos provar.

Ângulos internos de um polígono regular

Indicando por:

- a_i: medida de cada ângulo interno de um polígono regular;
- a_e: medida de cada ângulo externo de um polígono regular;

temos:

$$a_i = \frac{S_i}{n} = \frac{(n - 2) \cdot 180°}{n} \quad \text{e} \quad a_e = \frac{S_e}{n} = \frac{360°}{n}$$

Fique atento!
Polígono regular é aquele que tem todos os lados com a mesma medida e todos os ângulos com a mesma medida.

Você não precisa decorar essas fórmulas, pois facilmente se deduzem esses valores. Acompanhe.

Todo polígono regular pode ser inscrito em uma circunferência, ou seja, existe um ponto equidistante de seus vértices (o centro da circunferência que passa por eles).

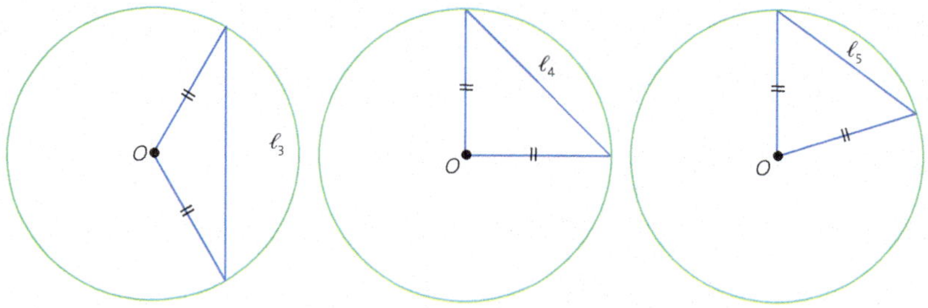

Assim, os lados do polígono determinam, com o centro da circunferência, triângulos isósceles de lados congruentes de medida igual ao raio da circunferência.

O ângulo desse triângulo que tem vértice em O será sempre $\frac{360°}{n}$, sendo n o número de lados do polígono. E, a partir desse triângulo isósceles, chegamos ao valor do ângulo interno do polígono.

Nos casos representados acima, temos:

- Triângulo equilátero:
  $\frac{360°}{3} = 120°$
  $180° - 120° = 60°$
  Portanto, $a_i = 60°$.
- Quadrado:
  $\frac{360°}{4} = 90°$
  $180° - 90° = 90°$
  Portanto, $a_i = 90°$.
- Pentágono:
  $\frac{360°}{5} = 72°$
  $180° - 72° = 108°$
  Portanto, $a_i = 108°$.

Exercícios

45. Use um raciocínio similar para encontrar a medida do ângulo interno de um polígono regular qualquer sem usar a fórmula.

46. Complete a tabela.

Polígono regular	Soma das medidas de todos os ângulos internos	Medida de cada ângulo interno
triângulo equilátero		
quadrado		
pentágono regular		
hexágono regular		
decágono regular		
polígono regular de *n* lados		

47. Em um polígono regular de 20 lados (icoságono regular), qual é a medida de cada ângulo interno? E de cada ângulo externo?

48. Em um polígono regular, cada ângulo interno mede 135°. Quantos lados tem esse polígono?

49. Calcule a soma das medidas dos ângulos internos de um:
a) decágono;
b) dodecágono.

50. Determine a medida do ângulo interno de um:
a) eneágono regular;
b) pentágono regular.

51. Deduza a fórmula do número de diagonais (d) de um polígono convexo de n lados: $d = \frac{n(n-3)}{2}$.

52. Quantas diagonais tem o polígono de 24 lados?

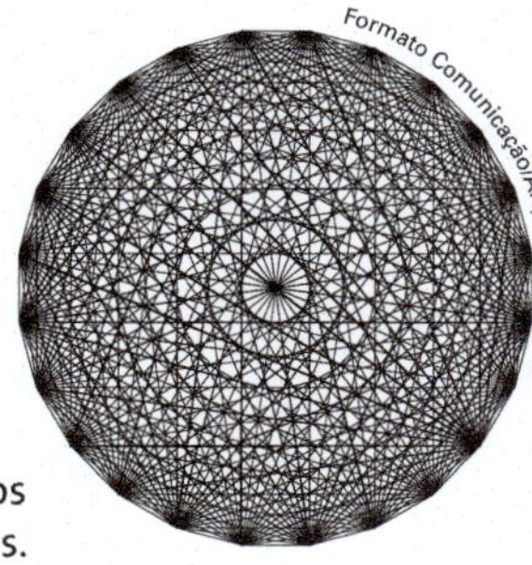

Formato Comunicação/Arquivo da editora

Polígono de 24 lados com suas diagonais.

53. Há um polígono cujo número de diagonais é seis vezes o número de lados. Que polígono é esse?

54. Um polígono convexo tem 13 vértices. Quantas diagonais ele possui?

55. Qual é o número de diagonais de um polígono regular convexo cujo ângulo externo é 24°?

56. Calcule x e y no retângulo abaixo.

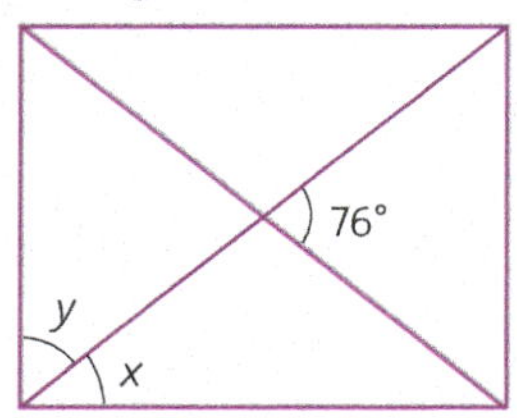

Cevianas particulares e pontos notáveis de um triângulo

Ceviana	Definição	Ponto notável
Mediana	É o segmento que tem como extremidades um vértice do triângulo e o ponto médio do lado oposto a esse vértice.	**Baricentro**: é o ponto de encontro das medianas do triângulo; é o centro de gravidade (ponto de equilíbrio) do triângulo. Ele divide as medidas das três medianas na razão de 2 para 1.
Bissetriz	É o segmento que tem uma extremidade em um vértice do triângulo, divide o ângulo ao meio e tem a outra extremidade no lado oposto a esse vértice.	**Incentro**: é o ponto de encontro das bissetrizes internas do triângulo; é o centro da circunferência inscrita no triângulo, pois equidista dos três lados.
Altura	É o segmento com uma extremidade em um vértice e a outra extremidade no lado oposto ou no seu prolongamento, formando com ele ângulos retos.	**Ortocentro**: é o ponto de encontro das retas que contêm as alturas, podendo pertencer ao exterior do triângulo.
Mediatriz	Reta que passa pelo ponto médio de um lado do triângulo e é perpendicular a ele.	**Circuncentro**: é o ponto de encontro das mediatrizes dos lados do triângulo; é o centro da circunferência circunscrita ao triângulo, pois equidista dos três vértices.

Você sabia?
Ceviana é um segmento de reta que liga um vértice de um triângulo a um ponto qualquer do lado oposto. O nome **ceviana** é uma homenagem a Giovanni Ceva, matemático italiano (1648-1734).

Observações:

1ª) Mediana e altura referem-se apenas a triângulos, mas bissetriz de um ângulo e mediatriz de um segmento são conceitos independentes.

2ª) A mediatriz, por não passar, necessariamente, por um vértice, não satisfaz a definição de ceviana, mas é excepcionalmente incluída nesse grupo.

Lugar geométrico é o nome que se dá a um conjunto de pontos que tenham alguma propriedade comum.

Veja como bissetriz e mediatriz são definidas inicialmente:

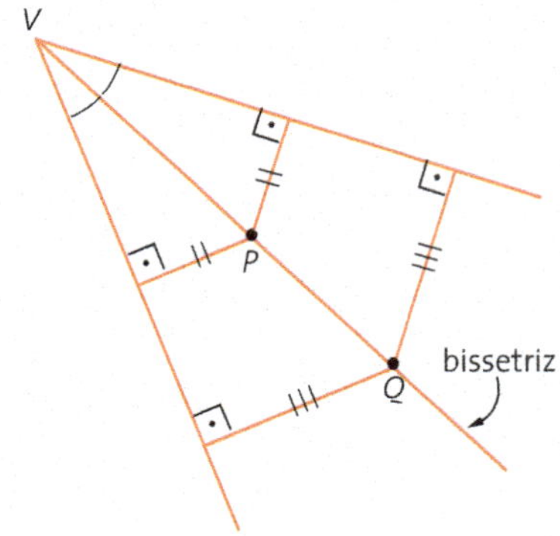

- Bissetriz de um ângulo é o lugar geométrico dos pontos do plano equidistantes dos lados do ângulo considerado.

  Como consequência dessa definição, a bissetriz acaba dividindo o ângulo dado em dois ângulos congruentes, e a demonstração dessa afirmação é feita por meio de congruência de triângulos. Faça isso como exercício.

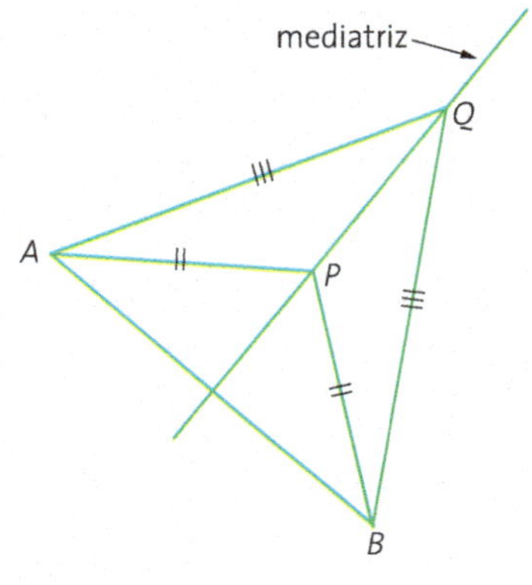

- Mediatriz de um segmento é o lugar geométrico dos pontos do plano que são equidistantes dos extremos do segmento.

  Aqui também, como consequência da definição, a mediatriz acaba por passar pelo ponto médio do segmento (já que ele é um dos pontos que satisfazem a definição) e forma um ângulo reto com ele. Mais uma vez, demonstra-se esse fato por meio de congruência de triângulos. Experimente demonstrá-lo.

Exercícios

57. Triângulos que apresentem alguma particularidade terão seus pontos notáveis em posições particulares. Considere, por exemplo, um triângulo isósceles ABC, no qual $\overline{AB} \cong \overline{AC}$.

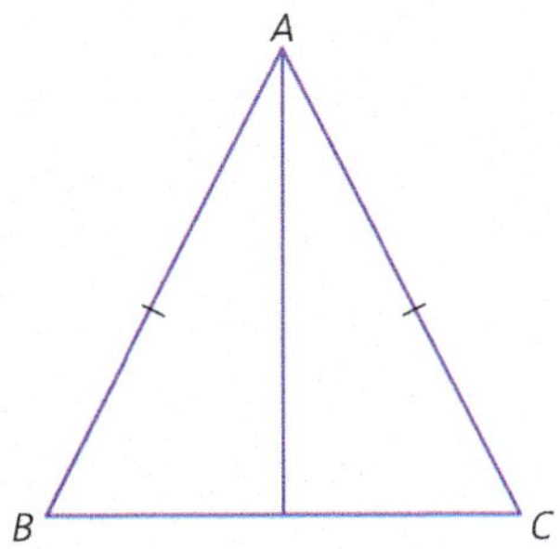

É possível provar que a mediana, a bissetriz, a altura, que partem do vértice A, e a mediatriz do lado $\overline{BC}$ coincidem.

E se o triângulo for equilátero? Haverá mais coincidências. Verifique isso.

Por outro lado, se o triângulo for retângulo, o que acontecerá com o ortocentro?

58. Calcule o valor de x e y com base nas informações dadas.

a) $\overline{AN}$ é uma bissetriz do $\triangle ABC$.

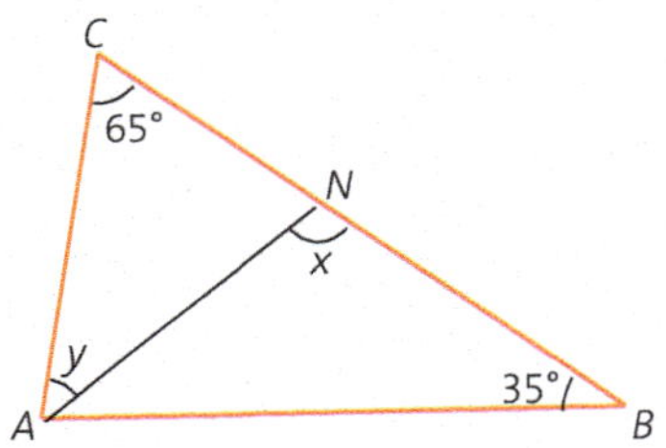

b) $\overline{FP}$ é uma altura do $\triangle EFG$.

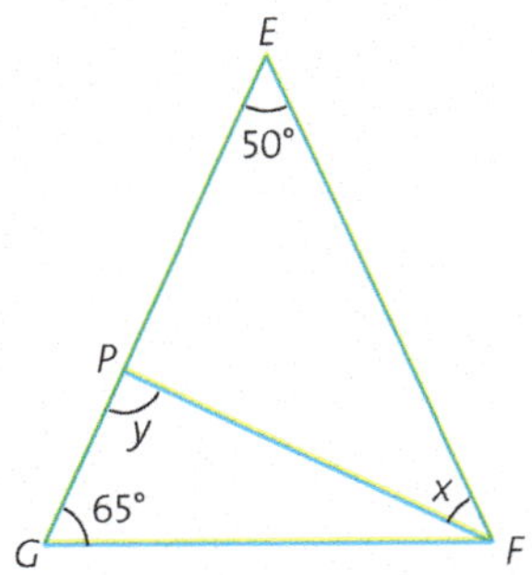

c) $\overline{PH}$ é uma altura do $\triangle PQR$. $\overline{RS}$ é uma bissetriz do $\triangle PQR$.

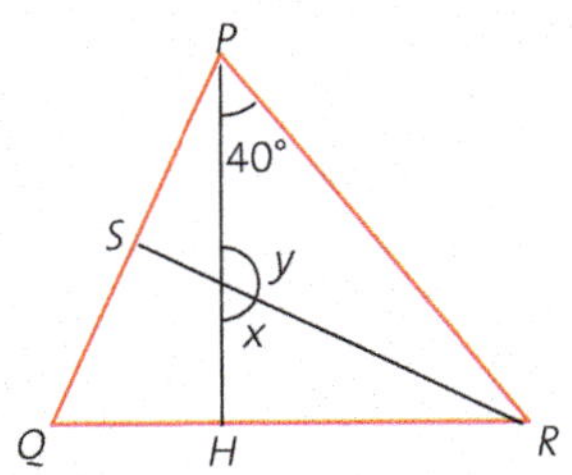

59. Em um $\triangle EFG$, o $\hat{E}$ mede 100° e o $\hat{F}$, 20°. O ponto O é o encontro da altura $\overline{EH}$ com a bissetriz $\overline{GS}$ do $\triangle EFG$. Determine a medida do ângulo $E\hat{O}G$.

60. No $\triangle ABC$ abaixo o ponto R é o encontro da bissetriz $\overline{AS}$ com a altura $\overline{CH}$. Sabe-se que $\hat{B}$ mede 70° e $\hat{C}$ mede 30°.

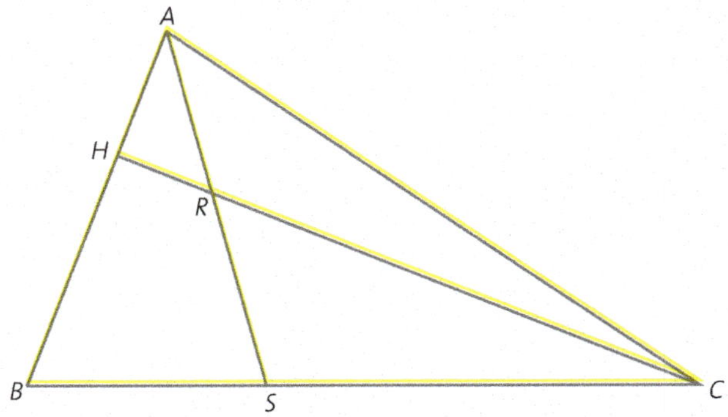

Determine as medidas dos seguintes ângulos:

a) $A\hat{H}C$

b) $S\hat{A}C$

c) $A\hat{R}C$

d) $A\hat{S}B$

e) $A\hat{C}H$

f) $B\hat{C}H$

61. Determine o valor de x, sabendo que O é o ortocentro do $\triangle ABC$.

a)

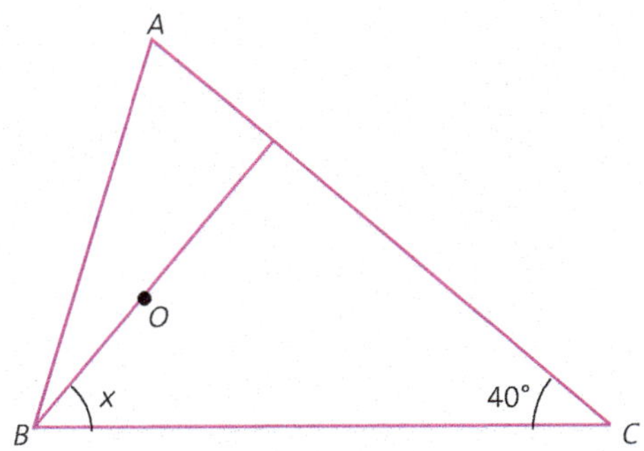

b)

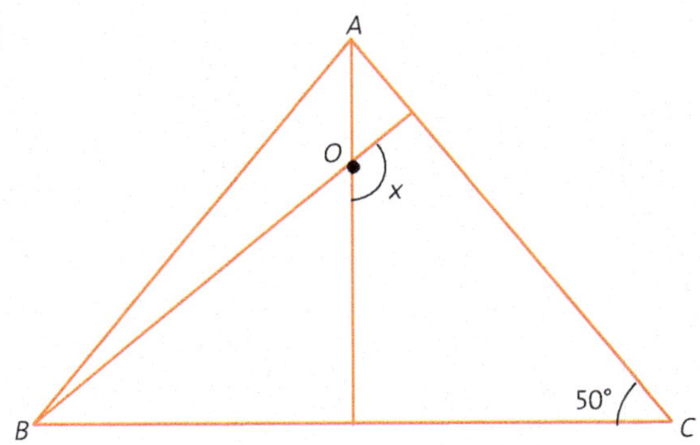

62. Na figura abaixo, I é o incentro. Determine o valor de x.

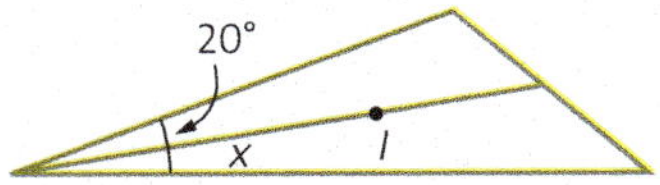

63. Determine o valor de x na figura abaixo.

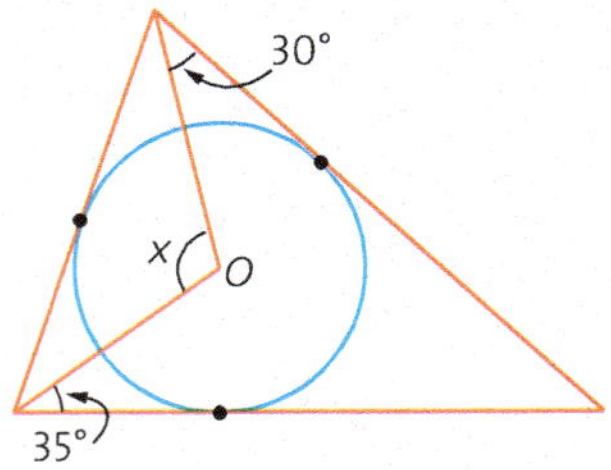

64. Determine o perímetro do $\triangle AMN$, sabendo que $AB = 16$ cm, $AC = 18$ cm, I é o incentro do $\triangle ABC$ e $\overline{MN} \parallel \overline{BC}$.

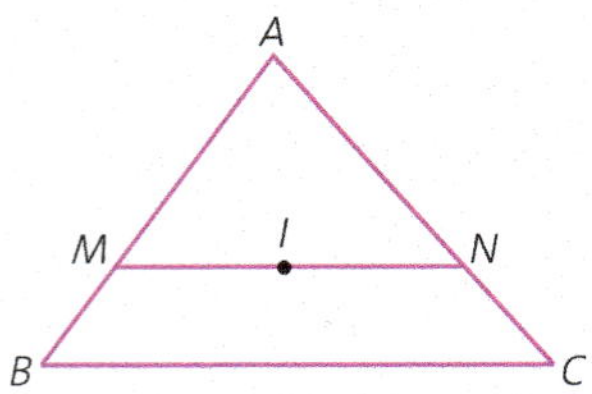

65. Se C é o circuncentro do $\triangle EFG$, determine x e y nas figuras abaixo.

a)

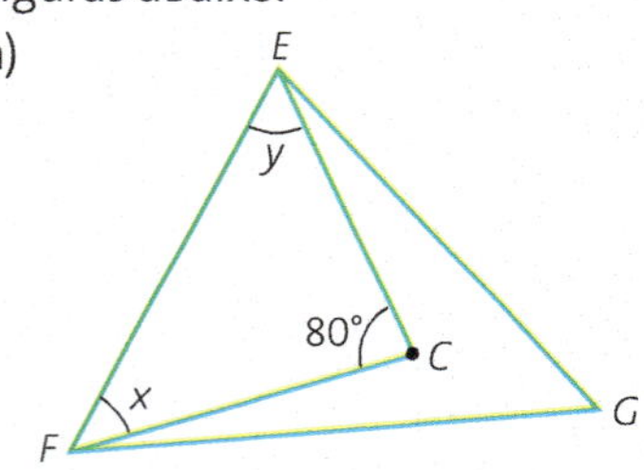

b)

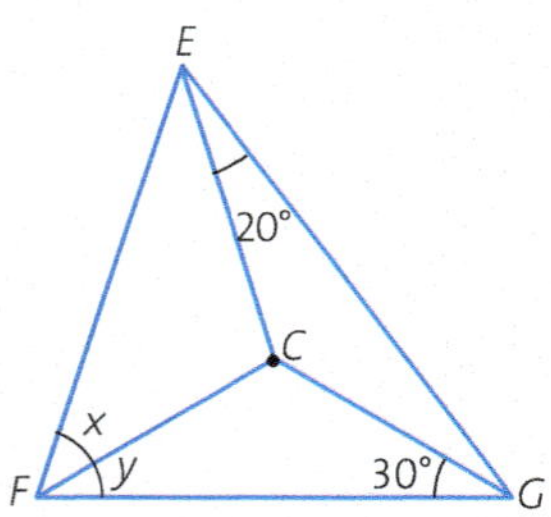

66. Em um triângulo equilátero ABC, a altura $\overline{AH}$ mede 30 cm (H é um ponto no lado $\overline{BC}$). Determine quanto mede:

a) a bissetriz $\overline{BS}$ (S é um ponto do lado $\overline{AC}$);

b) a mediana $\overline{CM}$ (M é um ponto do lado $\overline{AB}$);

c) o raio do círculo inscrito ao triângulo ABC;

d) o raio do círculo circunscrito ao triângulo ABC.

67. Se o centro da circunferência circunscrita a um triângulo é o ponto de intersecção entre as mediatrizes, prove que é sempre possível traçar uma circunferência que passe por três pontos não alinhados.

68. Considere o triângulo ABC abaixo, no qual $\overline{AS}$ é uma bissetriz interna e o ponto P, externo ao triângulo, é tal que $\overline{AP}$ é uma bissetriz externa. Prove que $\overline{AS} \perp \overline{AP}$.

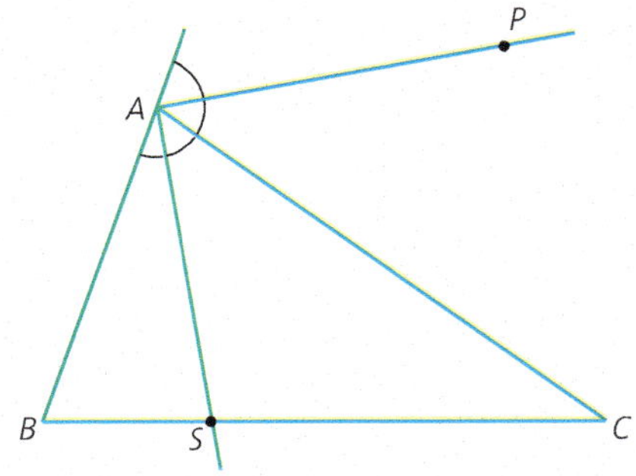

69. Se $ABCD$ é um paralelogramo, $\overline{AP}$ é bissetriz, $AB = 8$ cm e $PC = 4$ cm, calcule o perímetro de $ABCD$.

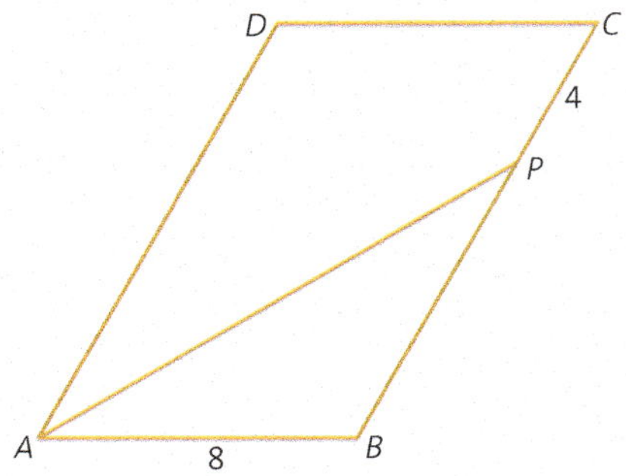

70. Se $\overline{AP}$ e $\overline{BP}$ são bissetrizes, calcule o valor de x na figura.

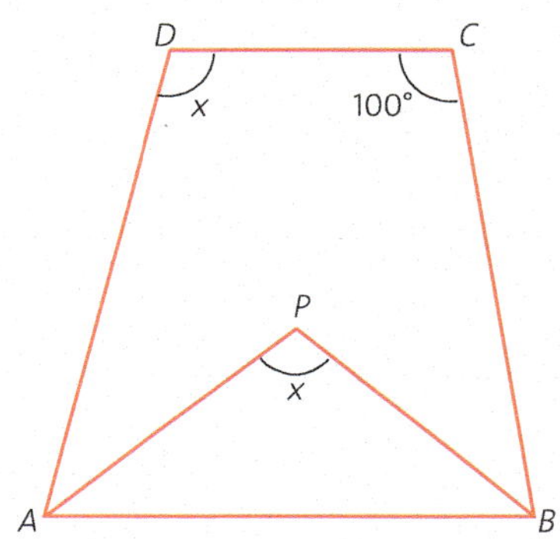

71. Considerando o triângulo FGH da figura, copie e complete as afirmações abaixo:

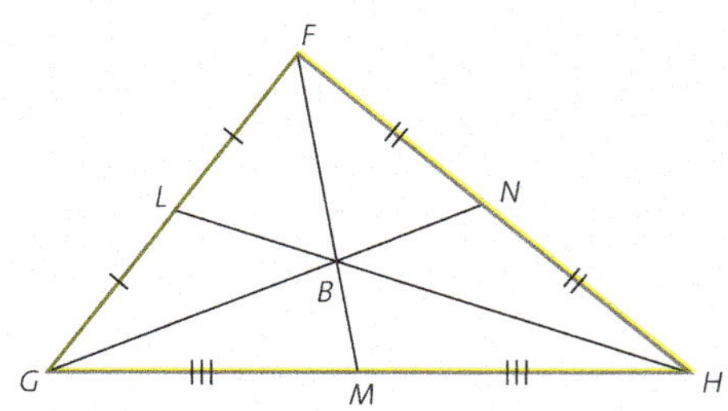

a) Se $GF = 15$ cm, então $MN = $ ■.

b) Se $FN = 8$ mm, então $FH = $ ■.

c) Se $LB = 4$ m, então $BH = $ ■ e $LH = $ ■.

d) Se $GN = 45$ cm, então $NB = $ ■ e $GB = $ ■.

4 Teorema de Tales

Feixe de retas paralelas é um conjunto de retas distintas de um plano, paralelas entre si.

As retas *r*, *s* e *t* da figura ao lado constituem um feixe de retas paralelas.

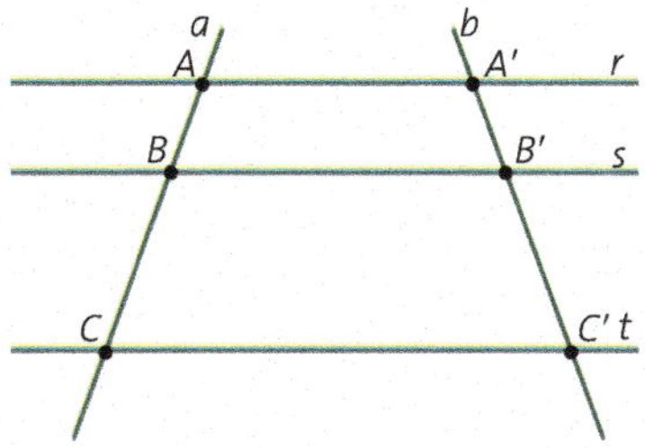

Transversal ao feixe de retas paralelas é uma reta do plano do feixe que intersecta todas as retas do feixe.

Na figura, as retas *a* e *b* são transversais ao feixe.

A e *A'* são **pontos correspondentes**. Também são correspondentes os pontos *B* e *B'*, *C* e *C'*. $\overline{AB}$ e $\overline{A'B'}$ são **segmentos correspondentes**. Igualmente, $\overline{BC}$ e $\overline{B'C'}$, assim como $\overline{AC}$ e $\overline{A'C'}$.

A partir desses elementos temos o **teorema de Tales**:

> Se duas transversais intersectam um feixe de retas paralelas, então a razão entre dois segmentos quaisquer de uma transversal é igual à razão dos segmentos correspondentes da outra.

Vamos comprovar esse teorema, para o caso em que os segmentos são comensuráveis (o feixe de paralelas divide as transversais em segmentos cujas medidas podem ser expressas por uma quantidade inteira de uma certa unidade).

Considere um feixe de paralelas e duas transversais, como indica a figura a seguir.

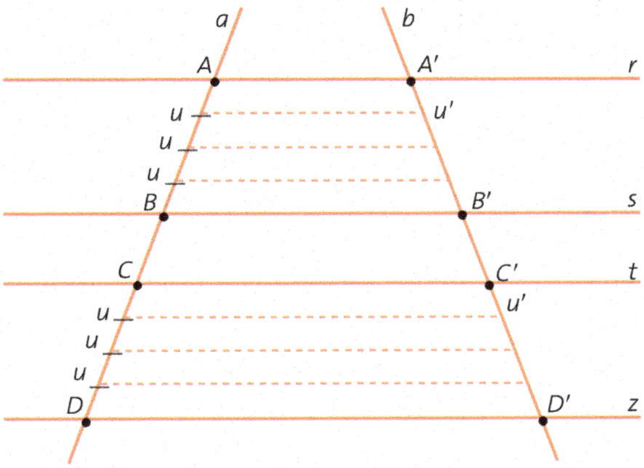

Vamos supor que exista um segmento *u* de modo que $AB = mu$ e $CD = nu$ ($m, n \in \mathbb{N}$), ou seja, que *AB* e *CD* são números racionais. Estabelecendo a razão $\frac{AB}{CD}$, obtemos:

$$\frac{AB}{CD} = \frac{mu}{nu} = \frac{m}{n} \quad \text{(I)}$$

Pelos pontos que dividem $\overline{AB}$ e $\overline{CD}$ em *m* e *n* partes congruentes ao segmento de medida *u*, traçamos retas paralelas ao feixe. Desse modo, os segmentos $\overline{A'B'}$ e $\overline{C'D'}$ ficam divididos em *m* e *n* partes iguais a *u'*, respectivamente.

Temos:

$$\frac{A'B'}{C'D'} = \frac{mu'}{nu'} = \frac{m}{n} \quad \text{(II)}$$

Das relações (I) e (II), concluímos que: $\frac{AB}{CD} = \frac{A'B'}{C'D'}$.

> **Fique atento!**
> O teorema de Tales também é válido para os casos em que os segmentos envolvidos são incomensuráveis.

Podemos também enunciar o teorema de Tales assim:

> Um feixe de paralelas determina, em duas transversais quaisquer, segmentos proporcionais.

Em decorrência das propriedades das proporções, valem também as igualdades:

$$\frac{AC}{AB} = \frac{A'C'}{A'B'} \text{ ou } \frac{AC}{BC} = \frac{A'C'}{B'C'}$$

Exercícios resolvidos

5. Nas figuras, as retas *r*, *s* e *t* são paralelas. Determine o valor de *x*.

a)

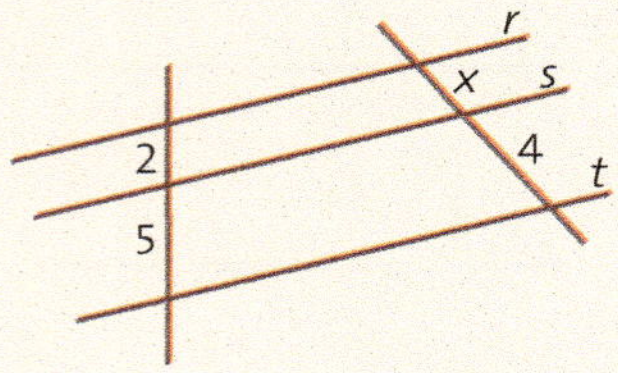

b)

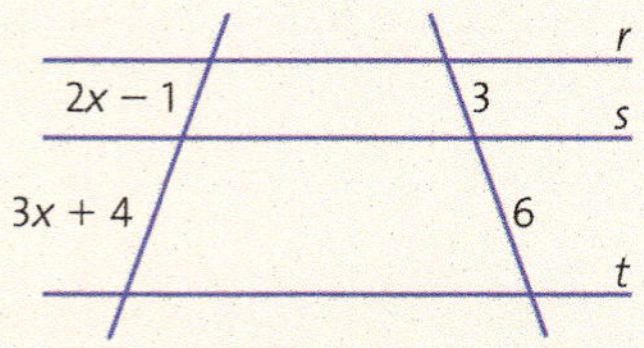

Resolução

a) $\frac{2}{5} = \frac{x}{4} \Rightarrow x = \frac{8}{5}$

b) $\frac{2x - 1}{3x + 4} = \frac{3}{6} \Rightarrow x = 6$

6. Observe a planta de um loteamento:

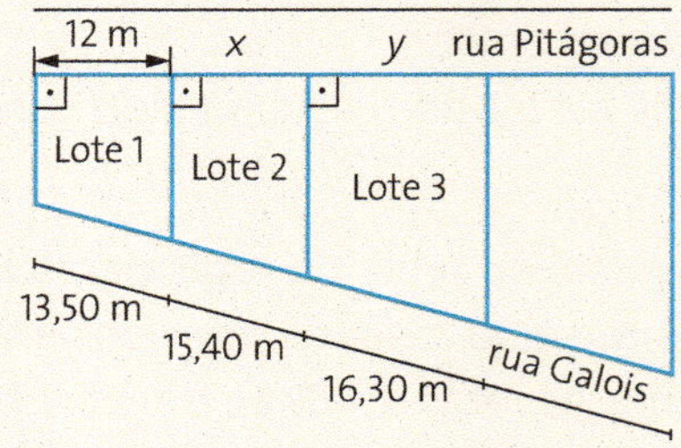

Quais são as medidas aproximadas das frentes dos lotes 2 e 3?

Resolução

Este problema pode ser resolvido usando-se o teorema de Tales, como segue:

$\frac{12}{x} = \frac{13{,}5}{15{,}4} \Rightarrow x \simeq 13{,}7$

$\frac{12}{y} = \frac{13{,}5}{16{,}3} \Rightarrow y \simeq 14{,}5$

O lote 2 tem aproximadamente 13,7 m de frente e o lote 3 tem aproximadamente 14,5 m.

Exercícios

72. Na figura, $r \,/\!/\, s \,/\!/\, t$. Determine a medida do segmento $\overline{AB}$.

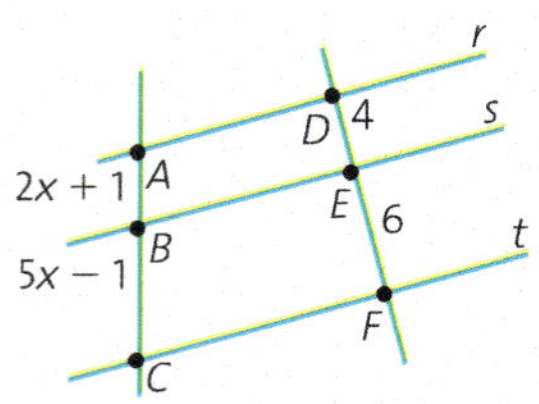

73. Na figura, $r \,/\!/\, s \,/\!/\, t$. Qual é o valor de xy?

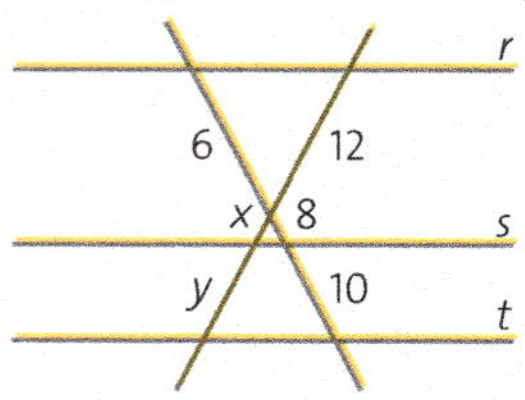

74. (Unicamp-SP-adaptado) A figura mostra um segmento AD dividido em três partes; cada parte tem a seguinte medida: $AB = 2$ cm, $BC = 3$ cm e $CD = 5$ cm.

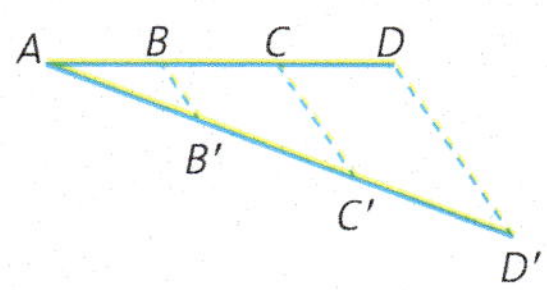

O segmento $\overline{AD'}$ mede 13 cm e as retas $\overleftrightarrow{BB'}$ e $\overleftrightarrow{CC'}$ são paralelas a $\overline{DD'}$. Determine o comprimento do segmento $\overline{AB'}$.

a) 2,6. b) 2,7. c) 2,8. d) 2,9. e) 3,0.

75. Na figura, a reta $\overleftrightarrow{DE}$ é paralela ao lado $\overline{BC}$ do triângulo ABC. Calcule o valor de x.

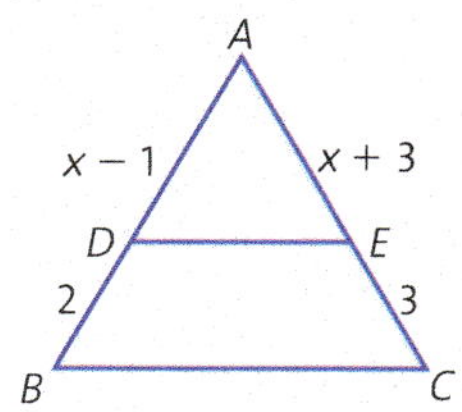

76. (Fuvest-SP) A sombra de um poste vertical, projetada pelo sol sobre um chão plano, mede 12 m. Nesse mesmo instante, a sombra de um bastão vertical de 1 m de altura mede 0,6 m. A altura do poste é:

a) 6 m. b) 7,2 m. c) 12 m. d) 20 m. e) 72 m.

77. Três terrenos têm frente para a rua *A* e para a rua *B*, como mostra a figura. As divisas laterais são perpendiculares à rua *A*. Qual é a medida de frente para a rua *B* de cada lote, sabendo que a frente total para essa rua tem 180 m?

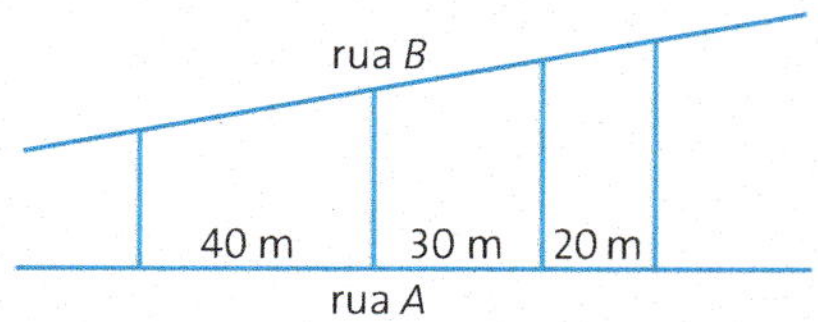

5 Teorema da bissetriz de um ângulo interno de um triângulo

Em todo triângulo, a bissetriz de qualquer ângulo interno divide o lado oposto a ele em duas partes proporcionais aos lados que formam esse ângulo.

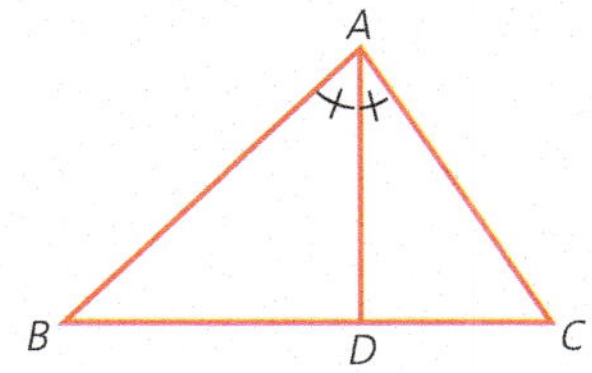

Considere o triângulo ABC e seja $\overline{AD}$ uma bissetriz. Vamos demonstrar que $\frac{BD}{DC} = \frac{AB}{AC}$.

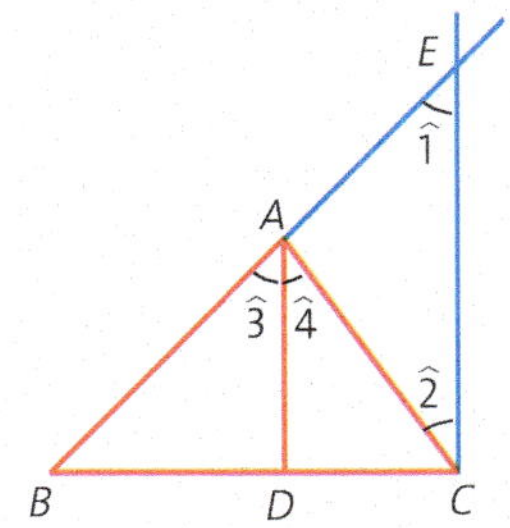

Para isso, prolongamos o lado $\overline{BA}$ e traçamos a semirreta de origem em C e paralela à bissetriz $\overline{AD}$, obtendo o ponto E.

No $\triangle BEC$ temos $\overline{AD} \parallel \overline{EC}$, logo $\frac{BD}{DC} = \frac{AB}{AE}$. (I)

Analisando a figura vemos que:

- $\hat{3} \cong \hat{4}$, pois $\overline{AD}$ é bissetriz do $\hat{A}$.
- $\hat{3} \cong \hat{1}$, pois são correspondentes de paralelas cortadas por transversal.
- $\hat{4} \cong \hat{2}$, pois são alternos internos de paralelas cortadas por transversal.

Então, $\hat{1} \cong \hat{2}$. Daí podemos afirmar que $\triangle ACE$ é isósceles de base $\overline{EC}$. Desse modo, temos que $\overline{AE} \cong \overline{AC}$. (II)

Substituindo (II) em (I), chegamos à proporção que queríamos demonstrar: $\frac{BD}{DC} = \frac{AB}{AC}$.

Exercícios

78. Em um triângulo ABC de perímetro igual a 75 cm, $\overline{AS}$ é bissetriz, $BS = 10$ cm e $AC = 30$ cm. Calcule a medida do lado $\overline{AB}$.

79. Em um $\triangle ABC$, temos $AB = 18$ cm, $AC = 12$ cm e $BC = 15$ cm. Se $\overline{CR}$ é bissetriz do $\triangle ABC$, quais são as medidas de $\overline{AR}$ e de $\overline{RB}$?

80. Na figura abaixo, $\overline{AS}$ é bissetriz do $\triangle ABC$. Calcule a medida do lado $\overline{BC}$.

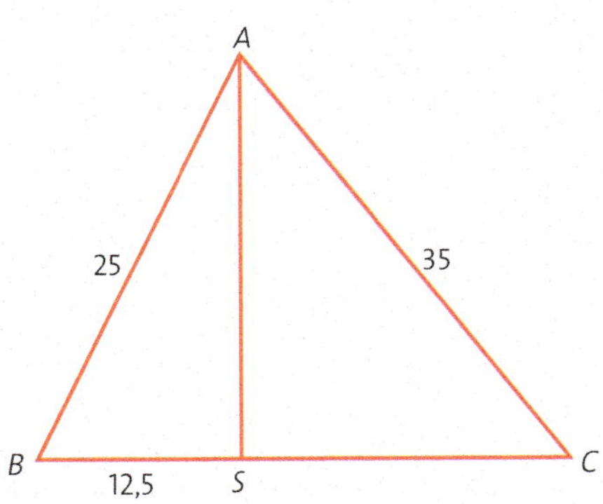

81. Use o teorema demonstrado e calcule o valor de x em cada item abaixo.

a) $\overline{ER}$ é bissetriz do $\triangle FEG$; $\overline{FG}$ mede 15.

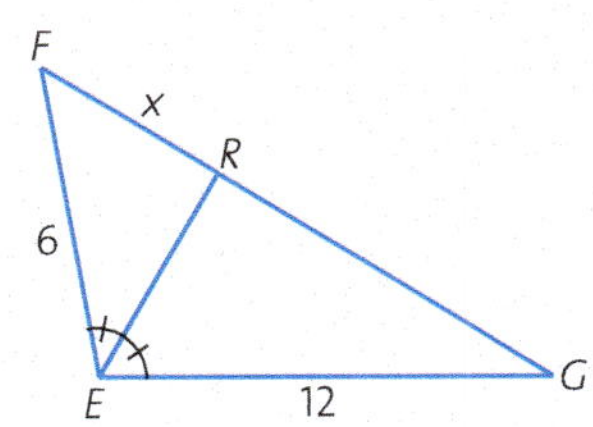

b) $\overline{BS}$ é bissetriz do $\triangle ABC$.

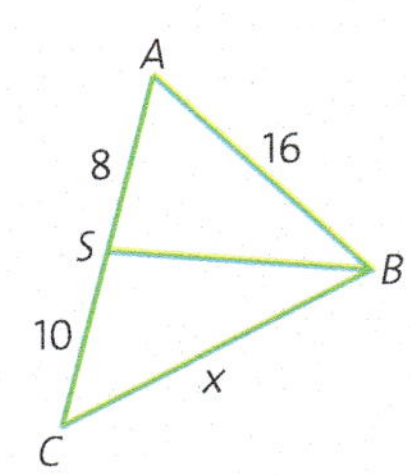

c) $\overline{NA}$ é bissetriz do $\triangle MNP$.

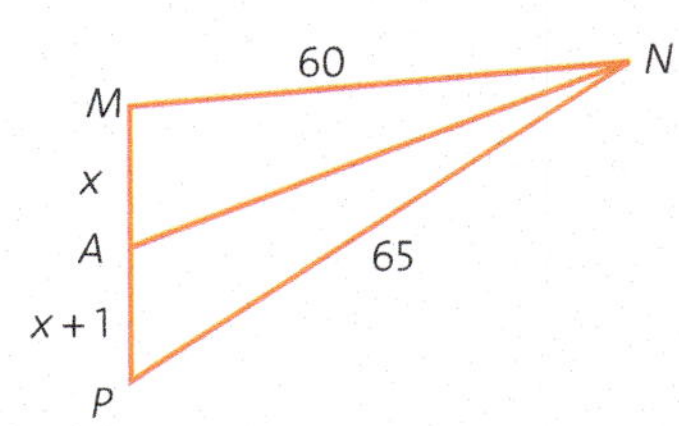

6 Semelhança de triângulos

Dois triângulos são semelhantes se, e somente se, possuem os três ângulos ordenadamente congruentes e os lados **homólogos** proporcionais.

Homólogos – Que têm a mesma posição relativa; correspondentes.

Observe os triângulos *ABC* e *A'B'C'*:

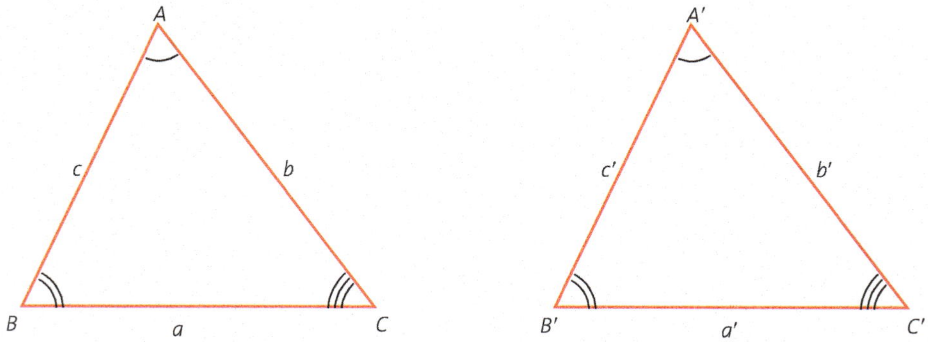

$\triangle ABC$ e $\triangle A'B'C'$ são semelhantes. Indicamos assim: $\triangle ABC \sim \triangle A'B'C'$.

$$\triangle ABC \sim \triangle A'B'C' \Leftrightarrow \begin{cases} \hat{A} \cong \hat{A'} \\ \hat{B} \cong \hat{B'} \\ \hat{C} \cong \hat{C'} \end{cases} \text{e } \frac{a}{a'} = \frac{b}{b'} = \frac{c}{c'} = k \text{ (razão de semelhança)}$$

Se dois triângulos são semelhantes com razão de semelhança *k* (ou seja, a razão entre dois lados homólogos quaisquer é *k*), então quaisquer outros elementos lineares homólogos desses triângulos (alturas, perímetros, medianas, etc.) também serão proporcionais com razão *k*.

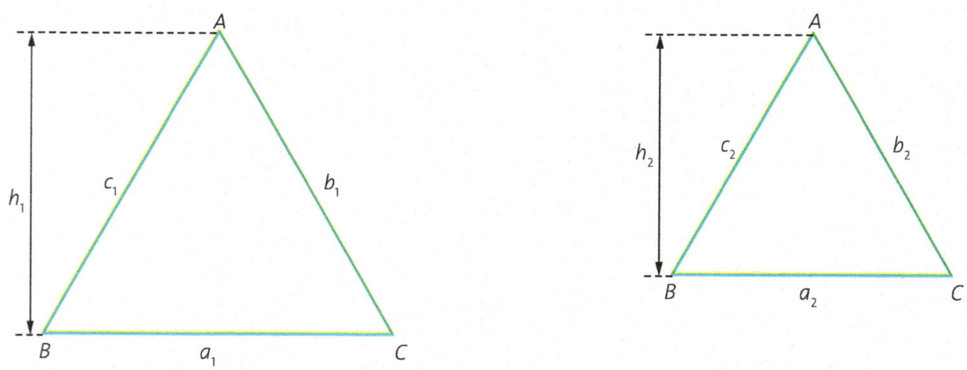

$$\triangle ABC \sim \triangle A'B'C' \Leftrightarrow \frac{a_1}{a_2} = \frac{b_1}{b_2} = \frac{c_1}{c_2} = \frac{h_1}{h_2} = \frac{a_1 + b_1 + c_1}{a_2 + b_2 + c_2} = k$$

Fique atento!
$a_1 + b_1 + c_1$ e $a_2 + b_2 + c_2$ são os perímetros de cada triângulo.

Para saber se dois triângulos são semelhantes, basta verificar alguns elementos específicos. Acompanhe a seguir os casos de semelhança.

Casos de semelhança

1º caso: critério AA (Ângulo, Ângulo)

Dois triângulos são semelhantes se dois ângulos de um são congruentes a dois ângulos do outro.

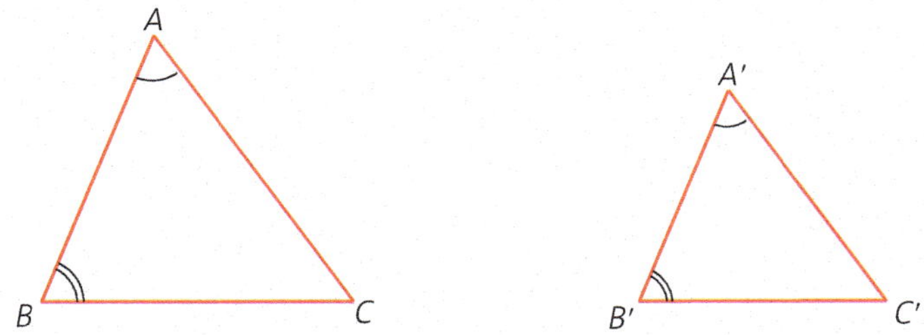

$$\left.\begin{array}{l}\hat{A} \cong \hat{A'} \\ \hat{B} \cong \hat{B'}\end{array}\right\} \Rightarrow \triangle ABC \sim \triangle A'B'C'$$

2º caso: critério LLL (Lado, Lado, Lado)

Dois triângulos são semelhantes se os lados de um são proporcionais aos lados do outro.

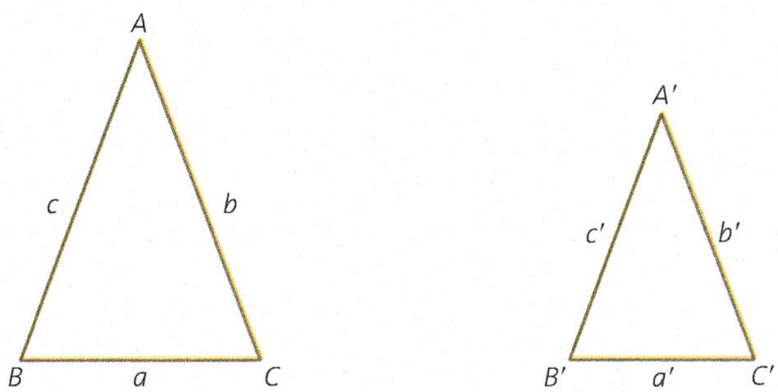

$$\frac{a}{a'} = \frac{b}{b'} = \frac{c}{c'} \Rightarrow \triangle ABC \sim \triangle A'B'C'$$

3º caso: critério LAL (Lado, Ângulo, Lado)

Dois triângulos são semelhantes se possuem um ângulo congruente compreendido entre lados proporcionais.

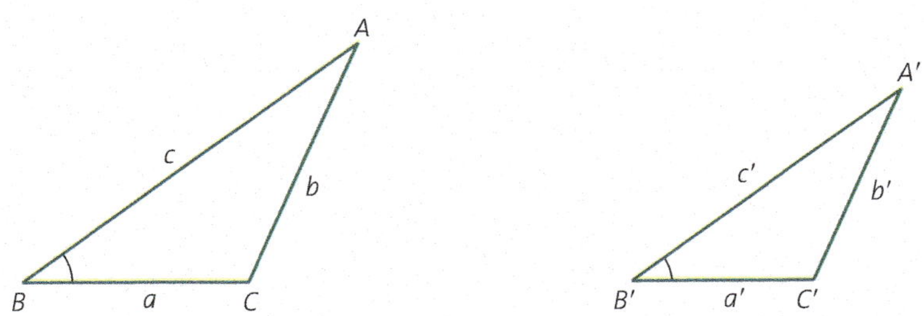

$$\left.\begin{array}{l}\hat{B} \cong \hat{B'} \\ \dfrac{c}{c'} = \dfrac{a}{a'}\end{array}\right\} \Rightarrow \triangle ABC \sim \triangle A'B'C'$$

Exercício resolvido

7. Considere o triângulo *ABC*, retângulo em *A*, e seja *D* um ponto de segmento $\overline{AC}$ e $\overline{DE}$ perpendicular ao lado *BC*. Prove que $\triangle EDC \sim \triangle ABC$.

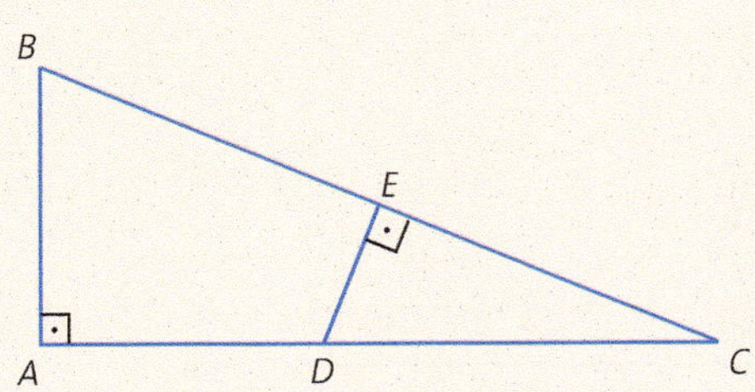

Resolução

$$\left.\begin{array}{l}\hat{E} \cong \hat{A} \text{ (retos)} \\ \hat{C} \text{ é comum}\end{array}\right\} \Rightarrow \triangle EDC \sim \triangle ABC \text{ (caso AA)}$$

Propriedade (teorema fundamental da semelhança)

> Toda reta paralela a um lado de um triângulo que intersecta os outros dois lados em pontos distintos determina outro triângulo semelhante ao primeiro.

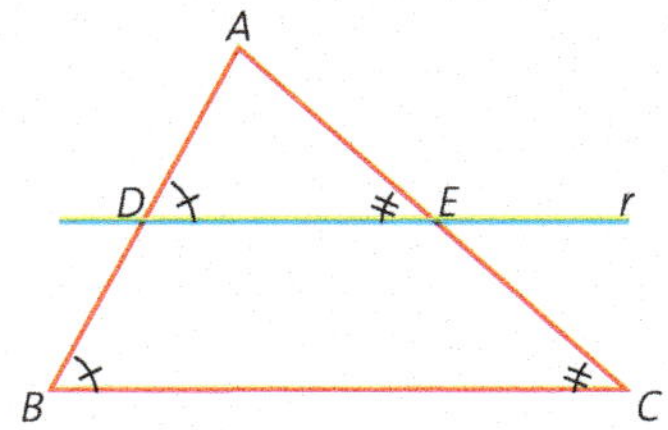

$$\left.\begin{array}{l} r \,//\, \overline{BC} \\ r \cap \overline{AB} = \{D\} \\ r \cap \overline{AC} = \{E\} \end{array}\right\} \text{Assim, } \hat{B} \cong \hat{D} \text{ e } \hat{C} \cong \hat{E}. \text{ Logo, } \triangle ADE \sim \triangle ABC.$$

Exercícios resolvidos

8. A figura abaixo mostra um quadrado *PQRS* inscrito em um triângulo *ABC*. Sendo $BC = 24$ cm e a altura relativa a essa base igual a 16 cm, calcule a medida do lado desse quadrado.

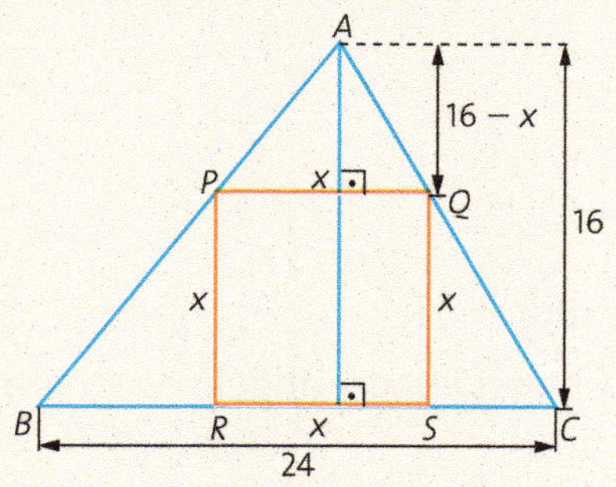

Resolução

No quadrado *PQRS*, o lado *PQ* é paralelo ao lado *BC* do $\triangle ABC$. Como $\triangle APQ$ é semelhante ao $\triangle ABC$, temos:

$$\frac{x}{24} = \frac{16 - x}{16} \Rightarrow x = \frac{48}{5} = 9{,}6$$

Logo, o lado do quadrado mede 9,6 cm.

9. (Fuvest-SP) Na figura abaixo, o triângulo *ABC* é retângulo em *A*, *ADEF* é um quadrado, $AB = 1$ e $AC = 3$. Quanto mede o lado do quadrado?

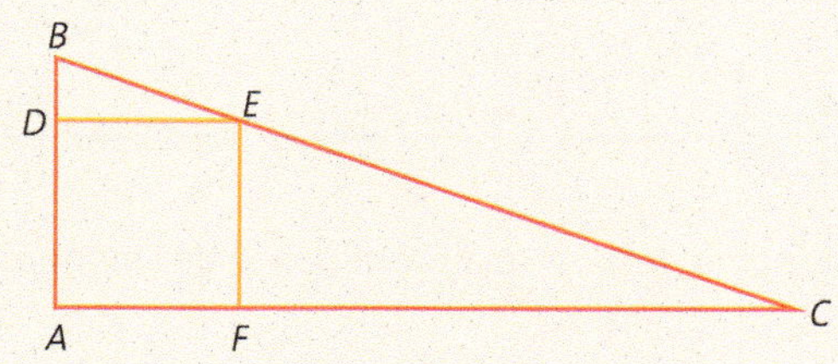

Resolução

Como $\triangle BDE \sim BAC$, então:

$$\frac{1}{3} = \frac{1 - x}{x} \Rightarrow x = 3 - 3x \Rightarrow$$

$$\Rightarrow 4x = 3 \Rightarrow x = \frac{3}{4} = 0{,}75$$

O lado do quadrado mede 0,75.

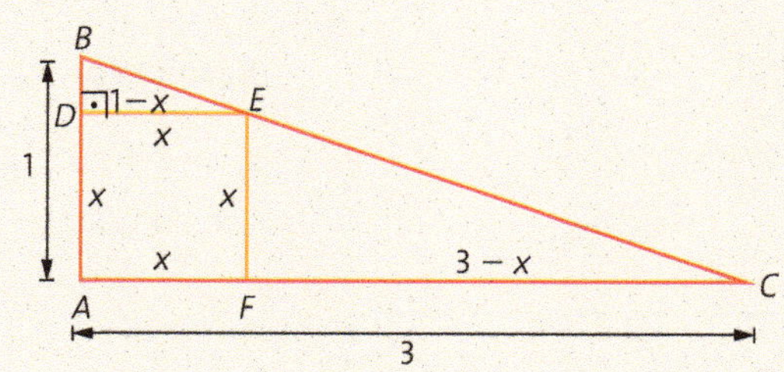

Exercícios

82. Justifique a semelhança entre os triângulos *ABC* e *DEC*.

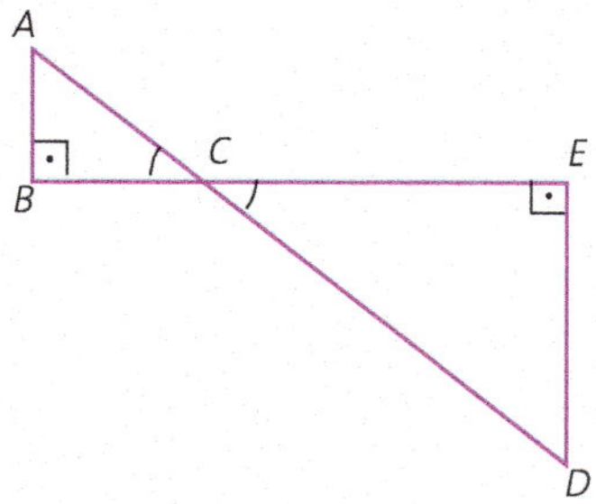

83. DESAFIO Dados os triângulos *ABC* e *DEF*, isósceles de bases $\overline{BC}$ e $\overline{EF}$, e sabendo que $\hat{A} \cong \hat{D}$, mostre que tais triângulos são semelhantes.

84. Os triângulos *ABC* e *MNO* são semelhantes. Determine as medidas *n* e *o*.

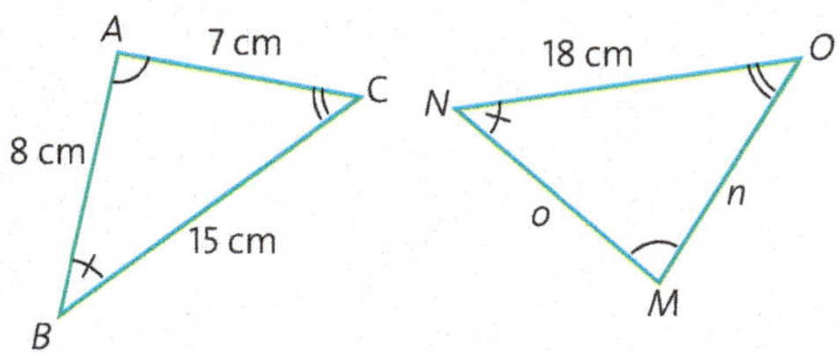

85. A maquete de um edifício tem 50 cm de altura e o edifício tem 40 m de altura. Sabendo que as janelas dos apartamentos têm 2 m de largura, qual é a largura das janelas na maquete do edifício?

86. Em um triângulo *ABC*, $AB = 4$ cm, $BC = 5$ cm e $AC = 6$ cm. Calcule as medidas dos lados de um triângulo semelhante ao triângulo *ABC* cujo perímetro seja 20 cm.

87. Determine o valor de *x*.

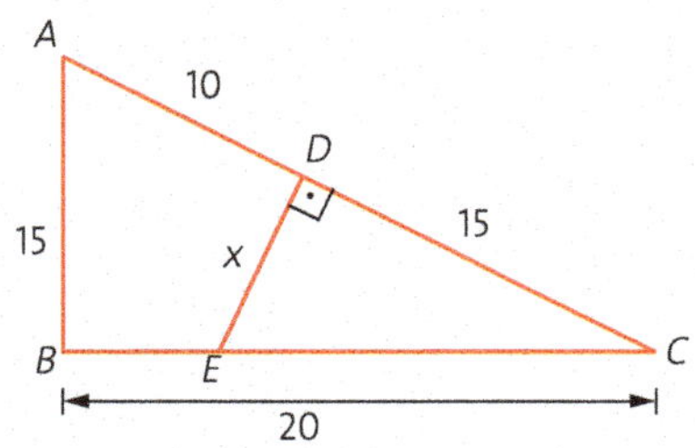

88. Dois triângulos são semelhantes. O perímetro de um dos triângulos é de 35 cm e o do outro, de 105 cm. Qual é a razão de semelhança entre os triângulos?

89. Dos três triângulos desta figura ($\triangle ABC$, $\triangle BCD$ e $\triangle ABD$), há dois que são semelhantes. Quais são eles?

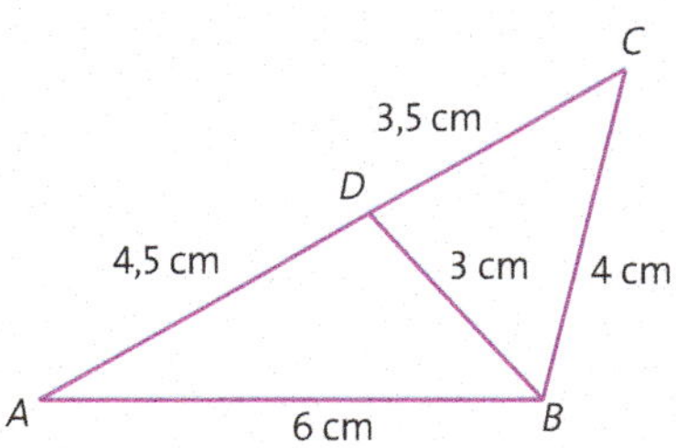

90. Na figura abaixo, temos $\overline{AB} \parallel \overline{DE}$. Calcule o valor de *x*.

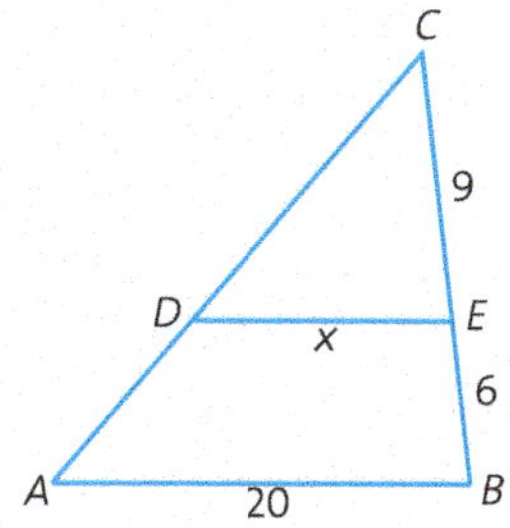

91. Determine o valor de *x* na figura abaixo.

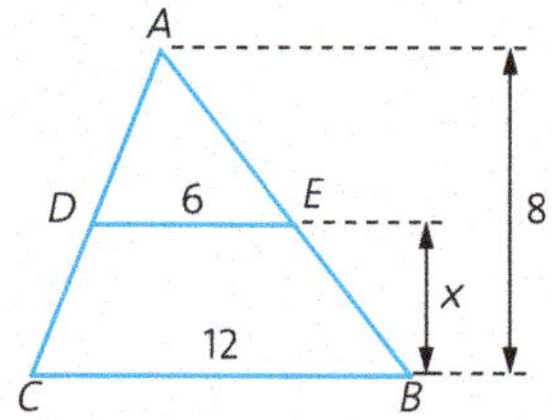

92. Determine o valor do maior lado do retângulo *MNPQ* abaixo, sabendo que a base do retângulo mede o dobro da sua altura.

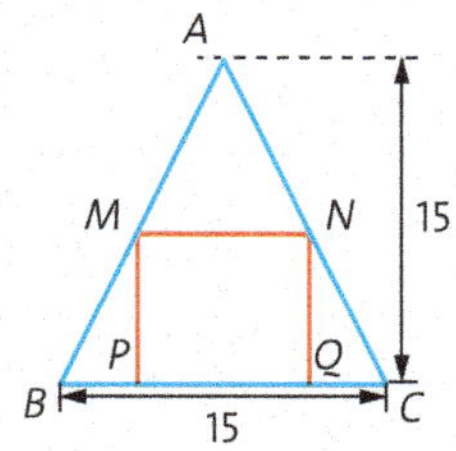

93. Na figura abaixo considere que a medida da altura da árvore é 10 m, a distância entre ela e o observador é de 50 m e a distância da árvore ao ponto *M* é de 70 m. Considerando que o olho do observador, o topo da árvore e o topo da torre estão alinhados, qual é, aproximadamente, a medida da altura da torre?

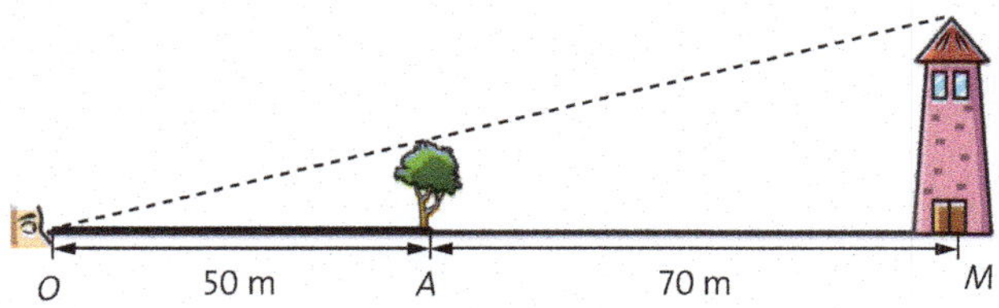

Dam d'Souza/ Arquivo da editora

94. Sabendo que na figura abaixo temos três quadrados, calcule o valor de *x*.

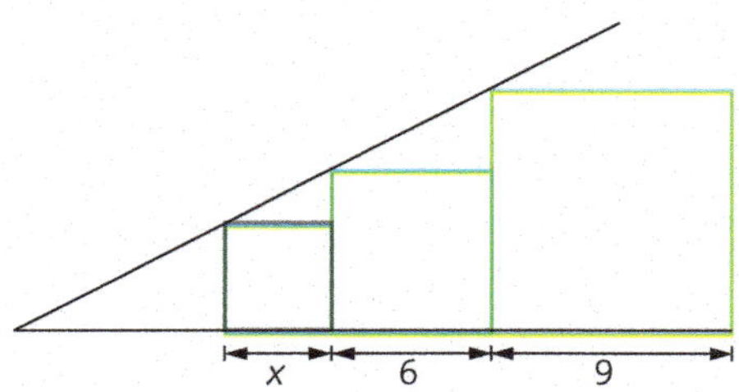

Uso de semelhança para medir distâncias inacessíveis

Um homem deseja saber a altura de uma cesta de basquete. Como calcular essa altura com o auxílio de um triângulo de papel *DFG*?

Vamos medir a altura aproximada de uma cesta de basquete. Para isso, usaremos a metade de uma folha de papel quadrada, como mostrado abaixo. Observe que $DG = FG$.

Siga estes procedimentos:

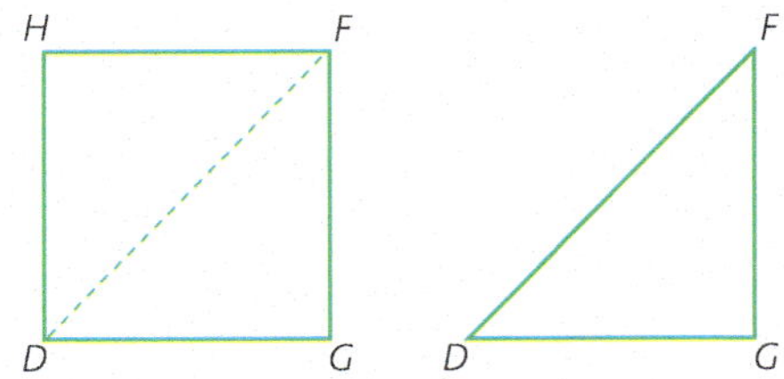

1. Mire o topo da cesta conservando a parte inferior da folha $(\overline{DG})$ paralela ao chão. Talvez você precise afastar-se ou aproximar-se da cesta para que isso ocorra.
2. Meça a distância entre você e a perpendicular ao chão que passa pela cesta: $AB = 140$ cm na figura ao lado.

   Observe que $AB = DC$. Logo, $DC = 140$ cm.
3. Meça agora a distância do chão aos seus olhos na figura: $AD = 160$ cm.

   Veja que $AD = BC$. Logo, $BC = 160$ cm.

   $\triangle DCE \sim \triangle DGF$ (dois ângulos correspondentes congruentes)

   Da semelhança dos triângulos *DCE* e *DGF*, concluímos que:

$$\frac{DE}{DF} = \frac{DC}{DG} = \frac{EC}{FG}$$

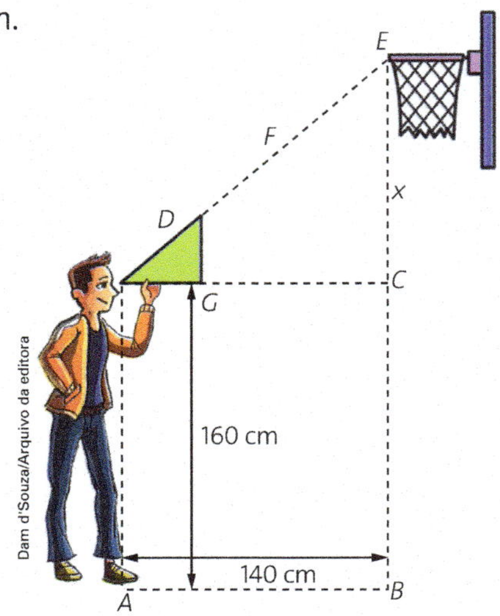

Dam d'Souza/Arquivo da editora

Observando a última igualdade $\frac{DC}{DG} = \frac{EC}{FG}$ e sabendo que $DG = FG$, concluímos que $DC = EC$.

Assim, a altura da cesta de basquete é dada por: $BC + CE$ na figura:

$$160 \text{ cm} + 140 \text{ cm} = 300 \text{ cm} = 3 \text{ m}$$

Exercícios

95. Use o método da folha de papel quadrada e determine a altura do mastro da bandeira do desenho a seguir.

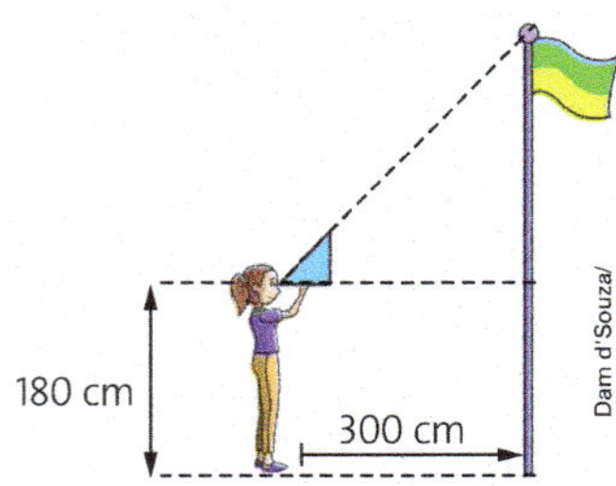

Dam d'Souza/Arquivo da editora

96. Use o método do exercício anterior e determine as medidas de algumas alturas (casa, edifício, poste, árvore, etc.). Em seguida, faça a tabela a seguir no caderno e complete-a.

Objeto	Distância até o objeto	Distância do chão aos olhos	Altura do objeto

97. Calcule a medida da altura do poste sabendo que a medida da altura do cachorro é 80 cm, a medida da sombra do poste é 525 cm e a medida da sombra do cachorro é 60 cm.

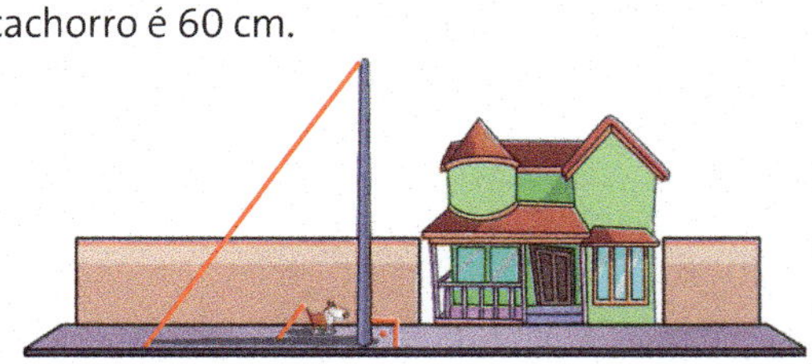
Dam d'Souza/Arquivo da editora

98. Na figura abaixo há um poste representado por $\overline{PQ}$, a sombra do poste $(\overline{PR})$, uma vara $(\overline{ST})$ e a sombra da vara $(\overline{RS})$. Se $RP = 9$ m, $RS = 2{,}4$ m e $ST = 2$ m, qual é a altura do poste?

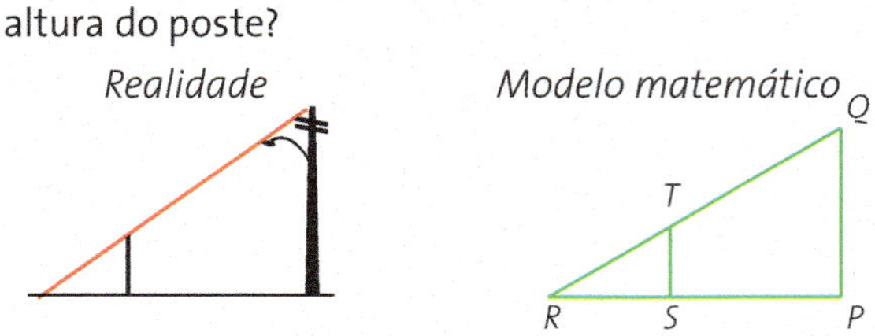

Formato Comunicação/Arquivo da editora

Polígonos semelhantes

> Quando dois polígonos têm todos os lados correspondentes proporcionais e todos os ângulos correspondentes congruentes, eles são chamados **polígonos semelhantes**.

Exercícios

99. Observe estes dois hexágonos regulares e responda:

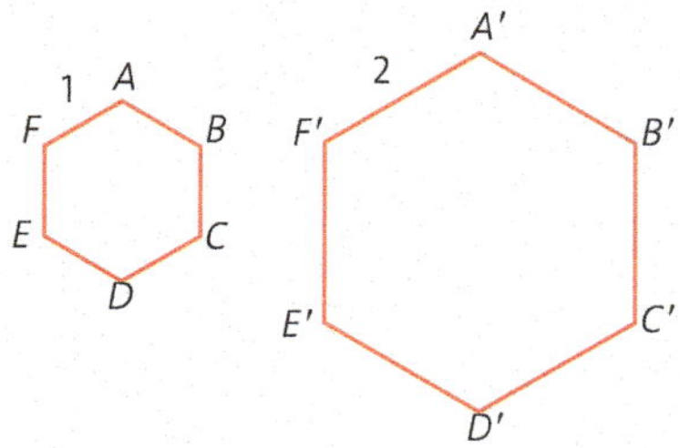

a) os lados correspondentes são proporcionais? Justifique sua resposta.

b) os ângulos correspondentes são congruentes? Justifique sua resposta.

c) esses hexágonos regulares são semelhantes?

> **Para refletir**
> Polígonos regulares com o mesmo número de lados são sempre semelhantes. Por quê?

100. Examine esta figura e responda: todos os pentágonos regulares são semelhantes?

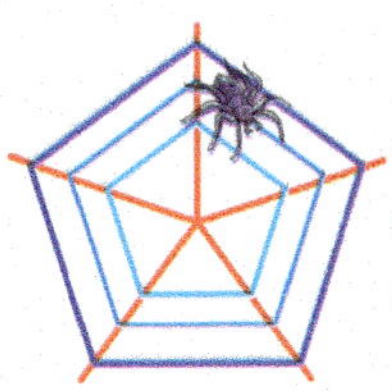

Dam d'Souza/Arquivo da editora

101.

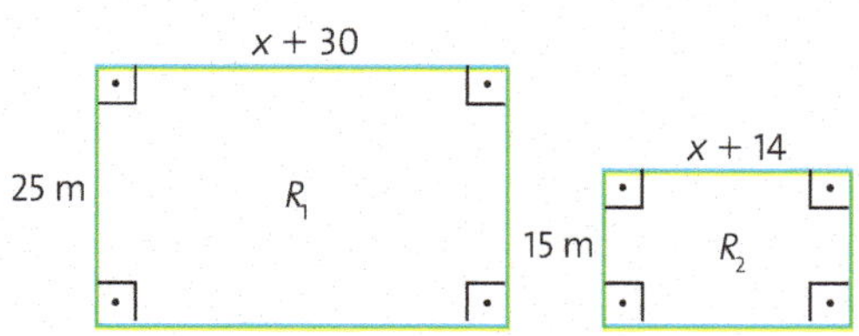

Sabendo que R_1 e R_2 são retângulos semelhantes, calcule:

a) as medidas de seus comprimentos;

b) a razão entre as medidas das larguras (R_1 por R_2);

c) a razão entre as medidas dos comprimentos (R_1 por R_2);

d) a razão entre os perímetros (R_1 por R_2);

e) a razão entre as áreas das regiões retangulares (R_1 por R_2).

102. Verifique se estes pentágonos são semelhantes. Explique sua resposta.

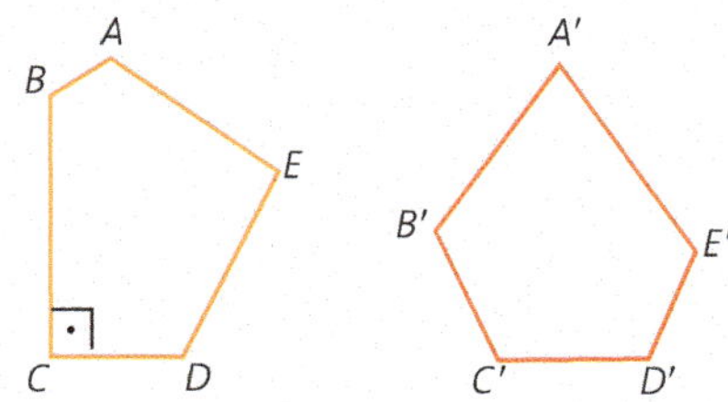

103. Verifique se cada uma das frases abaixo é verdadeira ou falsa, justificando suas respostas.

a) Todos os quadrados são semelhantes.

b) Todos os retângulos são semelhantes.

104. Verifique se há duas figuras semelhantes abaixo. Em caso positivo, justifique sua escolha.

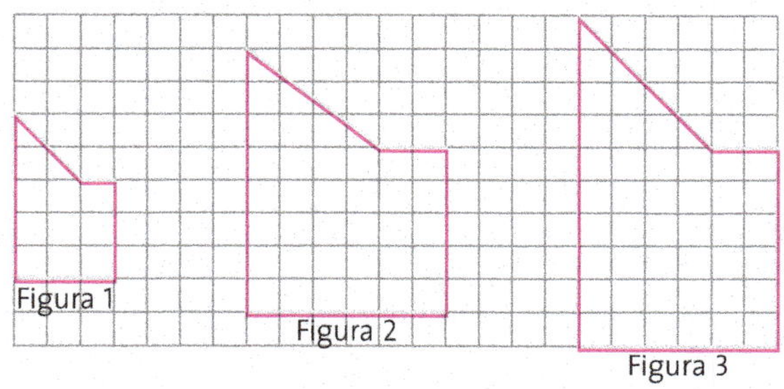

105. DESAFIO Dois formatos predominam como padrão em telas e monitores de TV: o "4:3" e o "16:9" (*widescreen*). Esses valores se referem à proporção das dimensões da largura e da altura da tela (ou, de forma equivalente, à proporção das colunas e linhas das imagens).

As imagens (tanto fotos como vídeos) costumam seguir um desses dois padrões, sendo que quanto maior a resolução da imagem, mais linhas e colunas serão exibidas e, portanto, maior o nível de detalhe exibido. Por exemplo, 460 × 480 (VGA), 800 × 600 (SVGA), 1 024 × 768 (XGA) e 1 280 × 920 são alguns dos formatos mais comuns do padrão 4:3.

a) Todos os formatos do padrão 4:3 representam retângulos semelhantes? Justifique.

b) Uma imagem no formato UXGA tem dimensões 1 600 × 1 200. Essa imagem é padrão 4:3 ou 16:9? Justifique.

7 Relações métricas no triângulo retângulo

O triângulo retângulo

Triângulos retângulos e o Egito antigo

O triângulo retângulo é um dos mais importantes tipos de triângulo, pela utilidade que ele tem em Matemática e na vida cotidiana. Pelo fato de possuir um ângulo reto, o triângulo retângulo é muito usado em Engenharia, em construções de todos os tipos.

Há mais de 5 mil anos, os egípcios já utilizavam triângulos de lados proporcionais a 3, 4 e 5, feitos de corda, para obter ângulos retos.

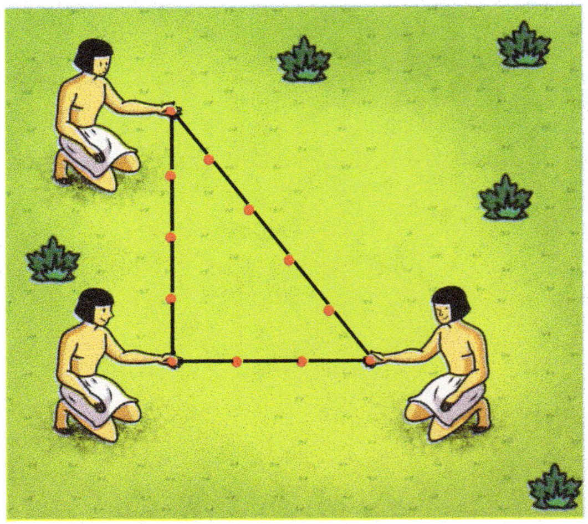

Dam d'Souza/Arquivo da editora

Para refletir
Formem duplas e pesquisem quem eram os "esticadores de cordas" no antigo Egito e o que eles faziam.

Em um triângulo retângulo, o maior lado é a **hipotenusa** (lado oposto ao ângulo reto). Os outros dois lados, perpendiculares entre si, são os **catetos**. Os ângulos agudos são complementares ($\alpha + \beta = 90°$).

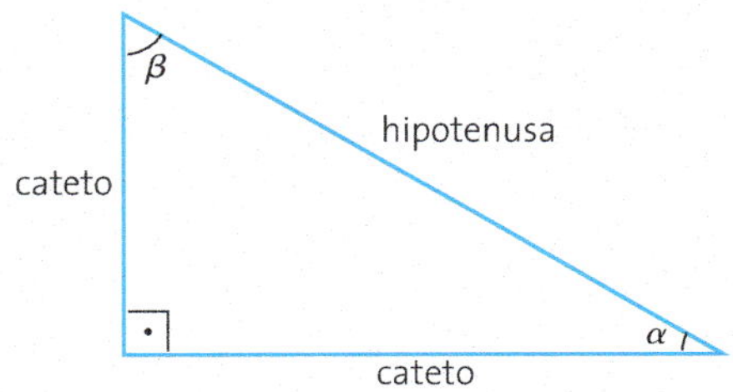

Elementos do triângulo retângulo

Consideremos um triângulo ABC, retângulo em A, e o segmento AD perpendicular ao lado BC, com D em $\overline{BC}$.

Ficam definidos os seguintes elementos do $\triangle ABC$:

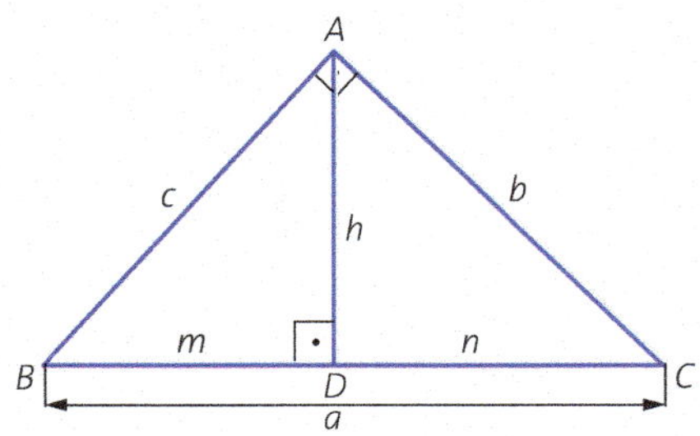

$\overline{BC}$ → hipotenusa (medida a)

$\overline{AC}$ → cateto (medida b)

$\overline{AB}$ → cateto (medida c)

$\overline{BD}$ → projeção do cateto $\overline{AB}$ sobre a hipotenusa (medida m)

$\overline{CD}$ → projeção do cateto $\overline{AC}$ sobre a hipotenusa (medida n)

$\overline{AD}$ → altura relativa à hipotenusa (medida h)

Relações métricas

Uma importante aplicação da semelhança de triângulos são as relações métricas no triângulo retângulo.

Triângulos semelhantes

A altura relativa à hipotenusa de um triângulo retângulo *ABC* divide-o em dois triângulos retângulos semelhantes a ele e semelhantes entre si. Observe:

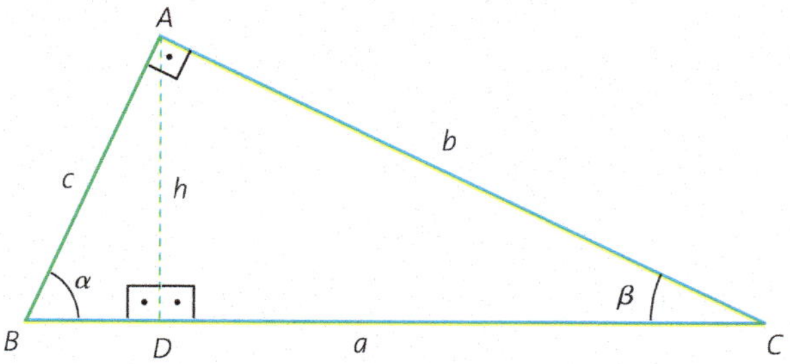

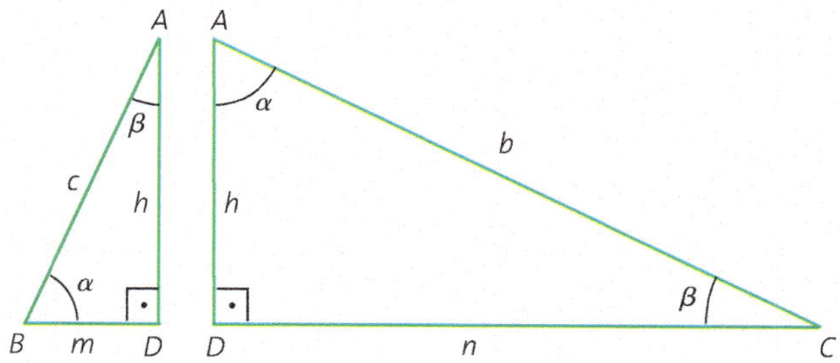

Como os três triângulos têm todos os ângulos congruentes, pelo 1º caso de semelhança, temos:

$$\triangle ABC \sim \triangle DBA \sim \triangle DAC$$

As relações métricas

Da semelhança entre $\triangle ABC$ e $\triangle DBA$, segue que:

$$\frac{\overline{AB}}{\overline{BC}} = \frac{\overline{DB}}{\overline{BA}} \Rightarrow \frac{c}{a} = \frac{m}{c} \Rightarrow c^2 = am \quad \text{(I)}$$

> **Fique atento!**
> Você reparou que as relações (I) e (III) são as mesmas, apenas mudam do lado esquerdo para o lado direito do triângulo *ABC*? Ambas podem ser generalizadas como:
> **cateto² = hipotenusa · projeção**

Da semelhança entre $\triangle ABC$ e $\triangle DAC$, temos:

$$\frac{\overline{AB}}{\overline{BC}} = \frac{\overline{DA}}{\overline{AC}} \Rightarrow \frac{c}{a} = \frac{h}{b} \Rightarrow ah = bc \quad \text{(II)}$$

$$\frac{\overline{AC}}{\overline{BC}} = \frac{\overline{DC}}{\overline{AC}} \Rightarrow \frac{b}{a} = \frac{n}{b} \Rightarrow b^2 = an \quad \text{(III)}$$

Da semelhança entre $\triangle DBA$ e $\triangle DAC$, segue que:

$$\frac{\overline{DA}}{\overline{DB}} = \frac{\overline{DC}}{\overline{DA}} \Rightarrow \frac{h}{m} = \frac{n}{h} \Rightarrow h^2 = mn \quad \text{(IV)}$$

Somando membro a membro (I) e (III), temos:

Triângulo retângulo e o Teorema de Pitágoras

$$\begin{array}{l} \, c^2 = am \\ +\, b^2 = an \\ \hline b^2 + c^2 = am + an \end{array} \Rightarrow b^2 + c^2 = a(m + n) \Rightarrow b^2 + c^2 = a^2 \quad \text{(V) (teorema de Pitágoras)}$$

Observe agora a aplicação dessas relações métricas na resolução de problemas.

Exercícios resolvidos

10. Calcule o valor de x em cada uma das figuras usando as relações métricas.

a)

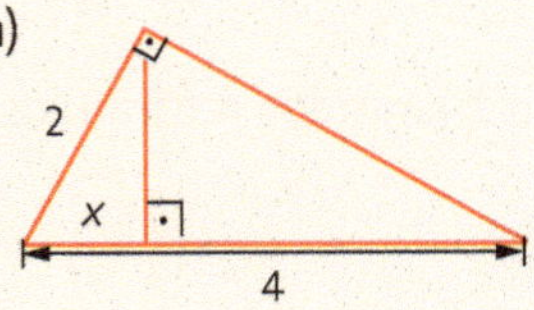

b)

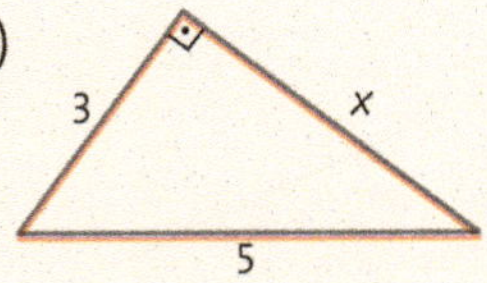

c)

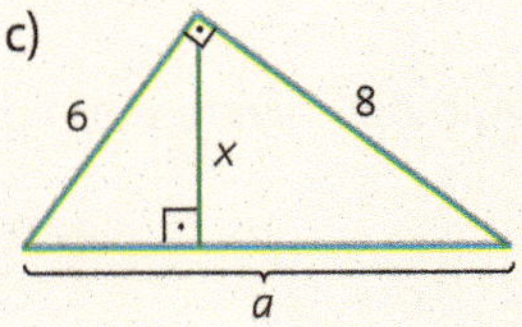

Resolução

a) $c^2 = am \Rightarrow 2^2 = 4x \Rightarrow 4 = 4x \Rightarrow x = 1$

b) Pelo teorema de Pitágoras:
$3^2 + x^2 = 5^2 \Rightarrow 9 + x^2 = 25 \Rightarrow x^2 = 16 \Rightarrow x = 4$

c) $a^2 = 6^2 + 8^2 \Rightarrow a^2 = 100 \Rightarrow a = 10$
$ah = bc \Rightarrow 10x = 6 \cdot 8 \Rightarrow x = 4{,}8$

11. Uma rodovia cruza uma hidrovia perpendicularmente por meio de uma ponte. Ambas podem ser consideradas retilíneas. No mesmo instante em que um carro cruza a ponte, a uma velocidade constante de 100 km/h, uma barcaça passa sob a ponte a 60 km/h e prossegue a viagem a essa velocidade. Após 15 minutos, qual será a distância aproximada entre o automóvel e a barcaça, supondo que ambos estejam no mesmo plano horizontal?

Resolução

A velocidade do carro é 100 km/h; logo, em 15 minutos terá percorrido 25 km. Por sua vez, a barcaça está a 60 km/h; logo, terá percorrido 15 km nesses 15 minutos.

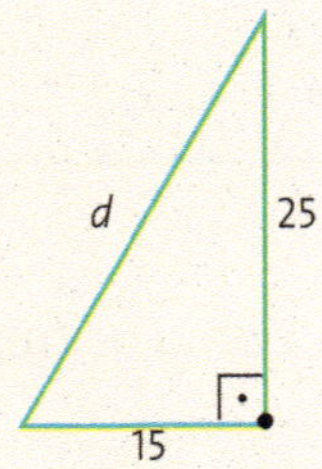

$d^2 = 15^2 + 25^2 \Rightarrow d^2 = 225 + 625 \Rightarrow$
$\Rightarrow d^2 = 850 \Rightarrow d = 5\sqrt{34}$

Portanto, $d \simeq 29{,}15$ km.

Exercícios

106. Calcule a medida da altura relativa à hipotenusa e as medidas das projeções dos catetos sobre a hipotenusa no triângulo retângulo de catetos 8 cm e 12 cm.

107. Determine o valor de x, y, z e w no triângulo retângulo abaixo.

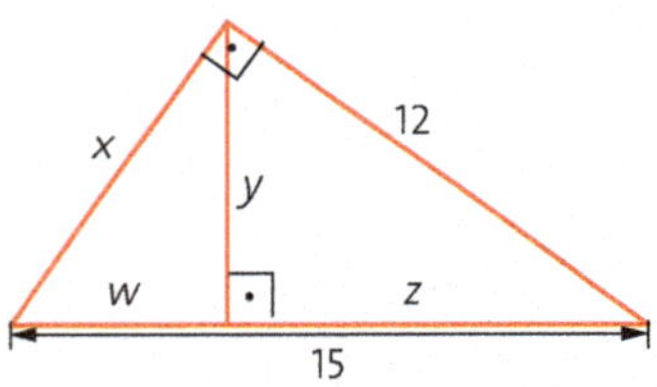

108. Calcule as medidas b, c e h indicadas no triângulo retângulo a seguir.

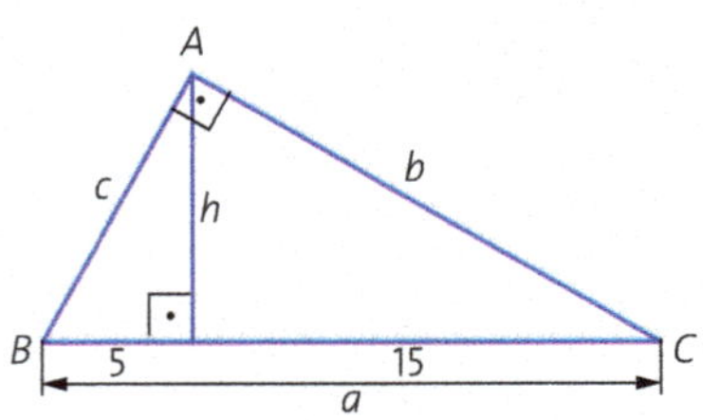

109. Dado um triângulo equilátero de lado a, calcule sua altura em função de a.

110. Dado um quadrado de lado a, calcule a medida das diagonais desse quadrado em função de a.

111. Calcule os valores de c, r, x e y do triângulo abaixo.

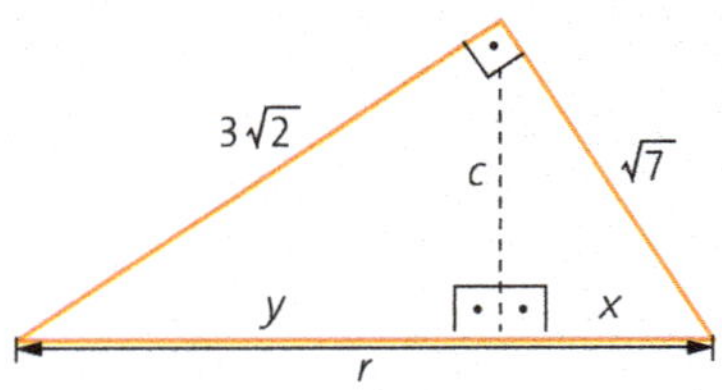

112. Em um triângulo retângulo, a razão entre as medidas das projeções dos catetos sobre a hipotenusa é $\frac{9}{16}$. Sabendo que a hipotenusa mede 10 cm, calcule a medida dos catetos.

113. Durante um treinamento, dois maratonistas partem de uma mesma cidade em direção reta; um em sentido leste e outro, em sentido norte. Determine a distância que os separa depois de 2 h, sabendo que as velocidades dos atletas são de 20 km/h e 25 km/h, respectivamente.

114. Uma torre de televisão de 40 m de altura vai ser sustentada por três cabos de mesmo comprimento. Os cabos serão presos na torre a 25 m de altura, e os três ganchos, no solo para prender os cabos, estarão a 6 m da base da torre. Quantos metros de cabo, aproximadamente, serão necessários para a sustentação da torre?

115. Se $AB = 10$ cm é a medida de uma corda e $OB = 8$ cm é a medida do raio de uma circunferência de centro O, qual é a distância do centro à corda?

116. Determine m e n na figura abaixo, com $m < n$.

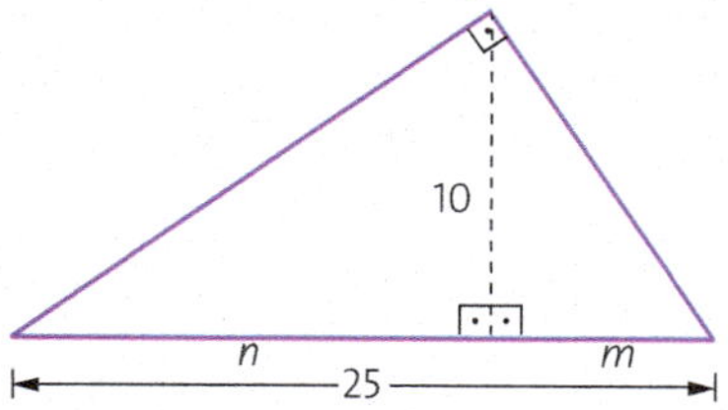

117. Determine o valor de x nas seguintes figuras:

a) trapézio isósceles

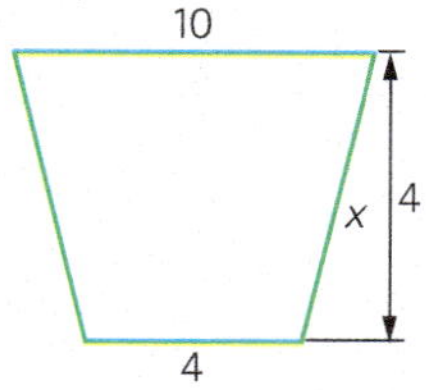

b) losango

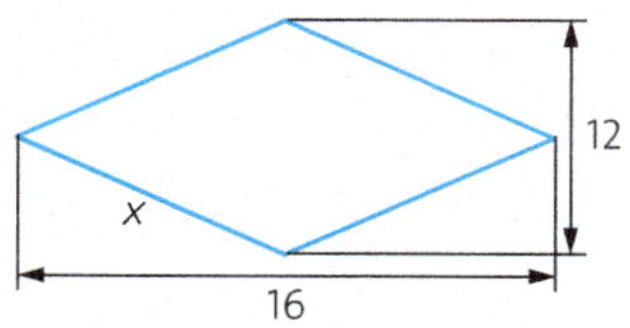

c) trapézio retângulo

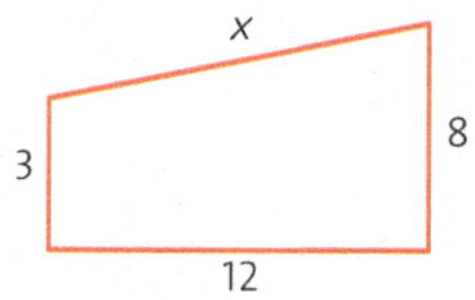

118. Um ciclista acrobático vai atravessar de um prédio a outro com sua bicicleta especial. A altura de um dos prédios é 25 m e a do outro é 15 m. A distância entre eles é de 40 m. Qual é a medida mínima do comprimento do cabo no qual a bicicleta se apoia?

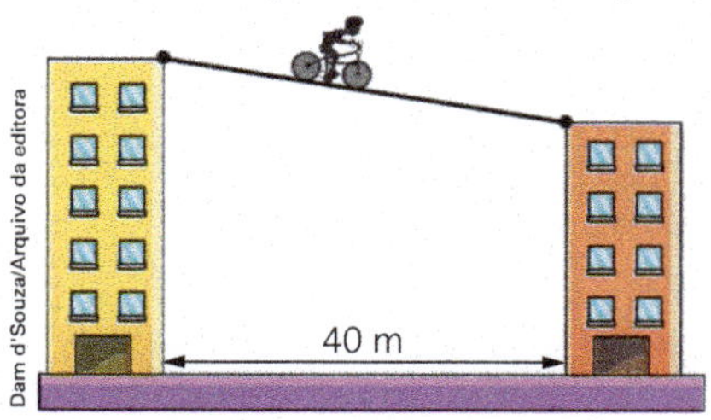

Dam d'Souza/Arquivo da editora

119. DESAFIO Considerando o metro (m) como unidade de medida de comprimento, determine a distância d entre os pontos do plano (veja a figura abaixo).

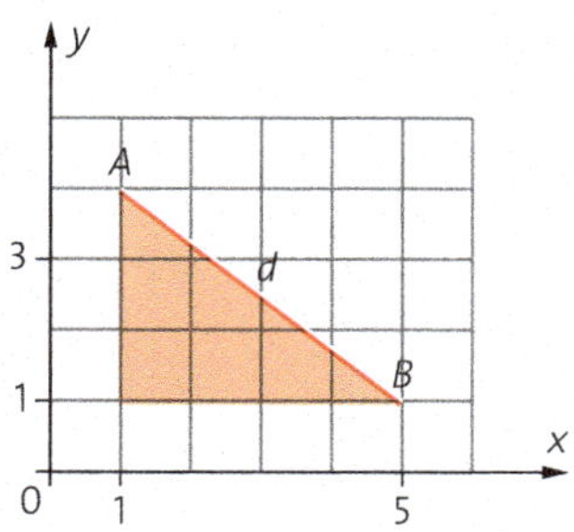

a) $A(1, 4)$ e $B(5, 1)$
b) $P(-1, 2)$ e $Q(3, 8)$
c) $R(3, 4)$ e $O(0, 0)$
d) $U(3, 3)$ e $V(7, 3)$
e) $X(5, 1)$ e $Y(5, 6)$
f) $Z(1, 3)$ e $W(6, 5)$

120. Determine a medida d da diagonal dos quadrados abaixo.

a)

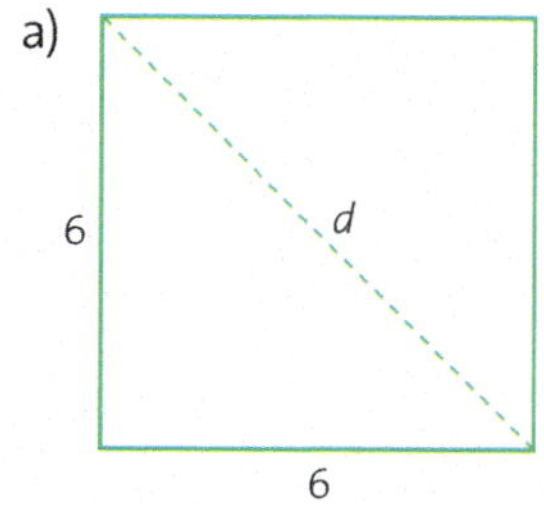

b)

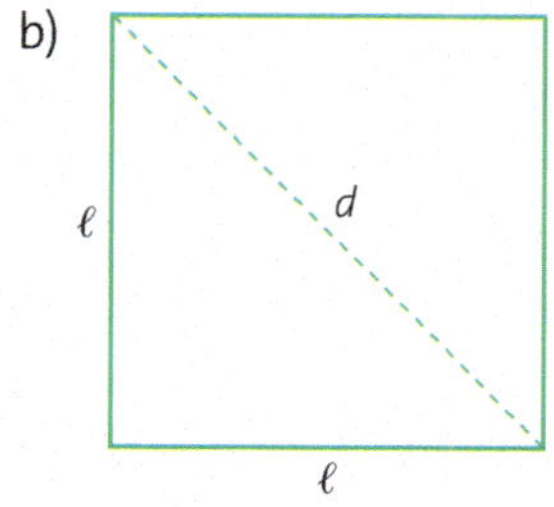

121. Determine a medida h da altura dos triângulos equiláteros abaixo. Lembre-se de que nos triângulos equiláteros a altura também é mediana.

a)

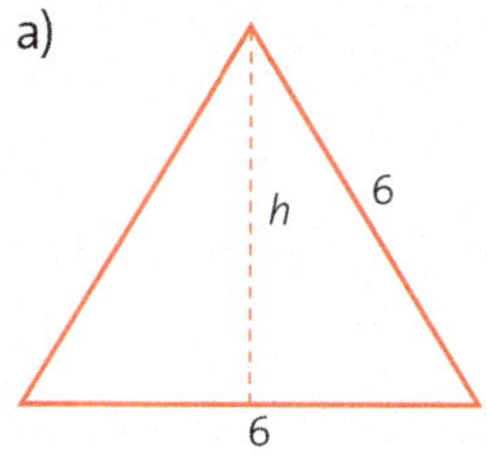

b)

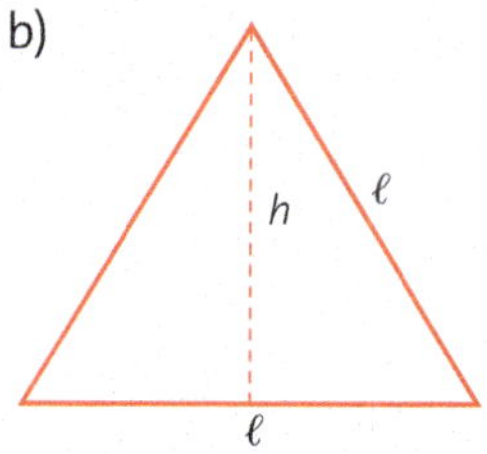

Fique atento!
Os resultados obtidos nos itens 121**b** e 122**b** podem ser memorizados para agilizar cálculos futuros.

122. O bloco retangular é um sólido formado por 6 regiões retangulares. Considere o bloco retangular da figura abaixo e determine:

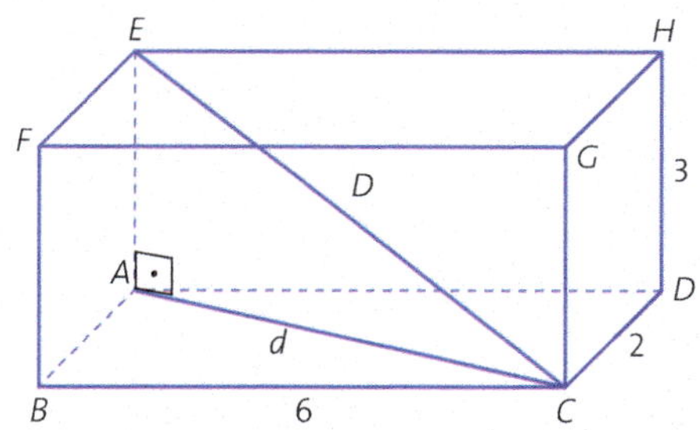

a) a medida d da diagonal $\overline{AC}$ do retângulo $ABCD$;
b) a medida D da diagonal $\overline{EC}$ do bloco retangular.

123. O cubo é um sólido formado por 6 regiões quadradas. Considere o cubo da figura abaixo e determine:

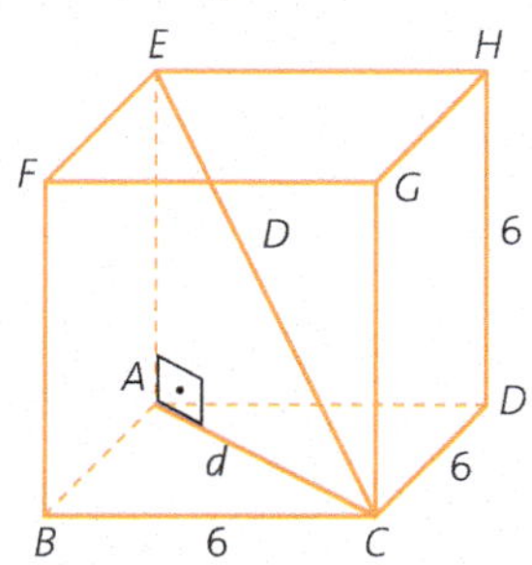

a) a medida d da diagonal $\overline{AC}$ do quadrado $ABCD$;
b) a medida D da diagonal $\overline{EC}$ do cubo.

8 Relações trigonométricas no triângulo retângulo

Já estudamos como a proporcionalidade das medidas dos lados homólogos de triângulos semelhantes possibilita a obtenção de medidas inacessíveis. No exemplo dado com a cesta de basquete usamos um triângulo retângulo de catetos iguais feito de papel.

Imagine agora que é possível usar qualquer triângulo retângulo para isso, e, melhor ainda, nem é preciso construir um modelo de papel. Basta saber um de seus ângulos agudos e usar as relações trigonométricas adequadas. É isso que estudaremos a seguir.

Para iniciar nosso estudo, veja o exemplo de uma situação que envolve lados e ângulos de um triângulo, e que poderá ser resolvida com Trigonometria.

Observe uma pessoa que sobe dois tipos de rampa:

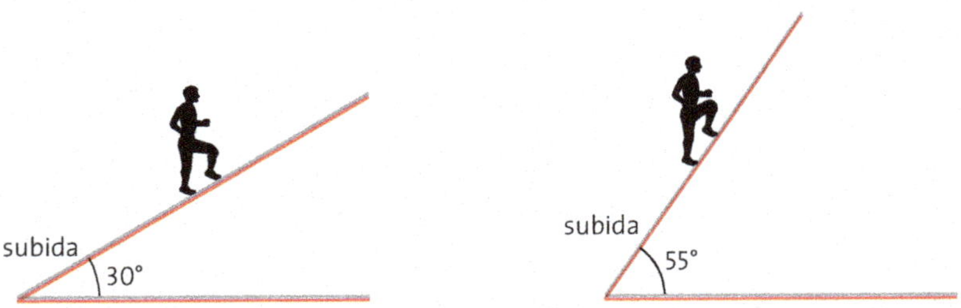

Ilustrações: Formato Comunicação/Arquivo da editora

Dizemos que a segunda rampa é mais íngreme ou tem aclive maior, pois seu ângulo de subida é maior ($55° > 30°$).

Vejamos agora a seguinte situação-problema:

Sem conhecer os ângulos de subida, como saber qual das duas rampas abaixo é a mais íngreme?

Situações como essa, que envolvem lados e ângulos de um triângulo, podem ser resolvidas com o estudo da Trigonometria.

Índice de subida

Para cada ponto *P* alcançado na subida, temos um percurso, um afastamento e uma altura. Exemplos:

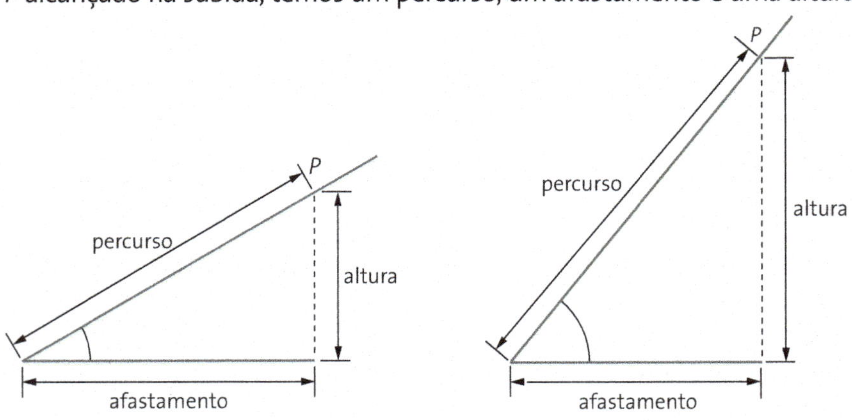

Observe a rampa e a tabela a seguir.

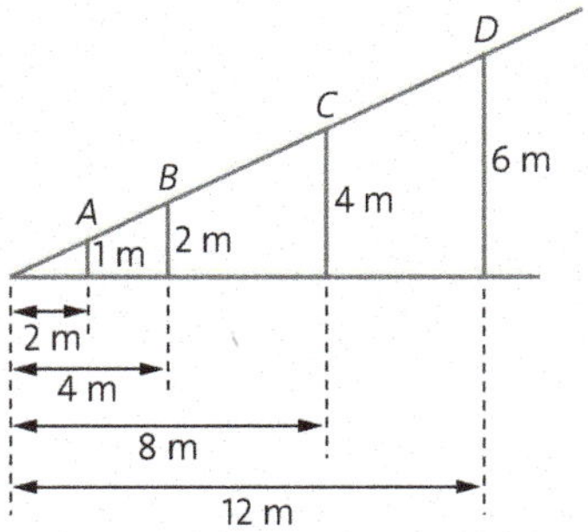

Ponto	Afastamento	Altura
A	2 m	1 m
B	4 m	2 m
C	8 m	4 m
D	12 m	6 m

> **Fique atento!**
> A proporcionalidade dos valores é decorrente da semelhança dos triângulos retângulos. Comprove construindo a figura com os valores em centímetros e conservando o ângulo de subida.

Para cada um dos pontos, a razão entre a altura e o afastamento correspondente é dada por:

ponto *A*: $\dfrac{\text{altura}}{\text{afastamento}} = \dfrac{1\text{ m}}{2\text{ m}} = \dfrac{1}{2}$

ponto *C*: $\dfrac{\text{altura}}{\text{afastamento}} = \dfrac{4\text{ m}}{8\text{ m}} = \dfrac{1}{2}$

ponto *B*: $\dfrac{\text{altura}}{\text{afastamento}} = \dfrac{2\text{ m}}{4\text{ m}} = \dfrac{1}{2}$

ponto *D*: $\dfrac{\text{altura}}{\text{afastamento}} = \dfrac{6\text{ m}}{12\text{ m}} = \dfrac{1}{2}$

Note que a razão entre a altura e o afastamento, para cada ponto de uma mesma subida, é uma constante (é sempre a mesma). No exemplo dado, essa constante é $\dfrac{1}{2}$ e a ela damos o nome de **índice de subida**.

$$\text{índice de subida} = \frac{\text{altura}}{\text{afastamento}}$$

Na figura ao lado, por exemplo, o índice de subida da rampa é $\dfrac{2}{3}$, isto é, a cada 3 unidades que nos afastamos, elevamo-nos 2 unidades.

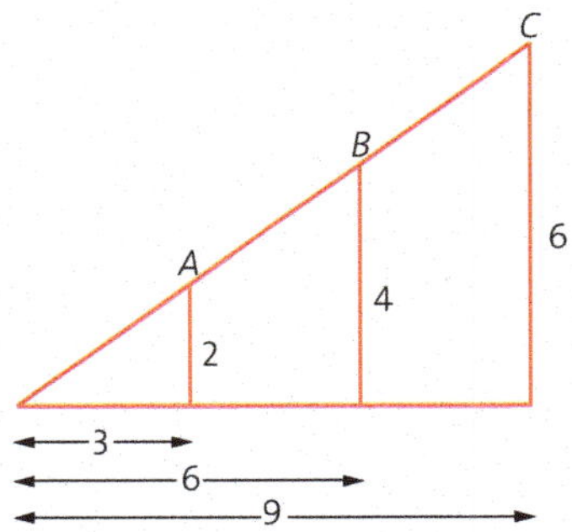

> **Para refletir**
> Como devem ser a altura e o afastamento para que o índice de subida seja 1? E maior que 1?

Exercícios

124. Que subida é mais íngreme: uma com índice 1 ou outra com índice $\dfrac{1}{3}$?

125. Para determinada rampa, temos os dados da tabela abaixo. Complete a tabela e calcule o índice de subida.

Ponto	Afastamento	Altura
A	4 m	8 m
B		4 m
C	1 m	
D		6 m
E	5 m	
F	10 m	

> **Para refletir**
> Dadas duas subidas, qual é a mais íngreme: a de índice de subida maior ou menor?

126. Em uma subida de índice igual a $\dfrac{1}{2}$, se nos afastarmos 50 m, a quantos metros nos elevaremos do chão?

127. Desenhe uma rampa com índice de subida igual a $\dfrac{3}{2}$.

128. Em uma subida de índice igual a $\dfrac{2}{5}$, se nos elevarmos a uma altura de 4 m, qual será o afastamento correspondente?

129. Em construção civil, o índice de subida é muito usado para fazer referências às inclinações de telhados, calhas, rampas, ruas e rodovias. Em vez de utilizar o termo **índice de subida**, na construção civil usa-se **inclinação**. Assim, um telhado com índice de subida de 0,15 é um telhado com inclinação de 15%; uma rampa com índice de subida $\dfrac{1}{2}$ é uma rampa com inclinação de 50%.
Considere um telhado, cuja vista frontal é um triângulo isósceles de base 8 m. Se a inclinação do telhado é de 15%, qual é a altura *h* desse telhado?

Relacionando o ângulo de subida e o índice de subida

Até agora, verificamos quanto uma subida é íngreme usando o ângulo de subida ou então o índice de subida.

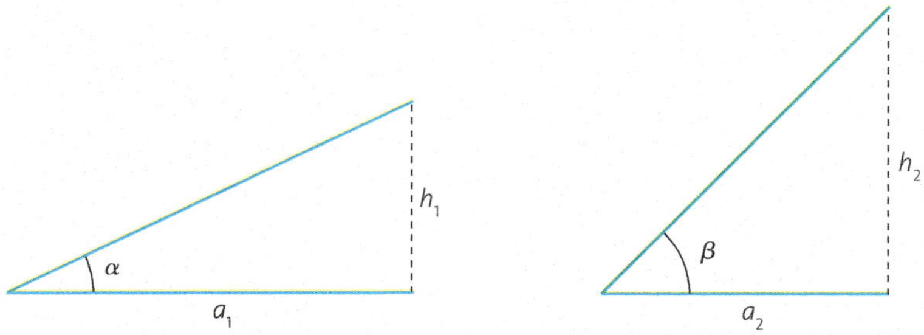

> **Para refletir**
> Verifique se são maiores, menores ou iguais os ângulos α e β e as razões $\frac{h_1}{a_1}$ e $\frac{h_2}{a_2}$ das figuras ao lado.

- Quanto maior o ângulo de subida, mais íngreme é a subida.
- Quanto maior o índice de subida, mais íngreme é a subida.

Será que podemos associar esses dois coeficientes a uma mesma subida? É o que veremos a seguir.

A ideia de tangente

Usaremos a palavra **tangente** para associar a medida do ângulo de subida e o índice na mesma subida. A tangente do ângulo de subida é igual ao índice de subida associado, e ela será indicada por k_1.

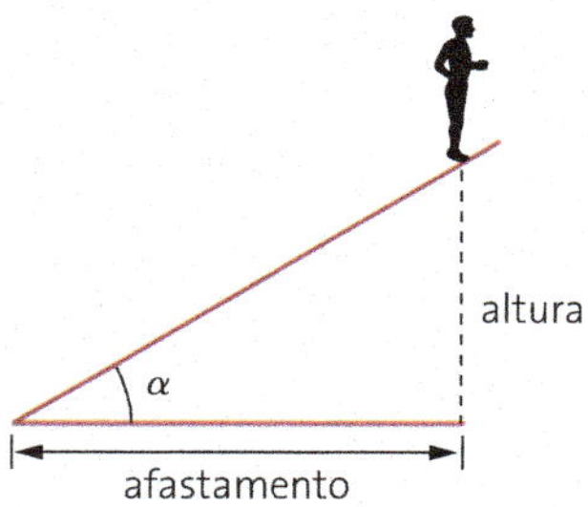

Formato Comunicação/Arquivo da editora

> Tangente de um ângulo de subida = k_1
>
> $\text{tg}\ \alpha = k_1$
>
> $\text{tg}\ \alpha = \dfrac{\text{altura}}{\text{afastamento}} = \text{índice de subida}$

Temos agora condições de resolver a situação-problema da introdução deste tópico:

Sem conhecer os ângulos de subida, como saber qual das duas rampas abaixo é a mais íngreme?

Vamos retomar as duas figuras e depois construir seus modelos matemáticos, que são dois triângulos retângulos.

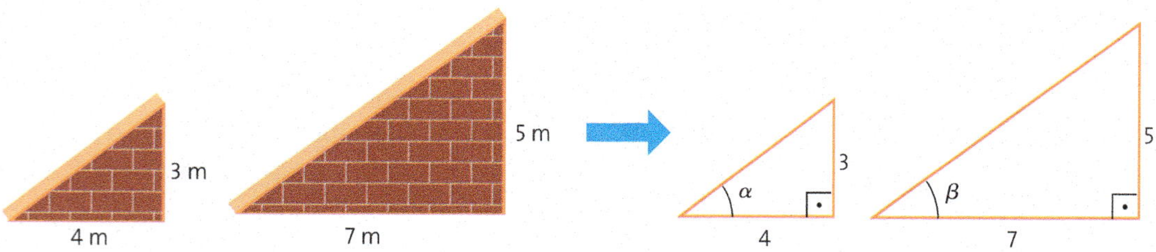

Índice de subida da primeira ou $\text{tg}\ \alpha = \dfrac{3}{4}$

Índice de subida da segunda ou $\text{tg}\ \beta = \dfrac{5}{7}$

Como $\dfrac{3}{4} > \dfrac{5}{7}$, a primeira subida é a mais íngreme.

> **Fique atento!**
> Podemos concluir que $\frac{3}{4} > \frac{5}{7}$ reduzindo as duas frações ao mesmo denominador ou transformando-as em decimais.

Observação: Além da tangente do ângulo de subida, que é obtida pela razão entre a altura e o afastamento, veremos que há outras razões que envolvem também o percurso e que podem ser úteis na resolução de problemas.

A ideia de seno

Em qualquer subida podemos determinar a razão entre a altura e o percurso, que será um número indicado por k_2, ao qual chamaremos de **seno de α**.

$$\frac{\text{altura}}{\text{percurso}} = \text{número } k_2$$

O número k_2, da mesma forma que a medida do ângulo de subida, pode nos indicar quanto a subida é íngreme.

Ilustrações: Formato Comunicação/ Arquivo da editora

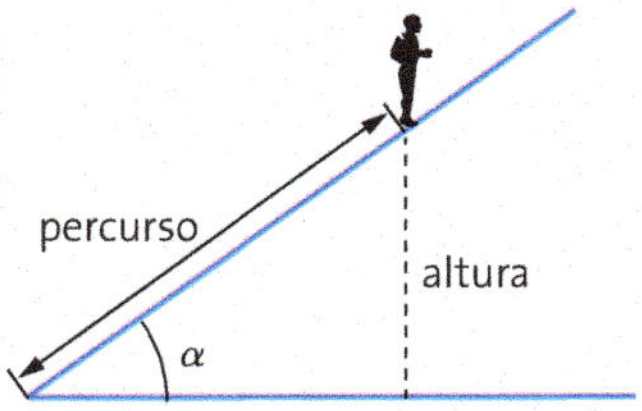

Seno de um ângulo de subida = k_2

$\text{sen } \alpha = k_2$

$\text{sen } \alpha = \dfrac{\text{altura}}{\text{percurso}}$

Para refletir

Pense em duas subidas com percursos iguais e ângulos de subida α e β, com $\alpha > \beta$.

Responda:

- Qual delas terá altura maior?
- Qual é maior: sen α ou sen β?
- Qual das subidas é mais íngreme?

Faça desenhos para conferir suas respostas.

A ideia de cosseno

Em qualquer subida podemos determinar a razão entre o afastamento e o percurso, número que indicaremos por k_3, ao qual chamaremos de **cosseno de α**.

$$\frac{\text{afastamento}}{\text{percurso}} = \text{número } k_3$$

O número k_3, da mesma forma que a medida do ângulo de subida, indica-nos quanto a subida é íngreme.

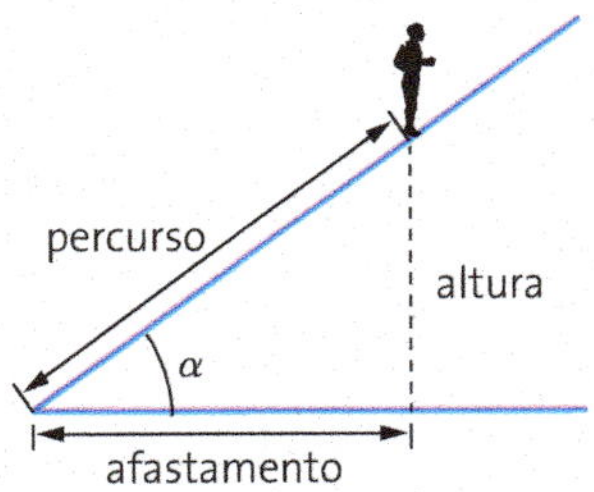

Cosseno de um ângulo de subida = k_3

$\cos \alpha = k_3$

$\cos \alpha = \dfrac{\text{afastamento}}{\text{percurso}}$

Para refletir

Pense em duas subidas com percursos iguais e ângulos de subida α e β, com $\alpha > \beta$.

Responda:

- Qual delas terá afastamento maior?
- Qual é maior: cos α ou cos β?
- Qual das subidas é mais íngreme?

Faça desenhos para comprovar suas respostas.

Definição de seno, cosseno e tangente por meio de semelhança de triângulos

Se ABC é um triângulo retângulo em A, temos:

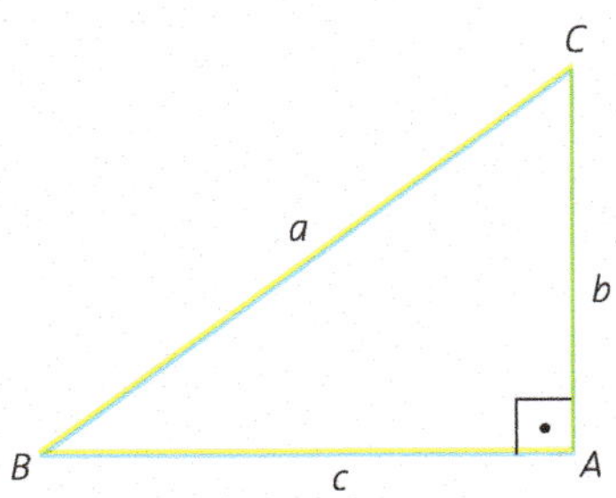

- a é a medida da hipotenusa (lado oposto ao ângulo reto);
- b e c são as medidas dos catetos (lados que formam o ângulo reto);
- $\hat{B}$ e $\hat{C}$ são ângulos agudos;
- $\overline{AC}$ é o cateto oposto ao ângulo B;
- $\overline{AB}$ é o cateto adjacente ao ângulo B.

Consideremos agora um ângulo $A\hat{O}B = \theta$, $0° < \theta < 90°$ e tracemos, a partir dos pontos C, E, G, etc. da semirreta OA, as perpendiculares CD, EF, GH, etc., à semirreta OB.

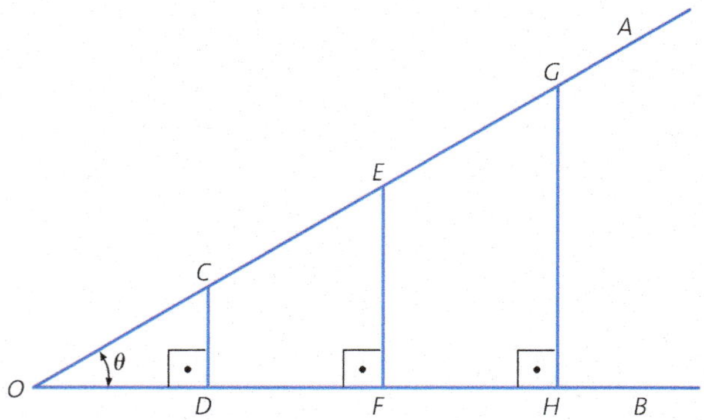

Fique atento!
Usaremos $\hat{A}$ ora para designar ângulo A, ora para designar medida do ângulo A. Pelo contexto, saberemos quando usar um significado e quando usar o outro.

Os triângulos OCD, OEF, OGH, etc. são semelhantes por terem os mesmos ângulos. Podemos, portanto, escrever:

$$\frac{CD}{OC} = \frac{EF}{OE} = \frac{GH}{OG} = \cdots \text{ (constante)}$$

Essa relação depende apenas do ângulo θ (e não do tamanho do triângulo retângulo do qual θ é um dos ângulos agudos). Ela é chamada **seno de θ** e escrevemos:

$$\text{sen } \theta = \frac{CD}{OC} = \frac{\text{medida do cateto oposto ao ângulo } \theta}{\text{medida da hipotenusa}} \quad (0° < \theta < 90°)$$

De modo **análogo**, da semelhança de triângulos obtemos as relações:

Análogo – Da mesma forma.

$$\frac{OD}{OC} = \frac{OF}{OE} = \frac{OH}{OG} = \cdots \text{ (constante)}$$

$$\frac{CD}{OD} = \frac{EF}{OF} = \frac{GH}{OH} = \cdots \text{ (constante)}$$

que também dependem apenas do ângulo θ e que definimos, respectivamente, como **cosseno do ângulo θ** e **tangente do ângulo θ**:

$$\cos \theta = \frac{OD}{OC} = \frac{\text{medida do cateto adjacente ao ângulo } \theta}{\text{medida da hipotenusa}} \quad (0° < \theta < 90°)$$

$$\text{tg } \theta = \frac{CD}{OD} = \frac{\text{medida do cateto oposto ao ângulo } \theta}{\text{medida do cateto adjacente ao ângulo } \theta} \quad (0° < \theta < 90°)$$

As razões $\text{sen } \theta = \frac{CD}{OC}$, $\cos \theta = \frac{OD}{OC}$, $\text{tg } \theta = \frac{CD}{OD}$ são chamadas **razões trigonométricas** em relação ao ângulo θ.

Seno, cosseno e tangente só dependem do ângulo

É importante salientar que sen $\hat{B}$, cos $\hat{B}$ e tg $\hat{B}$ dependem apenas do ângulo B, mas não do tamanho do triângulo retângulo do qual $\hat{B}$ é um dos ângulos agudos. Vamos provar isso.

Consideremos dois triângulos retângulos, ABC e $A'B'C'$, que tenham um ângulo agudo de mesma medida ($\hat{B} = \hat{B}'$). Nesse caso, eles são semelhantes, pois têm dois ângulos correspondentes, $\hat{B} = \hat{B}'$ e $\hat{A} = \hat{A}'$ (retos):

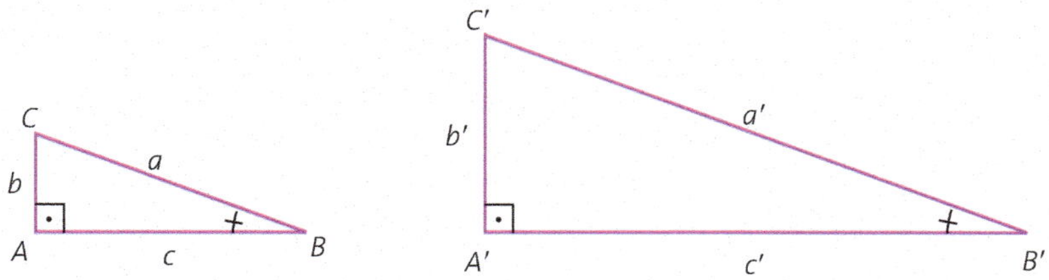

Para refletir

Com um colega, procurem justificar as seguintes afirmações:
Se $\hat{B}$ é um dos ângulos agudos de um triângulo retângulo, então:

- sen $\hat{B}$ é um número entre 0 e 1;
- cos $\hat{B}$ é um número entre 0 e 1;
- tg $\hat{B}$ é um número maior do que 0 e pode ser menor do que, igual a ou maior do que 1.

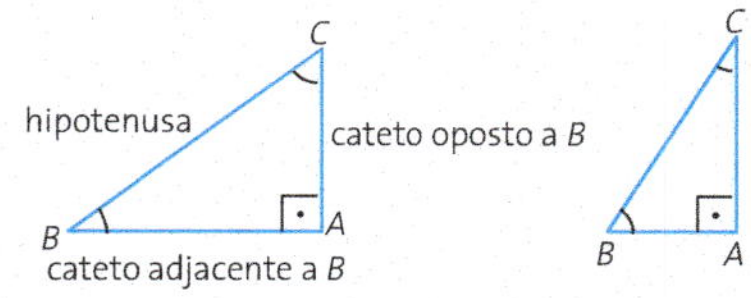

Dessa semelhança, temos:

$$\frac{b'}{a'} = \frac{b}{a}$$

$$\frac{c'}{a'} = \frac{c}{a}$$

$$\frac{b'}{c'} = \frac{b}{c}$$

ou seja, sen $\hat{B}' =$ sen $\hat{B}$; cos $\hat{B}' =$ cos $\hat{B}$; tg $\hat{B}' =$ tg $\hat{B}$.

Portanto, o seno, o cosseno e a tangente dizem respeito apenas ao ângulo, e não ao triângulo que os contém.

Relações entre seno, cosseno e tangente

As razões trigonométricas seno, cosseno e tangente se relacionam de várias formas, como veremos a seguir.

1ª) **Relação fundamental do triângulo retângulo**

$$\text{sen}^2\,\alpha + \cos^2\alpha = 1\ (0° < \alpha < 90°)$$

Demonstração:

Consideremos um ângulo α de vértice C e um triângulo CAB, retângulo em A, como mostra a figura abaixo.

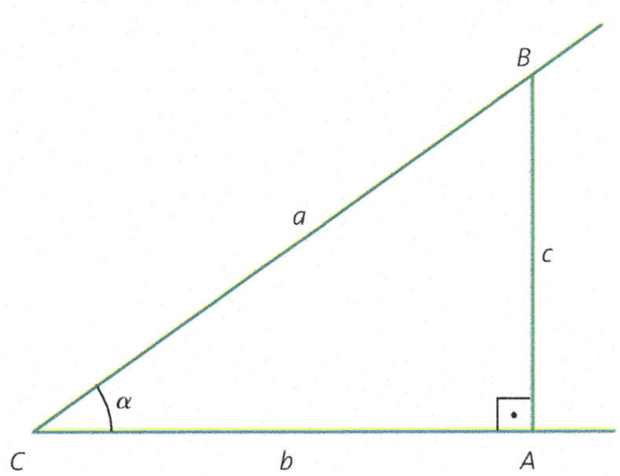

Lembrando o teorema de Pitágoras, $a^2 = b^2 + c^2$, temos:

$$\text{sen}^2\,\alpha + \cos^2\alpha = \left(\frac{c}{a}\right)^2 + \left(\frac{b}{a}\right)^2 = \frac{c^2 + b^2}{a^2} = 1$$

$$\text{sen}^2\,\alpha + \cos^2\alpha = 1\ (0° < \alpha < 90°)$$

2ª) $\mathbf{tg\ \alpha = \dfrac{sen\ \alpha}{cos\ \alpha}}$ $(0° < \alpha < 90°)$

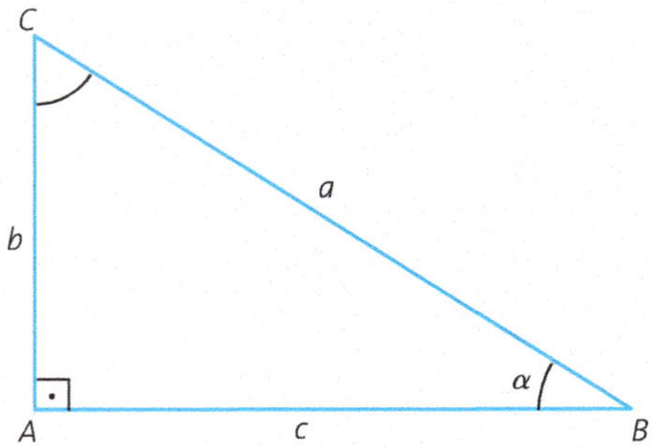

Demonstração:

$$\frac{\text{sen } \alpha}{\cos \alpha} = \frac{\frac{b}{a}}{\frac{c}{a}} = \frac{b}{c} = \text{tg } \alpha$$

ou

$$\text{tg } \alpha = \frac{b}{c} = \frac{\frac{b}{a}}{\frac{c}{a}} = \frac{\text{sen } \alpha}{\cos \alpha}$$ (dividimos ambos os termos da razão por $a \neq 0$)

Portanto, $\text{tg } \alpha = \dfrac{\text{sen } \alpha}{\cos \alpha}$ $(0° < \alpha < 90°)$.

3ª) **Se dois ângulos, α e β, são complementares ($\alpha + \beta = 90°$), então sen α = cos β (o seno de um ângulo é igual ao cosseno do ângulo complementar, e vice-versa).**

Demonstração:

Aplicando as definições de seno, cosseno e tangente no triângulo ao lado, temos:

$\text{sen } \alpha = \dfrac{b}{a} = \cos \beta$; portanto $\mathbf{sen\ \alpha = cos\ \beta}$

$\cos \alpha = \dfrac{c}{a} = \text{sen } \beta$; portanto $\mathbf{cos\ \alpha = sen\ \beta}$

$\text{tg } \alpha = \dfrac{b}{c} = \dfrac{1}{\frac{c}{b}} = \dfrac{1}{\text{tg } \beta}$; portanto $\mathbf{tg\ \alpha = \dfrac{1}{tg\ \beta}}$

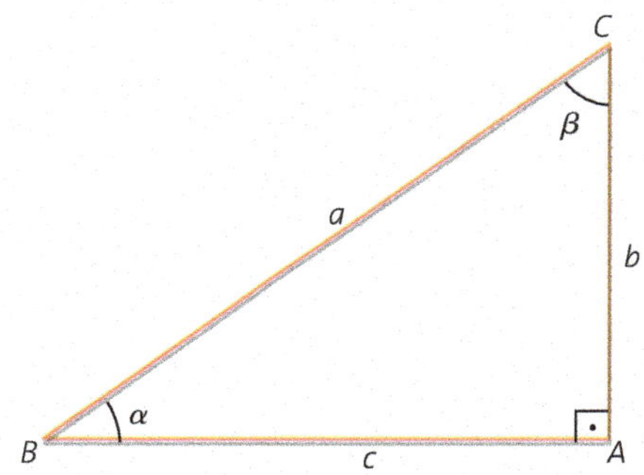

α e β são complementares

Observações:

1ª) Dessa propriedade surgiu o nome **cosseno** – “seno do complemento”.

2ª) Com essa propriedade, conhecendo as razões trigonométricas de ângulos α passamos a conhecer imediatamente as razões trigonométricas dos ângulos complementares β e vice-versa. Por exemplo, sabendo que sen 30° = $\dfrac{1}{2}$, já sabemos que cos 60° = $\dfrac{1}{2}$, pois 30° e 60° são complementares.

3ª) Se em um triângulo retângulo conhecermos um ângulo agudo α e a medida a da hipotenusa, os catetos medirão:

$a \cdot \text{sen } \alpha$ (cateto oposto a α)

$a \cdot \cos \alpha$ (cateto adjacente a α)

Razões trigonométricas e conceitos

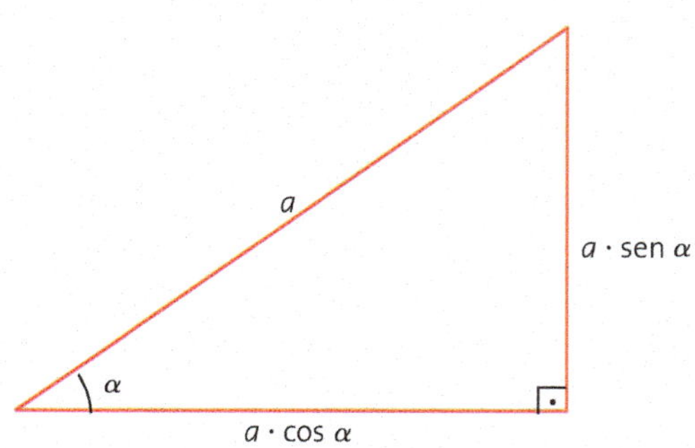

Tabela com valores de seno, cosseno e tangente

Sabemos que, em um $\triangle ABC$, retângulo em $\hat{A}$, como o da figura, temos:

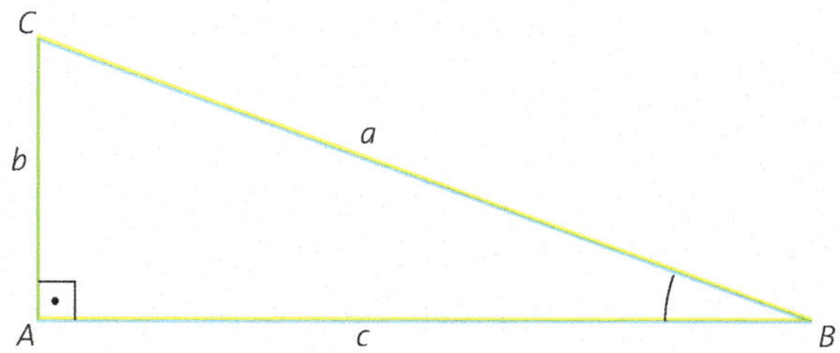

Fique atento!
Se α é um ângulo agudo, então tg α, sen α e cos α são números reais tais que:
$0 < \text{sen}\ \alpha < 1$
$0 < \cos \alpha < 1$
$\text{tg}\ \alpha > 0$

- $\dfrac{b}{a} = \text{sen}\ \hat{B}$, ou seja, $b = a \cdot \text{sen}\ \hat{B}$
- $\dfrac{c}{a} = \cos \hat{B}$, ou seja, $c = a \cdot \cos \hat{B}$

Da mesma forma chegamos a:

- $b = a \cdot \cos \hat{C}$
- $c = a \cdot \text{sen}\ \hat{C}$
- $b = c \cdot \text{tg}\ \hat{B}$
- $c = b \cdot \text{tg}\ \hat{C}$

Sabemos também que valem a relação de Pitágoras, que envolve as medidas dos três lados ($a^2 = b^2 + c^2$), e a relação $\hat{B} + \hat{C} = 90°$, que envolve as medidas dos dois ângulos agudos.

Assim, por meio dessas relações e da tabela com valores de seno, cosseno e tangente de ângulos agudos (de medidas em graus), conseguimos descobrir as medidas dos lados e dos ângulos de um triângulo retângulo, bastando, para isso, conhecer as medidas de dois lados ou de um lado e um ângulo agudo.

Exercício resolvido

12. Determine b e c no triângulo retângulo abaixo.

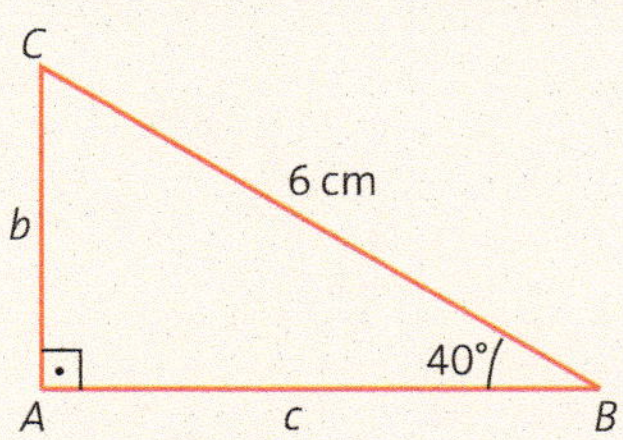

Resolução

Na tabela da página 429 vemos que $\cos 40° = 0{,}766$ e $\text{sen}\ 40° = 0{,}643$. Assim:

$b = a \cdot \text{sen}\ 40° \Rightarrow b = 6 \cdot 0{,}643 \Rightarrow b \simeq 3{,}9$ cm

$c = a \cdot \cos 40° \Rightarrow c = 6 \cdot 0{,}766 \Rightarrow c \simeq 4{,}6$ cm

Logo, $b \simeq 3{,}9$ cm e $c \simeq 4{,}6$ cm.

Observação: Seno, cosseno e tangente são conhecidos há muito tempo, e povos antigos tabelaram, para todos os ângulos de 1° a 90°, os valores dessas relações (este livro apresenta a tabela na página 429). Hoje em dia, o uso das tabelas trigonométricas foi quase todo substituído pelo uso das calculadoras científicas, que oferecem os valores de senos, cossenos e tangentes com precisão e de modo mais fácil.

Ângulos e medidas de segmento

No triângulo ao lado está traçada a altura h em relação à base $\overline{AB}$.

Nesse caso, temos:

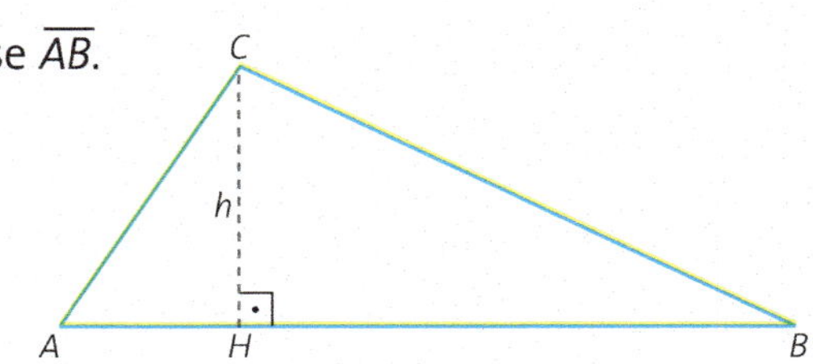

$$\text{sen}\ \hat{B} = \frac{h}{BC} \Rightarrow h = BC \cdot \text{sen}\ \hat{B}$$

Vemos, por essa fórmula, que a Trigonometria nos auxilia a relacionar ângulos com comprimentos de segmentos, constituindo por isso uma importante ferramenta de cálculo na Geometria.

Exercício resolvido

13. Determine a altura da região triangular abaixo.

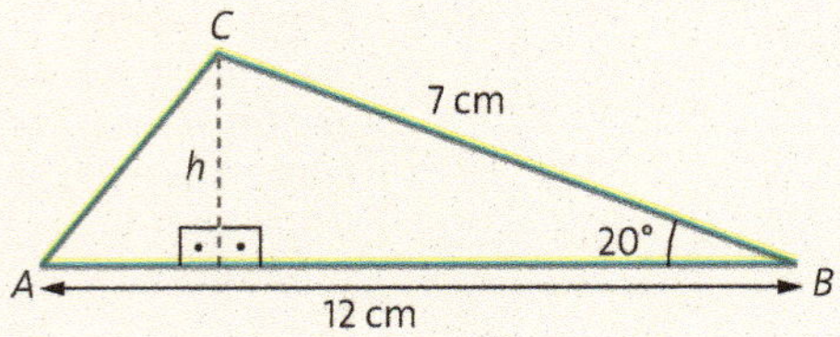

Resolução

sen 20° = 0,342

$BC = 7$ cm

$AB = 12$ cm

$h = BC \cdot \text{sen}\,\widehat{B} \Rightarrow h = 7 \cdot 0{,}342 \Rightarrow h \simeq 2{,}4$ cm

A altura da região triangular é de, aproximadamente, 2,4 cm.

Quadro-resumo sobre triângulos retângulos

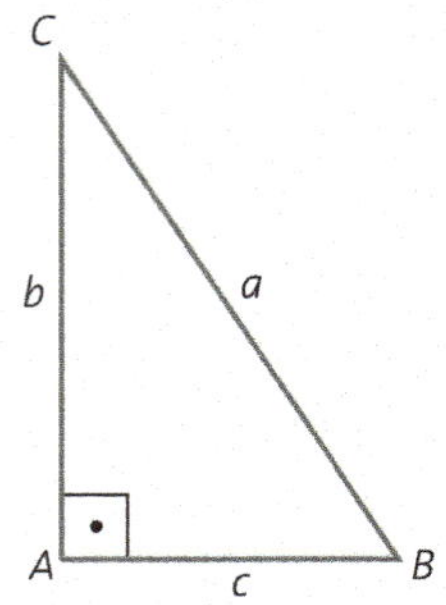

O triângulo *ABC* é retângulo em *A*, isto é, $\widehat{A}$ é reto (90°).

a: medida da hipotenusa

b e c: medidas dos catetos

$\widehat{A}$: reto (90°)

$\widehat{B}$ e $\widehat{C}$: agudos e complementares ($\widehat{B} + \widehat{C} = 90°$)

- Relação entre os lados (relação de Pitágoras): $a^2 = b^2 + c^2$
- Relação entre os ângulos: $\widehat{A} + \widehat{B} + \widehat{C} = 180°$
- Relações entre lados e ângulos:

$$\text{sen}\,\widehat{B} = \frac{b}{a} \Rightarrow b = a \cdot \text{sen}\,\widehat{B} \qquad \cos\widehat{B} = \frac{c}{a} \Rightarrow c = a \cdot \cos\widehat{B} \qquad \text{tg}\,\widehat{B} = \frac{b}{c}$$

$$\text{sen}\,\widehat{C} = \frac{c}{a} \Rightarrow c = a \cdot \text{sen}\,\widehat{C} \qquad \cos\widehat{C} = \frac{b}{a} \Rightarrow b = a \cdot \cos\widehat{C} \qquad \text{tg}\,\widehat{C} = \frac{c}{b}$$

- Relações entre seno, cosseno e tangente dos ângulos agudos:

$$\text{sen}^2\,\widehat{B} + \cos^2\widehat{B} = 1 \qquad \text{tg}\,\widehat{B} = \frac{\text{sen}\,\widehat{B}}{\cos\widehat{B}}$$

$$\text{sen}^2\,\widehat{C} + \cos^2\widehat{C} = 1 \qquad \text{tg}\,\widehat{C} = \frac{\text{sen}\,\widehat{C}}{\cos\widehat{C}}$$

$$\left.\begin{matrix}\text{sen}\,\widehat{B} = \cos\widehat{C} \\ \text{sen}\,\widehat{C} = \cos\widehat{B}\end{matrix}\right\}, \text{ pois } \widehat{B} + \widehat{C} = 90°$$

Projeção ortogonal de um segmento de reta sobre um eixo

Observe que, se $A'B'$ é a projeção ortogonal do segmento de reta AB sobre um eixo, então as medidas de $\overline{AB}$ e $\overline{A'B'}$ são relacionadas pela fórmula $A'B' = AB \cdot \cos\alpha$, em que α é o ângulo formado por $\overline{AB}$ e o referido eixo.

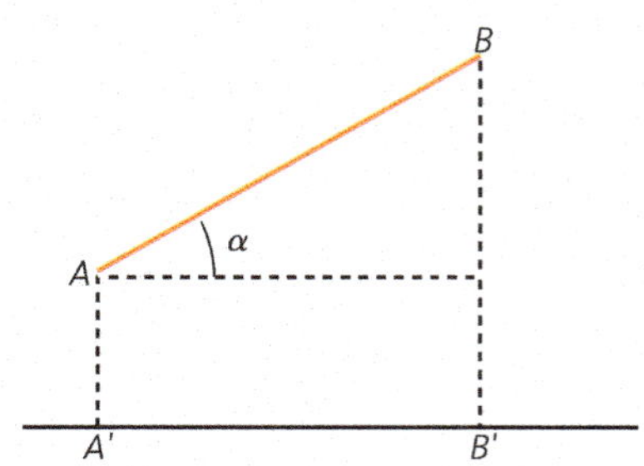

Por exemplo, se $AB = 5$ cm e $\alpha = 29°$, temos que:

$A'B' = AB \cdot \cos\alpha \Rightarrow A'B' = 5 \cdot \cos 29°$

Consultando a tabela da página 429 ou usando uma calculadora científica, vemos que $\cos 29° = 0{,}875$. Logo, $A'B' = 5 \cdot 0{,}875 \simeq 4{,}38$ cm.

Exercícios

130. Examine o triângulo retângulo da figura abaixo e calcule o valor destas razões:

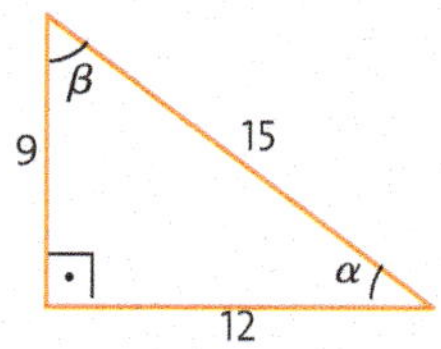

a) sen α;

b) cos α;

c) tg α;

d) sen β;

e) cos β;

f) tg β.

131. Os resultados do exercício anterior são coerentes com as afirmações do boxe *Para refletir* da página 409?

132. Responda com base na análise do triângulo retângulo da figura a seguir.

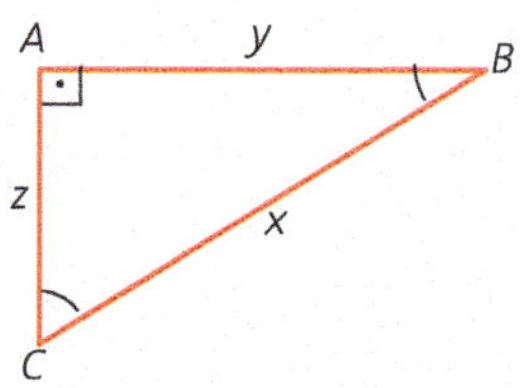

a) Qual é o valor da soma $\hat{B} + \hat{C}$?

b) Indique as frações correspondentes a sen $\hat{B}$, cos $\hat{B}$, tg $\hat{B}$, sen $\hat{C}$, cos $\hat{C}$ e tg $\hat{C}$.

133. Em um triângulo *EFG*, retângulo em *E*, temos sen $\hat{F} = \dfrac{5}{6}$, cos $\hat{F} = \dfrac{\sqrt{11}}{6}$ e tg $\hat{F} = \dfrac{5\sqrt{11}}{11}$.

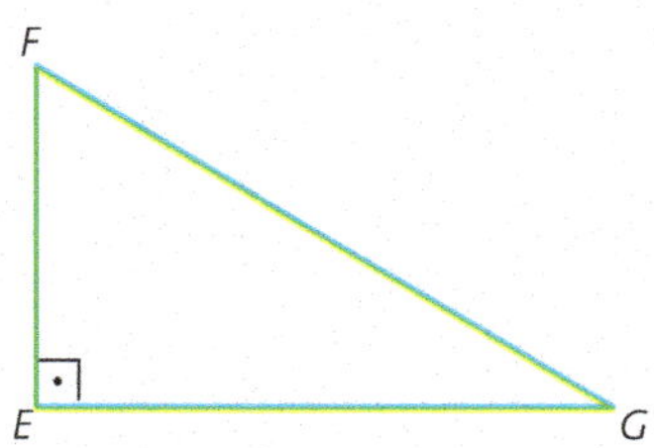

a) Calcule sen $\hat{G}$, cos $\hat{G}$ e tg $\hat{G}$.

b) Se a hipotenusa do $\triangle EFG$ mede 30 cm, quanto medem os catetos?

c) Calcule o valor das expressões:

- $(\text{sen } \hat{F})^2 + (\cos \hat{F})^2$;
- $\dfrac{\text{sen } \hat{F}}{\cos \hat{F}}$;
- $\text{sen}^2\, \hat{G} + \cos^2 \hat{G}$;
- $\dfrac{\text{sen } \hat{G}}{\cos \hat{G}}$.

> **Fique atento!**
> $\text{sen}^2\, \hat{G}$ é o mesmo que $(\text{sen } \hat{G})^2$. Usa-se com mais frequência $\text{sen}^2\, \hat{G}$.

134. Use transferidor e régua para construir um triângulo retângulo que tenha um ângulo de 40°. Meça os lados e calcule tg 40°, sen 40° e cos 40°, com aproximação de três casas decimais. (No fim deste capítulo temos uma tabela com valores de seno, cosseno e tangente que poderão ser usados em alguns exercícios.)
Verifique se os valores encontrados para tg 40°, sen 40° e cos 40° estão próximos dos valores da tabela.

> **Você sabia?**
> cos 40°, por exemplo, significa cosseno do ângulo cuja medida é 40°, ou seja, identificamos o ângulo com sua medida.

135. No triângulo retângulo da figura, temos cos $\alpha = \dfrac{12}{13}$.

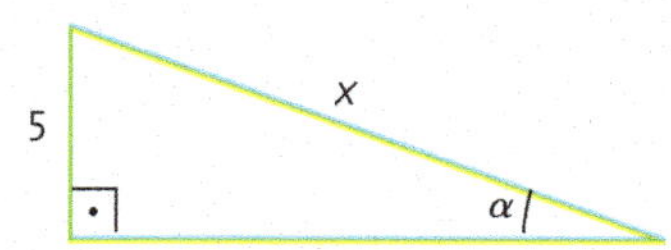

a) Calcule sen α e tg α.

b) Determine a medida da hipotenusa.

136. Nos triângulos retângulos abaixo, determine o seno, o cosseno e a tangente do ângulo $\hat{B}$; depois use uma calculadora científica ou consulte a tabela e determine a medida aproximada de $\hat{B}$ em graus.

a)

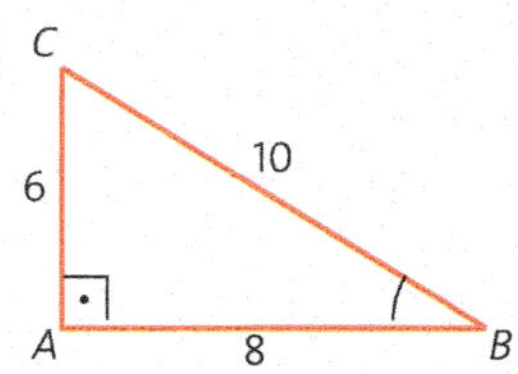

b)

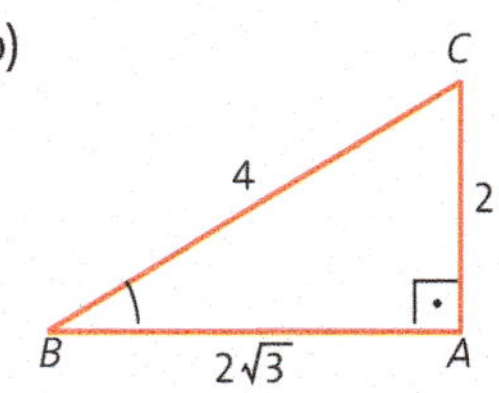

137. Utilize uma calculadora científica e responda:

a) se sen $\alpha = 0{,}53$, qual o valor de α?

b) se cos $\alpha = 0{,}777$, qual o valor de α?

c) se tg $\alpha = 4{,}011$, qual o valor de α?

138. Se tg $\alpha = \dfrac{1}{3}$, calcule sen α ($\hat{\alpha}$ é ângulo agudo).

139. Sabendo que sen $\alpha = \dfrac{4}{5}$, qual é o valor de cos α? ($\hat{\alpha}$ é ângulo agudo.)

140. Você vai construir uma tabela de valores muito importantes; para isso:

a) calcule sen 45°, cos 45° e tg 45° utilizando o triângulo retângulo destacado do quadrado abaixo;

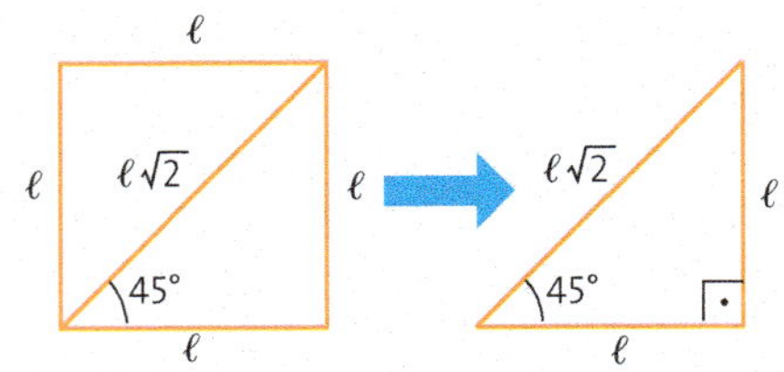

b) calcule sen 30°, cos 30° e tg 30° utilizando o triângulo retângulo destacado do triângulo equilátero a seguir;

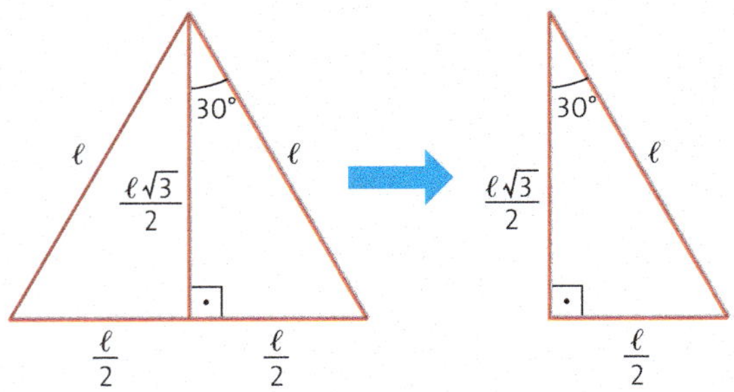

c) calcule sen 60°, cos 60° e tg 60° utilizando o triângulo retângulo destacado do triângulo equilátero abaixo;

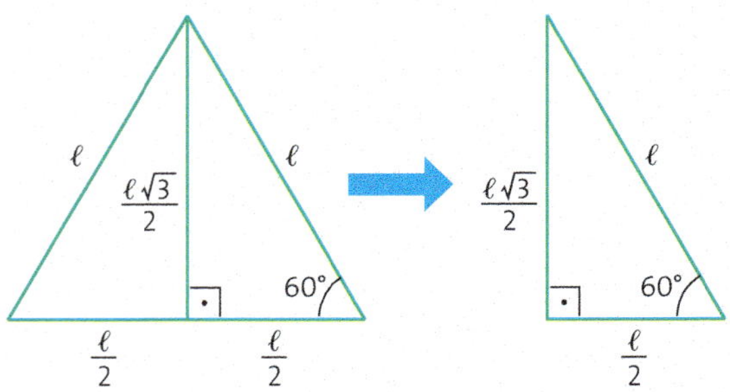

d) com os valores que encontrou, complete a tabela no caderno.

	30°	**45°**	**90°**
sen			
cos			
tg			

Fique atento!

- Em um triângulo retângulo com ângulos de 90°, 45° e 45°, os catetos são iguais.
- Em um triângulo retângulo com ângulos de 90°, 60° e 30°, o cateto menor, oposto ao ângulo de 30°, é a metade da hipotenusa.

141. Nos triângulos retângulos seguintes, calcule a medida x indicada.

a)

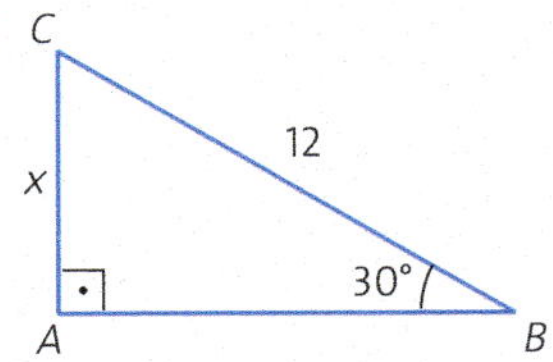

b)

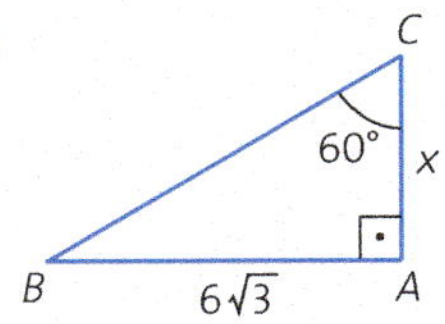

c)

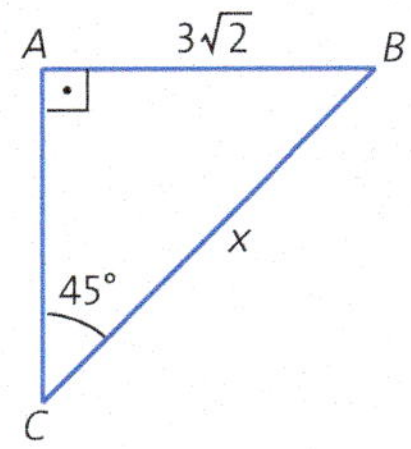

142. Quanto vale tg α se cos $\alpha = \frac{1}{4}$? ($\widehat{\alpha}$ é ângulo agudo.)

143. Resolva o triângulo retângulo ABC da figura abaixo, sabendo que $a = 12$ e $\beta = 67°$.

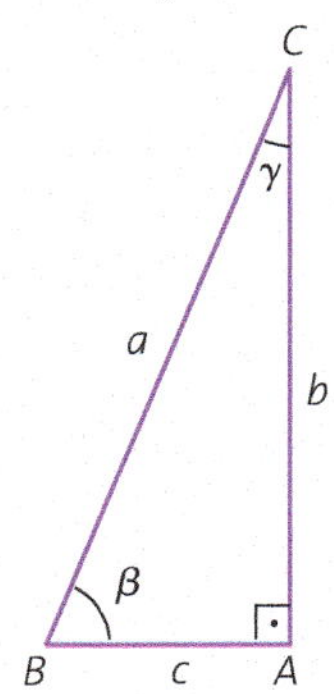

144. Calcule o valor de x no triângulo retângulo ABC abaixo.

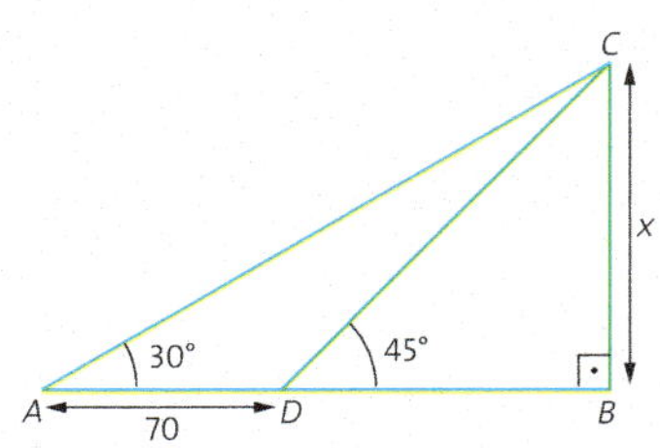

145. Na figura abaixo, $h = \sqrt{2}$, $\alpha = 30°$ e $\beta = 60°$. Calcule a medida $x + y$.

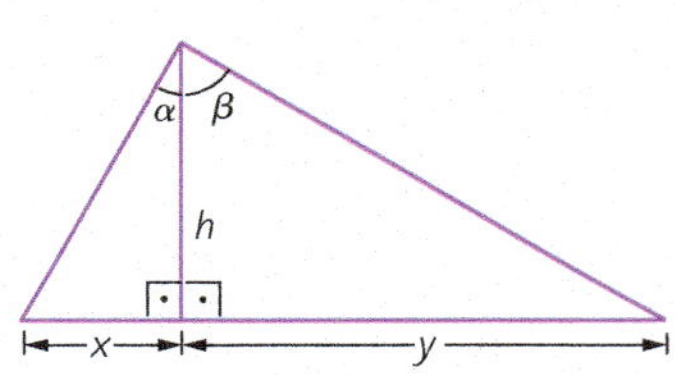

Seno, cosseno e tangente dos ângulos notáveis

Os ângulos de 30°, 45° e 60° são chamados **ângulos notáveis**, ou seja, ângulos que merecem atenção especial. No exercício 140, você pôde perceber como eles são obtidos (no quadrado e no triângulo equilátero).

Para os estudos de Trigonometria, é essencial que tais valores sejam memorizados. A tabela ao lado resume esses valores.

	30°	**45°**	**60°**
sen	$\frac{1}{2}$	$\frac{\sqrt{2}}{2}$	$\frac{\sqrt{3}}{2}$
cos	$\frac{\sqrt{3}}{2}$	$\frac{\sqrt{2}}{2}$	$\frac{1}{2}$
tg	$\frac{\sqrt{3}}{3}$	1	$\sqrt{3}$

Observe nela que a sequência de valores da linha do seno aparece invertida na linha do cosseno. Isso não é coincidência. Ocorre porque 30° e 60° são complementares, e 45° é complementar a si mesmo.

Assim:

- $\text{sen } 30° = \cos 60°$ $(30° + 60° = 90°)$
- $\text{sen } 45° = \cos 45°$ $(45° + 45° = 90°)$
- $\text{sen } 60° = \cos 30°$ $(60° + 30° = 90°)$

Além disso, os valores da linha da tangente equivalem à razão dos valores do seno e do cosseno, pois $\text{tg } x = \frac{\text{sen } x}{\cos x}$. Por exemplo, na coluna do 45°, temos:

- $\text{sen } 45° = \frac{\sqrt{2}}{2}$
- $\cos 45° = \frac{\sqrt{2}}{2}$
- $\text{tg } 45° = \frac{\frac{\sqrt{2}}{2}}{\frac{\sqrt{2}}{2}} = \frac{\sqrt{2}}{2} \cdot \frac{2}{\sqrt{2}} = 1$

Dessa forma, nos exercícios que envolvem ângulos notáveis, você deve usar os valores memorizados e, nos demais exercícios, usar uma calculadora científica (lembre-se de que muitos modelos de celulares possuem esse tipo de calculadora) ou consultar a tabela do fim deste capítulo.

Resolvendo triângulos

Razões trigonométricas no triângulo retângulo

"Resolver" um triângulo retângulo é determinar as medidas não conhecidas de todos os seus seis elementos (3 lados e 3 ângulos) quando se conhecem algumas delas.

Vamos "resolver" o triângulo retângulo a seguir usando a tabela da página 429 ou uma calculadora científica.

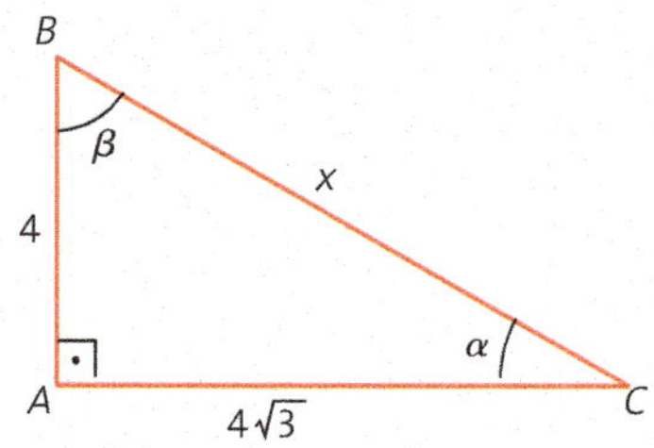

Conhecemos AB (4), AC $(4\sqrt{3})$ e $\hat{A}$ (90°), então devemos descobrir BC (x), $\hat{C}$ (α) e $\hat{B}$ (β).

- $x^2 = 4^2 + (4\sqrt{3})^2 \Rightarrow x^2 = 16 + 48 \Rightarrow x^2 = 64 \Rightarrow x = 8$
- $\text{sen } \alpha = \frac{4}{8} = \frac{1}{2} = 0{,}5 \Rightarrow \alpha = 30°$
- $\hat{A} + \hat{B} + \hat{C} = 180° \Rightarrow 90° + \beta + 30° = 180° \Rightarrow \beta = 60°$

Nesse caso, temos: $BC = 8$, $\hat{B} = 60°$ e $\hat{C} = 30°$.

Já no triângulo retângulo da figura ao lado não sabemos a medida x indicada.

Sendo sen 40° = 0,64, cos 40° = 0,76 e tg 40° = 0,84, temos:

6: medida da hipotenusa

x: medida do cateto oposto ao ângulo de 40°

$$\text{sen } 40° = \frac{x}{6} \Rightarrow 0{,}64 = \frac{x}{6} \Rightarrow x = 0{,}64 \cdot 6 = 3{,}84$$

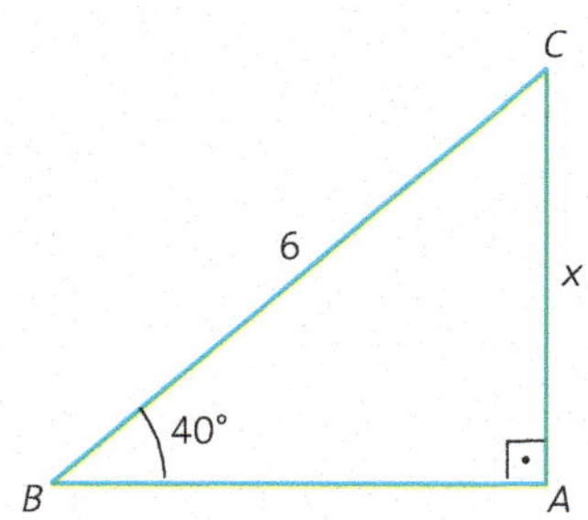

» **passo a passo**: exercício 23

Exercícios resolvidos

14. Uma rampa lisa de 10 m de comprimento faz ângulo de 30° com o plano horizontal. Uma pessoa que sobe essa rampa inteira eleva-se quantos metros verticalmente?

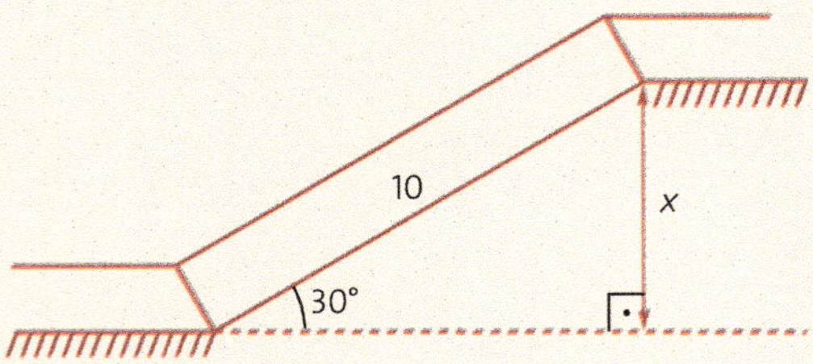

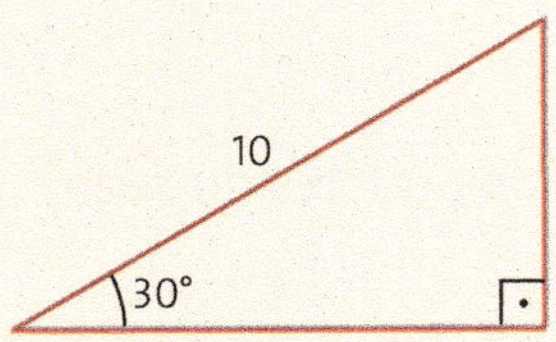

Resolução

Pelo desenho, temos:

$$\begin{cases} 10 \longrightarrow \text{medida da hipotenusa} \\ x \longrightarrow \text{medida do cateto oposto ao ângulo de } 30° \end{cases}$$

$$\text{sen } 30° = \frac{x}{10} \Rightarrow \frac{1}{2} = \frac{x}{10} \Rightarrow 2x = 10 \Rightarrow x = 5$$

Logo, a pessoa eleva-se 5 m verticalmente.

> **Fique atento!**
> 30° é um ângulo notável; logo, é importante memorizar que $\text{sen } 30° = \frac{1}{2}$.

15. No triângulo retângulo da figura abaixo, calcule a medida x indicada. (Dados: sen 40° = 0,64; cos 40° = 0,76 e tg 40° = 0,84.)

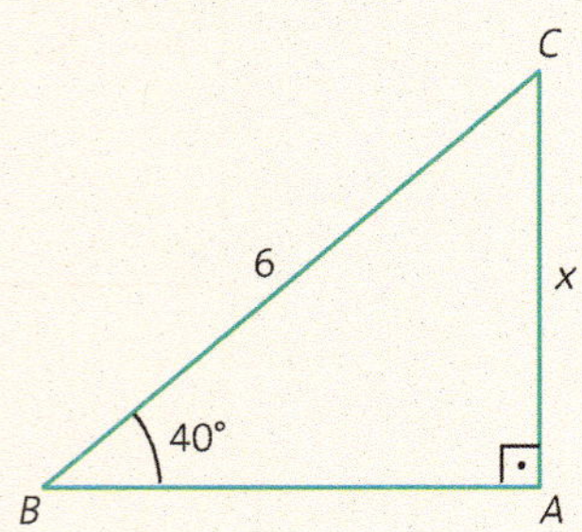

Resolução

Dados:

$$\begin{cases} 6\text{: medida da hipotenusa} \\ x\text{: medida do cateto oposto ao ângulo de } 40° \end{cases}$$

$$\text{sen } 40° = \frac{x}{6} \Rightarrow 0{,}64 = \frac{x}{6} \Rightarrow x = 0{,}64 \cdot 6 = 3{,}84$$

16. Se α é a medida de um ângulo agudo e tg $\alpha = 4$, quanto vale sen α?

Resolução

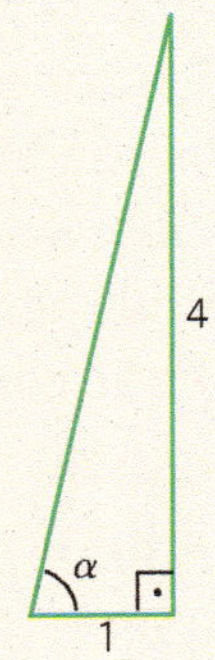

Consideremos o triângulo retângulo ao lado, cujo cateto oposto ao ângulo de medida α vale 4 e o cateto adjacente vale 1, ou seja, $\text{tg } \alpha = \frac{4}{1} = 4$.

Aplicando o teorema de Pitágoras, calculamos o valor de x:

$x^2 = 4^2 + 1^2 = 17 \Rightarrow x = \sqrt{17}$

Portanto, $\text{sen } \alpha = \frac{4}{\sqrt{17}} = \frac{4 \cdot \sqrt{17}}{\sqrt{17} \cdot \sqrt{17}} = \frac{4\sqrt{17}}{17}$.

> **Para refletir**
> Neste exercício, poderíamos construir o cateto oposto com 8 e o cateto adjacente com 2. Justifique.

17. Resolva o triângulo retângulo *ABC* da figura abaixo sabendo que $b = 5$ e $\alpha = 40°$.

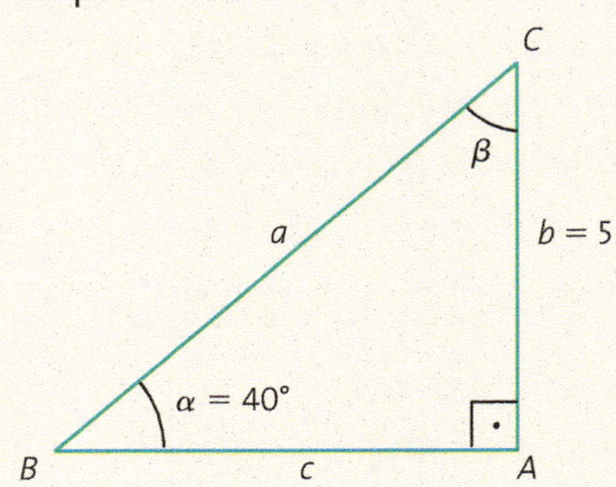

Resolução

Precisamos determinar a, c e β.

- $\text{sen } 40° = \frac{5}{a} \Rightarrow a = \frac{5}{\text{sen } 40°}$

  Consultando a tabela da página 429 ou usando uma calculadora científica, temos sen 40° = 0,643.

  Então, $a = \frac{5}{0{,}643} \simeq 7{,}7$.

- $\text{tg } 40° = \frac{5}{c} \Rightarrow c \cdot \text{tg } 40° = 5 \Rightarrow c = \frac{5}{\text{tg } 40°}$

  Vendo na tabela que tg 40° = 0,839, temos:

  $c = \frac{5}{0{,}839} \simeq 5{,}9$

- Como $40° + \beta = 90°$ ($\widehat{\alpha}$ e $\widehat{\beta}$ são ângulos complementares), temos $\beta = 90° - 40° = 50°$.

  Logo, $a \simeq 7{,}7$; $c \simeq 5{,}9$ e $\beta = 50°$.

18. No triângulo retângulo abaixo, calcule a medida x indicada. (Dados: sen 15° = 0,25; cos 15° = 0,96 e tg 15° = 0,26.)

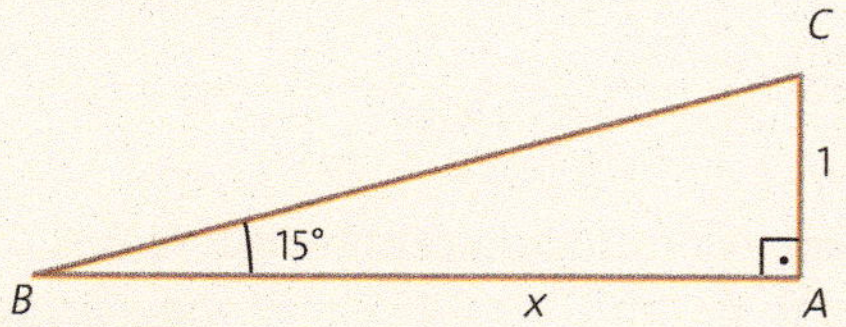

Resolução

Dados:

$\begin{cases} 1\text{: medida do cateto oposto ao ângulo de } 15° \\ x\text{: medida do cateto adjacente ao ângulo de } 15° \end{cases}$

$\text{tg } 15° = \frac{1}{x} \Rightarrow 0{,}26 = \frac{1}{x} \Rightarrow 0{,}26x = 1 \Rightarrow$

$\Rightarrow x = \frac{1}{0{,}26} \simeq 3{,}84$

19. Consulte a tabela da página 429 e responda:

a) se sen α = 0,940, qual o valor de α?

b) se cos α = 0,407, qual o valor de α?

Resolução

a) Na tabela da página 429 procuramos por 0,940 na coluna do seno (sen). Encontramos o valor de $\alpha = 70°$.

b) Na mesma tabela, procuramos por 0,407 na coluna do cosseno (cos). Encontramos o valor de $\alpha = 66°$.

Poderíamos também usar uma calculadora científica em vez da tabela.

20. Se α é a medida de um ângulo agudo e cos $\alpha = \frac{2}{5}$, quanto vale tg α?

Resolução

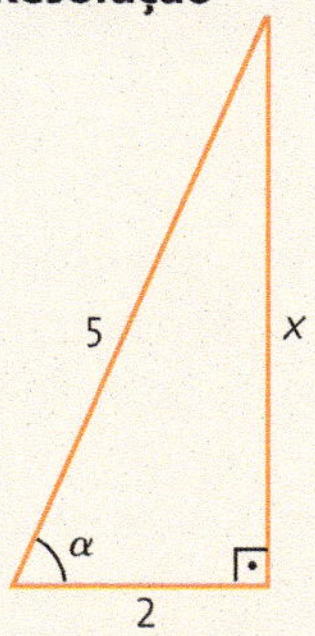

> **Para refletir**
> Este exercício também pode ser resolvido usando as relações $\text{sen}^2\,\alpha + \cos^2\alpha = 1$ e $\text{tg } \alpha = \frac{\text{sen } \alpha}{\cos \alpha}$, para α agudo. Confira.

Consideremos um triângulo retângulo cujo cateto adjacente ao ângulo de medida α vale 2 e cuja hipotenusa vale 5, ou seja, cos $\alpha = \frac{2}{5}$.

Aplicando o teorema de Pitágoras, calculamos o valor de x:

$5^2 = x^2 + 2^2 \Rightarrow x^2 = 25 - 4 = 21 \Rightarrow \alpha = \sqrt{21}$

Portanto:

$\text{tg } \alpha = \frac{x}{2} = \frac{\sqrt{21}}{2}$

21. Uma rampa tem índice de subida igual a $\frac{1}{5}$. Qual é o ângulo de subida dessa rampa?

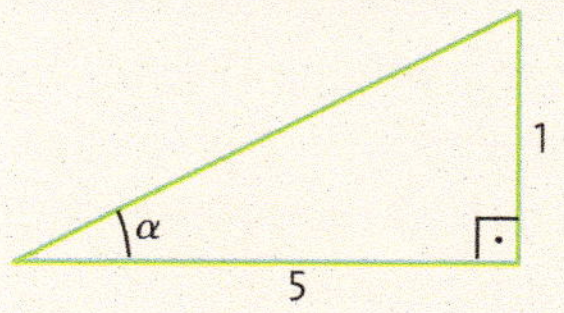

Resolução

Vamos considerar uma rampa com altura 1 e afastamento 5, pois o índice de subida é $\frac{1}{5}$.

Para obter o ângulo de subida α, vamos calcular tg α:

$\text{tg } \alpha = \frac{\text{cateto oposto}}{\text{cateto adjacente}} = \frac{1}{5} = 0{,}2$

Procurando na tabela da página 429 o ângulo cuja tangente é 0,2, encontramos um valor entre 11° e 12°. Portanto, vamos admitir $\alpha = 11{,}5°$.

Observação: Se utilizarmos uma calculadora científica, obteremos $\alpha = 11{,}3°$.

22. O ângulo de elevação do pé de uma árvore a 50 m da base de uma encosta ao topo da encosta é de 60°. Que medida deve ter um cabo que ligue o pé da árvore ao topo da encosta?

Observação: Chama-se **ângulo de elevação** ou **ângulo de depressão** de um ponto A em relação a um ponto B o ângulo formado pela semirreta AB com a horizontal passando por A.

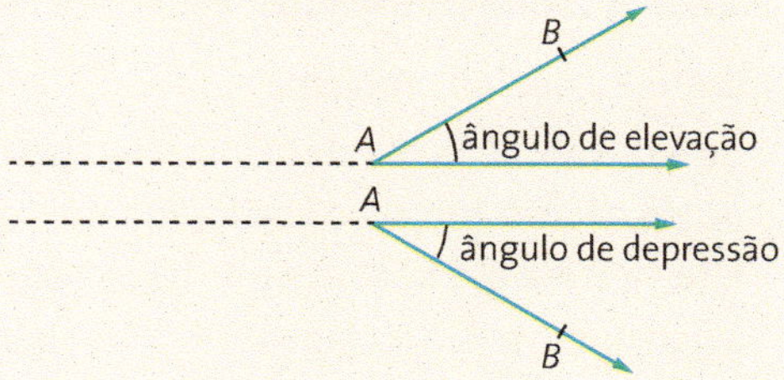

Resolução

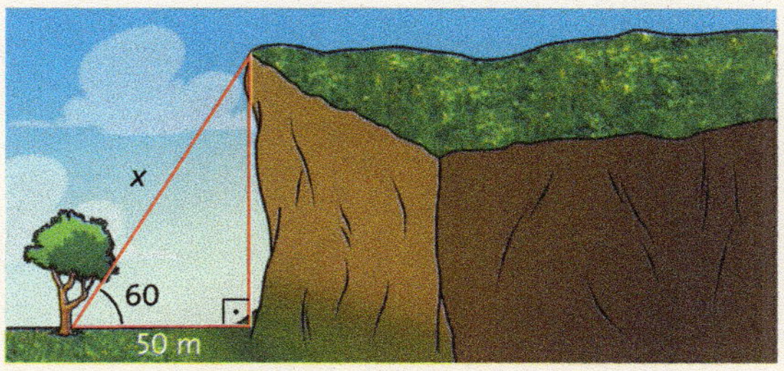

Dam d'Souza/Arquivo da editora

Pela figura, temos:

$\begin{cases} 50\text{: medida do cateto adjacente ao ângulo de } 60° \\ x\text{: medida da hipotenusa} \end{cases}$

$\cos 60° = \frac{50}{x} \Rightarrow \frac{1}{2} = \frac{50}{x} \Rightarrow x = 100$

Logo, a medida do cabo deve ser 100 m.

» Resolvido passo a passo

23. (Epcar-MG) Um avião decola de um ponto B sob inclinação constante de 15° com a horizontal. A 2 km de B se encontra a projeção vertical C do ponto mais alto D de uma serra de 600 m de altura, conforme figura.

(Dados: $\cos 15° \simeq 0{,}97$; $\text{sen } 15° \simeq 0{,}26$; $\text{tg } 15° \simeq 0{,}27$.)
É correto afirmar que:

a) não haverá colisão do avião com a serra.
b) haverá colisão do avião com a serra antes de alcançar 540 m de altura.
c) haverá colisão do avião com a serra em D.
d) se o avião decolar 220 m antes de B, mantendo a mesma inclinação, não haverá colisão do avião com a serra.

1. Lendo e compreendendo

a) O que é dado no problema?
É dada a altura DC da serra (600 m), a distância BC do avião à projeção vertical do ponto mais alto da serra (2 km) e o ângulo de inclinação do avião durante a decolagem (15°). Também são dados seno, cosseno e tangente de 15°.

b) O que se pede?
Avaliar se o avião conseguirá ou não decolar em segurança nas condições dadas.

2. Planejando a solução

Devemos usar os conhecimentos de Trigonometria no triângulo retângulo para calcular em que altura estará o avião depois de ter percorrido a distância BC, e comparar com a altura da serra, para avaliarmos o que ocorrerá.

3. Executando o que foi planejado

O modelo matemático que obtemos com os dados do problema é:

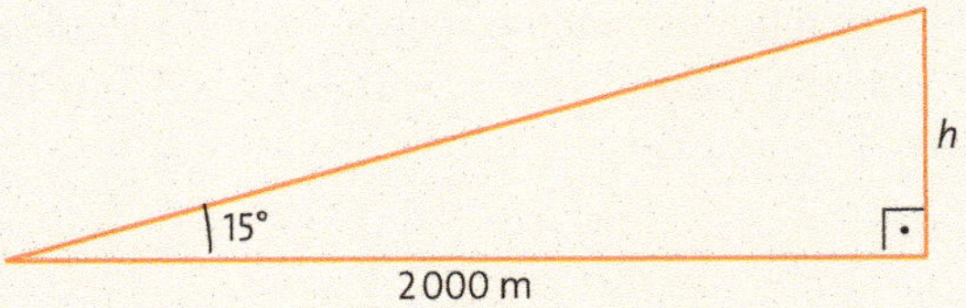

Temos o cateto adjacente e queremos o cateto oposto. Assim, o ideal é usar a tangente, que relaciona esses dois catetos:

$$\text{tangente} = \frac{\text{cateto oposto}}{\text{cateto adjacente}} \Rightarrow$$

$$\Rightarrow \text{tg } 15° = \frac{h}{2\,000} \Rightarrow$$

$$\Rightarrow h = 2\,000 \cdot \text{tg } 15°$$

Dos dados do problema, temos que $\text{tg } 15° = 0{,}27$; então $h = 2\,000 \cdot 0{,}27 = 540$.
Isso significa que, após percorrer 2 000 m na horizontal, o avião estará a uma altura de 540 m, insuficiente para sobrevoar com segurança a serra. Haverá colisão!
Note, pelo desenho a seguir, que a colisão ocorrerá antes de o avião atingir 540 m, pois a serra não é um segmento vertical, sem espessura.

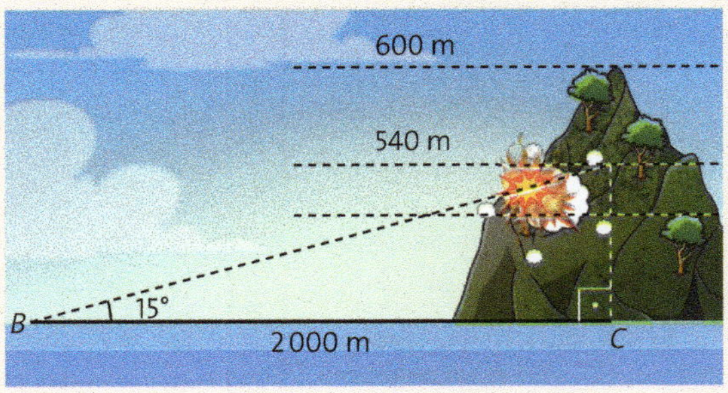

Ilustrações: Dam d'Souza/Arquivo da editora

Então, haverá colisão do avião com a serra antes que ele alcance 540 m de altura.
Vamos avaliar a hipótese descrita na alternativa **d**: "se o avião decolar 220 m antes de B, mantendo a mesma inclinação, não haverá colisão do avião com a serra".
Nessa hipótese, a distância horizontal seria de 2 220 m, e estaríamos calculando uma altura h_2 do avião após percorrer os 2 220 m na horizontal.
De forma análoga ao que foi feito anteriormente, usaríamos a tangente de 15°, obtendo:
$h_2 = 2\,220 \cdot \text{tg } 15° = 2\,220 \cdot 0{,}27 = 599{,}4$ m
Essa altura ainda não seria suficiente para uma decolagem em segurança, reforçando que a resposta correta é a alternativa **b**.

4. Emitindo a resposta

A resposta é a alternativa **b**.

5. Ampliando o problema

a) Qual seria a distância mínima antes do ponto *B* de onde o avião deveria decolar (inclinado a 15°) para que ele sobrevoasse o ponto *D* com pelo menos 10 m de folga?

b) Se o avião decolasse do ponto *B*, qual deveria ser a inclinação mínima de sua subida para que ele sobrevoasse o ponto *D* com pelo menos 10 m de folga? Use a tabela do fim deste capítulo ou uma calculadora científica.

c) *Discussão em equipe*

No momento de escolher o local para a construção de um aeroporto, pontos elevados (como montanhas e morros) devem ser evitados para permitir boa circulação dos aviões. Discuta com seus colegas outros fatores que devem ser levados em consideração quando se escolhe a localização de um aeroporto.

24. Do alto da torre de uma plataforma marítima de petróleo de 45 m de altura, o ângulo de depressão em relação à proa de um barco é de 60°. A que distância o barco está da plataforma?

Resolução

Representação da realidade

Ilustrações: Dam d'Souza/Arquivo da editora

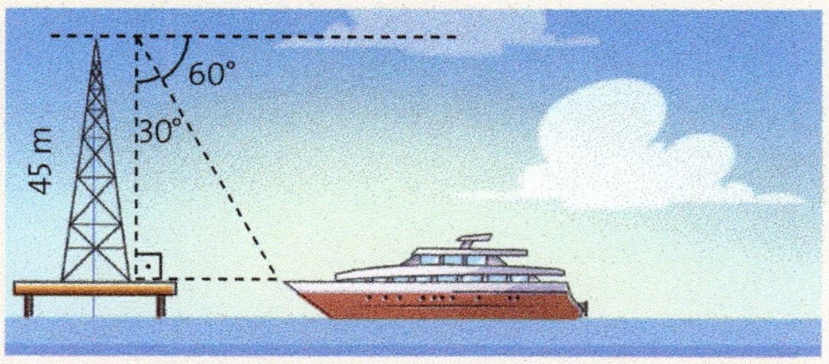

Modelo matemático

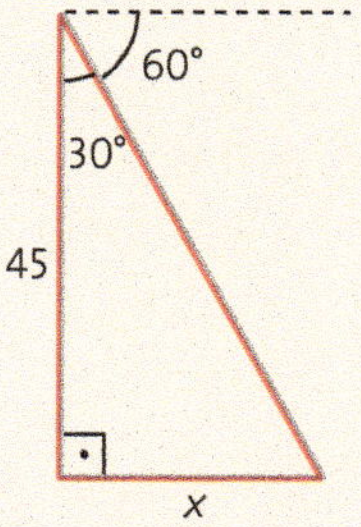

Pela figura, temos:

$\begin{cases} 45\text{: medida do cateto adjacente ao ângulo de } 30° \\ x\text{: medida do cateto oposto ao ângulo de } 30° \end{cases}$

$$\text{tg } 30° = \frac{x}{45} \Rightarrow \frac{\sqrt{3}}{3} = \frac{x}{45} \Rightarrow x = \frac{45\sqrt{3}}{3} \Rightarrow$$

$$\Rightarrow x = 15\sqrt{3} \simeq 15(1,73) = 25,95 \text{ m}$$

Portanto, o barco está a 25,95 m da plataforma.

25. *Medição de altura inacessível*

Medir a altura de montanhas, em geral, não é simples. Pelo fato de não ser possível obter as medidas do triângulo retângulo teórico que permite o cálculo da altura por meio do uso das relações trigonométricas (a não ser que se fizesse um túnel até o centro da montanha, o que não é prático), deve-se recorrer a outra técnica. Uma técnica que permite a medição correta da altura é a seguinte: de um ponto no chão, mede-se o ângulo de elevação do chão ao topo da montanha (α).

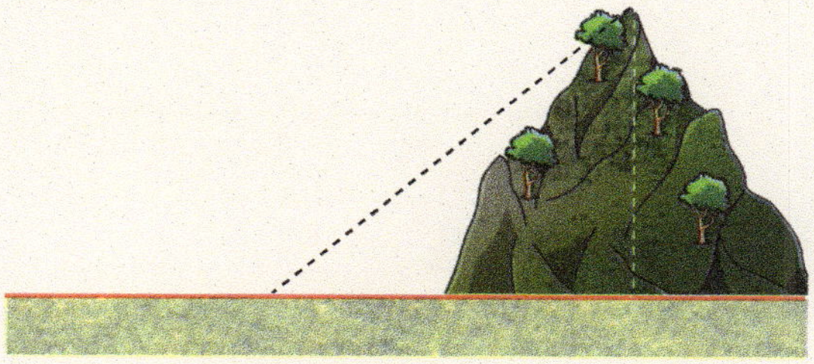

Caminha-se um valor conhecido de metros para trás (p); mede-se novamente o ângulo de elevação do chão ao topo da montanha (β).

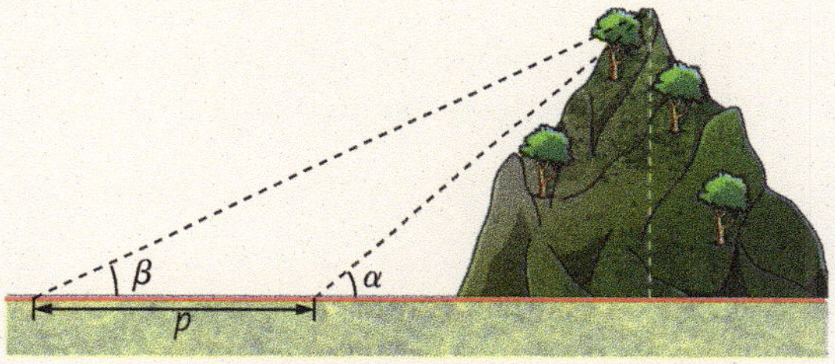

Calcule a altura h de uma montanha sabendo que $\alpha = 44°$, $\beta = 39°$ e $p = 120$ m. Com uma calculadora ou consultando a tabela trigonométrica no fim deste capítulo, obtenha os valores de seno, cosseno e tangente que forem necessários.

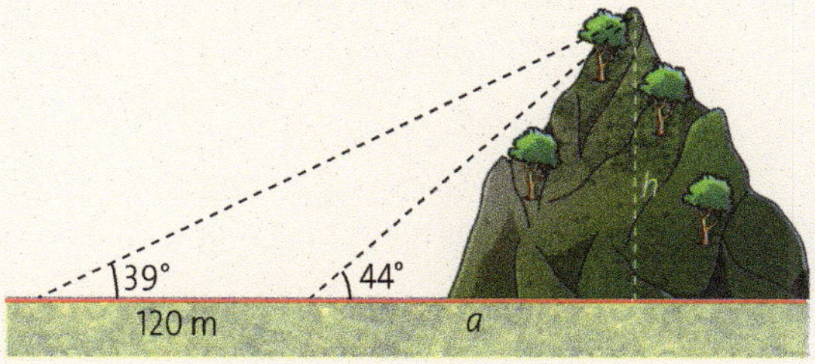

Resolução

$\text{tg } 44° = \dfrac{h}{a} = 0,966 \Rightarrow h = 0,966a$

$\text{tg } 39° = \dfrac{h}{120 + a} = 0,810 \Rightarrow$

$\Rightarrow h = 0,810(120 + a) = 0,966a \Rightarrow$

$\Rightarrow 97,2 + 0,810a = 0,966a \Rightarrow$

$\Rightarrow 0,156a = 97,2 \Rightarrow a = 623,08$

Então, $h = 0,966 \cdot 623,08 \simeq 602$ m.

A montanha tem, aproximadamente, 602 m.

26. *Medida do raio da Terra*

Como medir o raio da Terra, um comprimento inacessível às medidas diretas?

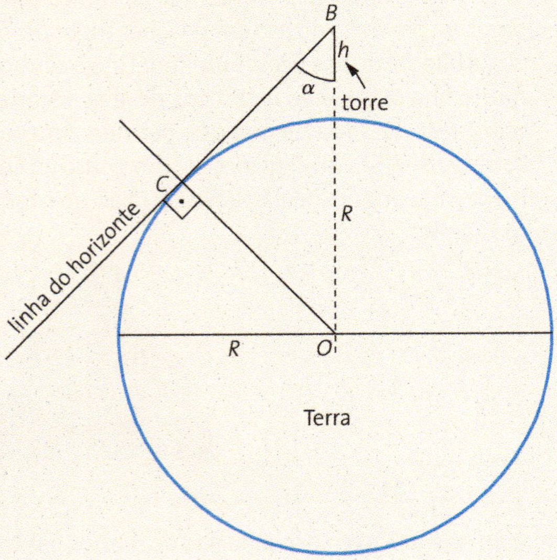

Resolução

Um processo, usado desde a época dos gregos, é o seguinte:
Sobe-se a uma torre de altura h e mede-se o ângulo α que faz a reta BC do horizonte de B com a vertical BO do lugar.

Examinando a figura ao lado, percebe-se que:

$$\frac{R}{R+h} = \text{sen}\ \alpha \Rightarrow$$

$$\Rightarrow R \cdot \text{sen}\ \alpha + h \cdot \text{sen}\ \alpha = R \Rightarrow$$

$$\Rightarrow R(1 - \text{sen}\ \alpha) = h \cdot \text{sen}\ \alpha \Rightarrow$$

$$\Rightarrow R = \frac{h \cdot \text{sen}\ \alpha}{1 - \text{sen}\ \alpha}$$

Com as medidas h e α (que são acessíveis) e uma tabela de senos (ou uma calculadora científica), podemos chegar à medida do raio da Terra.

27. No triângulo retângulo da figura abaixo, calcule a medida x indicada. Use uma calculadora científica ou a tabela no fim deste capítulo para obter os valores necessários.

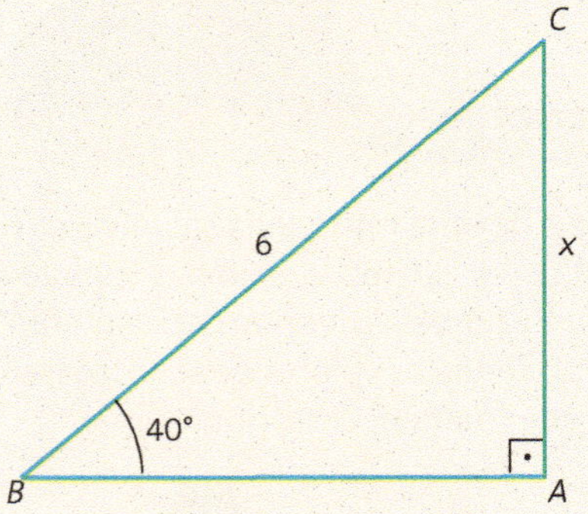

Resolução

Temos: $\begin{cases} 6 \rightarrow \text{medida da hipotenusa} \\ x \rightarrow \text{medida do cateto oposto ao ângulo de } 40° \end{cases}$

$$\text{sen}\ 40° = \frac{x}{6}$$

Como 40° não é um ângulo notável, devemos usar uma calculadora científica ou a tabela trigonométrica para determinar o valor do seno 40°. Dessa forma, descobrimos que sen 40° = 0,64. Assim:

$$0{,}64 = \frac{x}{6} \Rightarrow x = 0{,}64 \cdot 6 = 3{,}84$$

28. Calcule as medidas x, y e z no triângulo abaixo.

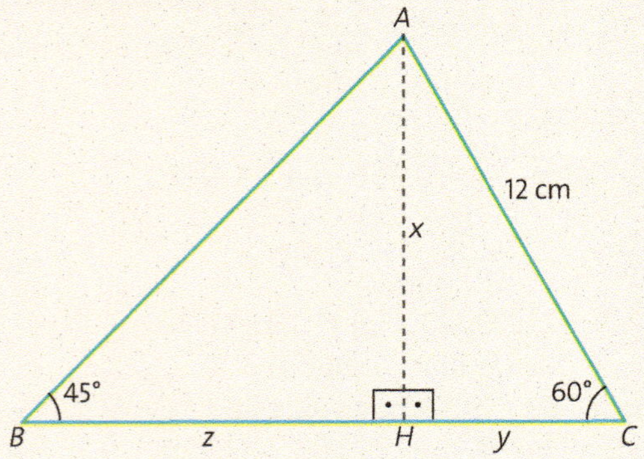

Resolução

$$\cos 60° = \frac{1}{2} = \frac{y}{12} \Rightarrow y = 6$$

$$\text{sen}\ 60° = \frac{\sqrt{3}}{2} = \frac{x}{12} \Rightarrow x = 6\sqrt{3}$$

$$\text{tg}\ 45° = 1 = \frac{x}{z} = \frac{6\sqrt{3}}{z} \Rightarrow z = 6\sqrt{3}$$

Então, as medidas são: $x = 6\sqrt{3}$ cm, $y = 6$ cm, $z = 6\sqrt{3}$ cm.

Exercícios

Nos exercícios a seguir, use sua calculadora (ou a tabela trigonométrica do fim deste capítulo) apenas quando os ângulos não forem notáveis. Caso contrário, procure fazê-los usando os valores memorizados para 30°, 45° e 60°.

146. Determine o valor das incógnitas em cada figura.

a)

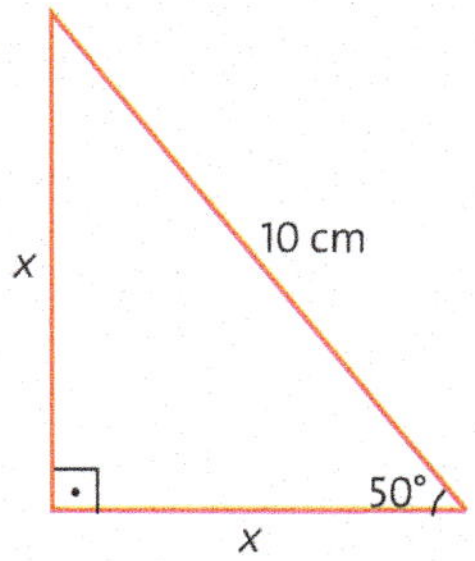

b)

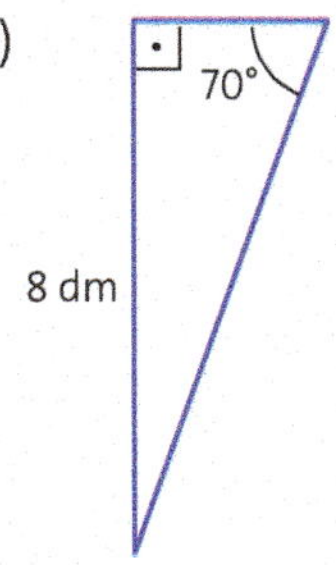

c)

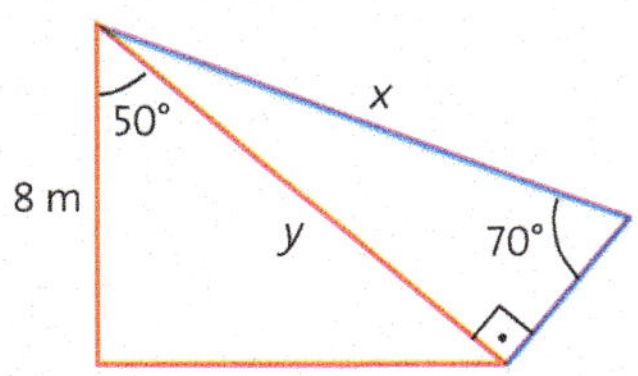

147. Um navio está situado exatamente 10 milhas a leste de um ponto A. Um observador, situado exatamente ao sul do navio, vê o ponto A sob um ângulo de 40°. Calcule a distância entre o observador e o navio.

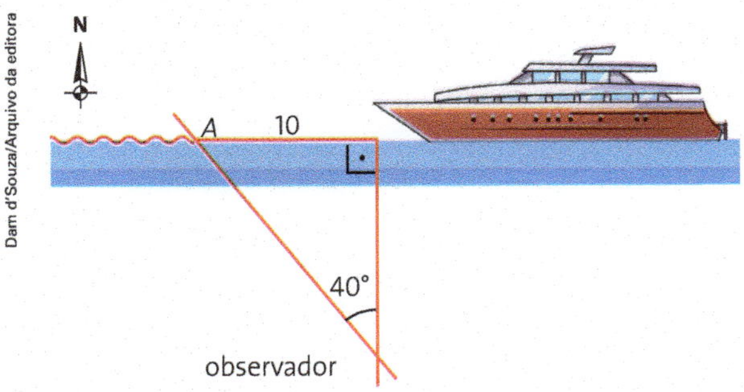

148. Um caminhão sobe uma rampa inclinada de 10° em relação ao plano horizontal. Se a rampa tem 30 m de comprimento, a quantos metros o caminhão se eleva, verticalmente, após percorrer toda a rampa? (Dados: sen 10° = 0,17; cos 10° = 0,98 e tg 10° = 0,18.)

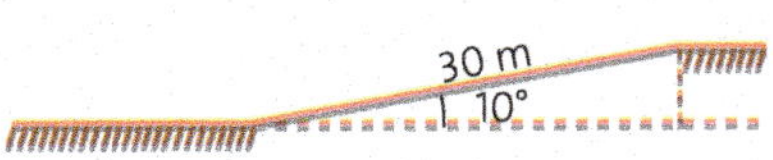

149. Em um exercício de tiro esportivo, o alvo se encontra em uma parede e sua base está situada a 20 m do atirador. Sabendo que o atirador vê o alvo sob um ângulo de 10° em relação à horizontal, calcule a que distância o centro do alvo se encontra do chão.

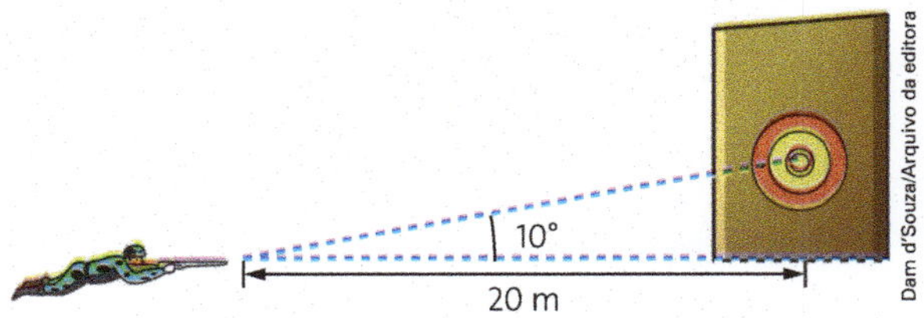

150. Do alto de uma torre de 50 m de altura, localizada em uma ilha, avista-se um ponto da praia sob um ângulo de depressão de 30°. Qual é a distância da torre até esse ponto? (Desconsidere a largura da torre.)

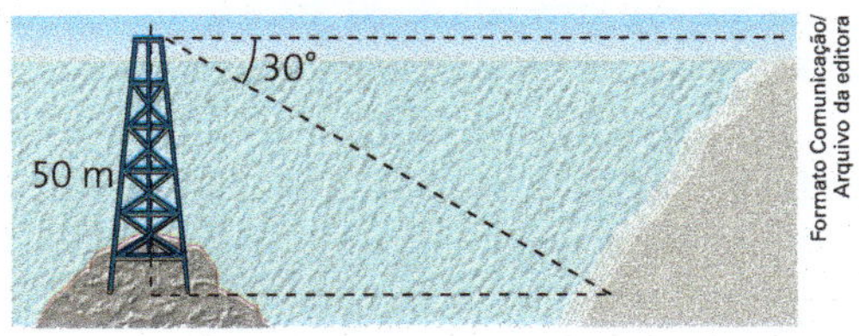

151. Na figura abaixo, qual é a altura do avião em relação ao chão?

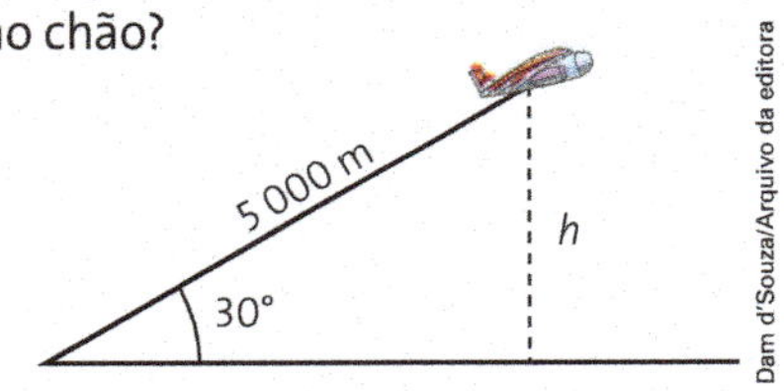

152. Observe a figura a seguir e responda às questões.

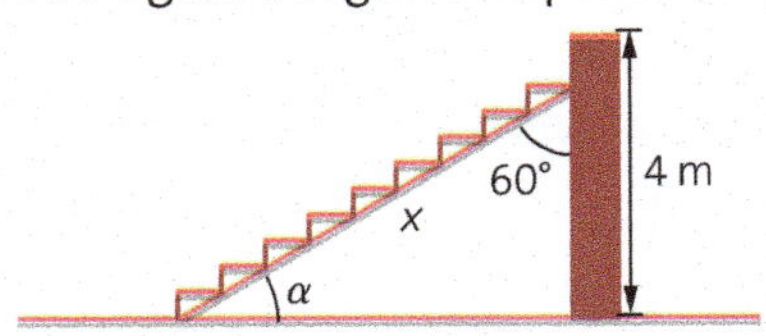

a) Qual é o comprimento da escada?

b) Qual é o ângulo formado pela escada e o chão?

153. Para determinar a altura de uma torre, um topógrafo coloca o teodolito a 100 m da base e obtém um ângulo de 30°, conforme mostra a figura. Sabendo que a luneta do teodolito está a 1,70 m do solo, qual é aproximadamente a altura da torre?

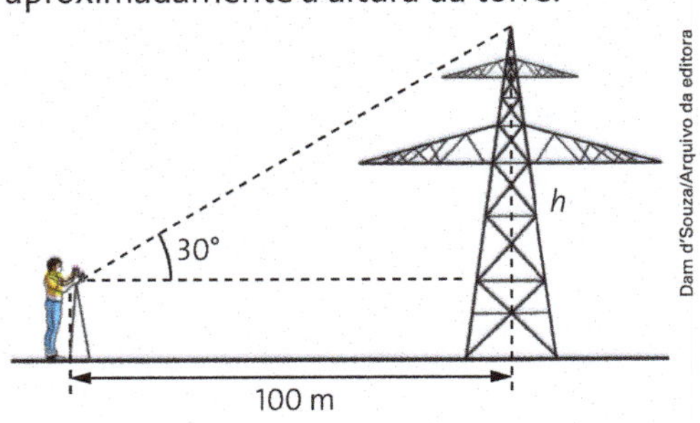

154. *Medição de distância inacessível*

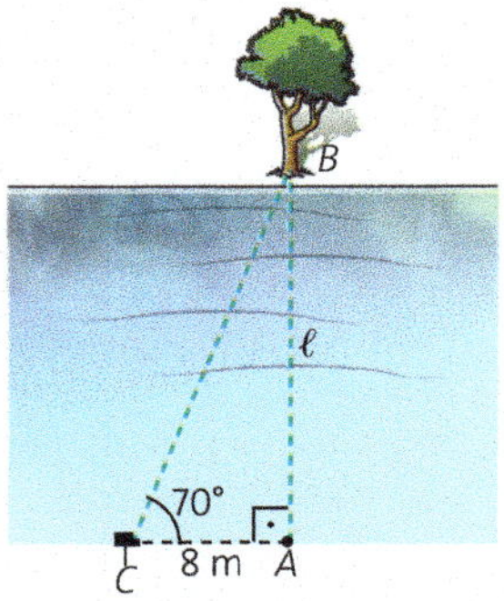

Ilustrações: Dam d'Souza/Arquivo da editora

Queremos saber a largura ℓ de um rio sem atravessá-lo. Para isso, adotamos o seguinte processo:

- marcamos dois pontos, *A* (uma estaca) e *B* (uma árvore), um em cada margem;
- marcamos um ponto *C*, distante 8 m de *A*, onde fixamos o aparelho para medir ângulos (teodolito), de tal modo que o ângulo no ponto *A* seja reto;
- obtemos uma medida de 70° para o ângulo ACB.

Nessas condições, qual é a largura ℓ do rio?

155. Em Física muitas grandezas são representadas por vetores, que são segmentos de reta orientados que possuem um tamanho (diz-se "módulo" do vetor), uma direção e um sentido (indicado pela flecha na ponta do vetor). Quando a direção desses vetores não é nem horizontal nem vertical, eles podem ser decompostos em outros dois vetores, sendo um horizontal e outro vertical. Na figura a seguir, observa-se um vetor *V*, de módulo (tamanho) 10, cuja direção está inclinada 30° em relação à horizontal. Use seus conhecimentos de Trigonometria para calcular qual é o módulo (tamanho) do vetor V_x na horizontal e do vetor V_y na vertical.
(**Observação**: As linhas tracejadas são perpendiculares aos eixos horizontal e vertical.)

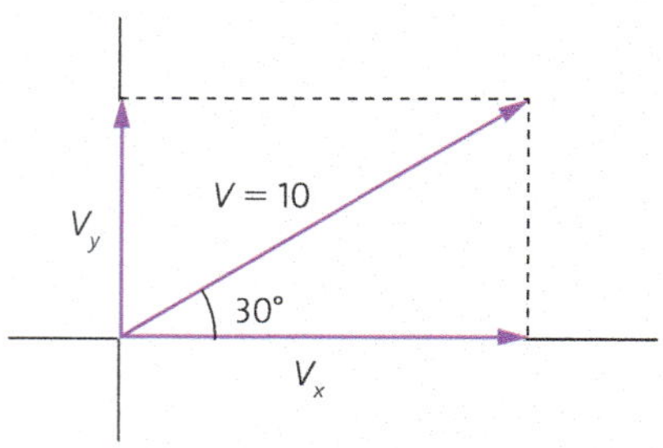

156. Um observador está em um ponto *A* do aterro do Flamengo e vê o Pão de Açúcar segundo um ângulo de 10° com o plano horizontal (medido com o teodolito). Ele anda em direção ao seu objetivo até um ponto *B* distante 650 m de *A* e agora vê o Pão de Açúcar segundo um ângulo de 14°. Qual é a altura do Pão de Açúcar em relação ao plano de observação?*

* Este exercício foi extraído de LIMA, Elon Lages e outros. *Temas e problemas*. Rio de Janeiro: SBM, 2001. p. 66 e 68. (Coleção do Professor de Matemática).

157. No triângulo retângulo da figura a hipotenusa mede 4 cm a mais do que o cateto $\overline{AB}$ e o sen $\hat{C}$ = 0,6. Calcule o perímetro e a área da região determinada por esse triângulo.

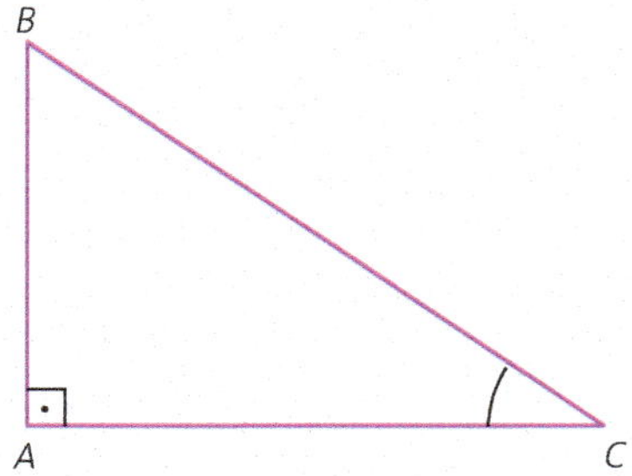

158. As ruas Canário e Tico-Tico são perpendiculares. A distância entre os pontos *A* e *B* é de 50 m. As ruas Canário e Sabiá cruzam-se em *B* formando um ângulo de 60°. Qual é o perímetro do triângulo ABC determinado pelos cruzamentos dessas três ruas? (Use $\sqrt{3}$ = 1,7.)

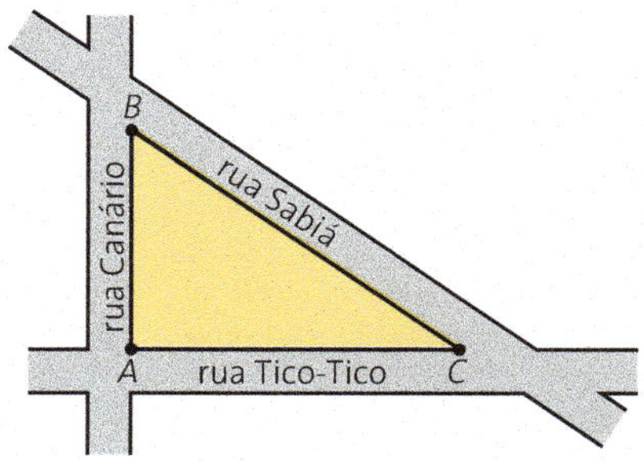

159. (UFPB) Em um determinado edifício, os primeiros andares são destinados às garagens e ao salão de festas e os demais andares, aos apartamentos. Interessado nas dimensões desse prédio, um topógrafo coloca um teodolito (instrumento óptico para medir ângulos horizontais e verticais) a uma distância *d* do prédio. Com um ângulo vertical de 30°, esse topógrafo observou que o primeiro piso de apartamentos está a uma altura de 11,80 m do solo; e com um ângulo vertical de 60°, visualizou o topo do edifício, conforme a figura abaixo.

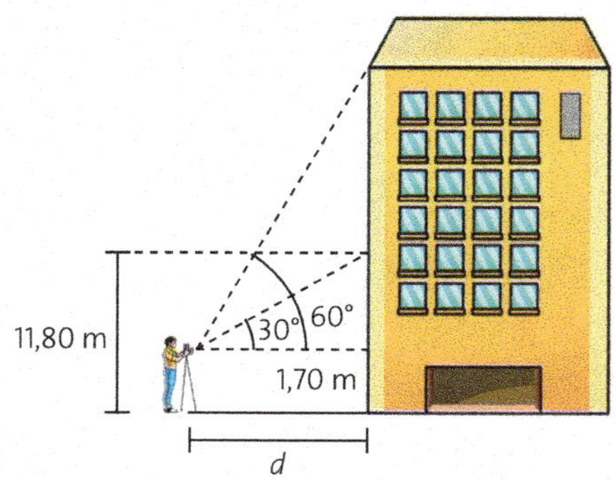

De acordo com esses dados e sabendo-se que a luneta do teodolito está a 1,70 m do solo, a altura do edifício é:

a) 31 m.
b) 23,60 m.
c) 30,30 m.
d) 21,90 m.
e) 32 m.

160. Um arame de 120 m de comprimento é esticado do topo de um prédio até o solo. Calcule a altura do prédio sabendo que o arame forma com o solo um ângulo de 25°.

161. (PUC-RS) De um ponto *A* no solo, visam-se a base *B* e o topo *C* de um bastão colocado verticalmente no alto de uma colina, sob ângulos de 30° e 45°, respectivamente. Se o bastão mede 4 m de comprimento, a altura da colina, em metros, é igual a:

a) $\sqrt{3}$.
b) 2.
c) $2\sqrt{3}$.
d) $2\left(\sqrt{3}+1\right)$.
e) $2\left(\sqrt{3}+3\right)$.

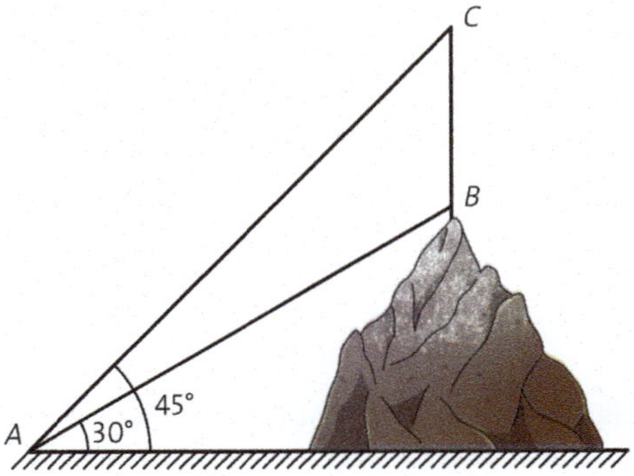

162. Um avião levanta voo em *A* e sobe fazendo um ângulo constante de 15° com a horizontal. A que altura estará e qual a distância percorrida quando sobrevoar uma torre situada a 2 km do ponto de partida?

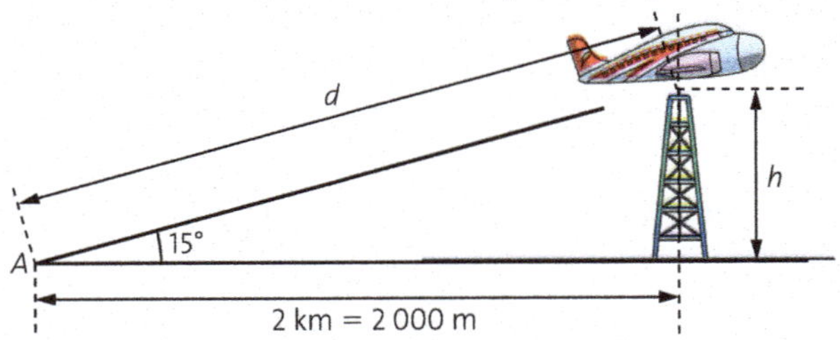

163. DESAFIO Um segmento *AB* de 10 cm faz um ângulo agudo α com a horizontal. Sua projeção *A'B'* na horizontal mede $5\sqrt{3}$ cm. Qual é o valor do ângulo α?

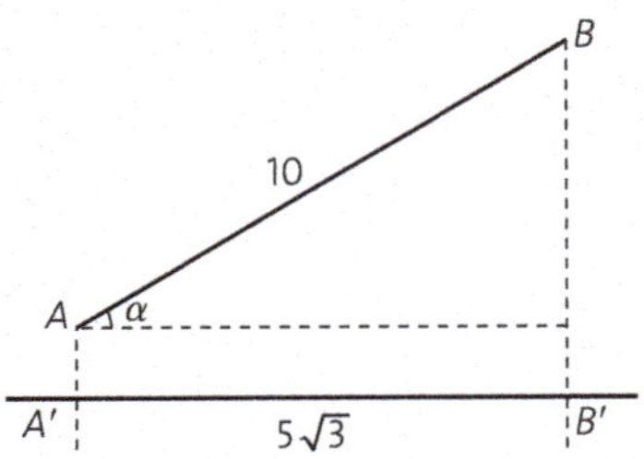

164. (Fuvest-SP) Calcule a medida *x* indicada na figura abaixo:

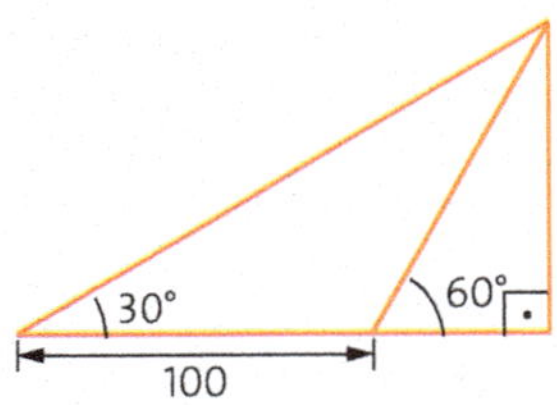

165. Na construção de um telhado foram usadas telhas francesas e o "caimento" do telhado é de 20° em relação ao plano horizontal. Sabendo que, em cada lado da casa, foram construídos 6 m de telhado e que, até a laje do teto, a casa tem 3 m de altura, determine a que altura se encontra o ponto mais alto do telhado dessa casa.

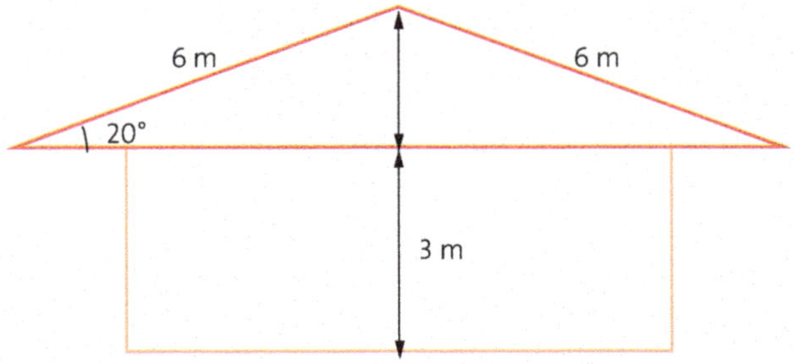

166. A figura abaixo, encontrada no livro de Apianus, *Quadrans astronomicus*, de 1535, mostra a medição da altura de uma torre.

Como se pode observar na figura, aparentemente o homem viu a torre sob um ângulo de 50°, andou 246 unidades de comprimento para trás e novamente viu a torre, agora sob um ângulo de 25°. Supondo esses dados, qual seria a altura da torre, na unidade de medida de comprimento adotada e sem considerar a altura da pessoa que mede?

167. Um raio luminoso monocromático passa de um meio *A* para um meio *B*, de acordo com a figura:

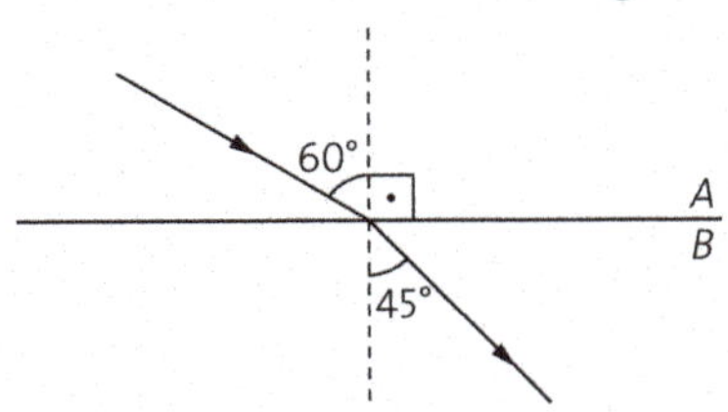

O meio *A* é o ar, em que $n_A = 1$. Determine o índice de refração absoluto do meio *B*. Use a lei de Snell-Descartes: $n_A \cdot \text{sen}\,\hat{i} = n_B \cdot \text{sen}\,\hat{r}$.

Atividades adicionais

1. No triângulo retângulo ao lado, determine o seno, o cosseno e a tangente do ângulo $\hat{B}$, depois, consulte a tabela e determine a medida aproximada de $\hat{B}$, em graus.

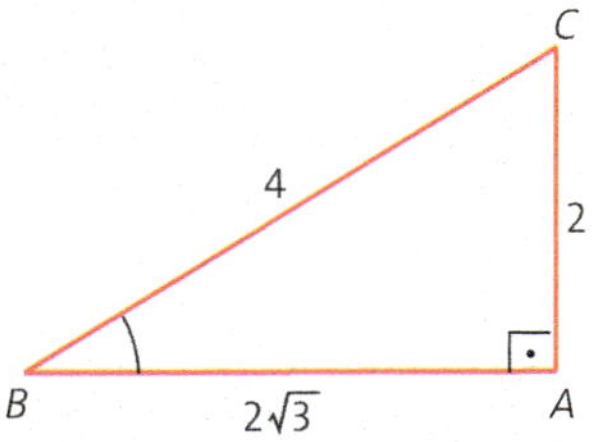

2. Nos triângulos retângulos seguintes, calcule a medida x indicada.

a)

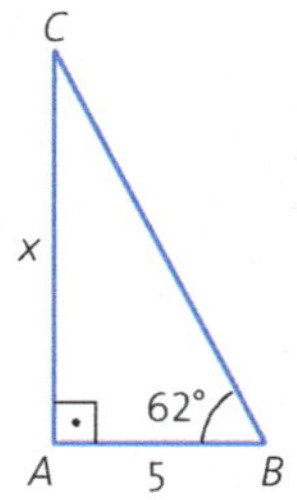

(Dados: sen 62° = 0,88; cos 62° = 0,46 e tg 62° = 1,88.)

b)

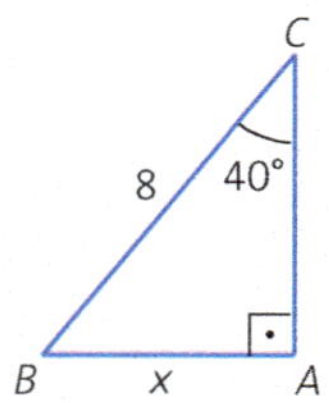

(Dados: sen 40° = 0,64; cos 40° = 0,76 e tg 40° = 0,84.)

c)

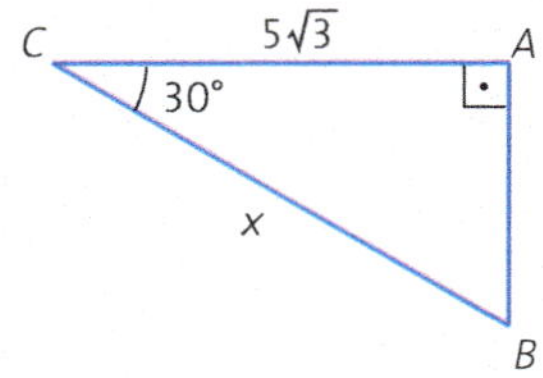

3. No triângulo retângulo da figura ao lado são dados $c = 10$ e $\beta = 35°$. Calcule a, b e α. (Consulte a tabela ou use uma calculadora.)

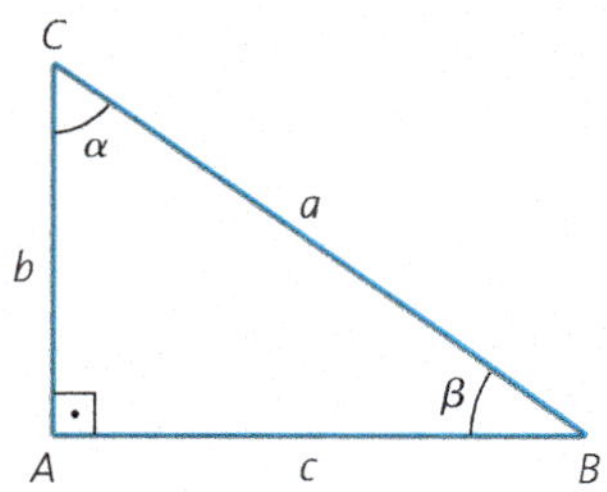

4. Uma rampa tem índice de subida igual a $\frac{13}{40}$. Qual é o ângulo de subida dessa rampa?

5. Um *cowboy* joga uma moeda para o alto. Quando a moeda atinge sua altura máxima, ele dá um tiro nela, com o braço inclinado 60° em relação ao solo, acertando-a. A moeda começa a cair em linha reta, perpendicularmente ao solo, e, com o braço inclinado 45° em relação ao solo, o *cowboy* acerta mais um tiro nela. Sabendo que entre um tiro e outro a moeda caiu 12 m, e que a altura do revólver em relação ao solo na hora dos dois disparos era de 2 m, qual foi a altura máxima alcançada pela moeda?

(**Observação**: Considere que os tiros não desviam a moeda da linha vertical em que ela está caindo.)

6. Uma escada rolante liga dois andares de uma loja e tem inclinação de 30°. Sabendo que a escada rolante tem 10 m de comprimento, qual é a altura entre os dois andares?

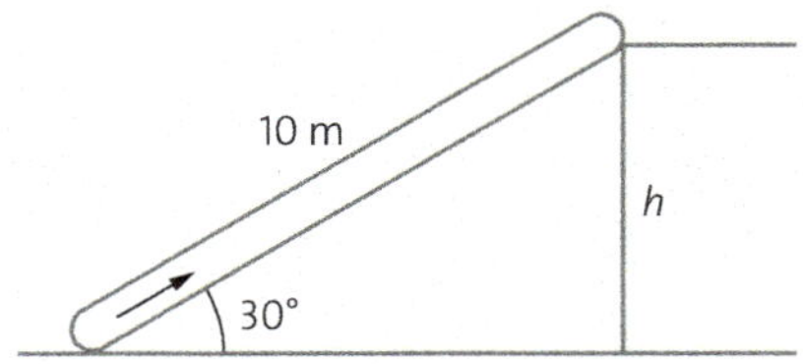

Use o triângulo RSP, retângulo em $\hat{R}$, para responder aos testes de 7 a 10.

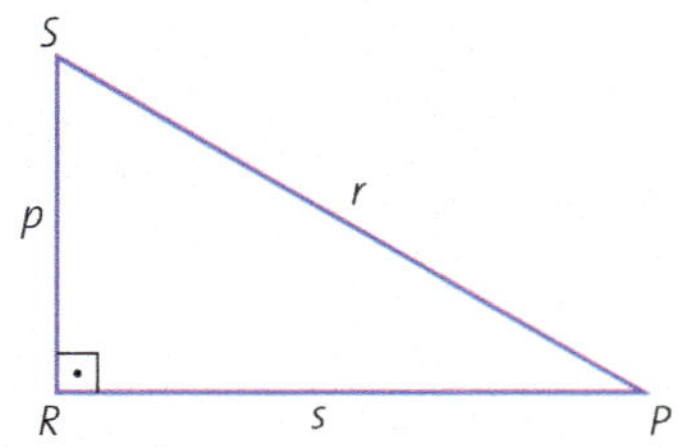

7. A relação de Pitágoras estabelece que:

a) $r^2 + s^2 = p^2$.
b) $r^2 = s^2 \cdot p^2$.
c) $r = s + p$.
d) $r^2 = s^2 + p^2$.
e) $s^2 = p^2 + r^2$.

8. Assinale a única afirmação que não é sempre verdadeira.

a) $\hat{R} + \hat{S} + \hat{P} = 180°$.
b) $\hat{S} = 90° - \hat{P}$.
c) $\hat{R} = \hat{P} + \hat{S}$.
d) $\hat{S} = \hat{P}$.
e) $\hat{P} + \hat{S} = 90°$.

9. Os valores de sen $\hat{P}$, cos $\hat{P}$ e tg $\hat{P}$ correspondem, respectivamente, a:

a) $\frac{p}{r}$, $\frac{s}{r}$ e $\frac{p}{s}$.
b) $\frac{p}{r}$, $\frac{p}{s}$ e $\frac{s}{r}$.
c) $\frac{r}{p}$, $\frac{r}{s}$ e $\frac{s}{p}$.
d) $\frac{p}{r}$, $\frac{s}{r}$ e $\frac{s}{p}$.
e) $\frac{p}{s}$, $\frac{r}{s}$ e $\frac{p}{s}$.

10. Se $p = 3$ e sen $\hat{P} = 0,6$, então os valores de r e s são, respectivamente:

a) 5 e 6.
b) 5 e 4.
c) 6 e 4.
d) 6 e 6.
e) 1,5 e 2.

11. Os lados $\overline{AB}$, $\overline{BC}$ e $\overline{AC}$ do $\triangle ABC$ medem 24 cm, 40 cm e 54 cm, respectivamente. Calcule as medidas de $\overline{AR}$ e $\overline{CR}$ sabendo que $\overline{BR}$ é bissetriz do $\triangle ABC$.

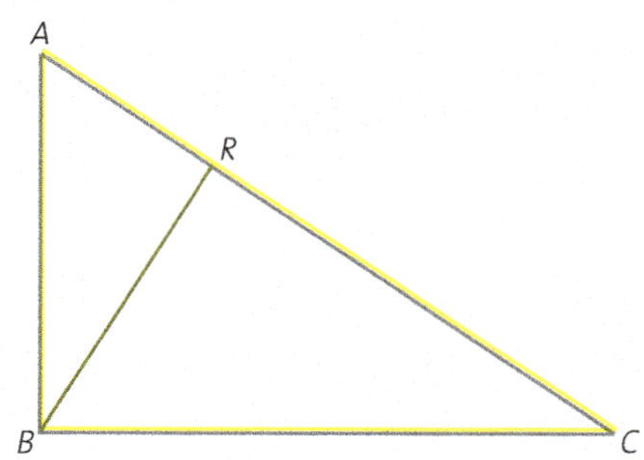

12. No $\triangle EFG$, uma das bissetrizes é $\overline{GM}$. Calcule o perímetro do $\triangle EFG$.

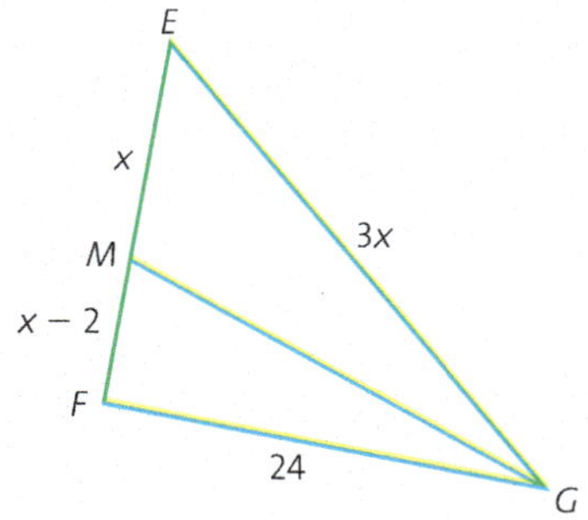

13. Constate, sem fazer medições, que os triângulos desenhados em cada item são semelhantes. Em seguida, determine os valores desconhecidos em centímetros.

a) $\overline{AB} \parallel \overline{QR}$

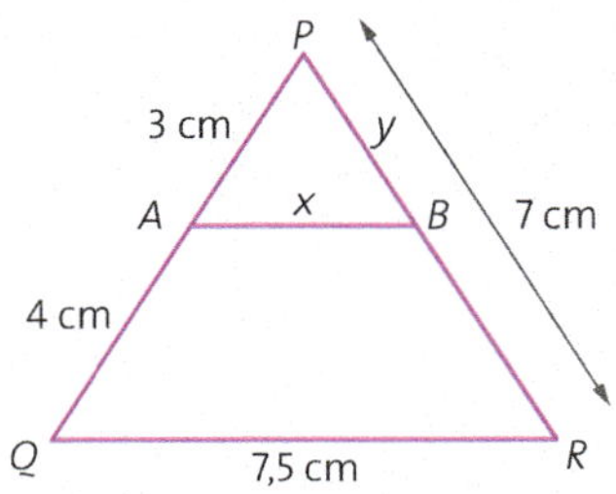

b)

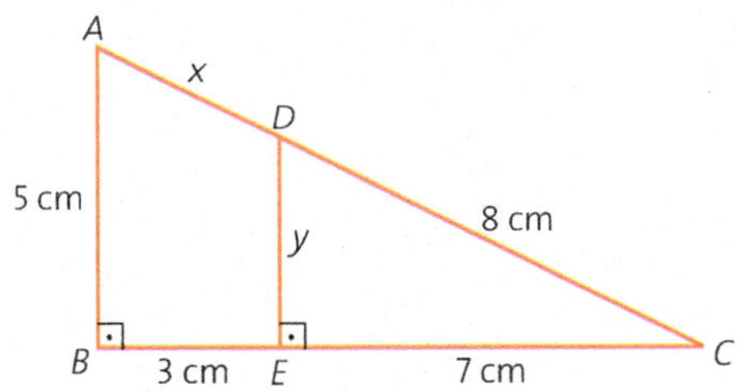

c) $\overline{AB} \parallel \overline{DE}$

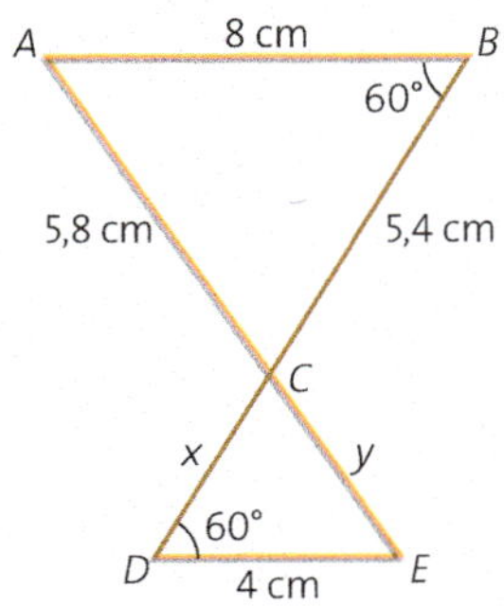

d)

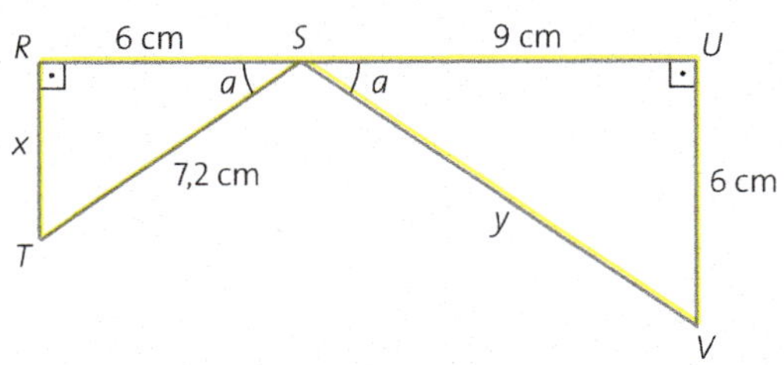

14. Obtenha o valor de x no triângulo abaixo.

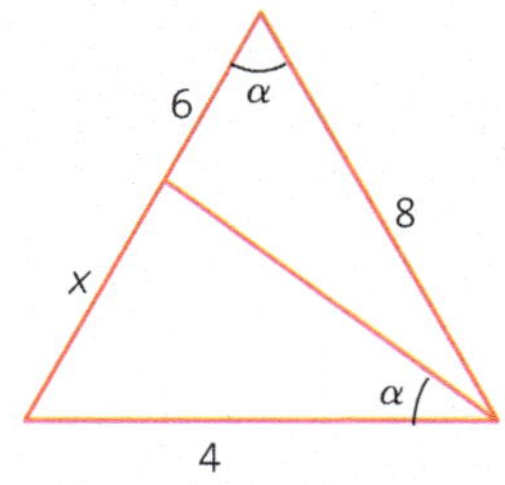

15. Determine o valor de x e y na figura abaixo.

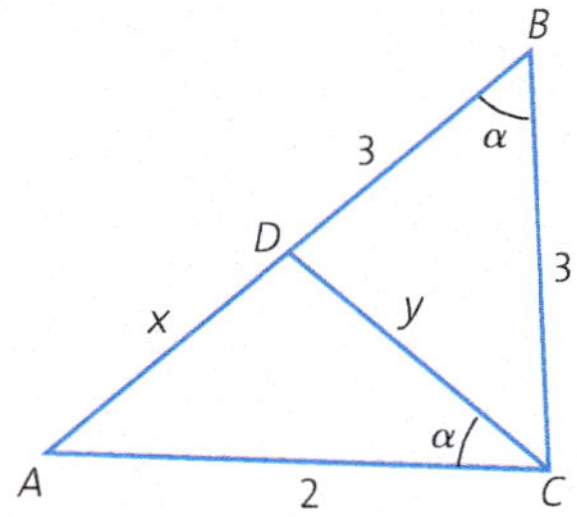

16. Assinale a alternativa que associa corretamente cada elemento da coluna da esquerda com um dos elementos da coluna da direita.

1) mediatriz	I. ortocentro
2) altura	II. baricentro
3) bissetriz	III. incentro
4) mediana	IV. circuncentro

a) 1-II; 2-I; 3-III; 4-IV
b) 1-IV; 2-II; 3-I; 4-III
c) 1-IV; 2-I; 3-II; 4-III
d) 1-I; 2-III; 3-II; 4-IV
e) 1-IV; 2-I; 3-III; 4-II

17. Obtenha o ângulo $H\hat{A}S$ no triângulo abaixo, sabendo que $\overline{AH}$ é a altura e $\overline{AS}$ é a bissetriz.

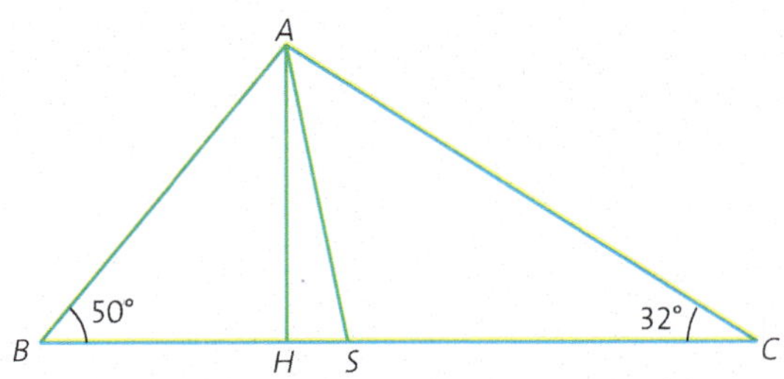

18. Considere um triângulo qualquer ABC. Obtenha o valor de x (segmento AD).

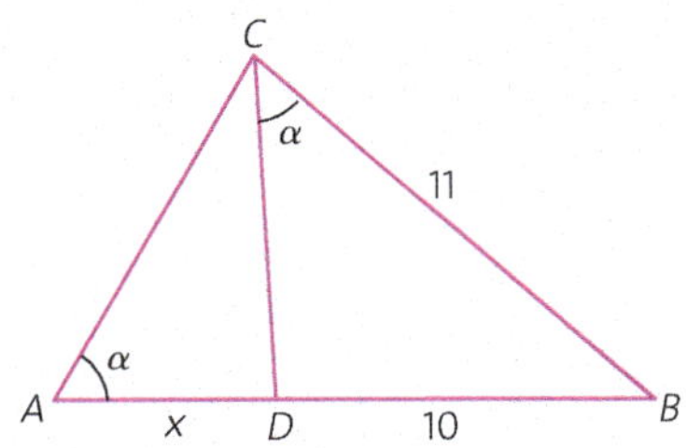

Pensando no Enem

Para determinar a distância de um barco até a praia, um navegante utilizou o seguinte procedimento: a partir de um ponto A, mediu o ângulo visual α fazendo mira em um ponto fixo P da praia. Mantendo o barco no mesmo sentido, ele seguiu até um ponto B de modo que fosse possível ver o mesmo ponto P da praia, no entanto sob um ângulo visual 2α. A figura ilustra essa situação.

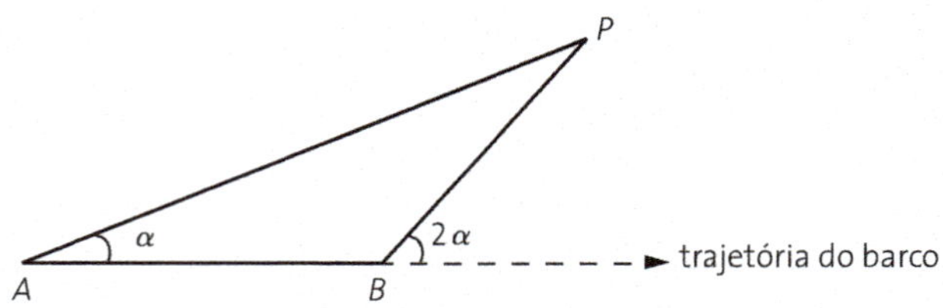

Suponha que o navegante tenha medido o ângulo $\alpha = 30°$ e, ao chegar ao ponto B, verificou que o barco havia percorrido a distância $AB = 2000$ m. Com base nesses dados e mantendo a mesma trajetória, a menor distância do barco até o ponto fixo P será:

a) 1000 m.

b) $1000\sqrt{3}$ m.

c) $2000\frac{\sqrt{3}}{3}$ m.

d) 2000 m.

e) $2000\sqrt{3}$ m.

Resolução

Inicialmente devemos observar a figura e as orientações do enunciado para localizar as informações dadas e as solicitadas pelo problema.

Sabemos que a distância entre os pontos A e B mede 2000 m e que o ângulo α mede 30°, assim podemos concluir rapidamente que o ângulo 2α mede 60°.

A menor distância do barco (mantendo a trajetória) até o ponto P, que chamaremos de d, não aparece no desenho original e será obtida medindo-se o comprimento do segmento perpendicular à trajetória que intercepta o ponto P, de acordo com a representação abaixo.

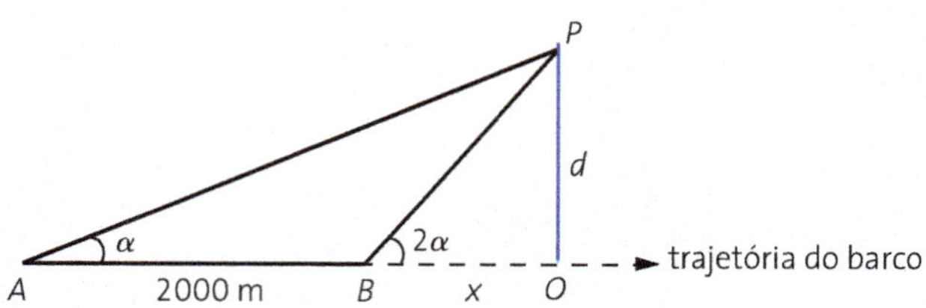

Com base na representação anterior, note que não sabemos qual é a distância entre os pontos B e O, e por isso chamaremos essa distância de x e passaremos a trabalhar com dois triângulos retângulos: AOP e BOP. É importante perceber que a distância entre os pontos A e O não é 2000 m, e sim $(2000 + x)$ m.

Para o triângulo BOP temos, em relação ao ângulo de 60°:

- cateto oposto: d
- cateto adjacente: x

Para o triângulo AOP temos, em relação ao ângulo de 30°:

- cateto oposto: d
- cateto adjacente: $2\,000 + x$

Nas duas figuras usaremos a tangente de um ângulo, dada pela razão $\frac{\text{cateto oposto}}{\text{cateto adjacente}} = \text{tg}\ \alpha$.

No triângulo BOP, temos: $\text{tg}\ 60° = \frac{d}{x}$.

Como $\text{tg}\ 60° = \sqrt{3}$, substituímos na fórmula obtendo:

$$\text{tg}\ 60° = \frac{d}{x} \Rightarrow \sqrt{3} = \frac{d}{x} \Rightarrow d = x\sqrt{3}$$

Já para o triângulo AOP, temos: $\text{tg}\ 30° = \frac{d}{2000 + x}$.

Como $\text{tg}\ 30° = \frac{\sqrt{3}}{3}$ e $d = x\sqrt{3}$, substituímos na fórmula e obtemos:

$$\text{tg}\ 30° = \frac{d}{2000 + x} \Rightarrow \frac{\sqrt{3}}{3} = \frac{x\sqrt{3}}{2000 + x}$$

Resolvendo:

$$\frac{\sqrt{3}}{3} = \frac{x\sqrt{3}}{2000 + x} \Rightarrow 3x\sqrt{3} = 2000\sqrt{3} + x\sqrt{3} \Rightarrow$$

$$\Rightarrow 3x\sqrt{3} - x\sqrt{3} = 2000\sqrt{3} \Rightarrow$$

$$\Rightarrow 2x\sqrt{3} = 2000\sqrt{3} \Rightarrow x = 1000$$

Cuidado, pois o enunciado solicita a determinação da distância d, e não o valor de x; então:

$$d = x\sqrt{3} = 1000\sqrt{3}$$

Resposta: alternativa **b**.

Vestibulares de Norte a Sul

1. **NE** (UFPB) Em parques infantis, é comum encontrar um brinquedo, chamado escorrego, constituído de uma superfície plana inclinada e lisa (rampa), por onde as crianças deslizam, e de uma escada que dá acesso à rampa. No parque de certa praça, há um escorrego, apoiado em um piso plano horizontal, cuja escada tem 2 m de comprimento e forma um ângulo de 45° com o piso; e a rampa forma um ângulo de 30° com o piso, conforme ilustrado na figura abaixo.

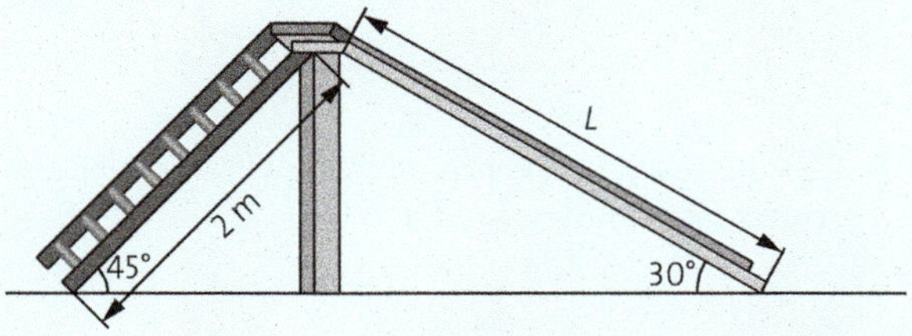

De acordo com essas informações, é correto afirmar que o comprimento (L) da rampa é de:

a) $\sqrt{2}$ m.
b) $2\sqrt{2}$ m.
c) $3\sqrt{2}$ m.
d) $4\sqrt{2}$ m.
e) $5\sqrt{2}$ m.

2. **NE** (Unit-SE) Do topo de um mastro vertical é esticado um fio de arame até o plano do chão, conforme mostra a figura abaixo:

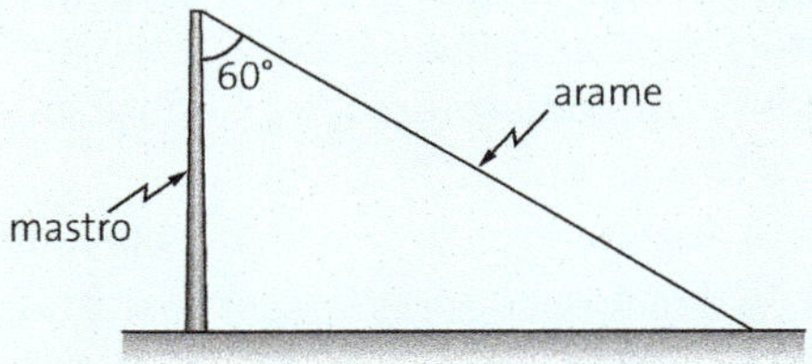

Se o fio tem 16,4 m de comprimento, a altura do mastro, em metros, é:

a) 7,2. b) 7,6. c) 7,8. d) 8,2. e) 8,8.

3. **NE** (UFPB) Ao empinar uma pipa, João percebeu que estava a uma distância de 6 m do poste onde a pipa engalhou. Maria notou que a tangente do ângulo α formado entre a linha da pipa e a rua era $\frac{4}{3}$, como mostra a figura.

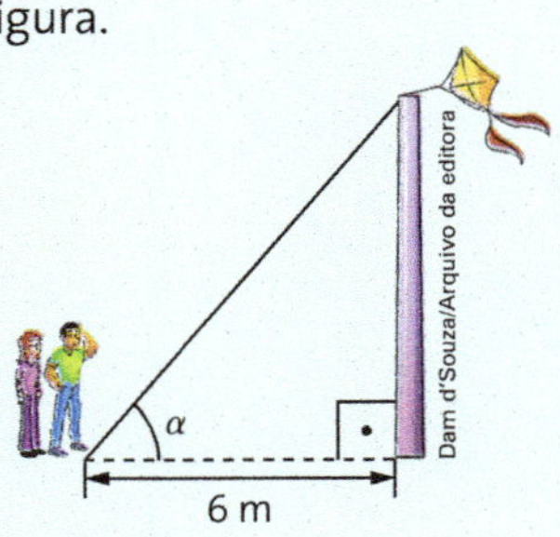

A altura do poste é:

a) 4,5 m. b) 6 m. c) 7,5 m. d) 8 m. e) 9 m.

4. **NE** (UFRN) A figura abaixo é formada por três triângulos retângulos. As medidas dos catetos do primeiro triângulo são iguais a 1. Nos demais triângulos, um dos catetos é igual à hipotenusa do triângulo anterior e o outro cateto tem medida igual a 1. Considerando os ângulos α, β e γ na figura abaixo, atenda às solicitações seguintes.

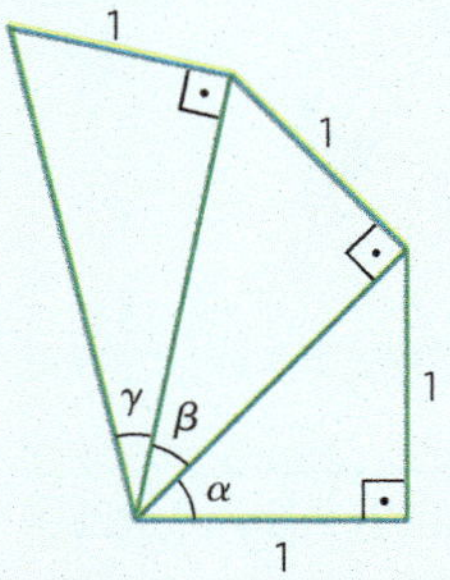

a) Calcule tg α, tg β e tg γ.
b) Calcule os valores de α e γ.
c) Justifique por que $105° < \alpha + \beta + \gamma < 120°$.

5. **N** (UFRR) No triângulo ABC abaixo, o segmento de reta $\overline{AD}$ é a bissetriz do ângulo $\hat{A}$.

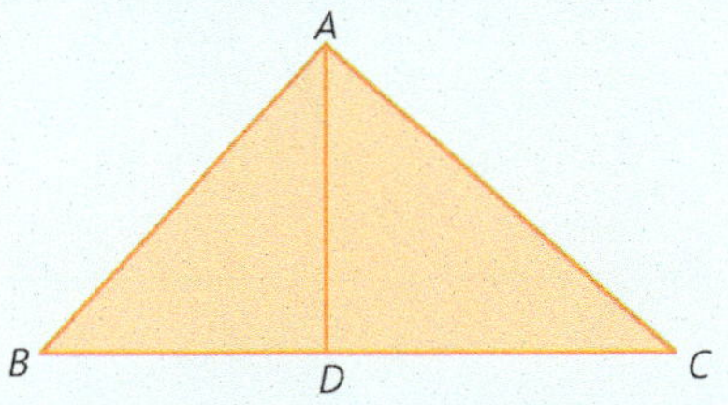

Se $\overline{BD}$ mede 2,1 cm, $\overline{DC}$ mede 2,8 cm e a soma das medidas dos lados do triângulo é 14 cm, os lados $\overline{AB}$ e $\overline{AC}$ medem em cm, respectivamente:

a) 3,9 e 5,2.
b) 3,8 e 5,3.
c) 4,9 e 4,2.
d) 4,5 e 4,6.
e) 3,6 e 5,5.

6. **N** (Ufam) Use o triângulo SPQ, retângulo em S.

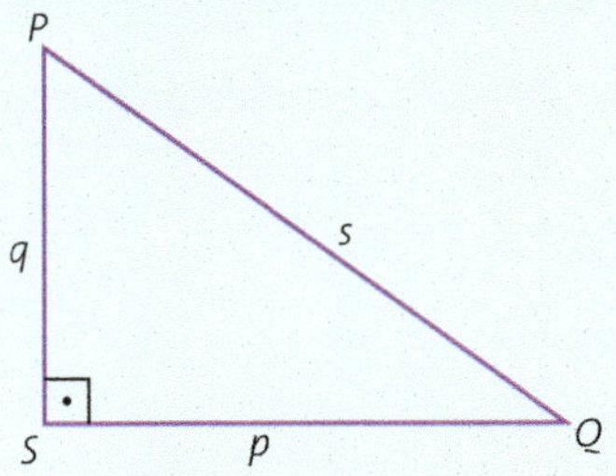

Então os valores de sen $\hat{Q}$, cos $\hat{Q}$ e tg $\hat{Q}$ correspondem respectivamente a:

a) $\frac{q}{p}$, $\frac{s}{p}$ e $\frac{q}{p}$.
b) $\frac{q}{s}$, $\frac{q}{p}$ e $\frac{p}{s}$.
c) $\frac{s}{q}$, $\frac{s}{p}$ e $\frac{p}{q}$.
d) $\frac{q}{s}$, $\frac{p}{s}$ e $\frac{p}{q}$.
e) $\frac{q}{s}$, $\frac{p}{s}$ e $\frac{q}{p}$.

7. **CO** (UFG-GO) Para dar sustentação a um poste telefônico utilizou-se outro poste com 8 m de comprimento, fixado ao solo a 4 m de distância do poste telefônico, inclinado sob um ângulo de 60°, conforme a figura abaixo.

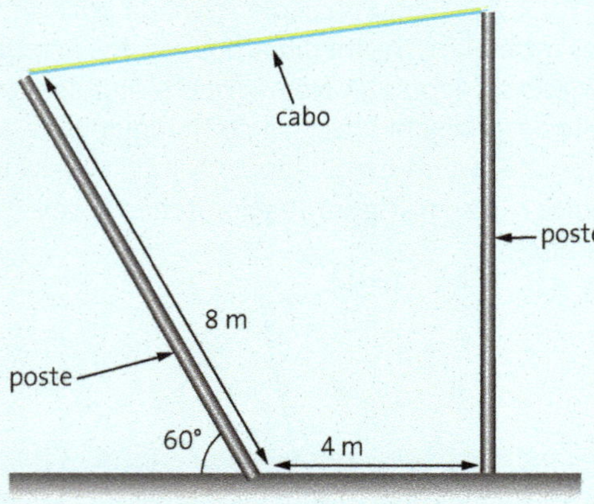

Considerando-se que foram utilizados 10 m de cabo para ligar os dois postes, determine a altura do poste telefônico em relação ao solo.

8. **SE** (FGV-SP) Considere as retas *r*, *s*, *t*, *u* todas num mesmo plano, com $r \parallel u$.

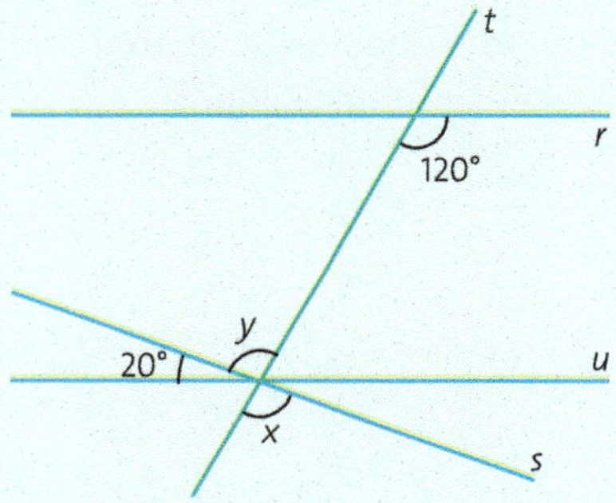

O valor em graus de $(2x + 3y)$ é:

a) 64°.
b) 500°.
c) 520°.
d) 660°.
e) 580°.

9. **SE** (Fuvest-SP) Calcule a medida *x* indicada na figura abaixo.

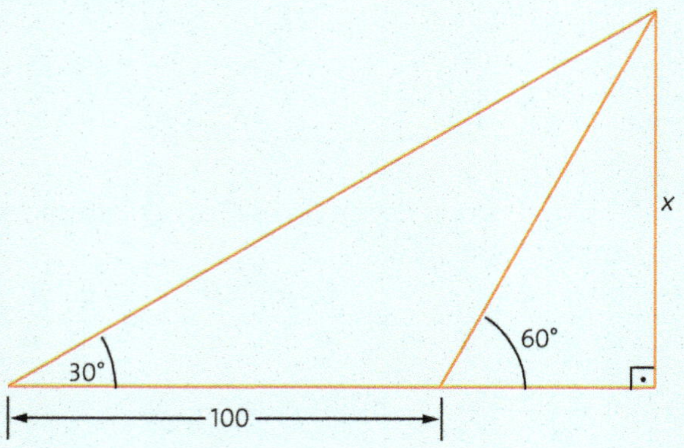

10. **SE** (UPM-SP) Calcule a medida do segmento $\overline{AB}$ na figura abaixo, sabendo que *BCDE* é um retângulo.

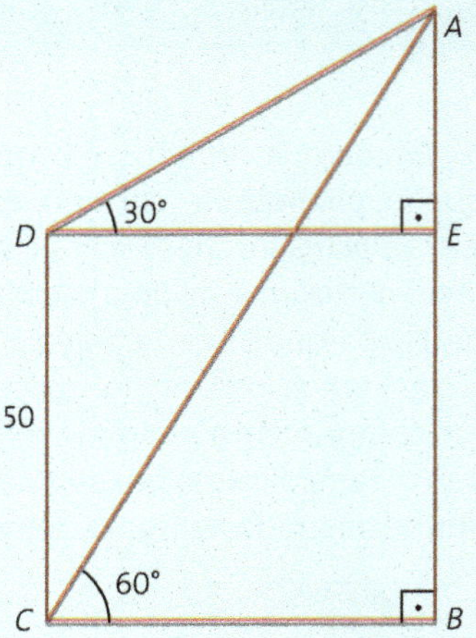

11. **S** (Udesc) Sobre um plano inclinado deverá ser construída uma escadaria.

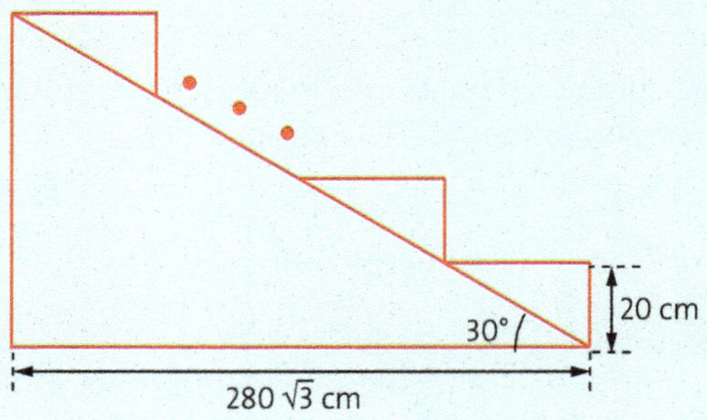

Sabendo que cada degrau da escada deverá ter uma altura de 20 cm e que a base do plano inclinado mede $280\sqrt{3}$ cm, conforme mostra a figura, então a escada deverá ter:

a) 10 degraus.
b) 28 degraus.
c) 14 degraus.
d) 54 degraus.
e) 16 degraus.

12. **S** (UEM-PR) Para obter a altura $\overline{CD}$ de uma torre, um matemático, utilizando um aparelho, estabeleceu a horizontal $\overline{AB}$ e determinou as medidas dos ângulos $\alpha = 30°$ e $\beta = 60°$ e a medida do segmento $BC = 5$ m, conforme especificado na figura. Nessas condições, a altura da torre, em metros, é...

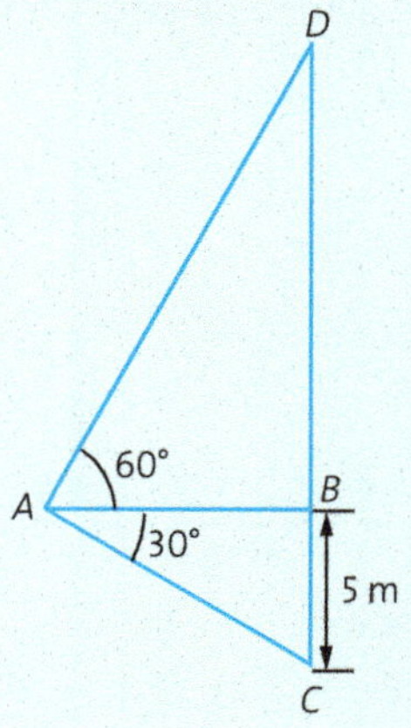

Tabela de razões trigonométricas

Ângulo	sen	cos	tg	Ângulo	sen	cos	tg
1°	0,017	1,000	0,017	46°	0,719	0,695	1,036
2°	0,035	0,999	0,035	47°	0,731	0,682	1,072
3°	0,052	0,999	0,052	48°	0,743	0,669	1,111
4°	0,070	0,998	0,070	49°	0,755	0,656	1,150
5°	0,087	0,996	0,087	50°	0,766	0,643	1,192
6°	0,105	0,995	0,105	51°	0,777	0,629	1,235
7°	0,122	0,993	0,123	52°	0,788	0,616	1,280
8°	0,139	0,990	0,141	53°	0,799	0,602	1,327
9°	0,156	0,988	0,158	54°	0,809	0,588	1,376
10°	0,174	0,985	0,176	55°	0,819	0,574	1,428
11°	0,191	0,982	0,194	56°	0,829	0,559	1,483
12°	0,208	0,978	0,213	57°	0,839	0,545	1,540
13°	0,225	0,974	0,231	58°	0,848	0,530	1,600
14°	0,242	0,970	0,249	59°	0,857	0,515	1,664
15°	0,259	0,966	0,268	60°	0,866	0,500	1,732
16°	0,276	0,961	0,287	61°	0,875	0,485	1,804
17°	0,292	0,956	0,306	62°	0,883	0,469	1,881
18°	0,309	0,951	0,325	63°	0,891	0,454	1,963
19°	0,326	0,946	0,344	64°	0,899	0,438	2,050
20°	0,342	0,940	0,364	65°	0,906	0,423	2,145
21°	0,358	0,934	0,384	66°	0,914	0,407	2,246
22°	0,375	0,927	0,404	67°	0,921	0,391	2,356
23°	0,391	0,921	0,424	68°	0,927	0,375	2,475
24°	0,407	0,914	0,445	69°	0,934	0,358	2,605
25°	0,423	0,906	0,466	70°	0,940	0,342	2,747
26°	0,438	0,899	0,488	71°	0,946	0,326	2,904
27°	0,454	0,891	0,510	72°	0,951	0,309	3,078
28°	0,469	0,883	0,532	73°	0,956	0,292	3,271
29°	0,485	0,875	0,554	74°	0,961	0,276	3,487
30°	0,500	0,866	0,577	75°	0,966	0,259	3,732
31°	0,515	0,857	0,601	76°	0,970	0,242	4,011
32°	0,530	0,848	0,625	77°	0,974	0,225	4,332
33°	0,545	0,839	0,649	78°	0,978	0,208	4,705
34°	0,559	0,829	0,675	79°	0,982	0,191	5,145
35°	0,574	0,819	0,700	80°	0,985	0,174	5,671
36°	0,588	0,809	0,727	81°	0,988	0,156	6,314
37°	0,602	0,799	0,754	82°	0,990	0,139	7,115
38°	0,616	0,788	0,781	83°	0,993	0,122	8,144
39°	0,629	0,777	0,810	84°	0,995	0,105	9,514
40°	0,643	0,766	0,839	85°	0,996	0,087	11,430
41°	0,656	0,755	0,869	86°	0,998	0,070	14,301
42°	0,669	0,743	0,900	87°	0,999	0,052	19,081
43°	0,682	0,731	0,933	88°	0,999	0,035	28,636
44°	0,695	0,719	0,966	89°	1,000	0,017	57,290
45°	0,707	0,707	1,000				

Caiu no Enem

1. O governo cedeu terrenos para que famílias construíssem suas residências com a condição de que no mínimo 94% da área do terreno fosse mantida como área de preservação ambiental. Ao receber o terreno retangular $ABCD$, em que $AB = \frac{BC}{2}$, Antônio demarcou uma área quadrada no vértice A, para a construção de sua residência, de acordo com o desenho, no qual $AE = \frac{AB}{5}$ é lado do quadrado.

Nesse caso, a área definida por Antônio atingiria exatamente o limite determinado pela condição se ele:
a) duplicasse a medida do lado do quadrado.
b) triplicasse a medida do lado do quadrado.
c) triplicasse a área do quadrado.
d) ampliasse a medida do lado do quadrado em 4%.
e) ampliasse a área do quadrado em 4%.

2. O quadro apresenta informações da área aproximada de cada bioma brasileiro.

Biomas continentais brasileiros	Área aproximada (km^2)	Área/ total Brasil
Amazônia	4 196 943	49,29%
Cerrado	2 036 448	23,92%
Mata Atlântica	1 110 182	13,04%
Caatinga	844 453	9,92%
Pampa	176 496	2,07%
Pantanal	150 355	1,76%
Área/total Brasil	8 514 877	

Disponível em: <www.ibge.gov.br>. Acesso em: 10 jul. 2009 (adaptado).

É comum em conversas informais, ou mesmo em noticiários, o uso de múltiplos da área de um campo de futebol (com as medidas de 120 m × 90 m) para auxiliar a visualização de áreas consideradas extensas.

Nesse caso, qual é o número de campos de futebol correspondente à área aproximada do bioma Pantanal?
a) 1 400.
b) 14 000.
c) 140 000.
d) 1 400 000.
e) 14 000 000.

3. A vazão do rio Tietê, em São Paulo, constitui preocupação constante nos períodos chuvosos. Em alguns trechos, são construídas canaletas para controlar o fluxo de água. Uma dessas canaletas, cujo corte vertical determina a forma de um trapézio isósceles, tem as medidas especificadas na figura I. Neste caso, a vazão da água é de 1 050 m^3/s. O cálculo da vazão, Q em m^3/s, envolve o produto da área A do setor transversal (por onde passa a água), em m^2, pela velocidade da água no local, v, em m/s, ou seja, $Q = A \cdot v$.
Planeja-se uma reforma na canaleta, com as dimensões especificadas na figura II, para evitar a ocorrência de enchentes.

Figura I

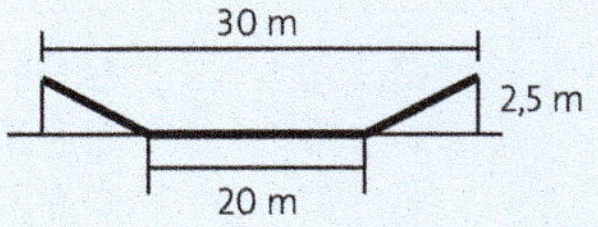

Figura II

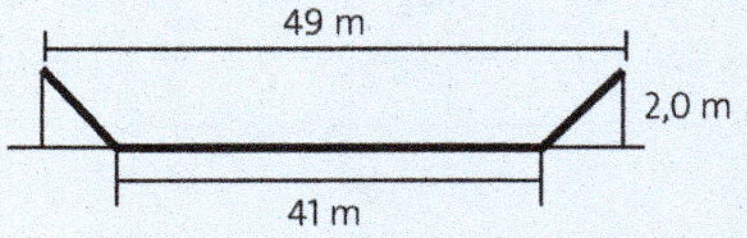

Na suposição de que a velocidade da água não se alterará, qual a vazão esperada para depois da reforma na canaleta?
a) 90 m^3/s
b) 750 m^3/s
c) 1 050 m^3/s
d) 1 512 m^3/s
e) 2 009 m^3/s

4. A rampa de um hospital tem na sua parte mais elevada uma altura de 2,2 metros. Um paciente ao caminhar sobre a rampa percebe que se deslocou 3,2 metros e alcançou uma altura de 0,8 metro.
A distância, em metros, que o paciente ainda deve caminhar para atingir o ponto mais alto da rampa é:
a) 1,16 metro.
b) 3,0 metros.
c) 5,4 metros.
d) 5,6 metros.
e) 7,04 metros.

5. A população mundial está ficando mais velha, os índices de natalidade diminuíram e a expectativa de vida aumentou. No gráfico seguinte, são apresentados dados obtidos por pesquisa realizada pela Organização das Nações Unidas (ONU), a respeito da quantidade de pessoas com 60 anos ou mais em todo o mundo. Os números da coluna da direita representam as faixas percentuais. Por exemplo, em 1950 havia 95 milhões de pessoas com 60 anos ou mais nos países desenvolvidos, número entre 10% e 15% da população total nos países desenvolvidos.

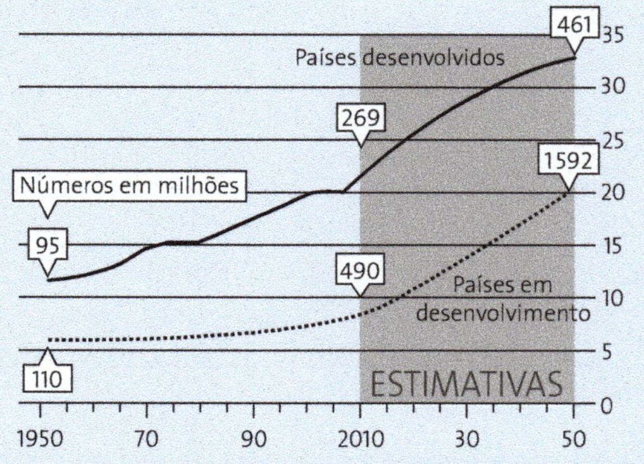

Fonte: "Perspectivas da população mundial", ONU, 2009. Disponível em: <www.economist.com>. Acesso em: 9 jul. 2009 (adaptado).

Suponha que o modelo exponencial $y = 363e^{0,03x}$, em que $x = 0$, corresponde ao ano 2000, $x = 1$ corresponde ao ano 2001, e assim sucessivamente, e que y é a população em milhões de habitantes no ano x, seja usado para estimar essa população com 60 anos ou mais de idade nos países em desenvolvimento entre 2010 e 2050. Desse modo, considerando $e^{0,3} = 1,35$, estima-se que a população com 60 anos ou mais estará, em 2030, entre:

a) 490 e 510 milhões.
b) 550 e 620 milhões.
c) 780 e 800 milhões.
d) 810 e 860 milhões.
e) 870 e 910 milhões.

6. Em setembro de 1987, Goiânia foi palco do maior acidente radioativo ocorrido no Brasil, quando uma amostra de césio-137, removida de um aparelho de radioterapia abandonado, foi manipulada inadvertidamente por parte da população. A meia-vida do césio-137 é 30 anos e a quantidade restante de massa de um material radioativo, após t anos, é calculada pela expressão $M(t) = A \cdot (2,7)^{kt}$, onde A é a massa inicial e k é uma constante negativa.

Considere 0,3 como aproximação para $\log_{10}2$.

Qual o tempo necessário, em anos, para que uma quantidade de massa do césio-137 se reduza a 10% da quantidade inicial?

a) 27
b) 36
c) 50
d) 54
e) 100

7. Se pudéssemos reunir em esferas toda a água do planeta, os diâmetros delas seriam:

1385 km	Toda água do planeta 1,39 bilhão de km^3
406 km	Água doce do planeta 35,03 milhões de km^3
272 km	Água doce subterrânea 10,53 milhões de km^3
58 km	Água doce superficial 104,59 mil km^3

Guia do estudante: atualidades e vestibulares + Enem. São Paulo: Abril, 2009.

A razão entre o volume da esfera que corresponde à água doce superficial e o volume da esfera que corresponde à água doce do planeta é:

a) $\frac{1}{343}$.
b) $\frac{1}{49}$.
c) $\frac{1}{7}$.
d) $\frac{29}{136}$.
e) $\frac{136}{203}$.

8. As figuras a seguir exibem um trecho de um quebra-cabeças que está sendo montado. Observe que as peças são quadradas e há 8 peças no tabuleiro da figura **A** e 8 peças no tabuleiro da figura **B**. As peças são retiradas do tabuleiro da figura **B** e colocadas no tabuleiro da figura **A** na posição correta, isto é, de modo a completar os desenhos.

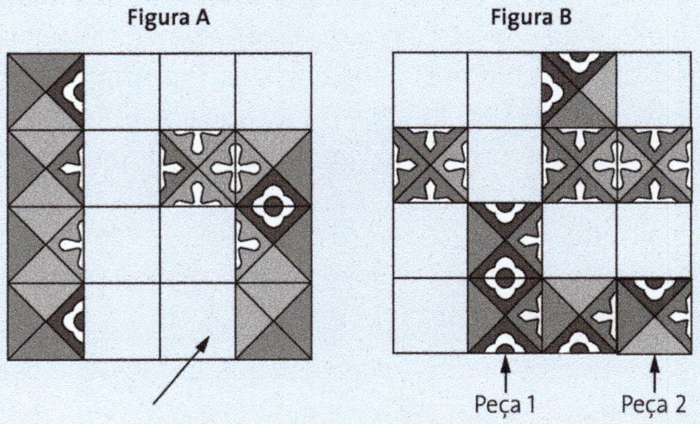

Disponível em: <http://pt.eternityii.com>. Acesso em: 14 jul. 2009.

É possível preencher corretamente o espaço indicado pela seta no tabuleiro da figura **A** colocando a peça:

a) 1 após girá-la 90° no sentido horário.
b) 1 após girá-la 180° no sentido anti-horário.
c) 2 após girá-la 90° no sentido anti-horário.
d) 2 após girá-la 180° no sentido horário.
e) 2 após girá-la 270° no sentido anti-horário.

9. Ao morrer, o pai de João, Pedro e José deixou como herança um terreno retangular de 3 km × 2 km que contém uma área de extração de ouro delimitada por um quarto de círculo de raio 1 km a partir do canto inferior esquerdo da propriedade. Dado o maior valor da área de extração de ouro, os irmãos acordaram em repartir a propriedade de modo que cada um ficasse com a terça parte da área de extração, conforme mostra a figura.

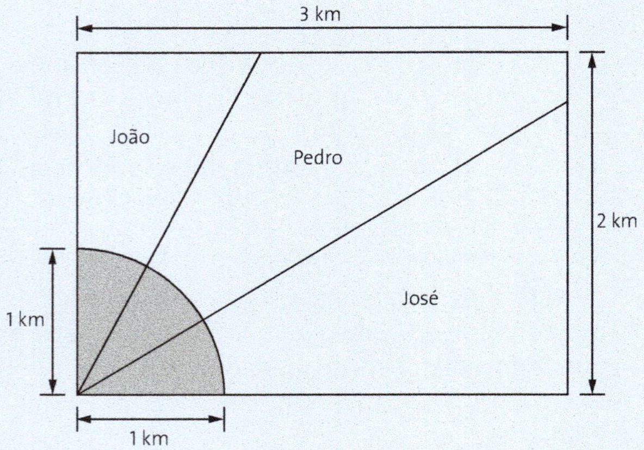

Em relação à partilha proposta, constata-se que a porcentagem da área do terreno que coube a João corresponde, aproximadamente, a:

$\left(\text{Considere } \frac{\sqrt{3}}{3} = 0{,}58.\right)$

a) 50%.
b) 43%.
c) 37%.
d) 33%.
e) 19%.

10. O Salto Triplo é uma modalidade do atletismo em que o atleta dá um salto em um só pé, uma passada e um salto, nessa ordem. Sendo que o salto com impulsão em um só pé será feito de modo que o atleta caia primeiro sobre o mesmo pé que deu a impulsão; na passada ele cairá com o outro pé, do qual o salto é realizado.

Disponível em: <www.cbat.org.br> (adaptado).

Um atleta da modalidade Salto Triplo, depois de estudar seus movimentos, percebeu que, do segundo para o primeiro salto, o alcance diminuía em 1,2 m, e, do terceiro para o segundo salto, o alcance diminuía 1,5 m. Querendo atingir a meta de 17,4 m nessa prova e considerando os seus estudos, a distância alcançada no primeiro salto teria de estar entre:

a) 4,0 m e 5,0 m.
b) 5,0 m e 6,0 m.
c) 6,0 m e 7,0 m.
d) 7,0 m e 8,0 m.
e) 8,0 m e 9,0 m.

11. Um balão atmosférico, lançado em Bauru (343 quilômetros a noroeste de São Paulo), na noite do último domingo, caiu nesta segunda-feira em Cuiabá Paulista, na região de Presidente Prudente, assustando agricultores da região. O artefato faz parte do programa Projeto Hibiscus, desenvolvido por Brasil, França, Argentina, Inglaterra e Itália, para a medição do comportamento da camada de ozônio, e sua descida se deu após o cumprimento do tempo previsto de medição.

Disponível em: <www.correiodobrasil.com.br>.
Acesso em: 2 maio 2010.

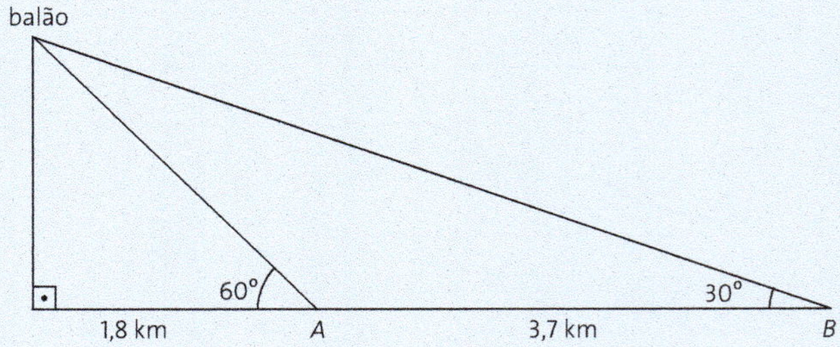

Na data do acontecido, duas pessoas avistaram o balão. Uma estava a 1,8 km da posição vertical do balão e o avistou sob um ângulo de 60°; a outra estava a 5,5 km da posição vertical do balão, alinhada com a primeira, e no mesmo sentido, conforme se vê na figura, e o avistou sob um ângulo de 30°.
Qual a altura aproximada em que se encontrava o balão?

a) 1,8 km
b) 1,9 km
c) 3,1 km
d) 3,7 km
e) 5,5 km

12. O jornal de certa cidade publicou em uma página inteira a seguinte divulgação de seu caderno de classificados.

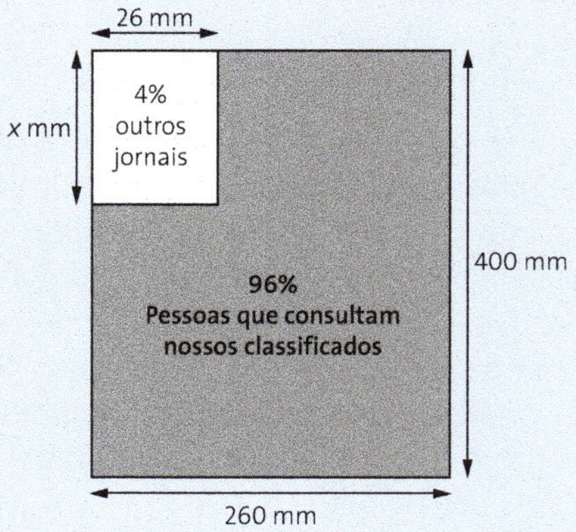

Para que a propaganda seja fidedigna à porcentagem da área que aparece na divulgação, a medida do lado do retângulo que representa os 4% deve ser de aproximadamente:

a) 1 mm.
b) 10 mm.
c) 17 mm.
d) 160 mm.
e) 167 mm.

13. Em canteiros de obras de construção civil é comum perceber trabalhadores realizando medidas de comprimento e de ângulos e fazendo demarcações por onde a obra deve começar ou se erguer. Em um desses canteiros foram feitas algumas marcas no chão plano. Foi possível perceber que, das seis estacas colocadas, três eram vértices de um triângulo retângulo e as outras três eram os pontos médios dos lados desse triângulo, conforme pode ser visto na figura, em que as estacas foram indicadas por letras.

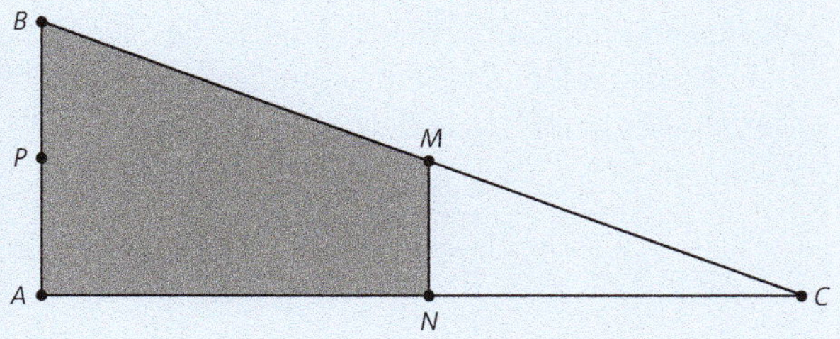

A região demarcada pelas estacas *A*, *B*, *M* e *N* deveria ser calçada com concreto.

Nessas condições, a área a ser calçada corresponde:

a) à mesma área do triângulo *AMC*.
b) à mesma área do triângulo *BNC*.
c) à metade da área formada pelo triângulo *ABC*.
d) ao dobro da área do triângulo *MNC*.
e) ao triplo da área do triângulo *MNC*.

14. O número mensal de passagens de uma determinada empresa aérea aumentou no ano passado nas seguintes condições: em janeiro foram vendidas 33 000 passagens; em fevereiro, 34 500; em março, 36 000. Esse padrão de crescimento se mantém para os meses subsequentes.

Quantas passagens foram vendidas por essa empresa em julho do ano passado?

a) 38 000
b) 40 500
c) 41 000
d) 42 000
e) 48 000

15.

Dam d'Souza/Arquivo da editora

Disponível em: <www.diaadia.pr.gov.br>. Acesso em: 28 abr. 2010.

O polígono que dá forma a essa calçada é invariante por rotações, em torno de seu centro, de:

a) 45°.
b) 60°.
c) 90°.
d) 120°.
e) 180°.

16. O trabalho em empresas de festas exige dos profissionais conhecimentos de diferentes áreas. Na semana passada, todos os funcionários de uma dessas empresas estavam envolvidos na tarefa de determinar a quantidade de estrelas que seriam utilizadas na confecção de um painel de Natal.

Um dos funcionários apresentou um esboço das primeiras cinco linhas do painel, que terá, no total, 150 linhas.

Após avaliar o esboço, cada um dos funcionários esboçou sua resposta:

Funcionário I: aproximadamente 200 estrelas.
Funcionário II: aproximadamente 6 000 estrelas.
Funcionário III: aproximadamente 12 000 estrelas.
Funcionário IV: aproximadamente 22 500 estrelas.
Funcionário V: aproximadamente 22 800 estrelas.

Qual funcionário apresentou um resultado mais próximo da quantidade de estrelas necessária?

a) I
b) II
c) III
d) IV
e) V

17. Um restaurante utiliza, para servir bebidas, bandejas com bases quadradas. Todos os copos desse restaurante têm o formato representado na figura:

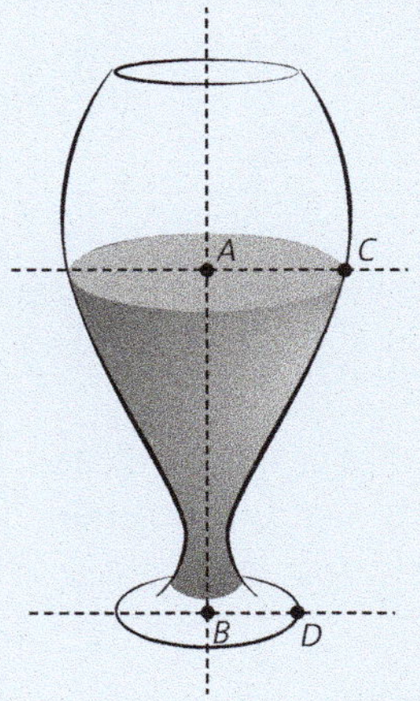

Considere que $\overline{AC} = \frac{7}{5}\overline{BD}$ e que ℓ é a medida de um dos lados da base da bandeja.

Qual deve ser o menor valor da razão $\frac{\ell}{\overline{BD}}$ para que uma bandeja tenha capacidade de portar exatamente quatro copos de uma só vez?

a) 2
b) $\frac{14}{5}$
c) 4
d) $\frac{24}{5}$
e) 28,5

18. Em uma certa cidade, os moradores de um bairro carente de espaços de lazer reivindicam à prefeitura municipal a construção de uma praça. A prefeitura concorda com a solicitação e afirma que irá construí-la em formato retangular devido às características técnicas do terreno. Restrições de natureza orçamentária impõem que sejam gastos, no máximo, 180 m de tela para cercar a praça. A prefeitura apresenta aos moradores desse bairro as medidas dos terrenos disponíveis para a construção da praça:

Terreno 1: 55 m × 45 m
Terreno 2: 55 m × 55 m
Terreno 3: 60 m × 30 m
Terreno 4: 70 m × 20 m
Terreno 5: 95 m × 85 m

Para optar pelo terreno de maior área, que atenda às restrições impostas pela prefeitura, os moradores deverão escolher o terreno:

a) 1. c) 3. e) 5.
b) 2. d) 4.

19. Um forro retangular de tecido traz em sua etiqueta a informação de que encolherá após a primeira lavagem mantendo, entretanto, seu formato. A figura a seguir mostra as medidas originais do forro e o tamanho do encolhimento (x) no comprimento e (y) na largura. A expressão algébrica que representa a área do forro após ser lavado é $(5 - x) \cdot (3 - y)$.

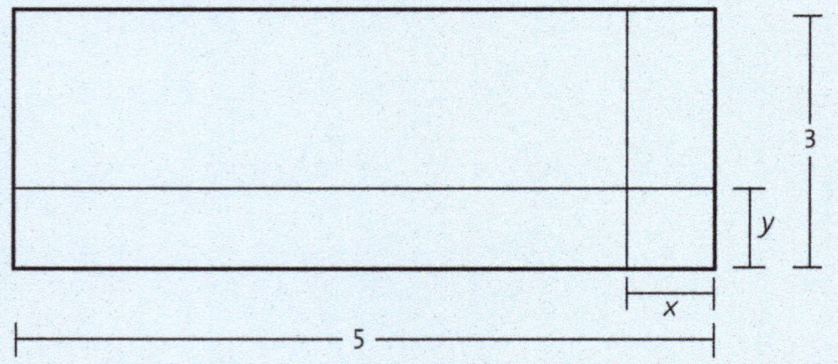

Nestas condições, a área perdida do forro, após a primeira lavagem, será expressa por:

a) $2xy$.
b) $15 - 3x$.
c) $15 - 5y$.
d) $-5y - 3x$.
e) $5y + 3x - xy$.

20. O ciclo de atividade magnética do Sol tem um período de 11 anos. O início do primeiro ciclo registrado se deu no começo de 1755 e se estendeu até o final de 1765. Desde então, todos os ciclos de atividade magnética do Sol têm sido registrados. No ano de 2101, o Sol estará no ciclo de atividade magnética de número:

a) 32. c) 33. e) 31.
b) 34. d) 35.

21. Jorge quer instalar aquecedores no seu salão de beleza para melhorar o conforto dos seus clientes no inverno. Ele estuda a compra de unidades de dois tipos de aquecedores: modelo *A*, que consome 600 g/h (gramas por hora) de gás propano e cobre 35 m^2 de área, ou modelo *B*, que consome 750 g/h de gás propano e cobre 45 m^2 de área. O fabricante indica que o aquecedor deve ser instalado em um ambiente com área menor do que a da sua cobertura. Jorge vai instalar uma unidade por ambiente e quer gastar o mínimo possível com gás.

A área do salão que deve ser climatizada encontra-se na planta abaixo (ambientes representados por três retângulos e um trapézio).

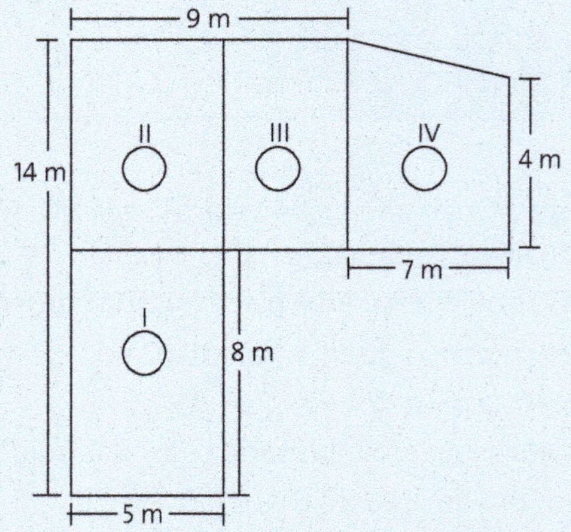

Avaliando-se todas as informações, serão necessários:

a) quatro unidades do tipo *A* e nenhuma unidade do tipo *B*.
b) três unidades do tipo *A* e uma unidade do tipo *B*.
c) duas unidades do tipo *A* e duas unidades do tipo *B*.
d) uma unidade do tipo *A* e três unidades do tipo *B*.
e) nenhuma unidade do tipo *A* e quatro unidades do tipo *B*.

22. Para o reflorestamento de uma área, deve-se cercar totalmente, com tela, os lados de um terreno, exceto o lado margeado pelo rio, conforme a figura. Cada rolo de tela que será comprado para a confecção da cerca contém 48 metros de comprimento.

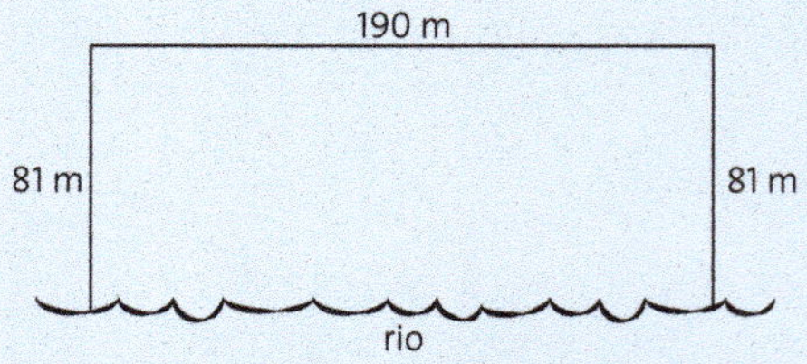

A quantidade mínima de rolos que deve ser comprada para cercar esse terreno é:

a) 6.
b) 7.
c) 8.
d) 11.
e) 12.

23. As projeções para a produção de arroz no período de 2012-2021, em uma determinada região produtora, apontam para uma perspectiva de crescimento constante da produção anual. O quadro apresenta a quantidade de arroz, em toneladas, que será produzida nos primeiros anos desse período, de acordo com essa projeção.

Ano	**Projeção da produção** (t)
2012	50,25
2013	51,50
2014	52,75
2015	54,00

A quantidade total de arroz, em toneladas, que deverá ser produzida no período de 2012 a 2021 será de:

a) 497,25. c) 502,87. e) 563,25.
b) 500,85. d) 558,75.

24. Em um sistema de dutos, três canos iguais, de raio externo 30 cm, são soldados entre si e colocados dentro de um cano de raio maior, de medida *R*. Para posteriormente ter fácil manutenção, é necessário haver uma distância de 10 cm entre os canos soldados e o cano de raio maior. Essa distância é garantida por um espaçador de metal, conforme a figura:

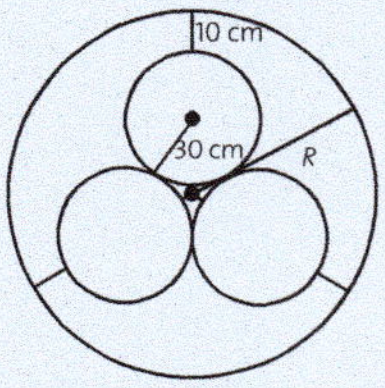

Utilize 1,7 como aproximação para $\sqrt{3}$. O valor de *R*, em centímetros, é igual a:

a) 64,0. c) 74,0. e) 91,0.
b) 65,5. d) 81,0.

25. A cerâmica constitui-se em um artefato bastante presente na história da humanidade. Uma de suas várias propriedades é a retração (contração), que consiste na evaporação da água existente em um conjunto ou bloco cerâmico quando submetido a uma determinada temperatura elevada. Essa elevação de temperatura, que ocorre durante o processo de cozimento, causa uma redução de até 20% nas dimensões lineares de uma peça.

Suponha que uma peça, quando moldada em argila, possuía uma base retangular cujos lados mediam 30 cm e 15 cm. Após o cozimento, esses lados foram reduzidos em 20%.

Em relação à área original, a área da base dessa peça, após o cozimento, ficou reduzida em:

a) 4%. c) 36%. e) 96%.
b) 20%. d) 64%.

26. Um programa de edição de imagens possibilita transformar figuras em outras mais complexas. Deseja-se construir uma nova figura a partir da original. A nova figura deve apresentar simetria em relação ao ponto *O*.

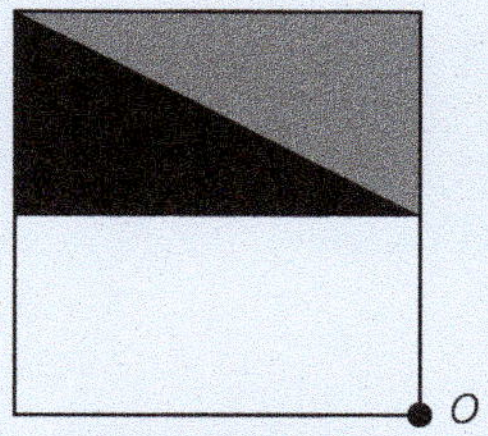

Figura original

A imagem que representa a nova figura é:

a)
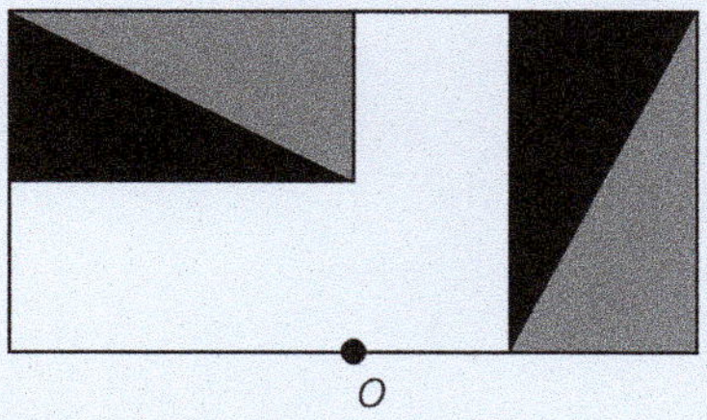

b)
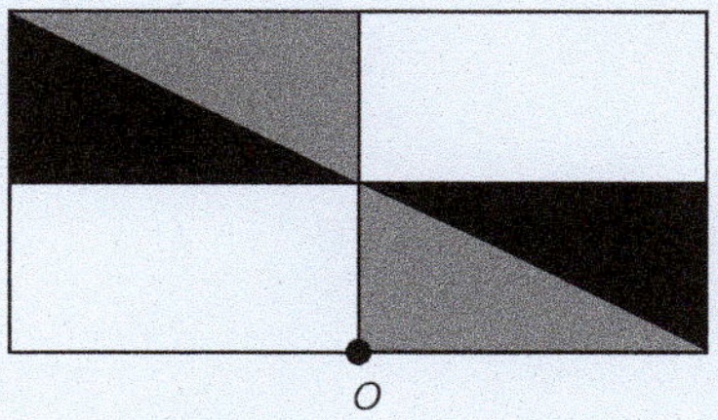

c)
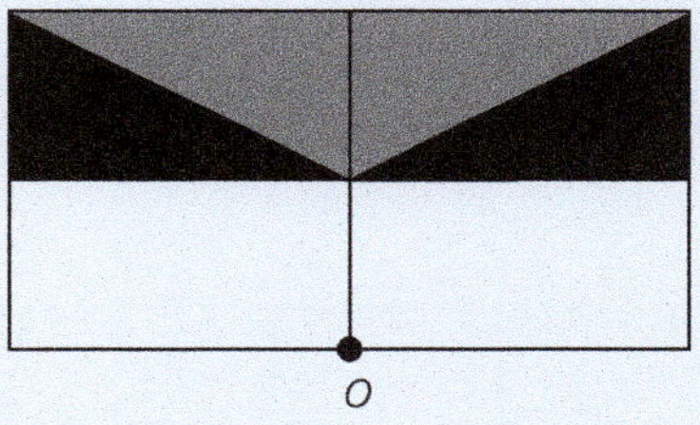

d)
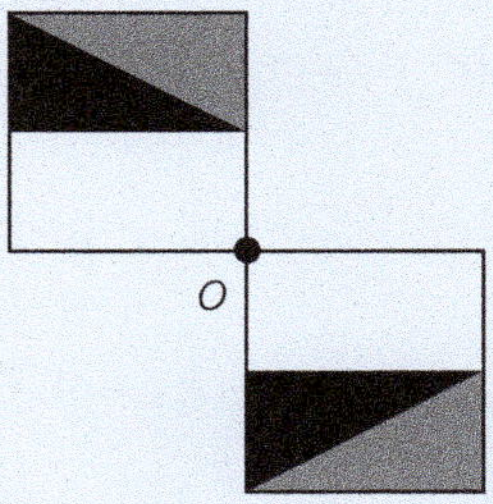

e)
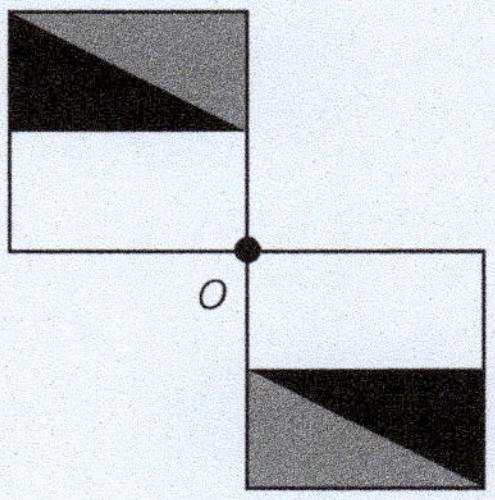

Respostas

Capítulo 5

Função exponencial

1. a) 81
b) 6,25
c) −8
d) 64
e) 0
f) 1
g) 2
h) $7\sqrt{7}$
i) $\frac{1}{36}$
j) $-\frac{2}{3}$

2. a) $x = \frac{239}{108}$
b) $y = -15$

3. a) 1 000 000
b) 1 000 000 000
c) 0,0001
d) 0,01

4. a) 10^4
b) 10^3
c) 10^{-4}
d) 10^{-6}

5. a) $... < \frac{1}{27} < \frac{1}{9} < \frac{1}{3} < 1 < 3 < 9 < ...$
b) $... > 64 > 16 > 4 > 1 > \frac{1}{4} > \frac{1}{16} > \frac{1}{64} > ...$

6. a) $\sqrt[7]{25}$
b) $\sqrt[4]{8}$
c) $\frac{\sqrt{2}}{2}$
d) $\sqrt[5]{9}$
e) 3
f) 0
g) $2\sqrt[3]{2}$
h) 4
i) $\sqrt[5]{49}$

7. a) 7^6
b) 3^9
c) 5^7
d) 2^{15}
e) 5^8

8. **e**

9. a) 3
b) $\frac{1}{2}$

10. a) 2^{21}
b) 7

11. Menor.

12. a) 2^{12}
b) 3^6
c) a^5
d) 2^{6x}
e) 7^9
f) 2^{12}

13. a) $5^x \cdot 5^y$
b) $\frac{4^x}{4^3}$
c) $(7^3)^x$ ou $(7^x)^3$
d) $5^4 \cdot x^4$

14. a) 3^7
b) 3^{-2}
c) 3^0
d) $3^{\frac{4}{5}}$
e) $3^{-\frac{1}{2}}$
f) 3^{15}

15. **d**

16. 8

17. a) 2
b) 1

18. a) $5 \cdot 10^2$
b) $6 \cdot 10^{-4}$
c) $2,5 \cdot 10^{-7}$
d) $2 \cdot 10^{-2}$
e) $3,4 \cdot 10^{-2}$
f) $8 \cdot 10^{-1}$
g) $2,039 \cdot 10^1$
h) $8 \cdot 10^{-6}$
i) $4,8 \cdot 10^4$
j) $7 \cdot 10^9$
k) $9,231 \cdot 10^2$
l) $4,04 \cdot 10^4$

19. a) 80 000
b) 0,05
c) 352 000
d) 0,0016

20. a) $2,279 \cdot 10^8$ km
b) $7,783 \cdot 10^8$ km
c) $9,11 \cdot 10^{-28}$ g

21. a) F
b) V
c) V
d) F
e) F
f) F
g) V
h) F

22. a) $2\sqrt{2}$
b) $2\sqrt[3]{2}$
c) $2\sqrt{15}$
d) $10\sqrt{2}$

23. a) $5\sqrt[4]{2}$
b) $\frac{1}{2}$

24. a) $\sqrt{10}$
b) $\sqrt{\frac{5}{2}}$
c) $\sqrt[6]{5}$
d) $\sqrt[4]{12}$
e) $\sqrt[8]{128}$
f) $\sqrt[12]{250}$
g) $\sqrt[12]{128}$
h) $\sqrt[12]{2^{13}}$

25. a) $\sqrt[60]{3^{37}}$
b) $\sqrt[12]{x^5}$

26. a) $4\sqrt{2}$
b) $6\sqrt{5}$
c) $16\sqrt{3}$

27. a) 18
b) $3 + \sqrt{3}$
c) $2\sqrt{2} - 2\sqrt{6} + 2\sqrt{3} - 6$
d) $-4 - 3\sqrt{35}$

28. a) 1
b) 5
c) $3 - 2\sqrt{2}$
d) $8 - 2\sqrt{15}$

29. a) 2
b) 5

30. $\sqrt{2} < \sqrt[3]{4} < \sqrt[4]{17} < \sqrt[6]{40}$

31. a) $2 + \sqrt{3}$
b) $2 - \sqrt{3}$
c) $-2 + \sqrt{5}$

32. a) $4\sqrt[3]{5}$
b) $11\sqrt{3}$
c) $5\sqrt[6]{2}$
d) $3\sqrt{2} - 4\sqrt{3}$
e) $5\sqrt[3]{5}$
f) $2\sqrt[6]{32}$

33. 10^{-1}

34. 10^6

35. $\frac{25}{3} \cdot 3^x$

36. $k^2 + 2$

37. 4

38. $x^{\frac{1}{5}}$

39. a) x^5
b) $x^{\frac{1}{4}}$

40. a) $\frac{\sqrt{7}}{7}$
b) $\frac{\sqrt{6}}{2}$
c) $\frac{3\sqrt{2}}{5}$
d) $\frac{\sqrt[4]{27}}{3}$
e) $\frac{2\sqrt[7]{64}}{3}$

41. a) $2 - \sqrt{3}$
b) $\sqrt{11} + \sqrt{6}$
c) $\frac{2\sqrt{6} + \sqrt{2}}{22}$

42. $\frac{19\sqrt{3}}{12}$

43. b) $\frac{\sqrt{10} + \sqrt{2}}{2}$

44. **a, b, d**

45. a) 1
b) 2
c) $\frac{1}{2}$
d) 0

46. a) $f(x) = 2^x$
b) $f(x) = (0,7)^x$
c) $f(x) = \left(\frac{3}{2}\right)^x$

47. a) $f(x) = 2 \cdot 3^x$

b) $f(x) = 6 \cdot \left(\frac{1}{2}\right)^x$

49. a) Crescente.
b) Decrescente.
c) Crescente.
d) Decrescente.
e) Decrescente.
f) Decrescente.
g) Crescente.
h) Decrescente.

50. a) $<$ b) $>$ c) $<$ d) $>$

51. a) $f(2) = 18$
b) $g(2) = 23$
c) $h(2) = 1$
d) $f(-1) = \frac{2}{3}$
e) $g(0) = -1$
f) $h(0) = \frac{1}{25}$
g) $x = 5$
h) $x = 1$

52. $Im\,(f) = \mathbb{R}_+^*$

Matemática e tecnologia

2. a) Crescente.
b) Decrescente.
c) Decrescente.
d) Decrescente.

3. a) $Im(f) = (0,+\infty)$
b) $Im(f) = (1,+\infty)$
c) $Im(f) = (2,+\infty)$
d) $Im(f) = (-\infty,-1)$

4. Duas soluções.

53. a) 2
b) É uma PG.
c) $q = 9$

54. 125

55. Uma função exponencial, pois os valores de x formam uma PA e os de y uma PG.

56. $f(x) = 3 \cdot 3^x$; $a = 3$ e $b = 3$

57. a) $S = \{6\}$
b) $S = \{2\}$
c) $S = \{4\}$
d) $S = \{-1, 3\}$
e) $S = \{2\}$
f) $S = \{5\}$

58. a) $S = \{6\}$
b) $S = \{3\}$
c) $S = \{-3, 3\}$
d) $S = \{4\}$
e) $S = \{3\}$
f) $S = \{4\}$

59. $\left(\frac{3}{2}, 4\right)$

60. a) $S = \{1\}$
b) $S = \{0, 3\}$
c) $S = \{0, 1\}$

61. $S = \left\{\left(-\frac{5}{2}, 1\right)\right\}$

62. a) $S = \{1\}$
b) $S = \{0\}$
c) $S = \{2\}$
d) $S = \{0, 1\}$
e) $S = \{2\}$

63. a) $S = \{x \in \mathbb{R} \mid x > 5\}$
b) $S = \{x \in \mathbb{R} \mid x < -3 \text{ ou } x > 3\}$
c) $S = \{x \in \mathbb{R} \mid x < 0 \text{ ou } x > 2\}$
d) $S = \{x \in \mathbb{R} \mid x \neq 1\}$

64. a) $S = \{x \in \mathbb{R} \mid x > 4\}$
b) $S = \{x \in \mathbb{R} \mid x < -6\}$
c) $S = \{x \in \mathbb{R} \mid x < 2\}$
d) $S = \{x \in \mathbb{R} \mid x \geqslant -3\}$

65. a) $S = \{x \in \mathbb{R} \mid x < 2\}$
b) $S = \{x \in \mathbb{R} \mid x < -2 \text{ ou } x > 4\}$
c) $S = \{x \in \mathbb{R} \mid x < -3 \text{ ou } x > 3\}$
d) $S = \{x \in \mathbb{R} \mid x > 3\}$

66. a) $S = \{x \in \mathbb{R} \mid 1 < x < 5\}$
b) $S = \left\{x \in \mathbb{R} \mid \frac{1}{2} < x < \frac{3}{2}\right\}$
c) $S = \{x \in \mathbb{R} \mid 1 \leqslant x \leqslant 2\}$
d) $S = \left\{x \in \mathbb{R} \mid x \geqslant \frac{2}{3}\right\}$

67. $S = \{x \in \mathbb{R} \mid x \geqslant 1\}$

68. a) $D = \{x \in \mathbb{R} \mid x \geqslant 4\}$
b) $D = \{x \in \mathbb{R} \mid x \leqslant 0 \text{ ou } x \geqslant 2\}$
c) $D = \{x \in \mathbb{R} \mid x > 2\}$
d) $D = \{x \in \mathbb{R} \mid x < -2 \text{ ou } x > 2\}$

69. a) $f(1) = 2{,}7183$; $f(3) = 20{,}086$; $g(2) = 0{,}13564$; $g(4) = 0{,}01832$
b) $x = 2$
c) $x = 1$

Resolvido passo a passo

6. a) 2010: 600 000 habitantes; 2030: 1 200 000 habitantes.
b) A população da cidade dobra de 20 em 20 anos. Isso não parece ser um valor razoável, condizente com o que se costuma observar na realidade.
c) Pequim (ou Beijing), na Índia, com 19,6 milhões de habitantes, dados de 2013.

70. **d**

71. R$ 20 606,02

72. Aproximadamente 4 447 022 bactérias.

73. 9,27%

74. 32 000 bactérias.

75. **c**

76. **d**

77. a) 3,125 mg
b) $f(t) = 50 \cdot 2^{-\frac{t}{3}}$

78. **c**

79. **a**

80. Aproximadamente 71%.

81. **d**

82. **b**

Atividades adicionais

1. a) 25
b) -36
c) -16
d) 1
e) $\frac{1}{10\,000}$
f) 4
g) 0,09
h) 64
i) 100 000
j) -1
k) $-\frac{4}{3}$
l) $\frac{49}{4}$
m) -27
n) 8
o) -8
p) 3
q) 8
r) $9\sqrt{3}$
s) -16
t) 1
u) 0
v) 1

2. a) $\frac{9}{2}$
b) 9
c) $-\frac{5}{2}$
d) 6
e) $-\frac{6}{5}$

3. a) 2^{12}
b) 3^{11}
c) x^{14}
d) 5^{-4}
e) a^{-1}
f) p^{-3}
g) 10^{x+2}
h) 3^{x+1}
i) 2^x
j) 6^{2x+1}
k) 10^2
l) 4^{2x}

4. a) $2^x \cdot 2^3$
b) $3^2 \cdot 3^x$
c) $10^n \cdot 10^2$
d) $2^{3x} \cdot 2^{-1}$
e) $5^x \cdot 5^1$
f) $10^{-3x} \cdot 10^y$

5. a) 3^5
b) 2^0
c) 5^6
d) a
e) 10^4
f) e^{-2}
g) 10^{-2}
h) x^3
i) 5^1
j) 2^{-1}
k) x^2
l) 2^1

6. a) $3^x : 3^5$
b) $7^a : 7$
c) $x^2 : x^a$
d) $8 : 8^x$

7. a) 2^8
b) 2^{16}
c) x^9
d) x^{27}
e) 10^{-4}
f) 3^{4x}
g) 10^6
h) a^8
i) a^{16}
j) 10^{2-2x}
k) 2^{3x-6}
l) 5^{x^2}

8. a) $(10^x)^3$
b) $(3^x)^{-2}$
c) $(5^x)^y$
d) $(10^x)^{-1}$
e) $(2^4)^x$
f) $(2^x)^x$

9. a) 10
b) 9
c) $\sqrt[3]{4}$
d) $\sqrt[4]{-6} \in \mathbb{R}$
e) $\frac{1}{\sqrt{0}} \in \mathbb{R}$
f) $\sqrt{-\frac{1}{3}} \in \mathbb{R}$

10. a) $10^{\frac{3}{4}}$
b) $3^{\frac{5}{7}}$
c) $2^{\frac{1}{5}}$
d) $3^{\frac{5}{4}}$
e) $7^{\frac{1}{2}}$
f) $6^{\frac{7}{10}}$
g) $3^{-\frac{1}{2}}$
h) $2^{-\frac{1}{3}}$
i) $10^{-\frac{2}{3}}$

11. a) $10^{\frac{3}{4}}$
b) $7^{\frac{9}{5}}$
c) $2^{\frac{1}{12}}$
d) 2^{-1}
e) $3^{\frac{1}{6}}$
f) $5^{\frac{1}{4}}$
g) 3^{1}
h) $7^{-\frac{3}{5}}$

12. a) $-\frac{2}{5}$
b) 6
c) $\sqrt{2} - 1$
d) $-\sqrt{2} + \sqrt{3}$

13. a) 10^{7}
b) 10^{-3}
c) 10^{12}
d) 10^{-6}
e) 10^{-8}
f) 10^{-8}
g) 10^{-7}
h) 10^{4}
i) 10^{12}
j) 10^{-12}

14. a) $7^{\frac{1}{2}}$
b) 2^{-5}
c) 9^{3}
d) 3^{6}
e) $\left(\frac{1}{5}\right)^{-2}$
f) 7^{2}
g) $49^{\frac{1}{2}}$
h) 49^{1}
i) $5^{-\frac{1}{2}}$
j) $9^{\frac{2}{5}}$
k) 6^{-3}
l) 5^{0}
m) 1^{5}
n) 2^{-7}

15. a) $S = \{2\}$
b) $S = \left\{-\frac{7}{2}\right\}$
c) $S = \{14\}$
d) $S = \left\{\frac{11}{4}\right\}$
e) $S = \left\{-\frac{7}{3}\right\}$
f) $S = \left\{-\frac{1}{2}\right\}$
g) $S = \{-3, 3\}$
h) $S = \{1\}$

16. $x = 5$ ou $x = -1$

17. $x^2 = 36$

18. a) $S = \{3\}$
b) $S = \{3\}$

19. a) $S = \{2\}$
b) $S = \{1\}$
c) $S = \{1, 2\}$

20. a) $S = \{x \in \mathbb{R} \mid x > 4\}$
b) $S = \{x \in \mathbb{R} \mid x \leq \frac{1}{3}\}$

21. a) $S = \{x \in \mathbb{R} \mid x \leq 4\}$
b) $S = \{x \in \mathbb{R} \mid -1 < x < 4\}$

22. a) $D = \{x \in \mathbb{R} \mid x \leq -3\}$
b) $D = \mathbb{R}_+$

24. $S = \{0\}$

25. 6

26. 2

Vestibulares de Norte a Sul

1. **b**
2. **c**
3. **d**
4. **a**
5. **b**
6. 2
7. **c**
8. a) F
b) V
9. $m = 0{,}001$
10. 2^{23}
11. 10^{-9}
12. R$ 2 250,00
13. **d**
14. **a**
15. **c**
16. **d**
17. **b**
18. **e**

Para refletir

Página 245

- 30 meses: 25 000,00; 50 meses: 45 000,00.
- 40 meses.

Página 247

- $2^0 = 1$
- Porque não existe divisão por zero.

Página 260

Todos os pontos do gráfico são deslocados 1 unidade para cima.

Página 266

$$\left(\frac{1}{2}\right)^{-\frac{2}{3}} = \sqrt[3]{\left(\frac{1}{2}\right)^{-2}} = \sqrt[3]{2^2} = \sqrt[3]{4}$$

Página 269

Sim, obtém o mesmo resultado.

Página 271

$e = 2{,}718281... \Rightarrow e > 1 \rightarrow f(x) = e^x$ é crescente

Página 273

Após o período de aplicação, o capital inicial aumenta em virtude dos juros desse período. Assim, o total para o segundo período já será "capital + juros" e sobre essa soma é que se calculam os juros do segundo período, e assim sucessivamente, até o término do tempo estipulado. Por isso se diz "juros sobre juros": juros calculados sobre juros ganhos.

Capítulo 6

Logaritmo e função logarítmica

1. a) 8; $\log_2 8 = 3$
b) 49; $\log_7 49 = 2$
c) 1000; $\log_{10} 1000 = 3$
d) $\frac{1}{3}$; $\log_3 \frac{1}{3} = -1$
e) $\sqrt{7}$; $\log_7 \sqrt{7} = \frac{1}{2}$

2. a) $2^x = 7$
b) $p^m = r$
c) $10^{-1} = 0{,}1$

3. a) $\log_6 36 = 2$
b) $\log_5 \frac{1}{5} = -1$ ou $\log_{\frac{1}{5}} 5 = -1$
c) $\log_6 36 = 2$
d) $\log_2 32 = 5$

4. a) 3
b) 3
c) 4
d) -5
e) -2
f) -1
g) $\frac{3}{2}$
h) $\frac{5}{4}$
i) -2
j) 3
k) -2
l) 1
m) 0
n) 1

5. a) $x = 32$
b) $x = 64$
c) $x = 99$

6. 1

7. a) $a = 2$
b) $a = 3$
c) $a = 5$
d) $a = 6$
e) $a = \frac{1}{2}$
f) $\forall a \in \mathbb{R}_+^* - \{1\}$
g) $a = \frac{1}{4}$
h) $a = \sqrt{5}$
i) $a = 10$

8. a) $x = 6$
b) $x = \sqrt[3]{126}$
c) $x = \frac{1}{3}$
d) $x = 25$
e) $x = 1$
f) $x = \frac{3}{2}$

9. a) $\{x \in \mathbb{R} \mid x > 0\}$
b) $\{x \in \mathbb{R} \mid x > 3\}$
c) $\left\{x \in \mathbb{R} \mid x > -\frac{1}{2}\right\}$
d) $\{x \in \mathbb{R} \mid x \neq 0\}$
e) $\{x \in \mathbb{R} \mid x < -4$ ou $x > 4\}$
f) $\{x \in \mathbb{R} \mid 1 < x < 4\}$
g) $\{x \in \mathbb{R} \mid x < -3$ ou $x > 1\}$
h) $\{x \in \mathbb{R} \mid x \neq 1\}$

10. a) $\{x \in \mathbb{R} \mid x > 5$ e $x \neq 6\}$
b) $\{x \in \mathbb{R} \mid x > \frac{1}{2}$ e $x \neq 1\}$
c) $\{x \in \mathbb{R} \mid x > \frac{5}{3}$ e $x \neq 2\}$
d) $\{x \in \mathbb{R} \mid -1 < x < 1$ ou $x \neq 0\}$
e) $\{x \in \mathbb{R} \mid x \neq 0, x \neq 1$ e $x \neq 2\}$

11. a) $\{x \in \mathbb{R} \mid x > 3\}$
b) $\{x \in \mathbb{R} \mid x > 1$ e $x \neq 2\}$
c) $\{x \in \mathbb{R} \mid x > 2\}$
d) $\{x \in \mathbb{R} \mid -1 < x < 0$ ou $0 < x < 2$ ou $x > 3\}$

12. a) 0
b) 1
c) 1
d) 0
e) 0
f) 1
g) 1
h) 0

13. a) $x = 3$
b) $x = 10$
c) $x = 1$
d) $x = 4$

14. a) 4
b) 6
c) -4
d) 2
e) 4
f) $\frac{1}{2}$
g) 5
h) $\frac{1}{5}$

15. a) 3
b) 5
c) 10
d) 7
e) 8
f) 6
g) 500
h) $\frac{2}{9}$

16. a) $x = 8$
b) $x = \frac{4}{3}$
c) $x = 1$
d) $x = 4$

17. a) F
b) F
c) V
d) V
e) F
f) V
g) V
h) F

18. a) $\log_5 8 = \frac{3}{2 \cdot \log_4 5}$
b) $\log_y x = \frac{3}{7}$

19. a) $3 \cdot \log x + \log y$
b) $\log \pi + 3 \cdot \log r + \log h - \log 3$
c) $\frac{1}{2} \cdot \log_3 x - 2 \cdot \log_3 y$
d) $\frac{3}{5} \cdot \log_a b + \frac{1}{5} \cdot \log_a c - 2 \cdot \log_a m$
e) $2 \cdot \log_x a + \frac{1}{2} \cdot \log_x b + \log_x c$
f) $\frac{1}{2} \cdot \log a - \frac{1}{6} \cdot \log b - \frac{1}{6} \cdot \log c$

20. a) $\log_5 66$
b) 1
c) $\log 81$
d) $\log_7 \sqrt[5]{2}$
e) $\log_7 27$
f) $\log_3 \left(\frac{\sqrt[3]{7}}{2}\right)$
g) $\log_5 20$
h) $\log \left(\frac{x}{100}\right)$

21. $\log P = \log \left(a^{\frac{1}{3}} b^{\frac{2}{3}}\right)$

22. a) $a + b$
b) $3a + b$
c) $2 + b$
d) $b - a$
e) $4a$
f) $\frac{a}{b}$

23. a) $1 - x$
b) $\frac{y}{2}$
c) $\frac{2x + y}{3}$
d) $-y$
e) $x + y - 2$
f) $\frac{3y}{2x}$

24. 9

25. $\frac{1}{2}$

26. $1 + K$

27. 100

28. $\frac{2a + b}{3}$

29. a) $P = a^2 b^5$
b) $P = \frac{a^3 b}{c^2}$
c) $P = \sqrt{\frac{x}{y^3}}$
d) $P = \frac{a\sqrt{b}}{b}$

30. $x = 1$

31. $y = \sqrt[9]{\frac{x^2}{100}}$

32. a) $\frac{\log 5}{\log 2}$
b) $\frac{\log 2}{\log x}$
c) $\frac{\log (x - 1)}{\log 2}$
d) $\frac{\log (x - 3)}{\log (x + 1)}$

33. $\frac{x}{y}$

34. 1

35. $\frac{1}{m}, m \neq 0$

36. $x = \frac{4}{3}$

37. $-\frac{2}{x}$

38. 3^8

39. $\frac{3}{8}$

40. $\frac{1 - 2a}{a + b}$

41. a) -3
b) 4
c) 3
d) $-\frac{3}{2}$

42. $S = \frac{a^2}{b}$

43. $x = \frac{3}{4}$

44. a) Aproximadamente 1,808.
b) Aproximadamente $-2{,}708$.
c) Aproximadamente 22,387.
d) $x = 0{,}07$
e) $x \simeq -0{,}086$.
f) Aproximadamente 2,961.

45. a) Entre 2 e 3.
b) Entre 0 e 1.
c) Entre -2 e -1.
d) Entre 0 e 1.

46. a) 2
b) -3

47. a) 1,30
b) $-3{,}70$
c) $-0{,}52$
d) 1,26
e) 1,66
f) 2,40

48. a) 1,15
b) 1,70
c) 0,55
d) 1,85

49. a) 1,60
b) 0,69
c) 1,07
d) 0,35

50. 1717 algarismos.

51. 2,297

52. 0,982

53. 1,108

54. $-4{,}62$

55. pH $\simeq$ 4,347

56. a) $x \simeq 2{,}33$
b) $x \simeq 1{,}12$
c) $x \simeq 0{,}61$
d) $x \simeq 1{,}81$

57. $x \simeq 1{,}73$

58. $x \simeq 0{,}63$ ou $x = 1$

59. $x = 9{,}60$

60. Aproximadamente 5 anos, 6 meses e 18 dias.

61. 56 meses.

62. 18 meses.

63. 2 meses.

64. **b**

65. **b**

66. Aproximadamente 28 anos, 9 meses e 18 dias.

67. Aproximadamente 16 min 12 s.

68. Aproximadamente 17 anos, 3 meses e 18 dias.

69. a) $f(9) = 2$
b) $g(4) = 1$
c) $D(f) = \mathbb{R}_+^*$
d) $Im(f) = \mathbb{R}$
e) $x = 256$
f) $f^{-1}(x) = 3^x$
g) $g^{-1}(x) = 4^x$
h) $f^{-1}(x) = 3$
i) $(g \circ f)(x) = 1$

70. a) $f(2) = 1$
b) $g(2) = 5$
c) $h(5) = 1$
d) $h(50) = 2$
e) $g(1) = 4$
f) $f(0) = 0$
g) $f(26) = 3$
h) $g(\sqrt{2}) = \frac{9}{2}$

72. Crescentes: **a**, **b**, **f**; decrescentes: **c**, **d**, **e**.

74. $a = 1$; $b = 1$

Matemática e tecnologia

2. A abscissa do primeiro ponto é igual à ordenada do segundo, a ordenada do primeiro é igual à abscissa do segundo. Exemplo: $A(1, 0)$ e $F(0, 1)$. Os pontos pertencem a funções inversas.

3. $f^{-1}(x) = 10^x$; $g^{-1}(x) = \left(\frac{1}{2}\right)^x$

4. $Im(f) = \mathbb{R}$; raiz: $x = 1$

Resolvido passo a passo

6. a) 1,5 m
b) 5,5 m
c) Após 113 séculos.
e) • O selo FSC (Forest Stewardship Council) é um sistema de certificação para identificar florestas bem manejadas. Esse selo é considerado a certificação de maior credibilidade internacional.
O selo identifica a madeira extraída a partir de um manejo responsável das florestas, orientando os consumidores. Com isso objetiva-se combater o desmatamento das florestas tropicais e incentivar o controle das práticas produtivas florestais.
• O FSC Brasil foi criado em 2001.

77. a) $S = \{243\}$
b) $S = \{6\}$
c) $S = \{15\}$
d) $S = \{7\}$
e) $S = \{10\}$
f) $S = \{-3, 2\}$

78. a) $S = \{6\}$
b) $S = \{3\}$
c) $S = \{16\}$
d) $S = \{82\}$
e) $S = \{-4, 2\}$
f) $S = \{3\}$

79. a) $S = \{7\}$
b) $S = \{2\}$
c) $S = \{8\}$
d) $S = \{-1, 4\}$

80. 5

81. a) $S = \left\{\frac{1}{9}, 27\right\}$
b) $S = \{2\}$
c) $S = \{2\}$
d) $S = \{0, 9\}$
e) $S = \{82\}$
f) $S = \{5, 125\}$

82. a) $S = \{3\}$
b) $S = \left\{\frac{1}{2}\right\}$
c) $S = \{2\}$
d) $S = \{5\}$
e) $S = \{5\}$
f) $S = \{3\}$

83. $x = 1$

84. $S = \{4, 5\}$

85. $x = \frac{1}{6}$

86. a) $S = \{64\}$
b) $S = \{100\}$
c) $S = \{1\}$
d) $S = \{2, 16\}$
e) $S = \left\{\frac{1}{25}, 5\right\}$
f) $S = \{4\}$

87. **b**

88. a) $S = \{(9, 3)\}$
b) $S = \{(10, 10)\}$

89. 2 900

90. 6

91. a) $S = \{x \in \mathbb{R} \mid x > 2\}$
b) $S = \{x \in \mathbb{R} \mid -3 < x < -1\}$
c) $S = \{x \in \mathbb{R} \mid -1 < x < 0\}$
d) $S = \{x \in \mathbb{R} \mid x < -1\}$

92. a) $S = \{x \in \mathbb{R} \mid x > 5\}$
b) $S = \{x \in \mathbb{R} \mid -1 \leq x < 0$ ou $2 < x \leq 3\}$

93. a) $S = \{x \in \mathbb{R} \mid 1 < x \leq 3\}$
b) $S = \{x \in \mathbb{R} \mid 1 \leq x < 2\}$

94. a) $D(f) = \{x \in \mathbb{R} \mid x \geq 3\}$
b) $D(f) = \{x \in \mathbb{R} \mid x > 125\}$

95. $S = \{x \in \mathbb{R} \mid -2 < k < 0$ ou $3 < k < 5\}$

97. $S \simeq 2^{2,322}$

Outros contextos

1. $7 \cdot 10^9$ kWh

2. $7 \cdot 10^7$ residências

3. $7 \cdot 10^{3,5}$ kWh

4. 8,8

6. a) Sim, porque o Japão está localizado entre três placas tectônicas.

Atividades adicionais

1. $A = 6$

2. 7

3. 1

4. $m + n$

5. $a + b + 1$

6. $2m + \frac{1}{3}n$

7. $m = 2$

8. $a = 2$

9. $x = 0$

10. $m = \sqrt{3}$ ou $m = -\sqrt{3}$

11. $\frac{3}{m}$

12. 81

13. 17

14. $\frac{1}{4}$

15. $\frac{a + 1}{2b}$

16. a) -5
b) 7

17. a) 2,70
b) 0,10

18. a) V
b) F
c) F
d) V
e) V
f) V
g) V
h) V
i) V
j) V
k) V
l) V
m) V
n) F
o) V
p) F
q) V
r) V

19. a) $S = \{14\}$
b) $S = \{81\}$
c) $S = \{12\}$
d) $S = \{729\}$
e) $S = \{-8\}$

20. antilog 2 = 100; $\text{antilog}_2 3 = 8$

21. a) $\log 0{,}0570 \simeq 1{,}244$.
b) $\log \sqrt{1536} \simeq 1{,}593$.
c) $\log_3 83 \simeq 3{,}312$.
d) $\log_5 \sqrt{3} \simeq 0{,}341$.
e) $x \simeq 11{,}885$.
f) $\log_2 10 \simeq 3{,}322$.

22. a) Entre 1 e 2.
b) Entre 2 e 3.
c) Entre 5 e 6.
d) Entre -3 e -2.

23. a) 6
b) -1

24. a) $\log 30\,000 = 4{,}48$
b) $\log 0{,}00005 = -4{,}30$
c) $\log 72 = 1{,}86$
d) $\log 0{,}006 = -2{,}22$
e) $\log 14{,}4 = 1{,}16$
f) $\log 0{,}08 = -1{,}10$

25. a) $\log 0{,}28 = -0{,}55$
b) $\log 25 = 1{,}40$

26. 26 990 algarismos.

27. $-1{,}194$

28. a) $S = \{2{,}08\}$
b) $S = \{2{,}74\}$

29. $S = \{-0{,}35\}$

30. $S = \{0{,}81\}$

31. $S = \{0; 0{,}70\}$

32. a) $S = \{x \in \mathbb{R} \mid x < -23$ ou $x > 3\}$
b) $S = \{x \in \mathbb{R} \mid -9 < x < 11$ e $x \neq 1\}$
c) $S = \{x \in \mathbb{R} \mid x > 2\}$
d) $S = \{x \in \mathbb{R} \mid 1 < x < 2\}$
e) $S = \left\{x \in \mathbb{R} \mid \frac{1}{10} < x < 10\right\}$

33. a) $S = \{x \in \mathbb{R} \mid 1 < x < 3\}$
b) $S = \{x \in \mathbb{R} \mid 0 < x < 1\}$
c) $S = \{x \in \mathbb{R} \mid 5 < x < 6\}$

34. $D(f) = \{x \in \mathbb{R} \mid -1 < x < 0\}$

35. a) Crescente.
b) Decrescente.

36. $S = \{1\}$

37. $S = \{9\}$

38. $S = \{2\}$

39. $x = 2$

40. Aproximadamente 14 800 anos.

41. a) Aproximadamente R$ 54 000,00.
b) 23 meses.

Vestibulares de Norte a Sul

1. a
2. c
3. d
4. b
5. a) $E = 7 \cdot 10^9$ kWh
b) $10\sqrt{10}$
6. 60%
7. a) $(8 \cdot 1{,}5^n)$ km^2
b) Aproximadamente 6,6 anos.
8. a) $a = 120$ e $b = -\ln 2$
b) 3 m
9. d
10. d
11. b
12. e
13. -2
14. 0,360
15. $e = 10^{\frac{1}{\log_e 10}}$
16. c
17. a
18. e
19. a

Para refletir

Página 290

$r = \log_a b$, a e b são números reais positivos e $a \neq 1$ e $b \neq 1$. Então $a^r \neq 1 \Rightarrow r \neq 0$.

Página 291

$-\log_a N = -1 \cdot \log_a N = \log_a N^{-1} = \log_a \frac{1}{N}$

Página 292

O desenvolvimento logarítmico utiliza as propriedades para expandir uma expressão de maneira que nos permite calcular o logaritmo de um produto, quociente ou potência, conhecendo apenas os logaritmos dos fatores do produto, dos termos do quociente ou da base da potência.

Página 300

Significa que, dado $B > 0$, tem-se $\log_a x < -B$, desde que x seja um número positivo suficientemente pequeno.

Página 301

$a > 1$: $(2, 1)$ e $(1, 2)$; $(4, 2)$ e $(2, 4)$
$0 < a < 1$: $(-1, 2)$ e $(-2, 1)$; $(-2, 4)$ e $(4, -2)$

Página 306

- Porque foi obtida uma sentença matemática falsa na primeira condição, não havendo necessidade de se verificar a segunda.
- Porque $x + 7 > 0 \Rightarrow x > -7$ e $x - 11 > 0 \Rightarrow x > 11$. A intersecção desses intervalos é $x > 11$.
Logo, $S = \{x \in \mathbb{R} \mid x > 11\}$.

Capítulo 7

Sequências

Questão da p. 322

a) Julho.
b) Terça.
c) Impossível determinar.
d) 5.
e) 32.
f) Impossível determinar.
g) $-7{,}5$.
h) 25.
Há outras respostas possíveis.

1. a) (33, 38, 43, 48, ...)
b) (11, 7, 3, ...)
c) (31, 57, 105, ...)
d) (4, 4, 5, 5, 5, 5, 5, ...)
e) (66, 107, 173, ...)
f) (125, 216, ...)
Há outras respostas possíveis.

2. (1, 4, 9, 16, 25, 36, 49, 64, 81, 100)

3. (1, 3, 6, 10, 15, 21, 28, 36, 45, 55)

4. (1, 3, 5, 7, ...)

5. Sim, $a_{21} = 47$.

6. a) (5, 10, 15, 20, ...)
b) $\left(\frac{1}{3}, \frac{1}{9}, \frac{1}{27}, \frac{1}{81}\right)$
c) $\left(\frac{1}{2}, \frac{2}{3}, \frac{3}{4}, \frac{4}{5}, ...\right)$

7. a) $a_n = n$, com $n \in \mathbb{N}^*$
b) $a_n = n + 1$, com $n \in \mathbb{N}^*$
c) $a_n = 3n$, com $n \in \mathbb{N}^*$
d) $a_n = 3n - 1$, com $n \in \mathbb{N}^*$ e $1 \leq n \leq 6$
Há outras respostas possíveis.

8. a) (..., -13, -16, -19, ...)
b) $\left(..., \frac{15}{16}, \frac{18}{19}, \frac{21}{22}, ...\right)$
c) (..., $4\sqrt{2}$, 8, $8\sqrt{2}$, ...)
d) (..., $32 \cdot 80$, $64 \cdot 160$, $128 \cdot 320$, ...)
Há outras respostas possíveis.

9. a) $a_n = -3n + 2$
b) $a_n = \frac{3k}{k + 1}$
c) $a_n = 2^{\frac{n}{2}}$
d) $a_n = 2^n \cdot 5 \cdot 2^{n-1}$ ou $2^n (5 \cdot 2^{n-1})$

10. a) $a_{10} = 20$
b) $a_7 = 12$

11. a) $\frac{1}{6}$
b) $\frac{205}{144}$

12. a) $a_n = 2n$, com $n \in \mathbb{N}^*$
b) $a_n = 2n - 1$, com $n \in \mathbb{N}^*$

13. $a_{20} = 39$
Há outras respostas possíveis.

14. a) (-2, -2, 2, 2, -2, ...)
b) (1, 5, 13, 29, 61, ...)

15. 27

16. a) 41 palitos.
b) 155 palitos.
c) 20 triângulos.

17. 5 elementos.

18. $\frac{23}{2}$

19. (8, 11, 1, 2, 4, 8, 16, 32, ...)

20. a) $a_1 = 7$
b) $a_2 = 11$
c) $S_{10} = 250$
d) $a_{10} = 43$
e) 423
f) $a_n = 4n + 3$, com $n \in \mathbb{N}^*$

Leitura

1. 377, 610, 987
2. a) 1,61538
b) 1,61904
c) 1,61764
d) 1,61818

21. (-3, 0, 3, 6)

22. (1, 8, 15) ou (15, 8, 1)

23. 15, 20 e 25.

24. (2, 5, 8, 11, 14)

25. (1, 3, 5, 7) ou (7, 3, 5, 1)

26. a) Sim; $r = 3$
b) Sim; $r = -5$
c) Não.
d) Sim; $r = \frac{1}{3}$
e) Sim; $r = \sqrt{3}$
f) Não.
g) Sim; $r = \frac{1}{2}$
h) Sim; $r = 3y$

27. a) $r = 3$
b) $r = 2$
c) $r = \frac{2}{3}$
d) $r = 3y$
e) $r = 4\sqrt{3}$
f) $r = -x$

28. a) (7, 11, 15, 19, 23)
b) (-6, 2, 10, 18)
c) $(x + 3, 2x + 3, 3x + 3, 4x + 3, 5x + 3)$

29. a) $a_4 = \frac{n + 3}{n}$
b) $a_3 = 1 - 2\pi$
c) $a_6 = 40$
d) $a_7 = 10$
e) $a_6 = \frac{x + 20}{3}$

Resolvido passo a passo

6. a) 300
b) 104,9 MHz
c) Canal 199: 87,7 MHz e canal 198: 87,5 MHz.
e) Agência Nacional de Telecomunicações.

30. a) $a_n = 5n - 3$, com $n \in \mathbb{N}^*$
b) $a_n = 6n - 7$, com $n \in \mathbb{N}^*$
c) $a_n = 2n + p - 4$, com $n \in \mathbb{N}^*$

31. 62

32. 99

33. a) $a_1 = 3$ b) $a_1 = 15$

34. $r = 4$

35. $a_{20} = 21x + 18y$

36. $a_1 = 2$ e $r = 4$

37. $a_{10} = 29$

38. 8º termo.

39. 10 termos.

40. a) $a_1 = 3$ e $r = 3$
b) $a_1 = -11$ e $r = 1$
c) $a_1 = -38$ e $r = 10$
d) $a_1 = 2$ e $r = 5$

41. $n = \frac{a_n - a_1 + r}{r}$, com $r \neq 0$

42. 81 múltiplos.

43. 555 números inteiros.

44. **a**, **c**, **d**

45. a) $x = a$
b) $x = -1$
c) $x = -5$

46. $x = 1$ e $r = 24$

47. 2, 4 e 6

48. $a_{50} = -10$

49. $E = 15$

50. R$ 37 500,00

51. $a_1 = 6$ e $r = 4$

52. 344 números.

53. $a_9 = 59$ e $r = 7$

54. 70 passadas largas.

55. a) $x = 3$
b) $x = \frac{c(a + b)}{2}$
c) $x = -1$

56. 16 vezes.

57. 2

58. 1, 8 e 15

59. 200 máquinas.

60. Após 59 dias.

61. 24

63. (20, 26, 32, 38, 44, 50, 56, 62, 68)

64. 5 meios aritméticos.

65. $r = 2$

66. 38

67. 51

68. a) 55 b) 210

69. a) $S_{30} = 2730$
b) $S_{20} = 1100$
c) $S_{200} = 40200$
d) $S_{50} = 6375$
e) $S_{128} = 70336$
f) $S_n = n(1 + n)$
g) $S_n = n^2$
h) $S_n = 2n(n - 2)$

70. 34

71. 14 662

72. $r = 2$

73. $S = \{20\}$

74. $x = 30$

75. 435 m

76. 70 km

77. 550 dm^3

78. 20 fileiras.

79. 40°, 60°, 80°

80. a) Sim. b) Não. c) Sim. d) Sim. e) Não.

81. a) $a_n = n^2 - 2$
b) $a_n = n^2 + 1$
c) $a_n = 2n^2 - 1$
d) $a_n = 3n^2 + n$

82. a) Sim; $q = 3$.
b) Não.
c) Sim; $q = \frac{1}{2}$.
d) Sim; $q = -2$.
e) Sim; $q = \frac{1}{4}$.
f) Não.
g) Sim; $q = 4$.
h) Sim; $q = p$.
i) Não.
j) Sim; $q = y^2$.

83. a) $q = 4$
b) $q = \frac{1}{2}$
c) $q = \frac{2}{3}$
d) $q = 10^2$
e) $q = y^2$
f) $q = 1000$

84. a) (7, 21, 63, 189, 567)
b) (−5, −10, −20, −40)
c) $(10^{-3}, 10^{-5}, 10^{-7}, 10^{-9})$

85. a) $a_4 = 500$ b) $a_9 = \frac{a}{b^2}$

86. a) 200%
b) −20%
c) 300%
d) −40%

87. $B_0 \cdot (1{,}05)^n$

88. $P_0 \cdot (0{,}97)^t$

89. a) Crescente.
b) Alternante.
c) Decrescente.
d) Constante.
e) Decrescente.
f) Alternante.
g) Decrescente.
h) Crescente.

90. (1, 5, 25) ou (25, 5, 1)

91. $q = \sqrt{\frac{1 + \sqrt{5}}{2}}$

92. 2, 10 e 50

93. a) $a_n = 2^{n-1}$ b) $a_n = 2^{2-n}$

94. a) 625 b) 177 174

95. $a_8 = 16$

96. $a_6 = 1024$

97. $a_7 = 128\,ax^7$

98. 9 000 unidades.

99. $q = 3$

100. a) 19 termos.
b) 5 termos.

101. $q = 10$

103. a) $q = 3$
b) $q = 2$ ou $q = -2$

104. a) $a_1 = 2$ b) $a_1 = 10^{-2}$

105. $a_1 = 96$

106. $a_7 = 26$

107. $a_1 = 15$ e $q = 3$

108. (3, 6, 12, 24)

109. a) $x = -6$ b) $x = 6$

110. $x = 2$

111. $q = 4$ ou $q = -4$

112. Aproximadamente 1,057S.

113. R$ 585,64

114. $C_0 \cdot 0{,}96^t$

115. 240 000 unidades.

116. Aproximadamente 243 800 habitantes.

117. 364 500 bactérias.

118. (6, 12, 24, 48, 96, 192)

119. 2^{55}

120. $a_2 = 24$

121. $x = 486$

122. $q = \frac{1}{2}$

123. $a_1 = 2$

124. $x = 3$

125. a) $S_6 = 2730$

b) $S_{10} = \frac{a^{32} - a^2}{a^3 - 1}$

126. a) 1023
b) 1705
c) 1365

127. $q = 2$

128. $S = \{192\}$

129. 8 termos.

130. $S_5 = 242$

131. $a_1 = 4$

132. $x = \frac{63}{32}$

133. R$ 1860,00

134. 48 828 124 visitantes.

135. $\lim\limits_{n \to \infty} S_n = 25$

136. a) $\lim\limits_{n \to \infty} S_n = 40$ b) $\lim\limits_{n \to \infty} S_n = \frac{x^2}{x - y}$

137. a) $\lim\limits_{n \to \infty} S_n = \frac{2}{3}$ b) $\lim\limits_{n \to \infty} S_n = \frac{8}{3}$

138. a) $0{,}777... = \frac{7}{9}$

b) $0{,}515151... = \frac{17}{33}$

c) $0{,}4333... = \frac{13}{30}$

139. $x = 8$

140. $\frac{5}{6}$

141. $S = \{-2\}$

142. $\frac{160}{3}$

143. $2a^2$

144. $5a$

145. $y = 18$ ou $y = 6$; $x = 3$

146. (4, 6, 8)

147. PA (4, 8, 12, 16); PG (1, 4, 16, 64)

148. $x = 100$ e $y = 100$

149. 5,12 cm

150. 6 dias.

151. 26 878 328 torcedores.

152. Aproximadamente R$ 15 227,04.

Outros contextos

1. A teoria de Malthus prega que o crescimento populacional será maior do que o crescimento da produção alimentícia.

2. Migrar para um tipo de energia limpa, como a solar; desenvolver automóveis com alto rendimento, agricultura com reaproveitamento da água e edifícios verdes que reduzam fortemente o consumo de energia.

3. 112 milhões.

Atividades adicionais

1. a) (7, 7, 7, ...)

b) $\left(-\frac{1}{2}, \frac{1}{2}, -\frac{3}{8}, \frac{1}{4}, ...\right)$

c) $\left(\frac{1}{2}, -1, \frac{9}{8}, -1, ...\right)$

d) (0, 8, 16, 24, ...)

2. a) (2, 4, 8, 16, ...)

b) $(1, \sqrt[4]{2}, \sqrt[5]{3}, \sqrt[3]{2}, \sqrt[7]{5}, ...)$

3. a) $a_5 = 729$

b) $a_6 = \frac{1}{13}$; $a_{100} = \frac{1}{201}$

4. 5º termo

5. a) (0, 1, 2, 5, 26, ...)

b) (1, 5, 17, 61, 217, ...)

6. (10, 15, 20, 25, 30, ...)

7. $a_5 = -1$

8. 5 termos.

10. 1º termo: 0; 2º termo: $\frac{1}{2}$; 15º termo: $\frac{14}{15}$.

11. $a_{13} = 75$

12. a) Sim; $r = 9$ b) Sim; $r = -2$

13. a) $r = -4$
b) $r = \frac{x}{2}$
c) $r = 1$
d) $r = x + y$

14. a) $a_4 = a - 3b$ b) $a_3 = \frac{4 - x}{x}$

15. (10, 15, 20)

16. 40°, 60° e 80°

17. 9 cm, 12 cm e 15 cm

18. −1, 3, 7 e 11

19. $r = 8$

20. $a_{10} = 61$

21. $a_n = 8n - 7$

22. $a_6 = 14$

23. a) $a_1 = 4$; $r = 3$

b) $a_1 = 3$; $r = 5$

24. 1000

25. 225 200 habitantes.

26. $a_1 = -3$

27. $S_{20} = 820$

28. $S_n = \frac{n^2}{2}$

29. $r = 2$

30. $x = 1$

31. a) $q = 4$
b) $q = -3$
c) $q = \sqrt{2}$
d) $q = (x + 1)^2$
e) $q = \frac{x}{y}$
f) $q = x^2$

32. a) $\left(180, 60, 20, \frac{20}{3}\right)$

b) $\left(\frac{x}{y^3}, \frac{x}{y}, xy, xy^3, xy^5\right)$

33. a) $a_5 = 1$ b) $a_6 = 2048$

34. $a_4 = 10^{n+6}$

35. 4, 6 e 9

36. $a_6 = 16$

37. 8º termo

38. $a_1 = 1$; $q = 4$

39. $a_9 = 16$; $q = 2$

41. a) $x = ab$ ou $x = -ab$

b) $x = 22$

42. $x = 6 - k$

43. $a_1 = 3$; $q = 2$

44. 405 cm³

45. $q = k^4$

46. $q = 3$ ou $q = -3$

47. 5 meios geométricos.

48. $x = 3$

49. $S_6 = 441$

50. $S_{10} = 10\,230$

51. $x = 5$

53. 2 400 unidades.

54. 107 360 unidades.

Vestibulares de Norte a Sul

1. **d**

2. **b**

3. **b**

4. **a**

5. $a = 0{,}8$ e $b = -0{,}8$

6. **c**

7. **e**

8. **a**

9. 6 171 números.

10. $S = \{8\}$

11. 2 420 cartas.

12. **d**

13. **d**

14. **b**

15. **a**

Para refletir

Página 323

- ca = cara
  co = coroa
  Então:
  (ca, ca, ca); (ca, ca, co); (ca, co, ca);
  (ca, co, co); (co, ca, ca); (co, ca, co);
  (co, co, ca); (co, co, co)
- Porque recorre-se a um ou mais termos da sequência para determinar os demais.

Página 324

- Porque os números são quadrados perfeitos, ou seja, têm raiz quadrada exata. Além disso, podem ser representados por um arranjo quadrado de pontos.
- Porque os números podem ser representados por um arranjo triangular de pontos.

Página 333

Quando $a_1 = r$

Página 338

Porque nas PAs temos: $a_1 + a_n = a_p + a_{n-p+1}$.

Página 340

$r = 2n + 3 - (2n + 1) = \cancel{2}n + 3 - \cancel{2}n - 1 = 2$

Página 346

Na PG alternante, dois termos consecutivos sempre têm sinais contrários.

Página 348

- n ímpar, $x^n = b \Rightarrow x = \sqrt[n]{b}$
- n par, $x^n = b$ e $b \geqslant 0 \Rightarrow x = \pm\sqrt[n]{b}$
- n par, $x^n = b$ e $b < 0 \Rightarrow \nexists\, x = \mathbb{R}$

Página 355

Dezoito quinquilhões, quatrocentos e quarenta e seis quatrilhões, setecentos e quarenta e quatro trilhões, setenta e três bilhões, setecentos e nove milhões, quinhentos e cinquenta e um mil seiscentos e quinze.

Página 358

Aumenta indefinidamente, ou seja, não converge para nenhum valor. Não é possível calcular a soma dos termos nesse caso.

Capítulo 8

Geometria plana e Trigonometria

1. $x = 20°$; $2x + 10 = 50°$; $x + 30° = 50°$
2. $x = 35°$; $x = 145°$
3. $3x + 20° = 110°$; $5x - 4° = 110°$
4. a) $a = 25°$; $b = 115°$
   b) $x = 60°$; $2x = 120°$
5. $x = 60°$; $y = 70°$; $z = 50°$
6. $x = 120°$
7. a) $x = 125°$; $y = 55°$
   b) $x = 70°$; $y = 110°$
8. a) $x = 50°$ b) $x = 110°$
9. a) $x = 60°$
   b) $x = 90°$
   c) $x = 45°$; $y = 45°$; $z = 70°$; $w = 115°$
10. Triângulo acutângulo: $BC^2 < AB^2 + AC^2$, triângulo obtusângulo: $BC^2 > AB^2 + AC^2$
11. a) obtusângulo d) obtusângulo
    b) retângulo
    c) acutângulo e) acutângulo
12. $x = 62°$
13. $x = 35°$
14. 60°
15. $A = 80°$; $B = 30°$; $C = 70°$
16. $y = 37°$
17. a) Triângulo escaleno.
    b) Não existe o triângulo.
    c) Triângulo isósceles.
    d) Triângulo equilátero.
    e) Não existe o triângulo.
    f) Triângulo isósceles.
18. $7 < x < 11$
19. 5 cm, 6 cm, 7 cm
20. a) 6 m b) 10 cm
21. a) Sim, LLL.
    b) Não podemos garantir.
    c) Sim, ALA.
    d) Sim, LAL.
    e) Sim, LAA.
22. Sim; 1,3 km.
23. a) Sim; LAA_0; $\hat{C} \cong \hat{P}$, $\overline{AB} \cong \overline{RQ}$ e $\overline{BC} \cong \overline{PQ}$.
    b) Não.
    c) Sim; LAL; $\hat{P} \cong \hat{M}$, $\hat{Q} \cong \hat{N}$ e $\overline{PQ} \cong \overline{MN}$.
    d) Sim; ALA; $\hat{H} \cong \hat{L}$, $\overline{GH} \cong \overline{NL}$ e $\overline{FH} \cong \overline{ML}$.
    e) Não.
    f) Sim; LLL; ambos têm lados de 4 cm.
24. $x = 4$ cm; $y = 3,5$ cm; $z = 5$ cm
26. 36°; 72°; 108°; 144°
27. 2 ângulos agudos.
28. $x = 80°$
29. 60°; 80°; 100°; 120°
30. a) 55°; 125°; 55°; 125°
    b) 85°; 95°; 85°; 95°
33. 30°; 30°; 120°
34. $x = 45°$; $y = 90°$
35. $x = 30°$; $y = 60°$; $z = 60°$; $w = 90°$
36. $x = 62°$; $y = 118°$; $z = 115°$; $w = 65°$
37. $x = 80°$; $y = 10°$
39. 66°, 114° e 114°
40. 13 cm e 13 cm
41. 72°, 72°, 108° e 108°
43. a) $S_i = 900°$ b) $n = 10$ lados.
44. $x = 75°$
45. $a_i = 180° - \dfrac{360°}{n}$
47. $a_e = 18°$; $a_i = 162°$
48. 8 lados.
49. a) $S_i = 1440°$ b) $S_i = 1800°$
50. a) $a_i = 140°$ b) $a_i = 108°$
52. 252 diagonais.
53. Pentadecágono.
54. 65 diagonais.
55. 90 diagonais.
56. $x = 128°$; $y = 52°$
58. a) $x = 105°$; $y = 40°$
    b) $x = 40°$; $y = 90°$
    c) $x = 65°$; $y = 115°$
59. 120°
60. a) $A\hat{H}C = 90°$ d) $A\hat{S}B = 70°$
    b) $S\hat{A}C = 40°$ e) $A\hat{C}H = 10°$
    c) $A\hat{R}C = 130°$ f) $B\hat{C}H = 20°$
61. a) $x = 50°$ b) $x = 130°$
62. $x = 20°$
63. $x = 115°$
64. 34 cm
65. a) $x = y = 50°$
    b) $x = 40°$; $y = 30°$
66. a) 30 cm c) 10 cm
    b) 30 cm d) 20 cm
69. 40 cm
70. $x = 100°$
71. a) 7,5 cm c) 8 cm; 12 m
    b) 16 mm d) 15 cm; 30 cm
72. $AB = \dfrac{7}{2}$
73. $xy = 320$
74. **a**
75. $x = 9$
76. **d**
77. 80 m; 60 m; 40 m
78. $AB = 20$ cm ou $AB = 15$ cm
79. $AR = 8$ cm; $RB = 10$ cm
80. $BC = 30$
81. a) $x = 5$
    b) $x = 20$
    c) $x = 12$
82. $\triangle ABC \sim \triangle DEC$, pois têm dois ângulos correspondentes congruentes: $\hat{B} \cong \hat{E}$ (retos), e $\hat{C}_1 \cong \hat{C}_2$ (opostos pelo vértice).
84. $n = 8,4$ cm; $o = 9,6$ cm

85. 2,5 cm

86. $x = \frac{16}{3}$ cm; $y = \frac{20}{3}$ cm; $z = 8$ cm

87. $x = 11,25$

88. $\frac{1}{3}$ ou 3.

89. $\triangle ABC$ e $\triangle ABD$

90. $x = 12$

91. $x = 4$

92. 10

93. 24 cm

94. $x = 4$

95. 480 cm ou 4,8 m

97. 7 m

98. 7,5 m

99. a) Sim.
b) Sim.
c) Sim.

100. Sim.

101. a) R_1: 40 m; R_2: 24 m
b) $\frac{5}{3}$
c) $\frac{5}{3}$
d) $\frac{5}{3}$
e) $\frac{25}{9}$

102. Não.

103. a) V b) F

104. Sim, as figuras 1 e 3.

105. a) Sim.
b) 4 : 3

106. altura $= \frac{24\sqrt{13}}{13}$ cm; projeções dos catetos: $\frac{36\sqrt{13}}{13}$ cm e $\frac{24\sqrt{13}}{13}$ cm

107. $x = 9$; $y = \frac{36}{5}$; $z = \frac{48}{5}$; $w = \frac{27}{5}$

108. $b = 10\sqrt{3}$; $c = 10$; $h = 5\sqrt{3}$

109. altura $= \frac{a\sqrt{3}}{2}$

110. diagonal $= a\sqrt{3}$

111. $c = \frac{3\sqrt{14}}{5}$; $r = 5$; $x = \frac{7}{5}$ ou 1,4; $y = 3,6$

112. 6 cm e 8 cm

113. $10\sqrt{41}$ km (aproximadamente 64 km).

114. 77,2 m

115. $\sqrt{39}$ cm

116. $m = 5$; $n = 20$

117. a) $x = 5$
b) $x = 10$
c) $x = 13$

118. $x = 41,2$ m

119. a) 5 m
b) $2\sqrt{13}$ m $\simeq 7,2$ m
c) 5 m
d) 4 m
e) 5 m
f) $\sqrt{29}$ m $\simeq 5,4$ m

120. a) $d = 6\sqrt{2}$
b) $d = \ell\sqrt{2}$

121. a) $h = 3\sqrt{3}$
b) $h = \frac{\ell}{2}\sqrt{3}$

122. a) $d = 2\sqrt{10}$
b) $D = 7$

123. a) $d = 6\sqrt{2}$
b) $D = 6\sqrt{3}$

124. A de índice 1.

126. 25 m

128. 10 m

129. 60 cm

130. a) $\text{sen}\,\alpha = \frac{3}{5}$
b) $\cos\alpha = \frac{4}{5}$
c) $\text{tg}\,\alpha = \frac{3}{4}$
d) $\text{sen}\,\beta = \frac{4}{5}$
e) $\cos\beta = \frac{3}{5}$
f) $\text{tg}\,\beta = \frac{4}{3}$

131. Sim.

132. a) $\hat{B} + \hat{C} = 90°$
b) $\text{sen}\,\hat{B} = \frac{z}{x}$; $\cos\hat{B} = \frac{y}{x}$; $\text{tg}\,\hat{B} = \frac{z}{y}$
$\text{sen}\,\hat{C} = \frac{y}{x}$; $\cos\hat{C} = \frac{z}{x}$; $\text{tg}\,\hat{C} = \frac{y}{z}$

133. a) $\text{sen}\,\hat{G} = \frac{\sqrt{11}}{6}$; $\cos\hat{G} = \frac{5}{6}$;
$\text{tg}\,\hat{G} = \frac{\sqrt{11}}{5}$
b) $EG = 25$; $EF = 5\sqrt{11}$
c) • 1
• $\frac{5\sqrt{11}}{11}$
• 1
• $\frac{\sqrt{11}}{5}$

135. a) $\text{sen}\,\alpha = \frac{5}{13}$; $\text{tg}\,\alpha = \frac{5}{12}$
b) $x = \frac{208}{5}$

136. a) $\text{sen}\,\hat{B} = 0,6$; $\cos\hat{B} = 0,8$;
$\text{tg}\,\hat{B} = 0,75$; $\hat{B} = 37°$
b) $\text{sen}\,\hat{B} = \frac{1}{2}$; $\cos\hat{B} = \frac{\sqrt{3}}{2}$;
$\text{tg}\,\hat{B} = \frac{\sqrt{3}}{3}$; $\hat{B} = 30°$

137. a) 32°
b) 39°
c) 76°

138. $\text{sen}\,\alpha = \frac{\sqrt{10}}{10}$

139. $\cos\alpha = \frac{3}{5}$

140. a) $\text{sen}\,45° = \frac{\sqrt{2}}{2}$; $\cos 45° = \frac{\sqrt{2}}{2}$;
$\text{tg}\,45° = 1$
b) $\text{sen}\,30° = \frac{1}{2}$; $\cos 30° = \frac{\sqrt{3}}{2}$;
$\text{tg}\,30° = \frac{\sqrt{3}}{3}$
c) $\text{sen}\,60° = \frac{\sqrt{3}}{2}$; $\cos 60° = \frac{1}{2}$;
$\text{tg}\,60° = \sqrt{3}$

141. a) $x = 6$ b) $x = 6$ c) $x = 6$

142. $\text{tg}\,\alpha = \sqrt{15}$

143. $\gamma = 23°$, $b \simeq 11,05$; $c \simeq 4,69$

144. $x = 35\sqrt{3} + 35$

145. $x + y = \frac{4\sqrt{6}}{3}$

Resolvido passo a passo

5. a) 2 259,3 m
b) Aproximadamente 17°.

146. a) $x = 7,66$ cm
b) $x \simeq 2,92$ dm
c) $x \simeq 13,23$ m; $y \simeq 12,44$ m

147. Aproximadamente 12,05 milhas.

148. 5,1 m

149. 3,6 m

150. $50\sqrt{3}$ m

151. $h = 2500$ m

152. a) 8 m b) $\alpha = 30°$

153. $h = 59,7$ m

154. $\ell = 22$ m

155. $V_x = 5\sqrt{3}$; $V_y = 5$

156. 391,40 m

157. 24 cm e 24 cm^2

158. Aproximadamente 235 m.

159. **e**

160. 50,4 m

161. **d**

162. $h = 540$ m; $d \simeq 2062$ m

163. $\alpha = 30°$

164. $x = 50\sqrt{3}$

165. 5,04 m

166. Aproximadamente 188 unidades de comprimento.

167. $n_B = \frac{\sqrt{6}}{2}$

Atividades adicionais

1. sen $\hat{B} = \frac{1}{2}$; cos $\hat{B} = \frac{\sqrt{3}}{2}$;
tg $\hat{B} = \frac{\sqrt{3}}{3}$; $\hat{B} = 30°$.
2. a) $x = 9,4$
b) $x = 5,12$
c) $x = 10$
3. $a \simeq 12,21$; $b = 7$; $\alpha = 55°$
4. 18°
5. $(20 + 6\sqrt{3})$ m
6. 5 m
7. **d**
8. **d**
9. **a**
10. **b**
11. $AR = 20,25$ cm; $CR = 33,75$ cm
12. 72
13. a) $x = \frac{22,5}{7}$ cm; $y = 3$ cm
b) $x = 2$ cm; $y = 3,5$ cm
c) $x = 2,7$ cm; $y = 2,9$ cm
d) $x = 4$ cm; $y = 10,8$ cm
14. $x = 2$
15. $x = 1$; $y = \frac{3}{2}$
16. **e**
17. $H\hat{A}S = 9°$
18. $x = 2,1$

Vestibulares de Norte a Sul

1. **b**
2. **d**
3. **d**
4. a) tg $\alpha = 1$; tg $\beta = \frac{\sqrt{2}}{2}$; tg $\gamma = \frac{\sqrt{3}}{3}$
b) $\alpha = 45°$; $\gamma = 30°$
5. **a**
6. **e**
7. $(6 + 4\sqrt{3})$ m
8. **b**
9. $x = 50\sqrt{3}$
10. $AB = 75$
11. **c**
12. $CD = 20$ m

Para refletir

Página 399

Porque os lados correspondentes são proporcionais e os ângulos correspondentes são congruentes.

Página 400

Os agrimensores – também conhecidos como "esticadores de corda" – eram pessoas que trabalhavam para o Faraó avaliando os prejuízos das cheias do Nilo e restabelecendo as fronteiras entre posses.

Página 405

- Para que o índice de subida seja 1, a altura e o afastamento devem ter medidas iguais. Para que o índice seja maior que 1, a altura deve ser maior que o afastamento.
- Maior.

Página 406

$\alpha < \beta$; $\frac{h_1}{a_1} < \frac{h_2}{a_2}$

Página 407

- A que tem ângulo de subida α; sen $\alpha >$ sen β; a que tem ângulo de subida maior α, ou seja, de seno maior.
- A que tem ângulo de subida menor β; cos $\beta >$ cos α; a que tem ângulo de subida maior α, ou seja, de cosseno menor.

Página 409

Todos são maiores que zero porque são a razão de valores positivos (lados do triângulo). Seno e cosseno são menores que 1 porque a hipotenusa é sempre maior que o cateto. Já no caso da tangente, podemos ter qualquer tipo de resultado porque os catetos podem ser iguais ou diferentes entre si.

Página 416

Sim.

$x^2 = 8^2 + 2^2 = 68 \Rightarrow x = \sqrt{68} = 2\sqrt{17}$

sen $\alpha = \frac{8}{2\sqrt{17}} = \frac{8\sqrt{17}}{2\sqrt{17} \cdot \sqrt{17}} = \frac{4\sqrt{17}}{17}$

Página 417

$\text{sen}^2\alpha + \frac{4}{25} = 1 \Rightarrow \text{sen } \alpha = \frac{\sqrt{21}}{5}$

$\text{tg } \alpha = \frac{\sqrt{21}}{5} : \frac{2}{5} = \frac{\sqrt{21}}{2}$

Caiu no Enem

1. **e**
2. **e**
3. **d**
4. **d**
5. **e**
6. **e**
7. **a**
8. **c**
9. **e**
10. **d**
11. **c**
12. **d**
13. **e**
14. **d**
15. **d**
16. **c**
17. **d**
18. **c**
19. **e**
20. **a**
21. **c**
22. **c**
23. **d**
24. **c**
25. **c**
26. **e**

Sugestões de leitura

- ***A Matemática e a Mona Lisa***: a confluência entre a arte e a ciência.
Bulent Atalay. Tradução de Mário Vilela. São Paulo: Mercuryo, 2007.
Neste livro o autor apresenta a ciência por meio da arte e a arte por meio da ciência.

- ***Alice no País dos Números.***
Carlo Frabetti. Tradução de Maria Dolores Prades. São Paulo: Ática, 2009.
Alice, uma menina que odeia Matemática, encontra personagens da história de outra Alice, a do País das Maravilhas, e descobre que a Matemática, além de útil, também é divertida. São tratados temas como o zero, fatorial de um número, número primo, sequência de Fibonacci, etc.

- ***Almanaque das curiosidades matemáticas.***
Ian Stewart. Tradução de Diego Alfaro. Rio de Janeiro: Jorge Zahar, 2009.
Quebra-cabeças lógicos, geométricos, numéricos e probabilísticos, esquisitices da cultura matemática, coisas para fazer e construir.

- ***Dando corda na Trigonometria.***
Oscar Guelli. São Paulo: Ática, 2002.
O livro acompanha um pouco da história desse importante ramo da Matemática, fazendo um passeio pela Grécia, pelo Egito e pela Índia. Com uma linguagem simples, mostra as origens e o desenvolvimento da Trigonometria.

- ***Descobrindo padrões pitagóricos.***
Ruy Madsen Barbosa. São Paulo: Atual, 1993.
A obra resgata a questão da descoberta de padrões. Na primeira parte se ocupa de temas essencialmente geométricos; na segunda parte trata de aspectos numéricos.

- ***Fazendo arte com a Matemática.***
Estela K. Fainguelernt; Katia Regina Ashton Nunes. Porto Alegre: Artmed, 2005.
O livro relaciona a beleza da arte com a Matemática. Analisa obras de artistas como Alfredo Volpi, Lygia Clark e outros.

- ***Mania de Matemática***: diversão e jogos de lógica e Matemática.
Ian Stewart. Tradução de Maria Luiza X. de A. Borges. Rio de Janeiro: Jorge Zahar, 2008.
Um livro com uma grande variedade de desafios, importantes problemas matemáticos e personagens curiosos apresentados por meio de divertidas histórias.

- ***Matemática divertida e curiosa.***
Malba Tahan. Rio de Janeiro: Record, 2004.
Conteúdos matemáticos abordados de maneira intuitiva e acessível por meio de problemas numéricos, anedotas, contos, frases célebres e outros.

- ***O diabo dos números.***
Hans M. Enzensberger. Tradução de Sérgio Tellaroli. São Paulo: Companhia das Letras, 1997.
Um livro para todos aqueles que têm medo de Matemática. O grande poeta alemão combate esse medo "traduzindo" o pensamento matemático para "língua de gente".

- ***O enigma de Sherazade e outros incríveis problemas das Mil e uma Noites à lógica moderna.***
Raymond Smullyan. Tradução de Sérgio Flaksman. Rio de Janeiro: Record, 2001.
Uma paródia do clássico *As Mil e uma Noites*, em que Sherazade, em apuros, precisa solucionar problemas matemáticos e lógicos.

- ***Padrões numéricos e sequências.***
Maria Cecília Costa e Silva Carvalho. São Paulo: Moderna, 2002.
O objetivo deste livro é mostrar a possibilidade de estudarmos sequências numéricas (progressões) utilizando basicamente observação de padrões, associações de ideias e generalizações. Dessa maneira são valorizados o desenvolvimento do espírito crítico e a capacidade de generalização.

- ***Parábolas, para que te quero.***
Maria José C. V. Zampirolo. São Paulo: Ed. do Brasil, 2000. (Coleção PEC – Projeto Escola e Cidadania).
Reconhecimento, representação e resolução de situações cotidianas e científicas envolvendo a função de segundo grau.

- ***Pense em um número.***
Johnny Ball. Tradução de Percival de Carvalho. São Paulo: Caramelo, 2009.
Uma viagem fascinante ao mundo dos números. O livro apresenta exemplos, ilustrações, quebra-cabeças e truques em quase todas as áreas da Matemática. São tratados assuntos como a divina proporção, a 3ª dimensão, fractais, o número pi.

- ***Seu problema é dinheiro?***
Maria Terezinha Seordamoglio Alvarez. São Paulo: Ed. do Brasil, 2001. (Coleção PEC – Projeto Escola e Cidadania).
A obra trata de cálculo de juros e mostra como esse conhecimento pode ajudar o aluno a tomar decisões na vida pessoal e profissional.

Bibliografia

ÁVILA, G. *Cálculo das funções de uma variável*. 7. ed. Rio de Janeiro: Livros Técnicos e Científicos, 2003. v. 1.

________. *Introdução às funções e à derivada*. São Paulo: Atual, 1995.

BORBA, Marcelo de Carvalho; PENTEADO, Mirian de Godói. *Informática e educação*. Belo Horizonte: Autêntica, 2002. (Coleção Tendências em Educação Matemática).

BOYER, Carl B. *História da Matemática*. 3. ed. São Paulo: Edgard Blücher/Edusp, 2010.

CARAÇA, B. de J. *Conceitos fundamentais de Matemática*. Lisboa: Brás Monteiro, 1951.

COLEÇÃO do Professor de Matemática. Rio de Janeiro: SBM, 2003. 26 v.

D'AMBROSIO, U. *Da realidade à ação:* reflexões sobre Educação Matemática. Campinas: Ed. da Unicamp, 1986.

DANTE, L. R. *Formulação e resolução de problemas de Matemática — Teoria e prática*. São Paulo: Ática, 2010.

DAVIS, P. J.; HERSH, R. *A experiência matemática*. 2. ed. Lisboa: Gradiva, 2013.

EVES, H. *Introdução à história da Matemática*. Campinas: Ed. da Unicamp, 2004.

KRULIK, Stephen; REYS, Robert E. (Org.). *A resolução de problemas na Matemática escolar*. Tradução de Hygino H. Domingues e Olga Cobro. São Paulo: Atual, 1997.

LIMA, E. L. et al. *A Matemática do Ensino Médio*. Rio de Janeiro: SBM, 1997. (Coleção do Professor de Matemática, v. 1 e 2).

LOURENÇO, Marcos. *Cabri-Geomètre:* introdução e atividades. Catanduva: Edições Fafica, 2000.

MIORIM, M. Â. *O ensino de Matemática:* evolução e modernização. Tese (Doutorado) — Faculdade de Educação da Unicamp, 1998.

PERELMANN, J. *Aprenda Álgebra brincando*. Tradução de Milton da Silva Rodrigues. São Paulo: Hemus, 1970.

POLYA, G. *A arte de resolver problemas*. Rio de Janeiro: Interciência, 1995.

________. *Mathematical Discovery on Understanding and Teaching Problem Solving*. New York: John Wiley & Sons, 2009. 2 v.

REVISTA do Professor de Matemática. São Paulo: SBM, 1982/2013. v. 1 a 80.

PROJETO MÚLTIPLO

Caderno de Estudo

Matemática

Ensino Médio

Luiz Roberto Dante

Livre-docente em Educação Matemática pela Unesp – Rio Claro, SP.
Doutor em Psicologia da Educação: Ensino da Matemática, pela PUC – São Paulo.
Mestre em Matemática pela USP.
Pesquisador em ensino e aprendizagem da Matemática pela Unesp – Rio Claro, SP.
Ex-professor da rede estadual do Ensino Fundamental e Médio – São Paulo.
Autor de vários livros, entre os quais: *Formulação e resolução de problemas de Matemática – Teoria e prática; Didática da Matemática na pré-escola; Projeto Ápis – Matemática* (1º ao 5º ano); *Projeto Teláris Matemática* (6º ao 9º ano); *Projeto Voaz Matemática* (Ensino Médio – volume único); *Matemática – Contextos & Aplicações* (Ensino Médio – volume único).

editora ática

editora ática

Diretoria editorial: Lidiane Vivaldini Olo
Editoria de Ciências Exatas: Cármen Matricardi
Editoras: Monique Matos de Oliveira,
Cibeli de Oliveira Chibante Bueno, Letícia Mancini Martins (estag.)
Colaboradora editorial: Pamela Hellebrekers Seravalli
Supervisor de arte e produção: Sérgio Yutaka
Supervisor de arte e criação: Didier Moraes
Coordenadora de arte e criação: Andréa Dellamagna
Editor de arte: André Gomes Vitale
Diagramação: Wander Camargo
Design gráfico: UC Produção Editorial, Andréa Dellamagna (miolo e capa)
Gerente de revisão: Hélia de Jesus Gonsaga
Equipe de revisão: Rosângela Muricy (coord.), Ana Paula Chabaribery Malfa, Claudia Virgilio, Vanessa de Paula; Flávia Venézio dos Santos e Gabriela Macedo de Andrade (estags.)
Supervisor de iconografia: Sílvio Kligin
Pesquisadora iconográfica: Cláudia Bertolazzi
Tratamento de imagem: Cesar Wolf e Fernanda Crevin
Foto da capa: Photoff/Shutterstock/Glow Images
Grafismos: Shutterstock/Glow Images
(utilizados na capa e aberturas de capítulos e seções)
Ilustrações: Dam d'Souza e Theo Szczepanski

Direitos desta edição cedidos à Editora Ática S.A.
Av. das Nações Unidas, 7221, 3º andar, setor C
Pinheiros – São Paulo – SP
CEP 05425-902
Tel.: 4003-3061
www.atica.com.br/editora@atica.com.br

Dados Internacionais de Catalogação na Publicação (CIP)
(Câmara Brasileira do Livro, SP, Brasil)

Dante, Luiz Roberto
Projeto Múltiplo: Matemática : ensino médio /
Luiz Roberto Dante. -- São Paulo : Ática, 2014.

Obra em 3 v.

1. Projeto Múltiplo: Matemática (Ensino médio)
I. Título.

14-02256 CDD-510.7

Índice para catálogo sistemático:
1. Projeto Múltiplo: Matemática : Ensino médio 510.7

2021
ISBN 978 85 08 16749-4 (AL)
ISBN 978 85 08 16750-0 (PR)
Código da obra CL 737769
CAE 501141 (AL)
CAE 501142 (PR)
1ª edição
7ª impressão

ABDR EDITORA AFILIADA

Impressão e acabamento
Log&Print Gráfica e Logística S.A.

Uma publicação Abril EDUCAÇÃO

Apresentação

O Ensino Médio é a época na qual a maioria dos adolescentes faz uma escolha que os acompanhará por toda a vida: a da profissão que desejam seguir.

Além da profissão, a escolha da universidade também é um fator decisivo para o seu futuro sucesso profissional. E para que você tenha um bom desempenho no exame vestibular da universidade que escolher, além de conhecer muito bem todo o conteúdo do Ensino Médio, você deve ter uma ótima habilidade em resolver exercícios. Por esse motivo, este caderno reúne mais de 200 questões das mais renomadas universidades do país, questões de níveis complexos, que, no todo, representam um momento único de preparação para o vestibular. Para auxiliá-lo com as resoluções, cada sequência de exercícios de um mesmo tema é precedida por quadros-resumos que sintetizam os principais tópicos do conteúdo.

Encare o período de estudo com este caderno como oportunidade de aperfeiçoar sua capacidade de resolver exercícios de forma rápida e segura.

Utilize este caderno como um instrumento de aperfeiçoamento de suas habilidades e não desista dos seus sonhos.

Boa sorte!

Sumário

Vestibular em foco

Theo Szczepanski/ Arquivo da editora

CONJUNTOS

Noções

Definição

Conjunto é uma coleção qualquer de objetos. Todo conjunto é formado por elementos.

Subconjuntos

- O conjunto A é subconjunto de um conjunto B se todos seus elementos também forem elementos de B.
- Um conjunto A com n elementos possui $2n$ subconjuntos.

Relações

Relação de pertinência

- Se x é elemento do conjunto B, então x pertence a B.
- Notação: $\in$ (pertence) e $\notin$ (não pertence).

Relação de inclusão

- Se o conjunto A é subconjunto do conjunto B, então A está contido em B.
- Notação: $\subset$ (contido) e $\not\subset$ (não está contido).

Tipos

Vazio

- Não possui elementos.
- Notação: $\varnothing$ ou { }

Unitário

Formado por um único elemento.

Finito

Tem um número limitado de elementos.

Infinito

Tem um número ilimitado de elementos.

Universo

- Formado por todos os elementos com os quais estamos trabalhando em um determinado assunto.
- Notação: U

Operações

Intersecção (∩)

$A \cap B = \{x \mid x \in A \text{ e } x \in B\}$

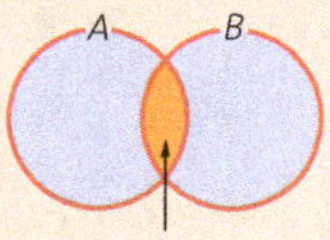

Reunião ou união (∪)

- $A \cup B = \{x \mid x \in A \text{ ou } x \in B\}$
- Número de elementos da união: $n(A \cup B) = n(A) + n(B) - n(A \cap B)$

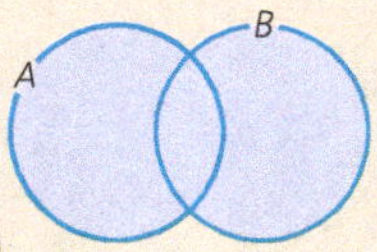

Diferença

$A - B = \{x \mid x \in A \text{ e } x \notin B\}$

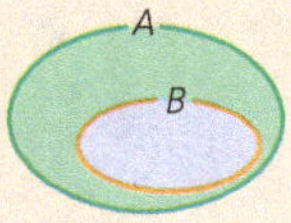

Complementar de um conjunto

$A^C = \{x \mid x \in U \text{ ou } x \notin A\}$

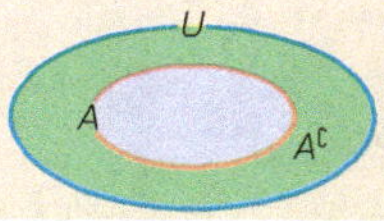

Conjuntos numéricos

Números naturais ($\mathbb{N}$)

$\mathbb{N} = \{0, 1, 2, 3, ...\}$

Números inteiros ($\mathbb{Z}$)

$\mathbb{Z} = \{..., -2, -1, 0, 1, 2, ...\}$

Números racionais ($\mathbb{Q}$)

- $\mathbb{Q} = \left\{x \mid x = \dfrac{a}{b}, \text{com } x \in \mathbb{Z} \text{ e } b \neq 0\right\}$
- Exemplos: $-2, -\dfrac{3}{2}, 0, \dfrac{10}{2}$, etc.

Números irracionais ($\mathbb{I}_r$)

- Não admitem uma representação decimal exata nem uma representação na forma de dízima periódica.
- Exemplos: π, ϕ, $-\sqrt{3}$, $\sqrt{2}$, etc.

Números reais ($\mathbb{R}$)

$\mathbb{R} = \mathbb{Q} \cup \mathbb{I}_r = \{x \mid x \text{ é racional ou } x \text{ é irracional}\}$

Módulo de um número real

Para $r \in \mathbb{R}$, temos:

$|r| = r$, se $r \geqslant 0$ e $|r| = -r$, se $r < 0$

Intervalos reais

- $(a, b) =]a, b[= \{x \in \mathbb{R} \mid a < x < b\}$

- $[a, b] = \{x \in \mathbb{R} \mid a \leqslant x \leqslant b\}$

- $[a, b) = [a, b[= \{x \in \mathbb{R} \mid a \leqslant x < b\}$

- $(a, b] =]a, b] = \{x \in \mathbb{R} \mid a < x \leqslant b\}$

- $(-\infty, b] =]-\infty, b] = \{x \in \mathbb{R} \mid x \leqslant b\}$

- $(-\infty, b) =]-\infty, b[= \{x \in \mathbb{R} \mid x < b\}$

- $[a, +\infty) = [a, +\infty[= \{x \in \mathbb{R} \mid x \geqslant a\}$

- $(a, +\infty) =]a, +\infty[= \{x \in \mathbb{R} \mid x > a\}$

- $(-\infty, +\infty) =]-\infty, +\infty[= \mathbb{R}$

Números complexos ($\mathbb{C}$)

- $\mathbb{C} = \{z \mid z = a + bi, \text{com } a \in \mathbb{R}, b \in \mathbb{R} \text{ e } i^2 = -1\}$
- Exemplos: $z = 2 + 5i$, $z = 5$, $z = -3i$, etc.

Exercícios

1. (UFT-TO) Uma Instituição de Ensino Superior oferece os cursos *A* e *B*. Em seu processo seletivo o candidato pode optar por inscrever-se nos dois cursos ou apenas em um curso. Ao final, o número de inscrições por curso e o número total de candidatos inscritos pode ser observado no quadro que segue:

Número de inscrições no Curso *A*	Número de inscrições no curso *B*	Número total de candidatos inscritos
480	392	560

Com base nas informações acima e nas possibilidades de inscrições, pode-se afirmar que o número de candidatos que optaram por inscrever-se somente no curso *A* foi:

a) 80.
b) 168.
c) 312.
d) 480.
e) 560.

2. (UEFS-BA) Em um grupo de 40 casas, sabe-se que 28 são brancas, 19 possuem jardim e 12 possuem piscina. Considerando-se essa informação e as proposições:

I. Há, pelo menos, 7 casas brancas com jardim.

II. Não há nenhuma casa com jardim e piscina.

III. Há, pelo menos, 9 casas sem jardim nem piscina.

Pode-se afirmar, com certeza, que:

a) a proposição II é verdadeira.
b) as proposições I e II são verdadeiras.
c) as proposições II e III são verdadeiras.
d) as proposições I e III são verdadeiras.
e) as proposições I, II e III são verdadeiras.

3. (Emescam-ES) Um pesquisador em Medicina fez um estudo do tratamento de uma doença grave com um grupo homogêneo de setenta cobaias não humanas analisando três tipos de intervenções (vacina, medicamento sintético e medicamento fitoterápico). As cobaias foram aleatoriamente divididas em sete grupos com iguais quantidades de membros, sendo três desses grupos submetidos somente a um tipo de tratamento, outros três grupos submetidos a dois tipos simultâneos de tratamentos e um grupo foi submetido aos três tratamentos ao mesmo tempo. Dentre as cobaias que foram curadas da doença, o estudo revelou o seguinte resultado quanto ao uso do tratamento:

– Dez foram submetidas aos três tratamentos simultaneamente;
– Vinte e oito foram vacinadas;
– Vinte e quatro tomaram medicamento sintético;
– Vinte e uma tomaram medicamento fitoterápico;
– Dezoito foram vacinadas e tomaram medicamento sintético;
– Seis usaram somente a vacina e o medicamento fitoterápico juntos;
– Duas usaram somente medicamento sintético.

Usando os dados acima, podemos afirmar que o número total de cobaias curadas foi de:

a) 109. b) 99. c) 73. d) 56. e) 35.

4. (Udesc) Uma das últimas febres da internet são os *sites* de compras coletivas, que fazem a intermediação entre anunciantes e consumidor final, oferecendo cupons com grande percentual de descontos na compra de produtos e/ou serviços. O gestor de um destes *sites*, preocupado em acompanhar essa tendência e ao mesmo tempo oferecer novas opções para seus clientes, tabulou os dados referentes aos negócios realizados por sua empresa durante o ano de 2011. De posse desses dados, ele (gestor) percebeu que em seu *site* foram ofertados cupons apenas nas seguintes categorias: Gastronomia, Entretenimento e Saúde&Beleza. Além disso, considerando apenas os cinco mil clientes cadastrados que efetuaram a compra de pelo menos uma oferta do seu *site*, o gestor notou que 52% destes adquiriram cupons do segmento Gastronomia, enquanto 46% aderiram a ofertas de Saúde&Beleza e 44% compraram itens relacionados a Entretenimento. O gestor notou também que apenas 300 clientes compraram cupons dos três segmentos disponíveis, enquanto que 800 clientes adquiriram ofertas de Gastronomia e Entretenimento e 700 compraram itens de Gastronomia e Saúde&Beleza. Então a soma do número de clientes deste *site* que comprou ofertas relacionadas, exatamente, a um dos três segmentos disponíveis é:

a) 3 800. b) 2 600. c) 3 200. d) 2 200. e) 3 000.

5. (Udesc) O Festival de Dança de Joinville é considerado o maior do mundo pelo *Guinness Book of Records* de 2005. Desde 1998, este festival é realizado no Centreventos Cau Hansen, que tem capacidade para 4 200 pessoas por noite. Suponha que no 28º Festival de Dança, realizado em julho de 2010, houve uma noite exclusiva para cada uma das seguintes modalidades: *ballet*, dança de rua e *jazz*. A noite da dança de rua teve seus ingressos esgotados; na noite do *jazz* restaram 5% dos ingressos; e a noite do *ballet* teve 90% dos ingressos disponíveis vendidos. Sabe-se que algumas pessoas costumam prestigiar mais de uma noite do Festival. Neste ano, 700 pessoas assistiram à dança de rua e ao *jazz*; 1 610 assistiram ao *ballet* e à dança de rua; 380 assistiram ao *ballet* e ao *jazz* e 105 prestigiaram as três modalidades de dança. Se todas as pessoas que adquiriram os ingressos do Festival assistiram à(s) apresentação(ões), então o número total de pessoas distintas que assistiu a pelo menos uma das três modalidades anteriormente mencionadas foi:

a) 9 385. b) 9 070. c) 9 595. d) 6 275. e) 6 905.

6. (UEPB) O controle de vacinação em uma creche indica que, dentre 98 crianças cadastradas, 60 receberam a vacina Sabin, 32 foram vacinadas contra o sarampo e 12 crianças não foram vacinadas. Dessa forma, o número de crianças que não receberam exatamente as duas vacinas é igual a:

a) 72. b) 38. c) 66. d) 92. e) 44.

7. (UPM-SP) Num grupo constituído de k pessoas, das quais 14 jogam xadrez, 40 são homens. Se 20% dos homens jogam xadrez e 80% das mulheres não jogam xadrez, então o valor de k é:

a) 62. b) 70. c) 78. d) 84. e) 90.

8. (UFRN) Uma escola de Ensino Médio tem 3 600 estudantes assim distribuídos:

– 1 200 cursam o 1º ano, 1 200 cursam o 2º ano, e 1 200 cursam o 3º ano;
– de cada série, metade dos estudantes são do sexo masculino e metade do sexo feminino;
– de cada sexo, metade dos estudantes estuda Inglês e metade estuda Francês.

Considere que, em cada série, a quantidade de alunos de Inglês e de Francês é a mesma.
O número de estudantes dessa escola que estão cursando o 3º ano ou que não estudam Francês é:

a) 3 000. b) 600. c) 1 200. d) 2 400.

9. (Udesc) Considere um conjunto universo, com 7 elementos e os subconjuntos A, B e C, com 3, 5 e 7 elementos, respectivamente. É correto afirmar que:

a) $(A \cap B) \cap C$ tem no máximo 2 elementos.
b) $(A \cap B) \cap C$ tem no mínimo 1 elemento.
c) $B \cap C$ tem 3 elementos.
d) $A \cap C$ tem no mínimo 2 elementos.
e) $A \cap B$ pode ser vazio.

10. (PUC-RJ) Considere o conjunto $A = \{3, 5\}$. Sabendo que $B \cap A = \{3\}$ e $B \cup A = \{1, 2, 3, 4, 5\}$, determine o conjunto B.

a) $B = \{1, 2, 3\}$
b) $B = \{1, 2, 4\}$
c) $B = \{1, 2, 3, 4\}$
d) $B = \{1, 2, 3, 5\}$
e) $B = \{1, 2, 3, 4, 5\}$

11. (Uece) Os subconjuntos P, X e Y do conjunto $\mathbb{N}$ dos números naturais são dados por: P = {números primos}, X = {múltiplos de 2} e Y = {múltiplos de 3}. Podemos afirmar corretamente que:

a) $P \cup X \cup Y = \mathbb{N}$.

b) $P \cap X \cap Y \neq \varnothing$.

c) $X \cup Y \subset N - P$.

d) $X \cap Y \subset N - P$.

12. (ITA-SP) Sejam r_1, r_2 e r_3 números reais tais que $r_1 - r_2$ e $r_1 + r_2 + r_3$ são racionais. Das afirmações:

I. Se r_1 é racional ou r_2 é racional, então r_3 é racional;

II. Se r_3 é racional, então $r_1 + r_2$ é racional;

III. Se r_3 é racional, então r_1 e r_2 são racionais,

é (são) sempre verdadeira(s):

a) apenas I.

b) apenas II.

c) apenas III.

d) apenas I e II.

e) I, II e III.

13. (UFF-RJ) Historicamente, a Matemática é extremamente eficiente na descrição dos fenômenos naturais. O prêmio Nobel Eugene Wigner escreveu sobre a "surpreendente eficácia da Matemática na formulação das leis da Física, algo que nem compreendemos nem merecemos". Toquei outro dia na questão de a Matemática ser uma descoberta ou uma invenção humana.

Aqueles que defendem que ela seja uma descoberta creem que existem verdades universais inalteráveis, independentes da criatividade humana. Nossa pesquisa simplesmente desvenda as leis e teoremas que estão por aí, existindo em algum metaespaço das ideias, como dizia Platão.

Nesse caso, uma civilização alienígena descobriria a mesma Matemática, mesmo se a representasse com símbolos distintos. Se a Matemática for uma descoberta, todas as inteligências cósmicas (se existirem) vão obter os mesmos resultados. Assim, ela seria uma língua universal e única.

Os que creem que a Matemática é inventada, como eu, argumentam que nosso cérebro é produto de milhões de anos de evolução em circunstâncias bem particulares, que definiram o progresso da vida no nosso planeta. Conexões entre a realidade que percebemos e abstrações geométricas e algébricas são resultado de como vemos e interpretamos o mundo.

Em outras palavras, a Matemática humana é produto da nossa história evolutiva.

Marcelo Gleiser. *Folha de S.Paulo*, maio 2009. Caderno Mais!

UFFRJ/2010

Leopold Kronecker

Segundo o matemático Leopold Kronecker (1823-1891), "Deus fez os números inteiros, o resto é trabalho do homem." Os conjuntos numéricos são, como afirma o matemático, uma das grandes invenções humanas.
Assim, em relação aos elementos desses conjuntos, é correto afirmar que:

a) o produto de dois números irracionais é sempre um número irracional.

b) a soma de dois números irracionais é sempre um número irracional.

c) entre os números reais 3 e 4 existe apenas um número irracional.

d) entre dois números racionais distintos existe pelo menos um número racional.

e) a diferença entre dois números inteiros negativos é sempre um número inteiro negativo.

FUNÇÕES

Definição

Dados dois conjuntos não vazios A e B, uma função de A em B é uma regra que indica como associar cada elemento $x \in A$ a um único elemento $y \in B$.

Notação

$f: A \rightarrow B$ ou $A \xrightarrow{f} B$ (lê-se: f é uma função de A em B).

Representações

Lei de formação

Exemplos: $y = 2x$; $f(x) = \left(\frac{1}{2}\right)^3$; etc.

Diagrama de Euler-Venn

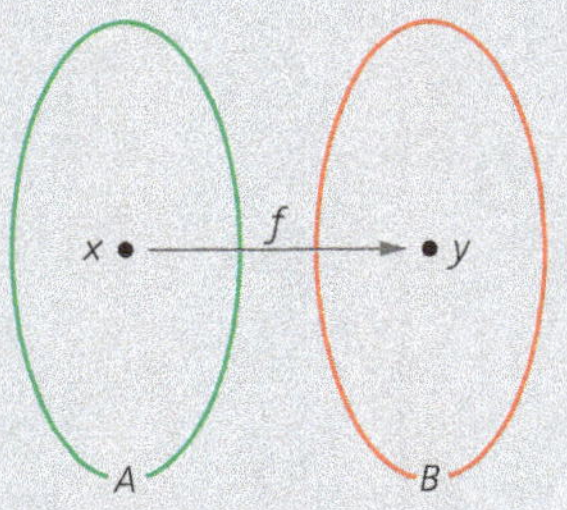

Representação gráfica

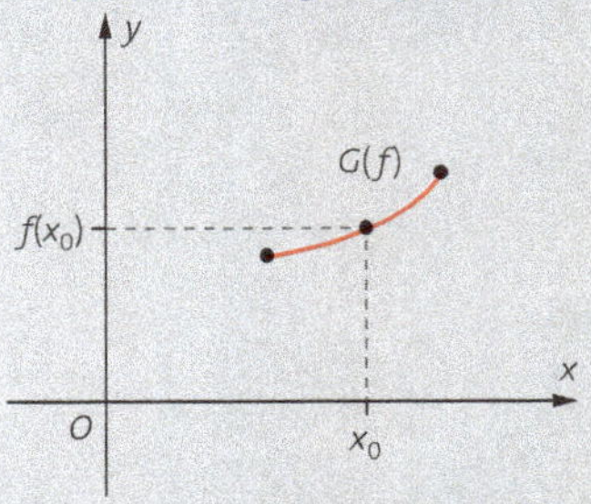

$(x_0, f(x_0))$ é um ponto do gráfico.

Domínio, imagem e contradomínio

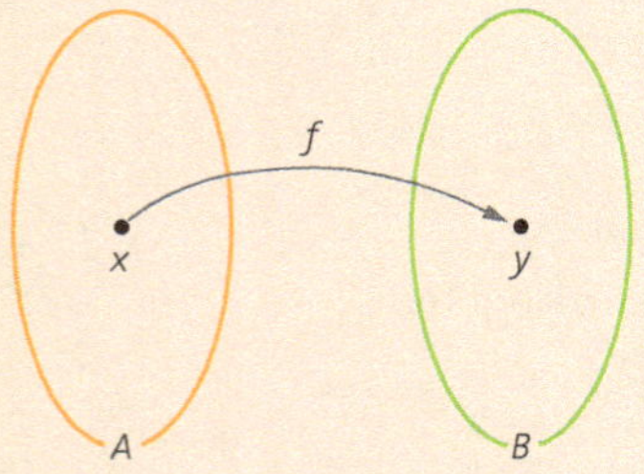

$y = f(x)$

- A é o domínio de f: $D(f)$
- B é o contradomínio de f: $CD(f)$
- O conjunto dos y obtidos é a imagem de f: $Im(f)$

Representação gráfica

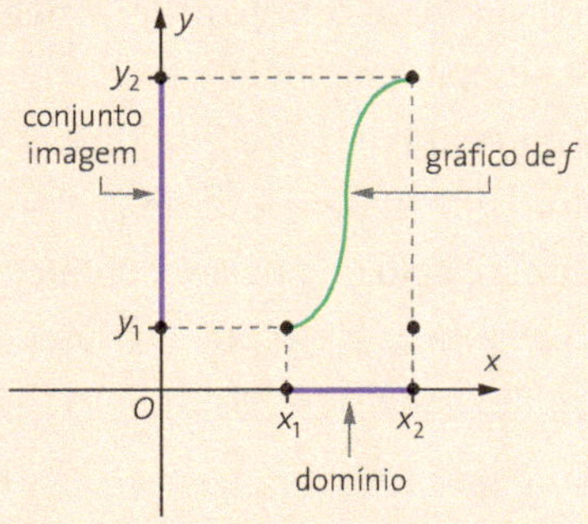

$D(f) = \{x \in \mathbb{R} \mid x_1 \leq x \leq x_2\} = [x_1, x_2]$

$Im(f) = \{y \in \mathbb{R} \mid y_1 \leq y \leq y_2\} = [y_1, y_2]$

Função par e função ímpar

Par

$f(-x) = f(x)$

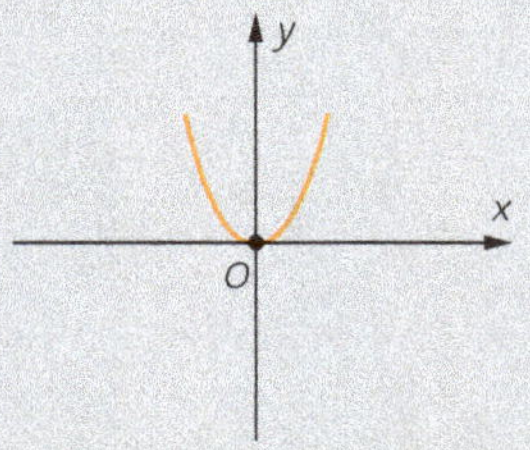

Ímpar

$f(-x) = -f(x)$

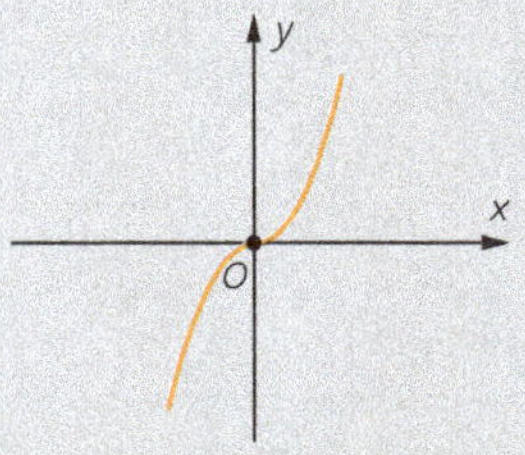

Função crescente, função decrescente e função constante

Crescente

$x_1 < x_2$ em $A \Rightarrow f(x_1) < f(x_2)$ em B

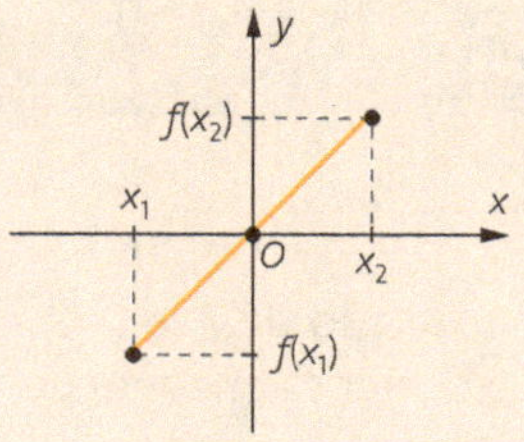

Decrescente

$x_1 < x_2$ em $A \Rightarrow f(x_1) > f(x_2)$ em B

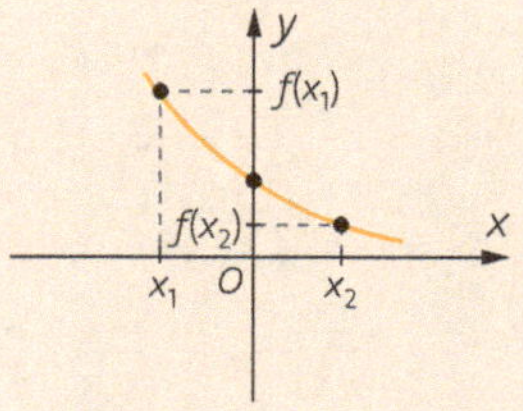

Constante

$f(x)$ é constante para qualquer valor de x.

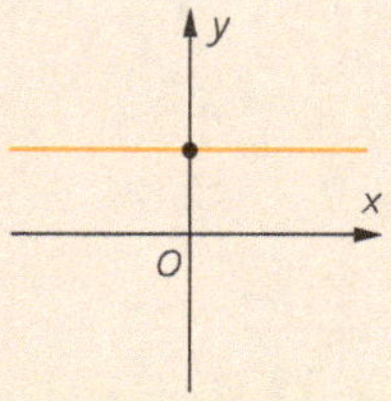

Função injetiva, função sobrejetiva e função bijetiva

Injetiva

$x_1 \neq x_2$ em $A \Rightarrow f(x_1) \neq f(x_2)$ em B

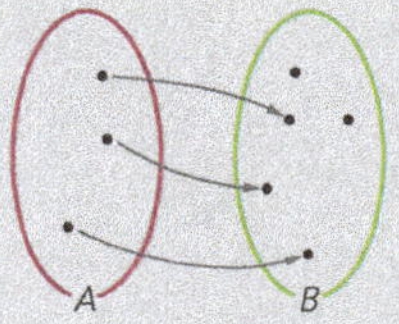

Sobrejetiva

$Im(f) = B$

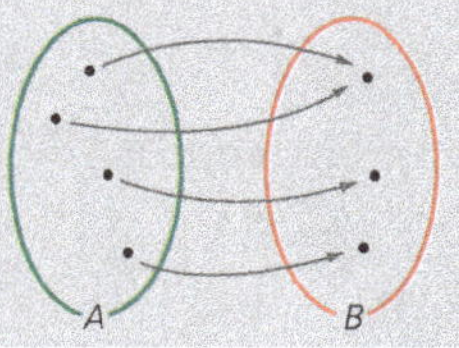

Bijetiva

f é injetiva e sobrejetiva simultaneamente.

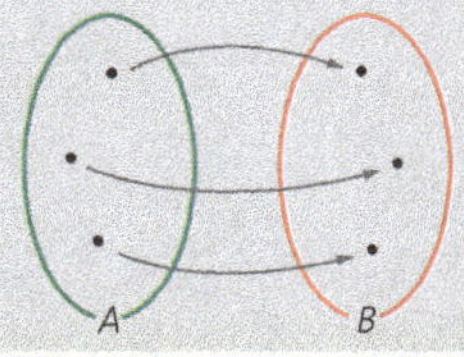

Inversa

- f é bijetiva
- $f: A \rightarrow B \Rightarrow f^{-1}: B \rightarrow A$

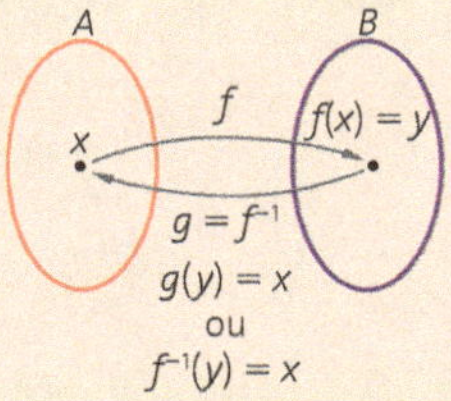

Composta

$f: A \rightarrow B$ e $g: B \rightarrow C$

$g \circ f: A \rightarrow C$

$(g \circ f)(x) = g(f(x))$

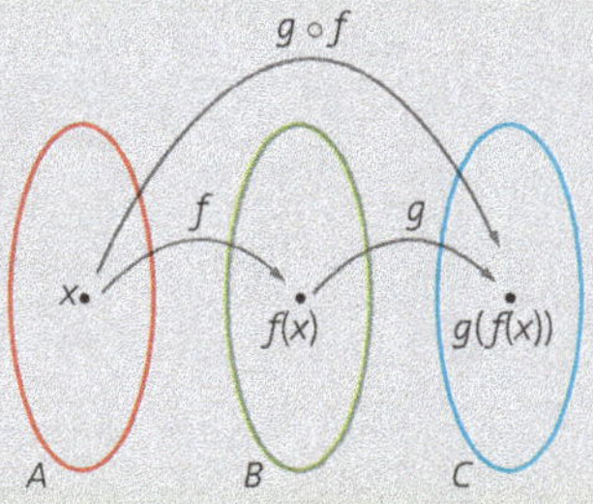

Exercícios

1. (Unit-SE) Seja f a função de A em $\mathbb{R}$ definida por $f(x) = 1 - 2x$. Se o conjunto imagem de f é o intervalo $[-3, 11[$, o conjunto A é:

a) $]-5, 2]$.

b) $]-2, 5[$.

c) $]-5, 1]$.

d) $[1, -5[$.

e) $[1, 5[$.

2. (UFMG) O gráfico da função $f(x) = x^3 + (a + 3)\,x^2 - 5x + b$ contém os pontos $(-1, 0)$ e $(2, 0)$. Assim sendo, o valor de $f(0)$ é:

a) 1. b) -6. c) -1. d) 6.

3. (Unaerp-SP) Qual dos seguintes gráficos não representa uma função $f: \mathbb{R} \to \mathbb{R}$?

a)

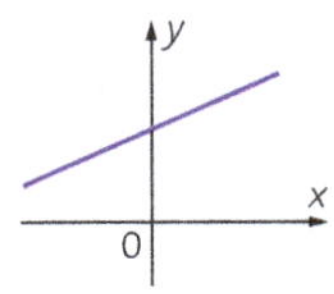

b)

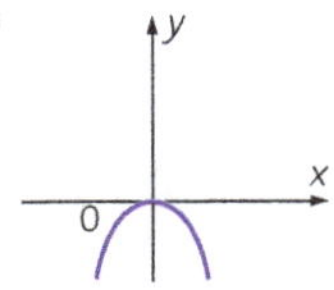

c)

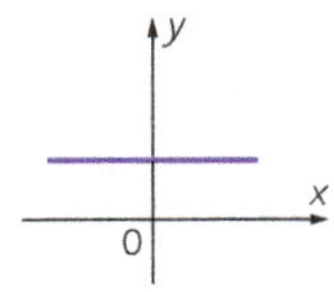

d)

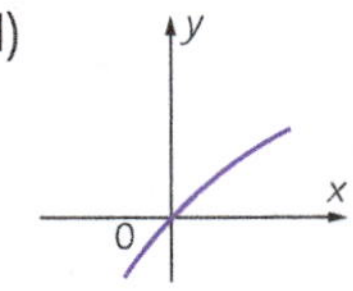

e)

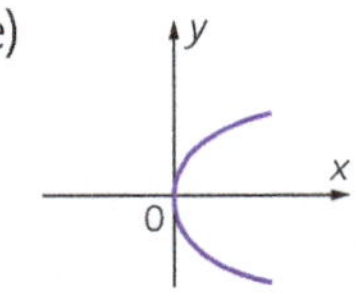

4. (UFU-MG) Dados os conjuntos $A = \{-1, 0, 1, 2\}$ e $B = \{0, 1, 2, 3, 4\}$, qual entre as relações seguintes representa uma função de A em B?

a) $\{(-1, 0), (0, 1), (1, 2), (1, 3), (2, -4)\}$

b) $\{(-1, 1), (0, 1), (1, 0), (1, 2)\}$

c) $\{(-1, 1), (0, 0), (1, 1), (2, 4)\}$

d) $\{(0, -1), (1, 0), (2, 1), (4, 2)\}$

e) $\{(-1, 1), (0, 2), (0, 3), (1, 4), (2, 4)\}$

5. (UFPA) Sejam os conjuntos $A = \{1, 2\}$ e $B = \{0, 1, 2\}$. Qual das afirmativas abaixo é verdadeira?

a) $f: x \rightarrow 2x$ é uma função da A em B.

b) $f: x \rightarrow x + 1$ é uma função da A em B.

c) $f: x \rightarrow x^2 - 3x + 2$ é uma função da A em B.

d) $f: x \rightarrow x^2 - x$ é uma função da B em A.

e) $f: x \rightarrow x - 1$ é uma função da B em A.

6. (PUC-MG) A temperatura de um paciente, depois de receber um antitérmico, é dada pela função $T(t) = 36{,}4 + \frac{3}{t + 1}$, onde T é a temperatura em graus Celsius e t é o tempo medido em horas, a partir do momento em que o paciente é medicado. Supondo que certo paciente tenha recebido esse remédio às 8h 00min ($t = 0$), sua temperatura deverá ser de 36,80 °C por volta das:

a) 14h 00min.

b) 14h 30min.

c) 15h 00min.

d) 15h 30min.

7. (UFG-GO) Analise o gráfico a seguir.

Crescimento dos voos domésticos no Brasil, por ano, em relação ao ano anterior, no período de 2006 a 2011

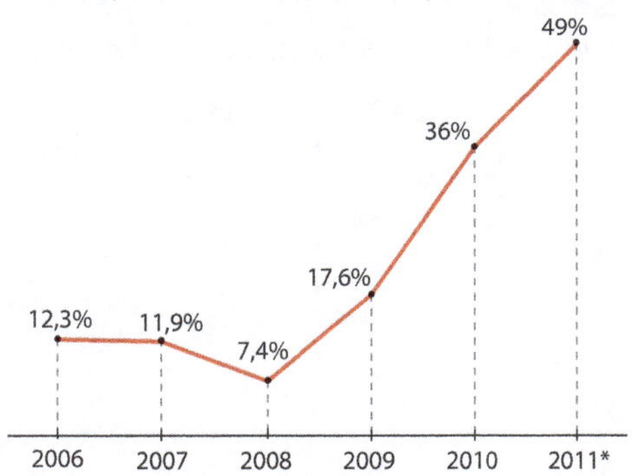

* Estimativa

Entre o céu e o inferno. *Veja*, São Paulo, n. 2 159, p. 70, 7 abr. 2010. Adaptado.

Analisando-se os dados apresentados, conclui-se que o número de voos:

a) diminuiu em 2007 e 2008.

b) sofreu uma queda mais acentuada em 2008 do que em 2007.

c) teve aumento mais acentuado em 2009 do que em 2010.

d) é mais que o dobro em 2010, comparado a 2009.

e) é mais que o dobro em 2011 (estimativa), comparado a 2009.

8. (FEI-SP) Se $f(x) = 3x^3 - 2x^2 - x + 1$, então $f(-2)$ é igual a:

a) −13.
b) −33.
c) 13.
d) 19.
e) −29.

9. (PUC-SP) Qual das funções abaixo é uma função par?

a) $f(x) = x$
b) $f(x) = x^3$
c) $f(x) = x^5$
d) $f(x) = \frac{1}{x^2}$
e) $f(x) = \frac{1}{x}$

10. (Unifor-CE) Associe cada história ao gráfico que melhor define as situações narradas.

1. Eu tinha acabado de sair do carro quando percebi que havia esquecido minha bolsa, então voltei para pegá-la.
2. Tudo corria bem, até que minha sandália quebrou, logo que saí do carro.
3. Parti caminhando devagar pelo *shopping*, mas acelerei quando percebi que iria chegar atrasada ao cinema.

(I)

(II)

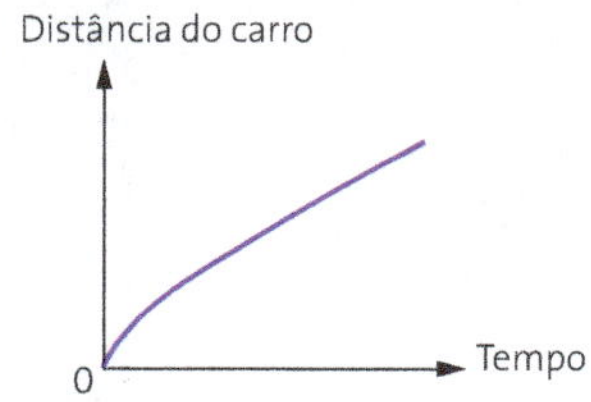

(III)

a) Situação **1** – Gráfico **I**; Situação **2** – Gráfico **II**; Situação **3** – Gráfico **III**.
b) Situação **1** – Gráfico **II**; Situação **2** – Gráfico **III**; Situação **3** – Gráfico **I**.
c) Situação **1** – Gráfico **III**; Situação **2** – Gráfico **I**; Situação **3** – Gráfico **II**.
d) Situação **1** – Gráfico **I**; Situação **2** – Gráfico **III**; Situação **3** – Gráfico **II**.
e) Situação **1** – Gráfico **II**; Situação **2** – Gráfico **I**; Situação **3** – Gráfico **III**.

11. (UFRN) Sejam *E* o conjunto formado por todas as escolas de ensino médio de Natal e *P* o conjunto formado pelos números que representam a quantidade de professores de cada escola do conjunto *E*. Se $f: E \rightarrow P$ é a função que a cada escola de *E* associa seu número de professores, então:

a) *f* não pode ser uma função bijetora.

b) *f* não pode ser uma função injetora.

c) *f* é uma função sobrejetora.

d) *f* é necessariamente uma função injetora.

12. (Unifesp) Há funções $y = f(x)$ que possuem a seguinte propriedade: "a valores distintos de *x* correspondem valores distintos de *y*". Tais funções são chamadas injetoras. Qual, dentre as funções cujos gráficos aparecem abaixo, é injetora?

a)
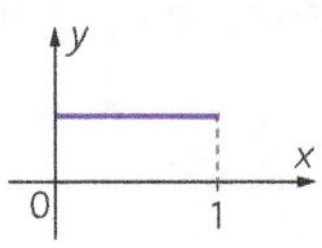

b)
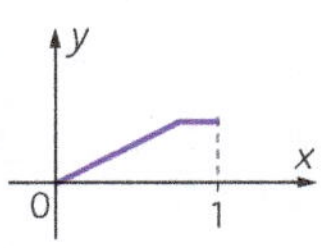

c)
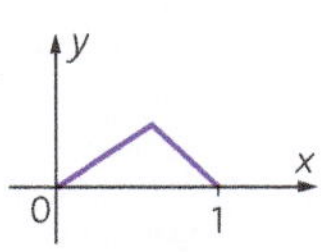

d)
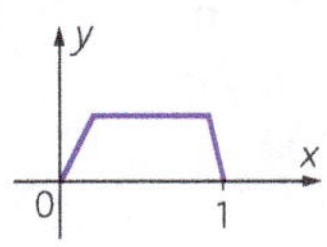

e)
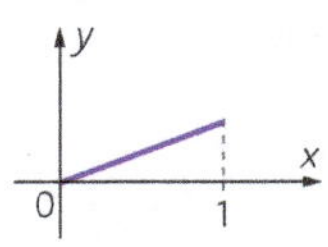

13. (Unimontes-MG) Todas as afirmações abaixo são corretas, exceto:

a) Toda função crescente é injetora.

b) Toda função decrescente é injetora.

c) Toda função injetora é crescente.

d) Existem funções injetoras que são decrescentes.

14. (Cefet-PR) Sejam as funções $f(x) = \sqrt{x}$, $g(x) = x^2 + 1$ e $h(x) = f(g(x))$. Então, é correto afirmar que:

a) A inversa da função $h(x)$ é a função $h^{-1}(x) = \sqrt{x^2 + 1}$.

b) $h(x)$ é crescente no intervalo $[-1, +\infty)$.

c) $h(x)$ é decrescente no intervalo $(-\infty, 1]$.

d) $h(x)$ é uma função par.

e) $h(x)$ é uma função ímpar.

15. (UFPB) Considere uma função $g: A \to A$, onde $A = \{1, 2, 3, 4\}$. Sabendo-se que $g(1) = 2$, $g(2) = 1$ e que g possui inversa, então é correto afirmar:

a) $g(x) = x, \forall x \in A$

b) $g(3) = 1$ e $g(4) = 2$

c) $g(g(x)) = x, \forall x \in A$

d) $g(g(1)) = 2$ e $g(g(2)) = 1$

e) $g(g(x)) = g(x), \forall x \in A$

16. (UFC-CE) O coeficiente b da função quadrática $f: \mathbb{R} \to \mathbb{R}, f(x) = x^2 + bx + 1$, que satisfaz a condição $f(f(-1)) = 3$, é igual a:

a) -3.
b) -1.
c) 0.
d) 1.
e) 3.

17. (Uece) Seja f a função real definida para x real positivo por $f(x) = \sqrt{2x}$. Se definirmos $a_1 = \sqrt{2}$, e para cada número natural $n > 1$, $a_n = f(a_{n-1})$, então o valor de a_4 é:

a) $2^{\frac{1}{16}}$.
b) $2^{\frac{5}{16}}$.
c) $2^{\frac{13}{16}}$.
d) $2^{\frac{15}{16}}$.

18. (Ufscar-SP) Seja $g: A \to A$ uma função definida por

$$f(x) = \begin{cases} x + 1, \text{ se } x \text{ é ímpar} \\ \dfrac{x}{2}, \text{ se } x \text{ é par} \end{cases}.$$

Se n é ímpar e $f(f(f(n))) = 5$, a soma dos algarismos de n é igual a:

a) 10.
b) 9.
c) 8.
d) 7.
e) 6.

19. (PUC-PR) Sejam $f(x) = x^2 - 2x$ e $g(x) = x - 1$ duas funções definidas em $\mathbb{R}$. Qual dos gráficos melhor representa $f(g(x))$?

a) 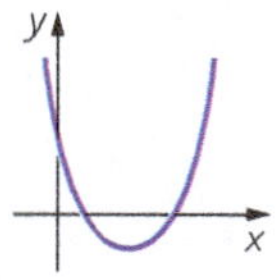

b) 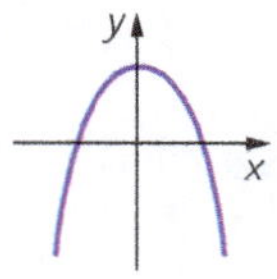

c) 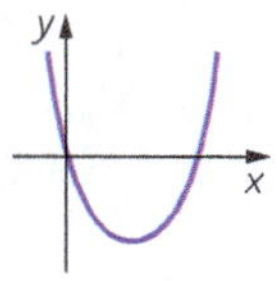

d) 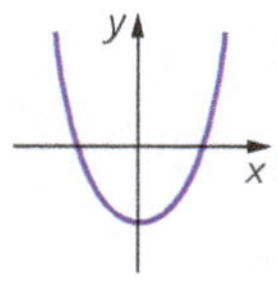

e) 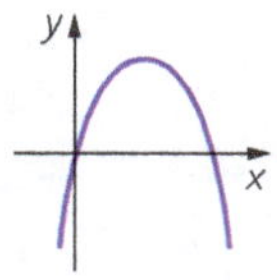

20. (ITA-SP) Sejam as funções $f\colon \mathbb{R} \to \mathbb{R}$ e $g\colon A \subset \mathbb{R} \to \mathbb{R}$, tais que $f(x) = x^2 - 9$ e $(f \circ g) = x - 6$, em seus respectivos domínios. Então, o domínio A da função g é:

a) $[-3, +\infty[$.

b) $\mathbb{R}$.

c) $[-5, +\infty[$.

d) $]-\infty, -1[\cup [3, +\infty[$.

e) $]-\infty, \sqrt{6}\,]$.

21. (UFC-CE) Considere a função $f(x) = \dfrac{cx}{dx + 3}$, definida para todo número real x tal que $dx + 3 \neq 0$, onde c e d são constantes reais. Sabendo que $f(f(x)) = x$ e $f^5(3) = f(f(f(f(f(3))))) = -\dfrac{1}{2}$, podemos afirmar que $c^2 + d^2$ é igual a:

a) 5. b) 25. c) 61. d) 113. e) 181.

22. (Ufpel-RS) O gráfico abaixo representa a função $f(x)$.

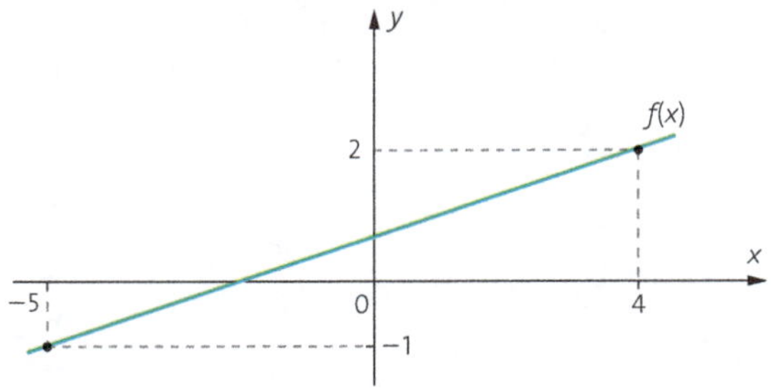

Construindo no mesmo plano cartesiano as retas que representam as funções $f(x)$ e sua inversa $f^{-1}(x)$, é correto afirmar que o ponto de intersecção dessas retas é:

a) (–2, 0).
b) (0, 1).
c) (1, 1).
d) (5, 5).
e) (2, 2).

23. (UFPB) Considere a função f: [0, 2] → [0, 3], definida por:

$$f(x) = \begin{cases} x^2, & 0 \leq x \leq 1 \\ 2x - 1, & 1 < x \leq 2 \end{cases}.$$

A função inversa de f está melhor representada no gráfico:

a) 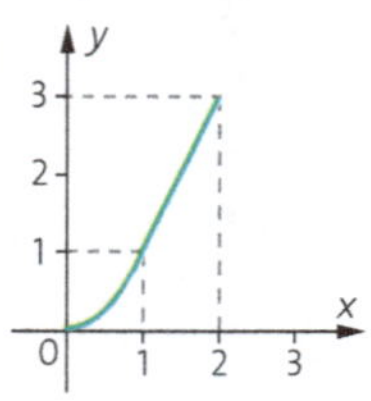

b) 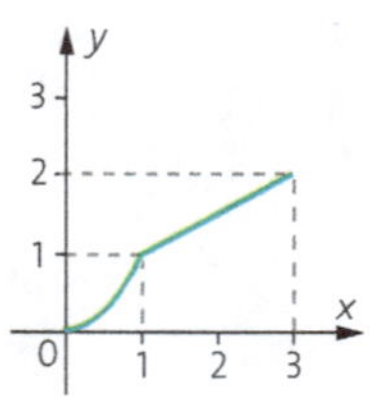

c) 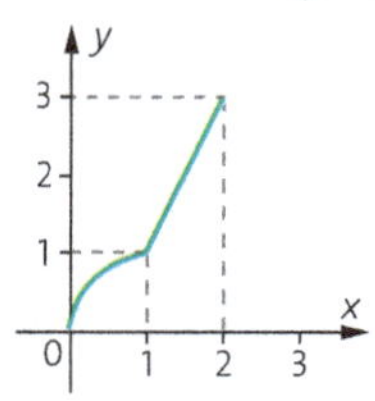

d) 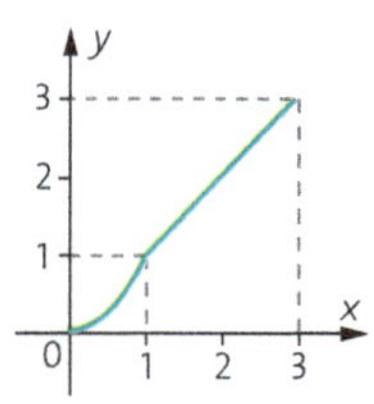

e) 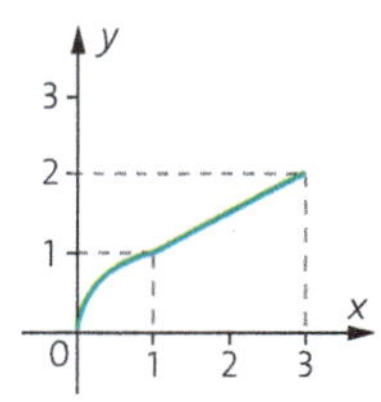

24. (UEPG-PR) Em relação à função $f: \mathbb{R} \rightarrow \mathbb{R}$, definida por $f(x) = 4x + 8$ e a sua inversa $f^{-1}(x)$, assinale o que for correto.

01) $f(x)$ é crescente e $f^{-1}(x)$ é decrescente.

02) Os gráficos de $f(x)$ e $f^{-1}(x)$ são retas paralelas.

04) Os gráficos de $f(x)$ e $f^{-1}(x)$ são retas perpendiculares.

08) $f^{-1}(x) = \dfrac{x - 8}{4}$

16) $f(2) \cdot f^{-1}\left(\dfrac{1}{2}\right) = -30$

25. (UFPB) Sejam f e g funções convenientemente definidas, tais que f é a inversa da g e $f(1) = 2$. Considere a seguinte sequência: $a_1 = f(1)$, $a_2 = f(g(1))$, $a_3 = f(g(f(1)))$, $a_4 = f(g(f(g(1))))$, ..., $a_{2n} = f(g(f(...f(g(1))...)))$, $a_{2n+1} = f(g(f(...g(f(1))...)))$. Dessa forma, o termo $a_{123456789}$ tem como valor:

a) 1.
b) 2.
c) 3.
d) 4.
e) 5.

FUNÇÃO AFIM

Definição

Uma função f: $\mathbb{R} \to \mathbb{R}$ chama-se **função afim** quando existem dois números reais a e b tal que $f(x) = ax + b$, com $a \neq 0$, para todo $x \in \mathbb{R}$.

Casos particulares

Identidade

$f(x) = x$

$a = 1; b = 0$

Exemplo:

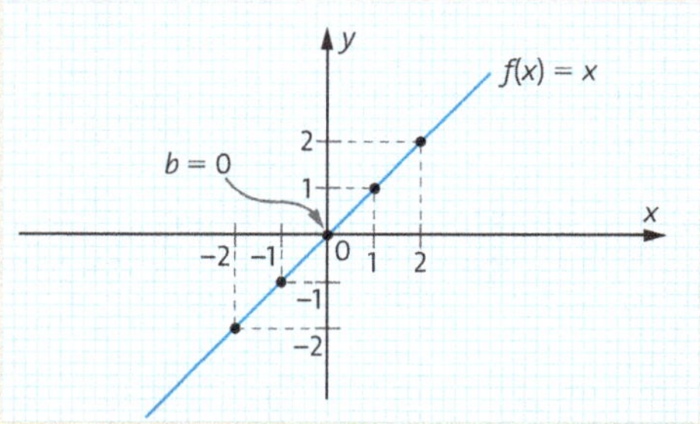

Linear

$f(x) = ax$

$b = 0$

Exemplo:

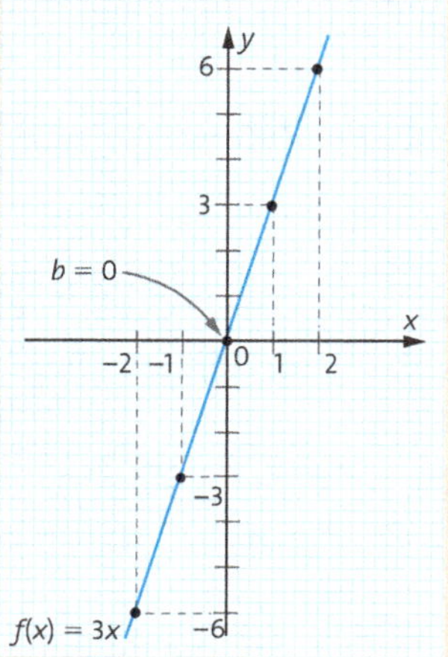

Constante

$f(x) = b$

$a = 0$

Exemplo:

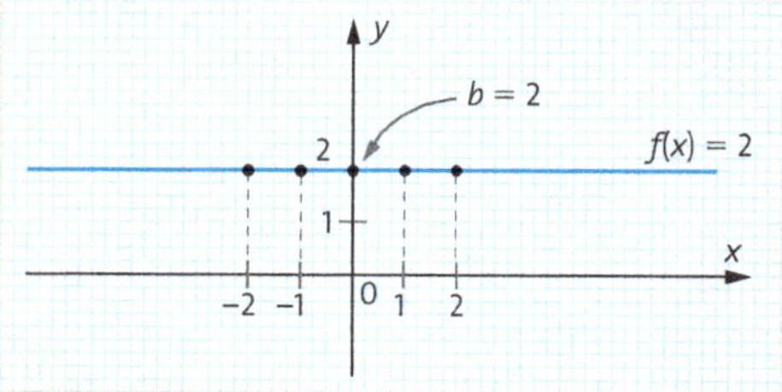

Translação

$f(x) = x + b$

$a = 1; b \neq 0$

Exemplo:

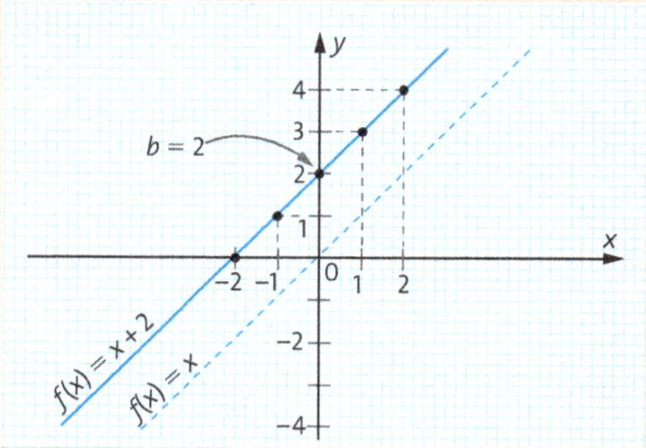

Taxa de variação e zero da função

$$a = \frac{f(x+h) - f(x)}{h}$$

$a > 0$

- f é crescente.
- $x_1 < x_2$ em $A \Rightarrow f(x_1) < f(x_2)$ em B.

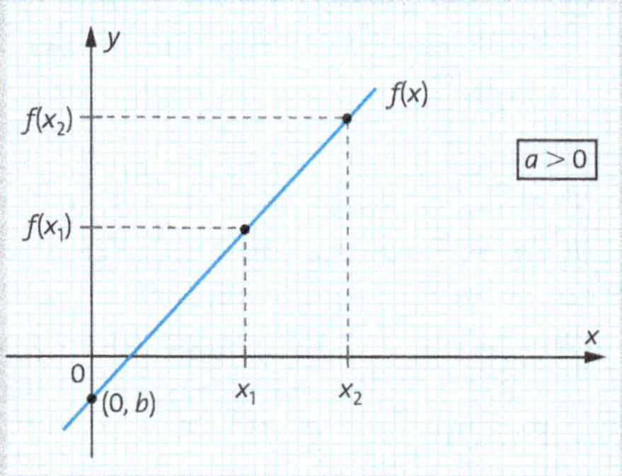

$a < 0$

- f é decrescente.
- $x_1 < x_2$ em $A \Rightarrow f(x_1) > f(x_2)$ em B.

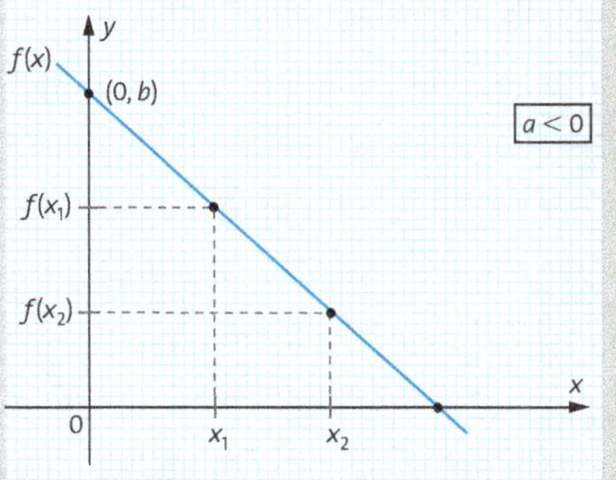

Representação gráfica

Reta

$ax + b = 0$

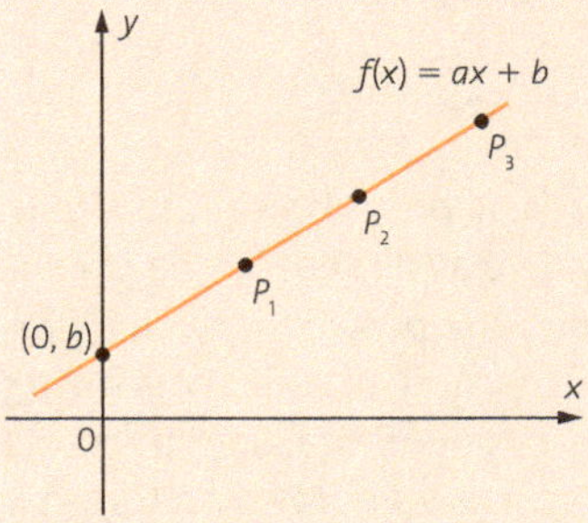

- a: coeficiente angular (declividade)
- b: coeficiente linear (valor inicial)

Função poligonal ou afim por partes

Função modular

Denomina-se função modular a função f, de $\mathbb{R}$ em $\mathbb{R}$, tal que $f(x) = |x|$, ou seja:

$$f = \begin{cases} x, \text{ para } x \geqslant 0 \\ -x, \text{ para } x < 0 \end{cases}$$

Gráfico da função modular

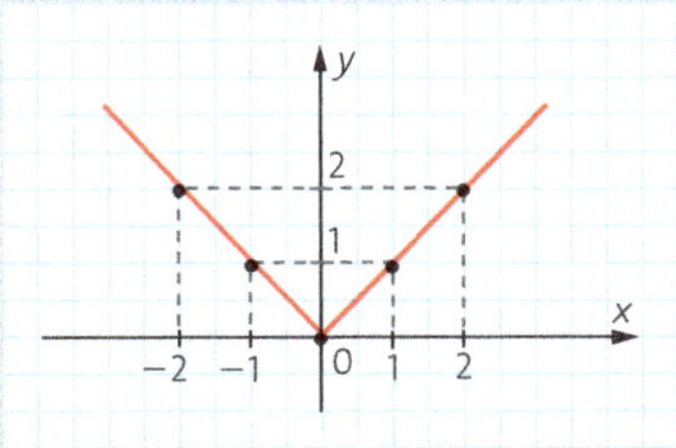

$D(f) = \mathbb{R}$

$Im(f) = \mathbb{R}_+$

Exercícios

1. (Faap-SP) A taxa de inscrição num clube de natação é de R$ 150,00 para o curso de 12 semanas. Se uma pessoa se inscreve após o início do curso, a taxa é reduzida linearmente. Calcule quanto uma pessoa pagou ao se inscrever 5 semanas após o início do curso.

   a) R$ 62,50 c) R$ 74,50 e) R$ 87,50

   b) R$ 50,50 d) R$ 78,50

2. (Unicamp-SP) Em uma determinada região do planeta, a temperatura média anual subiu de 13,35 °C em 1995 para 13,8 °C em 2010. Seguindo a tendência de aumento linear observada entre 1995 e 2010, a temperatura média em 2012 deverá ser de:

   a) 13,83 °C. c) 13,92 °C.

   b) 13,86 °C. d) 13,89 °C.

3. (UFSM-RS) Da frieza dos números da pesquisa saíram algumas recomendações. Transformadas em políticas públicas, poderiam reduzir a gravidade e as dimensões da tragédia urbana do trânsito.

   A primeira é a adoção de práticas que possam reduzir a gravidade dos acidentes.

   A segunda recomendação trata dos motociclistas, cuja frota equivale a 10% do total, mas cujos custos correspondem a 19%. O *motoboy* ganha R$ 2,00 por entrega, a empresa, R$ 8,00. É um exército de garotos em disparada.

   O pedestre forma o contingente mais vulnerável no trânsito e necessita de maior proteção, diz a terceira recomendação da pesquisa. Entre a 0h e as 18h da quinta-feira, as ambulâncias vermelhas do Resgate recolheram 16 atropelados nas ruas de São Paulo.

   PELLIM, Roberto; BIANCARELLI, Aureliano.
   Acidentes custam R$ 5,3 bilhões por ano. *Folha de S.Paulo*, São Paulo, 1º jun. 2003.

   Conforme o texto, num dia de trabalho, são necessárias 12 entregas para um *motoboy* receber R$ 24,00. Por medida de segurança, uma empresa limitará a 10 a quantidade de entregas por dia. Como compensação, pagará um adicional fixo de *p* reais ao dia a quem atingir esse limite, porém reduzirá para R$ 1,80 o valor pago por cada entrega. O valor de *p* que manterá inalterada a quantia diária recebida pelo *motoboy*, ou seja, R$ 24,00, será:

   a) R$ 5,40. b) R$ 5,60. c) R$ 5,80. d) R$ 6,00. e) R$ 6,20.

4. (Cesgranrio-RJ) O valor de um carro novo é de R$ 9 000,00 e, com 4 anos de uso, é de R$ 4 000,00. Supondo que o preço caia com o tempo, segundo uma linha reta, o valor de um carro com 1 ano de uso é:

a) R$ 8 250,00.
b) R$ 8 000,00.
c) R$ 7 750,00.
d) R$ 7 500,00.
e) R$ 7 000,00.

5. (UFPB) Um navio petroleiro sofreu uma avaria no casco e estava derramando óleo que se acumulava no oceano, formando uma mancha circular. Exatamente às 8h do dia em que ocorreu a avaria, verificou-se que o raio da mancha media 20 metros e que, a partir daquele instante, a medida do raio (r), em metros, variava conforme a função $r(t) = 20 + 0{,}2t$, onde t é o tempo decorrido, medido em horas a partir das 8h desse dia. Nesse contexto, é correto afirmar que, exatamente às 18h do mesmo dia, a mancha estava ocupando uma área de:

a) 384π m^2.
b) 484π m^2.
c) 474π m^2.
d) 584π m^2.
e) 574π m^2.

6. (UFRN) Uma empresa de tecnologia desenvolveu um produto do qual, hoje, 60% das peças são fabricadas no Brasil, e o restante é importado de outros países. Para aumentar a participação brasileira, essa empresa investiu em pesquisa, e sua meta é, daqui a 10 anos, produzir, no Brasil, 85% das peças empregadas na confecção do produto. Com base nesses dados e admitindo-se que essa porcentagem varie linearmente com o tempo contado em anos, o percentual de peças brasileiras na fabricação desse produto será superior a 95% a partir de:

a) 2027.
b) 2026.
c) 2028.
d) 2025.

7. (UCS-RS) O valor cobrado por uma empresa, em milhões de reais, para construir uma estrada, varia de acordo com o número x de quilômetros de estrada construídos. O modelo matemático para determinar esse valor é uma função polinomial do primeiro grau, cujo gráfico é uma reta que passa pelos pontos de coordenadas (x, y), dadas abaixo.

x	y
0	4
p	5
15	7
18	k

Qual é o valor de $p + k$?

a) 9,4
b) 10,4
c) 11,4
d) 12,6
e) 22,5

8. (UFRN) Ao pesquisar preços para a compra de uniformes, duas empresas, E_1 e E_2, encontraram, como melhor proposta, uma que estabelecia o preço de venda de cada unidade por $120 - \frac{n}{20}$, onde n é o número de uniformes comprados, com o valor por uniforme se tornando constante a partir de 500 unidades.
Se a empresa E_1 comprou 400 uniformes e a E_2, 600, na planilha de gastos, deverá constar que cada uma pagou pelos uniformes, respectivamente:

a) R$ 38 000,00 e R$ 57 000,00.

b) R$ 40 000,00 e R$ 54 000,00.

c) R$ 40 000,00 e R$ 57 000,00.

d) R$ 38 000,00 e R$ 54 000,00.

9. (Uesc-BA) O monitoramento do número de batimentos cardíacos por minuto, relacionando-o com a idade do indivíduo, não só pode evitar enfartes fulminantes como também auxiliar na determinação dos limites a serem respeitados na prática de atividades físicas. A fórmula clássica utilizada na determinação do número máximo de batimentos cardíacos por minuto (bpm), $F_{máx.} = 220 - i$, em que i é a idade, é bastante controversa, pois pode errar de duas maneiras – os mais jovens podem extrapolar seus limites e os mais velhos ficarem aquém dos que poderiam atingir. Estudos mostraram que se utilizando a fórmula $F = 60 + k(F_{máx.} - 60)$, em que $55\% \leqslant k \leqslant 70\%$, se pode determinar uma faixa de batimentos cardíacos por minuto dentro da qual é possível conseguir benefícios através dos exercícios, evitando sobrecargas. Nessas condições, um indivíduo com 50 anos de idade pode fazer exercícios físicos, com segurança, dentro da faixa de batimentos por minuto, entre:

01) 108 e 125.
02) 121 e 136.
03) 130 e 142.
04) 138 e 153.
05) 150 e 166.

10. (Uece) No mundo empresarial é costumeira a realização de análise da evolução patrimonial, do faturamento anual, do volume comercializado e do lucro das empresas, dentre outros segmentos de acompanhamento e controle.
A Associação Brasileira do Meio Hoteleiro (ABMH) constatou que o faturamento anual das empresas associadas quase dobrou no período 2006 a 2011, passando de 8 bilhões de reais em 2006 para 15,8 bilhões em 2011. Admitindo-se que a evolução observada ocorreu de forma linear crescente no período analisado, é possível afirmar corretamente que o faturamento anual no ano de 2009, em bilhões de reais, foi de:

a) 11,12.
b) 11,80.
c) 12,68.
d) 13,40.

11. (FGV-SP) Quando o preço por unidade de certo modelo de telefone celular é R$ 250,00, são vendidas 1 400 unidades por mês. Quando o preço por unidade é R$ 200,00, são vendidas 1 700 unidades mensalmente. Admitindo que o número de celulares vendidos por mês pode ser expresso como função polinomial do primeiro grau do seu preço, podemos afirmar que, quando o preço for R$ 265,00, serão vendidas:

a) 1 290 unidades.
b) 1 300 unidades.
c) 1 310 unidades.
d) 1 320 unidades.
e) 1 330 unidades.

12. (UFU-MG) Suponha que, para realizar traduções de textos egípcios para um museu brasileiro, um tradutor *X* cobre um valor fixo de R$ 440,00, acrescidos de R$ 3,20 por linha traduzida. Por outro lado, um tradutor *Y*, para executar o mesmo trabalho, cobra um fixo de R$ 800,00, mais R$ 2,30 por linha traduzida. Nessas condições, o número que corresponde à quantidade mínima de linhas a serem traduzidas de modo que o custo seja menor se for realizado pelo tradutor *Y* é:

a) um quadrado perfeito.

b) divisível por 5.

c) um número ímpar.

d) divisível por 3.

13. (FGV-SP) Os gráficos ao lado representam as funções receita mensal $R(x)$ e custo mensal $C(x)$ de um produto fabricado por uma empresa, em que x é a quantidade produzida e vendida. Qual o lucro obtido ao se produzir e vender 1 350 unidades por mês?

a) 1 740

b) 1 750

c) 1 760

d) 1 770

e) 1 780

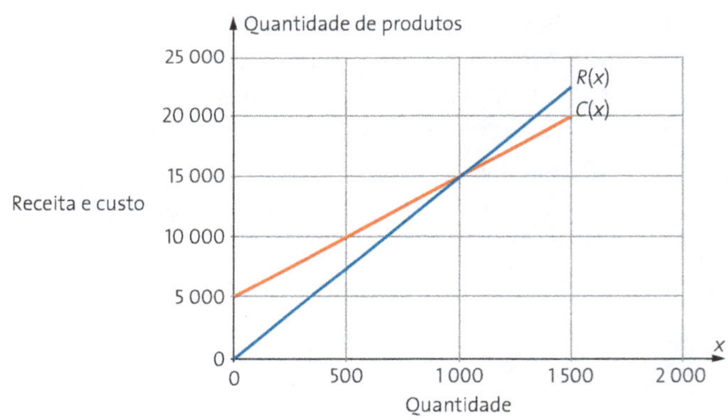

14. (IFPE) As escalas de temperatura mais conhecidas são Celsius (°C) e Fahrenheit (°F). Nessas escalas, o ponto de congelamento da água corresponde a 0 °C e 32 °F, e o ponto de ebulição corresponde a 100 °C e 212 °F. A equivalência entre as escalas é obtida por uma função polinomial do 1º grau, ou seja, uma função da forma $f(x) = ax + b$, em que $f(x)$ é a temperatura em grau Fahrenheit (°F) e x a temperatura em grau Celsius (°C). Se em um determinado dia a temperatura no centro do Recife era de 29 °C, a temperatura equivalente em grau Fahrenheit (°F) era de:

a) 84 °F.
b) 84,02 °F.
c) 84,1 °F.
d) 84,12 °F.
e) 84,2 °F.

15. (Unifor-CE) Damílton foi a uma empresa concessionária de telefonia móvel na qual são oferecidas duas opções de contratos:

I. R$ 90,00 de assinatura mensal e mais R$ 0,40 por minuto de conversação.
II. R$ 77,20 de assinatura mensal e mais R$ 0,80 por minuto de conversação.

Nessas condições, se a fração de minuto for considerada como minuto inteiro, a partir de quantos minutos mensais de conversação seria mais vantajoso para Damílton optar pelo contrato I?

a) 25 b) 29 c) 33 d) 37 e) 41

16. (Unisc-RS) Para produzir um objeto, uma firma gasta R$ 2,40 por unidade. Além disso, há uma despesa fixa de R$ 8 000,00, independentemente da quantidade produzida. O preço de venda desse objeto é de R$ 4,00 por unidade. O número de unidades que o fabricante deve vender para não ter lucro nem prejuízo é igual a:

a) 500.
b) 5 000.
c) 5 500.
d) 2 500.
e) 550.

17. (UFMS) Sabe-se que, em certa empresa, a expressão $L(x) = 0,25x + 875$ define a variação do lucro L em reais, em relação à venda de x produtos. Partindo de uma venda inicial de 500 produtos, se quisermos que haja um aumento no lucro inicial em 10%, deveremos ter um aumento percentual de quantidade de produtos vendidos, em relação à quantidade inicial, de x%. Então qual é o valor de x?

18. (UFCG-PB) O lucro diário de um laboratório de análises clínicas é dado pela equação $L(x) = 40x - 800$ reais, quando x exames são feitos por dia. Para que o lucro, de um dia para o outro, aumente de R$ 3 000,00 para R$ 4 000,00, o número a mais de exames que devem ser feitos é:

a) 25. b) 20. c) 17. d) 15. e) 206.

19. (PUC-MG) A receita R, em reais, obtida por uma empresa com a venda de q unidades de certo produto, é dada por $R(q) = 115q$, e o custo C, em reais, para produzir q dessas unidades, satisfaz a equação $C(q) = 90q + 760$. Para que haja lucro, é necessário que a receita R seja maior que o custo C. Então, para que essa empresa tenha lucro, o número mínimo de unidades desse produto que deverá vender é igual a:

a) 28. b) 29. c) 30. d) 31.

20. (Fuvest-SP) O imposto de renda devido por uma pessoa física à Receita Federal é função da chamada base de cálculo, que se calcula subtraindo o valor das deduções do valor dos rendimentos tributáveis. O gráfico dessa função, representado na figura, é a união dos segmentos de reta $\overline{OA}$, $\overline{AB}$, $\overline{BC}$, $\overline{CD}$ e da semirreta $\overrightarrow{DE}$. João preparou sua declaração tendo apurado como base de cálculo o valor de R$ 43 800,00. Pouco antes de enviar a declaração, ele encontrou um documento esquecido numa gaveta que comprovava uma renda tributável adicional de R$ 1 000,00. Ao corrigir a declaração, informando essa renda adicional, o valor do imposto devido será acrescido de:

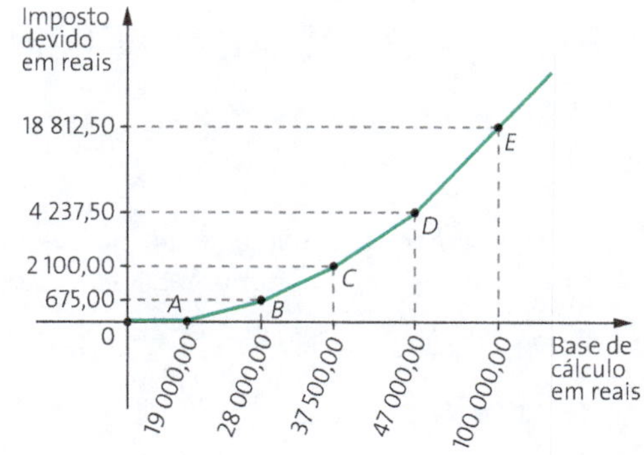

a) R$ 100,00.
b) R$ 200,00.
c) R$ 225,00.
d) R$ 450,00.
e) R$ 600,00.

21. (ESPM-SP) Um caminhão parte da cidade *A* ao meio-dia e dirige-se à cidade *B* com velocidade constante de 40 km/h, devendo chegar às 6h da tarde desse mesmo dia. Um outro caminhão que saiu às 2h da tarde da cidade *B*, dirigindo-se à cidade *A* com velocidade constante de 60 km/h, deverá encontrar-se com o primeiro, nessa mesma tarde, às:

a) 2h 50min.
b) 3h.
c) 3h 20min.
d) 3h 36min.
e) 3h 42min.

FUNÇÃO QUADRÁTICA

Definição

Uma função $f: \mathbb{R} \to \mathbb{R}$ chama-se **função quadrática** quando existem números reais a, b e c, com $a \neq 0$, tal que $f(x) = ax^2 + bx + c$, para todo $x \in \mathbb{R}$ e $a = 0$.

Zeros da função

Fórmula

$$x = \frac{-b \pm \sqrt{\Delta}}{2a}$$

Discriminante

$\Delta = b^2 \pm 4ac$

- $\Delta > 0$: $x_1 \neq x_2$
- $\Delta = 0$: $x_1 = x_2$
- $\Delta < 0$: $\nexists\, x \in \mathbb{R}$

Relação entre coeficientes e raízes

Soma: $S = x_1 + x_2 = -\frac{b}{a}$

Produto: $P = x_1 \cdot x_2 = \frac{c}{a}$

Número de zeros e concavidade

$\Delta < 0$

$a > 0$

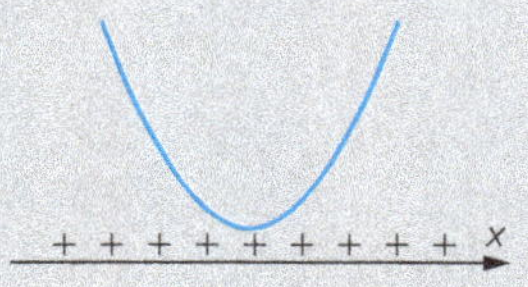

$a < 0$

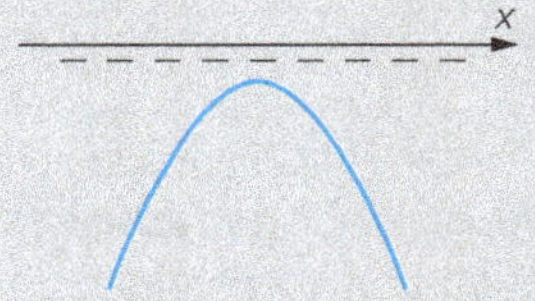

$\Delta = 0$

$a > 0$

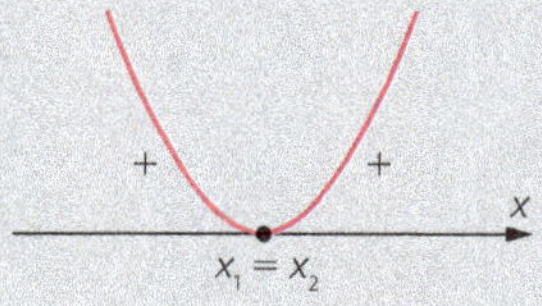

$a < 0$

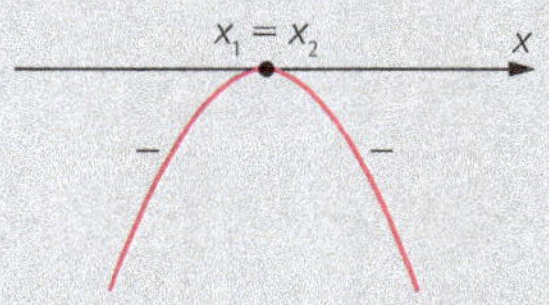

$\Delta > 0$

$a > 0$

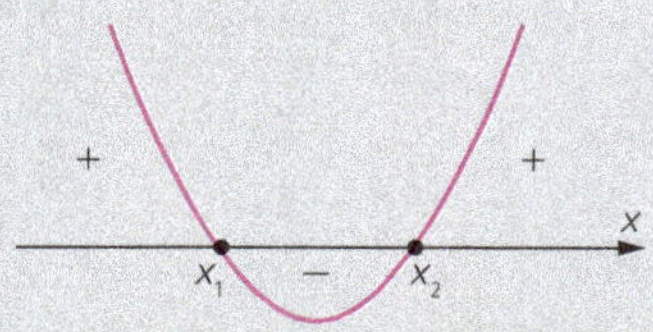

$a < 0$

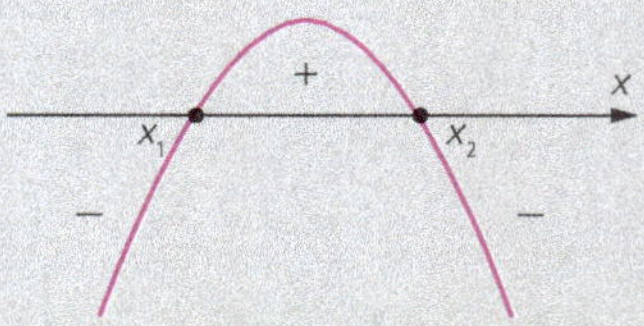

Forma algébrica

Forma canônica

$f(x) = a(x - x_V)^2 + y_V$

Forma fatorada

$ax^2 + bx + c = a(x - x_1)(x - x_2) = a(x^2 - Sx + P)$

Representação gráfica

Parábola

$ax^2 + bx + c = 0$

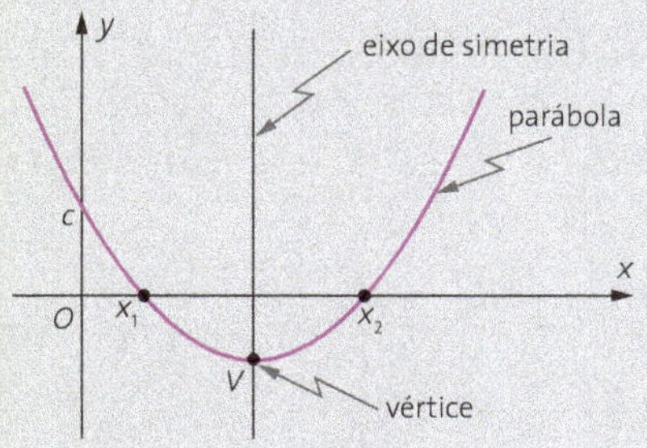

Parâmetro *a*

Concavidade da parábola.

$a < 0$

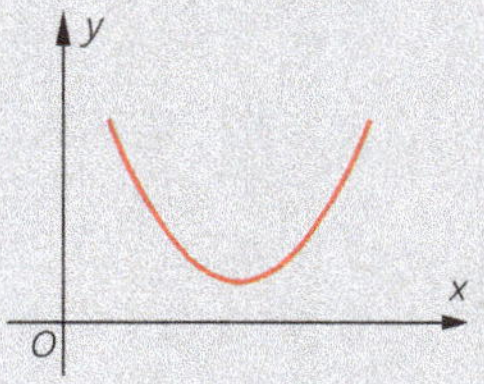

$a > 0$

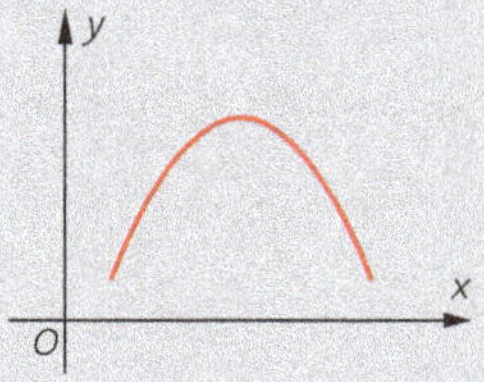

Parâmetro *b*

Ramo (crescente ou decrescente) da parábola que intersecta o eixo *y*.

$b < 0$ | $b = 0$ | $b > 0$

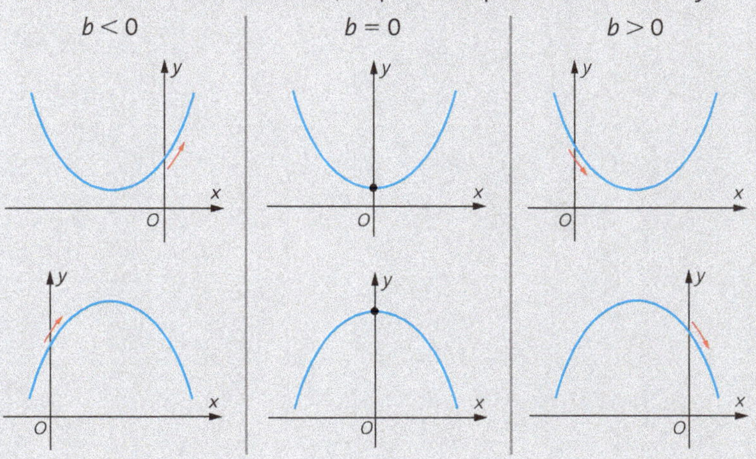

Parâmetro *c*

Ordenada do ponto onde a parábola intersecta o eixo *y* $(0, c)$.

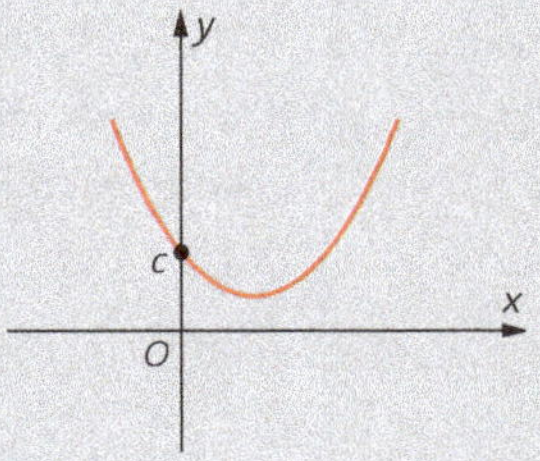

Vértice

$V(x_V, y_V)$

$x_V = -\dfrac{b}{2a}$ $\qquad y_V = -\dfrac{\Delta}{4a}$

Valor máximo da função

- $a < 0 \Leftrightarrow y_V$ é valor máximo
- $Im(f) = \{y \in \mathbb{R} \mid y \geqslant y_V\}$

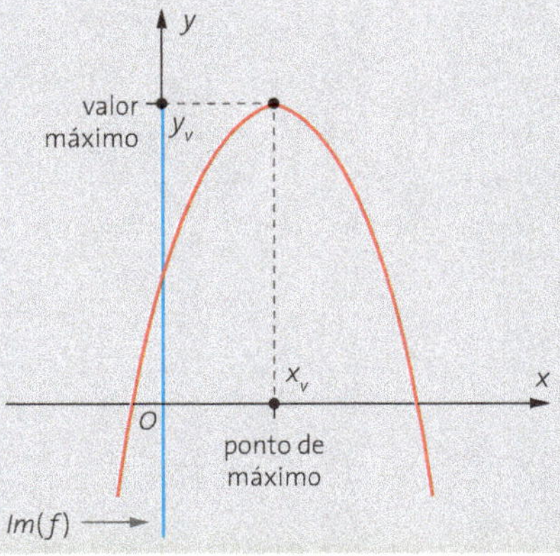

Valor mínimo da função

- $a > 0 \Leftrightarrow y_V$ é valor mínimo
- $Im(f) = \{y \in \mathbb{R} \mid y \leqslant y_V\}$

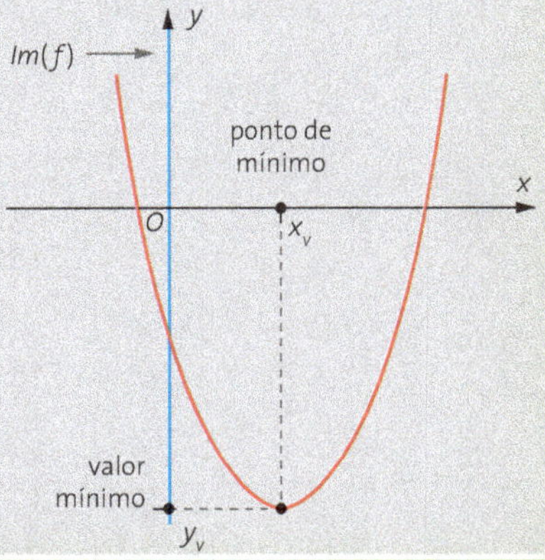

Exercícios

1. (UFMG) O valor máximo da função $f(x) = -x^2 + 2x + 2$ é:
   a) 2. b) 3. c) 4. d) 5. e) 6.

2. (ESPM-RJ) Se α e β são as raízes da equação $x^2 - 219x + 79 = 0$, o valor de $(\alpha + 1) \cdot (\beta + 1)$ é:
   a) 299.
   b) 211.
   c) 243.
   d) 237.
   e) 275.

3. (Unimontes-MG) A quantidade de números inteiros que satisfaz a inequação $x^2 + 7x < -6$ é:
   a) 6. b) 5. c) 4. d) infinita.

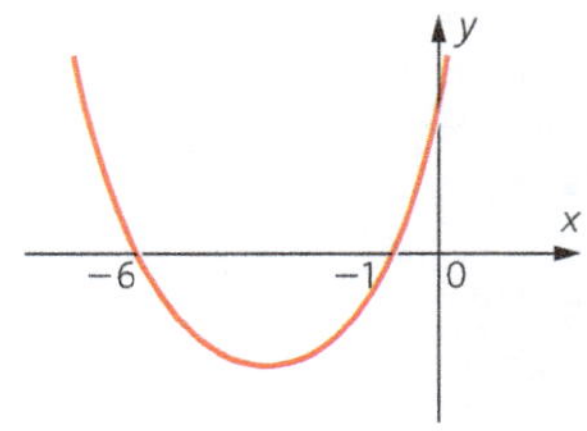

4. (UFSM-RS) Um laboratório testou a ação de uma droga em uma amostra de 720 frangos. Constatou-se que a lei de sobrevivência do lote de frangos era dada pela relação $v(t) = at^2 + b$, onde $v(t)$ é o número de elementos vivos no tempo t (meses). Sabendo-se que o último frango morreu quando $t = 12$ meses após o início da experiência, a quantidade de frangos que ainda estava viva no 10º mês é:
   a) 80.
   b) 100.
   c) 120.
   d) 220.
   e) 300.

5. (UFSM-RS) Uma empresa que elabora material para panfletagem (santinhos) tem um lucro, em reais, que é dado pela lei $L(x) = -x^2 + 10x - 16$, onde x é a quantidade vendida em milhares de unidades. Assim, a quantidade em milhares de unidades que deverá vender, para que tenha lucro máximo, é:

a) 9. b) 8. c) 7. d) 6. e) 5.

6. (PUC-RS) O lucro mensal de uma microempresa é dado pela função $L(x) = -x^2 + 4x - 3$, onde x é a quantidade produzida e vendida e L é expresso em milhares de reais. Assim, o lucro máximo dessa microempresa é _____ reais.

a) 6 000
b) 4 000
c) 3 000
d) 2 000
e) 1 000

7. (PUC-MG) O lucro de uma serraria é dado pela função $L(x) = 16x - x^2$ em que x é o número de toras de madeira serradas a cada quatro dias. Com base nessas informações, pode-se afirmar que a serraria obtém o maior lucro quando serra, a cada quatro dias:

a) quatro toras.
b) oito toras.
c) doze toras.
d) dezesseis toras.

8. (Uneb-BA) Uma fábrica de equipamentos leves fez um estudo de sua produção e conseguiu uma fórmula, cuja expressão é $C(n) = 0{,}6n^2 - 120n + 10\,000$, para obter o custo C, em reais, em função do número n de peças produzidas. Nessas condições, o custo mínimo, em reais, de produção dessa fábrica é de:

01) 3 500.
02) 4 000.
03) 4 500.
04) 5 000.
05) 5 500.

9. (UFT-TO) Um jogador de futebol, ao bater uma falta com barreira, chuta a bola de forma a encobri-la. A trajetória percorrida pela bola descreve uma parábola para chegar ao gol.

Dam d'Souza/Arquivo da editora

Sabendo-se que a bola estava parada no local da falta no momento do chute, isto é, com tempo e altura iguais a zero. Sabendo-se ainda que, no primeiro segundo após o chute, a bola atingiu uma altura de 6 metros e, cinco segundos após o chute, ela atingiu altura de 10 metros. Pode-se afirmar que após o chute a bola atingiu a altura máxima no tempo igual a:

a) 3 segundos.
b) 3,5 segundos.
c) 4 segundos.
d) 4,5 segundos.
e) 5 segundos.

10. (UFPB) Em seus trabalhos de campo, os botânicos necessitam demarcar áreas de mata onde farão observações. Essas áreas são denominadas **parcelas** e, geralmente, usa-se corda para demarcá-las. Nesse contexto, se uma parcela retangular for demarcada com 60 m de corda, sua área será, no máximo, de:

a) 100 m^2.
b) 175 m^2.
c) 200 m^2.
d) 225 m^2.
e) 300 m^2.

11. (UFG-GO) A distância que um automóvel percorre até parar, após ter os freios acionados, depende de inúmeros fatores. Essa distância em metros pode ser calculada aproximadamente pela expressão $\Delta = \frac{V^2}{250\mu}$, onde V é a velocidade em km/h no momento inicial da frenagem e μ é um coeficiente adimensional que depende das características dos pneus e do asfalto. Considere que o tempo de reação de um condutor é de um segundo, do instante em que vê um obstáculo até acionar os freios. Com base nessas informações, e considerando $\mu = 0{,}8$, qual é a distância aproximada percorrida por um automóvel do instante em que o condutor vê um obstáculo, até parar completamente, se estiver trafegando com velocidade constante de 90 km/h?

a) 25,0 m
b) 40,5 m
c) 65,5 m
d) 72,0 m
e) 105,5 m

12. (UCS-RS) A relação entre o lucro, em milhares de reais, de determinada companhia de televisão a cabo e o número x de assinantes é descrita por uma função quadrática L, tal que $L(x) = -x^2 + bx + c$. Sabendo que a companhia será rentável quando tiver entre 12 mil e 84 mil assinantes, identifique a alternativa em que consta o lucro máximo que ela pode atingir e o correspondente número de assinantes que ela deve ter para que isso ocorra.

	Lucro máximo (em milhares de reais)	**Número de assinantes** (em milhares)
a)	1296	48
b)	1152	36
c)	1008	84
d)	1008	36
e)	1152	48

13. (Uneb-BA) Uma espécie animal, cuja família inicial era de 200 indivíduos, foi testada num laboratório sob a ação de certa droga e constatou-se que a lei de sobrevivência de tal família obedecia à relação $n(t) = q + pt^2$, na qual $n(t)$ é igual ao número de indivíduos vivos no tempo t, dado em horas desde o início do experimento, p e q parâmetros que dependiam da droga ministrada.
Nessas condições, sabendo-se que a família foi completamente dizimada em 10 horas, pode-se afirmar que o número de indivíduos dessa família que morreu na 6ª hora do experimento foi igual a:

01) 22.
02) 34.
03) 46.
04) 50.
05) 72.

14. (Fameca-SP) Num ônibus intermunicipal, para estimar o lucro L em reais de uma viagem com a ocupação de x passageiros, adotou-se a expressão
$L(x) = (40 - x)(x - 10)$ para $10 < x < 40$. O lucro máximo, em reais, que se pode obter nessa viagem, é:

a) 200.
b) 225.
c) 250.
d) 500.
e) 650.

15. (Cesgranrio-RJ) Um tio rico de Joãozinho deixa para ele o terreno que ele escolher dentre suas propriedades. Contudo, Joãozinho deve seguir duas regras para fazer a escolha do terreno: o terreno deve ter forma retangular e plana e o perímetro do mesmo não pode exceder 400 m. Joãozinho acabou escolhendo um terreno que, além de satisfazer as regras impostas, tem a maior área possível. A área, em m^2, do terreno escolhido por Joãozinho é:

a) $4 \cdot 10^4$.
b) $1 \cdot 10^4$.
c) $4 \cdot 10^3$.
d) $1 \cdot 10^3$.
e) $4 \cdot 10^2$.

16. (UFPE) Quando o preço do sanduíche é de R$ 4,00, uma lanchonete vende 150 unidades por dia. O número de sanduíches vendidos diariamente aumenta de 5 unidades, a cada diminuição de R$ 0,10 no preço de cada sanduíche. Para qual preço do sanduíche a lanchonete arrecadará o maior valor possível com a venda diária dos sanduíches?

a) R$ 3,10 b) R$ 3,20 c) R$ 3,30 d) R$ 3,40 e) R$ 3,50

17. (Uerj) Uma bola de beisebol é lançada de um ponto *O* e, em seguida, toca o solo nos pontos *A* e *B*, conforme representado no sistema de eixos ortogonais:

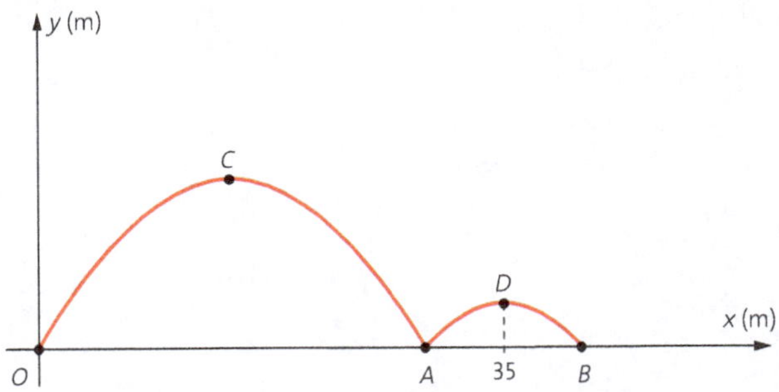

Durante sua trajetória, a bola descreve duas parábolas com vértices *C* e *D*.

A equação de uma dessas parábolas é $y = \frac{-x^2}{75} + \frac{2x}{5}$.

Se a abscissa de *D* é 35 m, a distância do ponto *O* ao ponto *B*, em metros, é igual a:

a) 38. b) 40. c) 45. d) 50.

FUNÇÃO EXPONENCIAL

Revisão de potenciação

Propriedades

- $a^m \cdot a^n = a^{m+n}$
- $a^m : a^n = a^{m-n}$
- $(a^m)^n = a^{m \cdot n}$
- $(a \cdot b)^n = a^n \cdot b^n$
- $(a : b)^n = \dfrac{a^n}{b^n}$, para $b \neq 0$
- $a^{\frac{n}{m}} = \sqrt[m]{a^n}$

Notação científica

$x = a \cdot 10^n$, para $1 \leq a < 10$

Revisão de radiciação

Propriedades

- $\sqrt[n]{a \cdot b} = \sqrt[n]{a} \cdot \sqrt[n]{b}$
- $\sqrt[n]{\dfrac{a}{b}} = \dfrac{\sqrt[n]{a}}{\sqrt[n]{b}}$
- $\left(\sqrt[n]{a}\right)^m = \sqrt[n]{a^m}$
- $\sqrt[n]{a^m} = \sqrt[n \cdot p]{a^{m \cdot p}}$ e $\sqrt[n]{a^m} = \sqrt[n : p]{a^{m : p}}$
- $\sqrt[p]{\sqrt[n]{a^m}} = \sqrt[n \cdot p]{a^m}$

Definição

Dado um número real a ($a > 0$ e $a \neq 1$), denominamos **função exponencial de base *a*** uma função f de $\mathbb{R}$ em $\mathbb{R}^*$ definida por $f(x) = a^x$ ou $y = a^x$.

Representação gráfica da função exponencial

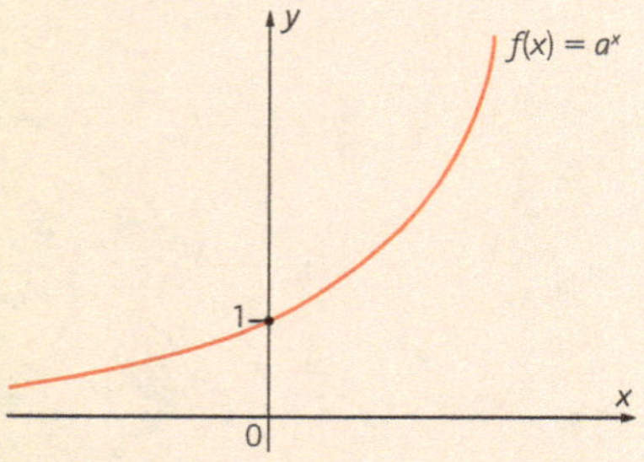

- $D(f) = \mathbb{R}$
- $CD(f) = Im(f) = \mathbb{R}_+^*$

Crescente

- $a > 1$
- $x_1 > x_2 \Rightarrow a^{x_1} > a^{x_2}$

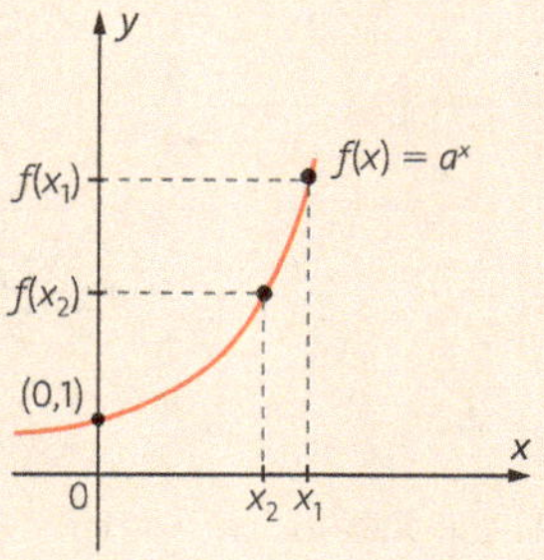

Decrescente

- $0 < a < 1$
- $x_1 > x_2 \Rightarrow a^{x_1} < a^{x_2}$

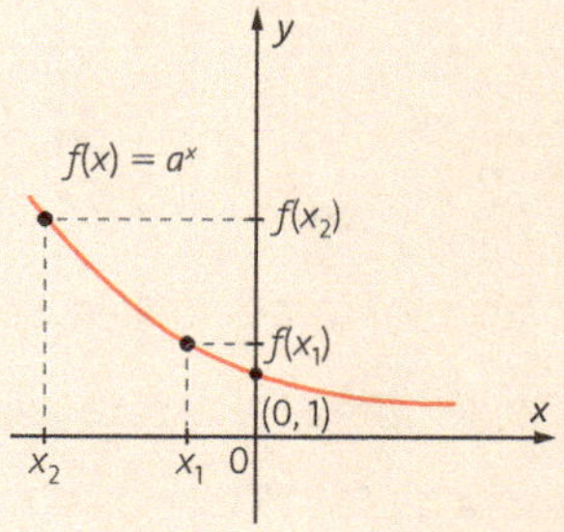

Equações exponenciais

$a^{x_1} = a^{x_2} \Leftrightarrow x_1 = x_2$

Inequações exponenciais

$$a^{x_1} > a^{x_2} \Rightarrow \begin{cases} x_1 > x_2, \text{ se } a > 1 \\ x_1 < x_2, \text{ se } 0 < a < 1 \end{cases}$$

Exercícios

1. (UEL-PR) Seja a equação exponencial $9^{x+3} = \left(\frac{1}{27}\right)^x$.

   Assinale a alternativa que contém a solução da equação exponencial dada.

   a) $x = -6$
   b) $x = -\frac{6}{5}$
   c) $x = -\frac{5}{6}$
   d) $x = \frac{5}{2}$
   e) $x = 6$

2. (PUC-RJ) A equação $2^{x^2 - 14} = \frac{1}{1024}$ tem duas soluções reais. A soma das duas soluções é:

   a) −5.
   b) 0.
   c) 2.
   d) 14.
   e) 1 024.

3. (Udesc) Se x é solução da equação $3^{4x-1} + 9^x = 6$, então x^x é igual a:

   a) $\frac{\sqrt{2}}{2}$.
   b) $\frac{1}{4}$.
   c) $\frac{1}{2}$.
   d) 1.
   e) 27.

4. (UEPB) A solução da equação $\sqrt[x+4]{2^{3x-8}} = 2^{\frac{3x-8}{3}}$ no conjunto $\mathbb{R}$ dos números reais é:

   a) $x = -2$.
   b) $x = 1$.
   c) $x = 0$.
   d) $x = 2$.
   e) $x = -1$.

5. (Udesc) O conjunto solução da inequação $\left(\sqrt[3]{2^{(x-2)}}\right)^{x+3} > 4^x$ é:

a) $S = \{x \in \mathbb{R} \mid -1 < x < 6\}$.

b) $S = \{x \in \mathbb{R} \mid x < -6 \text{ ou } x > 1\}$.

c) $S = \{x \in \mathbb{R} \mid x < -1 \text{ ou } x > 6\}$.

d) $S = \{x \in \mathbb{R} \mid -6 < x < 1\}$.

e) $S = \{x \in \mathbb{R} \mid x < -\sqrt{6} \text{ ou } x > \sqrt{6}\}$.

6. (Fatec-SP) Se x é um número real tal que $2^{-x} \cdot 4^x < 8^{x+1}$, então:

a) $-2 < x < 2$.

b) $x = 1$.

c) $x = 0$.

d) $x < \frac{3}{2}$.

e) $x > -\frac{3}{2}$.

7. (ESPM-SP) A figura abaixo mostra o gráfico da função $f(x) = 2^x$.

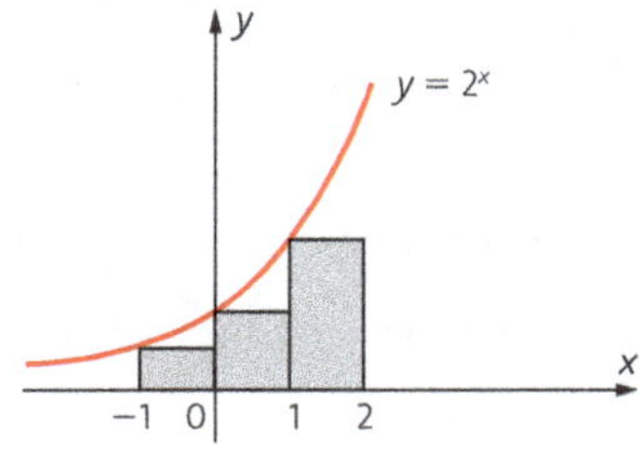

A área da região sombreada, formada por retângulos, é igual a:

a) 3,0. b) 3,5. c) 4,0. d) 4,5. e) 5,0.

8. (Uerj) Um imóvel perde 36% do valor de venda a cada dois anos. O valor $V(t)$ desse imóvel em t anos pode ser obtido por meio da fórmula a seguir, na qual V_0 corresponde ao seu valor atual.

$V(t) = V_0 \cdot (0{,}64)^{\frac{t}{2}}$

Admitindo que o valor de venda atual do imóvel seja igual a 50 mil reais, calcule seu valor de venda daqui a três anos.

9. (Fuvest-SP) Uma substância radioativa sofre desintegração ao longo do tempo, de acordo com a relação $m(t) = ca^{-kt}$, em que a é um número real positivo, t é dado em anos, $m(t)$ é a massa da substância em gramas e c, k são constantes positivas. Sabe-se que m_0 gramas dessa substância foram reduzidos a 20% em 10 anos. A que porcentagem de m_0 ficará reduzida a massa da substância, em 20 anos?

a) 10% b) 5% c) 4% d) 3% e) 2%

10. (Unifor-CE) Certa substância radioativa de massa M_0 (no instante $t = 0$) se desintegra (perde massa) ao longo do tempo. Em cada instante $t \geqslant 0$ em segundos, a massa $M(t)$ da substância restante é dada por $M(t) = M_0 \cdot 3^{-2t}$. O tempo transcorrido, em segundos, para que a massa desintegrada da substância seja dois terços da massa inicial M_0 é:

a) 0,5. b) 1. c) 1,5. d) 2. e) 4.

11. (Vunesp-SP) Ambientalistas, após estudos sobre o impacto que possa vir a ser causado à população de certa espécie de pássaros pela construção de um grande conjunto de edifícios residenciais próximo ao sopé da Serra do Japi, em Jundiaí, SP, concluíram que a quantidade de tais pássaros, naquela região, em função do tempo, pode ser expressa, aproximadamente, pela função $P(t) = \frac{P_0}{4 - 3 \cdot (2^{-t})}$, onde t representa o tempo, em anos, e P_0 a população de pássaros na data de início da construção do conjunto. Baseado nessas informações, pode-se afirmar que:

a) após 1 ano do início da construção do conjunto, $P(t)$ estará reduzida a 30% de P_0.
b) após 1 ano do início da construção do conjunto, $P(t)$ será reduzida de 30% de P_0.
c) após 2 anos do início da construção do conjunto, $P(t)$ estará reduzida a 40% de P_0.
d) após 2 anos do início da construção do conjunto, $P(t)$ será reduzida de 40% de P_0.
e) $P(t)$ não será inferior a 25% de P_0.

12. (UFV-MG) Para resolver a equação exponencial $4^{2x-2} - 24 \cdot 4^{x-2} + 8 = 0$, Aline tomou o cuidado de inicialmente multiplicar ambos os membros da equação por 16. Tendo resolvido corretamente, Aline encontrou dois números reais cujo produto vale:

a) 5. b) 4. c) 3. d) 2.

13. (ESCS-DF) Com base em uma pesquisa, obteve-se o gráfico abaixo, que indica o crescimento de uma cultura de bactérias ao longo de 12 meses pela lei de formação representada pela função $N(t) = k \cdot p^t$, onde k e p são constantes reais.

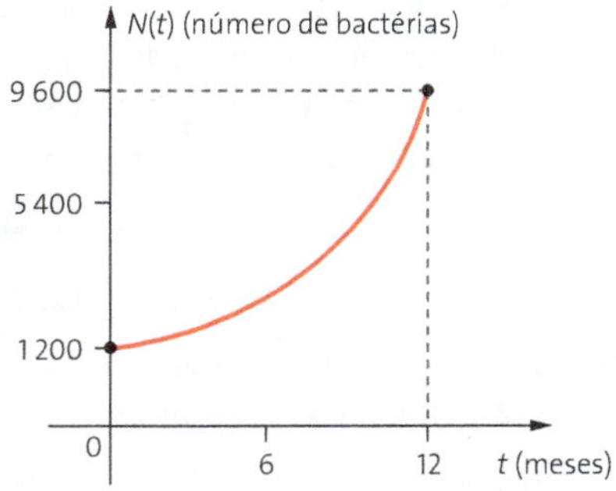

Nas condições dadas, o número de bactérias, após 4 meses, é:

a) 1 800. b) 2 400. c) 3 000. d) 3 200. e) 3 600.

14. (PUC-RS) A função exponencial é usada para representar as frequências das notas musicais.
Dentre os gráficos a seguir, o que melhor representa a função $f(x) = e^x + 2$ é:

a)
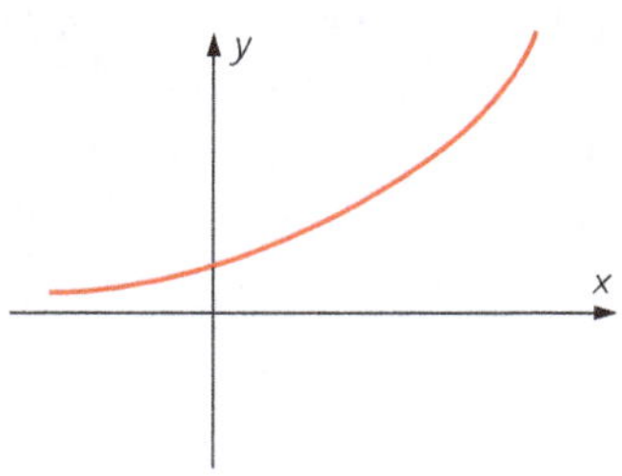

b)
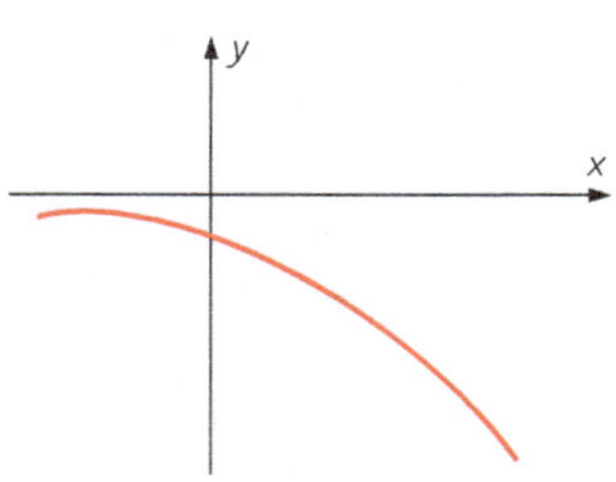

c)
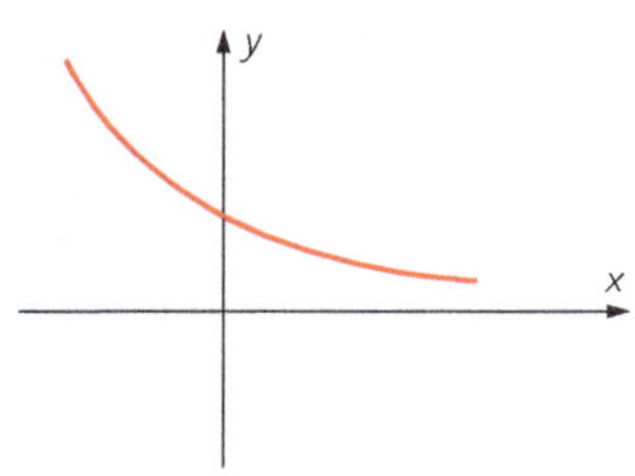

d)
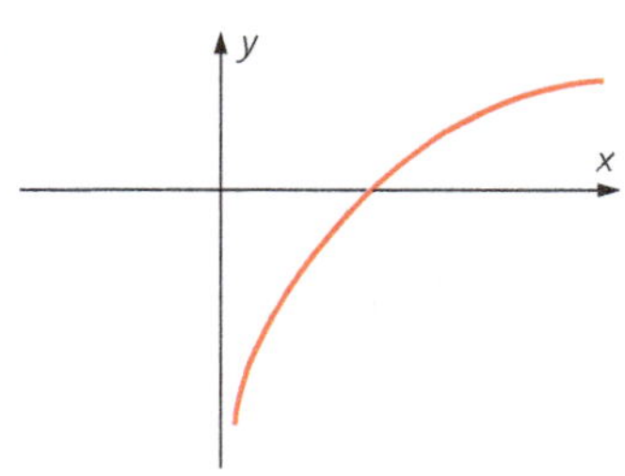

e)
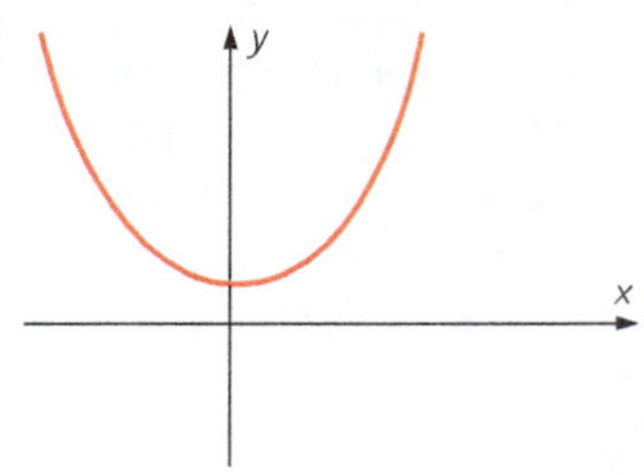

15. (UCS-RS) Ao estudar o processo de reprodução em uma cultura de bactérias, um grupo de biólogos, a partir de dados experimentais coletados em um determinado período de tempo, concluiu que o número aproximado de indivíduos, N, em função do tempo t em horas, é dado por $N(t) = 50 \cdot 2^{0,3t}$. Dessa forma, a cultura terá 3 200 indivíduos depois de:

a) 12 horas.
b) 20 horas.
c) 15 horas.
d) 23 horas.
e) 18 horas.

16. (UFPB) A vigilância sanitária, em certo dia, constatou que, em uma cidade, 167 pessoas estavam infectadas por uma doença contagiosa. Estudos mostram que, pelas condições sanitárias e ambientais dessa cidade, a quantidade (Q) de pessoas infectadas por essa doença pode ser estimada pela função $Q(t) = \dfrac{167\,000}{1 + 999 \cdot 3^{\frac{-t}{360}}}$, onde t é o tempo, em dias, contado a partir da data da constatação da doença na cidade. Nesse contexto, é correto afirmar que, 360 dias depois de constatada a doença, o número estimado de pessoas, nessa cidade, infectadas pela doença é de:

a) 520. b) 500. c) 480. d) 460. e) 440.

17. (Cefet-MG) O valor de certo equipamento, comprado por R$ 60 000,00, é reduzido à metade a cada 15 meses. Assim, a equação $V(t) = 60\,000 \cdot 2^{-\frac{t}{15}}$, onde t é o tempo de uso em meses e $V(t)$ é o valor em reais, representa a variação do valor desse equipamento. Com base nessas informações, é correto afirmar que o valor do equipamento após 45 meses de uso será igual a:

a) R$ 3 750,00.
b) R$ 7 500,00.
c) R$ 10 000,00.
d) R$ 20 000,00.

18. (Cefet-MG) O valor de um determinado tipo de automóvel desvaloriza x% em relação ao ano anterior, conforme o gráfico seguinte.

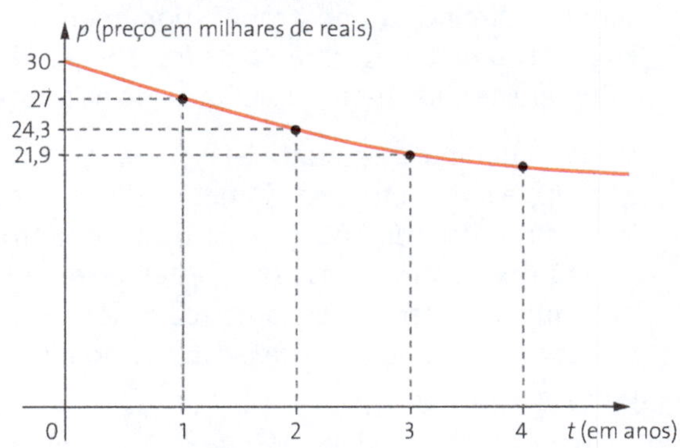

O preço inicial do veículo de R$ 30 000,00, após 4 anos, será, aproximadamente:

a) R$ 18 000,00.
b) R$ 18 600,00.
c) R$ 19 200,00.
d) R$ 19 700,00.

19. (UFTM-MG) A espécie de bactéria que causa determinada doença, ao infectar um ser humano, é capaz de duplicar sua população a cada 16 horas. A partir do instante em que o indivíduo toma a primeira dose do antibiótico, porém, a população dessa bactéria passa a se reduzir à metade a cada 24 horas. No dia 1, às 15h 00min, uma pessoa fez um exame que revelou a presença de uma população P_0 dessa bactéria em seu organismo. Num determinado instante, essa pessoa tomou a primeira dose do antibiótico, de forma que, ao repetir o exame no dia 7, às 15h 00min, a população da referida bactéria havia se reduzido para $\frac{P_0}{2}$. A partir desses dados, pode-se concluir que a primeira dose do antibiótico foi administrada a essa pessoa:

a) no dia 3, às 7h 00min.
b) no dia 3, às 15h 00min.
c) no dia 3, às 23h 00min.
d) no dia 4, às 7h 00min.
e) no dia 4, às 15h 00min.

20. (UFABC-SP) Em São Paulo, a lentidão no trânsito é medida em quilômetros. Em uma determinada via de alto fluxo estão sendo realizadas inúmeras obras visando à diminuição dos congestionamentos. Um engenheiro do departamento de trânsito prevê que o número de quilômetros de lentidão no trânsito dessa via irá diminuir segundo a lei $n(t) = n(0) \cdot 4^{-\frac{t}{3}}$, em que $n(0)$ é o número de quilômetros de lentidão no início das obras e $n(t)$ é o número de quilômetros de lentidão existentes t anos depois. O tempo necessário para que o número de quilômetros de lentidão seja reduzido à metade daquele existente no início das obras será igual a:

a) 16 meses.
b) 17 meses.
c) 18 meses.
d) 20 meses.
e) 24 meses.

21. (UFPR) Um importante estudo a respeito de como se processa o esquecimento foi desenvolvido pelo alemão Hermann Ebbinghaus no final do século XIX. Utilizando métodos experimentais, Ebbinghaus determinou que, dentro de certas condições, o percentual P do conhecimento adquirido que uma pessoa retém após t semanas pode ser aproximado pela fórmula $P = (100 - a) \cdot bt + a$, sendo que a e b variam de uma pessoa para outra. Se essa fórmula é válida para um certo estudante, com $a = 20$ e $b = 0,5$, o tempo necessário para que o percentual se reduza a 28% será:

a) entre uma e duas semanas.
b) entre duas e três semanas.
c) entre três e quatro semanas.
d) entre quatro e cinco semanas.
e) entre cinco e seis semanas.

22. (Unicamp-SP) Em uma xícara que já contém certa quantidade de açúcar, despeja-se café. A curva abaixo representa a função exponencial $M(t)$, que fornece a quantidade de açúcar não dissolvido (em gramas), t minutos após o café ser despejado.

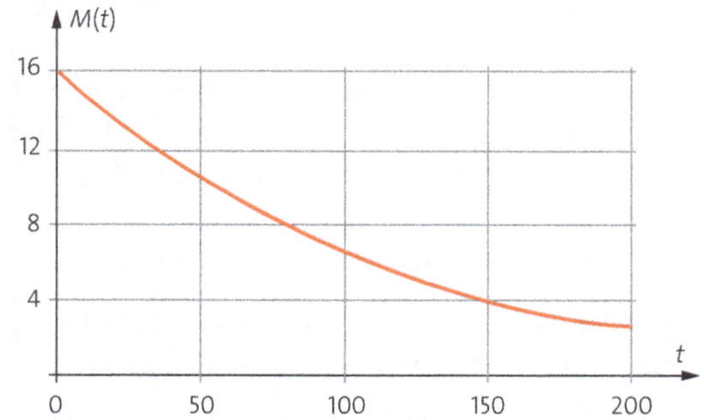

Pelo gráfico, podemos concluir que:

a) $M(t) = 2^{\left(4-\frac{t}{75}\right)}$.

b) $M(t) = 2^{\left(4-\frac{t}{50}\right)}$.

c) $M(t) = 2^{\left(5-\frac{t}{50}\right)}$.

d) $M(t) = 2^{\left(5-\frac{t}{150}\right)}$.

23. (Acafe-SC) A Curva de Aprendizagem é um conceito criado por psicólogos que constataram a relação existente entre a eficiência de um indivíduo e a quantidade de treinamento ou experiência possuída por este indivíduo. Um exemplo de Curva de Aprendizagem é dado pela expressão $Q = 1\,512 - 2^{-0,5t + 16}$ em que:

Q = quantidade de peças produzidas mensalmente por um funcionário;

t = meses de experiência.

Em quantos meses um funcionário produzirá 1 000 peças mensalmente?

a) 14 meses

b) 12 meses

c) 16 meses

d) 13 meses

24. (UEFS-BA) Sabe-se que uma gota de sangue de 1 mm³ contém, aproximadamente, 5 milhões de glóbulos vermelhos e que uma pessoa de 70 kg tem, aproximadamente, 4,5 litros de sangue. O número de glóbulos vermelhos que essa pessoa tem em seu sangue é expresso por $\alpha \cdot 10^k$, sendo α um número pertencente ao intervalo $[1, 10[$ e k um número inteiro.

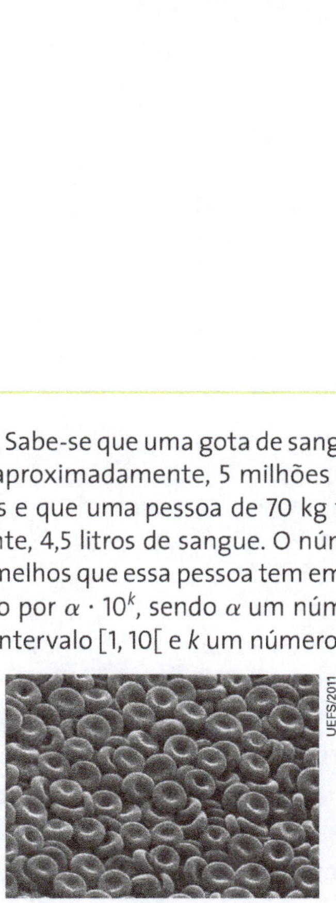

Disponível em: <http://cadernodeciencias.files.wordpress.com/2010/02/hemacias.jpg>. Acesso em: 18 dez. 2010.

Nessas condições, $\alpha + k$ é igual a:

a) 15,25.

b) 14,25.

c) 13,25.

d) 12,25.

e) 11,25.

25. (Fatec-SP) Entre as ideias mais excitantes em nanotecnologia está o desenvolvimento de sistemas moleculares inteligentes, capazes de reconhecer proteínas específicas em vírus, como o da Aids, e interferir na sua capacidade de reprodução. Investimentos nesse sentido já estão sendo feitos pela empresa C-Sixty (C60 = fulereno), em Houston, com previsões bastante otimistas que, se concretizadas, conferirão um papel importante à nanotecnologia molecular no combate à Aids.

Por meio do encapsulamento de materiais radioativos contendo actínio-225 e proteínas de reconhecimento, têm sido construídas verdadeiras nanobombas capazes de se ligar a células cancerosas e realizar sua destruição. Pesquisas realizadas no Texas mostraram que as cobaias tratadas com as nanocápsulas sobreviveram cerca de 300 dias em comparação com os 43 dias do grupo não tratado.

TOMA, H. E. *O mundo nanométrico*: a dimensão do novo século. São Paulo: Oficina de Textos, 2004. p. 39. Adaptado.

O actínio-225 é obtido artificialmente e tem tempo de meia-vida igual a 10 dias. Isso significa que, a cada 10 dias, a quantidade dessa espécie radioativa em uma amostra cai à metade. Sendo assim, nanobombas contendo uma quantidade x de actínio-225, após 10 dias, passam a conter uma quantidade $\frac{x}{2}$, após mais 10 dias, passa a conter $\frac{x}{4}$ e assim por diante.

Entre os gráficos representados abaixo, o que mostra a variação da atividade radioativa do actínio-225 em função do tempo, está na alternativa:

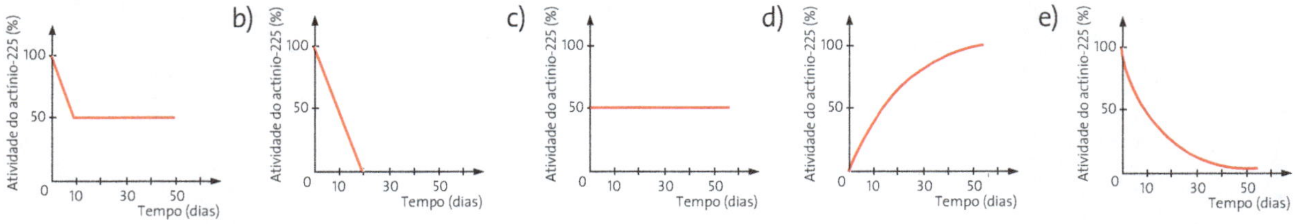

26. (PUC-PR) O prazo de validade, V, medido em uma escala de 0% (vencido) a 100% (fresco), de um produto em conserva, segue a seguinte função de tempo, t, em meses: $V = e^{-t}$, $t \geqslant 0$.

Onde: e = 2,7183

É correto afirmar:

I. Um mês após a produção, $t = 1$, a validade corresponde a 36,79%.

II. Seis meses após a produção, $t = 6$, a validade corresponde a 0,25%.

III. Quanto mais próximo do dia da produção maior o frescor.

a) Somente a alternativa III está correta.

b) As alternativas I e III estão corretas.

c) As três alternativas, I, II e III, estão corretas.

d) As alternativas II e III estão corretas.

e) Nenhuma das alternativas está correta.

27. (FMJ-SP) A evolução prevista para o número de pessoas infectadas com o vírus *A* (H1N1), em uma determinada região, é dada por $p = 6\,400 \cdot (1{,}1)^{\frac{t}{12}}$ onde t é o número de dias decorridos após 31/08/2009. O número previsto de pessoas infectadas com esse vírus, nessa região, decorridos 24 dias após 31/08/2009, é:

a) 7 615.
b) 7 744.
c) 7 884.
d) 8 130.
e) 8 518.

28. (Acafe-SC) A população de pássaros de uma localidade está diminuindo devido à construção de um empreendimento imobiliário naquela região. A lei $P(t) = 3\,125 - 125 \cdot 5^{t-1}$ fornece uma estimativa para o número de pássaros $P(t)$ que permaneceram no local depois de t semanas do início das obras. Sobre essa situação, analise as afirmações a seguir.

I. $P(t)$ representa uma função exponencial crescente, pois a base é positiva (igual a 5) e diferente de 1.

II. Se a obra continuar, em menos de um mês toda a população de pássaros terá se evadido da localidade.

III. Na primeira semana após o início da obra 3 000 pássaros deixaram o local.

IV. Estima-se que antes do início das obras viviam na região 3 100 pássaros.

Todas as afirmações corretas estão em:

a) I – II – III.   b) II – IV.   c) II – III – IV.   d) III – IV.

29. (UFRN) A cintilografia, técnica utilizada para o diagnóstico de doenças, consiste em se introduzir uma substância radioativa no organismo, para se obter a imagem de determinado órgão. A duração do efeito no organismo está relacionada com a meia-vida dessa substância, tempo necessário para que sua quantidade original se reduza à metade. Essa redução ocorre exponencialmente. O Iodo-123, utilizado no diagnóstico de problemas da tireoide, tem meia-vida de 13 horas. Isso significa que, a cada intervalo de 13 horas, a quantidade de Iodo-123 no organismo equivale a 50% da quantidade existente no início desse intervalo, conforme o gráfico ao lado.

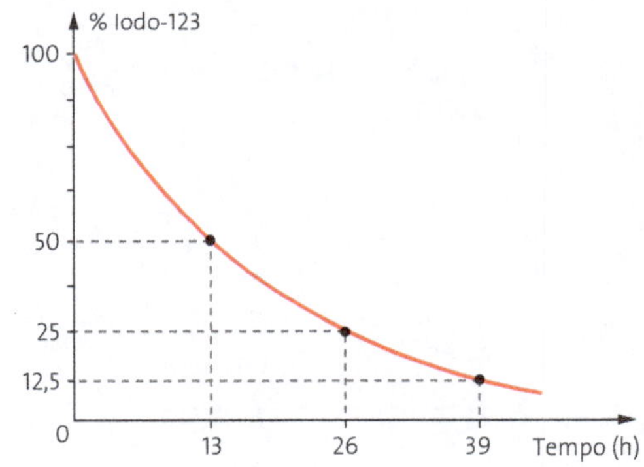

Assim, se uma dose de Iodo-123 for ministrada a um paciente às 8h de determinado dia, o percentual da quantidade original que ainda permanecerá em seu organismo, às 16h 30min do dia seguinte, será:

a) maior que 12,5% e menor que 25%.

b) menor que 12,5%.

c) maior que 25% e menor que 50%.

d) maior que 50%.

LOGARITMOS

Definição

$\log_a b = c \Leftrightarrow a^c = b$

a: base do logaritmo

$a < 0$ e $a \neq 1$

b: logaritmando

$b > 0$

c: logaritmo

Consequências

- $\log_a 1 = 0$
- $\log_a a = 1$
- $\log_a a^n = n$
- $a \log_a N = N$

Propriedades

- $\log_a (M \cdot N) = \log_a M + \log_a N$
- $\log_a \left(\frac{M}{N}\right) = \log_a M - \log_a N$
- $\log_a M^N = N \cdot \log_a M$
- $\log_b N = \frac{\log_a N}{\log_a b}$

Para $N = a$, temos: $\log_b a = \frac{1}{\log_a b}$ ou $\log_b a \cdot \log_a b = 1$

- $\text{colog}_a N = -\log_a N$ ou $\text{colog}_a N = \log_a \frac{1}{N}$

Função logarítmica

Definição

Dado um número real a ($a > 0$ e $a \neq 1$), denomina-se **função logarítmica de base *a*** uma função f de $\mathbb{R}_+^*$ em $\mathbb{R}$ definida por $f(x) = \log_a x$ ou $y = \log_a x$.

Observação: A função logarítmica é inversa da função exponencial.

Representação gráfica da função logarítmica

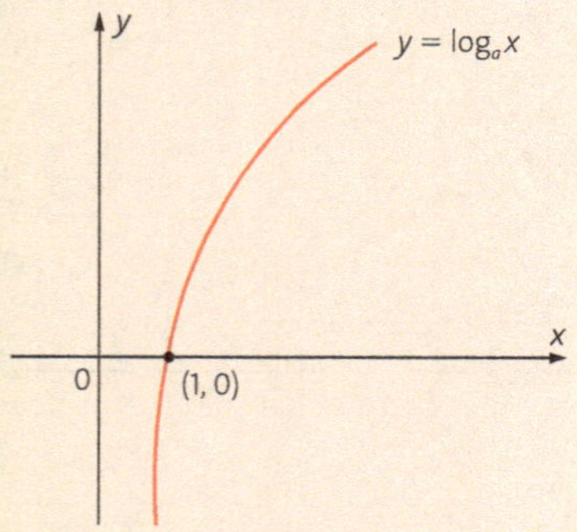

- $D(f) = \mathbb{R}_+^*$
- $CD(f) = Im(f) = \mathbb{R}$

Crescente

- $a > 1$
- $x_1 > x_2 \Rightarrow \log_a x_1 > \log_a x_2$

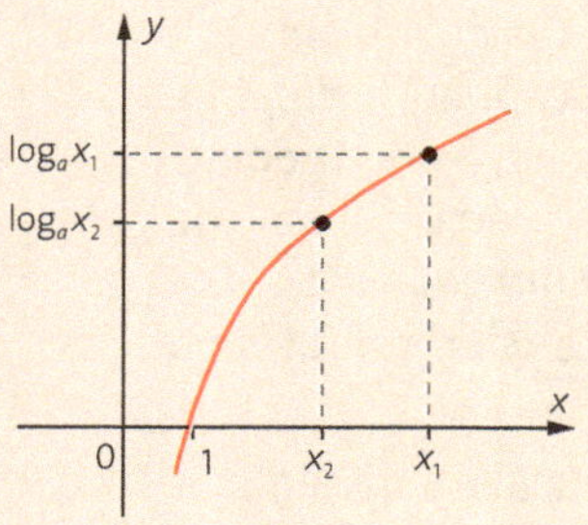

Decrescente

- $0 < a < 1$
- $x_1 > x_2 \Rightarrow \log_a x_1 < \log_a x_2$

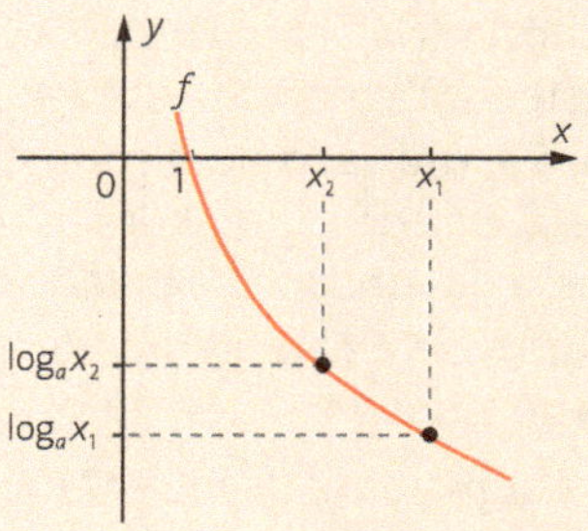

Equações logarítmicas

$\log_a x = \log_a y \Leftrightarrow x = y$

Inequações logarítmicas

$$\log_a x > \log_a y \Rightarrow \begin{cases} x > y, \text{ se } a > 1 \\ x < y, \text{ se } 0 < a < 1 \end{cases}$$

Exercícios

1. (UFPR) Sendo $\log 2 = 0{,}301$ e $\log 7 = 0{,}845$, qual será o valor de $\log 28$?

   a) 1,146
   b) 1,447
   c) 1,690
   d) 2,107
   e) 1,107

2. (Fuvest-SP) É correto afirmar que a equação $\log_2 (x + 1) + \log_2 (x - 2) = 2$:

   a) não possui solução alguma.
   b) possui exatamente 2 soluções cuja soma é 0.
   c) possui exatamente 2 soluções cuja soma é –1.
   d) possui exatamente 2 soluções cuja soma é 1.
   e) possui exatamente 1 solução.

3. (UPM-SP) Se $\log 16 = a$, então $\log \sqrt[3]{40}$ vale:

   a) $\frac{a+6}{12}$.
   b) $\frac{a+2}{6}$.
   c) $\frac{a+6}{3}$.
   d) $\frac{a+12}{2}$.
   e) $\frac{a+2}{3}$.

4. (ESPM-SP) Sendo $\log 2 = a$ e $\log 3 = b$, o valor do $\log_9 160$ é igual a:

   a) $\frac{4a+b}{2}$.
   b) $\frac{4a+1}{2b}$.
   c) $\frac{2a+3b}{2}$.
   d) $\frac{4b+2}{a}$.
   e) $\frac{a+1}{3b}$.

5. (UEPB) Para que $\log_{x-3}(6-x)$ esteja definido, devemos ter:

a) $3 \leq x \leq 6$.
b) $3 < x < 6$.
c) $3 \leq x < 6$ e $x \neq 4$.
d) $3 < x < 6$ e $x \neq 4$.
e) $3 \leq x < 6$.

6. (UPE) Sabendo-se que $2^{4x+3} = 3$ e que $\log 2 = m$ e $\log 3 = n$, é correto afirmar que:

a) $x = \dfrac{n-3m}{4n}$.
b) $x = \dfrac{n-3m}{4m}$.
c) $x = \dfrac{n}{m} - \dfrac{m}{n}$.
d) $x = \dfrac{m}{n} - \dfrac{n}{m}$.
e) $x = 4 + \dfrac{n}{m}$.

7. (Unisc-RS) Sabendo que $10^{1,176} = 15$, o valor de x que satisfaz à equação $15^x = 1\,000$ é:

a) 1,5.
b) 0,76.
c) 2,551.
d) 0,15.
e) 2,176.

8. (Unimontes-MG) Considere as seguintes afirmações:

I. $\log(6+7) = \log 6 + \log 7$
II. $\log(42 \div 7) = \log 42 - \log 7 = \log 6$
III. $\log 49 = 2 \log 7$
IV. $\log 42 = \log 6 + \log 7$

São corretas apenas as afirmações:

a) II e III.
b) I e II.
c) I, II e III.
d) II, III e IV.

9. (PUC-RS) Se $\log 2 = a$ e $\log 3 = b$, então o valor de x em $8^x = 9$ é:

a) $\frac{2b}{3a}$.

b) $\frac{2a}{3b}$.

c) $\frac{b}{a}$.

d) $\frac{a}{b}$.

e) $\frac{3b}{2a}$.

10. (Vunesp-SP) Se $x \in \mathbb{R}$, $16 = e^{4\ln(x)}$ e $\ln(x)$ é o logaritmo natural de x, então:

a) $x = 4$.

b) $x = 2{,}2$.

c) $x = 10$.

d) $x = 2$.

e) $x = 3$.

11. (UFT-TO) Considere a equação $\log_2 x \cdot \log_2 x - 3 \cdot \log_2 x = 0$, $x > 0$ no conjunto dos números reais. A soma dos valores de x que satisfazem esta equação é:

a) 0.

b) 2.

c) 8.

d) 9.

e) $\frac{2}{3}$.

12. (PUC-PR) Sabendo que $\log 20 = 1{,}3$ e $\log 5 = 0{,}7$, é correto afirmar que $\log_5 20$ corresponde a:

a) exatamente 2.

b) exatamente 0,6.

c) maior ou igual a 0,5 e menor que 0,6.

d) um valor entre 1,8 e 1,9.

e) nenhuma das alternativas anteriores.

13. (IFMG) Considerando a equação $2^x = 5$ e que $\log 2 = 0{,}3$, o valor mais próximo de x é:

a) 2,2. b) 2,3. c) 2,4. d) 2,5.

14. (Unir-RO) Considere as funções f e g dadas por $f(x) = \log(x)$, para todo x real positivo e $g(x) = \dfrac{x}{x+1}$, para todo x natural diferente de 0. O valor de x que torna verdadeira a igualdade $f(x) = f(g(1)) + f(g(2)) + f(g(3)) + \ldots + f(g(98)) + f(g(99))$ é:

a) 10^{-3}.
b) 10^{-4}.
c) 10^{-2}.
d) 10^{-5}.
e) 10^{-1}.

15. (Fuvest-SP) O número real a é o menor dentre os valores de x que satisfazem a equação $2\log_2(1 + \sqrt{2}x) - \log_2(\sqrt{2}x) = 3$. Então, $\log_2\left(\dfrac{2a+4}{3}\right)$ é igual a:

a) $\dfrac{1}{4}$. b) $\dfrac{1}{2}$. c) 1. d) $\dfrac{3}{2}$. e) 2.

16. (UFPB) Sabemos que o pH de uma solução é definido por $pH = \log\left(\frac{1}{[H^+]}\right)$, onde $[H^+]$ é a concentração de hidrogênio de íons-grama por litro de solução. Se uma determinada solução é tal que $[H^+] = 1{,}0 \cdot 10^{-8}$, então seu pH será:

a) 7.
b) 10^{-8}.
c) 1,0.
d) 8.
e) 6.

17. (UEG-GO) A intensidade I de um terremoto, medida na escala Richter, é um número que varia de $I = 0$ até $I = 8{,}9$ para o maior terremoto conhecido. I é dada pela fórmula: $I = \frac{2}{3}\log\left(\frac{E}{E_0}\right)$, em que E é a energia liberada no terremoto em quilowatts-hora e $E = 7 \cdot 10^{-3}$ kWh. Aumentando em uma unidade a intensidade do terremoto, a energia liberada fica multiplicada por um número:

a) no intervalo de 30 a 40.
b) maior que 40.
c) no intervalo de 20 a 30.
d) menor que 20.

18. (Vunesp-SP) A expectativa de vida em anos em uma região, de uma pessoa que nasceu a partir de 1900 no ano x ($x \geqslant 1\,900$), é dada por $L(x) = 12(199 \log_{10} x - 651)$. Considerando $\log_{10} 2 = 0{,}3$, uma pessoa dessa região que nasceu no ano 2000 tem expectativa de viver:

a) 48,7 anos.
b) 54,6 anos.
c) 64,5 anos.
d) 68,4 anos.
e) 72,3 anos.

19. (Uneb-BA) A magnitude aparente de um astro de brilho B é definida a partir de uma referência B_0 por meio da fórmula $M = \log_a\left(\frac{B}{B_0}\right)$, com a seguinte convenção: "a magnitude aumenta em 5 quando o brilho é dividido por 100". Nessas condições, considerando-se $\log 2 = 0{,}30$ e $\log 3 = 0{,}48$, pode-se afirmar que a magnitude aparente da Lua, em que $B = 1{,}2 \times 10^5 B_0$, é igual a:

01) –12,9.
02) –12,7.
03) –12,5.
04) –12,3.
05) –12,1.

20. (UEL-PR) O Iodo-131 é um elemento radioativo utilizado em medicina nuclear para exames de tireoide e possui meia-vida de 8 dias. Para descarte de material contaminado com 1 g de Iodo-131, sem prejuízo para o meio ambiente, o laboratório aguarda que o mesmo fique reduzido a 10^{-6} g de material radioativo. Nessas condições, o prazo mínimo para descarte do material é de:

(Dado: $\log_{10} 2 \simeq 0,3$.)

a) 20 dias.
b) 90 dias.
c) 140 dias.
d) 160 dias.
e) 200 dias.

21. (PUC-RS) Tales, um aluno do Curso de Matemática, depois de terminar o semestre com êxito, resolveu viajar para a Europa. Tales caminhou muitas vezes sobre a Ponte Carlos, em Praga, para admirar as estátuas que estão espalhadas ao longo da ponte. Para descobrir o número de estátuas existentes sobre a ponte, ele teve que resolver a equação $\log_2 (3x - 30) - \log_2 x = 1$. Concluiu, então, que o número de estátuas é:

a) 31.
b) 30.
c) 16.
d) 15.
e) 10.

22. (UCS-RS) Terremotos costumam ser avaliados por sua magnitude e por sua intensidade. A intensidade refere-se aos efeitos das vibrações na superfície terrestre. A magnitude é o valor obtido na escala Richter a partir da amplitude máxima das vibrações do solo a 100 km do epicentro do terremoto.

A expressão $M_1 - M_2 = \log \frac{A_1}{A_2}$, em que log denota o logaritmo decimal, relaciona as magnitudes M_1 e M_2 de dois terremotos com as amplitudes A_1 e A_2 das ondas sísmicas geradas.

Segundo essa expressão, a relação entre as amplitudes A_1 e A_2 das ondas geradas pelos terremotos de magnitudes 9 e 6,3 ocorridos, respectivamente, em 2004 na Indonésia e em abril deste ano na Itália, é dada por:

a) $A_1 = 270A_2$.
b) $A_1 = 2,7A_2$.
c) $A_1 = 10^{2,7}A_2$.
d) $A_1 = 2,7^{10}A_2$.
e) $A_2 = 2,7A_1$.

23. (Vunesp-SP) O brilho de uma estrela percebido pelo olho humano, na Terra, é chamado de magnitude aparente da estrela. Já a magnitude absoluta da estrela é a magnitude aparente que a estrela teria se fosse observada a uma distância padrão de 10 parsecs (1 parsec é aproximadamente $3 \cdot 10^{13}$ km). As magnitudes aparente e absoluta de uma estrela são muito úteis para se determinar sua distância ao planeta Terra. Sendo m a magnitude aparente e M a magnitude absoluta de uma estrela, a relação entre m e M é dada aproximadamente pela fórmula $M = m + 5 \cdot \log_3 (3 \cdot d^{-0,48})$ onde d é a distância da estrela em parsecs. A estrela Rigel tem aproximadamente magnitude aparente 0,2 e magnitude absoluta −6,8. Determine a distância, em quilômetros, de Rigel ao planeta Terra.

24. (UFMG) Em uma danceteria, há um aparelho com várias caixas de som iguais. Quando uma dessas caixas é ligada no volume máximo, o nível R de ruído contínuo é de 95 dB.

Sabe-se que:

- $R = 120 + 10 \cdot \log_{10} I_s$, em que I_s é a intensidade sonora, dada em Watt/m^2; e
- a intensidade sonora I_s é proporcional ao número de caixas ligadas.

Seja N o maior número dessas caixas de som que podem ser ligadas, simultaneamente, sem que se atinja o nível de 115 dB, que é o máximo suportável pelo ouvido humano. Então, é correto afirmar que N é:

a) menor ou igual a 25.

b) maior que 25 e menor ou igual a 50.

c) maior que 50 e menor ou igual a 75.

d) maior que 75 e menor ou igual a 100.

25. (UFRN) A escala decibel de som é definida pela seguinte expressão: $B = 10 \log \frac{I}{I_0}$. Nessa expressão, B é o nível do som, em decibéis (dB), de um ruído de intensidade física I, e I_0 é a intensidade de referência associada ao som mais fraco percebido pelo ouvido humano.

De acordo com a expressão dada e a tabela ao lado, pode-se concluir que, em relação à intensidade de uma conversação normal, a intensidade do som de uma orquestra é:

Som	Nível do som em dB
Som mínimo	0
Raspagem de folhas	10
Sussurro	20
Conversação normal	60
Banda de *rock*	80
Orquestra	90
Máximo suportável	120

a) 1 000 vezes superior.

b) 200 vezes superior.

c) 100 vezes superior.

d) 2 000 vezes superior.

26. (PUC-MG) As indicações R_1 e R_2 de dois terremotos, na escala Richter, estão relacionadas pela fórmula $R_1 - R_2 = \log_{10} \frac{E_1}{E_2}$, em que E_1 e E_2 medem as respectivas energias, liberadas pelos terremotos em forma de ondas que se propagam pela crosta terrestre. Nessas condições, se $R_1 = 8,5$ e $R_2 = 7$, é correto afirmar que a razão entre E_1 e E_2, nessa ordem, é igual a:

a) 0,5. b) 1,5. c) $10^{0,5}$. d) $10^{1,5}$.

27. (ESPM-SP) Certo tipo de planta tem seu crescimento aproximado pela função $h(x) = \log_3 (x + 1)$, onde x é o número de dias após a germinação e $h(x)$ é a altura da planta em cm. Assim, podemos dizer que a altura dessa planta após 2 anos da germinação será de aproximadamente:

a) 4 cm. b) 5 cm. c) 6 cm. d) 7 cm. e) 8 cm.

28. (PUC-SP) A representação

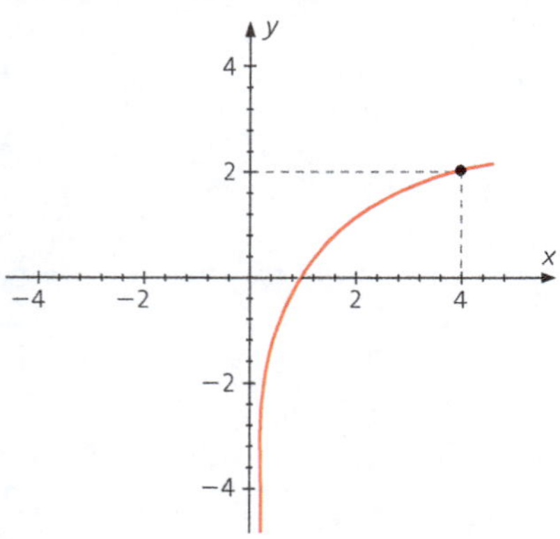

é da função dada por $y = f(x) = \log_a (x)$. O valor de $\log_a (a^3 + 8)$ é:

a) 2. b) 4. c) 6. d) 8. e) 10.

29. (UFMT) A magnitude de um terremoto é medida na escala Richter. Considere que as magnitudes M_1 e M_2 de dois terremotos estão relacionadas pela fórmula $M_1 - M_2 = \frac{2}{3} \log \frac{E_1}{E_2}$, onde E_1 e E_2 são as medidas das quantidades de energia liberada pelos terremotos.
Em 1955, ocorreu um terremoto no norte de Mato Grosso e, em 2004, um outro na ilha de Sumatra, na costa da Indonésia, que liberaram as quantidades de energia E_1 e E_2, respectivamente. Admitindo-se que E_1 foi equivalente à milésima parte de E_2 e que o terremoto ocorrido na ilha de Sumatra teve magnitude $M_2 = 9$, qual a magnitude M_1 do terremoto ocorrido no norte de Mato Grosso?

a) 6. b) 5. c) 7. d) 4. e) 3.

30. (UFRRJ) Ao se estudar o crescimento das palmeiras na cidade de Palmeirópolis constatou-se que a função que descreve esse crescimento em metros, após t anos, é $f(t) = 3^{\log_2 (2t-1)}$. Quantos anos são necessários para que uma determinada palmeira atinja 27 metros de altura?

31. (Insper-SP) Escalas logarítmicas são usadas para facilitar a representação e a compreensão de grandezas que apresentam intervalos de variação excessivamente grandes. O *pH*, por exemplo, mede a acidez de uma solução numa escala que vai de 0 a 14; caso fosse utilizada diretamente a concentração do íon H^+ para fazer essa medida, teríamos uma escala bem pouco prática, variando de 0,0000000000001 a 1.
Suponha que um economista, pensando nisso, tenha criado uma medida da renda dos habitantes de um país chamada Renda Comparativa (*RC*), definida por $RC = \log \frac{R}{R_0}$, em que R é a renda, em dólares, de um habitante desse país e R_0 é o salário mínimo, em dólares, praticado no país. (Considere que a notação log indica logaritmo na base 10.)
Dentre os gráficos abaixo, aquele que melhor representa a Renda Comparativa de um habitante desse país em função de sua renda, em dólares:

a) 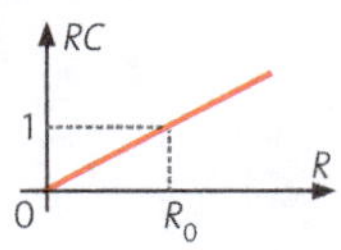

b) 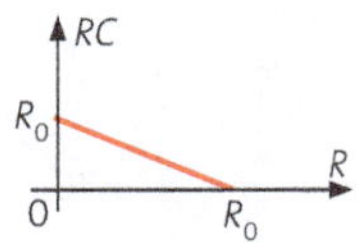

c) 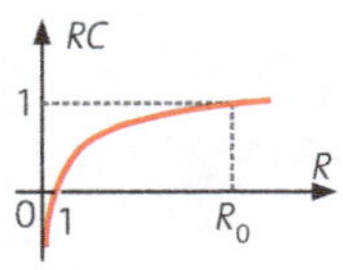

d) 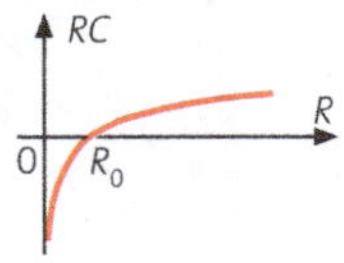

e) 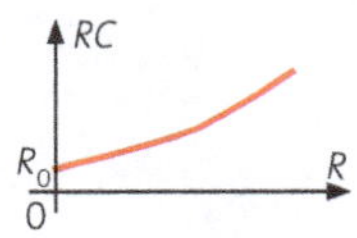

32. (UFPB) O movimento de uma bola de golfe é influenciado tanto pela força gravitacional como também pela resistência do ar. Essa força retardadora atua no sentido oposto ao da velocidade da bola. Em um estudo realizado durante uma partida de golfe, observou-se que, quando foi considerada a força de resistência do ar, a distância horizontal $d(t)$, em metros, percorrida por uma bola em função do tempo t, em segundos, a partir do instante em que a bola foi lançada ($t = 0$), era dada por $d(t) = 50(1 - e^{-0,1t})$.

Use: $\ln 2 = 0,7$.

A partir dessas informações, conclui-se que, para que a bola percorra uma distância na horizontal de 25 m, o tempo gasto, a partir do instante do lançamento, é de:

a) 5,0 s.
b) 6,6 s.
c) 7,0 s.
d) 8,5 s.
e) 10 s.

---

33. (UFSM-RS) Um estudo com um grupo de vestibulandos indica que a função $f(t) = 9e^{\frac{-t}{3}} + 1$, com $t \geq 0$, é a quantidade do conteúdo de Geometria que um aluno consegue relembrar decorridas t semanas após o estudo. A função g, que expressa o tempo t em função da quantidade de conteúdo que o aluno consegue relembrar, é a inversa da função f e é dada por:

a) $g(x) = \ln\left(\frac{9}{x - 1}\right)^3$.
b) $g(x) = \ln\left(\frac{9}{x - 1}\right)^{\frac{1}{3}}$.
c) $g(x) = \ln\left(\frac{x - 1}{9}\right)^3$.
d) $g(x) = \ln\left(\frac{x - 1}{9}\right)^{\frac{1}{3}}$.
e) $g(x) = \ln\left(\frac{x + 1}{3}\right)$.

34. (UFF-RJ) Sempre que se ouve alguma referência a embates – reais ou imaginários – entre ciência e religião, o nome de Galileu (1564-1642) é invariavelmente invocado. No entanto, J. A. Connor apresenta em seu texto "A Bruxa de Kepler" um pensador que, segundo o autor, teria sido realmente fiel a seus princípios intelectuais, morais e religiosos, muito mais que Galileu: Johannes Kepler (1571-1630). Vivendo em uma parte da Europa dilacerada pelas guerras de religião, sofrendo perseguições por causa da sua fé luterana, Kepler ainda assim revolucionou a compreensão que temos do mundo.

UFF/2008

Adaptado do texto "À Sombra de Galileu", de T. Haddad.
Scientific American, ano 4, n. 46, março 2006.

Um dos grandes legados de Kepler para a ciência foi a sua terceira lei: "o quadrado do período de revolução de cada planeta é proporcional ao cubo do raio médio da respectiva órbita". Isto é, sendo T o período de revolução do planeta e r a medida do raio médio de sua órbita, esta lei nos permite escrever que: $T^2 = Kr^3$, onde a constante de proporcionalidade K é positiva. Considerando $x = \log(T)$ e $y = \log(r)$, pode-se afirmar que:

a) $y = \dfrac{2x - K}{3}$.
b) $y = \dfrac{2x}{3 \log K}$.
c) $y = \sqrt[3]{\dfrac{x^2}{K}}$.
d) $y = \dfrac{2x}{K}$.
e) $y = \dfrac{2x - \log K}{3}$.

---

35. (UEL-PR) O valor de um automóvel (em unidades monetárias) sofre um depreciação de 4% ao ano. Sabendo-se que o valor atual de um carro é de 40 000 unidades monetárias, depois de quantos anos o valor desse carro será de 16 000 unidades monetárias? Use o valor 0,3 para log 2 e o valor 0,48 para log 3.

a) 3.
b) 6.
c) 10.
d) 15.
e) 20.

PROGRESSÃO ARITMÉTICA

Definição

Sequência de números na qual a diferença (r) entre cada termo (a partir do segundo) e o termo anterior é constante.

$a_1 \xrightarrow{+r} a_2 \xrightarrow{+r} \dots \xrightarrow{+r} a_n$

Razão: $r = a_n - a_{n-1}$

Classificação e interpretação geométrica

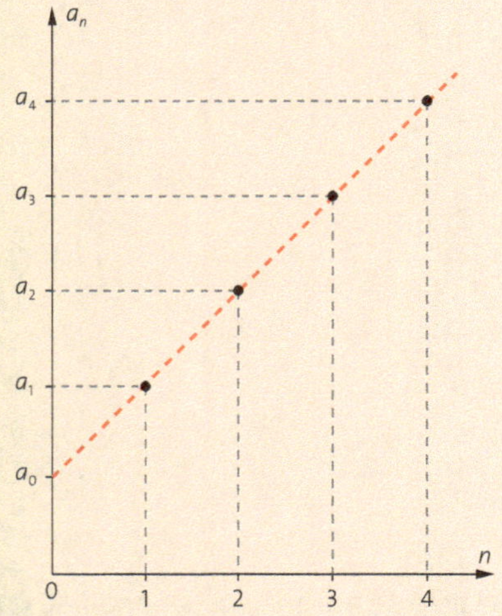

Crescente

$r > 0$

Decrescente

$r < 0$

Constante ou estacionária

$r = 0$

Fórmulas

Termo geral

$a_n = a_1 + (n - 1) \cdot r$ ou $a_n = a_p + (n - p) \cdot r$

Soma dos n primeiros termos

$$S_n = \frac{(a_1 + a_n)n}{2}$$

Observação: $S_1 = a_1$ e $S_n - S_{n-1} = a_n$

Particularidades

Representações especiais

- três termos: $(x - r, x, x + r)$
- cinco termos: $(x - 2r, x - r, x, x + r, x + 2r)$

Propriedades

$a_1, a_2, a_3, \dots, a_{n-1}, a_n, a_{n+1}$

- $a_n = \dfrac{a_{n-1} + a_{n+1}}{2}$, para $n \geqslant 2$
- $a_{\text{médio}} = \dfrac{a_1 + a_n}{2}$, para n ímpar
- $a_x \cdot a_y = a_p \cdot a_q \Leftrightarrow x + y = p + q$

Exercícios

1. (UFTM-MG) Em uma caixa havia somente moedas de 50 centavos. Foram feitas sucessivas retiradas, sendo 5 moedas na 1ª vez, 10 na 2ª, 15 na 3ª e assim sucessivamente, até não restar nenhuma moeda na caixa, o que ocorreu na 14ª vez. O valor retirado da caixa na última vez foi de:

a) R$ 30,00. b) R$ 31,00. c) R$ 32,00. d) R$ 35,00. e) R$ 36,00.

2. (UFU-MG) Os irmãos José e Maria visitam regularmente seu avô Pedro. José visita-o a cada 8 dias e Maria a cada 6 dias, ambos, rigorosamente, sem nunca falharem. Se José e Maria visitaram simultaneamente o avô no primeiro dia do ano de 2004, quantas vezes mais eles fizeram a visita simultânea até o dia 31 de dezembro de 2006? **Observação**: Considere cada ano com 365 dias.

a) 48 b) 44 c) 46 d) 45

3. (UFPB) Na organização de um determinado rali, quanto à quilometragem diária a ser percorrida pelas equipes participantes durante os 20 dias da competição, ficou estabelecida a seguinte regra.

No primeiro dia, as equipes deveriam percorrer 500 km e, nos dias subsequentes, deveriam percorrer 20 km a mais que no dia anterior.

A partir dos dados apresentados, é correto afirmar que uma equipe, para completar a prova, deverá percorrer no mínimo:

a) 14 000 km. b) 13 800 km. c) 13 600 km. d) 13 400 km. e) 13 200 km.

4. (Unifor-CE) Na compra a prazo de um aparelho eletrônico, o total pago por Juliana foi de R$ 870,00. A entrada teve valor correspondente a $\frac{1}{5}$ do total, e o restante foi pago em 4 parcelas, cujos valores formaram uma progressão aritmética crescente de razão R$ 30,00. Sendo assim, o valor da última prestação que Juliana vai pagar é:

a) R$ 205,00. b) R$ 210,00. c) R$ 215,00. d) R$ 219,00. e) R$ 220,00.

5. (Unicamp-SP) No centro de um mosaico formado apenas por pequenos ladrilhos, um artista colocou 4 ladrilhos cinza. Em torno dos ladrilhos centrais, o artista colocou uma camada de ladrilhos brancos, seguida por uma camada de ladrilhos cinza, e assim sucessivamente, alternando camadas de ladrilhos brancos e cinza, como ilustra a figura ao lado, que mostra apenas a parte central do mosaico.
Observando a figura, podemos concluir que a 10ª camada de ladrilhos cinza contém:

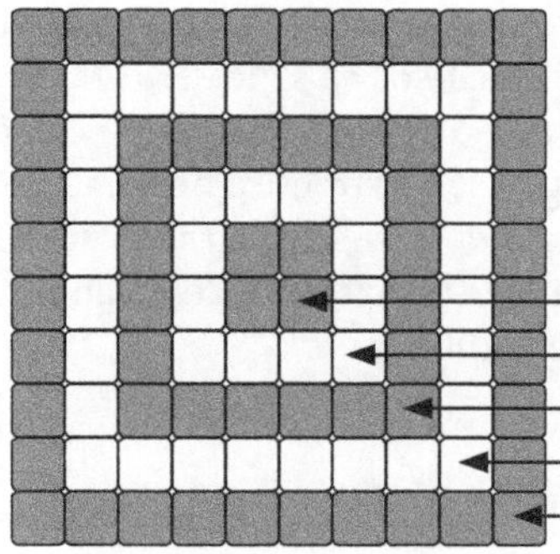

a) 76 ladrilhos.
b) 156 ladrilhos.
c) 112 ladrilhos.
d) 148 ladrilhos.

6. (Ufpel-RS) Uma indústria de produtos natalinos encerrou o ano de 2006, com um estoque de 250 peças. Em janeiro de 2007, a indústria concedeu férias coletivas a seus funcionários e a partir de fevereiro recomeçou sua produção. Com base no texto, considerando que essa indústria, em fevereiro, produziu 550 produtos, que a cada mês essa produção cresceu em progressão aritmética e que em novembro de 2007 o estoque passou a ter 26 000 itens, é correto afirmar que o número de peças produzidas em agosto foi de:

a) 2 800.
b) 3 250.
c) 3 500.
d) 13 300.
e) 10 050.

7. (Uncisal) Quando a CPMF foi adaptada a seu atual formato, uma das metas que deveriam ser atingidas com a injeção maciça de recursos na saúde era erradicar a dengue. Porém, uma década depois, o número de casos registrados da doença cresceu assustadoramente. Suponha que de 1996 a 2006 o número de casos de dengue tenha crescido em uma progressão aritmética de razão r. Sabe-se que $p_1 + p_2 = 384$ mil casos, e que $p_2 + p_3 = 416$ mil casos, sendo p_1 o número de casos registrados em 1996, p_2 o número de casos registrados em 1997, p_3 o número de casos registrados em 1998, e assim sucessivamente. Nessas condições, pode-se afirmar que o número de casos de dengue registrados em 2006 foi:

a) 364 mil. b) 344 mil. c) 328 mil. d) 326 mil. e) 324 mil.

8. (Unifor-CE) Suponha que, em 15/1/2006, Bonifácio tinha R$ 27,00 guardados em seu cofre, enquanto Valfredo tinha R$ 45,00 guardados no seu e, a partir de então, no décimo quinto dia de cada mês subsequente, as quantias contidas em cada cofre aumentaram segundo os termos de progressões aritméticas de razões R$ 8,00 e R$ 5,00, respectivamente. Considerando que nenhum deles fez qualquer retirada, a quantia do cofre de Bonifácio superou a do Valfredo no mês de:

a) junho. b) julho. c) agosto. d) setembro. e) outubro.

9. (Unifor-CE) Para a confecção de uma árvore de Natal estilizada, utilizou-se uma prancha de madeira, em forma triangular, onde foram encaixadas lâmpadas enfileiradas conforme esquematizado na figura abaixo.

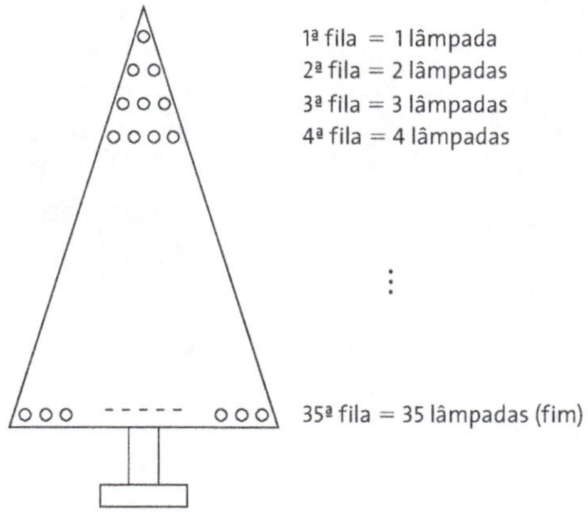

A quantidade de lâmpadas utilizadas para a confecção desta árvore foi:

a) 200. b) 460. c) 560. d) 630. e) 700.

10. (ESPM-SP) Uma campanha de ajuda comunitária arrecadou, no 1º dia, a importância de 120 mil reais; no 2º dia, 160 mil reais; no 3º dia, 200 mil reais e assim por diante, sempre aumentando 40 mil reais a cada dia. O montante da arrecadação atingiu 10 milhões de reais no:

a) 15º dia. b) 12º dia. c) 18º dia. d) 20º dia. e) 22º dia.

11. (Unisc-RS) Um pesquisador foi desafiado a escrever um artigo de dezessete páginas, cada uma com exatamente vinte e cinco linhas. Para isso, no primeiro dia, escreveu as vinte primeiras linhas e, em cada dia seguinte, tantas linhas quantas havia escrito no dia anterior, mais cinco linhas. Quanto tempo esse pesquisador levou para escrever o artigo?

a) 100 dias
b) 81 dias
c) 18 dias
d) 8 dias
e) 10 dias

12. (UPE) Para descarregar os 6 579 contêineres de um navio, realizou-se o seguinte planejamento: no primeiro dia, foram descarregados 300 contêineres, e, nos demais dias, sempre foram descarregados exatamente 7 contêineres a menos que no dia anterior. No último dia, havia 6 contêineres a descarregar. Em quantos dias (contando com o último), o navio foi totalmente descarregado?

a) 43
b) 42
c) 21
d) 22
e) 44

13. (UFSM-RS) O êxodo rural também está relacionado com a falta de estrutura educacional nas escolas rurais, a qual faz com que crianças em idade escolar tenham de se deslocar diariamente para centros urbanos, a fim de dar continuidade a seus estudos. Essa falta também obriga que jovens migrem para os grandes centros acabando por não retornarem à vida rural. Suponha que um grupo de estudantes tenha que percorrer diariamente 33 km num micro-ônibus e que, devido a obstáculos e paradas para embarques e desembarques, esse percurso seja efetivado do seguinte modo: nos primeiros 15 minutos, ele percorre 5 km e, em cada quarto de hora seguinte, 250 m menos que antes. O tempo que ele leva para efetuar o percurso total é:

a) 1 hora.
b) 1 hora e 30 minutos.
c) 2 horas.
d) 2 horas e 30 minutos.
e) 3 horas.

14. (UFU-MG) Uma pessoa iniciou os treinos para participar de uma competição de *duathlon* (prova envolvendo natação e corrida). Essa competição consiste de 9 km de natação e 15 km de corrida. No primeiro dia de treino, ela nada 800 metros e corre 1 200 metros. No segundo dia de treino, ela dobra cada uma destas distâncias. No terceiro dia de treino, ela triplica as distâncias do primeiro dia e assim sucessivamente. Como os treinos são feitos diariamente, qual a quantidade mínima de dias de treino de que essa pessoa necessita para percorrer as duas distâncias da competição em um único dia?

a) 11 dias b) 13 dias c) 10 dias d) 12 dias

15. (PUC-RS) Tales, um aluno do Curso de Matemática, depois de terminar o semestre com êxito, resolveu viajar para a Europa.

O Portão de Brandemburgo, em Berlim, possui cinco entradas, cada uma com 11 metros de comprimento. Tales passou uma vez pela primeira porta, duas vezes pela segunda e assim sucessivamente, até passar cinco vezes pela quinta. Então, ele percorreu quantos metros?

a) 55 b) 66 c) 165 d) 275 e) 330

16. (UFPR) Atribui-se ao matemático De Moivre uma lenda sobre um homem que previu sua própria morte. As condições da previsão estão dentro de uma narrativa que modela grosseiramente vários aspectos da realidade. Por exemplo, dormir 24 horas seguidas equivale a morrer, e assim por diante. A lenda é a seguinte: um homem observou que cada dia dormia 15 minutos a mais que no dia anterior. Se ele fez essa observação exatamente após ter dormido 8 horas, quanto tempo levará para que ele durma 24 horas seguidas, não mais acordando?

17. (UFU-MG) Dois ciclistas estão em fases distintas de preparação. O técnico desses atletas elabora um planejamento de treinamento para ambos, estabelecendo o seguinte esquema:

- ciclista 1: iniciar o treinamento com 4 km de percurso e aumentar, a cada dia, 3 km a mais para serem percorridos;
- ciclista 2: iniciar o treinamento com 25 km de percurso e aumentar, a cada dia, 2 km a mais para serem percorridos.

Sabendo-se que esses ciclistas iniciam o treinamento no mesmo dia e que o término desse treinamento se dá quando os atletas percorrem a mesma distância em um mesmo dia, pode-se afirmar que ao final do treinamento o ciclista 1 percorre uma distância total, em km, de:

a) 781. b) 714. c) 848. d) 915.

PROGRESSÃO GEOMÉTRICA

Definição

Sequência de números na qual o quociente (q) da divisão de cada termo (a partir do segundo) pelo termo anterior é constante.

$a_1 \xrightarrow{\cdot q} a_2 \xrightarrow{\cdot q} \dots \xrightarrow{\cdot q} a_n$

Razão: $q = \dfrac{a_n}{a_{n-1}}$

Classificação e interpretação geométrica

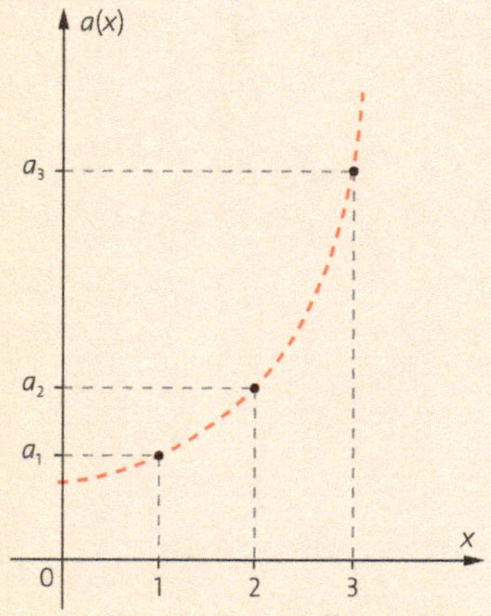

Crescente

- termos positivos: $q > 1$
- termos negativos: $0 < q < 1$

Decrescente

- termos positivos: $0 < q < 1$
- termos negativos: $q > 1$

Constante

$q = 1$

Alternante

$q < 1$

Fórmulas

Termo geral

$a_n = a_1 \cdot q^{n-1}$ ou $a_n = a_p \cdot q^{n-p}$

Taxa de crescimento relativo dos termos

$i = \dfrac{a_n - a_{n-1}}{a_{n-1}}, a_{n-1} \neq 0$

Soma dos n primeiros termos de uma PG finita

$S_n = a_1 \cdot \dfrac{1-q^n}{1-q}, q \neq 1$

Soma dos termos de uma PG infinita

$S_n = \dfrac{a_1}{1-q}, -1 < q < 1$

Particularidades

Representações especiais

- três termos: $\left(\dfrac{x}{q}, x, xq\right)$
- cinco termos: $\left(\dfrac{x}{q^2}, \dfrac{x}{q}, x, xq, xq^2\right)$

Propriedades

$a_1, a_2, a_3, \dots, a_{n-1}, a_n, a_{n+1}$

- $(a_n)^2 = a_{n-1} \cdot a_{n+1}$, para $n \geqslant 2$
- $(a_{\text{médio}})^2 = a_1 \cdot a_n$, para n ímpar
- $a_x \cdot a_y = a_p \cdot a_q \Leftrightarrow x + y = p + q$

Exercícios

1. (UFPB) Cecília jogou na loteria esportiva durante cinco semanas consecutivas, de tal forma que, a partir da segunda semana, o valor apostado era o dobro do valor da semana anterior. Se o total apostado, nas cinco semanas, foi R$ 2 325,00, o valor pago por Cecília, no jogo da primeira semana, foi:

   a) R$ 75,00. c) R$ 100,00. e) R$ 77,00.
   b) R$ 85,00. d) R$ 95,00.

2. (Unipar-PR) Segundo a história da Matemática, o rei ofereceu uma recompensa ao sábio que desenvolveu o jogo de xadrez no seu reino. A recompensa pedida foi que cada casa do tabuleiro fosse preenchida com sementes de trigo, mas dobrando a cada casa. No caso, seria uma PG de primeiro termo 1 e razão igual a 2. Logo o rei desistiu da recompensa e nomeou o sábio como seu conselheiro repleto de honrarias. Isto porque, se a recompensa fosse realmente cumprida, ao final das 64 casas do tabuleiro, a quantidade de grãos de trigo seria da ordem de:

   a) $2^{32} - 1$. c) $2^{32} - 2$. e) $2^{128} - 1$.
   b) $2^{64} - 1$. d) $2^{64} - 2$.

3. (UFRRJ) Uma de nossas mais tradicionais festas juninas é realizada anualmente em Campina Grande, na Paraíba. Nesta festa dança-se a quadrilha, na qual os pares, para formarem o caracol, partem em fila puxados pelo líder, seguindo semicircunferência no sentido anti-horário. A primeira semicircunferência é formada com 20 m de raio, a segunda com raio igual a $\frac{2}{3}$ da primeira, a terceira com raio igual a $\frac{2}{3}$ da segunda, e assim sucessivamente. Ao final, quantos metros serão percorridos pelo líder durante o movimento do caracol?

4. (UEL-PR) Marlene confecciona leques artesanais com o formato de um setor circular, como representado na figura ao lado.

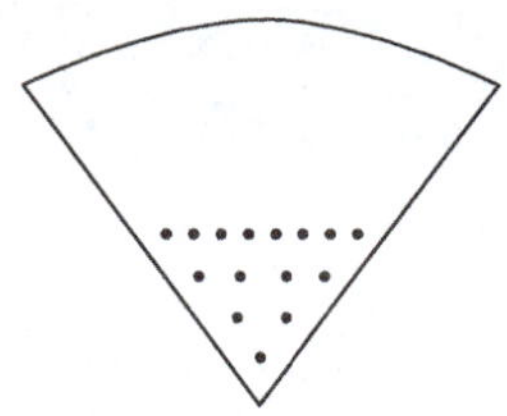

Para enfeitar os leques, usa pequenas contas brilhantes que dispõe da seguinte maneira: no vértice do leque, primeira fileira, coloca apenas uma conta; na segunda fileira horizontal posterior coloca duas contas; na terceira fileira horizontal coloca quatro, na quarta fileira horizontal dispõe oito contas e assim sucessivamente. Considere que Marlene possui 515 contas brilhantes para enfeitar um leque. Com base nessas informações, é correto afirmar que o número máximo de fileiras completas nesse leque é:

a) 7. b) 8. c) 9. d) 10. e) 11.

5. (PUC-RS) Uma bolinha de tênis é deixada cair no chão, de uma altura de 4 m. Cada vez que toca o chão, ela sobe verticalmente a uma altura igual à metade da altura anterior. Mantendo-se esse padrão, a altura alcançada pela bolinha, em metros, após o décimo toque no chão é:

a) $\frac{1}{2\,048}$.

b) $\frac{1}{1024}$.

c) $\frac{1}{512}$.

d) $\frac{1}{256}$.

e) $\frac{1}{128}$.

6. (EsPCEx-SP) Um menino, de posse de uma porção de grãos de arroz, brincando com um tabuleiro de xadrez, colocou um grão na primeira casa, dois grãos na segunda casa, quatro grãos na terceira casa, oito grãos na quarta casa e continuou procedendo desta forma até que os grãos acabaram, em algum momento, enquanto ele preenchia a décima casa. A partir dessas informações, podemos afirmar que a quantidade mínima de grãos de arroz que o menino utilizou na brincadeira é:

a) 480.

b) 511.

c) 512.

d) 1 023.

e) 1 024.

7. (UFPB) Uma porção de certa substância com 512 g de massa será fragmentada da seguinte forma. Na primeira etapa da fragmentação, a porção será dividida em duas partes de massas iguais. A partir da segunda etapa, cada parte obtida na etapa anterior será dividida em duas com massas iguais. Sabendo-se que na fragmentação de cada parte será utilizada uma quantidade de, no máximo, 2 Joules (J) de energia, é correto afirmar que, quando a massa de cada parte for de 2 g, a quantidade total de energia, utilizada em todo o processo de fragmentação, será de no máximo:

a) 498 J. b) 906 J. c) 682 J. d) 824 J. e) 510 J.

8. (PUC-SP) Considere que em julho de 1986 foi constatado que era despejada uma certa quantidade de litros de poluentes em um rio e que, a partir de então, essa quantidade dobrou a cada ano. Se hoje a quantidade de poluentes despejados nesse rio é de 1 milhão de litros, há quantos anos ela era de 250 mil litros?

a) Nada se pode concluir, já que não é dada a quantidade despejada em 1986.
b) Seis.
c) Quatro.
d) Dois.
e) Um.

9. (Unemat-MT) Lança-se uma bola, verticalmente de cima para baixo, da altura de 4 metros. Após cada choque com o solo, ela recupera apenas $\frac{1}{2}$ da altura anterior.
A soma de todos os deslocamentos (medidos verticalmente) efetuados pela bola até o momento de repouso é:

a) 12 m. b) 6 m. c) 8 m. d) 4 m. e) 16 m.

10. (Uneb-BA) Com o objetivo de arrecadar fundos para uma instituição beneficente, foi organizada uma exposição de obras de arte por um determinado período, cobrando-se de cada visitante um certo valor de entrada. No primeiro dia, foram arrecadados R$ 1 900,00 e, até o sexto dia de exposição, os valores diários arrecadados cresceram segundo uma PA de razão $r = 100$. A partir do sexto dia, esses valores decresceram segundo uma PG de razão $q = \frac{1}{2}$. Sabendo-se que o valor total arrecadado excedeu a R$ 15 000,00, pode-se afirmar que a exposição durou, pelo menos:

01) 10 dias.
02) 11 dias.
03) 12 dias.
04) 14 dias.
05) 15 dias.

11. (Uesc-BA) Desde Pitágoras, que estudou a geração dos sons, sabe-se que duas cordas vibrantes cujos comprimentos estão na proporção de 1 para 2 produzem o mesmo tom. Uma corda de 61,41 m deve ser cortada em 11 pedaços, de modo que cada novo pedaço obtido tem o dobro do comprimento do pedaço anterior. O comprimento do maior pedaço será igual a:

01) 30,72 m.
02) 29,25 m.
03) 28,72 m.
04) 23,42 m.
05) 21,41 m.

12. (FGV-SP) Um veículo vai da cidade *A* até a cidade *B*. A cada hora de viagem, o motorista reduz a velocidade pela metade instantaneamente. Qual deve ser a distância entre as duas cidades, sabendo que o veículo iniciou a viagem com velocidade de 128 km/h e demorou 5 horas e 30 minutos para chegar?

a) 248 km
b) 246 km
c) 256 km
d) 250 km
e) 252 km

13. (Ufop-MG) Uma folha de papel tem 0,3 milímetro de espessura. Deseja-se formar uma pilha constituída de folhas desse tipo do seguinte modo: coloca-se um folha sobre o piso horizontal; depois duas folhas sobre a primeira; depois quatro sobre as anteriores; depois oito; depois dezesseis; e assim por diante, sempre colocando-se sobre a pilha o dobro do número de folhas que tinha sido colocado na vez anterior. Se esse procedimento se repetisse por trinta vezes, a altura da pilha seria da ordem:

a) da altura de uma mesa de jantar.
b) da altura de uma casa.
c) da altura de um prédio.
d) de centenas de quilômetros.

14. (UFSM-RS) Uma fábrica vendia 12 camisetas por mês para certa rede de academias desde janeiro de um determinado ano. Devido ao verão, essa venda foi triplicada a cada mês, de setembro a dezembro. O total de camisetas vendidas nesse quadrimestre e a média de vendas, por mês, durante o ano, foram, respectivamente:

a) 1 536 e 128.
b) 1 440 e 128.
c) 1 440 e 84.
d) 480 e 84.
e) 480 e 48.

15. (UFPE) João marcou um encontro com Maria às 20h. Como Maria não chegou às 20h, João decidiu esperar por um intervalo t_1 de trinta minutos; em seguida, por um período adicional de $t_2 = \frac{t_1}{3}$ minutos, depois por um período de $t_3 = \frac{t_2}{3}$ minutos, e assim por diante, com cada período adicional igual a um terço do período anterior. Se Maria não foi ao encontro, quanto tempo João esperou? (Indique o valor mais próximo.)

a) 35 minutos
b) 40 minutos
c) 45 minutos
d) 50 minutos
e) 55 minutos

16. (Udesc) Em um processo de desintegração atômica em cadeia, a primeira desintegração é de 3 átomos em um segundo. A cada segundo que passa a desintegração é sempre o quádruplo da anterior; logo, o tempo em segundos que leva para desintegrar 12 288 átomos é:

a) 9 segundos.
b) 6 segundos.
c) 8 segundos.
d) 12 segundos.
e) 7 segundos.

17. (Uesc-BA) Um colégio promoveu uma Olimpíada Interna de Matemática cuja prova consistiu de dez questões, numeradas de um a dez, que poderiam ser resolvidas em qualquer ordem e que foram pontuadas de acordo com as seguintes regras:

- a cada questão não resolvida, resolvida de forma parcial ou totalmente incorreta foi atribuído valor 0;
- à resolução correta da questão um foi atribuído o valor 1;
- à resolução correta da questão dois foi atribuído o valor 2;
- à resolução correta da questão três foi atribuído o valor 4;
- à resolução correta da questão quatro foi atribuído o valor 8, e assim sucessivamente, até a questão dez.

Nessas condições, pode-se afirmar que um participante da Olimpíada que obteve um total de 213 pontos resolveu corretamente:

a) seis questões, das quais apenas uma é de numeração ímpar.

b) seis questões, das quais apenas uma é de numeração par.

c) cinco questões, das quais apenas uma é de numeração ímpar.

d) cinco questões, das quais apenas uma é de numeração par.

e) três questões de numeração par e três questões de numeração ímpar.

18. (Udesc) Um biólogo, ao estudar uma cultura bacteriológica, constatou que cada uma delas, ao atingir determinado tamanho, se dividia em nove bactérias. Supondo que em uma cultura há $2 \cdot 3^4$ dessas bactérias e que cada uma delas se divide em nove, dando origem à primeira geração, e que cada bactéria dessa geração se divide em nove, dando origem à segunda geração, e assim por diante, ter-se-á $2 \cdot 3^{22}$ bactérias na:

a) 9ª geração.

b) 18ª geração.

c) 6ª geração.

d) 17ª geração.

e) 10ª geração.

19. (IFMG) Na manhã de segunda-feira uma empresa começou sua produção de iogurte do seguinte modo: adicionou a um litro de iogurte, já pronto, três litros de leite. Após 24 horas, havia 4 litros de iogurte, que foram novamente misturados a uma parte proporcional de leite para dar sequência à produção. Se a empresa continuou esse processo, então, na manhã de sexta-feira, o total de litros de iogurte obtidos foi de:

a) 4^5. b) 4^6. c) 2^8. d) 2^9.

20. (Fuvest-SP) A espessura de uma folha de estanho é 0,01 cm. Forma-se uma pilha de folhas colocando-se duas na primeira vez e em cada vez sucessiva tantas quantas já foram colocadas anteriormente. Repetindo-se a operação 40 vezes, a altura da pilha final seria mais próxima:

a) da altura de um poste de iluminação.
b) da distância do Rio a São Paulo.
c) da altura de um prédio de 40 andares.
d) de mais de duas vezes a circunferência da Terra.
e) nenhuma das anteriores.

21. (UEL-PR) Você tem um dinheiro a receber em pagamentos mensais. Se você recebesse R$ 100,00 no primeiro pagamento e, a partir do segundo pagamento, você recebesse R$ 150,00 a mais do que no pagamento anterior, receberia todo o dinheiro em 9 pagamentos. Porém, se o valor do primeiro pagamento fosse mantido, mas, a partir do segundo pagamento, você recebesse o dobro do que recebeu no mês anterior, em quantos pagamentos receberia todo o dinheiro?

a) 4
b) 6
c) 8
d) 10
e) 12

22. (UFPE) Uma epidemia de ratos propaga-se da seguinte forma: cada rato infectado contamina 3 (três) outros ratos no período de uma semana. Quantas semanas, após a contaminação do primeiro rato, serão necessárias para que uma população de $2^{20} = (1\,048\,576)$ ratos esteja contaminada?

23. (Ufes) Admita que em uma população de indivíduos portadores do HIV e também do bacilo de Koch, mas que ainda não desenvolveram a tuberculose, pelo menos 10% dos indivíduos desenvolvem tuberculose ao final de 1 ano. Se essa população tinha inicialmente 10 000 indivíduos e, ao final de *n* anos, exatamente 3 439 indivíduos desenvolveram tuberculose, então o valor inteiro máximo possível de *n* é:

a) 1. b) 2. c) 3. d) 4. e) 5.

24. (UFGD-MS) Pafúncio estava cavando um poço, num terreno em que a dificuldade aumenta juntamente com a profundidade, de modo que ele conseguia, a cada dia, cavar apenas um terço do que havia cavado no dia anterior. No último dia cavou apenas um centímetro. O menor número de dias para cavar, pelo menos 10 metros, é:

a) 9. b) 7. c) 5. d) 6. e) 8.

25. (Udesc) Se os números reais, x, y e z formarem, nesta ordem, uma progressão geométrica de razão 10^x pode-se afirmar que log (xyz) é igual a:

a) $\log(3x) + 3\log(x)$.
b) $3x + \log(3)$.
c) $3x + 3\log(x)$.
d) $x^3 + \log(x^3)$.
e) $x^3 + \log(3x^3)$.

ÂNGULOS

Definição

Figura plana formada por duas semirretas de mesma origem.

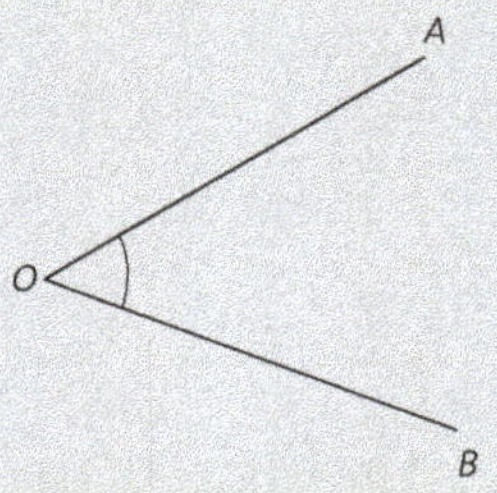

Classificação em relação às medidas

Ângulo raso	Ângulo agudo
Medida: 180°.	Medida: entre 0° e 90°.
Ângulo reto	**Ângulo obtuso**
Medida: 90°.	Medida: entre 90° e 180°.

Classificação em relação a outros ângulos

Ângulos congruentes

- Par de ângulos que têm mesma medida.
- Símbolo: ≅

Ângulos complementares

Par de ângulos cuja soma das medidas é 90°.

Ângulos suplementares

Par de ângulos cuja soma das medidas é 180°.

Ângulos adjacentes

Ângulos que possuem um lado comum e as regiões determinadas por eles não têm mais pontos comuns.

Ângulos formados por duas retas paralelas cortadas por uma transversal

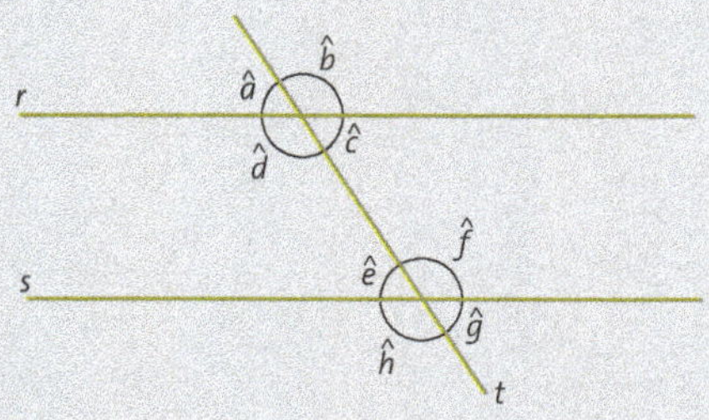

r e s: retas paralelas

t: reta transversal

$\hat{a}$ e $\hat{c}$: ângulos opostos pelo vértice

$\hat{a}$ e $\hat{e}$: ângulos correspondentes

$\hat{a}$ e $\hat{g}$: ângulos alternos externos

$\hat{c}$ e $\hat{e}$: ângulos alternos internos

$\hat{c}$ e $\hat{f}$: ângulos colaterais internos

$\hat{a}$ e $\hat{h}$: ângulos colaterais externos

Bissetriz

- Lugar geométrico dos pontos do plano equidistantes dos lados do ângulo considerado.
- Divide o ângulo em dois ângulos congruentes.

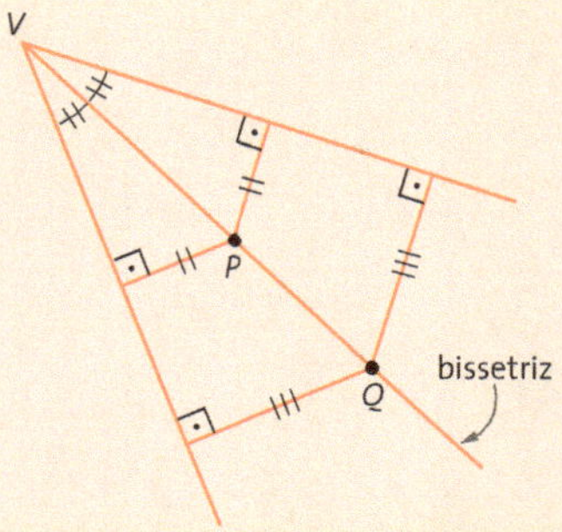

Exercícios

1. (IFSC) Na figura abaixo, $\overline{OP}$ é bissetriz do ângulo $A\hat{O}B$. Determine o valor de x e y.

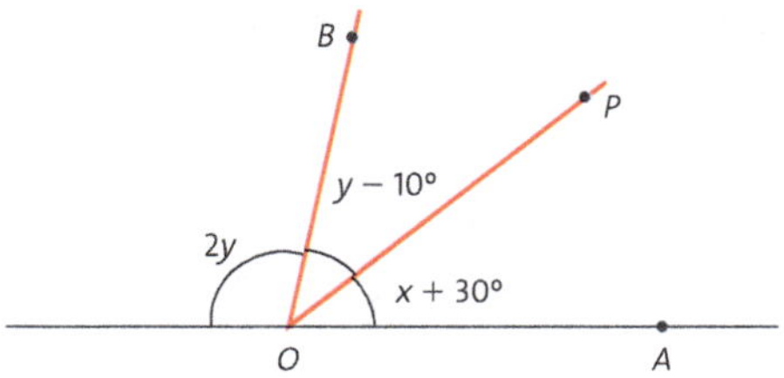

a) $x = 13$ e $y = 49$
b) $x = 15$ e $y = 35$
c) $x = 12$ e $y = 48$
d) $x = 17$ e $y = 42$
e) $x = 10$ e $y = 50$

2. (IFCE) Dois ângulos são suplementares. Os $\frac{2}{3}$ do maior excedem os $\frac{3}{4}$ do menor em 69°. Determine os ângulos.

3. (PUC-PR) Dois ângulos complementares A e B, sendo $A < B$, têm medidas na razão de 13 para 17. Consequentemente, a razão da medida do suplemento do ângulo A para o suplemento do ângulo B vale:

a) $\frac{43}{47}$.
b) $\frac{17}{13}$.
c) $\frac{13}{17}$.
d) $\frac{119}{48}$.
e) $\frac{47}{43}$.

4. (Cesgranrio-RJ) As retas *r* e *s* da figura são paralelas cortadas pela transversal *t*.

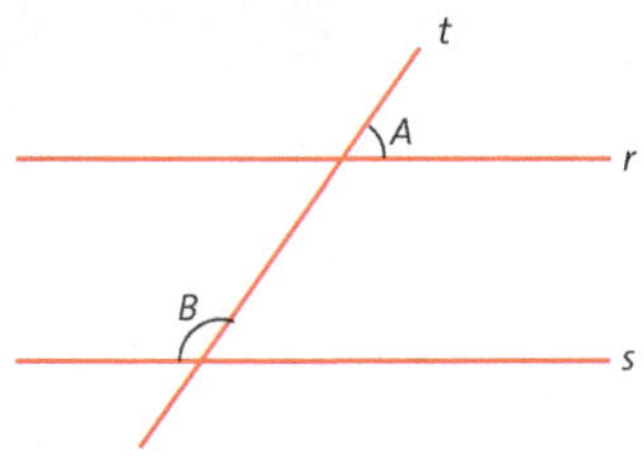

Se o ângulo *B* é o triplo de *A*, então *B* − *A* vale:

a) 90°. b) 85°. c) 80°. d) 75°. e) 60°.

5. (Fatec-SP) O dobro da medida do complemento de um ângulo aumentado de 40° é igual à medida do seu complemento. Qual a medida do ângulo?

6. (UFPB) Na figura abaixo, sendo $r \mathbin{//} s$ e $u \mathbin{//} v$, o valor de *x* é:

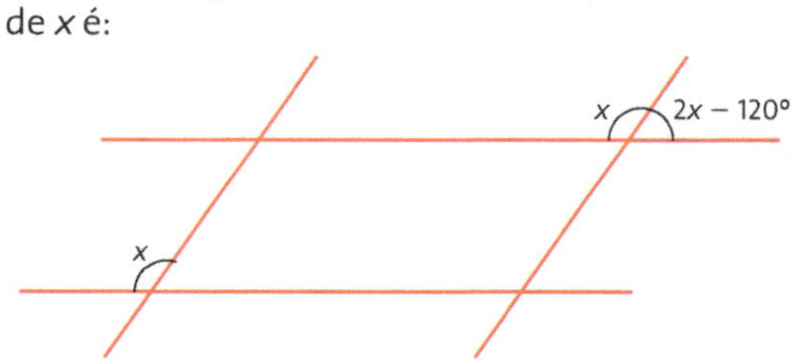

a) 80°. c) 100°. e) 152°.
b) 95°. d) 135°.

7. (Fuvest-SP) As retas t e s são paralelas.

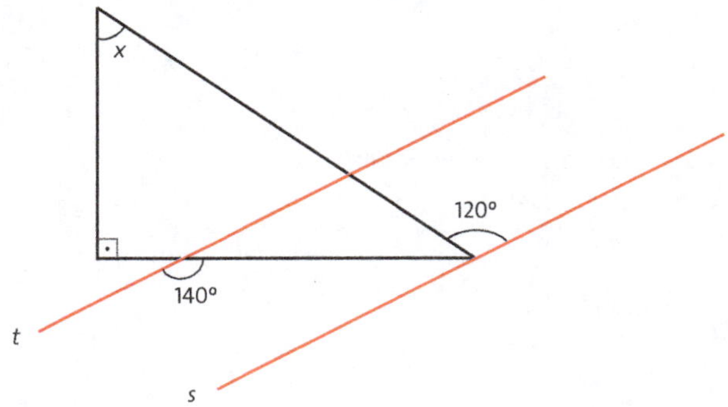

A medida do ângulo x, em graus, é:

a) 30.
b) 40.
c) 50.
d) 60.
e) 70.

8. (UEPB) As retas paralelas r e s são cortadas pela reta t como mostra a figura abaixo.

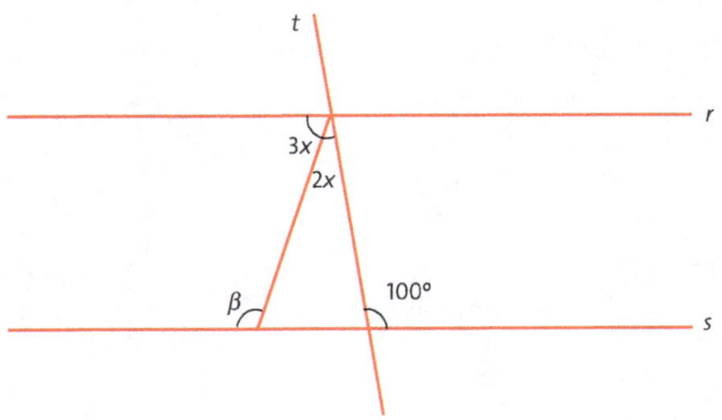

A medida do ângulo β é:

a) 120°.
b) 100°.
c) 140°.
d) 130°.
e) 110°.

POLÍGONOS

Definição

Linha fechada formada apenas por segmentos de reta que não se cruzam no mesmo plano.

Elementos

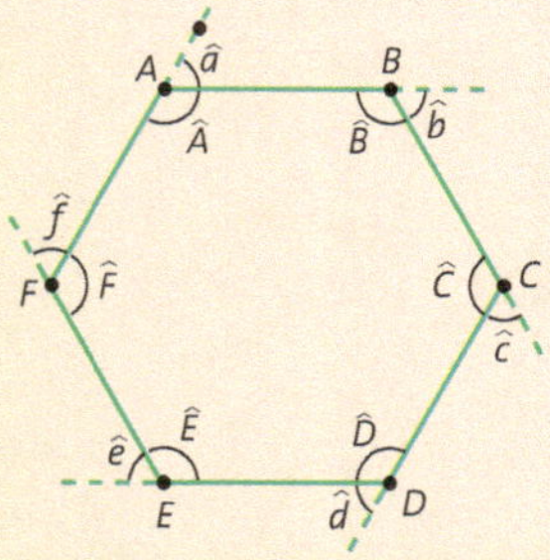

- Vértices: A, B, C, D, E e F.
- Lados: $\overline{AB}$, $\overline{BC}$, $\overline{CD}$, $\overline{DE}$, $\overline{EF}$ e $\overline{FA}$.
- Diagonais: $\overline{AC}$, $\overline{AD}$, $\overline{AE}$, $\overline{BD}$, $\overline{BE}$, $\overline{BF}$, $\overline{CE}$, $\overline{CF}$ e $\overline{DF}$.
- Ângulos

  internos: formados por dois lados consecutivos contidos na região interna do polígono.

  externos: formados por um lado e pelo prolongamento do lado consecutivo a ele.

Classificação

Convexo

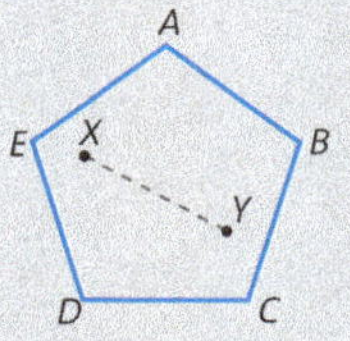

$\overline{XY}$ está inteiramente contido na região limitada pelo polígono $ABCDE$.

- Diagonais: $d = \dfrac{n(n-3)}{2}$
- Soma dos ângulos internos: $S_i = (n-2) \cdot 180°$
- Soma dos ângulos externos: $S_e = 360°$

Observação: Em qualquer polígono convexo, o número de vértices, lados, ângulos internos e ângulos externos é o mesmo.

Polígono convexo regular

Todos os lados e ângulos internos são congruentes.

- Ângulo interno: $a_i = \dfrac{S_i}{n} = \dfrac{(n-2) \cdot 180°}{n}$
- Ângulo externo: $a_e = \dfrac{S_e}{n} = \dfrac{360°}{n}$
- $a_e + a_i = 180°$

Não convexo

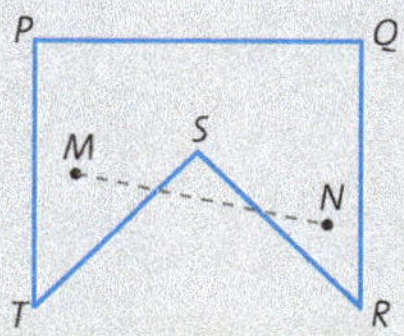

$\overline{MN}$ **não** está inteiramente contido na região limitada pelo polígono $PQRST$.

Triângulos

Definição

Polígono que possui:

- três lados;
- três vértices;
- três ângulos internos (cuja soma das medidas é 180°).

Pontos notáveis

Baricentro

Encontro das medianas e centro de gravidade do triângulo.

Ortocentro

Ponto de encontro das retas que contêm as alturas.

Incentro

Encontro das bissetrizes internas e centro da circunferência inscrita no triângulo.

Circuncentro

Ponto de encontro das mediatrizes dos lados e centro da circunferência circunscrita ao triângulo.

Classificação em relação aos ângulos

- Acutângulo: três ângulos agudos.
- Retângulo: dois ângulos agudos e um reto.
- Obtusângulo: dois ângulos agudos e um obtuso.

Classificação em relação aos lados

- Equilátero: três lados de mesma medida.
- Isósceles: dois lados de mesma medida.
- Escaleno: três lados de medidas diferentes entre si.

Congruência de triângulos

LAL (Lado, Ângulo, Lado)

Dois lados congruentes e o ângulo formado por eles congruente.

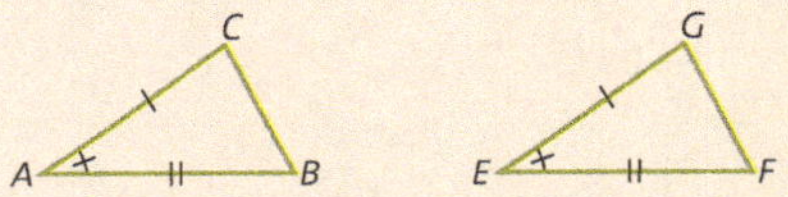

LLL (Lado, Lado, Lado)

Três lados congruentes.

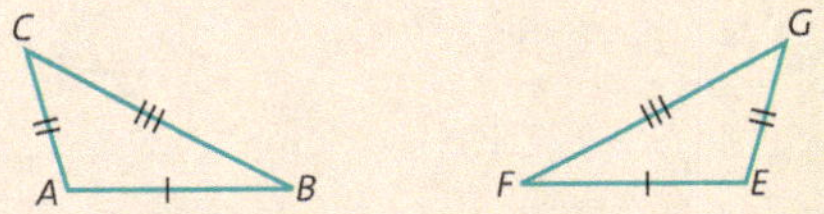

ALA (Ângulo, Lado, Ângulo)

Dois ângulos congruentes e o lado compreendido entre eles congruente.

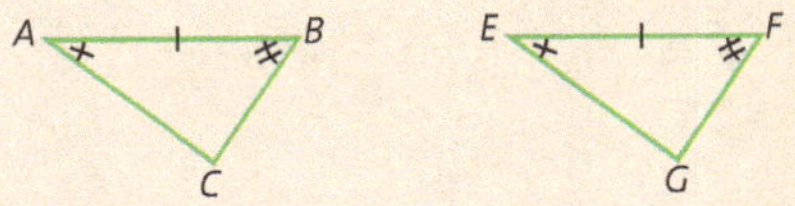

LAA_o (Lado, Ângulo, Ângulo oposto)

Um lado congruente, um ângulo adjacente e o ângulo oposto a esse lado congruente.

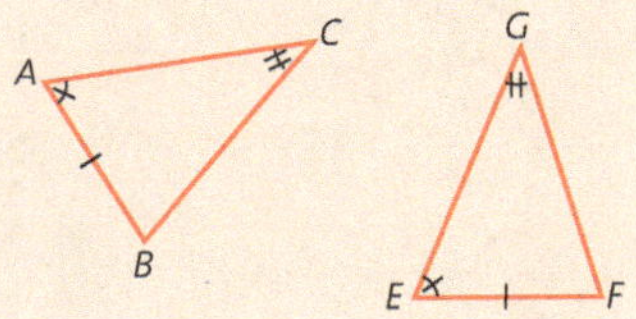

Propriedades

Triângulo isósceles

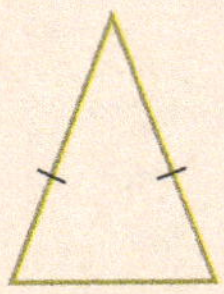

Os ângulos da base têm a mesma medida.

Triângulo equilátero

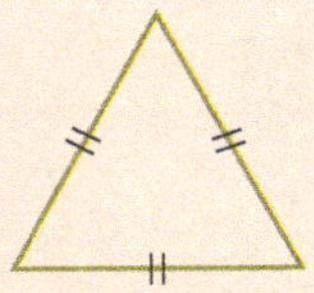

Os três ângulos internos têm a mesma medida (60°).

Triângulo retângulo

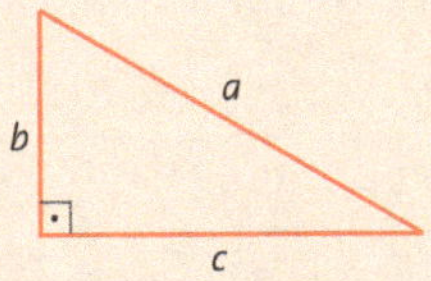

Teorema de Pitágoras ($a^2 = b^2 + c^2$).

Relações entre os ângulos

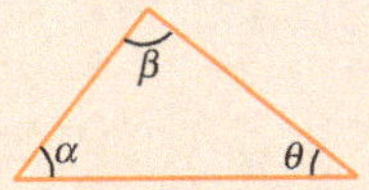

$\alpha + \beta + \theta = 180°$

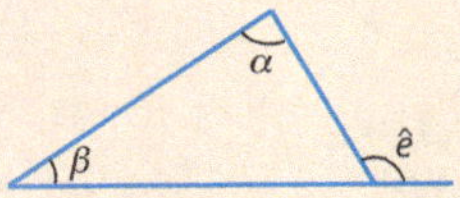

$\hat{e} = \alpha + \beta$

Quadriláteros

Definição

Polígono que possui:

- quatro lados;
- quatro vértices;
- quatro ângulos internos (cuja soma das medidas é 360°);
- duas diagonais.

Trapézio

Quadrilátero que possui apenas um par de lados paralelos (base maior e base menor).

Trapézio retângulo

- Possui dois ângulos retos.
- Um de seus lados não paralelos é perpendicular às duas bases.

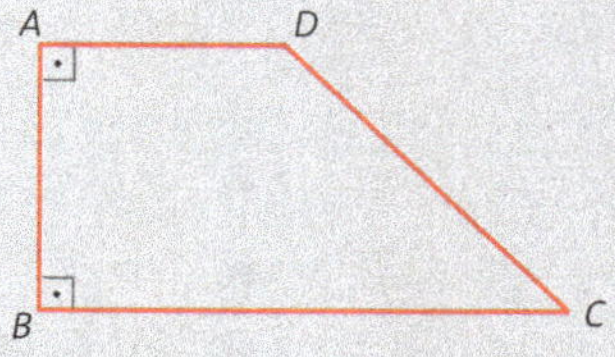

Trapézio isósceles

Possui os dois lados não paralelos congruentes.

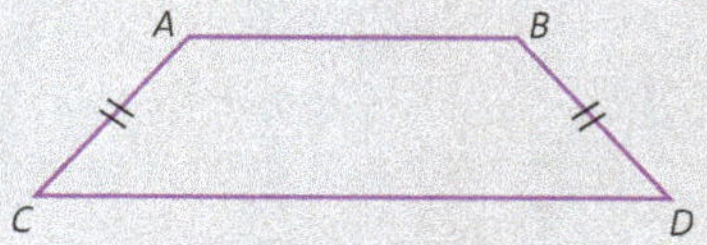

Paralelogramo

Quadrilátero que possui dois pares de lados paralelos.

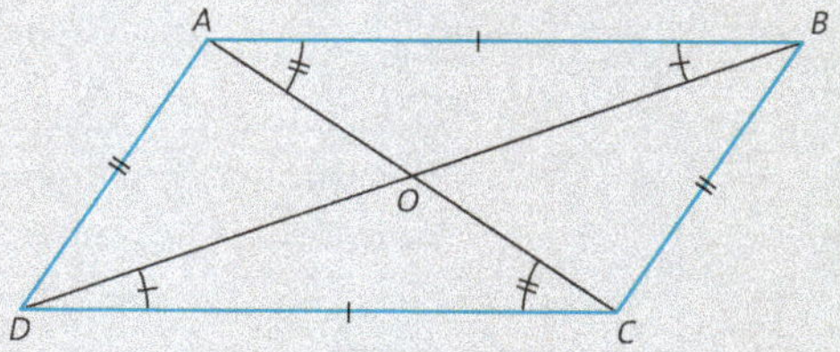

Propriedades

- Ângulos opostos são congruentes e ângulos não opostos são suplementares.
- Lados opostos são congruentes.
- As diagonais se intersectam em seus pontos médios.

Retângulo

- Possui quatro ângulos congruentes (90°).
- As diagonais são congruentes e bissetrizes dos ângulos internos.

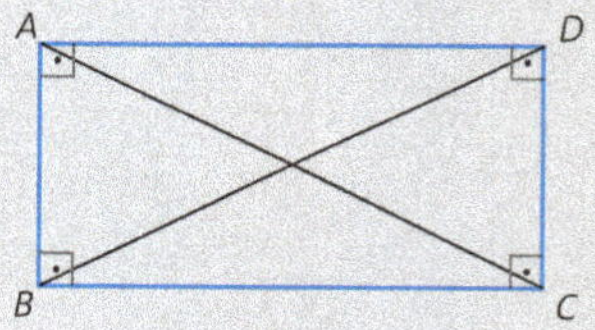

Losango

- Possui quatro lados congruentes.
- As diagonais são perpendiculares e bissetrizes dos ângulos internos.

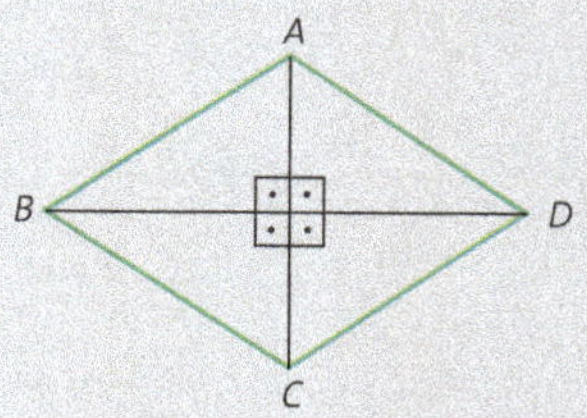

Quadrado

Possui os quatro lados e os quatro ângulos congruentes.

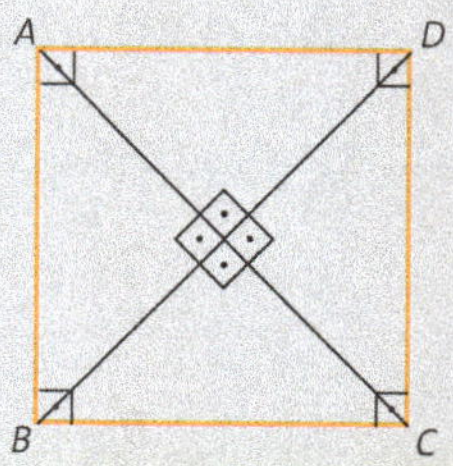

Exercícios

1. (Vunesp-SP) O número de diagonais de um polígono convexo de x lados é dado por $N(x) = \frac{x^2 - 3x}{2}$. Se o polígono possui 9 diagonais, seu número de lados é:

   a) 10. b) 9. c) 8. d) 7. e) 6.

2. (UPM-SP) Os ângulos externos de um polígono regular medem 20°. Então, o número de diagonais desse polígono é:

   a) 90. b) 104. c) 119. d) 135. e) 152.

3. (Unifesp) A soma de $n - 1$ ângulos internos de um polígono convexo de n lados é 1 900°. O ângulo remanescente mede:

   a) 120°. b) 105°. c) 95°. d) 80°. e) 60°.

4. (UEPB) Sejam as afirmações:

   ( ) Os ângulos consecutivos de um paralelogramo são suplementares.

   ( ) As bissetrizes dos ângulos opostos de um paralelogramo são paralelas.

   ( ) O quadrado é, ao mesmo tempo, paralelogramo, retângulo e losango.

   Associando-se verdadeiro (V) ou falso (F) às afirmativas acima, teremos:

   a) V – V – V. c) F – F – F. e) F – V – V.

   b) V – F – V. d) V – V – F.

5. (Ufes)

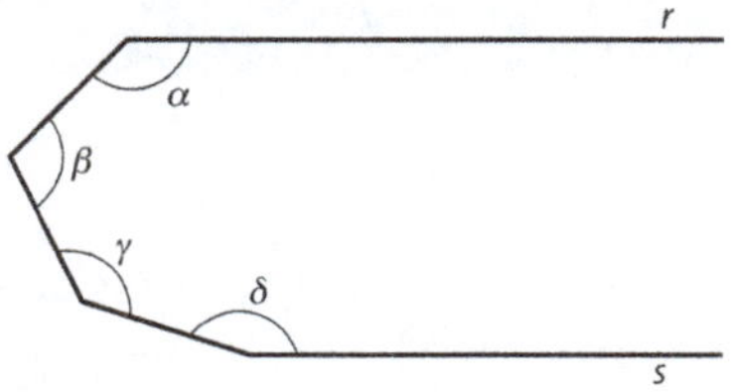

Na figura acima, as retas *r* e *s* são paralelas. A soma $\alpha + \beta + \gamma + \delta$ das medidas dos ângulos indicados na figura é:

a) 180°. b) 270°. c) 360°. d) 480°. e) 540°.

6. (Udesc) No paralelogramo *ABCD*, conforme mostra a figura abaixo, o segmento $\overline{CE}$ é a bissetriz do ângulo $D\hat{C}B$.

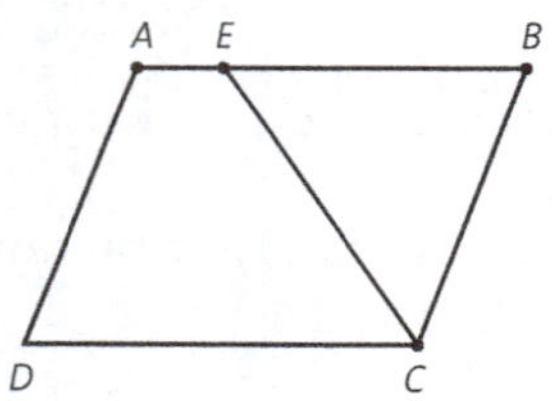

Sabendo que $AE = 2$ e $AD = 5$, então o valor do perímetro do paralelogramo *ABCD* é:

a) 26. b) 16. c) 20. d) 22. e) 24.

7. (PUC-RJ) Considere o pentágono regular *ABCDE*.

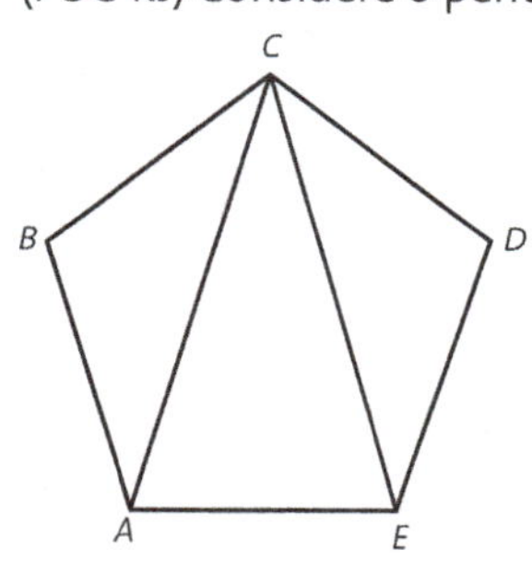

Quanto vale o ângulo $A\hat{C}E$?

a) 24°. b) 30°. c) 36°. d) 40°. e) 45°.

8. (Etec-SP) Para melhorar a qualidade do solo, aumentando a produtividade do milho e da soja, em uma fazenda é feito o rodízio entre essas culturas e a área destinada ao pasto. Com essa finalidade, a área produtiva da fazenda foi dividida em três partes conforme a figura.

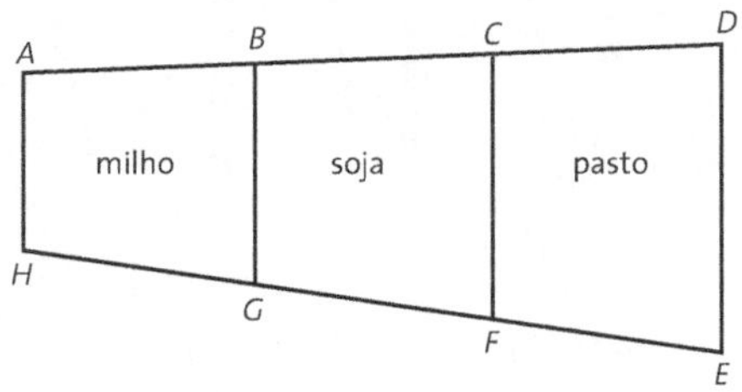

Considere que:

– os pontos A, B, C e D estão alinhados;

– os pontos H, G, F e E estão alinhados;

– os segmentos $\overline{AH}$, $\overline{BG}$, $\overline{CF}$ e $\overline{DE}$ são, dois a dois, paralelos entre si;

– $AB = 500$ m, $BC = 600$ m, $CD = 700$ m e $HE = 1\,980$ m.

Nessas condições, a medida do segmento $\overline{GF}$ é, em metros:

a) 665. b) 660. c) 655. d) 650. e) 645.

9. (IFPR) O jardineiro do Sr. Artur fez um canteiro triangular composto por folhagens e flores onde as divisões são todas paralelas à base $\overline{AB}$ do triângulo ABC, conforme a figura.

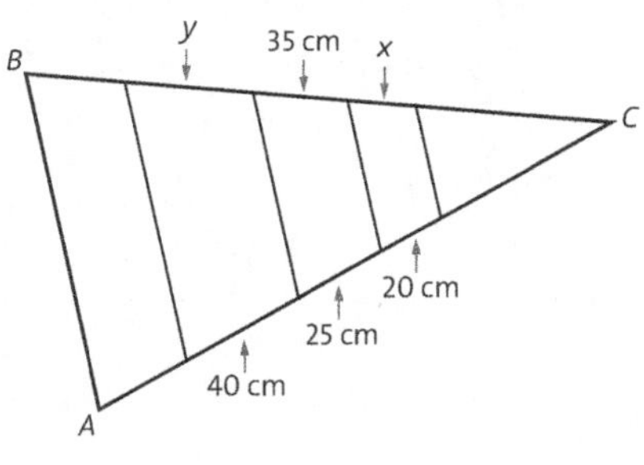

Sendo assim, as medidas x e y dos canteiros de flores são, respectivamente:

a) 30 cm e 50 cm.

b) 28 cm e 56 cm.

c) 50 cm e 30 cm.

d) 56 cm e 28 cm.

e) 40 cm e 20 cm.

SEMELHANÇA DE TRIÂNGULOS

Polígonos semelhantes

Possuem todos os lados correspondentes proporcionais e todos os ângulos correspondentes congruentes.

Definição

Dois triângulos são semelhantes se, e somente se, possuem:

- os três ângulos ordenadamente congruentes;
- os lados homólogos proporcionais.

Relações

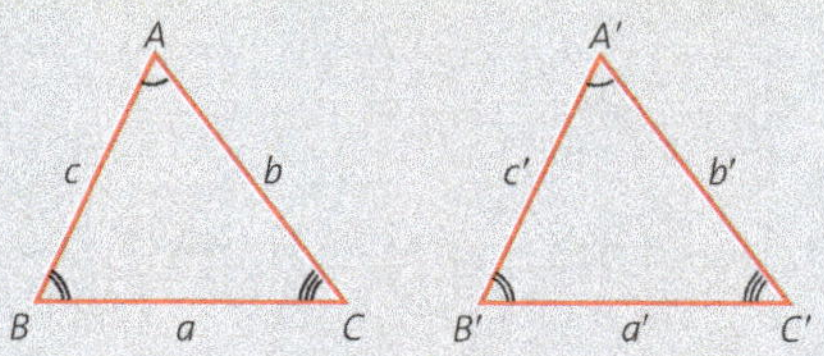

$$\triangle ABC \sim \triangle A'B'C' \Leftrightarrow \begin{cases} \hat{A} \cong \hat{A'} \\ \hat{B} \cong \hat{B'} \\ \hat{C} \cong \hat{C'} \end{cases}$$

Razão de semelhança

$$\frac{a}{c'} = \frac{b}{b'} = \frac{c}{c'}$$

Casos

Critério AA (Ângulo, Ângulo)

Dois ângulos congruentes.

$$\left.\begin{matrix} \hat{B} \cong \hat{B'} \\ \hat{C} \cong \hat{C'} \end{matrix}\right\} \Leftrightarrow \triangle ABC \sim \triangle A'B'C'$$

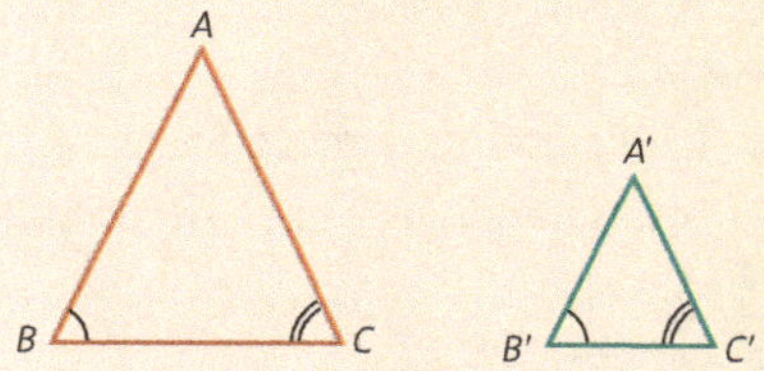

Critério LLL (Lado, Lado, Lado)

Três lados proporcionais.

$$\frac{a}{a'} = \frac{b}{b'} = \frac{c}{c'} \Leftrightarrow \triangle ABC \sim \triangle A'B'C'$$

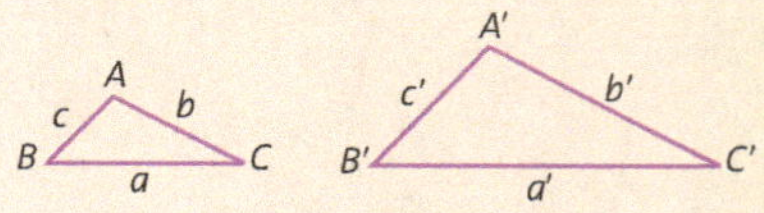

Critério LAL (Lado, Ângulo, Lado)

Dois lados proporcionais e o ângulo formado por eles congruente.

$$\left.\begin{matrix} \hat{B} \cong \hat{B'} \\ \dfrac{c}{a'} \cong \dfrac{a}{a'} \end{matrix}\right\} \Leftrightarrow \triangle ABC \sim \triangle A'B'C'$$

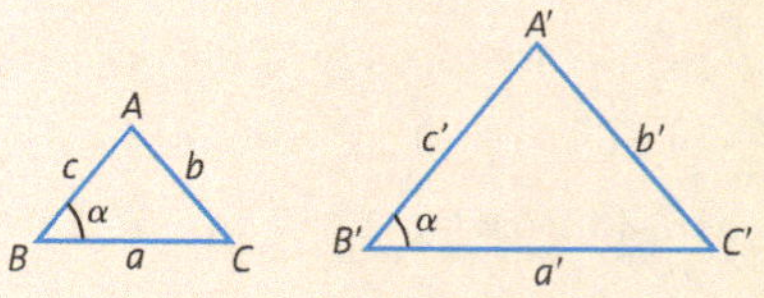

Teorema fundamental da semelhança

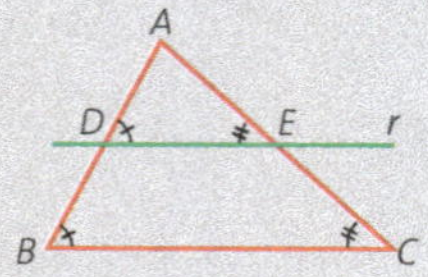

$r \,//\, \overline{BC} \Rightarrow \triangle ADE \sim \triangle ABC$

Teorema de Tales

Um feixe de paralelas determina, em duas transversais quaisquer, segmentos proporcionais.

$$\frac{AC}{AB} = \frac{A'C'}{A'B'} \text{ ou } \frac{AC}{BC} = \frac{A'C'}{B'C'}$$

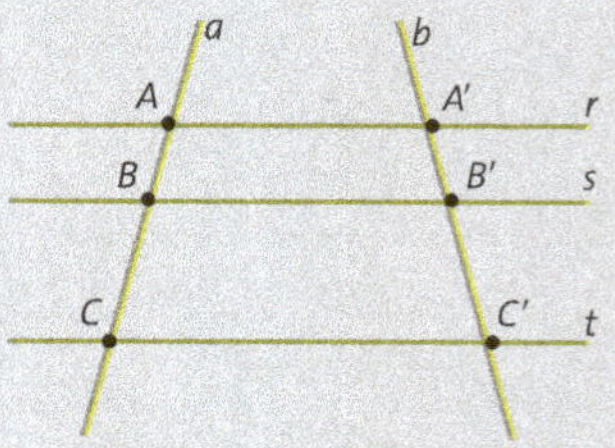

Exercícios

1. (Vunesp-SP) Uma estátua de 2 metros de altura e um poste de 5 metros de altura estão localizados numa ladeira de inclinação igual a 45°, como mostra a figura. A distância da base do poste à base da estátua é 4 metros, e o poste tem uma lâmpada acesa na extremidade superior.
Adotando $\sqrt{2} = 1{,}41$ e sabendo que tanto o poste quanto a estátua estão na vertical, calcule:
a) o comprimento aproximado da sombra da estátua projetada sobre a ladeira;
b) a área do triângulo XYZ indicado na figura.

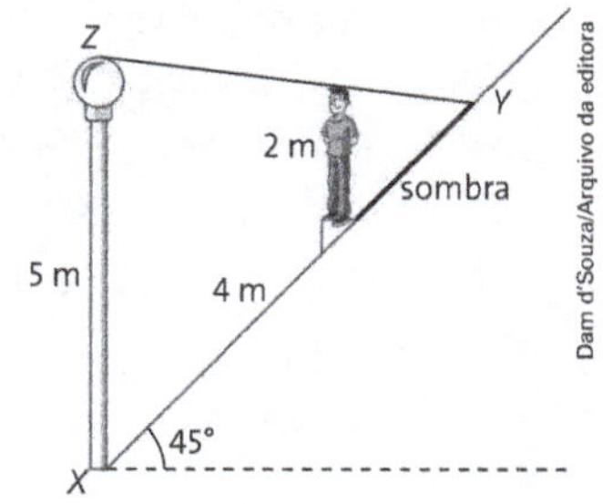

2. (PUC-SP) Dois mastros verticais, com alturas de 2 m e 8 m, têm suas bases fixadas em um terreno plano, distantes 10 m uma da outra. Se duas cordas fossem esticadas, unindo o topo de cada mastro com a base do outro, a quantos metros da superfície do terreno ficaria a intersecção das cordas?
a) 2,4 b) 2,2 c) 2 d) 1,8 e) 1,6

3. (UEG-GO) Sobre o lado $\overline{AB}$ de um triângulo ABC, marca-se um ponto D e por ele traça-se uma paralela ao lado $\overline{BC}$, que determina sobre o lado $\overline{AC}$ o ponto E. Sabendo-se que o lado $\overline{AB}$ mede 15 cm, que a razão entre os segmentos $\overline{AD}$ e $\overline{DB}$ é $\frac{2}{3}$ e que o segmento $\overline{AE}$ mede 8 cm, calcule o comprimento do segmento $\overline{CE}$.

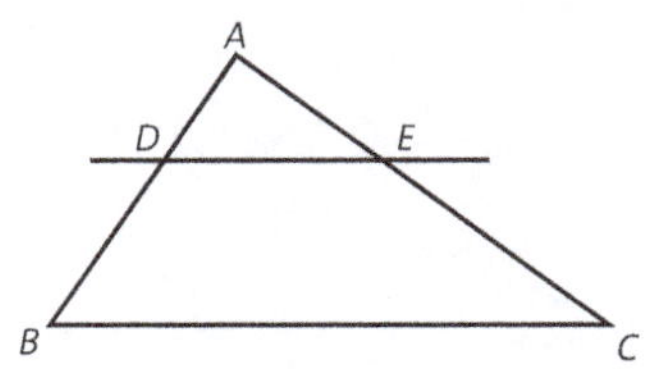

4. (UEL-PR) Para medir a altura de um edifício, um engenheiro utilizou o seguinte procedimento: mediu a sombra do prédio obtendo 10,0 metros. Em seguida, mediu sua própria sombra que resultou em 0,5 metro. Sabendo que sua altura é de 1,8 metro, ele pôde calcular a altura do prédio, obtendo:

a) 4,5 metros.
b) 10,0 metros.
c) 18,0 metros.
d) 36,0 metros.
e) 45,0 metros.

5. (Unioeste-PR) Em um triângulo *ABC* é possível inscrever um quadrado *DEFG* conforme ilustra a figura a seguir. A base do triângulo, $\overline{AB}$, mede 30 cm. A medida da altura do triângulo relativa à base equivale a $\frac{2}{3}$ da medida de $\overline{AB}$.

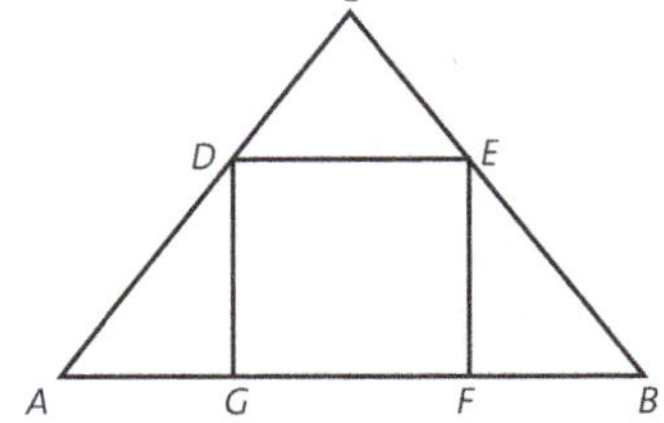

Sobre o quadrado citado é correto afirmar que:

a) $EF + FG = 20$ cm.
b) a diagonal mede $8\sqrt{2}$ cm.
c) a área é igual a 121 cm^2.
d) o perímetro é igual a 48 cm.
e) os lados medem 15 cm.

6. (Unifei-MG) As retas *r*, *s* e *t* da figura ao lado são paralelas. O segmento $\overline{AB}$ mede 6 cm e o segmento $\overline{CD}$ mede 4 cm. Quanto mede o segmento $\overline{EF}$?

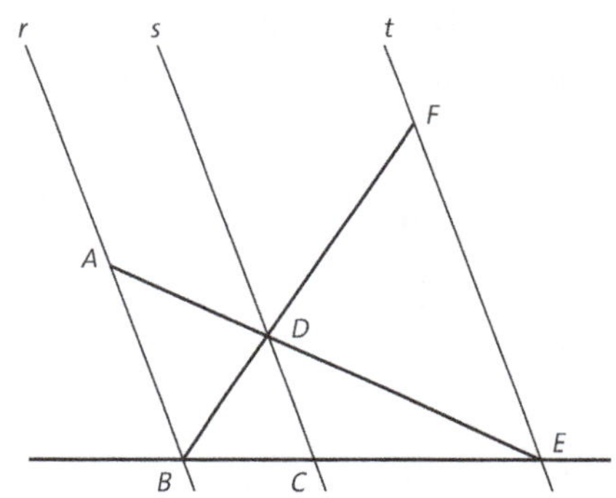

7. (Unimontes-MG) Na figura abaixo, o quadrado *DEFG* está inscrito no triângulo *ABC*.

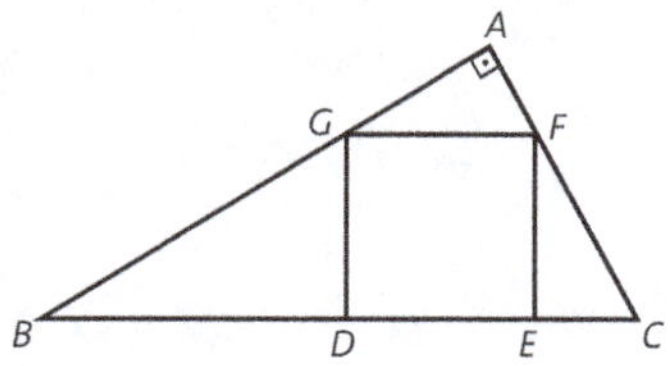

Sendo $BD = 12$ cm e $CE = 3$ cm, é correto afirmar que o perímetro do quadrado *DEFG* é igual a:

a) 30 cm.
b) 18 cm.
c) 20 cm.
d) 24 cm.

8. (Ufac) Na figura abaixo, *ABC* é um triângulo, e os segmentos de reta $\overline{BC}$ e $\overline{MN}$ são paralelos.

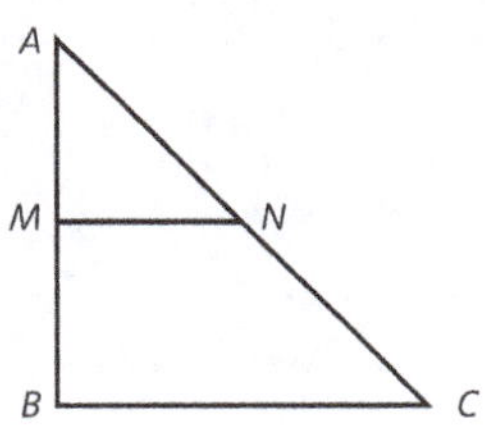

Dado que $BC = 10$, $MN = 5$ e $MB = 6$, a medida do segmento *AM* é:

a) 9. b) 6. c) 5. d) 7. e) 10.

9. (Vunesp-SP) Uma bola de tênis é sacada de uma altura de 21 dm, com alta velocidade inicial e passa rente à rede, a uma altura de 9 dm.
Desprezando-se os efeitos do atrito da bola com o ar e do seu movimento parabólico, considere a trajetória descrita pela bola como sendo retilínea e contida num plano ortogonal à rede. Se a bola foi sacada a uma distância de 120 dm da rede, a que distância da mesma, em metros, ela atingirá o outro lado da quadra?

10. (Etec-SP) A figura representa os triângulos retângulos *PQR* e *STR*, sendo $RS = 5$ cm, $ST = 3$ cm e $QT = 6$ cm.

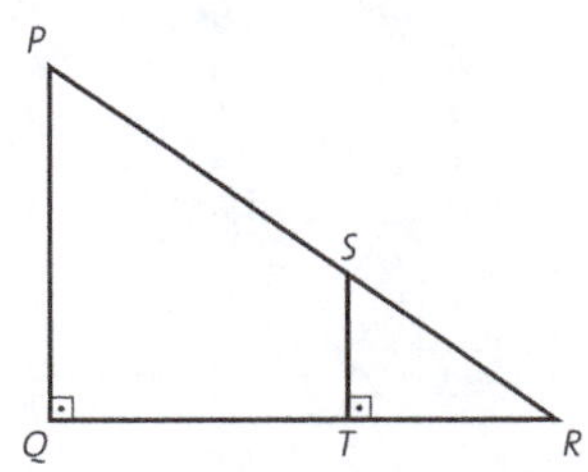

A medida do cateto $\overline{PQ}$, em centímetros, é:

a) 7,5. b) 8,2. c) 8,6. d) 9,0. e) 9,2.

TRIÂNGULO RETÂNGULO

Representação e elementos

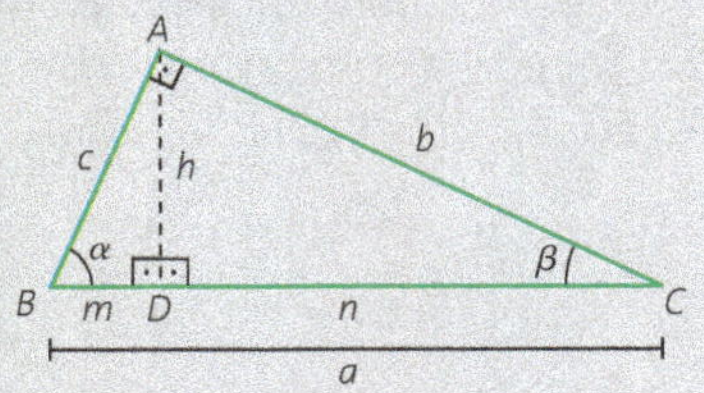

Lados

- $\overline{BC}$: hipotenusa (medida a)
- $\overline{AC}$: cateto (medida b)
- $\overline{AB}$: hipotenusa (medida c)

Projeções

- $\overline{BD}$: projeção do cateto $\overline{AB}$ sobre a hipotenusa (medida m)
- $\overline{CD}$: projeção do cateto $\overline{AC}$ sobre a hipotenusa (medida n)
- $\overline{AD}$: altura relativa à hipotenusa (medida h)

Ângulos

- $\hat{A}$: reto (90°)
- α e β: agudos e complementares

Relação entre os lados

Teorema de Pitágoras

$a^2 + b^2 = c^2$

Razões trigonométricas

- $\text{sen}\ \alpha = \cos\ \beta = \dfrac{b}{a}$
- $\cos\ \alpha = \text{sen}\ \beta = \dfrac{c}{a}$
- $\text{tg}\ \alpha = \text{cotg}\ \beta = \dfrac{b}{c}$

Ângulos notáveis

	30°	**45°**	**60°**
sen	$\frac{1}{2}$	$\frac{\sqrt{2}}{2}$	$\frac{\sqrt{3}}{2}$
cos	$\frac{\sqrt{3}}{2}$	$\frac{\sqrt{2}}{2}$	$\frac{1}{2}$
tg	$\frac{\sqrt{3}}{3}$	1	$\sqrt{3}$

Relações métricas

- $b^2 = an$
- $c^2 = am$
- $h^2 = mn$
- $ah = bc$

Exercícios

1. (Uneb-BA) Se um avião decola formando um ângulo de 60° com a horizontal e viaja em linha reta a uma velocidade de 400 km/h, então, após meia hora de voo, a altitude desse avião é de:

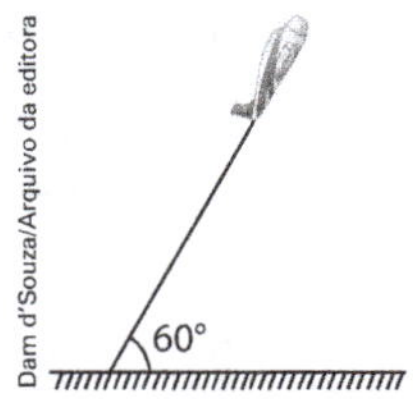

01) $50\sqrt{3}$ km. 02) $60\sqrt{3}$ km. 03) $75\sqrt{3}$ km. 04) $90\sqrt{3}$ km. 05) $100\sqrt{3}$ km.

2. (UFPB) Ao empinar uma pipa, João percebeu que estava a uma distância de 6 m do poste onde a pipa engalhou. Maria notou que a tangente do ângulo α formado entre a linha da pipa e a rua era $\frac{4}{3}$, como mostra a figura abaixo.

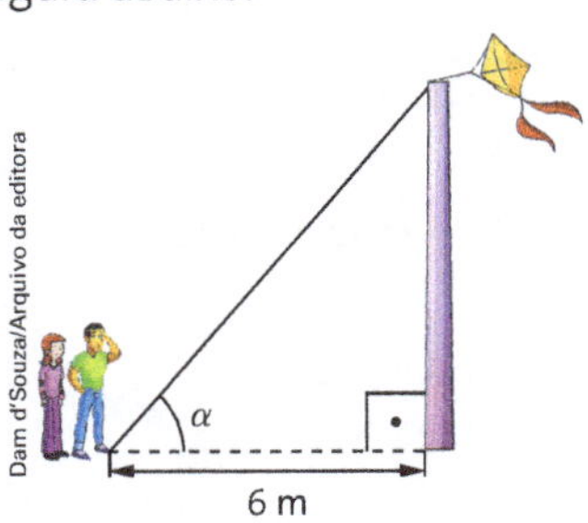

A altura do poste é:

a) 4,5 m.
b) 7,5 m.
c) 9 m.
d) 6 m.
e) 8 m.

3. (Unicap-PE) Determine o comprimento do lado $\overline{AB}$, no triângulo retângulo representado pela figura abaixo, onde $BC = 24$ e $\cos \alpha = \frac{12}{13}$.

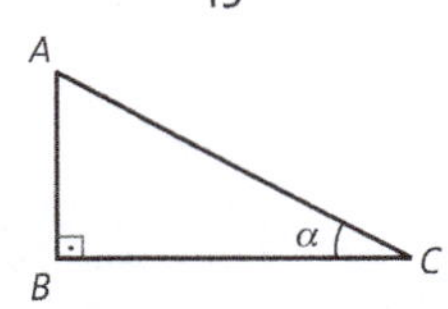

4. (Unifor-CE) O Edifício Joelma tornou-se conhecido nacional e internacionalmente quando, em fevereiro de 1974, um incêndio provocou a morte de 188 pessoas. Foi inaugurado em 1971 e continha vinte e cinco andares, sendo dez de garagens. Hoje é denominado Edifício Praça da Bandeira. Suponha que cada andar tem 2 metros de altura e um carro de bombeiro tenha se posicionado em frente ao prédio incendiado.

Imagem disponível em: <www.rived.mec.gov.br>. Acesso em: 1/11/2010.

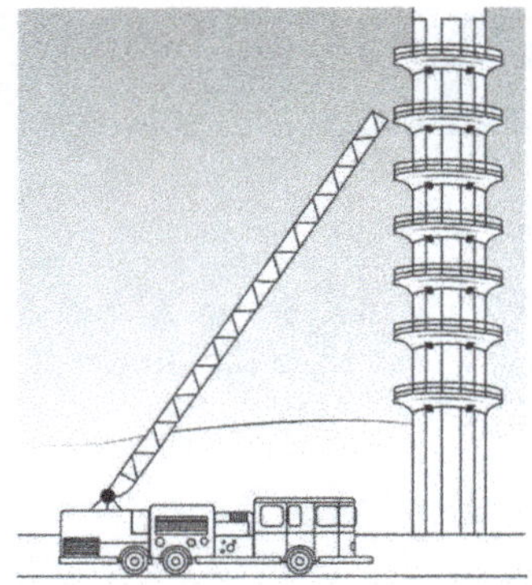
Dam d'Souza/Arquivo da editora

Se a inclinação máxima da escada é 30° e o seu tamanho máximo é 60 m, qual será o último andar alcançado pela escada?

a) 5º andar
b) 7º andar
c) 8º andar
d) 10º andar
e) 15º andar

5. (Vunesp-SP) Um ciclista sobe, em linha reta, uma rampa com inclinação de 3 graus a uma velocidade constante de 4 metros por segundo. A altura do topo da rampa em relação ao ponto de partida é 30 m.

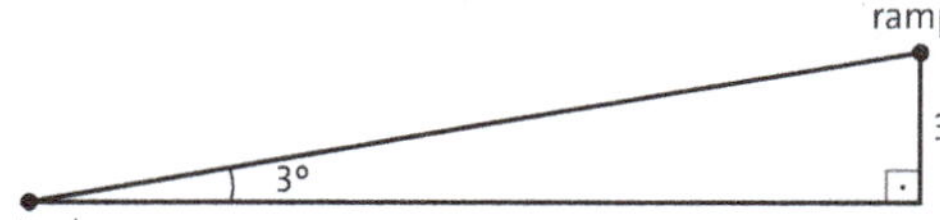

Use a aproximação sen 3° = 0,05 e responda: O tempo, em minutos, que o ciclista levou para percorrer completamente a rampa é:

a) 2,5.
b) 7,5.
c) 10.
d) 15.
e) 30.

6. (Uerj) Observe a bicicleta e a tabela trigonométrica:

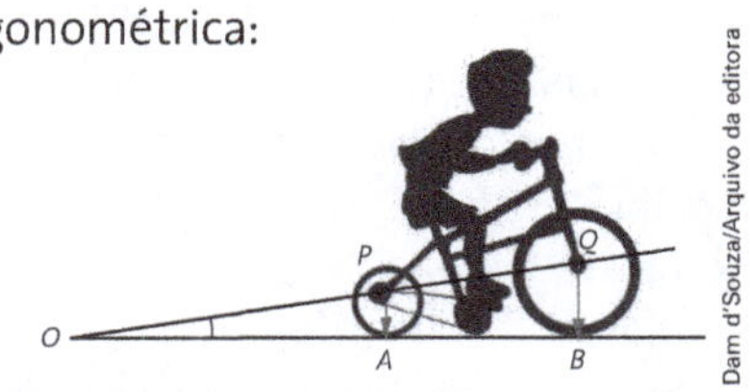

Ângulo	Seno	Cosseno	Tangente
10°	0,174	0,985	0,176
11°	0,191	0,982	0,194
12°	0,208	0,978	0,213
13°	0,225	0,974	0,231
14°	0,242	0,970	0,249

Os centros das rodas estão a uma distância $\overline{PQ}$ igual a 120 cm e os raios $\overline{PA}$ e $\overline{QB}$ medem, respectivamente, 25 cm e 52 cm. De acordo com a tabela, o ângulo $A\hat{O}P$ tem o seguinte valor:

a) 10°. b) 12°. c) 13°. d) 14°.

7. (UFT-TO) Para que o telhado de uma casa possa ser construído deve-se levar em consideração alguns fatores de dimensionamento, dentre os quais as especificações relacionadas com a largura e o ângulo de elevação do telhado, conforme exemplo ilustrado na figura a seguir:

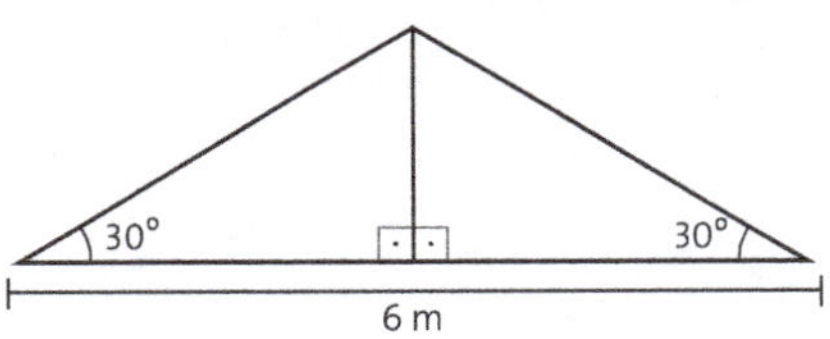

De acordo com as informações anteriormente indicadas no exemplo ilustrado, a medida da elevação do telhado é: (Considere duas casas decimais após a vírgula e tg 30° = 0,58.)

a) 0,90 m. b) 1,74 m. c) 1,80 m. d) 3,00 m. e) 3,48 m.

8. (Vunesp-SP) Uma pessoa, no nível do solo, observa o ponto mais alto de uma torre vertical, à sua frente, sob o ângulo de 30°. Aproximando-se 40 metros da torre, ela passa a ver esse ponto sob o ângulo de 45°. A altura aproximada da torre, em metros, é:

a) 44,7.
b) 48,8.
c) 54,6.
d) 60,0.
e) 65,3.

9. (UFPE) Considere os triângulos retângulos *PQR* e *PQS* da figura a seguir.

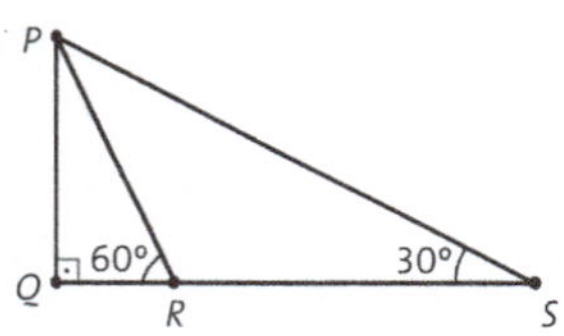

Se $RS = 100$, quanto vale $\overline{PQ}$?

a) $100\sqrt{3}$
b) $50\sqrt{3}$
c) 50
d) $50\frac{\sqrt{3}}{3}$
e) $25\sqrt{3}$

10. (ESPM-SP) Um reservatório de água é constituído por uma esfera metálica oca de 4 m de diâmetro, sustentada por colunas metálicas inclinadas de 60° com o plano horizontal e soldadas à esfera ao longo do seu círculo equatorial, como mostra o esquema abaixo.

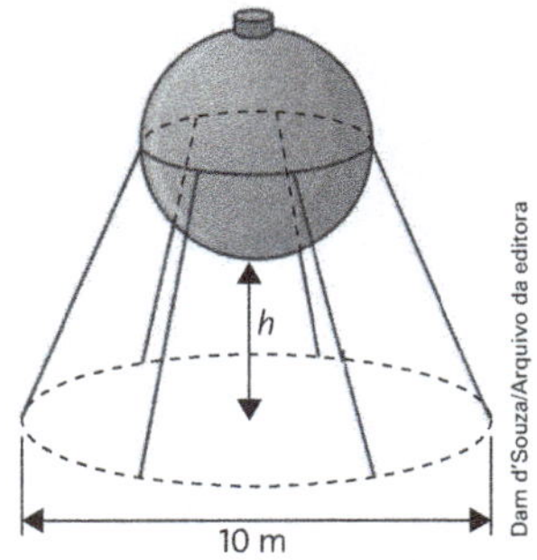

Sendo $\sqrt{3} \simeq 1{,}73$, a altura *h* da esfera em relação ao solo é aproximadamente igual a:

a) 2,40 m.
b) 2,80 m.
c) 3,20 m.
d) 3,40 m.
e) 3,60 m.

11. (EEWB-MG) Uma pessoa caminhou 5 km para o norte, 5 km para o leste e 7 km para o norte, novamente. A que distância ela está do seu ponto de partida?

a) 5 km
b) 13 km
c) 20 km
d) 27 km

12. (Unemat-MT) Em um triângulo retângulo, a hipotenusa é $\frac{5}{3}$ do tamanho do cateto menor. O cateto maior tem tamanho igual a $\frac{4}{3}$ do cateto menor. Sendo 60 cm o perímetro desse triângulo, sua área será de:

a) 135 cm^2.
b) 120 cm^2.
c) 150 cm^2.
d) 100 cm^2.
e) 187,5 cm^2.

13. (Ifal) Num triângulo retângulo, as projeções dos catetos sobre a hipotenusa medem 4 m e 1 m, respectivamente. Calcule a área desse triângulo.

a) 5 cm^2
b) 50 cm^2
c) 50 000 cm^2
d) 50 dm^2
e) 5 dm^2

14. (FGV-SP) Um triângulo tem lados medindo 1 cm, 2 cm e 2,5 cm. Seja h a medida da altura relativa ao maior lado. O valor de h^2 expresso em cm^2 é, aproximadamente, igual a:

a) 0,54. b) 0,56. c) 0,58. d) 0,60. e) 0,62.

15. (UEPB) Entre dois edifícios A e B de alturas 30 m e 20 m respectivamente, deverá ser instalado um hidrante. Sabendo que a distância entre os edifícios é de 50 m e que as distâncias entre o hidrante e os topos dos dois edifícios devem ser rigorosamente iguais, a distância entre o hidrante e o edifício B é igual a:

a) 40 m. b) 35 m. c) 20 m. d) 25 m. e) 30 m.

16. (FGV-SP) As bases de um trapézio isósceles medem 20 m e 36 m, e a soma das medidas dos lados não paralelos é 20 m. A medida da altura desse trapézio é:

a) 6 m.
b) 3 m.
c) 8 m.
d) 4 m.
e) 10 m.

18. (IFSC) O lado de um quadrado mede $\sqrt{2}$ cm. Quanto mede sua diagonal?

a) 2 cm
b) $\sqrt{3}$ cm
c) $\sqrt{6}$ cm
d) $2\sqrt{3}$ cm
e) $2\sqrt{2}$ cm

17. (UFPB) Duas cidades, *A* e *B*, estão interligadas por uma rodovia reta que mede 24 km. O lixo recolhido dessas cidades é depositado em um aterro sanitário distante, em linha reta, 13 km de ambas as cidades. O acesso a esse aterro, a partir da rodovia que liga as duas cidades, é feito por uma estrada, também reta, que cruza essa rodovia perpendicularmente.
Com base nessas informações, é correto afirmar que para ir de uma dessas cidades até o aterro, fazendo todo o percurso pela rodovia e pela estrada de acesso, é necessário percorrer no mínimo:

a) 17 km.
b) 16 km.
c) 15 km.
d) 14 km.
e) 13 km.

19. (Uece) Em um losango cujas diagonais medem 6 m e 8 m, a distância, em metros, entre dois lados paralelos é:

a) 4,2.
b) 4,4.
c) 4,6.
d) 4,8.

20. (Ufes) Petróleo capixaba: óleo leve bom para *diesel*

É o óleo descoberto em Golfinho (figura 1), que começará, em fase de teste, a ser produzido nos próximos meses. Esse óleo é importante porque é usado para produzir *diesel*, derivado do petróleo que o Brasil ainda importa por produzir óleo mais pesado. A falta, até agora, do óleo leve, é que não permite a autossuficiência. Como o Brasil tem muito óleo pesado, exporta gasolina barata e compra *diesel* caro. Além da ampliação da produção em terra, com novas tecnologias, e da entrada em produção do campo de Golfinho, no litoral de Aracruz, foram viabilizadas outras obras:

1) Estação Fazenda Alegre

É um marco no tratamento de óleo pesado, cuja produção nos campos maduros foi viabilizada pela utilização dos equipamentos para injeção de vapor.

2) Terminal Norte Capixaba

Receberá o óleo pesado de Fazenda Alegre e o óleo leve de Golfinho, separadamente, para serem embarcados nos navios que estão ancorados na monoboia.

3) Polo de Gás

- Viabilizado a partir da produção de gás do Campo de Peroá, que começa neste semestre.
- Outra planta receberá o gás de Golfinho, a partir do próximo ano.
- No polo poderá ser produzido gás de cozinha e gás natural.
- A Petrobras já construiu o gasoduto de 56 km de Peroá até o Polo de gás e construirá outro, de 120 km, de Golfinho até o mesmo polo.

A Gazeta. 10/7/2005. Modificado.

Figura 1

Figura 2

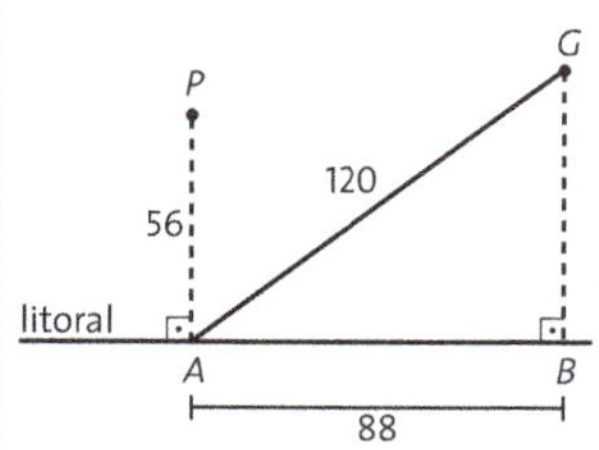

Os campos de petróleo de Peroá (*P*) e Golfinho (*G*) distam, respectivamente, 56 km e 120 km de um ponto *A* do litoral, o qual estamos supondo retilíneo (veja a figura 2). Os pontos *A* e *B* são os pontos do litoral que estão mais próximos, respectivamente, dos campos *P* e *G*. A distância do ponto *A* ao ponto *B* é de 88 km. Deseja-se construir no litoral um polo de gás que fique situado à mesma distância dos campos *P* e *G*.

Nessas condições, pode-se afirmar que o polo de gás deve ficar situado a:

a) 74 km de *A* e a 14 km de *B*.

b) 64 km de *A* e a 24 km de *B*.

c) 44 km de *A* e a 44 km de *B*.

d) 24 km de *A* e a 64 km de *B*.

e) 14 km de *A* e a 64 km de *B*.

Desafio

Theo Szczepanski/ Arquivo da editora

1. (OBM) Sejam a, b reais positivos tais que $\frac{a + 2b}{b} = \frac{a + b}{a}$. O valor de $\frac{(a + b)^2}{ab}$ é:

a) 4.
b) $3 + \sqrt{3}$.
c) $2 + \sqrt{2}$.
d) $2 + \sqrt{5}$.
e) 5.

2. (OBM) Determine $x + y$, onde x e y são reais, sabendo que $x^3 + y^3 = 9$ e $xy^2 + x^2y = 6$.

a) 1
b) 2
c) 3
d) 4
e) 5

3. (OBM) Qual é o valor da expressão
$20\,112\,011^2 + 20\,112\,003^2 - 16 \cdot 20\,112\,007$?

a) $2 \cdot 0\,112\,007^2$
b) $2 \cdot 20\,112\,003^2$
c) $2 \cdot 20\,112\,007$
d) $2 \cdot 20\,112\,003$
e) $2 \cdot 20\,112\,011^2$

4. (OBM) Se x e y são inteiros positivos tais que $x(x + 2 + 4 + 6 + ... + 4\,024) = 2\,013^y$, qual é o valor de y?

a) 1 b) 2 c) 3 d) 4 e) 5

5. (OBM) Os 61 aprovados em um concurso, cujas notas foram todas distintas, foram distribuídos em duas turmas, de acordo com a nota obtida no concurso: os 31 primeiros foram colocados na Turma *A* e os 30 seguintes na Turma *B*. As médias das duas turmas no concurso foram calculadas. Depois, no entanto, decidiu-se passar o último colocado da Turma *A* para a Turma *B*.
Com isso:

a) a média da turma *A* melhorou, mas a da *B* piorou.
b) a média da turma *A* piorou, mas a da *B* melhorou.
c) as médias de ambas as turmas melhoraram.
d) as médias de ambas as turmas pioraram.
e) as médias das turmas podem melhorar ou piorar, dependendo das notas dos candidatos.

6. (OBM) Seja $N = \{0, 1, 2, ...\}$ e considere a função $f: \mathbb{N} \to \mathbb{N}$ tal que $f(0) = 1$, $f(1) = 2$, $f(2) = 0$ e, para todo natural $n \geq 1$, satisfaz as seguintes condições:

I. $f(3n) = 3 \cdot f(n) + 1$;
II. $f(3n + 1) = 3 \cdot f(n) + 2$;
III. $f(3n + 2) = 3 \cdot f(n)$.

Então $f(2\,012)$ é igual a:

a) 101. b) 102. c) 103. d) 104. e) 105.

7. (OBM) Seja $S = \{1, 2, 3, 4, 5, 6, 7, 8, 9\}$. Considere uma função $f: S \rightarrow S$ definida pela tabela a seguir:

x	1	2	3	4	5	6	7	8	9
$f(x)$	8	3	5	7	2	9	6	1	4

Qual é o menor valor inteiro positivo de n para o qual $\underbrace{f(f(\dots f}_{n \text{ vezes}}(x))) = x$ para todo $x \in S$?

a) 4
b) 5
c) 6
d) 12
e) 24

8. (OBM) A função f associa a cada real x o menor elemento do conjunto $\left\{x + 1, \dfrac{15 - x}{2}\right\}$. O valor máximo de $f(x)$ é:

a) 4.
b) 5.
c) $\dfrac{11}{2}$.
d) $\dfrac{16}{3}$.
e) $\dfrac{19}{4}$.

9. (OBM) Seja f uma função real que tem as seguintes propriedades:
Para todos x, y reais, $f(x + y) = x + f(y)$; $f(0) = 2$.
Quanto vale $f(2000)$?

a) 0
b) 2
c) 1 998
d) 2 000
e) 2 002

10. (OBM) Seja f uma função real de variável real que satisfaz a condição: $f(x) + 2f\left(\frac{2\,002}{x}\right) = 3x$ para $x > 0$.
O valor de $f(2)$ é igual a:

a) 1 000.
b) 2 000.
c) 3 000.
d) 4 000.
e) 6 000.

11. (OBM) Na figura a seguir, $AB_1 = B_1B_2 = B_2B_3 = ... = B_{n-1}B_n$. Os pontos $B_1, B_3, B_5, ...$ pertencem a uma reta e os pontos $B_2, B_4, B_6, ...$ pertencem a outra reta. Todos os pontos $B_1, B_2, B_3, ... B_n$ são distintos.

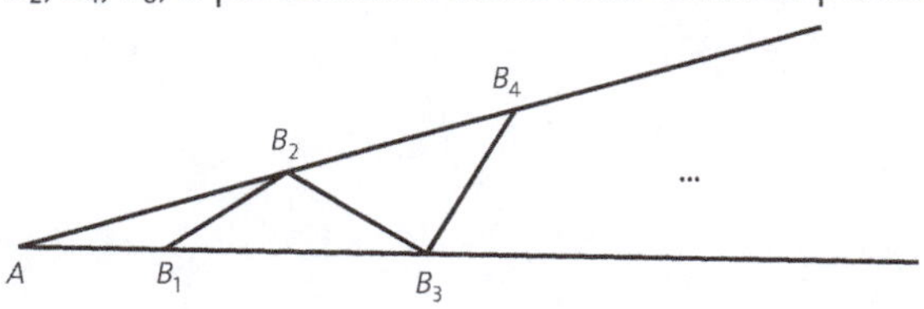

Sabendo que o ângulo $B_1\hat{A}B_2$ mede 1°, qual é o maior valor possível de n?

a) 6.
b) 7.
c) 10.
d) 90.
e) n pode ser arbitrariamente grande.

12. (OBM) No trapézio $ABCD$, com $\overline{AB}$ paralelo a $\overline{CD}$, o ângulo $B\hat{A}D$ mede 82° e o ângulo $A\hat{B}C$ mede 74°. Suponha que exista um ponto P sobre o lado $\overline{CD}$ tal que $AD + DP = PC + CB = AB$. Quanto mede o ângulo $A\hat{P}B$?

a) 76° b) 77° c) 78° d) 79° e) 80°

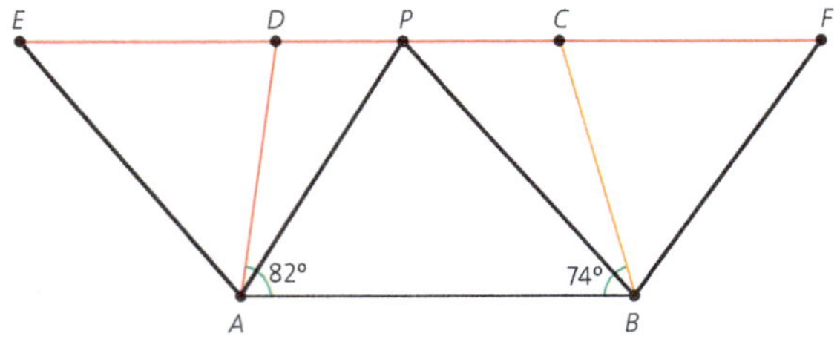

13. (OBM) Seja ABC um triângulo retângulo em A. Seja D o ponto médio de AC. Sabendo que $BD = 3DC$ e que $AC = 2$, a hipotenusa do triângulo é:

a) $\sqrt{7}$. b) $2\sqrt{2}$. c) 3. d) $\sqrt{10}$. e) $2\sqrt{3}$.

14. (OBM) Os lados $\overline{AB}$ e $\overline{DC}$ do paralelogramo $ABCD$ foram divididos em 4 segmentos iguais. Os lados $\overline{AD}$ e $\overline{BC}$ foram divididos em 3 segmentos iguais. Os pontos de divisão foram conectados como indica a figura abaixo.

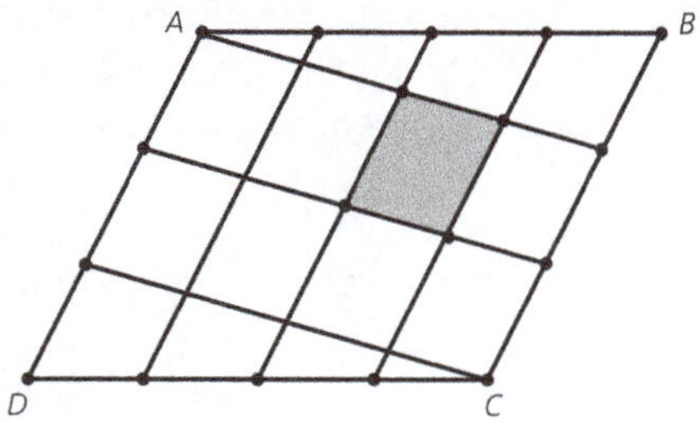

Se a área de $ABCD$ é 84, determine a área sombreada.

a) 1 b) 3 c) 4 d) 7 e) 12

15. (OBM) O teorema de Morley diz que, ao traçarmos as retas que dividem cada ângulo interno de um triângulo ABC em três ângulos iguais, obtemos um triângulo equilátero chamado triângulo de Morley de ABC, como o que está destacado na figura a seguir:

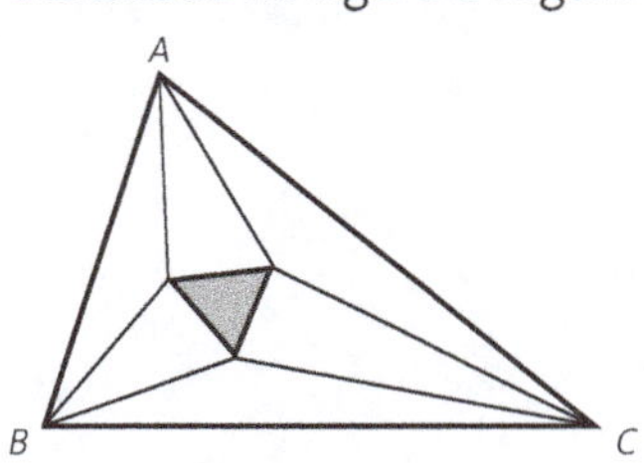

Qual é a medida do lado do triângulo de Morley de um triângulo retângulo isósceles cujos catetos medem 2?

a) $2\sqrt{2} - \sqrt{6}$ b) $\sqrt{3} - \sqrt{2}$ c) $\sqrt{6} - \sqrt{2}$ d) $2 - \sqrt{3}$ e) $2\sqrt{3} - \sqrt{6}$

16. (OBM) As cidades Aópolis, Beópolis e Ceópolis são ligadas por estradas retas. Sabe-se a estrada que liga Aópolis e Beópolis é perpendicular à estrada que liga Aópolis e Ceópolis. Rubens mora em Beópolis e tem um compromisso em Ceópolis. Todavia, a estrada que liga Beópolis a Ceópolis está interditada, de modo que Rubens é obrigado a fazer o trajeto Beópolis-Aópolis-Ceópolis. Para chegar ao compromisso na hora certa, Rubens trafega com uma velocidade 24% maior do que trafegaria se utilizasse a estrada interditada. Se α é o menor ângulo do triângulo determinado pelas três estradas, então:

a) $0 < \text{tg}\,\alpha < \frac{1}{6}$. b) $\frac{1}{6} < \text{tg}\,\alpha < \frac{1}{5}$. c) $\frac{1}{5} < \text{tg}\,\alpha < \frac{1}{4}$. d) $\frac{1}{4} < \text{tg}\,\alpha < \frac{1}{3}$. e) $\frac{1}{3} < \text{tg}\,\alpha < 1$.

17. (OBM) Abaixo estão representados quatro triângulos retângulos e um retângulo, bem como suas medidas.

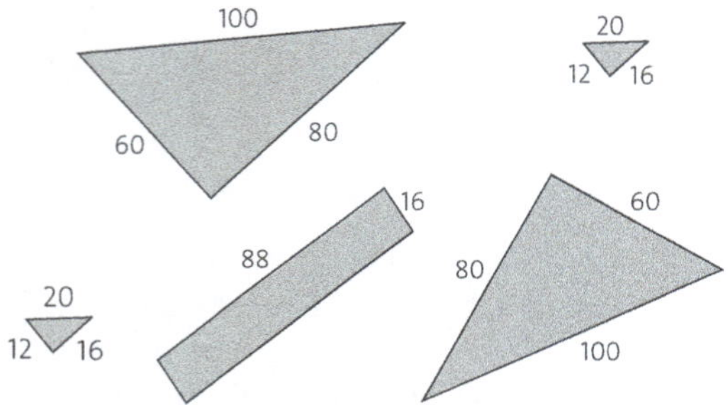

Juntando todas essas figuras, podemos construir um quadrado. O lado desse quadrado irá medir:

a) 88 cm. c) 60 cm. e) 80 cm.
b) 100 cm. d) 96 cm.

18. (OBM) A ilustração abaixo mostra um semicírculo e um triângulo isósceles de mesma área. Qual é o valor de tg x?

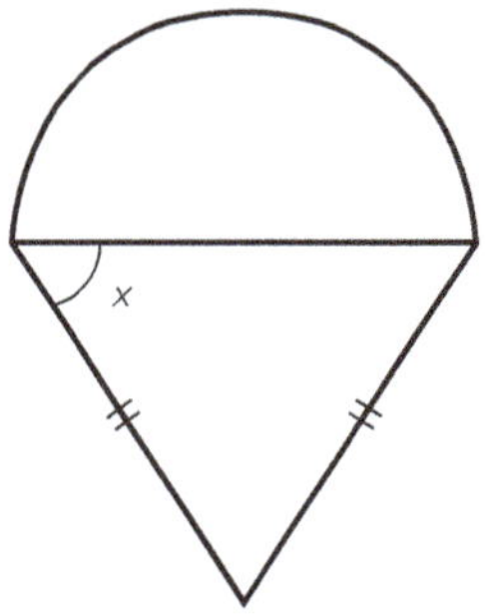

a) 1 c) $\frac{\pi}{\sqrt{3}}$ e) $\frac{\pi}{2}$

b) $\frac{\sqrt{3}}{2}$ d) $\frac{2}{\pi}$

19. (Obmep) Iara gastou R$ 10,00 para comprar açúcar e chocolate. A relação entre as quantidades desses ingredientes que podem ser compradas com essa quantia é dada pelo gráfico ao lado. Qual das seguintes afirmativas é verdadeira, independentemente das quantidades compradas?

a) Iara comprou mais açúcar do que chocolate.

b) Iara comprou quantidades diferentes de açúcar e chocolate.

c) Iara gastou mais em chocolate do que em açúcar.

d) O preço de um quilo de chocolate é maior que o preço de um quilo de açúcar.

e) Iara comprou duas vezes mais chocolate do que açúcar.

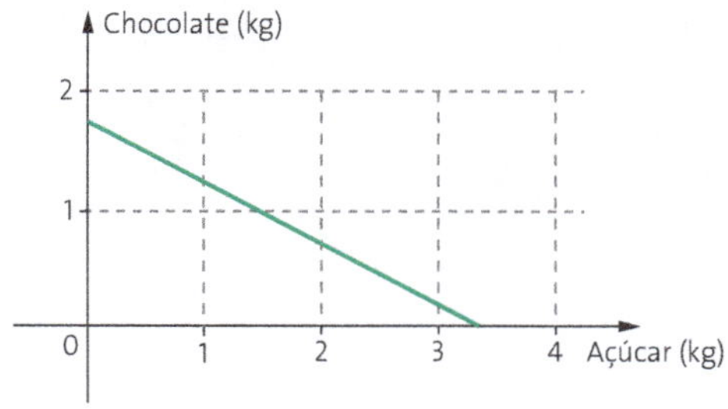

20. (Obmep) Dois quadrados de papel se sobrepõem como na figura. A área não sobreposta do quadrado menor corresponde a 52% da área desse quadrado e a área não sobreposta do quadrado maior corresponde a 73% da área desse quadrado.

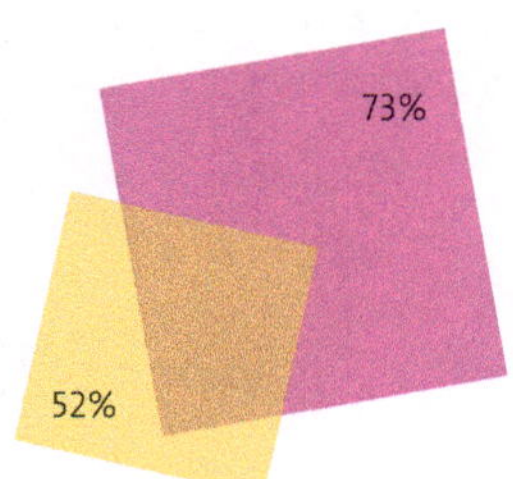

Qual é a razão entre os lados do quadrado menor e do quadrado maior?

a) $\frac{3}{4}$ b) $\frac{5}{8}$ c) $\frac{2}{3}$ d) $\frac{4}{7}$ e) $\frac{4}{5}$

21. (Obmep) Qual é o 21º termo da sequência abaixo?
(1 ; 2 + 3; 4 + 5 + 6; 7 + 8 + 9 + 10; 11 + 12 + 13 + 14 + 15; ...)

22. (Obmep) A árvore de Emília (ao lado) cresce de acordo com a seguinte regra: após 2 semanas do aparecimento de um galho, esse mesmo galho produz um novo galho a cada semana, e o galho original continua a crescer.
A árvore tem 5 galhos depois de 5 semanas, como mostra a figura. Quantos galhos, incluindo o galho principal a árvore terá no final de 8 semanas?

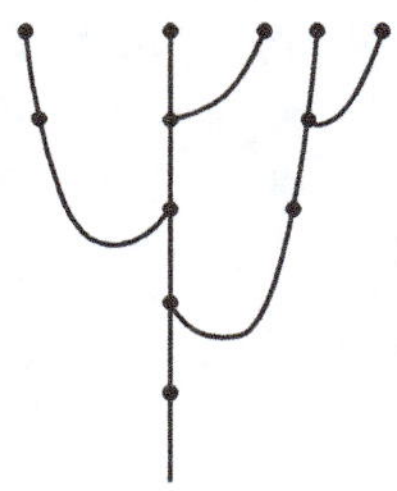

23. (OMRN) Seja f uma função satisfazendo a equação $f(x) + 1995 \cdot f(2 - x) = (x - 1)^5$. Então, o valor de $f(0)$ é:

a) 0.

b) $\frac{1}{1996}$.

c) $-\frac{1}{1996}$.

d) $-\frac{1}{1995}$.

e) $\frac{1}{1994}$.

24. (OMRN) Determine inteiros positivos m e n tais que $\sqrt{m} + \sqrt{n} = \sqrt{2009}$.

25. (OCM-PB) Uma pirâmide é formada por pedras com números naturais, cada uma delas se apoia sobre duas outras com exceção das pedras da base que estão apoiadas no chão. Dizemos que a pirâmide é multiplicativa quando o número escrito em cada pedra corresponde ao produto dos dois números que se encontram escritos nas pedras imediatamente abaixo dela. Por exemplo, se duas pedras vizinhas (numa mesma linha horizontal) tiverem os números 5 e 6, a pedra acima que nelas se apoia terá o número $30 = 5 \cdot 6$. Conhecidos os números indicados na figura ao lado e sabendo que nas pedras da base nenhum deles é maior do que 12, identifique, na figura, todos os números que faltam para completar a pirâmide multiplicativa.

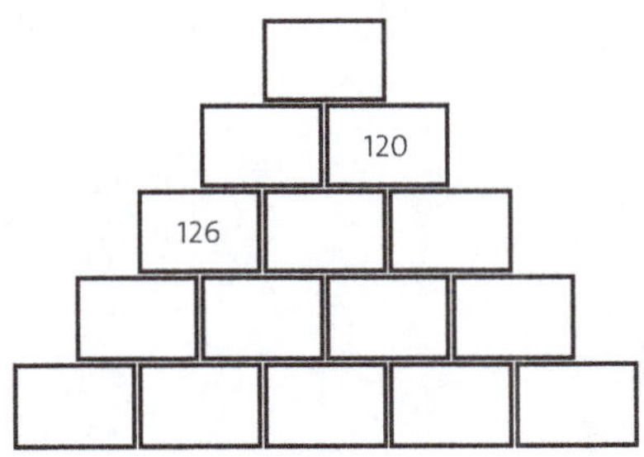

26. (OMRN) Seja $f: \mathbb{R} \to \mathbb{R}$ uma função satisfazendo as seguintes condições:

I. $|f(a) - f(b)| \leqslant |a - b|, \forall\, a, b \in \mathbb{R}$

II. $f(f(f(0))) = 0$

Mostre que $f(0) = 0$.

27. (OPM-PB) Mostre que a equação $2^x + 3^x = 6^x$ tem uma única solução real que pertence ao intervalo $(0, 1)$.

28. (OPM-SP) O perfil da Torre Eiffel é aproximadamente igual à curva $y = -y_0 \ln\left(\frac{x}{x_0}\right)$, onde $2x$ é a largura da Torre à altura y e x_0 e y_0 são constantes (observe que a equação acima representa somente a curva que está à direita; a curva da esquerda é a simétrica da direita em relação ao eixo Oy).

Sabe-se que o mirante inferior, a 45 metros de altura, tem 66 metros de largura e que a Torre Eiffel, no solo, tem 120 metros de largura (valores aproximados).

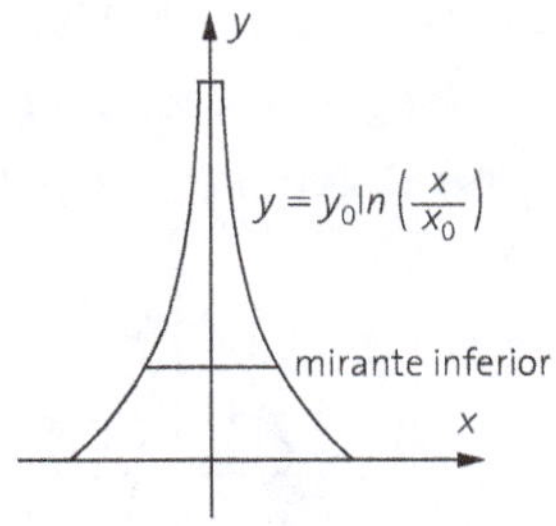

a) Calcule x_0 e y_0.

b) Supondo que o topo da torre tem 2,2 metros de largura, calcule a altura da Torre Eiffel.

Observação: Você pode querer usar as aproximações $e^{-4} = \frac{11}{600}$ e $e^{-\frac{3}{5}} = \frac{11}{20}$.

29. (OPM-SP) Um triângulo equilátero *ABC* de lado 6 cm teve sua base $\overline{BC}$ dividida em 6 partes iguais, como nas figuras a seguir. Todos os segmentos horizontais são paralelos à base $\overline{BC}$.

a) Determine a área da região pintada. Justifique sua resposta.

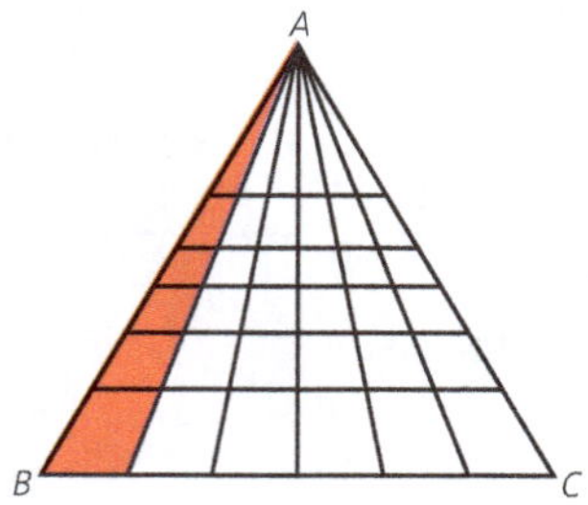

b) Determine a soma das áreas das regiões pintadas. Justifique sua resposta.

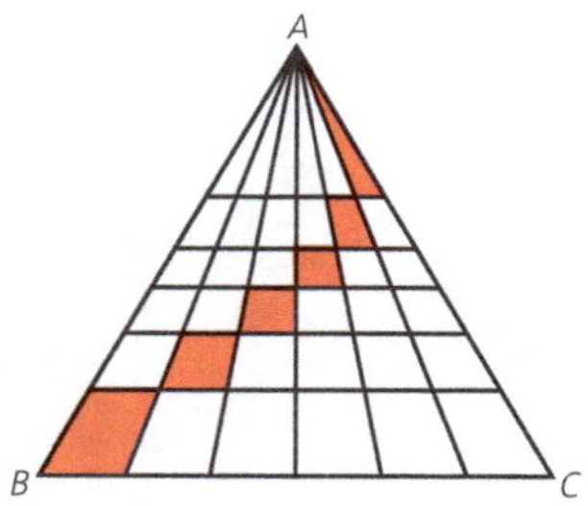

30. (OPM-SP) No número 5 da revista *Eureka*, da SBM, à página 6, veio a seguinte nota:
O maior número primo conhecido é $2^{6\,972\,594} - 1$, que tem 2 098 960 dígitos e foi descoberto em 1/6/1999 por Nayan Hafratwala, um participante do GIMPS, um projeto cooperativo para procurar primos de Mersenne.

a) Mostre que se um número inteiro positivo N tem k algarismos, então $k - 1 \leq \log N < k$.

b) A partir das informações anteriores, determine um valor aproximado de log 2. (Apresente sua resposta com cinco casas decimais depois da vírgula.)

31. (OMCS) Na figura abaixo, *ABCD* é um quadrado. Sabendo que $\overline{AE} \perp \overline{CF}$. Determine a medida do ângulo $B\hat{F}G$.

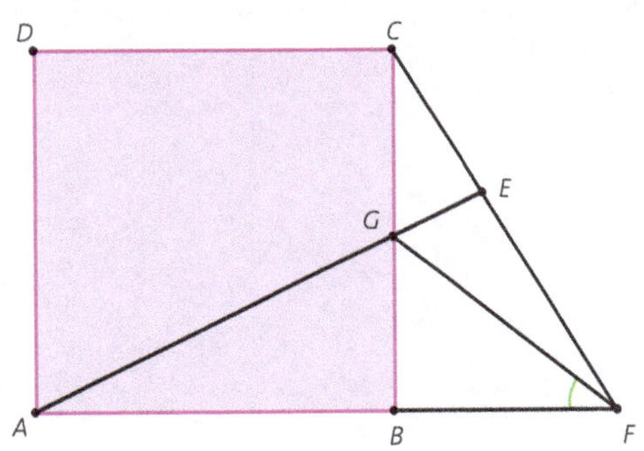

32. (OMRN) Um retângulo de ouro é um retângulo de dimensões $1 \times \phi$, onde $\phi = \dfrac{\sqrt{5}+1}{2}$ é a conhecida razão áurea. Este tipo de retângulo goza da propriedade de que ele pode ser dividido num quadrado e num retângulo semelhante ao retângulo original. Este processo continua infinitamente conforme ilustra a figura abaixo:

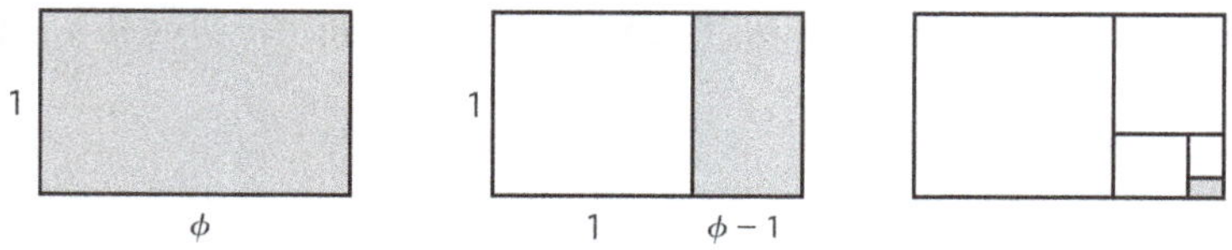

Diante do exposto, mostre que $1 + \dfrac{1}{\phi^2} + \dfrac{1}{\phi^4} + \dfrac{1}{\phi^6} + \ldots = \phi$.

33. (OMEG) Um pica-pau marca a bicadas seu caminho descendo o tronco de uma árvore, começando 20 metros acima do nível do solo. O pássaro segue uma trajetória em espiral (hélice cilíndrica) e dá a volta sete vezes na circunferência de 3 metros [de comprimento] da árvore. Determine a distância total percorrida pelo pica-pau.

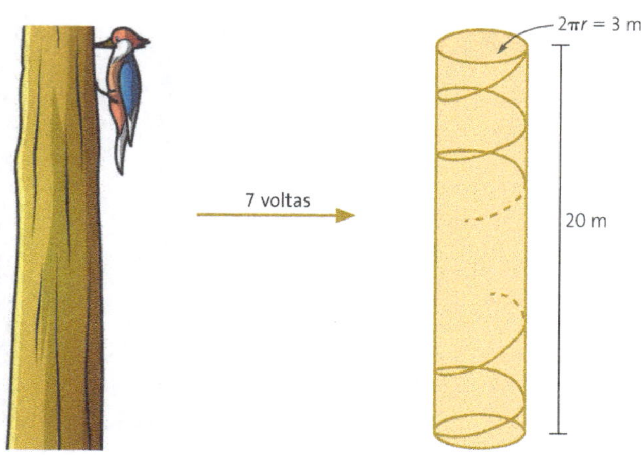

Dam d'Souza/Arquivo da editora

34. (OMRN) O professor Paulinho deixou desatentamente sobre uma mesa dois exemplares do livro "OLIMPÍADAS DE MATEMÁTICA DO ESTADO DO RN" de modo que um dos exemplares cobre parcialmente a capa do outro, conforme ilustra a figura da esquerda representada a seguir.

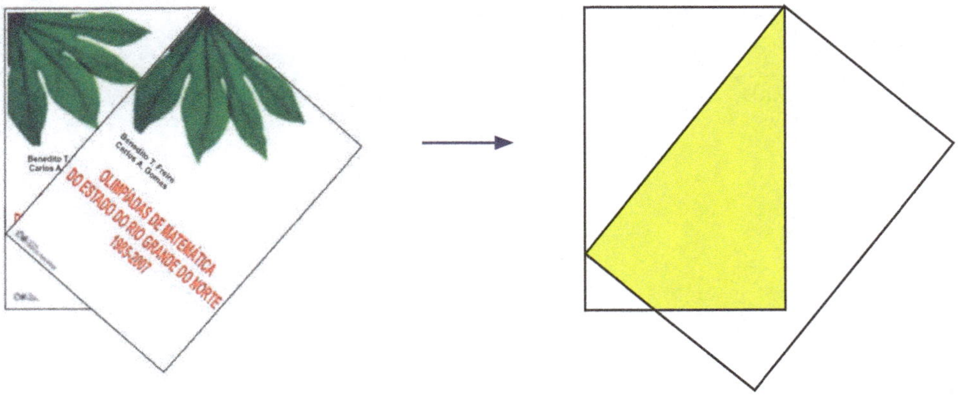

Considerando que os exemplares possuem o formato perfeitamente retangular, descubra, justificando a sua resposta, se a medida da área da região comum às capas, que está representada sombreada na figura da direita, é maior, menor ou igual à metade da medida da área total da capa de cada um dos exemplares.

35. (OPM-SP) Um fato relativamente simples sobre áreas e que muitas vezes ajuda a resolver problemas complexos é o Teorema dos Carpetes:

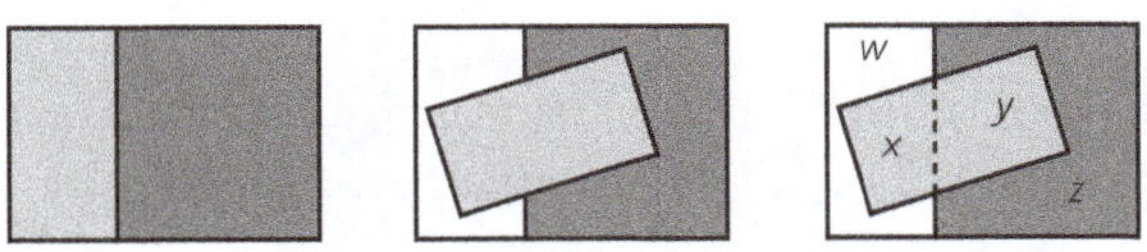

Colocamos dois carpetes em um dormitório. Se a soma das áreas dos carpetes é igual à área do dormitório, então a área da intersecção dos carpetes é igual à área da região não coberta por carpetes.

a) Utilizando a notação dada pela figura, isto é, w é a região branca, z é a região cinza escuro, e a região cinza claro é composta pelas regiões x e y, sendo que a região y é a intersecção dos carpetes, prove o Teorema dos Carpetes, ou seja, prove que $y = w$.

b) Na figura a seguir, $ACEF$ é um retângulo. Prove que a área mais escura (quadrilátero $CGHI$) é igual à soma das três áreas brancas.

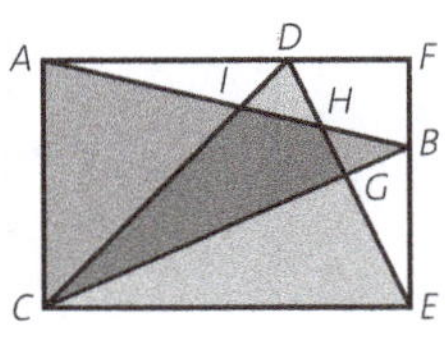

36. (IMTOT) Calcule a soma:

$$S = \cfrac{1}{2 + \cfrac{1}{3 + \cfrac{1}{4 + \cfrac{1}{\dots + \cfrac{1}{2005}}}}} + \cfrac{1}{1 + \cfrac{1}{1 + \cfrac{1}{3 + \cfrac{1}{4 + \cfrac{1}{\dots + \cfrac{1}{2005}}}}}}$$

37. (USAMO) Seja $f(x) = \dfrac{2}{4^x + 2}$ para todo $x \in \mathbb{R}$. Calcule o valor da expressão:

$$S = f\left(\frac{1}{2\,001}\right) + f\left(\frac{2}{2\,001}\right) + f\left(\frac{3}{2\,001}\right) + \ldots + f\left(\frac{2\,000}{2\,001}\right).$$

38. (CruxMathematicorum-Canadá) Os segmentos $\overline{DE}$, $\overline{CE}$, $\overline{BF}$ e $\overline{CF}$ dividem o retângulo $ABCD$ em regiões menores. Quatro destas regiões, dois triângulos e dois quadriláteros, estão hachuradas na figura ao lado. As medidas das áreas das regiões hachuradas são 9, 35, 6 e x. Determine o valor de x.

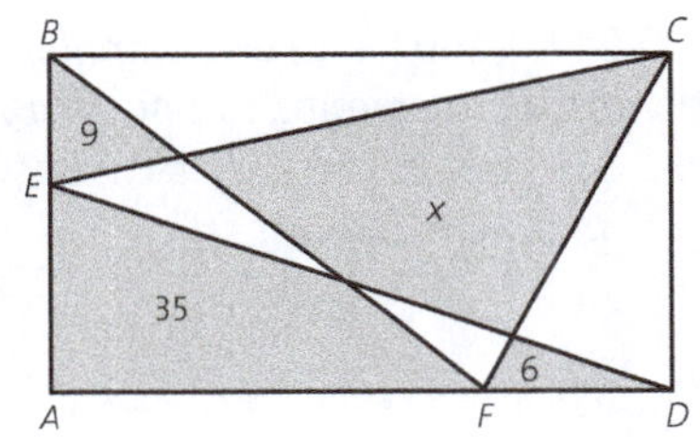

39. (RPM) Determine todos os números naturais m e n tais que $2^8 + 2^{11} + 2^m = n^2$.

40. (RPM) Considere um triângulo ABC e pontos X, Y e Z nos lados $\overline{BC}$, $\overline{AC}$ e $\overline{AB}$, respectivamente, tais que A, B, C, X, Y e Z são todos distintos entre si. Mostre que as circunferências circunscritas aos triângulos AYZ, BZX e CXY têm um ponto em comum.

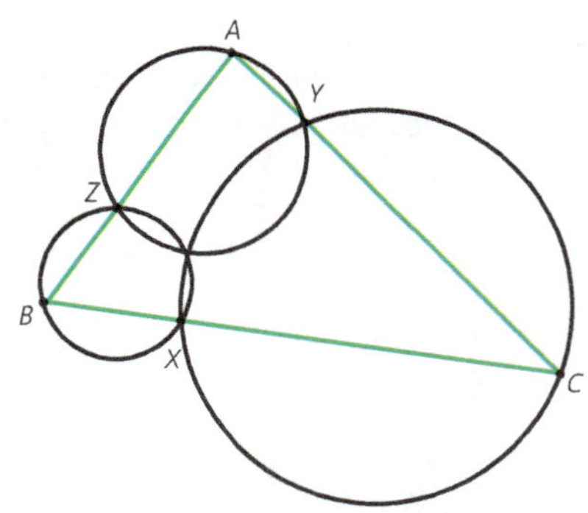

Respostas

Vestibular em foco

Conjuntos

1. b
2. d
3. e
4. c
5. a
6. d
7. b
8. d
9. b
10. c
11. d
12. e
13. d

Funções

1. a
2. b
3. e
4. c
5. c
6. b
7. e
8. e
9. d
10. c
11. c
12. e
13. c
14. d
15. d
16. d
17. d
18. a
19. a
20. a
21. b
22. c
23. e
24. 24
25. b

Função afim

1. a
2. b
3. d
4. c
5. b
6. a
7. d
8. e
9. 02
10. c
11. c
12. c
13. b
14. e
15. c
16. b
17. 80
18. a
19. d
20. c
21. d

Função quadrática

1. b
2. a
3. c
4. d
5. e
6. e
7. b
8. 02
9. b
10. d
11. c
12. a
13. 01
14. b
15. b
16. e
17. b

Função exponencial

1. b
2. b
3. a
4. e
5. c
6. e
7. b
8. 25 600 reais
9. c
10. a
11. e
12. c
13. b
14. a
15. b
16. b
17. b
18. d
19. b
20. c
21. c
22. a
23. a
24. a
25. e
26. c
27. b
28. b
29. a

Logaritmos

1. b
2. e
3. b
4. b
5. d
6. b
7. c
8. d
9. a
10. d
11. d
12. d
13. b
14. c
15. b
16. d
17. a
18. d
19. 02
20. d
21. b
22. c
23. $7{,}29 \cdot 10^{15}$ km
24. d

25. a
26. d
27. c
28. b
29. c
30. 4,5 anos
31. d
32. c
33. a
34. e
35. e

Progressão aritmética

1. d
2. d
3. b
4. d
5. d
6. b
7. b
8. c
9. d
10. d
11. e
12. a
13. c
14. b
15. c
16. 64 dias
17. a

Progressão geométrica

1. a
2. b
3. 60π m
4. c
5. d
6. c
7. e
8. d
9. a
10. 01
11. 01
12. d
13. d
14. b
15. c
16. e
17. d
18. a
19. c
20. d
21. b
22. 10 semanas
23. d
24. b
25. c

Ângulos

1. e
2. 36° e 144°
3. e
4. a
5. 130°
6. c
7. e
8. a

Polígonos

1. e
2. d
3. d
4. a
5. e
6. e
7. c
8. b
9. b

Semelhança de triângulos

1. 11,75 m^2
2. e
3. 12 cm
4. d
5. d
6. 12 cm
7. d
8. b
9. 9 m
10. a

Triângulo retângulo

1. 05
2. e
3. 10
4. e
5. a
6. c
7. b
8. c
9. b
10. c
11. b
12. c
13. c
14. c
15. e
16. a
17. a
18. a
19. d
20. b

Desafio

1. d
2. c
3. b
4. c
5. c
6. e
7. d
8. d
9. e
10. b
11. d
12. c
13. e
14. d
15. a
16. d
17. e
18. e
19. d
20. a
21. 4 614
22. 21 galhos
23. e
24. $m = 1\,467$ e $n = 41$
28. a) $x_0 = 60$; $y_0 = 75$
    b) 300 m
29. a) $\frac{3}{2}\sqrt{3}$
    b) $\frac{3}{2}\sqrt{3}$
30. 0,30102
31. 45°
33. 29 m
34. Maior
36. 1
37. $S = 1\,000$
38. $x = 50$
39. $m = 12$ e $n = 80$

Significado das siglas

Acafe-SC	Associação Catarinense das Fundações Educacionais (Santa Catarina)
Cefet-MG	Centro Federal de Educação Tecnológica de Minas Gerais
Cefet-PR	Centro Federal de Educação Tecnológica do Paraná
Cesgranrio-RJ	Centro de Seleção de Candidatos ao Ensino Superior do Grande Rio (Rio de Janeiro)
Cone Sul	Olimpíada de Matemática do Cone Sul
Crux Mathematicorum-Canadá	Crux Mathematicorum (Cruz dos matemáticos)
EEWB-MG	Escola de Enfermagem de Wenceslau Braz (Minas Gerais)
Emescam-ES	Escola Superior de Ciências da Santa Casa de Misericórdia de Vitória (Espírito Santo)
ESCS-DF	Escola Superior de Ciências da Saúde (Distrito Federal)
EsPCEx-SP	Escola Preparatória de Cadetes do Exército (São Paulo)
ESPM-RJ	Escola Superior de Propaganda e Marketing (Rio de Janeiro)
ESPM-SP	Escola Superior de Propaganda e Marketing (São Paulo)
Etec-SP	Escola Técnica Estadual (São Paulo)
Faap-SP	Fundação Armando Álvares Penteado (São Paulo)
Fameca-SP	Faculdade de Medicina de Catanduva (São Paulo)
Fatec-SP	Faculdade de Tecnologia (São Paulo)
FEI-SP	Centro Universitário da Faculdade de Engenharia Industrial (São Paulo)
FGV-SP	Fundação Getúlio Vargas (São Paulo)
FMJ-SP	Faculdade de Medicina de Jundiaí (São Paulo)
Fuvest-SP	Fundação Universitária para o Vestibular (São Paulo)
Ifal	Instituto Federal de Alagoas
IFCE	Instituto Federal de Educação, Ciência e Tecnologia do Ceará
IFMG	Instituto Federal de Educação, Ciência e Tecnologia de Minas Gerais
IFPE	Instituto Federal de Educação, Ciência e Tecnologia de Pernambuco
IFPR	Instituto Federal do Paraná
IFSC	Instituto Federal de Educação, Ciência e Tecnologia de Santa Catarina
IMTOT	International Mathematics Tournament of the Towns (Torneio Internacional de Matemática das Cidades)
Insper-SP	Instituto de Ensino e Pesquisa (São Paulo)
ITA-SP	Instituto Tecnológico de Aeronáutica (São Paulo)
OBM	Olimpíada Brasileira de Matemática
Obmep	Olimpíada Brasileira de Matemática das Escolas Públicas
OCM-PB	Olimpíada Campinense de Matemática (Paraíba)
OMCS	Olimpiada Matemática del Cono Sur (Olimpíada de Matemática do Cone Sul)
OMEG	Olimpíada de Matemática do Estado de Goiás
OMRN	Olimpíada de Matemática do Rio Grande do Norte
OPM-PB	Olimpíada Pessoense de Matemática (Paraíba)
OPM-SP	Olimpíada Paulista de Matemática (São Paulo)
PUC-MG	Pontifícia Universidade Católica de Minas Gerais
PUC-PR	Pontifícia Universidade Católica do Paraná
PUC-RJ	Pontifícia Universidade Católica do Rio de Janeiro
PUC-RS	Pontifícia Universidade Católica do Rio Grande do Sul
PUC-SP	Pontifícia Universidade Católica de São Paulo
RPM	Revista do Professor de Matemática
UCS-RS	Universidade de Caxias do Sul (Rio Grande do Sul)
Udesc	Universidade do Estado de Santa Catarina
Uece	Universidade Estadual do Ceará
UEFS-BA	Universidade Estadual de Feira de Santana (Bahia)
UEG-GO	Universidade Estadual de Goiás
UEL-PR	Universidade Estadual de Londrina (Paraná)
UEPB	Universidade Estadual da Paraíba

UEPG-PR	Universidade Estadual de Ponta Grossa (Paraná)
Uerj	Universidade do Estado do Rio de Janeiro
Uesc-BA	Universidade Estadual de Santa Cruz (Bahia)
UFABC-SP	Universidade Federal do ABC (São Paulo)
Ufac	Universidade Federal do Acre
UFC-CE	Universidade Federal do Ceará
UFCG-PB	Universidade Federal de Campina Grande (Paraíba)
Ufes	Universidade Federal do Espírito Santo
UFF-RJ	Universidade Federal Fluminense (Rio de Janeiro)
UFG-GO	Universidade Federal de Goiás
UFGD-MS	Universidade Federal da Grande Dourados (Mato Grosso do Sul)
UFMG	Universidade Federal de Minas Gerais
UFMS	Universidade Federal de Mato Grosso do Sul
UFMT	Universidade Federal de Mato Grosso
Ufop-MG	Universidade Federal de Ouro Preto (Minas Gerais)
UFPA	Universidade Federal do Pará
UFPB	Universidade Federal da Paraíba
Ufpel-RS	Universidade Federal de Pelotas (Rio Grande do Sul)
UFPR	Universidade Federal do Paraná
UFRRJ	Universidade Federal Rural do Rio de Janeiro
Ufscar-SP	Universidade Federal de São Carlos (São Paulo)
UFSM-RS	Universidade Federal de Santa Maria (Rio Grande do Sul)
UFT-TO	Universidade Federal do Tocantins
UFTM-MG	Universidade Federal do Triângulo Mineiro (Minas Gerais)
UFU-MG	Universidade Federal de Uberlândia (Minas Gerais)
UFV-MG	Universidade Federal de Viçosa (Minas Gerais)
Unaerp-SP	Universidade de Ribeirão Preto (São Paulo)
Uncisal	Universidade Estadual de Ciências da Saúde de Alagoas
Uneb-BA	Universidade do Estado da Bahia
Unemat-MT	Universidade do Estado de Mato Grosso
Unicamp-SP	Universidade Estadual de Campinas (São Paulo)
Unicap-PE	Universidade Católica de Pernambuco
Unifei-MG	Universidade Federal de Itajubá (Minas Gerais)
Unifesp	Universidade Federal de São Paulo
Unifor-CE	Fundação Edson Queiroz Universidade de Fortaleza (Ceará)
Unimontes-MG	Universidade de Montes Claros (Minas Gerais)
Unioeste-PR	Universidade Estadual do Oeste do Paraná
Unipar-PR	Universidade Paranaense (Paraná)
Unir-RO	Universidade Federal de Rondônia
Unisc-RS	Universidade de Santa Cruz do Sul (Rio Grande do Sul)
Unit-SE	Universidade Tiradentes (Sergipe)
UPE	Universidade de Pernambuco
UPM-SP	Universidade Presbiteriana Mackenzie (São Paulo)
USAMO	USA Mathematical Olympiad (Olimpíada de Matemática dos Estados Unidos da América)
Vunesp-SP	Fundação para o Vestibular da Unesp (São Paulo)